Fritz Reuter · Gesammelte Werke und Briefe

Fritz Reuter
Gesammelte Werke und Briefe

KRV

Konrad Reich Verlag Rostock

Band VIII

Briefe

Bearbeiter:

Hans Heinrich Leopoldi

1827

AN DEN VATER

Friedland, 24. März 1827

Teuerster Vater, fern sei es von mir, meine Fehler durch Entschuldigungen zu beschönigen, doppelt fern, sie durch Leugnen zu vergrößern. Nein! frei will ich sie gestehen und hierdurch sie Deinen Augen weniger verhaßt machen; denn früh schon lehrtet Ihr beiden teuren Freunde und Leiter meiner Jugend mich die Wahrheit lieben und ein freiwilliges Geständnis wie eine halbe Verzeihung ansehen. Nur einem von Euch, und das bist Du, geliebter Vater, kann meine Besserung und mein stärkerer und freudiger Wille hier auf Erden im Alter die Tage erheitern und Rosen auf den dornigen Pfad zum Grabe streuen. Aber auch unsere gute Mutter wird mit lächelndem Antlitz auf die bessere Aufführung hinabschauen, die jetzt ihr einziger Sohn seinem betrübten Vater gelobet. Die alte Frau Konrektorin hat sich in dieser Zeit recht freundschaftlich gegen mich gezeigt, weshalb ich auch ihr eine Zeichnung, die ich eben erst beendete, zu ihrer großen Freude schenkte, welches Du, mein lieber Vater, mir wohl nicht übelnehmen wirst, da ich es zuerst für Dich bestimmte. Sie wird heute Dir auch schreiben, auch der Herr Konrektor Bossart sagte, daß er Dir schreiben wolle. Noch einmal, lieber Vater, verzeihe Deinem Fritz Reuter

AN DEN VATER

Friedland, 28. August 1827

Lieber Vater, ich danke Dir, daß Du die Güte gehabt hast, mir meine Odyssea bis Brandenburg freizumachen, und habe mir Deine Bemerkung wohl hinter das Ohr geschrieben, so daß ich wohl nicht leicht wieder dieserhalb von Dir erinnert werden darf. Du batest in Deinem jüngsten Briefe, ich möchte das Kegelspiel einstellen, und ich kann Dir versichern, daß ich sowohl in dieser Sache als auch im Aufstehen und in meinem Privatfleiße die Versprechungen, die Dir zu Stavenhagen von mir gegeben wurden, erfüllt habe und mir alle mögliche Mühe geben werde, sie auch künftig zu erfüllen.

Ich bin vom Herrn Prorektor Glaswald als Klassenmaler angestellt. Dies dürfte Dir vielleicht oder vielmehr gewiß unverständlich sein, und deshalb wird die Erklärung folgen: Wir hatten im Virgil eine sehr schöne Stelle, wo der Kampf des Hektor mit dem Achilles mit sehr lebendigen Farben geschildert wird, und der Herr Prorektor meinte: diese Stelle wäre dazu geeignet, einen Maler zu begeistern; zugleich forschte er nach dem besten Zeichner, und man nannte meinen Namen. Nun forderte er von mir, ich solle diese Stelle so gut als möglich darzustellen suchen, welches ich nach einigen Einwendungen von mir abzulehnen suchte. Aber es gelang mir nicht, und bis jetzt gereut es mich nicht, denn ich habe dadurch manche sehr schöne Belehrung über Kostüm und Waffen der damaligen Zeit empfangen. Lebe wohl. Dein

F. Reuter

AN DEN VATER

Friedland, 9. Oktober 1827

Lieber Vater, glaube nicht, daß ich soviel Liebe und Güte mit Undank vergelten werde. Ich werde mich bestreben, mich in diesem halben Jahre so anzustrengen, daß ich das künftige als Primaner begrüßen kann. Mit dem Malerwerden hat es für jetzt sein Bewenden, und ich werde mich bestreben, wie Du mir auch rätst, wofern ich Dich recht verstanden habe, mich zum tüchtigen Juristen fähig zu machen, und nebenbei, hernach, von diesem halben Jahre ist nicht die Rede, die Zeichnerei und Malerei beiher treiben. Von meinem Fleiße werde ich Dir an jedem Posttage redlich Rede und Antwort geben. Bis jetzt habe ich meine Pflicht erfüllt; aber davon wirst du keinen Schluß auf mein zukünftiges Betragen machen können, jedoch kannst Du versichert sein, daß ich meiner Pflicht und meinen Versprechungen besser als bisher nachkommen werde. Morgen haben wir Examen, wo wir Sekundaner im Cicero, in der Odyssee und in der Geschichte examiniert werden sollen. Sage Lisettchen, sie hätte uns immer nur einige Äpfel mehr senden sollen, denn diese wären schon aufgegessen, teils von mir, teils von andern, denen ich von diesen Prachtexemplaren einige zukommen ließ. Mit den besten Vorsätzen und nicht minder guten Hoffnungen, lieber Vater, scheidet in diesem Briefe von Dir Dein Sohn F. Reuter

1828

AN DEN VATER

Friedland, [...] Januar 1828

Lieber Vater, ich habe jetzt das Vergnügen, Dir beweisen zu können, daß mein Aufenthalt in Friedland diese Ferien hindurch nicht ohne Nutzen geblieben ist. Ich bin nämlich beim diesjährigen Extemporaleschreiben so glücklich gewesen, 4 Mitschüler zu überspringen, und bin jetzt der Sechste. Mein Extemporal hat ganz den Beifall meines Lehrers und hat keinen grammatikalischen Fehler, sondern meistens nur Schreibfehler; ich werde es Dir einsenden. Meine Zeit werde ich gut benutzen, wie ich es bisher getan habe. Rechne mir es nicht an, daß mein Brief durch Helmuth so kurz und so unordentlich gewesen ist. Grüße alle von mir, und danke auch allen für die schönen Weihnachtsgaben von Deinem

F. Reuter

AN DEN VATER

Friedland, 29. Januar 1828

Lieber Vater, ich habe Dir versprochen, mich zu bessern, und habe es auch seit Weihnachten gehalten; Du hast immer mich gebeten, ich sollte endlich Willen und Lust zur Arbeit zeigen, und ich habe sie gezeigt; um so befremdender muß es mir sein, jetzt durch alle Schüler meine Angelegenheiten zu erfahren, die Du, wie ich es mir nicht anders erklären kann, August offenbart und mir verheimlicht hast. August hat es auch nicht ermangelt, aller Welt dies zu erzählen, nur mir nicht, wodurch ich gewissermaßen als einer erscheine, der selbst nicht Verstand genug hat, darüber zu urteilen. Lieber Vater, wenn Du noch auf meine Bitten hörst, glaube doch nicht alles, was Dir von mir berichtet ist. Ich äußerte den Wunsch, Maler zu werden; Du glaubtest, ich täte es, um nur nicht zu arbeiten und die Zeit mit Nichtstun zu vergeuden, aber wahrlich, nie habe ich den Gedanken geäußert; Du wünschtest es nicht, und ich begab mich eines Wunsches, der so viel Reiz für mich hatte. Jetzt steht es nur allein in Deinem Willen, was ich für ein Fach wählen soll, ich begebe mich aller Wünsche und gehorche Deiner weiseren Einsicht. Soll ich studieren, so sehe ich aber nicht ein, warum Du mich nach Parchim bringen willst, da ich von hier doch ebensogut und noch besser die Universität beziehen kann. Wenn ich nicht den Willen hätte, Dir in aller Hinsicht Freude zu machen, so würde, wie Du wohl einsehen wirst, die allerstrengste Aufsicht nichts über mich vermögen, die, wie ich vermute, meiner zu Parchim wartet. Daher, lieber Vater, schreibe mir in Deinem folgenden Briefe, was ich werden soll, und Du sollst sehen, daß ich Dir Folge leisten werde, aber zeige noch einmal soviel Vertrauen und laß mich hier, und höre nicht auf andere, was die Dir schreiben, sondern nur auf den Herrn Doktor Bossart, der mich am besten kennt und mit dem ich hierüber noch Rücksprache nehmen will. Lebe wohl. Dein Dich aufrichtig liebender Sohn F. Reuter

AN DEN VATER

Friedland, 19. Februar 1828

Lieber Vater, Du äußertest den Wunsch, mich nach Ostern als einen Primaner Parchims zu sehen, ich werde mein möglichstes tun, diesen Wunsch zu erfüllen, und will diese kurze Zeit, wie auch die Ferien zu Stavenhagen, die schon um 4 Wochen im hiesigen Markte anfangen, zum Repetieren gut anwenden. Übrigens muß ich nur noch bemerken, daß die Parchimsche Prima, wie ich hier erfahren habe, Ostern höher gestellt werden soll als die hiesige. Ich sehe in dieser Versetzung nach Parchim wieder einen Beweis Deiner Liebe zu mir und werde mich befleißigen, ihn auch zu verdienen, da vorzüglich dieses Schulwesen mir im höchsten Grade über ist.

Es vergeht kein Tag, wo nicht entweder Dunst oder Kälte die Lehrstunden unerträglich machen und die Gesundheit ruinieren. Ich bin dadurch ganz unpäßlich geworden, welches indessen noch nichts gegen den Verdacht der Lehrer ist, die glauben, weil einige sich diesen Zustand zunutzen machen, daß ich auch darunter gehöre; aber ich will jetzt hin zur Schule gehen, wenn ich auch noch so unwohl bin, um den Verdacht zu entkräften. Lebe wohl. Dein F. Reuter

AN DEN VATER

Parchim, 1. November 1828

Lieber Vater, Du hättest doch lieber nicht an den Herrn Direktor schreiben sollen, daß ich Dir nicht genug schriebe, und ihm gar einen von meinen Briefen mitschicken, in welchem ich Dir meinen Entschluß, meinen Leichtsinn zu bekämpfen, mitteilte; denn wenn er auch mein Lehrer ist, so ist es doch auf jeden Fall höchst betrübend für mich, daß der Brief, den ich für meinen Vater schrieb, so mangelhaft er auch war, in fremde Hände geriet. Viel Lobes wirst Du wohl eben nicht von ihm erfahren, denn er scheint sehr still gegen mich zu sein, welches ich auch wohl verdiene; denn in der letzten Zeit bin ich wieder flüchtiger als früher gewesen; doch Du hast mir in Deinem vorigen Briefe Verzeihung verheißen, und mit dankbarem Herzen nehme ich sie an und bemühe mich, zukünftig Deinen gerechten Erwartungen völlig zu entsprechen. Ohne eine kleine Freude zu machen, kann ich doch nicht diesen Brief beenden und hoffe daher, diesen Brief, der so sehr Dich mit Betrübnis erfüllen muß, etwas zu versüßen. Ich bin mit mehreren anderen, weil wir für Sekunda zu weit, für Prima aber nicht weit genug waren, in eine neu gebildete Klasse, Groß Sekunda, versetzt worden. Ich bin der Zweite in dieser Abteilung, und in der Mathematik bin ich und H. die Besten, ohne Ruhm zu melden. Ich schicke Dir nun noch meine Zensur, woraus Du ersehen wirst, daß ich bei weitem noch nicht dem Zwecke meines Aufenthaltes entspreche; aber Du wirst auch nicht unbillig sein und wirst daraus sehen, daß dies Zeugnis bei weitem besser ist, als was ich zu Friedland erhielt; und habe ich es erreicht, daß ich mich etwas besserte, so ist die Hoffnung da, daß ich mich durchaus bessere. In der Hoffnung, daß Du mir Deine Liebe wiederschenken wirst, verbleibe ich Dein

F. Reuter

Das Zeugnis mußt Du mir mit nächstem, unterschrieben von Deiner Hand, zurücksenden.

1829

AN DEN VATER

Parchim, 24. November 1829

Lieber Vater, für mein langes Schweigen will ich Dich jetzt durch einen Umstand erfreuen, der gewiß in Deinen Augen nichts weniger als unbedeutend ist. Ich bin seit meinem letzten Briefe auf eine glückliche Idee gekommen, um mich an den Arbeitstisch zu fesseln, welches mir auch gut genug für den ersten Versuch gelungen ist. Ich dachte nämlich, vielleicht würde der Herr Direktor über das Tabakrauchen hinwegsehen, wenn er bemerkte, daß ich im übrigen nur fleißig und tüchtig wäre; nun versuchte ich es, und siehe da, es gelang mir, er schien es nicht bemerken zu wollen; jedoch glaubte ich es nicht so treiben zu müssen, daß ihm die Pfeife gerade in die Augen fiele; er weiß es aber, davon habe ich gewisse Nachricht. Ich arbeite jetzt weit mehr wie sonst, und wenn es auch noch nicht so viel ist, als ich meiner eignen Überzeugung nach tun müßte, da ich seit langer Zeit wenig Deinen Erwartungen entsprochen habe, so ist es doch genug, um mich bei meinen Lehrern gehoben zu sehen, und hoffentlich wirst Du auch bei meinem ferneren Verhalten die alten Vergehungen mehr und mehr der Vergessenheit übergeben. Aber der Redner Dinarchus aus Athen wurde zu einer Geldstrafe von 1000 Drachmen verdammt, weil er in einer seiner Reden die Einnahme Milets erwähnte, einen Fleck des athenischen Ruhms; daher will auch ich nicht eine Angelegenheit berühren, die Dich wie mich mit Kummer erfüllen möchte. Ich bitte Dich daher, Dich mit nächstem an den Herrn Direktor zu wenden und nach meinem Fleiße zu fragen und mir dann das Resultat Deiner Erkundigungen mitzuteilen, damit ich mich danach richten kann und das noch Fehlende ergänzen. Im ganzen genommen, bin ich jetzt wieder ziemlich mit meinem Schicksal ausgesöhnt, da ich auch weniger auf meiner eigentlichen Stube und mit meinen unfreundlichen Stubenburschen zusammen bin, sondern meistenteils mit dem kleinen Henkel und Bülow. Wie es hier allgemein heißt, wird der Direktor alle seine Schüler Weihnachten kündigen, welches mir sehr angenehm sein würde, weil dann doch dem hier so geschäftigen Leumund die Flügel etwas beschnitten wären. Glaube mir sicherlich, daß meine Tätigkeit – in dem Maße, wie sie jetzt gesteigert ist – auch durch andere hindernde Umstände, die dann beseitigt sein werden, gesteigert werden wird und durch den Umgang mit guten Schülern und braven Jünglingen wie Krüger, Schröder und Elderhorst zum höchsten Gipfel emporkommen wird.

Vielleicht interessiert es Dich, zu erfahren, wie viel ich heute mir vorgenommen habe zu tun, und wenn es auch Dir nicht ganz zeigen wird, was ich tue und lasse, so kannst Du von diesem einzelnen auf das Ganze schließen. Heute, am Mittwoch nachmittag, obgleich das Frostwetter mir die schönste Gelegenheit zum Schlittschuhlaufen darbietet, sitzt Dein Fritz auf seiner Stube mit dem festen Vorsatz, diesen Brief zu vollenden, dann die in 4 Stunden vorgetragene Mathematik zu repetieren und auszuarbeiten und dann noch ein langes lateinisches Exerzitium zu machen, eine Arbeit, die von 1–7½ Uhr dauern wird, und wenn ich auch zuweilen von meinen Entschlüssen abweiche, so geschieht es jetzt wahrlich schon weit seltener wie sonst; für die Nichterfüllung dieses diesmalen kannst Du gar nicht fürchten, da ich ihn Dir ja geschrieben habe. Da ich Michaelis im Griechischen nach Prima gekommen bin, so habe ich mich, um daselbst auch fortzukommen, vorzüglich auf diesen Zweig der Wissenschaft gelegt, und dies mit solchem glücklichen Erfolge, daß ich in meinem letzten Exerzitium nur zwei Fehler hatte, und in Sekunda hatte ich bei leichteren Arbeiten nie unter acht.

Deine Briefe habe ich, wie Du es wünschtest, gleich auf die Post gegeben, auch habe ich, für Lisette zur Nachricht, die beiden Kiepen dem Fuhrmann mitgegeben, der mir die Äpfel brachte. Ich danke Euch sehr für die Gratulation zu meinem vollendeten 19. Jahre, nicht zum 20., wie Du in einem Deiner Briefe zu glauben scheinst. Die Ausgaben zu Weihnachten für mich werde ich regelmäßig aufsetzen und Dir sobald als möglich senden. Schulden habe ich nicht gemacht und werde mich auch hüten, sie zu machen. Nun glaube ich umständlich genug geschrieben zu haben und werde es in Zukunft immer tun. Lebe wohl. Dein

Fritz Reuter

AN DEN VATER

Parchim, 14. Dezember 1829

Lieber Vater, jetzt ist ein bedeutender Wendepunkt meines Schicksals eingetreten; jedoch sicherlich zu meinem Vorteil. Schrieb ich Dir in meinem vorletzten Briefe, daß ich fleißiger geworden wäre, so ist es auch jetzt nötig, Dir zu melden, daß ich von da an diesen Fleiß erweiterte, so daß mir gestern der Herr Direktor Zehlicke sagte, ich wäre jetzt fleißig und häuslich genug, um [k]einer speziellen Aufsicht weiter zu bedürfen, und mir riet, um das unangenehme Verhältnis, welches dennoch bei geschehener Kündigung eintreten werde, zu verkürzen, Weihnachten ein anderes Logis zu beziehen. Ob es mir angenehm oder unangenehm war, braucht wohl nicht beantwortet zu werden, zumal, da er äußerte, es würde dieser Umzug kein böses Gerede zu verursachen imstande sein, da ich nicht im Unwillen, sondern, weil ich mich in der letzten Zeit so genommen hätte, im besten Einvernehmen mich von ihm trennte. Ich befolgte seinen Rat und sah mich nach einem passenden Logis um, und da ich wußte, daß es Dir lieb wäre, wenn ich im Hause selbst äße, nach einem solchen, wo dies geschehen könnte. Dies ist das Haus des Buchbinders Zimmermann, der nicht allein etwas Bildung besitzt, sondern der auch ein äußerst rechtlicher und braver Mann sein soll; dasselbe gilt von

seiner Frau. Ich würde dann ein Zimmer und eine Kammer bewohnen, würde Heizung, Licht, Wäsche, Mittagessen, Abendessen, Vesperbrot, Frühstück und Ameublement haben, wofür er 150 Taler auf das Jahr verlangt, aber ohne Abzug; ich würde dann das Geld für die Wäsche ersparen. Freilich weiß ich, daß es Dir schwer werden wird, dies zu genehmigen, aber ich sehe keine Auskunft, um ein kleineres Kostgeld zu bedürfen, da an Freitisch bei einer so ungeheuren Menge von Teilhabern *gar nicht* zu denken ist und die übrigen, die keine Tische haben, nicht weniger geben. Ich habe diese meine Wahl auch dem Direktor mitgeteilt, der sie auch billigt, nur daß er lieber wünscht, daß ich beim Pastor Burchard einziehen möchte; aber davon haben wir, wenn ich nicht irre, schon früher gesprochen. Dahin werde ich, mit Deiner Erlaubnis, nicht ziehen, weil er gesonnen ist, mehr Schüler einzunehmen, und dann würde das unselige Verhältnis mit den übrigen vielleicht ebenso losgehen wie hier. Ich würde, wenn Du meine Wahl billigst, auf der Neustadt, so ziemlich von den anderen Schülern entfernt, wohnen, um nicht zuviel Besuch auf meinem Zimmer zu haben.
Was meine Weihnachtsferien betrifft, so muß ich Dir sagen, daß sie, um nach Stavenhagen zu reisen, zu kurz sind (acht Tage) und ich also, da ich wahrscheinlicherweise nicht mit Voß reisen kann, der Freude, Dich und die übrigen Lieben zu sehen, entbehren muß; werde aber, wenn es Dir gefällt, einer Einladung des Pokrenter Onkel genügen, da es doch die Höflichkeit erfordert, einmal ihn zu besuchen. Ich muß um die schnellste Beantwortung dieses Briefes bitten, da die Ferien den Dienstag vor Weihnachten angehen und es doch wohl sehr unangenehm für mich sein würde, die Ferien unter diesen Verhältnissen hier zuzubringen. Auch muß ich zu dieser Zeit Gewißheit haben über die Wohnung, um es an den Herrn Zimmermann zu sagen und im entgegengesetzten Falle auf andere Art ein Unterkommen zu suchen. Lebe wohl und lebe ein recht frohes Weihnachtsfest mit Lisette, Sophie und Großmutter. Dein F. Reuter

1830

AN DEN VATER

Parchim, 12. Januar 1830

Lieber Vater, ich habe wiederum sehr lange Deinen Wunsch, Dir zu schreiben, unerfüllt gelassen, aber für die letzten acht Tage bin ich hinreichend entschuldigt, denn ich habe das Unglück gehabt, wiederum einem Anfalle meiner alten Halskrankheit ausgesetzt zu sein, welcher jedoch mit einer solchen Heftigkeit eintrat, daß ich am zweiten Abende phantasierte und der Arzt meinte, wenn etwa ein Rückfall einträte, so könne er ernstliche Folgen haben. Jetzt bin ich schon wieder ein wenig aus dem Bette und hoffe, übermorgen schon wieder die Schule besuchen zu dürfen. Wie Krüger mir sagt, hat er schon zu Hause Lisetten es erzählt, daß ich beim Bäcker Hilgendorff wohnte. Was Du da schreibst von Zimmermanns prächtigen Zimmern, ist mir gar nicht eingefallen, die Zimmer lagen aneinander und konnten nicht getrennt werden; ich sagte ihm Deinen Willen und händigte ihm Deinen Brief ein, aber er bestand hartnäckig auf seiner Forderung, und so schieden wir, und ich bezog dies Logis, offenbar bei ebenso guten Leuten und für 130 Taler. Wofür ich erhalte oder schon habe, denn ich bin nach Neujahr eingezogen, zwei Zimmer, Heizung, Licht, Wäsche, Mittagessen, Frühstück, Abendbrot, nur muß ich mir, da die Leute des Abends nur selten anders als Tee trinken, den Zucker und Tee halten, was, wie ich glaube, keine bedeutende Ausgabe sein wird, da ich, wie Du weißt, im Essen und Trinken mäßig bin, und vorzüglich, da es nur im Winter notwendig ist und es im Sommer wegfällt. Ich hatte hier einen guten Anfang mit meinem Fleiße gemacht, als diese Krankheit eintreten mußte, um mich aus dem Geleise zu bringen; auch die Ferien habe ich nicht müßig verstreichen lassen, sondern unter anderem zwei deutsche Aufsätze geliefert, deren Zensur ich nicht unterlassen kann mitzuteilen. Der erste von den Aufsätzen heißt: Schilderung eines edlen Jünglings; darunter hat der Direktor geschrieben: »Der Aufsatz enthält viel Wahres, manches Schöne und wenig Verfehltes in der Ansicht. Die Darstellung ist von unedlen Ausdrücken fast ganz rein«. Der andere hieß: Rat an einen Jüngling, der sich der Schauspielerkunst widmen will; darunter stand: »Der Aufsatz verrät Nachdenken und Geschick«. So sehr mir es jetzt im Grunde angenehm ist, hiergeblieben zu sein (denn aus der Fußreise nach Pokrent konnte des schlechten Wetters und Weges wegen nichts werden, obgleich ich Gelegenheit eine Strecke lang hatte), so waren diese Ferien mir so unerträglich, als vielleicht eine ebenso lange Strafe im Karzer nicht gewesen wäre. Die Frau Direktorin ließ ihrem Unmute so sehr freien Lauf, daß mit jedem Worte, das sie mit abgewandtem Gesicht an mich richtete, eine Grobheit, die ich nicht erwidern durfte, aus ihrem Munde ging; ich hatte mit vieler Lust und ziemlichem Glück eine Zeichnung für Dich zu Weihnachten verfertigt; aber es sollte anders kommen: den ersten Feiertag vor Tische, als der Direktor noch nicht bei Tische war, bat mich der kleine Johannes, ihm seinen Kreisel abzuschnurren, ich tat es, das Band riß, und der Kreisel flog gegen eine eingerahmte Zeichnung, von der das Glas zersprang. Wie unangenehm mir dies sein mußte, hättest Du sicher an meinem verlegenen Gesichte sehen können, wärst Du zugegen gewesen; machen konnte ich es nicht lassen, ohne indelikat zu sein, und das Gesicht der Frau Direktorin forderte laut Schadenersatz; ich schenkte daher Dein Weihnachtsgeschenk dem Herrn Direktor, in der Hoffnung, Du würdest von mir den guten Willen annehmen. Mein Weihnachtsfest würde das traurigste gewesen sein, was ich mir hätte denken können, hätte sich der Herr Hauptmann von Restorff und seine Familie nicht meiner auf eine äußerst gütige Weise angenommen. Ich schied vom Direktor sehr ungern, von seinem Hause gern; denn da hat mir, solange ich da war, nur selten die Freudensonne gelächelt; er ist jetzt sehr liebreich gegen mich, wie auch der

Konrektor, der mich schon dreimal auf meinem Zimmer besucht hat. Krüger ist häufig bei mir, wo wir uns dann, wenn die Arbeiten fertig sind, mit Schachspiel unterhalten; es ist ein gar zu netter Mensch; und ich hoffe durch seinen Umgang, wenn ihn auch nicht zu übertreffen, doch ihm ähnlich zu werden an Fleiß und Sittlichkeit. Doch nun muß ich an mein unangenehmstes Geschäft gehen, nämlich Dich bitten, den freilich hohen Betrag meiner Rechnungen zu schicken – ... Auf die Richtigkeit dieser Angabe kannst Du Dich verlassen, und ich werde Dir die quittierten Rechnungen, sobald sie bezahlt sind, einsenden. Um eins muß ich aber sehr dringend bitten, nämlich darum, daß ich die Rechnungen bezahle und nicht Zehlicke, der darauf anzuspielen schien, es würde, wie Du einsehen wirst, sehr unangenehm für mich sein, wenn es hieße, ich ließe Rechnungen schreiben und ein Fremder bezahle sie. Glaubst du, daß ich falsche Rechnungen untergeschoben habe, so bedaure ich mich, daß ich so tief Deinen Glauben verloren habe; ich konnte wohl in den Hundstagen, von der Furcht vor Deinem gerechten Zorn getrieben, eine Lüge sagen oder, eine Zeitlang vom Strudel der Vergnügungen betäubt, meine Pflicht vergessen; aber mit kaltem Blute Dich betrügen kann ich nicht und werde es nie können. Dieser gewährte Wunsch sei von Deiner Seite mein Weihnachtsgeschenk, das ich höher schätzen werde als alle übrigen; von meiner Seite die Versicherung, daß Du nie wieder mich bedauern oder zürnen sollst. Lebe wohl, lieber Vater, und nimm diesen Brief mit dem warmen Herzen auf, womit ihn schrieb. Dein F. Reuter

AN DEN VATER

Parchim, 10. März 1830

Lieber Vater, soeben erhalte ich vom Herrn Zehlicke zwei Briefe, den einen vom 25. und den anderen vom 28. Februar und mit ihnen die Nachricht, daß H. hier ist und die Antwort gleich wieder mitnehmen kann, welches ganz außerordentlich schön paßt, da ich doch diese Tage an Dich geschrieben hätte. Nun habe ich aber so viel zu beantworten, daß ich gar nicht weiß, womit ich beginnen soll; doch da ich mir schmeichle, daß ich doch wohl Dein hauptsächlichstes Interesse in Anspruch nehme, so beginne ich kühnlich mit mir selbst, und zwar mit der Eigenschaft, die Du an Deinem Sohne am meisten wünschest, mit meinem Fleiße. Zu Deiner Beruhigung kann ich sagen, daß ich nicht nachgelassen habe, mir durch Fleiß und sittliche Aufführung Deine Liebe zu erwerben, und das Studium des Lateins (welches freilich mir durchaus das unangenehmste ist), wenn auch etwas gegen meine Neigung, doch so viel, wie mir, ohne die übrigen Wissenschaften zu vernachlässigen, möglich war, betrieben habe. Was die Mathematik betrifft, so kannst Du in dieser Sache füglich des Sporns entraten, denn wenn ich Ostern nach Hause komme, so will ich Dir, soviel nur immer schicklich, die Ohren so mit Neigungswinkeln, Hypotenusen, Katheten, Parallelen und Perpendikeln anfüllen, die Dir hinlänglich meinen Eifer für diese Wissenschaft zeigen sollen. Gesund bin ich jetzt ganz, obgleich ich durch Erkältung, die ich mir neulich durch Einbrechen auf dem Eise zuzog, vor einiger Zeit etwas unwohl ward. Mit meinem Herrn Hilgendorf bin ich sehr zufrieden und habe an ihm noch nicht die Eigenschaft verspürt, die Du erwähnst, im Gegenteil halte ich ihn für einen sehr bescheidenen, gutmütigen Mann; auch bin ich Deinem Wunsche gemäß nicht zu vertraut mit ihm und seiner Familie. Was mein Frühaufstehen betrifft, so kann ich Dir nur so viel sagen, daß ich wegen Kälte im Zimmer, wie alle Schüler, nur um 7 Uhr aufstehe, jetzt aber schon den Anfang mache, mit dem Aufstehen der Sonne gleichen Schritt zu halten, wobei mir mein Herr Wirt (ein Bäcker) sehr behülflich sein kann; also auch in dieser Hinsicht ein gutes Quartier. Mit dem Herrn Zehlicke habe ich über die Gelder gesprochen, aber da Du mir nicht davon geschrieben hast (es ist *sicher* ein Irrtum von Deiner Seite) und ich glaubte, Du hättest deshalb mit Zehlicke selbst eine Korrespondenz, habe ich Dir nichts Näheres hierüber bestimmt gegeben. Soviel ich weiß, ist der Schuster, Schneider und Buchbinder bezahlt, die übrigen nicht. Das Haus des Herrn S... sollte einmal verkauft werden, es ward aber in der nächsten Zeitung widerrufen, doch wenn Du auf Geld hoffst, so möchte ich für Deine Hoffnung keinen Heller geben, und wenn sie auch so gläubig mir erschiene wie die, die Raffaels Pinsel hervorbrachte. Lebe wohl. Dein F. Reuter

AN DEN VATER

Parchim, 20. März 1830

Lieber Vater, Du wünschest in dem Briefe, den ich soeben empfange, binnen vierzehn Tagen Nachricht von mir; die Zeit ist mir zu lang, und so erhältst Du schon jetzt von mir die Beantwortung Deiner im Briefe ausgesprochenen Fragen. Ich kann nicht glauben, daß Du wegen Flüchtigkeit im Lesen meines letzten Briefes auf einen Gedanken verfallen bist, der durchaus von mir nicht ausgesprochen werden konnte noch sollte, der also wahrscheinlich von mir unrichtig ausgesprochen ist. Du scheinst nämlich zu glauben, daß die lateinische Sprache von mir nebenan gesetzt ist und ich nur die Wissenschaften betreibe, zu denen Neigung mich treibt, dies ist durchaus nicht der Fall; wenn mich auch eine oder die andere Wissenschaft, wie es ja in jedem Menschen der Fall ist, mehr als das Latein anspricht, so glaube ja nicht, daß ich über meine Neigung die Nützlichkeit einer Sache in Hinsicht meines zukünftigen Berufes vergesse. Glaube ja nicht, daß Du in mir noch den leichtsinnigen Knaben findest, den Du sonst so sehr mit Recht bei mir mißbilligtest; Du wirst bei mir – durch Hülfe des Schulzeugnisses, welches ich noch nicht kenne, auf dessen für mich vorteilhaftes Zeugnis ich jedoch fest baue – eine bedeutende Veränderung meines früheren Fleißes und Betragens erkennen; aber eine bei weitem bedeutendere wirst Du bei Deiner Beobachtungsgabe in den Ferien bei mir selbst erkennen, und wahrlich eine für mich vorteilhafte, oder ich müßte mich bitter getäuscht haben. Mein Schulzeugnis werde ich Dir Ostern mitbringen und werde nicht dadurch in Verlegenheit geraten, oder meine Lehrer müßten keinen Funken von Ehrlichkeit besitzen; dies mag zu stark ausgedrückt sein, aber ich glaube, Du wirst es dadurch entschuldigen, daß ich nur leider täglich sehe, wie parteiisch es hier hergeht, und es noch mehr früher sah. Ich hoffe, Du wirst, wenn Du das, was ich Dir hier in diesem Briefe verspreche und wovon der Beweis schon in den Osterferien geliefert werden soll, erfüllt und wahr siehst, Dich auch bemühen, mir diese meine Ferien angenehm zu machen; das heißt nicht, Du sollst mich reiten lassen, mir Wein zu trinken und Braten zu essen geben, sondern mir ein freundlich Gesicht und ein freundliches Wort geben, wie in den Hundstagen, als der Vetter aus Belitz da war; und was hiermit notwendigerweise verknüpft ist: Du sollst mir nicht neue Vorwürfe über neu entdeckte Vergehen machen; wenn Du dies nicht tust, so wirst Du mir einen freundlichen Aufenthalt machen – wenn Du es tust, so wird er trauriger sein als das Karzer. Die Ferien beginnen am Mittwoch nach Palmarum; wenn daher am Dienstagabend kein Wagen oder Gelegenheit von Stavenhagen oder einem anderen Orte hier ist und vorher kein Brief angekommen ist, um mir nähere Verhaltungsmaßregeln zu geben, so gehe ich bei diesem schönen Wetter zu Fuß. Der Brief an Herrn Zehlicke ist besorgt. In der Hoffnung, daß Deine und meine Wünsche erfüllt werden, bin ich Dein Fritz Reuter

AN DEN VATER

Parchim, 3. Juli 1830

Lieber Vater, Deinem im vorletzten Briefe ausgesprochenen Wunsche zufolge, bis zu den Ernteferien fleißig zu sein und

hierüber Dir ein Zeugnis von meinen Lehrern zu bringen, bin ich zum Herrn Konrektor gegangen und habe ihn demselben berichtet, mit der Bitte, sich während dieser Zeit zu erkundigen, ob ich nicht ausgezeichnet fleißig sei, und mir dann in einem Briefe an Dich dies zu bezeugen; leider haben aber Umstände, die kein Mensch vorhersehen konnte, dieses mein Bestreben, mich als einen außerordentlich tüchtigen Schüler zu *zeigen,* sehr vergeblich gemacht; denn der Herr Direktor, bei dem ich die meisten Stunden habe, ward plötzlich sehr krank, und die Interimsstunden, die uns der Herr Kantor gab, mußten ebenfalls wegen Krankheit von seiner Seite eingestellt werden. Bei so bewandtem Stande der Dinge ist, wie Du wohl einsehen wirst, es mir unmöglich, meinen Fleiß von seiten der Lehrer bescheinigt zu sehen oder vielmehr so zu wirken, daß sie eine bedeutende Veränderung in einem Fleiße bemerken, der schon früher vor Deiner Anregung wenigstens nicht tadelnswert, sondern vielmehr lobenswert genannt werden konnte.
Dein Brief scheint aus einer Stimmung hervorgegangen zu sein, worin Dich meine Saumseligkeit im Schreiben, mein freiwilliger Eintritt in eine niedrigere Klasse, der Tadel des Herrn Konrektors über meinen mathematischen Fleiß und der Verdacht, mit dem Homeierschen Briefe etwas zu tun, versetzt hat. Was den ersten Punkt anbetrifft, so werden meine Entschuldigungen Dir hinlänglich zum Ekel geworden sein, und so bleibt mir denn nichts mehr über, als Dich zu bitten, es mit jedem anderen Namen, nur nicht mit dem einer Verringerung der Liebe und Achtung von meiner Seite zu belegen. Der zweite Punkt ist dadurch beseitigt, daß ich, die Richtigkeit Deines Ausdrucks, »es sei nicht ehrenvoll«, einsehend, mit der Erlaubnis des Herrn Direktors in die erste Klasse zurückging, mit dem festen Entschluß, fleißig zu sein, auch da, wo mehr, als meinem Wissen angemessen sei, von mir verlangt würde und mit der Freude, hier den besten Platz zu finden, mich Deinem gütigen Versprechen wert zu machen. Den Tadel des Herrn Konrektors habe ich insofern

verdient, insofern ich die mathematischen Arbeiten nicht zur rechten Zeit abgegeben habe; aber durchaus nicht, insofern ich dem Zwecke, Mathematik zu lernen, entgegengehandelt habe, denn noch halte ich mich für einen der besten von sieben Schülern, da mir nicht allein das Begreifen in den Lehrstunden leicht wird, sondern ich auch die Anwendung des Erlernten zu Hause zur Zufriedenheit des Lehrers machen kann. Inwiefern Du mich im Verdacht haben kannst, die Aufschrift auf den Brief von der Homeyer gemacht zu haben, kann ich mir gar nicht vorstellen.

Noch schreibst Du mir, ich möge Dir meinen Aufsatz senden; da aber dies wohl nicht vor den Hundstagen geschehen kann, so schreibe ich Dir hiermit die Unterschrift des Herrn Direktors ipsissimis verbis: »Mit Liebe gearbeitet und durchaus nicht unerfreulich.« Hernach folgt noch etwas, was sich auf einzelnes im Aufsatze bezieht und Dir also nicht klar sein würde. Meine letzten Aufsätze haben fast alle eine gute Zensur, wie z. B.: »Mit Nachdenken gearbeitet«. – »Freilich sehr einseitig, aber in dieser Einseitigkeit nicht ohne Geschick behandelt«. – »Die Schilderung hat ihre lobenswerten Eigentümlichkeiten.« – »Nachdenken und Geschick verraten sich, nur Feile fehlt« usw. Meine Zensur schicke ich Dir hier mit. Lebe wohl und glaube nichts Schlimmes von Deinem

Fritz

AN DEN VATER

Parchim, 12. Juli 1830

Lieber Vater, Du wirst in diesem Briefe mein Zeugnis vorfinden, nicht, wie Du verlangtest, von den letzten 4 Wochen, sondern von Ostern an. Die letzte zweifelnde Frage von dem häuslichen Fleiße kann nur auf die Mathematik gehen, worüber ich schon im vorigen Briefe geschrieben habe. Willst Du mir auf dies Zeugnis die Erlaubnis zum Reisen und Reisegeld geben, so komme ich zuerst nach Hause und reise von dort nach Rügen, welches mir der Herr Konrektor und meine

Neigung dringend vorgeschlagen haben. Wenn Du in diese Reise willigst, so muß ich aber von Dir 12 Taler Reisegeld erhalten, denn ohne diesem kann ich wahrlich nicht auskommen. Ist Dir dieses zuviel, so hast Du über mich zu befehlen, wohin Du wünschest, daß ich meine Schritte lenken soll. Am Sonnabendnachmittag dieser Woche gehen unsere Ferien an, und so würde ich also am Montag folgender Woche in Stavenhagen eintreffen und Euch hoffentlich alle gesund begrüßen. – Über alles andere werde ich Dir hoffentlich am Montage mündlich genauere Nachricht erteilen. In der Hoffnung, daß mein Zeugnis Dir gefalle und daß mein Reiseplan, der mir vom Konrektor vorgeschlagen ist, Dir nicht mißfalle, schicke ich Dir diesen Brief und verbleibe (ut dicere solent) Dein F. Reuter

AN DEN VATER

Parchim, 8. Oktober 1830

Lieber Vater, epistola non erubescit. Doch, denke ich, wirst Du mir meine Saumseligkeit nicht anrechnen oder vielmehr einen Teil Deines gerechten Unmuts von der Stirne wischen, wenn ich Dir meine diesmalige Zensur mitschicke, sie wird Dir ein Beleg sein, daß ich meinen Zweck im Auge gefaßt habe und ihn halten werde; insofern man von vergangenen Dingen auf zukünftige schließen kann; denn stellst Du einen Vergleich mit der vorigen, die Du noch haben mußt und die auch nicht ganz übel war, so wirst Du finden, daß die jetzige ein gut Teil besser ist; und geht das so fort, so bringe ich Dir Ostern eine desgleichen, die ganz untadelhaft ist. Aber nichts von Luftschlössern – laß mich von meinen Taten reden. Ich bin seit den Hundstagen ganz gewiß untadelhaft fleißig gewesen, und noch dazu in einem Zeitabschnitte, wo die Krankheit des H. Direktors die Arbeiten aufs höchste aufgehäuft hatte und wo der Geist, durch die Hundsferien aufgeregt, so sehr geneigt zu Zerstreuungen aufgeregt war; aber es hat auch Mühe gekostet, mit Ehren durchzukommen: in einer Woche habe ich mit Krüger 3 Nächte gearbeitet. Ich sehe, Du schüttelst mit dem Kopfe und nennst es *Tollheiten,* die die Gesundheit gefährden; aber ich kann Dir versichern, ich bin gesund wie ein Fisch. Wie allenthalben haben sich auch hier im Verlaufe einiger Wochen Unruhen im Publikum gezeigt, wogegen aber durch eine eingerichtete Kommunial-Garde Gegenmaßregeln ergriffen sind, die in Patrouillendienste bestehen und wo denn alle ohne Unterschiede, selbst der Herr Direktor und Dein gehorsamster Sohn, die Wachen beziehen; doch nun ist den Leuten die Sache über geworden und der Spaß also vorbei. Ich hoffe, bei Euch werden die Bürger loyal genug sein, um einer solchen Einrichtung nicht zu bedürfen. Ich gefalle mich jetzt hier ungemein und denke schon oft daran, daß es mir äußerst schwerfallen wird, hier abzugehen, welches, wenn ich sehr fleißig bin, in $1^1/_2$ Jahren der Fall sein wird, da ich jetzt in allen Sachen in Prima bin und überhaupt als der Vierte in der Klasse jetzt sitze, nachdem Michaelis 3 zur Universität abgegangen sind. Mit einer Bitte um Kleidung muß ich dennoch beschweren; obgleich dieser Brief sonst nichts Widerwärtiges, sondern nur Erfreuliches enthalten kann. Ich gebrauche einen Rock und eine Hose ganz notwendig, und denn bin ich auch der einzige in Prima, der keinen Mantel hat; doch dies kleide ich nicht als Bitte ein, sondern überlasse es ganz Deinem Gutdünken, da ich wohl weiß, wie kostbar ein solches Kleidungsstück ist und wie sehr ich nötig habe, Deine Ausgaben zu vermindern. Ich hoffe, Du wirst mein ungebührliches Schweigen durch einen baldigen Brief beschamen und dann mir von Deinem und aller übrigen Familiengliedern Wohlsein günstige Nachricht geben. Lebe wohl! Dein F. Reuter

AN DEN VATER

Parchim, 8. November 1830

Lieber Vater, sehr angenehm hat Ernst mich hier überrascht und hat es zufällig so getroffen, daß wir wegen eines Markttages keine Schule hatten und ich also imstande war, mich mit ihm gehörig auszuplaudern; obgleich ich sonst sehr viel zu tun habe, namentlich da ich am 10. Dezember eine deutsche Rede halten soll, an die zu denken ich schon anfangen muß. Ich nehme mir die Erlaubnis und schicke Dir durch Ernst einen eben verfertigten deutschen Aufsatz mit, den der Direktor in der Klasse mit dem Zusatze vorlas, daß derselbe gut sei. Ich arbeite jetzt vorzüglich im Latein und bin darin so glücklich, daß ich ordentlich spüren kann, wie ich weiterkomme. Meine Lehrer sind mit mir zufrieden, und es scheint, als wenn ich auch fernerhin mir ihre Zufriedenheit zu verdienen wissen werde. Gestern bin ich 20 Jahr geworden und habe hoffentlich mit diesem Alter das Ziel meiner gröbsten Verirrungen erreicht, wenn sich auch noch kleinere, von denen der Mensch hin und wieder auch in den späteren Jahren versucht wird, bei mir einstellen. Ich hoffte Dich hier diesen Herbst zu sehen; aber leider habe ich erfahren, daß der Convent in Güstrow gewesen ist und ich also wohl dies Vergnügen bis Ostern vermissen muß, da die Weihnachtsferien sehr kurz (zwölf Tage) und die Wege und Wetter sehr schlecht sind. Deine gütige Erlaubnis in Hinsicht des Rockes und der Hose habe ich benutzt und danke Dir für diesen neuen Beweis Deiner Liebe. Grüße Lisette, Sophie und Großmutter von Deinem F. Reuter

1831

AN DEN VATER

Parchim, 22. Januar 1831

Lieber Vater, daß Dir meine Rede Freude gemacht hat, hat mir Entzücken bereitet. Ich fühl' es so deutlich, daß es etwas wert ist, in einem Dinge der Beste zu sein, und dies werde ich Ostern im Deutschen, wenn Krüger erst weg ist, mit dem ich noch um diesen Ehrenplatz rivalisiere. Wir besitzen beide jeder das eine Haupterfordernis der schriftlichen Darstellung als Eigentümlichkeit, er die Kraft, ich die Deutlichkeit; er arbeitet mit großer Langsamkeit seine Aufsätze, ich sehr rasch, er verwendet seine Kraft auf einzelne Perioden, ich auf den Totaleindruck, und so kommt es, daß wir fast stets entgegengesetzt unser Thema bearbeiten. Er verfehlt öfter das Thema gänzlich, ich nie; dagegen erhält er unter einzelnen Aufsätzen die brillantesten Zensuren, wie z. B.: »Der Aufsatz ist mit Frische und Freudigkeit begonnen und atmet Frische und Freudigkeit« usw., aber ein einfaches »Gut« hat noch keiner außer mir erhalten. Ich bin jetzt der Zweite in der Klasse und befinde mich sehr wohl, sowohl in körperlicher und geistiger Hinsicht. Der Herr Konrektor hat sich meiner in den Ferien sehr freundlich angenommen und mich zu einem Balle invitiert, welches ich mit vielem Danke angenommen habe. Was meine Rechnungen anbetrifft, so habe ich sie Herrn Zehlicke gegeben, der jedoch bis jetzt kein Geld von Brasch empfangen hat. Lisette bitte ich zu sagen, ich danke außerordentlich für die Würste sowie für die Äpfel, nur seien letztere in Gestalt von Apfelmus hier angekommen und hätten ergo ihren Zweck gänzlich verfehlt; mit Sehnsucht harre ich jedoch der Ankunft des Herrn Caspar und mit ihr einer neuen, besser konservierten Auflage entgegen. Grüße Großmutter und Lisette von Deinem Fritz Reuter

AN DEN VATER

Parchim, 15. Juni 1831

Lieber Vater, Du wirst durch den Herrn Konrektor benachrichtigt sein, daß ich krank gewesen bin; aber, Gott sei Dank, es hat sich in einer Woche gegeben, und jetzt bin ich wieder frisch auf. Mit Macht bin ich wieder an die Vorbereitungen zum Examen gegangen, obgleich Du den Wunsch geäußert hast, ich solle noch hierbleiben, da ich hoffe, daß Deine Güte mir nicht die Bitte versagen wird, die Du mir Ostern schon halb und halb zustandest und deren Bedingungen ich teils gelöst habe, teils durch das Zeugnis der Reife lösen werde. Was das Losen anbetrifft, so kannst Du ja für mich losen oder, da ich ein guter Fußgänger bin, kann ich von Halle auch mit acht Talern nach Stavenhagen gelangen, die Ausgabe ist also nicht so groß als die eines verlängerten halbjährigen Aufenthaltes in Parchim. Das Zeugnis der Reife schaffe ich, dafür lasse mich sorgen, für das übrige lasse ich Deine Güte sorgen. Ich habe mich nicht zu sehr in Hinsicht meines Aufsatzes gelobt, wie Du meintest; denn der deutlichste Beweis von der Richtigkeit meiner Aussage ist der, daß der Herr Direktor ihn sich vor einigen Wochen wieder ausbat und ihn einem Lehrer aus Ludwigslust, dem Herrn Rektor Meier, vorgelesen hat, der hernach zu einem hiesigen Schüler äußerte, er habe heute einen Aufsatz eines parchimschen Primaners gelesen, der so gut gewesen wäre, daß er nicht geglaubt hätte, auf Schulen solche Aufsätze zu finden. Ich habe jetzt durch den Wunsch und die Wahl der Klasse ein neues schwieriges Werk zu lösen, nämlich ein Gedicht zum Geburtstage des Herrn Direktors. Dies nimmt meine Tätigkeit sehr in Anspruch. Um so eher muß ich schließen.

Dein F. Reuter

AN DEN VATER

Rostock, 5. Dezember 1831

Lieber Vater, zu Deiner Beruhigung und zur Sprache meiner Freude sende ich Dir diesen Brief, ich bin Gott sei Dank wieder auf, d. h. ich bin mein Fieber los und kann wieder ausgehen, aber mit meinem Magen ist es noch nicht recht richtig, und die größte Vorsicht muß von mir angewendet werden, um nicht mit Rückfällen heimgesucht zu werden. Ich bin recht froh in meinem Sinn, daß es sich so gebessert hat, obgleich der kleinste Verdruß mich neulich fast bis zur Ohnmacht angriff. Trauriger muß Dir die Nachricht über mein Studium sein, nicht daß ich es aus den Augen setze oder gesetzt habe, sondern weil ich so wenig Aufmunterung von außen habe, denn ein so schlechter, planloser, matter und verworrener Vortrag wie der, den ich höre, ist gar nicht zu ertragen, alles Gute und Klare, was ich aus meinem Kompendium (und dies ist gut) geschöpft habe und worüber ich noch gerne einen vollständigeren Vortrag hören möchte, wird mir im Kolleg zu einem salbaderischen Gewäsche und zu einem Gewirre von Worten, die gar nicht zu ertragen und zu verstehen sind. Um mir nicht das ganze Halbjahr ungenützt zu verderben, werde ich mein Studium gänzlich auf das Kompendium beschränken, denn das verstehe ich; das Kolleg mag sehr gut sein, aber ich kann es nicht verstehen, und da durch unverständliche Worte nichts gewonnen wird, so muß ich mich auf mein Kompendium beschränken. Weber ist mit seiner Familie sehr freundlich gegen mich, welches mir ungemein wohl tut, unangenehm ist es mir aber, daß ich schon einigemal zufälligerweise genötigt gewesen bin, wegen körperlichen Unwohlseins den Tisch bei Saniter abzusagen, wenn mir dies nur nicht anders gedeutet worden ist. Was bin ich für ein Narr gewesen, daß ich nicht noch ein halbes Jahr in Parchim geblieben bin, da war's doch anders, da war's so freundlich, hier ist es unausstehlich, weiß es der liebe Himmel, ich kann mich hier nicht gefallen, die Studenten sind meistens gar zu fade, und das Leben unter ihnen ist dürftig unter aller Beurteilung, nichts Freies, Freundliches wie in Parchim, sondern alles ist in die albernen Burschenregeln gezwängt; mein einziges Vergnügen ist, wenn diese Albernheiten so recht kraß auftreten, mich mit Krüger darüber recht auszulachen. Lebe wohl, lieber Vater, und denke an Deinen

Fritz Reuter

1832

AN DEN VATER

Rostock, 20. Januar 1832

Lieber Vater, schon lange hätte ich Deinen Wunsch in Hinsicht des Schreibens erfüllen sollen, teils, um mich für Deine Aufopferungen zu bedanken, teils, um Deine Briefe zu beantworten, teils aber auch, um Dir Nachricht von meinem Leben und Treiben zu geben, welches, wie ich mir schmeichle, für Dich der erheblichste Grund zum Schreiben von meiner Seite ist. Diesen Punkt werde ich demgemäß also vorzüglich abhandeln. In moralischer Hinsicht glaube ich Dir keine Versicherungen von meinem Leben machen zu können, weil ich voraussetze, daß Du mir nie eine Ausschweifung zutrauen wirst, wozu die größere Stadt und die größere Freiheit mich verleiten könnten; darum kein Wort davon. In literarischer Hinsicht mußt Du mir meinen eigenen Weg verzeihen. Die Jurisprudenz, wie *sie hier vorgetragen wird,* würde mir ganz verleidet werden, wollte ich mich ihr mit meiner ganzen Kraft widmen, die, wie ich fühle, nicht unbedeutend ist; aber dies sei ohne Arroganz gesagt: ich schreibe mein Kolleg *Dir zu gefallen* jetzt regelmäßig nach, kann mich aber nicht mit dem Vortrag vertragen, sondern beschränke mein Studium auf den Mackeldey; dahingegen treibe ich Mathematik und andere Schulwissenschaften mit Vergnügen und glaube auch hierdurch dem Zwecke meines Aufenthalts in Rostock zu genügen. Deine scherzhafte Bemerkung, denn anders kann ich sie nicht verstehen, daß eine Liebschaft in Parchim mir den Aufenthalt in Rostock verleidete, ist mir so neu aus Deinem Munde vorgekommen, daß ich mich nicht entbrechen konnte, sie Krüger mit großem Jubel vorzutragen; wir beide haben weidlich uns darüber amüsiert. Ich danke Lisette herzlich für die schönen Stavenhäger Viktualien, bitte Dich aber, Sophie zum Schreiben an mich anzuhalten und Großmutter herzlich zu grüßen. Dieser Brief wird unter sonderbaren Verhältnissen geschrieben, welche Dir vielleicht zu erfahren nicht unlieb sein werden. Seit einiger Zeit werden von mehreren Studenten Spukgeschichten zur Unterhaltung aufgetischt, die bei mir sehr wenig Glauben finden; einer unter ihnen aber, Lettow, den Du kennst und dem ich Glauben beimesse, erzählte neulich eine so merkwürdige Erscheinung von seinem Zimmer in Rostock, daß ich mich nicht entbrechen konnte, ein Abenteuer zu bestehen, er liegt in diesem Augenblicke in seinem Bette, und ich erwarte das Gespenst, freilich ohne Zähneklappen, aber in einer Spannung, die mir, indem ich mich davon überzeugen will, höchst natürlich ist. Eben schlägt die Uhr 12, mein Licht ist so heruntergebrannt, daß ich kaum lesen kann, was ich schreibe, darum entschuldige die schlechte Schrift, kurz, um mich ist es recht schauerlich. Die Aufklärung dieses Abenteuers folgt nächstens. Ich wünsche Dir eine gute Nacht und bleibe Dein lieber Fritz

AN DEN VATER

Rostock, 28. Januar 1832

Lieber Vater, ich weiß nicht, wie ich es anfangen soll, Deine beiden letzten Briefe zu beantworten, wie soll ich die Wahrheit eingestehen, den Irrtum widerlegen, den Vorwurf beschwichtigen, den Argwohn entkräften? Du hast alles so sehr mit meiner Schuld vermengt, hast diese eine Schuld zum Grunde des Tadels, des Vorwurfs, des Irrtums und des Argwohns gemacht, daß ich nicht weiß, ob ich alles das, was mich unverdienterweise getroffen hat, als verdiente Strafe über mein Vergehen annehmen soll oder mich verteidigen und Dich der, freilich verzeihlichen, Übereilung anklagen soll. Nur die Überzeugung, daß dies letztere Dir zur größeren Beruhigung gereichen kann, daß es Dir lieb sein muß, zu wissen, was ich bin und was Du von mir zu hoffen hast,

kann mich bewegen, Dich des Irrtums zu zeihen. Lieber Vater, wozu hat mich Dein Argwohn schon gemacht; wäre ich alles, was Du schon von mir geargwöhnt hast, so wäre es besser, ich hätte längst aufgehört zu sein [...]
Wodurch ist Dir der meiste Ärger und Gram über mich geworden, durch meine Taten? Ja, ich gebe zu, ich habe leichtsinnig, jugendlich gefehlt; aber der meiste ist Dir geworden durch Deinen eigenen Argwohn und durch andere, die Du mir zu Wächtern bestimmt hattest. Von Jugend auf haben andere für mich gehandelt, ich bin nie zum Richter meiner Taten gesetzt worden, andere haben sie gebilligt und verdammt, ich selbst habe nie Gelegenheit gehabt zu sagen, das will ich werden oder das will ich tun, andere haben gesagt, das sollst du werden, das sollst du tun. Meine Eigentümlichkeit ist eine fremde, durch meine Wächter eingeimpft worden, daher die Halbheit in meinem Betragen; weil ich nie gezwungen worden bin, mit den Zufälligkeiten außer mir unmittelbar in Berührung zu treten, sondern in wichtigen Dingen immer mittelbar durch einen Vormund, daher der Wankelmut und Leichtsinn in meinem Charakter. Die Hauptfehler, die Du mir vorwirfst, sind Unfleiß und Verschwendung; Du hast recht; aber sie sind die natürliche Folge des vorher Gesagten. Wann war ich am fleißigsten? Damals, als die Zuchtrute am weitesten von mir entfernt war, als ich mich freier bewegen konnte, als ich sagen konnte: das hast du selbst gewollt, nicht der Direktor. Wann war ich am sparsamsten? Als ich selbst für meine Bedürfnisse zu sorgen anfing, als mir die Verwendung meines Geldes selbst überlassen blieb, und das geschah erst hier in Rostock. Seit einiger Zeit war ich aufmerksam auf mich geworden, ich freute mich über meine Freiheit, ich sah in ihr den einzigen Weg, aus mir etwas Selbständiges zu machen, Dir das Vergangene zu vergüten, und nun drohst Du mir wieder mit Zwang, mit Anwendung der Mittel, die mich früher verdarben. Vater! tue das nicht; es kann keiner etwas aus mir machen, ich selbst muß etwas aus mir machen. Woher war ich beliebt bei

meinen Mitschülern, woher bin ich es bei meinen Bekannten unter den Studenten? Ein Schurke und ein Schuft sind das nie. Warum glaubst *Du* nur immer das Böseste und Schlimmste von mir, von Dir kann man es doch am wenigsten erwarten. Du wendest ein, Du kennst mich am besten; Krüger kennt mich auch, und wir sind Freunde. [...] Ich hätte Dir meine Schuld eingestehen sollen; aber Dein Argwohn wäre dann wieder neu erwacht, und ich fürchtete alles für mich; das war eine Schwäche. Lieber Vater, nun will ich frei mit Dir reden, aber nun komm mir auch freundlich entgegen und schreibe nicht wieder mir einen so harten Schluß als am Ende Deines letzten Briefes, glaube doch an mich; denn Krieg ist ewig zwischen List und Argwohn, nur zwischen Glauben und Vertrauen ist Friede. Über meinen Aufenthalt in Rostock habe ich nicht nötig, Deine Vergebung in Anspruch zu nehmen, ich bin fleißig und sparsam gewesen, und dennoch kann ich Deine beiden Wünsche nicht erfüllen, Du hast sie wahrscheinlich nicht bedacht, sonst hättest Du sie mir nicht angemutet; denn das eine ist Dir bekannt, nämlich, daß ich die Vorlesungen von Elvers nicht fleißig besucht habe, zuerst besuchte ich sie regelmäßig, darauf konnte ich 5 Wochen nur wegen meines Fiebers unterbrochen hingehen, dann ging ich wieder regelmäßig hin, konnte aber, wie ich Dir vor Weihnachten schrieb, nicht seine Vorlesungen mit dem Mackeldey in Einklang bringen und ging also nicht hin, nach den Ferien bin ich auf Deine Vorstellung wieder eine Zeitlang hingegangen, seit 8 Tagen gehe ich nicht mehr hin und werde auch nicht wieder hingehen, weil es mir nichts hilft. Dagegen hat mir ein guter Freund, der Advokat Groth, der hier im Hause wohnt und ein sehr geschickter Jurist ist, ein Heft geschenkt von einem Leipziger Professor, Schilling, es ist allein auf Mackeldeys Handbuch berechnet und erläutert das mir Dunkle darin sehr vortrefflich. Ich hoffe, die Institutionen und die Rechtsgeschichte sind auch bis Ostern ganz innezukriegen, und scheue kein von Dir angestelltes Examen. Dein zweiter Wunsch in Ansehung der Rechnungen ist mir ebenfalls zu erfüllen unmöglich, ich lebe hier für den täglichen Schilling, habe ich etwas gebraucht, so habe ich es auch gleich bezahlt, weil ich durch Deine Güte immer mit dem notwendigen Gelde versehen war. Buch habe ich darüber nicht gehalten. Ich bin jetzt nichts schuldig als ein Paar Stiefel, die ich gestern von dem Schuster erhalten habe, und zu Ostern denke nur das mir bestimmte Geld zu gebrauchen. Nun noch eine Bitte, lieber Vater, willst Du Nachricht über meinen Fleiß haben, wende Dich nicht an August, willst du Nachrichten über meine Finanzen haben, nicht an Weber, sondern an mich und verzeihe mir, daß ich Dich so lange auf diesen Brief habe warten lassen, er ist mir schwer geworden und dennoch mangelhaft, gebe Gott, daß er Dich überzeugt; angefangen habe ich ihn am 28. Januar, wie Du siehst, und beendigt ist er am 2. Februar. Nun lebe wohl und antworte mir freundlich. Dein F. Reuter

Als Zeit, wann Du vollkommen von der Wahrheit dieses Briefes überzeugt sein sollst, setze ich die Osterferien, jetzt bitte ich Dich nur um Vertrauen.

AN DEN VATER

Rostock, 29. Februar 1832

Lieber Vater, es freut mich unendlich, daß mein letzter Brief beruhigend auf Dich gewirkt und in Dir die Überzeugung geweckt hat, daß es mit mir doch wohl so schlimm nicht stehe, als Du vermutetest; diese Überzeugung soll auch gewiß in keiner Hinsicht getäuscht werden: ich schlage mich gewaltig mit den Servituten und Emphyteusis herum und denke sie so zu besiegen, daß ich sie Dir bis Ostern gefesselt überbringen kann; manches bleibt meinem Auge freilich noch verborgen, namentlich kann ich manchmal nicht begreifen, wie die verwetterten lateinischen Ausdrücke zu verstehen sind, da sie von meiner in Parchim eingelernten Philologie so gänzlich abweichen. Die Jurisprudenz gefällt mir im ganzen recht wohl, und ich hoffe, sie wird mir sehr gefallen, wenn mir durch einen guten Vortrag der Grund, *warum* alles so und nicht anders sein kann, einleuchtend gemacht wird, bis jetzt muß ich mich gänzlich auf meine individuelle Ansicht beschränken, die mir freilich fast immer durch mein Gefühl sagt, daß alles sehr vernünftig, durchdacht und durchgefühlt ist, mir aber auch, weil sie auf keinem philosophischen Grunde ruht, immer den Zweifel beimischt, ob sie auch die richtige sei. Lernen kann ich die juristischen Sätze, aber sie begreifen muß mich ein anderer lehren. Um das Konviktorium bin ich schon eingekommen, habe aber keine sehr tröstliche Antwort erhalten, nämlich, daß bei der so großen Anzahl älterer Exspektanzen ich im glücklichsten Falle erst zu Weihnachten 1832 auf Hebung rechnen kann; also, diese Unterstützung wird mir wohl abgehen, wenn Du, wie ich hoffe, mich Ostern nach einer fremden Universität senden wirst, ich möchte Dir Jena vorschlagen, wo ich offenbar unter sehr günstigen Umständen studieren kann, da v. Schröter im Sommersemester seine Institutionen liest, die nicht allein von äußerster Bedeutung, sondern sogar von literarischer Wichtigkeit sind, die beiden Martin und Coropach sind doch auch nicht zu verachten, ich habe mir nämlich vorgenommen, noch einmal die Institutionen zu hören, die Gründe dafür sage ich Dir zu Hause. Krüger geht auch nach Jena, welches auch für mich, und ich glaube auch für Dich, ein Grund sein kann, mich dafür zu entscheiden. Was Du mir von Weber schreibst, ist mir sehr angenehm, um so mehr, da ich die Familie auch sehr achte und sie mir gewiß auch alles Gute tut, ich werde öfter dahin in Gesellschaft gebeten und stets recht freundlich aufgenommen. Zu Anfang April werde ich zu Hause eintreffen können und mit Dir das Weitere besprechen, worauf ich mich recht sehr freue, da mir eine Art Unterhaltung hier in Rostock ganz abgeht, die Du namentlich in sehr großer Gabe besitzest, nämlich die didaktische. Von den 40 Talern, die ich Deinem Versprechen gemäß noch zu

Ostern erhalten soll, schickst Du mir wohl 10 Taler, die ich für meine täglichen Ausgaben gebrauche; dies Vierteljahr ist gar zu lange. Nun grüße die Mädchen und sage Sophie, sie solle doch auch an mich schreiben; Großmutter sage mit dem herzlichsten Gruße, ich sei noch größer geworden und so hoch, daß sie mit bloßem Auge meine Nase nicht mehr sehen könne. Lebe wohl! Dein F. Reuter

AN DEN VATER

Schwaan, 2. April 1832

Lieber Vater, von dem schönen Wetter herausgelockt, habe ich gestern eine kleine Ausflucht hierher gemacht, um Karl zu besuchen, der sich recht wohl befindet und Dich grüßt. Meine Ferien gehen diese Woche an, und deshalb möchte ich mich bei Dir erkundigen, wie Du wohl die Fortschaffung meiner Sachen nach Stavenhagen bestimmt hast; ich selbst werde zu Fuße dort mit dem Anfange der nächsten Woche eintreffen und denke durch Gelegenheit, die Herr Weber mir wohl verschaffen könnte, meine Sachen nach Hause besorgen zu können. Zur Soldatenmessung habe ich mich hier auf die Polizei begeben müssen, ich bin $7^1/_2$ Zoll taxiert, möchte Dir aber den Rat geben, mir vorläufig keinen Stellvertreter anzuschaffen, da ich ganz gewiß, auch im schlimmsten Falle, durch Kurzsichtigkeit freizukommen hoffe. Die erbetenen 10 Taler habe ich vom Herrn Weber erhalten und muß Dich jetzt um die mir noch zustehenden 30 Taler bitten; Du schriebst freilich in Deinem letzten Briefe, daß ich so viel nicht mehr erhielte, hast mir aber doch in einem anderen Briefe ausdrücklich geschrieben, ich erhielte zu Ostern noch 40 Taler, wo Du mir dann die Kleidungsstücke nicht rechnen wolltest, das wäre auch wirklich nicht billig, denn hättest Du sie mir ein Vierteljahr eher machen lassen, wo ich noch Schüler war, wären sie mir nicht in Anrechnung gebracht, und überdies ist dies ein so langes Semester gewesen und noch dazu das erste, wo so mehrere Ausgaben vorfallen, die nachher nicht vorkommen, wo man so oft von anderen Studenten um kleine Anleihen gebracht wird. Ich denke also, Du wirst meinen Wunsch und Dein Versprechen erfüllen und mich dann freundlich, an Geist und Körper gesund, im Vaterhause empfangen, wohin meine Liebe zu Euch mich treibt. August geht nach Jabel und wird auch nach Stavenhagen kommen, ob mit mir zusammen oder später, wenn ich schon nach Jena abgegangen bin, weiß ich nicht. Nun lebe wohl und gedenke Deines F. Reuter

AN DEN VATER

Jena, 25. Mai 1832

Lieber Vater, nun bin ich hier und soll hier studieren – ja, unter solcher Leitung, bei so einem Vortrage muß man lernen, man mag wollen oder nicht. Ich habe mit Fleiß nicht eher geschrieben, als bis das Wichtigste für Dich und für mich eingetreten war, nämlich die Vorlesungen über Institutionen von Schröter, der erst vor 4 Tagen zu lesen begonnen hat; das ist ein Mann, sein Organ ist schlecht, aber was er sagt, ist mit einer Genauigkeit, einer Bestimmtheit hingestellt, woran man nicht rütteln noch rühren kann, seine Diktion in der Rede ist außerordentlich, er spricht frei mit außerordentlicher Lebendigkeit, und dennoch stößt er nie an, wiederholt nie, was er gesprochen, und was er schon von seinem Gange gesagt hat, den er bei der Vorlesung nehmen will, ist ganz so, wie es mir gut scheint. Das ist das wichtigste, nun zu anderen Dingen. Meine Reise ist sehr glücklich vonstatten gegangen, und zwar über Berlin und Halle hierher; doch zwei Deiner Wünsche habe ich nicht erfüllen können, nämlich: den Onkel in Belitz zu besuchen, da Krüger durchaus nicht einwilligen wollte, wir glaubten, die Kollegia seien schon angegangen; und dann über den Kümmel- und Kardenbau Dir Nachricht zu geben; ich habe auf meiner ganzen Reise kein einziges Feld dieser Art gesehen, obgleich ich von Halle bis hier zu

Fuße gegangen bin, doch habe ich Gelegenheit gehabt, Karden zu sehen, die verfahren wurden, sie steckten nicht in Säcken, sondern lagen, zu kleinen Bündeln von 10 zusammengebunden, frei auf dem Wagen, übrigens schienen sie gut zu sein und spröder wie die Deinen. Es gefällt mir hier außerordentlich gut; Jena selbst hat eine himmlische Lage, mitten in dem Saaltal, von 3–400 Fuß hohen Bergen umgeben. Hier ist alles ganz anders als bei uns, das Volk lebendiger, aufgeklärter; ich möchte Dir bloß gönnen, wie richtig so ein jenischer Bürger über Staat und Staatsverwaltung räsonniert; überhaupt herrscht hier im Weimarischen eine große Spannung in politischer Hinsicht, das Volk verlangt Preßfreiheit und Stände, ja sogar Geschwornengerichte, und Jena scheint der Mittelpunkt der Liberalen zu sein; alle verbotenen Blätter werden hier öffentlich mit rauschendem Beifalle in den Kneipen vorgetragen und mit Anmerkungen versehen, die grade nicht zu den glimpflichsten gehören. Nun lebe wohl, Du erhältst bald wieder einen Brief von Deinem

F. Reuter

Entschuldige das unbeschnittene Papier diesmal, ich habe vergessen, eine Schere zu kaufen. Meine Adresse ist: An den stud. juris F. Reuter in der Carlei abzugeben an Frau Schilling.

AN DEN VATER

Camburg, [4. oder 5. Juli 1832]

Lieber Vater, Du erhältst diesen Brief spät, aber eh' war es mir nicht möglich; denn in der Gegend von Jena habe ich nichts von dem Stand und Preis des Kümmels erfahren können und bin deshalb während des Vogelschießens in Jena hierher nach Camburg gereiset, wo etwas, jedoch nur wenig Kümmel gebauet wird; ich habe mich hier indessen bei Landbauern und Kaufleuten erkundigt, und das Resultat ist folgendes: vor drei Wochen galt der Zentner 11 Taler, jetzt gilt er 10 Taler, man glaubt jedoch, er steigt wieder, die Ernte ist sehr schlecht, hat sich jedoch in den letzten Tagen durch die Nässe etwas gehoben, woher auch der Pfeifer hinausgetrieben ist; dies habe ich aus sicheren Quellen, ich werde indessen nicht auf halbem Wege stehenbleiben, sondern werde noch weiter nach Halle zu gehen und mich daselbst erkundigen und auch das Resultat davon Dir melden. Diesen Brief schreibe ich nur, um den mir von Dir bestimmten Termin zu halten; das Nähere folgt zwei oder drei Tage darauf; aber nun muß ich meinen Wanderstab ergreifen und davongehen, denn mein Gefährte treibt. Also in zwei oder drei Tagen einen anderen, besseren Brief von Deinem

F. Reuter

AN DEN VATER

Jena, 21. August 1832

Lieber Vater, ich kann Dir unmöglich die Härte und den Argwohn verargen, mit welchem Du in Deinem letzten Briefe sprichst, aber habe ich die Sache Dir, wie sie ist, vorgestellt, so wirst Du nicht mir, sondern dem Wirte zu Camburg die Schuld geben. Die Sache verhält sich folgendermaßen: Um Deinem Auftrage in Hinsicht des Kümmels vollkommen Genüge zu leisten, beschloß ich, eine Reise nach der halleschen Gegend zu machen, ich wählte, um kein Kolleg zu versäumen, die Zeit des Vogelschießens hieselbst und ging, allenthalben Erkundigungen einziehend, bis nach Camburg; von dort aus schrieb ich Dir vorläufig das Resultat dieser Erkundigungen unter dem 4. oder 5. Juli. Zugleich schrieb ich an den Herrn Direktor Z. wegen seines Sohnes Carl, der sich, nachdem er in Halle relegiert war, in Camburg aufhielt, und bat den Direktor, er möchte die Schuld bei dem Wirte zu Camburg, die sein Sohn daselbst kontrahiert, bezahlen; alles dies tat ich auf Bitte des Wirts, der seine Rechnung dem Briefe beifügen wollte. Wie ich aber jetzt brieflich erfahren, hat er mit der Anfertigung der Rechnung gezögert und beide Briefe bis zu dem Datum liegenlassen, der auf dem von mir verlangten Postschein bemerkt ist; zur größeren Bescheinigung schließe ich denselben hier mit ein. Aber durch das Hin- und Herschreiben eben dieses Scheines wegen nach Camburg ist mehr Zeit verlorengegangen als die von Dir bezeichneten 12 Tage, ich hoffe, Du wirst die Billigkeit der Entschuldigung beachten. Was den Preis des Kümmels anbetrifft [...]

Lieber Vater, was nun noch in Deinem Briefe zu beantworten ist, ist wieder ein Anflug von Mißtrauen, das jedoch aus der edlen Quelle Deiner väterlichen Liebe hervorgegangen ist, ich werde aber Dir schreiben, wie es mit meinem Studium steht; seitdem ich die Institutionen besuche, fehlen mir drei Stunden, von denen jedoch schon etwas wiederholt ist, ich folge ganz treu Deinem Rate, den alten Höpfner zu studieren, obgleich Schröter ein großer Feind der alten Herren ist und oft über sie herzieht; da ich jedoch nun, was die Positivität anbetrifft, nicht Schröters Meinung über den Höpfner bin, so befolge ich Deinen Rat und studiere ihn alle Tage von 6–7 Uhr des Morgens, indem ich jedesmal das vornehme, was ich von 7–9 wahrscheinlicherweise im Kollegio vorgetragen höre. Du siehst also, daß es nicht übel mit mir steht und daß ich Deine Hoffnungen erfüllen werde, zumal, da Schröters Institutionen eines der ausgezeichnetsten Kollegia ist, welches überhaupt gelesen wird. Um Dich noch mehr von der Wahrheit meiner Aussage zu überzeugen, werde ich mir zu Michaelis den fleißigen und aufmerksamen Besuch der Institutionen von meinem Lehrer testieren lassen. Lebe wohl und grüße alle viel von Deinem F. Reuter

AN DEN VATER

Jena, 23. September 1832

Lieber Vater, Deinem Verlangen, innerhalb 14 Tagen Nachricht von mir zu erhalten, konnte ich nicht willfahren, wenn ich das Verlangte, nämlich das Attest über den Besuch meines Kollegs, mitschicken wollte, da die Kollegia bei Ankunft Deines Briefes noch nicht geschlossen waren und also auch noch nicht testiert werden konnten. Was die Unwahrheit in meinem letzten Briefe anbetrifft, so habe ich ausdrücklich »Institutionen« geschrieben, in diesen habe ich nur 3 Stunden gefehlt; in der Rechtsgeschichte bin ich nur zu Anfang hineingegangen, da ich dies schon bei Elvers gehört habe, der in dem Vortrag von *Geschichte* wohl kaum Undeutlichkeit entwickeln konnte. Ich habe in diesem Semester Rechtsgeschichte und Institutionen oder, wie v. Schröter sich ausdrückt, das Privat-Recht selbst gehört, dies wurde zuerst zweistündig täglich, darauf dreistündig und zuletzt vierstündig gelesen, und in dieses bin ich unausgesetzt hineingegangen, wie mein Testat bezeugt. Im nächsten Semester werde ich bei v. Schröter Pandekten und bei Schmidt Völkerrecht hören, da ich die Institutionen innehabe und sie nicht mehr, wie Du fürchtest, zu hören brauche. Um der Wahrheit zu folgen, schreibe ich Dir, daß ich Schulden habe, und zwar ungefähr 8 Louisdor. In Jena habe ich diese Schulden nicht gemacht, sondern in Rostock, von hier habe ich sie dahin bezahlt, und da ich hoffte, sie hier ersparen zu können, habe ich sie Dir nicht angegeben; dies würde auch gegangen sein, hätte ich nicht durch Geldausleihen einen Verlust erlitten, diesem fast gleich. Zuerst lieh ich einem armen Studenten 3 Louis, die er mir wiederzugeben versprach, er ist aber abgereiset, und noch habe ich es nicht wieder. Darauf lieh ich dem Stiefsohn des Direktor Z., der, in Halle relegiert, sich in sehr trauriger Lage befand, auch 2 Louis, die ich jedoch wiederzuerhalten hoffe. Du hast nun die Wahrheit erfahren, ich habe durch diese Ausgaben natürlich hier Schulden erhalten, die ich schwer werde tilgen können, vorzüglich, wenn ich meinen Wechsel quartaliter erhalte, wo ich namentlich den fürs erste Quartal für Kollegia, Holz und Miete, da ich aus meinem Quartier ausziehe, wohl hingeben muß. Den Plan, den Schröter mir machte, habe ich befolgt, und ich brauche nun nicht einmal ein Institutionen-Repetitorium zu hören. Was nun die ausgebreiteten Studentenverbindungen anbetrifft, so ist dies ein Irrtum, ich habe gute Freunde und namentlich auch Landsleute hier vorgefunden, aber wie mich das hindern sollte zu studieren, ist mir nicht klar, darüber sei ohne Sorgen, ich habe einmal jetzt angefangen zu arbeiten, und es wird weitergehen. Ich bitte Dich noch mal, habe guten Mut und male Dir nicht immer alles so schlimm aus, es ist nicht so schlimm; ich bin leichtsinnig, aber doch nicht in solchem Grade, daß ich mein Unrecht nicht fühlen und auf Änderung sinnen, ja sogar damit anfangen und fortfahren sollte. Ich hoffe von Dir einen ruhigeren und trostreicheren Brief als den letzten, mit dem Zusatze, daß Ihr alle gesund und namentlich von der Cholera nicht bedroht seid, die, wie ich von anderen gehört habe, in Eurer Nähe wütet. Grüße alle von Deinem F. Reuter

AN DEN VATER

Jena, 24. Oktober 1832

Lieber Vater, ein ungemein widriges Mißgeschick hat mich heimgesucht und an der prompten Beantwortung Deines Briefes verhindert. Ich gehe nämlich einige Tage nach Deines Briefes Ankunft vor die Tore Jenas und beschließe des schönen Wetters wegen, eine Ausflucht auf die Berge zu machen; nachdem ich mich nun hinlänglich ergötzt über die schöne Natur, kehre ich zurück, werde aber von der Dunkelheit überrascht und, des Weges verfehlend, stürze ich von einem Abhange herunter. Wie ich unten lag, fühlte ich einen fürchterlichen Schmerz am Fuße und mußte mich demnach entschließen, da ich auf dem Felde bei dieser Witterung nicht schlafen konnte, nach Hause zu hinken. Der Arzt erklärte, der Knöchel sei übersprungen. Jena, den 31. Oktober. Ich fahre weiter fort. Ich mußte mich bequemen, 8 Tage im Bette zuzubringen und dann mühsam am Stabe umherzuhinken.

Des Morgens war mein Fuß jedoch von der Betthitze immer noch geschwollen und hielt mich zu Hause fest, so daß ich einige Kollegia versäumen mußte; ich hoffte nun bald ins Kolleg gehen zu können und fing an, Deinen Brief, da ich sitzen konnte, zu beantworten; aber an demselben Tage, wie ich zu Tische gehe, tue ich einen Fehltritt, der mich von neuem in das Bett fesselte und mir die Vollendung des Briefes verbot. Jetzt bin ich wieder auf und – hinke, denn eine gewisse Steifigkeit im Knöchel hat sich noch nicht gegeben, ich hoffe aber, es wird sich im Verlaufe dieser Woche bessern, da jeder Tag etwas besser vergeht. Ich habe nun leider wider meinen wahrlich! festen Willen Kollegia versäumt, aber dies hole ich sicher bald nach, zumal da ich mit mehreren guten Freunden, die die Pandekten schon gehört und ziemlich innehaben, zusammengetreten bin und mit ihnen repetiere oder in bezug auf mich vielmehr präpariere. Der Ob.-App.-Rat v. Schröter ließ mich damals, als ich schon ein bißchen herumging, zu sich kommen, in der Meinung, ich schwänzte das Kolleg, ich setzte es ihm aber auseinander und versprach ihm, so bald als möglich zu kommen; dies hat ihm nun wohl bei meinem letzten Anfall etwas lange gedauert, und so hat er dann zum zweiten Male geschickt, wo es mir aber ganz unmöglich war, seiner Aufforderung nachzukommen. Morgen denke ich jedoch ins Kolleg und zu ihm zu gehen. Ich danke Dir auch für die von mir richtig empfangenen 80 Taler Gold, die Du ganz gewiß mit Nutzen angewendet sehen wirst. Meine Bedürfnisse wie meine Schulden sind damit bezahlt, und ich hoffe zu Ostern von letzteren rein zu sein, wenn Du mir zu Weihnacht dieselbe Summe sendest. Ich wohne bei dem Besitzer der Rats-Apotheke, Herrn Bartels. Deinen Wunsch in Hinsicht des Kümmels habe ich noch nicht erfüllt, werde aber innerhalb acht Tagen einen folgenden Brief an Dich schreiben, worin ich es beantworten werde. Grüße an Großmutter und die Schwestern und hütet Euch vor der Cholera, bei uns ist sie auch, aber unbedeutend gewesen. Lebe wohl! Dein F. Reuter

AN DEN VATER

Jena, 19. November 1832

Mein lieber Vater, Dein eben durch den Herrn Ob.-App.-Rat v. Schröter (der ein Mecklenburger ist, aber woher, ist mir unbekannt) erhaltener Brief hat mich auf höchst unangenehme Weise berührt, und nur die Äußerung in Deinem Briefe, daß Du Dich wunderst, warum ich nicht in der Zeit meines Krankseins Deinen Brief beantwortet habe, konnte mich zwingen, Deinen jetzigen Brief zu beantworten, da ich, aufs neue, und zwar innerlich, erkrankt, zum ersten Male das Bette verlassen habe, um Deiner Anforderung zu genügen, es wird mir schwer werden, aber ich will nicht länger ein Gegenstand Deines ungegründeten Verdachts der Trägheit sein; hätte ich geglaubt, daß Du mir alle Wahrheitsliebe absprächst, so würde ich Dir meinen früheren Unfall gar nicht gemeldet haben, den Du so argwöhnisch beleuchtest. Der Herr v. Schröter scheint ebenfalls argwöhnisch zu sein, da ich, nachdem ich 14 Tage regelmäßig ins Kolleg gegangen bin, durch ein Übel im Magen oder im Blut, genug, der Arzt weiß es selbst nicht recht, im Besuch der Kollegia verhindert bin und von ihm einen Brief erhalten habe, der durch die Güte Krügers, der zu ihm gegangen ist, wahrscheinlich schon beantwortet ist. Nach dem Preise des Kümmels habe ich mich erkundigt, er ist 16 Taler, 4 bis 8 Groschen, wie mir ein Kaufmann sagte. Ich habe mein 23. Jahr begonnen, aber wahrlich sehr unglücklich, und wenn es nicht besser wird, so wünschte ich, ich teilte das Los meines Hausgenossen, Ad. Haupt, der hier neben mir in der Stube liegt auf dem kalten Stroh und morgen seiner Mutter, der Erde, wiedergegeben wird. Er war mein guter Freund, und da er ein fleißiger, tüchtiger Mensch war, so war er ein Grund dazu mehr, mich mit ihm und Nauwerk – auch ein Mecklenburger – zum gemeinsamen Arbeiten in einem Hause zu verbinden. Ich muß traurig sein, und ich will traurig sein, ich habe keine Aufmunterung zu einer Freude, hier sitze ich nun, schreibe mühsam einen Brief, und wenn er bei dem ankommt, wo er doch wohl am ersten Mitgefühl erwecken sollte, bei meinem Vater, so fragt der: »Sollt's auch wohl wahr sein?«; dann kommt der Herr v. Schröter, schreibt mir einen Brief, ich solle in sein Kolleg kommen, und ich kann nicht auf den Beinen stehen. Ich habe dem Oheim in Jabel versprochen, nach Michaelis an ihn zu schreiben, ich will es lieber nicht tun, ich könnte den Brief wahrscheinlich auch nicht hinter den Spiegel stekken, den ich zur Antwort bekäme. Ich werde Ostern nach Hause kommen, und da kann es entschieden werden, ob ich weiter studieren soll oder nicht, ich will dann aber kein Wort in der Sache reden und will ohne Einwendungen und Gründe Deinen Befehl hören und ihn befolgen, will bei dem geringsten Unwillen von Deiner Seite freiwillig davon abstehen und werden, was Du willst. Ist doch eine schöne Sache, wenn man einen Freund hat, zuweilen kam doch einer oder der andere und fragte, wie mir's ginge, 's ist doch eine schöne Sache. Sage Großmutter, ich wünsche ihr baldige Besserung und nähme innigen Anteil, ich würde selbst an sie geschrieben haben, aber nun kann ich nicht mehr. Lebe wohl! Dein

F. Reuter

1833

AN DEN VATER

Jena, 2. Januar 1833

Mein lieber Vater, ganz sicher hast Du von mir vor Weihnachten einen Brief erwartet, aber es war mir nicht möglich, diesen billigen Wunsch zu erfüllen, Du verlangtest und wünschtest von mir einen Brief, worin die Nachricht von meinem geistigen und körperlichen Wohlbefinden enthalten wäre, und um Dir die Festtage nicht zu verbittern, konnte ich Dir Deinen Wunsch nicht gewähren. Mein Fuß wird, glaube ich, nicht ganz wieder besser, er schmerzt, wenn ich etwas gehe, und der Mangel an Bewegung macht mir anderweitige Kränklichkeiten und finstern Sinn, der jedoch schon geschwunden ist und mehr und mehr einem freieren Wirken gewichen ist, dessen Früchte sich in dem fleißigen Besuche der Kollegia und im häuslichen Arbeiten zeigen. Ich denke, das neue Jahr wird mir besser nützen wie das alte und von mir besser benutzt werden wie das alte. Die Institutionen habe ich, wie ich Dir schon geschrieben habe, ziemlich inne; aber mit den Pandekten sieht's noch wüste aus, und ich fürchte mich ordentlich, wenn ich den Haufen Papier betrachte, den sie einnehmen, ich studiere sie freilich, kann aber das von Schröter Gegebene, was, nebenbei bemerkt, fünf starke, jedes drei Finger dicke Hefte werden, nur im sehr kurzen Abriß repetieren. Heute bin ich nach acht Tagen Ferien zum ersten Male wieder ins Kolleg gegangen. Obgleich diese Ferien etwas sehr laut allhier zugebracht worden sind, da die Pedelle Schläge von den Studenten erhalten haben und die Wache von ihnen demoliert ist, auch Bälle und andere Festlichkeiten veranstaltet worden sind, so bin ich doch ruhig und still zu Hause geblieben und habe fast keinen Zeitraum in meinem Leben so einförmig, aber auch in einzelnen Augenblicken so mißmutig verlebt; ich wollte, daß es bei Euch anders gewesen wäre und daß Ihr alle gesund das neue Jahr angetreten habt. Beim Ob.-App.-Rat v. Schröter bin ich gewesen und habe ihm meine Aufwartung gemacht. Ich glaube, lieber Vater, unsere Briefe werden in der Irre umhergeschickt, denn das Postgeld ist bei einzelnen Briefen ganz verschieden und zuweilen fast noch mal so teuer wie die Briefe anderer, die noch weiter als wir voneinander entfernt sind. Du hast mir das freundliche Anerbieten gemacht, die Kosten für Arzenei und Arzt mir zu ersetzen, ich nehme es an, indem ich Dir melde, daß es nahe an 9 und 1/2 Taler sind, und danke Dir hiermit für Deine Güte, schade, daß ich nichts Besseres als Versprechungen dafür in die Waagschale zu legen imstande bin; doch will ich Dir etwas melden, was Dir vielleicht ein wenig Freude macht, ich habe hier etwas gelernt, was man nicht allenthalben lernt, und noch dazu habe ich es mit gar keinem Kostenaufwand und mit wenig Zeitaufwand gelernt, nämlich das Porzellanmalen, und habe, obgleich ich nur zwei Pfeifenköpfe gemalt habe, schon mit dem zweiten so viel Glück gehabt, daß ein Kenner ihn zu 3 Taler taxierte. Wenn dies nun auch nichts Wesentliches für mich ist, so schadet's doch auch nicht, zumal da ich einen sehr unbedeutenden Teil meiner Zeit darauf verwendet habe. Daß unsere Großmutter wieder gesund ist, freuet mich recht sehr, und ich bitte, grüße sie herzlich wie auch die Schwestern von Deinem F. Reuter

AN DEN VATER

Jena, 25. Januar 1833

Lieber Vater, ich weiß nicht, wie es kommen mag, daß alles mögliche Mißgeschick über mich hereinbricht; von dem jedoch, welches jetzt mich betroffen hat, habe ich schon früher einen Fall selbst bei mir erfahren, nämlich von dem Verlorengehen der Briefe auf der Post; Du magst mir es auf meine Ehre glauben, daß ich nicht so nachlässig gewesen bin,

Dir nicht zu schreiben: ich habe am 4. oder 5. dieses Monats einen Brief auf die Post geschickt, worin ich Dir den Deinigen beantwortete, und darauf erhielt ich erst Deinen zweiten vom 31. Dezember; ich habe meinem Wirt es aufgetragen, selbst sich bei dem Mädchen, die den Brief besorgt hat, nach der Wahrheit meiner Aussage zu erkundigen. Die Nachrichten, die ich Dir darin mitteilte, waren nicht trauriger Art oder gar solcher, die Verzeihung von Dir erheischt hätten, nein, ich kann Dir versichern, daß ich regelmäßig ins Kolleg gehe und auch zu Hause nicht müßig bin. Mein Kollegium wird jetzt nämlich nach Weihnachten vierstündig an jedem Tag gelesen, und ich fehle nie darin, obgleich es wahrlich sehr ermüdend ist. Mit meiner Krankheit ist es gottlob vorüber, und mein Fuß ist auch fast völlig wieder gesund, auch, was ich früher sehr mit Recht befürchtete, haben sich gar keine übele Folgen spüren lassen. Ferner schrieb ich Dir noch von einer Sache, die vielleicht nicht ganz mit Deiner Billigung kongruieren wird, aber, da sie unschuldig und sogar nützlich ist, doch wohl Verzeihung bei Dir erhalten wird; ich habe nämlich hier Gelegenheit gehabt, Porzellan zu malen, habe es erlernt, und das mit wenig Zeit- und Geldaufwand, und habe schon einen selbst gemalten Kopf zu Weihnachten einem meiner Freunde schenken können. Auf unserer Universität sieht es schlimm aus, sehr schlimm; seit drei Tage vor Weihnachten ist fast kein Tag vergangen, wo nicht fürchterlicher Straßentumult von den Studenten ausgeübt wurde, dem Amtmann, mehreren Professoren und anderen Privatleuten sind die Fenster eingeworfen worden, die Pedelle sind durchgeprügelt worden, die Wache der Polizei ist demoliert worden; aber alles dies ist noch nichts gegen den Skandal von vorgestern abend, es war fürchterlich; erst erhob sich ein Gebrülle, darauf wurden alle Laternen zertrümmert, Fenster eingeworfen und der Beschluß mit der Zerstörung mehrerer Haustüren und Fensterläden gemacht. Daß ich mich von allen diesen Exzessen entfernt gehalten, wirst Du mir glauben, bei keinem bin ich tätig gewesen, und doch bin ich vielleicht schon darin verwickelt, denn an demselben Abend kam ich im Dunkeln nach Hause und ward von einem betrunkenen Philister, der sich, weiß der liebe Himmel, ob es wahr ist oder nicht, an die Studenten angeschlossen haben mochte, angefallen und angepackt; ich bedeutete ihm, ich sei Student, er solle mich ziehen lassen, dies tat er aber nicht, sondern verlangte meinen Namen zu wissen, und wie ich ihm den nicht sagte, wollte er mich mit einem starken Knittel, den er trug, über den Kopf schlagen, da spielte ich das Prevenir und warf ihn zu Boden. Das ist die ganze Geschichte. Es ist jetzt aber Militär eingerückt, und alles ist ruhig; aber die Strafen, die nun kommen, sind auch fürchterlich, heute allein sind [... eine mit dem Siegel ausgerissene Stelle ...] relegiert und konsiliert, zwei von den Rädelsführern in das Kriminalgefängnis gebracht, und dann schweben noch viele in Ungewißheit. Ich bin ruhig, denn ich bin unschuldig. Du verlangtest zu wissen, wieviel ungefähr meine Krankheit kostete, und erbotest Dich, mir das Geld dafür obenein zu senden, sie macht ungefähr 9 Taler aus. Lebe wohl, lieber Vater, und vertraue Deinem F. Reuter

AN DEN VATER

Camburg, 16. März 1833

Lieber Vater, Du hast wiederum seit längerer Zeit keine Nachricht von mir, und zwar in einer Zeit, wo diese nötiger war als in früheren Verhältnissen; weshalb diese nicht erfolgte, in den späteren Zeilen dieses Briefes, ich will zuerst damit beginnen, Dich mit meinem Tun und mit den Gründen dafür zu benachrichtigen. Was ich Dir jetzt schreibe, ist *wahr*. Einige Studenten hatten Exzesse begangen und wurden bestraft; aber auch ein ganz Unschuldiger, und das war C. Krüger, wurde vom Senat, und in diesem sitzt der Ob.-App.-Rat v. Schröter, ohne alles Verhör, ohne selbst die von ihm angeführten Zeugen seiner Unschuld zu vernehmen, ohne daß einer der Professoren, namentlich sein Landsmann und Lehrer, der Herr v. Schröter, für ihn gesprochen, auf *vier Jahre relegiert.* Daß mich dieses schändliche Unrecht auf das äußerste empörte, zumal, da ich von Krügers Unschuld fest überzeugt war, da er, wie Du selbst weißt, von Jugend auf mein Freund war, kannst Du Dir leicht denken; die Exzesse nahmen zu, ich nahm auf Ehre auch gar keinen Anteil daran, und das ganz *allein,* weil Du darunter leiden würdest; aber bald sollte ich der Gegenstand neuen Unrechts sein. Es wurde Militär nach Jena gerufen, und alles blieb ziemlich ruhig. An einem schönen Tage mache ich einen Spaziergang auf ein eine Stunde entfernt gelegenes Dorf, und wie ich am Abend mich anschicke, nach Hause zu gehen, werde ich durch einen Pedell und 60 Mann Soldaten arretiert, unter den gröbsten Worten gezwungen, bis an die Kniee in den tiefen Kot zu waten, von den Soldaten gestoßen und am Ende auf die Hauptwache geworfen, wo mir von den Pedellen und Soldaten wiederum nicht die höflichste Begegnung ward; darauf wurde ich um 12 Uhr Mitternacht vor das Universitätsamt gebracht und bekam engeren Stadtarrest, wäre aber wahrscheinlich nicht so davongekommen, wenn nicht die Studenten, von diesem neuen Unrecht unterrichtet, in großen Haufen versammelt, laut meine Freiheit verlangt hätten.

Diese Fälle – späterer Unruhen, wo ein Student von anderen mit Knitteln erschlagen wurde, wo ein anderer von Soldaten mit Säbelhieben verwundet und mehrere mit Bajonetten gestoßen wurden, gar nicht zu gedenken – bestimmten mich, die Universität zu verlassen, ich forderte mir also, sobald mein Stadtarrest gehoben war, mein Abgangszeugnis und ging aus einem Orte, wo man unschuldigerweise schlecht behandelt werden konnte oder sich wenigstens doch durch etwas ganz Unbedeutendes in Untersuchung verwickelt sehen konnte, die Konsil und Relegat als Strafe nach sich ziehen; und nun sehe ich, daß ich recht tat, denn jetzt sind schon über 80 Studenten auf diese Weise entfernt worden, und zwar mit schlech-

ten Zeugnissen, indem ich vom Universitätsamte ein ganz gutes Zeugnis habe, welches mir auf jeder anderen Universität freundliche Aufnahme sichert. Wie ich fortging aus Jena, ging ich den Weg nach Hause, und daher kommt es, daß Du erst jetzt Nachricht von mir erhältst, da ich hoffte, bald mündlich mit Dir zu reden; aber bis Halle gekommen, hatte ich meinem Fuße zuviel zugetraut, denn dieser war vom Gehen in den schlimmen Wegen wieder krank geworden, und da ich zum Fahren kein Geld hatte, mußte ich, nach einigem Aufenthalt in Halle, hierher nach Camburg bei Naumburg, einem kleinen Städtchen, mit Gelegenheit zurückfahren, wo ich mir ein Stübchen auf einige Wochen sehr wohlfeil gemietet habe und, da ich hier mehrere Leute kenne, auf solche Weise meine Existenz gesichert habe.
So weit kam ich gestern abend, als ich durch den Besuch zweier Bekannten aus Jena, die ebenfalls nach Hause gehen müssen, auf eine höchst unangenehme Weise gestört wurde, sie brachten mir nämlich die Nachricht mit, Du habest dem Professor v. Schröter den Auftrag gegeben, mich in öffentlichen Blättern zu suchen; ob es recht war oder nicht, will ich unerörtert lassen, nur so viel will ich darüber sagen, daß es mich den Entschluß fassen ließ, nicht nach Jena und auch nicht nach Hause zu gehen. Das unnütze Hin- und Herschreiben zu vermeiden, werde ich Dir hierfür meine Gründe in diesem Briefe angeben. Wenn ich nach Hause käme, so wäre es entweder, um von da zur Universität wiederum zu gehen oder ein halb Jahr zu Hause zu bleiben oder ganz das Studieren aufzugeben. Was den ersten Fall betrifft, so sind mir die Osterfeiertage von 1832 noch zu gut im Gedächtnis, um nicht Auftritte ähnlicher und vielleicht schlimmerer Art bei Deiner jetzigen Aufgebrachtheit zu befürchten. Noch ist der Eindruck nicht verschwunden, der meinem fröhlichen Sinne damals eingeprägt wurde; ein Etwas, dem ich keinen Namen geben kann, ist zurückgeblieben, es ist ein Riß zwischen uns, der will ausgefüllt, nicht vergrößert werden, und das würde er, wenn jene Zeiten wiederkehrten, und ich würde *jede* Ge-

legenheit ergreifen, zu verhüten, daß er nicht unheilbar würde. Mein Leichtsinn würde nicht ermangeln, Dir öfter Gelegenheit zum Zorn zu geben, und Deine Hitze ließe Dir dann, wie schon früher oft geschehen, nicht den Leichtsinn leichtsinnig erscheinen, nein, wie die Verbrechen des Boshaften. Bei dem zweiten Fall kommt dies alles auch in Betracht, und noch kommt ein Grund hinzu, den mir meine Ehre vorschreibt; Du schriebst nämlich in einem Deiner vorigen Briefe, wenn ich keine Lust zum Arbeiten hätte, so solle ich nach Hause kommen, Du wolltest mir, solange Du lebtest, zu essen geben und ich könne dann zu Hause [. . .] mein Leben hinbringen; da ich nun aber, Gott sei Dank, noch nicht zu diesem Punkte gekommen bin, Dir oder mir zu Schande zu leben, und auch wohl nimmer so weit kommen werde, so, denke ich, würde ich, ehe ich dies täte, lieber etwas anderes, meiner Ehre Passenderes, tun. Über den dritten Punkt kannst Du freilich nur allein entscheiden, und ich würde ohne Verzug, wenn dies Dein Wille ist, zu Hause erscheinen, aber werde, aus dem hier gleich oben angeführten Grunde, mich nicht länger als einen Tag aufhalten, bloß, um Dir die Wahl meines zukünftigen Geschäfts, zu welcher ich auf der Reise Zeit genug habe, anzuzeigen, und, was ich hier noch ausdrücklich hinzufüge, werde diesen Beruf, und sei er der unglückseligste von der Welt, unter *keiner* Bedingung wieder aufgeben.

Solltest Du jedoch wünschen und wollen, daß ich völlig ausstudierte, so mache ich Dich auf eine, Dir vielleicht noch gegenwärtige Äußerung, die Du am Abend vor meiner Abreise nach Jena tatest, aufmerksam: »Mein Sohn«, sagtest Du, »ich gebe Dir drei Jahre hindurch 300 Taler (Gold) alle Jahr, Du kannst studieren, wo Du willst, ich mache Dich aber darauf aufmerksam, daß Du nach vollendetem Triennium Dein Examen machen mußt.« Solltest Du noch derselben Ansicht sein, so mache ich Dir einen Vorschlag: lasse mich von hier aus gerades Weges nach München gehen, um weiter Jura zu studieren; ich will Dir auch sagen, weshalb ich München gewählt habe: erstens ist für mein Studium viel daselbst zu gewinnen, welches schon daraus zu ersehen, daß bei weitem mehr Juristen als Theologen daselbst studieren; zweitens, und das ist der Hauptgrund, komme ich in eine Stadt, wo ich keinen kenne, keine Landsleute habe und also nicht durch vielen Umgang und Gesellschaft vom Arbeiten abgehalten werde; dies hat München den Vorzug vor Berlin bei mir verschafft; drittens ist es daselbst wohlfeil, und ich kann daselbst das Geld entbehren, welches ich zum Bezahlen meiner Schulden in Jena nötig habe. Wenn Du diesen Vorschlag annimmst, so schicke mir den Wechsel für das folgende Quartal und leihe mir 40 Taler, die ich zur Bezahlung meiner Schulden nötig habe und die Du vierteljährig von meinem Wechsel wieder abziehen kannst. Dagegen mache ich Dir folgende drei Versprechen: 1. keine Schulden zu machen, 2. alle Quartal Dir ein Testat über regelmäßigen Besuch der Kollegia zu senden und zu Hause so fleißig zu sein, daß ich in $1^1/_2$ Jahren ausstudiert habe, und 3. alle Monat, am 1. jedes, an Dich zu schreiben. Willst du dies eingehen, so gebe ich Dir die Hand darauf, schlage es nicht aus, es wird gut werden; und solltest Du es nicht wollen, so verlange ich erst, daß Du den Oheim in Jabel fragst, was er dazu meint, und wenn Ihr beide darüber beratet, so bedenket wohl, daß von der Beantwortung dieses Briefes mein ganzes zukünftiges Los abhängt und auch das Deine, insofern uns manches Interesse und manche Hoffnung gemeinsam sind. Ich habe diesen Brief kalt und mit Absicht leidenschaftslos niedergeschrieben, damit ich mir späterhin nicht den Vorwurf zu machen hätte, meine Scheingründe durch die Sprache des Gefühls einzuschmuggeln. Ich hoffe, Du wirst einsehen, daß ich in allem wahr und vernünftig geurteilt habe, und rufe Dir dann aus der Ferne den herzlichsten Dank und viele Grüße an die Schwestern und Großmutter zu. Lebe wohl. Dein

F. Reuter

Adresse: Auf dem Ratskeller in Camburg bei Naumburg

AN DEN VATER

Camburg, 5. April 1833

Lieber Vater, unter den Gefühlen der Freude und der Trauer habe ich Deinen jüngsten Brief gelesen; aber leider hatte die Trauer die Überhand und mußte sie haben, denn obgleich der Brief freundlich und gütig abgefaßt ist, so leuchten durch diese schönen Gewänder Mißtrauen und Verachtung auf eine für mich sehr betrübende Weise. Ich soll nach Hause kommen, ich werde es, oder mit anderen Worten, ich werde das Studieren aufgeben, ich tue es mit ungemeinem Mißbehagen; aber keine menschliche Gewalt wird mich je wieder dazu bewegen können. Aufrichtig gesprochen, ich halte das Studium der Jurisprudenz für die schrecklichste Arbeit, die ich mir denken kann, aber ich halte es jetzt für das größte Glück auf der Welt, wenn ich weiter darin studieren könnte, weil es der einzige Weg ist, das von mir begangene Unrecht gutzumachen. Noch einmal, Vater, willst Du den Handschlag, den ich im vorigen Briefe Dir geboten habe, annehmen, ich biete ihn Dir noch einmal an, schlägst Du ihn aus, so bin ich verloren, denn die letzte Spur Deines Vertrauens ist hin; nimmst Du ihn an, so soll Deine Güte gesegnet sein, die Früchte Deines Vertrauens werden nicht ausbleiben. Bewahre diesen Brief auf, damit er einst für meinen guten Willen Zeuge werde oder sonst für meine moralische Kraft. Mit Bedauern muß ich jetzt noch bemerken, daß es mir nicht möglich ist, Deiner Aufforderung, gleich nach Empfang der 15 Taler nach Hause zu kommen, Genüge zu leisten; wie ich Dir in einem früheren Briefe geschrieben, habe ich Schulden in Jena, und auch hier werde ich nicht alles bezahlen können; zur Deckung dieser Ausgaben bat ich in meinem vorigen Briefe um 40 Taler mehr als meinen gewöhnlichen Wechsel; solltest Du mich nach München gehen lassen, so gewähre mir diese Bitte, sollte sich dies nicht mit Deinen Ansichten vertragen, so bitte ich Dich inständigst um 50 Taler; ich hoffe, Du wirst diese, obgleich unbillige, Bitte erfüllen, es soll auch das letzte Geld sein, was ich von Dir verlange. So habe ich Dir nun einen Brief geschrieben, den schwersten, den ich jemals geschrieben habe und den ich nie im Leben zum zweiten Male schreiben werde, wollte Gott, er verfehlte seinen Zweck nicht, wenigstens verdient er es nicht, denn das, was von seinen Worten der Vergangenheit zugehört, ist wahr, was noch in der Zukunft schwebt, mache ich wahr, und sollte ich verderben. Noch einmal danke ich Dir für Deine Güte, die Du gegen mich stets gezeigt hast, und bitte Dich dann, die Schwestern zu grüßen, denen ich auch nächstens zu schreiben gedenke, jetzt kann und mag ich nicht mehr. Lebe wohl. Dein Sohn F. Reuter

Noch eines: Um Antwort, lieber Vater, bitte ich Dich so bald wie möglich!

AN DEN VATER

Berlin, 13. Oktober 1833

Lieber Vater, ich bin glücklich in Berlin angekommen, muß es aber wieder verlassen, da einer meiner Bekannten vor einigen Tagen verhaftet worden ist und ich ein ähnliches Schicksal zu erwarten habe; ich reise nach Leipzig morgen, sollte es möglich sein, daselbst aufgenommen zu werden, so werde ich es nicht wieder verlassen und mich daselbst immatrikulieren lassen. Sollte aber dies auch nicht gut möglich sein oder wenigstens nicht anwendbar, weil daselbst, wie ich hier gehört habe, mehrere Studenten verhaftet und nach Jena ausgeliefert sind, so bleibt mir nur noch ein Weg übrig, meine Studien fortzusetzen, nämlich nach Zürich zu gehen, wo man mich auf jeden Fall immatrikuliert, wo die Kollegia ebenso wie in Deutschland gelesen werden und wo durch Wächter und Welcker die Jurisprudenz blüht. Von mecklenburgischer Seite ist uns das Studieren daselbst noch nicht verboten, sollte so ein Verbot ausgehen, so wäre es noch immer Zeit, auf einer anderen Universität zu versuchen, aufgenommen zu werden. Mit meinem Passe wird es mir wohl nicht möglich sein, von Leipzig aus weiterzureisen, und ich müßte mir wohl daselbst einen neuen geben lassen, welches aber vielleicht nicht geschehen wird oder mich gar verhaftet werden lassen wird. Deine Briefe erwarte ich in Leipzig unter der Adresse: Studiosus Wöhler, abzugeben auf dem Kleinen Blumenberge. Solltest Du einen Ausweg wissen, wie es mit der Paßgeschichte am besten einzurichten ist, oder solltest Du mir gar einen Regierungspaß, nach Zürich oder Heidelberg ausgestellt, nachschicken können, so wäre es vielleicht das beste. Im übrigen sei versichert, wenn es irgend möglich, so bleibe ich in Leipzig. Wieviel Geld ich gebrauche, läßt sich nicht unter diesen Verhältnissen bestimmen und kommt dies auf meine Aufnahme in Leipzig an. Lebe bis auf weiteres wohl, den Erfolg meiner Reise nach Leipzig erwarte mit Bestimmtheit in den ersten Tagen von Deinem Sohn F. Reuter

AN DEN VATER

Berlin, 28. Oktober 1833

Lieber Vater, Deinen Rat gleich befolgend, setzte ich mich noch an dem Tage, wo ich Deinen Brief erhielt, auf die Post und eilte von Leipzig hierher; obgleich diese Reise und die Erfüllung Deines Befehls von vielen Opfern für mich begleitet war, denn ich hatte mich gemeldet zur Aufnahme, die Zeit der Immatrikulation war mir schon bestimmt, und ich hatte daher schon ein Logis gemietet, wollte auch eben Holz ankaufen, als Dein Brief mich zur Rückreise trieb und mich mit einem Male aus einem Leipziger Studenten zu einem herumirrenden Reisenden machte; mein Geld war durch die Reise, durch den Aufenthalt in Berlin und den sehr teuren Aufenthalt in Leipzig während der Messe sehr zusammengeschmolzen, nun bezahlte ich Miete für mein Logis und Mittagstisch und wartete sehnlichst auf Geld; anstatt dessen

erhielt ich Deinen Brief, mit dem wenigen, was ich noch hatte, reisete ich mit genauer Not nach Berlin, in der Hoffnung, Ernst hier zu treffen, doch der ist nach Belitz, und so befinde ich mich in einer sehr drückenden Lage, wozu noch das kommt, daß ich ohne Gefahr nicht über die Straße kann, ohne von der Polizei zu fürchten, daß sie mich arretiert, da sie sich schon bei einigen Studenten nach meinem Aufenthalte erkundigt hat, doch für den Augenblick bin ich sicher bei einem guten Bekannten aufgehoben. Meine Sachen habe ich auf Berlin spedieren lassen und erwarte sie hier nächstens.
Nun von der Zukunft. Soll ich jetzt nach Hause kommen, wieder daselbst ein halb Jahr bleiben, das geht auf keinen Fall, Du weißt es selbst am besten, die Leute würden große Augen machen, meine Jurisprudenz würde den Gnadenstoß erhalten, und soll ich festgenommen werden, so wäre es besser anderwärts als im elterlichen Hause. Ein Mittel weiß ich noch, es liegt jetzt in Deiner Hand, entweder – oder. Laß mich nach Kiel gehen, es ist die Universität, wo ich am allersichersten bin; bin ich ein Jahr erst da gewesen, kann ich nach jeder anderen Universität gehen, aufgenommen werde ich, das ist keine Frage, es sind Jenenser aufgenommen, die in perpetuum relegiert sind; nach Rostock kann ich nicht gehen, denn nächstens werden die Mecklenburger, die verhaftet sind, nach Mecklenburg ausgeliefert, und dann würden sie mich, wäre ich in Mecklenburg, gleich requirieren. Schicke den Brief, wenn Du in Zweifel bist, an den Oheim in Jabel und laß denselben ein Urteil fällen.
Da ich fest entschlossen bin, nicht nach Hause zu gehen, so erwarte ich die Antwort auf Deinen Brief binnen 8 Tagen in Neustrelitz, denn hier trifft er mich nicht mehr. Schreibe ein paar Worte an den candidat. juris C. Nauwerck in Strelitz und lege einen Brief und eventualiter Geld und einen neuen Paß auf 8 Wochen dabei, damit ich gleich auf der Stelle von Strelitz abreisen kann. Diesmal gib mir die Erlaubnis noch, glückt mein Plan auch diesmal nicht, so sollst Du ferner stets Deinen Willen mit mir haben, denn ich bin im Begriff zu ver-

zagen. Grüße meine liebe Lisette und Großmutter, sage aber keinem Menschen von meinem Plan, denn auf Verschwiegenheit ist er allein berechnet. Dein F. Reuter

AN DEN VATER

[Berlin, November 1833]

Lieber Vater, es ist mir erlaubt worden, Deinen Brief zu beantworten, und so nehme ich diese Gelegenheit wahr, Dir meinen Dank für Deine ausgesprochene Güte abzustatten. Ich werde Deinen Rat hinsichtlich des Studierens befolgen, was mir jetzt nur allein zum Zeitvertreib geboten ist. Meinen Ranzen bitte ich umgehend zu senden, weil darin die Papiere enthalten sind, die ich zu meiner Legitimation nötig habe. Ich habe alles frei und offen eingestanden, welches mir dann die Hoffnung läßt, daß meine Haft von nicht zu langer Dauer sein wird. Im übrigen geht es mir ziemlich gut, ich bin gesund, habe zu essen und zu trinken und eine freundliche Behandlung. Ich wünschte, daß Du nicht von meiner Verhaftung zu Hause sprächest und lieber sagtest, ich hielte mich studierenshalber hier auf. Grüße Lisette und Großmutter und sage der ersteren, wenn die Zeit der Spickgänse käme, möge sie mich bedenken, ich glaube, es wird mir verstattet werden, sie zu verzehren. Lebe wohl. Dein F. Reuter

Sende meine Papiere und Deine zukünftigen Briefe an den Herrn Polizeipräsidenten Gerlach Hochwohlgeboren in Berlin.

1834

AN DEN VATER

Berlin, 27. Januar 1834

Lieber Vater, es ist nicht meine Schuld, daß Dein im Dezember an mich geschriebener Brief erst jetzt beantwortet wird, wie Dein letztes Schreiben vorauszusetzen scheint. Um Neujahr aus mußte ich meinen Aufenthalt mit einem anderen vertauschen, welches zur Folge hatte, daß ich bis jetzt verhindert war, eine Pflicht zu erfüllen, die mich weiß Gott sehr bedrängt und beunruhigt hat. Die übrigen Punkte Deines früheren Briefes übergehe ich, da zu deren Beantwortung eine mündliche Auseinandersetzung geeigneter sein möchte, und berühre nur den von Dir ausgesprochenen Wunsch, daß ich fortfahren oder beginnen möge, wie Du willst, Jura zu studieren; ich habe lange mich selbst getäuscht, indem ich hoffte, das Interesse an einer Wissenschaft, die gleich beim Beginn ihres Studiums mich nicht ansprach, würde in dem Maße kommen, in welchem ich in ihr Fortschritte machte. Diese Fortschritte, wie langsame und geringe ich auch immer gemacht haben mag, sind namentlich in der letzten Zeit doch von der Art und von dem Grade gewesen, daß sie mich von den leeren Hoffnungen, die ich hegte, überzeugten. Ich gebe das Studium der Jurisprudenz auf und wähle etwas anderes; was es sein wird, darüber bin ich noch ungewiß, doch wird es ein Fach sein, worin ich Dich so wenig wie möglich der Furcht aussetze, die Aufopferung Deiner alten Tage und das Eigentum der Schwestern an einen Sohn zu verwenden, der Dich zwei Jahre hindurch getäuscht hat. Sobald ich eine passende Wahl getroffen, werde ich sie Dir mit den Gründen mitteilen, die mich dazu bewogen haben; bis dahin treibe ich in meinem Kerker eine Wissenschaft, die mir sehr viel Vergnügen gewährt und wobei diese traurige Zeit nützlich angewendet wird und mir leicht verschwindet, nämlich Mathematik; auch werde ich, da es mir jetzt erlaubt ist, beim Zeichnen fortfahren. Hoffentlich wirst Du diesen Entschluß, der in der reinsten Absicht, ohne Mitwirkung der Leidenschaft gefaßt ist, nicht als Verwirklichung Deiner Befürchtung auslegen, welche Du in Deinem letzten Briefe mit so vieler Besorgnis aussprichst, ich solle mich nicht von Dir lossagen. Es hat zwar meine Schuld und ein unseliger Mißverstand hart an das Band, das uns knüpfte, gerüttelt, doch zerrissen kann dies nicht werden und soll in Zukunft enger geflochten werden.

Mit meiner Gesundheit geht es soso; ich bin unpäßlich gewesen, doch ist dies wohl die gewöhnliche Kerkerseuche, seit einiger Zeit geht es wieder und wird jetzt wohl besser werden, da ich die Erlaubnis habe, alle zwei Tage eine halbe Stunde mich zu ergehen.

Für die Viktualien, die Ihr mir zu Weihnachten und jetzt gesendet, danke ich freundlich, und der Tabak ist mir höchst angenehm gewesen, doch das angebrochene Pfund, das Du mir damals, als Du hier warst, schicktest, war mir lieber, nicht weil es eine bessere Sorte, sondern weil es mir so recht deutlich die Versicherung gab, wie sehr Du an mich denkst; doch muß ich jetzt bitten, mir nichts mehr zu senden, weil es mir untersagt ist, dergleichen annehmen zu dürfen. Ich erhalte hier täglich dasselbe, was ich auf der Stadtvogtei erhielt.

Daß bei Euch die Blattern grassieren, ist sehr schlimm, doch hast Du wohl nichts mehr von ihnen zu fürchten. Lisette bitte aber, sich nicht zu sehr der Ansteckung auszusetzen. Grüße diese wie auch Großmutter von Deinem F. Reuter

AN DEN VATER

Berlin, 28. Februar 1834

Lieber Vater, Dein Brief vom 6. Februar ist mir, obwohl erst am 21., mitgeteilt worden; ich danke Dir herzlich für die

Beantwortung meines Briefes, bitte Dich jedoch inständigst, meiner Versicherung zu trauen, daß mir erst am Tage zuvor, als ich Dir schrieb, die Erlaubnis gegeben worden ist und mir auf meine Bitten, die ich früher deshalb geäußert, ausweichende und abschlägige Antworten zuteil geworden sind. Überhaupt hat sich seit Deinem Hiersein in Berlin meine Lage bedeutend geändert, und zwar nicht zu meinem Besten. Du bist zu besorgt für meine Gesundheit, ich schrieb ja gleich in meinem vorigen Briefe, daß sich der Anfall von Unwohlsein schon damals gelegt hatte, es war eine Erkältung, die ich mir durch den Aufenthalt in einem zum Teil erst im Herbst beendigten Zimmer, worin ich einige Nächte ohne ordentliches Bett schlafen mußte, zugezogen hatte.
Deine Kränklichkeit jedoch, lieber Vater, schmerzt mich tief, und ich hoffe, daß bei Ankunft dieses Briefes Du sowohl wie die gute Lisette, der ich die besten Besserungen wünsche, sofern sie nicht schon genesen, da diese Blattern gewöhnlich einen gutmütigen Charakter zeigen, durch das schöne Wetter, welches Euch jetzt lachen muß, von Euern Übeln befreit seid. Ich treibe fortwährend Mathematik und werde von Deinem freundlichen Anerbieten, mir die fehlenden Bücher dazu durch Ernst anschaffen zu lassen, dankbar Gebrauch machen. Was das Zeichnen anbetrifft, so hast Du recht, daß es dem Auge schadet, zumal, da mein Gefängnis sehr dunkel ist, mein früheres war gar mit Blech vernagelt, so daß der Lichtstrahl nur ungefähr drei Hände breit eindringen konnte. Jetzt freilich bewohne ich mit einem anderen ein Zimmer, dem diese Unbequemlichkeit genommen ist, das aber so beschränkt ist, daß wir, um beide an unserm Arbeitstische zu sitzen, nur uns entschließen müssen, auf unserem Bette zu sitzen. An Bewegung im Zimmer selbst ist gar nicht zu denken, draußen können wir uns jedoch alle Tage eine halbe Stunde Bewegung machen; ich bin dabei, Gott sei gedankt, gesund und wohl. Was nun das Fach betrifft, was ich ferner wählen werde, so habe ich mich zum Landmann entschlossen, oder solltest Du durchaus wünschen, daß ich ferner

ein Studium ergreife, so denke ich Mathematik und Bauwissenschaften zu erwählen; in diesem Fache erhalte ich auch am ersten eine Anstellung, die mir als Jurist ganz bestimmt nicht wird; am liebsten werde ich Landmann, weil ich Dir in diesem Falle in Deinem Alter am wenigsten zur Last falle. Frage doch den Oheim in Jabel, dessen ich mich stets mit vieler Liebe erinnere und den ich samt Großmutter und der guten Lisette bestens zu grüßen bitte von Deinem Sohn

F. Reuter

AN DEN VATER

Berlin, 4. April 1834

Lieber Vater, ich danke Dir für Deinen letzten Brief sowie auch für die Mitteilung des Schreibens von dem Oheim; namentlich aber für die Güte, die Du mir darin bewiesen hast, indem Du meinem Wunsche, Mathematik und Baukunst zu studieren, wenn Du ihn auch nicht grade zu billigen scheinest, doch zum wenigsten nicht hinderlich sein willst. Was das Landmannwerden betrifft, so kannst Du so gut wie der Oheim in manchen Gründen, die Ihr dawider anführt, wohl recht haben, in einigen anderen Punkten habt Ihr jedoch, meiner Ansicht nach, Euch geirrt; diese darzutun ist vielleicht noch jetzt nicht an der Zeit, und überdies habt Ihr entschieden, und ich denke meinem Versprechen gemäß nicht mehr an das Projekt; desto eifriger denke ich jedoch an das Studium der Mathematik, mit dem ich nicht allein schon den Anfang gemacht habe, sondern schon so weit fortgeschritten bin, daß ich hoffe, binnen kurzer Zeit das mir früher Bekannte genügend repetiert zu haben, um mich dann mit den mir unbekannten Feldern dieser Wissenschaft vertraut zu machen. Mit meiner Gesundheit bin ich jetzt zufrieden und denke sie mir zu erhalten, wenn einige glückliche Umstände, die ich zu hoffen mich für berechtigt halte, eingetreten sind. Dein Unwohlsein sowie Lisettens Kränklichkeit liegt mir mehr am Herzen; ärgere Dich doch nicht über die Stavenhäger Pfahlbürger! Ernst hat mich mit Sophie besucht und wird Dir wohl mündlich Nachricht über mich gegeben haben, wenn auch nicht über meine Lage, von der er natürlich nichts wissen kann. Sophie hat die Erlaubnis von dem Herrn Kriminalrat erhalten, mich an den Sonntagen sehen zu können, sie sieht sehr wohl aus. Deine Briefe kannst Du gefällig nur direkt an mich unter der Adresse: Hausvogtei-Platz Nr. 14 senden, denn ich fürchte, wolltest Du sie an andere Bekannte senden, so würden sie vielleicht etwas unregelmäßig besorgt werden.

Was ich über die Behandlung des Weinstockes weiß, ist folgendes: [. . .]

Grüße Großmutter und Lisette wie auch Ernst von mir und bleibe gesund. Leb wohl. Dein Sohn F. Reuter

AN DEN VATER

Berlin, 27. Mai 1834

Lieber Vater, woran liegt es, lieber Vater, daß ich noch keine Antwort von Dir habe auf den Brief, den ich Dir gleich nach Empfang des Deinigen vom 16. April schrieb, doch es klingt sonderbar, wenn ich Dir Saumseligkeit in Beantwortung meiner Schreibereien vorwerfen will, da ich sie, wenigstens früher, zum öfteren bewiesen habe. Das eine nur will ich hoffen und wünschen, daß der Grund nicht Unwillen über mich noch ein physisches Übel bei Dir ist. Mit meinen Studien geht es soso; ich stoße sehr oft auf unüberwindliche Hindernisse, die ich nicht füglich ohne mündliche Belehrung überwinden werde; doch glaube nicht, daß meine, freilich sehr trübe, Zeit unbenutzt hingeht. Für die Erlaubnis, Bücher zu kaufen, danke ich Dir freundlich; ich habe jedoch auf dem Wege, den Du mir vorgeschlagen hast, noch keinen Gebrauch gemacht, und zwar aus dem Grunde: ich habe dem Herrn Vetter Engel bei meiner Durchreise hierselbst keinen Besuch gemacht, sowie auch keinem von den übrigen Verwandten, ich möchte also ihnen auch nicht die geringste Verpflichtung schuldig sein, ich bitte Dich also, befolge diesen Wunsch, zumal ich einen viel bequemeren Weg kenne [...] Ich werde mir Ohms Handbuch der Mathematik verschaffen. Weiß der Himmel, was Sophie fehlt, sie ist, seitdem sie mit Ernst hier war, noch nicht wiedergekommen, und das sind doch schon über zwei Monate, doch kann sie vielleicht nicht schuld daran sein, auf keinen Fall schreibe derselben eine Aufforderung oder so etwas; wenn sie nicht aus eigenem Antriebe kommt, mag sie lieber gar nicht kommen. Mit meiner Gesundheit geht es, aber daß die Verdrießlichkeit bei mir bisweilen sehr groß ist, kannst Du Dir denken, doch nein, das kannst Du nicht, weil Du meine Lage nicht speziell kennst und kleine, oft wiederkehrende Unannehmlichkeiten schmerzhafter als ein großes Übel sind. Keine Lage kann die Hypochondrie und den Lebensüberdruß besser hegen und pflegen als eine gute Zeit in der Gefangenschaft; doch es muß doch wohl nachgerade sich ändern. Wie geht es mit Deinem Kümmelbau, werden alle Anpflanzungen tragen; auch das hinter der Mühle? Und hast Du Hoffnung auf gute Ernte und Preise? Entschuldige die schlechte Schrift, meine Federn sind fürchterlich schlecht, und ich habe kein Messer. Schreibe mir doch bald, wenn Du kannst, und grüße alle, Großmutter, Lisette, Ernst und den Onkel in Jabel. Dein Sohn F. Reuter

AN DEN VATER

Berlin, 12. Juni 1834

Lieber Vater, für Deine Briefe sowie für die guten Hoffnungen, die sie enthalten, danke ich Dir freundlich, aber wenn einem schon so oft Hoffnungen gemacht sind und keine in Erfüllung gegangen sind, dann ist man wenigstens nicht mehr leichtgläubig, und so denke ich, der hohe Staatsbeamte ist wohl ein guter Mann, der Dir und vielleicht auch durch Dich mir das Unangenehme meiner Lage etwas erleichtern will.

Ich wollte nur, daß ich zu Weihnachten bei Euch sein könnte. (!) Mit den Büchern ist alles in Ordnung. [. . .] Hier ist nämlich die Einrichtung getroffen, daß alle Briefe, die hier in einer Woche geschrieben, bis zum Sonntag liegenbleiben, und so geht es auch mit den ankommenden, also widerlegt der Vorwurf der Nachlässigkeit, den ich von Dir im letzten Briefe erhielt, sich leicht.

Was nun die Benutzung meiner Zeit betrifft, so glaube ich, daß ich sie so gebrauche, wie nur immer eine solche miserable Zeit zu gebrauchen ist; denn da schwatze mir nur keiner vor, diese Zeit wäre nun so ganz ohne Störung, so schön ruhig, hier könne man ordentlich den Wissenschaften obliegen und noch mehr so schöne Phrasen; es ist ganz ander Ding mit dem Arbeiten, wenn man nicht immer gezwungen ist, auf ein und demselben Schemel zu sitzen, von dem, daß mir hier jede Anleitung zum Studium genommen ist, gar nichts zu erwähnen. Mit meiner Gesundheit geht's schlecht; mein Magen ist durchaus in Unordnung, ich kann nicht die Hälfte essen von dem, was ich sonst aß. Für die angebotenen Viktualien danke ich Dir, ich kann sie jetzt nicht gebrauchen, auch für Tabak danke ich, ich habe an dem, den Du mir gesandt, 10 Jahre genug, wenn ich auch 10 Jahre hier bleibe, nun kannst Du Dir denken, wie sparsam ich rauchen muß. Daß Dir Deine Ökonomie so sehr gut gelungen, freut mich sehr. [. . .] Wie aber in aller Welt kommt Tante Christianchen mal wieder zu Euch; wenn sie noch da ist, sage ihr doch, da sie sich nun doch einmal auf Reisen begebe, so solle sie mich hier nur getrost besuchen, es wäre hier gar schön.

Grüße alle in unserem Hause und auch den Oheim, auch Clasen und antworte bald Deinem Sohn F. Reuter

PS: Um etwas muß ich Dich noch bitten, daß Du mir etwas Geld senden mögest zur Anschaffung oder Ausbesserung einiger mir dringend nötiger Kleidungsstücke. 5 Taler sind völlig hinreichend.

AN DEN VATER

Berlin, 10. Juli 1834

Lieber Vater, ich danke Dir für den Louisdor, den Du mir so schnell gesendet, doch war es auch hohe Zeit, denn mehrere meiner geringeren Kleidungsstücke waren gänzlich unbrauchbar und mußten durch neue ersetzt werden. Mit meinem Unwohlsein ist es so sehr gefährlich nicht, es ist wohl die Folge von Mangel an Schlaf und Appetit, doch kann dies auch die Wirkung sein – mein Befinden ist sehr wechselnd, bald gut, bald schlecht; doch glaube ich, es wird sich bessern; daß Du jedoch kränklich bist, ist sehr schlimm, zumal, da Du die heißen Tage nicht vertragen kannst und die Hitze jetzt so unerträglich ist. Sophie hat mich besucht. Sie sieht sehr blaß aus, und wie mir es scheint, wär' es wohl gut, wenn Du sie wieder zu Dir nähmest. Sie wird Dir wohl über den Besuch schreiben; ich mag's nicht. Was Du da schreibst von einem Versuche, mich aus dieser Lage zu befreien, ist recht gut, und herzlich danke ich Dir für die Güte und die Sorge, die Du für mich trägst; doch muß ich bemerken: es ist ganz vergeblich. Im allerglücklichsten Fall könnte es sein, daß wir uns Weihnachten sähen, geht es schlimm, so dauert es noch ein paar Jahre. Ich schreibe dies ganz ohne alle offizielle Nachricht und bitte Dich, nicht zu fest darauf zu bauen; aber ich habe diese Meinung. Übrigens habe ich jetzt alle Tage $1^1/_2$ Stunde zum Gehen auf dem Hofe. [. . .] Grüße von Deinem Sohne

F. Reuter

AN DEN VATER

Berlin, 1. August 1834

Lieber Vater, ich habe freilich noch keine Nachricht auf mein letztes an Dich gerichtetes Schreiben, doch, denke ich, werden Dir diese Zeilen angenehm sein, zumal, da mich mein Gefühl antreibt, in ihnen Dir meinen innigsten Glückwunsch zu

Deinem Geburtstage zu senden; gern hätte ich es auf eine Art getan, die mehr wirklichen Dank für mannigfach mir erwiesene Güte als bloße Empfindung ausdrückte, doch in meiner Lage muß ich Deine Nachsicht in Anspruch nehmen, mit ihr sowie mit der Versicherung zufrieden zu sein, daß ich, was in meinen Kräften ist, dazu beitragen werde, aus lahmen Wünschen gesunde Wirklichkeit entstehen zu lassen.

Das bekannte Werk von Ohm habe ich von Dümmler erhalten; [. . .] ferner habe ich mir noch 2 Werke über Mechanik und angewandte Mathematik, die nicht kostbar, aber ihrem Zwecke, vorzüglich das eine, anscheinend sehr entsprechen, angeschafft. Daß alle diese Werke nur die Theorie berühren und daß, solange ich hier bin, von praktischen Studien, es sei denn den Bau von Gefängnissen betreffend, nicht die Rede sein kann, versteht sich von selbst. Wenn ich erst wieder meine Freiheit erlangt habe, denke ich mich zu bemühen, an dem Unterricht in der oben erwähnten Bauakademie teilnehmen zu dürfen, da er meiner Meinung nach gründlicheres Wissen als etwa über ähnliche Unterrichtsgegenstände an der Universität gehaltene Vorlesungen verschaffen dürfte; mit den vorbereitenden Arbeiten werde ich dann wohl zu Ende sein, so daß also meine Bildungszeit an dieser Anstalt abgekürzt sein würde.

Wie steht es mit dem Ertrage Deiner Ernten, das Wetter scheint mir günstig [. . .] Ernst macht wohl den Inspektor. Durch ein Mißverständnis mit ihm bin ich gewissermaßen in eine kleine Verlegenheit gekommen; ich verstand nämlich, daß er den Betrag bei einer Lesebibliothek für mich entrichtet hätte, und benutzte diese unbesorgt, bis ich neulich gemahnt worden bin; ich habe deshalb an August Behm geschrieben und ihn gebeten, die Schuld zu tilgen sowie ebenfalls auf ein Vierteljahr zu pränumerieren; [. . .] es muß mich der Umgang mit Büchern für den mit Menschen entschädigen. [. . .]

Nun lebe wohl und bleibe gesund und grüße alle Deines Hauses von Deinem Sohn F. Reuter

AN DEN VATER

Berlin, 5. September 1834

Lieber Vater, ich danke Dir für Deine Güte, daß Du an Ohm geschrieben hast, und wenn auch der eine Teil der an ihn gerichteten Bitte durchaus unstatthaft ist, so hat er doch den anderen sehr bereitwillig erfüllt und mir den ersten Teil des Werkes gesandt, über den ich jetzt her bin, habe ihn aber, da der Gegenstand mir bereits geläufig, schon beinahe verdaut. Ich habe Dir nun noch etwas Wichtiges zu melden, und ich hoffe, daß es mir gestattet sein wird, Dir dies mitzuteilen, da ich von dem einen der Herren Inquirenten die Erlaubnis dazu erhalten habe. Meine Untersuchung ist geschlossen, und so wirst Du Dich, nach Deinen früher ausgesprochenen Hoffnungen zu urteilen, der Meinung hingeben, daß ich jetzt bis zu erfolgtem Urteile in Freiheit leben werde, mindestens gegen Erlegung einer Kaution; doch wie mir von meinem Herrn Inquirenten gesagt ist, wird mir dies durchaus nicht gestattet werden, und ich werde, sobald meine Defension eingereicht ist, zur Festung, welche, weiß ich nicht, abgeführt werden, damit mir schon die Zeit bis zur Ankunft des Urteils als abgesessene Strafzeit angerechnet werden kann; ich bin sehr froh darüber; hätte mir früher aber es nicht träumen lassen, daß ich mich noch einmal im Leben zum Besuch einer Festung qua Gefangener freuen würde. Wie lange diese Strafzeit dauern wird, kann ich Dir freilich nicht sagen; auch nicht einmal vermuten, zumal, da ich meinen Defensor noch nicht gesprochen habe, doch hoffe ich, daß ich so ziemlich durchkomme. Im übrigen geht es mir gut, ich bin gesund und habe noch überdies in der letzten Zeit eine kleine Erleichterung erhalten. Mit meinem Studieren geht es auch gut, ich habe schon einen guten Schritt in das Gebiet der Mathematik gemacht, und in der Algebra beschäftige ich mich mit den Gleichungen der höheren Grade, zuweilen zeichne ich auch, doch sind meine Produkte aus Mangel an Vorbildern nur sehr mittelmäßig und haben neben ihrer Kleinlichkeit noch den sehr großen Fehler, daß sie oft mit der Natur im Zank sind. Mit Deiner Gesundheit geht's doch wohl? Es sind die Tage nicht mehr so heiß, und so kannst Du Dir doch wohl oft mit oder ohne Deinen Fuchs Bewegung machen. Apropos, wie steht es mit Deiner Kavallerie; hast Du von der Weide zu Deinen Zugpferden die beiden Grauschimmel genommen, und wie machen sie sich? Ebenfalls melde mir doch, wie es mit dem Herodes, berühmten Andenkens, steht und ob Dr. Sparmann noch der Meinung ist, der große Hengst sei schwermütig. Ernst ist wohl noch bei Dir; aber wo ist Karl, August und Theodor? – Karl wollte ja wohl nach Ludwigslust, oder hat er schon die Karriere gemacht? August Behm hat meinen Auftrag sehr gütig ausgerichtet, und so wärest Du denn wohl so gut und erstattetest ihm oder seinem Vater die Auslage. Um etwas bitte ich Dich, mache Dir ja nur keine Umstände durch Verwendungen für mich, sie sind für diesen Zeitpunkt durchaus fruchtlos, späterhin läßt sich vielleicht manches zu meinen Gunsten tun. In der Hoffnung, daß alle in Deinem Hause wohl sind, erkundige ich mich nach Claasen, ist er noch zu Stavenhagen und doziert er noch; oder ist er Pastor? Doch glaube ich das letzte nicht. Grüße alle von Deinem Sohn F. Reuter

AN DEN VATER

Silberberg, 26. November 1834

Lieber Vater, bei meiner Abreise aus Berlin wurde so plötzlich verfahren, daß nur mit genauer Not eine kleine Notiz davon an Ernst gelangen konnte; ob derselbe weiß, wohin ich gekommen, ist mir unbekannt; doch geschrieben habe ich es ihm. Es würde zu weitläufig sein, wollte ich Dir eine, wenn auch nur kurze, Geschichte meiner letzten 5/4 Jahre geben, es ist, Gott sei gedankt, überstanden, und die Verhältnisse, in denen ich hier lebe, sind so, daß ich nicht klagen kann. Meine Gesundheit kann ich nicht sehr loben; früher freilich habe ich darüber andere Berichte an Dich senden müssen; aber wenn man 6 Monate in Gefängnissen gesessen hat, worin man auch nicht die geringste Bewegung hatte, und zur Abwechselung in anderen, die so feucht waren, daß einem die Stiefel, die man nicht zufälligerweise auf den Füßen hatte, vermoderten, so kannst Du Dir wohl denken, daß das körperliche Wohlbefinden einen bedeutenden Stoß erlitten hat. Ich habe 3 Monate hindurch beständig auf dem Strohsacke, den wir geliefert erhielten, gelegen, weil – ich nicht sitzen konnte; doch das ist alles nichts gegen den unersetzlichen Verlust, den meine Augen erlitten haben und den ich den dunkeln, mit Blech vernagelten Fenstern meines Gefängnisses zuschreiben muß. Mit dem Studio der Mathematik habe ich auf der Hausvogtei bis zuletzt fleißig fortgefahren, doch habe ich hier leider nichts tun können, weil meine Sachen und Bücher noch nicht angekommen sind und meine Mitgefangenen, deren ich hier 5 habe, diesem Zweige der Wissenschaft fremd sind und die nötigen Bücher nicht haben; ich habe daher, um nicht unbeschäftigt zu sein, die englische Sprache zu treiben angefangen, in der meine Fortschritte jedoch nur geringe sind. Meine jetzige Lage ist sehr gut, wenn man sie mit der vorigen vergleicht; ich habe ein großes, geräumiges Zimmer in der Kasematte; beiläufig gesagt, es ist größer als der Ratsaal bei Dir; die Erlaubnis, mir an bestimmten Tagesstunden so viel Bewegung zu machen, wie ich nur will; mit meinen Freunden mich zu unterhalten; des Sonntags in die Kirche zu gehen, die in der Stadt liegt (ich selbst bin auf dem Donjon der Festung), und zudem habe ich noch die Aussicht, durch mein Betragen mir noch andere Freiheiten zu erwerben, welche eine äußerst humane Behörde (der Kommandant, Herr Obrist von Langen) mir mit der Zeit gütigst gestatten wird. Mit meinem Verteidiger, dem Herrn Justiz-Kommissions-Rate Kunowsky, habe ich zuletzt nicht gesprochen, er hat mir aber früher mit apodiktischer Gewißheit die Auslieferung nach Mecklenburg versprochen, doch scheint das Kammergericht in Berlin anderer Meinung zu sein, da mir vom Kriminalrat Dambach gesagt wurde, die Auslieferung könne nur auf diplomatischem Wege veranstaltet werden. Da mir nun früher auf der Hausvogtei die Erlaubnis, an den Großherzog und die Regierung Mecklenburgs zu schreiben, untersagt war, so glaube ich, wäre es jetzt wohl Zeit, wenn Du bei derselben Dich für mich verwendetest. Soeben erhalte ich einen Brief von Ernst aus Berlin, worin er mir 20 Taler sendet, die fürs erste bei der Kommandantur deponiert worden sind, von denen ich jedoch für mich teilweise Gebrauch machen zu können glaube, da ich jetzt nicht mehr wie 4 Groschen Courant täglich zu verzehren habe. Wo aber meine Sachen sind, weiß ich durchaus nicht, er erwähnt deren in seinem Briefe nicht, und ich habe sie auf der Hausvogtei an ihn gesandt, sie tun mir sehr not, da ich nur sehr wenig mit meinem Transporte wegbringen konnte und hier der Winter mit enormer Strenge wütet, der sich vorzüglich in heftigen Stürmen und Nebeln äußert (Silberberg liegt 2200 Fuß über der Meeresfläche). Du hattest die Güte, mich auf der Hausvogtei zu fragen, ob ich Kleidungsstücke nötig hätte, ich mache jetzt von dem Anerbieten Gebrauch, indem ich Dich ersuche, mir ein Bette und Handtücher hierher zu senden, sowie ich auch um Viktualien und, wenn es möglich ist, auch um Tabak bitte, welchen ich jetzt das Pfund zu 2 Silbergroschen rauchen muß. Den Transport kannst Du um vieles wohlfeiler machen, wenn Du mit dem Pächter, Herrn Doehn zu Sieden-Bollentin bei Friedland, dessen Sohn ebenfalls hier sitzt, gemeinschaftliche Sache machst; so sehr teuer ist er überdies nicht, da der Zentner von Berlin nur 2 Taler kostet. Von dem von Ernst eingegangenen Gelde werde ich, wenn die Kommandantur es erlaubt, mir einige nötige Kleidungsstücke verschaffen. Willst Du über noch nicht erwähnte Sachen Nachricht haben, so bitte ich, dies in Deinem nächsten Briefe zu bemerken. Grüße Großmutter und die Schwestern von Deinem Sohn F. Reuter

1835

AN DEN VATER

Silberberg, 26. Februar 1835

Lieber Vater, Du erhältst diesen Brief auf ungesetzlichem Wege und wirst also in Deinen, durch die hiesige Kommandantur zugesendeten Briefen des Briefes und seines Inhaltes nicht erwähnen können, ohne mir Unannehmlichkeiten und Strafe zuzuziehen. Es würde leichtsinnig sein, wenn ich ohne genügende Gründe es wagte, doch sind diese nicht allein in Masse, sondern auch von Wichtigkeit vorhanden, und so kann bei aller angewandten Vorsicht dieser Schritt wohl von Deiner Seite gebilligt werden. Was ich in dem Briefe geschrieben habe, den Du durch die Behörde empfangen hast, ist buchstäblich wahr; aber einiges konnte ich Dir nicht füglich schreiben; so z. B., daß es mir hier höchst kümmerlich geht, daß ich in diesem letzten Monate bei einer *höchst* schwankenden Gesundheit nur dem Hunger durch Kommißbrot habe steuern können, da mir außer den 5 Talern Verpflegungsgeldern für diesen Monat kein anderes Geld geworden ist. Mein Mittagstisch ist nicht so gut wie der Deiner Knechte, am Abend habe ich nur einmal eine Wurst gegessen, sonst nichts Warmes, welches bei dem fürchterlichen strengen Sturm und fortwährend starrer Kälte doch höchst drückend ist. Für den Mittagstisch haben wir 2 Silbergroschen zu zahlen, des Morgens esse ich eine Mehlsuppe, d. h. Wasser und Mehl, für 1 Silbergroschen, nun habe ich für den Abend noch kein Brot und Butter, kein Licht, keine Wäsche (das Tabakrauchen, für mich in dieser Lage eine vorzügliche Unterhaltung, habe ich schon aufgeben müssen, obgleich ich das Pfund nur zu 2 Silbergroschen rauchte). In den früheren Monaten habe ich von unserem Kommandanten (nebenbei gesagt, ein sehr guter Mann, der ganz gewiß tut, was er tun kann, um es uns zu erleichtern) Zulage erhalten, er muß aber wohl sehr strenge Bestimmungen für uns erhalten haben, denn im Februar habe ich, wie oben gesagt, außer den 5 Silbergroschen pro Tag gar nichts erhalten, weshalb denn auch noch im Deposito 5 Louisdor liegen. Nun wende ich mich an Dich, mir auf folgendem Wege Geld *zu meiner* Verfügung zu senden, es sei, soviel es wolle, wenn nur etwas. Schicke die Antwort an E .... in Brandenburg, lasse diesen eine Adresse an P ... in Frankenstein in Schlesien machen und unter der letzteren eine »an die Frau Pastorin N. N.«, so werde ich ihn sicher und unverraten erhalten. Was meine Gesundheit anbetrifft, so geht es in der letzten Zeit etwas besser; aber meine Augen! – Ich habe übrigens jetzt seit heute ein besseres, helles Zimmer erhalten, wo ich doch etwas lesen kann, denn das konnte ich früher nicht. Man hat mir auf der Hausvogtei übrigens den Rest gegeben; durch ewiges Sitzen bin ich kränklich geworden, leide an schwachem Magen und bin, wie man hier mir sagt, höchst hypochonder. Zur Beglaubigung, wie ich früher behandelt worden bin, erhältst Du hierbei einen Brief, den ich in Berlin habe absenden wollen, den man mir jedoch zerrissen zurückgesandt hat, unter der Bemerkung: ich könnte ihn, wenn ich freikäme, in öffentlichen Blättern abdrucken lassen, jetzt dürfte ich ihn nicht an Dich absenden. Eben erhalten wir die Nachricht, daß in Glaz, 3 Meilen von hier, einer unserer Komplicen gestorben; was die causa movens dazu gewesen, lasse ich Dich bestimmen. Deinen letzten Brief werde ich speziell durch die Kommandantur beantworten. Im übrigen glaube mir, daß ich von allen Mecklenburgern am wenigsten inkulpiert bin. Grüße alle von mir, die sich nach mir erkundigen. Ich sehe einer Antwort und der Erfüllung meiner Bitte sehnlichst entgegen. Lebe wohl! Dein Sohn F. Reuter

AN DEN VATER

Silberberg, 11. Juni 1835

Lieber Vater, gewiß hat Dir mein so sehr langes Stillschweigen Unruhe verursacht; aber den Grund kennst Du ja aus früheren Briefen, nämlich Kränklichkeit, die mich zu jedem Geschäfte untauglich machte; ich habe wiederum zu wiederholten Malen das Bette hüten müssen, wodurch sich bei mir eine ungemein bittere Gemütsstimmung erzeugte, in der ich nicht an Dich schreiben wollte, um Dich nicht besorgter um mich zu machen, als Du in Deinem letzten Briefe schon zu sein schienst. Wir haben hier jetzt endlich den Frühling, und mit der wiedererwachten Natur ist auch wieder ein Hauch der Gesundheit und Heiterkeit in meine Brust gezogen, doch sind meine Kräfte noch nicht ganz wiederhergestellt. Seit einigen Tagen habe ich auch schon wieder an die Mathematik gedacht, was mir durch einen Freund, der sich jetzt auch damit beschäftigt und mit mir ein und dasselbe Zimmer bewohnt, sehr erleichtert wird; er war beim Kammerrat Ladwig Hauslehrer. Du schreibst mir von Kleidungsstücken, ich gebrauche deren [. . .], vielleicht hat Heinze noch mein Maß, ich habe mich in nichts verändert. Geld, lieber Vater, kannst Du, wenn Du willst, auch wieder an die hochlöbliche Kommandantur senden, ich habe in der letzten Zeit viel gebraucht.

Jetzt lebe herzlich wohl, der Brief ist freilich kurz, aber ich muß wieder zu Bette, denn die Witterung ist zu unfreundlich. Grüße an alle, und bitte entschuldige nochmals Deinen Sohn F. Reuter

AN DEN VATER

Silberberg, 15. Juni 1835

Lieber Vater, wahrscheinlich wirst Du schon den Brief, den ich vor einigen Tagen durch die Kommandantur geschickt habe, erhalten haben, dieser geht auf dem früher angegebenen Wege; noch eine Station in Breslau zu machen würde ganz unnötig sein, da der Kaufmann in Frankenstein sich sehr für mich wie auch für meine Freunde interessiert, zumal er einen Schwager hat, der unser sehr trauriges Schicksal teilt; er hat sich sogar die Mühe gemacht, uns zu besuchen, und hat mir bei dieser Gelegenheit die 4 Louisdor, für die ich Dir herzlichen Dank sage, persönlich überreicht. Sollte es möglich sein, so schicke mir durch diesen braven und freundschaftlichen Mann sowie durch die Dame, die ich Dir in meinem vorletzten Briefe genannt habe und die sich für uns sehr liebreich zu interessieren scheint, einiges Geld; das, was Du an die Kommandantur vielleicht senden wirst, ist bloß dazu dienlich, damit die andere Sendung, die ich von Dir erbitte, nicht verdächtig werde. Du wirst Dich vielleicht wundern, daß ich schon wieder um Geld schreibe; aber ich habe sehr viele Ausgaben während meiner Krankheit gehabt; jetzt bin ich gesund, obgleich ich mich sehr schonen muß. Meine Krankheit lag hauptsächlich im Magen und war von der Art, daß ich in acht Tagen auch nicht das geringste genießen konnte, ohne mich zu übergeben; dadurch ward mein Nervensystem so angegriffen, daß ein junger Mediziner, der mein Los hier teilt, schon befürchtete, es würde sich ein Nervenfieber einstellen. Aber die Hauptsache ist diese: ich bin jetzt wohler, als ich hier je gewesen; mein Mißmut, meine Hypochondrie (ein wahrhaft scheußlicher Zustand der Seele) haben mich verlassen; ich kann jetzt wieder arbeiten. Soeben verlassen mich zwei Freunde, mit denen ich alle Morgen zusammen Mathematik treibe; es geht gut damit. Des Morgens um 6 Uhr kann ich jetzt aufstehen, dann wird bis 9 Uhr vorgearbeitet, um 9 Uhr stellen sich meine Kollegen ein, und bis um 11 Uhr haben wir unsere Stunden, darauf gehen wir bis 12 Uhr auf unserem Hofe oder auf dem Donjon spazieren, nach Tische sitzen wir noch eine Stunde zusammen, später werden 2 Stunden gearbeitet, und danach geht die große Promenade auf dem Hofe los, damit man des Nachts schlafen kann. Die Kleidungsstücke, um die ich Dich gebeten, tun mir not; [...] Lisette danke ich für ihre Viktualien herzlich. Lebe wohl. [...] Ich bleibe Dein Sohn F. Reuter

AN DEN VATER

Silberberg, 19. November 1835

Mein lieber Vater, Deine Briefe habe ich alle erhalten, welchen Eindruck sie auf mich gemacht haben, stelle ich Deinem eigenen Ermessen anheim, sowie ich mich ebenfalls mit der direkten Beantwortung Deiner Besorgnisse und Vorwürfe zu verschonen bitte. Längst schon hätte ich Deinen gerechten Wunsch um Antwort erfüllt, hätte sich mir die Befürchtung nicht zur Gewißheit gestellt, daß sie, entweder unpassend oder ungenügend, in einem heftigen, für meine jetzige Lage unzeitigen Tone, der mich von anderer Seite her in neue Verdrießlichkeiten gestürzt haben würde, abgefaßt sein würde; gegen zehn unvollendete Briefe an Dich sind meine Zeugen. Ich bin krank gewesen, was das für eine Krankheit war, weiß ich nicht, da ich einem Arzte, der mir ohne Furcht, paradox zu erscheinen, um es gelinde auszudrücken, geradezu sagt: ein Tropfen Salzauflösung, in 100 Teile Wasser gegossen, sei ein zerstörendes Gift, wohl nicht die Kenntnis einer Krankheit, am wenigsten aber die Kenntnis der Ursachen zutrauen möchte.

Was meine Trägheit im Arbeiten anbetrifft, so sage ich ganz frei, daß es auf der ganzen Erde auch nicht einen Menschen gibt, der hierüber ein Urteil fällen kann, und außer Dir auch nicht einen, dem ein Urteil darüber zusteht. Dagegen frage ich: ist es möglich, daß ein Mensch die Langeweile eines Gefängnisses, ohne etwas zu treiben, tragen kann; ist es möglich, daß ein Mensch, der in den Jahren ist, wo er für äußere Eindrücke noch empfänglich ist, sich mit dem Betrachten seiner Eisengitter, seiner dunkeln Spelunke Tage, Monate, ja Jahre lang die Zeit vertreiben kann? Du schreibst, ich soll

mir meine Gesundheit erhalten, ich muß darauf antworten, daß selbiges nicht von mir abhängt; denn solange die Wintermonate dauern, und die Dauer derselben erstreckt sich vom September bis zum Juni, ist an Bewegung außer dem Zimmer wenig zu denken; meine Kasematte ist feucht und ungesund – der Salpeter hängt in Kristallen an den Wänden herab – und so groß, daß ich sie bei dieser abscheulichen Kälte und dem noch schädlicheren Zuge nicht erheizen kann. Am meisten leiden meine Augen, da ich, um nicht zu frieren, am Ofen, der 15 Schritt vom Fenster entfernt ist, arbeiten muß, was ich ohne Brille nicht möglich machen kann.
Für Deine Aufmerksamkeit, mir die Gründe Deiner Hoffnung, mich bald in Freiheit zu sehen, anzugeben, danke ich Dir herzlich, doch bin ich nicht der Meinung; auch halte ich es für Torheit, den Lügen der Zeitungen Glauben zu schenken, da man ihn nicht denen der Kriminalräte, Assessoren und dergl. schenken kann, ohne von getäuschten Hoffnungen unangenehm berührt zu werden. Ich habe meinen dritten Geburtstag im Gefängnisse gefeiert, so kann es denn auch wohl der zehnte sein. Daß Du gesund bist, hat mir sehr viel Freude gemacht, sowie auch Lisettens Brief, ich danke ihr; aber warum meldet Ihr mir nichts von Großmutter; die alte Frau ist wohl gestorben, und Ihr wollt es mir nicht melden. An Bedürfnissen habe ich eigentlich nur noch ein Paar Winterhosen nötig; [...] und willst Du mir ein Weihnachtsgeschenk machen, so schicke mir einige Pfund Tabak, er ist hier fürchterlich schlecht, und zugleich bitte ich um etwas Geld, welches Du an die Kommandantur schicken kannst, da ich nichts mehr im Deposito habe; hat Lisette Zeit, so bitte ich um ein Paar warme Morgenschuhe. Nun lebe wohl, ich will Dir nächstens noch ausführlicher schreiben. Deine Geschäfte gehen gut, schreibst Du mir, das freut mich. Wo ist Ernst? Grüße alle von Deinem Sohn F. Reuter

1836

AN DEN VATER

Silberberg, 20. Januar 1836

Lieber Vater, Deinen Brief mit dem Gelde sowie auch den Tabak und die anderen Geschenke habe ich erhalten, wofür ich Dir meinen herzlichsten Dank sage; schon früher hätte ich diese Pflicht erfüllt, wäre ich nicht sehr unwohl gewesen, was zum Teil auch noch jetzt der Fall ist. In der letzten Zeit habe ich so viel Briefe von allen Verwandten erhalten, daß ich mich ordentlich freuen, aber zugleich auch wundern mußte, wodurch mit einem Male ich der Gegenstand einer solchen Aufmerksamkeit geworden bin, wenn ich nicht der Meinung wäre, daß diese Zeichen der Erinnerung wohl nur durch Deine gütige Vermittelung an mich gerichtet worden sind; ich danke Dir auch dafür herzlich; vorzüglich aber für den Brief des guten Oheims in Jabel, der doch ganz gewiß einer der freundlichsten und bravsten Menschen ist, die ich je gekannt habe. Du verlangst von mir, ich soll Dir schreiben und eingestehen [...]; wozu dies dienen soll, weiß ich nicht, da Du schon lange von der Wahrheit überzeugt bist. Solltest Du es nicht sein, so brauchst Du nur an andere Leute, namentlich an B.... zu schreiben, der wird Dir schon Rechenschaft darüber geben können, zumal, da es scheint, als ob er sich mehr um meine Angelegenheiten bekümmert als um die eigenen; sollte er den Vorwand der Freundschaft mißbrauchen, so antworte ich: zur Freundschaft gehören erstens zwei und zweitens Aufrichtigkeit, und diese beiden Dinge sind aus reinem Zufall vergessen. Nun aber, mein lieber Vater, will ich Dir *selbst* das Bekenntnis ablegen, daß ich früher mehr geistige Getränke getrunken habe, als mir dienlich war, obgleich ich nie in grober Trunkenheit gewesen bin. Ich breche von diesem Punkte jetzt ab, weil das, was ich noch hinzufügen kann, vielleicht als Entschuldigung scheinen könnte, und ich weiß, daß Du kein Freund davon bist. Versicherungen schicke ich auch nicht mit, weil ich diese für sehr übel angebracht halte. Nur eine Bitte noch, wende Dich an keinen anderen als an mich, und sei nicht der Meinung, als wenn Du durch andere das erfahren wirst, was Du nicht durch mich erfährst. Sei, was es wolle, für mich günstig oder ungünstig: Du kannst von jetzt ab nur Mutmaßungen oder absichtliche Entstellungen der Wahrheit erhalten, da ich jetzt und so lange, wie ich in Haft bin, durchaus keinen Umgang mit irgendeinem Menschen habe noch haben werde. Solltest Du von selbst auf die Idee gekommen sein, meine Genossen hätten den Umgang mit mir abgebrochen, oder ist es Dir angezeigt worden, so antworte ich darauf, daß dies ein Irrtum ist und daß ich aus Gründen, die, wenn sie Dir interessant sein können, ich Dir später sagen werde, mit einem Teile frei und offen gebrochen habe und daß Gefälligkeiten von meiner Seite bis zu diesem Punkte ohne die mindeste Verachtung angenommen worden sind. Du wirfst mir einen Mangel an Mut vor, daran tust Du mir unrecht; ich klage nicht, ich will nicht besser behandelt werden als andere, und wenn sie auch wegen Diebstahl hier gefangen säßen; aber daß ich jeder törichten Hoffnung Raum geben sollte und so mir noch diese Täuschung aufbürden, das kann keiner verlangen; daß ich an Menschen glauben soll, da ich von denen, die ich für meine Freunde hielt, auf das feigste und schändlichste denunziert worden bin; daß ich täglich von Leuten, denen ich nie etwas zuleide getan, auf das empfindlichste gedemütigt, von Dummköpfen belehrt werde, das verlange auch keiner. Ich wundere mich nur, daß ich noch an Sachen glaube, die dem Menschen am heiligsten sind. Doch nun lebe wohl, mein lieber Vater, an Dich glaube ich immerfort, grüße Lisette; ich sehe meinen Brief nicht durch, ich bin erschöpft. Dein

F. Reuter

Silberberg, 6. Mai 1836

Lieber Vater, die Bahn ist gebrochen, der erste von uns ist entlassen; aber nicht laut Urteil, sondern durch Kabinetts-Ordre. Es ist ein gewisser Scheibner aus Greifswald, der früher beim Kammerrat Ladwig auf Schwinkendorf Hauslehrer war. Er selbst ist wahrscheinlich der Überbringer dieses Briefes, und so wird er Dir gern und ganz genau Nachricht von mir und von den Verhältnissen hierselbst geben. Was ich selbst noch hinzufüge, ist das, daß ich mich jetzt sehr wohl befinde und dieser Nachricht von Euch sehnlichst entgegensehe, daß ich durchaus keine geistigen Getränke zu mir nehme und (nicht wahr, o Wunder!) diesen Brief um $4^1/_2$ Uhr des Morgens schreibe. Mit meinem Fleiße bin ich im ganzen noch nicht so sehr zufrieden, da ich zu sehr gezwungen gewesen bin, die Bewegung im Freien zu suchen, und mein Zimmer fast unbewohnbar ist wegen Kälte, Rauch und Zugwind; doch diese Lokalitäten und Personalitäten überlasse ich alles meinem Scheibner, den ich wie meinen Bruder zu empfangen bitte. Er lebt in drückenden Verhältnissen und hat in der ersten Zeit gar keine Aussicht auf Erwerb, da seine Stelle bei Ladwig schon lange besetzt ist; ich bitte Dich daher, die beiden Vettern anzuspornen, an irgendeinem Orte für ihn eine passende Hauslehrerstelle auszuspähen, wohin sie ihn auf mein Wort empfehlen können, da er sehr still und zufrieden ist und was Tüchtiges gelernt hat. Ich bin ihm um so mehr diese Fürbitte schuldig, da er wesentlich dazu beigetragen hat, daß ich mich der menschlichen Gesellschaft wieder genähert habe und meine Gesundheit wiedererlangt habe. Daß Du diesen letzten Grund um meinetwillen sehr beherzigen wirst und den Brief nicht für ein herkömmliches Akkreditiv nehmen wirst, dafür bürgt mir Deine Liebe zu mir. Auf meinen Brief vom 4. April habe ich von Dir noch keine Antwort. Ich schließe, da der Brief zu Scheibner muß, dessen Abreise uns allen sehr plötzlich kommt; da Scheibner aber auf jeden Fall Dich selbst besuchen wird, so wirst Du genug erfahren, was Dir interessant scheint. Wenn Du für gut findest, mir etwas Geld an die Kommandantur zu schicken, so wird es mir lieb sein, da das wenige verbraucht ist. Lebe wohl, mein lieber Vater, und denke an Deinen Sohn F. Reuter

AN DEN VATER

Silberberg, 28. Mai 1836

Lieber Vater, wie beschämend muß es für mich sein, wenn Du in Deinem letzten Briefe Dich wegen der verabsäumten Beantwortung meines Briefes entschuldigst, da Du so pünktlich und ich so träge darin war; aber der Grund der Kränklichkeit, die Dich überfallen hat, ist zu betrübend für mich, als daß ich länger bei dem oben genannten Gefühle verweilen kann, daß es nicht von dem lebhaften Wunsche Deiner völligen Wiedergenesung unterdrückt würde. Nachrichten über mein körperliches Wohlsein wirst Du in dem Briefe an Lisette finden. Mit meinem Studium geht es gut, und ich kann wohl sagen, daß mein Fleiß seit einigen Tagen, aber nur seit einigen Tagen, von der Art sei, daß er Dir durchaus befriedigend erscheinen müsse, wenn Du Zeuge davon wärest. Mathematik beschäftigt mich unausgesetzt des Morgens, ich habe es auch am Nachmittage versucht, habe jedoch gefunden, daß der Erfolg sehr gering ist und daß es besser ist, andere Studien zu treiben, bisher Französisch und Zeichnerei, von welcher letzteren ich Dir hier ein unbedeutendes Zeugnis mitsende (es soll die Rahel sein); jetzt will ich anfangen, Spanisch zu treiben, dies wird Dir sonderbar scheinen, aber ich versichere, daß es nur Erholung sein und bleiben soll; um Bücher habe ich deshalb schon nach Berlin geschrieben an Dümmler. Französische Bücher, die mir mangeln, könnte ich wohl von den Vettern August und Karl geborgt erhalten; frage doch, wenn Du an sie schreibst, ob sie

etwas von Voltaire, Rousseau, Montesquieu, Molière, Diderot, Reignard und vor allem etwas aus der neueren Schule hätten und auf einige Zeit entbehren könnten. Was meine Versetzung nach Stettin betrifft, so ist es mir schon vorneweg sehr unwahrscheinlich gewesen, daß sie realisiert werden würde, da bisher noch keinem eine direkte Bitte gewährt worden ist. Spandau, glaube ich, wird auch nicht genehmigt, Magdeburg freilich wohl, doch soll es dort nicht zum besten sein; jedoch wenn es Dich nicht ermüdet, so trage nur auf Versetzung dorthin an; es bleibt mir ja immer noch unbenommen, ob ich, nach genauerer Erkundigung, davon Gebrauch machen will oder nicht, bis zum Erkenntnis würde ich dies wohl nicht tun, und meiner Ansicht nach wird mein Erkenntnis der sicherste Weg zur Auslieferung sein.
Nun zu einer Sache, die mich ungemein beunruhigt. Wenn ich jetzt freikomme, dies ist der glücklichste Fall, so bin ich beinahe 26 Jahre alt, soll ich dann noch eine Universität beziehen? Soll ich dort noch drei Jahre – und die muß ich haben, um etwas Ordentliches zu leisten – zubringen, so bin ich 29 Jahre alt, wie lange dauert es dann noch, daß ich eine Anstellung erhalte, und als was? Als Lehrer an einer Schule, das würde niemals der Fall sein; soll ich [. . .], wenn ich freikomme, werde ich mich ein halbes Jahr bei Dir zu Hause aufhalten, Dir bei Deinen ökonomischen Bestrebungen an die Hand gehen und von Deiner Erfahrung lernen; findest Du dann, daß ich Ausdauer, Eifer und Interesse hinlänglich in diesem Fache bewiesen habe, so bleibe ich dabei, besuche vielleicht ein ökonomisches Institut oder, solltest Du es für zweckmäßiger halten, gehe ich zu fernerer Ausbildung zu einem theoretisch und praktisch gebildeten Landmanne, deren es ja bei uns gibt, so habe ich späterhin ein sicheres Auskommen, indem ich Deine Ökonomie mit verwalten helfe. An der nötigen Berechnungsgabe und Beachtung der Umstände fehlt es mir, glaube ich, nicht; Ausdauer hoffe ich hinlänglich zu besitzen, und an Entbehrungen bin ich, Dank sei es meiner Haft, gewöhnt. Dazu kommt noch, daß ich dann

doch wenigstens das Glück habe, Dir den Kummer, den ich Dir in der Jugend gemacht habe, in reiferen Jahren durch Aufmerksamkeit gegen Dich in etwas wiedergutzumachen und daß ich eine geschwächte Gesundheit, die vielleicht eine sitzende Lebensart auf die Länge der Zeit nicht aushalten würde, durch Bewegung in freier Luft wiederherstellen kann. Schreibe mir Deine Ansicht über diesen nur flüchtig hier erwähnten Punkt, der sich noch durch fernere Gründe modifizieren ließe, und sei überzeugt, daß ich alle Deine Einwürfe mit der größten Unparteilichkeit berücksichtigen und erwägen werde. Zugleich bitte ich Dich um etwas Zulage, da meine Kasse leer ist; doch wünsche ich, daß Dir dies nicht schwerfallen möchte. An den Oheim in Jabel werde ich nächstens schreiben; ich habe öfters schon Briefe an ihn angefangen, sie waren aber nicht in der Stimmung abgefaßt, daß sie ihm Vergnügen machen konnten, zumal, da sein Brief eine so recht freundliche Gesinnung aussprach. Grüße ihn mit dem Bemerken, daß er es mir nicht so hoch anrechnen möge. Nun lebe wohl und bleibe oder werde gesund. Für immer Dein F. Reuter

AN DEN VATER

Silberberg, 8. August 1836

Lieber Vater, Deinen Wink in Deinem letzten Briefe in bezug auf die R. habe ich wohl gemerkt, sie ist aber von hier gezogen, und so ist es mir nicht möglich gewesen, früher Deinen Wunsch zu erfüllen, doch habe ich einen anderen Weg ausgemittelt, der wohl noch sicherer sein möchte, sende Du nur die Antwort an P. in F., der wird alles wohl besorgen, es ist ein sehr braver und achtungswerter Mann.
Jetzt ist alles verloren. In der »Allgemeinen Augsburger Zeitung« ist ein Aufsatz aus Frankfurt enthalten, der neue Bestimmungen über die Auslieferung enthält, nach welchen ich schwerlich ausgeliefert werden dürfte, ich habe ihn ge-

lesen und werde ihn Dir d. d. C. nächster Tage senden; Dein quasi Freund v. K. in Berlin hat sicher seine Hand im Spiel, denn er ist zu der Zeit des Beschlusses dort gewesen, und es scheint, als ob es vorzüglich auf mich dabei abgesehen sei, denn für die übrigen Ausländer, die gefangen sind, haben sie anderweitige Gründe, sie zu halten. Mein Urteil wird auf 20 bis 25 Jahre nach preußischen Gesetzen lauten, und wenn davon auch die Hälfte gestrichen wird, so ist es doch immer lang genug, um davon überzeugt zu sein, daß wir einander nicht wiedersehen; denn mein Gesundheitszustand ist sehr schlimm, dies ist das erste, was ich nach 14 Tagen schreiben konnte, da ich bettlägerig war, und es ist schon über einen Monat, daß ich nicht aus dem Zimmer gekommen bin. Das Nähere werde ich an Lipmann schreiben, denn die Kerls von Quacksalber hier unten sind zu niederträchtig, der eine ist ein offenbarer Schurke und Nero, der andere ein Chirurg, sowie der erste ein Apotheker (denn studiert haben sie alle nicht), hat einen Handel und muß dem vorstehen, und der dritte (ein nicht approbierter Chirurg), den ich hatte, hat mir eine Rechnung von 7 Taler gemacht, die ich ihm auch gegeben habe, und nun, da er das Geld ganz hat, nun kommt der Schweinehund nicht mehr. Ich habe früher einmal den Kreisphysikus aus Frankenstein verlangt, da hat mir der G. melden lassen, »die Sistierung eines Kreisphysikus sei nicht nötig, da hier Militärärzte wären«, nämlich obige. Doch genug davon.

Das Schreiben, welches der Drost von Lowtzow verlangt, werde ich Dir nächstens d. d. C. zustellen, es wird aber nichts helfen. Es ist unter den übrigen, die hier sitzen, mit denen ich, beiläufig gesagt, fast keinen Umgang habe, die allgemeine Meinung, daß es gut sei, wenn Du nach dem Erkenntnis, im Falle ich nicht ausgeliefert würde, das ganze Verfahren in einem öffentlichen Blatte, etwa der »Hamburger Börsenhalle«, die es wohl noch am ersten aufnimmt, aufdecktest.

Ich bitte noch, lieber Vater, daß Du mir etwas Geld mit der

Antwort schicktest, man muß immer über den Zuschuß, den man erhält, Rechenschaft ablegen, und es gibt Ausgaben, z. B. Freiheiten und Bequemlichkeiten, die man nur durch eine versilberte Hand erhalten kann, worüber man dies nicht kann; nimm dies nicht übel, Du hast mir in der letzten Zeit schon so viel geschickt; aber ich habe auch gar viel brauchen müssen. D. d. C. mehr nächstens; ich bin ganz abgespannt. Lebe wohl und antworte bald Deinem Sohne F. R.

Entschuldige alle Fehler des Briefes, ich sehe ihn nicht durch.

AN DEN VATER

Silberberg, 16. August 1836

Lieber Vater, mit so vielem Eifer, als mir hier möglich ist, habe ich die verschiedenen Aussichten auf meine Freiheit erwogen und werde Dir in folgendem meine Ansicht darüber auseinandersetzen; die Entscheidung über die anzuwendenden Mittel steht Dir zu.

Dir selbst wurde kurz nach meiner Verhaftung von einem meiner Inquirenten versichert, daß mein Arrest höchstens nur ein halbes Jahr dauern könnte, darauf verließ ich mich, sonst hätte ich schon damals das Gericht für inkompetent erklärt, was gewiß das beste gewesen wäre. Späterhin, bei Gelegenheit der Auslieferung eines gewissen Wieck aus Schleswig und Kleekamp aus Kiel, verlangte ich dasselbe, mir wurde jedoch geantwortet, dies sei nicht auf gerichtlichem, sondern auf diplomatischem Wege geschehen, ich kam darauf schriftlich beim Kammergericht ein um die Erlaubnis, an meine Landesregierung schreiben zu dürfen, dies wurde mir abgeschlagen. Nachdem ich ein Jahr und 1 Monat im Untersuchungsarrest gesessen, hatte ich Schlußverhör, bei welchem der Justiz-Kommissions-Rat Kunowsky zugegen war und mir versicherte: Lassen Sie sich nicht bange werden; Sie müssen ausgeliefert werden; doch lassen Sie sich immerhin nach Silberberg abführen, Sie werden es dort besser haben als hier (welches auch Gott sei Dank wahr ist). Hierauf schlug er die darauf bezügliche Stelle im preußischen Landrecht nach und zeigte sie dem Inquirenten, der ihm jedoch sagte, daß über diesen Fall eine neue Verordnung herausgekommen wäre. Mein Verteidiger entgegnete, da dies Gesetz nach dem Faktum gegeben sei, so könne es keine rückwirkende Kraft haben, worauf ihm erwidert wurde, daß man ihm dies schon später auseinandersetzen wolle. Die Verordnung, worauf hier angedeutet wird, ist erst im Herbst 1834 gegeben und besteht in einer Übereinkunft der deutschen Bundesstaaten, daß jeder Staat die in seinem territorio aufgefangenen politischen Verbrecher behufs der Untersuchung gefangenhalten kann; so habe ich wenigstens gehört. Du hast mir nicht geschrieben, ob die 5 Mecklenburger in Dömitz ihr Erkenntnis schon erhalten haben und auf wie lange sie verurteilt sind, ich hörte, auf 2 Jahre. Das wäre doch schrecklich; dann hätte ich schon ein Jahr zu lange zugebracht. Es ist ganz gewiß, daß die Erkenntnisse in diesem Jahre nicht kommen, wer weiß, ob im folgenden, und so ist dies denn wieder ein Beweis, daß jene hohe Person, von der Du öfter gesprochen, Dir die Wahrheit nicht sagen kann oder will. Ich glaube daher auch, daß Du auf jeden Fall ernstliche Maßregeln ergreifen mußt und daß Konnexionen Dir und mir nichts helfen; wende Dich doch noch einmal an unsere Regierung und führe ihr zu Gemüte, daß es ihre Pflicht ist, mich als Landeskind zu requirieren. Plessen ist vielleicht williger hierzu bereit als Brandenstein. Im Falle, daß die Erkenntnisse erscheinen und ich wirklich von preußischer Seite verurteilt werden sollte, so bin ich sehr zweifelhaft, ob ich das Erkenntnis annehmen soll oder nicht; denn nehme ich es an, so erhalte ich nach preußischen Gesetzen 25 bis 30 Jahre Festungsarrest, und gesetzt auch, der König begnadigte uns, so würde diese Gnade doch nicht so durchgreifend sein, daß wir mit dem schon ausgestandenen Arrest als genugsam bestraft angesehen würden, so daß man noch sicher 5–7 Jahre zu sitzen hätte.

Was meine übrigen Angelegenheiten betrifft, so kann ich Dir nichts Tröstliches melden, meine Gesundheit ist schlecht, an Arbeiten ist wenig zu denken, denn meine Augen halten es nicht aus; das Zeichnen, das einzige Vergnügen, das ich noch hatte, habe ich seit 2 Monaten gänzlich unterlassen müssen. Mein Magen ist so schwach, daß ich wenig Speisen vertragen kann, und von Zeit zu Zeit leide ich an so heftigem Erbrechen, daß es zuweilen 3 Tage und Nächte anhält, bis endlich Blut kommt, dann ist's gut; und der hiesige Stabsarzt, den ich vor einiger Zeit rufen ließ, sagte: »Herr Reuter, Sie sind ganz gesund, das kommt wohl.« Meine Kasse, lieber Vater, ist, obgleich ich die 20 Taler erhalten, in schlimmen Umständen, da ich damals Schulden hatte, so mußten sie bezahlt werden, und so bin ich jetzt noch mit 2 Monaten im Rückstande, ich bitte Dich daher, sende doch gefälligst, sobald es Dir möglich, einigen Zuschuß an den Herrn General. Wir haben schönes Wetter; schade, daß ich es nicht genießen kann, und doch freue ich mich in Deiner Seele recht herzlich darüber. Wie steht es mit den Karden, haben sie Deinen Erwartungen entsprochen; der Kümmel muß gut geraten sein, trotz Deiner Befürchtungen; Du siehst, mein Projekt in Hinsicht der Landwirtschaft ist noch nicht aufgegeben und hat sich noch mehr befestigt; obgleich meine erste Ernte, im Blumentopf gezogen, nicht reif wird. Sage Lisette, sie möchte mir doch zum Winter einige Hemden, Strümpfe und Vatermörder schicken, ich bin deren benötigt. Lebe wohl, grüße alle von Deinem F. Reuter

PS: Die Cholera soll unten in der Stadt sein, aber wohl nur die sporadische, denn es ist noch keiner gestorben.

AN DEN VATER

Silberberg, 31. Oktober 1836
[Unter dem Siegel der Kommandantur]

Mein lieber Vater, wenn ich dem obigen Dato fluchen sollte, so wäre es mir wenigstens zu verzeihen, und ich würde es tun, wenn ich nicht bedächte, daß der Tag, der mich vor drei Jahren in den Kerker warf, vielleicht eine Menge von Menschen beglückte; mich hat er namenlos unglücklich gemacht, er hat mir Gesundheit und Lebensglück und, was noch schlimmer ist, auch Lebensmut geraubt. Darum bitte ich Dich herzlich, laß Deinen Bestrebungen, mir die Freiheit zu verschaffen, nur noch einen letzten Versuch folgen, und dann höre auf, Deine Zeit und Dein Gemüt mit einer Chimäre zu plagen, die eben so fabelhaft und monströs ist wie die der Mythologie. Ich bin auf dem Wege, mir einen passiven Mut zu verschaffen, dessen Höhepunkt völlige Apathie sein wird, und wenn dies Bestreben für einen Menschen, der im Genusse seiner Freiheit ist, etwas Schreckliches und sogar Sündliches enthält, so ist es für einen Gefangenen nicht allein zuträglich, sondern, wie ich glaube, mit der Moral völlig übereinstimmend, wenigstens für einen Gefangenen meiner Klasse.

Um Dich aber in den Stand zu setzen, diesen letzten Versuch zu machen, so will ich Dir, so gut es geht, alle möglichen Materialien zusammengefaßt kurz angeben: Die Mecklenburger sind zu zwei Jahren verurteilt, aber in Preußen ist es anders. Gleich nach unserer Abführung nach Silberberg fragte Bohl bei seinem Verteidiger, dem Herrn von Tempelhoff, an, wie das Urteil wohl lauten könne, und erhielt zur Antwort: zwei von den Greifswaldern würden wahrscheinlich zum Tode verurteilt, er selbst zu 30 Jahren, die anderen zu resp. 25 und 15; die Jenenser sind vielleicht nun noch ärger inkulpiert, und so komme ich zu dem Schlusse, daß ich wohl ihr Geschick teilen werde, übrigens bin ich vielleicht weniger oder doch nur ebenso stark beteiligt wie die übrigen Mecklenburger. Fast perpetuierliche Sprecher in der Verbindung waren von der Hude in Lübeck und Fr ... [der Name ist mit dem Siegel abgerissen] in Neustrelitz, ersterer ist, soviel ich weiß, gar nicht bestraft und der andere mit einem halben Jahre Arrest; im Vorstand haben viele gesessen, ich aber nicht; von den Mecklenburgern saßen darin Schmidt und Nauwerk, welcher letztere gar nicht bestraft ist; Haupt, Krüger, Spiegelberg, Martens und ich gehören ganz in eine Kategorie, wenn mir von diesen Genannten nicht noch der Umstand zustatten kommt, daß ich in Jena selbst zu einer Zeit, in der noch gar keine Untersuchung eingeleitet war, freiwillig ausgetreten bin. Unsere Absichten waren auf keinen bestimmten Staat gerichtet, sondern auf alle Staaten in Deutschland, ich bin nie mit einer politischen Mission beauftragt und habe nie privatim eine derselben ausgerichtet. Ich bin ferner der einzige Ausländer in Preußen, der verhaftet ist, ohne in Preußen studiert zu haben, oder der sich politischer Verbrechen in demselben hat zuschulden kommen lassen. Sollte nun der neueste Bundestagsbeschluß in Anwendung gebracht werden, so habe ich keine Hoffnung zur Auslieferung, was aber wohl einen alten Rechtsgrundsatz umstoßen heißt und was natürlich eine unüberwindliche Bitterkeit in meinem Herzen zurücklassen muß.

Alles Obige ist getreu der Wahrheit gemäß, und Du kannst getrost jeden beliebigen Gebrauch davon machen. Den Arzt habe ich um ein Attest gebeten; ob er mir eins geben wird und wie dies beschaffen sein wird, weiß ich noch nicht; sobald ich es habe, sende ich es Dir zu. Und nun noch einmal die Bitte, schlägt dieser Versuch fehl, so laß es gehen, wie es geht, es wäre unrecht an Dir selbst und an den Schwestern gehandelt, wenn Du Deine Kräfte auf eine hoffnungslose Sache verwenden wolltest und die, wenn sie gelänge, Dir nur einen Schatten von Deinem früheren Sohne zurückbringen würde.

Schreib mir Neuigkeiten fernerhin von unserer Familie, ich werde Dir darauf antworten, und Dein sowie ihr Andenken wird die einzige Freude für mich sein. Unser Erkenntnis wird hoffentlich zukünftiges Jahr erscheinen, da wird sich ja vieles lösen und aufklären. Am 7. kommenden Montags ist mein Geburtstag (der vierte im Gefängnis); ich werde dann freundlich an Euch denken und an die vielen kleinen Beweise von Liebe, die ich in den Jahren der Kindheit von Euch erfuhr, die gewiß mehr wert sind als alle die schönen Versprechungen, die ich Dir an diesem Tage gemacht habe und von denen so wenige nur verwirklicht sind. Lebe wohl und Grüße an alle, vorzüglich an Lisette; was sie mir geschickt, habe ich richtig erhalten. Dein F. Reuter

AN DEN VATER

Silberberg, 27. Dezember 1836

Lieber Vater, Deinen letzten Brief mit den Büchern habe ich erhalten und bin Dir für Deine Aufmerksamkeit in Hinsicht meiner sowie auch für die erteilte Erlaubnis, Landwirt zu werden, herzlichen Dank schuldig, den ich Dir aus vollem Herzen zolle. Mit dem Studieren des Buches habe ich den Anfang gemacht, der zu meiner Zufriedenheit ausgefallen ist, zumal ich durch ziemliches körperliches Wohlsein im Arbeiten begünstigt werde. Gewiß sehe ich es ein, wie sehr Du Dich mit meiner Zukunft zu meinem Besten beschäftigst, und sehe in den Tröstungen, die Du überall in Deinen Briefen einstreuest, die größte väterliche Liebe.

Deine Bestrebungen zu meiner Freilassung oder vielmehr Auslieferung habe ich, soviel in meinen Kräften steht, von hier aus unterstützt, nämlich durch eine Eingabe an das Kammergericht, die, durch ein ärztliches Attest vom hiesigen Herrn Garnisons-Stabsarzt Starke unterstützt, vielleicht einigen Erfolg haben kann. Zur besseren Beurteilung sende ich Dir dieselbe, wenn auch ohne Beilage des Attestes, mit und wünsche nur, daß dieselbe Dir zweckmäßig abgefaßt scheinen möge. Der Ton in derselben ist freilich nicht sehr untertänig, jedoch durchaus nicht beleidigend, und so sollte ich auf Anraten des Herrn Assessors Vietsch in Frankenstein mein Schreiben einrichten. Den Herrn Kreisphysikus Stephani aus Frankenstein habe ich ebenfalls gesprochen und habe in demselben einen sehr freundlichen alten Herrn gefunden, der mir jedoch in medizinischer Hinsicht nichts raten konnte, da ich zum Teil schon wieder gesund, sonst aber von dem Herrn Stabsarzt Starke behandelt wurde.

Du verlangst zu wissen, wessen ich geständig gewesen bin und wessen ich überführt worden bin? Es ist schwer, Dir dies kurz auseinanderzusetzen, da ich durchaus nicht persönlich vorzugsweise in irgendeiner Hinsicht beteiligt bin, sondern nur als Mitglied der »Germania«, und so würde ich Dir nur die von allen Mitgliedern eingestandene Tendenz der Verbindung und die angewandten Mittel zur Verwirklichung dieser Tendenz mitteilen können. Die Germania war gegen alle Staaten Deutschlands gerichtet, hatte eine revolutionäre Tendenz, die ebenfalls von den Universitäten Heidelberg, Würzburg, Erlangen, Kiel und Tübingen anerkannt war. Wir hielten verbotene Blätter und Zeitschriften und steuerten zu dem Preßverein.

Bis dahin war ich vor einiger Zeit schon gekommen, da traten Umstände ein, die mich nötigten, die Vollendung dieses Briefes aufzuschieben bis zur Erlangung des Konzeptes des Herrn Stabsarztes Starke, dem ich übrigens seine Bemühung anständig zu honorieren wünschte. Es stützt sich auf ein chronisches Unterleibsleiden, auf krankhaftes Verändern der linken Augenregenbogenhaut, und wenn dies nicht baldigst gehoben würde, so würde vielleicht ein schwarzer Star daraus, wenn namentlich die Person auf die Oberfestung zurückgeführt würde, da die Feuchtigkeit der Kasematten und strenge Luft daselbst diesem Zustande oft sehr nachteilig würden. Eben erhalte ich auf ungewöhnliche Anzeige die Nachricht, daß Du sehr auf mich aufgebracht bist, und beeile sie mich jetzt, wo nicht zu erhalten, doch zu erflehen wünsche. (Verzeihung.) Lieber Vater, ich bin gewiß sehr strafbar in Beziehung auf

Dich, doch traue ich Dir und Deiner Liebe zu, daß Du mir noch einige wenige Nachsicht zuteil werden läßt. Mir ist sehr bange um mich, da es scheint, daß manches dazu beigetragen, mir den Rest Deiner Liebe zu rauben, und wenn daher nicht bald das Urteil im Preußischen oder die Auslieferung nach Mecklenburg eintritt, so möchte wohl so bald nicht an Freiheit zu denken sein und mein Los ein nicht zu beneidendes sein.
Mein Brief ist nicht zu den Weihnachten eingetroffen und heute, am dritten Weihnachtstage, erst beendet, die allertraurigsten, welche ich bisher durchlebte, und so kann ich nur noch hoffen, daß derselbe zu rechter Zeit eintreffe, um Dir ein fröhliches Neujahr zu wünschen, mit der Bitte, ebenso in dem zukünftigen als in dem jetzigen Jahre für mich zu sorgen, und so kann ich ferner für mich noch hoffen, baldigst befreit zu sein und zu Hause bei Dir zu leben, in Deiner Gegenwart zu sein und zugleich mit Ernst unter Deiner Leitung zu arbeiten; ich habe den festen, ernsten Entschluß, mich dann Deiner Liebe immer würdiger zu machen und dafür zu sorgen, daß einmal ein tüchtiges Mitglied der menschlichen Gesellschaft aus mir würde, welches nach Deinem, hoffentlich noch weit hinausgeschobenen Tode, wenn auch nicht Deine Stelle ersetzen, doch wenigstens einigermaßen vertreten könnte. Wie glücklich sind die Menschen, wenn sie zusammen leben können wie wir, Du Vater, Lisette, Ernst, Großmutter und Sophie, denen allen ich diese Hoffnung als Neujahrsgeschenk zusende.
Was Deine Aufmunterung und Aufforderung zur Erstarkung meines Innern betrifft, so ist es damals wohl in zu starken Ausdrücken abgefaßt gewesen, wie sehr ich gebeugt war; ich bin so ziemlich gesund und hoffe, es soll noch besser werden, und so Gott will, sehe ich Dich als ein froher, rüstiger Mitarbeiter (der allerletzten Stufe) wieder. Habe ich mir durch diese Nachricht nun das Recht auf die Erklärung jener apokalyptischen und hieroglyphischen Worte Deines letzten Briefes erworben? Ich hoffe, Du wirst dieselbe nicht zu den daselbst angeführten vier Monaten hinausschieben; sollte vielleicht

damit der Brief an den Herrn Landdrost v. L. gemeint sein? Ja, was dieses Schreiben betrifft, so kann ich noch lange warten, obgleich der Herr Platzmajor daraus die größesten Hoffnungen nicht allein für mich, sondern auch für uns alle findet. Ich sehe darin die unendliche Mühe und Sorge, die ich Dir gemacht habe, und Deine unendliche Liebe zu mir, im übrigen vertröste ich Dich auf andere Briefe ähnlichen Inhalts aus B.; das wahrscheinlichste darin ist, daß wir nächstens die Erkenntnisse erhalten werden. Mit meinen ökonomischen Studien geht es soso, doch hoffe ich, es wird gehen und gut gehen, denn eigentlich theoretisch unverständlich ist mir bisher noch nichts geblieben, doch die praktische Anwendung fast ganz, es sei denn, daß ich sichere Reminiszenzen aus Deiner Wirtschaft in mir hätte; aber die leidigen Positiva! Doch glaube ja nicht, lieber Vater, daß ich mich werde dadurch abschrecken lassen. Nein, gewiß nicht. Wie geht es mit Deiner Ökonomie? mit der Erbpachtschaft der Koppel, mit der Brauerei, mit den Karden; sind die alten verkauft und die neuen gut bestanden und gegen Frost gedeckt? Ist die Ölmühle im Stande? Hier schlägt das Öl sehr auf. Lebe nun wohl, und noch einmal verzeihe sein so langes Stillschweigen
Deinem Sohne F. Reuter

GESUCH FRITZ REUTERS AN DAS KÖNIGLICH PREUSSISCHE KAMMERGERICHT

Festung Silberberg, 30. November 1836

Königliches Hochpreisliches Kammergericht!
Es sind seit meiner Verhaftung am 30. Okt. 1833 nunmehr drei Jahre verflossen, wo ich täglich auf eine Veränderung meiner Lage hoffte, die ich meiner bis jetzt noch unveränderten Ansicht gemäß rechtlich verlangen durfte; diese Ungewißheit über mein Schicksal, verbunden mit körperlichem Unwohlsein, veranlassen mich, um Auslieferung in meine Hei-

mat zu bitten, damit ich nicht unverhältnismäßig strenger bestraft werde als meine konkulpierten Landsleute, unter denen ich, wie die Akten ausweisen werden, nicht der am meisten Beteiligte bin.
Die in der verbotenen Verbindung »Germania« zu Jena gewesenen Mecklenburger sind nach einem in Stadtarrest zu Rostock, wo sie weiter studieren durften, bestehenden Untersuchungsarrest zu zweijähriger Festungsstrafe verurteilt worden, die sie nächstens erduldet haben werden. Unsere Verbindung war gleichmäßig gegen alle Regierungen Deutschlands, gegen Mecklenburg ebensowohl als gegen Preußen, gerichtet; wenn ich nun ferner gegen Preußen und innerhalb seiner Grenzen überhaupt gar kein spezielles Verbrechen begangen habe, so kann doch wohl in dem zufälligen Umstande, daß ich in Berlin verhaftet ward, unmöglich ein Grund vorhanden sein, mich länger und härter als meine Landsleute zu bestrafen und mich allein von allen übrigen dem in diesem Falle allein gültigen forum patriae zu entziehen, zumal, da die Großherzogliche Weimarische Regierung selbst den [...] Krüger aus Malchin ausgeliefert hat. Kleekamp und Wieck aus Kiel sind beide von Berlin ausgeliefert worden. Frank aus Strelitz war in Untersuchung auf der Hausvogtei, wurde, wieder ausgeliefert, in Mecklenburg mit halbjähriger Verhaftung bestraft, während ich hier schon drei Jahre in Verhaft mich befinde. Drei Jahre, die meine Gesundheit, wie mir der hiesige Garnisons-Stabsarzt attestieren wird, untergraben haben und mir namentlich eine höchst bedenkliche Augenschwäche zugezogen haben, die in den dunklen Gefängnissen zu Berlin entstanden und in den feuchten und ebenfalls dunklen Kasematten hierselbst nicht zu heben ist. – Aus vorstehenden Gründen geht denn nun meine Bitte dahin: daß ich jetzt, nachdem ich drei Jahre in Verhaft gewesen, aufs baldigste in meine Heimat ausgeliefert werde.
Mit schuldigster Hochachtung verharrt
Eines Königlichen Hochpreislichen Kammergerichts
gehorsamster Friedrich Reuter

AN LISETTE REUTER

Silberberg, 27. Dezember 1836

Liebe Lisette, Glück auf zum Neujahr! Ich danke Dir für Deine lieben Briefe sowie auch für die Kleidungsstücke, die Du mir sandtest; sie waren mir alle sehr lieb, zum Teil auch sehr notwendig, und doch komme ich schon wieder mit der Bitte um ein Paar Beinkleider von schwarzer Farbe; die Du mir am vorigen Weihnachtsfeste schicktest, sind zwar noch ganz neu, sind jedoch in der Farbe verbrannt und auf drei Stellen geplatzt; mit meinen Röcken muß es noch gehen, obgleich der eine auch schon sehr schadhaft wird. Nicht wahr, Du hast am Weihnachtstage oft an mich gedacht, oft an jene Zeit, als wir der Glocke so ängstlich harrten, wenn sie in Mutters Schlafstube erklang und wir dann hinüber eilten zum Vater und ihn herbeizogen, an unserer Freude teilzunehmen? Das war eine schöne Zeit! Jetzt ist's anders; aber Du sagst, Gott wird alles zum Guten wenden, und ich sage mit Dir: der alte Gott lebt noch. Was Du mir von Verlobungen schreibst, ist mir sehr angenehm und namentlich die letzte, noch unbestimmte. Hat der Stolzenburg eine Schmarre im Gesicht? Es waren zwei Brüder da. Grüße und beglückwünsche alle im Namen Deines treuen Bruders F. Reuter

1837

AN DEN VATER

Silberberg, 31. Januar 1837

Mein lieber Vater, Deinen Brief vom 17. erhielt ich in dem Augenblick, als mir mein Urteil gesprochen wurde, nämlich am 28. d. M. im Rathause zu Silberberg. Wie ich Dir letzteres am besten mitteilen soll, darüber sinne ich vergeblich nach, ich mag es drehen, wie ich will, ich fürchte dennoch, immer alle Deine Hoffnungen, die Du auf meine Befreiung gesetzt hast, mit einem Schlage zu zertrümmern; aber es hilft nicht, erfahren mußt Du es, und so will ich denn wenigstens dasselbe Zartgefühl wie die uns dasselbe publizierenden Gerichtspersonen beobachten. Mit dem Urteile zugleich ist die Begnadigung des Königs angelangt, worin bestimmt wird, daß der König diejenigen, welche zum Tode verurteilt sind, auf 30 Jahre begnadigt hat, und zu diesen, mein lieber Vater, gehöre ich.

Hier folgt das Dekret: Extractus vidimatus.

Die Ministerial-Kommission empfängt die mit dem Berichte vom 3. vorigen Monats Mir eingereichte Sentenz des Kammergerichts wider die Teilnehmer an geheimen politischen, insbesondere burschenschaftlichen Verbindungen hierneben zurück. Ich genehmige, daß selbige den Inquisiten publiziert werde, doch mit der Maßgabe, daß den zur Todesstrafe verurtheilten Theilnehmern gleichzeitig mit der Publication des richterlichen Urtheils die Abänderung desselben eröffnet werde, die Ich, kraft Meiner oberstrichterlichen Befugnis, dahin getroffen habe: [. . .] aber die übrigen mit der Todesstrafe belegten Theilnehmer dagegen mit 30jährigem Festungsarrest bestraft werden. Es versteht sich von selbst, daß ihnen weder das Rechtsmittel der weiteren Vertheidigung noch der Weg des Begnadigungsgesuches beschränkt werden soll.

Berlin, den 11. December 1836 Unterschrift des Königs

Das Urteil selbst lautet:

Daß der stud. jur. A. L. G. F. Reuter wegen seiner Theilnahme an hochverrätherischen burschenschaftlichen Verbindungen in Jena und wegen Majestätsbeleidigung mit

der Confiscation seines Vermögens zu bestrafen und mit dem Beile vom Leben zum Tode zu bringen sei [. . .]

In Betreff der Kosten endlich, jeder der Angeschuldigten, welcher wegen eines Verbrechens zu einer Strafe verurtheilt oder vorläufig freigesprochen ist, die durch ihn besonders veranlaßten Kosten und die durch die Ermittelung des Thatbestandes verursachten Kosten zu gleichen Theilen mit den zu derselben Verbindung gehörigen Coinculpaten principaliter zu tragen habe, eventualiter aber für sämmtliche Kosten aufzukommen gehalten sei, welche die zur nämlichen Verbindung gehörigen Coinculpaten zu zahlen unvermögend sein sollten.

Berlin, den 4. August 1836.

Von Rechtswegen.
Unterschriften des Kammergerichts.

Die Gründe dieses Erkenntnisses sind uns noch nicht mitgeteilt worden, und so habe ich vorläufig das Rechtsmittel der weiteren Verteidigung eingelegt, mit dem Beding, es nach Mitteilung der Gründe, um welche ich gebeten habe, wieder zurücknehmen zu dürfen, welches ich auf jeden Fall tun werde.

Außer mir haben noch sieben andere hierselbst dasselbe Erkenntnis erhalten. Über obliegenden Gegenstand mich zu expektorieren ist unnütz und unpassend, und ich schreite demnach zur Beantwortung Deiner Briefe (ich habe den vom 25. ebenfalls schon); doch schließe ich die jucunda und jocosa davon aus, wozu ich, wie Du leicht begreifen wirst, eben nicht sehr aufgelegt bin. Das gewünschte Attest vom Herrn Stabsarzt erhältst Du hierbei, das andere, von der hochlöblichen Kommandantur, kann ich Dir, wie mir der Herr Platzmajor sagt, nicht verschaffen, da dies nur höheren Orts eingefordert werden kann. Auf meine Eingabe an das Kammergericht habe ich noch keine Antwort erhalten, und an meinen Verteidiger zu schreiben ist unnütz, da derselbe seine Verteidigung längst eingereicht hat und nun mit der Sache nichts mehr zu tun haben zu wollen scheint, da er mir auch nicht geantwortet hat. Das beste ist die Verwendung von der mecklenburgischen Seite, sei es nun durch die Regierung oder durch den Großherzog. Ich sende Dir hierneben ein Heft mit, welches Dir zeigen mag, daß ich und wie ich die landwirtschaftlichen Studien treibe, es wird sehr dürftig sein, aber Du siehst doch, wie ich dieselben begreife und ob ich fähig dazu bin. Mehr kann ich leider der Verhältnisse wegen nicht tun. Daß die gute Großmutter so sehr krank ist, ist sehr schmerzlich; doch ist Dein letzter Brief wieder von tröstlicher Art, und so hoffe ich, daß sie jetzt wieder besser ist; ich sehe sie aber wohl nicht wieder. Lisetten habe ich noch Dank zu sagen für die Sachen, die sie mir geschickt hat, die ich aber noch nicht erhalten habe, da sie noch in Frankenstein auf dem Steueramte rekognosziert werden. Bald schreibe ich mehr und hoffentlich besser. Für jetzt lebe wohl und erzähle nur nicht dem weiblichen Personale die Geschichte von dem Todesurteil, sonst würden Dir sicher einige Zeit nur traurige Gesichter werden. Behalte lieb Deinen F. Reuter

AN DEN VATER

Groß Glogau, 23. Februar 1837

Mein lieber Vater, durch die Güte des Herrn Platzmajor von Berg wird Dir mein veränderter Aufenthaltsort, nämlich Groß-Glogau, bereits angezeigt sein. Wenn ich über die Vorzüge dieser Änderung meiner Lage bis jetzt schweige, so ist der Grund der, daß ich das Verhältnis hierselbst noch nicht hinlänglich zu kennen Gelegenheit habe, doch hoffe ich, durch mein Betragen meine Lage mir so angenehm wie möglich zu machen, wie ich es dem Herrn Kommandanten, Major von Wichert, bereits versprochen habe und dieses Versprechen hiermit bei Dir wiederhole. Verlassen habe ich in Silberberg viel, was ich hier nicht wiedergefunden, Freunde und Bekannte, die durch ein Glauben und Hoffen mit mir verwandt, durch ein gleiches Geschick mir noch enger verknüpft waren. Die daselbst verlebten Tage werde ich nie vergessen, sie bilden einen lehrreichen Abschnitt meines Lebens, dort wogten bunt durcheinander in meiner Seele Hoffnung und Verzweiflung, höchstes Glück und tiefstes Leid, und wenn dieser mein jetziger Aufenthaltsort auch jenem nicht gleich ist in äußeren Anregungen, so schweigen hier auch die dort herrschenden Stürme, die Kontraste treten zurück, und hoffentlich wird die Ruhe ebenso lehrreich für mich sein wie der Sturm.

Mein Aufenthalt wird hier, wie ich höre, nicht lange sein, da ich eigentlich hier gar nicht angenommen bin, und so würde ich vielleicht noch eine Festung beziehen müssen, wenn nicht die so lang ersehnte Auslieferung in die Heimat erfolgt. An den Minister, Grafen von Hessenstein, würde ich geschrieben haben, wenn ich nicht schon das ärztliche Attest an Dich übersandt hätte oder ein anderes hätte bekommen können. Wie sehr mich die Verwendung unserer Regierung erfreut hat, kannst Du Dir denken, doch bin ich, obgleich höchst gespannt auf den Ausgang der Sache, keineswegs des glücklichen Erfolges so sicher, wie Du fürchtest; sollte jedoch Serenissimus selbst sich meiner annehmen, so glaube ich fest daran. Im ganzen genommen, bin ich doch ein wahrer Unglücksvogel, selbst bis zu den kleinsten Dingen herab: denke Dir, meine Sachen, die Du mir im Januar zusandtest, sind noch nicht mir geworden, ich habe mich angelegentlichst bemüht, sie zu erhalten, zumal, da ich einiger Gegenstände, die darin enthalten sind, notwendig bedürftig bin. Man hat mir geantwortet, sie wären nicht auf der Grenze deklariert und müßten bis zur Entscheidung des Ober-Steueramtes zu Mittelwalde an der böhmischen Grenze bei dem Steueramte in

Frankenstein bleiben, von wo aus sie mir hierher zugesandt werden sollten, doch würde die Steuer vielleicht mehr betragen, als sie wert wären, nämlich 26 Taler 5 Silbergroschen. Und wenn ich sie jetzt auch zu dem gewöhnlichen Steuersatze erhielte, ich könnte sie doch nicht einlösen, da ich ganz ohne Geld bin und täglich von 5 Silbergroschen leben muß, weshalb ich Dich ersuche, mir baldigst unter der Adresse der hiesigen hochlöblichen Kommandantur Geld zu senden, welche vielleicht so gütig ist, mir davon einen Zuschuß zu bewilligen.

Lebe recht wohl mit den Deinigen und laß uns die Hoffnung beibehalten, daß wir uns alle einmal glücklich wiedersehen, dies ist der einzige Wunsch Deines Sohnes F. Reuter

AN DEN VATER

Glogau, 11. März 1837

Mein lieber, guter Vater, wenn ich je an Deiner Liebe und Deinen für mich so beruhigenden und für Dich mit so vielen Unbequemlichkeiten verknüpften Bemühungen gezweifelt hätte, so würden Deine jüngsten Briefe nicht allein durch ihre Zahl als auch durch ihren Inhalt mir das Gegenteil vor mein Gewissen rücken. Um nun diese Bemühungen, soviel an mir liegt, nicht fruchtlos zu machen, werde ich danach trachten, Deine Briefe, die ich jetzt alle erhalten habe, einen nach dem anderen zu beantworten, und mich über die wichtigsten Punkte, die darin berührt sind, aussprechen. Fürs erste muß ich Dich über die Ermahnungen, mich nicht der Verzweiflung zu überlassen, beruhigen. Diese Krise ist längst vorüber und gut oder übel überstanden, nicht allein um meinetwillen ist sie eingetreten, sondern hauptsächlich, weil ich den bösen Eindruck auf Dich und die Deinigen fürchtete; ich wußte mein Urteil schon unter der Hand um Michaelis und sann nur darauf, Deine um diese Zeit so sehr erhöhten Hoffnungen zu mäßigen, da kam der unglückliche Brief aus

Berlin, der absichtlich deshalb geschrieben zu sein scheint, damit die Täuschung desto bitterer auf Dein Herz einwirken möchte, lies ihn noch einmal aufmerksam durch, er ist vom 25. Nov., und mein Urteil, das dem Schreiber schon bekannt sein mußte, ist vom 4. August, die Begnadigung auf 30 Jahre jedoch erst vom 11. Dezember. Ich kann Dir versichern, daß ich jetzt, da Du das Schlimmste weißt, ziemlich ruhig bin und alles anwende, um es noch mehr zu werden. Nun werde ich versuchen, noch einmal über mein mehr oder weniger Inkulpiertsein Dich aufzuklären: In dem Briefe aus Berlin heißt es: der junge Reuter gehört zu den weniger Gravierten; das ist das einzige Wahre an dem Briefe, doch das läßt sich auch nicht verbergen, da es durch diese Akten feststeht. Man hat bei dieser Untersuchung folgende Kategorien gebildet und demnach verurteilt. Man hat eingeteilt in: nicht gravierte Verbindungen und in gravierte Verbindungen. Zu den ersteren gehören alle Burschenschaften von dem Jahre 32, und es sind die Mitglieder derselben mit 6 Jahren verurteilt, wie's denn auch im Frühlinge vorigen Jahres veröffentlicht wurde. Die sind begnadigt, entweder ganz oder zu Strafen bis zu einem Jahre; darauf folgen die Breslauer, deren Tendenz nicht so schroff ausgesprochen war als die auf anderen Universitäten, sie haben erhalten: 6–8–10 und die Gravierten in ihrer Verbindung 12–16 Jahre. Zu den gravierten Verbindungen gehören alle Burschenschaften mit Ausnahme der Breslauer, die im Jahre 32 und 33 existierten zu Heidelberg, Bonn, Jena, Tübingen, Erlangen, Würzburg, Greifswald, Halle und Kiel. Diejenigen, die nicht in den Verbindungen aufgenommen waren, sondern Kommentburschen genannt wurden, erhielten 6 Jahre Festungsarrest, der jedoch durch die Gnade Sr. Majestät auf 6 Monate gemildert wurde; zu den nicht gravierten wirklichen Mitgliedern dieser gravierten Verbindungen gehöre ich mit allen Mecklenburgern mit Ausnahme von Frank, Schmidt aus Wismar und Nauwerk, welche man, den ersteren gewiß, vielleicht zu den gravierten gerechnet haben dürfte, und diese Kategorie ist durch die Bank zu dem Beile verurteilt worden und zu 30 Jahren begnadigt worden, die Gravierten dieser Verbindungen sind zu dem Rade verurteilt und zu lebenslänglicher Festungshaft begnadigt worden, wie das Urteil eines gewissen Otto zu Stettin bezeugt. Bei meiner Untersuchung habe ich mich beschränkt, die Wahrheit von Tatsachen einzugestehen, die schon eingestanden waren und so umständlich eingestanden waren, daß ich bei dem besten Willen nichts Neues anzuführen wußte, ja von einigen Sachen durchaus keine Kenntnis hatte, welches daher kam, daß ich nicht zu den Eingeweihten gehörte. Von dem Frankfurter Attentat konnte ich keine Kenntnis haben, da ich schon an dem 18. Februar Jena verließ und seit Mitte des Januar freiwillig aus der Verbindung ausgetreten war. Törichte Redensarten habe ich auch nicht ausgestoßen, weil mir nicht solche Fragen, wie Du deren anführst, vorgelegt sind. Der ganze traurige Unterschied in der Bestrafung der Mecklenburger mit 1 Jahre und meine mit 30 Jahren liegt in der Verschiedenheit der Gesetze und in der Konsequenz des preußischen Gerichtshofes; betrachtet man mich als Preußen oder als einen, der gegen den preußischen Staat gesündigt hat, so habe ich mich nicht über Härte der Strafe zu beschweren, da alle dasselbe erhalten haben, die dasselbe gewollt haben, denn getan haben wir nichts. Nun zu der Anwendung des eben Gesagten: Du siehst, wir sind alle nach gewissen Grundsätzen in Klassen geteilt und darnach verurteilt, diesem gemäß werden auch die Gründe für das Erkenntnis abgefaßt werden, und man wird dabei dasselbe Verfahren beobachten, welches man im Frühlinge v. J. bei den zu 6 Jahren Verurteilten beobachtete, nämlich man wird sie uns nicht allein nicht vorenthalten, sondern sie sogar dem Publikum veröffentlichen; wie lange sich dies noch hinzieht, ist ungewiß. Dann erst könnte das Rechtsmittel der weiteren Verteidigung eingelegt werden, wenn ich es überhaupt tue; aber ich bin anderer Meinung wie die mecklenburgischen Juristen. Höre meine Gründe: fürs erste geht mit dieser Verteidigung wieder ein Jahr und darüber hin, und das Resultat derselben kann höchst zweifelhaft ausfallen; bei diesem Prozesse ist mit dem Urteil sogleich die Begnadigung erschienen, eine Anomalie, bei deren Abfassung gewiß die Möglichkeit der Resultate der weiteren Verteidigung berücksichtigt ist, und zwar so, daß man uns durch die Gnade Seiner Majestät das hat gewährt, was wir vielleicht auf dem Wege der weitern Verteidigung erreicht hätten. Wer sich unmittelbar an die Gnade Sr. Majestät wendet, kann doch wohl mit Sicherheit darauf rechnen, daß sein Vertrauen nicht getäuscht wird und daß er wenigstens dieselbe Milderung erhält, welche diejenigen erhalten, die sich weiter verteidigen lassen; ja, die Erfahrung hat dies schon hinlänglich bestätigt; v. Sprewitz wird sich weiter verteidigt haben und hat 7 Jahre gesessen, dahingegen Schliemann Gnoien nur 5 Jahre in Haft gewesen. Alle meine Freunde in Silberberg sind dieser Meinung, und ich glaube, auch diejenigen in Magdeburg, die ich bald darüber sprechen werde, indem ich morgen dahin abreise, weshalb ich heute noch diesen Brief beendige, damit Du Deine Briefe an die dortige hochlöbliche Kommandantur sendest.

Die Kleidungsstücke und Viktualien habe ich erhalten und bin nicht so sehr in betreff der ersteren in Verlegenheit, wie Du es glaubst. Einen Teil des Geldes werde ich auf der Reise zur Verpflegung gebrauchen, welches mir sehr not tut, da ich sonst in Gefängnissen Nachtquartier machen müßte und mit 5 Silbergroschen leben müßte. In Magdeburg werde ich es schlecht haben, wie wir es von allen Seiten in Silberberg erfahren haben, doch, denke ich, wird es wohl gehen. Hier in Glogau hätte ich es mit der Zeit gewiß recht gut gehabt, da der Zweite Kommandant, der Herr Major von Wichert sowie auch der Herr Platz-Major Kurz sich meiner bestgütigst angenommen haben; ersterer hat mich während meines Hierseins mit Lektüre, darunter auch landwirtschaftliche Werke sich befinden, versehen. Von Glogau selbst habe ich gar nichts zu sehen bekommen, sowie ich auch eine hieselbst befindliche Runkel-Rüben-Zucker-Fabrik nicht in

Augenschein nehmen konnte, was ich freilich gern getan hätte. Aus Frankenstein ist noch nichts, nicht einmal eine Antwort oder ein Aufschluß, hier angekommen, wogegen ich die wieder nach Silberberg gesendeten 2 Briefe erhalten habe, auch alle drei späteren mit 40 Taler im ganzen. Ich wüßte jetzt nichts, was ich noch zu beantworten hätte, denn über die Zweckmäßigkeit der Schritte, die Du zu meiner Auslieferung getan hast, habe ich nur eine sehr unbedeutende Meinung, da ich es zu wenig beurteilen kann, ob überhaupt ein Resultat erfolgen wird; aber mache es so, wie Du es im letzten Briefe angibst, warte erst die Entscheidung der Preußischen Regierung in betreff der Requisition ab, und wann dies getan ist und keine Erfolge sich zeigen, so wende Dich an Serenissimum, ob der etwas für mich tun will. Wenn ich nur erst in Dömitz wäre! Oh, wie verändern sich die Wünsche der Menschen, hätte ich dies vor 4 Jahren in Deiner Gegenwart gewünscht, gelt, Du hättest mich auf den Sachsenberg zu Schwerin geschickt; und das schlimmste bei dieser unglücklichen Sache bleibt immer der ungeheure Verlust der Zeit, der Zeit, in der ein junger Mann seines Glückes Schmied ist. At fugit interea, fugit irreparabile tempus! Vier Jahre will ich noch ruhig ausharren und werde sie noch ertragen, ist dann noch kein Ziel, dann lebe wohl, Hoffnung auf Erdenglück, dann werde ich grenzenlos unglücklich werden. Heute ist ein schöner Tag, wenn meine Reise so begünstigt wird, so glaube ich, wird sie mir, wenn sie anders auf derselbigen Art wie von Silberberg hierher vollführt wird, viel Vergnügen machen. Was unsere Familie betrifft, so wechselt dort ja Freude und Trauer auf eine für mich sehr ergreifende Art. Großmutter und die Tante in Jabel, beide dem Tode nahe, beide ein paar ausgezeichnete Frauen, die erstere erzog meine Mutter, mit welchen Mitteln und wie! – Die andere, ja, da muß ich mit Schiller antworten: nicht dem Guten gehöret die Erde, er ist ein Fremdling und wandert aus und suchet ein unvergänglich Haus. Karl und Marie, nun diese beiden werden gewiß glücklich werden, beide haben unendlich viel Gemüt, und darauf beruht wenigstens die Zufriedenheit und das Glück der inneren Brust, für das äußere, da sorge Gott, und, soviel an Dir liegt . . . [hier folgen mehrere, auf Wunsch des Schreibers durch Ausstrich unleserlich gemachte Zeilen. Der Brief schließt darauf wie folgt ab:] Wie ich eben höre, reise ich morgen noch nicht, schreibe Du doch nur den nächsten Brief nach Magdeburg und sorge nicht zu viel um mich, es greift Dich zu sehr an, in der Stimmung, worin ich jetzt bin, schlage ich mich schon durch; ich habe sie größtenteils dem Herrn Major von Wichert zu danken, sorge lieber nur für den alten treuen Ernst. Nun lebe wohl und denke ruhiger an Deinen Sohn F. Reuter

Das Schreiben in der Rostocker Zeitung ist mit unendlicher Unkenntnis der Sache abgefaßt und durchaus unrichtig und nicht beachtenswert.

AN DEN VATER

Magdeburg, 31. März 1837

Lieber Vater, so, wie ich mich beeilt habe, Dir meine Abreise von Glogau anzuzeigen, so eile ich auch jetzt, Dir meine Ankunft in Magdeburg zu melden. Meine Reise ist sehr langsam vonstatten gegangen, teils wegen ihrer Einrichtung überhaupt, teils auch wegen meiner Kränklichkeit, die mich hier, wenn auch größtenteils, doch noch nicht ganz verlassen hat; schlechtes Wetter und eine halbe Freiheit, die mir dieselbe ganz in die Seele rief, ohne ihr zu genügen, und den zehrenden Funken der Sehnsucht in mir vergeblich anfachte, haben dazu gedient, mir dieselbe noch mehr zu verbittern. Wenn der Schnee die Erde bedeckte und der Frost herrschte, wo Frühlingslüfte wehen sollten, dann dachte ich oft an Dich und Deine jetzt wahrscheinlich ganz vereitelte Kardenernte, und bei alledem sehe ich mich genötigt, Deine Ausgaben durch eine unerwartete zu vermehren, nämlich durch die Erstattung der Reisekosten von 20 Taler, 25 Silbergroschen Preußisch Courant, die Du gefälligst so bald wie möglich an die hiesige königliche hochlöbliche Kommandantur einsenden wirst, da ich im Vertrauen auf Deine Güte versprochen habe, binnen 14 Tagen sie zu ersetzen. Meine zukünftigen Ausgaben sind für den kommenden Monat gedeckt, in der Folge aber sind sie, wenn Du es anders genehmigst, für den Monat 10 Taler Zulage von Dir und 5 Taler Verpflegungsgelder vom Staate, und da möchte ich wohl den Vorschlag machen, daß Du mir hier etwa bei Schrader & Comp. oder sonst einem bekannten Handlungshause diese Summe auszahlen ließest; mehr wird hier nicht gestattet, mit Ausnahme von Kleidungsstücken und Viktualien, die durch die Güte der hochlöblichen Kommandantur mir vielleicht zukommen werden. Wie es mir hier geht, darüber kann ich Dir nicht schreiben und muß ebenfalls bitten, Deine Briefe genauso einzurichten, daß darin etwa nicht etwas enthalten ist, welches ihre Ablieferung an mich erschweren oder verhindern könnte, doch das brauche ich wohl nicht zu erwähnen und bitte Dich deshalb um Entschuldigung. Alle Monate darf ich zwei Briefe absenden, und damit bist Du wohl zufrieden. Deinen letzten Brief habe ich über Glogau hier erhalten und sehe darin wieder den überzeugendsten Beweis Deiner väterlichen Liebe, wie Du nie aufhörst, mit tröstlichen Worten und Nachrichten meine Hoffnungen neu zu beleben, damit die schwarzen Bilder entfliehen und freundlichere an ihre Stelle treten mögen; ob und wie ich Dir danke, da frage Dich selbst, welche Wirkung diese ewig neu belebten, ewig wieder verwelkenden Hoffnungen in meinem Gemüte hervorbringen, da frage ich mich selbst vergebens; es ist ja so ein Chaos von Gefühlen, daß ich nicht entscheiden kann, ob die Freude oder die Trauer vorherrscht. Doch hoffentlich wird es einst anders werden. Ich muß aufrichtig gestehen, ich kann mich noch nicht recht in meine neue Lage finden und bin nicht ruhig genug, um Dir ein treues Bild von meinem Innern, und noch nicht mit den hiesigen Verhältnissen bekannt genug, um Dir umfassend Nachricht von den mich umgebenden Äußerlichkeiten zu geben. Lebe deshalb für heute wohl, nächstens ein mehreres von Deinem Sohne F. Reuter

AN DEN VATER

Magdeburg, 30. Mai 1837

Lieber Vater, vielen Dank für Deinen Brief, worin Du mir den Erfolg der Verwendung unseres Hofes meldest, oder vielmehr unserer Regierung. Es ist wahr, die Sache ist nicht besser und nicht schlimmer dadurch geworden, und das Resultat dürfte am Ende doch wohl nur eine abschlägige Antwort sein. Mir ist vor einigen Tagen das Urteil mit den Entscheidungsgründen vorgelesen worden, wodurch ich jedoch um nichts klüger geworden bin, es war eine Geschichtserzählung, die zum Beschlusse mit einigen wenigen Bemerkungen versehen war, in denen es unter andern hieß: ich wäre geständig gewesen das Lied »Fürsten zum Land hinaus« gesungen zu haben, leugnete aber, den Vers über Se. Majestät den König zu kennen. Da mir dies nicht zu glauben sei, so würde ich doch der Majestätsbeleidigung schuldig erkannt; ich leugnete ferner, in der Versammlung zugegen gewesen zu sein, in welcher die revolutionäre Tendenz ausgesprochen wäre, und wäre mir auch nicht zu glauben usw. Es war nur alles pro forma, und ich erwartete auch nichts anderes und nahm meine Appellation zurück. Ich habe ein Begnadigungs-Gesuch aufgesetzt und sende Dir die Abschrift desselben. Das Deine habe ich gelesen und bitte es so zu lassen und nur noch hinzuzufügen, daß Du gehört habest, wie schon Wiek aus Schleswig und Kleekamp aus Kiel, die ebenso beteiligt wären wie ich, im Sommer 1834 nach Holstein ausgeliefert worden wären; ich glaube, dies anzuführen paßt sich besser für Dich als für mich.

Hier folgt nun mein Gesuch:

S. T.

So schrecklich sich auch in der gesetzlichen Beurteilung das Wesen meiner Vergehung entfaltet hat, indem ich durch Erkenntnis des Königl. Kammergerichts

> »wegen Teilnahme an der hochverräterischen Verbindung der Burschenschaft zu Jena zur Todesstrafe, welche durch die Allerhöchste Kabinetts-Ordre in 30jährige Festungsstrafe verwandelt worden ist«,

verurteilt worden bin, so drängt mich doch mein eigenes Bewußtsein zu dem Troste, daß nie in meinem Leben ein wirkliches Verbrechen das Ziel meiner Bestrebungen war. Leichtsinnige Erfassung des Augenblickes, Mangel an ernstlicher Erwägung der Dinge und ihrer Folgen und jugendliche flüchtige Begeisterung für alles Gute konnten wohl manches falsche Ideal für eine Zeitlang vor meinen Blicken fesseln, aber niemals bin ich mir bewußt gewesen, den verbrecherischen Unternehmungen, wie sie mir zur Last gelegt werden, mein Herz oder meine Hand zu leihen. Von diesem tröstlichen Gedanken ermutigt, wage ich es, von der Gnade Sr. Majestät eine Milderung der schweren, von dem Gesetze mir zuerkannten Strafe zu hoffen und flehend darum mich vor Allerhöchst dem erhabenen Throne niederzuwerfen. Schon seit 4 Jahren büße ich die leichtsinnigen Verirrungen meiner Jugend in einer strengen Gefangenschaft, und es war mir vergönnt, den Ernst zu sammeln, der dem jungen Manne zur Befestigung von richtigen Grundsätzen zur Erfüllung seiner Lebensaufgabe nötig ist. Ich habe um so schmerzlicher diese Strafe empfunden, als ich sie fern von meinem Vaterlande ertragen mußte und es mir nicht unbekannt ist, daß in demselben die Beurteilung unserer Vergehungen viel gelinder und die darüber verhängte Strafe bei weitem derjenigen nicht gleichkommt, welche ich bereits erduldet habe. Dürfte es mir erlaubt sein zu bemerken, daß ich, ein Mecklenburger von Geburt, nie in den Königlichen Staaten Ew. Majestät zu studieren das Glück gehabt und ich mich – nur durchreisend in denselben verhaftet – um so weniger der unmittelbaren Schuld einer Verletzung diesseitiger Gesetze teilhaftig sehe, so kann ich mich nur schwer auch dieser Stütze meiner Hoffnung berauben, daß es Ew. Königlichen Majestät Gnade und Huld gefallen wolle, meine bereits überstandene Strafe allergnädigst anzusehen und mich um so eher meinem geliebten Vaterlande und den Armen meiner trauernden Familie wiederzuschenken. Ich bin durchdrungen von dem festen Vertrauen, daß auch der Ausländer vor dem väterlichen Throne eines allverehrten allergnädigsten Königs nicht verstoßen werde, wenn er demütigst in den Reihen Gnade flehender Untertanen erscheint, und ich wage es, mit nicht minderer Aufrichtigkeit in den Gesinnungen der tiefsten Ehrfurcht und Ergebenheit zu verharren.

Magdeb. Ew. M. alleruntertänigster F. R.

Diese Bitte werde ich von hier aus so bald wie möglich absenden, damit sie noch vor dem 3. August zur Sprache kommt, denn indem ich sie nicht direkt an Se. Majestät senden kann, sondern an die Ministerial-Kommission, so kann leicht eine ziemliche Zeit damit vergehen. [. . .] Ich bin gesund und wohl und schicke und drücke mich so gut, wie's gehen will. Wenn Du nun noch den letzten Versuch machst, indem Du Dich an Serenissimum wendest, wenn er im August nach B. geht, so, glaube ich, hat man alles getan, was sich tun läßt, und man kann dann alles dem Himmel anheimstellen. Du verlangtest die Namen der Herren, die hier meine Vorgesetzten sind, zu wissen. Der Erste Kommandant ist der Herr General-Leutnant Graf von Haake, der Zweite Kommandant der Herr Major Bock und der Platz-Major Herr Hauptmann Singer. Ich glaube, daß ich in diesen Angelegenheiten auch öfter als zweimal schreiben darf, und werde ich, wenn es nötig sein sollte, den Herrn Platz-Major darum bitten. Binnen 8–10 Tagen ist mein Gesuch abgegangen, und da wäre es wohl gut, wenn Deines auch einginge.

Bleibe gesund und denke an Deinen Sohn F. Reuter

AN DEN VATER

Magdeburg, 16. Juli 1837

Lieber Vater, nicht wahr? ich habe etwas lange mit meiner Antwort gezögert, doch, hoffe ich, nicht zu lange, um zu Besorgnissen Anlaß gegeben zu haben. Du bist doch hoffentlich gesund und kannst Deine gewöhnlichen Geschäfte betreiben; Gott gebe, daß die außergewöhnlichen und verdrießlichen sich gemindert haben. Mit mir steht es gut, und hoffnungsvoll sehe ich der Zukunft entgegen; ob diese frohe Hoffnung ein rein aus mir selbst hervorgegangenes Gefühl ist, ob es aus hier zuweilen eintreffenden Nachrichten erzeugt ist oder ob es endlich ein Gemisch von beiden ist, ist am Ende in seinen Wirkungen gleich, und die sind für mich günstig. Du glaubst, ich treibe die Landwirtschaft nach einer trockenen Enzyklopädie; freilich ist dies der Titel des Buches, doch wie sehr umfassend und bis ins kleinste Detail eingehend dies Werk sein muß, kannst Du wohl schon aus dem Volumen schließen, welches wenig geringer ist als das des Konversations-Lexikons; es ist der Inbegriff aller landwirtschaftlichen Gegenstände und vorbereitenden Wissenschaften, wie da sind: Chemie, Physiologie, Tierarzneikunde, Feldmeßkunst, Maschinenbaukunst, Ökonomie, Ackerbestellungskunde, Botanik, Gartenbau, Forstwissenschaft, Wiesenbau, Viehzucht; dies alles nicht so wohl wissenschaftlich als auch höchst praktisch mit Bezugnahme auf die Örtlichkeit, auf Klima und Meteorologie, und da das Ganze in 12 Bände geteilt ist, die mit den Namen der 12 Monate bezeichnet sind, so kann man das Werk als eine vollkommene Eselsbrücke in der Landwirtschaft ansehen, freilich im guten Sinne, da sich sonst wohl die Verfasser, worunter Koppe und Schwarz und viele Professoren und Doktoren, mit Recht dürften beleidigt fühlen. Mit der Zeit hoffe ich es mir selbst anschaffen zu können, es ist nur ein bißchen teuer, nämlich 28 Taler. Ein Fach bleibt mir immer noch das dunkelste und muß mir auch wohl noch so lange es bleiben, bis ich durch eigene Anschauung die Hin-

dernisse besiegen kann, nämlich die Ökonomie selbst; die Gründe wirst Du wohl leicht selbst finden.
Mit unseren Gnadengesuchen geht es nicht so rasch, wie Du zu glauben scheinst. Deines sowie meines geht erst an die Ministerialkommission, die darüber Bericht erstatten muß, und dann folgt erst die Entscheidung. Hier sind alle aufs äußerste gespannt, und ich muß gestehen, ich gehöre zu den höchsten Sanguinikern, indem ich mich schon im Geiste von Gendarmen nach Mecklenburg eskortiert sehe, es ist mit dieser Begleitung in den Augen des guten Mecklenburger so eine levis macula verbunden, indem man es unhöflicherweise »über die Grenze bringen« heißt, und ich muß gestehen, daß ich vor vier Jahren nicht recht lüstern nach dieser Ehre gewesen wäre, doch die Zeiten ändern sich.
Wie geht es mit Deiner Häuslichkeit und was macht die personifizierte Häuslichkeit, ich meine Lisette? Sie wird an mir einen gewaltigen Nebenbuhler in diesem Ruhme haben, denn daß ich häuslich genug bin, das weiß der liebe Himmel; man kommt sich doch gewaltig der Schnecke ähnlich vor. Das einzige Vergnügen, welches ich hier habe, ist Zeichnen, und, ich kann Dir wirklich im ernstlichsten Ernst versichern, einige Zweige der Landwirtschaft. Großmutter ist hoffentlich wieder etwas besser wie sonst, und wenn sie auch nicht wieder so ganz rüstig wird wie früher, so möchte ich sie doch gerne noch einmal sehen. Ich sehe einer Antwort von Dir entgegen, angefüllt mit guten Nachrichten, und bitte um Entschuldigung, daß ich Deine Güte in Hinsicht auf die Anschaffung eines Rockes auch auf Ausbesserung alter Kleidungsstücke und Anschaffung von Fußbekleidung ausgedehnt habe. Lebe für heute wohl und denke an Deinen F. Reuter

Eben, wie ich das Datum niederschreibe, fällt mir, was mir in diesem Monat schon so oft eingefallen ist, Dein Geburtstag ein; wie sehr ich Gott dafür danke, daß er Dich so lange mir erhalten hat, darf ich nicht versichern; möge Gott Dich noch länger erhalten, damit ich Dir bessere Beweise meiner

Dankbarkeit, als bloße Wünsche sind, darbringen könnte; möchte der Herr Dir Gesundheit in Deinen ferneren Lebensjahren verleihen und mir die Kraft und die Fähigkeit, in Dir Freude zu erwecken und zu nähren!

AN DEN VATER

Magdeburg, 11. August 1837

Mein lieber Vater, schon wieder ist ein Tag der Hoffnung hinter uns, der uns nichts brachte, ich meine den 3. August, doch war es für den, welcher den Stand der Dinge kennt, auch wohl etwas zu voreilig, diesem Tage die Entscheidung aufzubürden. Die Sache der Begnadigung und Befreiung geht ihren langsamen Gang, indem durch die Gnade des Monarchen eine unverhältnismäßig große Zeit der Strafe getilgt wird, von einer allgemeinen Amnestie jedoch bis jetzt noch nicht die Rede ist. Die zu 6 Jahren Verurteilten sind bis auf einen entlassen, mehrere zu 12 bis 16 Jahren Verurteilte sind auf die ganze Zeit von 3 Jahren begnadigt, und wir 30jährigen, die wir alle noch keine Antwort auf unsere Gesuche haben, denken mit 5 bis 6 Jahren freizukommen; freilich würde das bei mir im Falle einer Auslieferung eine Ausnahme von der Regel sein, wozu ich jedoch sic stantibus wohl wenig Hoffnung habe.
Wie hast Du Deinen Geburtstag hingebracht? Eins weiß ich, nämlich: tätig, aber hoffentlich auch vergnügt und gesund! Wir haben hier an Deinem Tage alles mögliche zu seiner Verherrlichung aufgesucht. Der eine sagte: Es ist Jakobitag; der andere: An diesem Tage hört der Kuckuck auf zu rufen; der dritte sagte: Heute geht bei uns die Jagd an; der vierte: Heute ziehen bei uns die Dienstleute um; der fünfte: Heute wird bei uns das Korn angemäht; der sechste, und der war Dein gehorsamer Sohn, sagte: Heute kocht meine Schwester Lisette Schöpsenfleisch und Weißkohl, worüber denn weidlich gelacht wurde, als ich aber die Erklärung dazu gab, daß

heute meines Vaters und meiner Mutter Geburtstag wäre, hatte ich alle aus dem Felde geschlagen. Wie gern ich zu Hause gewesen wäre, brauche ich Dir wohl nicht zu sagen. Es geht hier gar still und einfach zu, der einzige Sing-Sang, der hier paßt, ist: „So fließt das Leben, ein ruhiger Bach, dahin«, doch ist sein Wasser gewaltig trübe, und wenn nicht die Güte unserer unmittelbaren Vorgesetzten, des Herrn Hauptmann, Platzmajor Singer, und des Herrn Inspektor Maaß uns die Lage etwas erträglich machte, so möchte man es wohl schwerlich mit Gleichmut ertragen können. Ich bin jetzt in meiner Landwirtschaft bei der heimatlichen Schlagwirtschaft. Selbige verstehe ich ziemlich gut, obgleich manches darin ist, was man durchaus sehen muß, und hier sehe ich nichts als eine kalte Mauer und einen Hof von 40 Schritt Länge. In unserer Familie wird es ja in Hinsicht des jüngeren Teiles sehr lebhaft; Lisette regaliert mich ja in jedem Briefe mit einem neuen Brautpaare, wobei mir aber, ich muß es gestehen, immer das Sprüchwort von der Pfarre und Quarre einfällt, doch wird es wohl einen guten Anfang mit unserem Karl machen, dem ich gern seine Hoffnungen verwirklicht sähe; und wenn die Präsentation geschieht, dann kriegt er die Pfarre; hätte er nur nicht den Herrn Faull gegen sich, denn das vermute ich, und der kann ihm bei den Landleuten sehr schaden.

Für das an M. und W. gesandte Geld danke ich Dir und denke es mit Deiner Erlaubnis gesund zu verzehren; in den nächsten beiden Monaten bedarf ich in dieser Hinsicht keiner Anfrischung, d. h., wenn ich hierbleibe. Nächstens erwarte ich eine Nachricht von Dir, und hoffentlich eine erfreuliche; bis dahin lebe wohl und grüße alle, vorzüglich Lisette, von Deinem Sohn

F. Reuter

AN FERDINAND KÄMPF

Magdeburg, 1. September 1837

Geehrter Herr Kämpf, vors erste meinen herzlichen Dank für das süße Geschenk; und fürs zweite eine Bitte um den Rest des vorhandenen Geldes, da ich jetzt im Lazarett mich befinde und mehrere nicht zu bestimmende Geldausgaben habe. Bitte um Entschuldigung wegen des Papiers und den Nichterfolg einer Quittung, da ich den Betrag des rückständigen Schneiderlohnes nicht kenne. Ew. Wohlgeboren ganz ergebenster F. Reuter

(6 Taler, 26 Silbergroschen) Der Bote ist der Lazarettbote.

AN DEN VATER

Magdeburg, 30. September 1837

Mein lieber Vater, das sind mir keine erfreulichen Nachrichten gewesen, die Dein letzter Brief enthielt; zwar sind 8 Jahre besser wie 30; aber ich muß gestehen, daß nicht allein ich, sondern auch meine sämtlichen Kommilitonen uns mit weniger Strafe schmeichelten; doch das schlimmste ist die Nichtversetzung nach Dömitz, daran ist nun wohl fürs erste nicht zu denken. Anfänglich bin ich sehr durch die Nachricht niedergeschlagen worden, doch bald darauf hat sich bei mir eine große Ruhe eingestellt, die ich überhaupt, Gott und Dir sei gedankt! jetzt mehr und mehr mir zu eigen gemacht habe – kurz, von allen, die diese Nachricht lasen, war ich, obgleich am meisten beteiligt, der Ruhigste. Was jedoch die Anzeige betrifft, die mir Deiner Meinung nach schon offiziell geworden ist, so irrst Du Dich, da bis jetzt noch nichts dergleichen verlautet ist und Deiner Liebe wiederum das Verdienst des Zuvorkommens gebührt. Du scheinst sehr bekümmert über meine Gesundheit zu sein – ich muß Dir nur sagen, sie ist besser, als ich hoffen konnte, da ich hier

ordentliche Pflege namentlich von ärztlicher Seite genieße und nicht solche Quacksalbereien wie in Silberberg. Der Herr Kämpf hat mich hier besucht und wird über meinen Gesundheitszustand das nämliche berichten können, es ist ein freundlicher Mann, der sich jedoch in meine Lage nicht recht hineinzufinden scheint, wie ich aus mehreren Fragen und Bemerkungen abnehmen konnte. Die Cholera haben wir hier, doch ist sie nicht so grassierend wie in Berlin, freilich, die davon befallen werden, sterben meistens, aber dennoch ist die Furcht nicht so groß, als man denken sollte, namentlich bei uns nicht, obgleich wir sie sozusagen vor unserer Tür haben. Daß Deine Geschäfte einen guten Gang gehen, macht mir unendlich viel Freude, und nur eines bedaure ich dabei, daß ich nicht selbst dabei helfen kann und das Gedeihen mit ansehen kann, denn auf dem Papier nimmt sich ein Weizenfeld doch immer nur sehr mager aus. Ökonomie treibe ich fort und habe den Koppe, den Du mir nach Silberberg schicktest, tüchtig durchstudiert, auch werde ich denselben mit einem Freunde, der hier mein zeitweiliger Stubenbursche ist, noch einmal durchnehmen. Da ich nun noch eine Zeitlang auf den preußischen Festungen verbleiben muß, werde ich Lisetten eine kleine Nota zusenden müssen, die Restauration meiner Wäsche betreffend, und nehme mir die Freiheit, selbige hier hinten anzuhängen.
Nächstens schreibe ich mehr! Lebe wohl und sei gesund und froh, das wünscht Dein F. Reuter

AN LISETTE REUTER

Magdeburg, 30. September 1837

Liebe Lisette, nicht wahr? ich schreibe bloß, wenn ich etwas haben will; aber ich weiß, daß Du es mir nicht übelnimmst, denn Neuigkeiten, wie Du sie mir schicken kannst, habe ich nicht, und die, welche ich habe, interessieren Dich nicht; also ist es am besten, ich komme gleich zur Sache. Mit meiner Wäsche sieht es nicht zum besten aus, da ich durch mehrere Unglücksfälle, namentlich in der letzten Zeit zu Silberberg und Glogau, mehreres eingebüßt habe; ich bitte daher um Strümpfe, Schnupftücher, aber nicht so feine, da ich vorhabe, meine Nase durch Schnupftabak zu erheitern, einen wollenen Schal, eine Nachtjacke, da meine so eingelaufen sind, daß ich nicht mehr hineinkommen kann, Halsbinden, aber recht derbe, und ein schwarzes Tuch. Das wären ungefähr die notdürftigsten Gegenstände und kommen noch einige Luxusartikel, wie da sind: 3 Servietten, da ich nun seit 4 Jahren dieselben nicht mehr gebraucht habe; ich würde noch um einen silbernen Löffel gebeten haben, doch fürchte ich, daß mir derselbe nicht verabfolgt wird; aber einige Spickaale oder Lachs kannst Du schicken, da ich ebenfalls seit vier Jahren solche Geschichten nicht gesehen habe; wenn Du diese nicht hast, so schicke mir ein geräuchertes Stück Rindfleisch, dies alles jedoch so bald als möglich, da haben immer besser als kriegen ist und ich Euch einen tüchtigen Beweis zu liefern wünsche, daß meine Verdauungskraft noch nicht so sehr geschwächt ist. Nächstens sollst Du einen recht lustigen Brief von mir erhalten, nota bene, wenn Du ihn Dir durch die pünktliche Besorgung meiner Wünsche verdienst! Nicht wahr? ich bin doch recht eigennützig geworden, doch laß Dich das nicht grämen, ich denke, Du weißt, daß ich immer bleibe Dein Dich liebender Bruder F. Reuter

AN DEN VATER

Magdeburg, 21. Oktober 1837

Lieber Vater, wenn dieser Brief etwas kurz Dir vorkommen mag, so bitte ich es dem Umstande zuzuschreiben, daß ich den richtigen Ton nicht zu finden weiß und ich nur schreibe, weil Lisettens Krankheit und Dein Unwohlsein mir schwer auf dem Herzen liegen und ich mich deshalb an Dich wende mit der Bitte, mich in dieser Hinsicht so bald als möglich

zu beruhigen. Der Herr Hauptmann und Platzmajor Singer hat mir versprochen, an Dich zu schreiben und in seinem Briefe Dinge zu berühren, die ich deshalb unerörtert lasse, um nicht in den Fehler der Entschuldigung zu fallen. Wenn Du glaubst, diesem Briefe Kälte vorwerfen zu müssen, dann irrst Du, wirfst Du ihm aber Verworrenheit und Unklarheit vor, so hast Du recht, denn ich befinde mich in einer Gemütsverfassung, wenigstens für den Augenblick, die es mir unmöglich macht, die Sachen, die mir durch den Kopf gehen, zu ordnen und Dir deutlich zu machen.
Schon längst habe ich mir vorgenommen, Dich auf einen Punkt aufmerksam zu machen, der bei Deinem Briefwechsel mit dem mecklenburgischen Ministerio zur Sprache gebracht werden könnte oder leider zur Sprache hätte gebracht werden können, da es jetzt wahrscheinlich zu spät ist, nämlich: man hat mich hier in Preußen wegen Hochverrat bestraft, an Mecklenburg kann ich Hochverrat begangen haben, doch hat man dort nicht darauf erkannt, und Preußen kann mich nicht wegen an Mecklenburg begangenen Hochverrats bestrafen; an Preußen kann ich keinen Hochverrat begangen haben, da hierzu die erste Bedingung fehlt, nämlich, daß ich ein preußischer Untertan bin; und endlich an dem Deutschen Bund kann ich keinen begangen haben, da derselbe sich in seinen Statuten gegen Eingriffe in die landesherrlichen Rechte der einzelnen Staaten verwahrt hat, auch derselbe alsdann einen Staat im Staate bilden würde, was nicht zu denken ist. Von dieser Seite betrachtet, könnte ich also nur als ein Feind Preußens angesehen werden. Die Begnadigung auf acht Jahr und die abschlägige Antwort in bezug auf Dömitz ist mir am 6. d. M. publiziert worden, jedoch *nicht* mit dem Beisatze, nach einem Jahre möchte ich wieder einkommen, und so sind die Hoffnungen in diesem Betrachte wohl zu sanguinisch von Deiner Seite. An meinem Hoffnungshimmel stehen aber andere Sterne, die ich Dir jedoch nicht mitteilen kann, weil nur deren Erfüllung mir das Recht dazu gibt. Der Herr Kämpf hat mir die gewünschten Sachen zum Teil schon ge-

schickt, zum Teil habe ich sie aufgeschoben und habe mich mit dem Nötigsten begnügt. Zwei meiner Kameraden hierselbst sind von Sr. Majestät begnadigt worden, der eine von sechs Jahren auf zwei, der andere von zwölf Jahren auf 2, und sind schon entlassen, woraus Du sehen kannst, daß die Sache nicht so gefährlich ist, als sie aussieht, und auch, daß die Begnadigungen sich nach Umständen richten, zu denen wir wenigstens nicht den Schlüssel haben. Ich bin gesund und wünsche Dir und Lisetten das nämliche. An Lisetten werde ich schreiben, wenn sie wieder besser ist und ich ruhiger. Lebe wohl und verzeihe Deinem Sohne F. Reuter

AN DEN VATER

Magdeburg, 29. November 1837

Lieber Vater, Du wirst vielleicht schon einen Brief von mir erwartet haben, doch hatte mein Stillschweigen einen guten Grund; ich sage guten, insofern nämlich die bloße Hoffnung gut ist, und das ist sie doch wohl, selbst, wenn sie getäuscht werden sollte. Es verbreitete sich nämlich ein Gerücht, welches selbst in unserem Kerker widerhallte, daß Sr. Majestät 40jähriges Regierungs-Jubiläum (am 16. d. M.) den politischen Gefangenen eine günstige Veränderung bringen würde; man sprach von einer gänzlichen Amnestie, und da dachte ich denn bei mir, warum sollst Du dieses glückliche Ereignis nicht abwarten und dich dann statt des Briefes auf die Post schicken, doch wie sehr auch die Hoffnungen von Tage zu Tage wuchsen, wie sehr auch die Pläne zur Reise beraten wurden, die Amnestie blieb aus, und so dachte ich, es sei wohl besser, wenigstens einen geschriebenen Boten in die Heimat zu senden. Eine Hoffnung haben wir alle noch, nämlich wenigstens auf die Zitadelle zu kommen, da nämlich schon hier eine Kommission zur Untersuchung der Gefängnisse gewesen ist, um zu bestimmen, ob dieselben gesund sind, und da ist denn berichtet worden – doch was berich-

tet worden ist, weiß ich nicht, und wenn ich es wüßte, dürfte ich es doch nicht schreiben; also warten wir die Entscheidung, die, da schon 7 Wochen vergangen sind, wohl bald eintreffen wird, ab und beruhigen wir uns bis dahin. Mit meiner Gesundheit steht es gut und durch die Güte des Herrn – [Name dick durchstrichen] – wird auch für meinen Unterhalt gesorgt, schade, daß ich den Herrn nicht sprechen darf. Die Cholera ist uns gnädig vorbeigegangen und hat hier überhaupt nicht so böse gehaust, wie sie in Berlin gehaust haben soll; aber dennoch sind leider viele von uns sehr kränklich.
Meine Beschäftigungen sind die alten, nur mit dem Unterschiede des weiter Vorgerücktseins; denn beim Zeichnen bin ich so kühn gewesen, mich an die Pastellzeichnerei zu machen, und porträtiere alles, was sich von mir porträtieren lassen will, und alle, die mit mir Umgang haben können; ich glaube fast, ich könnte bei einiger größeren Übung schon als Maler fungieren; aber halt, nun fällt mir ein, daß ich Dir zum Troste doch schreiben muß, daß ich deshalb doch nicht die Ökonomie vergessen habe, doch kann ich wirklich nicht, beim besten Willen nicht, alles verstehen, den Koppe weiß ich auswendig, und wenn ich die Enzyklopädie, die, beiläufig gesagt, stärker ist als das Konversations-Lexikon, auch nicht auswendig weiß, so ist mir doch so ziemlich mit Ausnahme der Kaninchen- und Ziegenzucht u. dgl. auch dort das meiste bekannt; aber wie soll ich hier die Einteilung der verschiedenen Ackerklassen kennenlernen, wie soll ich beurteilen können, ob jetzt Zeit ist zu wenden oder ob es noch zu naß usw., der ich nichts andres Feld sehe als den Sand im Spuckkasten und kein andres Pferdegeschirr, als wenn zum Gaudium unserer Nasen die Düngergruben ausgefahren werden.
In der Hoffnung, daß Du wohl von der Hochzeit zurückgekehrt bist und überhaupt vergnügt bist, schließe ich heute, um der guten Lisette auch noch ein paar Worte zu schreiben.
Lebe wohl. Dein Sohn F. Reuter

1838

AN DEN VATER

Magdeburg, 31. Januar 1838

Lieber Vater, soeben aus der Freistunde heraufgekommen, setze ich mich, vom Schneeschaufeln ermüdet, nieder, um ein Versprechen, welches ich mir selbst gegeben hatte, nämlich noch in diesem Monat Deinen Brief zu beantworten, zu halten, weil mir einfiel, daß heute der Letzte dieses Monats sei. Daß Dein letzter Brief mir Freude gemacht habe, kann ich nicht sagen, er ist so traurig, und diese Traurigkeit ist in dem Stil so wiedergegeben, daß ich fürchten muß, die Gesundheitszustände der einzelnen Familienmitglieder sind betrübender, als Du mir wirklich mitgeteilt hast. Vor allem, ist Deine Beschädigung des Knies ein Bruch oder nur eine Kontusion, und ist sie wiederhergestellt; was bedeutet der Ausdruck Deines Briefes, wo von Lisettens Geschwür die Rede ist: »und damit verbundene Gefahr der gründlichen Wiederherstellung«; wird das Geschwür ernsthafte Folgen haben? Sophiens Gesundheitszustand ist immer nicht der beste gewesen, und August, du lieber Gott, sollte bei dem das eintreffen, womit ein alter Scharlatan mich bange gemacht hat und Dich dazu; bei mir ist bis jetzt die Sache noch so, wie sie zu Hause war, und nun soll der dieses Unglück erleben? Ich mag mich nicht genauer ausdrücken und nur bitten, ihm meine besten Wünsche zu melden.

Mein lieber, guter Vater, wie sehr habe ich Dich in diesem Monat bedauert, wie sehnlich habe ich aus dem Fenster nach der Witterung und dem Thermometer gesehen, wie habe ich Schnee prophezeit zu Anfang Januar, und alles vergebens, wir haben hier 18 Grad Kälte gehabt, und der Schnee, der jetzt freilich in einer zwei Fuß hohen Decke liegt, kam zu einer Zeit, wo die Kälte sehr heftig war. Deine Karden sind gewiß sehr mitgenommen, und mit auftauendem Schnee

wird noch wohl manches andere als der Schnee selbst zu Wasser werden. – Wenn ich durch die Übersendung des Porträts nur das erreicht habe, daß es zur Aufheiterung auch nur eines Abends oder einer Stunde im elterlichen Hause gedient, so ist mein Wunsch vollkommen erfüllt worden. Recht hast Du, wenn Du von männlicher Farbe sprichst, aber, lieber Vater, der Ausdruck Gefangenenfarbe ist zur stehenden Bezeichnung bei Ärzten geworden, und $4^1/_2$ Jahr im Zwielicht zu sitzen muß wohl Einfluß aufs Kolorit haben; erzählt ja schon Alexander v. Humboldt, daß in den Bergwerken Brasiliens Pflanzen gezogen würden, die anstatt grün weiß aussähen, freilich aber dann keine Früchte brächten. Auch darin hast Du recht, wenn Du meinst, daß die Ausübung meines geringen Talents mir manchen Dank von meinen Kameraden eingebracht hätte; nicht allein von diesen, sondern auch von den Eltern derselben ist er mir reichlich geworden, indem die meisten Porträts zu Weihnachtsgeschenken bestimmt waren und so an den Rhein und nach Pommern, nach der Mark, Sachsen und Westfalen gewandert sind; auch kann ich mit Gewißheit versichern, daß von Stück zu Stück die Vervollkommnung zu erkennen ist; und jetzt, da ich an dem letzten meiner sechzehn Unglücksgefährten arbeite, muß mir das widrige Geschick passieren, daß der von allen der am wenigsten Getroffene nächst mir ist.
Die außerordentliche Ungewißheit, in der wir alle schweben, verhindert mich augenblicklich, dem Studium der Ökonomie so zu genügen, wie ich es wohl wünschte, indem ich mir hier nicht gern die mir jetzt dringend notwendig gewordenen Bücher entweder von Thaer oder Elsner anschaffen möchte, weil ich noch immer hoffe, daß bei einer Versetzung auch eine Verbesserung meiner Lage eintritt, die es mir möglich macht, mit einem Sachverständigen über das zweckmäßigste Werk zu deliberieren; nötig habe ich sie, da ich den Koppe fast auswendig weiß und es wohl nicht gut ist, in verba magistri zu schwören, auch mein Freund, von dem ich die Enzyklopädie geborgt habe, leicht von mir getrennt werden könnte.

Vor drei Tagen ist hier der Erste Kommandant, Graf von Haake, gestorben, und heute ist ein freilich bis jetzt noch nicht bestätigtes Gerücht zu uns gedrungen, daß auch der Zweite Kommandant, Major Bock, verschieden sei; sollte dies letztere wahr sein, so würde es mich aufrichtig betrüben, da wir alle, wie sich dies denn auf alle Weise ausspricht, in ihm einen wohlwollenden Mann gefunden haben.
Nun noch zur Mitteilung einer wahrscheinlich getäuschten Hoffnung! Wir werden alle von hier versetzt, selbst die Kranken, auf deren Entlassung nicht allein der Stabsarzt Reiche, sondern auch der hiesige Generalarzt angetragen hat, und zwar kommen von 13 versetzbaren 8 nach Graudenz, einige nach Stettin und noch einige nach Pillau, und so würde es sehr wahrscheinlich sein, daß ich wieder gegen 80 Meilen weit nach Graudenz versetzt würde, indem einer schon halb und halb von K. das Versprechen erhalten hat, nach Stettin zu kommen, und ich noch immer nicht der Meinung bin, daß derselbe mich begünstigt; das wäre traurig! Mit einer direkten Bitte an Se. Majestät bitte ich für jetzt noch einzuhalten und denke, daß es besser ist, entweder eine Reise des Großherzogs oder seiner Gemahlin nach Berlin im Sommer zu benutzen; oder, wenn dies nicht geht, nach Ablauf eines Jahres zuerst bei unserem Landesherrn einzukommen, und zwar so, daß ich seine Fürsprache in Anspruch nehme, diese Eingabe Dir zu senden, Du eine Anlage mit demselben Gesuch an Serenissimum machst und nach Erlangung dieser Fürsprache Dich direkt und *nicht* durch einen Justizkommissär oder die Ministerialkommission an Se. Majestät selbst wendest, ich hingegen zu selbiger Zeit auf dem mir vorgeschriebenen Wege an die Ministerialkommission mich wende; diese ganze Prozedur würde dann im August dieses Jahres vorzunehmen sein. So lange halte ich es noch gut aus, da meine Gesundheit jetzt gut ist und ich mich mit Schneeschaufeln beschäftigen kann, wozu mich in diesem Augenblick der Gefangenwärter abruft. Herr Kämpf ist außerordentlich gütig gegen mich, hat mich neulich hier besucht und läßt mit

seinen Aufmerksamkeiten gegen mich, die ich freilich nur eigentlich Dir zu danken habe, durchaus nicht nach; wofür ich gegen ihn wie auch gegen den Herrn Hauptmann Singer, der ihm Gelegenheit dazu gibt, mit dem lebhaftesten Dankgefühl erfüllt bin.
Lisettens Geschenke für mich an Viktualien sind mir sehr erfreulich gewesen und haben mir und meinen Stubengenossen Gelegenheit gegeben, unsere Kochkunst so recht aus dem vollen zu betreiben. Lebe wohl und grüße alle von Deinem Sohn

F. Reuter

Den 1. Februar 1838
Die Nachricht von dem Tode des Zweiten Kommandanten ist leider wahr, und ebenso wahr ist, daß die Versetzung binnen kurzer Zeit erfolgen wird.

AN DEN VATER

Magdeburg, 26. Februar 1838

Lieber Vater, Deinem Wunsche zufolge sende ich Dir meine Briefe nach St., den anderen nach Berlin. Wie sehr ich Deine Bemühungen, mir die Freiheit, die ich durch eigene Schuld verloren, durch Aufopferungen von Deiner Seite wieder zu erringen, anerkenne, bedarf gewiß keiner Versicherung; deshalb gleich zur Sache.
Sobald ich Deinen Brief durch die Güte des Herrn Hauptmann Singer, der ihn mir persönlich brachte, erhalten hatte, bewarb ich mich bei der hochlöblichen Kommandantur um die Erlaubnis, mich bittschriftlich an unsere Frau Großherzogin und an Se. Majestät den König wenden zu dürfen, und bat gleichzeitig um ein Führungsattest. Das letztere ist mir von Sr. Exzellenz, dem Herrn Generalleutnant von Thiele, dem jetzigen Kommandanten, bewilligt worden, und Du wirst es beim Vetter Marggraff vorfinden, die beiden ersten Punkte haben Se. Exzellenz als unstatthaft abgewiesen, und zwar aus dem Grunde, daß es wohl besser sei, wenn Du

selbst für Deine Person die Bittschriften einreichtest, da es mir auf jeden Fall den Nachteil brächte, daß ich, im Fall, daß der Plan mißglückte, erst, von jetzt an gerechnet, in einem Jahre wieder einkommen könnte, da ich doch sonst schon im August oder September dies tun könnte. Mit der Bitte, mich bis zur Entscheidung des Erfolges hier zu lassen, habe ich gar nicht gewagt hervorzutreten, da dies nicht von hochlöblicher Kommandantur, sondern vom Kammergericht in Berlin oder von der Ministerialkommission abhängt.
Wie Du Deine Bittschrift an Se. Majestät einrichten willst, hängt ganz von Dir ab, ad vocem der Bittschrift an unsere Landesfürstin möchte ich wohl Dir einige Vorschläge machen. Du könntest wohl erwähnen, daß in moralischer Hinsicht die Strafe für mich strenger selbst als für die hiesigen Landeskinder ist, da ich in einem fremden Lande nach fremden Gesetzen verurteilt bin und mich stündlich nach diesen Gesetzen zu finden habe, ja, daß dieser Nachteil sich sogar noch nach meiner Freilassung in der öffentlichen Meinung in der Heimat bewähren wird, indem man mich als einen viel gefährlicheren Verbrecher bezeichnen wird als meine Landsleute, da ich ja eine härtere Strafe erduldet hätte. Du kannst ferner anführen, daß von Preußen aus zwei Holsteiner, die mit mir zwar nicht in *einer* Verbindung, doch in einer von *derselben* Tendenz waren, ausgeliefert sind; daß Du das hervorhebst, wie ich nie in Preußen studiert habe, sondern auf der Durchreise verhaftet bin, versteht sich.
Gebe Gott, mein lieber Vater, daß Du für Deine Mühe mit Erfolg belohnt würdest, Du verdienst es so sehr, da Du sogar Deine Gesundheit in Gefahr bringst, einen harten Stoß zu erleiden. Wenn Du in B. bist, versäume doch nicht, Dich zu erkundigen (und dies kannst Du am besten, meine ich, beim Kriminalrat Dambach), ob ich im schlimmsten Falle schon durch Berlin abgeführt bin. Er weiß dies ganz gewiß und wird vielleicht Dir sagen, an welchem Tage ich dort eintreffen werde, wo es dann vielleicht möglich sein wird, Dich beim Wechseln der Gendarmen und anderen Verzöge-

rungen auf einen Augenblick zu sehen (mein allersehnlichster Wunsch!); ich fürchte jedoch, daß entweder die Zeit verpaßt wird oder daß es unter den eintretenden Verhältnissen nicht möglich wird.
Was das Zeichnen und Deinen gutgemeinten Vorschlag mit der hohen Person betrifft, so bitte ich Dich, davon abzustehen; ich werde dies aus Gründen, die ich nicht erwähnen mag, nicht tun, ausgenommen, Du befiehlst es mir.
Der Herr Kämpf, der mich ordentlich mit seinen Aufmerksamkeiten überschüttet, hat mir gesagt, er habe an Dich geschrieben. Du möchtest doch dafür sorgen, daß sein Schwager eine passende Stelle als Landwirt in Mecklenburg fände; obgleich ich nun überzeugt bin, daß Du Dir die mögliche Mühe, nicht allein für eine Stelle überhaupt, sondern auch für die möglichst beste, geben wirst, so bitte ich dennoch insbesondere darum. Aber am Ende komme ich schon zu spät, da ich erst kurz vorher, ehe dieser Wunsch mir bekannt wurde, geschrieben hatte.
Diesen Brief sende ich nach Berlin, den anderen nach Stav., in beiden wird so ziemlich das nämliche sein.
Schone Dich auf der Reise wie in der Hauptstadt, da jetzt bedeutendes Tauwetter eingetreten ist und dies wohl als ungesund für Dich anzusehen ist. Ich werde Deinen Rat auf der Reise auf das pünktlichste besorgen. Lebe wohl und bringe Lisette was Schönes aus B. mit, wenn Du nach Hause kommst. Grüße alle von Deinem Sohn F. Reuter

AN DEN VATER

Magdeburg, 26. Februar 1838

Lieber Vater, der für Dich nach Berlin bestimmte Brief liegt schon fertig vor mir, und da die Angelegenheit drängt, so wirst Du mir nicht zürnen, wenn ich schlecht schreibe und diesen nach St. bestimmten Zettel nur mit den nötigen Bemerkungen anfülle.

Vorgestern abend erhielt ich Deinen Brief, gestern schrieb ich an die hochlöbliche Kommandantur und heute an Dich, um dieselben noch beizeiten an den Herrn Platzmajor zu senden, damit morgen der Herr Kämpf die Briefe besorgt. Meine Bitte um ein Attest ist mir bewilligt, die Einreichung der Bittschriften an Se. Majestät sowie auch an die Frau Großherzogin ist mir abgeschlagen, und das aus zureichenden Gründen, die ich im Berliner Briefe hinlänglich dargelegt habe. In demselben habe ich auch einige Momente verzeichnet, die Du bei der Abfassung Deiner Bittschrift gebrauchen kannst; jedoch diese will ich lieber auch hier hinsetzen, zwar sind sie gerade nicht neu in unserer früheren Korrespondenz, doch könnten sie Dir entfallen sein.

Du könntest wohl erwähnen, daß in moralischer Hinsicht die Strafe, die ich nun schon 2 Jahre und, rechne ich den Untersuchungsarrest mit, schon 3 Jahre länger als meine ganz *ebenso* verschuldeten Landsleute erdulde, für mich sogar strenger als für die hiesigen Landeskinder selbst, indem sie in, ich außer dem Vaterlande bin, indem sie nach ihnen bekannten Gesetzen bestraft sind, ich nach fremden Gesetzen bestraft bin und nach diesen immerfort behandelt werde, ja, daß diese Strafe mir nach meiner Freilassung in der öffentlichen Meinung der Heimat schaden wird, da jeder von einer längeren Haft auf eine größere Schuld schließen wird und so Vergleichungen mit mir und meinen Landsleuten anstellen wird, die ungerechterweise zu meinem Nachteile ausfallen würden. Zwei Holsteiner, Wiek und Kleekamp, sind ferner ausgeliefert worden. Mir ist ausdrücklich auf der Hausvogtei die Korrespondenz mit meiner Landesregierung untersagt worden. Ich könnte noch mehrere solche Sachen anführen, doch am Vorabende des morgigen Tages schweige ich lieber. Se. Exzellenz, der Herr General von Thiele, haben uns die Erlaubnis gegeben, morgen das heilige Abendmahl einzunehmen, und ich habe davon dankend Gebrauch gemacht.

Grüße den alten Herrn Sparmann und sage ihm, sein Vorschlag, den Lisette mir mitgeteilt, wäre zu abgenutzt, als daß ich ihn gebrauchen könnte, zumal sei er unfruchtbar. – Es ist Zeit zur Freistunde und zum Wegsenden der Briefe. Lebe wohl, in Berlin findest Du meinen Brief und das Führungs-Attest, welches gut ausgefallen sein wird. Grüße Lisette, Sophie und Ernst und die alte, gute Großmutter herzlich von Deinem Sohn F. Reuter

Wenn das Kammergericht mich von hier nach Graudenz oder eine andere Festung schicken will, so kann eine hochlöbliche Kommandantur mir keine Aufenthaltsfrist zugestehen.

AN DEN VATER

Magdeburg, 3. März 1838

S. T. Vorgestern empfing ich auf dem Dir bekannten Wege Dein Schreiben de 12. Februar und beeile mich, Deine, wenn auch unnötigen, Besorgnisse zu zerstreuen, zumal, da sie wieder einen Beweis mehr geben, wie sehr Du für mein jetziges und künftiges Geschick sorgst. Warum wir hier fortkommen? Ich glaube schon in einem früheren Briefe diese Frage beantwortet zu haben, doch will ich es hier mit größerer Umständlichkeit tun. Unsere Zimmer liegen gänzlich nach Norden, so daß bis jetzt noch kein freundlicher Sonnenstrahl durch die Gitter und in das kleine, höher als das in der Kammer von Großmutters Schlafzimmer gelegene Fenster gedrungen ist; die Lokale sind so feucht, daß Stiefel, Bücher, ja selbst Holzwaren, vom Schimmel überzogen und verdorben werden. Die Heizung wird mit Luft bewerkstelligt, die unsinnigerweise oben hereinströmt anstatt unten, so daß man kalte Füße und heißen Kopf erhält, ein herrliches Mittel, um künstliche Kongestionen nach dem Kopfe hervorzubringen; das Wasser ist Elbwasser, widerlich weich und zuweilen gänzlich durch Schmutz und Sand untrinkbar. Des Tages haben wir zwei Freistunden, die in einem von hohen Mauern umschlossenen und gegen Norden gelegenen Hofe abgehalten werden, und dem man, der Gesundheit wegen, an jedem Ende eine große Kotgrube zugegeben hat, in welchen beiden Gruben sich die Abgänge von zirka 200 Menschen sammeln. Alle diese Umstände, vereint mit der äußersten Beschränktheit der Zimmer, in welchem jeden meist zwei Mann wohnen, erzeugten häufige Krankheiten, die in diesem vergangenen Sommer sich so häuften, daß über die Hälfte im Lazarett sich befanden, worunter auch ich. Während meines Aufenthalts daselbst (also wäre es doch wohl möglich gewesen, dasselbe zu tun) entwichen daselbst W. aus Halle und Rh. aus Westfalen – wie man sagt, mit Hülfe B.'s aus B., den man früher hierselbst entlassen hatte. Diese Sache machte Aufsehen, und dem Stabsarzt Reich wurde der Vorwurf gemacht, viele unnötigerweise ins Lazarett aufgenommen zu haben; derselbe berief sich nun auf die Ungesundheit der Lokale und auf seine früheren hierauf Bezug habenden Rapporte; eine Kommission (bestehend aus dem hiesigen Generalstabsarzt, dem Regierungsrat Andrae, ein Mediziner – und dem Ingenieur-Major vom Platz) wurde bestellt und erklärte die Lokale für durchaus ungesund, worauf dann in Berlin die Versetzung beschlossen ward, und zwar auf andere Festungen, da hier kein Platz auf der Zitadelle ist.

Auf Deine Furcht, das Entweichen betreffend, muß ich erwidern, daß ich Dir bei Deinem Aufenthalte in B. 1833 schon das Versprechen gegeben habe, nicht zu entfliehen, daß ich in Silberberg und auf der Reise die beste Gelegenheit dazu gehabt habe und sie unbenutzt gelassen, daß ich jetzt schon zu lange sitze, um jetzt erst solche Pläne zu fassen, daß ich weiß, Mecklenburg würde mich ausliefern müssen, und endlich, daß ich Dich nie wiedersehen würde, welches der Hauptgrund ist. Also, darüber beruhige Dich gänzlich, und wenn Du wüßtest, wie sehr ich mich in das Unvermeidliche gefunden habe, so würde dieser Gedanke Dir nie aufgestiegen sein. Es ist wahr, einzelne Anlässe lassen mich manchmal die offenbare Ungerechtigkeit meiner Verhaftung tief fühlen,

die allgemeine Stimme, nicht allein meiner Unglücksgefährten, sondern auch nicht interessierter Männer, die wohl einen Blick in unsere Angelegenheit tun können, ist nicht geeignet, dies Gefühl zu mildern, und die Gründe, die man mir von oben herab für die Gerechtigkeit meiner Strafen gegeben hat, sind so vague, daß man darin nicht einmal erwähnt hat, warum ich als Ausländer mit den Inländern gleich angesehen werden muß; aber lasse dies; ich denke so: Besser wie diese Inländer bin ich gewiß nicht, und deshalb kann ich kein besseres Los erwarten, diese Verhaftung und Strafe wird vielleicht dazu dienen, mich zu einem nützlicheren Mitgliede der menschlichen Gesellschaft zu machen, als ich sonst vielleicht geworden wäre; des Herrn Wege sind unerforschlich.
Deine Befürchtungen in Hinsicht der spirituosa muß ich in meiner jetzigen Stimmung ebenfalls für unbegründet erklären; ich habe im ganzen keine Neigung dazu, und wenn ich auch zuweilen Lust in mir spüre, meinen Vorsatz fallenzulassen, so habe ich zwei herrliche Gegenmittel dagegen, die mich bis jetzt nicht im Stiche gelassen haben, sie heißen Arbeit und Gebet. Wenn auch in G. kein gutes Bier ist, so empfinde ich diesen Mangel durchaus nicht, da ich seit einiger Zeit, freilich ist sie nur kurz, nur Wasser trinke, und so werde ich mit Gottes Hülfe diesen meinen größten Feind auch überwinden.
Du schreibst, warum ich Dir nicht meinen Bedarf an Gelde gemeldet und deshalb Schulden gemacht habe. Die Wahrheit zu sagen, so kann ich mir keinen Vorwurf über das Nichtmelden meiner Bedürfnisse machen, wohl aber über die zu großen Ausgaben selbst; denn es ist hier oder war hier nicht gestattet, mehr als 10 Taler monatlich Zulage zu erhalten, und so würde mir, wenn ich auch um ferneres Geld gebeten hätte, dasselbe nicht zugute gekommen sein; bares Geld erhalten wir hier nicht, und die Preise für unsere täglichen Bedürfnisse sind so abwechselnd, daß man durchaus nicht die Ausgaben, die man in einem Monat gemacht hat, kontrollieren kann, und so hat sich denn beim Abschluß jeden Mo-

nats ein Überschuß der Ausgaben herausgestellt, welchem ich freilich durch größere Sparsamkeit hätte vorbeugen können. Meine Abreise nach G. kann sich noch lange hinziehen, welches mir im ganzen recht lieb ist, da ich auf diese Weise den Erfolg Deines Schrittes noch hier in M. erfahren kann. Der Grund dafür scheint folgender zu sein: die Kommandantur hatte bei der Bestimmung aus B., daß wir abgeführt werden sollten, den Stabsarzt veranlaßt, ein Gutachten abzugeben, ob wir es aushalten könnten, Tag und Nacht, in einer Tour, mit Extrapost nach dem Ort unserer Bestimmung abgeführt zu werden, worauf dieser die Frage mit Nein beantwortet hat, teils in Betracht der Witterung, teils in Betracht unserer geschwächten Gesundheit, und nun wird man wohl milderes Wetter abwarten, um uns dann doch auf jene Weise expedieren zu können, weil bei einer anderen, milderen Weise des Transportes der Kosten zuviel sein werden und unsere Gesundheit wohl nicht mit den Staatsausgaben in Vergleich gestellt werden kann; doch es mag kommen, wie es will, ich werde es schon aushalten, denn meine Gesundheit hat sich sehr gebessert.
Soeben kehre ich aus der Freistunde in meine Zelle zurück, nachdem ich mich eine Stunde lang mit einer Arbeit unterhalten habe, die Du gewiß nicht rätst und von der ich früherhin nicht geglaubt habe, daß sie einmal in meinem Leben von mir vollbracht werden würde, ich habe nämlich den Hof gekehrt. Ein schmutzig Geschäft; aber doch ein Geschäft.
Ich werde diese Zeilen nach B. an die von Dir angegebene Adresse senden, indem ich voraussetze, daß Du schon dort sein oder doch nächstens dort eintreffen wirst. Über die Art, wie mir von der Kommandantur es abgeschlagen wurde, die fraglichen beiden Bittschriften einreichen zu dürfen, bin ich zweifelhaft, ob es eine strikte Untersagung oder ein guter Rat gewesen ist, da mir meine Eingabe nicht schriftlich, sondern mündlich durch den Herrn Platzmajor beantwortet ist; ich glaube jedoch, es ist eine auf höfliche und schonende Weise erteilte abschlägige Antwort, da seit dem Tode des

Grafen Haake die Kommandantur sehr schonend und freundlich mit uns verfährt und dieselbe die strenge Ordre hat, alle Bittschriften an die Ministerial-Kommission einzuliefern und darauf zu sehen, daß dieselben vorher nicht in andere Hände gelangen. Der Grund dieser Maßregel scheint der zu sein: man will machen, daß Sr. Majestät Gnade auf Empfehlung der Kommission erteilt werde.

Wenn Du nach B. kommst, so gehe vorher, ehe Du Deine Bitte bei der Frau Großherzogin angebracht hast und von derselben Bescheid erhalten, nicht zu K., er kann Dir nicht nützen, wohl aber schaden. Erhältst Du günstige Antwort, so ist es gar nicht nötig, und ich würde in Deiner Stelle dann den Erfolg der Fürbitte bei Sr. Majestät abwarten. Ist das Resultat nicht günstig, so rate ich Dir, zu dem Herrn Geheimen Ober-Regierungsrat von Sch. zu gehen und mit dem über die Sache zu sprechen und ihn geradezu zu fragen, warum ich nicht nach preußischen Gesetzen bestraft werde und ob keine Aussicht auf Auslieferung oder fernere Begnadigung ist. Er ist es, der unsere Begnadigungen abfaßt, und hat in Hinsicht seines Charakters, soviel ich nur höre, große Ähnlichkeit mit Herrn von L. Zu diesem kannst Du wohl schon vorher gehen, d. h., wenn Du ihm den eigentlichen Zweck Deines Aufenthalts nicht mitteilst. Ich habe zwar keine großen Hoffnungen auf Begnadigung; aber ich glaube, der einzige Weg ist der durch die Großherzogin, und da möchte ich Dich noch einmal bitten, nicht sowohl auf Begnadigung als auf Auslieferung nach Dömitz zu dringen, es hört sich nicht so dreist, sondern bescheidener an und ist im Grunde genommen ganz dasselbe. Schlägt man Dir dies alles ab, so kann Sch. noch viel tun, mehr eigentlich wie K., und wenn Du ihm die Sache beweglich darstellst, so glaube ich, daß er, wenn auch nicht jetzt, doch vielleicht späterhin Dir willfahrten ist; auf jeden Fall erhältst Du daselbst die sicherste Nachricht (nota bene, wenn er sie überhaupt sagt).

Seit dem Tode des General Haake hat unsere Lage sich wesentlich verbessert, da der General von Thiele so ziem-

lich das Gegenteil von dem ist, was der verstorbene Kommandant war, er ist ein sehr menschenfreundlicher Mann, der den Menschen in uns über unser Vergehen nicht vergißt, und auf alle Weise sucht er unser Los sowohl physisch als auch geistig zu verbessern. Morgen gehen wir zum ersten Mal wieder in den öffentlichen Gottesdienst. Wenn Du das nächste Mal auf offiziellem Wege an mich schreibst, so unterstreiche das Datum, zum Zeichen, daß Du diesen Brief wirklich erhalten hast. Herr K. hat mir ein Empfehlungsschreiben nach G. versprochen, vom Herrn Platzmajor kann ich keins erhalten, da derselbe dort nicht bekannt ist. F.
Wenn Du glaubst, zu K. in B. gehen zu müssen, so sage ihm, bevor Du diese Sache bei unserer Großherzogin eingeleitet hast, doch ja nicht, hernach kannst Du es ja immer noch tun! Laß Dir vom Herrn Vetter Marggraff einen furchtlosen Justizkommissär nennen, sprich mit dem und laß Dir von demselben die Bittschrift aufsetzen, nimm aber *keinen* von denen, die man zu unseren Verteidigern gemacht hat und die Dir Herr v. K. empfehlen würde.

PS. Der Brief war schon fertig und harrte nur der Gelegenheit, abgesandt zu werden, als ein höchst unangenehmer Vorfall mich bewog, ihn wieder zu erbrechen, nämlich die Zurückkunft meines und des Herrn Hauptmanns Briefes nebst dem Zeugnis, welches hier nicht freigemacht worden war, indem der Herr Hauptmann glaubte, Du hättest das Nötige an Marggraff geschrieben. Derselbe hat nun wahrscheinlich aus diesem Grunde den Brief nicht angenommen, und so ist er wieder hier angekommen mit 24 Silbergroschen Porto. Zum Glück reist die Schwägerin des Herrn Platzmajors (Fräulein v. Unruh) nach B., die sich erboten hat, denselben an die Adresse abzuliefern; es wäre ein fataler Streich, wenn in dieser Angelegenheit Unordnung entstände. Ich bin noch zweifelhaft, ob ich dies Schreiben durch den Herrn K. nach B. oder H. schicken lasse, doch da ich voraussetze, daß das Mißverständnis schon gehoben und Du vielleicht auf der

Reise nach B. bist, so werde ich den Herrn K. bitten, den Brief freizumachen, und hoffe, daß Du es richtig empfängst. Die Erlaubnis, heute zur Kirche gehen zu dürfen, ist widerrufen worden.

AN DEN VATER

Graudenz, 17. März 1838

Lieber Vater, wie sehr habe ich gebeten am 11., 12. und 13. d. Mts., als ich mich zu B. auf der Hausvogtei befand, daß man mir erlauben möge, einen kleinen Zettel an Marggraff schreiben zu dürfen, doch vergebens, man hat mir nicht einmal Antwort auf meine Bitten gegeben, selbst nicht, als ich aufs dringendste bat, mit der Bemerkung, daß es nun bereits fast 5 Jahre wären, wo ich Dich nicht gesehen hätte, und daß die Aussicht darauf durch meine Versetzung nach Graudenz so gut wie aufgehoben wäre. Es bleibt Dir überlassen, einen passenden Ausdruck für dieses Verfahren aufzufinden, ich würde es mit einem Namen benennen, der in diesem Briefe keinen Platz finden darf. Doch genug hiervon! Am 10. morgens fünf Uhr fuhr ich mit meinem Freunde Schulz unter Begleitung zweier Gendarmen mit Extrapost von Magdeburg ab, kamen um 1 Uhr am 11. auf der Hausvogtei an, wurden daselbst zwei Tage in peinlichster Ungewißheit gelassen und am Morgen des 13. um 6 Uhr nach Graudenz abgeführt, woselbst wir nach einer höchst angreifenden drei Tage und zwei Nächte andauernden Reise am 15. des Abends eintrafen. Obgleich ich von der Reise höchst angegriffen worden bin, so bin ich doch jetzt ganz wieder wohl und munter und fange, von heute an gerechnet, mit meinen Arbeiten wieder an.
Wenn mich etwas erheitern kann, so ist es das Bewußtsein, in Magdeburg mir sowohl unter meinen Kameraden als auch außer diesen viele Freunde erworben zu haben, wie sich dies vor allem beim Abschiede herausstellte. Obenan steht gewiß der Herr Kämpf und der Prediger Herr Dr. Leist, welche beide mit der größten Aufopferung von Zeit mich

dort besuchten und denen ich meinen Dank nochmals von hier aussprechen werde. Herr Kämpf hat die Güte gehabt, meine Geldangelegenheiten zu besorgen, hat mir 10 Taler zur Reise und 10 Taler zur ersten Einrichtung hierselbst gegeben, hat dann 9 Taler und einige Groschen dort noch bezahlt, die ich zur Anschaffung von Kleidungsstücken, Stiefeln, Koffer und für ein Douceur an die Wärter habe verwenden müssen. Viele für mich unentbehrliche Sachen, die zur häuslichen Einrichtung gehören, habe ich nun leider zurücklassen müssen und sie hier wieder anschaffen müssen, welches einen bedeutenden Ausfall in meinen Geldern verursacht hat; deshalb bitte ich Dich, mir zum Anfange kommenden Monats einiges Geld an die hochlöbliche Kommandantur zu senden, zumal ich noch bis jetzt nicht bei einem hiesigen Handlungshause akkreditiert bin, welches jedoch jedenfalls nächstens laut Versprechen des Herrn Kämpf, der hierselbst auf der Festung in Handelsverbindungen steht, geschehen dürfte.
War mein Abschied traurig in Magdeburg, so war meine Ankunft hierselbst sehr erfreulich. Wir sind von der Hölle in den Himmel gekommen. Freie Luft, schönes Wasser, angenehme und gesunde Lage machen diesen Ort angenehm; aber vor allem hat uns des Herrn Obrist v. Toll, Kommandanten, leutseliges und freundliches Wesen, seine schon in der kurzen Zeit vielfach bewiesene Güte und seine anerkannte Milde die Hoffnung auf glücklichere Tage als die früheren erwachsen lassen. Wir bewohnen hier freilich Kasematten, doch scheinen sie nicht so feucht und ungesund zu sein wie die in Silberberg. Ich glaube, das Nötigste Dir geschrieben zu haben, mein lieber Vater, erwarte jedoch binnen ganz kurzer Zeit einen ausführlicheren Bericht von mir; wir müssen noch packen und aufräumen, um uns unser Zimmer wohnlich zu machen. Freistunden haben wir von 8–10$^1/_2$ des Morgens und von 3 bis 5$^1/_2$ des Abends; also hinreichend, um uns Bewegung zu machen. Grüße die Schwestern; vielleicht fällt im nächsten Briefe eine Reisebeschreibung für sie ab. Lebe wohl und gedenke Deines Sohnes F. Reuter

AN LUDWIG KOENIGK

Graudenz, 22. März 1838

Mein lieber Koenigk und Jungklaß oder lieben Freunde, oder wie Ihr wollt! Wann Ihr diesen Brief erhalten werdet, weiß ich noch nicht, da ich erst eine kleine Sammlung von Schreibereien beisammen haben muß, wenn ich das Porto nach M. daran wagen will, mit anderen Worten, ich will gleichzeitig an Dr. Leist und an Herrn Kämpf schreiben. Zuerst will ich Euch unsere Abenteuer von Magdeburg stationenweise erzählen. Von Magdeburg bis Berlin: hab' ich viel gelitten, hab' ich brav gelebt. In Berlin 2 Tage Ruhe auf einem Strohsack, keine Kreuzspinne gesehn, der »Kapitän« in Verzweiflung – tröstliche Aussicht, meine $4^1/_2$ Jahre in der Hausvogtei abzusitzen, mich zu erkundigen, ob mein armer Vater noch in Berlin sei, ist nicht nötig! Hintze im schwarzen Frack, der Inspektor im meergrünen Schlafrock! – die ewige Hausvogtei!!

Am 15., morgens 6 Uhr, reisten wir von Berlin unter Begleitung von zwei recht freundlichen (sans ironie) Gendarmen aus Gomorra ab und kamen zu Mittag in Müncheberg an, von wo aus ich ein Schreiben in aller Eile an Grashof erließ, damit er mir vergessene Sachen nachsenden möge. Am Abend in Küstrin; Eisgang der Oder; Nacht! traurige, schlaflose Nacht!! – Landsberg 1 Uhr mitternacht; schon alles polnisch; bekannt durch H. Witte und scheußliche Postwagen ohne Federn; vom Wagenmeister wird eine zweite Parallele zwischen H. Witte und einem jüdischen Räuberhauptmann aus Schwerin gezogen. Nach Friedeberg; ein kleiner Vorschmack von den Qualen der Verdammten! Woldenberg; Anhang zu Winckelmanns Werken, vorgetragen von einem Posthalter in bezug auf die Porträts seiner Frau und Kinder. Ruschendorf; schönes Mittagessen und ein allerliebstes unschuldiges Mädchen. Schneidemühl; drei schöne Töchter Rahels (der »Kapitän« faselt jetzt noch immer von der erhabenen Schönheit), noch schlimmere Nacht! keine Ruh' bei

Tag und Nacht! – Bromberg – gänzliche Erschöpfung! – schlechtes Wetter! Husten, Schnupfen, Heiserkeit! Versuche zum Singen von mir und dem »Kapitän«, Streit, wer richtig singe; der Gendarm gibt den Ausschlag: Sieg Deines Freundes, indem ich mich auf Deine Autorität berufe, lieber Koenigk.

Da aber jetzt die Sache wichtiger wird, lasse ich diesen aphoristischen Stil fahren und werde abwechselnd vom Erhabenen zum Rührenden übergehn. – Näher, immer näher kamen wir dem Ufer des Weichselstromes. Schnee und Regen peitschten den Postillon und dieser die armen Postgäule, die hier schon etwas von amphibischer Natur an sich haben müssen, da unsere Reise abwechselnd in tiefe Gewässer der Niederung ging. »Heda, Fährmann, geht's noch über die Weichsel?« – »Ja, aber halb zu Kahn, halb zu Fuß.« – Der »Kapitän« machte Betrachtungen, ob der Staat, nachdem das Todesurteil in 30 Jahre verwandelt sei, rechtlich verlangen könnte, daß ein Staatsgefangener sein Leben in Gefahr bringe; der eine Gendarm berief sich wiederholentlich auf den Ausspruch eines berühmten Rabbiners: das Wasser habe keine Balken. Der »Kapitän« erwiderte: »Sie haben gut lachen, Sie sterben in Ihrem Beruf – aber wir!« [. . .] Endlich ging die Fahrt los. Rings um uns Himmel und Wasser und drüben im Schnee und Regenschöbern die Feste Graudenz: wir kommen ans feste Eis, steigen aus; ich mache den Vorschlag, die Mäntel abzulegen, damit man im Falle des Durchbrechens sich durch Schwimmen retten könne, finde jedoch kein Gehör, da alle lieber den heroischen Tod des Ertrinkens sterben wollen, als an einer Erkältung langsam dahin. Ungeheurer Aufwand von Courage entwickelt sich! der »Kapitän«, eingehüllt in seinen nebelgrauen Mantel, erscheint, in der Ferne vorausgehend, wie Fingal in seiner Wolkenwohnung (das unter ihm glänzende Eis erhöht die Illusion); höchst edelmütig hat er den einen Teil seiner Nebelumhüllung seinen Kanarienvögeln zediert; der eine Gendarm tritt genau in seine Fußtapfen und erzählt Wunderdinge vom Übergang über die

Beresina; der andere leitet die Ausschiffung des Gepäcks. Euer Freund folgt mit einer Tabakspfeife und singt: »O sagt, was wird mein Los einst sein!« – Wir kommen an das jenseitige Ufer, laufen in den Hafen einer Fischerkneipe ein. Oh, wären wir doch wieder auf der Weichsel, denn was ist Sturm und Unwetter gegen diese atemverengende Atmosphäre! Der große Goethe sagt, drei Dinge wären ihm oder vielmehr seiner Nase zuwider: Tabaksrauch, Wanzengeruch und – hier macht er einen Strich –, ich denke, er meint mit dem dritten die Ausdünstung eines polnischen Schafpelzes. – Durch Graudenz ging's rasch durch und hinauf zur Zitadelle. Wir beide waren total kaputt; ich hatte in 3 Tagen und 2 Nächten kein Auge zugetan; aber für diese Anstrengungen wurden wir durch eine sehr freundliche Aufnahme von seitens des Kommandanten, Obristen Herrn von Toll, aufs beste entschädigt, die sich sogar auf die Besorgung eines erwünschten Abendessens erstreckte. Nun von Graudenz. Wir bewohnen eine Kasematte oben, die ungefähr halb so lang ist als unser Spaziergang in M. Des Morgens um 7 Uhr wird aufgeschlossen, darauf haben wir eine Freistunde, die auf einem großen, mit Bäumen eingefaßten Spaziergange abgehalten wird; um 1 Uhr kommt das Mittagessen, das durch Reichlichkeit und Schmackhaftigkeit sich höchst vorteilhaft vor dem zu M. auszeichnet und uns 3 Silbergroschen kostet. Des Nachmittags haben wir dann wieder Freistunde, die sich im Sommer bis um 7 Uhr verlängern wird. Aufwartung besorgt die Frau meines Unteroffiziers und erhält dafür pro Monat 10 Silbergroschen. Am andern Morgen unserer Ankunft mußten wir zum Herrn Oberst kommen, der uns in höchst freundlichen Worten den Umfang unserer Vergünstigungen und Beschränkungen auseinandersetzte und uns die Hoffnung auf noch größere Freiheiten machte, sodann wurde uns unser mitgebrachtes Geld ausgezahlt und wir zum Herrn Platzmajor geführt, der ebenfalls sehr freundlich gegen uns war und mir ein Porträt von Schr.s Hand zeigte, da er vom »Kapitän« erfuhr, daß ich mich dafür interessiere. Die Zitadelle ist sehr geräumig, mit Privatwohnungen bebaut und so angenehm durch Spaziergänge gemacht, daß man glaubt, in einem Badeort zu sein. Die Luft rein und gesund; das Wasser ausgezeichnet, sogar besser als das Silberberger. An Unterhaltung fehlt's nicht, da viel Militär- und Zivilpersonen hier aus- und eingehen und wir in dieser Beziehung leicht zufriedengestellt sind. Schr. ist noch hier; er hat sich eine Braut angeschafft und lebt herrlich und in Freuden ... Er schriftstellert stark; er hat einen Faust geschrieben, der, wie der »Kapitän« meint, voll schöner Sachen sein soll, ich selbst habe ihn noch nicht gelesen, da ich mit anderen Sachen zu beschäftigt bin – doch davon hernach; ferner hat er geschrieben ein geistliches Heldengedicht: »Paulus«, ein Heldengedicht »Herrmann« und viele kleine Sachen sowie auch einen Roman: »Der Materialist«, alles ist jedoch noch unter der Feile ... Heute am 20ten erwarten wir den kleinen Kopernikus mit seinem Kompagnon, die hier unter uns wohnen werden und die wir vielfältig wegen ihres schlechten Reisewetters bedauert haben, denn seit vorgestern ist das Wetter abscheulich und hat den »Kapitän« aufs Krankenbett geworfen; er leidet leicht an Erkältung, die sich dann gewöhnlich aufs Gehör wirft, meine Wenigkeit dagegen ist so auf dem Strumpf wie selten.

Leider habe ich das Unglück gehabt, meine beiden Zeichenbretter unterwegs zu verlieren, doch hoffe ich noch durch die Bemühungen der beiden Gendarmen sie wieder zu erhalten; daher bin ich denn auf den Einfall gekommen, mich im Federzeichnen zu üben, wozu mir die Retschschen Sachen zum Faust dienen, die Schr. besitzt und mir zu diesem Zwecke verabfolgt hat. Vielleicht, vielleicht – doch versprechen will ich nichts, weil ich möglicherweise eine andere Bestimmung über meine Arbeiten machen *muß*. Drei Blätter sind schon fertig und sollen, wie man mir sagt, sehr gelungen sein; deshalb bitte ich, nicht nach der obigen Vignette zu urteilen, da dieselbe gestern abend bei Licht, großer Müdigkeit und Kälte gemacht ist. – Wir haben bis jetzt noch an kein ernst-

liches Arbeiten gedacht, wenn Ihr nicht meine Zeichnerei, die freilich mit großem Eifer betrieben wird, dazu rechnen wollt. Für die Porträtmalerei bietet sich hier ein ziemliches Feld dar, und habe ich schon mehrere Aufforderungen dazu erhalten. Der Gang in die Kirche kann uns jetzt noch nicht gestattet werden, soll uns aber sobald wie möglich unter Begleitung erlaubt sein.
Ich schreibe diesen Brief sehr mit Unterbrechungen, deshalb bitte ich Dich, den Zusammenhang nicht genau zu bekritteln, doch das werdet Ihr beiden lieben Jungens auch nicht, und will ich Dir, mein lieber Koenigk, wünschen, daß, falls Dir das Glück würde, zum zweitenmal auf die Festung zu kommen, Du nach Graudenz kommst, und dem lieben Jungklaß, daß er jetzt schon hierher komme; er würde sich hier außerordentlich gefallen. »Zoepernix« ist noch nicht gekommen (22. des Morgens), wenn er doch nur nicht krank geworden oder seine etwaigen Kommilitonen (Franzos, Heintzmann, Haßlacher??), selbst für meine Konstitution war die Sache höchst beschwerlich.
Alle unsere Sachen sind trefflich konserviert hier angekommen, und des »Kapitäns« Kanarienvögel singen aus voller Kehle . . . Ernstere Gegenstände berühre ich in diesem Briefe nicht, da ich von denselben in diesen Tagen zu sehr abgezogen bin und man zu solchen Mitteilungen Ruhe nötig hat, die man in so kurzer Zeit im fremden Leben, wo alles neu ist, alles interessiert, nicht finden kann; das kann ich aber eidlich behaupten, mein Gemüt ist sehr ruhig und Heiterkeit bei mir vorherrschend, die nicht durch äußere Anlässe erzeugt, sondern in mir selbst begründet ist.
Grüßet Grashof von mir und saget ihm, ich erwartete, daß er mir mitteile, wohin er zu kommen wünsche. Alle übrigen herzlich zu grüßen, versteht sich von selbst. Lebet wohl, recht sehr wohl, und gedenket mit Liebe und Freundlichkeit Eures treuen Freundes Fritz Reuter

PS. Meine Zeichenbretter sind richtig angekommen.

AN DEN VATER

Graudenz, 9. Mai 1838

Lieber Vater, sicher hast Du Dich jetzt schon überzeugt, daß ich Dich nicht vergessen habe, denn an dem Tage, an welchem ich Deinen Brief erhielt, wirst Du meinen vom 24. schon längst erhalten haben; oder sollte er nicht angekommen sein, so sei versichert, er ist liegengeblieben, und ich mache mich anheischig, Dir durch die hochlöbliche Kommandantur ein Zeugnis über dessen Absendung beizubringen. Gestern erhielt ich Deinen zweiten unbeantworteten Brief, und indem ich mich entschuldige, den ersten, vom 22. April datierten bis jetzt noch nicht beantwortet zu haben, muß ich Dich zugleich auf den langsameren Gang der Briefe aufmerksam machen. In den Fehler der Unhöflichkeit gegen Dich werde ich gewiß nicht wieder verfallen.

Was soll ich Dir schreiben über die traurigen Aussichten in bezug auf meine Freilassung? Ich wiederhole bloß das, was ich in M. schon schrieb, daß ich auf die getanen Schritte keine besondere Hoffnung setzte, ich würde jedoch lügen, wollte ich sagen, ich hätte durchaus keine gehabt. Doch trösten wir uns mit einem traurigen Trost, so wie ihn die Mittelmäßigkeit so oft anführt: meine armen Kameraden sind schlimmer daran als ich, sie sind alle mit 10 Jahren begnadigt, d. h. die sich hier befinden, über andere kann ich keine Nachricht haben, da es neuerdings verboten ist, mit ihnen zu korrespondieren. Im September ist wieder ein Jahr verflossen, dann werde ich von neuem um Begnadigung einkommen und werde wieder (der allgemeinen Meinung nach) eine Herabsetzung der Strafe erlangen, falls Deine und der Landesregierung Schritte erfolglos sein sollten.

Über meine Lage hierselbst werde ich nur wenig schreiben, es ist dies wenige jedoch hinreichend, um Dich zu beruhigen. Wir haben hinreichend Zeit, uns Bewegung zu machen, und haben sehr menschenfreundliche Vorgesetzte. Der Herr Schwerdtfeger, welcher mit dem letzten Briefe zugleich geschrieben hat, wird Dir dies schon geschrieben haben. – Warum soll ich Dich, warum mich betrügen, lieber Vater, wenn ich auf Deine Vorstellungen wieder mich entschlösse, zur Rechtswissenschaft zu greifen. Ich habe schon gesagt, sie sei mir aufs höchste zuwider, darauf wirst Du mir antworten: Was vernünftig ist, darf keinen Widerwillen einflößen; ich muß nun bemerken, daß ich eigentlich mich mit dieser Redensart beschmeichelt habe und daß ich hätte sagen sollen: Ich fühle, nachdem ich fast fünf Jahre lang durchaus nicht an diesen Zweig des Wissens gedacht habe, daß es mir unmöglich sein wird, es darin zu etwas zu bringen. Laß mich nun noch dies hinzufügen: vielleicht werde ich 31 Jahre alt, bevor ich frei werde, dann muß ich noch mit Inbegriff der Zeit, die ich zum Examen gebrauche, 3 Jahre studieren, macht 34 Jahre. Und was bin ich dann? Ein *junger* Advokat, der sich erst eine Praxis erwerben muß; aber ich bin noch mehr: ich bin ein meckl. Advokat, der, es mag ihm wohl oder übel gehen, nur in M. existieren kann, bin zu einer sitzenden Lebensart verdammt, die ich nicht vertragen kann, kurz, lieber Salz und Brot und freie Luft als Braten und Akten. Doch Du bist so gütig gewesen, mir freie Wahl zu lassen, und so hätte ich mir diese Tirade wohl sparen können; wäre ich frei, Du würdest, wenn auch nicht mit meinen landwirtschaftlichen Kenntnissen, doch wenigstens mit meinem Eifer und meiner Liebe für die Sache zufrieden sein.

Dein Mißgeschick mit den Karden hat auch mich auf diesen Gegenstand vorzugsweise aufmerksam gemacht. Was ich bisher darüber gelesen habe, war sehr mangelhaft, und so habe ich mir ein Büchlein darüber verschrieben, welches Dir vielleicht bekannt ist: »Das Ganze des Kardenbaues« von Reider, Preis 8 Groschen. Ich wollte, daß unser halber Namensvetter (es ist ein Bayer) voll von praktischen Winken steckte, die ich Dir dann mitteilen werde, wenn Du es nicht vorziehen solltest, es Dir selbst anzuschaffen. Dies, sowie ein anderes von Elsner, erwarte ich nächstens. Aus Deinem neuesten Briefe ersehe ich, daß es Dir nicht möglich sein wird, meine Anfrage, die ich zum zweiten Male nicht niederschreiben mag, zu beantworten, da Dein Vermögen zu sehr von dem Erfolge der Zukunft abhängt, als daß Du es jetzt bestimmen kannst. Ich bescheide mich natürlich gern und habe das feste Vertrauen auf Deinen Scharfblick und Anwendung von Sorge und Mühe und wünsche nur, daß das Glück Deine Bemühungen krönt, so wie es die des guten Ernst zu krönen scheint, dem ich meine Gratulation deshalb abzustatten bitte.

An den Herrn Kämpf habe ich geschrieben und habe schon vor einigen Tagen eine sehr freundliche Antwort erhalten, der durch drei große Würste noch mehr Nachdruck gegeben ist. Darin, daß Du dem Schwager des Herrn Kämpf Dein Haus angeboten hast, erkenne ich Deine große Liebe zu mir und bitte, meinen herzlichsten Dank dafür entgegenzunehmen.

Gott erhalte Dir Gesundheit und guten Mut; ich denke mein Schicksal tragen zu können. Der alten, guten Großmutter sowie Lisetten, Sophien, Ernst und Karl meinen Gruß! Nun lebe herzlich wohl und gedenke Deines Sohnes F. Reuter

Sollte mein voriger Brief nicht angekommen sein, so bitte ich für den Monat Juni um etwas Geld, da ich hier zu Anfang viele Ausgaben gehabt habe, die nun freilich fortfallen und fortfallen müssen.

AN DEN VATER

(Stavenhagen) Graudenz, 8. Juni 1838

Sieh! wie lebhaft ich an Euch dachte, daß ich statt Graudenz Stavenhagen schreibe.

Mein lieber Vater, die trüben Gedanken, die mir Deine vorletzten Briefe gemacht haben, sind wie Nebel vor der Morgensonne vor Deinem letzten Schreiben geflohen, eine große Heiterkeit und Dankbarkeit gegen die Vorsehung sind über mich gekommen und durch den Genuß einer fröhlichen Ge-

sundheit erhöht worden. Wie sollte ich aber jene Dankbarkeit anders betätigen als dadurch, daß ich Deine so billigen Wünsche erfüllte und Dir zur Vergeltung eine Antwort zusendete, die ebenso von Hoffnung durchdrungen ist wie die Deinige? Die Gegenwart bietet dem Gefangenen nichts Erfreuliches, es sei denn, daß er es in sich fände, und so muß er sich mit dem Laube begnügen, welches die Hoffnung und Erinnerung ihm um die Schläfe winden, sollte das der ersteren auch nie die Knospe sprengen und das der anderen längst verwelkt sein.
Voll Hoffnungen soll mein Brief sein! Aber ich verspreche noch mehr, soll auch voll Wahrheit und fröhlicher Wirklichkeit sein. Meine Gesundheit ist gut, die Farbe der Gefangenschaft, die Dir auf meinem Porträt so schlecht gefallen hat, ist verschwunden, meine Verdauung ist gut, daß ich den Kaffee ebenfalls entbehren kann und à l'enfant des Morgens sowie auch des Abends Milch und Schwarzbrot genieße, wobei ich mich sehr wohl befinde; und so wäre denn nur noch die Pfeife von allen Luxusartikeln übrig; aber mit dieser Freundin der Einsamkeit ist es eine böse Sache, ich fürchte, sie hat sich ungefähr so tief bei mir eingenistet wie Ernst in das Herz von Sophien, freilich wird sie zuweilen gänzlich in Ungnaden entlassen, aber wie lange dauert's, so verlangt sie schon wieder Nahrung, die ich ihr denn auch in einem sehr leichten homöopathischen Tabak verabreiche.
Mit meiner Gesundheit verbessert sich auch meine Kasse, für die Du so sorgfältig Deine Aufmerksamkeit verwendest, und wenn ich auch das mir ausgesetzte Quantum verbrauche, so darfst Du auf meine Ökonomie doch keine nachteiligen Schlüsse bauen, es hat dies einen Grund, den ich Dir besser einmal mündlich sage, wo Du ihn sicher billigen wirst. Bei alle dem erspare ich jedoch so viel, daß ich mir kleinere Werke für mein Studium anschaffen kann, welches ich von jetzt an alle Monat tun werde, da eine Gelegenheit, Bücher ökonomischen Inhalts geliehen zu erhalten, mir hier nicht geboten ist; wenn aber größere Sachen kommen sollten, so muß

ich mich an Deine Güte wenden, damit Du mir wenigstens erlaubst, eine Anleihe bei dem hier vorrätigen Gelde zu machen. Jetzt denke ich mir Thaers rationelle Landwirtschaft anzuschaffen, welche aber 10 Taler kostet, zu deren Ersparung ich zirka fünf Monate gebrauchen müßte, was mir zu lange dauert, und so werde ich nicht darauf warten, sondern mir dieselbe alsbald bestellen. Der Reider ist ein kleines, trauriges, ohne Geist und Spekulation geschriebenes Büchelchen und scheint sich der Verfasser mit wenigem begnügt zu haben, denn fürs erste gesteht er ein, nicht einmal die kultivierte deutsche Distel, sondern die in Bayern wildwachsende gebaut zu haben; ja, da ist's möglich, daß, wie er behauptet, ihm nie eine Pflanze erfroren sei, ferner baut er dieselben auf magerem Boden, der zwei Früchte – Weizen, Gerste – getragen hat, und meint, es ist gut, wenn man das Unkraut im ersten Jahre tüchtig wachsen ließe, damit die Karden nicht im ersten Jahre schoßten. Bei Dir ist, soviel ich weiß, das Schossen noch nicht vorgekommen; aber sollte dies nicht vielleicht bei den vorjährig gesäeten Pflanzen stattfinden können? Das Buch von Elsner heißt: »Wie soll der Landwirt bei der Erzeugung und Verwertung seiner Produkte spekulieren?« und ist aus anderem Erze gegossen, spricht jedoch nicht, wie Du vielleicht vermutest, von Karden. Deine Kriegslisten in bezug auf das Durchwintern haben mir unendlich viel Vergnügen gemacht und aufs komischste mich überrascht. Dieser Ausdruck bei einer ernstlichen Sache mag Dir vielleicht etwas sehr leichtsinnig vorkommen, doch höre nur!

Im vorletzten Briefe schriebst Du mir eine dunkle Andeutung von Vorsichtsmaßregeln, die auch Ernst gebilligt hätte, und ich hatte nun nichts Eiligeres zu tun, als meine Phantasie auf den Kardenfeldern herumzuhetzen, mein Gedächtnis zum Nomenklator aller Handelsgewächse und winterlicher Präservative zu machen; allerlei Namen und Mittel gingen mir durch den Kopf, als ich stehenblieb bei – einer Tabakskutsche. Wäre das Töchterchen Phantasie nicht zu geschäftig gewesen, so würde die alte Schwiegermutter Weisheit vielleicht gar von diesem Punkte aus auf bedeckte Gruben und Keller gekommen sein; aber so sollte es nicht sein, die *Strohmatten* gefielen mir gar sehr, vielleicht weil ich mich entsinne, einmal etwas Prügel von Tante Christiane erhalten zu haben, als ich mich in unserem Garten auf eine solche gelegt hatte, wobei ich bloß des Umstandes vergessen hatte, daß Kohlpflanzen darunter waren, und nun ging's im Galopp weiter; wenn alle Karden im Winter mit Matten belegt würden, sie blieben trocken; also die gefährliche Nässe wäre abgewandt, sie erfrören nicht, und da die Matten luftiger sind als Dung, so würden sie auch nicht stocken. Soweit ging alles gut, nun aber das Material und die Arbeit. Mit dem Bindfaden war ich bald ins reine, aber die Masse Stroh konnte ich doch nicht aus der Wirtschaft herausbringen sowie auch nicht, ob die Decken länger als ein Jahr brauchbar blieben, und bedachte ich nun, daß sie noch an Pflöcken befestigt werden müßten, um sie nicht dem Winde zum Spielwerk werden zu lassen, und daß sie dem Mutwillen der fröhlichen Stavenhäger ausgesetzt wären, so wollte mir die Sache doch nicht recht scheinen. Da kam mit einem Mal Dein Brief, und ich machte vielleicht kein gescheiteres Gesicht als die Spanier, in deren Gegenwart Kolumbus das Ei auf den Kopf stellte. Mir gefällt Dein Plan ganz gut, muß aber doch etwas darüber bemerken. Ich glaube gehört zu haben, daß Bier sehr leicht verdirbt, wenn es in einem und demselben Keller mit Gemüse liegt, so auch das Gemüse (und so kann man die Kardenwurzeln ansehen), wenn es im Bierkeller aufbewahrt wird, welches sich wohl durch den Gärungsprozeß erklären läßt.

Außer meinen ökonomischen Studien habe ich jetzt wieder Mathematik begonnen, indem ich es für nötig achte, mir namentlich die Mechanik und die Bauwissenschaften etwas zueigen zu machen, zumal ja dies Jahrhundert das mechanische ist und man nun doch einmal ohne Eisenbahnen- und Dampfmaschinenkenntnis von jedem für in der Zeit zurück-

geblieben gehalten wird. Mit meinem Porträtieren habe ich innehalten müssen, weil hier nichts zu porträtieren ist.
Lisette hat mir eine umständliche und sehr verständliche Auseinandersetzung über den Zustand unserer Brauerei gegeben, wofür ich ihr sehr dankbar bin und der Detaillierung der übrigen Wirtschaft mit nächstem entgegensehe; ich weiß nicht, ob ich heute an sie schreiben werde, doch nächstens gewiß, da ich in diesem Briefe einen dito an unseren Vetter K. Krüger mitschicken werde; aber da fallen mir der Karl und August und Ernst und der Oheim in Jabel und Liebmann ein, an welche alle ich noch zu schreiben habe; es geht aber nicht.
Hier haben sich Nachrichten eingefunden, nach denen wir binnen einem Jahre entlassen werden sollen; ich bin aber gar nicht damit zufrieden, da ich mir vorgenommen habe, diese Weihnachten in Stav. zuzubringen, zu welchem Zwecke ich im August wiederum in B. um Begnadigung einkommen werde, und wenn es dann damit nichts wird, so werde ich alle halbe Jahre einkommen, manchmal hilft das.
Wir haben hier sehr trockene Witterung, die den Kartoffeln vielen Schaden zufügt, und da schon überdies eine Teurung hier herrscht, so kann die Sache sehr schlimm werden.
Was das Projekt mit der Tierarznei betrifft, so ist die Sache nicht so, es stehen dem Dinge sehr viele Hindernisse entgegen, deren Wegschaffung nicht in meiner Macht steht; überhaupt scheinen sich einige wohlwollende Leutchen gefunden zu haben, die sich angelegentlich mit unseren Angelegenheiten beschäftigen und dadurch Veranlassung geben, daß falsche Gerüchte zu den Ohren unserer Vorgesetzten kommen; wie denn das allenthalben der Fall ist, nur schade, daß unsere Lage es nicht erlaubt, solchen hinterlistigen wohlwollenden Leutchen auf die Sprünge zu kommen, wir würden uns zum Danke dafür bemühen, sie als Calumnianten an den Pranger zu stellen, was wohl nur eine kleine Strafe für die Sache selbst ist, wenn man bedenkt, daß in der guten Meinung unserer Vorgesetzten allein unsere Stütze und Hoff-

nung auf Verbesserung unserer nicht beneidenswerten Lage ist.

Der Brief von T. Wendler hat mir viel Vergnügen gemacht, weil ich daraus ersehe, daß man mich in Parchim noch nicht vergessen hat, und ich halte die Zeit, die ich dort verlebte, für die glücklichste meines Lebens. Grüße unser ganzes Haus und denke an Deinen Sohn F. Reuter

Den Brief an K. Krüger bitte ich zu besorgen; ich habe ihn unversiegelt gelassen, damit Du ihn auch lesen kannst, wenn Du willst.

AN DEN VATER

Graudenz, 15. Juli 1838

Lieber Vater, so eigentlich sollte ich mit diesem Briefe nicht so sehr eilen, und zwar aus zwei Gründen: erstens, weil ich auf mein letztes Schreiben noch keine Antwort habe, und zweitens, weil erst am 25. Dein Geburtstag ist und mein Brief an demselben ankommen sollte, nicht, weil ich Geschenke bringen wollte, denn diese mangeln mir, sondern weil ich so arrogant bin zu glauben, daß eine fröhliche Nachricht von mir Dir eine Freude ist. Da nun aber mir nicht bekannt ist, wie lange die Post zwischen uns wandert, so denke ich meine Gratulation hiermit herzlich und innig Dir anzutragen und von allen meinen Wünschen für Dich nur den namhaft zu machen, daß Gott Dir ein langes und glückliches Alter schenken möge und mir Gelegenheit, mich daran zu weiden.

Schritte, um dies letztere zu erreichen, habe ich wiederum getan, indem ich zum zweiten Male um Begnadigung eingekommen bin und Sr. Majestät alles, was mich zur Hoffnung völliger Begnadigung, worauf ich ausdrücklich angetragen habe, berechtigt, in nuce vorgetragen habe; zugleich habe ich auch ein Schreiben an die Ministerialkommission mitgeschickt. Ich muß aufrichtig bekennen, daß ich diesmal Hoffnung des Ge-

lingens habe, Gründe dazu habe ich freilich nicht mehr wie sonst; aber bei alledem scheint mir die Sache so plausibel; 5 Jahr ist eine so schöne runde Zahl, daß es schade wäre, durch neue Anbauten von Jahren oder durch Erkerfenster von Monaten das schöne abgeschlossene Ganze zu verunstalten, welches die Römer schon durch den Namen lustrum als ein Ganzes und für sich Abgeschlossenes anerkannten. Wenn ich auch in anderen Beziehungen die Anwendung römischer Grundsätze und Nomenklatur auf jetzige Zustände für unpassend halte und verdamme, so scheint mir das lustrum in diesem Falle doch als etwas Ganzes, das Ganze als etwas Zeitgemäßes und das Zeitgemäße als durchaus auf mich anwendbar! Kurz, die Deduktion ist etwas weit hergeholt, und das ist meine Hoffnungsberechtigung auch.
Mein Thaer ist angekommen, er kostet 7 Taler mit Band und scheint mir ohne Rücksicht auf seinen berühmten Namen ganz außerordentlich, der Vortrag ist klar und gründlich, und wenn auch darin Sachen enthalten sein sollten, die mit den neueren Erfahrungen in der Landwirtschaft nicht übereinstimmen, so liegen mir diese als praktische Dinge noch zu fern, um mich zu stören. Alle Leute nennen ihn den Vater der Landwirtschaft, und Koppe tut's auch, und mit Recht, denn wenn ich die beiden zusammenhalte, so sagen sie ganz dasselbe mit unbedeutenden Modifikationen, die mehrenteils nur durch Örtlichkeiten bestimmt sind, nur mit dem Unterschiede, daß der Thaer die Gegenstände mehr wissenschaftlich und Koppe mehr empirisch nimmt. Ich bin fleißig darüber her, und mein Interesse steigert sich bedeutend.
Mein armer Stubenbursche Schultze ist sehr übel daran. Er hat sich durch feuchte Zugluft in den Kasematten eine Lungenentzündung zugezogen, die durch viermaliges Aderlassen freilich, wie die Ärzte sagen, gehoben ist, aber doch Geschwulst in den Füßen und fortwährende Brustbeklemmungen, die sich bis zu Ohnmachten steigern, zurückgelassen hat. Er ist im Lazarett. Mir geht es wohl! Ich bin gesund und guter Dinge, und habe ich das Wasser diesen Sommer über

als innerliches Heilmittel gebraucht, so fange ich jetzt auch damit an, es äußerlich zu gebrauchen, indem ich meinen Waschnapf, so gut es gehen will, zum Badenapf stempele. Stehst Du noch mit dem Herrn Platzmajor v. Berg in Briefwechsel, so würdest Du mich sehr verbinden, wenn Du statt meiner ein Versprechen einlöstest, was ich um so mehr tun müßte, wenn die Korrespondenz mir nicht untersagt wäre, da ich von ihm scheinbar nicht in der Weise geschieden bin, wie mir es mein Gewissen jetzt sagt; obgleich ich mir das Zeugnis nicht versagen kann, daß der Fehler nicht sowohl ein Mangel des Gefühls und der Dankbarkeit als vielmehr in dem drückenden Gefühl der Schuld und des Unmuts lag. Ich versprach, ihm zu melden, wenn ein erfreulicher Zeitpunkt im Leben für mich eingetreten wäre, und da dies mit Gottes Hilfe jetzt eingetreten ist, so kann ich umsoweniger mir das Vergnügen versagen, als er gewiß alles angewandt hat, dies Ereignis herbeizuführen und zu beschleunigen. Gern wird der Herr v. Berg auch einige Grüße an den Herrn Leutnant Pollier und Familie sowie auch an die Bewohner der alten Burg bestellen.
Ich schließe für heute mit dem Wunsche, baldige Nachricht von Dir zu erhalten, die mir die Gewißheit Eures Wohlseins gibt. Lebe wohl und gedenke Deines Sohnes F. Reuter

AN LUDWIG KOENIGK

Graudenz, 18. Juli 1838

Lieber, guter Bruder, sowie ich Deinen Brief erhalten habe, setze ich mich gleich, um ihn zu beantworten, Dir Dank zu sagen für Deine Liebe und Dir zu versichern, daß meine Verpflichtung schwer auf mir gelastet hat, und zwar doppelt, weil ich Dir von mir fast ausschließlich fröhliche Nachricht geben kann und, so Gott mir beisteht, auch ferner geben werde. Wenn ich im Anfang auch nicht ganz gesund war, wozu die Reise und deren Gewohnheiten viel beitrug, so bin ich jetzt gesund und wohl wie nie. – Ich fühl' mich in gewissen Beziehungen wie neu geboren, und zwar durch die Dir bekannten und von Dir und dem Kleinen vorgeschlagenen Mittel. Weit entfernt, durch dieses Wohlsein zur Unachtsamkeit verleitet zu werden, danke ich dem Herrn für seine Wohltat und denke mit seiner Hilfe vor Überhebung und Überschätzung meiner Kraft geschützt zu sein. Arbeit, die ich freilich noch nicht ganz nach meinen Kräften betreibe, die ich jedoch regelmäßig alle Tage zu meinem Beistande herbeirufe, vernünftige Lektüre, worunter ich vorzüglich *keine* Romane verstehe, denen ein für allemal ein Apage zugerufen ist, und tägliche Bewegung füllen meine Zeit so aus, daß ich am Abend ermüdet einschlafe, nachdem ich vorher einer von Dir empfohlenen Maßregel genügt habe, deren Wirksamkeit ich vorher nur zu sehr unbeachtet gelassen habe.

Meine Worte müssen Dir im Vergleich mit dem Gegenstande kalt und gefühllos erscheinen, doch schreibe mir dies nicht zu, sondern den Umständen; ich denke schon viel anders über manche Gegenstände, und Eurer ist gewiß dabei nicht vergessen. Recht heitere Hoffnung kommt öfters über mich, zuweilen freilich auch Trauer, aber nicht sowohl über die Zukunft als vielmehr über die Vergangenheit; doch, denke ich, ohne Trauer gäbe es auch keine Freude, keine Selbsterkenntnis und keine Fortschritte zum Bessern. Daß die Deinigen wohl sind und Du zufrieden in ihrer Mitte lebst, ist mir sehr lieb, und denke ich, Du verdienst es, und wenn auch nur um meinetwillen. Dem kleinen »Perlhuhn« gönne ich sein Glück recht von Herzen, nur um eins beneide ich ihn – um das Bad, und das würde ich auch nicht tun, wenn's heute nicht so abscheulich heiß wäre! – Gern schickte ich Euch einige von meinen Kunstprodukten, aber die Luft hier scheint denselben nicht dienlich zu sein, denn außer drei Porträts und einigen Federzeichnungen ist nichts von Bedeutung fertig geworden. Bei einer Allegorie in letzterer Manier bin ich noch beschäftigt (eigene Idee), die sich auf L . . . bezieht und zum Geburtstage eines Freundes Voglers bestimmt war, aber nicht

fertig geworden ist, da ich die Sache zu großartig begonnen habe und gleichzeitig den Pegasus beschritten habe. Über dies letztere Unternehmen hat sich der kleine Vogler dreimal überschlagen, was denn einen schönen Brummkreisel abgab. Vielleicht interessieren Dich noch meine Umgebungen, und ohne zu untersuchen, ob Du sie kennst oder nicht, schreibe ich Dir folgendes:
Außer mir befinden sich noch hier: Vogler, Schultze, Cornelius, Witte und Schr. Mein armer Stubenbursche Schultze hat sich hier eine sehr böse Lungenentzündung geholt und liegt noch im Lazarett, und ohne den Propheten spielen zu wollen, fürchte ich sehr für seine völlige Wiederherstellung; seine Füße sind geschwollen, und erschreckliche Brustbeklemmungen sind zurückgeblieben; auch Cornelius liegt krank an einem alten Übel. Derselbe hat traurige Nachrichten aus Berlin erhalten. Man hat ihm auf sein Gnadengesuch geantwortet, bei seiner Aufführung und Richtung habe Se. Majestät sein Gnadengesuch abgewiesen.
Dies hat mich nun nicht abgeschreckt, zum zweitenmal mit einem dito anzurücken. Wie's ausfallen wird, weiß ich nicht, ich hoffe aber. Witte ist der Älteste von uns, und so soll denn eine mitleidige Seele hierselbst geäußert haben: um die jungen Leute sei's nicht schade, wenn sie auf der Festung säßen; aber um so einen alten kahlköpfigen Mann, dessen Frau und Kinder zu Hause nach ihm sich sehnten, darum wär's schade.
Im Anfange gefiel es uns allen hier sehr gut. Vogler, Schultze und ich wohnen nebeneinander, und gegen uns ist auch keine Klage zu führen gewesen; dessen ungeachtet sind wir aber, statt mehr Freiheit zu erhalten, darin beschränkt worden. Leider ist die Einheit insoweit gestört worden, daß wir übrigen mit Schr. gespannt stehen. Dies konnte wohl nicht anders sein, denn obgleich wir durchaus nie etwas von frühern Sachen gegen ihn erwähnt, ihn im Gegenteil freundlich behandelt haben, hat er dennoch durch seine ungeheure Eitelkeit allenthalben bei uns angestoßen, sich mit einem jeden

von uns einzeln entzweit und ist zum Beschlusse durch eine Eingabe dic causa movens geworden, daß uns ein angenehmer Spaziergang genommen und ein schlechter dafür gegeben worden ist. Hat er dies aus Rachsucht getan oder aus Unvorsichtigkeit? Ich nehme das letztere an und bitte aus diesem Grunde keinen Gebrauch von dieser Mitteilung zu machen, zumal er sich versetzen lassen will und ich ein allgemein verbreitetes Vorurteil nicht verstärken will.
Silberberg liegt mir schwer auf dem Herzen, da ich nicht die Erlaubnis habe, dahin, wie an alle, die in Untersuchung gewesen sind, schreiben zu dürfen. Stehst Du mit S. in Verbindung, so grüße ihn herzlich und sage ihm, ich wünschte ihm und seinem Schatz viel Glück und Segen, er solle aber warten, bis ich auf seine Hochzeit kommen könnte. Hat er denn eine Stelle? [...] Die Zucht der Kanarienvögel wird hier ins Großartige getrieben. Vogler und Schultze haben zirka 50 Stück. Vogler wird seine aber hoffentlich zum 3. August (Königs Geburtstag!) alle wie gewöhnlich fliegen lassen. Er ist schon wieder auf der Reise. – Mir ist auch so zu Sinn, als ob ich noch in diesem Jahr zum gelobten Ländchen ziehen werde, und daß ich dann meine Reise über Swinemünde nehmen werde, versteht sich von selbst, deshalb bitte ich Dich, mich Deiner lieben Familie zu empfehlen.
Aus dem projektierten Wölfe-, Bären- und Zobelfang ist bis jetzt noch nichts geworden; wir freuen uns aber schon dazu für den Winter. Nun lebe wohl und grüße mir alle, die mich kennen und nach mir fragen. Baldige Nachricht ohne feurige Kohlen erbittet sich Dein treuster Freund F. Reuter

Solltest Du Gelegenheit haben, Subskribenten zu poetischen Versuchen zu sammeln, so sende ich Dir hiermit eine Probe meiner Poesie.

Zum Geburtstage des p. Vogler.

Du kleiner Zoepernick,
Ich wünsch' Dir herzlich Glück
Und rede zu Dir hic,
Wo ich zusammenflick
In einem Augenblick
Dies stümperhafte Stück.
Fern sei Dir Mißgeschick,
Mit unumwölktem Blick
Des Frohsinns Rosen pflück,
Damit die Wangen schmück!
Fort Du die Sorgen schick,
Dein unverzagt Genick
Du nie vor ihnen bück!
Fortuna komm und nick
Dir freundlich zu und spick
Mit Talern Dir die Fick!
Denk ängstlich nicht zurück
An all Dein Ungelück,
Und werde fett und dick,
Du kleiner Zoepernick,
Du loser Galgenstrick!
Von Wiege bis zur Krück,
Vom Stiefel bis zur P'rüque
Gehört zu Deiner Clique
Dein treulicher Amic
Charles XII.

AN DEN VATER

Graudenz, 1. September 1838

Mein lieber Vater, meinen herzlichen Dank für die beiden letzten Briefe, von denen mir der letzte durch den Herrn Major Amtsberg-Thorn zugekommen ist. Aus der Lage der Ackerstücke bin ich freilich nicht ganz klug geworden, da dieselben teils wohl ganz neu sind, teils wohl auch ihre Benennungen geändert haben; aber das tut nichts, da ich dadurch doch eine allgemeine Übersicht Deines Betriebes gewonnen habe. Leider, leider wird auch dieses Jahr wohl ein sehr unglückliches für Dich sein, da ich voraussetze, daß das ununterbrochene Regenwetter, welches hier seit Anfang d. Mts. herrscht, auch bei Euch die Hoffnung auf eine gute Ernte vernichtet hat. Der Weizen kostet seit 14 Tagen hier schon 4 Taler pro Berl. Scheffel; alles ist so im Preise gestiegen, daß man ernstlich schon von Hungersnot spricht. Wir armen Teufel leiden auch durch die Witterung. Einer

meiner Freunde hat mit Lebensgefahr eine Krankheit überstanden, und eben soll der zweite ins Lazarett gebracht werden; nur ich bin, Gott sei Dank, gesund und wohl.
Eigentlich sollte ich mich über Euch alle beklagen, daß Ihr mir meine Hoffnungen auf Freiheit schmälern wollt. Früher war bei Euch der Sitz der sanguinischen Partei und bei mir der des Unglaubens. Haben wir denn die Rollen vertauscht, oder walten bei Euch besondere, mir unbekannte Gründe vor? Ich denke mir, daß Du bei Deiner Anwesenheit in Berlin von irgendeinem vertraute Mitteilungen erhalten hast, die nicht mit meinen Aussichten übereinstimmen, und daß Du diese mir entweder nicht melden darfst oder daß Du fürchtest, durch deren Mitteilung mich zu sehr zu verstimmen. Ist es das erste, nun, so will ich die Entscheidung ruhig abwarten, ist es das zweite, so irrst Du, denn die Gewißheit ist in rebus malis meiner Ansicht nach immer am besten. Wenn mir die Begnadigung abgeschlagen wird, so denke ich, mich an unseren Großherzog zu wenden.
Deinen Rat in Hinsicht auf das Studium des Thaer werde ich natürlich befolgen und kann versichern, daß ich schon früher hauptsächlich meinen wahrscheinlichen dereinstigen Wirkungskreis im Auge gehabt habe, teils aus vernünftiger Überlegung, teils aus Neigung. Denn frei und offen muß ich gestehen, daß mir Deine Wirtschaft bei weitem interessanter erscheint als so eine Drei-Felder-Wirtschaft, bei der das Abweichen vom Hergebrachten von Schaden ist. Du denkst gewiß: Nun, der weiß noch nicht, daß wir hier noch die vermaledeite Drei-Felder-Wirtschaft haben. Das weiß ich wohl, weiß aber auch, daß einige näher bei den Garten liegende Striche außer der Roulance liegen und daß in diesen Stükken die Krone Deines Ackerbaues besteht.
Die Schwester schreibt mir, daß Du noch ein Gebäude an des Wohnhauses Rückseite bauen wolltest. Ich frage nun, ob unmittelbar daran oder in einiger Entfernung davon. Ferner, ist die Brauerei ein- oder zweistöckig?
Zu meiner Unterhaltung habe ich jetzt angefangen, alte Ge-

schichte zu studieren, zu welchem Ende ich mir einen Plutarch angeschafft habe; sonst sind meine Beschäftigungen noch dieselben; mein Leben spinnt sich höchst gleichmäßig ab und wird nur dann und wann durch einen tüchtigen Ärger aufgeregt, den meine natürliche Vergeßlichkeit jedoch bald überwindet.

Mit meinem Gelde bin ich aber leider zu Ende und bitte Dich, wenn es möglich, mir noch in diesem Monat etwas zu senden, weil ich sonst am Schlusse etwas sehr in die Brüche kommen würde.

Vielen Dank für Deinen Brief an den Herrn v. Berg; sollte er vielleicht mit der Zeit antworten, so würde ich es wohl von Deiner Güte erfahren.

Grüße alle vielmal und bleibe vor allem gesund. Hättest Du doch lieber den Rat der Ärzte befolgt und hättest gebadet. Ich wollte, ich könnte Dir von meinem Wohlsein einiges zusenden. Lebe wohl. Dein F. Reuter

AN DEN VATER

Graudenz, 10. Oktober 1838

Mein lieber Vater, wenn man unangenehme Dinge mitzuteilen hat, ist ein Zögern im Schreiben wohl verzeihlich, deshalb empfängst Du diesen Brief, als Antwort auf Dein letztes, mit 50 Talern beschwertes Schreiben, etwas später, wie es füglich hätte sein sollen. Meine Begnadigung ist mir rund abgeschlagen worden, und zwar in sehr untröstlichen und determinierten Worten: »Dem Reuter ist zu melden, daß eine weitere Ermäßigung der bereits bedeutend herabgesetzten Freiheitsstrafe des sc. Reuter nicht stattfinde.« Also kann ich nun noch vier Jahre – nicht drei, wie Du meinst, da mir der Untersuchungsarrest nicht angerechnet wird – auf preußischen Festungen zubringen und in dieser langen Zeit nichts weiter tun, als nach einer größeren allgemeinen Ausbildung streben, die vielleicht jetzt schon in bezug auf mein spezielles Fachstudium im Mißverhältnis steht. Ich bitte mich nicht falsch zu verstehen. Ich meine nämlich, daß, wenn ein Mann etwas Ordentliches leisten will, sein Fachstudium das Hauptgebäude, die anderen Zweige des Wissens demselben als Flügel, Säulen und Verzierungen angereiht sein müssen; dies kann leider bei mir nicht der Fall sein, da die Hauptsache, die praktische Landwirtschaft, mir in meiner Lage fernbleiben muß. Von diesem Gesichtspunkte aus und vorzüglich aus dem noch weit wichtigeren, daß unser Wiedersehen auf so traurige Weise hinausgeschoben wird, hat diese üble Nachricht mir verdrießliche Stunden gemacht; aber dank meinem leichten Sinne und den höchst originellen Tröstungen eines meiner Kameraden, der als Sanguiniker mir mit den überzeugendsten Gründen bewiesen hat, daß dieses eigentlich ein großes Glück für mich sei – weil ich nun gewiß hoffen könnte, bald freizukommen, und dies so ernstlich meinte, daß er mir eine Wette von 4 Flaschen Wein anbot; die Sache ist verschmerzt, und ich habe beschlossen, von neuem die Hoffnung bei den Haaren festzuhalten, denn: »die liebliche Göttin der Phantasie, sie stirbt nicht aus, sie altert nie!«

Meine Gesundheit ist gut, und ich lebe der Hoffnung, daß die Deinige es gleichfalls ist, da diese Jahreszeit ja sonst immer einen wohltätigen Einfluß auf Deinen Körper zu äußern pflegte. Für mich ist es ein großer Genuß gewesen, so recht einmal nach fünf langen Jahren in Obst schwelgen zu können. In Berlin gab es keins, weil man nicht die Mittel hatte, es kaufen zu können, in Silberberg gab es keins, weil dort nur Hafer und höchstens Kartoffeln wuchsen, in Magdeburg gab es keins, weil man keinen hatte, der es besorgen konnte.

Mit meinen Beschäftigungen geht es noch immer seinen gewöhnlichen Gang fort. Thaer, der bald in succum et sanguineum verdaut ist, ist ein gutes Buch. Aus den Zeitungen ersehe ich, daß in Neubrandenburg ein Sattler Farwel einen Wagen erfunden haben will, der von selbst geht, sogar auf Sandwegen von selbst geht; wenn das wahr ist, so verdient

der Mann, erstens in Kupfer gestochen zu werden, zweitens ins Konversations-Lexikon zu kommen und drittens Minister der Industrie und des Handels in Mecklenburg zu werden. Ich habe in der letzten Zeit fleißig gezeichnet oder gemalt – doch mit Pastellfarben –, und nach dem Ausspruch aller mit Glück, ja, ich habe sogar Bestellungen für Geld erhalten, die ich jedoch aus vielfachen Gründen abgelehnt habe; ich bitte daher Euch dringend, meine Fertigkeit nicht nach dem Maßstabe zu messen, den ich Euch vorige Weihnachten geschickt hatte, da dies anerkannt das schlechteste und am wenigsten gelungene Porträt ist, was ich gemacht habe, teils, weil ich damals erst angefangen habe, und teils, weil es sehr schwer ist, sich selbst zu treffen, zumal, wenn man bedenkt, daß es aus einem Spiegel, der 3 Silbergroschen kostet, gezeichnet ist. Jetzt bin ich so weit, daß ich im Mischen der Farben und in korrekter Zeichnung ziemliche Übung erlangt habe und mit gutem Gewissen zur Ölmalerei übergehen könnte, wenn nicht die Anschaffung von Farben, Palette, Staffelei, Leinwand und vor allem der vielen nötigen Pinsel eine Ausgabe von zirka 15 Taler und die eines Handbuchs zirka – Taler kostete. An Unterricht in solchen Sachen ist hier nicht zu denken, man muß sich das, was ein Sachverständiger einem in 5 Minuten mitteilen könnte, mühsam durch Probieren aneignen. Am 7. folgenden Monats ist mein Geburtstag; das ist doch recht mit dem Zaunpfahl gewunken, wie die Leute hier das Partizip von »winken« bilden.
Doch ehe Du vorschnell einen Entschluß mir zugunsten fassest, muß ich Dir noch die Durchsicht meines Briefes an Lisetten empfehlen, und da wirst Du dann sehen, daß noch andere nötige Ausgaben Deiner harren. Fürchte Dich also nicht, mir eine abschlägige Antwort zu geben, sie wird mich nicht so unangenehm berühren, als Du vielleicht vermutest. Grüße alle und bleibe gesund, dies wünscht Dein Sohn

F. Reuter

AN DEN VATER

Graudenz, 5. Dezember 1838

Mein lieber Vater, herzlichen Dank für Deinen letzten Brief, den Deine Liebe an meinem Geburtstage verfaßt hat und ihn daher so reich mit Geschenken und Bewilligungen ausgestattet hat. Auch hier ist meiner von manchen Seiten gedacht worden: mein Freund Vogler hat mir Deinen Lieblings-Schriftsteller (Seumes sämtliche Werke) geschenkt; Schulze die Kaiserlieder von Gaudy und Witte eine schöne Mappe für die Aufbewahrung von Zeichnungen. Herr Schwerdtfeger hat sich mit einer Torte gelöffelt, und meine Aufwärterin hat mir einen Blumenstrauß geschenkt, der mit ihrer Brautschärpe geknüpft war und den sie zirka 20 Jahre dazu aufgehoben hat.

Du scheinst besorgt über meine Gesundheit und Diät, die erste ist sehr gut und die zweite, so gut sie sein kann; kurz, Du hast die Sache auf den rechten Fleck getroffen, wenn Du mutmaßest, daß ich statt Wasser jetzt Bier trinke, jedoch sehr mäßig, wie Du selbst sagen wirst, wenn ich Dir versichere, daß ich für gewöhnlich (und Ausnahmen sind selten) des Mittags und Abends nach dem Essen jedesmal eine Flasche von der Größe eines halben Quarts zu mir nehme. Kaffee trinke ich nicht und außer Bier keine spirituosa. Ich würde beim Wasser geblieben sein, wenn es in den Kasematten nicht zu feuchtkalt wäre in der jetzigen Jahreszeit. Überhaupt geht es uns hier im ganzen sehr wohl, wir sind viel vergnügter als im Sommer, wo uns ein Mensch quälte, der zu unserem Aufseher eingesetzt war und uns auch wohl bei unseren Vorgesetzten verleumdete. Kleine Vergünstigungen werden uns sehr gern erteilt und machen denn doch das Joch etwas sanft, indem die menschliche Natur, an Kleinigkeiten klebend, weniger von einem harten Schlage als von vielen unbedeutenden Streichen niedergemacht wird.

Meine Beschäftigung hat eine Abwechselung erhalten durch die Erlaubnis, zweien Knaben bis zu Weihnachten etwas

Unterricht im Zeichnen zu geben, und eine Störung durch die Bitte einer hiesigen Familie, zum Hochzeitsfeste einer Tochter ein Transparent zu machen. Freilich hast Du recht, wenn Du meinst, daß ich mir dadurch manchen freundlichen Dank verdiene, doch sind diese Arbeiten nicht ganz nach meinem Geschmack. – Kleidungsstücke habe ich mir bestellt, und einige habe ich schon vom Schneider zurück, im ganzen erhalte ich einen braunen Rock, zwei Paar Beinkleider und eine Weste. Mit ängstlicher Aufmerksamkeit habe ich den Temperaturwechsel und die ungewöhnlich frische und starke Kälte beobachtet, immer und nicht ohne Grund für Deine oeconomica besorgt. Jetzt haben wir gelindes Wetter, aber die Weichsel steht seit mehreren Tagen fest zugefroren. Wenn nur nicht die Kälte wie eine grimmige Löwin zurückkehrt, und das, wie es hier ist, ohne Schnee.

Was das Schreiben an den Großherzog betrifft, so habe ich damit noch gezögert, indem ich der Meinung war, Du würdest vielleicht, wie Du in Deinem letzten Briefe hofftest, Gelegenheit haben, mit dem Minister auf dem Landtage zu sprechen und in dieser Unterhaltung vielleicht etwas erfahren, was mir bei Abfassung der Bittschrift günstig wäre. Fürchte nicht, daß die Sache zu langsam betrieben wird, ich glaube gar, daß sie vergeblich ist; aber ich habe andere, gegründetere Hoffnung, daß ich ums Jahr bei Euch bin, die ich aus der Analogie der Begnadigungen, die schon ausgesprochen sind, geschöpft habe. Döhn z. B. hat im Erkenntnis 20 Jahre und ist mit 4 Jahren begnadigt, und so denke ich mit 5 Jahren *Festungsstrafe* fortzukommen. Ich bin immer noch besser daran wie alle meine Kameraden, die auf 10 Jahre begnadigt sind.

Schon im voraus muß ich mich entschuldigen, daß ich an diesem Weihnachten Euch keine kleine Überraschung bereiten kann, ich habe freilich etwas fertig gearbeitet, aber um es nach Hause den weiten Weg zu senden, ist es zu wenig, und deshalb will ich warten, bis ich erst etwas in Öl gemalt habe, das wird für Euch von größerem Interesse sein.

Ich wünsche, daß Ihr alle recht froh und gesund sein mögt und Euch meiner am Weihnachtsfest erinnern; ich weiß schon, wie ich es feiern werde: ich werde die beiden Tage malen. Grüße Lisette, Großmutter und alle übrigen und bleibe gesund für Deinen F. Reuter

1839

AN DEN VATER

Graudenz, 10. Februar 1839

Lieber Vater, Du hast seit langer Zeit keinen Brief erhalten, und da der Herr Schwerdtfeger Dir geschrieben hat, daß ich unwohl sei, ist es doppelt unrecht, Dich in Ungewißheit zu lassen; aber [...] doch (qui s'excuse, s'accuse) Du magst lieber aus dem Nachfolgenden selbst Dir einige Entschuldigungsgründe herauslesen, die Du mit Deiner gewohnten Güte wohl wirst gelten lassen. Fürs erste bin ich gleich nach Neujahr unwohl gewesen, indem ich mich beim Gang in die Kirche erkältet und mich nachher in diätetischer Hinsicht nicht genug in acht genommen habe, was denn mir namentlich starke Hämorrhoidalbeschwerden zugezogen hat; dadurch wurde ich verhindert, meine gewöhnlichen Arbeiten zu besorgen, und während meines kurzen Aufenthaltes im Lazarett hatte ich drei Porträts angefangen, deren Beendigung durch das unablässige Drängen der Originale beschleunigt wurde, so daß ich an nichts anderes kommen konnte. Kaum damit fertig, kam der Herr Proviantmeister Marschall und bat uns drei (Schulze, Vogler und mich), seinem ältesten Sohne Unterricht zu erteilen, und da fielen mir die Lektionen in Mathematik und Geographie zu, zu welchen ich, da der junge Mann schon zirka 17 Jahre alt ist, notgedrungen einige Vorarbeiten machen zu müssen glaubte, und endlich, wenn Du mein Vergnügen zu einer Entschuldigung machen willst, hatte ich einen Kopf in Öl angefangen, den ich unausgesetzt bearbeiten mußte, damit mir die Farben nicht trocken würden. Wir haben hier eine förmliche Akademie jetzt im Gange. Da jedoch die Stunden nur während der Zeit abgehalten werden können, während welcher wir Freistunden haben, so hindern sie uns an der häufigen Erholung in freier Luft, wenigstens für den Winter, wo die Tage so kurz sind; doch habe *ich* namentlich noch eine ziemlich gute Einrichtung darin getroffen. Am Sonntag, Mittwoch und Sonnabend gebe ich von 1–4 Uhr respektive Mathematik und Zeichenunterricht. Am Montag und Donnerstag von 5–7 Mathematik und Mittwoch und Sonnabend von 5–7 Mathematik und Geographie. Nun noch eins. Du schriebst mir vor einiger Zeit, ob ich nicht noch einmal versuchen wollte, die alte, stiefmütterlich von mir behandelte Jurisprudenz vorzunehmen; ich verwarf den Vorschlag aus vielen Gründen, die freilich manches für sich haben mochten, doch der hauptsächlichste war der, daß ich bald freizukommen hoffte und dann nicht noch mal als Student der Rechte figurieren mochte, um nicht wieder durch Nebendinge vom Zweck abgezogen zu werden, was wohl mehr der Fall sein würde, als wenn ich zu Hause bei Dir die ökonomischen Studien praktisch betriebe. Jetzt aber, da die Aussichten meiner Ansicht nicht die besten sind (meine Kameraden teilen sie jedoch nicht), habe ich mir die Sache wieder in Überlegung genommen und bin zu dem Resultat gekommen, daß ich, wenn ich noch zwei Jahre in Haft bleiben sollte, mit der gesamten Jurisprudenz fertig werden würde und das Examen (sei es auch sehr geschärft) wohl machen könnte. Du wirst mir meinen Unbestand im Entschluß vorwerfen sowie das ewige Wollen und Nichtvollbringen; doch da muß ich Dir ad 1 sagen, daß die besondere Lage, in der ich mich befinde, mit allen ihren anklebenden Hoffnungen und Befürchtungen, die ebensooft wechseln als günstige und ungünstige Nachrichten über Befreiung, dies Schwanken hervorbringen, und ad 2 kann ich Dir die ebenso frohe als wahre Nachricht geben, daß ich bereits angefangen habe und in einem Monat den allgemeinen Teil des römischen Rechtes (wie es im Mackeldey behandelt ist) durchgemacht habe, und zwar in der Weise und mit der Ausdauer, daß ich nicht eher aus der Stube gegangen bin, bis ich ihn fertig inne hatte. Jetzt bin ich im speziellen Teil und denk' denselben Ende März oder Anfang April zu beendigen; doch kenne ich den ganzen Umfang seiner Schwierigkeiten noch

nicht genau. Vielleicht sollte ich Dir dies gar nicht schreiben, um nicht Hoffnungen in Dir zu erwecken, die mein Mangel an Kraft in der Ausführung über kurz oder lang in nichts auflöset; aber ich will einmal dies feste Vertrauen zu mir haben, daß meine Liebe zu Dir die gewiß nicht geringen Hindernisse überwindet und mich durch Anwendung von Fleiß auch vor anderen nachteiligen Abirrungen schützt. Noch niemals bin ich so fleißig gewesen als jetzt, vielleicht mit Ausnahme der Zeit, als ich in Prima kam und Zehlicke mich aus seinem Hause emanzipierte. Du schreibst, das Examen in Mecklenburg sei sehr geschärft, das soll mich nicht abschrekken; aber wissen möchte ich doch, ob M. und S. (beide in Wismar) das Examen in dieser geschärften Weise bestanden haben. N. hat es gemacht, S. und K. sind durchgefallen, das weiß ich. Ich will jetzt noch nicht wissen, was verlangt wird, das wäre zu früh, aber ich möchte durch obige Nachricht einen Maßstab haben, wie sehr ich mich anstrengen müßte. Beide haben etwas getan auf der Universität, so wie auch S., dem es jedoch an Kopf fehlt. M. ist jedoch ein guter Kopf und war fleißig. Nun noch eine Bitte: sage keinem etwas von meinem Entschluß und betrachte es in Beziehung auf Dich nur so, als ob ich Dir durch die Nachricht eine frohe Stunde machen wollte, mache Dir keine Pläne für die Zukunft, wenigstens ändere sie nicht in betreff meiner, sondern sieh mich als einen an, der, wenn er aus dieser schlimmen Lage heraus ist, in Deinen ökonomischen Geschäften den Gegenstand seiner Tätigkeit finden will. Auf diese Weise wirst Du Dich am besten vor Täuschung bewahren. Diese Bitte hat etwas Furchtsames, ich möchte nicht gern sagen Feiges, aber etwas Furchtsamkeit nennen die Leute Vorsicht, und die hat mir bis jetzt noch immer gefehlt.
In diesem Augenblick höre ich den Herrn Schwerdtfeger unter mir sprechen, wahrscheinlich bringt er mir einen Brief voll Vorwürfe von Deiner Seite, die ich verdient habe; doch wenn er heraufkommt, soll er mir bescheinigen, daß ich ohne Aufforderung von Deiner Seite geschrieben habe.

Er ist hier gewesen, hat mir aber keinen Brief gebracht, und so hoffe ich, daß der Deine noch nicht geschrieben ist und ich der Vorwürfe bar gehe.
Sein Brief an Dich wird Dir eine etwas zu starke Geldrechnung mitgeteilt haben; es ist allerdings wahr, daß ich hier viel verbraucht habe, aber ich habe hier auch viele Ausgaben, die so notwendig sind, daß ich kaum weiß, wie ich es einrichten soll, und dann habe ich während meines Hierseins mir viele Bücher angeschafft, die mir nötig sind.
Wir haben hier eine Kälte von 18 Grad gehabt, aber auch viel Schnee, und daher hoffe ich, daß der Rest Deiner Karden sich konserviert hat sowie auch die in den Gruben befindlichen. Ist dies der Fall, so müssen dieselben in diesem Jahre sehr teuer werden, da an alte Vorräte wohl nicht sehr zu denken ist.
Heute ist sehr schönes Frühlingswetter.
Sollte es Dir Vergnügen machen, so melde ich Dir noch, daß es mit meinen Versuchen in der Ölmalerei gut geht, indem ich einen Kopf beinahe fertig habe, der zu den gelungenen von meinen Kameraden gerechnet wird. Es ist aber sehr umständlich und erfordert eine große Aufmerksamkeit und Beharrlichkeit. Nächstens werde ich Euch einige meiner Produkte in dieser Hinsicht zusenden.
Der Herr Kämpf läßt Dich durch mich herzlich grüßen, er hat mir eine Ladung Gothaer Wurst zum Neujahr geschickt, sonst aber nicht viel geschrieben.
Man hat mich neulich wieder in einer Sache inquiriert und mir den Zeugeneid abgenommen, nämlich in bezug auf die Flucht der beiden Magdeburger, die vor zirka anderthalb Jahren daselbst entwichen sind. Der General v. L. in S. hat seinen Abschied erhalten, und zwar, wie man glaubt, infolge der Entweichung des B., dem er die Erlaubnis erteilt haben soll, in der Stadt zu wohnen.
Ernst und Lisette sage ich meinen Dank für die Weihnachtsgeschenke, die mir sehr unerwartet kamen. Das nächste Mal werde ich mich persönlich bedanken, d. h. schriftlich. Noch

einmal bitte ich um Vergebung und hoffe in Deinem nächsten Briefe manchen guten Rat in bezug auf mein Studieren. Lebe wohl und denke an Deinen Sohn F. Reuter

AN DIE FARBENHANDLUNG SARRE, BERLIN

Graudenz, 5. März 1839

Ich bitte um 1 Dutzend rabenschwarzer Kreide, sie pflegte sonst in langen, polierten Stangen zu sein; für zirka 5 Silbergroschen spanischer weißer Kreide; 1 Schattierung grün (saftgrün), eine Stange dunkelblau, 1 dito ockergelb (hell) pastellfarben, gut abfärbend; 1 Quantität schwarzer Porzellanfarbe; 1 dito Backenrot; 1 dito Scharlach; je 1 Stück schwarzer Tusche, Sepia, dunkelblau, karmin, zinnober, gelb, weiß. – Die Tuschen brauchen nicht in großen Quantitäten zu erfolgen, doch bitte ich mir gute zu senden, vorzüglich die schwarze. Haben Sie ein Kistchen dazu, so ist es mir lieb. Haben Sie Papier von solcher Stärke und solchem Korn wie die beifolgenden Proben, welches zu gleicher Zeit gut geleimt ist, so bitte ich um 6 Bogen. Vor allen Dingen bitte ich jedoch um sehr schnelle Besorgung, da ich einiger Sachen zur Vollendung eines Geburtstagsgeschenkes bedarf.

AN DEN VATER

Dömitz, 24. Juni 1839

Mein lieber Vater, Du wirst schon durch eine andere Feder meine Abreise von Graudenz und meine Ankunft in Dömitz erfahren haben und mir vielleicht zürnen, daß ich mich nicht selbst beeilt habe, Dir diese Nachricht mitzuteilen; aber bis jetzt ist es mir unmöglich gewesen. Meine Abreise ging so plötzlich vor sich, meine Reise ging selbst so en rage, daß ich keinen Augenblick finden konnte, um mich dieser angenehmen Pflicht zu erledigen, und in Berlin, wo ich noch zuletzt einen Tag lang Gelegenheit hatte, auf der Stadtvogtei bei streng verschlossenen Türen über die Tyrannei der Preußen Betrachtungen zu machen, wurde mir der Gebrauch von Schreibmaterialien nicht gestattet; gottlob, ich bin jetzt auf vaterländischem Boden, und seit dem Augenblicke, wo ich ihn betrat, ist mir die Brust leichter als seit manchem Jahre; die gute Tante und Doris haben mich außerordentlich liebreich und freundlich aufgenommen, und wenn ich nach ihrem Wunsche lebte, so würde meine sehr starke Natur und frische Gesundheit sehr bald durch Überladung des Magens zerstört sein. Der Kommandant hierselbst sowie seine Familie haben mich sehr freundlich aufgenommen, welches vielleicht durch ein gutes Zeugnis aus Graudenz, das ich mitgebracht habe, bewirkt worden ist. Vor allem aber hat Tante mich durch Mitteilung eines Briefes von der lieben Lisette überrascht, worin dieselbe mich mit einem Besuche von Dir und allen anderen Lieben bedroht; möchtet Ihr den Vorsatz doch bald ausführen, und zwar ohne nachteilige Folgen für Deine Gesundheit.

Aus diesem Grunde und in dieser Hoffnung enthalte ich mich auch aller schriftlichen Mitteilungen über manche vergangene Zeiten, die für Dich wohl von Interesse sein mögen, und bitte nur inständigst, daß Du nicht gar zu sehr über die allerdings sehr große Summe zürnen mögest, die nach Graudenz zu zahlen ist, da so viele traurige und schmerzhafte Gründe mich zur Eingehung dieser Schuld gezwungen haben und mir dieselbe schon ohnedies die Freude der letzten Tage genugsam vergällt hat, auch bitte ich dies Faktum nicht anderen mitzuteilen, da das Publikum wohl geneigter sein möchte, meine Schuld zu richten, als meine Entschuldigung zu hören.

Meine Gesundheit ist vortrefflich, gegen meine Diät würde selbst Pythagoras nichts einzuwenden haben, da ich bei vielem Appetit wenig esse und nichts trinke als Wasser und auch auf der ganzen Reise nichts anderes getrunken habe, mit Ausnahme eines einzigen Glases Wein, den ich bei einer Verwandten eines anderen Demagogen habe trinken müssen.

Die grünenden Fluren haben in mir eine sehnsüchtige Neigung zur Landwirtschaft wieder erweckt, und Thaer und Koppe liegen vor mir, um durch Theorie zu ersetzen, was die Praxis mir versagt.
Solltest Du kommen, so wirst Du mich wohl etwas verändert finden, doch, hoffe ich, zu meinem Vorteil, und wenn ich es ernstlich und recht überlege, so will es mir scheinen, als ob, mit Abrechnung des Kummers, den ich Dir gemacht habe, diese traurige Zeit für mich gut gewesen ist; die alte, mir so verderbliche Lust nach Vergnügen, gegen die Du so oft gepredigt hast, hat mich größtenteils ganz verlassen und hat, ohne in Apathie überzugehen, in mir nur den Wunsch nach einer ruhigen, gesunden und regelmäßigen Beschäftigung übriggelassen.
Verpflegungsgelder erhalte ich hier auf der Kommandantur gar nicht. Alle sechs *Monate* soll über mich an die preußische Regierung Bericht abgestattet werden, also habe ich die Hoffnung, nach Verlauf der ersten sechs Monate entlassen zu werden, und hoffe, auch vorher noch von der mecklenburgischen Regierung einen Urlaub zu erhalten, um auf Sophiens Hochzeit sein zu können.
An den Großherzog habe ich einen dankenden Brief geschrieben von Graudenz aus, nicht aber an den Minister Lützow, da mir die sorgliche Verwendung desselben für mich nicht auf offiziellem Wege bekannt gemacht sein konnte; wenn Du es aber wünschest, so ist es noch immer Zeit dazu.
Tante hat mich mit mehreren Nachrichten aus unserer Familie bekannt gemacht, die ich jedoch bei Gelegenheit von Dir besser hören werde. An Lisette werde ich auch noch ein paar Worte schreiben. Bleibe gesund und besuche sobald als möglich, Deines Wohlseins unbeschadet, Deinen F. Reuter

AN DEN VATER

Dömitz, 6. Juli 1839

Mein lieber Vater, gewiß habe ich mit Furcht und Kummer Deinen letzten Brief erwartet, indem sich alle die Sorgen, die ich mir schon in längerer Zeit in Graudenz gemacht habe, so verstärkt haben, daß meine Lage unter sonst wohl zu ertragenden Verhältnissen keineswegs eine glückliche genannt werden kann; aber so ernsthafte Vorwürfe und so traurige Nachrichten und, was mehr als alles andere ist, einen so verstimmten Ton, als in Deinem Briefe herrscht, habe ich nicht erwartet. Die Schuld ist mein, das ist richtig, aber die Entschuldigung übernimmt zum großen Teil das Geschick. Dich in meine Lage zu versetzen ist Dir nicht möglich, da Du eine höchst mangelhafte Vorstellung davon haben mußt, weil in den Briefen, die bisher zwischen uns gewechselt sind, die schlimmen Seiten derselben nie haben erörtert werden können und in einem Briefe auch nicht genügend darzustellen sind. Mein Los ist es gewesen, stets mit Leuten zusammen zu sein, die außer 5 Silbergroschen täglich nichts hatten, die früher es besser gewohnt waren und, durch die harte Gefangenschaft körperlich heruntergekommen, unmöglich existieren konnten. Du hast den Anblick nicht gehabt, daß ein Schwindsüchtiger, der täglich 5 Silbergroschen zu verzehren hatte, 10 Silbergroschen für Medizin ausgeben sollte, daß ein gesunder Mensch aus Mangel an Stiefeln wochenlang in der dumpfen Kasematte liegen mußte. Denke Dir nun, daß ich bei keinem Kaufmann, bei keinem Handwerker selbst kaufen oder dingen konnte, daß ich auf alle Weise übervorteilt und von den Aufwärtern betrogen worden bin, ohne ihnen diesen Betrug nachweisen zu können, daß jede kleine Vergünstigung, die uns die Aufseher gestatteten, mit Geld aufgewogen werden mußte, denke Dir dies alles, und Du wirst meine Entschuldigung in ihren Hauptzügen kennengelernt haben, wie es gekommen ist, daß ich immerfort mit meinem Gelde in Rückstand gekommen bin.

Längst hätte ich Dir meine Verlegenheit melden sollen, aber wie war dies möglich, ohne die Kommandanturen in die Sache einzuweihen, und das hätte man Durchstecherei genannt, dazu kam noch ein Brief von Dir, in welchem Du mir Aussicht machtest, meine Zulage später erhöhen zu können, und so hoffte ich, mir dadurch helfen zu können.
Du schreibst, daß Du mich nun nicht besuchen könntest; darauf kann ich nichts erwidern.
Tante hat mir hier, schon bevor ich ankam, einen Mittagstisch ausgemacht bei einer Madame Kuhfahl, wo alle anderen Gefangenen essen und wofür ich täglich 8 Schilling zahlen muß, das macht monatlich 5 Taler; dieselbe hat mir im Anfange zu Abend manchmal etwas geschickt, was ich jedoch dringend verbeten habe, indem ich mit Butterbrot zufrieden bin; überhaupt suche ich ihre übergroße Güte so wenig als möglich in Anspruch zu nehmen, zumal in Sachen, die ihr Kosten verursachen. – Ich soll Dir melden, mit wieviel ich auskommen kann; ich will Dir dasselbe ganz überlassen; bestimme Du, wieviel Du mir geben kannst, ich habe keine Ansprüche und will auch keine geltend machen.
Der Herr Obristleutnant hat gestern mit mir über den Inhalt Deines Briefes gesprochen und mir gesagt, er könne nichts bei der Sache tun, da die Regierung die Art der Verpflegung selbst bestimmt habe; auch müsse ich mir Licht und Heizung selbst halten. Der Gerichtsrat Blankenberg hat mir auf meine Bitte die Verfügung der Regierung selbst gezeigt; in derselben steht: der x. Reuter sei auf seine eigenen oder eventualiter auf seines Vaters Kosten zu verpflegen. Ich habe gefragt, ob mir die Verpflegung nicht vorschußweise verabreicht werden könne, was jedoch negiert worden ist. Dies wirst Du aus dem Briefe des Herrn Kommandanten, der die Güte gehabt hat, mir meinen Brief als Einlage besorgen zu wollen, selbst ersehen.
Ob die Regierung die Reise auf Urlaub bewilligt, ist sehr unbestimmt, doch werde ich, falls ich den Termin der Hochzeit genauer kenne, darum einkommen.

Da die Regierung bestimmt hat, daß ich ebenso gehalten werden soll wie die vorigen Demagogen, so hat man mir hier die Erlaubnis zum Baden gegeben; die Erlaubnis, in die Stadt zur Tante zu gehen, hat mir der Herr Kommandant mit der Bemerkung gegeben, wenn er es nur nicht wüßte; und so habe ich die letztere schon öfter, die erstere noch gar nicht benutzt.
Tante besuche ich fast alle Tage und bin ebensooft in der Familie des Herrn Obristleutnants, sonst kenne ich außer dem Herrn Gerichtsrat und dem Herrn Pastor Held, die beide mir eine Gegenvisite gemacht haben, hier noch keinen und denke den Bekanntschaften auch aus dem Wege gehen zu wollen. Im Hause, wo die Gefangenen wohnen, habe ich eigentlich nur Umgang mit dem Hofrat T., Augustens gewesenem Prinzipal; ich bin sehr von ihm eingenommen, und auch er scheint etwas auf mich zu halten, da er meinen Umgang sucht; weswegen er hier ist, weiß ich nicht und will's auch nicht wissen, da es vielleicht nicht zu seinem Ruhm wäre, und das würde mir leid tun.
Auf Großmutters Tod hast Du wie auch Lisette mich schon längst vorbereitet; aber jetzt, wo ich ihr so nahe war, hatte ich die Hoffnung gehegt, sie noch einmal wiederzusehen; Gott möge mir die noch Lebenden in unserer Familie erhalten, und vor allen Dich!
Ich hoffe, von Dir bald einen Brief zu erhalten, der mir Verzeihung und die Fortdauer Deiner Liebe zusichert. Lebe wohl und erhalte Dich gesund wie Dein Sohn F. Reuter

Gestern ließ mich die Tante rufen, um mir die Nachricht von der Ankunft von Stavenhäger Bier zu melden; ich habe dasselbe probiert und muß ohne Übertreibung sagen, daß ich, seitdem ich Köstritz und Ilmenau verlassen, es nie so gut getrunken habe, da es jedenfalls viel besser ist als alle Berliner Biere. Wenn ich auch annehme, daß Ihr mir vorzugsweise das beste gesandt habt, so zeigt es doch zur Genüge, daß Ernst die Sache versteht. Dem Herrn Obristleutnant

und dem Herrn Gerichtsrat habe ich mit Tantes Erlaubnis einige Flaschen geschickt und bitte um die Mitteilung des Preises pro Tonne und pro kleine Flasche.
Brauer Meyer in Ludwigslust ist tot; man meint, sein Geschäft wird eingehen, da auch sein Bruder und sein ältester Sohn gestorben sind.

AN LISETTE UND SOPHIE REUTER

Dömitz, [. . .] Juli 1839

Lieben Schwestern, ich überschicke Euch ein Gedicht, worunter Ihr Eure Namen mit zierlichen Zügen und in Ernstens angenehmer Nachbarschaft zu setzen habt, und zwar jede an den mit Bleistift bemerkten Ort; dann wascht und kämmt Euch ordentlich, damit Ihr recht schmuck ausseht, und überreicht es Vater zu seinem Geburtstage, indem Ihr es auf eine Schüssel Weißkohl und Hammelfleisch legt; so wird's ihm wohl schmecken. Du, liebe Sophie, kannst den vorletzten Vers mit etwas schmachtendem Ausdruck absingen, und zwar nach der Melodie: »Du, du liegst mir im Herzen«; Dein zukünftiger Eheliebster und jetziger dienstwilliger Sklave kann akkompagnieren; daran, denke ich, wird der Vater schon zufrieden sein. Vor allem bitte ich, daß Ihr Vater ersucht, das Produkt nicht außer dem Familienkreise zu veröffentlichen; ich möchte sonst zu arg in der Leute Mund geraten. Lebt beide wohl und grüßt Ernst, den ich täglich erwarte.
Euer Bruder

F. Reuter

AN DEN VATER

Dömitz, 11. August 1839

Lieber Vater, statt Deiner eigenen Person hast Du mir einen langen Brief gesendet, und wenn es möglich wäre, daß etwas mir Deine Gegenwart ersetzen könnte, so wäre es ein so

instruktives und ratgebendes Schreiben; darum will ich mir auch die größte Mühe geben, dasselbe so vernünftig und gründlich wie nachgebend zu beantworten, als in meiner Macht steht.
Die Aussichten, die Du mir als Jurist bietest, sind wohl sehr gut, es sind jedoch Bedingungen damit verknüpft, die teils außerordentlich schwer für mich zu erfüllen, teils gänzlich außer meiner Macht liegen. Die jungen Advokaten, die ich gesprochen und die soeben ihr Examen gemacht haben, haben mir dasselbe als außerordentlich schwer geschildert, und einige von ihnen hatten das Richterexamen nicht bestanden, andere wagten sich nicht einmal daran, sie hatten lange Zeit sich ausschließlich und fleißig mit dieser Wissenschaft beschäftigt, hatten auf den Universitäten die zweckmäßigsten Kollegia gehört und waren auch wohl hier und da von einzelnen protegiert worden; dies alles ist bei mir nicht der Fall: ich habe mich nur höchst mangelhaft mit dem Anfang der Rechtsstudien bekannt gemacht, habe lange nicht die Hälfte der Kollegia gehört, und was die Protektion betrifft, so kann ich nur auf deren Gegenteil rechnen, wenn gerade auch nicht beim Examen, doch bei Besetzung der Stellen. Du schreibst, wenn ich die günstigen Konjunkturen benutzen wolle und als Advokat Senator, als Richter Bürgermeister werden wolle, so müsse ich binnen drei oder vier Jahren mein Examen gemacht haben; wie aber, wenn schlimmstenfalls meine Haft noch drei Jahre dauert? Dies abzuändern liegt nicht in meiner Macht. Man sagt, die Mathematik sei ein trockenes Studium; ich finde dies nicht, habe es sogar in meinem 17. und 18. Jahre nicht gefunden, sondern sie ist meine Lieblingsbeschäftigung gewesen; aber die Jurisprudenz ist mir fürchterlich dürr vorgekommen, ist mir bis jetzt nur als eine Wissenschaft vorgekommen, die in manchen Punkten, und zwar in ihren Hauptpunkten, gegen die gesunde Vernunft verstößt. Ich glaube, ich irre hierin; ich glaube, das ewige Anfangen und wieder Aufhören hat mir die ganze Sache verleidet und mich mit Widerwillen erfüllt, der vielleicht irr-

tümlich, aber doch einmal da ist. Du wirst mir einwenden: Wenn Du selbst glaubst, daß Du darin irrst, daß Dein Wille Vorurteil ist, so wirf es weg! Das wäre soweit recht, wenn dies ein Irrtum des Verstandes wäre, von dem könnte man durch anderer bessere Überzeugung geheilt werden; es ist aber ein Irrtum der Neigung, da hilft selbst nicht die eigene Überzeugung oder doch nur höchst selten. – Vom Widerwillen bis zur Liebe ist ein gar zu großer Schritt, und mit Liebe und Interesse müßte ich die Sache doch ergreifen, wenn ich die großen Kenntnisse mir in der kurzen Zeit erwerben wollte, die zur Realisierung Deines Planes nötig sind.
Ganz anders verhält es sich mit der Landwirtschaft; zu diesem Gewerbe bringe ich Lust und Liebe mit, die dazu erforderlichen Kenntnisse habe ich teils jetzt schon mir angeeignet, teils werden sie leicht von mir erworben werden können; und wenn ich auch zugebe, daß Du mit Deiner Besorgnis recht habest in Hinsicht der prompten Führung einer beschwerlichen Korrespondenz, so ist dies doch wohl nur für den Anfang als für etwas Ungewohntes zu besorgen. Den richtigen Blick für das Zweckmäßige traue ich mir zu, wenn auch nicht in dem Grade, als Du ihn besitzest. Mir fehlt bis jetzt vorzüglich das Provinziell-Positive, welches ich früher mir nicht zueigen machen konnte; ich habe also seit ein paar Tagen eine sonderbare Prozedur angefangen. Hier sitzt ein Inspektor Denzin wegen Mordversuch gegen den Rittmeister von Meibohm; derselbe scheint früher ein guter Praktiker gewesen zu sein; den lasse ich mir nun morgens auf mein Zimmer kommen – nachmittags und abends ist er nicht recht zu gebrauchen – und lese ihm den Thaer vor, lasse ihn seine Bemerkungen dazu machen und frage ihn über bestimmte Data, die allgemein hierzulande gültig sind, aus. Da derselbe nun nicht recht die Ausdrücke und den ziemlich schwierigen Gang des Thaerschen Handbuches versteht, so erkläre ich ihm die Sache, und so wird mir selbst alles ziemlich deutlich, und der gute alte Denzin denkt, er ist der Schüler, und nennt die ganze Sache »bi mi in dei Schaul gahn«; daß

ich aber wohl der eigentliche Schüler bin, kannst Du Dir wohl denken. Dies bemerke ich nur, um Dir ungefähr zu zeigen, wie weit meine Kenntnisse gehen und wie ich sie zu vergrößern trachte. Ich komme jetzt zu den speziellen häuslichen Verhältnissen, insoweit ich dieselben aus Briefen und sechsjähriger Erinnerung beurteilen kann. Du wirst mir das Zeugnis nicht versagen können, daß ich nie unbescheidenerweise in Deine pekuniären Verhältnisse eingedrungen bin, daß ich nie gefragt habe, wieviel Vermögen Du besitzest und wieviel Deine liegenden Gründe nach Abzug der Schulden wert sind; ich habe dies aus einem gewissen Zartgefühl unterlassen, indem ich mir vorhielt, wie wenig Recht ich dazu hätte, den sauer erworbenen Erwerb eines anderen zu kontrollieren, selbst wenn derselbe mein Vater wäre; und wie es den Anschein gewinnen könnte, als wolle ich im voraus berechnen, wieviel mir dereinst von diesem Vermögen zufiele. Da solche eigennützige Berechnungen meistens ihre gebührende Strafe in getäuschten Erwartungen in sich tragen und aus diesen dann hernach Neid und Haß gegen diejenigen hervorgehen, durch die man sich verkürzt glaubt, so habe ich mich gewöhnt, dies alles *unbedingt* Deinem Ermessen und Deiner Fürsorge zu überlassen und meine Hoffnungen so niedrig wie möglich zu stimmen, was mir um so leichter geworden ist, da, wie ich zu Gott hoffe, Habsucht nicht zu meinen Fehlern gehört. Mir bei Deinen Lebzeiten, die noch lange währen mögen, Geld auszuzahlen, möchte ich Dir nicht raten; ich habe unterwegs in einer kleinen Stadt unter dem Tore eine große Keule hängen sehen, unter derselben stand geschrieben: »Wer seinen Kindern gibt das Brot und leidet dafür selber Not, den schlag man mit der Keule tot!« Was nun eine Frau, und zwar eine reiche Frau, betrifft, so denke ich noch gar nicht daran und werde auch nicht früher daran denken, bevor ich gewiß bin, eine ernähren zu können, und wenn ich das kann, brauche ich keine reiche.

Nun will ich Dir auch auseinandersetzen, wie ich die Verhältnisse ansehe und welchen Plan ich darauf gebaut habe:

Solange ich hier bin, werde ich unausgesetzt fortfahren, in den landwirtschaftlichen Wissenschaften fleißig zu sein und meine Vorliebe dafür fortwährend zu nähren, damit ich ein Kapital von Lust und Liebe sammele, von dem ich hernach bei unausbleiblichen Unannehmlichkeiten zehren kann, und werde dann, wenn diese unglückliche Haft zu Ende ist, zu Dir nach Stav. kommen und bei Dir bleiben, um namentlich Deine Wirtschaft tüchtig zu erlernen und zu führen. Hierzu bewegen mich mehrere Gründe, erstens meine ausdrückliche Vorliebe für eine Wirtschaftsart, in der man mehr als gewöhnliche landwirtschaftliche Kenntnisse anwenden kann und die bei kleinem Grundbesitz einen hohen Ertrag gewähren kann, nicht zu gedenken, daß sie offenbar weit mehr als eine andere zum Wohle der Mitmenschen beiträgt; zweitens die Aussicht, daß ich auf solche Weise am sichersten das erwerbe, was mir fehlt, nämlich Genauigkeit der Buchführung und prompte Besorgung der Korrespondenz, indem ich wohl nicht unrecht habe, wenn ich schließe, daß eine solche einem zur nicht weichenden Gewohnheit werden muß; und drittens, weil die Verhältnisse mich geradezu darauf hinweisen und es doch wohl besser ist, sich nach den Verhältnissen zu richten, als dieselben nach sich und seinen Wünschen umzuwandeln, welches doch oft ein Kampf sein möchte, in welchem man der Überwundene wäre. Über die ganz persönlichen Angelegenheiten der Mitglieder unserer Familie kann ich gar nicht urteilen, da ich keinen von ihnen gesprochen, also nicht wissen kann, wie sich ihre gerechten Aussichten zu ihren Wünschen verhalten, ich kann nur allen den Rat geben, sich auf Dich zu verlassen und die Zeit abzuwarten.

Das Projekt, als Maler mein Brot zu verdienen, ist von allen das unstatthafteste; Porträtmalerei ist die niedrigste Stufe der ganzen Kunst und verdient nur schlecht bezahlt zu werden; es ist das Geschäft, was ich in der äußersten Not ergreifen würde. Hätte ich Gelegenheit gehabt, von früher Jugend zweckmäßige Anleitung darin zu erhalten, so wäre *vielleicht* etwas aus mir geworden; aber in einem Alter, worin man das Technische durchaus schon innehaben muß, kann man dabei nicht erst beginnen. Die projektierte Urlaubsreise nach Stav. hat viel für sich und viel gegen sich. Daß die Regierung, wenn ich ganz zu ihrer Disposition stünde, unbedingt darein willigen würde, hat keinen Zweifel; da jedoch meine Stellung eine zweifache ist und Preußens Hand die mächtigere, so kommt es allein darauf an, ob unsere Regierung dies auf ihren eigenen Kopf zu tun wagt. Der Grund, zur Hochzeit zu reisen und Dich zu besuchen, genügt auf alle Fälle nicht, und so habe ich denn mit August, der uns hier besuchte, die Sache dahin abgesprochen, daß ich durch ärztliche Atteste, die ich mir hier genügend verschaffen kann, meinen geschwächten Gesundheitszustand dokumentiere und zur Herstellung meiner Gesundheit den Aufenthalt im Vaterhause beantrage, weshalb Du nicht bange zu sein brauchst, wenn Du eine klägliche Beschreibung von meinem Zustande in Erfahrung bringen solltest. Ich werde ein schriftliches Ehrenwort einsenden, mich nicht aus Stav. und dessen Umgegend zu entfernen und mich zu jeder Zeit in Dömitz wieder einzustellen, und denke das ganze an Serenissimus selbst einzuschicken; mein Antrag wird womöglich auf unbestimmte, nötige Zeit gerichtet sein. Ich bitte also, mir zu melden, wann ich das tun soll, ich denke, sobald wie möglich.

Meinen herzlichsten Dank an Lisette und Sophie für die Übersendung des utile et dulce, womit sie mich erfreut haben.

Gesundheit und Heiterkeit wünscht Dir sowie allen anderen Hausbewohnern Dein Sohn F. Reuter

AN KARL SCHMIDT

Dömitz, 10. September 1839

Mein lieber Karl, es freut mich so unendlich, von einem alten Freunde ein Zeichen der Liebe zu erhalten, daß ich, obgleich ich Deinen Brief erst heute abend um 11 Uhr in Empfang genommen habe, mich sogleich dabeigemacht habe, ihn zu beantworten. Dies braucht für Dich, mein lieber Bruder, kein Stachel zu sein, auf gleiche Weise zu verfahren, ferne ist es von mir, dies von Dir zu verlangen, da Dein Verhältnis ein andres ist als meins; aber Du wirst meiner Freude recht geben, wenn ich Dir versichere, daß dies nach langen Jahren der erste Beweis gewesen ist, daß ich nicht von früheren Freunden vergessen bin, da sogar N., der mit mir von Jugend auf zusammen gewesen ist, an den ich geschrieben habe, wo ich es eigentlich nicht durfte, mir nicht geantwortet hat.

Habe ich in dem Briefe an Dich mich fröhlich gegeben, so denke Dir, daß ich es jetzt bin; eine Reaktion in der Stimmung muß ebensogut eintreten wie in der Politik. Früher, lieber Bruder, habe ich der bittern Stunden viel gehabt, ich glaube, zu meinem Besten! Aber ein unschätzbar Gut habe ich verloren, und das gibt mir keiner wieder, das ist – die Unbefangenheit! Mein Betragen, mein Urteil ist gehemmt durch Mißtrauen, und wo ich früher geglaubt habe, da lege ich jetzt den Maßstab des Zweifels an. Du glaubst nicht, in welche Stimmungen des Kummers und der Hoffnungen ich gestürzt worden bin, Du kannst Dir die Sehnsucht nach Freiheit nicht denken, wenn nicht dreißigjährige Nacht Dich umschleiert hielt. Lies selbst, wie ich dachte und wie ich's machte:

Mein Liebchen war die weite Welt,
Der Wald war mein Gemach,
Mein Rittersaal das grüne Feld,
Mein Bett der kühle Bach.

Mein Schmuck, das war der Sonnenstrahl,
Der Fels, er war mein Schloß,
Der Blütenkelch war mein Pokal,
Der Sturm, er war mein Roß.

Ich hab mein Liebchen oft belauscht,
So oft ans Herz gedrückt;
Wir hatten Ringe ausgetauscht;
Wie war ich so beglückt!

Doch ihre Schwester zu mir trat,
Die Welt mit ihrer Lust,
Verleumdet sie mein Liebchen hat,
Verdrängt aus meiner Brust.

Sie bot mir statt des Brotes Stein,
'ne Schlange statt des Aals,
Und mit der bittern Reue Pein
Ich büßt' es und bezahl's.

Jetzt schau ich nicht den dunkeln Wald,
Nicht mehr das grüne Korn,
Mein brausend Roß ist eingestallt,
Verrostet ist mein Sporn.

Der Wasserkrug ist mein Pokal,
Das dumpfe Stroh mein Bett,
Der Kerker ist mein Rittersaal,
Mein Schmuck die schwere Kett.

Doch wenn mein Lieb vom Schlaf erwacht,
Sich Blumen flicht ins Haar,
Wenn sie in grüner Kleiderpracht
Verkünd't das neue Jahr –

Dann hör' ich längst entschwundnen Sang,
Schreck aus dem Schlaf empor;
Ich beiße in die Eisenstang'
Und rüttle an dem Tor.

Doch fest ist Gitter, fest ist Tür,
Vergebens ist mein Müh'n,
Der Sang, er ist verhallet mir!
Ich sink aufs Lager hin! –

Doch das sind jetzt glücklicherweise tempi passati, und wenn ich wohl zuweilen auch noch jetzt des Verdrusses mich erfreue, so sind das doch nur homöopathische Pillen der großherzoglich mecklenburgischen Offizin im Vergleich mit den allopathischen Dosen der königlich preußischen Regierung. Doch – ein Mückenstich schmerzt auch, und wenn man von einem ganzen Schwarm solchen Gesindels geplagt wird, so kommt man doch zuweilen in Versuchung dreinzuschlagen ...

Freund F. hat hier so abenteuerliche Streiche gemacht, daß ganz Dömitz an dem Beisammensein seiner Sinne zweifelte, und der Beweis, daß es der Fall sei, den ich lieferte, ist nicht zu meiner Zufriedenheit ausgefallen, da seine überzeugende Wirkung sich nur auf die gutmütigen und nachsichtigen Personen in Dömitz, deren es hier nur wenige geben soll, erstreckt hat. Er hat an mich von R. aus geschrieben, und zwar in so exaltierter Stimmung, daß er mich dauert, oder vielmehr, daß es mich dauert, daß soviel Begeisterung an einen Gegenstand verschwendet wird, der mir der Begeisterung selbst gar nicht fähig scheint. Ich soll seine Dulzinea malen; doch muß ich gestehen, daß ich keine Zeit dazu habe und es auch nicht kann, da auch das wohlgetroffenste Porträt seinem verliebten Auge nicht genügen würde, und mit Flügeln als Engel kann ich sie doch nicht zeichnen?!

Mir ist das große Glück geworden, meinen Alten und meine Schwestern gesund bei mir zu sehen; aber meine Absicht, mir Urlaub nach Hause zu verschaffen, wird wahrscheinlich durch den Einwand der Regierung vereitelt werden, daß dies von Preußen abhänge; zu dem guten Willen unserer Regierung, mich loszulassen, habe ich übrigens das größte Vertrauen.

Du bietest mir juristische Bücher an. Dafür danke ich Dir herzlich, muß Dir aber sagen, daß ich durch Zufall in den Besitz der mir jetzt nötigen gelangt bin, also Deine Güte nicht nötig habe auf die Probe zu stellen; sollte ich Dich später inkommodieren, so wundere Dich nicht.

Grüße Düberg, Martens und alle etwaigen Bekannten von mir und sei überzeugt, daß die freundschaftlichsten Wünsche für Dich hegt Dein F. R. Ch. II.

AN DEN VATER

Dömitz, 24. September 1839

Mein lieber Vater, Deinen Auftrag an Herrn Staak habe ich besorgt, jedoch hat mir derselbe geantwortet, daß schon am 2. d. M. die Tapeten nach Waren abgegangen sind, und so wirst Du dieselben wohl schon zu rechter Zeit erhalten haben.

Für Deinen Thibaut sage ich Dir herzlich Dank und verspreche Dir nochmals, denselben ebenso fleißig zu studieren wie den Koppe, aber anhaltender und ergo schneller. Ich habe vom Herrn Hofrat T. das System von Wenig Ingenheim und dann noch den Makeldey und bin so imstande, mein Studium nicht einseitig zu verfolgen, indem jedoch ich den W. Ingenheim als eigentlichen Leitfaden betrachte, teils, weil ich denselben von Anfang an gehabt habe, teils auch, weil ich ihn früherhin einmal flüchtig kennengelernt habe. Daß mir die Sache nicht so leicht wird, kannst Du Dir denken und habe ich Dir auch schon mündlich gesagt; ich habe sie mir aber auch nicht leicht gedacht und nicht leicht gemacht.

Was nun Deinen zweiten Wunsch betrifft, nämlich mir die Gunst des Kommandanten zu erhalten, so gehört derselbe zu den piis desideriis. Man verlangt zuviel von mir, ich soll dort alle Abend von 5 bis 9 Uhr den Damen und ihm die Zeit vertreiben, das kann ich nicht aushalten und habe auch dazu keine Zeit, wenn Du bedenkst, daß ich den ganzen Morgen bis 1 Uhr oder auch nur 12 Uhr auf meinem Zimmer beim corpus juris sitze, von 1 bis 2 esse, von 2 bis 4 (doch fällt zuweilen hier eine Stunde fort, wo ich zur Tante gehen muß) wieder Jura oder irgend etwas anderes treibe und daß mir dann doch Erholung durch Spazieren oder andere angenehmere Unterhaltung not tut. Bei Deiner Anwesenheit hatte ich die Erlaubnis, bis 9 Uhr von der Festung wegzubleiben, und da ging ich denn zuweilen von 5 bis 8 spazieren, im Sommer gewiß die angenehmste Zeit; dies hatte aber allerhöchsten Unwillen erregt, da dies die Teestunde war, und so kam man zu dem glücklichen Gedanken, mich zu diesem Besuch zwingen zu wollen, durch die Ordre, die scheinbar durch die Meldung eines jämmerlichen Subjekts von Offizier hervorgerufen war, daß ich zu spät nach Hause gekommen sei, daß ich nach 5 Uhr nicht mehr die Festung verlassen sollte, weil es im Winter dann dunkel würde. Da ich nun aber nicht Lust habe, mich bei meiner jetzigen Lage zu dem Hofdienst einer stadtbeklatschenden Unterhaltung zwingen zu lassen, so bin ich dabei geblieben, etwas seltener dahin zu gehen, und erhalte dafür dann kühle Gesichter und finstere Blicke, die mich jedoch nicht im geringsten genieren, indem ich denn erst die Grobheit abwarten will, wo ich denn gar nicht mehr hinzugehen gedenke. Daß Dir dies alles höchst unangenehm sein muß, ist gewiß, daß ich aber nicht dafür kann, ist ebenso gewiß, und so, denke ich, müssen wir uns darein, als etwas Unabänderliches, fügen, zumal, da ich glaube, daß es mir nicht schaden kann, wenn ich ihm nichts in den Weg lege. Deinen Auftrag nach Conow habe ich besorgt, wie Du aus dem beigelegten Attest des Herrn Pastor loci sehen wirst.

Das ärztliche Attest habe ich bis jetzt durch den besonderen Gemütszustand des Ausstellers noch nicht erhalten, doch hat er es mir heute sicher versprochen. Er hat es mir gestern mündlich rezitiert, und glaube ich, daß es seine Wirkung nicht verfehlen wird, falls Deine Besorgnisse und Nachrichten aus Schwerin nicht gegründet sind. Doch das wollen wir erst abwarten.
Der Bürgermeister und Dr. F. hat mich besucht und mir viel vorgeschwatzt von seinen Plänen, wie er in dem Konvent der Bürgermeister auftreten würde; ich habe ihn aber nicht so recht genießen können, da ich an heftigem Kopfschmerz litt. Er ist sonst ein sehr guter Junge, der nur ein bißchen konfus ist.
Du verlangst mein Gedicht; aber sicher hast Du im Sinne, es einem oder dem anderen guten Freunde vorzulesen; tue das nicht, weil ich nicht gern möchte, für einen Dichter zu gelten, teils, weil ich es wirklich nicht bin, teils auch, weil ich auf solche Weise den liebenswürdigen Gelegenheitsgedichten aus dem Wege gehe.
Grüße alle vielmal, des nächsten werde ich an Lisette und Sophie schreiben. Nauwerk hat sehr freundlich und brav an mich geschrieben, und so werde ich ihm antworten. August hat mir geschrieben, daß er in den nächsten Tagen zu mir kommen will. Tante und Doris lassen grüßen. Lebe wohl.
Dein F. Reuter

AN DEN VATER

Dömitz, 16. November 1839

Mein lieber Vater, Du könntest mich der Undankbarkeit zeihen, wenn es Dir einfiele, wie Du mir in Deinem letzten Schreiben nicht allein Geld, sondern auch überdies ein schönes Geburtstagsgeschenk, von dem ich jedoch bisher noch nicht Gebrauch gemacht habe, übermacht hast und nun so lange dafür auf Antwort von mir warten mußt; wenn Du jedoch die Umstände erwägst, so werde ich entschuldigt sein.

Tante ist nämlich sehr gefährlich krank gewesen, sie hat zirka 8 Tage lang zwischen Leben und Tod geschwebt, und so wollte ich erst eine günstigere Periode abwarten, um Euch nicht zu beunruhigen. Diese günstige Krisis ist eingetreten, und die Ärzte geben die besten Hoffnungen, daß dies Brustleiden bald und vollständig geheilt sein wird. August, der noch hier war bei ihrer Krankheit, mußte sie auf ihren ausdrücklichen Befehl verlassen, was er denn mit dem traurigsten Herzen tat, indem er die Stelle in Ludwigslust antrat.
Von mir kann ich Dir nur ziemlich Gutes melden, ein ganz klein Stückchen Hoffnung, ein bißchen mehr Fleiß, ein großes Stück Gesundheit und noch weit mehr Zufriedenheit. Das Stückchen Hoffnung wirst Du als Leser des Hamburger Korrespondenten wohl selbst gefunden haben, nämlich: daß der König von Preußen zur Säkularfeier des Reformationsfestes einige politische Gefangene begnadigt hat, deren Namen jedoch noch nicht bekannt sind, worunter ich jedoch möglicherweise sein könnte.
Was meinen Fleiß betrifft, so hätte er im juristischen Fache wohl lebhafter sein können, wie ich Dir schon früher schrieb, da ich jedoch jetzt durch 6 neue Porträts die Störungen aufgehoben habe und mich vor diesen zu hüten wissen werde, so wird er sich ganz auf die Pandekten konzentrieren, und kannst Du darüber durchaus ruhig sein. Mein Verhältnis zum Obristleutnant ist sehr freundschaftlich, kostet mir aber an jedem Abend zwei Stunden, wo ich mit ihm Schach spielen und zu Abend essen muß; zu diesem Spiele gehört viel Überwindung und Klugheit, weil ich ihn gewinnen lassen muß, wenn ich ihn nicht böse machen will.
Ad vocem Zwiebeln, so läßt sich die Frau Obristleutnantin freundlichst bedanken für Deine Offerte, die sie dankbarlichst annimmt, und ich bin so frei, Deine Gunst noch für eine Dir unbekannte, mir aber sehr bekannte Frau in Anspruch zu nehmen, nämlich für meine Speisewirtin, Madame Harder, die stets sehr freundschaftlich gegen mich ist, mir zu Gefallen oft Fisch und Kartoffeln kocht und keine Zwie-

beln hat, die doch jedenfalls dazugehören, und dann ist doch etwas daran aus Stavenhagen. Die Frau Hofrätin T., die sich hier mit ihrer hübschen Tochter (Augustens Elevin) aufhält, läßt Dir sagen, daß die Zwiebeln in Schwerin 4 Gulden kosten. Bestellungen auf Bier sind hier eingegangen: 2 Tonnen für die Madame Harder und 1 Tonne für Kaufmann Wanth; ich zweifle jedoch nicht, daß hier viel mehr abzusetzen sein wird.

Mit den landwirtschaftlichen Konnexionen, die Du mir empfahlst, geht es nicht besonders; der Pächter auf – [Name dick durchstrichen] – ist wenig umgänglich und soll auch nicht was Rechts verstehen, und Kaltenhof, wo ich wohl gut aufgenommen werden würde und auch etwas profitieren könnte, liegt jenseits der Elbe zu unbequem.

Daß die arme Tante in Jabel so unwohl ist und dies ein Grund zur Aufschiebung der Hochzeit ist, tut mir sehr leid, da ich gerne die Vereinigung dieser beiden jungen Leute wünschte.

Du hast mir im letzten Briefe mein Geld für diesen Monat versprochen, ich muß aber noch um 10 Taler für Holz bitten, da ich leider nichts geliefert kriege und bis jetzt nur etwas vom Herrn Kommandanten geborgt habe. Sollten die Schwestern von Herrn Dr. Grischow einige Georginen-Knollen für die Damen auf der Festung erhalten können, so würde ich mich dadurch sehr insinuieren können. Ich wünsche, daß es Euch allen so wohl ergehe wie mir, und hoffe dies Euch bald selbst sagen zu können. Gedenke ferner Deines Sohnes

F. Reuter

AN DEN VATER

Dömitz, 20. Dezember 1839

Mein lieber Vater, das Weihnachtsfest steht vor der Tür und klopft mit blaugefrorenen Händen an und bittet um Einlaß; *nicht allein jeder, sondern auch jeglicher, ja, ich möchte fast sagen jedweder* (dies ist wirklich einmal von einem meiner

Kommilitonen geschrieben) tritt ihm festlich geschmückt entgegen, reicht ihm die warmen Hände, und jubelnde Herzen schlagen ihm; und wenn es dann empfangen und in die warme, von Wachskerzen und Tannenbaum erleuchtete Stube geführt ist, verteilt es die Gaben, die jeder auf dem Hausaltar niedergelegt hat. Ich empfange es auch wohl freudig; aber doch nicht so, als wenn ich mit Euch einen Reigen schließen könnte und als wenn ich auch etwas auf dem Altare niederlegen könnte; nichts habe ich als Wünsche für Dein und der Schwestern Wohl und die Bitte um Erhaltung Deiner Liebe. Dies wird denn nun wohl das letzte Weihnachten sein, das ich fern von Euch zubringen muß, wenigstens im Kerker.

Heute bin ich ein halbes Jahr hier in D., und so muß der Obristleutnant jetzt einen Bericht über mein Betragen an die preußische Regierung einsenden; daß dieser ein sehr guter sein wird, leidet keinen Zweifel, und wenn meine Freilassung von demselben abhängt, so könnt Ihr mich spätestens binnen 2 Monaten bei Euch sehen.

Herzlichen Dank sage ich Dir für die Übersendung des Geldes sowie für Deine Aufmerksamkeit in Hinsicht der Georginen-Knollen. Mit Grazie zwar habe ich sie den Grazien nicht anzeigen können, denn wenn mich die Musen zuweilen auch einmal aus der Ferne anschielen, so haben die Grazien mir doch nur stets ihre schöne Taille von hinten gezeigt; aber sie sind doch mit Freuden aufgenommen, und da ich so ehrlich gewesen bin, nicht mir, sondern Dir die Ehre der Besorgung zuzuschreiben, so ward Dir denn auch der Dank.

Die Zwiebeln haben großen Effekt gemacht, wenn auch nicht den ihnen eigentümlichen, der Tränen, doch den der höchsten Bewunderung ihrer Größe und Vollkommenheit. Dadurch jedoch, daß ich behauptet habe, daß diese Riesen dem Boden Deines *Feldes* entstiegen seien, habe ich mir sehr geschadet, indem ich in den Ruf eines großen Lügners gekommen bin.

Mit meinen Studien geht es noch recht gut, obgleich ich

wünschte, daß der Störungen weniger wären und der Erfolge mehr. Du hast recht, es ist ein schweres Werk, welches ich angehe, doch mit Gottes Hilfe wird es gehen, und die Zeit wird ja auch wohl bald kommen, wo ich zeigen kann, daß es mir Ernst damit ist.

Es herrscht hier große Aufregung im Zuchthause, und man erwartet alle Augenblicke einen gefährlichen Aufstand und Ausbruch, indem die Züchtlinge nicht nach Bützow in die neue Strafanstalt abgeführt sein wollen, womit bei kleinem schon der Anfang gemacht ist.

Anbei erfolgt die Rechnung für die Tapeten vom Herrn Staak, wobei er bemerken läßt, daß dieselbe vergessen worden sei. Wir haben heute eine rasende Kälte, und da kein Schnee liegt, denke ich mit Zagen an Deine Kardenpflanzungen. Ich wünsche, daß Du das neue Jahr froh und gesund antreten mögest. Gedenke Deines Sohnes F. Reuter

AN SOPHIE REUTER

Dömitz, 14. Januar 1840

Liebe Sophie!

Fritz an Sophie:
Du glaubst, Sophie,
Daß mir Genie,
Daß Poesie
Und Melodie
Die Mus' verlieh?
Glaub' das doch nie!

Den Schluß doch zieh:
Daß ich Dich lieb', und wie!

Sophie an Fritz:
Fritz!
Kuck' durch die Ritz,
Daß unser Spitz,
Schnell wie der Blitz,
Nicht wegstibiz'
Dein bißchen Witz!

Wenn ich mich heute mit meinem Schreiben an Ew. Nasweisheit wende, so will damit meine herzlichsten Wünsche zu dero angetretenem 38. Lebensjahre gebracht haben. Liebe Sophie, Du bist jetzt in den Jahren, wo der Mensch nachgerade zur Vernunft kommt, früher warst Du noch Kind und Dir wurde von dem nachsichtigsten und besten Vater manches nachgesehen, doch jetzt kannst Du nicht mehr darauf sicher rechnen, nimm Dich also zusammen, daß Du Deine Schuhe nicht übertrittst und keine Hemmel am Kleide bekommst; sind fremde Leute zugegen, so wische Dir die Nase und mach einen ordentlichen Knix, folge in allem Deinem älteren braven Bruder, der Dir seinen guten Rat nicht vorenthalten wird, und sei überzeugt, daß Du auf solche Weise vielleicht endlich einen Mann erhältst. Ich könnte noch mehr über diesen Gegenstand sagen, dann würde aber mein Brief in die moralische Gattung zu rechnen sein, und das will ich nicht.

Da jedoch dies Schreiben auch mit für Vater gilt und für die

ernste Lisette, so muß ich den scherzenden Ton fallenlassen und einen ernsteren annehmen. Fürs erste meinen innigsten Dank für die Weihnachtsgeschenke, namentlich für die Uhr und das Uhrband, beide Teile haben hier außerordentliche Bewunderung erregt. Die gute Tante hat mir einen Schlafrock und einen Tannenbaum geschenkt, und von Bülows habe ich eine Julklappe erhalten, worin ein Teetopf, Milchguß, Teebrett und eine hübsche Tasse enthalten waren. Du siehst also, mein Weihnachtsfest ist glänzender abgelaufen als das Eure. Was jetzt aber folgt, ist nicht so angenehmer Art, und obgleich Eure Wünsche gewiß aus dem Herzen gekommen sind, so hat das Neujahr doch nur Verdruß und Unwohlsein zuwege gebracht.
Die Sache ist diese: am 3. dieses Monats kam ich wegen früherer Geschichten mit dem hiesigen Doktor Sch. während des Mittagstisches heftig zusammen. Der Streit war zuerst durchaus nicht persönlich, durch Sch.s Grobheit, die hier allgemein bekannt ist, wurde er es aber, und da er sah, daß er seinen Mann gefunden habe, rächte er sich dadurch, daß er mir beim Obristleutnant zuvorkam und demselben die Sache entstellt vortrug. Ich wurde also zu demselben gerufen und von ihm mit Grobheiten empfangen; ich bat ihn, mir auch Gehör zu schenken und die Sache zu untersuchen, davon wollte er jedoch nichts wissen und fuhr mit Schimpfen fort, obgleich ich ihm sagte, in diese Lage könne jeder kommen. Wie dies so blieb, antwortete ich, wenn ich bei ihm kein Recht fände, so würde ich es mir anderweit suchen, worauf er mir die Türe zeigte. Er hat mir nun die Erlaubnis genommen, in die Stadt gehen zu können, was mir nicht viel ausmacht, da ich nun auch der Sklaverei enthoben bin, alle Abend in seinem Hause mich zu langweilen. Daß die Sache sich so verhält, könnt Ihr mir glauben; auch ist der Doktor Sch. schon hier beim Hofrat Taddel gewesen und hat die Sache durch die Entschuldigung von Übereilung seinerseits wieder einleiten wollen, wozu ich mich jedoch nicht verstehen werde. Durch den Ärger bin ich recht unwohl gewor-

den, und nachdem meine Gemütsstimmung so weit beruhigt war, an Euch schreiben zu können, hatte ich das Unglück, eine sogenannte Adel am Finger zu bekommen, woher der Brief so spät kommt und so an alle gerichtet ist.
Sage Vater, daß es mich freut, daß die Disteln so gut verwahrt sind, da jetzt die Kälte wohl ihnen schaden könnte. In Schlesien, wo auch dergleichen gebaut werden, hat man schon 17 Grad gehabt, und so wäre es möglich, daß er zukünftig Jahr einen guten Markt hat. Glück wünsche ich ihm in betreff des Projekts mit dem alten Bauhof.
Alles, was Lisette geschickt hat, ist hier glücklich und unzerbrochen angelangt. Meine Kleidungsstücke aus Lützow sind fast alle fertig, werden aber an Macherlohn wohl 10 Taler kosten, die ich nicht imstande bin von meinem Gelde zu bezahlen. Bitte Du daher Vater, daß er mir dies extra schickt, und erinnere ihn, daß ich immer noch mit einem Monat im Rückstand bin.
Allen von Euch wünsche ich Glück und Gesundheit und Dir, liebe Sophie, daß Du so bald als möglich der Erfüllung Deiner Hoffnung entgegensehen mögest. Lebet wohl. Ew.

F. Reuter

AN DEN VATER

Dömitz, 20. Januar 1840

Lieber Vater, wie schwer es mir wird, Deinen letzten Brief zu beantworten, kannst Du Dir denken; ferne sei es von mir, mein Vergehen abzuleugnen, doch muß ich den wohlmeinenden Autor der Übertreibung anklagen, die um so schlimmer ist, da er die Umstände durchaus nicht berücksichtigt zu haben scheint und auch nicht berücksichtigen kann, weil er nicht die Gabe hat, eine Gemütsstimmung zu erkennen und zu würdigen, deren er hoffentlich nie teilhaftig gewesen ist noch jemals werden wird. Um jedoch dem Urteile solcher Leute aus dem Wege zu gehen und mich ihrer Aufsicht zu entziehen, habe ich den Entschluß gefaßt, mein Zimmer

durchaus nicht zu verlassen; sollte ich jedoch der Überzeugung werden, daß der Berichterstatter hier in meiner Behausung sich aufhielte, so werde ich mein Zimmer abschließen und außer meinem Aufwärter keinen hineinlassen. Meine Gesundheit mag vielleicht etwas darunter leiden, leidet aber sicher nicht so viel als durch Ärger, den ich an keinen andern als an mich selbst auslassen kann.
Du verlangst meine Schulden zu wissen und erbietest Dich großmütig, sie zu bezahlen, ich muß sie Dir also melden. An Kaufmann St. 30 Taler, an die Witwe H. 29 Taler und an den Apotheker 3 Taler; vom Schneider habe ich Dir schon geschrieben.
Ich wollte, ich könnte Dir noch etwas Gutes nach so vielem Übeln schreiben, das steht jedoch nicht in meiner Macht, im Gegenteil muß ich Dir die abermalige Vernichtung meiner Hoffnungen melden, indem die Großherzogl. Regierung meine Bitte um Verwendung beim König von Preußen rund abgeschlagen hat, mir also die Aussicht eröffnet hat, noch eine unbestimmte Zeit, vielleicht noch drei Jahre, im Gefängnis zuzubringen.
Deine beiden Eingaben habe ich mit der Aufmerksamkeit gelesen, die mir meine Stimmung gelassen hat; ich werde sie jedoch in ruhigeren Momenten noch mal vornehmen und, wenn Du es erlaubst, mit einigen Bemerkungen begleiten.
Ich fühle selbst, daß mein Brief herbe und trocken ist und sehr wenig zu Deinem gütigen Schreiben paßt, doch muß ich Deinen ausdrücklichen Befehl zur Entschuldigung anführen, der auf schnelle Beantwortung lautet, sonst würde ich noch gewartet haben.
Nochmals bitte ich um Verzeihung und wünsche, daß Deine Beziehungen zu anderen Leuten glücklicher sein mögen als zu Deinem Sohn F. Reuter

AN DEN VATER

Dömitz, 16. Februar 1840

Lieber Vater, Deine beiden Briefe habe ich vorgestern erhalten, weshalb Du erst jetzt Nachricht erhältst. Gewiß erkenne ich Deine Güte sehr an und werde stets danach trachten, dankbar dafür zu sein; aber Deine darin als sicher ausgesprochenen Sätze kann ich für mein Teil nicht als richtig annehmen, wie Du wohl selbst bei näherer Prüfung sehen wirst. Du glaubst, meine Lage in Dömitz sei eine viel bessere als meine frühere; in den Nebenpunkten gebe ich es zu, aber in den Hauptpunkten nicht. Eine so willkürliche Behandlung der Gefangenen, wie sich der O.-L. v. B. bedient, hätte nie ein preußischer Kommandant sich erlaubt, solchen Grobheiten und gehässigen Nachreden wäre ich nicht ausgesetzt und hätte, wenn es doch der Fall gewesen wäre, Ersatz in der Unterhaltung mit Freunden gehabt, die mir hier durchaus fehlen; ich hätte in Preußen eine Behörde gehabt, an die ich mich hätte wenden können, hier bin ich gesetz- und rechtlos; will ich mich nach Preußen verwenden, so sagt der Kommandant: Das kann ich nicht erlauben; verwende ich mich an unsere Regierung, so antwortet mir dieselbe: Wir können nichts in der Sache tun. Beiläufig gesagt, habe ich die letzte Bitte um Verwendung nur auf Zureden des Hofrats T. und des Gerichtsrats und, wenn ich nicht sehr irre, auf Deinen eigenen Rat, den Du mir im November zukommen ließest, getan. Kurz, alle Annehmlichkeiten, die ich hier gehabt habe, habe ich mir sauer durch Aufopferung meiner Zeit, meiner Neigungen, durch Einschmiegen in die Launen und Denkweise eines höchst launenhaften Hauses und durch meine kleinen Talente verdienen müssen, was für mich höchst abspannend und langweilig gewesen ist, und deshalb mag ich meine jetzige Lage, wo ich durchaus für mich lebe, durchaus nicht mit der früheren vertauschen. August ist hier gewesen, hat mir das alte Joch wieder aufdringen wollen, ist gegen meinen Rat zum O.-L. gegangen, hat wahrscheinlich daselbst einen Brief von Dir abgegeben, für dessen wohlgemeinte Absicht ich danke, hat aber den großen Fehler gegen mich begangen, in allen Dingen heimlich und unaufrichtig zu handeln, hat dadurch mir mehr geschadet als genützt, indem der O.-L. dadurch auf den Gedanken geraten ist, er habe vollkommen recht und die Reihe, Abbitte zu tun, sei an mir, wird dies auch wohl so viel wie möglich in der Stadt zu verbreiten suchen; aber in der Erwartung täuscht er sich doch wohl! Ebenso heimlich, wie Augusts Aufträge ausgeführt worden sind, ebenso heimlich ist die Bezahlung meiner Schulden eingerichtet, so daß ich in den unangenehmen Fall gekommen bin, bei einem Manne mich wegen der unbezahlten Schuld zu entschuldigen, der sein Geld schon längst erhalten hatte. August hätte besser getan, wenn er gesagt hätte, Fritz, ich bin hier, um Deine Schulden zu bezahlen. Wie Du die Einrichtung mit dem Gelde treffen willst, muß ich Dir überlassen, wie ich aber dann eine unvorhergesehene Ausgabe, wie Briefporto, eine abgebrochene Pfeifenspitze, ein zerbrochenes Glas und dergleichen, bezahlen soll, weiß ich nicht und fühle das Unangenehme dieser Lage jetzt zumal gar sehr, da ich weder für Januar noch Februar Geld erhalten habe und also nichts habe. Tante hat mir sagen lassen, von dem Gelde sei noch 2 Taler preuß. Cour. Rest, sie wolle mir dieselben schicken, hat aber dabei geschrieben, wenn sie dieselben auch späterhin ersetzen müßte, weshalb ich das Anerbieten nicht annehmen konnte.

Obgleich ich nicht ausgehe, befinde ich mich doch sehr wohl, körperlich wie geistig. Von des Morgens bis des Abends acht Uhr bin ich beschäftigt, freilich nicht mit der Jurisprudenz, aber doch mit geistigen Gegenständen, die mich von meiner Lage abziehen und mir manchen Ärger ersparen, den ich draußen haben würde. In drei Tagen habe ich die Untermalung eines Porträts von fast Lebensgröße vollendet, welches durchaus ähnlich ist und in Hinsicht der Arbeit mit allen früheren keinen Vergleich zuläßt. Mir fehlen nur einige Farben und Öl sowie Leinwand und Geld für den Tischler

zur Verfertigung von Blendrahmen, sonst könnte ich mehr liefern. Dies ist nur so ein lumpiges Nest, sonst könnte ich mir Geld damit verdienen.
Eben erhalte ich Abhaltung, sonst würde ich oberflächlich die beiden Arbeiten von Dir berühren; daher werden meine Anmerkungen das nächste Mal erfolgen. Lebe wohl und vergiß nicht Deines Sohnes F. Reuter

Grüße Lisette und Sophie und gratuliere derselben in meinem Namen, indem ich für ihren Brief vielmals dankte.

AN DEN VATER

Dömitz, 4. März 1840

Mein lieber Vater, wenn meine Briefe nicht freundlich sind, wie sie es als Antwort auf die Deinen sein müssen, so schiebe es nicht auf meine Undankbarkeit, laß meine Lage auch etwas gelten. Ich soll Deine Einrichtungen mit Resignation ertragen; ich dächte, in der Resignation hätte ich schon einige Übung, und könnte eine Einrichtung, die aus dem guten Willen, mir wohl zu tun, hervorgegangen ist, wohl lange nicht so viel Mißfallen in mir erregen als solche, die dazu dienen, mich zu kränken, mir mein jetziges und künftiges Leben zu verbittern, mir die Welt zuwider zu machen und mir meinen Kerker als das einzige Asyl ersehen zu lassen, wo ich auch einmal das noli me tangere aussprechen darf.
Ich breche ab von diesem Gegenstande, der sowohl für Dich wie für mich niederschlagend sein muß. Du verlangst, ich soll Dir die Versicherung geben, nicht wieder in das Laster des Trunkes zu verfallen; mein lieber Vater, das Sprichwort sagt: Mit guten Vorsätzen ist die Hölle gepflastert; und wenn Du diese verlangst, so würdest Du wohl stündlich bei mir auf solche treffen; aber die Ausführung ist sehr schwer. Du hast wohl keine Leidenschaft zu bekämpfen gehabt oder doch keine so tief eingewurzelte? Sonst würdest Du Dich gratu-

lieren, daß ich schon so weit bin, keinen Branntwein zu trinken, zumal, wenn Du mich früher gekannt hättest; Du wirst einwenden, daß das Weintrinken kostbar sei und vielleicht ebenso schädlich, dies letztere ist nicht der Fall, wie ich gewiß weiß; kostbar ist es, zumal in Graudenz; aber sicher kannst Du darauf bauen, daß es bei mir abnehmen wird, da ich eigentlich gar nicht darauf ausgehe, mich zu berauschen, sondern da es mir ohne mein Willen und Wissen über den Hals kommt. Wer Dir sagt, daß [. . .], der lügt, der kennt mich nicht, der weiß nicht, daß ich ohne Ekel vor dem Weine ganze Monate hinbringen kann, ohne ihn zu kosten, und daher kommt es auch, daß Gott sei Dank meine Gesundheit noch gut ist, weil ich es nicht in einem fort getrieben habe und bedeutende Pausen dabei eingetreten sind. Sei also der Hoffnung, daß ich mit der größten Anstrengung dahin trachten werde, zum gewünschten Ziele zu kommen, und daß dann ein Rückfall nicht zu besorgen sein wird, weil die Kur radikal und nicht durch plötzliches Entsagen ausgeführt ist. Was Dir in bezug auf mich gutdünkt, das tue, es sei Gott davor, daß ich Dich hindern sollte in der Ausführung von Maßregeln, die Dir recht erscheinen; auch wird gewiß nie, diese mögen nun so strenge sein, wie sie wollen, ein bitteres, der Undankbarkeit ähnliches Gefühl in mir aufkommen oder gar von mir gehegt werden; ich bitte Dich aber sehr, keine Mittelspersonen zwischen Dir und mir zu stellen, die werden mehr schaden, als Du glaubst. Wo auch ich Dir eine freudige Stunde machen kann, das teile mir mit, und soviel ich kann, will ich dazu beitragen, wie ich denn bei dieser Gelegenheit Dir die mangelhaften Anmerkungen, die ich aus dem Gedächtnisse gemacht habe, mitsende und Dir für Dein gütiges Anerbieten danke, mir einen der Malerei kundigen Mann zu senden; das würde mir nicht viel nützen; ich denke aber in einiger Zeit ein Gemälde zu fertigen, werde dies an Suhrland in Ludwigslust senden und denselben bitten, mir gemäß meinen Anlagen und etwaigen Kenntnissen ein oder das andere Originalbild zu senden, um es zu kopieren.

Die nötigen Gegenstände zur Ölmalerei kann ich hier nicht bekommen, werde mich aber mit dem Vorrat behelfen, den ich noch habe. Um Deinem Rate zu folgen, bin ich seit einigen Tagen wieder ausgegangen; habe aber *bis jetzt* Deinen Wunsch, meinen Aufwärter zu entlassen, nicht erfüllt, da dies sicher, wie so manches, ein Mißverständnis ist, da derselbe nicht von mir, sondern von Tante gemietet ist und auch August, wenn er hier ist, zum Aufpassen dient. Sollte dies jedoch dennoch Dein Wunsch sein, so werde ich am 20. dieses Monats einen andern annehmen. Von Crull-Bützow habe ich noch gar keine Rechnung erhalten, kann Dir dieselbe also nicht mitschicken. Für Zeug brauchst Du nun in zwei Jahren nicht für mich zu sorgen.
Für die 2 Taler, 32 Schilling, die mir durch Tante übersendet sind, danke ich Dir, doch muß ich mir Aufklärung darüber verschaffen, ob ich davon mir auch Frühstück und Abendbrot halten soll? Wir drei, Hofrat T., der Quartiermeister P. und ich, essen des Abends zusammen, und kommt dann jedem das Abendbrot ca. 2 Taler zu stehen. Wenn ich auf dem Keller essen soll, so kostet die Portion 7 Schilling, was doch teurer ist. Wie Du es nun einrichten willst, hängt von Dir ab.
Mir ist beigefallen, daß Du am Ende wohl die Güte hättest, den beifolgenden Brief an Sarre in Berlin zu besorgen und 3 Taler mitzusenden. Die Gegenstände kann ich hier nicht erlangen und sind nur zum Teil, wie das Weiß und Schwarz, unentbehrlich, auch werden sie nicht viel mehr kosten als 3 Taler; willst Du noch ein übriges tun, so kannst Du noch zwei Ellen präparierter Leinwand aufzeichnen, die 1 Taler kosten werden.
Grüße alle, namentlich die Schwestern, von Deinem

F. Reuter

AN DEN VATER

Dömitz, 23. Mai 1840

Mein lieber Vater, Du erhältst hier einen traurigen Brief, der mir sehr schwer zu schreiben sein wird, dessen Ende aber, wie ich hoffe, Dich etwas trösten und beruhigen wird. Ich habe wiederum zuviel Wein getrunken und bin krank gewesen, doch durchaus nicht bedeutend und mehr von Erkältung herrührend. Du kannst jetzt mit mir nach Deinem Gefallen verfahren, ich werde nicht murren, wie ich auch nicht murre gegen das Verfahren des Obristleutnants, das, wie die Welt sagt, auf Anstiften von Tante gegen mich vorgenommen ist; man hat mich hier öffentlich zum .... gestempelt und eine darauf abzweckende Ordre erlassen. Du siehst, meine Strafe ist eine sehr harte, viel härter, als Du sie mir meines Wissens nach auferlegen kannst; zumal ich mir noch immer das Zeugnis geben kann und muß, daß ich ein .... nicht bin. Es gehen Tage, Wochen, Monate hin, wo ich an keine Getränke denke, wo nie die Lust dazu in mir erwacht, und dann mit einem Male verfalle ich auf die unseligsten Dinge. Wie ich diesmal dazu gekommen bin, kann ich Dir nicht sagen; ich weiß es selbst nicht; mein Inneres ist in zu großer Verwirrung, als daß ich mir über einzelne Dinge Rechenschaft geben könnte; und daß ich dies tun muß, ist höchst nötig, wenn ich überhaupt noch Hoffnung auf ein Dasein haben will.

Ich habe mir einen Plan entworfen, der vielleicht in Deinen Augen den Stempel der Übertreibung haben wird, der mir aber der einzige richtige scheint; ich gehe nicht eher von meiner Stube, bis ich nach der strengsten Prüfung mir selbst sagen kann: nun bin ich sicher, oder: nun bin ich frei; den Anfang dazu habe ich gemacht, indem ich jeden Umgang, er mag Namen haben, welchen er will, abgebrochen habe und für mich leben werde. Fürchte nichts für meine Gesundheit, sie ist durchaus gut, und Gott wird sie mir jetzt gewiß ebenso gut erhalten als früher. Ich lebe sehr mäßig, trinke nichts als

Wasser und esse wenig; des Abends ein Teller voll Suppe, und da wird es gut gehen; schicke mir aber keine sogenannten vernünftigen Leute auf mein Zimmer, sie werden nichts ausrichten, und rate mich selbst nicht von meinem Entschlusse ab; ich werde Dir ungehorsam sein. Du wirst auf diese Weise nur durch mich selbst genügende Nachricht über mich einziehen können, und die soll Dir, wenn Du es wünschest, alle acht Tage umständlich werden, zugleich mit dem Versprechen, daß ich, wenn ich fühle, daß mich die Sache zu sehr angreift, wieder ausgehen werde; mehr kann ich Dir nicht versprechen, denn mehr bin ich nicht willens zu tun. Behalte diesen Brief für Dich und gib ihn außer Lisetten keinem zur Durchsicht; ich hoffe, er soll einst Dir ein Zeugnis sein, daß Du einen Sohn hast, der das, was er will, durchsetzen wird. Warum ich diesen Weg einschlage, kann ich Dir nicht hinlänglich auseinandersetzen, es ist genug, wenn ich Dir sage, wäre ich noch etwas länger auf meiner Stube geblieben, so wäre dies alles nicht vorgekommen.

Dein letzter, so sehr liebevoller Brief traf mich in trauriger Stimmung, und in demselben Augenblicke, wo ich heiße Tränen des Dankes weinte, daß die Vorsehung mir einen so guten, liebevollen Vater gegeben, hast Du vielleicht Tränen des Kummers über einen ungeratenen Sohn geweint. Aber tröste Dich, Vater, es kann noch besser mit mir werden, denn es ist schon viel besser geworden; früher hätte ich unter solchen Verhältnissen, in denen ich jetzt lebe, unbedingt unterlegen; jetzt aber nicht, und nur eine unendliche Traurigkeit hat sich meiner bemeistert, die durch die jetzt unwiderbringlich zerstörte Hoffnung, von der mein letzter Brief handelte, unendlich erhöht wird. Meine Beschäftigungen kennst Du, und gewiß jeder, der mich kennt, wird mir das Zeugnis nicht versagen, daß ich Lust habe, etwas zu tun. Ich zeichne und male, treibe Geschichte und freue mich, soweit ich mich überhaupt jetzt freuen kann, auf die Ankunft der Annalen.

Noch einmal, mein lieber Vater, vergib mir und störe mich

nicht in meinem Plan; er scheint überspannt, ist es aber nicht. Für heute schweige ich, nach 8 Tagen ein mehreres, und zwar nicht über diesen Gegenstand. Lebe wohl und denke mit Güte an Deinen Sohn F. Reuter

AN DEN VATER

Dömitz, 4. Juni 1840

Lieber Vater, ich eile, Dir Deinen letzten, so sehr gütigen Brief zu beantworten, und beginne mit der Nachricht, die Dir wohl die erwünschteste ist, nämlich daß ich meinen Vorsatz bis dato durchaus ohne Unterbrechung mit Ausnahme des unten erzählten Falles ausgeführt habe, daß ich mich wohl dabei befinde und auf die Art, wie es überhaupt sein kann, heiter. Das einzige Mal, daß hier Wein auf meine Stube gekommen ist, ist folgender: ein früherer Bekannter aus Parchim reiste nach Hamburg und hatte einen Porträtmaler zur Gesellschaft, der sich über ein halbes Jahr in Parchim aufgehalten hatte. Auf meine Bitte blieb der Maler einen Tag hier und zeigte mir mehreres, was ich nicht kannte, und dieserhalb nötigte ich ihn hier bei mir zu Mittag und ließ Wein holen, von dem ich jedoch nur höflichkeitsweise mittrank. Dies, denke ich, wirst Du nicht tadeln, da mir der Unterricht weiter nichts gekostet hat. Den Brief an den Kommandanten habe ich hier, natürlich unerbrochen, und denke ihn Dir ebenso wieder abzuliefern, was, wie ich hoffe, nicht mehr lange dauern wird. Freilich ist aus K.s Brief nicht viel zu entnehmen, aber er weiß auch wohl nichts und will sich wohl nur freundschaftlich zeigen, ohne daß es ihm etwas kostet; wenn die Sache so ist, wie er schreibt, daß wohl keiner der beiden respektiven Landesväter dem anderen vorgreifen will, dann gnade mir Gott, dann lassen sie mich aus purer Höflichkeit gegeneinander in alle Ewigkeit sitzen; doch das hat nichts zu sagen und zeigt mir nur, daß alle Deine gutgemeinten Briefe an K. vergeblich gewesen sind, da er das Verhältnis, in dem ich mich befinde, gar nicht einmal kennt. Laut der Zeitungen hat der Kronprinz jetzt die Kabinettsgeschäfte zu verwalten und also auch die Begnadigungen zu erteilen; davon läßt sich etwas hoffen, ob aber vor dem Tode des Königs etwas geschieht, ist nicht wahrscheinlich, und daß am 31. vorigen Monats etwas geschehen ist, glaube ich auch nicht, da man sich bei der eingetretenen Krankheit des Königs die Begnadigung für die neue Thronbesteigung aufgespart hat; sollte also der König sterben, so hoffe ich ganz sicher, und obgleich er meinethalben noch lange regieren könnte, wenn ich frei wäre, so ist mir diese Hoffnung doch nicht zu verdenken.

Mein Leben fließt sehr einförmig hin, obgleich nicht unbeschäftigt, und habe ich mich jetzt vorzüglich mit den Annalen abgegeben; freilich kommt vieles darin vor, was ich schon weiß oder was durch neuere Erfahrungen verdrängt ist, doch sind einzelne Aufsätze mir äußerst interessant und vorzüglich die vom Dr. Gerke und dem p. Bollbrügge zu Niendorf, der erstere als Agronom, der zweite im Fache der politischen Ökonomie. Dr. Gerkes erinnere ich mich noch, weil Du mich einmal in Parchim zu ihm mitgenommen hast. In den spätern Jahrgängen (ich bin erst beim 5., da ich ab ovo angefangen habe) mögen wohl die Aufsätze von Spalding drin sein, bis jetzt habe ich noch keine mit dem angeführten Zeichen gefunden. Manches Schiefe und Unrichtige, auch Exzentrische, vorzüglich bei Gerke, kommt vor; aber es ist doch hübsch, und man macht so seine Glossen für sich. Vorzüglich hat mich die Mergelfrage angesprochen, und glaube ich, daß Gerke recht hat, wenn er ihm das Wort redet, nicht aber darin, daß er dem Mergel absolut düngende Kraft beimißt, indem er den schwarzen Staub, der sich in den Mergelteilen findet, für das Residuum der verwesten Conchylien hält. Die Aufsätze über Stallfütterung sind mir ebenfalls sehr interessant gewesen, und bin ich der Meinung, daß es wohl noch jetzt immer die Aufgabe für jeden Landmann ist, dieselbe einzurichten, falls er nur Leute genug hat. Kannst

Du mir die Frage beantworten, ob schon in Mecklenburg auf großen Gütern diese Einrichtung getroffen ist und ob sie namentlich von Pächtern getroffen ist, d. h. von solchen, die auf Milchvieh und feine Schafe halten und die Holländerei selbst treiben, denn für den Fall, wo Mastvieh auf den Stall gehalten wurde, ist mir Scharpzow bekannt. Die zweite Frage ist die: Wird dem Kammerpächter, wenn er Stallfütterung einführt, erlaubt, in einer 7schlägigen Wirtschaft 4 Kornsaaten zu nehmen oder in der Brache Wurzelgewächse zu bauen und 3 Saaten zu bestellen, oder muß er schlechterdings mit 3 Saaten und reiner Brache wirtschaften? Du siehst aus meinen Fragen zwar nicht, ob ich was von der Sache verstehe, aber doch, daß ich Vergnügen daran finde und gewiß auch ferner finden werde.

Daß Dir das Bild gefallen hat, ist mir lieb, es ist aber sehr schlecht geraten und gewiß von Dir überschätzt.

Nimm es nicht für ungut, daß ich verkehrt auf dem Bogen geschrieben habe, es war schon zu spät, als ich es bemerkte.

Grüße alle von mir und denke, daß Du bald bei Dir siehst
Deinen Sohn F. Reuter

AN DEN VATER

Dömitz, 14. Juni 1840

Mein lieber Vater, der König von P. ist also dahingegangen, und die Hoffnung grünt für uns so kräftig wie nie in den 7 Jahren, und ich will und muß glauben, daß sie diesmal Früchte bringt. Dies ist jetzt der Punkt, um den sich meine Gedanken drehen, und die mich zum wenigsten vom Zeichnen abhalten, indem ich jetzt fast nur mich mit der Landwirtschaft beschäftige, um wenigstens soviel Theorie als möglich in mich hineinzustopfen, die Du dann hernach so gütig sein wirst durch die Praxis zu sichten und zu ordnen. Ich mache alle Augenblicke Pläne zur Reise und bringe meine sieben Sachen in Ordnung, damit es gleich fortgehen kann, sowie die Nachricht kommt, die sicherlich früher hier ist als bei

Dir; darum, denke ich auch, ist es kein Beweis des Sanguinismus, sondern der Vorsicht, wenn ich Dir jetzt schon meinen Reiseplan und die darauf bezweckenden Anstalten mitteile. Ich denke nach so langem Sitzen mir die Füße etwas zu vertreten und auf diese Weise bei Dir anzulangen; daß dies bequemer geht, ist natürlich, da ich wohl nur kurze Touren machen kann, den 1. Tag bis Grabow, den 2. bis Parchim, den 3. Ruhetag in Parchim, den 4. bis Karow, den 5. in Jabel, den 6. zu Hause.
Meinen Koffer mit den notwendigsten Sachen gebe ich auf die Post, und die übrigen Geschichten kann Koehn bei Gelegenheit mitnehmen. Die Gnadenakte pflegen gewöhnlich bald nach der Thronbesteigung zu folgen, und so will ich denn auch, um nicht unverschämt gegen das Glück zu sein, meine Befreiung noch 4 Wochen aufschieben, dann bin ich zu Deinem Geburtstag zu Hause. Der schlimmste Fall wäre meiner Meinung nach immer der, daß die Begnadigung bis zum Krönungsfeste aufgeschoben würde, was dann freilich wohl noch ein langes halbes Jahr dauern würde.
Von mir selbst und von meinen Umgebungen und übrigen Verhältnissen kann ich Dir nichts Neues melden, es ist alles beim alten, ich bin gesund und denke an die Zukunft und an Dich und die Deinen, an die Landwirtschaft und an die Viehzucht und mit vollstem Interesse, als wäre ich von Jugend auf dazu bestimmt gewesen. Der alte Inspektor Danzien muß mir des Abends vorläufig von den Pflichten eines Kaffschreibers vorreden und sucht sich dann bei dieser Gelegenheit eine Lorbeerkrone von seinen Taten zu flechten, die ihm aber nicht gelingen will, da immer viel Unkraut eingeflochten wird, was wohl daher kommen mag, weil er stets, nach Deiner Aussage, ein großer Beschützer desselben gewesen ist. Ich habe mir so mehrere Ansichten selbst gebildet, die ich sonst noch nicht angeführt gefunden habe, die jedoch zu weitläufig sind, brieflich verhandelt zu werden, und deren Realisierung mir zwar jetzt höchst möglich und zweckmäßig erscheinen, die jedoch erst durch die Praxis konstatiert wer-

den müssen und deshalb aufgeschoben werden müssen. – Wie steht's mit der alten Bauhofs-Parzelle; sie wird Dir wohl zu teuer werden. Ich muß aufrichtig gestehen, daß ich aus dem ganzen Plan, den Du dabei hast, noch nicht im klaren bin, und spare mir das Verständnis desselben bis zu einer mündlichen Besprechung auf. – Die Zeit kriecht jetzt unerträglich in meinen Augen und sollte billig etwas Vorspann nehmen. Für heute schließe ich und denke Dir nächstens mehr und hoffnungsreicher zu schreiben.
Grüße Lisetten und Sophie und denke daran, mich bald freundlich an- und aufzunehmen. Lebe wohl. Dein Sohn

F. Reuter

AN DEN VATER

Dömitz, 24. Juni 1840

Lieber Vater, entschuldige, daß ich auf diesem Papier an Dich schreibe, ich habe keinen zu schicken, und mein Vorrat von Briefpapier ist dahin. Hier hat sich nichts verändert, es ist dieselbe langweilige Leier alle Tage und dasselbe eintönige und mißtönige Lied, zuweilen vermischt mit einigen Capriccios des alten Obrist-Leutnants und noch öfter durch Dissonanzen meiner quasi Kollegen, die sich abwechselnd schimpfen, verklagen, sich wieder vertragen usw.; mich rührt dies alles nicht, ich sitze für mich und weise alle diese Angelegenheiten und Personen von mir.
Der alte König hat allen seinen Beleidigern vergeben; ob wir auch wohl unter diese rechnen oder ob hier zu unserem Schaden ein Unterschied zwischen König und Staat gemacht wird, den doch sonst jene starren Anhänger des stabilen Prinzips nicht gelten lassen? Das wäre schön, wenn sie bei dieser Gelegenheit ihr berüchtigtes Motto (l'état c'est moi) fallenließen, bloß um das Vergnügen zu haben, einige 40 junger Leute noch länger zu quälen und einem Hirngespinst von Recht soviel Lebensglück zu opfern. Die Zeit wird mir sehr lang, bis sich die Sache entschieden hat, das muß ich ge-

stehen, und die Tage, die ich jüngst durchlebt habe, gehören zu der Rubrik der angreifendsten und abspannendsten der langen Zeit meiner Haft; Hoffnung und Furcht, Vertrauen und Mißtrauen folgen so schnell aufeinander als der Regen und Sonnenschein in diesem Monat, und wenn auch die letzteren auf mich keinen Einfluß haben, da ich recht buchstäblich im trocknen sitze, so hat doch der Sonnenschein der Hoffnung und die Gewitterwolken der Furcht auf mich mehr Einfluß, als ich ihnen nach so langer Gewöhnung billig zutrauen sollte. Aber mit der Gewöhnung an getäuschte Hoffnung geht's wie mit der Gewöhnung an Gift, bis zu einem gewissen Punkte geht's, nachher reißt die Organisation, und der Riß ist unheilbar.

Ich treibe die Landwirtschaft, suche aber bis jetzt immer vergebens die Chiffre, auf welche Du mich aufmerksam gemacht hast, finde aber mehrere Aufsätze, die aus G. datiert und mit C. S. unterzeichnet sind, und aus einigen derselben geht hervor, daß der Verfasser ein Städter ist, der schon im Jahre 1818 die Stallfütterung des Rindviehs (30–40 Stück) exekutiert hat. Seine Aufsätze sind reich an Gedanken und werden von andern als höchst verdienstlich anerkannt, und in einem Aufsatze finde ich den Namen Spalding völlig ausgeschrieben, aber in Verbindung mit dem Namen des Bürgermeisters Reuter, der also auch ebensogut wie jener auf die Ehre als ausgezeichneter Landwirt oder besser Städtischer Wirt Anspruch machen kann. Ich will wünschen, daß soviel Verdienst auch in diesem Jahre vom Himmel gesegnet sein möge und daß Deine Distelernte reichlicher ausfallen möge, als Du bisher fürchtetest. Das Korn soll hier gut stehen und Gras in Hülle und Fülle.

Ich bin gesund und wohl und gebe die Hoffnung nicht auf, Dir bald mündlich mehr zu sagen. Grüße Lisette und sage ihr, sie möge den Kasten, worin das Bild gepackt war, mir wieder zuschicken, d. h., wenn es eine wenig kostspielige Gelegenheit gibt. Lebe wohl und denke freundlich Deines Sohnes F. Reuter

AN DEN VATER

Dömitz, 6. Juli 1840

Mein lieber Vater, frohen Mutes schreibe ich an Dich und beantworte Deinen letzten, mit Hoffnung erfüllten Brief, und wie kann ich dies besser, als wenn ich dieselbe teile und Deine anderen Anordnungen und Vorschläge teils schon befolgt habe, teils zu befolgen verspreche. Deinem Wunsche gemäß habe ich mit dem Hofrat T. gesprochen und ihm gesagt, daß ich bereit sei, mit ihm wieder Umgang zu pflegen, und daß ich überzeugt sei, daß seine letzten Berichte über mich bei Dir nicht übler Art gewesen seien. Dies habe ich ihm jedoch nie zum Vorwurf gemacht, obgleich ich mich sehr gekränkt gefühlt habe, daß Du fortwährend über mich eine geheime Polizei ausübst; wer Deine Berichterstatter sind, weiß ich längst. Die Sache ist so, Tante spioniert herum, indem sie meinen Aufpasser aushorcht (daher die Furcht vor einem anderen Aufwärter), mit ihrer Beute geht sie zum Herrn Bürgermeister, und dieser meldet es Dir als Berichterstatter, Du kannst dann freilich immer der Wahrheit gemäß schreiben, daß Tante Dir nichts über mich melde. Es wäre jedoch für die Liebe, die ich zu Tante gefühlt *habe*, besser gewesen, wenn ich mit dem Hofrat nie zusammengekommen wäre, denn der hat mir doch im Laufe des Gesprächs und seiner Verteidigung einige Fingerzeige gegeben, die mir zu deutlich zeigen, daß ich all dieses, was mich in der letzten Zeit getroffen hat, ihrem Talente in der Klatscherei zu verdanken habe; sie hat mich beim Obristleutnant oder vielmehr den Frauen in einem höchst liebenswerten Lichte geschildert, hat selbst die Äußerung gemacht, da sie heimlich des Abends hier hinaufgekommen ist – »Ach, wenn mich mein Vetter nur nicht sieht, er schlägt mich tot, wenn er es erfährt!« –, und in diesem Tone weiter. Du wirst mir mit Recht sagen, was ich mich um solche Klatschereien bekümmere, das ist gewiß, aber in einem Hause wie das v. Bülowsche ist dies von der höchsten Wichtigkeit; da heißt es denn, die Frau

Rektorin hat uns wieder Bier geschickt, die arme Frau, sie hat gar zu vielen Kummer, ihr Vetter ist ein recht schlechter Mensch usw.; dies hat dann allerlei Einflüsse auf mich und mein Schicksal und auch wohl hauptsächlich auf die Zensuren, die ich hier vom Obristleutnant erhalte. Ich gehe jetzt wieder aus und bin auch bei Tante gewesen, habe bei ihr gesessen und ihr zugehört; daß ich mich aber nicht recht heimisch bei ihr fühle, kannst Du mir wohl verzeihen, doch werde ich gegen sie die Höflichkeit nicht verletzen und diese Gegenstände nicht zur Sprache bringen, zumal sie in der nächsten Zeit (14 Tage) nach Stavenhagen und Jabel zu reisen gedenkt und sie mir doch durch manche hingeworfene Bemerkung schaden könnte. Wohl hat es mir indessen getan, daß mir die Achtung unter den besseren und angeseheneren Leuten, mit denen ich kürzlich in Berührung gekommen bin, nicht fehlt, wie sich dies beim Pastor Struensee, v. Breitenstein, Dr. Ueltzen und mehreren andern deutlich gezeigt hat. Ich würde bei allem diesen mich nicht aufgehalten haben, wenn nicht zwei Personen da wären, von denen Du eine bist, die ich gern beruhigen und durch klare Ansicht von meinem Innern zu der Überzeugung bringen möchte, daß durch Zuträgerei die Sachen entstellt und verwirrt werden müssen; bei Dir hoffe ich meinen Zweck, wo nicht jetzt, doch wenigstens bald zu erreichen, die zweite Person muß ich im Dunkeln lassen, und das tut mir unendlich weh! Ich denke heute wieder zu Tante zu gehen und dann zu Senator Bruchhans, der mich früher besucht hat, jetzt aber krank ist oder, wie Klatschschwestern sagen, nicht ausgehen mag, weil er akkordiert mit seinen Gläubigern. Übermorgen kommt hier der vormalige Amtmann M. aus Neubukow an und wird mein Zimmernachbar. Von dem werde ich mehr lernen können als von Denzien.

Der Regen ist hier unaufhörlich, und alles jammert, der alte Obristleutnant schimpft und flucht den ganzen Tag über sein Heu und hat alles schlecht eingebracht.

Grüße Lisetten und Sophie und gedenke Deines F. Reuter

PS. Der Herr Krüger auf dem Rathause hat mich gebeten, bei Dir eine Tonne Bier zu bestellen. Er wünscht dasselbe so bald wie möglich durch Schiffer von Waren aus zu beziehen, und, wie ich ihm gesagt habe, zum Preis von 5 Taler, doch wird er die Fracht extra bezahlen. Antworte mir gütigst darauf bald. Früher habe ich schon geschrieben, daß der Kaufmann Werte und die Witwe Harder ebenfalls 1 Tonne zu haben wünschten, habe darauf aber keine Antwort erhalten.

AN DEN VATER

Dömitz, 24. Juli 1840

Mein lieber Vater, vor einem Jahre sandte ich Dir ein kleines heiteres Gedicht, von dem Du behauptetest, Freude gehabt zu haben, ich könnte Dir leicht ein ähnliches senden oder eine Zeichnung, meine Stimmung ist jedoch so trübe, daß ich nicht daran denken kann; ja, ich bin sogar durch den zwischen uns geschlossenen Vertrag gebunden, Dir über mich traurige Nachricht zu geben. Mit welchem traurigen Herzen ich dies tue, da ist Gott mein Zeuge, zu dem ich gestern unter Tränen gebetet habe, ob es nicht besser sei, Dich in Unkenntnis der Sache und somit ruhig bleiben zu lassen; ich glaube aber, mein und Dein Herz besser zu verstehen, wenn ich Dir die Wahrheit schreibe.
Ich habe wieder gefehlt; jedoch nicht in dem Maße wie früher, zwar bin ich unwohl darnach geworden, doch nicht bedeutend, und bin ganz wiederhergestellt. Wieder muß ich Deine Nachsicht in Anspruch nehmen, muß wieder Dich bitten, auf meine Entschuldigung Rücksicht zu nehmen, muß wieder Dich beschwören, die Schuld und die Ursachen derselben abzuwägen, und Du wirst mir zugestehen müssen, daß ich mehr Dein Bedauern als Deine Verdammung verdiene. Wäre es das erstemal, daß ich in einer so fürchterlichen Lage zu diesem Betäubungsmittel gegriffen hätte, so wollte ich nichts dazu sagen, aber seit 7 Jahren gewohnt, stets dazu zu

greifen, geht dies mir unbewußt vor sich, ich denke gar nicht daran, habe keinen Freund, der mich warnt, habe nicht einmal einen Bekannten, durch dessen Unterhaltung ich davon könnte abgezogen werden, malen mag ich nicht, die Gedanken überwältigen mich dabei; das einzige, was mir noch übrigbleibt, ist die Landwirtschaftslehre; aber wenn ich einige Seiten gelesen habe, so schweifen die Gedanken ab, und ich habe nichts weiter zu tun, als das Buch zu schließen und über mein unseliges Geschick zu grübeln. Alle Hoffnungen, die ich seit einiger Zeit in mir wieder aufkeimen ließ, sind zerstört, die Freiheit hat mir wieder den Rücken zugekehrt, meine Liebe ist dahin und mit ihr alle schönen Pläne und Träume, die ich mir von der Zukunft bauete.

Nimm diesen Brief, ich flehe Dich darum, gütig auf und härme Dich nicht darum. Gott ist mein Zeuge, daß ich die Hoffnung nicht fahrenlasse, daß es besser werden wird, d. h. daß ich das Trinken lassen werde.

Gott gebe Dir Gesundheit und mir das Glück, Dich bald und noch lange zu sehen, wo Du Dich dann überzeugen wirst, daß ich nicht so tief gesunken bin, als der Schein es lehrt. Daß dieser Brief einen Tag nach Deinem Geburtstag eintreffen muß, ist mein größter Schmerz, er ist ein sehr schlechtes Geschenk; aber die Überzeugung, daß ich den Willen habe, Dir nichts zu verhehlen, ist gewiß ein sehr gutes. Darum lebe wohl und verzeihe Deinem Sohn F. Reuter

AN DEN VATER

Dömitz, 1. August 1840

Mein lieber Vater, gewiß hast Du recht, wenn Du mir über den Inhalt des letzten Briefes zürnst; ich bitte Dich jedoch, Dir keine zu böse Vorstellung von meinem Vergehen zu machen, da dessen Folgen unbedeutend gewesen sind und ich so gesund bin, wie ich, dies ist auf mein Ehrenwort wahr, mich in der ganzen Zeit meiner Haft nicht gefühlt habe. Vieles hat hierzu gewiß ein Artikel des »Hamburger Korrespondenten« beigetragen, worin es hieß, daß der König die Amnestie schon beschlossen, aus Pietät gegen seinen Vater deren Publikation aber bis zur Huldigung aufgeschoben habe; die Huldigung ist aber in Königsberg am 10. September und in Berlin am 15. Oktober, wenn wir nun auch den entfernteren Zeitpunkt annehmen und den Kanzleien und Gerichten $1/2$ Monat zur Ausfertigung bewilligen, so würde in 3 Monaten doch endlich die Lösung dieser Frage eintreten und mir hoffentlich der Weg in die Heimat gebahnt werden. Meinen anderen Hoffnungen und Wünschen muß ich Lebewohl sagen, es wird mir unendlich schwer, doch hoffe ich, wenn ich nur erst zu Hause bin, auch dies zu überstehen, hier ist es nicht möglich. Ich habe derweile Gedichte gemacht (versteht sich, bei einem Glase Wasser), und das hat mir viel Ruhe verschafft; ich bin auch erbötig, Dir eins mitzuteilen, wenn Du Vergnügen daran finden solltest; ich halte es für besser als das vorjährige. Meine gewöhnliche Beschäftigung ist die Landwirtschaft und soll's, wenn Gott will, auch bleiben mein lebelang; ich mache mir keine poetische Vorstellung von meiner Zukunft, sondern eine vernünftige und denke mit Goethe: Tages Arbeit, abends Gäste, saure Wochen, frohe Feste sei mein künftig Zauberwort.

Der Amtmann Michelsen hat mir mehrere seiner Bücher geliehen, unter anderen eins: Die Lehre vom Dünger von Sprengel, was freilich schwer zu verstehen ist wegen der vielen chemischen Ausdrücke und Analysen, die darin vorkommen, aber gewiß auf den richtigen Grundsätzen basiert ist und was ich, wie ich glaube, besser verstehe als der alte Herr selbst, da er noch mit gar zu vielen alten, in früheren Jahren geltenden Theorien zu kämpfen hat. Er gibt eine Zeitung heraus ökonomischen Inhalts, »Die Bauernzeitung« genannt, worauf ich, da sie nur $1/2$ Taler aufs Jahr kostet, subskribiert habe und die ich Dir zu seiner Zeit mitteilen werde. Ich lebe jetzt mit aller Welt in Frieden und gehe von 4 bis 7 zum Baden und ins Feld spazieren, zuweilen spiele ich auch die letzte

Stunde eine Kasse Kegel ums Kassengeld. Etwas Unangenehmes ist mir neulich passiert: der Advokat Schumacher (Mitarbeiter am hiesigen Amte) ist gestorben und hat von mir kurze Zeit vor seinem Tode den Koppe und den Thaer geliehen, hat diese wieder verliehen, den Koppe an den Pächter Büring in Bekentin, wo aber der Thaer geblieben ist, weiß keiner, vielleicht komme ich gar darum, und das wäre sehr schlimm.

In Hinsicht des Wetters bedaure ich Dich sehr und denke bei jedem Regenguß an Deine Karden, doch scheint es seit einiger Zeit, als ob eine Krise eintreten werde. Sei mir wieder gut, mein lieber Vater, und denke nicht gar zu schlimm von mir, bin ich frei, bin ich ein ganz anderer Kerl als jetzt. Grüße Lisetten und Sophie und denke freundlich an Deinen

Fritz Reuter

Tante und Doris sind wohl! Der Bierkäufer hat keine Lust unter jenen Bedingungen.

AN DEN VATER

Quedlinburg, 12. Oktober 1840

Lieber Vater, durch die Ängstlichkeit meines Wirtes bist Du gegen meinen Willen sehr beängstigt worden, ich bin jetzt wohl und werde heute nacht nach Nordhausen und von da nach Kassel abreisen. Freilich, wahr ist's, daß ich höchst unwohl und durch heftiges Fieber abgemattet und geängstet bin; da nun hier in der Gegend diese Symptome in der neuesten Zeit einen traurigen Ausgang genommen haben, so kann man dem guten Mann seine Ängstlichkeit nicht wohl verdenken. Das schlimmste ist, daß er mir nichts davon gesagt hat, sonst würde ich es nicht gelitten haben und durchaus davon abgeraten haben, da ich mich nicht so krank gefühlt habe, als daß ich Dich hätte beunruhigen mögen.

Der Arzt hält die Geschichte für einen lebhaften Anfall der

hier hausenden Grippe, und ich bin um so mehr seiner Meinung, da ich mich auf der Reise bedeutend erkältet hatte und an Kreuzschmerzen litt, die ich sonst nicht kenne. Ich hoffe, daß dieser Brief Deine etwa entstandenen Besorgnisse zerstreuen und ich Dir bald die völlige Vollendung meiner Reise melden kann.
In Magdeburg habe ich mich gar nicht aufgehalten, auch keine Besuche gemacht. Sollte dies nicht mit Deiner Meinung übereinstimmen, so bitte ich um Entschuldigung; ich hatte aber Eile und gute Gelegenheit. Mit meinen Geldausgaben geht es soso, doch hat dieser Aufenthalt und die erforderliche Pflege und Arzt bedeutende Eingriffe in meinen Geldbeutel gemacht.
Lebe wohl und grüße alle, vorzüglich Lisetten von Deinem treuen Sohne F. Reuter

AN DEN VATER

Kassel, 14. Oktober 1840

Lieber Vater, zwei Nächte und zwei Tage bin ich ununterbrochen auf der Reise und habe diese Strapaze im ganzen gut ertragen, da ich mich heute nachmittag noch so wohl und munter fühlte, daß ich die 2 Stunden zur Wilhelmshöh zu Fuße gewandert bin und Deiner mit der größten Lebhaftigkeit dort gedacht habe; Du sagtest mir nämlich einst, dieser Punkt sei der südlichste in Deutschland, den Du besucht hättest. Ach! wieviel mehr wärst Du wert gewesen, durch Reisen Dir Vergnügen zu verschaffen, als ich! Vater! Du glaubst nicht, wie wehmütig ich heute gestimmt war, indem ich dachte, daß Du vielleicht in diesem Augenblick die erste traurige Nachricht über mich läsest und am Ende, nach so vieler Nachricht, dennoch an meinem besseren Ich verzweifeltest und bereutest, jemals einen Sohn geliebt zu haben, der geboren zu sein scheint, Dir Kummer zu machen. Ich bin zum Sterben müde und erschöpft, kann aber doch nicht unterlassen, alles anzuwenden, was zu Deiner Beruhigung dient.

Lieber, guter Vater, ich bin wahrlich unglücklicher als Du: ich mit Schuld, Du ohne Schuld; darin liegt der Unterschied. Morgen reise ich nach Frankfurt und dann weiter. Ich grüße Dich und Lisetten und bitte dringend, meine Briefe keinem weiter zu zeigen. Bald ein mehreres von Deinem Sohn

F. Reuter

AN DAS KÖNIGLICH [WÜRTTEMBERGISCHE] MINISTERIUM [STUTTGART]

Tübingen, 24. Oktober 1840

Alleruntertänigste Bitte des Studiosus Reuter aus Stavenhagen in Mecklenburg um Zulassung zum Besuche der Universität zu Tübingen.

Einem Höchstpreislichen Königlichen Ministerium habe ich folgendes ehrerbietigst vorzutragen:

Ich bin der Sohn des Bürgermeisters Reuter zu Stavenhagen in Mecklenburg-Schwerin und bin Michaelis 1831 von der Schule mit dem Zeugnis der Reife auf die Landes-Universität Rostock abgegangen, um Jurisprudenz zu studieren; nach einem halben Jahr ging ich nach Jena, woselbst ich bis zum Februar 1833 blieb und darauf mit einem günstigen Abgangs-Zeugnis nach Hause zurückkehrte. Bald jedoch wurden an meinen Vater die in Jena sogenannten Maßregeln gesandt, ohne daß ich wußte, weshalb ich durch dieselben zu bestrafen sei. Nachdem ich ein halbes Jahr zu Hause gewesen war, wurde ich auf der Durchreise durch Berlin zur Untersuchung wegen verbotener politischer Verbindungen gezogen und nach einem einjährigen Untersuchungs-Arrest auf die Festung Silberberg abgeführt, woselbst mir im Januar 1837 das Urteil publiziert wurde, welches dahin lautete: daß ich wegen Teilnahme an der hochverräterischen Verbindung Germania zu Jena zum Tode zu verurteilen sei. Dies Erkenntnis wurde jedoch gleich bei der Bekanntmachung desselben in 30jährige und durch die Gnade Sr. Majestät des Höchstseligen Königs von Preußen in 8jährige Festungs-Strafe verwandelt. Nachdem ich sieben Jahre hindurch auf verschiedenen preußischen Festungen und in der letzten Zeit auf der mecklenburgischen Festung Dömitz meine Strafe abgebüßt habe, bin ich jetzt nach langer Strafzeit durch die Amnestie Seiner Majestät des jetzt regierenden Königs von Preußen meiner Haft entlassen und habe den Entschluß gefaßt, das von mir früher ergriffene Studium der Rechte wieder fortzusetzen.

Unbekannt mit den Verhältnissen, bin ich hierher nach Tübingen, ohne andere Papiere als mein Abgangszeugnis von der Schule und einen mecklenburgischen Regierungspaß mitzubringen. Ich bin jedoch erbötig, diese meine Aussage durch Zeugnisse zu belegen, namentlich durch ein Zeugnis der mecklenburgischen Regierung, daß ich während der Zeit meiner Haft, soviel ihr bekannt, von den jugendlichen Verirrungen zurückgekommen sei und daß ich auf der Landes-Universität Rostock unbedenklich würde aufgenommen sein.

Meine Untersuchungs-Akten weisen aus, daß ich dem Frankfurter Attentat durchaus fremd bin, wie dies denn auch bei allen Studierenden in Jena der Fall ist, und daß ich freiwillig schon im Januar 1833 aus jener verbotenen Verbindung ausgetreten bin.

Sollte nicht durch eine siebenjährige strenge Haft ein Verbrechen abgebüßt sein, das mehr in jugendlicher Übereilung als in vorbedachter Absichtlichkeit bestand; sollte diese Strafe, obgleich sie durch die Gnade Seiner Majestät des Königs von Preußen der Vergessenheit übergeben ist, stets störend eingreifen in die Verhältnisse meines spätern Lebens, und namentlich in solche, durch welche ich mich befähigen will, ein brauchbares Mitglied meines Vaterlandes zu werden? Ein Höchstpreisliches Königliches Ministerium, hoffe ich, wird allergnädigst geruhen, meiner Bitte um Zulassung zum Besuche der hiesigen Universität zu willfahren, zumal ich mich der strengsten Beaufsichtigung unterziehen werde, da der Zweck meines Hierseins kein anderer ist, als durch den äußersten Fleiß die schönen verlorenen Jugendjahre zu

ersetzen und, wenn dies auch unmöglich ist, doch die Folgen solchen Verlustes, soviel als möglich ist, unschädlich zu machen.
In der Hoffnung, daß ein Höchstpreisliches Königliches Ministerium mir dieselbe Erlaubnis erteilen wird, die meinen frühern Mitschuldigen bereits auf den preußischen und sächsischen Universitäten geworden ist; verharre ich als eines Höchstpreislichen Königlichen Ministerii alleruntertänigster

F. Reuter

AN DEN VATER

Tübingen, 26. Oktober 1840

Lieber Vater, vor zwei Tagen bin ich glücklich hier in Tübingen angelangt und habe bis jetzt keinen Augenblick gehabt, worin ich mit Muße und ungestört Dir hätte schreiben können. Der Gedanke, hierher zu gehen, ist vielleicht ein durchaus unglücklicher gewesen, denn man hat mir hier viele Schwierigkeiten in den Weg gelegt, die ich noch nicht überwunden habe. Ich habe mich von hier aus an das Ministerium des Innern nach Stuttgart wenden müssen, um aufgenommen zu werden, und werde im glücklichsten Falle wohl noch einiger Zeugnisse bedürfen, deren erforderlichen Inhalt ich Dir zu seiner Zeit mitteilen werde. Sollte mir die Aufnahme verweigert werden, so muß ich nach Heidelberg zurück, woselbst es, wie mir dort allerseits gesagt ist, durchaus keinem Zweifel unterliegen würde. Hätte ich alles gewußt, wie ich es jetzt weiß, so wäre ich gleich in Heidelberg geblieben; es ist hier fast ebenso teuer als dort, und der Student ist mit 16 Polizei-Dienern umlagert, hat auch keine eigene Gerichtsbarkeit mehr, sondern steht unter der Stadtdirektion. Dies würde mich jedoch wenig kümmern, da ich sicher nie auf den Gedanken kommen werde, mich als Student zu gerieren. Die Pandekten liest Schrader, und zwar 14stündig wöchentlich, mit Ausschluß des Familien- und Erbrechts, welches er dann im nächsten Semester lesen wird; also muß ich ein volles Jahr Pandekten hören, und wie ich dann mit meinen zwei Jahren auskommen werde, weiß der liebe Gott. Um keine Zeit zu verlieren, habe ich mich hier einstweilen beim Kaufmann Hebsacker eingemietet, da ich, wenn ich, wie ich es hätte tun können, bei einem Studenten die Zeit über gewohnt hätte, jedenfalls zu viele Studenten-Bekanntschaften hätte machen müssen und wenigstens in der Zeit meines prekären Aufenthalts nichts hätte tun oder, wie man hier sagt, schaffen können. Jetzt liegt einstweilen der Mackeldey vor mir, da ich mir vorgenommen habe, außer dem Kollegium der Pandekten die Institutionen tüchtig zu studieren. Du kannst mir sicher glauben, daß ich den festen Willen habe, die Zeit zu nützen und zu lernen, was ich noch lernen kann; Gott wird ja auch dafür sorgen, daß dieser Wille ausgeführt wird. Außer mir ist kein Mecklenburger hier, und von den Norddeutschen habe ich nur ein paar Holsteiner hier getroffen, die mir aber nicht so zu gefallen scheinen, als daß ich sehr mit ihnen harmonieren werde. Ich habe hier jedoch einen Schwaben gefunden, der sich meiner mit vieler Zuvorkommenheit und Freundlichkeit angenommen hat, mir die richtigen Wege behufs meiner Aufnahme gezeigt hat und der mich heute in die Umgebungen Tübingens führen will, sobald ich meine Pflicht erfüllt habe, Dir zu schreiben; wir verstehen uns leider nicht zum besten. Der Professor Mohl, der jetzt Rektor ist, und auch der Amtmann haben mir die besten Hoffnungen zur Aufnahme gemacht und meine Eingabe mit einem für mich günstig lautenden Schreiben begleitet. Ich erwarte von Dir auf diesen Brief noch keine Antwort, da dieselbe mich schlimmstenfalls hier nicht treffen würde, und denke Dir gleich nach Entscheidung der Sache von den zu wählenden Schritten Nachricht zu geben. Meine Sachen habe ich auf Spedition in Quedlinburg gegeben und erwarte sie jetzt täglich. Den inliegenden Brief, der, wie ich hoffe, das Porto nicht verteuern wird, hast Du wohl die Güte nach Bützow zu besorgen, er ist von der Mutter meines Wirtes an ihren Bruder.

Ich schriebe gerne heute noch an Lisetten, die ich wie Sophie vielfach zu grüßen bitte, aber ich muß gestehen, ich bin so unruhig und auch verdrießlich, daß ich es fürs beste halte, es mir auf eine heitere Zeit aufzusparen. Wenn mein Brief nicht so ist, wie er sein sollte, so schieb's auf meine große Schuld, die ich neulich wieder gegen Dich begangen habe; ich bin sehr unglücklich darüber und will Gott danken, wenn ich wieder ruhiger werden kann.
Gesund bin ich durchaus und halte mich an Obst, das hier in so ungeheurer Menge ist, daß der halbe Scheffel zirka 8 Schillinge kostet.
Nochmals bitte ich um Vergebung und wünsche Dir alles, was Du von Gott erbitten mögest, denn dann, weiß ich, wird's mit mir auch gut. Lebe wohl. Dein Sohn F. Reuter

AN DEN VATER

Heidelberg, 9. November 1840

Mein lieber Vater, leider muß ich Dir melden, daß meine Reise nach Tübingen eine unnütze gewesen ist und daß man mich mit schönen Redensarten hintergangen und aufgehalten hat. Ich habe alle möglichen Versuche gemacht, um aufgenommen zu werden, doch umsonst, selbst die persönliche Bitte beim Minister Schlayer hat mir Abschlag eingetragen; daher bin ich denn hierher nach Heidelberg zurückgegangen und bin hier sogleich aufgenommen worden, unter der Bedingung, daß ich folgende beiden Zeugnisse beibringe: 1) daß ich in Dömitz durch die Amnestie meiner Haft entlassen, und da der alte Obristleutnant wohl nicht abgeneigt ist, mir ein gutes Zeugnis über mein Betragen auszustellen, so kann dies auch von ihm geschehen; 2) eine Abschrift meines Abgangszeugnisses in Jena, wo, wie mir der Amtmann sagte, mir das Dir bekannte Konsilium nicht schaden wird. Ersteres bitte ich mir zu besorgen, das zweite will ich mir aus Jena vom Universitätsamt senden lassen. In Tübingen wäre ich sehr gern geblieben, da Schrader mir sehr gefallen hat und ich gewiß in sehr nahe Berührung gekommen wäre. Hier liest Vangerow Pandekten, und zwar in einem Auditorium von 160 Zuhörern, sie sollen ausgezeichnet gut, aber auch ausgezeichnet teuer sein, nämlich 33 Gulden, rechne ich dazu die Anschaffung seines compendii, das noch nicht ganz heraus ist und schon jetzt 8–9 Gulden kostet, und dann noch das corp. juris, so wird mir die Sache nahe an 50 Gulden kosten. Heute bin ich schon im Kolleg gewesen und habe mich gewundert, wie unendlich verschieden die Art und Weise ist, wie solche Sachen vorgetragen werden können, früher nichts als totes Aufzählen verschiedener Lesarten und Ansichten, hier jetzt nichts als Leben. Morgen werde ich zu ihm gehen und ihm sagen, daß ich gesonnen sei, seine Pandekten zu hören und zu studieren, werde ihn auch vorläufig bitten, mir zu Weihnachten ein Zeugnis über meinen Kolleg-Besuch abzufassen, und deshalb, denke ich, wird er, da ich dichte vor ihm sitze, wohl ein Auge auf mich haben, womit Dir, wie ich glaube, gedient sein wird. Ich habe mich hier in ein abgelegenes wohlfeiles Quartier (für Heidelberg wohlfeil = 30 Gulden) aufs halbe Jahr eingemietet, ohne Holz, das mir auch 15 Gulden kosten wird. Mein Mittagstisch ist auch der wohlfeilste und kostet 20 Kreuzer, was nach unserem Geld 8 Schilling ausmacht. Ich denke sehr fleißig zu sein und denke, Gott wird mich gesund lassen und wird mir Mut und Dir Vertrauen geben. Ich bitte Dich, gräme Dich nicht zu sehr über mich, Du wirst gewiß einst froh an mich denken. Hier sind jetzt viele Mecklenburger, von denen einzelne mich mit vieler Zuvorkommenheit aufgenommen haben, sonst habe ich keinen Umgang. An meinem Geburtstage habe ich hier noch einen Strauß von Feldblumen gepflückt und in Tübingen am 5. noch im Freien in Hemdärmel gesessen, weil es mir zu warm war.

Du hast jetzt wenigstens einen bestimmten Ort, wohin Du Deine Briefe und das Zeugnis aus Dömitz senden kannst, und ich erwarte dieselben bald; doch bitte ich Dich herzlich, mache sie nicht zu niederschlagend für mich. Grüße alle, vorzüglich Lisette herzlich von Deinem F. Reuter,

wohnhaft beim Kercher Schmidt in der Froschau.

AN DEN VATER

Heidelberg, 14. Dezember 1840

Mein lieber Vater, tausend Dank für Deine große Güte, die sich so sehr freundlich durch die unerbetene Sendung der 60 Taler, die ich richtig erhalten habe, ausgesprochen hat. Ich habe sogleich mein Kolleg sowie anderes Nötige bezahlt, auch die Immatrikulationsgebühren, und bin demnach Studiosus der hiesigen Universität. Du wirst sagen, das sei was Rechtes, wenn man nicht studiere, doch sei getrost, ich werde gewiß tüchtig dahinter sein, wenn ich auch in der letzten Zeit durch einen kranken, verstauchten Arm an dem Besuch der Kollegia und am Schreiben verhindert worden bin. Heute jedoch bin ich wieder ins Kolleg gegangen und freue mich, daß ich Dir dies melden kann; ich habe nun leider etwas nachzureiten, wie die Studenten sagen, und werde deshalb wohl auf jegliches Vergnügen in den Weihnachtsferien verzichten müssen, doch das soll mir keinen Kummer machen, da ich den festen Willen habe, das Meine zu tun, damit Du zufrieden mit mir wirst. Mittermaier liest des Abends Kriminalprozeß, und da habe ich denn gedacht, ich wollte das Kolleg schießen, welches denn auch recht gut geht. Freilich, studieren kann ich den Prozeß noch nicht, da es jedoch sehr interessant ist, so bleibt wohl ein Körnlein hängen, und die Zeit ist, glaube ich, gut angewandt. Die Pandekten von Vangerow nehmen übrigens meine Zeit vollständig in Anspruch; aber ich glaube, ich werde sie später noch einmal hören müssen, da ich bis jetzt keinen kenne, der sie nicht zweimal gehört hätte, einige sogar dreimal. Übel ist es, daß das Handbuch vergriffen ist und die zweite Auflage erst so weit heraus ist, als wir schon in voriger Woche waren; da ich nun die neue Auflage besitze, so kann ich eigentlich nicht recht weiter, und so wird sich mir später die Arbeit sehr häufen.

Du fragst nach meinem Getränk, und da muß ich Dir denn offen gestehen, daß ich hier Bier und auch schon Wein getrunken habe; da es mir aber nicht gut bekommen ist, ich auch von jetzt ab viel sitzen muß und vor allem, weil Du es wünschest, so werde ich mich auf Wasser beschränken.

Im ganzen bin ich hier von den anwesenden Mecklenburgern und auch von andern, die ich hier durch jene habe kennengelernt, mit vieler Freundlichkeit aufgenommen worden, doch ist mir der Umgang derselben nicht so recht ins Herz gegangen, welches wohl von dem Unterschied der Jahre herrühren mag.

Heute ist hier eine ganz horrible Kälte eingetreten, und zwar ohne daß die Erde eine Schneedecke hätte, ich denke deshalb mit Bangigkeit an Deine Karden; aber die Temperatur ist wohl sehr verschieden, wenigstens der Schneefall. Heute über 10 Tage ist heiliges Weihnachtsfest, und da wünsche ich denn Euch allen vergnügtere Tage, als ich mir vorgenommen habe zu feiern; Lisettchen muß Pfeffernüsse backen, während Sophie Dich wohl mit einem Christpüppchen beschert. Grüße sie beide von mir und verzeihe nur, daß mein Brief so spät kommt. An dem Heiligen Abend werde ich viel und gewiß dankbar an Euch denken, des seid versichert, und dann, hoffe ich, denkt Ihr auch wohl an mich mit Liebe, die mir wahrhaftig not tut.

Nun lebe wohl, bleibe gesund und schreibe mit Freundlichkeit an Deinen Sohn F. Reuter

1841

AN DEN VATER

Heidelberg, 7. Januar 1841

Mein lieber Vater, endlich schreibe ich Dir, ich konnte nicht früher, wahrlich nicht, mein Gemütszustand war zu traurig, als daß ich mich entschließen konnte, Dich mit diesem bekanntzumachen; ich bin noch sehr traurig, sehr unzufrieden mit mir, doch jetzt sind die Ferien aus, und die Kollegia haben angefangen, und da, denke ich denn, wird sich alles, alles ändern; ich habe die beste Hoffnung und den besten Willen. Gebe Gott, daß ich die Kraft habe, ihn zu realisieren.

Du verlangst zu wissen, wie es mit meinem Privatfleiß geht. Hierüber kann ich Dir ziemlich befriedigende Nachricht geben, d. h. im ganzen; wenn ich aber so fortfahre, wie ich jetzt angefangen habe, die günstigste.

Mein Kassenbestand ist auf die Neige, doch habe ich keine Schulden als die Miete von 30 Gulden.

Lieber Vater, Du irrest Dich, wenn Du glaubst, daß meine Lage so sehr günstig sei, wie Du und auch ich mir früher einbildeten. Die Natur ist jetzt tot, freundlichen Umgang suchte ich bisher vergebens, die Studenten sind zu sehr durch Jugend und Neigung von mir geschieden, sie haben andere Interessen, andere Ansichten als ich; der eine spricht von nichts als Paukereien, der andere von Reit- und Tanzstunden, der dritte von Bällen und Mädchen, der vierte von Musik und Konzert usw., und alle diese Sachen haben für mich kein Interesse. Ich habe mehrere unserer Landsleute aufgesucht und mich mit ihnen bekannt gemacht, sie sind nicht wieder zu mir gekommen, mit wenigen Ausnahmen, unter denen sich Trebin Penzlin befindet, der sich mit mir noch am meisten befreundet; ich bin zu einer Kneipe hingegangen, wo sich mehrere Mecklenburger und auch andere befinden, da wird nur Bier getrunken, und das willst Du nicht, zudem ist das ein sogenanntes Corps, und meine Grundsätze sind dem nicht sehr günstig gestimmt. Darum nach allem scheint's mir am besten, still zu Hause zu bleiben, freilich das Los eines Festungsgefangenen.

Dies wird Dir alles sehr übertrieben vorkommen, und ich gebe Dir zu, daß vielleicht vieles von der Unzufriedenheit mit mir selbst herrührt, doch nicht alles.

Doch laß das gut sein, ich will diese meine Stimmung dazu anwenden, fleißig die Pandekten zu durcharbeiten, und wirst sehen, daß sie mehr nützt als schadet.

Daß Sophie Dir einen Enkel zu Weihnacht geschenkt hat, freuet mich sehr, zumal ich dadurch eine neue Charge, nämlich die eines Onkels, erhalten habe; aber daß der Junge Georg heißen soll, ist Torheit – Johann muß er heißen; alle nennen Dich Johann. Aber ich weiß schon, Sophie fürchtet, daß man ihn dann später Hanne nennen wird; aber mich deucht, Hanne hört sich ebensogut an als Jürn, denn diesen Namen wird er sicherlich bekommen. Gratuliere sie in meinem Namen.

Es ist freilich ein großes Glück, daß bei Euch Schnee gefallen ist, bei uns fällt er erst heute, aber in solcher Masse, wie ich es noch nie gesehen habe. Ich bin dabei, ein kleines Gedicht zu verfertigen, welches ich Dir mit der nächsten Post zusenden werde; es ist nicht ganz fertig geworden; glaube aber nicht, daß ich damit meine Zeit vertändele, es ist das erste, was ich mache.

Du schlägst den Schaden mit meinem Arm nicht hoch genug an, er war sehr bedeutend, und der Arzt wollte dabei schneiden, was ich aber nicht zugab, sondern täglich Eisumschläge machte, wodurch er bis auf wenige Schmerzen hergestellt ist.

Ein Zeugnis von Vangerow erlässest Du mir wohl, da ich mich der Demütigung aussetzte, von ihm zu hören, daß ich zuweilen gefehlt hätte. Ein Zeugnis über mein gutes Betragen kann ich aber gar nicht beschaffen, oder ich müßte mir vom Amte ein Abgangszeugnis geben lassen, denn wer soll

sonst ausstellen, und dies kostet 6 Gulden und die neue Immatrikulation wieder 6.
Lebe wohl und hoffe auf mich. Grüße Lisette und alle übrigen von Deinem F. Reuter

AN DEN VATER

Heidelberg, 31. Januar 1841

Mein lieber Vater, soeben kehre ich von einem Leichenbegängnis zurück, durch welches ein hiesiger Student, namens W., der von einem anderen mit Namen von R. im Pistolenduell erschossen worden ist, der kalten Erde anvertrauet ist. – Dies wird Dich wohl nicht sehr interessieren, doch mich desto mehr, da gerade heute vor vier Jahren mir auch mein Todesurteil gesprochen wurde; es hat auf mich den lebhaftesten Eindruck gemacht.
Du meinst, ich würde mich gekränkt fühlen, daß Du meinetwegen an den Professor von Vangerow geschrieben hättest; ich muß gestehen, daß ich im ersten Augenblick so etwas fühlte, doch bei genauerer Überlegung konnte dies Gefühl wohl nicht bleibend sein, da ich mir die Beweggründe des Schrittes vors Auge hielt und dann fand, daß es ein Beweis Deiner Liebe und Besorgnis sei. Ich folgte daher sogleich dem Ansuchen des Herrn Professors, ihn zu besuchen, obwohl mit mißgestimmtem Gemüte, fand jedoch bei ihm eine herzliche Aufnahme, die sich auch auf tätige Hülfe zum Fördern meiner Studien erstreckte, indem derselbe mir ein Heft seines Handbuches, das ich noch nicht besaß, weil es im Buchladen vergriffen ist, borgte. Was Du aber dadurch Gutes bezwecken willst, sehe ich nicht ab, da Deine Briefe mehr als die Ermunterungen des Professors bei mir wirken; ich bitte Dich daher, nicht den Schritt zu wiederholen. Er sagte mir zugleich, daß er in diesem Semester mit den Pandekten nicht fertig werden würde und in dem nächsten es noch mit dem Erbrecht zu tun haben würde. Das Geld, 50 Taler, hat er mir ebenfalls gegeben.

Willst Du mich nun also hier lassen, so muß ich in den nächsten 3 Semestern ungemein viel Kollegia hören, wie Du selbst einsehen wirst: Kriminalrecht, Kirchenrecht, Lehnrecht, deutsches Privatrecht, Zivilprozeß, Kriminalprozeß, Staatsrecht, ein Praktikum, Naturrecht und im nächsten Wintersemester jedenfalls noch einmal Pandekten, denn es ist rein unmöglich, in einem Semester die Pandekten wegzubekommen, da sich gegen die Zeit, wo Du studiertest, die Masse so ungeheuer gehäuft hat, daß ich keinen meiner Bekannten kenne, die dies Kolleg nur einmal, wohl aber einige, die es viermal gehört haben, ohne dabei träge zu sein. Wenn ich die ungeheure Masse von Positivis und die noch größere und schwierigere Masse von Kontroversen bedenke und anschaue, dann möchte ich verzweifeln, und nur der Gedanke, daß es ja außer mir noch andere überwunden haben, kann mich bewegen, wieder an die Arbeit zu gehen. Ich denke nun so: das gesamte Recht in zwei Jahren in den Kopf hineinzubringen ist unmöglich, und meine, daß, wenn ich in diesen 4 Semestern alles, was man gehört haben muß, hinter mir habe, ich zu Dir nach Hause komme, dort noch 1 Jahr repetiere und dann noch $1/2$ Jahr der Mecklenburgica wegen nach Rostock gehe. Anders weiß ich keinen Vorschlag zu machen. Solltest Du aber mich nicht beim Studium der Jurisprudenz lassen wollen, so bitte ich Dich inständig, mich zum Landmann zu bestimmen und mir gleich eine Stelle auszumitteln, damit ich nicht nötig habe, nach Stavenhagen zu kommen.

Du meinst, daß Deine Briefe so sehr rasch gehen, sie gehen bis hierher 12 Tage. Dein Brief an den Herrn Professor Vangerow kam hier am 13. Januar an und der an mich am zweiten Weihnachtstage; dies kommt daher, daß dieselben, obgleich darauf stand: über Berlin, den Poststempel Hamburg hatten.

Ich habe mir einen regelmäßigen Plan aufgesetzt und bin schon dabei, ihn durchzuführen: Des Morgens um 6 Uhr stehe ich auf, arbeite bis 10 Uhr, gehe bis 12 Uhr darauf ins Kolleg, von 12 bis $12^1/2$ wird gegessen und dann bis 2 gearbeitet, von 2 Uhr bis 3 ins Kolleg, und darauf gehe ich spazieren –

wie lange, ist unbestimmt, da dies vom Wetter und Bedürfnis abhängt, doch gewöhnlich nicht länger, als einer zu einer Meile bedarf, dann arbeite ich noch 2 oder 3 Stunden, und die übrige Zeit wird gefeiert; daß hier natürlich, wie bei jedem Vorsatze, Störungen eintreten werden, ist wohl klar, doch das sind Ausnahmen, die von mir nicht herbeigeführt werden sollen, und jenes ist die Regel. Wenn ich diesen Vorsatz durchführe, was ich mit Bestimmtheit hoffe, so glaube ich den Anforderungen, die Du an mich machst, zu genügen und zugleich den Zweck meines Hierseins zu erreichen. Daß ich, um dies auszuführen, nüchtern bleiben muß, versteht sich von selbst. – Du schreibst in Deinem Briefe, ich sei gesund; dies ist scheinbar gewiß wahr, aber auch nur scheinbar, denn Unterleibsbeschwerden sieht man einem Menschen so leicht nicht an, und an denen leide ich sehr, woher es denn auch kommt, daß ich zuweilen höchst unglücklich bin; seit einigen Tagen bin ich bei weitem wohler und zur Arbeit geschickter. Wir haben jetzt hier eine bedeutende Kälte, doch Schnee dabei, und ich will hoffen, daß dies letztere bei Euch auch der Fall ist, damit Deine Karden gedeckt sind. Einen so strengen Winter entsinnen sich die ältesten Leute hier nicht. Lisettchen danke ich für ihren Brief und grüße sie herzlich und bitte sie, sie möchte mir die Geschichte von den Edelleuten erzählen, welche nächtlicherweile einen Einbruch in ein Pachthaus gemacht haben; die Geschichte hat hier viel Sensation gemacht, da man sie hier für einen Überrest feudalistischen Unwesens hält, und uns Mecklenburgern hat es Mühe genug gekostet, die Ehre des Vaterlandes zu retten, wobei wir nicht immer die Wahrheit sagen konnten. Mit meinem Gelde werde ich auskommen, bis auf die Miete, die ich von der Oster-Rate bezahlen muß; doch dies ist nicht zu verwundern, da der Winter stets das schlimmste Semester ist durch Holz und Licht (ich habe schon für zirka 8 Taler Holz verbrannt); auch habe ich die Immatrikulation und das teure Kolleg bei Vangerow (33 Gulden) zahlen müssen. Lebe wohl, mein lieber Vater, und vertraue auf Deinen F. Reuter

AN DEN VATER

Heidelberg, 18. März 1841

Mein lieber, guter Vater, Du hast mir auf meinen letzten Brief nicht geantwortet; zürnst Du denn so sehr auf mich, daß Du mich der Antwort nicht wert hältst; so arg, als Du denkst, ist es nicht mit mir, freilich hätte ich mehr tun können, aber ich habe doch immer etwas getan, und vieles darfst Du mir nicht zur Last legen; denn nimm es mir nicht übel, einen Fehler haben wir beide gemacht, nämlich, daß ich noch ein halbes Jahr zu Hause geblieben bin, dann wäre vieles nicht passiert, und ich hätte mich eher an ein ordentliches Leben gewöhnen können. Aber laß das gut sein, es ist nicht alles hoffnungslos verloren. Ich habe mich durchaus wiedergefunden, wozu das schöne Wetter, eine gute Gesundheit und die Auffindung eines Freundes viel beigetragen haben. Tröste Dich doch und zürne mir nicht, ich will ja gern Jurist bleiben und durch Fleiß und Beharrlichkeit das Versäumte nachholen. Ich will Arbeit und Mühe nicht scheuen, um Dir Freude zu machen und mir eine feste Existenz zu verschaffen. Lisettchen hat an mich geschrieben und auch Jenning, daß Du Dich so abhärmst um meinetwegen. Du bist ein Mann, der im Leben nie die Hoffnung hat fahrenlassen, ich aber bin oft sehr mutlos gewesen; aber jetzt habe ich Hoffnung und denke mit Gott ein braver Mann und tüchtiger Jurist zu werden. Ich bin dieser Tage mit mir zu Rate gegangen, ob ich wohl Lust und Kraft genug hätte, mein Studium fortzusetzen, und habe gefunden, daß die Gründe, die Jenning anführte, überwiegend für das Studium der Jurisprudenz seien und daß ich auch Lust und Kraft dazu in mir fühle; darum, lieber, guter Vater, spare Deine Besorgnis und sei überzeugt, daß Dein Sohn noch nicht so tief gesunken ist, daß er die Stimme der Natur und der Ehre überhören könne, daß ich im Gegenteil alles tun werde, was Dir Freude und mir Nutzen bringen werde. Aber nun bitte ich Dich auch dringend, beruhige Dich, ich will fleißig und sparsam sein, wie Dr. Jenning es war, ich will alles tun, um den verruchten Dämon abzuschütteln, und will Dir zu Johannis ein Zeugnis von Mittermaier, bei dem ich Kriminalrecht, und von Morstadt, bei dem ich deutsches Privatrecht hören will, mit dem Du wahrhaft zufrieden sein sollst, auch vom alten Zachariä, wenn er noch liest (Völker- oder Staatsrecht), will ich Dir eins bringen (obgleich ich diese beiden Kollegia eigentlich zu schließen gedachte), und dann, wenn ich dies nicht tue, so nenne mich einen Schuft und nimm mich weg, aber verändere meine Laufbahn jetzt noch nicht, sonst bin ich verloren, sonst wird nie etwas aus mir. Sieh, daß ich Dir meinen Gemütszustand und mein Tun und Treiben so wahrhaft und zu meinem Nachteil geschildert habe, ist ja ein Beweis, daß ich das Gute will und daß ich Dich für meinen besten Freund halte.

Du wirst mir einwenden: aber Du kannst ja diese Kollegia, ohne die Pandekten zu kennen, nicht verstehen. Beim Kriminalrecht bestreite ich dies sowie auch beim Staats- und Völkerrecht; beim deutschen Privatrecht kann ich aber jedesmal die auf die Pandekten bezüglichen Stellen im corpus juris nachlesen, und dann habe ich ja auch etwas getan, und bis zum ersten Mai läßt sich ja auch noch etwas tun.

Mein Freund Wagner hat mich für die Osterferien zu sich eingeladen auf Verlangen seiner Eltern, die ich bei einem Besuche dort habe kennenlernen (ein alter, liebenswürdiger Landpfarrer und eine sehr rüstige, lebhafte Frau, deren Äußeres dem Großmutters zu Parchim sehr ähnlich ist) und denen ich sehr gefallen habe, woran Du siehst, daß ich noch nicht so sehr versumpft bin, daß mich gute Leute nicht noch gern um sich haben; ich werde aber die Einladung ausschlagen, um während der Ferien mich allein mit den Pandekten zu beschäftigen. Auch einen Freiherrn Götz von Berlichingen, ein liebenswürdiger Mann und Nachkomme des alten Götz mit der eisernen Faust, habe ich kennengelernt, der mir so gewogen ist, daß er mir einen Pfeifenkopf mit seinem Wappen und der Inschrift: »Götz von Berlichingen seinem Fritz

Reuter« geschenkt hat. Ich weiß nicht, ob ich Dir nicht hier ganz irrelevante Dinge mitteile, aber mir sind sie von Wichtigkeit, weil ich sehe, daß man mich nicht perhorresziert.
Wir haben hier das schönste Wetter, gestern, glaube ich, hatten wir 14 Grad Wärme und diese Nacht das erste Gewitter. Die Mandelbäume und Schneeglöckchen und Veilchen blühen, die Winzer arbeiten im Weinberg und nehmen die Reben aus der Erde; bei Euch ist es wohl noch nicht so weit, da erst vor einigen Wochen die Elbe aufgegangen sein soll. Schreibe mir doch, wie es mit Deinen Karden geht, ich hoffe, gut.
Und nun, lieber Vater, sei guten Muts und vertraue mir, ich habe Dir viel Leid bereitet, es ist wohl an der Zeit, Dir Freude zu machen; wenn Du es willst, so will ich Dir alle 8 Tage an jedem Sonntagmorgen treuen Bericht über mein Tun und Lassen zukommen lassen, aber wenn ich dann einmal schreibe der Wahrheit getreu, daß ich im Fleiße nachgelassen habe, so mußt Du nicht gleich das Ärgste vermuten.
An Lisettchen und an Jenning werde ich ein paar Worte beilegen. Grüße alle von Deinem Sohn F. Reuter

AN FRIEDRICH CARL JENNING

Heidelberg, 18. März 1841

Mein lieber Bruder, zuvörderst meinen Glückwunsch zu Deiner jungen Vaterschaft und dann mein Beileid zu Deinem Durchfall; doch ich glaube über letzteren kannst Du Dich trösten, da es scheint, als ob man in Mecklenburg stets einen Durchfall erlitten haben muß, bevor man zu Stuhle kommt.
Doch jetzt ernsthaft. – Dein Brief ist mir sehr lieb und wert gewesen und hat mich in dem guten Vorsatz, den ich gefaßt hatte, befestigt, ja, er hat neue in mir hervorgerufen, nämlich den, mich mehr mit wahren Grundsätzen der Religion vertraut zu machen; ich bin freilich nie ein Verächter derselben gewesen; aber ich fühle, daß die Negative hier nicht

genügt, denn ich habe zu häufig das Bedürfnis nach Trost gesucht und es nirgends gefunden, ich habe häufig die Bibel zur Hand genommen, bin aber stets zu allerlei Zweifeln gelangt, die ich vergebens mich abmühete zu lösen. Die moralische Tendenz der christlichen Religion habe ich begriffen, aber an ihren Mysterien bin ich stets gescheitert, und was ich früher in gläubiger Zuversicht nahm, ist mir nachher unverständlich geworden. Die Umgebungen, in denen ich mich befand, waren fast stets und mit alleiniger Ausnahme von Magdeburg der Art, daß mir keine Hilfe in dieser Sache werden konnte. Wäre ich doch nur 1/2 Jahr zu Hause geblieben, es wäre vieles anders geworden.

Was Ihr Euch aber von meiner inneren Zerrissenheit denkt, ist wohl etwas sehr übertrieben, freilich habe ich manche Stunde gehabt, in der ich mit mir und mit der ganzen Welt unzufrieden war; aber das geht wohl am Ende, wo nicht allen, aber doch den meisten Menschen so; die Sache liegt in einer Anlage zur Hypochondrie, wonach ich zu einzelnen Stunden ausgelassen lustig und in anderen ungemein deprimiert bin, in dem Mangel an einer mir und meinem Zustande passenden Unterhaltung und in dem Bewußtsein, meine Zeit und meine Fähigkeiten schlecht angewandt zu haben; dies letztere ist aber noch keine Zerrissenheit zu nennen, sondern vielmehr Reue.

Deine Gründe zum Fortsetzen des Studiums sind für mich überzeugend, und wenn Du mir dieselben auch nicht so eindringlich vorgestellt hättest, so würde ich doch meinen Vater gebeten haben, mich fortstudieren zu lassen. Daß Du Dir Vorwürfe darüber machst, dazu geraten zu haben, zeugt von Deiner großen Gewissenhaftigkeit; aber, lieber Bruder, sie ist zu groß; es war meines Vaters Wunsch und am Ende auch der meine, ich scheute mich aber, wieder auf Universitäten zu gehen, und hatte mir ein Bild geschaffen, nach welchem ich das Geschäft meines Vaters einst übernehmen wollte; dies sollte nicht sein, und damit Punktum.

Daß ich das Studium der Jurisprudenz mit Eifer durchführen

werde und die Absicht habe, das Versäumte einzuholen, kannst Du mir glauben; daß es mir sehr schwer werden wird, glaube mir ebenfalls, aber ich denke, was so viele können, kannst du auch, und so wird Gott mir wohl beistehen, das Ding zu Ende zu führen.
Grüße Deine liebe Frau und Dein klein Mädchen vielmal von mir und lebe wohl. Dein F. Reuter

AN DEN VATER

Heidelberg, 18. April 1841

Mein lieber Vater, Dein letzter Brief ist so voll von gütiger Verzeihung, daß er in mir das lebhafteste Dankgefühl erregt hat. Meine Versuche sind nicht bloß Versuche geblieben, indem ich mit einem anderen Studenten von Anfang an die Pandekten zu repetieren angefangen habe. Du wunderst Dich in Deinem Briefe, daß ich Völker- und Staatsrecht hören will, ich glaube Dir das, aber ich habe gehört, daß man in Rostock bei dem Examen schon einige Kandidaten juris abgewiesen hat, weil sie kein Testat über diese Kollegia beibringen konnten, ferner muß ich als Grund anführen, daß es der alte Zachariä liest, der wahrscheinlich hiermit seine Laufbahn als akademischer Lehrer beschließt; und vor allem gilt der Grund, daß das Kollegium um 6 Uhr morgens gelesen wird und ich also notwendig zeitig aufstehen muß. (Du kennst ja meine frühere Schwäche.) Meine Arbeiten würden besser vonstatten gehen, wenn das Kompendium von Vangerow schon herausgekommen wäre; da fehlt aber noch das ganze Obligationenrecht und die Hälfte des Erbrechts, und so muß ich mich mit anderen Kompendien behelfen.
Was die geistigen Getränke anbetrifft, so habe ich Wort gehalten; aber man kommt doch in die Lage, wo es absurd sein würde, wenn man nicht ein Glas Wein trinkt; so war ich neulich bei meinem Freunde W. in A. und mußte Wein trinken; daß ich mich dort nicht betrunken habe, kannst Du mir

natürlich glauben. Ist es Zeitverschwendung, wenn ich Dir es melde, daß ich den p. W. gezeichnet habe und auch die Absicht habe, seine beiden Eltern zu zeichnen; ich glaube, Du wirst dies als eine kleine Pandekten-Rekreation ansehen. Da ich jetzt noch einmal auf die Pandekten komme, so will ich Dir in betreff der Institutionen sagen, daß ich mich durchaus nicht scheuen würde, sie zu hören, aber wahrscheinlich werden sie mit dem deutschen Privatrecht in einer und derselben Stunde gelesen; doch vielleicht werde ich Rechtsgeschichte bei Vangerow hören, da dieselbe ausgezeichnet sein soll.
Wenn Du mir Geld jetzt senden kannst, so ist mir dies sehr lieb; übrigens billige ich die Einrichtung, die Du in den Terminen getroffen hast, ganz und überlasse dies ganz Deinem Gutachten. Du wirst selbst einsehen, daß das Winterhalbjahr durch Holz, Licht, Immatrikulation, Pandektenvorlesungen, Kompendium und corpus juris sehr teuer mir geworden ist, so daß ich den Sommer über 30 Gulden ersparen muß, um Miete zu bezahlen.
Es dauert mich sehr, daß Du soviel Unglück mit Deinen Pflanzungen gehabt hast, hier ist der Winter freilich auch ungewöhnlich strenge gewesen, doch dafür ist der Frühling ausgezeichnet; die Kirschbäume haben vor 14 Tagen geblüht, und die Birnbäume blühen jetzt; auf unsern Tisch kommen Spargel und allerlei Salat, und der Weinstock fängt an zu grünen.
Meiner lieben, guten Lisette meinen herzlichsten Dank für ihre Liebe und Fürsorge. Ich möchte ihr, lieber als mir, das Glück gönnen, in dieser Jahreszeit in Heidelberg zu sein, es ist hier wunderschön; heute nachmittag steig ich auf den Kaiserstuhl hinauf (2000 Fuß) und sehe mir von dort Straßburg und das Jura-Gebirge an; in einer ebenen Gegend läßt sich solche Aussicht fast gar nicht begreifen.
Nun lebe wohl, mein guter Vater, und schreibe mir freundlich wieder; was Dir im letzten Briefe versprochen ist, wird gehalten werden von Deinem Sohn F. Reuter

AN DEN VATER

Heidelberg, 1. Juni 1841

Mein lieber Vater, den Brief, den ich gestern von Dir empfangen habe, betrachte ich nicht als einen Vorwurf von Deiner Seite, sondern vielmehr als einen Beweis Deiner väterlichen Liebe, und wenn auch einige Stellen desselben mir in dem ersten Augenblick zu hart erschienen, so sind sie mir durch die gute Absicht, die sich daraus ausspricht, bei ruhigerem Nachdenken dennoch zu Herzen gegangen und haben keine Bitterkeit zurückgelassen. Sollte ich mich wieder vergessen, so werde ich selbst bei Dir darauf antragen, daß Du mich in eine der erwähnten Anstalten bringen mögest; freilich werde ich es nicht lange aushalten, doch glaube ich, daß es besser für mich ist; freilich werde ich mich dann nie wieder in meinem Vaterlande sehen lassen können, doch glaube ich, daß es besser ist, im Exil fern von Dir und den Deinigen zu leben, als Euch zu Hause Schande zu machen. Aber wenn ich nun vielleicht jahrelang in einer solchen Anstalt gelebt habe, wenn meine Gesundheit noch mehr zerrüttet ist, was soll ich dann anfangen? Jura studieren? Nein, das gewiß nicht! Was dann? Ich weiß es nicht, und wohl keiner weiß es. Was der Herr von der K. Dir gesagt hat, kann er wohl von einem meiner genaueren Bekannten nicht erfahren haben; oder, lieber Vater, Du verzeihest mir meinen Verdacht, hast Du Dich vielleicht selbst an einen derselben gewendet? Gut! so wende Dich doch jetzt an denselben Berichterstatter und vernimm von ihm, daß ich regelmäßig ins Kolleg gehe, daß ich nüchtern lebe und daß ich die Liebe meiner Bekannten habe; über meinen Privatfleiß können meine Freunde weniger urteilen, da es hier, was sehr zu loben ist, nicht Mode ist, häufig Stubenbesuche zu machen, und man sich daher, wie in ganz Süddeutschland, nur an öffentlichen Orten oder bei Tische trifft. Doch genug hiervon und nur noch die Bitte, daß Du in Deinem nächsten Briefe diese Sache als abgemacht betrachten mögest. Schrei-

ben hätte ich allerdings früher können und müssen, ich glaubte jedoch, daß Du nicht so sehr mehr für mich besorgt seiest, und wollte auch erst ein Urteil über meine Kollegia haben, um Dir dies dann mitzuteilen.
Ich habe bei Mittermaier das Kriminalrecht belegt und bei Morstadt das deutsche Privatrecht (die beiden Belegscheine folgen Deinem früheren Wunsche gemäß hier bei). Die Kollegia sind respektive den 3. und 5. Mai angegangen und haben jetzt während der Pfingstferien eine Unterbrechung erlitten. Bei dem alten Zachariä höre ich von 6–7 morgens Völkerrecht und allgemeines Staatsrecht, werde, wenn es irgend möglich ist, auch noch das deutsche Staatsrecht bei ihm hören, habe es jedoch nicht belegt und kann es daher auch nicht testiert erhalten; außerdem höre ich noch ein Publikum bei Morstadt über Handels- und Wechselrecht, welches mir sehr vorteilhaft scheint. Überhaupt sind diese Kollegia sehr interessant, und wenn das deutsche Privatrecht auch an sich etwas trocken ist, so macht die lebendige Art des Vortrags und die vielen Beispiele, welche Morstadt gibt, die Gegenstände freundlicher und eindringlicher. Obgleich mir Jenning einmal sagte, daß Mittermaier kein besonderer Kriminalist sei, so muß ich doch und wie alle hiesigen Studierenden behaupten, daß er der gefeiertste von allen Professoren ist, vielleicht mit Ausnahme Vangerows, der ihm den Rang abzulaufen droht. Privatim beschäftige ich mich mit den Pandekten, die ich nach Mühlenbruch und Vangerow studiere.
Wenn es Dir möglich ist, so sende mir doch das Geld, ich komme sonst in Verlegenheit. Wir haben hier das köstlichste Wetter, aber man klagt sehr über Dürre; es ist überhaupt hier so heiß wie in einem Treibhaus; denke Dir, im Schatten haben wir 28° Reaumur gehabt, und vor 14 Tagen haben wir schon Kirschen gegessen.
Lebe wohl, lieber Vater, und denke mit Liebe an Deinen Sohn

F. Reuter

Grüße Lisettchen und Sophie.

AN DEN VATER

Jabel, 1. August 1841

Mein lieber Vater, die Besuche hier in Jabel und ein Besuch, den ich in Malchow gemacht habe, haben mich gehindert, so bald zu schreiben, als ich es mir vorgenommen hatte; doch jetzt ist hier alles ruhig und leer, und da heute abend Ernst erwartet wird, so benutze ich die Gelegenheit, Dir auf Deinen Brief umständlichere Beantwortung zu geben, als es bisher geschehen ist.

Ich bin körperlich und geistig gesund und glaube, daß mir dies auch vom Oheim bezeugt werden kann und wird, und so wie das Laster selbst Dir gewiß in grelleren Farben, als recht ist, gemeldet worden ist, so sind es gewiß auch deren Folgen, über die ich Dich nochmals zu beruhigen bitte.

Der Oheim ist so gütig gewesen, mir bei Tische Wein anzubieten, und ich habe ihn angenommen, obgleich ich glaube, auch ohne denselben sehr gut fertig werden zu können; auch habe ich auf sein Anerbieten zuweilen von dem Stavenhäger Bier getrunken, doch ist auch dieses kein Bedürfnis für mich, und so kannst Du wohl versichert sein, daß ich mich dem Übermaße nicht hingegeben habe und dazu auch keine Neigung habe. Sollte Dir dies nicht gut dünken, so schreibe es mir, und ich werde damit abbrechen.

Der Entschluß, Landmann zu werden, wird Dir hoffentlich nicht unvermutet kommen und Deine Zustimmung erhalten. Was soll ich anders angreifen? Vorher Landmesserei? Ich denke, dies ist nachher besser, wenn ich erst Landmann geworden bin, da die mathematischen Kenntnisse mir ja bleiben und ich nicht wissen kann, wie bald es mein Los sein wird, mir durch dies Geschäft nur weiter zu helfen und sogar Dir von Nutzen in Deiner Wirtschaft zu werden. Dein Plan, mich nach Stavenhagen zu nehmen, stimmt, ich muß es gestehen, nicht mit meinen Wünschen und Hoffnungen, auch nicht mit meinem Vertrauen zu mir selbst überein, da dasselbe größer ist, als Du wahrscheinlich glaubst. Ich meine, wenn Du mich zu einem tüchtigen, nicht allzu rohen Landmanne gäbest und mich dort so lange ließest, als die Notwendigkeit zu lernen forderte, so würde die fortwährende Beschäftigung und die gezwungene Abgeschlossenheit auf meine Gewohnheiten einen günstigen Eindruck machen und dieselbe zum Gegensatze der jetzigen umstimmen. In dieser neuen Lage kann ich mich unbefangen benehmen, ich kann das Geschehene, wenigstens nach außen hin, gänzlich von mir fortwerfen, während ich in Stavenhagen mit alten Bekanntschaften, mit alten Erinnerungen, mit alten und neuen Rücksichten zu kämpfen haben werde, die mir zugleich mit Vorwürfen, wenn sie auch nicht ausgesprochen sind, ungemein hemmend entgegentreten werden. Du wirst, wie Du es immer getan hast, von mir verlangen, daß ich mich nicht zurückziehen soll, Du wirst Dir selbst ferner eine Gesellschaft gebildet haben, mit der ich umgehen *soll,* und eine andere, mit der ich *nicht* umgehen soll; wie schwer wird es mir werden, hierin Deinen Wünschen zu genügen, wie oft werde ich bei ihnen anstoßen! Aber vor allem wünsche ich es nicht um Deinetwillen, Du wirst in ewiger Spannung leben, und was Dir bei anderen ganz in der Ordnung erscheint, wird Dir bei mir durchaus verwerflich erscheinen.

Ich glaube in diesen Punkten recht zu haben und stelle sie zugleich Deiner Beurteilung anheim; willst Du es nicht, so muß ich mich natürlich durchaus in Deine Ansicht fügen und werde Dir unbedingt gehorchen; wie ich denn mir das Zeugnis redlicherweise geben kann, nie absichtlich Dir entgegen gewesen zu sein noch die Absicht zu haben, es jemals zu sein. Nimm diesen Brief gütig auf und zürne mir nicht, daß ich gleich zu Anfang Wünsche hege, die Deinen Ansichten entgegen sind. Der Oheim hat mir versprochen, Dir über diesen Gegenstand ebenfalls zu schreiben, und so will ich denn mich Eurem Urteile überlassen.

Grüße Lisettchen vielmal von mir und gedenke Deines Sohnes F. Reuter

AN DEN VATER

Jabel, 1. September 1841

Mein lieber Vater, Deinem Wunsche gemäß habe ich mich nach Roggenhagen auf den Weg gemacht und von Jabel Abschied genommen, in der Meinung, nicht wieder dahin zurückzukehren. Meine Reise ging von hier auf der Post nach Waren und von dort auf dieselbe Weise nach Brandenburg, wo ich die Nacht blieb oder bleiben mußte, um den anderen Tag mit der Post nach Friedland reisen zu können. Daselbst angekommen, besuchte ich ein paar vormalige Schulfreunde und von den Lehrern, die mir alle unbekannt waren, bloß den Professor Schmidt, mit welchem zusammen ich den Turnplatz besuchte und mich noch einmal mit diesem Vergnügen unterhielt. Am anderen Morgen ging ich zu Fuß nach Roggenhagen, wo ich den Herrn Merker auf dem Hofe beschäftigt antraf. Ich eröffnete ihm meine Anrede mit der Bemerkung, wer ich sei und weswegen ich komme, und überreichte mein Empfehlungsschreiben, mußte aber leider gleich bemerken, daß es wohl nichts werden würde, indem er ausrief: »Mein lieber Herr Reuter, das ist sehr gut, und ich würde alles tun, um Ihnen zu dienen, aber ich habe keinen Platz für Sie in meiner Wirtschaft!« Ich war der Meinung, das Wort »Platz« sollte sich auf die Beschränktheit seiner Wohnung beziehen, und erbot mich, mit dem geringsten Raum zufrieden sein zu wollen, so wie ich auch allen Prätensionen entsagen wolle. Jedoch nachdem er das Empfehlungsschreiben gelesen hatte und sich sehr freundlich über dasselbe geäußert, mir auch mit vieler Zuvorkommenheit entgegenkam, erklärte er mir seine Meinung dabei, daß er mich nicht in seiner Wirtschaft unterbringen könne, weil er durch die Aufgebung der Lehstenschen Pachtung in der Notwendigkeit sich befinde, 4 Leute zu halten (2 seiner Söhne, 1 Schreiber und einen Brudersohn), und er selbst sei der fünfte. Diese hätten jetzt nur kaumhin zu tun, und das bloße Zusehen könne mir nichts helfen. Ich versuchte freilich, ihn dahin zu bestimmen, daß er mir noch keine definitive abschlägige Antwort geben möge, jedoch das einzige, was ich erlangte, war, daß er mit Eifer für eine andere Stelle sich zu verwenden versprach, wobei er mir öfters wiederholte, ich möge dies ja nicht als leere Worte betrachten, indem das Empfehlungsschreiben des Herrn Landdrost von Lowtzow sowie auch der Wunsch, Dir und mir gefällig zu sein, ihn dazu bestimmten. Er versprach mir auch, sobald er von einer vorhabenden Reise zurückgekehrt sein würde, an den Herrn Landdrost zu schreiben und auch an Dich. Von weiteren Unterhandlungen konnte nun füglich nicht die Rede sein, und ich trennte mich von ihm mit dem innerlichen Wunsche, bei ihm untergekommen zu sein, da er mir ein sehr freundlicher Mann schien. Wie ich von dort nach Brandenburg zu Fuß ging, holte mich der Schreiber Müller ein und sagte, ich solle mich nur nicht abschrecken lassen, der Herr Merker besinne sich wohl noch, zumal, da es von seiten der Familie gern gesehen sein würde. Was auf diese Äußerung zu geben ist, weiß ich nicht, aber ich fürchte, nicht viel.

Ich bin also wieder hier in Jabel und bedaure, daß ich auch jetzt Deine Hoffnungen habe täuschen müssen, doch diesmal ohne meine Schuld.

Der Oheim läßt sich bei Dir entschuldigen, heute nicht zu schreiben, er sowie Tante und Hannchen befinden sich wohl und grüßen Dich und Lisette und Sophie.

Lebe wohl und grüße auch von mir alle, die teilnehmen an Deinem F. Reuter

AN DEN VATER

Jabel, 13. Oktober 1841

Mein lieber Vater, sehr erfreut bin ich über Deinen Brief und werde Deinem Befehl in dieser Sache Folge leisten und morgen am Mittwochen in Rittermannshagen spätestens um Mittag sein, indem ich bemerke, daß Oheims und Deine Aufforderung, mich in Schönau einzufinden, durch [. . .] eine

Änderung erleidet, die Dir gewiß nicht unlieb ist. Wir haben hier uns auch schon Mühe gegeben, eine Stelle zu bekommen, und ich habe mich deswegen an Herrn Gaettens zu Klein-Medewege bei Schwerin gewandt, aber noch keine Antwort. Jedoch das Nähere mündlich. Viele Grüße an alle von Deinem

F. Reuter

AN DEN VATER

Jabel, 4. November 1841

Lieber Vater, meine Reise zu Koch ist eine vergebliche gewesen, es ist dies nicht der alte, sondern der junge Koch, und zwar der, von dem die Pfeifenkopf-Geschichte im Umlauf ist. Dennoch wäre ich aber gerne dort geblieben, wenn nicht der Herr Koch zu mir gesagt hätte, er hätte geglaubt, einen jungen Burschen zu erhalten, wir wären zu ungleich an Alter und paßten nicht füreinander. Ich kam krank in Wismar an und mußte über 8 Tage das Bette hüten und bin vor einigen Tagen hier in Jabel, nachdem ich Theodor in Güstrow besucht habe, hier angekommen, um Deine ferneren Bestimmungen zu erwarten. Der Oheim meint, daß das beste ein Aufenthalt in Stavenhagen und Beschäftigung in Deiner Wirtschaft sei, und ich glaube, daß, wenn Du Nachsicht mit mir hast, ich mehr bei Dir als bei so einem Herrn Koch lernen kann und werde. Ich werde mir gewiß Mühe geben, Deine Zufriedenheit zu erlangen. Der Oheim ist aber auch zugleich so gütig gewesen, mir den ferneren Aufenthalt hier in Jabel anzubieten, und falls dies Deinen Absichten besser zusagt, so will ich wenigstens hier nicht müßig sein und habe in dem beiliegenden Briefe den Doktor Jenning gebeten, mir juristische Gegenstände zum Arbeiten zuzusenden; wenn mir dies auch nichts nutzt, so gewöhnt es mich doch an eine unangenehme Arbeit, und das mag wohl etwas wert sein. Zürne mir nicht meines Stillschweigens wegen, die Unruhe der Reise und mein Unwohlsein müssen mich entschuldigen, jetzt bin ich wieder ganz wohl. Lebe wohl und gedenke Deines Sohnes

F. Reuter

1845

AN ERNST REUTER

Demzin, 2. Oktober 1845

Lieber Ernst, ich habe mit Herrn Rust über den Gerstenhandel gesprochen, und da derselbe gewilligt ist, Dir zu dem jedesmaligen Rostocker Preise weniger 2 Schillinge die Gerste zu verkaufen, so kannst Du die Sache als abgemacht betrachten, nämlich für 2 Last großes Maß. – Lieferung, wenn es Herrn Rust paßt. – Da Klinge hier abgegangen ist, so bleibe ich hier, um die Außenwirtschaft zu besorgen. Herr Rust wünscht jedoch, daß Du ihm etwas Geld für die Gerste mit dem Überbringer senden mögest. Kaufe mir eine kurze wohlfeile Pfeife mit Porzellankopf und Beschlag. Der Junge soll nach Tessen mit den Büchern gehen und die folgenden Teile vom Juden mitbringen. Auch soll er bei Bank fragen, ob dort Schuhzeug fertig ist. Bindet ihm das Bild gut in ein Laken und instruiert ihn, daß er es nicht auf der Leinwand drückt, dann kann er es auch mitbringen. Viele Grüße von

F. Reuter

AN FRANZ RUST

Demzin, 26. Dezember 1845

Bester Herr Rust, meinen Entschluß, Sie heute ohne Abschied zu verlassen, werden Sie gewiß sehr auffallend, wo nicht unartig finden; er wird Ihnen aber minder sonderbar erscheinen, wenn ich Ihnen auseinandergesetzt haben werde, weshalb es geschehen mußte.

Ich weiß nicht, ob Sie sich jemals in einer Stimmung befunden haben, worin man dem Wahnsinn nahe ist – ich glaube nicht; ich weiß aber, daß ich es bin, daß mein Unheil und mein Unrecht mich in diese schreckliche Verzweiflung gestürzt haben; ich glaube an nichts mehr als an eines, und dieses eine kann ich nie erreichen. Körperlich unwohl, geistig krank, von Reue zerrissen, von einem Plan zu meinem Glück auf den andern übergehend und dann alle als unausführbar von mir stoßend, bin ich ein Spielball der schrecklichsten Gedanken und Befürchtungen. In einem solchen Gemütszustande kann ich Ihnen nichts nützen, ich kann Ihnen nicht einmal erträglich sein; warum sollte ich, zum Dank für die mir erzeigte Güte, Ihnen zur Last fallen, die, so groß auch Ihre Freundlichkeit gegen mich stets gewesen ist, dennoch Ihre Geduld erschöpfen würde? Ich kann daher nicht anders, ich muß fort von Ihnen, ich muß noch heute fort; um durch meine trübe Stimmung den Kleinen ihr Fest nicht zu stören, bin ich auch gestern nicht hinabgegangen. Und wenn ich auch allenthalben, wohin ich immer kommen mag, diese Stimmung mitbringen werde, so will ich die Last, solche zu ertragen, doch lieber denen auferlegen, die eher dazu Verpflichtungen haben als Sie; ich gehe daher heute fürs erste nach Stavenhagen und demnächst Neujahr nach Jabel, wo ich bis auf weiteres bleiben werde. Vorher jedoch werde ich noch einmal auf einen Tag zu Ihnen kommen, um persönlich von Ihnen Abschied zu nehmen.

Und nun sagen Sie auch Ihrer lieben Frau Gemahlin den innigsten Dank für alle Güte und Liebe, die sie für mich gehabt hat: ich würde es nie vergessen, wie freundlich und liebevoll ihr Betragen gegen mich gewesen ist. Ich segne auch Ihren neugeborenen Sohn – der Segen eines Unglücklichen soll ja eine besondere Kraft haben!

Befehlen Sie und Ihre Frau Gemahlin über mich zu jeder Stunde, wo ich immer sei, und Sie werden sich nie in meinem guten Willen getäuscht finden; so wie ich es stets mit Ihnen beiden besser als mit mir selbst gemeint habe, so soll's auch ferner bleiben, bis an meines Lebens Ende!

Ich schließe als Ihr beiderseitiger bester Freund.

1846

AN FRANZ RUST

Jabel, 2. Februar 1846

... Ach! nur die Erinnerung an einen schönen Traum, der dahinschwand in den zitternden Tönen eines klagenden »Lebewohl!« – Lebewohl! Ach, wie so klein ist das Wort, wie so süß der Wunsch, der darin ruht, und doch wie so bitter! Wie so oft sind die Gedanken des folgenden Verses mit dem kleinen Worte ausgesprochen:

Hätten wir uns nie so herzlich
Je geliebt und nie gesehen,
Ach! dann wär' es nie geschehen,
Daß wir uns getrennt so schmerzlich!

Wie viele Dolche blitzen in diesem Wörtchen, wie viele Herzen sind durch dasselbe zerrissen! Mit einem Lebewohl läßt die Mutter das Kind dahinziehen von dem heimatlichen Herde, und kehrt es wieder? Mit einem Lebewohl reißt sich der Liebende von der Geliebten, und bleibt er unvergessen? Mit einem Lebewohl drücken wir des Sterbenden Hände, und wo ist das Wiedersehen? Kleines Wort, in dir liegt der Sinn des ganzen Menschenlebens, die Liebe lehrte dich uns, und das herbe Schicksal zwingt uns, das Erlernte anzuwenden; die Liebe führt uns in das Leben, und das Schicksal treibt uns hindurch. So treibe denn fort, o Schicksal, so hetze dein Wild durch das Gestrüpp und die Dornen der Erdenlaufbahn, gönne ihm nicht Ruhe noch Rast, noch den flüchtigen Schimmer von Glück, bis es verblutend und verkommen zusammenstürzt unter deinen Streichen, todesmatt.

Ach! wohl sind sie traurig und voll Bitterkeit, meine Phantasien, und sie wollen sich nicht lösen in die sanfteren Empfindungen der Wehmut, mein Herz ist zu tief verwundet und doch noch zu kräftig, als daß der Kampf so bald beendet sei.

Es ist Mitternacht, indem ich dies schreibe, und Sie ruhen

längst im tiefen Schlummer, der Sturmwind saust in den Wipfeln der alten Linde vor meinem Fenster, er kommt von Ihnen und erzählt mir alte Geschichten und bringt mir Kunde von Ihrem Hoffen und Fürchten, von Ihrem Treiben und Denken und Vergessen. Oh! könnte ich den schnellen Boten zurücksenden, beschwert mit meinen Wünschen und Gebeten für Sie, Sie würden an Ihrem Lager freundliche Traumgestalten sehen, die Ihnen Grüße brächten aus den glücklichen Tagen der Jugend und Ihnen zeigten die sonnenverklärten Tage einer glücklichen Zukunft.

Bis soweit war ich gestern abend gekommen, und es ist wohl genug des Trübsinns für Sie, mein bester Herr Rust, wohl schon zuviel, ich will Ihnen daher nur melden, daß ich mich mit einem größeren Gedichte aus der Wendenzeit Mecklenburgs befaßt habe, dessen teilweise Einleitung Ihnen hier abschriftlich beigelegt ist, und Sie, liebe Madame, haben wohl die Güte, die Abschrift aufzuheben und darauf zu sehen, daß nicht Uneingeweihte dieselbe sowie auch diesen Brief in die Hände erhalten. Nun will ich noch mit einer Bitte von Ihnen scheiden, meine lieben Freunde, es ist der Weltlauf, daß dem Abwesenden von diesem und jenem bald dies, bald jenes angehängt wird, und ich werde eben auch keine Ausnahme von der Regel machen, darum bitte ich Sie, glauben Sie meinetwegen alles, was man Ihnen erzählt, nur eins nicht, nämlich, daß ich jemals anders als Ihr aufrichtigster Freund gehandelt habe noch handeln werde. Diese Bitte, mein lieber Herr Rust, erfüllen Sie gewiß und beantworten mir dieselbe. Von Ihnen, meine liebe Madame, habe ich Handschlag und Zusage, daß Sie mir auch ein paar Zeilen zukommen lassen wollen, und so will ich denn in dieser Sache mich getrost einer begründeten Hoffnung überlassen, Sie werden gewiß nicht einen, der so oft und so bitter getäuscht ist, auch noch täuschen wollen.

Viele Grüße und Küsse an die Kinder und denken Sie daran, daß ich dieselben zum Angeln erwarte. Mit der aufrichtigsten Freundschaft

Ihr F. Reuter

Lieber Herr Rust, mein Vetter, der Pastor allhier, wünscht gerne 4 Scheffel große Maß Saaterbsen zu haben, da ich ihm gesagt, daß Sie eine frühe Art haben, so fragt er an, ob er dieses Quantum von Ihnen erhalten kann und wie teuer sie sind. Er läßt sie holen.
Meine Cousine Marie empfiehlt sich Madame bestens.

AN LUISE KUNTZE

Thalberg, 6. November 1846

[. . .] Die Richtung, die ich einschlage und mit mir eine gewisse Anzahl anderer, ich kann dreist sagen, intelligenter Landleute, wird von den Anhängern der alten Schule bespöttelt und als Bücherwissen lächerlich gemacht; aber glauben Sie mir, das ist nichts anders als das Gefühl der Unlust dieser alten Schlendrianisten, das in ihnen durch die Betrachtung hervorgerufen wird, ihre Art zu wirtschaften habe sich überlebt und sie selbst seien zu alt, zu bequem oder zu reich, um den neuen Weg einzuschlagen. – Sehen Sie, da haben Sie sogar eine Art landwirtschaftlichen Glaubensbekenntnisses. Nicht wahr? ich erschöpfe Ihre Geduld, erst mit Poesie und nun mit Landwirtschaft. –
Gute Nacht, süße Luise, ich werde diese Nacht gewiß träumen von 6–8 Last kulturfähigen Bodens und dreischüriger Wiesen und von mir als Herrn darauf und von Ihnen als meiner Herrin. Und über Jahr und Tag soll's kein Traum mehr sein, sondern die handgreifliche Wirklichkeit, wenn Sie es so wollen. Darum gute Nacht! schöne Herrin der 6 Last kulturfähigen Ackers und der dreischürigen Wiesen, und möge der lustige Gott der Träume mich Ihnen vor die Augen führen in landwirtschaftlichen Stulpenstiefeln und Sporen und grünem, goldbeknopftem Jagdschniepel, die Reitpeitsche in der Hand und den Mund voll Spott, damit Sie morgen lachen können und meinen Geburtstag heiter begehen – ach! wie gerne hörte ich Sie lachen! Gute Nacht!

d. 7. Nov.

Mädchen! rief der Vater seinen Kindern,
Will euch geben den verheißnen Acker,
Daß ihr reiche Ernten drauf gewinnet,
Reich an Garben und an weichem Flachse,
Weiße Brote euch daraus zu backen,
Weiße Linnen euch daraus zu weben. –
Und die Mädchen folgten froh dem Vater,
Der sie führte auf die weiten Felder
Und aus seinem Reichtum jeder teilte.
Jeder ward ein Acker angewiesen,
Frei von Unkraut und von Dorn und Disteln,
Reinlich, schimmernd lag er ausgebreitet,
Reiche Ernte ohne Müh' verheißend.

Und nur noch die Lieblingstochter harrte,
Ihres Loses auf dem Feld gewärtig.

Und der Vater nahm die liebe Tochter,
Führte sie durch Dornen und Gestrüppe
Hin zu dem ihr längst bestimmten Acker.
Zweifelnd blickt die Tochter auf zum Vater,
Ob wohl richtig sie sein Wort verstanden,
Zitternd fragt sie, zagend seine Augen,
Ob wohl Strafe ihr entgegen drohe;
Denn so einsam lag der wüste Acker,
Ganz von Dorn und Disteln überwildert,
Sorge viel und wenig Frucht verheißend.
»Hab' ich darum auf das Glück gehoffet,
Hab' ich darum dir so treu gehorchet,
Hab' ich darum dich so reich geliebet,
Daß mein Los so hart Du mir bestimmest?
Meine Schwestern hast Du hoch beglücket,
Hör ihr frohes Jauchzen in der Ferne,
Jubelnd haben sie die goldnen Saaten
In die offnen Furchen eingestreuet,

Und mit Blumen ist ihr Haupt umkränzet.
Warum hast Du mich also gestrafet,
Warum hast Du mich so tief betrübet,
Die Dich doch so innig hat geliebet?«
Und der Vater sah der lieben Tochter
Lange tröstend mild ins bange Auge.
»Jäte!« sprach er, »diesen wilden Acker;
Wo das Unkraut also üppig sprießet,
Wird die goldne Saat sich üppig breiten;
Nicht die Fläche gibt der Pflanze Leben,
In der Tiefe sucht sie ihre Säfte,
In der Tiefe wirken alle Kräfte,
Nicht die Fläche wird die Ernte geben;
Wo die Wirkung trotzig überfließet,
Da wird Armut nicht im Boden sein,
Kraft ist nötig, daß das Unkraut sprießet,
Kraft ist nötig zu der Saat Gedeih'n!

Darum jäte, liebes, gutes Mädchen,
Jät' den wilden Acker meines Herzens,
Daß er reiche Ernten Dir einst trage,
Tausendfältig!«

Haben Sie heute meine Bitte erfüllt und das Lied gesungen, um das ich bat, und auch zur Zeit der Dämmerung, dann haben sich unsere Gedanken begegnet.

Stavenhagen, 9. Nov. 1846

Da bin ich nun wieder, geliebte Luise, auf meiner stillen Stube und bin eingezogen mit sehr viel Lust zum Guten und vielem Dank für das Gute; und in mich ist eingezogen eine große, zufriedene Ruhe, eine Behaglichkeit des innern Menschen, eine Liebe zu stiller Betrachtung der eigenen Seele, von der der große Dichter singt:

Verlassen hab' ich Feld und Auen,
Die eine tiefe Nacht bedeckt,

Mit ahnungsvollem, heil'gem Grauen
In uns die beßre Seele weckt.
Entschlafen sind nun wilde Triebe
Und jedes ungestüme Tun;
Es reget sich die Menschenliebe,
Die Liebe Gottes regt sich nun.
Und wenn in unsrer engen Zelle
Die Lampe freundlich wieder brennt,
Dann ist's in unserm Busen helle,
Im Herzen, das sich selber kennt.
Vernunft fängt wieder an zu sprechen
Und Hoffnung wieder an zu blühn,
Man sehnt sich nach des Lebens Bächen,
Ach, nach des Lebens Quellen hin!

Ja, nach meines Lebens Quell sehne ich mich, dessen Gemurmel ewig gültige Worte, dessen Echo die Liebe und dessen Najade Sie sind. Gießen Sie ihn aus, diesen Quell, rein und klar und voll, und beugen Sie sich freundlich über seinen Rand, damit Ihr liebes Bild sich darin spiegle und ein Gruß für ihn sei, der ihn begleitet durch freundliche Wiesengründe und hallende Wälder und hemmende Klippen, bis er still verrauschend sich senkt ins Meer der Ewigkeit.

Mein erster Gang war heute zu Dr. Liebmann, und zu meiner größten Freude wurde mir die Nachricht, daß die Doktorin wiederhergestellt sei und sich mit Schreiben und Dichten im Bette beschäftige; so daß also auch für mich und meine Hoffnung nichts im Wege steht, da sie sich zur Besorgerin und Empfängerin gewisser Briefe gütigst erboten hat. Diesen Brief werden Sie durch die dritte Hand, durch den Dr. Timm in Parchim, erhalten, der so überaus gütig gewesen ist, mir eine schöne Arbeit auf den Hals zu laden, ich soll für ihn Notizen über Turnen und eine Geschichte des Friedländer Turnplatzes schreiben, dafür aber drehe ich ihm eine Nase und mache ihn, ohne daß er es ahnt, zum postillon d'amour, zu dem er sich schickt (verzeihen Sie den Ausdruck), wie der Esel zum Geigenspielen.

Liebe Luise, erhalten Sie sich gesund, spazieren Sie fleißig, ich bitte darum, und denken Sie öfter einst an mich, und wenn ich nicht zuviel bitte, so schreiben Sie mir bald, damit ich nur das Vergnügen habe, zum erstenmal Ihre Handschrift zu sehen. Leben Sie wohl!

Ihr F. Reuter

1847

AN LUISE KUNTZE

Thalberg, 10. Mai 1847

Liebe, süße Luise, was soll ich Dir schreiben, was Dir sagen, um Dir den ganzen heißen Dank eines glücklichen Herzens abzustatten? Wie können diese toten Zeilen wohl jenen Weg zu Deinem Herzen finden, den das lebendige Wort fand? Oh, Luise, hättest Du damals in meine Brust blicken können, Du hättest einen Abgrund von Seligkeit geschaut, Du würdest stolzer Dein schönes Haupt erheben, weil Du die Schöpferin solcher Wonnen warst. Wie lieb' ich Dich! wie denk' ich an Dich, wie denk' ich für Dich! Tausend Pläne für Dein Glück tauchen in mir auf, mit dem gläubigsten, mutigsten Herzen verfolge ich sie, zu tausend Mühen und Entsagungen bin ich bereit, wenn es Dich, einen so herrlichen Preis, gilt. O fürchte Dich nicht, süßes, geliebtes Mädchen, den nur erwarten Täuschungen auf dieser Erde, der das Glück außer sich selbst sucht, der den Gütern des Lebens einen so hohen Preis setzt, daß er sie auf Kosten seiner Ruhe zu erringen sucht; wir beide werden nicht getäuscht werden, wenn wir das Glück in uns selbst und eins in dem andern suchen. Unser Los, was wir uns gar noch erst zwei Jahre hindurch zu erkämpfen haben, wird und kann nur ein sehr bescheidenes sein; aber es ist doch keine Niete, und am Schlusse unsers Lebens werden wir auch dankbar für das kleine Glück sein, was uns gefallen.

Liebe Luise, Gott hat die Zukunft unsers Glücks in eine schwere, hart bedrängte Zeit gelegt. Die Not, die auf allen Klassen der Gesellschaft lastet, drückt uns freilich nicht unmittelbar, aber die Folgen können und werden sich gewiß auch auf uns erstrecken, die Erwerbung einer Brotstelle, eines noch so kleinen Besitzes wird sicherlich sehr dadurch erschwert werden; aber so schwer wie augenblicklich, glaube ich, wird es gewiß nicht bleiben, und darum vertraue auf mich, ich bin aus den Jahren des Unbedachts hinaus, und die mannigfachen Erfahrungen meines Lebens können für Dich, was sie mich auch gekostet haben, nur segensreich sein, und wenn ich ins tiefste Innere meiner Seele blicke, so sehe ich dort den Entschluß und den festen Willen, Dich glücklich zu machen. Doch Du hast mir selbst gestanden, daß Du an meine aufrichtige Liebe glaubst, und dafür segne Dich Gott! Blicke um Dich, liebe Luise, es ist eine inhaltschwere Zeit, worin es dem Weibe wohl not tut, sich an den Mann anzuschließen, um nicht niedergetreten zu werden in dem rastlosen Treiben; es ist eine Zeit der Parteiung, ein Ringen nach einem neuen Werden, nicht etwa auf der Oberfläche der Welt, nein, in deren tiefstem Grunde, in die bescheidensten und verborgensten Verhältnisse dringend, zugleich hoffnungsreich und furchterregend. Diese Zeit ist für jeden denkenden Menschen verderbenschwangerer als das brausende Meer, als der tückische Vulkan; darum, liebes Mädchen, schließe Dich an an einen Mann, der den Willen und, will's Gott, auch die Kraft hat, Dich zu schützen gegen die Stürme der Zeit. Die Könige und die Gewaltigen dieser Erde schwingen ihre modernden Paniere mit dem Ruf »Alles *für* das Volk!«; aber man glaubt ihnen nicht mehr. Das selbständig gewordene Bürgertum schart sich um die Vertreter der Intelligenz mit dem Rufe »Alles *durch* das Volk!«. Das sind die Stichworte der beiden Parteien, und nie haben sich feindlichere gegeneinander übergestanden. Wo ist hier eine Versöhnung möglich, Parteien haben nie den Geist der Liebe gekannt, durch den allein die Versöhnung möglich wird. Aber was hat dieser Brief, was mein jetziges Leben und Sein mit der Politik zu tun? Ich habe nur ein Ziel, für das ich streite, nur ein Gegenstand erfüllt mich ganz, und das ist Deine Liebe; dort herrscht keine Partei, dort geht eins in das andere auf, nur für meine Luise denke, fühle und bin ich, nur Dein Glück ist mein Zweck, und nur durch Dich will ich selber glücklich werden. Also: »Alles *für* meine Luise« und »Alles *durch* meine Luise«!

Holdes, süßes Mädchen, es gibt gewiß in dem Leben jedes Menschen Momente, in die sich die ganze Zukunft zusammendrängt, in denen sich der Keim zukünftigen Glücks und Unglücks entwickelt. Heil dem Menschen, den Gott befähigt, solche Stunden zu erkennen, heil mir, daß ich einer dieser Auserwählten geworden bin und daß ich fort und fort an diese Wahrheit geglaubt habe. Der Augenblick, in dem ich Dich zum erstenmal in R. sah, war ein solcher; mit welcher Überraschung, ich kann wohl sagen Staunen, erblickte ich Deine hohe, schlanke Gestalt, mit welcher Ahnung zukünftiger Wonne sog ich den reizenden Ausdruck Deiner lieblichen Züge in mich, lauschte ich dem Wohllaute Deiner Stimme, Deines Gesanges, und wie durchfuhr mich der Gedanke an Liebe zu Dir. Und du hast geglaubt, ich sei kalt? Und Du hast geglaubt, es sei diese Liebe nichts anders als eine grundlose Hartnäckigkeit des Vorsatzes? Was Du für Kälte hieltst, war der Ernst und die Wahrheit meiner Liebe, war das Gefühl der Ehrerbietung, das in meiner Brust durch die Überzeugung reiner Liebe erweckt werden mußte, was Du für Kaprize hieltst, war die Stärke dieser Überzeugung und der Glaube daran und der Entschluß, doch festzuhalten, sei's an dem Glück, sei's an dem Unglück, wenn's nur von Dir herrührte. Ich liebe Dich mit einer Glut, von der Du keine Ahnung hast, Du bist bei mir des Tags unter den Menschen, Du bist bei mir in der Stille der Nacht, in meinen Träumen. Mein Leben ist in zwei Hälften geteilt, in die Erinnerung an Dich, an die Stunden, in denen ich mit Dir allein war, und in die Hoffnung auf Dich, auf die Stunden, in denen ich mit Dir allein sein werde. Die Gegenwart geht spurlos an mir vorüber, sie berührt mich aber deswegen auch nicht unangenehm, ich bin heiter und fröhlich, denn ich glaube an eine noch schönere Gegenwart, und der einzige Kummer, den ich habe, ist der Gedanke, daß Du, mein Leben, meine Liebe, daß Du leidest, daß für Dich die Gegenwart drückend und verletzend sei, daß der Trübsinn Dich beschleichen und Deine Gesundheit untergraben kann.

Entschuldige mich bei Herr und Madame Schweer, daß ich heute nicht an sie geschrieben habe, ich habe es wirklich sehr eilig und überhaupt jetzt viel zu tun. Die Doktorin Liepmann habe ich in Stav. gesprochen, muß aber leider gestehen, daß ich sie sehr schwach und sehr verändert gefunden habe. Die allgemeine Stimme hat sie aufgegeben; ihren Mann habe ich nicht danach fragen mögen. Sie war zwar auf und schien sehr heiter; aber man sah ihr Leiden deutlich.
Nun lebe wohl, mein holdes Mädchen, gedenke meiner, wie ich Deiner gedenken will, und schreibe bald, ob Du noch so freundlich gegen mich gesonnen bist, wie Du es warst; was Du denkst, was Du hoffst, was Du fürchtest; Du weißt, daß es eine Brust gibt, die mit Dir alles fühlt. Luise, ich bin Dir auch gar zu gut! Lebe wohl! Auf immer Dein F. Reuter

Den Ring meiner Mutter schicke ich Dir lieber nicht, ich bringe ihn Dir selbst, hoffentlich Michaelis, wenn ich bei Deinen Eltern gewesen bin. Liebes, liebes Mädchen!

AN FRITZ PETERS

Thalberg, 5. Oktober 1847

Mein lieber Fritz, gespeist zu haben, wünsche ich Dir! Obgleich Festung ringsumher, nach Adams Aussage, von Masern belagert wird, hält Besatzung sich tapfer. Simson, Schoenermark & Comp. verteidigen die untere Etage, indem Simson die Außenwerke und detachierten Forts und Schoenermark die Hauptfeste innehat. Ich kommandiere die Zitadelle oben zum Schutz der bedrängten Jungfrauen, worin mir mein Adjunkt Westphal beisteht, der Kommandeur vom Platz der Mädchenstube ist; ich habe dasselbe Amt in der Mamsellstube. Westphal allein hat eine Blessierte, die Stubenhanne, die von nächtlichen Kaffeekochanstrengungen und anderen uns bisher noch unbekannten nächtlichen, die Ruhe und Gesundheit vermissenden Strapazen untergraben ist und des-

halb die Übergebung gekriegt hat. Das Hauptkorps hat sich gänzlich in Dein Schlafzimmer konzentriert, Großmama, Mutter Schusch, lütte Dörten, Alisa, die Maus und Friedrich II., der diese Nacht ein sehr lautes Kommando dort geführt hat, heute sich weidlich über die Macht seiner Lungen zu amüsieren scheint und voll ungeheurer Courage ist. Du siehst aus dieser Schilderung, daß noch alles wohl ist und Du also mit den Deinen ungestört die Schönheiten Berlins genießen kannst.
Aber – Kartoffelaufnehmen – nein! Hilgendorf hat alle Tetzleber in Arbeit, und die Treptusen haben entschieden die freundlichen Anerbietungen Schoenermarks ausgeschlagen. Heute kommt Adam vielleicht; gestern war ein Kornhändler hier, den ich jedoch nicht gesprochen. Großmama ist gestern und heute beim Wäscheplätten und Zusammennehmen beschäftigt gewesen und läßt natürlich herzlich grüßen. – Gestern war das Wetter sehr gut, und Deine heimatliche und Deine sämtliche Nachkommenschaft hat es genossen; heute ist es kalt und der Wind rauh, weshalb sie heute im Hause bleiben müssen. Mein Busenfreund Heinrich der 87ste sagt mir heute, daß er heute am Nachmittag das Heu einfahren läßt und die Rüben beiseite zu bringen hofft. Morgen will er den Roggen säen; der Weizen in der Brache ist besorgt. Die Treptusen verlangen 6 Taler und Frühstück und Vesperbrot. Er will mit dem Kartoffelaufnehmen deshalb warten, bis Hilgendorf die Tetzleber entläßt, oder sonst mußt Du es ihm umgehend anders vorschreiben. Letzterer sagt, Lehsten habe seine gewöhnlichen Magenschmerzen und Adonius seine Schlafsucht.
Mehr weiß ich nicht zu schreiben, außer den herzlichsten Wünschen für Euer Wohl und Vergnügen. Ich wünsche, daß Seine Majestät geruhen möge, Dich zum Oberamtmann der besten Domäne zu machen. Ich wünsche, daß Deiner Mutter alles, was sie dort sieht, sehr gut gefallen möge, daß Deiner Frau der edle und weibliche Geist der sentimentalen Emerentia erscheinen möge und Ihr beim Anblick jeden Ecken-

stehers die sublimsten Gedanken und die tiefsinnigste Weltanschauung zuflüstern möge und daß Franz in jeder schönen Berlinerin eine tugendhafte Seele entdecken möge, und mir wünsche ich eine baldige Antwort und ein recht frohes Wiedersehen. Lebe wohl, mein Freund! Viele Grüße von allen im Hause.

Mit Liebe Dein Freund
F. Reuter
Dein Leutnant auf Thalberg.

[Spätere Nachschrift der Petersschen Tochter Elise:]
Elisa grüßt Ihren lieben Papa Petersen.

Elisa Petersen.

AN LUISE KUNTZE

Thalberg, 6. Oktober 1847

Meine geliebte Luise, es ist jetzt ein Jahr, als ich Dich nach langer Trennung wiedersah, als ich mit der letzten verzweifelten Hoffnung der lauten Stimme meines Herzens folgte und die Zukunft meines ganzen Lebens Dir entgegentrug, damit Du darüber entscheiden möchtest. Es war jener Tag einer von denen, die einem jeden Menschen als Marksteine im Leben gesetzt sind; an solchen Tagen entscheidet es sich, ob es zum Wohle geht oder zum Wehe, ob man steigt oder ob man fällt. Blicke ich zurück, so kann ich sagen, kann ich dankbar sagen: für mich war es ein glücklicher Tag, mich führte er zum Wohl, mich ließ er steigen. Diesem Jahr verdanke ich viel; wie die Stunden in Rogg. die glücklichsten meines Lebens waren, so war dies Jahr das glücklichste; es ließ mich hoffen auf die Zukunft, es ließ mich siegreich gegen einen alten Feind kämpfen, es ließ mich die Gegenwart mit Mut und Zuversicht ertragen, und Du warst der Engel des Lichts, der mit dem sanften Fittich der Liebe und der Hoffnung mich umflog im Wachen und im Traum, Du warst mir der sichtbare Bote von oben, der Träger himmlischer Verzeihung und einer neuen Weihe. Mein Herz fordert mich laut auf, Gott zu danken und Dir. Es ist ein überschwengliches Glück, daß gerade Du es sein mußtest, Du, die ich erwählt von allen andern Menschenkindern, die auch der Herr erwählte, daß sie mir beistände, mich tröstete, mich leitete, mich führte auf die Bahn des Guten und Wahren. Wie so trostlos verließ ich Dich vor einem Jahr; Deine jetzige trübe Stimmung kann nicht so vernichtend sein als die meinige; es war das Grab meiner letzten Hoffnung, das sich über das unruhige Herz geschlossen hatte, und nur in der Erlaubnis, an Dich zu schreiben, dämmerte mir ein entfernter Schein von unbestimmter Aussicht, Dir wenigstens zeigen zu können, daß ich Dich liebte, wenn auch hoffnungslos, und wie ich Dich liebte. Und hat sich für mich nicht alles zu der höchsten, edelsten Freude verklärt, sind dem erzwungenen Kusse des Mitleids nicht die freundlichen, vertrauenden, hingebenden Küsse der Liebe gefolgt? Hat sich die in Kummer und Tränen gesäte Saat nicht herrlich in dem Sonnenscheine des Glücks entfaltet und prangt sie nicht in dem Glanz und der Glut einer Liebe, die nicht welkt und verdorrt, nicht hier und nicht jenseits? Nimm dieses Bild meiner Liebe und schaue hinein wie in einen Spiegel und erkenne, daß Dein jetziges hartes Los sich auch verklären kann und wird, daß die Wolken, die Dir jetzt den Himmel einer glücklichen Zukunft verhüllen, die Frucht Deiner Seele zeitigen werden und Du tausendmal reiner und schöner aus einem solchen Kampf hervorgehen wirst.

Meine angebetete Luise, ich beschwöre Dich auf meinen Knien, laß nicht die Hoffnung auf eine Zukunft voll Glück und Liebe fahren; sie wird kommen. Einem jeden Menschen ist sein Maß und Ziel gesetzt; ich verstehe dies nicht bloß von der Zeit seines Lebens, sondern auch von den Erscheinungen im Leben, von Freude und Kummer; je mehr Kummer Du jetzt erduldest, desto weniger hast Du vor Dir. Wenn die Sonne am Morgen in allem ihrem Glanze scheint, gibt es am Abend Unwetter; aber wenn sie sich am Morgen in Wolken hüllt, folgt ein heiterer Abend. Ein heiterer Morgen ist schön, aber ein heiterer Abend ist schöner. Lieblich ist ein lächelndes Kind, wenn aber auf dem Abend des Lebens, auf den welkenden Lippen des Greises ein Lächeln sitzt, dann ist der Anblick noch schöner, erhebender; es ist ein Trost für kommende Geschlechter und eine beseligende Weissagung für das Jenseits. Darum denke mit stiller Hoffnung an so einen Abend, an das Lächeln des Greises, mein geliebtes Weib, so ein Abend wird uns einst werden, wenn wir jetzt mutig kämpfen. Du weißt, daß unser Los kein glänzendes sein wird, d. h. im Sinne der Welt; aber in meinem Sinne, im Sinne meiner Seele, die aufrichtig an wahres Glück denkt, wird es ein glänzendes, ein aus Liebe, Heiterkeit, Hingebung und Achtung erbautes sein ...

[Zusatz von Luise:] Auf immer Dein Fritz

[Schluß fehlt.]

AN FRITZ PETERS

Stuer, 19. November 1847

Mein lieber, guter Fritz, Du wirst aus meinem Briefe, der, wenn ich nicht irre, an demselben Tage von mir an Dich gerichtet ist, an welchem Du an mich schriebst, gesehen haben, daß ich Dich und Deine Aufträge nicht vergessen habe. Jetzt, da ich Deinen Brief vom 10. d. M. erhalten habe, auch schon längere Zeit hier bin, um sichere Beobachtungen machen zu können, kannst Du auf zuverlässigere Nachrichten mit Recht hoffen.

Meine Ansicht von der Wasserkur ist in Hinsicht des Allgemeinen die folgende: Viele Krankheiten, die beinahe unmöglich von den Ärzten geheilt werden können, werden hier geheilt; die Schuld mag dabei durchaus nicht bei den Ärzten liegen, darüber will ich nicht reden, weil ich es nicht verstehe, wohl aber liegt sie sehr häufig an den Lokalitäten und den Verhältnissen der Patienten. Mit aller Mühe und Aufmerksamkeit von Deiner und Deiner lieben Frauen Seite werdet Ihr nicht imstande sein, Großmama vor jeder Aufregung und Anstrengung zu bewahren; Ihr werdet nicht imstande sein, sie täglich zu bestimmten Stunden zum Spazierengehen zu bewegen; Ihr werdet ihr nicht immer eine durchaus passende Diät geben können, wenn auch noch so ängstlich dafür gesorgt wird; Ihr werdet ihr nicht die regelmäßigen Bäder verschaffen und sie zum regelmäßigen Wassertrinken anhalten können. Dies ist jedoch hier der Fall, und dies ist meiner Ansicht nach im *allgemeinen* das vorzüglich Lobenswerte der Wasserkur.

Was nun das *Spezielle* der Kur betrifft, so richtet sich die Behandlung nach dem Übel, und hier kann ich nur Tatsachen berichten, die von mir teils selbst gesehen, teils von anderen glaubwürdigen Personen hier mir erzählt sind. Die Aufzählung von Einzelheiten würde zu nichts nützen, deshalb beschränke ich mich darauf, Dir zu sagen, daß hier eine ganze Anzahl von Gichtischen geheilt worden sind, daß jedoch die Kur langsam geht, vorzüglich bei älteren Leuten. Gewöhnlich ist der Verlauf einer solchen Kur, die in Baden, Schwitzen, Tragen von nassen Umschlägen, Sitzbädern, Fußbädern usw. besteht, zuerst mit einer zufriedenstellenden Besserung, später mit allerlei Geschwüren an mancherlei Stellen des Körpers, Ausschlag, zuweilen über dem ganzen Körper; hernach vielleicht mit einer bedeutenden Verschlechterung des Befindens und wiederholtem Ausschlag verbunden, bis dann diese Ausscheidungen geheilt sind und der Kranke entlassen wird. Das Baden selbst, das Schwitzen und alle die einzelnen Prozeduren sind Kinderspiel, man gewöhnt sich bald ganz daran; schlimmer ist der Zustand, wenn die Geschwüre und der Ausschlag kommen, wo denn auch sehr über Schlaflosigkeit geklagt wird; indessen versichern alle, daß man doch nicht erschöpft sei.

Wie Du siehst, kann durch all diese Zwischenfälle die Kur sehr in die Länge gezogen werden. Ich für meine Person muß erklären, daß ich noch nie so auf dem Damm gewesen bin wie jetzt, obgleich ich die Kur vielleicht am schärfsten gebrauche. Ausschlag habe ich noch nicht, werde ihn aber wohl kriegen. Ob nun Großmama bis den Frühling warten muß, mögt Ihr dort entscheiden; ich muß sagen, daß ich es für ganz gleichgültig halte, ob man die Kur im Frühling oder im Winter durchmacht; das einzige ist, daß man im Sommer mehr Vergnügen im Freien hat, sonst bleibt es sich gleich. Die Gesellschaft hier ist angenehm und durchaus nicht abstoßend, Essen und Trinken gut, und ich meine: die Kranken *fressen!* Deine Frau kann sich freuen, wenn ich wiederkomme: die Wurst wird nicht sauer und die Spickgans nicht zu alt werden. Solltet Ihr Euch entschließen, Großmama herzubringen, so melde ich, daß augenblicklich das beste Zimmer im Hause leer steht; es kostet wöchentlich 6 1/2 Taler; darin sind enthalten Beköstigung und Kur, nicht aber Heizung und Licht; die Aufwartung ist eigentlich auch mit drin, man muß aber doch Trinkgelder geben. Ein Bett würde sich Großmutter am besten mitbringen, auch einige Bettlaken mehr als gewöhnlich, zum Abtrocknen nach dem Bade, und alte Leinewand zu Umschlägen. – Viele von den Damen haben den Sommer über ihr eigenes Mädchen mit hier gehabt, wofür, wie ich glaube, wöchentlich drei Taler bezahlt wird, doch haben auch einige keins gehabt; bequemer ist das allerdings, auch muß man alte Leinwand zu Umschlägen mitbringen. – Das wäre denn so das Hauptsächlichste, oder vielmehr alles, denn eine Decke zu zirka 5 Taler muß man hier kaufen, da die anderen Wolldecken alle zu klein sind.

Mein lieber Fritz, Du bist ein verständiger Mensch und wirst gewiß mich soweit kennen, daß ich das Beste zu tun glaube, wenn ich zurate, Du wirst aber auch nicht so ungerecht sein und mir Vorwürfe machen, wenn es sich nicht zum Guten erweisen sollte; das steht in Gottes Hand! Daß ich nicht ein alberner Nachbeter neu aufgekommener Wahrheiten bin, weißt Du, und noch heute habe ich dreist in Gegenwart von Leuten, die die Wasserheilkunst in den Himmel erheben und die übrige Medizin verdammen, die letztere allein gegen fast alle in Schutz genommen und bin von allen der kühlste Verehrer der Wasserkur, vielleicht, weil ich der zuletzt Angekommene bin. Darum wird mein Rat kein übertriebener sein, und mein Rat ist: schicke Deine Mutter hierher. Was an mir liegt, soll geschehen, ihr die Zeit hier angenehm zu machen; doch Langeweile wird sie hier nicht haben, die hat hier keiner, das einzige Unangenehme kann die Trennung von Euch sein. – Grüße meine liebe Freundin, Deine gute Frau, und sage ihr, wenn ich nach Thalberg käme, würde der Kaffeetopf Ruhe vor mir haben, denn den wird man hier ab. Allen Kindern meinen besten Gruß, auch Heinrich Schoenermark und Gusting und die Ehlert. Lebe wohl und schreibe an Deinen Freund

F. Reuter

Herrn Krahe, unserem Arzt, werde ich diesen Brief zu lesen geben, vielleicht, daß er in betreff der Kur etwas zu berichten hat – er hat nichts zuzufügen, nur daß Aufenthalt und Kost eines Dienstmädchens wöchentlich nur einen Taler und 32 Groschen kostet.

[Nachschrift:] Eben erhalte ich einen Brief von meiner Luise, und da sie weiß, daß ich mit Euch in Korrespondenz stehe, so läßt sie Euch grüßen. – Daß Deine Kartoffeln faulen, ist schlimm; hier hört man nichts davon. Fange an, mit den Runkeln zu füttern. Bei diesen Kornpreisen wirst Du dieselben so am besten verwerten. Jetzt gerade sind sie am besten und im Frühjahr am schlechtesten. Auch mag dann wegen der bevorstehenden Saatzeit Kornfutter besser sein. Sorge deshalb sobald als möglich für eine Schneidemaschine und schiebe es nicht auf. Leb wohl,

Dein Fritz Reuter,
tous jours, wie immer.

Stuer bei Plau, den 20. November 1847

AN FRITZ PETERS

Stuer, 7. Dezember 1847

Mein alter Fritz, wenn ich Dich überhaupt noch mit dem Titel Sr. Königlichen Majestät des hochseligen Königs Friedrich II. von Preußen anrede, so geschieht es nur, weil ich Deine notorische Faulheit im Schreiben bemitleide und in Großmut entschuldige; »liebes Kamel« oder »verehrtester Teekessel« würden bei weitem passendere Anreden gewesen sein und hätten sogar vielleicht einen besseren Erfolg, d. h. Antwort zur Folge gehabt. – Doch was hilft aller Zorn, was hilft alles Predigen bei einem eingewurzelten chronischen Übel wie das Deine? Du würdest doch nicht schreiben, und deshalb ist es besser, daß ich das tue, damit doch wenigstens ein noch so unbedeutender Fußsteig existiere, auf welchem meine Gedanken zu Dir spazieren und Dir meine Aufwartung machen. Du wirst aus dem Ton meines Briefes ersehen, daß mir das Baden nicht alle gute Laune weggewaschen und die Kälte mich nicht eingeschrumpft hat.

Soviel also von mir, der ich sehr wohl und gesund bin, alle Morgen schwitze, sitze und spritze, des Mittags nässe, esse und fresse und des Abends wasche, platsche und klatsche. Alles, was man mir von Geschwüren, von Ausschlag, von Stinken und dergleichen Annehmlichkeiten prophezeit hat, ist nicht eingetreten, und man ist zu dem beruhigenden Resultat gelangt, daß ich keinen Krankheits- und Giftstoff im Leibe habe, kurz, daß man nicht etwas Rechts mit mir aufstellen kann und daß ich ein Normalmensch bin, wovon Du und Deine verehrteste Frau Gemahlin gewiß schon längst überzeugt seid. Sollten in meinen Briefen Dir fremde, nicht verständliche medizinische Ausdrücke aufstoßen, so bitte ich darüber nachzulesen: Adam, praktischer Arzt zu Treptow, erster und vorzüglichster Teil, Pathologie für Laien; ferner: Hafergrütz-Diätetik von demselben; und noch weiter: Monographie der Psora (Krätze) von demselben; wo Du denn alles sehr leicht verstehen und nebenbei viel Unterhaltung haben wirst. – Nicht wahr? ich bin ein Narr, einen ernsthaften Brief an einen ernsthaften Mann mit solchen Torheiten anzufüllen; zumal ich weiß, daß bemeldeter Mann von Geschäften geplagt ist, weil dies gewöhnlich seine bedrängteste Zeit im Jahr, da er wohl noch nicht zugesäet hat. Ich will mich daher etwas ernster in der Unterhaltung zeigen und als Landmann mich genauer nach Deinen landwirtschaftlichen Verhältnissen erkundigen. Also: zugesäet hast Du wohl noch nicht? Das schad't auch nicht! Gott ist in den Schwachen mächtig, und der Kalender prophezeit bis Neujahr offen Wetter. – Hast Du jetzt noch Futterkorn, dann glaube ich, tät'st Du gut, den »Müden« etwas mehr zwischen die Zähne zu geben, Du brauchtest ja nur den Rotzigen es zu entziehen, die holt doch alle der Schinder. – Wieviel Kühe glaubst Du wohl dieses Frühjahr aufheben zu müssen, und von wo bezieht Ihr jetzt Eure Milch zum Kaffee, vielleicht von Nachbar Hilgendorf? – Daß Du eine eigene Grube hinter dem Schafstall eingerichtet hast, halte ich sehr gut für die Kompostbereitung, bin jedoch der Meinung, daß der Tod Deiner Schweine von zu vielem Fressen herrührt, denn für jedes Schwein täglich ein verhungerter Hammel ist doch zu viel; übrigens lasse die noch lebenden Schafe auf den Roggen gehen, wenn der schon so weit sein sollte, daß sie dort etwas finden; die erste Not muß doch immer zuerst gekehrt werden, und, wie Du selbst sagst, das Schaf hat einen vergoldeten Fuß. – Das wäre denn so das, was die Außenwirtschaft beträfe.

Die Häuslichkeit ist wohl nicht so glänzend bestellt, doch man kann ja auch nicht überall groß sein. Daß Du in der Kinderzucht das möglichste und Vortrefflichste leistest, ist mir hinlänglich bekannt, doch möchte ich Dich darauf aufmerksam machen, daß Dir die Feinheit, das Exquisite, darin abgeht; gefreut habe ich mich, daß Du daran gedacht hast, Elisen zu Weihnacht einen Fächer und Glacéhandschuhe und Anna ein Schnürleib zu schenken; wenn Du nun noch Pomade, Schminke, Eau de Cologne usw. zufügst, so kann aus

Deinen Töchtern etwas Bedeutendes werden; kaufe ihnen bei Gelegenheit auch das neueste Komplimentierbuch und vor allem ein Collier, dann wirst Du sie auch bald an den Mann haben.
Wie ich höre, wird Fritze nächstens wieder in Treptow sein; dann könntest Du ja für Fritzemännen das neue Gebiß anfertigen lassen, falls nicht eben das Deinige noch zu benutzen ist. Für einen passenden Roman von Paul de Kock für Deine Kinder wird Onkel Eute sorgen, und für Sporen für Fritzemänne sorgt Onkel Peck, Rust für Unterricht in der höheren Reitkunst und Brockmann für zweckmäßiges Tragen eines Reitstocks sowie für gentlemännisches Wesen; wenn Adam für offenen Leib sorgt, dann weiß ich nicht, was Du mehr wünschen kannst. –
Nun lebe wohl und antworte, verehrtester Kuchen, damit ich doch erfahre, ob Ihr nicht etwa tot seid! Erlauben Sie, verzeihen Sie, wat is dat för'n oll dämlich Gebeer?

Dein Fritz Reuter

1848

AN MARIE PETERS, GEB. OHL

Stavenhagen, 29. März 1848

Meine geehrteste Freundin, mit vollem Recht könnten Sie heute einen heiteren und launigen Brief von mir erwarten, wenn die Laune bloß von dem eigenen Schicksal des Menschen abhinge; leider ist dies nicht der Fall, und die meine, die sonst übersprudeln würde, wird zurückgehalten durch die gänzliche Unkenntnis von dem Wohlbefinden meiner Luise, die noch gar nicht wieder seit dem 10. d. M. an mich geschrieben hat. Sie muß sehr viel kränker geworden sein.
Was mich anbetrifft, so bin ich wohlauf und bin wirklich ein arger Politiker geworden; ich bin es jetzt mit Leib und Seele und bin fast ein Kuning von 160 Einwohnern und Bürgern als Deputierter von Stavenhagen. Ich bin nach Güstrow zum Städtetag gewählt worden ... Doktor Grischow ist der andere Deputierte; am Sonnabend reisen wir hier ab; ich bitte daher, dem Boten in meine lederne Tasche meinen Leibrock, schwarzes Beinkleid und graues Beinkleid einzupacken; das Schloß und der Schlüssel zu der Tasche liegt in meinem Koffer unten links.
Ich habe noch mehr Briefe heute zu schreiben und muß um Entschuldigung für die Kürze und Eile bitten. Grüßen Sie Fritz, Graßmann und die Kinder und vergessen Sie nicht

Ihren ergebensten Onkel Eute

AN LUISE KUNTZE

Schwerin, 28. Mai 1848

Meine gute, teure Luise, ich habe eben in einem guten Buche folgende Stelle gelesen, die ich Dir mitteile, die mich sehr getröstet hat und ihren Einfluß auch auf Dich nicht verfehlen wird: »Nachdem sie aber lange zusammen gegrübelt und überlegt hatten, kamen sie überein, daß man sich das Unglück zwar oft selbst zuziehe; oft aber auch das allervorsichtigste, schuldloseste Betragen nicht vor ihm sichere, und wenn es einmal, es sei verschuldet oder unverschuldet, da sei, Gottvertrauen es versüße und fruchtbringend mache für ein besseres Leben.« – Bist Du krank; ach, ich fürchte es, und Gott hat meine Gebete nicht erhört, wenn ich unter Schmerzen in schlaflosen Nächten ihn anflehete, mir Deine Lasten noch aufzubürden und sie Dir zu nehmen. Zürnst Du mir? Oh, dann will ich nichts weiter sagen als »Vergib mir« und will dieses Wort wiederholen, bis es eine freundliche Antwort der innersten Stimme Deines Herzens entlockt. – Übermorgen, am Dienstag mittag um 3 Uhr, reise ich hier ab, und bis dahin kann ich Antwort von Dir erhalten; es wird mir dies ein Zeichen sein, ob Du wirklich krank bist, erhalte ich keine auch noch so kurze Zeile von Deiner Hand, so nehme ich an, daß Du nicht imstande bist zu schreiben. Ach, ich fürchte, dies ist nicht gut von mir, ich fürchte, dies ist rauh und hart gegen Dich; tue, was Du kannst und willst; ich werde Dich doch ewig lieben. Ach, wenn ich Dich nicht hätte und meine Schwester, dann wäre ich wohl verloren, und mein Herz würde untergehen an der Kälte der Welt; ich klammere mich mit aller Kraft an Euch beide, und doch ist mein Gefühl für Euch beide so verschieden. – Von Stav. aus werde ich Dir mehr schreiben, schicke mir nur ein paar Zeilen oder schicke sie an meine Schwester, so daß ich sie dort vorfinde. – Gott erhalte Dich und tröste Dich! Nimm diese wenigen Zeilen freundlich auf und denke mit Vertrauen an eine bessere Zeit.

Ich bin für Dich immer derselbe; ach, denke nicht hart über mich. Lebe wohl, Dein F. Reuter

1850

AN LUISE KUNTZE

[Thalberg, 1850]

Liebe Luise, ich schreibe also meinem Versprechen gemäß sogleich an Dich, und zwar kann ich zu meiner Freude Dir beruhigende Nachricht geben. Diese letzte Nacht ist zwar unruhiger wie die vorige gewesen, indessen sind alle Symptome der Art, daß beide Ärzte sich erklärt haben, wie dieselben zu dem notwendigen regelrechten Verlauf der Krankheit gehörten. Fritz hat viel über Brennen geklagt und deswegen wenig geschlafen; der arme Junge weinte bitterlich vor Schmerz; Hans ist recht schön ruhig gewesen und augenscheinlich in Besserung; Elise hat wirklich auch die Frieseln, es hat mit ihr jedoch einen ziemlich gefahrlosen Verlauf; Anna entschieden damit durch. Die Nachrichten sind also nicht trüber. –
Soweit war ich, als ich gestört wurde. Diese Nacht habe ich teilweise gewacht und heute morgen zu meiner Freude gehört, daß alles weit besser steht. Alles ist auf dem Wege der Besserung.
Indem ich Dir dies in Eile melde, bitte ich Dich inständigst, Dich zu schonen und bei der geringsten Erkrankung mich davon in Kenntnis zu setzen.
Ich bin sehr wohl. Mit der herzlichsten Liebe Dein Fritz

1851

AN CARL CHRISTOPH GRISCHOW

Treptow, 7. Februar im Jahre der Reaktion 1851

Geehrtester Freund, als wenn Sie ein Mann wären, der nichts weiter zu tun hätte, als mir Hand- und Spanndienste zu leisten, so will ich heute an Sie schreiben und bin so unverschämt, schon von vornherein überzeugt zu sein, daß Sie mir nachfolgende erbetene Gefälligkeit gern erweisen werden. – Wie Sie wissen, bin ich bis dato noch kein naturalisierter Preuße, ebensowenig wie ein fanatisierter; meine Lage jedoch, meine Zukunft würde durch die Naturalisation eine gesichertere, und um dieselbe zweckmäßig und leicht bewerkstelligen zu können, würde mir ein authentischer Nachweis meiner Vermögensverhältnisse höchst förderlich sein; ich bitte Sie daher, mir entweder durch die dortige Behörde ein Zertifikat über mein zur Hypothek bei meinem Schwager eingetragenes Vermögen ausstellen zu lassen oder, wie wahrscheinlich, mir in dem Falle, daß Sie im Besitz solcher auf meinen Namen lautenden Papiere sind, eine durch einen Notar vidimierte Abschrift zukommen zu lassen. Da mir die Stellung zu Ihnen als Ihr Kurande nur nachteilig bei meinem Zwecke sein kann, so würden Sie mich verbinden, wenn Sie diese Angelegenheit so einrichten, daß dieses Verhältnisses nicht Erwähnung geschehe. Wenn ich diese Sache erst hinter mir hätte, würde mir ein Stein vom Herzen fallen.
Sonst geht es mir sehr gut; meine Einnahme ist durch einen neuen Erwerbszweig, den ich mir eröffnet (Porträtmalerei), ziemlich gestiegen. Seit Weihnacht habe ich zirka 20 Taler damit verdient, und meine Stunden werfen für das nächste Quartal zirka 60 Taler ab. Sie sehen also, daß es zum Fortschritt geht und daß ich, sogar ohne meine Zinsen, ganz gut existieren kann. Doch habe ich noch alte Sünden auszukehren gehabt und habe in dem Jahre, in dem ich nun hier wohne,

ungefähr für 120 Taler neue Anschaffungen gemacht; das zieht denn sehr zurück und erklärt, wie ich noch immer gewissermaßen in der Klemme sitze, wie die beifolgende Rechnung von Weidemann Ihnen zeigen mag, die ich bitte ihm zu bezahlen. Von M. Marten habe ich auch noch so einen Denkzettel an die Vergangenheit erhalten, den werde ich aber noch etwas aufheben und sprechen: »Marten, der kann warten.«

Dies wären denn nun die beiden notwendigen Dinge, das utile meines Briefes, nun kommt das dulce. Ich erhalte soeben, vielleicht aus Versehen, von James Booth aus Hamburg sein Samenverzeichnis zugesandt und habe beschlossen, den Mann in Nahrung zu setzen, in Anbetracht, daß ich ein Blumenliebhaber und Pächter eines Gartens bin. Da ich jedoch aus Erfahrung weiß, daß Samenhandlungen an Personen meinesgleichen oft Mäusedreck statt Pfeffer verkaufen, und ich gern doch Pfeffer haben möchte, habe ich mir es ausgedacht, Sie als eine imponierende Macht vorzuschieben, indem ich kalkuliere, daß vor einem Manne, der den fernen Indianern Kolumbiens als der Pate der Grischowia hirsuta bekannt ist, doch mindestens eine schlechte Samenhandlung zu Hamburg Respekt haben muß. Ich habe meine botanischen Wünsche auf einen Zettel hinterlegt, den ich die Ehre habe Ihnen hiermit zu überschicken. Nach meiner Rechnung würden die begehrten Sämereien etwas über zwei Taler ausmachen.

Erinnern Sie sich gefälligst auch des Georginen-Versprechens, wenn es soweit ist.

Da Sie selbst in dem Lande der Erbweisheit wohnen, die nach dem Vorschlage der Bülow-Kummerowschen Partei auf den preußischen Konstitutionalismus gepfropft zu werden verdient, so erwarten Sie sicherlich keine beherzigenswerten politischen Nachrichten von mir, der als zukünftiger Preuße demütig auf hiesige Einführung des mecklenburgischen Feudalstaates und österreichischer Tabaksregie wartet. Gott erhalte Preußen! Wenn's so fortgeht, wird es 1852 mediatisiert, und dann tauscht Dewitz-Milzow nicht mit seinem Fr. W. – Schade um mein herrliches Haar, um die schon organisierte Bürokratie und hoc genus omne! Gratuliere zu den Österreichern, wie man wohl zu Krätze und Filzläusen gratulieren könnte.

Zum Schluß noch eine Anekdote mit politischem Nachgeschmack. Unser selbsteigner Autokrat, der Landrat von Heyden, aristokratischen Angedenkens, ist in Berlin an der Zweiten Kammer gestorben; seine Leiche wurde vor einigen Tagen von Neubrandenburg auf hier transportiert. Während der Leichenkutscher und etwaige Begleitung im mecklenburgischen Grenzdorfe Neddemin sich des Morgens um fünf Uhr vernüchtert, bepackt eine Bande Schmuggler den Leichenwagen mit Konterbande, und da der Wagen mit der Leiche nicht revidiert wird, haben sie das Glück, ihre Waren richtig einzuschwärzen. Hier in den Straßen von Treptow umringen sie den nichts ahnenden Kutscher, nehmen ihm die geschmuggelten Sachen ab und zerstreuen sich in alle vier Winde.

Leben Sie wohl, bester Herr Doktor, zu Ostern hoffe ich Ihnen persönlich meinen Dank für Ihre Güte abstatten zu können. Sollten die Sämereien bei Ihnen ankommen, so erhalte ich dieselben wohl mit der Post.

Mit der achtungsvollsten Freundschaft Ihr ergebenster

F. Reuter, zur Zeit Schulmeister

AN ERNST FRIEDRICH REUTER

Treptow, 15. Februar 1851

Lieber Oheim, gestern abend erhielt ich einen Brief von Dr. Grischow, an den ich um eine Art Vermögensattest geschrieben habe. Nach seinem Brief habt Ihr beide einen weisen Rat gepflogen, um meine Bitte zu erfüllen, seid aber auf behindernde Umstände gestoßen, namentlich darauf, daß in den Papieren, welche Grischow in Händen hat, von der

Kuratel die Rede ist, deren Erwähnung dem Zwecke, den das Attest hat, nicht förderlich sein kann. Dieser Zweck ist nun kein anderer als der, mich hier häuslich als Einwohner niederzulassen und demnächst als Preuße naturalisieren zu lassen, dies wird mir durch ein Attest, wonach ich nicht unbemittelt bin, begreiflicherweise sehr erleichtert. Wie dies anzufangen? Wie dies Attest abfassen? Ich muß gestehen, ich weiß es nicht; wenn es gegen das Gewissen sein sollte, die Kuratel aus dem Atteste wegzulassen, so kann es für meinen Zweck schon hinreichen, wenn bloß der mir jährlich zufließenden Zinsen Erwähnung geschehe, etwa als einer Rente. Dies würde sich leicht, denke ich, machen lassen, und zwar durch Lange, Not. publ., der ein solches Attest ausstellen könnte, es genügt auch schon eine einfache Obligation von Ernst. Mit Dolberg bitte ich Dich die Sache nur insoweit zu verhandeln, als es höchst notwendig ist, da er neben seiner Pinselei auch wohl noch ein persönlicher Feind unseres Namens sein möchte. – Meine Kuratel ist keine persönliche, sondern nur eine über mein Vermögen, ich bin, nach Jennings Ausspruch, berechtigt, gültige Käufe und Kontrakte zu vollziehen. – Übrigens sagt darüber der eine dies und der andere das, und ich habe absichtlich vermieden, eine für mich so empfindliche Sache zum Gegenstand juristischer Untersuchungen zu machen. – Wenn Ihr jedoch glaubt, daß dieses Attest vorzugsweise zu meiner Verheiratung dienen soll, so ist dies nicht ganz richtig, da ich nach preußischen Gesetzen auch hier als Mecklenburger heiraten können werde; ich will mich nur inbilitieren, um meine Stellung allhier gegen jeden Wechsel städtischen Regiments, der in Preußen öfter eintritt, zu sichern, und dadurch das Recht erwerben, später vielleicht ein oder das andere Grundstück exquirieren zu können. – Was nun meine Verheiratung betrifft, so denke ich allerdings daran, trotz der testamentarischen Bestimmung, und habe ich nur deshalb die beiden schriftlichen Versprechen von meinen Schwestern ausstellen lassen, wodurch diese Bestimmung faktisch aufgehoben wird.

– Ich glaube nicht, daß ich gegen den Willen meines Vaters dadurch Unrecht übe, denn das konnte unmöglich die Absicht sein, mich in ewiger Abhängigkeit von den Klauseln eines Testaments zu halten, welches doch augenscheinlich nur abgefaßt ist, um mich vor Verarmung zu schützen, indem es mich für einen Verschwender erklärte, der ich eigentlich nie gewesen bin. – Meine unselige Lage, die in jeder Beziehung mich drängte und drückte, mich zu nichts kommen ließ, ließ mich aus Schulden nicht herauskommen, die indessen nie bedeutend gewesen sind, doch nach seinem Tode, als ich nicht nötig hatte, mit monatlich 2 Talern, die er mir in Demzin und später gab, auszukommen. – Ich habe meine Lage abgeschüttelt, und mit ihr schüttele ich meine Schulden ab. Von hier aus werden keine Rechnungen an Dr. Grischow kommen, und meine Stavenhäger Gläubiger denke ich gleich nach Ostern alle zu befriedigen; dann habe ich erstens Vorschuß von 36 Talern und, Dr. Grischows Vorschuß zu Ostern vorigen Jahres von 30 Talern mitgerechnet, im ganzen 175 Taler Schulden abgetragen und habe für 120 Taler Sachen neu angeschafft, die nach meinem sorgfältigen Ermessen mir nötig waren, und das alles in einem Jahre, und zwar im ersten Jahre. Das sieht nicht verschwenderisch aus und zeigt meiner Meinung nach deutlich genug, daß ich mein Brot verdienen kann auch ohne die Zinsen meines Kapitals. Dazu kommt nun aber noch mein Porträtieren, mit welchem ich seit Neujahr, abgesehen von zwei Bildern, die ich umsonst gemalt habe, schon 20 Taler verdient habe, und 100 Taler stehen noch zu verdienen in Aussicht. Meine Stunden haben *nicht* abgenommen, 60 Taler für dies Vierteljahr, würden aber zugenommen haben, wenn nicht das Scharlachfieber so unter der Jugend grassiert hätte und den Besuch der Schulen verboten hätte. – Diese sechzig Taler glaube ich fort und fort rechnen zu können und fürs Malen vierteljährlich mindestens 40 Taler, dann kommt noch das Turnen mit jährlichen 40 Talern, und wenn Luise noch durch Musikstunden und Französisch etwas erwirkt, so können wir sehr gut leben. Sauer wird es mir allerdings, und Zeit bleibt mir bei dieser angestrengten Arbeit nicht übrig, aber das alles wäre mir ganz gleichgültig, wenn nur nicht dies schreckliche Testament existierte, das mich mit ewiger Kette umspinnt und mich endlich doch zwingen wird, diese ganz zu zerreißen und mich von seinen Bestimmungen durch Entsagung auf ein Vermögen zu emanzipieren, welches mir mehr und mehr ein Hemmschuh zum Fortkommen wird. – Denn was sind die Folgen, wenn ich mich nicht hier fest etablieren kann, wenn ich das gesuchte Attest nicht erhalte? – Alleinstehend. – Dann kann ich Luisen nicht heiraten, weil ich doch meiner Frau wenigstens eine Heimat geben muß. Und was dann? Hier in Treptow bleiben? – Warum? Als was? Als ein Mensch, der am andern Tag ohne Ursache der Stadt verwiesen werden kann? Etwa wie Herr von Rustorff? – Gewiß, um eines solchen Glücks zu genießen, den Vagabunden gleich geachtet zu werden, braucht man nicht sich sauer werden zu lassen. Oder etwa die Bestimmungen des Testaments erfüllen? Wer mir diesen Rat gibt, mag ein kluger Mann sein, aber die Welt und das menschliche Herz kennt er nicht. – Diese zu erfüllen, gibt es nur einen Weg, d. h., ich muß mich irgendwo drei Jahre einsperren lassen, dazu habe ich aber keine Lust, auch ist mir der Preis von 4750 Talern für diese Tortur etwas zu gering, und überdies würde ich mein zukünftiges Lebensglück, das an Luisen gebunden ist, obenein in den Kauf geben. Nein, wenn das also auch noch von mir gefordert werden soll, wenn die Aussicht auf eigenen Herd auch noch geopfert werden soll auf dem Altar der 4750 Taler, dann mache ich in Deutschland, in dieser Heimat, die mir keine bietet, mein Buch zu, verkaufe, was ich habe, zediere, solange ich lebe, meine Zinsen an Luise und gehe eines schönen Morgens als Porträtmaler in die Welt; male mein lebelang menschliche Fratzen und mache einen dicken Strich durch meine Vergangenheit und durch meine Aussicht auf eine glückliche Zukunft.

Das wird denn freilich einen großen Jammer geben, in mir

und in Luisen, aber ein großer Jammer ist gesünder für Seele und Leib als 100 kleine fortgesetzte, die um die Herrlichkeit von 4750 Talern zu erdulden sind, vorzüglich, wenn sie mit dem Schimpf, unter Kuratel zu stehen, vergesellschaftet sind.

Du bist immer ein väterlicher Freund für mich gewesen und hast Dich noch letztlich als solchen bewiesen; darum wende ich mich in dieser Angelegenheit wieder an Dich und bedaure nur, daß ich Dich damit behelligen muß. Ich dächte, wenn Ernst eine Bescheinigung ausstellte, daß er mir jährlich soundso viele Zinsen auszuzahlen hätte, und dies von einem Notar bescheinigt würde, so würde das hinreichen; oder vielleicht ließe sich auch ein Extrakt aus dem Stadtpfandbuche machen, wenn dort die Summe auf meinen Namen verzeichnet stände. Ich weiß nichts davon. Wenn Ihr nicht damit fertig werden könnt, muß ich einmal an Jenning schreiben. Grüße die Deinigen, vor allem Mutter von Deinem

[Fritz Reuter]

Was meine Person betrifft, so habe ich die Grippe in recht sehr schöner Qualität. Luise läßt grüßen, sie ist etwas besser wie gewöhnlich. Grüße auch Ernst und Sophie. Teile gefälligst den Inhalt dieses Briefes an den Herrn Dr. Grischow mit; ich werde freilich noch durch eine Einlage an ihn schreiben; mag aber nicht dasselbe zu oft wiederholen.

AN DEN MAGISTRAT DER STADT TREPTOW A. D. TOLLENSE

Treptow, 12. März 1851

Auf Grund eines vom Magistrat meines Heimatortes Stavenhagen mir erteilten Sittenzeugnisses wurde mir von einem Wohllöblichen Magistrat hierselbst vor einem Jahr die Erlaubnis erteilt, mich hier aufhalten zu dürfen. – Ich habe seitdem hier der Wissenschaft und der Maler- und Zeichenkunst gelebt, auch vorigen Sommer der hiesigen Jugend durch Turn-

und Schwimmunterricht mich nützlich zu machen gesucht, die Kosten meines Unterhalts aus den Zinsen meines Vermögens bestritten, auch einige Gelegenheit gehabt, durch Porträtmalen etwas zu verdienen.
Dem Herrn Bürgermeister Krüger habe ich durch vorgelegte Dokumente den Nachweis geführt, daß mir aus dem Nachlasse meines Vaters, des in Stavenhagen 1845 verstorbenen Bürgermeisters, eine jährliche Rente von 220 Talern auf Lebenszeit gesichert ist.
Es ist mein Wunsch, in den Preußischen Untertanenverband aufgenommen zu werden und mich in Treptow niederzulassen, um hier auch ferner der Wissenschaft und Kunst zu leben.
Unter Überreichung meines Taufscheines und des mir erteilten Freilassungsscheines bitte ich gehorsamst:

> bei der Königlichen Regierung zu Stettin meine Naturalisation als Preuße behufs meiner Niederlassung an hiesigem Orte zu beantragen.

Rücksichtlich der früheren Zeit berufe ich mich auf das bereits eingereichte Sittenzeugnis und habe die Zuversicht, daß ein Wohllöblicher Magistrat während der Zeit meines hiesigen Aufenthaltes die Überzeugung gewonnen haben werde, daß meiner Naturalisation als Preuße und meiner Niederlassung am hiesigen Orte keine Bedenken entgegenstehen.

AN CARL CHRISTOPH GRISCHOW

Treptow, 29. März 1851

Bester Freund (salva venia),

Ich bin Preuße, kennt Ihr meine Farben?
Sie schwanken zwischen Finsternis und Licht!
Wenn für die Freiheit meine Väter starben,
So stirbt man dafür heutzutage nicht!

Ja, verehrtester Mecklenburjer, ick bin een Preuße, ick habe et schwarz uf weeß, det ick een Schwarzer un Weeßer bin, wat sajen Sie dazu in Ihr Jemüte, Sie Blaurotjelber? Nich wahr? Sie sind jelb vor Neid und blau vor Zorn, det Sie noch immer den Landtag mit die roten Ritter jenießen? Kommen Sie, verkofen Sie Ihre jebacknen Birnen in det jlückliche Mecklenburg und beteiligen Sie sich bei det Auswanderungsjeschäfte! Wat wolln Sie mehr? Unsere Grenzen schützen »Mein herrliches Heer« und der Adler der Grenzpfähle, drinnen herrschen weise Polizeiräte und fromme Manteuffel, und über alles breitet sich die christlich germanische Huld einer königlichen Natur.

Doch nun im Ernste! Meine Eingabe hat den erwarteten günstigen Erfolg gehabt, ich habe die Naturalisationsurkunde, mich betreffend, schon gesehen, obgleich sie mir noch nicht offiziell insinuiert ist. Die Pflicht der Dankbarkeit veranlaßt mich, Ihnen dies sofort mitzuteilen, mit der obligaten Bitte, darüber im Publikum nichts verlauten zu lassen, da ich der Ansicht bin, daß meine Verhältnisse fürs erste noch am besten mit Schweigen übergegangen sein könnten. Zu Ostern sehe ich Sie und gedenke Ihren freundschaftlichen Rat über das fernere in Anspruch zu nehmen.

Ich bin jetzt mit der Anlage meines Gartens beschäftigt und pflanze für die Zukunft Gesträuche und Bäume; das ist eine hoffnungsreiche Arbeit, und daran knüpft sich manche Aussicht, die ohne Mühe und Schwierigkeiten wohl schwerlich erreicht werden dürfte. Mit der Zeit dürfte doch wohl diese Aussicht klarer und damit mehr Festigkeit in meine Zukunft erzielt werden.

Es ist schwer, in dieser schlechten Zeit das Utile und Dulce zu vereinigen, wenn der Raum zur freien Bewegung fehlt, welches in der gewöhnlichen Sprache weiter nichts heißt, als wenn das Geld fehlt. Dies merke ich in meinem kleinen engen Garten, da muß ich sorgfältig erwägen, ob da und dort ein Rosenstock oder ein Kohlkopf stehen, ob ich eine Laube oder ein Zwiebelbeet anlegen soll. Ich glaube dies so ziemlich jetzt ausgegrübelt zu haben und bedaure nur, daß Sie mir nicht näher sind, um mir etwa mit einigen Ablegern Ihrer perennierenden Staudengewächse unter die Arme greifen zu können. Sollten Sie dabeikommen, Ihre Rabatten in Ordnung zu bringen, so bitte ich, wenn es nicht zu störend für Sie ist, Befehl zu geben, mir einige Absenker oder Sprößlinge bis auf weiteres einschlagen zu lassen, ich werde dieselben mir Ostern abholen und auf gut Glück hierher auswandern lassen . . .

AN LUISE KUNTZE

[Treptow, Mai 1851]

Meine liebe, einziggeliebte Luise, ich weiß, Du hast die Gewohnheit, meine Briefe für Dich in Einsamkeit zu lesen. – So tue es denn auch diesmal. –

Mein Schreiben ist traurigen Inhalts, und nur Deine Liebe und die Gewißheit, ohne Dich nicht leben zu können, gibt mir den Mut zu der Nachricht, daß ich wieder gefallen bin. – Ach, das ist schlimm, so lange habe ich mich gut gehalten, so lange bin ich mutig geblieben, und nun, so kurz vor dem Ziele, so kurz vor dem jahrelang ersehnten Ziele! – Es ist wahr, der Anfall war kurz und ist leicht überstanden, nur 2 Tage setzte ich meine Stunden aus; aber ich fühle es, in der Sache selbst ist dadurch nichts geändert.

Luise, meine engelgleiche Luise, laß noch einmal Deine Liebe zur verzeihenden werden, glaube mir, so kann es nicht wieder werden bei Deinem Hiersein, bei einer noch so engen beschränkten Häuslichkeit. Ich habe ja seit meinem 14. Jahre nicht gewußt, was Häuslichkeit ist; bedenke, daß ich unmöglich so plötzlich mit einem Schlage einen Fehler ablegen kann, der sich so allmählich eingeschlichen, bedenke, daß keine große Tat ausgeführt ist, wo nicht besondere Umstände helfen – und ist nicht die Entwöhnung von einem so alle Sinne in Anspruch nehmenden und alle freien Entschlüsse lähmenden Laster ein Großes, und wo sind bisher die besonderen Umstände? – Was hilft mir dazu? Die Idee Deiner Liebe? – Ach, Ideen kämpfen vergebens gegen die kleinen oder großen Schwächen des täglichen Lebens. Bedenke, daß alle meine Unterhaltung bisher in einem Wirtshausleben bestanden hat, daß mich sogar das tägliche Bedürfnis dorthin gerufen hat. – Aber laß Deine holde Gegenwart erst zur Wirklichkeit werden und Deine Liebe zur versöhnenden Tat, dann wird es anders. Gestern abend saß ich so einsam hier im Zwielicht und dachte daran, ob Du mir es vergeben könntest, ob Du mir die alte teure Liebe bewahren könntest, und da wurde mir so vertrauend zu Sinn, ich dachte, wenn Du hier wärst, dann würde alles gut sein, dann müßtest Du mir vergeben. Ach, wenn so ein Anfall vorbei ist, dann ist mir so krank, so reuevoll ums Herz, dann ist mir, als könnte es nie wieder kommen, als müßte ich besser werden und zuletzt doch gut, als könnte ich nicht untergehen in dieser frevelhaften Luft, und ich weiß, Du glaubst auch nicht daran. Gott wird in meiner Brust durch Deine Liebe jede gute Stimme wecken, damit ihm dieselben Lieder singen, und Du wirst mein liebes, liebes Wiesing sein und bleiben.

So könnte ich fort und fort fahren, denn das Herz ist mir sehr voll. – Wenn das wahr ist, daß dieser Zustand ein körperlicher ist, so ist es gewiß schlimm, daß er noch einmal wiedergekehrt ist; aber nicht so schlimm, als wenn er früher wiedergekehrt wäre, und lange nicht schlimm, als hätte er noch länger auf sich warten lassen. Vielleicht würde er grade durch die Ehe als Ehe geheilt, gewiß ist es aber, daß er im Abnehmen ist und daß er aufhören wird.

Meine liebe, teure Luise, denke an mich freundlich, zeige mir diesen Brief, wenn Du einst fürchtest, daß ich auf Abwege geraten könnte, und denke Dir mich so, als wenn Du mir mein Haar streicheltest und sagtest, Du siehst heute so gut aus. – Unter meinem Fenster ist Hornmusik, sie zaubert mir die Hoffnung auf manchen Liederabend ins Herz. – Wenn mir dies Leben wirklich so ans Herz gewachsen wäre und nicht Deine Liebe, so könnte ich ja nur die Schande wählen statt der Tugend, bedenke dies alles, bedenke auch, daß ich schon vorige Woche das Aufgebot bestellt habe, daß Einrichtungen

und Bestimmungen getroffen sind, die jedenfalls schwierig zu redressieren sind. –
Aber alle Deine Bestimmungen sind mir unmöglich gewesen zu erfüllen, doch hat es mit einigen auch Zeit, z. B. mit der Fracht, die kann ich noch immer bestellen. Deinen oder besser Vaters Wunsch um Übersendung des Naturalisationsattestes erfülle ich heute; da ich wirklich diesen Gegenstand übersehen habe, weil er am Rande des Kuverts stand. – Ach, mein süßes Kind, ich möchte noch allerlei schreiben; aber wenn Du Dich nun besännest oder es Dir gar so zu Herzen nähmest, daß Du mir wieder krank würdest. Fasse Dich jetzt nur, gehe in den Garten, weine Dich aus, denke, daß ich Dir viel Trübsal gemacht habe, daß ich Dir doch auch wieder viel Freude machen kann und werde; o Du liebes, liebes Mädchen; denke doch daran, wie süß Du es mir einst vergabst, wie wir beide so selig gerührt waren, wie die Versöhnung so schön und die Verzeihung die Liebe so reich macht!
Was die Weste betrifft, so bitte ich Dich recht dringend, arbeite keine für mich, laß es bis zur Zeit, wo Du selbst mir Maß nehmen kannst, ich habe schöne Westen genug, und sollst Du nicht sitzen, wenigstens jetzt nicht. Einen Brief von Schmiedekampf lege ich Dir hier bei, damit Du seinen Vorschlag daraus ersiehst; ich rate jedoch nicht dazu, wenn es nicht möglich ist, daß sich das durch Ratenzahlung kaufen läßt, wird es uns zu drückend sein. – Wir kaufen es bei Roloff, schicken das meiste Leinzeug und die neuen Betten mit Fracht nach N. Brandenburg und lassen dies als Aussteuergut von dort einfahren; meinen Klapperkram führen wir über den andern Zoll und bitten Ernst, daß er es uns fährt, dann kostet's uns nicht viel.
Viktualien aller Art sowie ungemachtes Leinenzeug sind durchaus nicht frei, müssen also versteuert werden, was denn zuweilen recht hoch ist.
Und nun will ich mich denn noch einmal hinsetzen, um mit Dir zu plaudern, als wäre nichts vorgefallen, oder besser, als hättest Du schon alles vergeben; aber ich glaube, es wird

nicht gehn, ich glaube, ich bin zu traurig, um des frohen Tages so zu gedenken, wie Du ihn Dir gedacht hast, als Du den letzten Brief schriebst. Wie selig sind damals Deine Gefühle gewesen, wie freudig in ihrer Hoffnung, wie innig mit mir beschäftigt! O laß es so, laß den Ring fest, fest sitzen, denke, daß er mit Dir verwachsen ist wie meine Seele mit der Deinen ... Willst Du den traurigen Inhalt des Briefes mitteilen, so sage ihn Mutter allein und mache mir nicht die Beschämung bei den übrigen Geschwistern; Vater vergibt ihn mir, glaube ich, auch zu Mutter habe ich ebenso ein Vertrauen. Mein Wiesing, mein liebes, holdes Kind, Du sollst es gewiß gut bei mir haben, wir wollen ein Herz sein, wir wollen die kleinen Unannehmlichkeiten mit Freuden ertragen und wollen Gott bitten um zufriedne, liebende Herzen; unsre kleine Häuslichkeit ist wirklich geschaffen für uns und läßt sich durch Liebe und gegenseitige Güte und Dankbarkeit für das, was wir haben, zu einem Paradies umschaffen.

AN LUISE KUNTZE

Treptow, 25. Mai 1851

Meine innig geliebte Luise, nicht wahr? Du hast verziehen, hast den letzten Schmerz überwunden? Mir ist wohl angst zu Sinne; aber doch hat die Hoffnung auf Deine Liebe den Sieg in meinem Herzen davongetragen, ich kann mir nicht denken, daß Du jetzt grade mir strenger gegenübertreten solltest wie sonst. Darum habe ich auch das Aufgebot nicht abbestellt, und heute werden wir zum ersten Male aufgeboten, heute über drei Wochen treffe ich in Roggenstorf ein, um dort erst Deine Verzeihung und dann Deine Liebe in Empfang zu nehmen. – Gott gebe, daß dies keine Täuschungen von meiner Seite sind; würde ich jetzt durch Dich bestraft, dann wär es für mich zu hart; aber ich glaube nicht daran, ich vertraue fest auf Dich, die Du so gut und liebend bist und die Du nur allein weißt, daß die innigste Liebe für mich von Deiner

Seite mich trägt und hält. Wärst Du jetzt hier gewesen, es wäre nicht geschehen. Ich sitze nun wieder in dieser hoffnungsreichen Zeit auf mein Zimmer gebannt, gebe Stunden, soviel ich kann, um die paar versäumten nachzuholen und die zur Hochzeit zu versäumenden vorweg zu geben, wo es nur immer angeht; ich gebe also, ohne die Zeichenstunde, täglich von 6–10 Uhr Stunden, auch des Sonntags. Wie Du Dir denken kannst, sitze ich wieder trostlos allein und will auch nicht früher in die Welt, ohne daß Deine Liebe mir zur Seite stehe und mich schütze. Wie ich mich sehne nach der ruhigen Häuslichkeit! Nur darin wird mir ein Heil erblühen, darin nur mir Frieden werden, und Du, Du, meine Luise, bist die gütige Fee, die alles dies mir spenden soll. – Oh! ich denke wohl mit sehnsüchtigem Verlangen an den Tag, der mir das Recht gibt, Dich zu besitzen, Dich ganz mein zu nennen; aber wahrlich mehr noch denke ich an den Tag, weil er mir das Recht gibt, Dir Dein Leben zu kränzen mit Vertrauen, Treue und Liebe und mit jenen tausend kleinen teuren Beziehungen, die wir Deutschen mit dem uns nur eigentümlichen Worte *Gemütlichkeit* benennen. – Sieh! nicht in den ersten Zeiten unserer Liebe ist mir das Herz so voll von Dir gewesen wie jetzt; und wie mag es dann erst sein, wenn Du mit liebender Geschäftigkeit Dich hier um mich drehst, wenn Du mir Gelegenheit gibst, Dir den glühendsten Dank dafür zu spenden, den mir eine zu allen Opfern bereite Liebe auferlegt. – Laß mich zu Dir kommen, geliebteste Luise, tadle mich, lege mir harte, zweckmäßige Bedingungen auf, aber stoße mich nicht zurück! – Ich fühle es, in aller dieser Liebe, die meine Feder äußert, zeigt sich Selbstsucht, ich hätte zuerst an Dich denken sollen, Dich fragen und zittern sollen, wie Du die böse Nachricht aufgenommen habest; aber ich kann nicht glauben, oder besser, ich will's nicht, daß der Eindruck ein so heftiger gewesen ist, daß Du sehr gelitten; ich habe mich getröstet mit der Hoffnung, daß Du gesunder und wohler seiest als sonst, daß Dein eigner Wunsch, mit mir verbunden zu sein, wie er sich in

Deinen letzten lieben Briefen ausspricht, ein Gegengewicht gegen Deinen übergroßen Schmerz bilden würde; habe ich mich getäuscht? Sei gut! sei wieder freundlich! und schreibe mir bald, denke nicht daran, daß ich träger im Schreiben gewesen bin als Du, als ich sein sollte, denke daran, daß ich ja noch den Weg zu Deinem lieben, treuen Herzen weiß und daß ich ihn einschlage, indem ich so an Dich schreibe, daß ich ihn verfolgen werde, indem ich Dir lebe, und daß ich das Ziel erreichen werde durch die Aufopferung aller Eigensucht.

Nach Stettin zur Erlangung der Erlaubnis Deiner Aussteuersachen [einzuführen], worunter das Fortepiano, habe ich geschrieben, habe aber noch keine Nachricht zurück. Die Frachtangelegenheit besorge ich am besten zu Pfingsten, wenn ich durch Stav. komme, und warte bloß auf die Verzeihung in Deinem nächsten Briefe, um mir einen schwarzen Anzug dort zu bestellen und ihn auf der Durchreise dort abzuholen. Dann gedenke ich zuerst nach Lisetten zu reisen, erstens, um dieselbe zu bewegen, daß sie mich nach Rogg. begleite, zweitens, um die Angelegenheit der Entsagungsakte dort noch durch einen Notar beglaubigen zu lassen, was ich am besten selbst betreiben zu müssen glaube. Dasselbe will ich, der größeren Sicherheit wegen, hernach in Stav. bei Sophie besorgen.

Sosehr ich die Gründe einsehe, die Dich bestimmt haben, das Leinzeug auf Deinen Namen zeichnen zu lassen, so sehr bedaure ich dies doch im ganzen, weil ich voraussehe, daß die Einführung jetzt am Ende noch mit größeren Schwierigkeiten zu kämpfen haben wird als sonst; indessen Umstände werden wir doch genug haben, und so mag's denn auf ein paar mehr oder weniger nicht ankommen. Hast Du das Verzeichnis der einzelnen Stücke dort? So hebe es auf und schicke es mir, wenn ich es verlange. Auch rate ich, alle Sachen, die Du mitbringst, in ein Verzeichnis zu stellen und mir dasselbe auf desfallsiges Verlangen zuzuschicken.

Der Garten, der mir mit Beschaffung der Bohnenstangen

und der Pfähle, mit Grabelohn und anderm Tagelohn, Ankauf von Pflanzen doch mindestens 10 Taler kostet, ist jetzt ganz bestellt, und das meiste ist aufgelaufen. Alles steht jetzt nur kümmerlich und kann es am Ende bei dieser kalten Witterung nicht gut anders. Er enthält 4 Beete mit Stangenbohnen, 4 mit dito kleinen, 2 Beete mit Zwiebeln, 2 mit Mohrrüben, 3 mit Erbsen, 1 mit Petersilie, 2 mit Sellerie, $1/2$ mit Porree, 2 mit Gurke, $1/2$ Schock Blumenkohl, $1/2$ Schock Kohlrabi, $1/2$ Schock Wirsing, $1/2$ Schock Spitzkohl, $1/2$ Schock Winterkohl, 1 Beet großer Bohnen, außerdem sind Rabatten mit Blumen, Georginen und Levkoienbeete, eine Laube im Entstehen und viel Rosen darin. Auf dem Felde sind 2 Scheffel frühe Kartoffeln gepflanzt. Unsern Herbstbedarf denke ich zu kaufen, falls nicht Ernst mir den Bedarf auf den Winter zum Hochzeitsgeschenk macht, da dieselben zollfrei sind. Holz, $1 1/2$ Faden, sind bestellt sowie auch 20,000 Torf; womit wir aber wohl nicht auskommen werden.
Ich setze mich heute gegen Abend noch einmal wieder hin, um noch einige Worte hinzuzufügen und es nicht so zu machen wie mit dem vorigen Briefe, den ich ohne Unterschrift und Datum abgeschickt habe und es dabei belassen mußte, weil es zu spät mir einfiel, daß ich es vergessen. Du mußt nach meiner Berechnung diesen Brief jetzt haben und hast mir also schon verziehen. – Ich weiß es! mein süßes, liebes Kind! O wie sehne ich mich, Dich an mein dankbar Herz zu drücken, wie denke ich daran, Dich zu küssen für all Dein liebes Tun, wie gedenke ich, es Dir zu vergelten durch unausgesetzte Liebe und jede Tugend, die Dich heimischer machen kann in meinem Herzen und mich in dem Deinen. Wie sehne ich mich, Deinen süßen Leib zu umfangen, den irdischen Tempel Deiner innern Lieblichkeit, wie drängt es mich zu Dir, den schönsten Tag des Erdenlebens an *dieser* treuen Brust zu feiern, ihn mit *dieser* liebenden Seele in Gemeinschaft zu genießen und mich in seine Wonnen zu versenken. Wie töricht kommt es mir vor, wenn ich an Rogg. und seine Stille, wenn ich an das Vaterhaus

und seine Bewohner denke und an seine Idylle, wie töricht kommt es mir vor, so ein Fest nach einem Balle zu feiern, ein Gejubel von Hunderten um sich nötig zu haben, wo jede Regung der Seele, jede Fiber des Körpers in Jubelgesang aufgelöst ist, wo man jubelt und doch stumm ist, wo man in Entzücken schwelgt und doch weinen möchte, wo man größern Sorgen, ernstern Pflichten entgegentritt und doch so glücklich ist!

Und dessen wolltest Du mich berauben durch die Versagung Deiner Verzeihung? Luise! warum denn hast Du so oft verziehen? Luise, *meine* Luise, bald für immer *meine* Luise!

Nun scheide ich für heute, laß mich nicht lange in der peinlichsten Erwartung meines Lebens und denke daran, was ich Dir sein werde, wenn Deine Liebe fortfährt, die Dämonen meines Herzens zu verscheuchen. Und denke daran, daß es Dir doch nichts helfe, daß ich doch nicht aufhören würde zu sein und zu bleiben Dein Fritz

AN LUISE KUNTZE

Treptow, 28. Mai 1851

Liebe, teure Luise, ich sitze schon wieder an meinem Schreibtisch und denke an Dich, ich weiß nichts anders und kann nichts anders. Eine Antwort von Dir kann ich heute füglich noch nicht haben, und so muß ich denn wieder in der schrecklichsten Ungewißheit es versuchen, mit Dir zu verkehren. Wie hast Du entschieden? Oder hast Du noch nicht entschieden? Oh, dann laß Dich noch einmal beschwören bei allem, was uns beide angeht, bei bösen und guten Erinnerungen, laß die Entscheidung so ausfallen, daß wir nicht getrennt werden. – Du siehst, ich habe Wort gehalten und Dir sogleich mein eigen Verderben gemeldet, Dich zur Richterin gemacht, nun sei auch gnädig und laß Dich durch die Betrachtung der Umstände rühren. Bedenke, daß bei allem Eigensüchtigen, das in meiner Bitte unzweifelhaft liegt, doch gewiß die Angst um

Dich und Deine Zukunft einen großen Teil an meinem Flehen hat. –
Ich fahre heute, den 27., abends fort. Ich komme vom Turnplatz, auf welchem ich heute zum ersten Male begonnen habe. Ich bin nicht müde; aber mir ist so weh, so krank zu Sinn, als stände mir ein großes Unglück bevor; es scheint sich alles zu vereinen, um mich herabzudrücken, und dabei soll ich heitere Polterabendgedichte schaffen! Du lieber Gott! ich bin nicht imstande, mit einem gleichgültigen Menschen ein gleichgültiges Gespräch zu führen. Der Turnplatz war auch nur schwach besucht, und das hat mich auch verstimmt. Oh, was ist es traurig, voll Reue zu sein über eigene Schuld, wie lähmt dies jede Anstrengung in der Gegenwart, wie umdüstert es den Blick in die Zukunft. Mir ist die Seele gar zu schwer, und ich sollte nicht weiterschreiben, um Dich nicht unglücklicher zu machen, als Du schon bist, und doch, glaube ich, ist es gut, wenn ich fortfahre, damit Du siehst, oder doch merkst, wie gebeugt ich bin unter der Last des Selbstvorwurfs. Ich fühle es, hier stehe ich an einem Hauptwendepunkt meines Geschicks, und die Entscheidung steht bei Dir; ich sehe alles schwarz, vielleicht täusche ich mich, und der Morgen läßt es mir schon in anderem Lichte erscheinen; mir ist, als wenn Du entscheiden solltest, ob ich ferner einsam, von keinem geliebt, von vielen verkannt, kalt und herzlos, ohne besondere Sorge durch die Welt wandern sollte, um zuletzt mit der Reue um ein verlorenes Leben aus dem Leben zu gehen, oder ob ich mein Leben in Sorge und Bedrängnis hinbringen soll, getröstet von der Liebe, gehalten durch Vertrauen zu den Menschen, getragen durch Vertrauen auf Gott, um endlich eine ersehnte Ruhe zu finden. Ich will erwarten, wie Du entscheidest, ich will annehmen, was Du bestimmst, und gewiß ohne Murren, ohne später in meinem Herzen Dir lügnerische, selbsttäuschende Vorwürfe zu machen.
Ich habe geschlafen, habe heute morgen schon drei Stunden gegeben, mein Sinn ist nicht klarer, mein Herz ist nicht ge-

faßter geworden. Ich scheue mich, mich zu erkundigen, ob ich am Sonntage aufgeboten bin, ich weiß nicht, ob dies Aufgebot mit einem großen öffentlichen Schimpf endigt oder nicht; sollte dies erste der Fall sein, bleibe ich nicht hier, ich gehe sobald als möglich fort von hier. Aber wohin? Mecklenburg habe ich infolge dieser Aussichten verlassen und Preußen zum Vaterlande gewählt, und in demselben kenne ich fast keine Stadt als Treptow; es wird dann wohl nicht leicht sein fortzukommen. – Aber was sind alle diese kleinen Unbequemlichkeiten gegen das Gefühl, Dich unendlich leidend zu wissen, ohne helfen zu können, Dich leidend zu wissen und mich selbst als den Urheber Deines Leidens zu wissen. Wie soll ich jemals Ruhe finden, etwas zu beginnen, zu betreiben, wie soll ich, wieder in die Welt gestoßen, den Fehler besiegen, der Dich von mir gerissen? Ich weiß es nicht, wie dies werden soll. Solltest Du oder Deine Eltern günstig entschieden haben, solltest Du denn doch noch die Hoffnung haben, mit mir glücklich zu sein, so muß ich noch in bezug auf das Naturalisationsdokument erwähnen, daß die darin enthaltene Bestimmung, daß selbiges nur für mich und meine Person ausgestellt ist, nur auf etwaige frühere Angehörige bezüglich zu erachten ist und, wie ich mich dessen genau erkundigt habe, durchaus keine Beziehung auf meine etwaige Verheiratung hat.

Liebe, liebe Luise, Du kannst nicht glauben, was ich von Dir halte, Du kannst nicht glauben, wie mir's ums Herz ist, ach! und ich kann's gar nicht glauben, daß Du mich aufgibst, ich kann gar nicht den Gedanken fassen, wie mir dann sein wird! Ich bitte und flehe, wenn es in Deine Macht gegeben, laß mich nicht, vertraue auf mich, daß Deine Gegenwart und die Häuslichkeit alles anders machen werden, daß es besser mit mir geworden ist und daß es ganz besser werden wird!

Nun kann ich nicht mehr bitten, der Vorrat von Worten ist erschöpft, und nur meine Seele mag noch ferner in Angst und Zagen zu Gott beten, daß er Dir den Weg zeige, der für Dich der beste ist.

Lebe wohl, lebe wohl, sei so gesund, als Du es kannst, und verklage mich nicht zu sehr in Deinem Herzen.
Auf immer und ewig Dein F. Reuter

AN FRIEDRICH RUSKOW

[Treptow, Sommer 1851]

Auf die Anfrage wegen des Unterrichts, den ich eventualiter den Kindern des Herrn Superintendenten Schumacher erteilen soll, erwidere ich Ihnen, daß ich gern bereit bin, denselben, auch in der verlangten Ausdehnung, zu übernehmen, zumal ich voraussetze, daß einige Stunden mit denen, die ich schon erteile, zusammenfallen werden. Leider weiß ich nicht, welche Lehrgegenstände vorliegen und an wen der Unterricht erteilt werden soll; ich vermute nur, daß er dem älteren, zum Militär bestimmten Sohne und vielleicht der Tochter gelten soll. Ist diese Mutmaßung richtig, so würde die Tochter vielleicht schon an den Stunden teilnehmen können, die ich an Hedwig Schröder und Laura Klein gebe; beide sind zu Ostern dieses Jahres konfirmiert und aus der hiesigen Bürgerschule entlassen und haben wöchentlich je zwei Stunden in der Geschichte, Geographie, in deutschen Stilübungen und deutscher Literatur, im Zeichnen und im Französischen, welche letztere Stunde, in der l'histoire de Charles XII. gelesen wird, hauptsächlich auf Gewandtheit und Präzision im *deutschen* Ausdruck gerichtet ist.
Meine Frau gibt eine französische Sprachstunde zweimal wöchentlich, und für den Unterricht in der Grammatik ließe sich auch Rat schaffen. Außer dem Unterricht im freien Handzeichnen, wöchentlich in vier Stunden, gebe ich, wöchentlich zweistündig, eine mathematische Zeichenstunde, in welcher ich bisher mit angehenden Handwerkern Modellzeichnen und die Anfangsgründe der Perspektive getrieben habe, letztere jedoch nicht streng wissenschaftlich, sondern nur mit Rücksicht auf praktische Handgriffe. Unterricht in der reinen

Mathematik, soweit sie auf Gymnasien verlangt wird, würde ich erteilen können.

In den Naturwissenschaften habe ich im vorigen Winter eine Stunde gegeben, welche die Veränderung der Stoffe zum vorzugsweisen Gegenstand hatte und die Bedeutung dieser Veränderungen und Verbindungen fürs praktische Leben nachwies; auch diese Stunde würde vielleicht von Nutzen für den Sohn des Herrn Superintendenten sein.

Was nun das Honorar betrifft, so habe ich für wöchentlich zwei Stunden auf ein Vierteljahr zwei Taler festgesetzt, wenn mehrere Teilnehmer vorhanden sind, mit Ausnahme der Stunden für freies Handzeichnen, die ich vierstündig jede Woche für denselben Preis gebe. Nimmt nur ein Schüler an dem Unterricht teil, so müßte ich das Doppelte haben.

Wollten Sie nun gefälligst den Herrn Superintendenten hiervon in Kenntnis setzen, so würden Sie mich verbinden, wenn Sie noch die Bemerkung hinzufügten, daß der Gegenstand bei meiner Unkenntnis der Anforderungen wohl erst durch eine speziellere, persönliche Besprechung zu erledigen sein würde und daß ich, weit entfernt, mich für einen pädagogischen Phönix zu halten, durch treue und eifrige Pflichterfüllung etwaige Mängel zu ersetzen bemüht sein würde.

Ich grüße Sie herzlich und lade Sie ein, das Innere des Hauses, dessen Vorderfront Sie gestern lobend betrachteten, Ihrer häufigen Beachtung zu würdigen und dort mit freundlichen Gesichtern fürliebzunehmen.

1853

AN GEORG GOTTFRIED GERVINUS

Treptow, 26. August 1853

Geehrtester Herr Professor, persönlich ganz unbekannt mit den Männern, welche heutzutage um die deutsche Literatur sich verdient gemacht haben, wage ich es, mich an Sie, an *den* Namen zu wenden, der am gewichtigsten in meine literarische Abgeschiedenheit gedrungen ist, und nehme mir die Erlaubnis, Ihnen die erste Hälfte einer Sammlung plattdeutscher Gedichte zu übersenden ... Sie werden gleich beim ersten Blicke sehen, daß meine Gedichte dem Gegenstande nach einer sehr untergeordneten Sphäre angehören, und werden dieselben vielleicht schon dieserhalb Ihrer Beachtung nicht wert halten; indessen hoffe ich, daß Sie bei genauerer Prüfung mein Bestreben wenigstens entdecken, mich auch unter ungünstigen Umständen von Gemeinheit und Trivialität freizuhalten.

Ob ich meinen Zweck, durch poetische Darstellung von lebensfrischen Anekdoten und Erzählungen den eigentümlichen Humor meiner Geburtsgegend (Mecklenburg und Vorpommern) zur Anschauung zu bringen, erreicht habe, möge Ihrer gütigen Beurteilung anheimgegeben sein; ich selbst habe, vielleicht zu vorschnell, durch das Zureden mancher Freunde dazu verleitet, mich allerlei Hoffnungen hingegeben, wie der schon begonnene Druck hinlänglich zeigt. Passender wäre es gewiß gewesen, wenn ich Ihnen mein Manuskript zugesandt hätte.

Diese Dreistigkeit, so ohne weiteres über Ihre Zeit zu disponieren, werden Sie gewiß für sehr naiv halten, und ich gestehe, daß dies auch meine Ansicht von der Sache ist. Indessen werden Sie den Umstand, daß ich mich zum ersten Male in das Getümmel der deutschen Literatur hinauswage, zu meinen Gunsten in Rechnung bringen und für den Fall,

daß meine Produktionen Ihrer Beachtung wert sind, vielleicht meine Bitte gewähren, die dahin geht: mir ein paar empfehlende Worte zur Einführung ins Publikum zu senden, damit ich dieselben einer kurzen Vorrede voran drucken lasse.
Sie würden durch die Erfüllung meiner Bitte mich sehr erfreuen und mir Mut machen, mich auch an ernstere und wichtigere Dinge, namentlich an solche zu versuchen, die der sozialen Frage naheliegen. Für dieselbe ist in Mecklenburg (meinem Geburtslande) ein sehr reiches Feld ...

AN BERNHARD AHRENDT

Treptow, 8. Dezember 1853

Lieber Freund, gewiß hätte ich Ihren Brief gleich nach Empfang beantwortet, indessen, als er hier ankam, war ich zu Kindtaufen verreist, und als ich wieder zurückkam, ward ich unwohl, so daß ich alles liegenlassen mußte.
Den Brief meiner Frau mit den wenigen von mir unterschriebenen Worten haben Sie gewiß erhalten und den Inhalt besorgt, namentlich an Barnewitz, der schon sehr ungeduldig schrieb. Alles dieses kommt von der unseligen Verschickung der 1000 Exemplare [statt 400] an Kotelmann, der mich nun ebenso sitzenläßt wie Sie vorher, mit Ihrem gütigen Wohlnehmen sei's gesagt. Alles drängt mich um Exemplare und einige schon zum zweitenmal. Was den Geldpunkt betrifft, so müssen Sie sich dahin freundlichst gedulden, daß Sie 40 Taler zwischen Weihnacht und Ostern erhalten und den Rest zu Ostern. Ich habe es Ihnen vorher gesagt, und Sie waren ja auch damit einverstanden. Ich würde es gerne sehen, daß ich früher diesen Posten zahlen könnte, und Sie sollen auf mein Wort der erste sein, der von mir berücksichtigt wird. Will K[. .]ll Ihnen früher zahlbar werden, so ist mir das durchaus recht. Ich hoffe übrigens, unser Geschäft ist hiermit noch nicht abgeschlossen, denn teils wäre es möglich, daß, wie mir

mehrere Freunde schreiben, eine neue Auflage erforderlich wäre; teils könnte es sein, daß ich auf den Einfall käme, eine Fortsetzung zu schreiben. Dies alles sei Ihnen aber unter dem Siegel der Verschwiegenheit anvertraut, damit ich nicht in den Ruf der Renommage komme. Mit fortdauernder Freundschaft Ihr F. Reuter

AN LUISE REUTER GEB. KUNTZE

Treptow, 6. Juli 1854

Meine liebe kleine Luise, wenn ich des Abends spät zu Bette gehe, so fällt mir Deine Abwesenheit doch recht sehr schwer aufs Herz, es ist dann alles so still um mich her, selbst die Uhr schlägt nicht den gewohnten Pendeltakt, warum? Weil ich es regelmäßig vergesse, sie aufzuziehen. Die letzte Nacht war es schrecklich unheimlich bei mir, dreimal bin ich aus dem Bette gewesen, denn das furchtbarste Unwetter hat uns heimgesucht: ein Regen, wie ich ihn nie erfahren habe; Schornsteine sollen eingestürzt sein; fast in jedem Hause sind die Kalkdecken eingestürzt; die Tollense ist über die Ufer getreten, die kleine Tollense hat in den Häusern gestanden; die Gärten hinter dem unsrigen sind unter Wasser gesetzt, und das Korn liegt platt nieder wie gewalzt. Der arme Peters, ich fürchte, seine schönen Hoffnungen sind für dies Jahr zerstört, doch bestimmte Nachricht habe ich noch nicht. Unsere kleine Hütte ist mit dem Ruin der geborstenen Scheibe an Deinem Fenster davongekommen. – Es ist nach zehn Uhr, während ich dies schreibe; aber ich dachte, ich wollte einen sehr fleißig hingebrachten Tag durch einen herzlichen Brief an Dich beschließen. Ich habe heute über 10 Druckseiten Polterabendgedichte gemacht; im ganzen seit Deiner Abwesenheit weit über einen Druckbogen. Weißt Du wohl? nach unserer früheren berüchtigten Läuschen-Rechnung macht das gegen 20 Taler; und dabei habe ich eine Menge Briefe um Geld geschrieben, die aber leider schlechten Erfolg gehabt haben; habe auch den P. Hartmann verklagt und noch sonst verdrießliche Geschäfte abgemacht; bin nach Tützpatz mit Louis Schmidt zu Fuß gegangen, um mich an Fußtouren zu gewöhnen, habe in Thalberg den berühmten Kinderball mitgemacht und außerdem dort einmal geangelt.

Was unsere Häuslichkeit betrifft, so ist alles in bestem Wohlstande, namentlich Marieken, sie nimmt gerade nicht an Weisheit und Verstand zu, aber doch an Fett, sie kann jetzt schon an einem Wurstladen als Aushängeschild gebraucht werden. Dabei muß ich ihr jedoch zum Ruhme nachsagen, daß sie das alte humane Sprichwort: »Leben und leben lassen« getreulich sich zur Richtschnur ihres Wirkens gemacht hat; sintemal sie mich regelmäßig und im ganzen zweckmäßig abfüttert; ja, sie dehnt ihre Fürsorge auf meinen äußeren Menschen aus, indem sie mir die Chemisettebänder unters Halstuch steckt und mir auch andere Rendlichkeit antut. Neulich jedoch mußte ich laut lachen: ich kam am Sonntage von Tützfratz, sehr bestäubt, ich kleidete mich also um und wollte zu dem Trompeterkonzert in den Algenstädtschen Garten gehen, als sie mich förmlich arretierte und mir die innigsten Vorstellungen machte, wie ich wohl mit einer Mütze dorthin gehen könne; ich müsse einen Hut aufsetzen. Ganz wie Du, kleine Dirn, ganz wie Du! Natürlich gab ich nach, wie Du mich dazu abgerichtet hast. Um nun meine Angelegenheit rasch abzumachen: Wunderschöne Rosen, köstliche andere Blumen; alle Freunde und Bekannte gesund; Tante Lowise besucht; Frau Justizrätin auch; Doktor Saalheim bei mir zu Mittag (Rinderbraten); Kardorff nach Schweden; heute Mutter Peters aus Liepen in Thalberg mit Minna und Helene Rust, auch eine Raspe; aber nicht gesehen; keine Zeit! Frau Superintendent gesprochen, läßt grüßen. Das wäre so ziemlich alles, was ich weiß, was mich und Dich interessiert, d. h. aus Treptow. Ich möchte nun aber vor allem von Dir erfahren, wie es Dir geht, wie es zu Hause aussieht, wann Du nach Boltenhagen abgereist bist und wie Dir das Bad bekommt. Du hast doch wohl die Saalheimschen Pillen und das Rezept dazu bei Dir; er fragte neulich danach. Die Uhr ist jetzt halb zwölfe, mein liebes, gutes Kind, und ich geh zu meinem einsamen Strohwitwerlager, während ich viel und so recht innig an Dich denke. Ich hoffe, wir sehen uns gesund und recht, recht froh wieder, wir werden durch diese kurze

Trennung zu der unumstößlichen Wahrheit kommen, daß wir ohne einander doch nicht glücklich sind, und werden gewiß danach aufs neue unser Leben einrichten. Gott erhalte Dich mir und mache Dich gesund, wie er mich so umschaffe, daß Du Freude an mir habest. Schreibe mir bald, ich sehne mich sehr nach einem Briefe von Dir! Oh! wärst Du doch jetzt hier! Mit der innigsten und aufrichtigsten Liebe Dein

Fritz

AN BERNHARD AHRENDT

Treptow, 4. Dezember 1854

Mein lieber Freund, ich habe Ihren Korrekturbogen erst heute morgen, d. 4. Dezember, erhalten. Gestern war Sonntag, dann werden die Briefe erst um 5 Uhr abends ausgegeben, und die Zollbehörde, durch deren Hand *jedes* Paket gehen muß, wenn's aus Mecklenburg kommt, hält keine Sitzungen. Das sind die vorzüglichen Einrichtungen, deren wir uns zu rühmen haben. Sie schreiben, ich soll Ihnen am dritten Dezember den Korrekturbogen zurücksenden, das ist wohl ein Versehen im Datum, da Sie den Brief erst am dritten auf die Post gegeben haben, wie das beiliegende Postzeichen ausweisen wird. Es freut mich, daß Sie so tätig hinter der Geschichte her sind. Mit den Aushängebogen bin ich sehr zufrieden und danke Ihnen dafür. Treiben Sie nur den Buchbinder tüchtig an und schreiben Sie mir *ganz genau* den Termin, zu welchem er fertig sein wird, *wann* ich von dort aus versenden kann. Wenn Sie keine entgegengesetzte Nachricht erhalten, so bin ich am Sonnabend, den neunten, in Stavenhagen, den zehnten in Malchin, und wenn Sie und der Buchbinder soweit fertig wären, so würde ich den elften abends oder nachts in Brandenburg eintreffen, um dort die Versendung zu besorgen.

Wenn dies irgend möglich ist, so sorgen Sie dafür, wie ich auch schon dann sorgen werde, daß Sie gleich auf der Stelle die Hälfte des bedungenen Druckpreises erhalten. Auf alle

Fälle erwarte ich auf diese Vorschläge Ihre Antwort und bitte am neunten Ihre etwaigen Zuschriften an den Brauereibesitzer Reuter zu Stavenhagen zu adressieren, so wie am zehnten an den Herrn Carl Krüger zu Malchin.
Den Titel setze ich Ihnen hier unten hin, das Inhaltsverzeichnis müssen Sie selbst aus dem Manuskript zusammenstellen, und wenn ich noch eine *kurze* Vorrede zu liefern gedenke, so erhalten Sie dieselbe in den nächsten Tagen; sonst muß das Ding unvorgeredet in die Welt. –
Die Bestellungen gehen sehr gut. Mit alter Freundschaft Ihr

Fritz Reuter

Auf den farbigen Umschlag kommt bloß das Wort: Julklapp!! mit den Ausrufungszeichen.
Auf den Titel kommt:

Polterabendgedichte
in
hochdeutscher und niederdeutscher
Mundart
von
Fritz Reuter

Treptow 1855. Im Selbstverlage des Verfassers.
(Das Arrangement des Titels überlasse ich Ihnen und Ihrem Geschmack.)

AN FERDINAND WUTHENOW

Treptow, 9. Juni 1855

Lieber Bruder, eine notwendige Reise hat mich verhindert, Dir sogleich meinen herzlichsten Dank für die überaus erwünschte Sendung von Gedichten abzustatten. Wie es möglich ist, daß Deine arme, beklagenswerte Frau in ihrem Zustande grade solche, durch Einfachheit der Empfindung und Korrektheit der Form ausgezeichnete Gedichte machen kann, ist mir ein Rätsel. Ich habe gestern abend noch Gelegenheit gehabt, mit Deiner Cousine Adam, die hier bei mir zu Besuch war und Dich freundlichst grüßen läßt, über diesen Punkt meine Verwunderung auszusprechen. Du wirst schon in der nächsten Nummer eins der Gedichte abgedruckt finden, und habe ich dafür gesorgt, daß an Deine Frau das Blatt, und zwar das ganze, versandt wird. Lieb würde es mir sein, wenn dieser freundliche Anfang nicht das Ende wäre und Du mir von Zeit zu Zeit noch etwas schicken könntest. Morgen bin ich zu einem Besuche von Piper eingeladen und würde gewiß von seiner Seite einen Gruß an Dich zu bestellen haben, wenn ich statt heute erst übermorgen an Dich schriebe. Er spricht oft von Dir, und mit großer Freundschaft. Also diesen Sommer würden wir uns sehen; das ist gut. Du bist der einzigste, der aus der schlimmen Zeit mir noch ab und an vor Augen kommt.

Mit dem Gruße eines alten Freundes Dein Fritz Reuter

AN FERDINAND WUTHENOW

Treptow, 28. September 1855

Lieber Bruder, habe freundlichen Dank für Deinen freundlichen Rat und für Deine *sehr* erwünschte Zusendung. Daß

Deine gute Frau die Blätter, und zwar alle, nicht erhalten hat, ist wahrlich nicht meine Schuld, sondern Schuld des Verlegers, der mich wiederholentlich versichert hat, die Angelegenheit sei besorgt; und da ich nicht am Druck- und Expeditionsorte wohne, so mußte ich mich auf sein Wort verlassen. Nun wird es sicher geschehen sein. Für Dich, dem es gewiß auch Freude machen wird, die Poesien Deiner armen Frau wie Perlen unter Kiesel verstreut zu lesen, sende ich ein vollständiges Exemplar des ersten Quartals zu, das zweite ist noch vollständig geschlossen, also noch nicht geheftet. Interessant mag es für Dich sein, daß ein gewisser Sekretär Schliemann aus Travemünde, von der Lieblichkeit und Zartheit des Gedichtes »An Em« ergriffen, mir eine Antwort darauf »An Ehr« zugesandt hat, dem ich jedoch in Rücksicht des aufgeregten Zustandes Deiner armen Alwine die Aufnahme verweigern zu müssen glaubte. Zugleich melde ich, daß alle Gedichte außerordentlich gefallen haben, und bemerke dabei, daß diese einfache Art zu denken und zu dichten, wie dieselbe für mich ein Rätsel ist, gewiß einen beruhigenden und wohltuenden Einfluß auf die Gesundheit der Dichterin üben wird.

In Anbetracht der neuen Sendung erlaubst Du mir gewiß eine Bemerkung, die sich nur auf die Ökonomie des Blattes bezieht: für ein wöchentlich einen Bogen stark erscheinendes Blatt sind einige Gedichte zu lang, sie würden zuviel Papier wegnehmen, und abbrechen lassen sich lyrische Gedichte schlecht, sie müssen im Zuge der Empfindung fortgelesen werden. Wenn Du also imstande wärst, mir kleinere dieser liebenswürdigen Poesien zu verschaffen, so würdest Du mich sehr verpflichten. Auf das Lustspiel bin ich sehr neugierig, zumal schon seit geraumer Zeit der Anfang eines solchen Versuchs in meinem Pulte liegt. Gib Deiner lieben Frau den freundlichen Rat, sie möge in demselben Hochdeutsch und Plattdeutsch anwenden, wenn die Personen sich dazu eignen, die Abwechselung dieser beiden Idiome bringt zuweilen sehr drastische Wirkungen hervor.

In betreff meiner Herwig-Angelegenheit hat mir Schröder den Rat gegeben, mich an Lenz zu wenden, was ich denn auch in dem anliegenden Briefe getan habe; Du bist wohl so gut, denselben zu besorgen. Deinen alten Pastor habe ich noch nicht gesehen. Die Adam grüßt herzlich wieder. Mit freundlichem Gruße Dein Fritz Reuter

Die zweite Folge des Unterhaltungsblatts werde ich Dir ebenfalls übersenden, Du wirst ein Stück Festungsleben darin finden und vielleicht Deine beiden Freunde Vogler und Schulz (Kapitän) darin wiederfinden.

AN RECHTSANWALT [...]

[Treptow, 1855]

Geehrter Herr Advokat, ich habe freilich Gelegenheit gehabt, Sie einmal zu sehen, aber ob dies Glück (natürlich ironice) gegenseitig gewesen ist, weiß ich nicht. Ich glaube, es war in dem schlechtgetauften Jahre 1848 in Güstrow. Unser beiderseitiger Freund Lingnau sendet mir eine durch zeitgemäße Zweckmäßigkeit und überaus ansprechende Diktion ausgezeichnete Abhandlung über Auswanderung ein, die Ihren Namen als Unterschrift hat, d. h. [ ]. Mir ist von Ihrer Hand nur ein einziges kleines und sehr gutes epigrammatisches Gedicht über Pepitamanie zu Gesicht gekommen, und dies war grade zu Anfang der quästionierten Laufbahn des Blattes, wo ich es recht sonderlich vorziehen mußte, dasselbe *lokal* zu halten; aus diesem alleinigen Grund wurde das Gedicht nicht gegeben.
Ich habe allerdings geglaubt, daß es notwendig sei, in diesen Zeitläuften die Politik und die obligate Religion aus unserm Blatt zu exkludieren; aber glauben Sie ja nicht, daß ich nicht recht *ernstlich* gesonnen bin, auf dem sozialen Felde zu wirken. – Immer angegriffen! Den Edelmann, den Priester, den Philister!

1856

AN FERDINAND WUTHENOW

Neubrandenburg, 3. Juli 1856

Lieber Bruder, der Zufall wollte, daß Dein Brief mit dem Pakete mich grade an dem Orte traf, wohin Du ihn adressiert hattest und wo er mich rechtlicherweise nicht mehr treffen müßte, nämlich in Treptow, von wo ich schon seit Ostern nach Neubrandenburg, meinem jetzigen Wohnorte, ausgewandert bin. Mir ward aber dadurch Gelegenheit, an die Verwandten Deiner Frau Deine Grüße zu bestellen, denn ich war mit Piper und der Doktorin Adam, die sich sehr wohl befinden, zusammen. – Dein Brief hat mich sehr gefreut, nur hätte ich gewünscht, daß er weniger in Hieroglyphen geschrieben wäre, mit welcher Bezeichnung ich nicht sowohl die einzelnen Buchstaben meine als vielmehr die Dunkelheit des Ausdrucks. Habe ich die Zusendung als Geschenk zu betrachten? Habe ich die erste Lieferung als Geschenk zu betrachten oder auch die darauffolgenden? Dann wird dies Geschenk aber wohl zu bedeutend, und Herrn Kunike gegenüber würde es mich in Verlegenheit setzen, zumal ich demselben nur wenig bei der Verbreitung des Buches nützen kann. Schreibe mir doch darüber, oder besser, ich werde in das beifolgende Paket gleich für den Fall einer so freundlichen Absicht ein Schreiben an den Herrn Kunike legen sowie auch eins an Otte, welche Du dann wohl die Güte hast zu besorgen. – Wenn Du einmal wieder schreibst, so erkundige Dich doch einmal bei Justizkommissar Lenz, wie es mit meiner Forderung an Herwig steht. – Ich sende Dir hier noch ein paar vollständige erste Jahrgänge des jetzt selig entschlafenen Unterhaltungsblattes, eins für Dich, eins für Herrn Kunike, und ferner zwei Exemplare der »Reis nah Belligen«, von denen Du auch wohl eins an Herrn Kunike abgibst.

Was mich persönlich angeht, so bin ich gesund und befinde mich an meinem neuen Wohnorte ganz wohl. Vielleicht interessiert es Dich zu erfahren, daß man mich zum Mitgliede des »Nederlandsch Taal en Letterkundig Kongreß« ernannt hat, die erste literarische Auszeichnung, die mir zuteil geworden, daß man mich ferner zum 15. August nach Antwerpen eingeladen hat, daß man aber leider es rein versäumt hat, mir Reisegeld dazu einzusenden, ich also, der ich auch bedeutend an der Geldbeutelschwindsucht leide, dieser Einladung nicht Folge leisten kann. Die Redaktion des Unterhaltungsblattes habe ich seit Ostern eingestellt und beschäftige mich jetzt wieder mit der freien Schriftstellerei. Ein kleiner landwirtschaftlicher Aufsatz ist fertig und ein dreiaktiges Lustspiel im Brouillon. Beides natürlich nicht plattdeutsch, obgleich im letzteren dennoch etwas Plattdeutsch mit unterläuft.
Viele herzliche Grüße an Dich, lieber alter Freund, und wenn es Deiner guten Frau Vergnügen machen sollte, auch an sie mit dem ernstlichsten Dank für ihre Zusendung; auf mein Wort, es waren die besten Sachen, die im Unterhaltungsblatt gestanden haben. Lebe wohl. Dein Fritz Reuter

AN FERDINAND WUTHENOW

Stolpe, 12. August 1856

Lieber Bruder, Du wunderst Dich wahrscheinlich schon, daß ich Deinen letzten Brief noch nicht beantwortet habe; ich lag damals, als er an mich kam, schon vor der Abreise und hatte vorher noch alle Hände voll zu tun.
Gern werde ich die Gedichte Deiner guten Frau durchsehen und, soviel es in meinen Kräften steht, dafür sorgen, daß eine passende Reihenfolge und eine gewisse, natürlich immer mangelhafte Orthographie darin angewandt wird. Sorge nur gefälligst für eine deutliche Abschrift und vor allem: laß weitläufig schreiben, damit man dazwischenkommen kann.

Ich halte mein Sommervergnügen hier in Stolpe bei Anklam, gegenüber von Schlatkow. Solltest Du dorthin kommen, so besuche mich hier; 14 Tage bleibe ich noch hier.

Mit herzlichem Gruße Dein F. Reuter

AN LUISE REUTER GEB. KUNTZE

Stolpe, 12. August 1856

Liebes Wiesing, diesen Brief erhältst Du schon aus Stolpe bei Anklam. Meinen Dir schon gemeldeten Reiseplan über Demmin habe ich aufgegeben und bin am Freitag voriger Woche von Stavenhagen nach Thalberg gereist, weil sich mir Gelegenheit dazu bot; in Thalberg bin ich am Sonnabend geblieben und bin am Sonntag hierher gelangt, teils mit der Post, teils zu Fuß. Peters und Frau sind am Sonntag nach Liepen gefahren. Sie läßt Dir sagen, Du möchtest doch Deine Reise so einrichten, daß Du am 28., ihrem Geburtstag, nach Thalberg kämst. Justizrat Schröder hat mich zu übermorgen zum Geburtstagsdiner eingeladen, ich werde aber nicht Folge leisten, der Entfernung und der Kosten wegen. In Treptow, wo ich ein paar Stunden weilte, habe ich die Gelegenheit wahrgenommen, das viel Unruhe machende Lustspiel [»Onkel Jakob und Onkel Jochen«] dem p. Werner vorzulesen; leider kam es der Abreise wegen nicht zu Ende. Werner war der Meinung, daß es sich in Norddeutschland aufführen lasse und daß es gefalle; aber Werner ist wohl nur eine dürftige Autorität. Nachricht aus Schwerin habe ich nicht, kann sie auch wohl nicht haben. Vielleicht ist Bilguer gar nicht zu Hause; das wäre denn fatal. An Kunike habe ich heute morgen geschrieben und habe ihm die Anfrage gestellt, was er wohl zur Herausgabe der Memoiren eines Fliegenschimmels, der Episode aus meinem Leben und einer noch zu schreibenden Lebensgeschichte von Bräsig meine. Hier werde ich nun das landwirtschaftliche Ding vollenden und absenden. Mir geht es sehr gut; ich bin so wohl wie fast noch

nie, steh' des Morgens zeitig auf und arbeite den Vormittag, des Nachmittags wird gebummelt, geangelt und gewirtschaftet. – Aber Du fehlst mir an allen Ecken und Kanten. Wenn man einmal eine Frau hat, von der man so viel hält als ich von Dir, sollte man sie auch immer um sich haben. Gestern abend dachte ich recht mit Sehnsucht an Dich; aber – aber. Wenn meine Briefe kurz ausfallen, mein liebes, gutes Kind, so rechne mir das nicht als Nachlässigkeit an; ich schreibe desto öfter, und meine Freude, Dich wiederzusehen, wird Dir mehr sagen als alle Briefe.
Gott gebe Dir Gesundheit und Glück! Grüße alle von mir recht herzlich und schreibe, wie Du Dich befindest. Mit zärtlicher Liebe Dein Fritz

AN FERDINAND WUTHENOW

Neubrandenburg, 26. November 1856

Mein lieber, alter Wuthenow, natürlich will ich Deine und Deiner Frauen Wünsche erfüllen; ich habe, da ich Deinen Brief erst gestern abend erhielt, nur Deinen Brief und flüchtig die von Deiner Frau vorgeschlagene Vorrede lesen können sowie nur einige wenige von Dir angemerkte Gedichte. Deine Frau hat ganz recht, wenn sie den in betreff der Vorrede eingeschlagenen Weg für den einzig möglichen erklärt; ein anderer muß diese Vorrede schreiben; ob nun ich der richtige Mann dazu bin, magst Du und sie entscheiden; wollt Ihr mir das Vertrauen schenken, so will ich, so gut ich kann, mit Benutzung der eingesandten Gedanken ein Vorwort schreiben, welches mit zartester Schonung der Person die volle verdiente Anerkennung des poetischen Wertes der Sammlung verbinden soll. Ich werde mich soviel als irgend möglich an Deiner Frauen eigene Worte und Gedanken halten, und was mich abhält, dieselben verbotenus zu adoptieren, ist nur die Befürchtung, daß das Publikum sogleich merken würde, es sei nicht mein Stil und nicht mein Machwerk. Einiges daraus, glaube ich, muß auch fortbleiben, namentlich der Passus über die Orthographie; es ist am besten, man schweigt darüber ganz, da es eine solche gar nicht gibt; jeder schreibt, so gut er kann, annähernd an den jedesmaligen Dialekt; ich werde daher auch soviel als möglich den vorpommerschen Dialekt Deiner Frau schonen und nur da eine Änderung eintreten lassen, wo es mir zum besseren allgemeinen Verständnis notwendig erscheint oder wo Du, alter Freund, entschieden falsch abgeschrieben hast; und das hast Du, wie ich bemerke, vielfach getan. Z. B. gleich im ersten Gedicht an Kl. Groth: statt »as wenn sak deit erinnern« muß es heißen »as wenn't sik deiht erinnern«, und noch andere Stellen. Nun aber, um auf einen Punkt zu kommen, den Du mir nicht als Übelwollen auslegen darfst: Du mußt Nachsicht mit meiner Langsamkeit haben; ich bin augenblicklich ganz außerordentlich mit notwendigen Arbeiten überhäuft und habe eine andere ähnliche, aber viel verdrießlichere Arbeit zu besorgen, die mir auf den Nägeln brennt. Das sieht kühl aus, soll's aber durchaus nicht sein, und überdies hat die Sache auf den pekuniären Erfolg durchaus keinen Einfluß, indem alles, was nach Weihnacht in den Buchhandel kommt, zur Ostermesse nicht mehr bezahlt wird. – Dies wären also die vorzüglichsten Punkte, die ich Dir jetzt beantworten kann. Nun bitte ich Dich noch freundlich, Dich meiner dadurch anzunehmen, daß Du Kunike fragst, ob er meine Zusendung erhalten habe und was er von meinen Vorschlägen denkt, sage ihm, für mich sei die Hauptsache die, daß ich alle meine opera aus dem Selbstverlag los würde; geht das nicht, so bin ich entschlossen, auch *alle* im Selbstverlag zu behalten, denn wenn ich eins behalte, so macht mir dasselbe ebensoviel Schererei, als wenn ich alle behalte. Deine Cousine Adam habe ich noch am Sonntage in Treptow gesehen; sie war wohlauf.

Schreibe mir bald über meine Angelegenheit, oder besser, veranlasse Kunike zum Schreiben.

Mit alter Freundschaft Dein Fritz Reuter

AN [...] WARNITZ

Neubrandenburg, 7. Dezember 1856

Geehrtester Herr Warnitz, fürs erste meinen herzlichen Dank für Ihren freundlichen Gruß und für Ihren Wunsch in betreff Neubrandenburgs die Mitteilung, daß es mir hier bis jetzt noch recht gut gefällt, obgleich es mir schwer geworden ist, Treptow und meine dortigen Freunde zu verlassen.

Ich danke Ihnen, daß Sie sich meiner und meiner opera so gütig erinnern und die letzteren Bekanntschaft mit der Welt machen lassen; in Ansehung einer zweiten Auflage jedoch will ich Ihnen sub rosa das Bekenntnis ablegen, daß ich fürchte, einen dummen Streich gemacht zu haben, wozu mich teils der Rat anderer, teils die Unkenntnis buchhändlerischer Verhältnisse gebracht hat; ich habe die vorliegende Auflage unverhältnismäßig groß genommen, nämlich von 3600 Exemplaren. Wenn nun auch der Absatz ein sehr zufriedenstellender gewesen ist – bis Ostern zirka 1500 Exemplare, und jetzt sind wiederum zirka 600 versandt –, so sitze ich noch immer mit 14 bis 1500 Exemplaren, bei denen ich es auf die Zeit schlagen muß. Dies würde an und für sich nichts ausmachen, wenn ich nicht gerne jeden Selbstverlag los wäre: ich möchte den Rest zu Ostern gerne pure verkaufen.

Nächstens wird von mir etwas Dramatisches, ein Lustspiel und ein dramatischer Schwank, erscheinen, von denen das erstere auf der Schweriner Hofbühne auf Befehl des Großherzogs aufgeführt werden soll, wie man mir aus Schwerin schreibt. Hoffentlich das Beste, was ich geschrieben, wird noch im Laufe dieses Winters beendet werden und etwa unter dem Titel »Herr und Knecht« erscheinen; ich schreib's mit meinem Herzblut nieder. Es hat die schauderhaften mecklenburgischen Heimatverhältnisse zum düstern Hintergrunde; und wenn diese kleine naturgetreue Erzählung nicht ergreifend ins Publikum einschlägt, dann muß ich's Schreiben lieber aufgeben. – Doch warten wir's ab. Ende Januar hoffe ich mit dieser Arbeit fertig zu sein.

AN THEODOR KUNIKE

Neubrandenburg, 22. Dezember 1856

Lieber Freund, Sie erhalten anbei »Onkel Jochen usw.« in unveränderter Gestalt; er muß meiner Meinung nach für den Leser so bleiben, auf der Bühne muß er vielleicht im letzten Akt etwas kastriert werden; doch das mag die Bühne tun. Den »Blücher« habe ich etwas eingerenkt, weggelassen, zugesetzt, wie mir's eben schien. Also, nun nur in Gottes Namen los. As hei föllt, so brummt hei!
Sie erhalten aber außerdem noch etwas, meinen ganzen Stolz, das Ergebnis einer lang genährten Idee, eines tief empfundenen Mitgefühls, stets wach erhalten durch die notorischen, grausamen Folgen eines ständischen Egoismus. – Ihr freundlicher und durchaus zufriedenstellender Brief traf mich gerade, wie ich die Ihnen hiermit zu überreichenden ersten Bogen meines neuen Gedichts einem Freunde, dem als Schriftsteller bekannten Ernst Boll, vorlas (Konewka und von Hagenow kennen ihn; fragen Sie diese, ob der Mann schmeicheln kann); derselbe drückte mir in ernster Stimmung die Hand und war der Meinung, daß dies, wenn ich es so fortführen würde, das gelungenste in niederdeutscher Sprache wäre. Auf dies Lob bin ich stolz, denn ich kenne den freien unbestechlichen Sinn, den hohen Bildungsgrad meines Freundes, der sich vielfach mit unserer Sprache und unserem Volk vertraut gemacht hat. – Ich weiß gewiß, daß Sie in dieser Mitteilung, die *nur* für Sie geschrieben ist, nichts mehr als jene gerechte Freude erblicken werden, die jedem Dichter erlaubt ist. Ich schreibe diesen Brief im Vollgefühl einer Anerkennung, die, so unerwartet sie mir kommt, ich dennoch als mir gebührend fühle. Geben S' mal andern! Fragen S' mal so'n recht gescheutes Luder und referieren S' denn!
Sie sagen in Ihrem Briefe von Burgis; ist das die Schrift, die in »Läuschen un Riemels« zu finden? Die ist gut; das Plattdeutsche muß deutlich und groß gedruckt sein, sonst können's die alten Herren nicht lesen, und das ist ein beachtens-

wertes Publikum. »De Reis nah Belligen« ist nicht groß genug gedruckt. – Die Wahl der Lettern bei »Onkel Jochen usw.« und »Blücher« überlasse ich Ihnen; aber wenn dies Neue an die Reihe kommt, dann nehmen Sie die von »Läuschen un Riemels«. Das Papier von den Höferschen Denkmälern, für welche ich meinen herzlichsten Dank sage, ist sehr gut, und freue ich mich auch in dieser Beziehung, mit Ihnen in Verbindung und vor allem in Freundschaft getreten zu sein.
Apropos! Wie wird's mit der Korrektur? Die Korrekturbogen für »Onkel Jochen usw.« mögen Sie sich dort durchsehen lassen; die für »Blücher« und namentlich für das neueste Kind meiner Muse müssen mir zugesandt werden, der Orthographie wegen. Bei dem letzteren bitte ich auf etwas starkes Papier Rücksicht zu nehmen. Sie erhalten ungefähr die ersten vier Druckbogen von demselben, zu denen jedoch noch die erläuternden Noten hinzukommen, wie dies schon auf der ersten Seite begonnen ist. Zu diesem Zwecke bitte ich mir die Reinschrift zurück; und zwar, wenn ich dieselbe noch vor Neujahr erhalten soll, nach Thalberg bei Treptow a. d. T., sonst nach Neubrandenburg. Es eilt indessen nicht damit. Wenn der Druck dieses letzteren fast beendigt ist, wäre es gut, wenn wir mal persönlich zusammenträfen, um einen förmlichen Schlacht- und Operationsplan zur Ankündigung und schleunigen Verbreitung des Werkes zu entwerfen; wir müßten dann Zeitungen, Journale und Privatpersonen in Bewegung setzen, denn wenn auch das Ding an und für sich rasch gehen sollte, so schadet eine durchgreifende Bekanntmachung nicht. Vorläufig schlage ich zu diesem Zwecke als Renkontreplatz Stolpe bei Anklam vor, wo wir auf dem Gute meines Freundes Peters bei Inspektor Wiencke gute Aufnahme finden werden; es kann von Greifswald wenig über zwei Meilen entfernt sein.
Ihre Brüder bitte ich recht herzlich zu grüßen sowie Wuthenow, dem ich zu sagen bitte, daß ich bald nach Neujahr an die Erfüllung meines Versprechens gehen werde.
Was Sie noch von Arabisch und Hebräisch und Mathematisch

und Plattdeutsch reden, soll uns nicht trennen. Schlimmstenfalls würde eine kleine Nota von Ihrer Hand mich in den Stand setzen, von guten Freunden das Geld, was mir auch jetzt fehlt, leihweise zu erhalten.

Mit herzlichen Grüßen Ihr Fritz Reuter

Eben fällt mir ein, daß die Hand meines Meisters, die meiner Frau, noch nicht mit Interpunktion und Berichtigung von Schreibfehlern über den »Blücher« hergewesen ist, daher eine verspätete Absendung dieses Briefes. Auch der Titel des Dings fehlt noch. Ich denke, ich nehme den folgenden.

Auf dem Umschlag:

Dramatisches
von
Fritz Reuter

Auf dem Titelblatt:

Dramatisches
von
Fritz Reuter

(kleingedruckt) 1, Der 1ste April 1856 oder
Onkel Jochen und Onkel Jakob.
(Lustspiel in drei Akten)
2, Blücher in Teterow.
(Dramatisierter Schwank in einem Akt)
(Den Bühnen gegenüber als Manuskript gedruckt)
Greifswald. Verlag von usw. usw.

Die Absendung hat sich bis heute, den 27., verzögert, Sie erhalten dieses Paket also aus dem Pommerland.

Thalberg bei Treptow, 27. Dezember 1856 F. Reuter

1857

AN FERDINAND WUTHENOW

Neubrandenburg, 17. Juli 1857

Lieber Bruder, hierbei erfolgt denn endlich der letzte Nachzügler der Gedichte und eine kurze Vorrede. Die vorgeschlagene Deiner Frau habe ich nur auf der einen Stelle benutzen zu müssen geglaubt, in der von ihrem Zustande die Rede ist. Wundere Dich nicht, daß ich sie so ganz außer acht gelassen habe; erstens mußte die Vorrede von *mir* geschrieben sein, und daß das nicht mein Stil sei, würde von allen, die mich kennen, gemerkt sein, dann, glaube ich, muß so eine Einführung ins Publikum kürzer sein, und endlich – grade heraus gesagt – scheinen mir die Worte Deiner Frau für den nachfolgenden Gegenstand zu pomphaft und die Kritik herausfordernd, als daß ich sie für zweckmäßig halten konnte. Hoffentlich wird Dir mein Vorwort gefallen; und wünschest Du etwas geändert, so teile mir Deinen Wunsch und das Manuskript mit, dann soll das gern geschehen. – Nun noch eines! – Du schreibst mir in Deinem letzten Briefe, Deine Frau habe größtenteils meine Änderungen adoptiert oder selbst geändert, wo sie von meinen Gründen überzeugt gewesen sei; ich habe nun aber in den letzten Gedichten sehr viel ändern zu müssen geglaubt und habe selten die Gründe dafür angeführt; daß ich solche gehabt, brauche ich wohl nicht zu versichern, und wird Dir ein aufmerksames Durchlesen gewiß zeigen, daß die letzten Gedichte die schwächsten sind, sowie auch vielleicht, daß meine Änderungen nötig waren. Nun geht meine ohne Umschweif ausgesprochene Bitte dahin: halt die Hand Deiner Frau von anderweitigen Änderungen ab, sie scheint mir zur Kritik und namentlich zu einer Selbstkritik ungeeignet. Sieh z. B. das sehr lange Gedicht »Dat gode Hart« an; es ist sehr schwach; die Unterredung des Drehorglers und des Burschen ist geradezu trivial, und der

Schluß ist matt; das, was der Bursche da zum Beschluß des Tages tut, tut ein jeder, der ein bißchen marschiert hat: er schläft. Mit den Ahnten und der Kluck hat's ein ähnliches Bewenden. Deine Frau hat, wie mir scheint, weniger Talent zur Objektivität in der Dichtkunst als zur Subjektivität, darum sind die ersten viel vorzüglicher, weil es sich da um Empfindungen und nicht um plastische Gestaltung handelt. Dies nicht für ungut!

Und nun, mein lieber Bruder, Glück auf! Wenn die Kritiken etwas bellen, so muß man denken und sich trösten, daß sie nicht beißen. Ich sende heute auch den Schluß meines Gedichts mit. Dieser Schluß macht mir viel Kopfbrechen. Zwei Personen gehören nur da hinein, Johann und Daniel, aber wie? Der Alte ist leicht zu zeichnen; er hat fortgelebt in anspruchsloser Frömmigkeit, er ist zehn Jahre älter, aber nicht anders geworden; wie aber Johann? Mit dem Totschlag auf dem Gewissen, allein in der Fremde, ohne Liebe und Häuslichkeit, aber mit erweitertem Blick, muß er ein anderer geworden sein. Als reuigen Sünder kann ich ihn nicht vorführen, der Charakter ginge dann gänzlich verloren; er muß hart und rauh geworden sein, mit einem Funken warmer Liebe im Herzen, der ihn zum Kinde zurücktreibt. Daniel und er sind durch die Lebenserfahrungen so weit auseinandergekommen, daß sie sich nicht mehr verstehen, bis zuletzt das bittere Gefühl des Alleinstehens in der Welt die harte Schale bricht und Johann die Armut seines Herzens eingesteht. Hiermit tritt er dem Alten näher, der Alte erkennt die zurückgedrängte Liebe in ihm und liefert ihm das Kind aus. Eine kurze Freudenszene, eine kurze Abschiedsszene, und das Gedicht ist aus. Aber bei allem dem ist mir die Szene zu lang geworden, die Apostrophe des Alten an das Vaterland ist mir zu melodramatisch. Bis auf die Hälfte des »Enn'« ist meiner Meinung nach das Ding gelungen, das muß bleiben; aber ob ich nicht die ganze sentimentale Schlußvermittlung fallenlasse, die beiden Personen ohne gegenseitiges Verständnis auseinanderhalte und Johann einfach trotz der Unwahrscheinlichkeit, daß der zehnjährige Junge mit ihm geht, mit dem Kinde verschwinden lasse, das ist die Frage, deren Beantwortung ich von Deiner Güte erbitte. Meine hiesigen Freunde sind getrennter Ansicht. Lies Dir's im Zusammenhange mal genau durch und schreibe darüber. Die Vaterlandsapostrophe opfere ich wohl sowieso. Mit meinem herzlichsten Gruße Dein Fr. Reuter

Wenn ich Dich recht verstanden habe, so willst Du, oder besser, Deine Frau die Gedichte anonym herausgeben. Je n'en vois pas la nécessité; soll es aber geschehen, so bitte ich wenigstens für den wirklichen Verfasser eine Namenschiffre hinzuzufügen; so z. B.: En por Blomen ut Anmariek Schulten ehren Gohren von A. W. (oder was für eine Bezeichnung gewählt wird; am besten vielleicht ein für allemal einen bestimmten Namen). – Es ist mir schon passiert, daß auf Kunikes Ankündigung hin mir die eigentliche Vaterschaft der Gedichte vindiziert ist, und das geht nicht, das hieße sich mit fremden Federn schmücken.

AN THEODOR KUNIKE

Neubrandenburg, 17. Juli 1857

Dat »Enn'« [von »Kein Hüsung«] darf unter keinen Umständen wegbleiben, umgeändert muß es aber werden, die letzte Hälfte ganz. Gründe dafür sind folgende: Mit der »Klage« schließt das Ding nicht befriedigend ab; es muß zu Ende ein höherer Gesichtspunkt gewonnen werden, von dem aus man das Ganze überblickt, und diesen finde ich in der von einem Verbrechen gequälten Seele Johanns, der dadurch und durch zehnjähriges bewegtes Leben in einem freien Staat einen freieren Blick in menschliche Verhältnisse gewonnen hat. In einem solchen Gemüte, wie ich es zu schildern versucht habe, stellt sich die Reue sobald nicht ein, darum nichts von Reue, die ja auch das Verbrechen als ein fluchwürdiges darstellen würde, da es ja doch eigentlich nur Selbsthilfe eines zur Verzweiflung getriebenen Mannes war. Aber die Liebe darf nicht in ihm untergegangen sein; sie muß ihn dem Galgen entgegen zu seinem und Mariekens Kinde treiben, sie muß in ihm den heißen Wunsch entstehen lassen, daß seine Tat, die ihm für alle Zeiten Glück und Ruhe geraubt hat, nicht nutzlos geschehen sei, daß sie seinem Kinde zugute komme, daß dieses in einem Lande leben möge, wo solche Gesetzgebung nicht gilt. Auf diese Weise habe ich denn den höheren Gesichtspunkt gewonnen; Johann ist nicht mehr Individuum, sondern der Repräsentant einer ganzen Klasse, aller Auswanderer, die aus Liebe zu ihren Kindern Vaterland und alles verlassen. Diese Klasse ist größer, als man glaubt. Als Gegensatz von ihm dient mir Daniel, der, alleinstehend, längst in Zufriedenheit und Ergebung mit sich abgeschlossen hat und in stiller Frömmigkeit sein Leben zu beschließen wünscht. Für beide wird der Leser sich interessieren und wird bei sich die Frage zu entscheiden haben, ob es besser ist, demütig zu dulden oder tätig zu handeln – selbst in den Augen der Welt ein Verbrechen zu begehen. Das meine Ansicht und meine Gründe! Das Lyrische des Schlusses muß sehr gemindert werden, und nur die allerletzten Verse dürften vielleicht stehenbleiben. Es ist ein Drama und muß ein Drama bleiben; aber mit der poetischen Gerechtigkeit soll es sein Bewenden haben, und wenn auch alle Schwestern und Nichten sie wünschten. Diesen freundlichen, rosenwangigen und mitleidsvollen Kritikern sagen Sie gefälligst in Johanns und meinem Namen unseren tiefgefühlten Dank, aber wir könnten's nicht billiger machen; Johann setzt hinzu, er wolle bloß seinen Jungen haben und frage gar nichts nach dem christlich-germanischen Staate mit seinen Konsequenzen und Pönitenzen. Leider muß ich gestehen, daß der Bengel, obgleich mein nächster Angehöriger, den Damen gegenüber wenig Lebensart hat, und wenn ein tiefer Bückling und die romantischste Versicherung gänzlicher Hingebung in die sonstigen Wünsche der Damen von meiner

Seite die Sache wieder ins Gleiche bringen könnte, so würd' ich selbst »bei die Hitz« mich zu solcher leider nicht in meiner Natur liegenden Anstrengung hinreißen lassen.

AN ERNST BOLL

Neubrandenburg, 6. August 1857

Mein alter, lieber Onkel Ernst,

Siehe: Fritz Reuter, pag. 375.

Ick wull, dat ick 'ne Pogg' wier! oder ein Hippopotamos oder irgendein anderes anständiges Wassertier, dann gäbe ich heute im Knopp, oder wo sonst eine schöne Wasserversteckgelegenheit wäre, einen unschuldigen paradiesischen Teedansant für die Männlein und Fräulein der Stadt Brandenborg und schriebe auf die Einladungskarten als conditio »abgezogene Feigenblätter« und würde dadurch zum Wohltäter der Menschheit. – Ist dies »Mekelnborg?« Das stille kleine Heidenkind, was nur zuweilen schüchtern im grünen Gewande aus Schnee und Eis hervorschaut und jede erblühte Blume im Jammer über sein kurzes Dasein mit Tautränen begießt?

Siehe: Thümmels Reisen ins mittägliche Frankreich.

Siehe: Jean Paul, Titan.

Nein, dies kommt mich fur,
Graf Oerindur,
Als 'ne Verirrung der Natur;
Dieses kommt mich spanisch fur!
Wir wandeln hier nicht mehr in Fichten und in Kienen,
Wir wandeln unter Apfelsinen,
Kein Hoppen ist bei uns zu sehen,
Was um uns rankt, sünd Orchideen;
Und auf dem Wall bei Löpern seinen Gohren,
Da traf ich jüngst zwei Boa-Constrictoren,
Und als ich heut in der Tollense schwomm
Und Schneider Teschens Badgerüst erklomm,

Siehe: Müllners Schuld.

Siehe: Freiligrath.

Immer noch: Freiligrath.

Entdeckt' ich schaudernd, daß ich ward zum
Mohren.
Wo seid ihr hin, ihr kühlen Nordlandsrecken?
Hier in Neubrandenburg kniet auf den bunten
Decken
Der Muselmann. Muezzim Müller zieht
Nicht mehr den Betglockstrang; hoch von dem
Minaret
Ruft er die Frommen zum Gebet,
Das heiß für Mohammed erglüht.
Wo bist du hin, du nordisches Walhalla?
Wir rufen jetzt hier nur: Mohammed resoul
allah!
Adjes! Adjes! christlich Germanien!
Uns' Vaterland ist Mauretanien.
Georg ist nicht mehr unser Landesvater,
Wir schwuren Treu' dem Scheiken Abdelkater.
Was sonst mich hat erquickt, ist all verloren!
Und was allein in meinem Leid mich tröstet,
Ist, daß ich halb erst bin geschmoren
Und auf der einen Seite erst geröstet
Und daß der Scheik bis jetzt mir ließ die
Ohren. –
Mein Freund, der Hadji, kommt zuweilen um
die Ecke
Und setzt sich traulich zu mir auf die Decke;
Wir blasen dann im stillen Paff den Rauch
Und sehen eins dem andern auf den Bauch,
Still fragend, wer von diesen runden beiden
Von Sonnenglut am meisten hat zu leiden,
Von dem Besitzer wird am ersten scheiden.
Des Schweißes Träne perlet von den Wangen;
Ein jeder greift in brünstigem Verlangen
Nach einem Glase kühlen Selters,
Und an die welken Lippen hält er's
Und ruft mit heißem Dank: »Allah, ich trink!

Freiligrath fährt noch weiter fort.

Hilf in Dein Paradies den Doktor Siemerling!«
Und wenn das Glas gekühlt die Seele,
Dann sehen wir vor unsrer Türe
Im Zug vorüberziehen die Kamele,
Die Dromedar' und Trampeltiere,
Die sich ein Plätzchen suchen in dem Kühlen,
Um Sechsundsechzig dort zu spielen,
Der Welt den siegenden Beweis zu schaffen,
Daß keine Glut kann Manneskraft erschlaffen.
Und wieder sitzen wir und paffen
Dem Spiele zu der kleinen Affen,
Die Allah und der Damenschneider
Zu Männer-Augenweid erschaffen,
Die lieblich aus der Werkstatt beider
Hervorgegangen, Zeiten dieser Hitzen
In keckem Jugendmut benützen
Zu zeigen, wie die Kleider sitzen,
Und in der Krinoline Beine regen,
Wie sich die Bengel in der Glock' bewegen.
Das ist denn Trost! Und das sind unsre Freuden!
Wir freuen uns, wenn sie vorüber läuten,
Wir nehmen unser Los,
Wie es uns fiel, und neiden keinen,
Und Hadji Baba spricht: »Allah ist groß!
Selbst in der Krinolin und in den Beinen!«

Siehe: Claudius.

So wird die Pfeife ausgeraucht,
Der Kopf wird ausgeblasen;
Der kühle Abendwind der haucht
Uns lieblich in die Nasen.
Das Leben wird dann wieder wach,

Noch Claudius.

Die Kreatur wird munter;
Der Mond von seinem Himmelsdach
Scheint kühl auf uns herunter.

Siehe: Pastor Schmidt in Werneuchen oder Goethe,

»Adjöh, mein lieber Herr Pastor.«
»Gu'n Nacht, mein lieber Reuter!
Ich komme morgen wieder vor,

Musen und Grazien in der Mark.

Entschieden Heine.

Köster Suhr.

Dann sprechen wir uns weiter.«
»Herr Pastor, morgen möcht' ich wohl
Mich amüsieren sehre.«
»Ich auch, mein lieber Freund, ich hol'
Sie ab nach Belvedere.«
»Nee, nicht dahin! Ich trage zur
Frau Gotsmann kein Verlangen;
Ehr Bier, dat is gefährlich suur,
Wo wier dat mit Fritz Langen?«
»Auch das mir recht! – Da ist es gut.«
»Ick bün doa ok am giernsten.«
»Gu'n Nacht!« Er greift nach seinem Hut;
Ick schriew an Unkel Jernsten.

Und das wird mir der geistliche Herr bezeugen müssen, daß dieser Brief schon begonnen war, bevor der Ihrige bei mir eintraf. Letzterer hat mir viel Freude gemacht, er hat mir außer seines liebenswürdigen Inhalts den Beweis gegeben, daß Sie meiner freundlich gedacht haben, und das kann ich auch von mir behaupten. – Ich habe Ihnen auch die versteinerten Regenwürmer mitgebracht, fürchte aber, sie sind nicht von urweltlichem Datum; der Pastor hat sie. Die dummen Langhänse sind richtig eingeschlafen; Wuthenow hat mich wieder mit Korrekturen gequält, und das nächste, was ich jetzt tun muß, ist die gänzliche Umarbeitung der letzten Szene von »Kein Hüsung«. Sie sollen mit mir zufrieden sein; wie's muß, weiß ich nun. Alles Weichliche, Lyrische kommt weg, und Johann soll auf anständige Weise abtreten. – Meines Bleibens wird hier in Brandenburg wahrscheinlich nicht lange sein; ich werde wohl auf 4 Wochen nach Thalberg gehen müssen, um dort bei der Abwesenheit meines Freundes Peters zu inspektorieren. Da soll denn aber tüchtig gearbeitet werden ...

Nun möchte ich Ihnen wohl noch einige Neuigkeiten berichten; aber die scheinen auch ins Bad gegangen zu sein, und es ist hier alles Tohuwabohu. (Gott sei Dank! Das ein-

zige Hebräisch, was ich weiß, und hoffentlich falsch, und ich hab's doch richtig angebracht!)
Nun will ich mit den besten Wünschen und mit den herzlichsten Grüßen von mir und meiner Frau schließen und hoffe Sie recht gesund wiederzusehen.
Vergessen Sie aber bei dem vornehmen literarischen und künstlerischen Umgang, den Sie um sich haben, Ihre alten Freunde nicht!

AN FRITZ PETERS

Thalberg, 13. August 1857

Lieber Fritz, es ist wohl Zeit, daß Du die ersten Nachrichten aus der Heimat erhältst, denn hast Du auch Dein »ganz Hartschlag« mit Dir genommen, mag doch wohl noch manches hier geblieben sein, wofür Du Dich interessierst.
Also zuerst die Wirtschaft! Morgen zu Mittag hoffen wir in Glückauf mit der Ernte in toto fertig zu sein, heute abend bis auf die Ahnwende mit dem Unterhaken des Dunges im Brachschlag; der Hafer steht in Hocken, die sich drang und recht breitspurig ausnehmen, und mag bei diesem Wetter am Sonnabend schon zum Einfahren gut sein. Der obere Teich ist gut verbuscht und verpahlt, und habe ich bis auf mehrere kleine Schleie und Barsche und einen Karpfen auch bei mehrfachem Nachsehen keine Verluste weiter gesehen.
Leider ist gestern etwas an der Dreschmaschine gesprungen, ich glaube ein Stab im Drilling; Clemens wird das Nähere berichten; er hat sogleich das Handdreschen angeordnet. Ein Kerl (Gleich, glaube ich, heißt er, aus Treptow) ist gestern von Oberpolizei wegen von dem Thalberger Hofe in allen möglichen Ungnaden wegen Koarl Harderscher Brotdurchstecherei mit ihm entlassen worden. Wir weinen dem teuren Geschiedenen nach.
Mit unserer fixbeinigen Mamsell sind wir in Meinungsdifferenzen geraten, die endlich durch gegenseitigen Vergleich

dahin geschlichtet sind, daß sie bis zum Sonntag hier bleibt und dann ad patres oder meinetwegen sonstwo hinzieht.
Mit Clemens ist ein groß Malheur passiert, er hat sich heute mittag aus Versehen auf die Bank vor der Haustüre gesetzt und sich dort einen Teil seines Körpers empfindlich angesengt, den er zum Glück jetzt, wo viel zu tun ist, wenig gebraucht; 's ist also für den *Gang* der Wirtschaft kein Schade. –
Unsere Wirtschaft geht sehr gut. Wir machen's aber auch grade so wie die ältesten, erfahrensten Landknüppel, wir machen sehr viel kluge Streiche und wahrscheinlich auch viele Dummheiten, wissen aber jedesmal, wenn wir die letzteren gemacht haben, sehr gediegene Gründe dafür anzuführen. Hilgendorf könnte bei uns in die Lehre gehen, und ich glaube, er tut's. Ich habe ihn in Verdacht, daß er im Grenzgraben hinter einem Rainfarrenbusch auf der Lauer liegt und das Gras 'runter rangt, bloß um Anmerkungen zu unserm landwirtschaftlichen Verfahren in sein Notizbuch zu verzeichnen. Armer Hilgendorf! Er dauert mich! In seinen Jahren noch schreiben zu müssen.
Die Rollen in der Wirtschaft sind gut verteilt. Ein jeder repräsentiert in dem großen Uhrwerk des Thalberger Hoflebens etwas. Clemens ist die große Welle, um die sich alles dreht. Mit der ganzen Wucht seiner gegenwärtigen Stellung wälzt er sich herum von Scheuntür zur Scheuntüre; um die Reibung seines dermaligen Gewichts zu vermindern, hat er seine Zapfen in gefettetes Leder eingelassen, die der Techniker Kanonen zu nennen pflegt; Prosch ist unsere Unruh, er ist die laufende Spindel des Gewerks. Ich repräsentiere das Element der Trägheit, das Gewicht. Ich falle des Morgens aus der grauen Stube in die Vorstube und von da in die Laube, dann wieder rückwärts und gehe eigentlich immer so lange, bis ich wieder aufgezogen werde, was fünfmal des Tages geschieht, und immer zu spät.
Mutting ist der Weiser an der Uhr; meine treue Ehegattin der Kuckuck, der in das ruhige Tick-Tack störend auftritt,

und Höpper ist der Wecker. Alle anderen sind Räder und Schrauben, und die teure Mamsell ist die Schmiere, die alles im Gange halten sollte; aber! aber!

Sieh, hier sind die Umrisse zweier dicken Tränen, die mir auf das Papier getropft sind; sie gelten den edlen geschiedenen Mamsellen, wahren Vollblutmamsellen gegen diesen Mamsellenklepper. Sie mag in einer guten Schule gewesen sein; aber es ist kein Zungenschlag darin, und dann, lieber Fritz, glaube ich, sie bockt. Keine Tugend für 'ne Mamsell! –

Das Neueste, was wir von Treptow wissen, ist, daß Schröder jetzt dem Herrn von Köppen in den Hundeverkehr gefallen ist; er hat uns einen namenlosen Hund gesandt, dessen Herkommen, Geschlecht, Alter, frühere Geschichte und zukünftige Bestimmung uns unbekannt ist. Er wird augenblicklich noch als Vagabund behandelt und liegt im Fremdenstall als Auswürfling der menschlichen Gesellschaft.

Meiner verehrten Freundin und den lieben Kleinen respektvollsten Gruß zu vermelden! Und daß wir noch alle gesund sind. Großmamas und meiner lieben Frauen Gruß ebenfalls!

Dir, mein lieber Fritz, baldige fortgesetzte Nachricht versprechend, Dein Fritz Reuter

Clemens droht schon seit dreien Tagen – 4 Stunden nach Deiner Abreise – mit einem Briefe, den er an Dich schreiben will; ich vermute, er sammelt noch Stoff.

Herr Küffner empfiehlt sich geneigtem Andenken; er ist gestern abgereist.

Geschieden, und verzehrt sich in stiller, unsäglicher Pein.

AN THEODOR KUNIKE

Thalberg, 20. August 1857

Bester Freund, anbei erfolgt die etwas verspätete Korrektur und der endliche Schluß des Ganzen. *So soll's denn blei-*

ben! Mag manches daran auszusetzen sein, ich kann's nicht ändern. Der letzte Dialog und die darin ausgedrückten Gegensätze, die darin ausgesprochenen Betrachtungen über die gegenwärtigen Zustände mögen immerhin mit der *Fabel* des Stückes nichts Notwendiges zu tun haben; aber fehlen dürfen sie meiner Meinung nach nicht, sonst bleibt der Zweck des Ganzen unverständlich. Ich hätte sie in die Erzählung einflicken können, dann hätte der rasche Gang derselben gelitten. *So* bilden sie ein (hoffentlich gelungenes) Nachspiel, einen Abschied vom Leser, der auf die herben voraufgegangenen Szenen beruhigend wirken mag. – Doch genug! – Wir müssen's abwarten, was die Kritiker dazu sagen. – Ich muß gestehen, daß ich auf das Stück *viel* Hoffnung setze, *viel* Vertrauen; aber angegriffen wird's werden, vielleicht heftig. Nun bitte ich Sie zu drucken. Ich bin augenblicklich hier in Thalberg bei Treptow und bleibe noch etwa $2^1/_2$ Wochen, etwa bis zum 6. September, hier. Mein Freund Peters, der mit seiner ganzen Familie ins Seebad nach Misdroy gereist ist, hat mich hier als Statthalter installiert. Senden Sie daher gefälligst alle Ihre Sendungen in dieser Zeit auf hier. Sehr würde es mich freuen, wenn darunter meine Freiexemplare von »Kein Hüsung« sich befänden.
Grüßen Sie mir den alten Wuthenow freundlich und desgleichen Ihre Brüder. Mit alter Freundschaft Ihr

Fritz Reuter

AN FERDINAND WUTHENOW

Neubrandenburg, 10. November 1857

Lieber Wuthenow, mit recht herzlichem Vergnügen habe ich soeben Deinen Brief gelesen; diese gerechte Anerkennung von seiten Klaus Groths wird nicht allein Dir, sondern auch Deiner armen Frau recht sehr wohltun, und vor allem hoffe ich, daß durch die Erfolge, die ihre Dichtungen haben, und durch den in Aussicht stehenden Briefwechsel mit Groth

Deine arme Leidträgerin in ihrem Wesen gekräftigt und gestärkt werden möge, damit auch Dir ein Teil Deines Kreuzes abgenommen werde. Übrigens ist diese günstige Beurteilung nicht alleinstehend, in der Spenerschen Zeitung ist Anmariek Schulten ehren Gohren gar sehr gelobt und gebührend hervorgehoben, so daß sich wohl mancher darin ergehen wird. Wie Du weißt, bin ich mit dem mir mitgeteilten Urteile durchaus einverstanden, was aber Klaus Groth von dem provinziellen Gewande sagt, will mir nicht in den Kopf; seine Gedichte tragen selbst ein sehr provinzielles Gewand, welches von dem Idiom der alten plattdeutschen Drucke aus der Reformationszeit um ein gut Teil entfernter stehen mag als unser mecklenburgisch-vorpommerscher Dialekt. – Doch das ist Nebensächliches, die Hauptsache ist der Erfolg und seine Mitwirkung auf das Gemüt Deiner Frau. – Mir ist's nicht so gut ergangen; der »Norddeutsche Korrespondent« in Schwerin hat sich meiner ganz schauderhaft erbarmt: »Schandidyll, gottlos, aller menschlichen und göttlichen Autorität Hohn sprechend, eine schamlose Bloßstellung meiner selbst, ein niederträchtiger Mißbrauch der Preßfreiheit; keine Kenntnis des Dialekts, in welchem ich schreibe, kein Herz fürs Volk und fürs mecklenburgische Vaterland, ein Bastard von Auerbach und Beecher Stowe« usw. – Höchst erbaulich! Bin aber etwas dickhäutig, zumal ich sehe, daß das Ding doch gekauft wird und daß mir ab und an von Bekannten und Freunden freundliche Urteile zugehen. Dies letztere kannst Du Kunike zur Aufmunterung mitteilen und ihn bitten, alle Rezensionen aufzubewahren und mir mitzuteilen. Hier sind ungefähr 100 Exemplare verkauft, in Waren, wie mir Kaibel schreibt, 100, und hat sich derselbe nachkommen lassen.
Dir zur freundschaftlichen Mitteilung und Kunike zur geschäftlichen Beachtung, daß ich bis aufs Ausputzen mit einem hochdeutschen Lustspiel fertig bin, welches nicht so zahm wie Onkel Jochen ausgefallen ist; das Ding ist voll toller Streiche, und wenn's Glück gut ist, soll's irgendwo unter dem Titel »Die drei Langhänse« aufgeführt werden.

Deine Cousine Adam war vor einigen Tagen hier bei uns. Denke Dir! sie hat 5000 Tlr., in Worten fünftausend Taler, auf einen Seehandlungs-Prämienschein gewonnen. Ich habe sie geneckt, sie würde ordentlich fett danach.
Nun, mein alter Junge, noch einmal meine herzlichste Gratulation und den wiederholten Wunsch, daß Deiner guten Frau dies ein rechter Lichtblick ins dunkle Leben sein möge.
Adieu! Dein Fritz Reuter

Ich seh meinen Brief nicht nach, ich bin abscheulich müde, denn die Uhr ist 11½.

AN DIE SCHWESTERN VON BÜLOW

Neubrandenburg, 14. Dezember 1857

Meine geehrtesten, freundlichen Damen, ja! Der Reuter, der mal mit Ihnen auf dem alten, finstern Karl-Leopold-Schlosse hauste, der sich so oft wunderte, wie so ein alter Rumpelkasten doch so schön freundlich würde, wenn aus seinen halbblinden Fenstern helle Augen und lachende Gesichter schauten, und der Reuter, der jetzt sein Leben mit Schnaken und Schnurren und Dorfgeschichten und Schwänken verskribuliert, ist ein und derselbe; und glauben Sie mir: lange ist er nicht so froh überrascht gewesen, als da er die herzlichen Beweise in Händen hielt, daß auch Sie seiner noch freundlich gedächten. – Sie sind so selten, diese Zeichen der Erinnerung! – Ach, und die lange Zeit! Es sind jetzt siebzehn vollgemessene Jahre, seit ich Sie, teilweise wenigstens, nicht wiedergesehen habe (Fräulein Helmine und die gute, immer so gleich freundliche Emma und den Herrn »Junker« habe ich freilich einmal auf kurze Augenblicke in Ludwigslust wieder erblickt, 's ist aber auch schon lange her). – Was hat sich in der Zeit alles verändert! Auch bei mir und in mir: aus dem Demagogen wurde ein Landmann, aus dem Landmann ein Schulmeister, aus dem Schulmeister ein Poet;

aus dem Mecklenburger ein Preuße und nun wieder ein Mecklenburger; denn in Treptow wohne ich seit zwei Jahren nicht mehr, sondern in Neubrandenburg.
Sie fragen, wie's in meinem Wohnorte aussieht – oh, hier in Neubrandenburg sieht's herrlich aus, und rechnen Sie Ihr Schweriner Schloß ab und die Freuden einer größeren Stadt, dann tauschen wir nicht mit den Schwerinern, so köstlich ist hier die Natur, so freundlich unser Städtchen. Dies hat mich denn auch hierhergezogen, und, gottlob! der früher hinter Schloß und Riegel saß, ist jetzt frei wie der Vogel, er kann singen, wo er will, und ziehen, wohin er will. Dazu hat mir Gott eine Frau nach meinem Herzen gegeben, die mir mein Leben leicht und freundlich macht, und – wenn wir leider auch kinderlos sind – doch dafür gesorgt, daß meine bescheidene Häuslichkeit eines innigen Familienlebens nicht entbehrt. Doch Sie sollen sie sehen, diesen Sommer komme ich nach Schwerin, und dann will ich sie Ihnen zeigen, vorführen in allem kleinstädtischen Glanze einer Poetenfrau.
Doch nun zu der alten Zeit! Sie fragen, ob ich mich derselben noch erinnere? Sie steht wie gestern vor mir von dem Augenblicke an, wo ich in das Zimmer Ihres seligen Vaters trat – er hatte einen grünen Sommerrock an, und wie gewöhnlich war sein Schoßkind um ihn herum –, bis zu dem Augenblick, als ich, nach Jahr und Tag, des Morgens um vier Uhr mit meinem »Schüken« am Bande – ein Geschenk Ihres Hauses – in die Heimat wanderte. Alles, was dazwischenliegt, steht mir lebhaft vor Augen: die köstlichen Leutnants, der alte König, der alte »Nämlich«, Leutnant Lange mit der Geige, mit dem Französischen »Aimer«, mit der Pudelmütze, mit dem Stück vorurweltlicher Fettmasse, Kobell, der mit menschlichen Extremitäten düngen wollte, Haine mit der Pag', der alte Rodatz mit dem papageigrünen Schlafrock und den ewigen Sommerbeinkleidern, die schamhaft die halbe Wade sehen ließen; vor allem aber hat sich die Freundlichkeit tief in mein Herz geprägt, mit der ich, ein fremder, geschlagener Mann, von Ihrem Hause aufgenommen wurde. Wie manche

frohe Stunde habe ich Ihrem heimatlichen Herde zu verdanken, abends um den runden Tisch, nachmittags im Garten unter den Rosenbüschen Fräulein Luisens, unter den praktischeren Apfelbäumen Ihrer guten, wohlwollenden Frau Mutter oder in dem Lieblingspavillon Fräulein Helminens!
Wie viele von diesen allen deckt schon der grüne Rasen! – Auch ich werde schon alt, mein Haar wird grau, bin aber so ziemlich noch immer der Alte.

Sie schreiben von meinen Gedichten, sie haben Ihnen gefallen, das freut mich recht sehr. Ich habe schon ziemlich viel Papier verdorben: mein erstes Opus war »Läuschen un Rimels«, mein zweites »Julklapp; Polterabendscherze«, mein drittes »Reis' nah Belligen«, mein viertes »Onkel Jakob und Onkel Jochen«, mein fünftes »Kein Hüsung«, mein sechstes, noch ungedrucktes »Die drei Langhänse«, ein Lustspiel in hochdeutscher Sprache, welches ich in diesen Tagen an die Schweriner Bühne zu senden gedenke; ob es aufgeführt wird, wissen die Götter, sollte dies aber der Fall sein, so gehen Sie gewiß ins Theater, und ich weiß dann, daß ein kleines Häuflein Getreuer durch Beifallklatschen dem Dinge durchhilft. – Daneben habe ich ein Jahr hindurch ein Blatt redigiert, welches, da es Ihnen schwerlich sonst zu Gesichte kommen würde, anbei in einem Ex[emplar] erfolgt; auch lege ich »De Reis' nah Belligen« bei und »Julklapp«; die andern kann ich Ihnen leider nicht senden, weil ich dieselben nicht mehr im Selbstverlage besitze.

Sie, meine teure Freundin Anna, die Sie mir den ersten Becher Weins kredenzten, wünschen ein Gedicht für Ihr Album; Sie sollen eins haben, und will ich Ihnen dasselbe selbst in Person hineinschreiben, diesen Sommer, wenn ich komme.

Nun, meine teuren Freundinnen, Fräulein Luise, Fräulein Helmine, Fräulein Anna und – da ich nicht zweifle, daß sie meiner ebenfalls noch gedenkt – Fräulein Frieda, nochmal meinen herzlichsten Dank für Ihr gütiges Schreiben, den

besten Gruß von mir und meiner Frau, fröhliche Weihnachtstage und ein fröhliches Wiedersehen!
Leben Sie alle recht wohl und gedenken Sie ferner Ihres

Fritz Reuters

AN THEODOR KUNIKE

[Neubrandenburg, 1857]

Lieber Freund, endlich bin ich wieder in Ruhe an meinem Arbeitstisch in Neubrandenburg. Ich sende Ihnen daher sogleich infolge unserer Besprechung 50 Exemplare Reis' nah Belligen und 30 Exemplare Julklapp – Vorrat zum Nachsenden ist noch vorhanden. – Von der Löfflerschen Buchhandlung in Stralsund werden Sie ebenfalls einige Julklapp und einige einzelne Hefte der »Reis'« etc. erhalten, das darauf fallende Porto bitte ich mir zur Last zu schreiben, die einzelnen Hefte mal bei Gelegenheit an mich zu senden. Ihre Briefe habe ich erhalten und war das einzig Schlimme darin der Geldpunkt, denn ich bin wirklich etwas bedrängt; indessen, Sie werden wohl einmal wie ein Deus ex machina erscheinen und einem pauverinsky unter die Arme greifen. Mit Druck und Arrangement bin ich zufrieden, so wie ich für die Freiexemplare danke. Hier ist man neugierig auf das Ding, senden Sie also *baldigst* hierher.
Morgen oder übermorgen erfolgt Text. Mit herzlichem Gruße Ihr

Fritz Reuter

Wuthenow, die Brüder, grüße ich.

1858

AN RICHARD SCHRÖDER

Neubrandenburg, 11. Januar 1858

Mein lieber Richard, wenn der Berg nicht zu Mohammed kommt, muß Mohammed zum Berge kommen; wenn Du nicht an mich schreibst, muß ich an Dich schreiben. Wie steht's mit Deinen Erkundigungen beim Friedrich Wilhelmstädtischen? Es scheint dort ein Zwergenwesen oder besser -unwesen eingerissen zu sein, daß wohl kühne Männer zweifelnd fragen können, ob sie es wagen dürfen, in den dunkeln Schacht dieser Gnomenwelt einzufahren, um von dem Zwergendirektor Weisheitsrunen für die Oberwelt zu fordern; aber Du, ein Nordlandsrecke vom 54. Breitengrad, der Du bei Maßmann Gotisch, Hunnisch und Zwergisch gelernt hast, Du solltest Dich nicht scheuen, diesen Deichmann-Heimdall an der Urdasquelle, jener nordischen Hippokrene (ungefähr von der Stärke der kleinen Tollense bei Treptow), bei Odin und Hel um das Schicksal der drei Langhänse von Fritz Reuter zu beschwören. Fahre ein, mein Sohn – oder besser – geh zu Fuße, denn das Wetter ist gut und gehen gesunder als fahren, und frage diesen Direktor, ob er das Stück gelesen habe und ob er es aufführen wolle oder nicht; für den letzteren Fall solle er es Dir ausantworten. Sprich mit dem Menschen imperatorisch, kategorisch, peremtorisch und, wenn er Flausen macht, provokatorisch; will er's aufführen – gut! – Dann verbleibe es ihm provisorisch, ist aber die Sache illusorisch, dann nimm das Manuskript an Dich und behalte es vorläufig provisorisch, ich werde dann vielleicht von dort aus darüber anders verfügen. Anbei erfolgt ein zweites Manuskript desselben Gegenstandes; habe die Güte, dasselbe mit dem einliegenden Briefe (in dem Paket und unversiegelt) an den Herrn Heinrich, wenn möglich, persönlich abzugeben, damit Du mir über den Erfolg vorläufig berichten könntest, der Mann auch durch Dich erfahre, wer und wes Geistes Kind ich ungefähr bin. Es ist eine wie Winternebel brustbeklemmende Region, diese Theaterspukregion, man läuft darin wie in der Irre umher und hascht nach Phantomen, ohne daran zu denken, daß die ganze Theaterwelt ja aus Irrwischen, die auf Seifenblasen tanzen, besteht. Hilf Du mir, lieber Richard, binde Dir reine Vatermörder vor und sprich mit diesem Heinrich – schöner altdeutscher Name! – wie ein gesitteter christlicher Germane und eingeborener Treptuse; aus dem Briefe an den Mann, den ich Dir – obgleich *nicht* gotisch – sehr zum Lesen empfehle, wirst Du sehen, worauf es mir ankommt; melde mir demnächst das Resultat Deiner Forschungen auf dem Gebiete der Berliner dramatischen Propyläen, und wird das Ding aufgeführt, dann werde – Claqueur. Mit herzlichem Gruße Dein

Fritz Reuter

Deinen Vater hoffe ich im Antoni-Termin hier zu sehen, dann gebe ich ihm die Grimmsche Grammatik.
Lieber Richard, besorge mir diese Angelegenheit recht prompt.

AN FRIEDRICH DÖRR

Neubrandenburg, 15. Februar 1858

Geehrtester Herr Doktor, Sie haben in mir einen saumseligen Korrespondenten; indessen, jetzt habe ich doch meine Trägheit im Briefschreiben so weit überwunden, daß ich Ihnen über die Zusendung meinen Dank sagen kann. Umstehend werden Sie das Geschäftliche unserer Angelegenheit finden. – Wie gefällt Ihnen »Kein Hüsung«? Ich habe die entgegengesetztesten Urteile darüber erfahren. Der »Norddeutsche Korrespondent« in Schwerin hat mich mit einer höchst pikanten Schimpfbrühe begossen; anderswo, z. B. im »Prutzischen Museum«, bin ich besser fortgekommen. – Haben Sie vielleicht in Hamburg Theaterkonnexionen? Ich habe ein hoch-

deutsches Lustspiel geschrieben, welches in Schwerin, wohin ich es eingesandt habe, aufgeführt werden soll; können Sie mir und würden Sie mir wohl für Hamburg gefällig sein?
Mit vorzüglicher Achtung Fritz Reuter

2 Taler Courant sowie ein Freiexemplar des plattdeutschen Volkskalenders sind mir vom Herrn Doktor eingesandt worden, worüber ich hiermit quittiere. Fritz Reuter
Neubrandenburg, 1. Januar 1858

AN FRITZ PETERS

Neubrandenburg, 24. Juli 1858

Lieber Fritz, wie in aller Welt, mein teurer Junge, kannst Du und Deine gute Frau Euch von uns vergessen glauben? Diese Umstände treten bei uns nicht ein, aber andere Umstände, Verhältnisse und Rücksichten (köstliche Wörter, wenn man eine Entschuldigung zu schreiben hat!) haben uns verhindert, Euch so recht mit Lust und Liebe unter die Augen zu treten. Erst war Anna Jenning – ein kränkliches Mädchen – hier auf acht Tage zum Besuch, darauf mußte ich dieselbe nach Stavenhagen bringen, und in den letzten acht Tagen war meine Schwägerin Emma hier, die gestern kurz nach Ankunft Deines Schreibens mir meine Frau entführt hat, wohin? Das weiß der liebe Gott; ich bin nicht klug daraus geworden und soll erst von Wismar aus das endliche Schicksal dieser Weiberpläne erfahren. Soviel kann ich Dir verraten, daß Schwaan und Rostock und Wismar und Roggenstorf und Boltenhagen und Warnemünde sehr viel durcharbeitet worden sind und daß Dein Schreiben den Namen Thalberg auf eine höchst reuevolle, bedauernde Weise dahinein verweben ließ. Dies alles würde nun für mich keine Entschuldigung abgeben, und hast Du Dir ein entschiedenes Recht auf jeden Akt meiner Freundschaft erworben, wenn ich nicht wirklich ein erbärmlich geplagtes Tier wäre.

Ich hatte mir vorgenommen, Läuschen un Rimels diesen Sommer zu schreiben, und das wäre auch gut gewesen und gut gegangen; da kitzelt mich die Lust, und ich schreibe eine Posse nebenbei; das wäre auch noch gegangen, aber dazu sollen nun noch Couplets gemacht werden; die Musik will nicht dazu passen; also müssen diese abgeändert werden. Briefe über Briefe und Schreiberei für'n Teufel. – Herrn Rat Brückners Tochter will heiraten. Gleich zu Anfang meines Hierherkommens war die Verlobung, und da wurde mir das Versprechen zum Anfertigen eines Polterabendscherzes abgenommen, nun kam diese andere Brücknersche Geschichte, ich wurde trotzdem aufgefordert und konnt's nicht abschlagen, ohne mir ein »Thimotee« zu geben, und um alles Unheil voll zu machen, greift mich der eingebildete Hansnarr von Klaus Groth in einer Schrift über Plattdeutsch und Hochdeutsch in einer wirklich unredlichen, hämischen Weise an, die ich nicht stecken lassen kann, und das hat wieder eine dreibogenlange Erwiderung von meiner Seite zur Folge, für die ich nun einen Verleger suche.
Du siehst, so viel habe ich noch nicht geschmiert wie jetzt. – Ich bleibe nun wohl noch acht Tage hier im Sielen; dann wird die Posse in Rostock aufgeführt, also dann dorthin, dann zu Schwester Lisette nach Schwaan, dann über Schwerin nach Berlin, nach Leipzig, nach Jena, wenn Gott mir Gesundheit und Geld dazu sendet, und dann nach Roggenstorf und dann nach Thalberg, um Euch viel zu erzählen.
Luise grüßt Deine Frau recht herzlich, sie wird an sie schreiben; wenn's mir möglich ist, erhaltet Ihr auch von mir einen Brief von irgendwo.
Nun lebe wohl, lieber Bruder, und denk ferner an den aufrichtigen Freund Fritz Reuter

Meiner teuren Freundin Marie meinen respektvollen Gruß, desgleichen an Großmama, und für die lieben Jungen auch einen Gruß, aber ohne Respekt.

AN DIE DITTMER'SCHE BUCHHANDLUNG, LÜBECK

Neubrandenburg, 27. Oktober 1858

Geehrteste Herrn, auf Ihre freundliche Anfrage in bezug des Kommissions-Debits für das ganze von mir herausgegebene Werkchen muß ich leider eine verneinende Antwort geben; ich habe von so vielen Buchhandlungen Bestellungen gegen 33⅓ Prozent entgegengenommen, daß sich die Angelegenheit schwerlich redressieren ließe; auch habe ich schon für den Debit im hochdeutschen Deutschland, oder besser für den außermecklenburgischen und vorpommerschen Debit, mit Dietze in Anklam abgeschlossen. – Ich kann Ihnen daher nur die à condition gegen 33⅓ Prozent gewünschten 50 Exemplare senden und dabei versichern, daß *ich* bisher mit keiner Lübecker Buchhandlung im Geschäftsverkehr stehe, auch nicht die Absicht habe, dies zu tun; sollte Dietze in diesen Fall geraten, so kann ich es ihm nicht wehren; aber muß dabei bemerken, daß derselbe wohl nicht mehr als 25 Prozent geben kann, wodurch Sie stets im wesentlichen Vorteil bleiben dürften. – Ich kann Ihnen diesen Vorzug auch nur für *diese* Auflage zusichern, weil mir aus einem gleichen Falle in früherer Zeit viel Unkonvenienzen erwachsen sind. – Da ich aber glaube, daß Sie auch unter diesen Bedingungen den Debit übernehmen, und hoffe, daß Sie gute Geschäfte machen, so sende ich Ihnen hiermit die 50 Exemplare, Ladenpreis 1 Taler, gegen 33⅓ Prozent à condition und noch ein Exemplar, welches Sie wohl die Güte haben meinem Freunde Joseph Nissen, Weinhändler, von mir kommend zu überreichen. Mit vorzüglicher Hochachtung ergebenst

Fritz Reuter

AN FRIEDRICH DÖRR

Neubrandenburg, 20. November 1858

Lieber Herr Doktor Dörr, man geht mit mir nicht um, wie recht ist: Sie lassen mir Seite 24 Ihres neuen plattdeutschen Volkskalenders vor aller Leute Augen Maulschellen geben, ein anderer Quidam versucht es, mich literarisch totzuschlagen, und nun kommen die Zeitungen und schlagen mich physisch tot. – Ich trete mit der Gegenerklärung auf: »Es ist alles nicht wahr! Zwar habe ich in meinen Jungensjahren manche Maulschelle erhalten und noch öfter eine verdient, zwar habe ich später manchen literarischen Bock geschossen, aber er hat nicht wieder geschossen; *tot* bin ich *nicht!*« – Was hilft mir das? Wer glaubt's? – Die Leute sagen: »Er spaßt nur, er sitzt schon in der Übergangsstation der Seherin von Prevost, dem Monde, und korrespondiert nur noch kümmerlich mit einigen Sternwarten; die Nachricht von seinem Tode ist echt, die Nachricht von seinem Leben ist ein ‚Läuschen', eine Ente.« – Ich setze mich hin und schreibe an alle Freunde, Bekannte, Verwandte; ich bezahle Postgeld, daß man mich dafür dreimal mit vollem Geläute hätte begraben können; ich erkläre, bestreite, ich beruhige: »Kinder, ich bitte Euch, mein *Ende* ist die *Ente,* und daß ich noch schaue der Sonne Glanz, ist der Wirklichkeit süß gebratene Gans.« – Gottlob! denke ich, nun ist alles wieder in der Reihe, nun hast du wieder ein unbestrittenes Recht, diese schönen Winternebel einzuatmen, kannst als Erdenbürger wieder mit gutem Gewissen aufs Glatteis fallen, und keiner macht dir das Glück streitig, Neujahr deine Rechnungen zu bezahlen. – Da kommen nun Sie, mein teurer Freund, und bitten um ein Lebenszeichen. Gott im Himmel, wo sollen denn diese Lebenszeichen alle herkommen? Ich schieße mich ja tot, wenn ich diese galvanische Batterie, die wir »Lebenskraft« nennen, so oft entlade. – Aber nun im Ernst: *ich lebe noch!* Hiesige Kirchenregister beweisen dies negativ. Ich esse und trinke noch! Schlachtermeister Munkel und Ratskellermeister Ahlers werden dies positiv bezeugen. Ich wandle noch unter den Lebendigen! Siehe meine Schusterrechnung beim Altermann Klink! – Gerüchte sind wie Gerüche, sie verbreiten sich unmerklich in der Atmosphäre, bis sie zu stark werden und einer niest. Dann wird so'n Geruch und so'n Gerücht laut. Diesmal nieste die Stralsunder Zeitung zuerst, und die andern niesten nach; soviel ich zu meiner Freude weiß, hat keiner Prosit! gerufen; dies rief man mir erst nach meiner Gegenerklärung zu. Und auch Ihren lieben Brief habe ich als ein solches herzstärkendes Prosit! zu den freundlichen Zuschriften mancher anderen Freunde gelegt. Mit alter Freundschaft Ihr

Fritz Reuter

AN MICHAEL MARCUS

Neubrandenburg, 27. November 1858

An den bekannten Flanqueur und Schwitiseur!
Morgenrot! – Morgenrot!
Stralsund schlug mich meuchlings tot!
Wo einst Schill rief in dem Tor:
»End' mit Schrecken zieh' ich vor
Schrecken ohne Ende«.
Über Nacht, über Nacht,
Als ich noch an nichts gedacht,
Wider Willen, wider Wissen
Hab' ins Gras ich beißen müssen.

Michel, Du hast mich erweckt.
Marcus Michel! Marcus Michel!
Mir gewahret von dem Haupt,
Hast mich wieder ausgeklaubt
Und des Leben Grund entdeckt.

Du, mein Söhning! Du, mein Söhning!
Dafür danke ich Dir schöning.

Sieh, die beste Flasche Weines
Und das größte Glas sei Deines!
Komm, mein Freund, besuch mich mal!
Fritz Reuter
redivivus

AN ERNST MORITZ ARNDT

Neubrandenburg [undatiert 1858]

Hochverehrtester Herr, nur das innigste Dankgefühl, welches Ihr wahres und wackeres Wort über den Jammer meines gequälten Vaterländchens in mir wachgerufen hat, gibt mir die Dreistigkeit, Sie in der ernsten Ruhe der alten Tage zu stören. – Sie, das Vorbild meiner Jugend in jeglichem ehrenwerten, vaterländischen Tun, haben mit gerechter Hand jedem das Seine gegeben und haben gezeigt, daß die Unfruchtbarkeit und die Fäulnis des Baums ihren Grund nicht in der Verderbtheit des Stammes, sondern in den geilwuchernden, schmarotzenden, unfruchtbaren Wasserreisern hat – dafür dankt Ihnen mein ehrliches Herz, dafür danken Ihnen hier Tausende. Und wenn ich mich vorandränge, Ihnen dies auszusprechen, so glaube ich eine Entschuldigung darin zu finden, daß auch ich in dem beiliegenden Werkchen, vielleicht mit weniger Geschick als Ehrlichkeit, es gewagt habe, unsern Zwängern und Drängern die Wahrheit zu sagen, den Schimpf von dem Namen des geknechteten und geächteten Volkes zu nehmen und ihn denen ins Angesicht zurückzuschleudern, die in ihrer Gesamtheit verdienen, mit Schimpf vor dem deutschen Volke genannt zu werden. – Mein Büchlein ist plattdeutsch geschrieben, in der Sprache Ihrer Jugend, die Sie zuerst aus langem Schlummer wieder erweckt haben; Sie werden dieselbe noch verstehen. – Ich lege noch ein Buch heiteren Inhalts bei und schließe mit einem Händedruck für den Ehrengreis meines Vaterlandes als Ihr

Fritz Reuter, Mecklenburger

1859

AN THEODOR KUNIKE

Neubrandenburg, 19. Januar 1859

... Ich erinnere mich eines Versprechens, Ihnen die »Läuschen un Rimels« zu überlassen, falls die an Dietze in Anklam verkaufte Auflage vergriffen sei. Dieser Fall ist jetzt eingetreten. Dietze meldete mir schon vor Weihnacht: wir müßten eine neue Auflage veranstalten, machte dabei die abenteuerlichsten Vorschläge und Kapriolen, die mich so verdrossen, daß ich nicht antwortete; nach Neujahr rückte er mit der Sprache deutlicher heraus, ich hatte mich aber so über die Art seiner Geschäftsmanieren sowie über einen Ihnen bei Gelegenheit mitzuteilenden unaufrichtigen coup geärgert, daß ich ihm definitiv jede Geschäftsverbindung aufgekündigt habe.
Nicht um zu renommieren oder um einen höheren Preis herauszuschlagen, sondern bloß um Sie von jeglicher früher unter uns verabredeten Verbindlichkeit frei zu machen, für den Fall, daß meine Forderungen Ihnen nicht akzeptabel erscheinen, melde ich Ihnen, daß sich mehrere Buchhandlungen, unter andern Hinstorff-Wismar, Hildebrand-Schwerin und, wie Ihnen die Beilage zeigen wird, Meyer-Hamburg, um den Verlag beworben haben. Ich habe allen vorläufig abschlägige Antworten zugehen lassen, weil ich mit Ihnen in Verbindung stände.
Da nun auch, soweit ich übersehen kann, die zweite Auflage »Läuschen un Rimels, neue Folge« in kurzer Zeit vergriffen sein dürfte (ich habe mir schon von einzelnen Buchhandlungen Retoursendungen machen lassen müssen, um andere Bestellungen zu effektuieren) und ich diese beiden Bände ungern trennen möchte, so biete ich Ihnen die dritte Auflage dieses Opus ebenfalls an und formuliere meine Bedingungen folgendermaßen:
Sie erhalten 1. die vierte Auflage von »Läuschen un Rimels,

erster Teil«, den bisher Dietze hatte, in 1300 Exemplaren, vierzig Freiexemplare für mich, Ladenpreis 1 Taler, Buchhändlern $33^{1}/_{3}\,^{0}/_{0}$ und ad libitum 1 Freiexemplar auf 12.
2. die dritte Auflage von »Läuschen un Rimels, neue Folge«, ganz gerade unter den obigen Bedingungen, und zahlen mir für jede dieser Auflagen 300 Taler preußisch Kurant beim Beginn des Drucks, also für beide 600 Taler; dabei verspreche ich, die Korrektur zu besorgen und die beiden Bände einer sehr sorgfältigen Bearbeitung in orthographischer Beziehung zu unterziehen.
Gefallen Ihnen diese Bedingungen, so erwarte ich Ihre freundliche Zuschrift baldigst und werde mich dann auf die ordinäre Post setzen, um mit Ihnen persönlich zu konferieren über die Übernahme der etwaigen Reste vom ersten und zweiten Bande sowie auch über die zu treffende Einrichtung: *meine sämtlichen opera unter Ihrer Firma erscheinen zu lassen.*
Nun antworten Sie bald, und wenn wir uns in der Hauptsache einig sind, so werden die Nebensächlichkeiten sich leicht arrangieren lassen, und ich komme dann ...
Grüßen Sie Wuthenow aufs herzlichste, auch ebenso freundlich Ihre Herren Brüder.
Den Brief von Meyer lege ich deswegen bei, weil ich glaube, daß sich auch für »Kein Hüsung« bessere Aussichten entwickeln.

AN FRIEDRICH WILHELM THEODOR RAVOTH

Neubrandenburg, 24. Juli 1859

Sehr geehrtester Herr, Sie haben mir eine große Freude gemacht, Sie haben in mir die Erinnerung an meine Kinderjahre wieder lebendig werden lassen. Durch Ihren so überzeugenden Vortrag habe ich Einsicht gewonnen in das, was mir zuträglich, in das, was mir schädlich gewesen ist. Ohne Beimischung von Wehmut konnte dies nicht geschehen; aber dies Gefühl war ohne jene Bitterkeit, die mich in jetziger

Zeit oft überkommt, wenn ich sonst verständige Leute ihre Nachkommen schon in der ersten Kindheit systematisch zugrunde richten sehe. Zu meiner Zeit war die erste Kindheit der höheren Stände noch durch Einfachheit und die verhältnismäßige Armut des Landes geschützt; die der niedern durch patriarchalische Religiösität, die wenigstens die Mutter antrieb, eine Aufsicht über ihre Kinder zu führen. Und wenn auch Unverstand, Albernheit, ja Roheit schädlich einwirkten, so ist das nichts im Vergleich mit den traurigen, ja ruchlosen Einflüssen der Jetztzeit. Bei unsern sogenannten höhern Ständen hat die Sucht nach Reichtum den Trieb nach Bildung überwuchert; das allmächtige Geld gilt mehr als das Glück der Kinder, und im besten Falle suchen die Eltern statt durch eine bildende Erziehung durch eine entnervende Verfeinerung zwischen ihren Kindern und denen der niederen Klassen einen erbarmungswürdigen Gegensatz herzustellen. Die Kinder des Bürgerstandes sind ebenso schlimm dran; die törichten Eltern machen aus ihnen Affen der höheren Stände. – Kleidung und Vergnügungen beweisen dies hinlänglich. Und was nun die armen Tagelöhnerkinder in den Städten betrifft, so werden sie von den schlechtesten Eltern frühzeitig zum Betteln abgerichtet, von den bessern als ebensoviel Lämmer oder Ferkel in die städtischen Bewahranstalten in Pferch und Hürde getrieben und zur Fütterung wieder herausgelassen. Sie haben ein gutes warmherziges Buch geschrieben; aber hier bei uns ist es ebenso wie mein »Kein Hüsung« eine Predigt in der Wüste. Einer oder der andere wird es lesen, wird es loben, aber ihm Folge zu geben, daran denkt keiner.

Sind nun die mecklenburgischen Zustände in vielen Hauptrichtungen auch trostlos, so sind die Herzen hier doch ebenso gut und besser wie anderwärts; darum ist es mir auch eine wahre Freude gewesen, in dem freundlichen Verfasser des »Vortrags« einen speziellen Landsmann und Nachbarn zu finden – Malchin und Stavenhagen sind ja Nachbarhäuser! –, und darum drücke ich Ihnen, mein verehrter Freund, recht

von Herzen die Hand, die ein so tüchtiges, liebevolles Buch geschrieben hat.
Gedenken Sie meiner ferner, und führt Sie der Weg einmal nach Brandenburg, so fragen Sie nach

Fritz Reuter

AN THEODOR SCHLOEPKE

Dassow, 17. August 1859

Teurer Bruder, habe ich Dich nicht selbst, habe ich Dich doch in Deinen Werken; Hinstorff hat mir Deine Federzeichnungen zugesandt. Du bist ein Teufelskerl! Alle Figuren sind mir aus der Seele gezeichnet; das nenne ich Wirklichkeit im lachenden Sonnenglanze seligen, selbstvergessenden Humors. Es muß schrecklich schwer sein, die schöne Grenze einzuhalten, wo der Humor an die Karikatur streift. Du hast's verstanden, Theodor Schloepke, Hofmaler Sr. Königlichen Hoheit des Großherzogs von Mecklenburg-Schwerin von Gottes Gnaden, Du hast's verstanden, Du Maler von Gottes Gnaden.
Ach, Schloepke! Ich bin faul, und Du bist faul, wenn wir beide doch nicht faul wären! Aber ich bin Dir gut, und Du bist mir gut, wenn wir uns doch noch lange gut wären!
Ich freue mich, daß Du noch nicht nach Ivenack abgereist bist; Du mußt mit mir in Stavenhagen zusammentreffen. Ende dieses Monats denke ich dort zu sein; dann kommst Du mit nach Neubrandenburg. Frage doch mal den Herrn Kluth, warum er mir die versprochene Photographie nicht schickt, ich wollte sie gerne hierher haben. – Grüße Deine liebe Frau und die Schweriner von mir.
Für immer Dein Fritz Reuter

AN DIE SCHWESTERN VON BÜLOW

Neubrandenburg, 8. September 1859

Hochgeehrteste Fräulein, meinem gegebenen Versprechen gemäß sende ich Ihnen hierbei »Kein Hüsung«. Das Buch ist etwas ernsthafter Natur und wird sich vielleicht aus diesem oder aus andern Gründen nicht sehr Ihrer Gunst zu erfreuen haben, da Sie aber einmal so gütig gewesen sind, meine Arbeiten unter Ihre Bibliothek einzureihen, so, denke ich, werden Sie diesen Sonderling nicht verstoßen.

Endlich bin ich wieder daheim und seufze unter vielfacher Arbeit. Darum entschuldigen Sie wohl die Kürze meines Briefes. Meine Frau grüßt herzlich mit mir. Mit alter Freundschaft Ihr

Fritz Reuter

Die Einlage haben Sie wohl die Güte an die Adresse zu befördern.

AN JOHANN MEYER

Neubrandenburg, 22. September 1859

Verehrter Herr Meyer, Freund D. hatte es gut mit mir im Sinn, als er mich auf Ihre Bekanntschaft einlud; aber der gute Wille reicht nicht immer aus, wenigstens diesmal nicht. Aus dem allgemeinen Bedauern, welches sich an dem fröhlichen Abende über Ihr Ausbleiben und den Grund desselben aussprach, konnte ich abnehmen, was Sie Ihren Freunden sind und was Sie mir hätten sein können. Aber habe ich Sie nicht, so habe ich doch Ihre Schriften, und selten gab es deren, die ein so treuer Spiegel des Verfassers sind als die Ihrigen; aus jeder Zeile guckt Jan Meyers Gesicht hervor, bald mit dem ernsten, bald mit dem schelmischen Ausdruck, und immer gesund. Es ist doch wahr, das Beste im Leben und im Dichten ist die Gesundheit. Im Dichten haben Sie dieselbe sich bewahrt – ich will hoffen, daß dieselbe Ihnen im Leben nicht abhanden kommt.

Ich erlaube mir, Ihnen hierbei den ersten Teil von »Läuschen un Rimels« in neuer Auflage zuzusenden, und bitte, die Vorrede zu dieser Auflage zu lesen. Ich habe darin einen uns plattdeutschen Skribenten angehenden kurzen Vorschlag gemacht, der möglicherweise zu einer Verständigung unter uns führen dürfte, wenn auch sehr langsam und mit Weile. Lieber Herr Meyer, wir alle müssen uns verständigen, sonst wird's nicht mit unserer plattdeutschen Literatur! – Wer liest Sie hier? Wer mich in Holstein? Die Leute *möchten* wohl, aber sie *können* nicht; das Idiom ist ihnen fremd, und das Nachschlagen im Glossar ist zu unbequem. Ging's doch mir im Anfang mit Klaus Groth ebenso.
Beherzigen Sie meinen Vorschlag, der – auf mein Gewissen gesprochen! – durchaus nicht die Absicht hat, den einen Dialekt zu zwingen, sich dem andern zugunsten aufzugeben, nein! – alle sollen sich aufgeben, und zwar zugunsten der plattdeutschen Sprache. – In dieser Auflage habe ich den Anfang gemacht; in meinen zunächst erscheinenden »Olle Kamellen« will ich Ihnen den Beweis liefern, daß ich auf dem Wege fortschreiten werde, und gewiß mit Nutzen. Durch die von Groth und Müllenhoff in Quickborn nachträglich gemachten Regeln ist viel Unheil entstanden, und wenn jeder plattdeutsche Schriftsteller aus seinem Dialekte sich solche Regeln bilden wollte, dann adieu Verständnis und Verständigung!
Nun, lieber Kollege, leben Sie wohl und nehmen Sie die freundliche und herzliche Einladung an, mich mit Dörr in den nächsten Pfingstfeiertagen zu besuchen.

AN HEINRICH ZEISE

Neubrandenburg, 22. September 1859

Mein lieber, bester Zeise, Sie haben mich wirklich hocherfreut durch die Zusendung Ihrer opera, mehr aber noch durch die mir gewordene Gewißheit, daß Sie mich noch nicht vergessen haben; ich denke mir das bei den Großstädtern gar zu leicht; mir wird Ihr freundlicher, behaglicher Umgang im Gedächtnis bleiben. – Verlangen Sie keine Kritik von dem kritiklosesten Menschen der Welt; doch soviel kann ich sagen, daß der Fechter von Ravenna ebensowenig die Kritik verträgt als das beifolgende Werk von mir.

Ihre Gedichte habe ich sogleich, nachdem ich hier und da genascht habe, zum Buchbinder geschickt, damit Sie, wenn Sie mich einmal besuchen, schon an dem Einband und an der Stelle, wo ich sie herbergen werde, sehen, wie hoch ich Ihre Freundschaft zu schätzen weiß. Amleth von Öhlenschläger ist mir noch ganz unbekannt.

Sie müssen fürs erste mit meinem Erstling, der in höchst ungeschlachter Weise auftritt, vorliebnehmen; im Laufe des Jahres füge ich dann noch ein Heft Erzählungen unter dem Titel »Olle Kamellen« hinzu, und dann erst denke ich an die Vollendung von »Hanne Nüte« zu gehen, der sich wohl erst im nächsten Jahre Ihnen präsentieren dürfte.

Nun noch eine Bitte! Wenn Sie einmal eine Anekdote aufgabeln, der Sie die vis comica anschmecken und die die Luft vertragen kann, so merken Sie sich dieselbe für mich etwas an; aus dem Leben gegriffen, spezifisch hamburgische wären mir die liebsten; ich könnte mir dadurch mit der Zeit das Hamburger Feld erobern, und daran liegt mir viel. Wir plattdeutschen Schriftsteller haben eine sprachlich engbegrenzte Domäne, wo wir unsere Abgaben vom Publikum erheben dürfen, und diese machen sich die Dialekte noch untereinander streitig.

Nun, mein wertester Freund, ein recht herzliches Lebewohl und den Wunsch, Sie bald einmal fröhlich wiederzusehen! Ihr

Fritz Reuter

AN JAKOB GRIMM

Neubrandenburg, 22. September 1859

Hochverehrtester Herr, durch einen jugendlichen Freund von mir, Herrn Richard Schröder aus Treptow, habe ich erfahren, daß einiges von meiner plattdeutschen Schriftstellerei in Ihre Hände gekommen ist und daß Sie nicht ungünstig über meine höchst mangelhaften Versuche geurteilt haben. Von dem dichterischen Werte meiner Produkte werde ich nichts sagen; ich bin nicht sehr stolz darauf, und was einmal darin liegen mag, ändern und bessern läßt sich da nichts; nur in der Wahl des Stoffes könnte ich später sorgfältiger zu Werke gehn; aber in Form, Ausdruck und in der Schreibweise, in der Wegschaffung von eingeschlichenen hochdeutschen Wendungen und Konstruktionen und in der Annäherung an alte, unzweifelhaft plattdeutsche ließe sich noch viel tun. Ja, ich habe die Hoffnung – wie ich es in der Vorrede zu der hierbei erfolgenden vierten Auflage meines Erstlingswerks ausgesprochen habe –, daß auf diesem Wege eine gegenseitige Verständigung unter den plattdeutschen Dialekten wenigstens möglich ist. – Zwar hege ich nicht die kühne Meinung anderer, daß die plattdeutsche Sprache nach so langem Schlafe imstande sein wird, die hochdeutsche einzuholen oder ihr gar vorauszueilen; aber wenn auch nicht, so achte ich es doch nicht für verlorene Mühe, ein Feld anzubauen, auf welchem selbst die hochdeutsche Sprache in späteren Zeiten manche goldene Ähre sammeln könnte.

Wenn Sie, hochverehrter Herr, sich die Mühe geben wollen, die hierbei erfolgende vierte Auflage meiner »Läuschen un Riemels« mit den früher erschienenen zu vergleichen, so hoffe ich, daß Sie einen Fortschritt in sprachlicher Hinsicht finden werden; mehr noch dürfte dies in den beifolgenden wenigen Bogen eines noch im Drucke befindlichen Buches der Fall sein, welches unter dem Titel »Olle Kamellen« in diesem Herbste erscheinen wird und welches ich Ihnen, wenn Sie es erlauben, zu seiner Zeit vollständig zu übersenden die

Ehre haben werde. Sollte der in der Vorrede von mir angedeutete Weg zu einem allgemeineren Verständnis Ihren Beifall finden und sollten Sie in den wenigen angelegten Druckbogen trotz der vielen Inkonsequenzen einen Fortschritt in dieser Richtung erkennen, so bitte ich Sie, mir Ihre freundliche Anerkennung nicht versagen zu wollen und mir zu erlauben, dieselbe als empfehlendes Vorwort meinem neu erscheinenden Buche vordrucken zu lassen.
Ich weiß, es ist dies ein starkes Verlangen, und richtete ich meine Bitte in eigensüchtiger Absicht an Sie, so würde ich mich meiner Unbescheidenheit schämen müssen; da dieselbe aber aus dem heißen Wunsche hervorgegangen ist, der Zerfahrenheit in der plattdeutschen Literatur zu steuern, so werden Sie mich in Ihrer großen Güte gewiß entschuldigen, wenn ich die mächtigste Hilfe und gewichtigste Autorität in aller Bescheidenheit anspreche.
Mit der tiefsten Verehrung und den lebhaftesten Wünschen für Ihr Wohlsein Ihr ergebenster Fritz Reuter

AN CARL HINSTORFF

Neubrandenburg, 22. September 1859

Lieber Hinstorff, sieben Bogen sind jetzt gedruckt; ich weiß nicht, bis zu welcher Zeit Sie mit dem Ganzen fertig werden zu wollen die Absicht haben, glaube aber Ihnen die Anzeige machen zu müssen, daß ich über die angenommene Anzahl von 16–17 Bogen hinauskommen dürfte, wir müssen dann den Preis verändern.
Für die Übersendung der beiden Volksbücher danke ich und bemerke zu Ihrer Abrechnung, daß ich als ehrlicher Mann nicht anders rechnen kann, als:

Sie erhielten 80 E.	= 53 Taler 10 Schilling
Sie zahlten	= 40 Taler
Bleiben mir noch	13 Taler 10 Schilling

der Preis für *nur 20* Exemplare, die Sie disponierten. Waltet hier ein faktischer Irrtum ob, so bescheide ich mich gern, sonst muß ich meine Rechnung für richtig halten, wenn auch zu meinem Nachteil.
Michaelis naht heran und mit ihm Zahlung für Miete, Holz, Kartoffeln, Fleisch etc etc. Vergessen Sie mich nicht!
Heute gehen alle Sendungen an die Blätter und die literarischen Freunde ab. – Ich hoffe, die Hamburger sollen das Ding besprechen. Mit freundschaftlichem Gruß Ihr

Fritz Reuter

Heute sende ich auch den ersten Teil von Läuschen etc. an Grimm und füge die Aushängebogen des neuen Opus hinzu, um glücklichenfalls eine Art von Vorrede zu erhalten. – Sollte dies nicht gelingen, so werde ich es bei dem alten Kosegarten zu erreichen suchen, muß Sie aber bitten, mir die Aushängebogen noch einmal sehen zu lassen. D. O.

AN FERDINAND WUTHENOW

Neubrandenburg, 1. Oktober 1859

Lieber, bester Wuthenow, wenn ich nicht sogleich Deinen Brief beantwortet habe, darfst Du es mir nicht als Nachlässigkeit auslegen, erstens mußte ich die Anlage wenigstens zum Teil doch erst lesen, und zweitens bin ich augenblicklich ein arg geplagter Mensch; glaube mir, gedruckt werden und gedrückt werden ist ziemlich dasselbe, zumal, wenn man, wie ich in dem Falle bin, noch an dem Manuskripte zu arbeiten habe. – Im Anfang nächsten Monats etwa wird nämlich von mir ein Bändchen humoristischer Erzählungen erscheinen unter dem Titel »Olle Kamellen«.
Doch das ist Nebensache! Also zu Deiner Angelegenheit. Mein Urteil über das, was ich von den Dichtungen Deiner Frau gelesen habe, ist womöglich noch ein günstigeres als über manche der früheren, wenn ich auch nicht anstehen kann,

die Längen und Abschweifungen in manchen Gedichten zu tadeln. Ich weiß recht gut, daß dies ebenso bei mir selbst der Fall ist; aber es ist einmal Menschennatur, und zwar eine recht schwächliche, daß wir gelinder im Urteil gegen uns selbst als gegen andere sind. Also! Diese Gedichte sind vollkommen so gut wie die früheren.

Aus Deinem Briefe geht nun aber nicht deutlich hervor, ob Du oder Deine gute Frau beabsichtigt, dieselben in einem eigenen Bande neu erscheinen zu lassen, oder ob sie, wenigstens teilweise, in der neuen Auflage des ersten Bandes abgedruckt werden sollen. Im ersten Falle dürften die vorhandenen einen Band nicht füllen, zumal einige vielleicht nicht aufzunehmen sein dürften; im zweiten Falle würden es am Ende zuviel sein. Überlege Dir die Sache mit Kunike und beherzige dabei noch einen Umstand, dessen Erfahrungsrichtigkeit Dir Kunike vielleicht bestätigen dürfte: die zweiten Bände der Lyriker gehen, selbst wenn sie ebensogut und noch besser als die ersten sind, lange nicht so gut. Diese Bemerkung hat ihre Ausnahmen, und bedeutende Ausnahmen, und wenn Publikum und Kritik nur irgend gerecht sind, wird Deine Frau dazu gehören. – Du sprichst von undankbarem Mühsal, welches ich gehabt haben sollte, das hast Du wohl nur so überm Herzen weggesprochen; Mühe mag ich mir gegeben haben, aber undankbar ist sie nicht gewesen, das beweist die 2. Auflage der Gedichte.

Nun zu dem Kern Deines Schreibens, Du sprichst das Wort freilich nicht aus; aber ich will es aussprechen und weiß gewiß, daß Du mir es gut aufnehmen wirst: Du möchtest gern wissen, ob ich mich einer ähnlichen Arbeit bei diesen Gedichten unterziehen möchte wie bei den früheren. Irre ich mich in dieser Voraussetzung, so weiß ich gewiß, daß Du mir nichts übelnimmst. Irre ich mich nicht, so will ich ja zu der Sache sagen, jedoch mit der ausdrücklichen Bedingung, daß ich etwas auf die Zeit schlagen muß, denn mit der bin ich sehr bedrängt. – Vielleicht aber hast Du nur eine oberflächliche sprachliche Korrektur im Sinne, und auch da will ich herz-

lich gerne helfen. – Schreibe mir über alles ganz genau, Du bist ohne Gefahr, von mir mißverstanden zu werden. Wenn Du es wünschest, will ich auch die Korrektur der neuen Auflage übernehmen.
Doch noch eines Umstandes muß ich erwähnen, der bei einer tiefer gehenden kritischen Überarbeitung von sehr eingreifenden Folgen sein dürfte; ich habe eine ganz neue Orthographie angenommen, und durch dieselbe würde der Reim und der Vers oft heftig alteriert werden dürfen.
Daß Du mich mit Deiner guten Frau hast besuchen wollen, ist mir ein Beweis Deiner fortdauernden Freundschaft, und wenn Du Deine Absicht im nächsten Jahre ausführst, so sollst Du sehen, daß ich auch in meinem Hause Freundschaft zu üben weiß.
Grüße mir Kunike herzlich und sage ihm Dank für die Übersendung des 2. Heftes des Lexikon; ich werde dem alten Kosegarten nächstens eine darauf bezügliche Zusendung machen.
Mit freundschaftlichem Gruß Dein Fritz Reuter

AN FERDINAND WUTHENOW

Neubrandenburg, [Mitte] Oktober 1859

Lieber Bruder, Du mußt heute mit einem Briefe zufrieden sein, der nicht einmal dem Papiere nach die Anforderungen des Anstandes erfüllt; ich habe kein Briefpapier, es ist zum Schicken schon zu spät. Also ...
Eine wirklich große Freude hat mir der Brief Deiner Frau gemacht; ich werde denselben in einigen Tagen so beantworten, wie die für mich freundlichen Gesinnungen desselben es verdienen. Da aber mir die Zeit des Druckes zu drängen scheint, so muß ich vorläufig über einen Punkt mit Dir im reinen sein: soll wirklich das Buch mit der alten, fehlerhaften, bloß phonetischen Orthographie gedruckt werden? – Auf mich nimm bei Deiner Anordnung keine Rück-

sicht, ich würde imstande sein, nach meiner neu angenommenen Rechtschreibung das Buch umzuändern, ohne daß der Druck aufgehalten wird, nur müßte ich dann ein *geleimtes* Exemplar haben, denn mit Bleistift wird es der vielfachen Änderungen wegen nicht gut gehen, auch wäre es gut, wenn's nicht beschnitten wäre, des Raumes wegen. Es versteht sich von selbst, daß das Buch dem Inhalte und Ausdrucke nach gar nicht verändert wird, nur der Schreibart nach, und daß dann beim Reim namentlich kleine Inkonsequenzen nicht zu vermeiden sein werden; aber bei der schrecklichen Formlosigkeit und Willkür in der plattdeutschen Schreibart wird dies nicht viel zu bedeuten haben. – Damit Du entscheiden kannst, sende ich Dir hierbei eine Probe meiner neuen Schreibart, in der ich auf die *alte* Sprache rekurriere und die nach den wenigen Äußerungen Deiner Frau über Rechtschreibung ihren Beifall erhalten möchte.
Wünschest Du also eine derartige Umgestaltung, so sende mir umgehend Deine Willensmeinung, und wenn (Du Dir selbst kein Urteil zutraust, so frage den – L.) alten Papa Kosegarten, der ist nach meiner Meinung von allen, die über diesen Gegenstand geurteilt haben, die beste Autorität. Wiggers, mit dem ich persönlich geredet habe und der ein langjähriger Freund von mir ist, ist entschieden auf dem Holzwege und Brinckman erst recht. – Das ist keine Eitelkeit von mir, denn der Eitle läßt ein lange genährtes Vorurteil nicht so leicht fahren, wie ich es getan habe. – Die Gründe und den Weg, den ich einzuschlagen gedenke, wirst Du in der Vorrede zur 4. Auflage von »Läuschen« finden. – Viele, viele Inkonsequenzen wird man mir vorwerfen können; aber meistens sind es Zweckmäßigkeitsgründe, um das Verständnis zu vermitteln, die mich bestimmt haben; allzuweit darf man sich noch nicht von der Aussprache entfernen, sonst schreibt man nicht für das Publikum, sondern für Sprachforscher und Antiquare.
Damit Du auch eine Vergleichung in praxi vornehmen kannst, sende ich Dir beispielsweise eine Übertragung des letzten

Gedichtes in der Sammlung, »Still! Keine dörft dat weiten«. Vergleiche es; aber vorzüglich »dat Niejohr«. – Ich weiß, wie gesagt, sehr wohl, daß viele Inkonsequenzen bei mir vorkommen; aber man muß dem hochdeutschgewohnten Auge beim Lesen auf einzelnen Stellen zu Hilfe kommen, z. B. bei den durch »h« gedehnten Silben. Schriebe ich »Flot« oder »Flaut«, so würde der Hochdeutsche eher an »Flöte« denken als an »Flut«. – Das »au«, »äu«, »ei« begünstige ich entschieden, sie geben der Sprache mehr Wohllaut als die ewigen »o«, »ö« und »ee«. Warne Deine Frau vor der Aufnahme von Formen wie »wähn« für »wesen« (sein), sie hat dieselben von Klaus Groth und nicht von unserm Volk gehört, und was man uns vorwerfen mag, unser Dialekt stimmt weit mehr mit der alten Sprache als der . . . [das weitere fortgeschnitten]

AN FERDINAND WUTHENOW

Neubrandenburg, 28. Oktober 1859

Lieber Bruder, sehr eilig! Mit dieser Post wirst Du die ersten beiden Bogen Korrektur erhalten. Mit mancher Änderung wirst Du und Deine Frau am Ende nicht übereinstimmen; aber das ist eben der Umstand, daß nicht zwei Leute übereinstimmen können, was unsere liebenswürdige plattdeutsche Orthographie betrifft. Absichtlich habe ich die mecklenburgische Aussprache der Diphthonge beibehalten, au für o, äu für ö und ei für e. Die Sprache wird dadurch klangreicher und voller; die ewigen langen o und e ermüden schrecklich und machen die Sprache farblos. Die Etymologie hilft uns dabei nicht, da heißt es das Beste aus dem Vorhandenen wählen. – In den nächsten Tagen erhältst Du so viel, daß Kunike getrost jetzt schon zu drucken anfangen kann. Ich habe das Exemplar zum Buchbinder des Leimens wegen gehabt; es geht aber nicht, es ist eine besondere Art Papier, die den Leim nicht annimmt, ich war also auf den Bleistift angewiesen. Mit herzlichem Gruß Dein Fr. Reuter

Man hat mich zur Schillerfeier angekriegt, und daher ist meine Zeit jetzt verteufelt beschnitten; aber ich sende *jedenfalls* rechtzeitig Manuskript.

AN HERMANN WEBER

Neubrandenburg, 10. Dezember 1859

Mein lieber Hermann, Deine Jugendzeit steht Dir gewiß noch oft vor Augen und im Herzen, und Du wandelst gewiß noch oft in den Räumen des alten Stemhäger Schlosses, und wenn Dich des Lebens Mühen und Geschäfte loslassen und Du Einkehr bei den freundlichen Erinnerungen Deines Herzens hältst, so wird das Andenken Deines wackern, ehrenwerten Großvaters und Deiner guten Großmutter gewiß vor vielen andern in Dir lebendig werden. Mir geht es ebenso, und als Beweis, wie bestimmt und deutlich jene Zeit und die Personen in jener Zeit mir vor die Augen treten, mag Dir das beifolgende Büchlein zeigen. Ich hatte die Absicht, dasselbe Deinem würdigen Vater zu dedizieren, und klopfte dieserhalb im Sommer 1858, als ich ihn besuchte, etwas auf den Busch, ob ihm eine humoristische Behandlung des Stoffes unangenehm sein würde; er versicherte mich des Gegenteils durch die Bemerkung, daß ihm die Geschichte mit dem »Fisch stehlen« in den Läuschen viel Spaß gemacht hätte. Leider hat unser Herrgott anders über meine Absicht beschlossen, und ich kann die Dankbarkeit, die ich immer für ihn gefühlt habe, nur gegen seinen Sohn aussprechen; das will ich denn hier mit vollem Herzen getan haben.

Vieles in dem Buche ist natürlich Dichtung; aber vieles ist auch wirklich geschehen, und hoffentlich wird die Zeichnung der Hauptpersonen wahr und der Humor, mit dem es geschehen, mit rücksichtsvollem Maße geübt sein.

Ich wünsche Dir und den Deinen die fröhlichsten Festtage, und lieb würde es mir sein, wenn meine kleine Gabe zu einer befriedigenden Feststimmung ein kleines beitrüge.

Lebe wohl! Dein Fritz Reuter

AN THEODOR SCHLOEPKE

Neubrandenburg, 10. Dezember 1859

Sünder, Sünder!
Deine Strafe bleibt nicht aus!
Bist wortbrüchig mir gewesen;
Sollst zur Straf' dies Buch durchlesen
Und die andern Haus bei Haus
Durch die Straßen kolportieren,
Sollst die Läuschen illustrieren,
Den Verfasser porträtieren,
Und nur, wenn Du dies getan,
Sollst Verzeihung wieder ha'n.
Liest Du nicht, was ich gedichtet,
Malst mich nicht, bist Du gerichtet,
Unsre Freundschaft sei vernichtet,
Und der Kobold auf dem Schlosse
Soll dir Deine Reiter, Rosse
Mit dem Maurerquast lasieren
Und die schönsten Huldgestalten
Malen mit des Alters Falten,
Schnurrbart, kienrußschwarz beschmieren!
Merk Dir das, Du Bärenhäuter!
Dein aufrichtiger Freund Fritz Reuter

AN ALBRECHT SELLIN

Neubrandenburg, 12. Dezember 1859

Geehrtester Herr, Sie müssen die verzögerte Antwort auf Ihren Brief auf meine augenblicklich sehr bedrängte Zeit schieben; ich ließ drucken, und das führt immer allerlei verdrießliche Schreiberei mit sich.
Sie verlangen eine Kritik des übersandten Gedichtes; das ist für mich eine schwere Aufgabe. Aus einem einzigen Gedichte kann man natürlich nicht die dichterische Begabung

eines Menschen erkennen, zumal eines *jungen,* der, selbst wenig kritisch, oft von dem Stoff bestochen, schwächere Produkte für das Vorzüglichere hält. Soll ich nun bloß von diesem Gedichte und über dies Gedicht urteilen, so ist der Stoff ein sehr einfacher und von allen deutschen Lyrikern vielfach besungen. Es ist dann selbstverstanden sehr schwer, Originalität zu zeigen, und die Variationen auf dies Thema werden nur dann gefallen können, wenn das Gedicht sich durch Präzision des Ausdrucks und Eleganz der Formen auszeichnet. Dies ist nun aber grade keine besondere Eigenschaft Ihrer mir übersandten Probe. Sie reimen »led« und »lett«, das geht nicht; Fritz »klei't sich an de Mütz«, zu welchem Zweck? »kleien«, wie man im südwestlichen Mecklenburg sagt, ist ein öfteres Tasten, daher »Tüften kleien«; dies öftere Tasten wiederholt sich nun mehreremal, und man merkt gleich, daß es nur geschieht, um einen Reim auf »Fritz« zu finden. – »Dunn föt hei mi so lewing an«, müßte heißen »üm«. Das Mädchen kuckt ihm ins Gesicht und weiß nicht, was sie sagen soll; das ist psychologisch unrichtig; wenn einer nicht weiß, was er sagen soll, dann sieht er verlegen beiseite.
Ich lasse es bei diesen wenigen Bemerkungen bewenden, um Sie auf größere Selbstkritik aufmerksam zu machen.
Soll ich Ihnen nun noch einen freundschaftlichen Rat geben, so versuchen Sie sich einmal mit einem ganz konkreten Stoff, mit einer bestimmten Sage, Erzählung aus dem Munde des Volkes, mit einer bestimmten Naturschilderung; lassen Sie die Empfindung dabei vorläufig aus dem Spiel, dann werden sich weniger Reminiszenzen und Wiederholungen einstellen, und Sie werden mehr auf Präzision des Ausdrucks hingewiesen.
Wenn Sie dann etwas in dieser Art geschaffen haben, so senden Sie dasselbe an »Dr. Friedrich Dörr – Hamburg – St. Pauli – Pferdemarkt«, der den Volkskalender herausgibt.
Ich habe Ihnen meine Ansicht ehrlich gesagt, und wenn Sie

für die Sache ein ehrlich Herz haben, werden Sie nicht empfindlich darüber sein und werden meine Ratschläge befolgen. Vor allem hüten Sie sich vor der den jungen Dichtern eigenen Selbstgefallsamkeit, das ist sogar großen Talenten schon der Tod geworden. Mit freundschaftlichem Gruße Ihr

Fritz Reuter

AN F. H. MERTENS

Neubrandenburg, 16. Dezember 1859

Daß die niederdeutsche Literatur bei uns fortwährend an Boden gewinnt, ist eine unbestrittene Tatsache; nicht allein der Schriftstellerkreis erweitert sich täglich, sondern, was jedenfalls bedeutsamer ist, die Zahl der Leser nimmt zu. Die Leute lernen jetzt schon niederdeutsche Bücher lesen, trotz unserer grenzenlosen dialektlichen Verwirrung und unsrer prinziplosen, abscheulichen Orthographie. In bezug auf die letztere habe ich neulich in der Vorrede zur vierten Auflage meiner »Läuschen un Rimels« Vorschläge gemacht, denen ich in den beifolgenden »Olle Kamellen« gefolgt bin. Ich hoffe, das Buch ist dadurch auch Ihnen verständlicher geworden.

Mein Vorschlag geht in nuce dahin: auf die alte Sprache zu rekurrieren und dieser zugunsten alle Unarten und Unwesentlichkeit der Dialekte aufzugeben, dies aber nicht mit einem Schlage zu tun, um unserm Leserkreise nicht plötzlich fremd zu werden, sondern allmählich; ja, auch noch vorläufig die dem Hochdeutschen eigentümlichen, zwar verwerflichen dehnenden »e« und »h« beizubehalten, da wir es hauptsächlich mit Leuten zu tun haben, die außer dem Hochdeutschen nie etwas gelesen haben. Was kann uns daran liegen, für jetzt die Zustimmung weniger Gelehrten zu erlangen, die in ihrer hochdeutschen Bildung immer unsre Gegner bleiben werden? Wir sind aufs Volk angewiesen, und wenn wir Erfolg haben wollen, müssen wir mit Neuerungen sehr behutsam zu Werke

gehn; was wir nicht mit der Kraft der Überzeugung aufdringen können, müssen wir allmählich einschmuggeln.
Der leitende Zweck muß aber stets die Zurückführung der Dialekte auf die alte Sprache bleiben, und auf diese Weise können wir sogar hoffen, uns später sogar Ihrer Landessprache zu nähern. Die Sprache der alten Lübischen, Rostokker, Stralsunder Chronisten ist gar nicht so sehr von unsrer jetzigen verschieden, als daß wir nicht hoffen könnten, mit ihrer Hilfe die schmachvolle zweihundertjährige Vernachlässigung unserer Sprache wiedergutzumachen.
Soweit wäre zwar alles sehr gut; aber diese Zerfahrenheit der Dialekte hindert jede vernünftige Übereinkunft unter den Schriftstellern; jeder glaubt und beansprucht, daß die Redeweise seiner Landschaft, seiner Stadt oder seines Dorfes die richtige sei. Wir kennen uns nicht, wir korrespondieren nicht einmal, ja, wir feinden uns untereinander an. Nirgends eine Handhabe, an die ein jeder seine Hand legen könnte, um dem gemeinsamen Zwecke förderlich zu sein! Der beste von uns, Fooke Müller, ist tot; Groth ist Doktor geworden und seitdem auch tot, denn seit man in ihm aus einem talentvollen Lyriker einen schlechten Privatdozenten gemacht hat, ist ihm der Hochmut zu Kopfe gestiegen, er stößt alle vor den Kopf und nimmt die Räucherungen männlicher und weiblicher Damen entgegen, die ihn denn bald zur tatenlosen Mumie zusammengedörrt haben werden. – Jan Meyer, der es wohl verdiente, wird nicht gelesen. – Der Westfale Lyra wird hier nicht verstanden. Brinckman hat sich durch die hastige Änderung in der Orthographie geschadet; sein »Vagel Griep« hat darunter sehr gelitten; und ich bin ein Tor gewesen und habe mir mit meinem politischen Gedichte »Kein Hüsung« das ganze Wespennest des mecklenburgischen Junkertums auf den Hals geladen. – Wir schreiben und interessieren das Volk für seine kleinen Dialekte, verstehen's aber nicht, in Einigkeit die Gebildeten unter dem Volke für die gemeinsame Mutter der Dialekte zu interessieren. Gott mag's bessern!

AN DEN NATIONALVEREIN IN NEUBRANDENBURG

[Neubrandenburg, undatiert]

Nach Rücksprache mit dem Herrn Gelinek, mit dem unserm Verein nicht angehörenden Herrn Advokaten Brückner habe ich erfahren, daß Herr von Dewitz-Miltzow am öffentlichen Wirtshaustisch im Lorenzschen Lokale geäußert hat ungefähr wie folgt – diejenigen Worte, die er gesprochen hat nach entschiedener Aussage zweier Zeugen, sind:
»Er habe 1848 und 49 mit mecklenburgischen Demokraten in einer und derselben Kammer gesessen, aber diese mecklenburgischen Demokraten wären gegen die Abgeordneten des jetzigen preußischen Abgeordnetenhauses Noblesse gewesen, er könne jeden mecklenburgischen Demokraten achten, aber einem Mitgliede des Nationalvereins könne er ins Gesicht spucken«. – Da ich nun Mitglied dieses durch ganz Deutschland geachteten und geehrten Vereins bin, dem Herrn von Dewitz persönlich durchaus keine Gelegenheit zur Mißachtung gegeben habe, so ersuche ich ihn, das, was er an einem öffentlichen Wirtshaustische mir als Mitglied des Nationalvereins angedroht hat, zur Wahrheit werden zu lassen und mir bei seiner nächsten Anwesenheit in Neubrandenburg ins Gesicht zu spucken, sich jedoch so nahe bei mir hinzustellen, daß *er* mich nicht verfehlt – *ich* ihn mir aber *langen* kann.
Am öffentlichen Wirtshaustische im Lorenz'schen Lokale sind diese rohen Äußerungen des Herrn von Dewitz-Miltzow gefallen, ich glaube also berechtigt zu sein, dieselben an dem offenen Wirtshaustische der deutschen Journalistik in einem der gelesensten Blätter bekanntzumachen.
Da ich zu der Versammlung nicht selbst kommen kann, habe ich mir die Erlaubnis genommen, diese kurze Meinungsäußerung meinen geehrten Freunden und Mitgliedern des Nationalvereins mitzuteilen. Ich bin der Meinung, daß wir eine ähnliche wie die obige Erklärung mit verschiedenen

Unterschriften dem Herrn von Dewitz zusenden müßten. Sollte diese meine Ansicht in der heutigen Versammlung in der Minorität bleiben, so müssen mir die freundlichen Mitglieder des Nationalvereins es nicht übel deuten, wenn ich im Falle einer Nichtunterstützung *meiner Ansicht* aus diesem Zyklus austrete und von dem Herrn von Dewitz seine Androhung des »Insgesichtspuckens« persönlich verlange.

Fritz Reuter

1860

AN WILHELM KIRCHHOFF

Neubrandenburg, 25. Januar 1860

Nicht wahr? Man kann ein guter Mensch sein und doch ein schlechter Musikant, und man kann ein passabel guter Schriftsteller sein, aber doch ein unhöflicher, ja undankbarer Mensch. – Wenn Sie bei aller Ihrer Freundlichkeit dies letztere Urteil über mich gefällt haben, so kann ich es Ihnen nicht verdenken, denn die Herzlichkeit, mit der Sie mich begrüßt haben, hätte wohl einen raschen, frischen Händedruck als Erwiderung verlangt.

Ich könnte mich nun leicht mit den drei falschgemünztesten Wörtern der deutschen Sprache, mit »Umständen«, »Rücksichten«, »Verhältnissen« von meiner Unterlassungssünde loskaufen, fürchte aber, Sie als praktischer Jurist werden Tatsachen verlangen, und darum also: 1. Ihr lieber Brief traf mich nicht in Neubrandenburg, wo ich seit vier Jahren wohne, sondern bei meinem Freunde Peters zu Siedenbollentin bei Treptow, da ging das Schreiben schlecht. 2. Am fünften dieses Monats, kaum zurückgekehrt, erhielt ich die böse Nachricht, daß mein Schwager Dr. Jenning in Schwaan verstorben sei; diese rief mich dorthin, und darauf mußte ich zu meinem Verleger Hinstorff nach Wismar, um mit demselben über eine zweite Auflage von »Olle Kamellen« abzuschließen, dann in Familienangelegenheiten nach Stavenhagen, und als ich von diesen Reisen endlich heimkehrte, traf ich 3. in meiner Häuslichkeit einen lieben Freund, den Hofmaler Schloepke aus Schwerin, der sich bis gestern angelegentlich mit meiner Frau und meiner Visage beschäftigt hat. Sie sehen, die erste freie, ungestörte Zeit ist Ihnen gewidmet.

Gott! wie langstielig (oder stylig?)! Sie und, mittelbar durch Sie, Ihre verehrte Frau Gemahlin haben mir viel Liebes und Freundliches erwiesen; ich nehme es mit hocherfreutem Herzen an und verspreche Ihnen, mir Mühe zu geben, eine mir so werte Anerkennung für die Folge zu verdienen.

Ich bin jetzt daran, unter dem Titel »Hanne Nüte un de lütte Pudelkasch« die Liebe zweier einfacher Naturkinder in heiteren, aus unserem Dorfleben gegriffenen Bildern zu zeichnen. Muntere Szenen aus dem Tierleben sollen mit eingewoben werden, und die lustige Vogelwelt soll mir den bedeutsamen Apparat der Götterwelt in dem ernsten Epos ersetzen und die Vereinigung der Liebenden herbeiführen. Ob, *wenn, wie* mir dies gelingen wird, ist noch dahingestellt; aber versuchen will ich es, die natürliche Seite unseres Landlebens als heiteren, tröstlichen Gegensatz der finsteren sozialen in »Kein Hüsung« entgegenzustellen; und zu einer so versöhnenden Absicht mag ja wohl der liebe Gott seinen Segen geben.

Sie können sich wohl denken, daß ich in den mir zu Gebote stehenden Kreisen kleine Nachforschungen über den freundlichen Briefsteller angestellt habe; und da habe ich denn erfahren, daß der Doktor und Burmeister Kirchhoff eine Person ist, mit der man mich schon früher einmal, als ich eine Grimmensche Bürgermeistergeschichte erzählte (die aber beiläufig in dem Geburtsorte Eulenspiegels, Mölln, passiert sein soll) gewaltig bange gemacht hat. »Dei lett nich mit sick spaßen«, hieß es, und rasch setzte ich hinzu: »Dat was noch in de swedschen Tiden«. Und wissen Sie wohl, Herr Doktor, daß wir, wenn auch nicht eines Blutes, so doch eines Stammes sind? Mein Großvater mütterlicherseits war der Bürgermeister Oelpke in Ihrer Nachbarstadt Triebsees. Dies schon und die liebenswürdigen Nachrichten, die mir über die Person und die kostbare Laune des Burmeister Kirchhoff zugegangen sind, lassen mich denselben jetzt gar nicht mehr fürchten, sondern hoffen, daß er mir seine Freundschaft und sein Wohlwollen fürder erhalten werde ...

AN FRITZ JENNING

Neubrandenburg, 23. Juni 1860

Lieber Fritz, Dein Brief verdient, daß er sogleich beantwortet werde und daß den darin ausgesprochenen Wünschen nach Kräften genügt werde. Ich will Dir auseinandersetzen, wie ich dies meine. Du sprichst darin von der Güte Deines Herrn Prinzipals und nennst sein Betragen *nobel*; obgleich Du nun dafür wohl ein besseres deutsches Wort hättest finden können, so drückst Du Dich in dem Dich selbst betreffenden Nachsatze »nun werde ich aber auch für ihn durchs Feuer gehn« so wacker und ehrenhaft aus, daß ich überzeugt bin, Du wirst Wort halten.
Dafür, daß Du eingesehen hast, wie sehr die Dankbarkeit für den ehrenwerten Herrn und Dein eigener wahrer Vorteil Hand in Hand gehen, schicke ich Dir, was ich augenblicklich von meinen Büchern vorrätig habe.
Nun, mein lieber Sohn, halte wacker aus, und wenn Du fortfährst, ferner brave Gesinnungen zu hegen und dieselben durch die Tat für die Welt und Dich selbst fruchtbar zu machen, so werde ich nie ermangeln, Dir mit Rat und Tat zur Seite zu stehen ...

AN JOHANNES SCHONDORF

Siedenbollentin, Juli 1860

Lieber Johannes Baptista, Evangelista, Komponista, Violinista – besonders aber Klavicimbellista! Anbei erfolgen die 5 versprochenen Unterlagen zur beliebigen Tonsetzung, und bitte ich nun, die letztere so einzurichten, daß auch 5 Auflagen mit klingender Ergötzung erfolgen. Doch nun mal etwas, was wir später durchsprechen wollen: Wie wär es, wenn ich mal einen heiteren und gemütvollen Text lieferte zu einem musikalischen Machwerk wie die Jahreszeiten von Haydn – natürlich viel kleiner und nicht im erhabenen, sondern im naiven Stil, z. B. unter dem Titel »Sommerabend« –, wo man die Gefühle eines unschuldigen und dabei etwas lümmelhaften Paares in der umgebenden Natur schildern könnte. Die Musik könnte sich – ich weiß wohl, daß so etwas getadelt wird – recht behaglich in der Malerei der Naturlaute ergehen; z. B., wenn der Liebende kniet und er, durch Bauchdruck veranlaßt . . ., was würde das Fagott hier für einen Effekt machen!

Überlegen Sie sich dies! Überlegen Sie sich aber auch folgendes: Ich habe Erkundigungen eingezogen über die Fahrt nach Rügen. Heute z. B. geht ein Dampfschiff mit 150 Passagieren von Anklam nach Rügen. Das wird sich im Laufe Ihrer Ferien gewiß wiederholen. Wenn meine Frau dann mit ihrer Wässerung fertig ist und diese Stahlwasserverstählung ihr gut bekommen ist, möchte ich wohl mit ihr Sie begleiten.

Ich glaube, die Reise von Anklam nach Putbus kostet 1 Taler 8 Groschen. Von Putbus aus besucht man das Jagdschloß, dann Saßnitz, Stubbenkammer, etwa Arkona, und dann reisen wir über Stralsund nach Hause. Sie müßten dann nach Treptow mit der Post fahren, dort holte ich Sie auf hier ab. Peters ließe uns dann vielleicht nach Anklam fahren, und so kämen wir sehr billig dahin. Überlegen Sie.

Nachricht erbitte ich mir gefälligst, denn ich will den Teufel tun und vernünftige Vorschläge vergebens machen!

AN PAUL LEMBKE

Neubrandenburg, 26. Oktober 1860

Vielleicht ist es noch nicht zu spät, wenn ich mich mit der ergebensten Bitte an Sie wende, meiner Bewerbung um die Redakteurstelle des neu zu gründenden Blattes für Landwirtschaft eine freundliche Beachtung zu schenken. Ich weiß nun freilich nicht, wie ich es zweckmäßig anfangen soll, Sie von meiner ökonomischen Befähigung zu überzeugen, glaube aber, daß die Geschichte meines Lebensganges dazu beitragen mag, wenigstens die Vermutung hinreichender landwirtschaftlicher Kenntnisse auf meiner Seite in Ihnen zu erzeugen. – Ich bin in einer Wirtschaft groß geworden, die von dem damals herrschenden einförmigen Schlendrian wesentlich abwich. Mein Vater, der verstorbene Bürgermeister Reuter zu Stavenhagen, hat sein ganzes Leben daran gesetzt, den Futter- und Handelsgemüsebau, die Stallfütterung und gewisse technische, mit der Landwirtschaft in Verbindung stehende Gewerbe in Mecklenburg einzuführen. Er war der erste, der den Kümmel- und Runkelrübenbau in größerem Maßstabe einführte, der auf einem verhältnismäßig kleinen Areal, bei höchst ungünstiger Lage der Ländereien eine totale Stallfütterung mit 60 Haupt Rindvieh jahrelang durchführte; der eine Krappmühle erbaute und die erste bayerische Bierbrauerei anlegen ließ. Bei seinem großen Eifer für die Sache konnte es nicht ausbleiben, daß er seine Neigungen für den landwirtschaftlichen Beruf auf mich übertrug, und daher, als ich, um Jura zu studieren, zur Universität abgegangen und darauf infolge der sogenannten Demagogenuntersuchungen durch eine siebenjährige Festungshaft dem Studium der Jurisprudenz abwendig gemacht war, griff ich dieser Neigung gemäß schon während meiner Haft zu dem theoretischen Teil der Landwirtschaft und suchte mich durch das Studium von Thaer, Koppe, Block und anderer damals anerkannten landwirtschaftlichen Größen auf die später folgende Praxis vorzubereiten. In diese trat ich in meinem dreißigsten Lebensjahre und bin 10 Jahre lang praktischer Ökonom geblieben, während welcher Zeit ich die mir gebotene günstige Gelegenheit benutzte, um mich mit den in die Landwirtschaft einschlagenden Wissenschaften Physik und Chemie vertraut zu machen, wozu mir die Freundschaft eines unserer bedeutendsten Chemiker, des Doktor Grischow in Stavenhagen, bereitwilligst die Hand bot. – Leider mußte ich dem aus Neigung gewählten Beruf wegen Mittellosigkeit entsagen; ich wurde Privatlehrer – und – wenn Sie wollen – plattdeutscher Dichter; blieb aber stets in engster Verbindung mit der Landwirtschaft. Hiernach läßt sich freilich wohl schwerlich meine wirkliche ökonomische Befähigung für die Redaktion beurteilen, und der »Dichter« mag mir sogar bei dem endlichen Ausschlage sehr hinderlich in den Weg treten; aber, wenn Sie, geehrtester Herr, nur gütigst in Betracht ziehen wollen, daß ich meine etwaigen schriftstellerischen Erfolge hauptsächlich der genauen Kenntnis von Land und Leuten verdanke und daß diese Erfolge eine gesunde Beobachtungsgabe und eine gewisse plastische Gestaltungskraft voraussetzen lassen, so werden Sie freundlichst zugeben, daß diese Eigenschaften, wenn sich mit denselben ein einfacher, klarer und anregender Stil verbindet, der Redaktion einer landwirtschaftlichen Zeitschrift nur förderlich sein können. – Ich weiß sehr wohl, daß es viele Männer gibt, gewiß auch unter meinen Mitbewerbern, die mir an Tiefe und Gründlichkeit in den einzelnen einschlagenden Disziplinen bei weitem überlegen sind; aber dergleichen tiefeingehende Kenntnisse gehören in die Lehrbücher der Wissenschaft, nicht in eine Wochenschrift praktischen Inhalts. Unsern hervorragenden landwirtschaftlichen Kapazitäten, die durch eigene ernstliche Studien ihren Beruf zu einer Wissenschaft zu erheben verstanden haben, mit einer gelehrten Laterne voranzuleuchten heißt Eulen nach Athen tragen; ich glaube, das Punctum saliens bei der Redaktion einer solchen Wochenschrift, wie Sie dieselbe im richtigen Hinblick auf unsere vaterländischen Verhältnisse vorgeschlagen haben, liegt in der Fähigkeit, vorläufig unpraktische wissenschaftliche Erkenntnisse und vereinzelte verworrene praktische Erfahrungen zu läutern und zu klären, daß die ersten entweder ganz abgewiesen oder auf ihren wirklichen zukünftigen Wert reduziert werden, die andern in einem organischen Zusammenhang erscheinen, damit nicht der wissenschaftlich ungebildete Teil der Leser sich von der unfruchtbaren Gelehrsamkeit der ersten blenden und von der Einseitigkeit der andern in vorgefaßten Meinungen bestärken läßt. – Ob ich das vermag? – Ich hoffe es und habe mich dem Herrn Professor Karsten gegenüber, der, wie ich erfahre, mit dem korrespondenzlichen Teil dieser Angelegenheit beauftragt ist, erboten, durch persönliche Unterredung oder auf jede andere beliebige Weise meine Befähigung zu der Stelle nachzuweisen. Vielleicht wäre es Ihnen genehm, durch sach- und fachkundige Männer Urteile über mich einzuziehen, und da schlage ich Ihnen den Herrn Pastor Boll hierselbst, einen unserer ausgezeichnetsten vaterländischen Schriftsteller, vor, der die Geschichte der mecklenburgischen Landwirtschaft in seines Bruders Geschichte von Mecklenburg geschrieben hat; ferner diesen seinen Bruder, Herrn Ernst Boll, Sekretär der naturforschenden Gesellschaft. Nach meinen chemischen Kenntnissen könnten Sie sich gütigst bei unserm Apotheker, Herrn Doktor Siemerling, erkundigen, und über meine praktische landwirtschaftliche Bildung würde gewiß der Gutsbesitzer Herr Peters auf Siedenbollentin bei Treptow a. T. gern Aufschluß geben. Ich bitte Sie nun, geehrter Herr, das, was dieser Brief an Eigenlob enthalten sollte, nicht mir, sondern den eigentümlichen Verhältnissen zur Last zu legen und, wenn Sie von der Wahrheit meiner Worte überzeugt sind, mir Ihr Wohlwollen zu beweisen. Der Herr Hofbuchhändler Hinstorff hat mir versprochen, dies Schreiben in Ihre Hände gelangen zu lassen, auch, es zu befürworten, und was meine literarische Befähigung zu der Stelle betrifft, so nehme ich mir die Erlaubnis, Sie auf sein Urteil zu verweisen.

AN EDUARD HOBEIN

[Anfang November 1860]

Lieber Freund, da haben Sie einmal wieder ein rechtes Freundschaftstückchen ausgeführt, vielleicht ohne es zu ahnen, wie wohl es mir bekommen würde. Ihr freundlicher Brief war nämlich der erste, der ein Urteil über Hanne Nüte aussprach, und so lange saß ich in der Ungewißheit finstrer

Nacht, mühsam erhellt durch kleine Lichter, die in meiner Umgebung sich freilich alle Mühe gaben, mich Triumphe sehen zu lassen, an die ich nicht glaubte. Haben Sie Dank für Ihre gütige Nachsicht und glauben Sie ja nicht, daß ich allzu empfindlich gegen den Tadel bin; was noch mehr: ich stimme mit Ihnen überein, es ist ein Fehler, daß sich das Ding so ernsthaft entwickelt, zumal für unsere Zeit, in welcher kein Buch ohne erkleckliche Bösewichtereien mehr erscheinen kann. Ich verspreche Ihnen aber, keine Halunken und Verbrecher mehr in Szene zu setzen, nur ehrliche Leute, ein paar Narren müssen Sie mir nachsehen, aber auch die sollen moralisch sein. Meine ganze Entschuldigung besteht darin: ich bin durch die alte Volkssage von einer durch Tiere entdeckten Mordtat verführt worden. Raben, Krähen, Elstern, Kraniche (des Ibykus) haben in alten Zeiten die Dunker und Stieber vertreten, warum nicht auch Stare und Sperlinge? – Doch genug von einer Sache, die sich nicht mehr ändern läßt.

Empfangen Sie meinen herzlichen Glückwunsch zu der bevorstehenden Verbindung mit einer Anverwandten meines alten prächtigen Amtshauptmannes Jochen Weber; wir treten damit in Verwandtschaft, 's ist aber nur eine geistliche, denn ich bin der Pate des alten braven Mannes.

Mit wirklichem Vergnügen vernehme ich durch Ihre Güte, daß Groth an eine Aussöhnung denkt; wer mich irgendwie genauer kennt, der weiß, daß ich gerne mit aller Welt in Frieden lebe und keinen Groll nachtrage. Hat Groth mich einmal, wie ich gestehen muß, nach meiner auch noch bestehenden Ansicht ungerechterweise tief verletzt, so hat er später sich in so freundlicher Weise gezeigt, daß ich vollständig ausgesöhnt bin. Nur eine Bitte habe ich bei einem etwa mit der Zeit eintretenden Verkehr: auf den Grund des Zerwürfnisses darf nicht zurückgegangen werden, er sei nicht allein vergeben, sondern auch vergessen.

An eine derartige Zusammenkunft, wie Sie dieselbe für den nächsten Sommer und für Schwerin vorschlagen, habe ich schon öfter gedacht; aber mit nicht viel Hoffnung für günstigen Erfolg. Ich werde mich aber so einzurichten suchen, daß ich rechtzeitig zu diesem plattdeutschen Areopag eintreffe. Fordern Sie indessen ja John Brinckman dazu auf; er ist ein sehr braver und tüchtiger Mann, den ich dort nicht missen möchte.

Meine Zeit ist augenblicklich von einer höchst beschwerlichen und wirklich schwierigen Arbeit in Anspruch genommen, ich bereite die neuen lyrischen Gedichte der armen Alwine Wuthenow, der Frau meines langjährigen Leidensgefährten und Freundes, zum Drucke vor. Aber ist das ein Stück Arbeit! Wie die Unglückliche dieselben geschrieben hat, sind sie gar nicht zu drucken, ich muß darin herumändern und vieles selbst hinzutun und habe dann noch mit begreiflicher Empfindlichkeit zu tun. – Meine eigenen Arbeiten müssen derweilen ruhn. – Das nächste Buch von mir wird ein kurioses sein: eine Urgeschichte von Mecklenburg, von Erschaffung der Welt an bis auf »Hertog Niklotten, Dörchläuchten«.

Alles, was mir halbverrückte Laune und zur Hand liegende Satire auf unsere sozialen, politischen, kirchlichen Zustände eingibt, kleide ich in historische facta, unbekümmert, was Ihr Norddeutscher dazu sagt. Das Ganze ist aber nicht gegen eine Partei gerichtet, sondern gegen alle Übelstände, die die Menschen sich selbst geschaffen haben. – Sie sollen es noch vor dem Drucke zugesandt erhalten, damit Sie mir sagen können, ob es verboten werden wird. Viel Lokales wird darin zu tadeln sein, läßt sich aber nicht vermeiden und wird allenfalls durch seine Frische entschuldbar werden; im ganzen tröste ich mich mit der Originalität der Idee. Ihr

Fr. Reuter

AN FRITZ PETERS

Neubrandenburg, 21. November 1860

Lieber Fritz, längst schon wäre es meine Schuldigkeit gewesen, Dir für Dein herzliches Gedicht und Dein Buch sowie

auch für den Hasen meinen herzlichsten Dank zu sagen; aber die Aussicht, Euch vielleicht hier zu sehen, und der Wunsch, Gleiches mit Gleichem zu erwidern, ließ mich noch immer warten – bis denn nun endlich mein »Hanne Nüte« mutig Deinen ökonomischen Lehren in diese böse Welt gefolgt ist. Ich sollte eigentlich nicht »mutig«, sondern »zaghaft« sagen, denn Dein Buch hat einen Erfolg, der noch gar nicht dagewesen ist. Es sollte mich freuen, wenn ich der erste wäre, der Dir zu diesem Ereignis gratulierte; aber daran ist ja wohl nicht zu denken; denn Hinstorff wird wohl nicht unterlassen haben, Dich davon in Kenntnis zu setzen. Er schreibt mir, wenn nur Pommern sich so macht wie Mecklenburg, so würde die ganze Auflage schon in diesem Jahr verkauft werden. Da er aber dabei bemerkt, daß der Absatz in Pommern nur in 1–200 Exemplaren besteht, so ist das ja gar kein Gegenstand. Also Glück auf! mein alter Doppelkollege als Ökonomiker und als Schriftsteller.
Wer hätte uns wohl vor fünfzehn Jahren angesehen, als wir Boston spielten und Preßkopf aßen, daß Thalberger Speis' und Trank sich dermaleinst in uns zu einer geistigen Tätigkeit entpuppen würde, die in Mecklenburg und Pommern den Leuten ein Licht aufsteckt!
Aber nun paß auf! Du wirst dem Fluche der Schriftstellerei nicht entgehen: erstens wirst Du verdammt werden, weiter zu schreiben, und zweitens wird sich der Neid an Deine Sohlen heften. Habe ich meinen Klaus Groth gefunden, wirst Du Deinen Hilgendorf finden; oder hast Du ihn schon? – Ich möchte den alten, galligen Spitzbuben wohl mal photographieren lassen, wenn er in Deinem Buche liest. Es ist doch ein alter Kaote, der Kerl! – Gestern waren Superintendents hier bei uns, die haben uns so manches erzählt.
Sage unseren beiden Töchtern, sobald ich sie persönlich träfe, würde ich sie gehörig für ihre freundlichen Wünsche abküssen; heute müssen sie mich aber entschuldigen, ich hätte schrecklich viel zu schreiben. Grüße Frau Marie und Großmama von mir und behalte lieb Deinen Fritz Reuter

AN EDUARD HOBEIN

Neubrandenburg, 23. November 1860

Verehrtester Freund, eigentlich müßte ich nun ebenso wie Sie in Ihrem letzten Briefe mit Entschuldigungen wegen Nichtschreibens kommen. Aber wir wollen dergleichen Hergebrachtes fallenlassen und uns die Sache weniger langweilig machen. – Sie sind nun also in den Orden der plattdeutschen Schriftsteller getreten und tragen die Insignien desselben mit der Umschrift »für Auszeichnung«; denn wahrlich, ich hätte nicht geglaubt, daß unsere plattdeutsche Sprache so geeignet wäre, den hochdeutschen Ausdruck wiederzugeben, wie dies z. B. bei den Müllerliedern gelungen ist. Auf einen Punkt muß ich Sie aber in allerfreundlichster Weise aufmerksam machen; wir haben in Mecklenburg, abgesehen von der Verschiedenheit der Aussprache, eigentlich zweierlei Platt, von denen das eine auf dem Lande, das andere in den Städten, namentlich in den größeren von den Gebildeten gesprochen wird. Dies letztere ist schon sehr stark mit hochdeutschen Elementen versetzt und hat dadurch viel von seiner Eigentümlichkeit im Ausdruck und in der Wendung verloren, z. B. sagt der Städter »jetzt«, »nie«; der Landmann sagt freilich auch schon zuweilen statt »jetzt« »jitzt«, aber eigentlich heißt es »up Stun'ns«, und statt »nie« sagt er immer »meindag' nich« oder verstärkt »allmeindag' nich«. So gibt es tausenderlei Kleinigkeiten, in denen eine Abweichung stattfindet, in denen aber die Landsprache konkreter und deshalb malerischer sich auszudrücken versteht. – Hierauf müssen Sie meiner Meinung [nach] mehr Wert legen. Übelnehmen werden Sie mir hoffentlich meinen Rat nicht, da ich selbst gerne eingestehe, daß ich häufig, von Reim und Vers gezwungen, in denselben Fehler verfalle.

Sie erhalten hierbei mein Jüngstes; es ist dickleibiger, als es sein sollte, und ich fürchte, etwas skrofulöser; aber ich hoffe auch, daß meine Freunde einige Gebrechen nachsichtig übersehen werden, wenn sie gewahr werden, daß dem Kinde eine

gewisse, schwer zu entwickelnde Originalität nicht abzusprechen ist.
Die beiden mitfolgenden Exemplare, in denen die bezüglichen Begleitschreiben liegen, besorgen Sie wohl freundlichst an die Adresse. Das Frl. von Bülow wohnte sonst rechter Hand vor dem Schloßgarten; ich glaube Klosterstraße.
Schloepke ist augenblicklich in Neustrelitz und malt den Großherzog zu Pferde.
Sollte Sie Ihr Weg nicht einmal nach Brandenburg führen? Dann wollten wir mal plattdeutsch verhandeln. Leben Sie wohl, lieber Freund, und behalten Sie im Herzen Ihren

Fritz Reuter

AN THEODOR SCHLOEPKES EHEFRAU

Neubrandenburg [undatiert 1860]

Ein Maler und ein Dichter,
Die sitzen in guter Ruh,
Der eine malt Gesichter,
Der andre sieht ihm zu.

Und wie sie malen und schauen,
Da reden sie hin und her,
Sie reden von ihren Frauen
Und preisen sie beide sehr.

»Ja«, sagt der Maler, »ich habe
Ein Weib, gar lieb und treu,
Eine wahre Gottesgabe
Und auch sehr hübsch dabei.«

Da kommt zum Zeitvertreibe
Des Dichters Weib herein.
»Bleibt uns mit dem Lobe vom Leibe;
Man muß stets praktisch sein!

Die Fraue sitzt jetzt einsam
In ihrem Kämmerlein
Und trauert jetzt gemeinsam
Mit ihrem Töchterlein.

Hier dieser junge Schinken
Vertreibt vielleicht den Schmerz,
Durch Essen und durch Trinken
Heilt manches kranke Herz.

Den schickt ihr nur, Klugschnacker,
Und grüßt von mir sie fein:
Die Männer wären Racker.
Sie und ihr Töchterlein,
Sie sollten nur recht wacker
Und voller Hoffnung sein.«

1861

AN ADELHEID HERMES GEB. WÜSTHOFF

Neubrandenburg, 5. Januar 1861

Teure, verehrte Frau, als Ihr Brief bei mir eintraf, stand schon ein Klingelschlitten vor meiner Tür, der mich und meine Frau ins Pommerland entführen sollte, um dort mit alten Freunden das neue Jahr zu beginnen. Dies ist der Grund, weswegen ich nicht umgehend geantwortet habe. – Wie können Sie glauben, daß ich etwas übelgenommen habe, daß ich überhaupt etwas von einem so freundlichen Herzen wie das Ihrige übelnehmen kann? Für die kleinen konventionellen Formen, welche die Menschen sich zu ihrer eigenen Last auferlegt haben, habe ich nie rechten Sinn gehabt, und wo ich einmal in meinem Wesen verletzt worden bin, da, meine teure Freundin, wehre ich mich, so gut ich kann, das hat mir denn oft gute Früchte getragen. Z. B. mit Klaus Groth, der sich die Suprematie in der plattdeutschen Literatur anmaßen wollte und mich vor einigen Jahren auf das empfindlichste angriff, stand ich in heller Fehde; ich blieb ihm nichts schuldig, und nun – nun kommt er von selbst zu mir und bietet mir durch die dritte Hand Frieden an, den ich ihm aus vollem Herzen wieder biete. – Nein, nichts von Übelnehmen! – Viele Schreiberei und verdrießliche Korrespondenzen lassen mich bisweilen ältere Freunde vernachlässigen, nicht vergessen. Vorige Weihnachten ward ich durch einen längeren unerwarteten Besuch gestört, und gleich nach Neujahr starb mein Schwager, der Dr. Jenning in Schwaan, das hatte denn verschiedene Reisen zur Folge, und in diesen Weihnachten war ich selbst so unwohl, daß ich an nichts denken mochte und konnte. – Nun ist ja mit dem neuen Jahre die alte Gesundheit, gottlob, wieder eingekehrt und mit ihr die Lust zur Arbeit. – Mein nächstes Werk, welches Ihnen sicher nicht so gut gefallen wird als die beiden letzten hierbei erfolgenden, ist ein satirisches, in welchem die politischen und sozialen Zustände unseres Landes gegeißelt werden. Das ist nichts für Ihren nachsichtigen, verzeihenden Sinn. Recht sehr habe ich mich in Ihrer Seele über Ihren Julius gefreut; lassen Sie ihn nur tüchtig lernen! Wir leben einmal in einem lernsüchtigen Zeitalter, und wenn man auch das meiste Erlernte wieder vergessen muß, so ist für das erste Auftreten in der Welt doch eine große Summe von Wissen durchaus notwendig, sei's in der Wissenschaft, sei's im Gewerbe. Aber die arme Sophie Meyer! – Weiß Gott, ihr Los hat mich schrecklich ergriffen. Nur die Annahme einer temporären Geistesstörung bei Meyer läßt die früheren freundlichen Eigenschaften des Menschen mit seinem jetzigen brutalen, tyrannischen Betragen in Verbindung bringen. Wie ich sah, daß er sein armes Weib zum schmutzigen Geschäft des Pfeifenreinigens herabwürdigte, da hatte ich genug. Der stille, duldende Ausdruck der armen Frau steht mir noch vor Augen. – Meine Frau, die sich sehr zu dem »Engel« gefreut hat, läßt recht herzlich grüßen; ich für mein Teil muß aber dringend bitten, mir das Weib nicht durch solche überirdische Titel zu verderben. Denken Sie sich, sie sollte als Engel mit der Küchenschürze in unserer kleinen Küche auf Engelsfittichen herumburren und sich an unserm schlechten Kochherd die Schwungfedern versengen; das Essen würde ebenfalls anbrennen, und meine Lage würde schrecklich. Nein, Gott sei Dank, sie hat menschliche Tugenden und Schwächen, und damit bin ich denn vollauf zufriedengestellt. Grüßen Sie Ihren Herrn Gemahl und Ihren Julius recht sehr freundlich von mir und sagen Sie der armen Sophie, wie herzlich ich ihrer gedenke. Sollte es sich so machen lassen, so sagen Sie dem kleinen Fritz Meyer auch ein freundlich Wort von mir.

Mit alter Freundschaft Ihr F. Reuter

AN EDUARD HOBEIN

Neubrandenburg, 24. Januar 1861

Lieber, bester Hobein, wenn der Berg nicht zu Mohammed kommt, muß Mohammed zu dem Berge kommen. – Ich sitze hier in Schmerzen und lau're auf die Rücksendung meines Manuskriptes, welches Sie durch Hinstorff schon vor gute 14 Tage erhalten haben müssen. Wenn wir armen Teufel von »Dichtern?« oder Schriftstellern aus der »Poesie?« oder Satire ein Gewerbe machen wollen, welches uns redlich ernährt, dann müssen wir da hinterher sein und müssen Anfang, Fortsetzung und Ende so zusammen haben, daß wir es zu einem schönen Knoten schürzen können. – Wo aber wäre dat müglich, wenn dat eine Ende in Schwerin, dat andere in Bramborg sich aufhält und die Verbindung dieses literarischen Bindfadens nicht durch Post und Eisenbahn vermittelt wird? – Benutzen Sie diese vorläufigen, landesüblichen Beförderungsmittel, mich in den Besitz des Meinigen zu setzen. – Ich denke mir, mein bißchen Spott und Ironie wird [in] Ihr junges Liebesleben wie der erste Schornstein-Ruß in die von Ihrer lieben Gattin eigenhändig gekochte Biersuppe gefallen sein; Sie werden ein verteufelt kritisches Gesicht dazu gemacht haben – aber »Schadt em nich, as Pogge seggt«, ich bin einmal einer der unruhigsten Menschen, ich muß mich immer wieder auf neues Eis wagen, und sei's auch nur, um damit durchzufallen.

Klaus Groth hat sich in der Beurteilung von »Hanne Nüte« wieder sehr freundschaftlich gezeigt – mehr, als ich in meiner Autoreitelkeit selbst erwarten konnte, denn ich gestehe Ihnen die Fehler, die Sie gerügt haben, bereitwilligst ein, und als Entschuldigung will ich nur anführen, daß der ganze Lösungs-Apparat verteufelt schwer zu handhaben ist, ohne in die ganze platte Erklärungs-Prosa zu fallen. – Aber eines tut mir an Groth aufrichtig leid, und das ist, daß er sich ganz auf den kritischen »Jüchstock« (fragen Sie einen Landmann nach diesem Ausdruck) zu werfen scheint und nicht mehr produziert. Was hilft uns bei unsern schwachen Anfängen alle Kritik, wir müssen etwas geben, und er kann's doch! – Lassen Sie doch einen oder den andern unreifen Jungen mit drunter laufen, es kommt auch wohl mal ein fortpflanzungsfähiger in die Welt, der der Sache für die Zukunft Geschlechter erzeugt. Aber wenn sich jemand als Papst auf den plattdeutschen Petrus-Stuhl setzt, dann ist's vorbei; Päpste sind nie produktiv gewesen.

Meinen herzlichen Gruß an Sie, an Ihre Frau Gemahlin. Meine Frau freut sich wie ein Kind zu Weihnachten zu dem plattdeutschen Burschentage in Schwerin.

Leben Sie wohl, Ihr Fritz Reuter

AN ANNA LIEBMANN

Siedenbollentin, 16. Februar 1861

Mein liebes Töchterlein Anna, nach der Melodie von Polterabendscherzen habe ich nun schon so viel gepfiffen, daß ich dem Dinge keine neue Variation mehr abgewinnen kann, ich habe daher schon seit langem keine mehr versucht und habe ein für allemal es abgelobt, mich damit zu befassen. Meine besten Freunde und Verwandte haben von mir in dieser Beziehung meine Ungefälligkeit erfahren müssen, und da ich Dich, mein Töchterlein, zu diesen beiden rechne, so mußt Du auch dasselbe erfahren. Zudem wirst Du aus dem Datum ersehen, daß ich nicht einmal zu Hause, sondern im Pommerlande bei guten Freunden bin, wo mir sogar die Zeit zum Briefeschreiben knapp wird; also nicht für ungut! Sowie ich nach Hause komme, werde ich Dir aber in *anderer* Weise zeigen, wie sehr mir an einem freundlichen Gesicht von Dir gelegen ist.

Meine Frau grüßt Dich, und ich grüße Deinen braven Vater.

Dein Fritz Reuter

Die Einlage besorgst Du wohl sogleich.

AN RICHARD SCHRÖDER

Siedenbollentin, Februar 1861

F. Reuter ist am 7. November 1810 in Stavenhagen, Mecklenburg-Schwerin, als ältester Sohn geboren, wo sein Vater Bürgermeister und Stadtrichter war, außerdem aber bei seiner außergewöhnlichen, rastlosen Tätigkeit eine nicht unbedeutende und intelligente Landwirtschaft betrieb, über welche er in populären Schriften zu berichten pflegte. Er war ein strenger, überaus pflichtgetreuer Mann. Seine Mutter war infolge einer heftigen Krankheit gleich nach der Geburt eines zweiten Sohnes (der bald starb) gelähmt und hat bis zu ihrem Tode (1825) den Gebrauch ihrer Glieder nicht wieder erhalten. Desto reger war ihr Geist, und schon früh wußte sie den Sohn für die großen Dichter deutscher Nation zu enthusiasmieren. Hier half dann auch der Pate, Amtshauptmann Weber, der mit Onkel Herse so ziemlich den einzigen Umgang der Eltern bildete. Der Knabe suchte sich den letzteren im weiteren Kreise unter den Bürgersöhnen, vor allem aber unter den Söhnen des Pächter Nahmacher auf dem hart an der Stadt gelegenen Altbauhofe. Nachdem in dem elterlichen Hause noch zwei Vettern (wenig älter) aufgenommen waren, wurde bis zum Jahre 1824 der Unterricht für die Knaben durch Hauslehrer beschafft. Von da ab besuchte er mit dem einen Vetter (jetzt Pastor zu Tessin) die Schule zu Friedland in Mecklenburg-Strelitz, die sich damals eines durch Turnen gehobenen rüstigen Jugendlebens erfreute. Geschichte, Geographie, Mathematik und Zeichnen waren die Lehrgegenstände, die dem Knaben am meisten zusagten, und nach drei Jahren erklärte er, Maler werden zu wollen. Dies stimmte aber schlecht zu den Wünschen des Vaters, der einen Juristen aus ihm ziehen wollte; er brachte ihn deshalb durch Versetzung nach Parchim (einem damals neuorganisierten Gymnasium) in andere Umgebungen, wo der Zeichenunterricht aufhören mußte. Hier blieb Reuter bis zum Abgange zur Universität Rostock (1831 Michaelis), wo er dann auch, allerdings mit innerm Widerstreben, Institutionen und Rechtsgeschichte hörte und dann nach Verlauf eines halben Jahres nach Jena ging. Er trat hier in die Burschenschaft, und zwar in die Fraktion (Germania), die sich infolge der Julirevolution und des polnischen Aufstandes in ihrer Art mit Politik befaßte. – Im Herbste 1833 wurde er deshalb in Preußen verhaftet und zur Untersuchung gezogen. Er war einer der ersten, mit denen die große Demagogen-Hatz begann. Ein volles Jahr dauerte die Untersuchung auf der Hausvogtei unter der Leitung des bekannten Kriminal-Direktors Dammbach. Trotz aller Reklamationen der mecklenburgischen Regierung wurde er auf preußische Festungen gesetzt, zum Tode verurteilt, kraft oberstrichterlicher Gewalt des Königs mit dreißigjähriger Festungsstrafe beschenkt und bis zum Sommer 1838 auf verschiedenen preußischen Festungen ditiniert. Dann wurde er auf spezielle persönliche Verwendung des Großherzogs von Mecklenburg, Paul Friedrich, auf die vaterländische Festung Dömitz ausgeliefert, jedoch mit der bestimmten Bedingung, daß die endliche Begnadigung nur von Preußen ausgehen sollte. Dies geschah denn nun 1840 im Herbst bei der Amnestie, die nach dem Tode Friedrich Wilhelms III. eintrat. Von der Jurisprudenz hatte er während der Haft auf immer Abschied genommen. Zeichnen (viel Porträtieren), Mathematik und deutsche Literatur halfen ihm diese böse Zeit ertragen; in den letzten Jahren auch vorzüglich das Studium der in die Landwirtschaft einschlagenden Wissenschaften, da er entschlossen war, nach der Freilassung dies Gewerbe zu ergreifen. Dies geschah denn auch, und ist er bis zum Jahre 1850 praktischer Ökonom geblieben. – Der 1845 erfolgte Tod des Vaters und die dadurch klar gewordenen pekuniären Verhältnisse zeigten ihm die Unmöglichkeit, jemals auf diesem Wege eine selbständige Stellung zu erringen, und dies war sein sehnlichster Wunsch; die Liebe zu seiner jetzigen Frau trieb ihn dazu. Er entschloß sich kurz: auf den Rat und durch die Vermittlung lieber Freunde ward er, nachdem er Preuße geworden, Privatlehrer in der kleinen preußischen Stadt Treptow. Hier gab er im Jahre 1853 den ersten Band von »Läuschen un Rimels« heraus, der seine Entstehung dem heitern geselligen Verkehre im Hause seines Freundes Peters zu Thalberg und der vielfachen Anregung von seinem Freunde, dem Justizrat Schröder zu Treptow, verdankt. Darauf folgten »Polterabend-Gedichte«, die von 1842 ab bei verschiedenen Gelegenheiten entstanden waren. Darauf »De Reis' nah Belligen«. 1855 übernahm er die Redaktion eines Unterhaltungsblattes für Mecklenburg und Pommern; das Unternehmen fand zuerst Anklang, aber fast gar keine Unterstützung und mußte 1856 bei der Nachlässigkeit des Verlegers aufgegeben werden, der schließlich dann auch ohne Rechnungsablage nach Amerika auskniff. 1856 Ostern siedelte Reuter, angezogen von dem größeren Verkehr und der reizenden Gegend, nach dem nahgelegenen Neubrandenburg über, woselbst er sich bloß mit literarischen Arbeiten beschäftigt. Hier entstanden einige unbedeutende Lustspiele und Possen, die beim gänzlichen Mangel aller Bühnenkenntnisse, vielleicht auch bei mangelhafter dramatischer Befähigung, nur einen sehr zweifelhaften Erfolg hatten. Wenn auch einige (die drei Langhänse und Blücher in Teterow) auf dem Wallnerschen Theater in Berlin zur wiederholten Aufführung kamen, so ist doch der Verfasser selbst sehr schlecht mit ihnen zufrieden. 1857 erschien »Kein Hüsung«, 1858 der zweite Band von »Läuschen un Rimels«, 1859 »Olle Kamellen«, 1860 »Hanne Nüte«.

Dies, mein lieber Richard, würde meine äußere Lebensgeschichte in nuce sein. Du kannst nun weglassen und zusetzen, wie's Dir gefällt. Soll ich aber noch hinzufügen, welchen besondern Umständen ich meine etwaige poetische Ader zu verdanken zu haben glaube, so bin ich der Meinung, daß meine Mutter in der ersten Jugendzeit hierauf den größten Einfluß geübt hat, daß später die Festungszeit durch die fortwährenden Phantasiespiele, die man in Ermangelung unterhaltender Wirklichkeit heraufzubeschwören gezwungen ist, der Klarheit und Deutlichkeit der Vorstellungen förderlich gewesen ist und daß sie mich befähigt hat, den Menschen kennenzulernen. Im regen Verkehr mit vielen Menschen mag man *die* Menschen besser explorieren, ist man aber jahrelang auf *einen* Umgang angewiesen, glaube ich, lernt man *den* Menschen besser kennen. Meine landwirtschaftliche Karriere, meine in einer kleinen ackerbautreibenden Stadt hingebrachte Jugendzeit sowie auch der stete Verkehr mit plattdeutsch redenden Landsleuten auf Universität und Festung hat sicherlich mir meine Richtung als *plattdeutscher* Dichter vorgeschrieben; meine Liebe zu dem Volke, wie's nun einmal ist, auch das Glück, welches ich mit meinen ersten Versuchen hatte, haben das Ihre dazu getan.

Sei nun so freundlich und mache aus diesem Material, was Dir gefällt, packe es zusammen und schicke es direkt an die Hinstorff'sche Hofbuchhandlung in Wismar. Ich will es nicht selbst sehen, sondern an seinen Früchten will ich es erkennen. Du sollst ganz freie Hand haben. – Kannst Du es bald, so würdest Du mich sehr verbinden.

Mit treuer Freundschaft Dein Fritz Reuter

AN JULIAN SCHMIDT

Neubrandenburg, 20. März 1861

Wenn ich einmal Gelegenheit hätte, Ihnen von Mund zu Mund meine Dankbarkeit auszudrücken, so, fürchte ich, würden Sie mich für einen überaus exaltierten Menschen halten, der ich jedoch für gewöhnlich nicht bin. – Sie haben durch Ihre freundliche, vielleicht von meiner Seite nicht in so hohem Maße verdiente Beurteilung meiner letzten schriftstellerischen Leistungen zwei Herzen in die lebhafteste Freude versetzt, das Herz meiner Frau und mein eigenes. Wir zählen nicht mehr zu den Jungen, und die gewöhnlichen Erscheinungen im Menschenleben gehen so ziemlich ohne besondere Eindrücke an uns vorüber; aber eine *solche* Anerkennung und von *solchem* Manne hat eine Freude in unserer engen Häus-

lichkeit verbreitet, die ich nur voll dem Spender derselben eingestehen mag. – Wirklich ergötzlich war es, wie wir umschichtig mit dem in Ihrem Artikel ausgesprochenen Tadel übereinstimmten: ich mußte Ihnen in der Beurteilung des Gedichts von dem »Eikbom« durchaus beistimmen, denn das Ding ist wirklich »gemacht« – ich weiß es, denn es hat mir Mühe gemacht –, und auch darin mußte ich Ihnen vollkommen recht geben, daß kein Schmidtgeselle in Mecklenburg so ein Lied singen würde; meine Frau dagegen triumphierte mit Ihrer Ausstellung der Mahlscheffelgeschichte, die sie von vornherein für unpassend gehalten hat. – Aber auch mit Ihrer Einschränkung der plattdeutschen Literatur auf Stoffe des kleinbürgerlichen Lebens sowie auch mit der Ansicht, daß das Plattdeutsche nie wieder Schriftsprache für Norddeutschland werden darf und kann, erkläre ich mich einverstanden. Und daß dies letztere nicht der Fall sein wird, glaube ich durch meine eigene Erfahrung nachweisen zu können: schon während meiner Lebenszeit hat der Gebrauch des Plattdeutschen bei uns ganz auffallend abgenommen, namentlich gilt dies von den nördlichen preußischen Provinzen, wo durch Militär- und Beamtenversetzung das Hochdeutsche bis in die untersten Volksklassen gedrungen ist. Ich bin den sanguinischen Hoffnungen der Plattdeutschtümler stets entgegengetreten und werde es immer, trotzdem, daß ich die Sprache recht von Herzen lieb habe. – Also noch einmal den innigsten Dank für Lob und Tadel!
In dem beifolgenden Pakete übersende ich Ihnen meine früheren Schriften; leider werden Sie dieselben nicht so gut lesen können als die Ihnen bekannten, weil ich anfangs eine sich an die Aussprache hiesiger Gegend anlehnende Orthographie befolgte. Dies gilt namentlich für »Reis' nah Belligen« und »Kein Hüsung«. – Das zuletzt genannte Buch hat von allen meinen Schriften das wenigste Glück gemacht, und das ist begreiflich, da es einen sehr faulen Teil unserer mecklenburgischen Verhältnisse behandelt, von dem unsere Besitzenden indessen sehr erbaut sind und in ihnen die Hauptstützen ihres

Schlendrianregiments sehen. – Die beiden Teile »Läuschen un Riemels« sind am meisten ins Volk gedrungen, welches beim gänzlichen Mangel eines ernsten politischen Lebens einen vorwiegenden Geschmack für dergleichen Schwänke zeigt. – Aus der »Reis' nah Belligen«, die im nächsten Jahre in vierter Auflage erscheinen dürfte, denke ich durch vollständige Umarbeitung etwas Besseres zu machen; so, wie sie jetzt ist, ist sie auf einzelnen Stellen langweilig, auf andern zu roh und in ihrer Komik zu derbe. – Augenblicklich schreibe ich den zweiten Teil von »Olle Kamellen«, mehrere kleine Geschichten und dazu eine größere »Ut mine Festungstid«. Leben Sie recht wohl und bewahren Sie mir Ihre freundschaftliche Gesinnung; ich will das Meine tun, um Ihrem gütigen Urteile keine Schande zu machen.

AN FRITZ JENNING

Neubrandenburg, [Anfang] Mai 1861

Das ist ja recht betrübt, daß Du so arg an den Skrofeln leidest; aber was soll man dabei tun? Ich habe in S. meines Wissens auch nicht einen Bekannten, und meine Beihilfe an Geld kann in diesem Augenblick nur sehr mäßig ausfallen, da dies meine saure Gurkenzeit ist, in welcher ich keine Einnahmen habe ...

Du schreibst mir: »Wenn ich nicht Vertreter des Hauses Susemihl *währe,* möchte ich wohl Mr. de Potier sein!« – Du tätest als *Vertreter* (?) des Hauses Susemihl besser, wenn Du Dich mehr um die deutsche Orthographie als um die französische Konversation der Mme. de Potier bekümmertest; und wenn diese Konversation ebenso ausfällt als Deine französische Orthographie, so wird Mme. de Potier kein besonderes Vergnügen dabei empfinden. Es heißt nicht vicontesse, sondern vicomtesse. Ich gebe Dir den wohlgemeinten Rat, Dich von dergleichen phantastischen Gehirnspielen fernzuhalten und Dich fürs erste mit der durchaus erforderlichen Grund-

lage einer zukünftigen Bildung vertraut zu machen. Vielleicht wird in einigen Tagen ein Nekrolog des Dr. Grischow in der Rostocker Zeitung erscheinen, der von mir herrührt; lies ihn, und Du wirst darin finden, wie dieser ausgezeichnete Mann seine Lehrzeit in Rostock angewandt hat.
Du wirst mir nun natürlich antworten, die obberegten Fehler seien Flüchtigkeitsfehler, und ich werde Dir darauf antworten: Fehler ist Fehler. Der Empfänger eines Briefes hat für die Fehler kein Unterscheidungsmerkmal, und Flüchtigkeit ist ein gar zu grober Fehler. Meine Bemerkung gilt auch für die Interpunktion. Darum lies Deine Briefe, bevor Du sie absendest, zwei- bis dreimal sorgfältig durch; nichts empfiehlt einen Menschen bei persönlicher Bekanntschaft mehr als ein reinliches, sauberes Aussehen und im schriftlichen Verkehr mehr als ein richtiger Brief. Ferner muß ich Dir gestehen, daß mich die Ausdrücke, die Du von Mr. und Mme. de Potier gebrauchst: interessanter Kerl und wunderschönes Weib, unangenehm berührt haben. Es liegt in solchen Ausdrücken weder Witz, noch Humor, noch Geist; sie sind bloß roh und ein Zeichen von Mangel an Geschmack und Bildung. Gewöhne Dir nicht die halb burschikose, halb knotige Terminologie eines gewissen Teils Deiner Standesgenossen an, die als Reisende für jeden gebildeten Menschen schon sprichwörtlich zum Ekel geworden sind, denen man in jedem Wirtshause geflissentlich aus dem Wege geht.
Wahre Bildung wird weder durch Talent, noch durch Kenntnisse, noch durch Tätigkeit ersetzt, sie wird nur durch unausgesetzte Wachsamkeit auf alle unsere Gedanken, Worte und Handlungen errungen; und eine wirkliche innere Tüchtigkeit folgt nicht unbedachtsam dem faulen Strome eines hergebrachten Ungeschmacks, sondern weiß sich durch eigene Vorzüge zur Geltung zu bringen. – Hebe diesen Brief auf, mein lieber Junge, und lies ihn öfter; er ist recht von Herzen gut gemeint; und in spätern Jahren, wenn Du seine Ratschläge befolgt hast, wird er Dir mehr Freude machen als augenblicklich. Das liegt in der Natur aller solcher Ratschläge . . .

AN EDUARD HOBEIN

Neubrandenburg, Juni 1861

Lieber Hobein, aus des Pastors Boll Briefe wirst Du ersehen, daß auf mich die geringere Schuld der verspäteten Rücksendung Deiner Gedichte fällt; ich habe dieselben bald nach Empfang an die beiden Gebrüder abgegeben. – Ich glaube nun, daß Du mit der Wahl derselben zu Kritikern in poetischen Dingen grade nicht besonders glücklich gewesen bist; Bolls, und dies gilt vor allem von Ernst, sind in Hinsicht der Poesie etwas unrührsam und in ihren selbständigen Ansichten, die allerdings auf einer ernsten Grundlage ruhen, befangen. Als Hauptgrundlage aller ihrer Ansichten ist vor allem eine durchaus realistische Anschauung zu nennen. Jean Paul ist für sie ein Brechmittel, Herders Cid und Wielands Oberon haben keine Gnade bei ihnen gefunden, und die neuere Lyrik lesen sie nicht. Meinen Hanne Nüte hat Ernst wegen der vorkommenden Phantasterei durchaus verdammt, dagegen »Kein Hüsung« für mein Bestes erklärt. Aber nicht über Bolls poetische Richtung, sondern über Deine Gedichte will ich reden.

Fürs erste will ich Dir sagen, daß ich gewiß glaube, Du wirst Glück mit Deinem opus in buchhändlerischem Sinne machen. Die Gedichte sind so gehalten, daß eine gewisse Partei, die christlich-germanische, dieselben nicht allein gerne kaufen, sondern auch gerne lesen wird; aber auch außer dieser wird mancher für sie gewonnen werden, weil sie spezifisch mecklenburgische historische Stoffe behandeln, was noch in dieser Art nicht dagewesen ist und allen gefallen dürfte, die für den mecklenburgischen Feudal-Staat schwärmen. Diesen Beifall hast Du Dir aber – um als Freund ganz grade heraus zu reden – auf Kosten der Poesie erworben. Die Poesie dieser Geschichten liegt nicht in dem erobernden Christentum und dem ländersüchtigen Germanentum, sondern in der untergehenden Freiheit und dem unterliegenden Patriotismus der Wenden.

Frage Dich selbst: wer ist der Held, Karl der Große oder Wittekind? Für wen nimmt der Poet Partei? Für die Konquistadoren oder für die Inkas? Die Poesie fällt stets mit dem rein menschlichen Erbarmen für den Unterliegenden zusammen, sie steht auf der Seite des Hektor gegen den Sieger Achilleus. Das liest jeder aus dem Homer heraus, und Du hast in Deinen Stoffen ein ganzes Volk, das kämpfend für seine Hausaltäre fiel! – Ich glaube, Du hast Dich durch Deine Auffassung um einen schönen Zyklus von Elegien gebracht; deswegen gefallen mir die Dichtungen, in denen vom Kampfe des Heidentums mit dem Christentum nicht mehr die Rede ist, besser als die ersten. – Meine Ansicht kann eine irrtümliche sein, wenigstens würde ihre Ausführung Dir ein ganzes Wespennest von norddeutsch-korrespondierenden Kritikern auf den Hals gezogen haben; aber vor dem alleinigen Richterstuhle der Poesie will ich sie vertreten, um so mehr, als ich selbst schon vor langen Jahren – lange bevor ich plattdeutscher Schriftsteller wurde – den Konflikt des Christentums mit der Freiheit der Wenden zum Gegenstand eines Heldengedichtes zu machen die Absicht hatte, darüber viel nachgedacht, ja sogar schon einzelne Bruchstücke ausgearbeitet habe. Meine Produktionen gefielen mir nicht, und als ich bei meiner realistischen Richtung an den mangelhaften Nachrichten über die Gebräuche und die Lebensweise der Wenden scheiterte, warf ich das Ding beiseite. – Aber eben darum, weil ich mich damit beschäftigt habe, kann meine Meinung eine unbegründete und schiefe sein; man verrennet sich ja gar zu leicht in vorgefaßte Meinungen. – Boll schreibt Dir von größerer Genauigkeit im Ausdruck und flüssigerem Reim; ich möchte ihm darin beipflichten; ich finde da z. B. gleich im ersten Gedichte »Trauer Gluten«, die Trauer kennt keine Gluten, sie kennt nur Asche und ausgebrannte Kohlen. – Nimm's mir nicht übel, wenn ich einen schmählichen Schulmeisterton angenommen habe; ich bin's ja einmal gewesen. – Warum Du diese vaterländischen Gedichte nicht abgesondert herausgeben willst, sehe ich nicht recht ein, sie bilden

doch ein zusammengehöriges Ganzes, neben dem die andern erzählenden Gedichte, von denen Du sprichst, leicht als ein hors d'œuvre erscheinen könnten. Laß sie zusammen, aber laß das Gedicht »Niclot und Pritzlaw« weg; das ist das schwächste, weil man bei ihm gar nicht zu einem Verständnis der Situation kommt, weil man nicht weiß, für wen der Dichter Partei ergreift, denn Du lobst beide. Der Schluß ist durchaus unbefriedigend, wenn er auch geschichtlich wahr sein mag; um poetisch zu sein, hätte der Sohn schäumen müssen vor Wut, als er des Vaters blutig Haupt erblickte, und hätte seinen Begleitern das neugebackene Christentum vor die Füße werfen müssen, zumal es ihm als Krieger noch nicht in succum et sanguinem gedrungen sein konnte; so wie er sich zeigt, ist er ein Lumpenhund, dem das Wohlleben am fremden Hofe mehr gilt als die Erinnerung an seinen heldenmütigen Vater. Nimm's nicht übel; aber der Schulmeister! – Bei meinem nächsten Simmelsammelsurium will ich Dir Gelegenheit geben, zuerst an mir volle Rache zu nehmen.
Nun lebe recht wohl, mein lieber Hobein, recht glücklich mit Deiner jungen Frau, die ich bestens zu grüßen bitte, und wirf keinen Haß auf mich wegen meiner vorwitzigen Ausstellungen. Dein Fritz Reuter

AN FRANZ BOLL

Dassow, 12. Juli 1861

Lieber Herr Pastor, haben Sie »A« gesagt, so müssen Sie auch »B« sagen, Sie müssen beifolgendem Nachtsack und Bücherpaket bis zu meiner Rückkunft Herberge geben. – Haben Sie die Güte und öffnen Sie das Bücherpaket und senden Sie an Brünslow die beiden inliegenden Bände des »Zauberer von Rom«, die drei Bände der Schmidtschen Literaturgeschichte geben Sie wohl an den Buchbindervetter, daß er sie in tüchtigen Halbfranz binde; aber bald, damit Sie das Buch noch vor meiner Ankunft tüchtig studieren können. – Heute mittag fahre ich von hier ab nach Lübeck, morgen bin ich hoffentlich in Hannöversch-Münden, übermorgen in Kassel, denn es geht *wirklich* an den Rhein. – Das Nachsenden von Briefen ist unter solchen Umständen rein unmöglich, da ich gar nicht weiß, wo ich in der lieben Gotteswelt bleiben werde. Ihnen und Ernsten werde ich vieles zu erzählen haben; schon jetzt. Ich bin bei Hobein in Schwerin und bei Hinstorff in Wismar gewesen, und das sind ein paar remarkable Persönlichkeiten... Grüßen Sie die Ihrigen, den Franz, grüßen Sie die Meinigen, meine Bekannte; damit Sie aber nicht Straß' ab, Straß' auf laufen müssen, will ich den letzteren Begriff auf Siemerling, Frau und Schwester einschränken. Ihr

Fritz Reuter,
voyageur.

AN JULIAN SCHMIDT

Neubrandenburg, 18. August 1861

Mein lieber, guter Dr. Julian, endlich sind wir wieder in der Heimat, endlich sind die notwendigsten Korrespondenzen und laufenden Geschäfte abgetan, und die Freunde und die herzlichste Erinnerung an sie kommen an die Reihe. Vorgestern haben wir viel nach Leipzig zurückgedacht, es waren gerade 8 Tage, seit wir Abschied genommen. Da sind denn von uns die ernstlichsten und hoffnungsvollsten Pläne zur Wiedervergeltung der Gastfreundschaft gemacht worden. Meine Frau hat mich ein über das andere Mal versichert: du sollst sehen, sie kommen, sie haben es mir ja fest zugesagt, und ich antwortete darauf: das walte Gott! Denn Sie müssen wissen, daß ich das Turnfest in Berlin teilweise mitgemacht habe und mich nun der Turnvater Jahnschen Sprechweise befleißige.

In den nächsten Tagen geht für Sie durch Brünslows Buchhandlung ein Paket ab, enthaltend: meine opera omnia, für Ihre liebe Gattin bestimmt, auch meine dramatischen Sünden, denn man soll seinen besten Freunden seine Schwächen nicht verhehlen; außerdem noch Polterabendscherze, zum größten Teil das erste was ich geschrieben habe, auch ein ungedrucktes Manuskript: »Die drei Langhänse«, ferner »En poar Blaumen« von der unglücklichen Wuthenow und dann Klaus Groths Briefe über Plattdeutsch und Hochdeutsch mit meiner Erwiderung. Außerdem sendet Ihnen für die Grenzboten mein Freund, der Pastor F. Boll, einen Aufsatz über Jahns Universitätszeit und seine ersten Turnanfänge, der, wie ich fürchte, seinen Anbetern in etwas die Augen öffnen dürfte, namentlich was das »Fromme« in seinem Wahlspruch betrifft.

Als wir von Ihnen Abschied genommen hatten, reisten wir, wie Sie wissen, nach Berlin und haben dort noch den einen Tag des Turnfestes mitgemacht. Trotz vieler Torheiten, die sich hauptsächlich in der schrecklich übertriebenen Anzahl von patriotischen Reden breitmachten, hatte das Fest einen Zukunft verheißenden Charakter; jedermann war davon überzeugt, und das Berliner Publikum war vollständig in Enthusiasmus. Als alter Turner schloß ich mich meinen Landsleuten an und machte den Auszug mit, wurde aber fast arg dafür gestraft, weil ich mit der Turnerschar zuerst $2^1/_2$ Stunden in Sturm und Regenschauern auf der Straße stehen mußte – wahrscheinlich so vom Vorstand angeordnet, um den passiven Widerstand der Leinwandhosen gegen die Witterung zu prüfen – und darauf durch die Umstände gezwungen wurde, zu Ehren des Turnvaters in der Hasenheide einen Dauerlauf mitzumachen. Ich gebe Ihrer lieben Gattin die vollste Erlaubnis, mich wegen meiner leichtfüßigen Anstrengungen auszulachen, zumal, da meine Gelenkigkeit nicht allein mir selbst, sondern auch dem Publikum höchst komisch vorkam. – Meine armen Landsleute waren im Programm vergessen und mußten sich den Nachbarn (Schleswig-Holsteinern) anschließen, wodurch viel unverdiente Ehren an sie kamen, die nur sehr verlegen von ihnen aufgenommen werden konnten. Das sogenannte Mittagessen bei Kroll machte ich und – was sagen Sie? – auch meine Frau mit, die auf diese Weise in der allgemeinen Verbrüderung mit einbegriffen und eine Art von Turnschwester geworden ist; aber vor jenem Teile des Festes, in welchem die Turner auf Staatskosten nach Spandau gebracht wurden, wo für ihre Aufnahme freundlichst Sorge getragen war, bedankte ich mich, da ich dies schon früher einmal durchgemacht hatte und zu abergläubisch bin, um mit einem so bedenklichen Omen Scherz zu treiben. Im Gegenteil, ich reiste schleunigst ab. – Es ist viel geredet und viel Bier konsumiert worden; aber es war doch ein schönes Fest, und seine Wellen sind sogar über unsern konservativen mecklenburgischen Wall geschlagen, wenigstens sind schon zwei von unsern Stockreaktionären, ein Direktor des hiesigen Gymnasiums und ein Arzt, hier bei mir gewesen und haben von notwendigem Fortschritt, von Berechtigung der demokratischen Partei und Unhaltbarkeit hiesiger Zustände gefaselt. – All Bott helpt (auch Kleinigkeiten helfen weiter)! – Für mich war nur das eine störend, ich meine die schrecklichen Übertreibungen, die man sich in bezug auf den Turnvater zuschulden kommen ließ. – Maßmann war etwas sehr verletzt, weil man die Alten in den Hintergrund gedrängt hatte; ich traf ihn grade, als er ein Gedicht verarbeitete, in welchem er seiner Empfindlichkeit Worte lieh; er hat es auch vorgetragen, aber keinen großen Eindruck damit gemacht; überhaupt waren die Reden sehr schwach, die beste war die von dem Bürgermeister Hedemann. Ein Landrat aus Westfalen kam gar auf den Einfall, kleine Körnersche Lieder zu deklamieren, worin er denn zum Schluß noch vollständig steckenblieb, weil ihm das Gedächtnis ausging. – Grimm, den ich besucht habe, hat sich bei der Festlichkeit nicht beteiligt, obgleich man es vermutete und hoffte.

Das war Berlin, und nun Neubrandenburg. Alles beim alten, und das ist gut! Die alte Gewohnheit ist mir so recht mütterlich entgegengetreten und hat ihre Arme geöffnet, daß ich, müde vom schönsten Genusse, an ihrer Brust ausruhen soll. Und dabei tönt ein elegischer Nachhall durch meine Stimmung, wie er uns überkommt, wenn vor unsern Augen ein schönes Stück mit liebenswürdigen Menschen über die Bühne gegangen ist; Melodien klingen in uns fort, und glänzende Dekorationen schließen den Blick in die Ferne ab. Und zu diesen lieben Menschen gehören vor allen die Freunde im Lurgensteinschen Garten zu Leipzig, gehört der alte Professor Wachsmuth mit der kleinen legitimierten Cousine und Dr. Busch. Sie glauben nicht, mit welcher wahren Herzensfreude wir an den Leipziger Tag denken, täglich wird der liebenswürdige Inhalt desselben von uns rekapituliert und sein Faden von Leipzig nach Neubrandenburg weiter gesponnen, so fest, daß wir nicht zweifeln, Sie an demselben zu uns herüberziehen zu können.

Während ich an diese fröhliche Zukunft denke, sind meine Gedanken mit mir spazierengegangen; ich ertappe mich soeben über allerlei Pläne und über die Beantwortung der Frage: was wir Ihnen denn eigentlich außer unserer Freundschaft sonst noch bieten können? Und da findet sich denn so mancherlei, an welchem Ihr reger Geist Interesse gewinnen könnte. Machen Sie sich nur fürs erste mit der Unabweislichkeit dieser kleinen Reise ganz vertraut, das andere findet sich.

Bis auf weiteres unterhalte ich mich mit Ihnen durch das Medium Ihrer Literaturgeschichte und will darüber nur sagen, daß Sie mein Schulmeister werden sollen und daß ich das Schulgeld in voller, klingender Münze der herzlichsten Dankbarkeit berichten werde. Außerdem liegen Otto Ludwigs Schriften schon auf meinem Tische, und Sybels Revolution ist beim Buchhändler bestellt. Meine Frau hatte so viele häusliche Geschäfte, darum habe ich meinen Brief noch einige Tage zurückhalten müssen, ebenso wegen des noch nicht eingelaufenen Bollschen Manuskripts. Der Pastor Boll sagt mir soeben, wenn die Probe aus der Jahnschen dissertatio Ihnen zu stark wäre, so möchten Sie dieselbe fortlassen. Damit Sie aber alles bald erhalten, ziehe ich die direkte Sendung der buchhändlerischen vor.

Nun, mein freundlicher Dr. Julian, ein herzliches Lebewohl

und die besten Grüße an Ihre liebe Gattin und Schwester!
Ihr Fritz Reuter

»Zwischen Himmel und Erde« ist wunderschön, aber ich fühle, daß ich, um den rechten Genuß davon zu haben, es zweimal lesen muß.

AN ADELHEID HERMES GEB. WÜSTHOFF

Neubrandenburg, 28. Oktober 1861

Meine verehrte Freundin, nicht wahr, der Fr. Reuter ist doch ein sehr ungeschliffener Bursche geblieben, nicht einmal bedankt hat er sich für die schönen Krebse! – Es ist wahr, und mein Gewissen hat mir oft geschlagen, dafür will ich es aber nun auch recht von Herzen getan haben, und der beifolgende Unsinn mag mein stummer Fürbitter sein. Er sollte eigentlich mit weißer Krawatte und weißen Glacé-Handschuhen auftreten, da es jetzt in Mecklenburg so Mode ist, aber ich hoffe, Sie werden ihn auch im gelben Nanking gelten lassen.
Augenblicklich habe ich so viel zu expedieren und zu schreiben, daß ich wegen der Kürze dieses Briefes schon wieder um Verzeihung bitten muß. – Meine Frau grüßt recht von Herzen, wie ich dasselbe bei Ihrem Herrn Gemahl und dem Julius zu tun bitte.
Mit alter Freundschaft Ihr Fritz Reuter

Sophie Meier und Fritz Meier bitte ich recht freundlich zu grüßen.

AN HEINRICH ZEISE

Neubrandenburg, 8. November 1861

Mein lieber, guter Zeise, Sie haben in Ihrer liebenswürdigen Art mir eine wahre Freude bereitet. Ihr Geschenk ist mir lieb und wert – meine Frau hat es sogleich mit Beschlag be-

legt und ihrer kleinen Bibliothek einverleibt –, aber mehr als diese herzlichen, aus voller, liebreicher Seele aufquellenden Dichtungen ist mir das Bewußtsein wert, daß Sie mich nicht vergessen haben. Man kommt sogar in diesem jetzt so viel bewegten Leben so selten zusammen, daß man selbst mit einer flüchtigen Berührung vorliebnehmen muß; aber als ich Sie zuerst gesehen, da war's mir gleich, als ob wir beide recht herzliche Freunde sein müßten, die nicht bloß gemeinsame Interessen verbänden. – Lassen Sie uns das immer bleiben! – Es ist für mich gar zu wohltuend, aus der Ferne einen Gruß von einem braven Manne zu empfangen.
Hoffentlich haben Sie durch meinen Verleger, Hinstorff in Wismar, mein neuestes opus erhalten – beiläufig gesagt, ein schlechter Dank für Ihre frische Gabe. Aber lassen Sie's nur gut sein – quandoque dormitat bonus Homerus –, es wird einmal besser kommen. Zu diesem Buche bin ich durch den Verleger gewissermaßen gedrängt worden, und es ist eben das geworden, was der Titel besagt: »Schurr-Murr«.
Nächstens kommt von mir der zweite Teil von olle Kamellen »Ut de Festungstid« – ich bin auch nicht damit zufrieden, es ist gar zu schwer, eine abscheuliche Festungszeit ins Humoristische zu übersetzen. Sowie es gedruckt ist, erhalten Sie es.
Nun sagen Sie mir aber einmal, existiert Dr. F. Dörr noch in Hamburg, ich habe hier gehört, er sei dort abgegangen. Wo ist er? Wenn es Ihre Zeit erlaubt, schreiben Sie mir darüber.
Meinen herzlichsten Gruß und die aufrichtige Bitte, statt meinen Besuch zu erwarten – mich hier zu besuchen. Sie glauben gar nicht, was ich Ihnen alles hier Freundliches zu bieten habe. Kommen Sie einmal; was an mir und in der Möglichkeit ist, soll Ihnen werden! Ihr Fritz Reuter

Gestern wurde ich schon 51 Jahre alt. O weh!

1862

AN ROBERT HELLER

Neubrandenburg, 16. Januar 1862

Mein lieber Herr Doktor, meine Abwesenheit vom Wohnorte ist daran schuld, daß Sie nicht umgehend freundliche Antwort auf Ihr Schreiben erhielten. Ich war im Pommerlande, und die Reise und allerlei verdrießliche Geschäfte haben die Beantwortung Ihres Briefes verzögert. Nun zur Sache!

Recht mit Behagen und herzlicher Dankbarkeit habe ich Ihre Kritik meines Buches aus den »Hamburger Nachrichten« herausgelesen – so etwas schmeckt – und habe dabei bedauert, Sie nicht persönlich kennengelernt zu haben; ich traf Sie nicht bei meiner Anwesenheit in Hamburg. Was nicht ist, kann aber wieder kommen, und einen so freundlichen Mann wie Sie soll man nicht am Wege stehenlassen, der gehört ins Haus, wo ehrliche Herzen schlagen.

Die »Franzosentid« hat seit zwei Jahren zwei Auflagen, zusammen in 2800 Exemplaren, erlebt, und wie mir mein Verleger schreibt, ist zu Ostern eine neue nötig. Der Erfolg ist also kein schlechter. Ich selbst habe schon daran gedacht, die Geschichte ins Hochdeutsche zu übersetzen; aber ich muß Ihnen gestehen, daß ich bei dem Versuche, die originellen Wendungen des Plattdeutschen in die geschniegelte Krinoline der gebildeten Schwester zu stecken, in Verzweiflung geriet. Ich ärgerte mich, daß mir das nicht gelang; ich hatte das Plattdeutsche so recht mit Behagen geschrieben, und nun sah mich mein hochdeutscher Versuch so trocken und kläglich an, daß ich es aufgab.

Bei Ihnen ist dies aber ganz etwas anderes – Sie haben die Geschichte nicht selbst durchgelebt und können des obgesagten Ärgers entraten. Keinem besseren Mann kann ich meinen kleinen plattdeutschen Schlingel zu einer hochdeutschen Erziehung anvertrauen als gerade Ihnen. Sie wohnen im plattdeutschen Lande, und wenn Ihnen etwas im Verständnis fehlen sollte, so haben Sie mich als Aushilfe. Darum also:

Machen Sie sich mit meiner *vollen* Bewilligung daran und übersetzen Sie – eine freie Bearbeitung im hochdeutschen Stil halte ich nicht für zuträglich –, und dann senden Sie mir Ihr Manuskript, nicht um darin mit Altklugheit hineinzufuschen, sondern nur um einem richtigen Kuchen-Sächser die kleinen plattdeutschen Fußsteige zu weisen. Dies ist keine kleinliche Eitelkeit von meiner Seite, sondern nur eine Hilfe, die ich dem Arbeiter im Weinberge des Herrn anbiete.

Die pekuniären Angelegenheiten überlasse ich Ihnen ganz; einen Wunsch will ich aber dabei aussprechen, nämlich den, daß Sie bei Hinstorff in Wismar verlegen lassen; er hat so ziemlich alle meine Sachen und bezahlt auch ziemlich gut: für eine neue Auflage von »Olle Kamellen« 440 Reichstaler (1500 Exemplare).

Sie werden sich dafür interessieren, daß in nächster Zeit – Februar oder März – der zweite Teil von »Olle Kamellen« erscheint: »Ut de Festungstid«, denn ich habe einmal 7 Jahre auf preußischen Festungen gesessen.

So aus einem Guß wie die »Franzosentid« konnte dies begreiflicherweise nicht werden; aber ich habe es doch versucht, auch die traurigste Zeit meines Lebens ins Humoristische zu übersetzen und den vielen jetzt erscheinenden Gefangenengeschichten ein heiteres Paroli zu bieten.

So! und nun, mein verehrter, lieber Freund, lassen Sie mir Ihre letzte Willensmeinung zukommen.

Mit dem herzlichsten Gruße Ihr Fritz Reuter

AN JULIUS WIGGERS

Neubrandenburg, 27. Januar 1862

Mein lieber Bruder, Du hast der Welt ein schönes Geschenk mit Deinen 44 Monaten gemacht, vor allen aber mir, der ich mit derselben Wiege gewiegt worden bin und der schon seit einem Jahre mit der Abfassung einer ähnlichen Geschichte meiner Jammerperiode beschäftigt bin. Du hast die Untersuchungshaft, ich einen Teil meiner Festungshaft gewählt, Du hast die an Dir begangenen Niederträchtigkeiten noch im frischen Gedächtnis, so daß Du dieselben pragmatisch niederschreiben konntest, zwischen meinem Jetzt und meinem Damals liegen aber schon 25 Jahre, die mich manche Bitterkeit vergessen lassen konnten und mich in den Stand setzten, sogar diese Zeit meines Lebens in die rosigen Fluten des Humors zu tauchen; aber alle Momente wollen sich nicht heiter färben lassen, sie bleiben in ihrem scheußlichen Grau gekleidet stehen, und wenn ich die heiteren auch ein wenig mit erfundenem Spaß auflasiert habe, die grauen habe ich ehrlich in ihrer trübseligen Wahrheit stehenlassen. – Du siehst, das ist ein großer Unterschied zwischen uns beiden, der zu Deinem Vorteile ausschlagen muß, weil Deine klare, durchsichtige Wahrheit Dir das Henkerbeil in die Hand gegeben hat, womit Du schließlich in letzter Instanz Deine erbärmlichen Richter selber gerichtet. – Ich wollte Dir dies schon lange schreiben, heute habe ich noch eine andere Dich angehende Veranlassung, die mich treibt. – Dr. Julian Schmidt, jetzt Redakteur der Berliner Allgemeinen Zeitung, schrieb vor einiger Zeit an mich wegen eines Referenten aus Mecklenburg; ich wußte und wollte keinen anderen vorschlagen als Dich und Moritz, nun erhalte ich die kurze, flüchtige Einlage. Gefällt Dir oder Moritz die Sache, so schlagt ein! Steht Schmidt auch nicht auf der äußersten Spitze der Fortschrittspartei, so kämpft er doch mit der ganzen Schärfe seiner gesunden Dialektik für das, was *uns* not tut, für die Niederlage der Feudalen, und weil sein Blatt auch in nicht zu sehr links

liegenden Kreisen gelesen wird, so, glaube ich, wird sein Erfolg um so größer sein. Ihr könnt ja immer deshalb schreiben, wie's Euch ums Herz ist, und müßt's auch. Hat die Welt uns einmal zu Demokraten gemacht, so wollen wir's auch bleiben bis ans selige Ende.
Grüße den alten guten Moritz und sage ihm, daß ich ihn im Verdacht hätte, mir einen alten Freund wieder zugeführt zu haben, Max Wirth, der mir neulich seine Verlobungsanzeige schickte. Dein Fritz Reuter

Mein Buch ist fertig, der Schlingel, der Hinstorff, zögert bloß noch mit dem Druck; es erscheint unter dem Titel: »Olle Kamellen II., ut mine Festungstid«.

AN ROBERT HELLER

Neubrandenburg, 28. Januar 1862

Mein bester Herr Doktor, Ihren Vorschlag habe ich mir genügend durch den Kopf gehen lassen und muß ihn – abgesehen von Hinstorffs Ansicht – leider ablehnen. Eine Umarbeitung ins Hochdeutsche verträgt die kleine Geschichte nicht; auch Sie werden meine Meinung teilen, wenn Sie nur beachten wollen, daß der Hauptreiz in der Erzählung in den originellen Wendungen des plattdeutschen Dialogs liegt – nicht mein, sondern der Sprache Verdienst –, ja, daß sogar der nur selten angewandte Kontrast zwischen Hoch und Platt und Messingsch das Seine für das Interesse des Ganzen beiträgt.
Dies würde allerdings mehr oder minder auch gegen eine simple Übersetzung anzuführen sein, und weil ich diese Originalität der Sprache und diesen Kontrast im Hochdeutschen nicht wiederzugeben vermochte, bin ich selbst von der Sache abgestanden.
Noch ganz anders würde sich die Sache mit einer hochdeutschen Bearbeitung stellen. Um in Ihrem Bilde zu bleiben:

wie würden sich die hochdeutschen Falten bei dem alten Müller, bei Fiken und vor allem bei Mamsell Westphalen machen? Jetzt geben die meisten von ihnen allerdings allerlei lächerliche Geschichten an, dann aber würden ihre Personen selbst lächerlich werden, wie uns der Bauer im schwarzen Frack und das Bauermädchen in einem Kleide mit 3 »Balanzen« (Volants) lächerlich vorkommen muß. Und wie sehr würde das Sentimentale und Naive in den beiden Liebesleuten leiden. – Ich weiß aus Ihren Novellen sehr gut, wie sehr Sie imstande sind, im Dialog die Sprache des Vornehmen und Geringen zu unterscheiden; wenn Sie dies aber auch mit Ihrer ganzen Virtuosität hier anwendeten, so würde doch der ganze niederdeutsche Hintergrund verschwinden; das Ding wäre nicht *das* mehr, was es eigentlich sein soll: ein getreuer Abklatsch niederdeutschen Lebens und Empfindens. – Auch Robert Prutz hatte die Absicht, die Geschichte zu übersetzen, er hat es aber, wie er mir selbst gesagt hat, aufgegeben, weil er – obgleich geborener Plattdeutscher – den rechten Ton fürs Plattdeutsche im Hochdeutschen nicht wiederfinden könnte.

Sie haben in Ihren beiden Briefen mich versichert, daß eine ablehnende Antwort Sie nicht verletzen würde, und darauf baue ich fest, denn ich würde höchst unglücklich sein, wenn ich in den Augen eines Mannes undankbar erschiene, der mir mit so freundschaftlichen Gesinnungen entgegengetreten ist. Ich erlaube mir hierbei, Ihnen ein Exemplar, mein eigenes, der 2. Auflage zu übersenden.

Mit herzlichem und freundschaftlichem Gruße Ihr

Fritz Reuter

P. S. Wenn ich die Übersetzung jemals herausgeben sollte, so würde ich dieselbe nur unter meinen eigenen Augen vornehmen lassen, damit ich hier und da nachhelfen könnte, mich aber nicht selbst zu ärgern brauchte. Sie müßte verbotenus sein.

AN ADOLF WILBRANDT

Neubrandenburg, 28. Januar 1862

Mein lieber Landsmann und Freund, als den ersten haben Sie sich mir genannt, und als den zweiten haben Sie sich mir bewiesen, und wenn Sie der frühere Perfessor Wilbrandt in Rostock sind und in Bützow mit Julius und Moritz Wiggers später Vorlesungen gehalten haben, dann muß ich Sie zum dritten auch noch »College« titulieren, denn auch ich habe mal 7 Jahre hinter den eisernen Gardinen geschlafen. – Doch dies beiläufig. – Sie haben mir und meiner lieben Frau viele und große Freude gemacht mit der Zusendung der Besprechung und vor allem mit Ihrem Briefe; ich verspreche Ihnen dafür, nie wieder in hochdeutsche Sentimentalität zu verfallen. Man hat zuweilen sonderbare Anwandlungen, die durch ein einziges Wort von einem treuen kritischen Freunde abgewehrt werden könnten; »äwer *de* Ort is hir nich begäng«.

Sie deuten die Befürchtung an, als ob ich mit der Zeit in den Fehler der Vielschreiberei verfallen könnte; ach! fürchten Sie das nicht, ich bin viel zu faul dazu. Wenn auch von jetzt ab manches rasch hintereinander erscheinen sollte, so kommt es daher, daß ich schon lange, bevor ich drucken ließ, schrieb. – »De Reis' nah Belligen« habe ich schon 1845, freilich in anderer Weise, begonnen; »Ut mine Festungstid«, was in den nächsten Monaten erscheinen wird, ist schon vor 7 Jahren in einem Teile von mir hochdeutsch geschrieben; und was dann folgen wird und woran ich mich fördersamst machen werde, »Ut mine Stromtid«, ist 1847 begonnen und liegt hochdeutsch wie ein dickleibiges lästiges Fragezeichen in meinem Pulte. – Ich kenne die Vorzüge des nonum prematur in annum und werde davon nicht abweichen. Noch ein opus liegt mir, als vor drei Jahren angefangen, auf der Seele, und wenn es gehörig durchgemuddelt hat, soll es Ihnen, Mecklenburger, gehörig Spaß machen, es ist die Urgeschichte Mecklenburgs von Adam bis auf den seligen Niklot, worin ich denn unserer teuren Ritter- und Landschaft wie auch Serenissimo und Hochdero Regierung und dem Herrn Oberkirchenrat Kliefoth allerlei ganz gehorsamste Späßchen vorzumachen gedenke, die mir vielleicht zu einem Stück Brot verhelfen werden; aber das Ding muß muddeln; bis zur Einwanderung der Japhetiten in Mecklenburg bin ich schon.

Was Sie da über die verfehlte dramatische Karriere sagen, ist durchaus richtig, und der Grund, den Sie dafür anführen, nicht weniger; ich nahm die Sache bei völliger Bühnenunkenntnis viel zu leicht. Und nun, mein verehrter Freund, wenn Sie wieder nach »Stemhagen« kommen, machen Sie einen kleinen Abstecher nach Bramborg; ich verspreche Ihnen dagegen, Sie gewiß in Berlin aufzusuchen. Sollten Sie Julian Schmidt kennen, so grüßen Sie ihn von mir, und wenn sich Ihre Münchener Freunde meiner noch erinnern, natürlich auch die.

»Ut de Festungstid« erhalten Sie später von mir, heute den herzlichsten Gruß von Ihrem Fritz Reuter

AN RICHARD SCHRÖDER

Neubrandenburg, 1. Februar 1862

Mein lieber Richard, so ist's recht! Jung gefreit hat niemand gereut. Du hast durch Fleiß und glückliche Begabung Deinen Lebenszuschnitt fix fertig gekriegt und hast nun ein reiches, volles Erntefeld vor Dir. Es gibt vielleicht außer Deinen Eltern keinen Menschen auf der Welt als mich, der ein so reines, aufrichtiges Interesse an Deiner glücklichen Zukunft nimmt; nimm dies also nur vorläufig; die Herzlichkeit soll sich später Aug' in Aug' und Mund vor Mund aussprechen.

Für jetzt grüße mir Deine liebe Braut und sage ihr, daß sie hier in Neubrandenburg zwei Freunde besitzt, deren Herzen ihr voll entgegenschlagen, das meine und das meiner Frau.

Du aber, mein Sohn, sollst: perge haben und sollst glücklich sein allerwege. Dein treuer Fritz Reuter

AN KARL TANNEN

Neubrandenburg, 15. Februar 1862

Lieber Herr Kollege, »süh mal süh!« würde der Zimmermeister Benduhn in Malchin sagen, »das hätte ich mir nicht eingebildt, daß mich mal einer aus Bremen so fründlich unter die Ogen ginge!« Ich für mein Teil sage zwar nicht grade so, denke aber dasselbe. – Das ist ja außerordentlich freundlich, daß Sie mich zum Gegenstand einer Zusendung machen, die mich wirklich hocherfreut und mir Sie als Doppelgänger zeigt, als Anonymus und Karl Tannen. – Ihre Sprichwörter sollen mir von wesentlichem Nutzen sein, denn wenn ich auch eine Menge dieser Kernsprüche im Leben aufgegabelt habe, so reicht das doch lange nicht an den Schatz, den ein so fleißiger Sammler wie Sie eingeheimst hat; und mit dem Reinike haben Sie mir mein Lieblingsbuch, schon von der Jugend her, geschenkt. Ich habe ihn in allen Gestalten gelesen, in verschiedenen alten Ausgaben, übersetzt von Soltau und sogar übersetzt von Goethe, und nun erhalte ich ihn in der Mundart, die mir am mundrechtesten ist. – Haben Sie also Dank für den Genuß, den Sie mir bereiten; zu seiner Zeit werde ich mich zu revanchieren wissen; in einigen Monaten wird von mir der 2. Teil von »Olle Kamellen, ut mine Festungstid« erscheinen; rechnen Sie darauf.

Auf Ihren »goden Dag!« habe ich mit »schön Dank ok!« geantwortet und schließe daran die Bitte, mich ferner im freundlichen Andenken zu behalten.

AN LINA LOEPER GEB. GOTHENBEUTEL

Neubrandenburg, 3. März 1862

Meine hochverehrte Frau, ein so herzensfreundlicher Brief wie der Ihrige hätte wohl umgehend Antwort verdient, hätte wohl gleich in der Erregung hoher Freude geschrieben werden müssen, wenn wir armen Teufel von Schriftsteller nicht eigentlich zweierlei Zeiten durchleben müßten – die freudig gehobene Zeit des Schaffens, die Zeit der frischen grünen Weide, und dann wieder die Zeit des Feilens, des Bedenkens, des Korrigierens; zu dem allen dann noch für den *plattdeutschen Autor* die pläsierliche Zeit der Druckkorrektur kommt, also die Zeit des ewigen Wiederkäuens. Das ist für mich eine äußerst widerwärtige Arbeit, die wohl oder übel durchgemacht werden muß, und in diesen verdrießlichen Umständen traf mich Ihr lieber Brief und erquickte mich wie ein frischer Trunk den Wanderer auf dürrer Heide, ließ mich aber auch zugleich beschließen, erst meine gute Zeit zur Beantwortung abzuwarten. – Nun ist mein Manuskript »Olle Kamellen, 2. Teil, Ut mine Festungstid« fertig und wird gedruckt, und ich habe mich fröhlich neuem Schaffen zugewandt, zum 3. und 4. Teil der »Ollen Kamellen«: Ut mine Strom-(Landmanns-)tid. Sie haben recht, man sollte die alten Winkel der Erinnerung ausstäuben und nur das schreiben, was man selbst erlebt hat, wovon man als Augenzeuge Rechenschaft geben kann, es würden bei allen großen Mängeln doch noch immer bessere Bücher entstehen, als die sind, welche die durch die Wirklichkeit nicht geregelte Phantasie auf der Studierstube aufschießen läßt. Aber wohin komme ich? Ich wollte Ihnen nur meinen innigsten Gegendank für Ihren herzlichen, aufmunternden Dank sagen. Viel, viel lieblicher muß dem Herzen eines Poeten die Anerkennung schmecken, die ohne alle Rücksicht aus der Freundlichkeit des einzelnen und der Familie fließt, als die eingehendste und wohlwollendste Kritik der öffentlichen Blätter; der Unterschied ist ungefähr so – Sie verzeihen den Vergleich – wie der Genuß eines wohlzubereiteten Kompotts und der Biß in einen frischen Apfel.

Nun noch einen Gruß an Ihren Herrn Gemahl und an Ihre Kinder, vergessen Sie auch Fieken und Marieken nicht und bewahren Sie mir Ihr Wohlwollen für die Zukunft, auch wenn ich mich einmal mit einem neuen opus in die Nessel legen sollte.

AN GUSTAV LIEROW

Neubrandenburg, 5. März 1862

Mein lieber Bruder, denn die Brüderschaft nehme ich von Herzen an und werde mich zeitlebens als Dein brüderlicher Freund zu betragen suchen für die wohlwollenden Gesinnungen, die Du in bösester Zeit gegen mich gehegt hast. – Freilich sind mir die in Deinem Briefe beregten Beziehungen gänzlich aus dem Gedächtnis gekommen. Es ist möglich, daß mir Glaesel von Deiner freundlichen Absicht gesprochen hat; aber wenn es der Fall gewesen ist, so muß ich bekennen, daß ich in jener Zeit zu sehr in der wilden Gäre gewesen bin, um deren wohlwollende Güte zu würdigen. – Es waren jene Tage der wildeste Abschnitt meines Lebens, und erst auf der verdammten Haus- und Stadtvogtei gingen mir die Augen auf; und was nachher kam, weißt Du. – Ich habe schon längst über jene verhängnisvolle Zeit und ihre bitteren Folgen einen dicken Strich gezogen und hoffe, daß mein nächst erscheinendes Buch »Ut de Festungstid« Dir zeigen wird, wie gut ich die herben Jahre der langjährigen Haft verwunden habe. – Ich hatte schuld – wiewohl eine andere, als mir das Kammergericht in Berlin aufgebürdet hat – und mußte dafür büßen. – Gottes Wege sind wunderlich – wie Du weißt –, und wenn ich nicht auf die Festung gekommen wäre, säße ich jetzt höchstens als Bürgermeister in einer kleinen mecklenburgischen Stadt und ärgerte mich über Ausschußbürger und Viertelsleute, während ich jetzt als Poet – sei er schlecht oder gut – frei und ohne Verdruß mit meinen Freunden herzlich in die Welt hineinlache; mich hat die Not zum Dichter gemacht, wäre ich von Jugend auf mit dem, was die Leute Glück nennen, gesegnet gewesen, ich wäre ruhig in aller Wohlhäbigkeit mit der Welt fortgeduselt und hätte die hohe Freude eigenen Schaffens entbehrt. – Der liebe Gott hat es gut mit mir im Sinne gehabt, und ich danke ihm durch völlige Zufriedenheit mit meinem Lose.

Aber ich fange an, dem Prediger zu predigen und Eulen nach

Athen zu tragen. Du wirst gewiß am besten wissen, wie bedingend das vergangene Schicksal auf das zukünftige, auf Charakter und die Entwickelung einzelner Seelenkräfte einwirkt; und darin stimme ich mit Euch Priestern durchaus überein, daß aus Leid Freude, aus Unruhe Ruhe geboren wird, sobald einer nur imstande ist, den in Leid und Unruhe waltenden Haß zu bewältigen, was bei mir leider doch nicht so ganz vollständig der Fall ist, weshalb ich mich dann auch noch immer bescheidentlich als etwas Werdendes betrachte.
Also der Schneider K.... aus Stavenhagen hat Dir einen Gruß von mir gebracht? Ja, Ihr guten Gotteswörter vom Lande, Ihr seid die wahren Lämmlein der Herde, die von den Kindern dieser Welt geschoren werden! Der Kerl ist ein Gauner, er hat mir keinen Gruß von Dir gebracht, und ich habe ihm daher auch keinen Gegengruß aufgetragen. Er wird sich auch wohl hüten, denn – gestehe ich es Dir nur ein – ich gehöre auch zu den geschorenen Lämmelein; ich habe ihm auch einmal einige Taler in früheren Jahren gepumpt. – Dieser Schneider! Paß auf! Der Kerl kommt wieder, dies Grüßetragen wird ihm gefallen haben. Dann aber sei so gut und grüße ihn vielmal von mir.
Deinen Brief an »Lurwig Reinhardten« habe ich fördersamst abgesandt, weiß mir aber aus den den Auftrag begleitenden Worten keinen Vers zu machen.
Über Deine freundliche Einladung habe ich viele Freude gehabt und werde mir dieselbe ad notam nehmen; es wäre möglich, daß ich in diesem Sommer eine kleine Fußreise durch die heimischen Gaue machte, nach Bolz und von dort nach Parchim, wo Du mir dann schön zur Hand liegen würdest.

AN JULIAN SCHMIDT

Neubrandenburg, 26. März 1862

Mein vortrefflicher Freund, *Πως τ' αϱ ἴω, πως του πϱοςπτυξμαι αὐτον?*

– Akzente lasse ich weg, weil ich mich damit blamieren könnte. – Wie soll ich Ihnen für Ihre fortdauernde Freundschaft danken? Nicht allein Ihre Anerkennung, nein, grade Ihr Tadel, der selbst nach meiner doch gewiß etwas eigenliebigen Meinung fast immer das trifft, was ich mir bei ruhiger Überlegung selbst sagen muß, macht mir Ihre Freundschaft so wert, und seien Sie versichert, daß, wo's nur immer gehen will, ich denselben tätlich beherzigen werde. Merkwürdig ist mir aber die enorme Sicherheit, mit der Sie bei Ihrem Lobe stets die Stellen getroffen haben, die ich mit Vorliebe gearbeitet habe. – Ich hatte gehofft, Ihnen mit dem nächsten Briefe schon meine Festungsgeschichte zusenden zu können; aber mein Verleger läßt der bevorstehenden Ostermesse wegen so langsam drucken, daß ich bis zur Beendigung des Druckes mit meinem herzlichen Danke nicht an mich halten kann. – Jetzt habe ich etwas Größeres, wenigstens Umfänglicheres, in Arbeit: »Ut mine Strohmtid« – Strohm ist Spitzname für Landmann –, in welchem ich an bestimmten Typen unsers landwirtschaftlichen Lebens eine Schilderung der Hauptart in meinem Vaterlande versuchen werde. Das Ding soll in der politisch unschuldigen Zeit vor 48 beginnen und zum Schluß dies verhängnisvolle Jahr als Hintergrund erhalten. – Fürchten Sie jedoch nicht, daß ich mit Freiheitsphrasen, Barrikadenkämpfern und halbverdauten politischen Ansichten ins Geschirr gehen werde; ich denke mir bei dem allerdings teilweise beabsichtigten tragischen Ausgang der Geschichte den Humor zu bewahren und den höchst peinlichen Unverstand der damaligen Zeit sowie auch die feige Nachgiebigkeit der andern Seite durch denselben genießbar zu machen. – Wenn ich nun doch die Grüße meiner Frau an Sie und die Ihrige mit meinen eigenen zusammenpacke und hiermit übersende, auch von unserm Wohlsein die beste Nachricht gebe, so wissen Sie, wie's bei uns aussieht – also genug davon und zu Ihnen!

Mit einem Redakteur einer großen politischen Zeitung muß man von Politik reden – und sollt's auch nur ein Stammeln

sein. – Was Sie über unsere dermaligen Zustände denken, lese ich täglich in Ihren Leitartikeln; aber, obgleich Ihr Blick in keine rosenroten Gefilde der Zukunft schaut, ich sehe die Sache doch noch schwärzer an, und leider muß ich berichten, daß meine Bekannten in Pommern mich womöglich darin noch hinter sich lassen. – Wie ich höre, will der Graf Schwerin sich in Anklam wieder für die Wahl aufstellen lassen; aber man spricht sogar die Befürchtung aus, daß dieselbe zweifelhaft sein dürfte. Ich wollte, er unterließe diesen Schritt, weil ich wirklich viel von ihm halte; die Wiederwahl und seine Anwesenheit in der nächsten Kammer würde ihn jedenfalls in ein Dilemma bringen. Was ich Ihnen einst über Mecklenburg schrieb, daß es bei uns nur Feudale und Radikale gebe, gilt, allerdings mit einer günstigen Modifikation, auch für Pommern, der politische Sinn ist auch dort noch nicht so geschärft, daß er sich zwischen den beiden Extremen mit Festigkeit bewegen könnte. – Wer nicht feudal ist, muß radikal werden – schon aus Furcht, daß die Gegenpartei sonst siegen würde.
Aber wie fühlen Sie sich persönlich in diesem politischen Treiben? und lassen Sie mich hinzusetzen – in Ihrer schwersten Aufgabe? Der Artikel in Ihrem Blatte, in welchem Sie die Schwierigkeit für Ihre Partei hervorhoben, sich nach rechts und links verteidigen zu müssen, nach hinten und vorn, traf mit meinen Befürchtungen für Ihr persönliches Wohlergehen zusammen. Ich freue mich allerdings darüber, daß Sie es Ihren Gegnern gut eintränken und wacker um sich beißen; kann mich aber des Gefühls nicht erwehren, daß Sie in diesem ewigen Kampfe leiden müssen.
Nehmen Sie diese Bemerkungen als die Besorgnis eines ehrlichen Freundes auf, der einer Stellung, wie Sie sie innehaben, zu ferne steht, um nicht einmal einen dummen Schnack zu tun. Ceterum censeo: werfen Sie einmal Ihre verdrießlichen Geschäfte beiseite, lassen Sie einmal »Ihr Mädchen für Alles« Ihre Geschäfte wohl oder übel besorgen und erholen Sie sich einmal hier bei Ihren Freunden. Sie und Ihre

Frau haben gewiß keine besseren und herzlicheren als Ihren

Fritz Reuter, Luise Reuter

Lassen Sie für Ihr Blatt besser Korrektur lesen!
Ich schicke diesen Brief durch die Adresse der Zeitung, da ich von Fr. v. Buddenbrock erfahren, daß Sie einen Wohnungswechsel vorhatten.

AN AUGUST WICHMANN

Siedenbollentin, 24. April 1862

Lieber Bruder, Du scheinst denn doch eine sehr schlechte, zu schlechte Meinung von Mecklenburg zu haben? Was? Wir keinen Nationalverein? Bei uns verboten? Wie heißt? In Brandenburg sind wir unserer zwanzig im Nationalverein, und in Mecklenburg-Strelitz ist nichts Nationales verboten. Deine Zusendung ist von mir teils an unsere eigenen Mitglieder, teils an Freunde in Neustrelitz verteilt worden, soweit die Zahl reichte. Ob aber auch nur ein einziger der Aufforderung Folge leisten wird, ist mehr als zweifelhaft; ja, ob ich selbst diese Reise machen kann, muß ich eintretenden Umständen zur Entscheidung überlassen. Gerne wäre ich bei Euch, und wenn es irgendwie möglich ist, werde ich von Herzen teilnehmen. Vorläufig bitte ich Dich nun noch um zirka 50 Exemplare der Zuschrift; aber bitte dieselben mir erst nach vierzehn Tagen nach Neubrandenburg zu senden; ich bin nämlich augenblicklich zum Besuche im Pommerlande. Ich werde dann die Einladung weiter verbreiten können, was von hier aus nicht gut geht. Deinem Bekannten, dem Kreisrichter Callsen in Treptow, habe ich die Sache schon einstweilen mündlich mitgeteilt. Ist Dettmer zu Grashof gereist? Und was machen beide? Herzlichen Gruß von Deinem

Fritz Reuter

AN AUGUST WICHMANN

Siedenbollentin, 5. Mai 1862

Lieber Wichmann, mein letzter Brief war mit Rücksicht darauf geschrieben, daß ich früher nach Neubrandenburg zurückkehren würde, als dies in Wirklichkeit der Fall geworden ist; ich bin noch im Pommerlande und werde auch noch einige Zeit hier verweilen, bis ich den am 6. d. M. in Anklam stattfindenden Wahlkampf als Wühler (nicht als Wähler) mitgemacht haben werde. Ich halte diesen Brief so lange auf, bis ich Dir von dort curiositatis halber das Resultat melden kann. – Es ist nun von mir beschlossen, Euch zum 11. d. M. abends zu besuchen und die dortigen Versammlungen mitzumachen, und deshalb bitte ich Dich, mir bei irgendeinem Gastwirt, etwa bei Düvecke, Quartier zu bestellen. Vorläufig einen herzlichen Gruß von Deinem Fritz Reuter

(Nachschrift: Anklam, den 6. Mai) Sieg der Fortschrittspartei: Graf Schwerin, Müller-Stettin, Otto Michaelis, Redakteur der Nationalzeitung, sind mit ungeheurer Majorität gewählt.

AN FRAU KRÜGER

Neubrandenburg, 3. Juli 1862

Meine kleine, liebe Frau Krüger, Sie haben vielleicht gehört, daß ich die Polterabendschriftstellerei vollständig abgelobt habe, und wenn ich bei Ihnen eine Ausnahme mache, so habe ich zwei Bitten an Ihr freundliches Herz zu legen, erstens, daß Sie unter keinen Umständen mich als Verfasser der Scharteke verraten, und zweitens, daß Sie die Dürftigkeit des Machwerks gütigst übersehen. Sie glauben gar nicht, was es mich für Überwindung kostet, immer neue Variationen nach der alten Melodie zu pfeifen. Zudem konnte das Stück – wie Sie auch selbst wünschten – der großen Jugend der beiden Schauspielerinnen wegen ja nur kurz ausfallen und mußte der

Kindlichkeit angepaßt werden, und da läßt sich dann nicht viel Geistreiches zu Markte bringen. Nehmen Sie also mit dem Umstehenden vorlieb, grüßen Sie Krüger freundschaftlichst und behalten Sie mich und meine Frau in gutem Andenken. In Rostock besucht Sie Ihr alter Freund

Fritz Reuter

AN CARL HINSTORFF

Neubrandenburg, 10. August 1862

Lieber Freund, Du kommst mir da mit einem sonderbaren Wunsch: ich soll Dir mein Manuskript übersenden zum Druck, und wir haben noch nicht die Idee von einem Kontrakt gemacht! – Na, da würden doch die Mißverständnisse sich haufenweise einstellen. – Dazu kommt nun noch, daß ich meine Arbeit unterbrechen und dann mit der Redaktion der ersten Bogen schon jetzt beginnen müßte, und ich bin so kaputt körperlich, daß ich jedenfalls etwas für meine Gesundheit tun muß. – Ich gehe, von heute ab gerechnet, in 6 Tagen in eine Wasserheilanstalt; bin also nur noch bis zum Sonnabend hier zu finden und zu sprechen. – Willst Du mich also überhaupt vor Michaelis noch sprechen, so müßtest Du Dich rasch entschließen, mich hier aufzusuchen; tue dies, es ist das beste. – Kunike hat geantwortet, und das briefliche Resultat sende ich hiermit ein, Du magst nun mit ihm unterhandeln.

Lebe wohl, grüße die Deinigen von Deinem Fr. Reuter

AN LUDWIG BURKES

Neubrandenburg, 12. August 1862

Ihr Geschenk hat mir viele Freude gemacht und hängt in meinem Zimmer, damit ich mich des Gebers erinnern kann, der bei seinem täglichen Gewerbe, welches ich als ein mühevolles kenne, seine Mußestunden einer sinnigen Kunst weiht.

Möge der Himmel Ihnen den Gefallen daran fürder erhalten! So etwas erfreut nicht allein, es schützt auch. – Wie Sie aber als Thüringer imstande sind, plattdeutsche Verse zu machen und mir ins Handwerk zu fallen, begreife ich nicht. Sie müßten denn von Jugend auf in Mecklenburg erzogen sein. – Ich erlaube mir, Ihnen anbei mein neuestes opus zu übersenden, bitte jedoch, da das Buch noch nicht im Buchhandel erschienen ist, dasselbe vorläufig nicht aus Ihren Händen zu lassen.
Noch einmal meinen Dank, daß Sie gerade an mich gedacht haben.

AN KARL KRAEPELIN

Neubrandenburg, 14. August 1862

Lieber Korl, gun Morrn, Korl! – Hier schick ich Dir ein Buch, Korl! – Aber laß es nicht eher aus den Fingern, Korl, bis es wirklich im Buchhandel erschienen ist, Korl. – Lebe wohl, Korl! Dein Fritz Reuter,
Korl!

AN JULIAN SCHMIDT

Bad Elgersburg, 28. August 1862

Lieber Dr. Julian, eine der schlimmsten Situationen für einen Briefschreiber ist gewiß der Aufenthalt in einer Kaltwasseranstalt; wenn man glaubt, Zeit genug zu haben, in die Ferne zu plaudern, dann steht ein abscheulicher Kerl mit einem nassen Laken hinter einem und klatscht einem das über den Kopf oder schiebt einen unter die douche oder stürzt einen in einen Kübel eiskalten Wassers und entzieht einem das Quantum Wärme, was notwendig zum Schreiben an einen Freund gehört. – So geht's mir in der letzten Zeit. – Es ist ein jämmerlich Leben mit diesem ewigen Kaltwerden und Warmlaufen, mit diesem Sauremilchessen und Wassertrinken, aber – wie der Entspekter Bräsig sagen würde – gut ist's doch! – Ich schicke Ihnen hierbei mein neuestes opus, an welchem Sie alle Ursache zum Tadel finden werden. Ich finde das selbst, es ist nicht aus einem Holze, ist bald zu langweilig und bald zu kurzweilig, und wo ich wirklich den Humor recht hätte spielen lassen können – in Däms –, da mußte ich ihn aus Rücksicht auf die Überlebenden unterdrücken. Nehmen Sie's gnädig auf. – Für heute muß ich schließen, ich bin todmüde, habe infolge der Wasserpantscherei zwei Nächte nicht geschlafen, und in fünf Minuten steht der Wassergeist mit dem nassen Laken wieder hinter mir. Meine Frau ist bei mir und läßt grüßen. Wenn wir zurückkehren – das Wann läßt sich noch gar nicht bestimmen –, sprechen wir in Berlin bei Ihnen vor und nehmen Sie dann gleich mit nach Mecklenburg. Mit herzlicher Freundschaft Ihr

Fritz Reuter

AN HEINRICH GESELLIUS

Neubrandenburg, 31. Oktober 1862

Mein lieber, guter Gesellius, Dein Brief hat mich in Thüringen aufgesucht, wo ich den alten Adam in reinem Bergwasser ausgespült habe, was mir sehr gut bekommen ist. Seit zwei Tagen bin ich wieder hier und eile, Deinen Brief zu beantworten. Mit der Disposition über meine opera bin ich *sehr* zufrieden; wem könnte ich wohl lieber eine kleine Freude machen als Dir und den Deinigen.

Du schreibst von Koch, ist der vielleicht früher in Schwaan gewesen, dann ist er mir früher, als ich in der Eigenschaft eines Rostocker Studenten einmal auch die Ochsenschule besuchte, flüchtig bekannt geworden. Dieser Koch war ein Dichter. – Aber wie steht's mit dem Norddeutschen? Habt Ihr den Maleficator nicht entdeckt? Der Kerl muß baumeln! Daß Steffenhagen so leidend ist, tut mir herzlich leid, grüß ihn recht aus vollem Herzen von mir; – ich halte viel von meinen Lehrern, und das steigert sich, wenn man älter und sie knapper werden.

Vor dem Übermütig-, oder besser, Eitelwerden brauchst Du mich nicht zu warnen, davor schützt mich die eigene Unzufriedenheit mit meinen Machwerken: »uns' Herrgott stüert de Böm, dat sei nich in den Hewen wassen«. Der Freude aber, wenn gute und herzliche Männer in reiferen Jahren und höheren Lebensanschauungen sich dennoch diesen fröhlichen Geschichten überlassen und mir ihre Anerkennung aussprechen, gebe ich mich unbedingt hin und ebenso, wenn ich das Gefühl habe, zugleich damit den Leuten aus dem Volke einen heitern Augenblick verschafft zu haben. – Ich bin kein Dichter, der Epoche macht, kein genialer Mann, der Einfluß auf die Fortbildung der deutschen Literatur ausübt; mein ganzes Geheimnis besteht in dem Glück, den Ton getroffen zu haben, der unten und oben, beim Volk und bei den Gebildeten, zugleich anklingt. Vor zwei Jahren kam auf dem Sängerfest zu Penzlin ein Tagelöhner an mich heran und zupfte an meinen Rock: »Herr – Fritz Sahlmann!« – »Wat sall de? Is hei hir?« – »Ne, äwer, Herr, Fritz Sahlmann. – Ne, wo 's 't mäglich! Oh, ick kenn em all lang'. – Wo hewwen Sei dat schön makt!« – Und jetzt in Arnstadt, in Thüringen, kommt meine Frau jubelnd in die Tür. »Weißt Du, wer hier in unserem Hotel mit uns wohnt? Jakob Grimm mit seiner Schwägerin und deren Tochter.« – »Nun«, sage ich, »dann sollst Du Dir ein Vergnügen machen, dann sollst Du ihm mein neuestes Buch überreichen.« – Sie tut's, und was war die Folge? Die Schwägerin (Wilhelms Witwe) sagte: »Nein, das ist doch zu glücklich; Jakob hat sich nur ein einziges Buch mit auf die Reise genommen, und das ist Fritz Reuters ‚Schurr-Murr', und erst gestern sagte er: ‚Wenn ich das ausgelesen, was lese ich aber dann?' Und nun kriegt er ja dies so zu rechter Zeit.« – Wir blieben zwei Tage mit diesen Leuten zusammen – nicht wahr? ein großes Glück! Und dieser Freude gebe ich mich gerne hin. – Gustav Freytag habe ich in Siebleben besucht; auch ein lieber Mensch. – Alte Freunde, Leidensgenossen, habe ich wiedergesehen, in Gotha, Weimar, Leipzig und Berlin alte Bekanntschaften erneut und neue geschlossen. Das waren Freudentage, und sie gehören zum Handwerkszeug eines lustigen Humors. – Aber fleißig bin ich auch gewesen: der erste Band von »Ut mine Stromtid« ist fertig, und ich schlage mich schon mit den Korrekturen herum. Habe außerdem noch viel zu tun: die zweite Auflage von »Hanne Nüte«, die zweite von »Schurr-Murr«, die zweite sogar von »Ut de Festungstid« sind in Angriff und dann das neueste noch; aber dafür werde ich mir auch nächstens ein ganzes Pack alter, sehr zudringlicher Freunde vom Halse schaffen – meine treuen, ehrlichen Schulden, die mich von Parchim an bis auf den heutigen Tag auf Schritt und Tritt verfolgt haben. Was die alten Burschen wohl für ein Gesicht machen, wenn ich ihnen den Laufpaß gebe! – Requiescat in pace!

Die Primaner in Parchim haben mir zum 18. Oktober d. J. ein Lebehoch telegraphisch zugeschickt. Du gibst wohl an die freundlichen Burschen den einliegenden Dank ab oder besorgst ihn wohl.

Komm doch einmal zu mir!

AN GUSTAV FREYTAG

Neubrandenburg, 1. November 1862

Hochverehrter Herr und Freund, in der Heimat endlich angekommen, sende ich Ihnen mit meinen herzlichsten Grüßen das versprochene Buch und bitte Sie, sich meiner nicht bloß beim Lesen desselben, sondern auch ferner freundschaftlich erinnern zu wollen.

AN EDUARD HOBEIN

Neubrandenburg, 1. Dezember 1862

Lieber Bruder, Nachlässigkeit, Unhöflichkeit und Undankbarkeit würdest Du mir wirklich mit Unrecht vorwerfen, wenn Du es getan hättest; mein Schweigen bis dato hatte einen unendlich ehrenwerten Grund, ich wollte meinen Dank für Deine liebenswürdige Zusendung nicht mit leeren Händen abstatten und wartete Tag für Tag auf das endliche Erscheinen meines Neuesten.

Nun ist's da, und mit Zittern und Zagen expediere ich Freiexemplare in alle Welt, was diese unberechenbare Person wohl dazu sagen wird. – Du kannst wohl lachen, Jochen Boom! Wenn diese abscheuliche Welt einmal so ungerecht werden sollte, Deine literarischen Lenden-Produkte nicht gebührend anzuerkennen, dann gehst Du nach Hause und streichst Deine auf zwei leibhaftigen Beinen umherspringenden kleinen fröhlichen Hobeine über die krausen Köpfe und sagst im glücklichen Vaterstolze: »Nun, laß! Diese sollen sie mir wohl anerkennen!« – Bei mir ist es leider anders, ich habe mich mit Haut und Haaren dem Teufel der Schriftstellerei verschrieben, und von tröstlichen Krausköpfen ist nicht die Rede: ich muß meinem papieren Springinsfeld meine ganze Reputation und Hoffnung auf die Zukunft anvertrauen, und wenn er sich nicht schickt, ‚denn bün ick rein üm all min Pött'.

Was nun Dein freundliches Geschenk betrifft, so muß ich Dir sagen, daß mir namentlich der zweite Teil des Buches sehr, sehr gut gefallen hat. Du hast darin frei gearbeitet, nicht beschränkt durch den Stoff im ersten und durch den überaus schwierigen Reim etc. des letzten Teils; bleibe doch dabei! Du bist eine durchaus lyrische Natur, und dies Feld ist ja so ungemein groß.

Viele Grüße von meiner Frau an die Deinige sowie auch von mir sowie auch an Deine Frau Schwiegermutter sowie auch von mir sowie auch an Deine fröhlichen Kleinen sowie auch von mir sowie an Dich selbst sowie auch von Deinem

Fritz Reuter

AN ADOLF WILBRANDT

Neubrandenburg, 7. Dezember 1862

Mein geehrtester Freund, die verspätete Antwort auf Ihren freundschaftlichen Brief haben Sie meinem Wunsche zu verdanken, Ihnen ein frohe Stunde zu machen durch die Übersendung meines Buches, dessen Vorläufer Sie mit so vieler Nachsicht aufgenommen haben. – Ich hatte aber bisher kein Exemplar und daher die Verzögerung. – Nun zu Ihrem anderweitigen Wunsch, der so sehr viele freundliche Gesinnungen für mich in sich schließt. – Leider sind die übrigens noch fragmentarischen Stücke der Urgeschichte ganz plattdeutsch geschrieben, und zwar in einem gradezu unübersetzbaren Plattdeutsch. Ich habe die ernstesten Dinge unsers armen Vaterlandes des komischen Kontrastes wegen in einer so derben, hausbackenen Tagelöhnersprache geschrieben, daß *ich* für meine Person durchaus daran verzweifeln muß, dieselbe auch nur annähernd durch das Hochdeutsche wiedergeben zu können. Es ist, oder besser, wird mein plattdeutschestes Buch. Zudem fürchte ich, daß eine vorläufige Probe die gegeißelten Machthaber aufmerksam machen könnte und daß man mir das Kind in der Wiege erwürgen könnte. Sie können gewiß überzeugt sein, daß ich mich keinem mehr als Ihnen grade gefällig zeigen möchte und daß ich sehr rücksichtslos die Schäden der Junker- und Bürgermeister-Wirtschaft in unserm guten Vaterlande aufdecken möchte, wenn ich nur mehr Zeit hätte und nicht so abscheulich faul wäre; dabei habe ich mich nun so sehr in das Plattdeutsche eingeschrieben, daß mir das Hochdeutsche verhältnismäßig weniger gut gelingt, und nun habe ich gar die Verpflichtung, den zweiten Band des beifolgenden Buches in baldiger Zeit nachfolgen zu lassen. Einer kleinen Schilderung der Heimatsverhältnisse an der Grenze werden Sie vielleicht in nächster Zeit in den Grenzboten begegnen, sie rührt von mir her und wurde Gustav Freytag in diesem Sommer zugesagt, als ich ihm den Trödel erzählte. Wenn ich einmal etwas derartiges wieder

habe, so will ich es Ihnen zusenden. – Ein Bruchstück meiner Urgeschichte hätte ich Ihnen, um Ihr Urteil zu erfahren, gerne beigelegt, wenn ich nicht grade in ungeheurer Heiterkeit daran arbeitete. – Wenn Sie es wünschen, sende ich es Ihnen später. – Das Buch wird nur sehr langsam und ganz sukzessive fertig werden, ich will's nicht übereilen, da ja noch – Gott sei Dank! – tagtäglich wunderschöne Staatsalbernheiten bei uns passieren.
Meine Frau hat sich sehr gefreut, daß Sie ihrer so freundlich gedacht haben. Sie grüßt ebenso freundschaftlich als Ihr

Fritz Reuter

AN ADELHEID HERMES GEB. WÜSTHOFF

Neubrandenburg, 10. Dezember 1862

Meine teure Freundin, eigentlich sollte das beifolgende Buch erst zu Weihnachten bei Ihnen eintreffen, so hatte ich es mir gedacht, aber beim Lichte besehn ist es besser, Sie erhalten dasselbe jetzt schon, Sie können dadurch vielleicht Ihre anstrengende Arbeit etwas unterbrechen. Fürchten Sie nicht beim ersten Kapitel, daß die traurige Stimmung desselben sich durch das Ganze durchziehen wird, es wird lustig genug werden. Der zweite Teil, den ich jetzt in Angriff nehme und der Ihnen ebenfalls zugesandt werden soll, wird allerdings auch wieder manches von Trauer enthalten, aber das Ende wird doch wieder heiter, wie es im Menschenleben eigentlich immer sein sollte.
Ich habe gar zu viel zu tun, darum ein recht herzliches Lebewohl und Grüße an Ihren Herrn Gemahl, Jüling und Meiers von Ihrem

Fritz Reuter

AN OSWALD PALLESKE

Neubrandenburg, 10. Dezember 1862

Mit Vergnügen habe ich ein Lebenszeichen von Ihnen entgegengenommen; ich erinnere mich Ihrer noch sehr wohl, zumal Sie ja überdies eine alte Bekannte von mir zur Frau genommen. – Inwieweit ich Ihnen aber in Ihrem Vorhaben nützen kann, werden Sie aus dem Nachfolgenden ersehen. – Ich bin ein schrecklich kritikloser Mensch, hänge durchaus leider nur von den ersten Eindrücken ab, und soll ich Ihnen diese bei der Durchlesung Ihrer Gedichte empfangenen getreulich und aufrichtig wiedergeben, so soll es gern geschehen.

Von den Liedern gefallen mir die lyrischen mit einfachen Empfindungen am besten; für eins der besten, wenn nicht für das beste, halte ich »in de Schummerstun'n«, nur muß der letzte Vers entschieden fehlen; er gehört nicht mehr dahin und schwächt den eigentlichen Gedanken des Ganzen, so rein er auch empfunden sein mag.

Auch unter den einzelnen Läuschen finde ich manches recht sehr Gute, nur laborieren die meisten an einer zu großen Breite. – Sie werden mir mit Recht einwenden: Das tun Deine auch! Und ich muß leider eingestehen, daß dem so ist; aber ich hatte es doch weit leichter als Sie, ich wählte aus reicherem Stoffe, weil ich der erste war, der diese Richtung einschlug, ich wählte mir Stoffe, die eine große, ausgedehnte Exposition nicht nötig hatten. Das haben Sie zuweilen verfehlt, es ist durchaus nötig, gerade in der Auswahl des Stoffes vorsichtig zu sein. Eine Geschichte, die in heiterer Gesellschaft unter homerischem Gelächter erzählt wird, zerbröckelt einem bei der Bearbeitung in kleine Unbedeutendheiten, denen die vis comica fehlt. Daß meine Läuschen mit Glück dennoch aufgenommen sind, hat wohl seinen Grund darin, daß es etwas Neues war und daß das Publikum im großen ganzen noch kritikloser als ich selbst war. – Lassen Sie sich auf diese Geschichten nicht zu sehr ein, sie verführen gar zu

leicht zu einem Schlendrian und verlangen eine außerordentliche Kenntnis der niedern Klassen, so wie deren Denk- und Sprechweise ...
Nehmen Sie mir diese kleinen Bemerkungen nicht übel und rechnen Sie mir dieselben nicht als literarischen Hochmut an; sie sind in der Absicht geschrieben, Ihnen wirklich nützlich zu sein. Dieser Wunsch treibt mich auch, Ihnen wenigstens eine Verlagshandlung nachzuweisen ... Ob Sie Ihre Gedichte drucken lassen sollen? Natürlich sollen Sie das; im Anfang werden Sie mit allerlei Schwierigkeiten zu kämpfen haben; aber wenn Sie sich erst mehr hineingearbeitet, wird's glatter gehen ...

AN JAKOB GRIMM

Neubrandenburg, 15. Dezember 1862

Zuvörderst meiner Frau und mein inniges Bedauern, daß wir bei unserer letzten Durchreise durch Berlin Ihres und Ihrer Frau Schwägerin Unwohlsein wegen nicht das Glück haben konnten, Ihnen unsere Ergebenheit zu bezeugen. – Hoffentlich sind Sie beide wieder gesund und wohl und erinnern sich noch unsers Zusammentreffens in Arnstadt. – Beifolgend erlaube ich mir, Ihnen den ersten Band eines neuen Buches von mir zu senden, und würde mich glücklich schätzen, wenn das Büchlein dazu angetan wäre, Sie auf einen Augenblick von Ihren ernsten Geschäften abzuziehen und Ihnen ein Lächeln abzugewinnen.
Fröhliche Weihnachten und ein gesundes neues Jahr für Sie und die verehrten Ihrigen!

AN FRIEDRICH DÖRR

Neubrandenburg, 20. Dezember 1862

Mit herzlichem Dank habe ich Brief und Buch von Ihnen empfangen, und wenn ich auch gegen das große Lob, welches

Sie mir erteilen, remonstrieren muß, so tue ich es nur gelinde, denn als ehrlicher Kerl muß ich offen gestehen, daß mir gerade so viel Eitelkeit vom Teufel mit auf den Lebensweg gegeben ist, als pro Kopf auf den Mann fällt, und daher gestehe ich offen weiter, daß mir Ihre freundliche Anerkennung ganz besonders gut geschmeckt hat, zumal, da sie auf einer so feinen und reinlichen Schüssel serviert war. Mehr aber noch habe ich mich gefreut darüber, daß wir uns in zwei Punkten als Freunde und Gleichgesinnte begegnen, einmal in der Verehrung von Walter Scott, der von allen Schriftstellern der Welt und der Zeiten den größten Einfluß auf mich ausgeübt hat, und zweitens in der Liebe zur plattdeutschen Sprache. Sie ist's eigentlich, der Ihr mir gespendetes Lob zufallen sollte; ihren Vorzügen verdanke ich meine Erfolge. Drum war es für mich eine wahre Freude, Ihre Stimme »von der Nogat grünen Wiesen« ertönen zu hören, und recht ist es von Ihnen, daß Sie wie Uhland denken:

Oh, legt sie nicht ins grüne Grab,
Tief unter die grünende Erde hinab!
Soll sie begraben sein,
In Gras und Blumen sargt sie ein!

Und sie wird begraben werden; auch hier bei uns geht sie ihrem letzten Stündlein entgegen. Aber wenn's denn sein soll, so soll sie mit vollem Gesang und unter Glockenklang zur Gruft bestattet werden, und die nachfolgenden Geschlechter mögen dereinst an ihrem Grabhügel beten und Reue fühlen, daß sie ein einfaches, treuherziges Kind nicht zu rechter Zeit in seiner Biederkeit und Reinheit begriffen haben.

Ich danke Ihnen recht von Herzen für Ihre freundliche Gabe und wünsche Ihnen fröhliche Weihnachten und fröhliches Schaffen im neuen Jahr. Mit Gruß Ihr Fritz Reuter

1863

AN CARL HINSTORFF

Neubrandenburg, 16. Januar 1863

Von mir und meiner Frau eine ebenfalls herzliche Gratulation zum neuen Jahr sowie auch zu dem glücklichen Ereignis, welches Dein Haus zu einem fröhlichen Hause gemacht hat und Dich wiederum der Sorge um etzliche Paar Schuhe enthebt. Den richtigen Empfang der 500 Taler – 450 Taler für »Olle Kamellen« III. und 50 Taler für »Hanne Nüte«, 2. Auflage – bescheinige ich hiermit; Quittungen werde ich nach Empfang der noch fehlenden 122 Taler einsenden.
Ich habe allerdings in der letzten Zeit einen Strämel »Urgeschichte« gearbeitet; aber nicht, um damit fortzufahren, sondern nur, weil mir etwas Passendes einfiel. Das Buch soll sehr allmählich entstehen und wird noch *lange* auf sich warten lassen. Das nötigste ist jetzt, daß der zweite Teil der »Stromtid« fertig wird; ich bin tüchtig dabei, und wenn ich so fortfahren kann, wird das Manuskript zu Pfingsten fertig sein. Doch Du weißt, so etwas kann man nicht versprechen. Dann nehme ich »Dörchläuchting« in Angriff, welches wohl das *Heiterste* meiner Erzeugnisse werden dürfte. Was dann? Das weiß der liebe Gott.
Mir sind in der letzten Zeit die freundlichsten Anerkennungen zuteil geworden, und zwar von Leuten, die ich gar nicht kenne: der Konsul Hirzel in Leipzig hat mich zum Jubelfeste des 18. Oktober dieses Jahres eingeladen, ein Hamburger schickte mir 25 Pfund des köstlichsten Rauchfleisches, und aus London erhielt ich von einem Prediger Meyer und Kaufmann Hofmann eine goldene Feder zu Weihnachten. So was erquickt einen auch!

AN ERHARD QUANDT

Neubrandenburg, 16. Januar 1863

Geehrtester Herr, Sie müssen mich für einen schrecklich unhöflichen Menschen halten; auf solche freundliche Zuschrift, auf solche hoffnungsreiche Einladung noch keine Antwort! – Aber die Sache ist diese: ich wollte Ihren Brief noch vor dem Weihnachtsfest beantworten – hatte den höflichsten Willen von der Welt –, da fährt ein Wagen vor meine Tür und entführt mich zu alten pommerschen Freunden, wo ich denn bis in das neue Jahr hinein gebummelt bin, und als ich nun zu Hause gekommen war, hatten sich eine Menge nicht aufschiebbarer, verdrießlicher Geschäfte angehäuft, so daß ich erst jetzt in dankbare Verfassung kommen konnte. Sie, mein bester Herr Quandt, sind mir durch Hinstorff schon längst bekannt – ein Poet reimt unwillkürlich –, und auch mit Onkel Duge briefwechsle ich bisweilen. – Sie können versichert sein, daß ich Sie gerne in Leipzig besucht haben würde; aber die Zeit war mir zu knapp, das erste Mal war ich einen Tag dort, den ich mit Julian Schmidt verbrachte, das andere Mal gar nur einen halben, den ein alter Jugendfreund, Dr. Steger, mit Beschlag belegte – komme ich aber jemals wieder nach Leipzig, so soll mein erster Gang zu Ihnen sein.

Ob ich zu dem anstehenden Feste nach L. kommen kann, hängt gar zu sehr von noch nicht abzusehenden Umständen ab; sollten mir diese nicht hindernd in den Weg treten, so werde ich mit vielen Freuden der gütigen Einladung des Herrn Hirzel nachkommen. – Ich ersuche Sie, dem gedachten Herrn meinen herzlichen Dank für seine Freundlichkeit mitzuteilen, mit dem Versprechen, rechtzeitig definitiv zu- oder abzuschreiben.

Mit landsmannschaftlichem Gruß Ihr Fritz Reuter

AN ADOLF WILBRANDT

Neubrandenburg, 14. Februar 1863

Mein lieber, verehrter Freund, das ist doch grade, als wenn ich Ihnen gegenüber ein Muster von Unhöflichkeit und Ungefälligkeit werden soll. Sie sprechen den Wunsch aus, einiges aus der Urgeschichte mitteilen zu können, und ich mußte es Ihnen abschlagen; nun sprechen Sie einen andern Wunsch aus, den, die »Ollen Kamellen« in hochdeutscher Übersetzung in Ihrem Feuilleton mitzuteilen, und ich muß Ihnen auch dies abschlagen. Zürnen Sie mir nicht, sondern hören Sie mich. – Schon vor einem Jahr wandte sich Robert Heller an mich, wie Ihnen der beigeschlossene Brief zeigen wird, und wünschte den 1. Teil von »Olle Kamellen« für das Feuilleton der Hamburger Nachrichten zu übersetzen, ich mußte ihm dies versagen, weil sich meine Frau das so außerordentlich reizend ausgemalt hatte, als Übersetzerin in der deutschen Literatur aufzutreten. Nun ist später darüber viel pro et contra geredet und zwischen mir und meinem Verleger Hinstorff geschrieben worden, bis ich vor einigen Wochen den 2. hier beigeschlossenen Brief erhielt, auf welchen ich beistimmend geantwortet habe, d. h., ich habe ihm geschrieben, daß ich selbst mich nach Beendigung der Stromtid daran machen wollte, eine Übersetzung zu liefern. Dies ließe sich allerdings wohl noch redressieren, aber jener Abschlag, den ich an Robert Heller gegeben habe, bindet mich gewiß insofern, daß ich das Ding in kein Feuilleton einer andern Zeitung geben darf. – Sie nehmen mir das nicht übel, und wenn uns mal Gelegenheit geboten wird, persönlich darüber zu sprechen, so werde ich gewiß von Ihnen Absolution für meine Ungefälligkeit erhalten. Und das, hoffe ich, soll so sehr lange nicht währen, wenn der Berg nicht zu Mohammed kommt, muß Mohammed zum Berge kommen, wenigstens gut halb Weges, denn ich gehe stark damit um, nach Thüringen, und zwar nach Eisenach, auszuwandern. Einige Schritte dazu habe ich getan, bis jetzt bin ich freilich noch im Dustern; aber wenn sich das nicht machen läßt, so habe ich noch Rostock im Sinne. Da alles jedoch noch zu unbestimmt ist, so bitte ich, darüber noch nichts verlauten zu lassen, es würde sowieso erst um Michaelis d. J. sich realisieren lassen. – Sagen Sie auch keinem, daß meine Frau und ich Sie für den Eisenacher Fall zu Weihnachten zum Heil Christ eingeladen haben. Sie sollen auch einen »Dannenbom« haben, aber sagen Sie's keinem, es soll ja eine Überraschung sein.

Wenn ich einmal etwas für Sie Passendes habe, so sollen Sie's haben.

Nochmal – darum keine Feindschaft nich!

Mit dem freundschaftlichsten Gruße Ihr Fritz Reuter

Die beiden Briefe bitte ich mir *gelegentlich zurück.*

AN ALBERT SCHULTZE

Neubrandenburg, 18. Februar 1863

Mein alter, lieber, prächtiger Kapitain, also habe ich mich nicht betrogen, wenn ich hoffte, Du würdest mir die Staffage von Flittern und Klunkern nicht übelnehmen und mehr auf den herzlich gut gemeinten Kern der Erzählung sehen. Ich danke Dir für die Fortdauer Deines liebevollen Gemütes aus vollem Herzen. Es wäre für mich eine gar zu bittere Strafe gewesen, wenn Dein wohlwollendes Herz sich verändert hätte und Du durch den – ich gestehe es ganz gerne ein – zuweilen etwas derben Spaß verletzt worden wärst. – Ach, wie oft habe ich Deiner dabei gedacht, wie tausendfältig habe ich früher und später nachgefragt, wo Du wohl in der Welt stecken könntest, und die einzige Antwort, die ich von Wuthenow erhielt, war, Du wärst in Frankfurt a. O.; ich habe mich bei commis voyageurs erkundigt, ich habe Kaufleuten, die von hier die dortige Messe bereisen, Erkundigungsaufträge gegeben; alles vergebens: mein alter Kaptain wollte nicht ans Tageslicht kommen, zuletzt habe ich noch diesen Sommer, den ich im Thüringer Wald teilweise zubrachte, einem Mühlenbesitzer Schmidt aus Lindow bei Frankfurt Auftrag gegeben, Dich auf alle Weise ausfindig zu machen, natürlich auch vergebens, denn wer, zum Kuckuck! konnte vermuten, daß Du Dir grade Meseritz ausgesucht haben würdest! – Mit dem Zöpernick ist's mir in Berlin ebenso ergangen, ich bin bei allen Voglers gewesen, die kleine Kratzbürste war nicht da drunter, es waren lauter milde, himmellange Kerls von sehr weißem Teint. – Ob ich Deinen Schwager, den Vetter, nicht kenne! Ich habe ja mit ihm ein paar Jahre in Silberberg gesessen; er ist für mich eine sehr liebe Erinnerung, denn er war ein sehr wackerer Mensch; überhaupt muß ich sagen, daß wohl nur ein sehr kleiner Bruchteil von uns Schubbejacks war und geworden ist, wenn auch einige zugrunde gegangen sind durch die Ungunst der Umstände. – Ich selbst habe auch manchen Strauß mit diesem Leviathan des menschlichen Lebens zu bestehen gehabt, wie Du in der Beilage im Paket (»aus der Europa«) zwischen den Zeilen meiner Biographie leicht wirst lesen können. – Daß Du mich für tot gehalten hast, ist sehr leicht zu erklären, denn ums Jahr 48 war ich noch Landmann oder »Strom«, wie wir's nennen, und ein mecklenburgischer Strom ist für die gebildete Welt so gut wie tot. Überdies hat mich mal der Redakteur eines Stralsunder Blattes im Jahre 1859, als ich schon Schriftsteller war, meuchlings totgeschlagen, und die Nachricht lief durch unsere Zeitungen; ich selbst habe recht herzlich auf meinem Begräbnisse gelacht und meinen eigenen Nekrolog geschrieben. – Nun geht's mir recht sehr gut, meine literarische Tätigkeit lohnt und füllt meine Zeit angenehm aus, ich bin das geworden, was ich immer sehnlichst gewünscht habe, ein freier, unabhängiger Mann, habe eine liebe, gute Frau (die Tochter des leider vor 8 Tagen verstorbenen Pastors Kuntze); aber, was mich zuweilen trübe stimmt, keine Kinder. – Meinen jetzigen Aufenthalt, Neubrandenburg, werde ich vielleicht zu Michaelis d. J. verlassen und würde dann möglicherweise nach Eisenach

oder sonstwohin, mehr nach dem Süden ziehn, doch ist hierüber noch nichts fest bestimmt.
Deine Lebensgeschichte, Deine Lage, Deine Familie, Dein Haus, Dein Garten, alles hat mich aufs lebhafteste interessiert, und habe ich meine Freude daran gehabt, nur Deine Klage über Abnahme des Gehörs hat mir unangenehm in die Ohren geklungen; aber wir müssen uns trösten, daß wir älter geworden sind; die riesige Gesundheit von früher habe ich auch nicht mehr, es geht jedoch noch. – Für Dein altes, liebes Gesicht sage ich Dir meinen herzlichen Dank, es ist sogleich in die Menagerie von den Lieblingen meiner Frau einrangiert worden. Ich schicke Dir mein Bild dagegen; ein bißchen fetter ist es ausgefallen. – Daß Du Dir die beiden ersten Teile von »Olle Kamellen« gekauft hast, tut mir leid, die hättest Du gerne von mir erhalten können; ich sende Dir also hierbei, was ich außerdem von meinen Scharteken vorrätig habe: »Hanne Nüte« und die beiden Teile von »Läuschen un Rimels«, welche letztere allerdings nicht viel mehr als nugae sind, aber doch die Erstlinge meiner Werke repräsentieren. Im Laufe des Sommers wird in neuer Auflage erscheinen »Schurr-Murr« und die »Reis' nah Belligen« sowie die Fortsetzung von »Olle Kamellen« – »Ut de Stromtid«; alles das, wie auch später »Kein Hüsung«, werde ich Dir zu seiner Zeit senden und denke aus Dir peu à peu einen richtigen plattdeutschen Böotier zu machen.
Ich setze nach Unterbrechung von einigen Tagen, in welchen ich zu meiner freudigsten Überraschung einen lieben Brief von Deiner freundlichen Frau durch meine Verlagsbuchhandlung erhielt, den eben meine [...]
Kommen wir einmal in dieser Welt zusammen, dann wollen wir der alten bösen Zeit nicht böse gedenken, sondern wollen einfach sagen: Es hat so kommen sollen, damit wir jetzt desto mehr Freude an unsern Weibern, an unserm Heimwesen und Du auch an Deinen Kindern erleben. Das scheint engherzig und eigensüchtig geredet zu sein, ist's aber nicht, wenn man dabei an den Geber all dieser Gaben denkt.

Aber wie kommen wir einmal – natürlich mit unsern Frauen, sonst ist's keine rechte Freude – zusammen? – Was meinst Du zu einem Rendezvous zu Berlin, wir hätten dann den Vetter auch dort; oder was meinst Du zu dem Turnerfest, den 2. August d. J. in Leipzig, dahin reise ich jedenfalls? Überlege Dir das mal, alter Knabe, ein Rechtsanwalt muß ja immer Rat wissen.
Nun sage Deiner Frau meinen liebwertesten Dank für den lieben Brief, den sie mir geschrieben, und sage ihr auch den Dank dafür, daß sie Dich so treulich hegt und pflegt, klopfe Deine Jungen auf die blonden Köpfe und sage ihnen, ihr Onkel Fritz Reuter – da ich nicht Vater sein konnte, bin ich so ein Allerweltsonkel geworden – schicke ihnen diesen Klaps und sie sollten solche braven Kerls werden, als ihr Vater geworden. – Und Du, mein alter Kapitain, Du lebe wohl für alle Zeit und denke mit der alten Freundschaft an Deinen Fritz Reuter

AN KARL HEINRICH CHRISTIAN KECK

Neubrandenburg, 23. März 1863

Mein alter Entspekter Bräsig würde sagen: Ich eschoffiere mir so partuh, daß ich schon ganz aus der Pust bin; aber das Ende will nicht heran, indem das Ganze auf drei Teile projektoriert ist. Ich dagegen bitte Sie allerseits, mit mir Geduld zu haben; außer der natürlichen moles der Faulheit steckt mir noch eine gewisse Langsamkeit beim Arbeiten im Leibe, die ich schlechterdings nicht überwinden kann. Ich will's aber auch so gut machen, wie ich kann; den Damen namentlich will ich versprechen, daß alle jungen Mädchen bis auf die Pomuchelsköpfe zweckmäßig verheiratet werden sollen, wenn auch Lowise Hawermann vorher noch ein bißchen gequält werden muß. – Aber dem Amendement der Frau Kraus gegenüber muß ich nun auch ernsthaft reden. Ich sage daher allen den freundlichen Damen und Herren, die soviel Anteil an dem Buche nehmen, meinen treu gemeinten, aufrichtigen Dank und füge die Versicherung hinzu, daß Sie mir mit Ihrer Zuschrift eine wahre Freude gemacht haben. Im übrigen hoffe ich, den 2. Teil bis zu Pfingsten druckgerecht zu haben, und würde dann den letzten noch zu Weihnachten erscheinen lassen können. Mit herzlichstem Gruße Ihr

Fritz Reuter

AN DIE UNIVERSITÄT ROSTOCK

Neubrandenburg, 26. März 1863

Ja, Sie haben mir eine große Freude gemacht, oder besser – eine große freudige Überraschung, denn bei den geringen Verdiensten meiner literarischen Tätigkeit, deren Mängel ich mir hinlänglich bewußt bin, konnte ich unmöglich eine so freundliche und ehrende Anerkennung von seiten der geehrtesten und würdigsten Korporation meines engeren Vaterlandes auch nur in weitester Ferne zu erhoffen wagen.
Und welche helle Jugendfreude der Erinnerung mußte es mir noch besonders sein, durch Ihre Vermittlung als Dekan der hohen philosophischen Fakultät diese Auszeichnung in Empfang zu nehmen und Ihren hochgeehrten Namen unter der Ausfertigung des Diploms zu finden, da Sie von allen mir damals bekannten, geliebten und geehrten Männern der einzige sind, der seit meiner in das Jahr 1831 fallenden Studienzeit in Rostock fortgefahren hat, daselbst unermüdlich die Jugend in die Wissenschaften einzuführen. – Mit der lebendigen Erinnerung junger Jahre gedenke ich jener Zeit, in welcher ich – damals Studiosus juris – es zuweilen wagte, mit meinen Freunden Ladewig und Schiller und meinem Vetter Reuter in Ihren Vorlesungen über den Aristophanes als demütiger Hospitant zu erscheinen.
Mögen Sie noch lange dem Vaterlande und der Wissenschaft in Ihrer segensreichen Wirksamkeit erhalten bleiben! Und erlauben Sie mir, bei meiner in Aussicht stehenden Anwesen-

heit in Rostock diesen Wunsch und meinen Dank persönlich besser auszusprechen, als dies auf dem Papiere möglich ist. Aber nun, mein hochverehrter Herr Professor, habe ich noch eine Bitte: mir sind nämlich die Formalien, wie dieselben bei einem Danke für eine so hohe Ehre im Gebrauche sind, völlig unbekannt, und die Herren Doktores hiesiger Stadt wissen mir in diesem Falle auch nicht zu raten; ich frage daher ergebenst an, ob es gebräuchlich ist, daß man noch besondere Schritte in dieser Richtung tut, oder ob Sie die Güte haben werden, meinen dankbaren Gefühlen als freundlicher Dolmetsch bei der hohen Fakultät zu dienen.
Verzeihen Sie diese Unbeholfenheit Ihrem ganz ergebenen

Fritz Reuter

AN FRIEDRICH FRANZ II. GROSSHERZOG VON MECKLENBURG-SCHWERIN

Neubrandenburg, 26. März 1863

Allerdurchlauchtigster Großherzog, Allergnädigster Großherzog und Herr, durch den Dekan der philosophischen Fakultät der Landesuniversität Rostock ist mir die Ernennung zu der Würde eines Doktors der Philosophie und Magisters der freien Künste honoris causa zugegangen. Ew. Königliche Hoheit haben die hohe Gnade gehabt, diesen mich über Verdienst ehrenden Fakultätsbeschluß zu bestätigen. – Wie soll ich würdig meinen Dank abstatten? – Es wird mir schwer werden in der Gemütsverfassung, in welcher ich mich nach dieser Auszeichnung befinde. – Denken Sie sich, Königliche Hoheit, einen Humoristen in einer Doktorrobe! Wie er das ungewohnte Gewand nicht zu tragen weiß, bald es der Würde wegen lang nachschleppen läßt, bald es ungebührlich bis über das Knie aufschürzt der freieren Bewegung wegen; es ist schon eine schlimme Situation. Aber nun denken Sie sich ferner, daß meine ganze Häuslichkeit in Sitten und Gewohnheiten dadurch alteriert ist. Sonst nannten meine Frau und ich uns »Fritz« und »Louise« – kam auch wohl einmal »Fritzing« und »Wising« vor –, nun nennen wir uns »Herr Doktor« und »Frau Doktorin«, um uns in die neue Würde einzuüben. Das ist schon schlimmer! – Aber am schlimmsten ist es, daß mir grade diese neue Würde unter den hohen Auspizien Ew. Königlichen Hoheit von der mecklenburgischen Landesuniversität zugegangen ist, mir, der ich vor Jahren durch äußere Umstände gezwungen worden bin, ein Preuße zu werden, und dessen Herz sich immerfort wieder nach Mecklenburg gezogen fühlt. – Ich bin in einer großen Verwirrung: soll ich Ew. Königliche Hoheit als fremden Fürsten betrachten oder soll ich meinem Herzen folgen und Höchstsie als meinen Landesherrn und Landesvater anzureden wagen? – Ich glaube, ich tue am besten, jenem Führer zu folgen, der in einer aufrichtigen Brust nicht so leicht veränderlich ist, als man in der beweglichen Zeit dieser Tage zu glauben scheint, ich folge meinem Herzen und sage Ew. Königlichen Hoheit als meinem Allergnädigsten Landesvater meinen innigsten Dank! –

Personen, die es wissen können und mir freundlich gesinnt sind, haben mich versichert, daß Ew. Königliche Hoheit in den Stunden der Muße Notiz von meinen Schriften genommen und an einigen derselben Gefallen gefunden haben; eine solche Aufmunterung zum weiteren Schaffen wird selten einem Schriftsteller zuteil, und auch dafür statte ich Ew. Königlichen Hoheit meinen tiefgefühlten Dank ab.

Und so will ich denn in Gottes Namen mit neuem Mute – selbst als Doktor der Philosophie – fortfahren, meine einfachen vaterländischen Geschichten in vaterländischer Sprache zu erzählen und die Fritz Sahlmanns und Bräsigs und Webers in Ew. Königlichen Hoheit Staaten auch über die Grenzen des Vaterlandes hinaus zu Ehren zu bringen, und bitte Gott, daß er Ew. Königlichen Hoheit segensreiche Regierung noch lange währen lassen möge, damit diese treuherzige und fröhliche Art von Landeskindern unter der Sonne derselben gedeihe und für die Schriftsteller meines Schlages neue Originale wie die Spargel im Frühjahre aufschießen mögen. In tiefster Ehrfurcht verharre ich als Ew. Königlichen Hoheit alleruntertänigster Fritz Reuter

AN EDUARD HOBEIN

Neubrandenburg, 29. März 1863

Mein alter, treuer Hobein, Deine wohlwollende Art und Weise, sich an der Freude Deines Freundes zu erfreuen, hat mich wirklich innig gerührt. Du bist doch ein recht herzensguter Mensch, und diese gar nicht so häufig vorkommende Eigenschaft, wie man im gewöhnlichen Leben glaubt, treibt mich, den ersten Brief nach dem »glücklichen Ereignis« an Dich zu richten, mit freundschaftlichstem Danke zu richten. Aber mit Eisenach muß es sein Bewenden behalten, die Sache war zu weit vorgeschritten, als daß sie sich redressieren ließ; ich habe hier gekündigt und dort gemietet, und wenn Du aus den nachfolgenden Gründen ersiehst, daß ich nicht leichtsinnig verfahren bin, sondern einem tief in mir liegenden Triebe gefolgt bin, wirst Du meinen Schritt anders ansehen. – Was von etwaiger poetischen und fröhlichen Auffassung des Menschenlebens in mir liegen mag, verdanke ich dem plötzlichen Wechsel von Nacht zum Licht, von Gefängnis und naturgemäßem Landleben, und nun treibt es mich, diese Springfeder meines Lebens frisch verstahlen zu lassen, diesen Wechsel, wenn auch schwächer, noch einmal auf mich einwirken zu lassen. – Seit etwa vierzehn Jahren habe ich teils in Stavenhagen, teils in Treptow, teils in Brandenburg zur Miete auf dem Boden gewohnt, und wenn mir die Natur auch nicht verschlossen war, so fehlte mir doch die freie Eintrittskarte zu ihrem unbeschränkten Genusse, indem ich die letztere stets erst mit vollständigem Anzuge und Aufopferung von Arbeitszeit erkaufen mußte. Mit anderen Worten, ich hatte keinen Garten, in dem ich ganz ungeniert in

Schlafrock und Pantoffeln den Naturgenuß mit der schriftstellerischen Arbeit verbinden konnte. – Dies ist allmählich bei mir zu einem notwendigen Bedürfnis herangewachsen. – Du wirst mir nun mit Recht einwenden, daß Deine treue und liebevolle Freundschaft mir schon vor Jahren Abhilfe von diesem Übelstande geboten hat, und ich danke Dir von Herzen dafür; aber – meine pekuniären Verhältnisse waren damals nicht der Art, daß ich einen solchen Freundschaftsdienst ohne ernste Überlegung annehmen konnte; und auch jetzt ist es mir nicht möglich, an einen Kauf zu denken. – Du weißt, wie schwierig es aber ist, bei uns Mietwohnungen mit den von mir gestellten Anforderungen zu finden; ich wenigstens bin daran verzagt. In Thüringen ist dies leicht zu beschaffen, und bei meiner letzten Anwesenheit wurden mir dort von freundlichen Menschen die liebevollsten Anerbietungen gemacht, ich habe sie auf 1–2 Jahre angenommen und mir eine Etage in einem in einem hübschen Garten gelegenen Hause gemietet. – Wie kannst Du aber glauben, daß ein Mensch wie ich, der so mit seines Volkes Art und Weise verwachsen ist, in seinem 53sten Jahre davon lassen könnte? – Ich weiß es vorher, mich wird ein gewaltiges Heimweh packen, denke aber mit dem alten Liede:

> Je höher die Glocken, desto schöner 's Geläut,
> Und je weiter die Liebste, desto größere Freud!

Und diese alte Liebste wird mich dann wohl wieder herziehen, und dann läßt sich mit Deiner Freundschaft viel Gutes besprechen.
Nun grüße Deine liebe Frau, Schwiegermutter und Jungen vielmal von mir und meiner. Dein Fritz Reuter

An unsern Großherzog habe ich ein ziemlich humoristisches Dankschreiben erlassen; wenn mir das nur nicht übelgenommen wird! F. R.

AN FRITZ JENNING

Neubrandenburg, 2. April 1863

Recht sehr danke ich Dir für Deine Gratulation, es ist für mich dies Doktorwerden eine höchst erfreuliche Sache gewesen; aber nicht davon wollen wir reden, sondern von Dir und Deiner Zukunft.

Du schreibst, daß Deine Gesundheitszustände nicht besser geworden sind, das ist sehr betrübend, und selbstverständlich kann ich Dir darin nur raten, nicht helfen. Wende Dich an einen guten Arzt und hüte Dich vor allen, auch den geringsten, Ausschweifungen, namentlich vor den geschlechtlichen, sonst bist Du mit Deiner unglücklichen Konstitution unrettbar verloren. Diese Drüsenkrankheiten pflegen sich mit zunehmendem Alter zum Bessern zu neigen, vorausgesetzt, daß ihnen kein neuer Krankheitsstoff hinzugefügt wird ...

Wenn Du mich nun ferner um Deine Zukunft um Rat fragst, und zwar so peremtorisch darum, daß ich gleich bei meiner großen Korrespondenz binnen wenigen Tagen antworten soll, so bin ich dazu gutmütig genug, will's tun, aber Dir sagen, daß Du bei so dringenden Umständen, die Du kanntest, wohl früher an mich schreiben konntest.

Wenn Dir Dein Herr Prinzipal Timm die höchst anzuerkennende Offerte gemacht hat, Dich noch ein Jahr in seinem Geschäfte behalten zu wollen, etwa bis sich Dir eine andere Aussicht eröffnet, so solltest Du demselben Deinen herzlichsten Dank dafür abstatten und Deinen redlichen Willen als Gegengabe bieten; anstatt dessen faselst Du von Deiner unglücklichen Lehrzeit und Deinem Stolz. – Wer hat denn von Deiner unglücklichen Lehrzeit mehr Qual gehabt, Du oder Deine arme Stiefmutter, die bei kränklichem Körper von Morgen bis Abend für Euch Kinder sorgen muß, während Du mit großen Rechnungen und feinen Glacéhandschuhen in Güstrow, wie ich zu meinem innersten Verdruß von anderer Seite hören mußte, herumparadiert hast? Ist das recht, die Güte einer so milden Frau unter den bestehenden Verhält-

nissen und in dieser Weise zu benutzen? – Und Dein Stolz, mein Sohn? – Sei stolz! in Gottes Namen, sei stolz! Aber nicht auf *das,* was Du *einst* werden und tun willst, was wir andern Menschenkinder bloße »Eitelkeit« benennen, sondern auf *das,* was Du *geworden* und getan *hast.* – Daß Du Deinen Vormund einen Schafskopf nennst, mir gegenüber, der ich ihn kenne und als guten Menschen kenne, ist eine Roheit, die ich Deiner Gutmütigkeit nicht zugetraut hätte; und wenn Du mir jetzt gegenüber ständest, wollte ich Dir nach mecklenburgischer Manier ganz anders antworten.
Summa summarum: Stimm Deine Noten auf das gewöhnliche Maß hinab, bleibe so lange bei Deinem Herrn, bis Du eine passende Stelle – ist's auch in einem offenen Laden, das schändet keinen Menschen, der ehrlich sein Brot verdienen will – gefunden hast; tue das Deine und tue es redlich und bleibe mir mit Deiner Großmannssucht vom Leibe, die da glaubt, daß die Welt sich um jede unreife Ansicht von einem jungen Manne drehen soll.
Das sage ich Dir aber noch zum Schluß: gehst Du mir nach Güstrow und legst Dich bei meiner armen Schwester ins Quartier, dann sind wir geschiedene Leute! Quod bene notandum!

AN FRITZ JENNING

Neubrandenburg, 22. April 1863

Wie konntest Du denken, daß ich Deinen Brief nicht lesen sollte? Einen Brief, der mir ebensoviel Freude gemacht hat wie der erste Verdruß. Ich bin Dir, wie allen Geschwistern, von Herzen gut, und wenn ich ärgerlich über Dich war, so war es nur deshalb, weil ich aus der ganzen Haltung Deines Briefes eine gewisse Selbstüberhebung herauszufinden glaubte, die, wie immer, vorzugsweise in der Jugend der schlimmste Riegel ist, den der Mensch vor sein zukünftiges Glück schiebt. Es sind auch niemals die besten Freunde von uns, die immer

mit uns zufrieden sind, das solltest Du Dir merken. – Du mußt Dir überhaupt merken, daß Menschen und Verhältnisse stets so zu nehmen sind, wie sie sind, nicht wie sie sein sollten; auch dazu ist vorzugsweise die Jugend geneigt.
Wenn ich Dich vor Ausschweifungen gewarnt habe, so geschah das nicht, weil ich – Gott sei Dank! – etwas Böses in der Art von Dir gehört hatte, sondern nur, weil ich im vergangenen Sommer einen jungen hoffnungsvollen Mann kennenlernte, der, ebenso wie Du mit dem skrofulösen Übel behaftet, nur ein einziges Mal von dem Pfade der Tugend gewichen war und nun rettungslos einem gräßlichen, sichern Tode entgegenging. Darum also warnte ich Dich und tue es noch.
Nun, mein lieber Sohn, lebe wohl! ...

AN ALBERT SCHULTZE

Neubrandenburg, 29. Mai 1863

Gott segne Dich, mein alter Kapitän,
Gott segne Dich und laß Dir's wohl gefallen!
Du bist vielleicht der Glücklichste von allen,
Die mal ins Kerkerloch gesehen:
Du hast 'ne liebe Frau, die wohl imstande,
Der Herrschaft Zügel recht zu führen,
Und folgst Du willig ihrem Bande,
Was sollt' Dich sonst noch alterieren?
Grad so wie Deine ist die meine;
Die Weiber herrschen allerwärts,
Und laß sie herrschen, Freund; ich meine,
Sie herrschen nur durch unser Herz. –

Bei dem, was Du mir zugeschickt,
Gilt nichts mein armes Schreibgefieder,
Ich grüß die Jungs, die Dich beglückt,
Ich grüße sie und immer wieder. –

Dem Schlingel in der grauen Jacke
Gib mal en Klaps, so ganz verloren,
Und sag ihm, daß an Deiner Backe
Ganz grad' so standen Deine Ohren;
Und grüß die Jungs und grüß die Frau
Und leb so frisch und fröhlich weiter
Und passe auf und paß genau,
Was Dir erzählt
Dein alter Reuter:
In des Junis letzten Tagen
Zieh ich zu der Wartburgfeste.
Hochwillkommen alle Gäste!
Aber Du wärst doch der beste,
Oh, wie würd' mein Herz dann schlagen!

Aber nun ruhig! Also gegen den 24. Juni denke ich in Eisenach einzurücken und erwarte Dich dann dort. – Sage mir, kennst Du etwa einen Gymnasialdirektor August Lehmann in Marienwerder, dessen herzliche – leider nur briefliche – Bekanntschaft ich gemacht habe? – Derselbe schreibt an mich, daß er mit seiner jüngsten Tochter eine Reise machen will und daß er, bevor er mich besucht, nach Merseburg reisen will, wo er seinen lieben Freund Rothe und meinen lieben Freund, den alten lieben »Kapitain«, besuchen will. – Sollte dies eine Verwechselung mit Deinem Bruder in Weißenfels sein? Jedenfalls wäre es prächtig, wenn Ihr bei mir als alte Bekannte zusammenträft. – Unsere Photographien – denn ich schicke Dir eine neuere, gelungenere von mir mit – wirst Du in dem Paket finden, worin ich Dir ein paar Bücher mitsende. – Mit diesen Büchern hat es jedoch einen kleinen Haken, beide sind vergriffen und müssen neu aufgelegt werden; morgen reise ich nach Rostock zum Familienbesuch; finde ich dort noch Vorrat, so behalte sie in Gottes Namen, im entgegengesetzten Falle bringe sie mir bei Deinem Besuche mit, dann erhältst Du sie in neuester Auflage.
Ich habe jetzt viel Schererei mit Abschieds- und Zuzugs-

Angelegenheiten und habe gearbeitet wie ein Pferd, habe aber mein neustes opus im 2. Teile fertig, dann noch ein dritter, und mein größtes Werk ist beendet. Ich hoffe, es soll Dir besser gefallen als das Vorhergehende. Der alte Jacob Grimm hat wenigstens zu einem gemeinsamen Bekannten die erfreuliche Äußerung getan: Das beste bei Reuter ist, daß seine Bücher immer besser werden. Möchte man dabei sich nicht freuen?

Nun grüße Deine liebe, gute Frau und Deine Kinder viel tausendmal und halte Wort, Du hieltst ja doch sonst immer so treu Wort, und behalte lieb Deinen Fritz Reuter

AN AUGUSTE HENZEN UND PAULINE STEINHÄUSER

Neubrandenburg, 17. Juni 1863

Würden Sie es mir wohl glauben, wenn ich Ihnen erzähle, daß Ihre Briefe mir Tränen, frohe Tränen, gekostet haben? Wie fiel mir der Unterschied zwischen dem Sonst und Jetzt in meinem Leben beim Lesen derselben aufs Herz! Wie lange Jahre bin ich durch die Welt gewandert mit der Binde um die Augen, und wie kurz ist die Zeit, in welcher ich sehend, fühlend, genießend und schaffend der Welt was nütze geworden! Vor zehn Jahren fing ich an zu schriftstellern; unter den kümmerlichsten Verhältnissen entstanden die ersten kleinen Versuche, und mein höchster Ehrgeiz war, einen ganz kleinen Kreis von Bekannten durch versifizierte Anekdoten zu erfreuen, und nun – nun kommt mir eine so herzliche, so unerwartete Anerkennung aus der alten Roma zu von Frauen, die der höchsten Bildung teilhaftig sind und deren Geschmack durch die Kunst selbst geläutert ist; – und da soll man nicht Dankes- und Freudentränen vergießen? – Auf dem Kapitol sind meine plattdeutschen Geschichten gelesen! Wäre ich nicht schon 53 Jahre alt, fühlte ich nicht zu gut, wo's bei meinen Dichtungen hackt und hapert und wieviel Teil an meinen Erfolgen unsere kernige, plastische plattdeutsche Sprache hat, ich könnte eitel, übermütig, kurz, ein ganz miserabler Patron durch Ihr freundliches Lob werden. Haben Sie alle meinen aufrichtigsten Dank für die Freude, die Sie mir gemacht haben; die drei Photographien von Meister Steinhäuser erinnern mich immer wieder an diese Freude. Nehmen Sie auch meinen Dank für die Einladung in das Deutsche Haus auf dem Kapitol, und wenn's mir auch jetzt noch nicht möglich ist, derselben Folge zu leisten, so rücke ich Ihnen doch schon um ein Stückchen näher, denn übermorgen ziehe ich von hier nach Eisenach, um am Fuße des deutschen Kapitols, der Wartburg, meine Liebe zu der alten, ewigen Säugamme aller Poesie, der Natur, wieder aufs neue anzufrischen. – Sie werden sich wundern, daß ich so spät Ihre freundlichen Briefe beantworte, aber ich wollte so ungerne mit leeren Händen Ihnen entgegentreten; und da ich wußte, daß noch vor Johannis eine geborene Brandenburgerin, eine Frau von Kinsky, hier eintreffen würde, habe ich solange gewartet, um durch deren Vermittlung Ihnen das beifolgende Paket zukommen zu lassen. – Was ich sende, ist das letzte, was ich geschrieben habe; sollte es Ihnen bekannt sein, so bitte ich die Bücher an die beiden Kinder zum Andenken an mich zu verteilen. Das Beste an den Büchern für Sie wird das sein, daß Sie sich Ihres kleinen Vaterlandes dabei erinnern können; ich habe mir wenigstens Mühe gegeben, der Eigentümlichkeit unseres engen Lebens im guten wie im bösen gerecht zu werden. Den zweiten Teil »Aus der Stromzeit«, der jetzt unter die Presse kommt, sende ich von Eisenach aus sowie später den dritten. Vor vierzehn Tagen bin ich in Ihrer Vaterstadt Güstrow gewesen und wahrscheinlich auch, als ich dort den Pastor Loescher besuchte, in Ihrem Vaterhause. Ich habe dabei recht innig Ihrer gedacht. Einer Cousine von Ihnen, einer Frank aus Upahl, Freundin meiner Tante in Jabel, erinnere ich mich noch von meinen Schlingeljahren her.

Nun, meine lieben Frauen, leben Sie recht wohl und glücklich und grüßen Sie die Männer und die Kinder von mir, und damit Sie mich und meine Frau, wenn wir uns in diesem Leben einmal treffen sollten, erkennen können, lege ich in das eine Buch die Photographien von uns beiden. Es sind Neubrandenburger, keine Römer. Heu quantum haec Niobe, Niobe distabat ab illa!

AN VIKTOR SIEMERLING

Eisenach, 29. Juni 1863

Mein lieber, prächtiger Viktor, angekommen in des Friedhofs stillen Räumen, oder besser: angekommen in dem Hafen stiller Ruhe, setze ich mich sogleich hin, Deine freundliche Zuschrift zu beantworten, oder besser: ich ergreife die Feder usw. – Wir haben viele Schererei gehabt, und auf dem königlich preußischen Zoll ist man vandalisch und hunnisch mit meinem, wie Du weißt, kostbaren Mobiliar umgegangen; man hat allen meinen Tischen und Schränken vor die Schienbeine geschlagen, so daß die ganze Gesellschaft hier lahm und hinkend sogleich der Wundarzneikunde eines Tischlermeisters überliefert werden mußte. Oh, Schäne Rohmann, wie oft habe ich deiner gedacht! Oh, Biernhard Keller, wie habe ich dich vermißt! Oh, Korl Rosenhagen, wie habe ich nach dir geseufzt! Nun steht die Rasselbande neu vernagelt und verleimt mit der kränklichen Miene von Rekonvaleszenten um uns herum und sperrt die Schubladen wie ebenso viele Mäuler auf und ruft aus einem Munde: Oh, warum habt ihr uns das getan! – Aberrrrr! ein andres Bild. Ich setze mich auf den Balkon meiner Wohnung; vor mir liegen schöne Gärten und die Stadt Eisenach in dem Tale, rechts Landhäuser, Gärten und Höhen, links ein wunderschöner Wald, der sich bis zur Wartburg hinaufzieht und mit zwanzig Schritten von uns zu erreichen ist. Ebenso weit ist es bis zu den Anfängen der Stadt; und das liegt alles im köstlichsten Sonnenschein um uns her, und der liebe Gott schickt uns ab und an einen kleinen Regen, der es frisch erhält. In guter Büchsenschußweite sausen die Lokomotiven der Kasseler und der Werrabahn an uns vorüber, und in Steinwurfsweite ist die Eselei, ein Institut für Esel und junge Damen, die die Wartburg bereiten wollen. Welche Poesie liegt darin, wenn man so ganz in der Nähe es mit ansehen kann, wie diese geduldigen Kreuzträger die jungen krinolinenbeschwingten Thüringerinnen auf sich nehmen und in sinnigen Eselsgedanken, gesenkten Ohrs, mit ihrer süßen Last auf die Berge trippeln! – Und nun meine Wohnung! Was soll ich Dir davon sagen? Soll ich sagen, es ist ein kleiner Feenpalast? Dann könnte ich den Neid Deiner lieben Frau erwecken, und das würde der schändlichste Undank sein gegen ein paar Freunde, wie Ihr Euch gegen uns gezeigt habt; ich sage daher bloß, daß das Haus ganz neu ist und die Dekoration in einem Geschmacke, wie sich das von dem Besitzer, der die Restauration der Wartburg besorgt, erwarten läßt.

Mit sehr großer Freundlichkeit sind wir von meinem Freunde Ziegler und dessen Bruder, dem Hofrat Ziegler aus Dresden, hier aufgenommen worden; wir haben die ersten drei Tage bei ihnen gewohnt. Alte Universitätsfreunde habe ich hier getroffen; den einen, Archidiakonus Müller aus Coburg, erkannte ich nach zweiunddreißig Jahren an der Stimme, und gestern abend erkannte mich auf der »Phantasie« – denn wir haben hier außer unserer eigenen Phantasie noch eine besondere Bier-Phantasie mit Musik – der Bürgermeister Grubitz aus Magdeburg nach meinem Bilde und führte mich seiner Frau zu, die früher an den Geschäftsführer von Müller & Weichsel, Ferdinand Kämpf, verheiratet war, welcher sich in Magdeburg so liebreich meiner angenommen hatte; wie ich es auch geschrieben. Du kannst Dir denken, wie glücklich ich war, meinen Dank bei der Frau abzustatten, da ich es bei dem Manne nicht mehr konnte.

Ja, lieber Freund: Aschegraue, dunkelblaue – schön ist's doch! Und wenn wir das Lied weiter singen: Aschegraue, dunkelblaue – Geld kost's doch! – Und darum, lieber Bruder, bitte ich Dich, sende den 99er nur getrost ein, ich werde ihn hier brauchen können; item bitte ich Dich, mir $1/2$ Kiste von dem E-Tabak von Meyen in Rostock oder Fine Old Mild von Justus einzusenden, denn das Zeug hier ist gar nicht zu rauchen. Nun noch von mir und meiner Frau die herzlichsten Grüße an alle guten Freunde, vor allem aber an Dich, Deine Frau und Deine Gören von Deinem

Fritz Reuter

Bald mehr und besser, weil ungestörter.
Ich aber sage von unserer Wohnung, nachdem ich eben die Gardinen aufgehängt, daß das Paradies nicht im »großen Bäbelin« gewesen, sondern hier bei uns; denn ein lieblicheres Asyl gibt's auf Erden nicht, und wenn unsere liebsten und besten Freunde in der Nähe wären, würde es wohl zu schön hier. Mit herzlicher Zuneigung für Sie beide Ihre

Luise Reuter

Unser »dauerhaftes« Mädchen zeigt sich sehr gut, wir sind nicht schlecht beraten, glaube ich. Kommen Sie noch in diesem Sommer? Wie würden wir uns freuen. Viele Grüße an die freundlichen Gartenfrauen, wie sie ... bei Übersendung eines schönen Abschiedsstraußes selbst gesammelt, ich konnte den lieben Geberinnen nicht einmal mehr danken.

AN OTTILIE SIEMERLING GEB. LÜDERS

Neubrandenburg, Juni 1863

Ich Endesunterschriebener bezeuge hiermit feierlich, meinen Aufenthalt im Auslande nicht über 2 Jahre auszudehnen, um dann meiner Frau Kollegin, der Frau Doktorin Siemerling, wieder ergebenst meine Verehrung zu Füßen zu legen.

Fritz Reuter

AN HELMUTH SCHRÖDER

Eisenach, 6. Juli 1863

Ihre Zusendung erhielt ich zu einer Zeit der Unruhe und des Unbehagens, wie sie stets mit einem Umzuge und einer neuen Einrichtung verbunden sein muß; daher konnte ich erst jetzt mich mit Ihren Gedichten beschäftigen. Ich habe dieselben gelesen und schreibe Ihnen darüber mein ungeschminktes Urteil. – In einigen der Gedichte finde ich wirklich poetische Anklänge, in anderen, z. B. »Die Tabakspfeife«, vermisse ich dieselben gänzlich; das erstere tritt meistens in den Liebesliedern und in den Gedichten von religiöser Stimmung hervor; das letztere in denen, die das gewöhnliche Leben schildern, es fehlt dort an dem notwendigen Humor, der den Leser für den prosaischen Gegenstand entschädigen muß. Ferner mischen Sie zuviel hochdeutsche Wendungen und Wörter (allerdings verplattdeutscht) in Ihre Verse, die dahin weisen, daß Sie hochdeutsch gedacht haben; auch die Reime und das Versmaß sind nicht rein, und auf manchen Stellen sind Sie vollständig aus der Konstruktion gefallen. Wenn unsere Sprache auch der strengen Gesetze des Hochdeutschen entbehrt und manche Freiheiten gestattet, so dürfen dieselben doch so weit nicht gehen. – Nach meinem Rate können Sie die Sammlung in dieser Form und in diesen einzelnen Nummern nicht herausgeben; wollen Sie es jedoch versuchen, so weiß ich keine andere Verlagshandlung, die sich damit befassen würde, als Schotte & Comp. in Berlin, die schon vieles derartiges Lyrisches verlegt haben; aber auf ein irgendwie bedeutendes Honorar werden Sie verzichten müssen. Erstlingsversuche erzielen das in Deutschland nie, und lyrische Sachen sind so ungeheuer vertreten, daß auch die renommiertesten Dichter mit einem kleinen Honorar vorliebnehmen müssen. – Wenn ich eine schriftliche Empfehlung des opus ablehnen muß, so geschieht es, weil ich ein für allemal dies auch andern schon abgeschlagen habe und ich konsequenterweise hierin keine Ausnahme machen kann. – Diese Art der Empfehlung

involviert stets eine Kritik, und ich bin kein kritischer Mensch, auch paßt sich das nicht für mich, der ich selbst Gedichte schreibe.
Recht sehr wünsche ich Ihnen Glück mit diesen und ferneren Produktionen, aber ich warne Sie auch, nicht jeden äußeren Anlaß für eine dichterische Inspiration zu halten, Sie würden sich viele verfehlten Hoffnungen und viele Kränkungen auf den Hals ziehen.

AN FRANZ BOLL

Eisenach, 6. Juli 1863

Das war ein recht freundlicher Streich von der Tollense, daß sie mich Ihnen ins Gedächtnis zurückrief und Sie zu dem Vorsatz brachte, an mich zu schreiben. Ich kann mit Gegenstücken dienen, denn wie oft haben wir hier nicht schon ausgerufen: Wenn doch jetzt die beiden Bolls hier wären und hier hinab oder hinauf sähen! Es ist hier wunderschön, und dennoch ist mir hier alles noch ein wenig fremd und ungelenk, und die wirklich trostlose Stimmung, die mich beim Abschied aus Brandenburg erfaßte, will sich bei mir zuweilen wieder einschleichen; aber dann geht's in die Berge, und alles wird wieder gut. – Wir sind hier in großer Freundlichkeit aufgenommen worden und haben die ersten drei Tage bis zur Ankunft unserer Sachen bei Ziegler gewohnt, wo wir dessen Bruder, den Hofrat Ziegler aus Dresden, kennenlernten, der in Asien, Afrika und Amerika große Reisen gemacht hat und in anspruchslosester Weise die interessantesten Dinge auftischte. Augenblicklich verreist, kehrt er in drei Wochen zurück, und ich freue mich sehr zu diesem liebenswürdigen Mann. – Drei Tage nachher, als wir eingezogen waren, wurden wir aufs freundlichste von den hier studierenden norddeutschen Forstakademikern, worunter zwölf Mecklenbürger, mit einem Ständchen begrüßt, und haben später diese jungen Herren mich zum Teil besucht. – Der erste wirkliche Mecklenbürger indessen, der mich vorgestern besuchte, ist mein alter Pastor Horn aus Badresch mit seiner Frau; ich bin mit den beiden Leuten einen ganzen Tag umhergestrichen. Nächstens werde ich Gutzkow kennenlernen, er hat sich durch den Hofrat Ziegler bei mir anmelden lassen. Überhaupt ist es hier sehr lebendig, gegen 25 000 Menschen besuchen jährlich die Wartburg, und alle müssen an meinem Garten vorbei und verteuern uns hier die Lebensmittel; denn von der Ansicht, daß das Leben hier wohlfeiler ist als bei uns, bin ich vollständig kuriert. – Hinstorff schreibt mir, in acht Tagen soll der zweite Teil unter die Presse. – Am 2. August denke ich in Leipzig das Turnfest mitzumachen. – Wenn Sie meinen lieben Dr. Siemerling sehen, so sagen Sie ihm, 100 Taler und 6 Pfund Tabak wären richtig angekommen. – Den einliegenden Brief, Spickaal und Krebse betreffend, haben Sie wohl die Güte an Korl Rosenhagen zu besorgen. –

Das nenne ich alles gut durcheinandergewürfelt, und Sie werden mir beistimmen; aber wenn man so gern einem Freunde alles mitteilen möchte, was einem begegnet ist, dann pumpt man rücksichtslos aus sich heraus, und dann kommt's immer stoßweise.

Aber nun zum Schlusse meine freundlichsten Grüße an Onkel Ernst und die Frau Pastorin und die Kinder. Meine Frau tut desgleichen und befindet sich so ziemlich; ich bin sehr wohl und kann schon recht hübsch Berge steigen. Viktor Siemerling hat mir seinen Besuch in Aussicht gestellt, wie steht's aber mit Ihnen? Sollten Sie meindag' nich einen Ausflug wagen? Ein Paar Eheleute und ein Paar gleichen Geschlechts kann ich beherbergen; oder soll ich so lange auf einen Bollenbesuch warten, bis Franz als Student hier einmal einrückt oder ich mir die Gesellschaft wieder in ihrem Lager aufsuche? Dies letztere würde nach den verabredeten zwei Jahren der Fall sein, denn nach zwei Jahren kehre ich nach Neubrandenburg zurück, das steht fest; und nur nach Neubrandenburg.

Kommen Sie, mein bester Freund, Sie sollen's gut haben bei Ihrem Fritz Reuter

Natürlich in allem Onkel Ernst mit eingeschlossen!

AN FRIEDRICH KOHLRAUSCH

Eisenach, 7. Juli 1863

Mein hochverehrtester Herr, Sie haben mir mit Ihrer Zuschrift und dem darin ausgesprochenen Wunsche eine wahre Herzensfreude gemacht, und wenn ich bisher, scheinbar unhöflicherweise, die einen Beigeschmack von Undankbarkeit hat, nicht geantwortet habe, so lag die Schuld an einem kecken Vorhaben, welches mir nun bei näherer Betrachtung etwas überdreist vorkommt. – Ich nahm mir bei dem Empfang Ihres teuren Schreibens sogleich vor, Ihnen meinen Dank auf die ausdrücklichste Weise, die einem Schriftsteller gestattet ist, zu erweisen: durch die Dedikation des von Ihnen erwarteten zweiten Teils »Ut mine Stromtid«; ich wollte Sie damit überraschen. Nun habe ich Unglücksvogel aber schon früher eine kleine Geschichte erzählt, »Wat bi 'ne Äwerraschung 'rut kamen kann«, und habe darin nachgewiesen, daß alle Überraschungen eine gewisse Enttäuschung als Bodensatz mit sich führen, und je näher ich meinem dreisten Vorhaben kam, desto schwankender wurde mein Entschluß, desto mehr fühlte ich den Abstand, der zwischen einem fröhlichen Schriftsteller und einem langjährigen, würdevollen Lehrer ernster Geschichte liegt; ich verzagte daran, mich auf einen so vertraulichen Fuß mit dem geliebten Lehrer meiner Jugendjahre setzen zu dürfen, und wage jetzt die herzliche Bitte, mir zu erlauben, Ihnen dies mit aufrichtiger Liebe geschriebene Buch widmen zu dürfen. Aber zu Ende sind die »Ollen Kamellen« damit nicht, und Sie müssen sich schon noch auf eine lange Reihe von Lebensjahren gefaßt machen, denn ich habe noch viele Kamellen am Wocken, die ich abspinnen muß.

Das Buch ist unter der Presse, und so bitte ich denn noch einmal, mir die Gelegenheit zu geben, ein so hochverdientes Alter zu ehren und den Dank in meiner Weise aussprechen zu dürfen, und wünsche, daß Ihnen dieser Teil nicht minder gefallen möge als der erste.

Mit den herzlichsten Grüßen Ihr Fritz Reuter

AN HEINRICH HAHN

Eisenach, 4. Juli 1863

Donnerwetter! Was kostet die erste Einrichtung an einem fremden Orte, wo man die Wege und Kanäle nicht kennt! Dies soll ein dicker Stoßseufzer sein! O Hähning, geliebter Onkel, der Sie usw., usw., ich kehre einst zurück usw., tiefgefühlter Dank usw., erneute Freundschaft, Bündnis auf ewig usw. Apropos, ich glaube, ich werde hier höllisch gesund, mir schmeckt alles, selbst die thüringischen Gerichte. Pastor Horn aus Badresch ist der erste Mecklenburger, der mich hier besucht hat; außerdem haben mir fast alle hier studierenden Forstakademiker Ihre Aufwartung gemacht, nachdem sie und die übrigen Norddeutschen mir vor einigen Abenden ein solennes Ständchen gebracht haben. So knüpfte ans freundliche Ende den freundlichen Anfang ich an. Wir wohnen ganz allerliebst, und bei uns sieht's behaglich und wohnlich aus, so daß die Lust zu neuer Arbeit bei mir aufs lebhafteste erwacht ist. – Hähning, nächstens schreibe ich mehr und Verständigeres, heute bloß die Bitte um 100 bis 150 Taler, die ich zu Michaelis zurückerstatte.

Min Hähning, min Hähning! Min Hauhn un min Hahn!
Vel fixer, as ick dacht, is dat Geldutgewen dahn;
De Büdel is leddig un blank de Schatull;
't gung gar tau vel fixer, as ick dacht un ick wull.
Drum schriew ick hüt queer, min Hähning, min Hahn,
Just as ick dat vördem all öfter heww dahn,

Und bitte Dich höflichst um etzliches Geld,
Die Summe, so wie sie meinem Hähning gefällt.
Michaelis, so hoff' ich, komm ich endlich zu Schick,
Dann zahl' ich das Geld Dir mit Danke zurück.
Für heute nichts weiter als gu'n Morrn, Onkel Hahn,
Ick möt glik mit Paster Horn up de Wartburg 'rupgahn.

Ihr scharfe Not leidender Fritz Reuter

AN FRITZ PETERS

Eisenach, 21. September 1863

Lieber Fritz, der Brief sollte erst zum Geburtstage bei Dir ankommen, so hatte »sie« das eigentlich anordniert; ich denke aber, Du nimmst die Gratulation wohl ein paar Tage vorher mit alter Freundschaft und brüderlicher Liebe auf und wirst auch sowieso an dem frohen Tage meiner, wie sonst, gedenken. Du hast mir mit Deinem Briefe eine große Freude gemacht, da derselbe so schöne Nachrichten von Deinen ökonomischen Erfolgen enthielt. Das ist ja aber kolossal, was Du gebaut hast, das ist ja nächst dem Chimborasso! Gott gesegne es Dir und den Deinen und lasse Euch hinieden hinlängliche Zeit, die Weizenernte in Weizenklößen mit Backbirnen oder mit 'ner Sirupssauce zu verzehren. Mensch, Dich steckt am Ende Herr von Meyen mit seinen Staatspapieren an, Du wirst am Ende noch ein Aktionär! Und nun die Kuhpreise alle! Wenn wir einmal zu Dir zurückkehren, trinken wir ja wohl ein jeder aus einem besonderen Kuhpokal.

Mein alter, lieber Junge, wenn wir ehrlich sein wollen, so haben wir uns beide nicht über die Ungerechtigkeit des Schicksals zu beklagen und können dem Leiter aller menschlichen Dinge ein dankbares Loblied anstimmen. – Nun, es sind wohl ab und an ein paar Späne in unsere Suppe hineingefallen; aber sie ist doch noch so reinlich geblieben, daß wir sie in alten Tagen mit Behaglichkeit ausessen können. – Ich habe es schon oft gesagt und sage es immer wieder: die sauren, gepfefferten Preßköppe, die wir am Anfange der 40er Jahre in Thalberg verzehrten, haben unseren eigenen Köppen Vorschub geleistet und sind in unserem Organismus zu Gehirn und Grips verarbeitet worden. – Gott segne diese Preßköppe und ihr seliges Angedenken!

Dir und den Deinen wie der ganzen Art Deines Hauses habe ich zum Schlusse in meinem zweiten Teile »Ut de Stromtid«, die jetzt halb gedruckt ist, noch ein freundliches Andenken gestiftet, indem ich den zweiten Weihnachtstag in Deinem gastfreien Hause geschildert habe, natürlich mit dem Justizrat.

Wir leben hier in dulci jubilo fort, und die Besuche sind noch immer in vollem Gange; die letzte Zeit hat uns neben manchem gleichgültigen auch deren höchst interessante gebracht, und um Euch au fait zu halten, füge ich die Fremdenliste meiner Frau im Auszuge hier bei: Professor Koch von hier, Gerichtsrat Fischer von hier, Dr. Hans Köster aus Weimar nebst Frau, der bekannten Sängerin aus Berlin; Wegebaumeister Bruhn aus Eutin nebst zwei anderen Herren; Reinhard aus Koburg, Studiosus Stegemann aus Jena, Herr Michels aus Rostock – kam aus Schottland; Rudolph von Blom aus Suhl, Herr Sauer-Suhl und der junge Graf Schwerin-Putzar aus Suhl; Herman Grimm, der Sohn Wilhelm Grimms, mit seiner Frau, Gisela von Arnim, der Tochter Bettinas; Herr Telschow aus der Gegend von Thorn, und gestern reiste mein alter Freund Wichmann, Direktor der Lebensversicherungsgesellschaft in Lübeck, ab; heute Superintendent Stier nebst Frau aus Buttstädt. Du siehst, wir haben keine Langeweile; aus dem Arbeiten wird unter solchen Umständen freilich nicht viel, indessen wird es für den Winter anders werden; wenn meine Korrespondenz nur nicht so riesig überhandnehmen wollte. –

Vor einigen Tagen habe ich eine große Überraschung gehabt: Oberappellationsrat Buchka sandte mir zum Dank für das Porträt seines Vaters einen wirklich reizenden Teppich, den seine Mutter, Frau und Schwester für mich gearbeitet haben; natürlich nahm »sie« ihn mir gleich weg, weil er für mich zu

schön sei, und wenn ich mich daran erfreuen will, muß ich zu »ihr« gehen. – Du hast wohl recht, daß der Graf Schwerin diesmal schwer in die Kammer kommen wird, und meiner Meinung nach gehört er für diesmal auch gar nicht dahinein; aber er ist noch Gold gegen seinen Sohn, einen sonst liebenswürdigen und frischen Burschen, aber Aristokrat vom reinsten Wasser. – Ich bekümmere mich nicht viel um Politik, höre aber desto mehr von den tonangebenden Persönlichkeiten, namentlich manche Geschichte von unserer Majestät, und das kann einem die ganze Sache gründlich verleiden. – Der alte, arme, unglückliche Mann! Wenn er statt des Königsgeschäfts das Pantoffelmacherhandwerk gelernt hätte, er wäre besser zuwege. – Schreibe mir doch bei Gelegenheit, ob Du die 100 Taler vom Pastor Niederhöffer erhalten hast. –
Und nun, mein alter, lieber Bruder, nimm die Versicherung, daß kein Tag, keine Stunde hingeht, wo wir nicht Eurer in alter Liebe gedenken, und daß die Stunden, in denen wir still und traulich zusammensitzen, stets mit Euch geteilt sind. Was sie nun wohl in Bollentin machen? Wer wohl dort ist? Das sind ständige Fragen bei uns, und dazwischen drängen sich Meinungen und Hoffnungen für die Zukunft. – Sage Deiner Frau, meiner Gevatterin, ich hätte ihrer Lungenwurst und ihrem kurzen Kohl eine Art von Ehrentempel gesetzt, und grüße die kleinen Mädchen und die Jungs und vor allem mein Patchen, das kleine Weltwunder, sowie meine alte, gute Großmama von Deinem F. Reuter

Grüße auch Loeper und gib Herrn Dütsmann in meinem Namen die ernstlichste Versicherung, daß Kuhnenbraten doch der beste Braten ist. –
Von nun an werde ich mich mit Macht auf den letzten Teil von »Stromtid« stürzen und dann ernstlich die »Urgeschichte von Mecklenburg« in Angriff nehmen, um so mehr, als mir kompetente Leute hier gesagt haben, daß dies das Bedeutendste von meinen Arbeiten werden wird. Neu ist es wenigstens, wir Deutschen haben bisher keine politische Satire.

AN AUGUST v. RESTORFF

Eisenach, 21. September 1863

Mein lieber August, das ist doch recht freundlich von Dir, daß Du meiner mit solcher Freundschaft gedenkst. Ich danke Dir für Deinen Brief und auch für Deine liebevolle Beurteilung meiner Schreibereien. Glaube mir, mir ist ein günstig Zeugnis von alten Jugendfreunden vollauf so viel wert als das neuerer literarischer Freunde, und wenn ein alter Bürger in Stavenhagen oder Neubrandenburg aus ehrlichem Herzen zu mir sagt: »Dat hewwen Sei mal recht schön makt, Herr Reuter«, so ist mir das viel lieber, als wenn eine vornehme Dame mir die feinsten Komplimenten macht. – Ich schreibe diesen Brief auch für meinen alten, treuen Gesellius, Du zeigst ihm denselben wohl. – Daß Lübker abgegangen, oder besser, abgegangen worden ist, hat mich nicht wundergenommen, denn was ich hier in Eisenach von einzelnen früheren parchimschen Schülern gehört habe, war allerdings nicht dazu angetan, ihn einer Stellung wert zu machen, die vor ihm ein Ehrenmann wie Zehlicke eingenommen hatte. Daß Gesellius sich pensionieren lassen will, ist mir sehr begreiflich, denn wenn man eines solchen Menschen wegen einmal eine Zurücksetzung erfahren hat, hat man nicht Lust, zum zweiten Male vielleicht dieselben Erfahrungen zu machen. Ich will meinem alten, guten Konrektor ein ruhiges, sorgenfreies Alter wünschen, welches er so sehr verdient. – Wenn Du die beiden alten Damen Zehlicke und Wuesthof siehst, so grüße sie von mir, und dasselbe bitte ich bei Auguste Zehlicke und anderen alten Bekannten und Freunden zu besorgen. Daß Dein ältester Sohn in Wittenberg beim Amte angestellt ist, habe ich von v. Flotow hier gehört; überhaupt weiß ich von hier aus viel besser mit Mecklenburg Bescheid als von Neubrandenburg aus, und dies rührt von dem außerordentlichen Fremdenverkehr her, der so manchen Ausläufer in meine schmucke, am Wartburgsberge gelegene Wohnung entsendet. Mein Haus ist in dieser Beziehung ein Taubenschlag, wo sich allerlei zusammenfindet. Unter vielen andern sind hier schon bei mir gewesen: Gymnasialdirektor Lehmann aus Marienwerder, Pastor Horn–Badresch, Bibliothekar Gentzen–Neustrelitz, Landsyndikus Langfeld–Rostock, Advokat Spiegelberg–Rostock, Advokat Raspe–Neubrandenburg, Subrektor Keil–Neubrandenburg, Prof. Wachsmuth–Leipzig, Prof. Ullrich–Hamburg, Graf Schwerin–Putzar, Herman Grimm, der Sohn Wilhelms, mit seiner Frau Gisela von Arnim, der Tochter Bettinas. Der Prinzen-Instruktor Roßmann aus Meiningen und dann vor allen der alte »Kapitän«, mein Stubenbursche auf der Festung, und mehrere andere Leidensgenossen aus damaliger Zeit, Wuthenow, Schlutter, Müller und dann noch x andere Menschen. Du siehst, ich versaure hier nicht; aber nach 2 Jahren denke ich doch wieder nach Mecklenburg zurückzukehren, auf die Länge werde ich mich dorthin zurücksehnen.

Nun lebe wohl alter, lieber August! Fritz Reuter

AN VIKTOR SIEMERLING

Eisenach, 22. September 1863

Lieber Victor, ich muß eingestehen, daß ich in freundschaftlicher wie auch in geschäftlicher Beziehung ein höchst nachlässiger Patron geworden bin, ich habe Dir ja nicht einmal den richtigen Empfang der 99 Taler mit vollen 100 Talern bescheinigt – was hiermit geschieht –, aber wenn ich schreiben wollte, hieß es immer: Ach, das hilft Dir nicht, Siemerlings sind in ihrer Grafschaft in Hinterpommern, und er – nämlich, was er selbst ist – hat sich jeden Geschäftsbrief verbeten, damit es vor seinen Standesgenossen, den andern hinterpommerschen Grafen, ja nicht rauskommt, daß er noch nebenbei bürgerliche Nahrung betreibt. Ich bin ein zu guter Freund von Dir, als daß ich Dich in so ein Dilemma versetzt hätte.

Aber nun sage mir bloß, was macht Ihr da in Bramborg for

Geschichten, macht da 'ne Revolutschon aus 'ner Separatschon, reißt die Glockenstränge runter, macht Euch die Gesichter schwarz und wollt meinem guten Stadtrichter zu Kleide. Der gute Stadtrichter hat mich in Anbetracht seiner bösen Lage gewaltig gedauert, und sein Unglück hat mich zu einem lyrischen Exkursus gerührt, welcher hier in gefühlvollen musikalischen Kreisen nach der Melodie »O Dannebohm!« vielfach gesungen wird – ist auch etwas für Deine liebe Schwester Fanny –, ich setz das Lied hierher und bitte Dich, dasselbe unserm armen Freunde in seinen trüben Stunden mezzo voce vorzusingen:

O Roggenbohm, o Roggenbohm!
Was soll denn das bedeuten?
O Roggenbohm, o Roggenbohm!
Was soll das Sturmglockläuten?
»Wir wollen separieren nicht
Und Ordre auch parieren nicht!«
O Roggenbohm, o Roggenbohm!
Laß die Husaren reiten!

Ich hoffe, das Lied wird ebensowenig wie die Husaren seine kalmierenden Wirkungen verfehlen. – 's ist doch ein verdammtes Land, dies Mecklenburg, immer Revolution! Seht doch Preußen an! Ein ordentlicher Preuße läßt nicht bloß seinen Acker separieren, er läßt sich sogar von seiner Frau separieren; ja, er muckst nicht einmal, wenn man seine Gliedmaßen separieren und parzellieren will. – Ich verzweifle an der Ruhe in Mecklenburg, und das einzige, was mir eine glückliche Zukunft für mein liebes Vaterland verspricht, ist die scharfsinnige Untersuchung und energische Beschlußnahme der letzten Pastoren-Synode über Zauberei und Teufelskunst und -list. So etwas erhebt den Menschen doch wieder und gibt ihm etwas Positives unter die Beine, daß er doch nicht völlig in der Luft steht und jedem Winde ein Spielball ist. – Siemerling, Du und ich sind jetzt beide Doktoren, es kann uns also beiden nicht schwer werden, umzulernen und Theologie zu studieren; wollen Paster werden! Es ist die einzige Möglichkeit, zu einem gesegneten Stücke Brot zu kommen; Du als der älteste Doktor wirst Pastor Ahrndt, und ich werde Pastor Milarch. Bollen behalten wir als Kollegen, des Teufels nehmen wir uns väterlich an, und der wird uns dann schon weiterführen. Überleg Dir die Sache! Im übrigen grüße Deine freundliche Frau und erziehe Deine lieben Kinder nach den Grundsätzen der letzten Pastoren-Synode. Meine Frau grüßt Dich, Deine Frau, Deine Schwester und die freundlichen Gartendamen. Dein

Fritz Reuter

Boll, Brückner, Roggenbau und alle, die mir freundlich gesinnt sind, grüße recht von Herzen, und die Einlage besorgst Du wohl. An Boll werde ich bald schreiben.

AN RICHARD SCHRÖDER

Eisenach, 24. Sept. 1863

Lieber Richard, die Nachricht von dem Tode Jakob Grimms, des treuen, herrlichen alten Mannes, hat uns, meine Frau und mich, aufs heftigste erschüttert. Wer konnte ahnen, daß die Krankheit solchen Verlauf nehmen würde, wir glaubten ihn auf dem Wege zur Besserung! Wie müssen seine Angehörigen ihn betrauern, ihn, dessen Tod von ganz Deutschland betrauert wird. Ich will Dich bitten, lieber Richard, der trauernden Familie, wenn Du es für passend erachtest, unserer innigsten Teilnahme zu versichern; später werde ich selbst an Herman Grimm schreiben, ich möchte unter diesen Umständen nicht gerne zudringlich und überlästig sein. – Zu Deinem Erstlingswerk, mein lieber, freundlicher Richard, gratuliere ich von Herzen. Schade, daß der alte, nachsichtige, liebenswürdige Mann seine Freude nicht mehr daran gehabt hat! – Also gehst Du doch nach Bonn? Und so bald schon? – Nun, dann grüße Otto Jahn von mir, der Mann wird Dir *sehr* gefallen, und wenn ich Dir einen Rat geben soll, so schließe Dich an ihn an; er hat nicht bloß als Gelehrter einen vorzüglichen Ruf, sondern auch den seltneren, ein zuverlässiger Freund zu sein. Alle, die ihn früher gekannt haben, sind seines Lobes voll, so Jul. Schmidt, der alte Prof. Wachsmuth, mein Freund Wichmann, ein Holsteiner, kurz, die heterogensten Charaktere lieben ihn. Dein Vetter Rudolf v. Below hat mich hier besucht, er war wohlauf. Daß Deine drängende Zeit mich um Deinen Besuch hier in Eisenach bringt, ist für mich sehr verdrießlich; ich muß mich aber mit der Hoffnung trösten, daß später Dein Besuch desto länger ausfallen wird; aber um eines bitte ich, begehe nicht die Dummheit, zuerst in einem Gasthofe abzusteigen, sondern frage gleich auf dem Bahnhofe nach mir, mich kennt man hier schon als einen bunten Hund, und Platz habe ich genug, und eine schöne Aussicht sollst Du auch haben. – Der zweite Teil der »Stromtid« läßt sich vielmal bei Dir bedanken, daß Du so freundlichen Anteil an ihm nimmst, aber er wäre erst halb gedruckt und könnte nicht früher kommen, weil sein Verleger ein Konfusionarius und ein Nusselpeter wäre, im Manuskript wäre er schon Johannis fertig gewesen. Meine Frau grüßt Dich und Deine Braut, und dasselbe tut Dein

Fritz Reuter

AN FRANZ UND ERNST BOLL

Eisenach, 2. Oktober 1863

Mein lieber Herr Pastor, mein lieber Ernst, es muß ein Mensch so gründlich faul sein wie ich, um von dem Hochgenuß mitreden zu können, den das Glück bietet, zwei Fliegen mit einer Klappe schlagen zu können, und noch dazu, wenn eine 'ne Art von Brummer ist. Lange schon hätte ich an diese letztbenannte Person schreiben müssen, und die Gedanken daran haben mir immer um den Kopf herumgesummt; aber – wie gesagt – ich bin ein gründlich fauler Mensch. – Recht sehr hat mich das Unglück der kleinen Anna gedauert, und ich kann mir lebhaft vorstellen, wie häßlich das Fest auf dem Chimborasso dadurch gestört worden ist, doch aus Dr. Brückners Brief habe ich schon ersehen, daß das Unglück gehoben ist. – Die Reiseabenteuer von Franz bitte ich durch ihn selbst verzeichnen zu lassen und mir für meine Rückkehr nach unserem alten Neubrandenburg aufzuheben.

Wir sind vorgestern von einem Ausfluge nach dem wunderschönen Coburg und dem noch schöneren Kloster Banz in Bayern zurückgekehrt, und da war mir denn hier Dein Brief, lieber Ernst, die freundlichste Überraschung. Reinhard hat mit uns die Reise nach Banz gemacht und war der heiterste Gesellschafter, der sich denken läßt. Seine Beschäftigung an der Arbeiterzeitung und der Nationalwochenschrift sagt ihm sehr zu und bringt ihm jährlich 600 Taler; außerdem schreibt er noch für andere Blätter gegen Honorar. Seine Genossen sind: ein Hauptmann vom Heere Garibaldis und ein westfälischer Baron, die mit ihm einen Abend bei mir im Hotel waren. Er läßt aufs beste grüßen. Bei Friedrich Rückert sind wir (in Neuseß) ebenfalls gewesen und von ihm, der sich schon selten besuchen läßt, aufs freundlichste aufgenommen worden, welches wir wohl den Empfehlungen seines Freundes, des Professors Ullrich aus Hamburg, verdanken. Er ist schon sehr verfallen, auch schon 76 Jahre alt. Richard Schröder hat mir den Tod des alten, lieben Grimm mitgeteilt; derselbe hat mich sehr ergriffen, um so mehr, als gerade sein Neffe Herman Grimm mit seiner Frau aus unserer Gesellschaft telegraphisch an das Krankenbett des alten Herrn gerufen wurde. Sollte Schröder einmal zu Euch kommen, so sagt ihm, daß vorgestern abend der Professor Anschütz aus Halle, dessen Nachfolger Richard in Bonn wird, bei mir gewesen ist; derselbe ist ein recht angenehmer und freundlicher Mann, der sich für Richard sehr interessiert, aber ... das Schröderkind ist ihm an äußerer Erscheinung und Lebhaftigkeit des Geistes weit überlegen.

Ein curiosum: denkt Euch, heute erhalte ich einen Brief aus Schwerin, aus welchem mir sogleich eine Menge Gedichte entgegenfielen, und wer war die Verfasserin? Wer war diese neue Julie Burow, diese auferstandene Gräfin Ida Hahn-Hahn? – Denkt Euch! die jüngste Tochter des alten B... aus D... – Da hört doch alles auf! Aber bei den Gedichten hört noch mehr alles auf. Ich soll sie kritisieren, und – Gott sei Dank! – das ist mir leicht genug gemacht. Aber wie kommt diese kleine liebenswürdige Huldin in die Koppel des Parnassus? – Sprecht aber nicht darüber, es könnte durch das Reich Mecklenburg schallen, denn das Reich Mecklenburg ist doch nur ein kleines Reich.

Du fragst, lieber Ernst, inwiefern ich mich hier in dem Mittelpunkt der Politik benehme, und ich muß Dir sagen, bisher fast gar nicht. Ich bin Mitglied des Turnvereins und des Nationalvereins, habe sie beide besucht und einmal auch zur Körnerfeier ein Gedicht vom Stapel gelassen, sonst aber bin ich ein ziemlich indifferenter Teilnehmer geblieben. Morgen muß ich freilich im Nationalverein ein paar Worte sprechen, denn man hat mich von Hamburg aus mit dem sehr unerquicklichen und ziemlich erfolglos scheinenden Auftrag betraut, hier eine Sammlung zum Körnerdenkmal zu besorgen. Das Ganze von der Sache ist, ich habe wenig Zeit dazu gehabt; die Ausflüge in die Umgegend, die mannigfachsten Besuche – meine Fremdenliste, glaube ich, übertrifft die der Frau Lorenz um ein Bedeutendes –, dann die Beendigung des zweiten Teils »Stromtid«, die jetzt – Gott sei Dank – bis zum zwölften Bogen gedruckt ist, eine wirklich überhandnehmende Korrespondenz und die Durcharbeitung von »Reis' nah Belligen« und »Stromtid« erster Teil haben mir hinlänglich zu tun und zu genießen gegeben. Zu der Hauptversammlung des Nationalvereins den 16. Oktober in Leipzig werde ich hoffentlich reisen können, und dann wird auch der achtzehnte und neunzehnte mitgemacht. – Nun hat das Besuchen wohl seine Endschaft, und dann werde ich rüstig an den letzten Teil der »Stromtid« gehen, und wenn der fertig ist, soll die »Urgeschichte« dran; es werden aber auch wohl zwei Teile werden, die ich hier noch zu beenden hoffe; ich will

doch lieber aus der Ferne die Gesichter ansehen, die mein teures Vaterland zu dieser Art Poesie schneiden wird.
Ad vocem Poesie: in Mecklenburg scheint dieselbe zu einem grassierenden Übel werden zu wollen, mir sind hier schon außer den B... schen drei plattdeutsche Gedichtsammlungen in Manuskript von dort zugesandt, zwei von Seminaristen und eine von einem Landmann; kann Dr. Brückner nichts dagegen tun? Sonst muß man sich einmal an Rohmann wenden. – Aber was ist da in Brandenburg? Gerade meine beiden lieben Nachbarn, Gelineck und Löhn! Nun wird's heißen, ich hätte den einen zum Weglaufen und den andern zur Revolution angestiftet; aber Sie, Herr Pastor, werden aus Christenpflicht den Abwesenden verteidigen und öffentlich Zeugnis ablegen, daß ich an diesen Greueltaten unschuldig bin. Wir leben trotz dieser Verdächtigungen hier recht wohl, haben hier in loco, mit Ausnahme vom Kreisgerichtsrat Fischer, der mit mir in Jena studierte, und dem Professor Koch, der mich eben verlassen hat und ein lieber, freundlicher und gescheuter Mann ist, noch gar keinen Umgang (den Bankier Ziegler ausgenommen) und wollen auch keinen weiteren haben; später macht sich das vielleicht anders; freilich, in Vergnügungslokalen kommt man hier mit vielen Leuten in Berührung, die alle dem sogenannten gebildeten Stande angehören. Das ist denn für mich eine arge Qual, mir alle die Namen und die Titel zu merken; aber ich weiß mir zu helfen: alle, die wie Schulmeister aussehen, nenne ich schlankweg »Professor«, und alle, die wie Juristen aussehen, nenne ich »Rat«, damit bin ich bisher gut ausgekommen; wenn sich ein Paar über Politik zankt, so sind's ein paar Rechtsanwälte, und wenn ein alter Herr still am Tisch sitzt, einen Schnurrbart trägt und viel Bier trinkt, tituliere ich ihn Herr Major oder Herr Oberst, je nachdem der Bauch beschaffen ist. – Es gibt hier eine Unmasse von angestellten und titulierten Personen; es soll hier über 30 Professoren, einige 50 Räte (allein 10 Appellationsräte, gegen 20 Gerichts- und Kriminalräte und dann noch Staatsräte, Finanzräte, Posträte usw.) geben.

Majors und Obersten, Oberjägermeister, Hauptleute so viel, daß man Schweine damit mästen kann, und dazu heißt jeder Schuster »Hofschuster« und jeder Seifensieder »Hofseifensieder«. Das ist denn allerdings eine Misere, aber es lebt sich gut mit dem Völkchen, die Leute sind freundlich und höflich, leichtlebig und bei schwachen Mitteln fröhlich. – Aber für eines habe ich Gott zu danken, nämlich dafür, daß er mich nachträglich zum Doktor gemacht hat; ich weiß nicht, wie's mir sonst hier ergangen wäre. Du, lieber Ernst, kämst hier gar nicht durch. Wir haben außer anderem Glück noch das, daß wir ein köstlich Exemplar von Dienstmädchen erhalten haben. Lisette spricht französisch und englisch, ist acht Jahre in Paris, zwei Jahre in England gewesen, ist Inhaberin von Paris-Straßburger Eisenbahnaktien, 53 Jahre alt, rüstig und gesund, voll unverwüstlicher Laune und ehrlich bis zum Exzeß, sie hängt an uns mit wahrer mütterlicher Liebe. Wehe dem Postboten, der sich in mein Zimmer drängen will, um einen Sechser mehr zu erhalten! Sie lebt von Salat, Wurst, Käse und Bier, gedeiht bei uns zusehends und sucht ihr Vergnügen in einem nachbarlichen Prat und in Leichenbegängnissen, die ihr dicht unter unsern Fenstern geboten werden. Sie ist als Original unbezahlbar.

So, nun habe ich genug geplaudert, ein bißchen kreuzweis durcheinander, das müßt Ihr verzeihen, auch das, daß ich den Brief nicht mehr durchlese, es ist 10 Uhr, und dann heißt's zu Bette.

Gott grüß Euch alle, und mein guter Pastor bestellt wohl gelegentlich einen freundlichen Gruß an den Hofrat Brückner und an den Dr. Brückner und Frau von Fritz Reuter

AN OSWALD PALLESKE

Eisenach, 9. Oktober 1863

Mit großer Freude habe ich Ihr »Kuddelmuddel« (verteufelt bescheidener Titel!) in die Hand genommen und heute nach-

mittag zum größten Teile durchgelesen; ich schreibe also unter dem ersten Eindruck, und das soll ja gut sein. Für die freundlichen Worte, die Sie an mich richten, sage ich Ihnen meinen herzlichen Dank. – Wollen Sie nun aber noch eine Kritik Ihres Buches von mir haben, so muß ich Ihnen wieder sagen, was ich schon früher glaube gesagt zu haben, daß ich ein gänzlich kritikloser Mensch bin, der nur das, was ihm gefällt, mit warmem und frohem Herzen aufnimmt, und dazu gehört Ihr Buch. Sie schreiben ein durchaus richtiges und wirklich gedachtes Plattdeutsch – auf die einzelnen Quisquilien der Orthographie lasse ich mich nicht ein – und haben namentlich in dem ersten lyrischen Teil etwas überaus Liebenswürdiges geschaffen. Wissen Sie, mit wem Sie die meiste Ähnlichkeit als Lyriker haben? Mit dem Holsteiner Johann Meyer, der, meiner bescheidenen Meinung nach, dem Klaus Groth sehr die Palme streitig macht, ihn in volkstümlicher Dichtung jedenfalls übertrifft. Aber, wie gesagt, ich bin kein Kritiker und, was noch mehr ist, auch kein Lyriker. Das sind für mich tempi passati und schickt sich nur für junge Leute, wie Sie sind.
Grüßen Sie Ihre liebe Frau und Bohl, wenn Sie ihn sehen, und Wittmütz und den alten Professor Zober und das ganze Hôtel de Brandenbourg!

AN GUSTAV LIEROW

Eisenach, 1. November 1863

Lieber Bruder, Du sollst Dich doch nicht wieder über Schweigsamkeit von meiner Seite beschweren, und wenn ich in derselben Stunde, in der ich Deinen Brief erhielt, auch sogleich die Feder zur Hand nehmen soll. – Für Deine freundlich urteilenden Worte sage ich Dir meinen herzlichen Dank und nehme dieselben mit derselben ehrlichen Treue an, mit der sie geboten sind. – Der Hauptzweck Deines freundschaftlichen Schreibens scheint mir aber die Erkundigung nach meinem Wohlbefinden hoc in loco zu sein, und da will ich Dir dienen; es ist hier prächtig, und prächtig habe ich es hier getroffen mit Wohnung, Umgang und Unterhaltung; kurz, alles, was des Menschen Herz freundlich anregen kann, ist hier mit vollen Händen ausgestreut, und ich lange dreist zu, mir mein Teil zu Herz und Gemüt zu schlagen. Ich bewohne in einem ganz neuen, sehr geschmackvollen Hause die belle étage, deren Räume für mich und meine Bedürfnisse eigens erbaut scheinen. Das Haus liegt am Fuße der Wartburg in einem hübschen Garten, nicht allzuweit von der Stadt auf einer Anhöhe, von der aus ich über die Stadt hinwegsehe. Der Fußweg zur Burg führt an meiner Gartenpforte vorüber und gibt mir Gelegenheit, jährlich zirka 30 000 Fremde vorüberpilgern zu sehen, von denen ich mein gut Teil in Empfang nehme; denn es sind seit Johannis bis gestern 93 Personen bei mir zum Besuch gewesen. (Meine Frau führt Buch darüber.) Bekannte und Unbekannte, Berühmte und Unberühmte haben mich hier aufgesucht. – Mein alter »Kapitän« aus der Festungszeit ist einige Tage hiergewesen, der alte Prof. Wachsmuth aus Leipzig, der Maler Otto Speckter aus Hamburg, Prof. Ullrich aus Hamburg, Emil Palleske, Direktor Lehmann aus Marienwerder, Staatsrat Freiherr von Rössing aus Hannover, Prinzeninstruktor Prof. Roßmann aus Meiningen, Hoffmann von Fallersleben, Professor Anschütz aus Halle, Herman Grimm, der Sohn Wilhelms, mit seiner Frau, Gisela von Arnim, der Tochter Bettinas, überhaupt fast alle mit ihren Frauen – und dann eine Menge alter Studiengenossen, die ich sonst nie hätte wiedersehen können. Da ist denn manch schöner Tag in heller Freude hingebracht worden, und vom Arbeiten war nicht viel die Rede; aber nun kommt der Winter, und es wird stiller um uns her, und dann wird ja auch wohl die Arbeit wieder schaffen. Hier in der Stadt habe ich absichtlich keine Bekanntschaft gesucht, um mich freier zu erhalten. Nur mit zwei Familien bin ich in Berührung gekommen, und ein einzelner Freund ist bei mir Hausfreund geworden: der Prof. Koch, ein liebenswürdiger Gelehrter. Du siehst, die Berichte Deiner jungen Freundin sind mehr als aus der Luft gegriffen; sie kann natürlich nicht dafür. – Außerdem habe ich in Leipzig viele Bekanntschaften gemacht: Auerbach, Waldmüller (Dubocq), Müller von der Werra, mit G. Freytag war ich schon früher befreundet; von den Politikern führe ich nur Schulze-Delitzsch an. Bei Fried. Rückert bin ich in Coburg gewesen; der alte Herr nimmt sonst keine Besuche mehr an, ich bin stolz darauf, daß er mit mir eine Ausnahme machte. – Heute geht mit Deinem Briefe der letzte Korrekturbogen des zweiten Teils Stromtid ab, und in den dritten, letzten, habe ich auch schon den Fuß gesetzt. – Dein Brief an Reinhard wird sogleich besorgt werden, ich habe mit dem alten Burschen einen kleinen Ausflug nach Kloster Banz in Bayern gemacht. – Meine Frau grüßt Dich und Deine Frau, und ich bin so frei, dasselbe zu tun. Wenn Du Müllers siehst, so bestelle meine herzlichsten Grüße.

Nun lebe wohl, mein alter Freund, und besuche mich doch hier mal, die Gegend ist es wert, wie Du weißt. Dein

Fritz Reuter

Heute wird in der Schloßkapelle der Wartburg das Reformationsfest gefeiert. Meine Frau ist oben, ich befand mich nicht danach.

Wenn ich nicht immer so prompt schreibe, mußt Du's verzeihen; meine Korrespondenz hat schreckliche Dimensionen angenommen.

AN ERNST WILHELM GOTTLIEB WACHSMUTH

Eisenach, 13. November 1863

Mein teurer, würdiger Freund, was lange währt, wird gut, mag ein schönes Sprichwort sein: ich kann mich aber einer inneren Furcht nicht erwehren, daß es nicht immer richtig sein mag. Wenn ich aber bedenke, daß ich das beifolgende Buch mit wirklicher Liebe geschrieben habe und daß es in die treuen Hände eines so nachsichtigen Freundes kommen soll wie die Ihrigen, wächst mir das Vertrauen, und dies läßt mich hoffen, daß Sie die Erlaubnis, Ihnen den nächsten Teil widmen zu dürfen, nicht zurückziehen werden. Derselbe wird schneller folgen, ich bin fleißig dabei.

AN FRIEDRICH KOHLRAUSCH

Eisenach, 13. November 1863

Meinen herzlichsten Dank muß ich Ihnen für die Zusendung Ihrer Lebensbeschreibung aussprechen. Abgesehen davon, daß es fördernd und bildend ist, ein reifes Leben kennenzulernen, hat es für mich speziell noch den hohen Wert, den Mann, den ich von Jugend auf so hoch achtete, im Bilde, in seinen Worten und in seinem Schaffen schauen zu können.
Nehmen Sie als schwache Entgegnung den jetzt endlich erschienenen Teil, der mit Ihrer gütigen Erlaubnis Ihren werten Namen als Widmung trägt, mit Nachsicht auf und verzeihen Sie, daß ich ein kleines Verschen dieser Zueignung hinzugefügt habe.

AN ERNST BOLL

Eisenach, 13. November 1863

Du hast mir mit der Zusendung von Deinem Doktordiplom eine große Freude gemacht. Gott sei Dank! wir kalüren nun doch zusammen, und wenn ich nach Brandenburg zurückkehre und wir beiden über die Straßen gehen, können wir ein ganz hübsches Aufsehen unter der Bevölkerung erregen. – Du darfst es mir nicht übelnehmen, wenn ich jetzt erst mit der Gratulation für den so wohl verdienten Doktor anrücke, Du mußt dieserwegen Hinstorff auf das Fell rücken: von Tage zu Tage hoffte ich auf das Erscheinen des zweiten Bandes

und wollte doch nicht mit leeren Händen die Gratulation abmachen. –
Eben komme ich mit meiner Frau und Freund Ziegler von der Wartburg – ein entzückendes Bild! – Unten im Tal dicker Herbstnebel – die Bergspitzen kuckten wie Inseln daraus hervor – und oben die schönste, hellste Wintersonne, Frost und Rauhreif an allen Bäumen; ach, Eisenach ist schön, ist wunderschön! Könntest Du nicht einmal bei mir sein? Im nächsten Sommer, nicht wahr, Onkel Ernst? Für diese Weihnachten habe ich mir Reinhard und seinen Garibaldihauptmann, Schweigert, eingeladen, ob sie kommen, weiß ich noch nicht.
Wir leben hier nach alter Weise, mit den Bewohnern der Stadt haben wir fast keinen Verkehr (nur ein sehr lieber Mensch, der Professor Koch, besucht uns häufig; ist das aber ein fleißiger und gelehrter Mensch; ich werde sein Buch über die Geschichte der englischen Sprache Dir mitbringen); aber der Besuch von auswärts hört nicht auf, die letzten waren: Hoffmann von Fallersleben, der Maler Otto Speckter mit seiner Frau, der Illustrator von Claus Groth – lustige Aufschlüsse über denselben –, und dann Dr. Emil Palleske, den Du wahrscheinlich auch kennst.
Wenn ich heute abbreche, mußt Du mich entschuldigen mit vielen Briefen, die ich noch zu schreiben, und vielen Paketen, die ich noch zu packen habe; und dazu habe ich mir dummerweise die rechte Hand an dem Lampenzylinder verbrannt. Also viele Grüße an meinen lieben Pastor, an die Frau Pastorin und die Kinder von mir sowohl als von meiner Frau. Dr. Brückner sage, ich ließe ihn herzlich grüßen, er solle mir aber den Gefallen tun und seinem Bruder, dem Hofrat, und dessen Gattin unsere besten Empfehlungen machen.
So, nun lebe wohl, und wenn Du mal Zeit hast, denke an mich. Das nächste Mal schreibe ich eingehender.
Nimm den schiefen Brief nicht übel, lieber Ernst, er ist doch recht gut gemeint.

AN OTTO SPECKTER

Eisenach, 13. November 1863

Wie ich aus einem Briefe von Kraeplin ersehe, haben Sie denselben noch in Hamburg gesprochen und haben die Absicht, sich an den Hanne Nüte zu machen; Gott erhalte Sie dabei, in eine bessere Hand kann das Unternehmen nicht gelegt werden. – Damit Sie aber dabei nicht erlahmen und nach der schweren Arbeit eine kleine Verlöschung – wie wir Mecklenburger sagen – haben, sende ich Ihnen hierbei ein Büchlein, dessen einzelne Stellen Ihnen Vergnügen zu machen schienen. Grüßen Sie Ihre liebe Gattin von uns beiden, und seien Sie selbst von uns beiden freundlichst gegrüßt.

AN JULIAN SCHMIDT

Eisenach, 17. November 1863

Mein lieber Doktor Julian, wenn Sie zu Johannis vielleicht erfahren haben, daß ich mit meiner Frau durch Berlin gereist bin, ohne Sie zu besuchen, so werfen Sie keinen Stein auf mich, ich hatte so viel mit Umpackung meiner Sachen, mit Zoll und allerlei weitläufigen Scherereien zu tun, daß ich Gott dankte, Berlin im Rücken zu haben. –

Jetzt endlich bin ich imstande, Ihnen den zweiten Teil der Stromtid zusenden zu können, die Verzögerung ist alleinige Schuld meines lieben Verlegers, der seine Zeit und die Kräfte seiner Druckerei mit der herrlichen Begründung eines Klatschblattes in Rostock verbraucht hat, womit er Sie sogar noch – wie er mir schreibt – inkommodiert hat. – Es ist sehr freundlich von Ihnen, daß Sie dabei an Horn gedacht haben; ich glaube, er paßt. – Und Ihre allgemeine Zeitung geht zu Neujahr richtig ein? Bleiben Sie dann in Berlin? Oder rücken Sie dann wieder nach Leipzig in unsere Nähe? – Schreiben Sie mir darüber ein paar Zeilen, auch darüber, ob Ihnen der zweite Teil so gut gefällt wie der erste.

Wir leben hier sehr glücklich, und keine Stunde ist es uns leid geworden, Eisenach zum Wohnort gewählt zu haben. – Eine wunderschöne Natur und den freundlichsten Menschenverkehr haben wir hier gefunden – die eingeborenen Isenacker ausgenommen, mit denen wir nur durch zwei Familien und einen Junggesellen in Verbindung stehen. Viele Fremde haben uns besucht, darunter auch unser alter Freund Wachsmuth mit zwei Nichten. G. Freytag habe ich auch schon wiedergesehen, er war wohlauf, als er mit mir nach Leipzig zum Nationalverein reiste. – Wann sehn wir Sie mit Ihrer guten, lieben Frau, meiner herzlichen Freundin, einmal bei uns? – Sie sollen Ihr blaues Wunder sehn, wie schön wir hier wohnen und was wir für ein kleines wohnliches Zimmer für unsere besten Freunde haben. Nicht wahr, wenn Sie mit der verdrießlichen Redaktion abgefunden sind und das Bedürfnis der ländlichen Erholung fühlen, dann besuchen Sie das Reutersche Ehepaar und streifen mit demselben auf den Bergen umher; Kindergeschrei soll Ihnen den Aufenthalt nicht verleiden. – Ich arbeite jetzt sehr fleißig an dem letzten Teil der Stromtid und hoffe, denselben vor Ostern gedruckt zu sehn; ich bin jetzt grade in der Schilderung des Jahres 1848 begriffen, wie's sich in den kleinen Städten machte; es macht mir viel Spaß, dasselbe in heiterer Weise zu rekapitulieren –

Verzeihen Sie, daß ich Sie mit der Besorgung des inliegenden Briefes und des einen Exemplars beschwere, aber ich wußte nicht, ob die Frau Professor Grimm noch in der Linkstraße wohnt. – Ihrer freundlichen Frau die herzlichsten Grüße von uns beiden und die Zusicherung des Pflichtexemplars, sobald es gebunden in meinen Händen ist.

Mit freundschaftlichem Lebewohl Ihr Fritz Reuter

AN FERDINAND WUTHENOW

Eisenach, 28. November 1863

Mein lieber Bruder, das war für mich und meine Frau ein recht herzerquickender Brief, so recht aus dem Freundesgelenk heraus, an welchem nichts weiter daran herumbammelte als alte Freundschaft und Dein treues Herz. – Wir haben uns sehr gefreut, daß Du mit schönen Hoffnungen und zuversichtlichen Aussichten von Deiner armen Frau abgereist bist, daß Du Freude an Deiner Reise gehabt hast und alte ruhige Tage, glücklich durch die Genesung Deiner Frau und durch die Freude an Deinen Kindern, für die folgenden Lebensjahre in Aussicht nimmst. Gebe Gott seinen Segen dazu! –

Auch ich hoffe auf einen ruhigen Lebensabend und hoffe ihn mir auf die allertrivialste Weise, nämlich durch Pfeifenschneiden, zu erobern. Und warum nicht? Ich sitze jetzt im Rohr, nun will ich Pfeifen schneiden, Tobakspfeifen und andere. Wenn ich dann einmal ein Häuschen mit Garten mein eigen nenne, werde ich gemütlich auf diesen Rohrpfeifen (avena) blasen und damit aufhören, womit andere Dichter anfangen, nämlich mit dem lyrischen Haferrohr; bis dahin müssen die dummen Kerls, Hawermann und Bräsig, noch vorgespannt werden und müssen mir das Feld ackern, auf dem ich einmal ernten will. – Mit dem Urteile Deiner guten Frau über diese alten Gesellen hast Du mir eine große Freude gemacht; ich habe öfter daran gedacht, ob ihr wohl bei ihrer religiösen und zarten Auffassung des Lebens die alten Knaben nicht etwas zu derbe vorkommen möchten. – Ich will nur wünschen, daß der zweite Teil ihre Hoffnungen auf ein gutes Ende nicht zu sehr herabstimmen wird. – Ich bin jetzt sehr fleißig und mit dem dritten, letzten Teil schon über ein Drittel fertig, so daß ich mit Sicherheit – wenn alles so fortgeht – auf sein Erscheinen zu Ostern hoffen kann. – Der Winter, der, beiläufig gesagt, hier ebensogut als der Sommer die schöne Natur hervortreten läßt, muß aber auch meine Arbeitszeit sein, denn der Sommer bringt uns hier viele Störung; das Fremdenbuch meiner Frau zählt bis jetzt schon 109 Besucher, und Du, mein alter Junge, stehst prächtig darunter, Du und der Kapteihn, der mit seinem Bruder hier war. – Manche wissenschaftliche und künstlerische Notabilität hat uns hier schon aufgesucht, und wir haben in Coburg und Gotha desgleichen getan. Bei Coburg haben wir in Neuseß den alten, ehrwürdigen Friedrich Rückert besucht, in Gotha sind wir in liebenswürdige Bekanntschaften geraten, worunter der Oberhofprediger Schwarz, und bei Gotha, in Siebleben, waren wir bei Gustav Freytag zum Mittagessen geladen, d. h. aber entre nous ohne weitere Gesellschaft. – Das Leben ist doch schön, o Königin! Vorzüglich für einen, der entweder auf der Festung gesessen oder bei Schuster und Schneider auf dem Boden gewohnt hat.

Diesen Brief erhältst Du durch Kunike, rede ihm ein bißchen zu, wenn die Rede darauf kommt, daß er auf meine sehr in der Billigkeit liegenden Vorschläge in betreff auf »Kein Hüsung« eingehen soll. – Es ist eine verdrießliche Geschichte; mein Verleger Hinstorff ist ein peinlicher Mensch und wird Kunike vor den Kopf gestoßen haben; und nun wird der obstinat geworden sein. – Der Brief an den Großherzog ist nicht plattdeutsch, ist auch nicht von Bedeutung; aber wenn Du ihn haben willst, wird sich »meine« ein Vergnügen machen, ihn für Dich abzuschreiben. Kommt er diesmal nicht mit, so erhältst Du ihn nächstens: ich bitte jedoch aus naheliegenden Gründen, ihn nicht zu publizieren. – Wir sind gesund und wohl, und beide grüßen Dich aufs herzlichste. Dein

Fritz Reuter

AN ERHARD QUANDT

Eisenach, 13. Dezember 1863

Mein verehrtester Freund, mit großem Vergnügen habe ich Ihre freundliche Absicht gelesen; Sie sollen uns sehr willkommen sein. Ich sage *uns*, womit ich nicht bloß meine Frau

und mich, sondern auch unsern alten Freund Ludwig Reinhard und Ludwig Walesrode, vielleicht auch Wilbrandt-Rostock meine, denn diese werden das Weihnachtsfest bei mir zubringen. – Äwer dat dick En'n kümmt nah: da ich diese schon eingeladen habe und ihre Zusage mir geworden ist, so bin ich »vermöge« meiner Häuslichkeit nur imstande, Ihnen den Tag über mit Gastlichkeit unter die Augen zu gehen, die Nacht müssen Sie im »Rautenkranz« zubringen oder müssen den »halben Mond« über sich scheinen lassen. – Sie werden mir gewiß die Enge meines Lokals nicht zum Verbrechen gegen die Gastlichkeit machen; zu jeder andern Zeit hätte ich Ihnen auch ein Bette bereiten können. Ich denke aber, die Gesellschaft solcher wackern und fidelen Gesellen soll Sie reichlich entschädigen. Auf jeden Fall richten Sie aber Ihre Reise so ein, daß Sie am *ersten* Feiertag bei mir zu Mittag eintreffen, damit Sie auch den zweiten mitmachen können.
Mit herzlichem Gruße bis dahin Ihr Fritz Reuter

AN FRITZ PETERS

Eisenach, 18. Dezember 1863

Lieber Fritz, persönlich können wir diese Weihnachten nicht mit Euch feiern; aber wir werden in alter Liebe, im alten Geiste bei Euch sein. Ich werde Dir die Julklappen einpacken helfen, und Luise wird das Möglichste an Gedichten leisten. –

Ja, mein alter, lieber Fritz, und Sie, meine liebe Frau Maria, es ist schon lange her, als wir uns auf der Lebensreise in einem Coupé zusammenfanden, und haben uns ja auch immer leidlich miteinander vertragen, bloß daß wir augenblicklich in anderen Gasthäusern auf Erden logieren, Ihr im »Hotel Siedenbollentin«, wir in der »Stadt Eisenach«; aber wie lange wird's währen, da sitzen wir wieder zusammen und karriolen lustig durch die Welt; meine Frau Gevatterin spickt uns dann eine Kiepe, und die Gören hocken »achter up«.

Nehmt den kleinen Beitrag zu Eurer Weihnachtsfreude, den Luise und ich eigens als für beide, für den Alten und seine Frau, passend ausgesucht haben, freundlich auf und denkt dabei zweierlei:

> Zuerst, daß Freud' es Euch mache,
> Und dann, daß der Fuchs und seine Sache,
> Seine plattdeutsche Art und plattdeutsche Sprache,
> Mir Vorbild einst gewesen sind,
> Denen ich nachhink' als ein unmündig Kind.

Goethe hat nach meiner Meinung viel daran verdorben; indessen Kaulbach muß dafür entschädigen. –
Wir sitzen hier so recht mitten in der Schleswig-Holsteinischen Bewegung, und man hat genug zu tun, sich die Unmasse der gänzlich entgegengesetzten Ansichten vom Leibe zu halten. Der eine will dies, der andere das, und das Ende vom Liede ist, daß es an einer durchgreifenden Leitung fehlt; Enthusiasmus genug, aber nirgends einen festen Kern, an dem er sich kristallisieren könnte! Der eine will den Herzog Friedrich, der andere den Nationalverein, der eine setzt seine Hoffnung auf Bayern, der andere auf Lippe-Detmold, und doch ist, meiner Meinung nach, die ganze Hoffnung nur auf das preußische Abgeordnetenhaus zu setzen. – Aber man lasse es! Es ist ein Jammer, und es wird auch so bleiben. –
Wir sind in der letzten Zeit bei Gustav Freytag zum Besuch gewesen, und ich bin zweimal (einmal war Luise mit mir) in Gotha in einer hessisch-sächsisch liebenswürdigen Gesellschaft bei Dr. Henneberg gewesen. Uns hat hier Herr von Blücher-Quitzenow, der Dich kennt, besucht und Herr von Frisch aus Mannheim. Zu Weihnacht wird uns Ludwig Reinhard aus Coburg und Ludwig Wallisrode aus Gotha besuchen; da wir keine Kinder zu beschenken haben, werden wir's mit alten Junggesellen versuchen. Wir freuen uns auf diesen Besuch recht von Herzen, und meine gute Luise geht schon jetzt umher in Schmerzen, was sie kochen und anstellen will.

Mit meinen Arbeiten geht es wie toll, die Hälfte des dritten Teils der »Stromtid« ist fertig, und habe ich den Herrn Hinstorff etwas bedeutend höher geschroben wie früher; er bezahlt mir jetzt für jeden neuen Band $1833^{1}/_{3}$ Taler, ein netter Preis! Aber »sprechen Sie nicht darüber«. Für alte Auflagen zu 2000 Exemplaren zahlt er 600 Taler, und da voraussichtlich, so wie er mir vorläufig schon angemeldet hat, drei alte Auflagen für das nächste Jahr nötig sind, so steht eine gute Einnahme in Aussicht. –
Wenn ich mit diesem Bande fertig bin, geht es wahrscheinlich auf die Urgeschichte Mecklenburgs los – Luise will es so, und wirklich, wenn man die Landtagsverhandlungen über den Tagelöhnerzwang und über die Prügelstrafe, wenn man über die Teufelsverhandlungen in den Synoden liest, dann will Mecklenburg es selbst. Also, teures Vaterland, du sollst es haben! –
Nun, Fritz Peters, grüß mir Frau und Kind und Großmama, grüß mir Deine ganze Hausgenossenschaft, und das erste Glas, welches ich zu Weihnachten im Freundeskreise ausbringe, soll auf meinen lieben Freund und Gutsbesitzer sein, der kein Pomuchelskopp ist! –
Hansen kannst Du sagen, ich sehe einem Briefe von ihm sehnsüchtig entgegen.
Nun lebt wohl! Lebt alle recht wohl! Seid unsrer freundlich eingedenk! –
und: Übers Jahr, übers Jahr, wenn mer Träubele schneit, dann sehen wir uns wieder.
Gute Nacht, es ist $11^{1}/_{2}$ Uhr. Dein Fritz Reuter

[Nachschrift von Luise Reuter:] Einen herzlichen Kußgruß von Eurer Luise, und ich meine alles ebenso . . .

AN JULIUS WIGGERS

Eisenach, 20. Dezember 1863

Lieber Julius, Du erhältst diesen Brief durch einen sehr braven Mann und ehrenwerten Freund von mir, der das Talent des Vorlesens plattdeutscher und hochdeutscher Produkte im hohen Grade besitzt, nämlich durch Kraepelin, dessen die »Rostocker Zeitung« schon gedacht hat. Nimm Dich seiner, soweit Du es kannst, freundlich an und gib ihm für die Rostocker Lokalität Deinen freundlichen Rat, indem Du ihn mit Leuten bekannt machst, die den Willen und die Macht haben, ihm zu seinem Zweck zu verhelfen.

Ich grüße Dich freundlich und wünsche, daß Du das Weihnachtsfest froh hingebracht haben wirst, trotz Einführung der ritterschaftlichen Prügel – für mich ein unschätzbarer Beitrag zu meiner Urgeschichte! – Ich werde das Fest gewiß sehr froh genießen, da Lurwig Reinhard und Lurwig Walesrode meine Gäste sein werden. Meine Frau hat schon allerlei kleine, schlechte Witze zu Julklappen für die beiden ausgedacht, und morgen fange ich damit an. Reinhard kriegt von mir den neuen Hinstorffschen Landeskalender für Mecklenburg; ich hoffe, er wird sich kindlich dazu freuen.

Empfiehl mich Deiner Frau und bestelle meine herzliche Gratulation zu dem Zuwachs der Familie; auch Moritz – wenn er wieder zurück ist – grüße von Deinem

Fritz Reuter

AN LUDWIG REINHARD

Eisenach, 22. Dezember 1863

Lurwig! Sös Spickgäus', drei Mettwürst un drei Ossentungen, vier Bratwürst, fiwuntwintig Pund Hambörger Rokfleisch und denn noch all dat anner; denn noch so velen Kauken, dat Du dormit äwer den Bolzer Meßhof en drögen Stig leggen kannst; einen groten Pumpernickel, 'ne Kist mit Grabow-

schen Win un mit Mulderjahn un so velen Bramwin, dat en Hund dorin swemmen kann – is Di dat viellicht nich gaud genaug? – Kümmst Du den Dunnersdag mit den irsten Tog nich – denn – denn kümmst Du mit den tweiten; äwer kümmst Du mit den tweiten nich, denn möt ick Di schieremang für Rothschildten sine Fru Gemahlin erklären, de sick vör sinen nigen Pahley up den Balkan set'te un tau de hei dunn säd: »Blümche, du verdirbst mir die ganze Fassade!« – Lurwig, Du weitst, mit Kleinigkeiten kann man Kinner en grot Vergnäugen maken, un ick betracht Di noch ümmer als Lewerenzen sin Kind, wat grad' so as Du en beten lang geraden was; Du sallst för ditmal min Kindjes un Semmelpopp sin, de mi tau Wihnacht schenkt ward. – Hinstörp, »der Menschenfreund«, betahlt allens; »mein Liebchen, was willst du noch mehr?« – Also up jeden Fall den Dunnersdag! Walesrode kümmt des Nahmiddags Klock drei.
Lurwig, ich grüße Dich! Meine Frau grüßt Dich, und meine Lisette (französische und englische Erzieherin bei uns, die diesen Brief zur Post bringt) empfiehlt sich Dir bestens. Dein

Fritz Reuter

1864

AN OTTO SPECKTER

Eisenach, 6. Januar 1864

Schelten Sie nicht, daß Sie noch immer nicht in den Besitz der reizenden Skizzen gelangt sind; Sie haben Ihre Sache so prächtig gemacht, daß Sie verdienten, ich unterschlüge die lieblichen Dinger. – Sie fordern mich auf, ich soll Bemerkungen dazu machen, nun, das Obige sind meine Bemerkungen; ich begreife nur nicht, wie Sie so leicht zwischen meinen Zeilen lesen können, wie Sie so leicht eine Idee mit Ihrem Griffel erfüllen, zu der ich doch im ganzen nur die Andeutung habe geben können. – Mit Hinstorff habe ich über unseren Plan gebriefwechselt, d. h., ohne im geringsten Ihnen vorzugreifen, habe ich ihn von Ihrem Vorhaben in Kenntnis gesetzt. Er hat mit großer Beistimmung geantwortet ... Ein günstiger Umstand für das Unternehmen ist, daß die letzte Auflage des Buches vergriffen wird und in diesem Jahre eine neue erscheinen muß ... Nun geht meine Ansicht dahin: Sie senden ihm Ihre Skizzen, mit dem Bemerken, daß ich durchaus mit denselben zufrieden bin, stellen Ihre Forderung für soundso viele Illustrationen – dann wird er kommen und sagen, das wären zu viele; dann antworten Sie, Sie hätten sich besonnen, es wären noch nicht genug, Sie würden wohl schließlich hier und da noch einige einschalten müssen, denn das Buch sollte ja *illustriert,* nicht bloß mit Bilderchen versehen werden; ferner machen Sie ihm zur Bedingung, daß *Sie* einen Holzschneider aussuchen wollen, von dem *Sie* überzeugt wären, daß er die Sache nicht verpfuscht; auch müssen Sie ihm nicht die Wahl des Formats, des Papiers und der äußeren Ausstattung überlassen; nur allein die Preisbestimmung dem Publikum gegenüber sei seine Sache, und wenn er an dem Unternehmen gut verdient, so können wir ihm das gönnen, und es wäre gut, denn dann würde er Mut zu ferne-

ren Illustrationen erhalten; verkaufschlagen Sie sich aber ja nicht hierbei! – Was mich anbetrifft, so würde ich nur das beanspruchen, was ich für die gewöhnliche Auflage erhalte, und das ist bei 2000 Exemplaren 600 Taler, mehr oder weniger pro rata. – Will er auf Ihre Forderungen nicht eingehen, so melden Sie es mir, ich will dann wohl versuchen, ihm Daumschrauben aufzusetzen.
Glückliches neues Jahr für Sie und Ihre Familie! Meine Frau und ich grüßen Sie beide.
Geht's mir doch diesmal wie den Frauen, die bekanntlich stets das Wichtigste im Briefe selbst vergessen und damit in einem Postskript nachhinken. Tausend Dank für den »Quickborn«! – Ich soll ihn doch behalten? Es ist unser typographisches Paradepferd und wird stets, wenn Besuch bei uns ist, aus seinem Stalle vorgeführt. Ich habe ihn gewiß schon zehnmal durchblättert und habe mich herzlich gefreut, als ich nun noch zu Weihnacht das Bild des Malers selbst erhielt, daß ich recht hatte, als ich auf dem letzten Blatte das Porträt des Künstlers auf die Blonde und Braune herabblicken sah. – Habe ich nicht richtig gesehen?

AN CARSTEN HINRICH WALTJEN

Eisenach, 6. Januar 1864

Mein lieber Freund! So haben Sie mich angeredet, und so erwidere ich Ihr Schreiben.
Lassen Sie mich erst meinen Dank für die schöne Heil-Christ-Gabe aussprechen und hinzufügen, daß Sie mir nicht mehr so fremd sind, wie Sie glauben, denn als Ihr schönes Geschenk bei mir ankam, hatte ich Ludwig Walesrode aus Gotha hier bei mir als Gast, und der kannte Sie und erzählte von Ihnen. – Was ich da erfuhr, hat mir die Gewißheit gegeben, daß Sie ein Mann sind, dem man selbst das Herbe gut auslegen muß, eben weil es aus treuem, freundlichem Herzen kommt, wie dies außerdem der ganze Ton Ihres Briefes

ebenfalls mir beweist. – Darum kann von Übelnehmen nicht die Rede sein, und da ich mein Leben lang stets der Wahrheit die Ehre gegeben zu haben glaube, so sage ich Ihnen ganz frei und frank: ja, ich trinke zuweilen mehr, als ich vertragen kann. Wenn daher jemand diese Behauptung in Ihrer Gegenwart aufstellen sollte, so widersprechen Sie ihm nicht, Sie würden unrecht tun; sollte derselbe jedoch sagen, daß ich mich in Bier oder gar in Branntwein berausche, so können Sie sagen, das sei nicht wahr: ich trinke nur Wein, und zwar den leichtesten, den ich erhalten kann. – Es ist dies ein schlimmes Eingeständnis, von dem Sie, als Freund, gewiß keinen übeln Gebrauch machen werden, zumal ich gegen diese schlimme Neigung nun schon 30 Jahre lang ankämpfe; es ist nämlich eine Errungenschaft der Festungszeit. Dazu kann ich als, Entschuldigung will ich nicht sagen, also als Erklärung nur anführen, daß kein Schriftsteller mehr einer augenblicklicheren, selbst äußeren, Anregung bedarf als der Humorist; es ist der Humor die aufreibendste Art der Empfindung, der stets eine große Abspannung zur Folge hat, und diese will gehoben sein. – Andere werden das mit andern Augen ansehn, und Sie selbst werden sagen, das alles entschuldige nicht; wenn's so wäre, müßte ich die Schreiberei lassen, und auch darin hätten Sie recht; aber – il faut vivre, und ich lebe von meiner Feder. – Ich verspreche Ihnen jedoch, wie ich es mir selbst verspreche, die Sache immer mehr zu beschränken; und wenn ich noch ein 4–5 Jahre am Leben bleibe, welches gottlob! bei meiner im ganzen guten Gesundheit in Aussicht steht, dann hoffe ich so weit zu sein, daß ich die Feder niederlegen kann, und dann wird auch wohl die behagliche bürgerliche Ruhe über mich kommen, die mich von Exzessen abhalten wird. Eines jedoch, lieber Freund, ist ganz gewiß, was die Welt einen »Schwiemel« nennt, das werde ich nie, denn ich komme stets zu einer baldigen Besinnung. Wäre dies jetzt schon der Fall, so würden sich Freunde von mir zurückgezogen haben, aber ich zähle dieselben noch alle um mich, die ich vor Jahren zählte.

Nun genug von der Sache! Ich brauche wohl nicht zu bitten, daß Sie dies für sich behalten mögen. Ich bitte Sie jedoch freundlichst, nicht wieder auf diesen Gegenstand zurückzukommen, und sollten Sie einmal wieder an mich schreiben, so sei derselbe ferne; denn Ihr Brief hat mich zu einer Handlung verleitet, die ich zum ersten Male in meinem Leben beging; ich unterschlug Ihren Brief, damit meine Frau denselben nicht zum Lesen erhielt; es hätte ihr die ganze Weihnachtsfreude verdorben. – Wir haben keine Geheimnisse unter uns.
Nun leben Sie wohl und haben Sie ehrlichen Dank für die wahre Freundschaft, die aus Ihrem Briefe spricht.
Das Ungeordnete des Briefes mag der Gegenstand desselben entschuldigen.

AN A. H. STAHL DE BOER

Eisenach, 8. Januar 1864

Verehrtester Herr, Sie müssen's mir nicht übelnehmen, Ihr Name ist für mich unlesbar, und auch verschiedene andere Schriftgelehrte konnten mit der Entzifferung desselben nicht fertig werden. Ich habe daher zu einem ziemlich albernen Kunstgriffe greifen müssen, um die Antwort in Ihre Hände gelangen zu lassen.
Sie fordern mich auf, plattdeutsche Lieder für die Kämpfer in Schleswig-Holstein zu dichten, und wenn's dabei bloß auf Enthusiasmus für die gute und heilige Sache ankäme, so würde ich mit Freuden ja sagen; aber es fragt sich, ob ich auch die Begabung zu einer so hohen und gewaltigen Aufgabe habe. Dazu gehört die ganze frische Jünglingsglut und die genaueste Kenntnis der Umstände und des Volkes, für das die Lieder wirksam sein sollen; dazu gehört, wenn's was werden soll, die eigene Anschauung und daß man vorher von der Glut anderer erst halb angebraten sei, abgesehen von einer lyrischen Richtung des Gemüts und einer gewissen

Summe musikalischer Kenntnisse. Diese letzteren fehlen mir nun gänzlich, und lyrische Gedichte habe ich seit meiner Jugendzeit nicht mehr gemacht. Dennoch aber würde ich es versuchen, wüßte ich nur, wie über den Mangel an Melodien hinwegkommen. Soll man die alten prächtigen Sangesweisen von 1813 wieder aufwärmen und dazu Gedichte, plattdeutsche Gedichte, schmieden? Das geht nicht. Soll man volkstümliche, plattdeutsche Melodien wählen? Die haben wir nicht. Also bliebe nur übrig, neue Melodien durch das Genie eines Tondichters schaffen zu lassen; denn ein ungesungenes Lied ist kein Lied; aber wo ist ein Komponist dafür? – Sie werden sagen, der findet sich, und ich will's glauben und will den Versuch wagen, und wenn Sie mir Ihren werten Namen mitteilen wollen, dann will ich Ihnen vielleicht derartiges einsenden. – Nicht wahr? Dies hört sich alles verteufelt kühl und handwerksmäßig an, aber »den schlechten Mann muß man verachten, der nie bedacht, was er vollbringt«. Was hilft die Begeisterung in solchem Fall? Volkstümlich muß ein Lied sein, eindringlich durch die passende Melodie, sonst singt Schiller selbst vergebens. Ich habe schon früher einmal ein Lied für Schleswig-Holstein gedichtet, es liegt irgendwo unter Papieren vergraben, weil – es nicht zu singen war.

AN WILHELM WOLFF

Eisenach, 12. Januar 1864

[...] Da sitze ich nun schon an die dreißig Jahr, bis mir das Haar grau geworden ist, und warte auf eine tüchtige Revolution, in der sich der Volkswille einmal energisch dokumentieren soll, aber was hilft's? ... Wenn doch das preußische Volk wenigstens zur Steuerverweigerung griffe, es ist das einzige Mittel, den Bismarck et Comp. loszuwerden und den alten König totzuärgern. [...]

AN FRITZ PETERS

Eisenach, 15. Januar 1864

Lieber Fritz, als Eure letzte Sendung bei uns ankam, rief ich aus: »Herr, halt' ein mit Deinem Segen!« Und wenn ich mich jetzt bedanken soll, so weiß ich nicht, soll ich bei der Spickgans anfangen und mit der Lungwurst aufhören oder mit der Lungwurst anfangen und mit der Spickgans aufhören. Bedankt muß nun aber sein, und darum bitte ich Dich, Dir diesen Dank aus dem Vorstehenden herauszulesen. – Wir sind durch Eure Sendungen und die Rauchfleisch-Geschenke aus Hamburg, durch Gothaer Zungenwurst, durch Leipziger und Lübecker Torten in einen Reichtumsglanz versetzt, der den guten Thüringern die Augen verblendet hat. – Na, Gott laß es keinem missen, der das Seine an uns getan hat, auch dem Bremer nicht, dem braven Unbekannten, der mir 200 Stück extra Zigarren schickte, auch dem Zeugschmidt Kappheim nicht, der mir eine Spickgans schickte!

Nach Neujahr habe ich noch zweimal eine Freude anderer Art gehabt; die eine war ein Brief aus Manchester von einem alten Leidensgenossen aus Silberberg mit Namen Wolff, der jetzt dort in guten Umständen lebt, die andere ein dito Brief von einem alten Friedländer Schulkameraden, Ludwig Meyer, aus Warnemünde gebürtig, der mir aus Kanada vom Huronsee her schreibt. Beide sind durch meine Schriften wieder auf mich aufmerksam gemacht worden, und von letzterem erfahre ich beiläufig, daß man meine Festungsgeschichte teilweise in der New-Yorker Kriminalzeitung abgedruckt hat. – Viel Glück, lieber Bruder, viel Glück, und Gott erhalte mich dankbar dafür!

Auch das Reelle, der nervus rerum, strömt auf mich ein: meine Aussichten auf Geldeinnahmen für dies Jahr sind brillant, es stehen in Aussicht – ich habe Hinstorff nämlich höher geschroben – für das Buch, was ich unter der Feder habe und welches wenigstens zum größten Teil zu Ostern fertig sein muß, 183⅓ Taler, für neue Auflagen von »Kein Hüsung«,

»Hanne Nüte« und »Läuschen un Rimels I« 1800 Taler, für die drei Bände »Stromtid« 1800 Taler; denke Dir, der erste Band würde dann schon die dritte Auflage erleben! Und dann hoffe ich noch bis die nächsten Weihnachten den ersten Teil von der »Urgeschichte« fertig zu schreiben, ebenfalls $1833^{1}/_{3}$ Taler, macht $7266^{2}/_{3}$, dazu 260 Taler Zinsen, macht rund 7500 Taler. Ist das nicht aller Ehren wert? Und wenn ich die Summe auch dies Jahr nicht auf einem Brett ausgezahlt erhalte, so habe ich sie doch zu fordern, und auch dies ist aller Ehren wert.
Dazu kommt, daß ich, wenn ich Hinstorff einmal fahrenlassen will, nur nach den besten Verlegern Deutschlands zu greifen brauche: die Schrödersche Buchhandlung in Berlin, die Hirzelsche, die Vogelsche, die Brockhaussche in Leipzig sind mir mit Aufforderungen unter die Augen gegangen, hab's aber abgelehnt; solange Hinstorff ehrlich an mir handelt, soll er's behalten.
Von Jakob Grimms Nichte, von einer Malerbrautschaft (Bräutigam und Braut) Geringer-Rom, von einigen Damen Dresden, von dem alten Generaldirektor Kohlrausch mit einigen zwanzig Unterschriften sind mir zu Weihnachten freundschaftliche Briefe zugegangen. Alles sehr lieb und gut, wenn die Korrespondenz nur nicht so riesig überhandnähme. Ich bin außerdem jetzt sehr fleißig und denke: »Schmiedet das Eisen, solang' es noch warm ist«, und das ist nächst der grausamen Kälte – wir haben hier 20°, auf der Wartburg sogar 22° – denn auch der Grund, weshalb aus dem Rendezvous in Berlin nichts werden wird; ich muß notwendig mit meiner Zeit geizen, um das Buch soviel wie möglich zu Ostern fertig zu bringen; da steckt noch viele Arbeit drin.
Vorgestern war unser alter beiderseitiger Freund Jühlke aus Erfurt hier zum Besuch; er grüßt Dich recht herzlich und ist ein liebenswürdiger Mann.
Für Deine Anekdoten und Redensarten sage ich Dir um so mehr meinen Dank, als ich weiß, wie sehr knapp auch Dir die Zeit zugemessen ist. – Aber Du schreibst mir zu wenig

von Frau und Kindern. Du mußt nur denken, daß wir beiden Ausreißer hier manchen Abend sitzen und uns Euch dadurch zu vergegenwärtigen suchen, daß wir Euch redend einführen, und zwar so: »Dann sagt Marie so und so; dann antwortet Fritz so und so«, und so führen wir hier siedenbollentinsche dramatische Szenen auf. – Also Hilgendorf hat so teuer verkauft? Das freut mich; aber ich beneide ihn nicht, vor allem, wenn er nach Demmin zieht; nichts ist schrecklicher als ein langweiliger Reichtum:

Etwas fürchten und hoffen und sorgen
Muß der Mensch für den kommenden Morgen,
Daß er die Schwere des Daseins ertrage
Und das ermüdende Gleichmaß der Tage.

Wir beide fürchten und hoffen noch, Fritz, Heil uns! Luise ist recht wohl, sie wird auch noch schreiben. Was macht Bade? Wenn Du einmal wieder schreibst, so erwähne seiner doch. Grüße meine liebe Frau Gevatterin und die Kinder, Großmama und die Hausgemeinschaft von Deinem treuen Gevatter

Fritz Reuter

AN VIKTOR SIEMERLING

Eisenach, 30. Januar 1864
bei 15° Wärme – aber im Zimmer

Mein lieber, guter Viktor, Du wirst eine ganz schändliche Meinung von mir erhalten, wenn Du erfährst, daß die edlen Zwecke, die ich mit den anberegten 600 Talern verfolgen will, darauf hinauslaufen, einer freundlichen Einladung von Sultans in Konstantinopel Folge zu leisten. – Nun wirst Du mich vorläufig für verrückt halten, und doch bin ich nicht allein vernünftig, sondern auch fest entschlossen, nach Konstantinopel, Athen, Korfu, Smyrna und Venedig zu reisen, grade so, wie Du früher einmal zum Bey von Algier gereist bist. – Ich habe für mich und meine Frau schon die ersten

Einzahlungsgelder nach Wien eingesandt, wo sich unter den Auspizien des k. k. Rats Schweizer eine Gesellschaft von 100–110 Personen bilden wird, die den 26. März d. J. von Triest abreisen und nach 20 Tagen in Venedig wieder eintreffen wird. Betrachte die Sache lang und betrachte sie breit, Du wirst vieles daran zu tadeln finden; ich aber denke so: Fritz Reuter, du leidest schon seit 30 Jahren an versetzten Sehnsuchten nach den schönsten Teilen von Gottes schöner Welt, und wenn's darauf ankommt, schlägst Du am Ende die Kosten der Reise aus konstantinopolischen Dudelsackpfeifermacher-Gesellen-Witzen wieder heraus, indem daß Bräsig oder irgendein anderer Strumpf dir dabei hilft. Also, lieber Bruder, brich nicht den Stab und den Kredit über mich! – Aber – aber – aber – seit der Zeit, daß ich bei Dir wegen der 600 Taler gegen Ende März anfragte, habe ich erst das eigentliche Programm der Reise von Wien erhalten, und darin steht, daß die Anzahlung von 50 Gulden öst. W. pro Person bei der Anmeldung eingesandt werden müßte, dies habe ich mit 100 Gulden für mich und meine Frau besorgt; die andern 400 Gulden, die noch fehlen, müssen jedoch bis zum 15. März unweigerlich eingezahlt werden, es liegt also auf der Hand, daß ich das Geld bis höchstens zum 1. März haben muß, weil ich mir von hier aus Napoleondors beschaffen muß; hast Du deren, so kannst Du mir dieselben senden. – Das ist die edle Handlung, die ich vorhabe; eigensüchtig, und vor allem eigensüchtig bei der Lage unseres Vaterlandes – doch davon still; ich ändere es doch nicht! –

Muß aber schrecklich arbeiten; mein neues Buch ist jetzt zu $^2/_3$ fertig, aber es greift scheußlich an: ich bin zu einem Schemen zusammengedorrt, und wenn Deine liebe Frau eine Lampe von rektifiziertem Solaröl hinter mich stellt, kannst Du mit Deinem sakermentschen Mikroskop den Ernährungsprozeß in dem Leibe eines vernünftigen Menschen studieren. – Ich habe indessen unablässig an die weitere wissenschaftliche Ausbildung Deiner zehn unmündigen Kinder gedacht und deshalb an einen außerordentlich tüchtigen Mann, den Direktor Lorey, geschrieben, der von hier als Direktor aller Schulen nach Gera berufen wurde und ein alter Universitätsfreund von mir ist; derselbe hat mir geantwortet, daß er einen gewissen Schneider, jetzt in Berlin, auf Dich und diese lieben Kinder aufmerksam gemacht habe; mehr konnte ich für den Augenblick nicht tun. Willst Du aber *mich selbst* für diese pädagogische Aufgabe engagieren, so bin ich imstande, Sultans abzuschreiben. –

Ich sollte eigentlich nicht so heiter an Dich schreiben, ich sollte die traurigen Nachrichten von unserm lieben Neubrandenburg in den Vordergrund stellen. – Es ist schlimm, daß der arme, alte, gute Adolf in die Grube gefahren ist, trotzdem daß er für die Schwesterkinder so treulich gesorgt hat; aber es ist gradezu schändlich, daß Robert Stürke, ein Mensch mit dreimal so vielen Gaben und Mitteln, seine Frau und seine eigenen Kinder auf immer unglücklich gemacht hat. – Was macht der alte Fritz Hahn und seine Frau? Ich denke, auch Roggenbau und seine Frau müssen sehr unter dieser Schändlichkeit gelitten haben. – Sage ihnen, wenn es sich einmal passen will, daß meine Frau und ich den herzlichsten Anteil an diesem unverdienten Schicksale nehmen. – Wenn Du nun noch die herzlichsten Grüße von uns beiden an Deine liebe Frau bestellen wolltest, Deinem Konrad, Volkmann und Komp. ab und an so einen kleinen Denkzettel von uns verabreichen wolltest; die freundlichen Gartendamen grüßtest, die einliegenden Briefe bestelltest und vielleicht dann noch in Deinen Mußestunden einmal an mich schriebst und den Malabaren zu einem vernünftigen Nachbarn stempeltest, so könntest Du einmal – auch in Deinen Mußestunden – sub rosa das neugebaute Haus von dem pp. Farnow besehn und mir vorläufig schreiben, ob Bargum meint, daß es gut gebaut sei, ob es für mich paßt und wiefern und was er schließlich dafür haben will. – Neubrandenburg ist ein schöner Ort, aber seit der Zeit, daß Gott selbst den Fingerzeig vor einigen Jahren dazu gegeben hat, als er die Mauern einfallen ließ, in seine Ringmauern zieh' ich nimmermehr hinein. –

So, nun lebe wohl, bleib mir freundlich gewogen und denke, daß Du einen wirklich guten Freund hier in Eisenach wohnen hast, der sich auf Deine Antwort freut. Dein

Fritz Reuter

AN FRANZ UND ERNST BOLL

Eisenach, 31. Januar 1864

Mein lieber, guter Herr Pastor und lieber Onkel Ernst, nachgerade habe ich wohl die Verpflichtung, ein Lebenszeichen zu geben und Dir, Ernst, für Deine Zusendung zu danken, die, wie ich zu meinem Schrecken, als ich sie an den Buchbinder gab, gewahrte, nicht einmal richtig renumeriert ist.

Es hat mir sehr leid getan, daß Euer alter Freund Ahrendt aus der Welt gegangen ist, er war durch den Gegensatz auf dem besten Wege, ein freisinniger christlicher Pastor zu werden, wie mein alter Freund Ahlers auf dem besten Wege war, durch seine treue Aufopferung für die Waisen seiner Schwester unter die christlichen Heiligen versetzt zu werden. De mortuis ... usw., aber von Stürke! Er mag ja wohl auch schon mortuus sein – wie ist dies Elend möglich! Es scheint über unser schönes Neubrandenburg trotz dreifachem Eisenkranz und uralter Stadtmauer die schauderhafteste Pest der Ausreißerei eingedrungen zu sein: Lignau, Herr von Oertzen, Genz, Gelineck und nun dieser unselige Mensch, der vielleicht noch mehr Elend über seine Nächsten verbreitet hat als alle die andern zusammen genommen (vide: Frau und Kinder und die alten Hahns!). – Die Nachrichten, die ich aus Neubrandenburg erhalten habe, sind trübe gewesen, und ich freue mich, mit dergleichen nicht aufwarten zu können. Wir haben hier mit Ludwig Reinhard und Ludwig Walesrode ein heiteres Weihnachtsfest verlebt. Reinhard war prächtig, aber zuletzt doch sehr ernst; er fühlt, daß er älter wird, daß namentlich sein Augenlicht abnimmt. Aber froh ist er trotzdem gewesen, und den beiden Bollen ist manch fröhliches Glas aus der Ferne gebracht worden. – Ich habe seit jener frohen Zeit mit gewissenhaftem Eifer der schönen Schriftstellerei obgelegen, bin im dritten Teil der »Stromtid« auf $^2/_3$ vorgedrungen und werde das Ganze bis zum 20. März beendigen. Ich *muß* dies nämlich, weil ich an diesem Tage mit meiner Frau nach Konstantinopel abreise und keinen wahren Genuß hätte, wenn ich ein für die Welt so wichtiges Werk unbeendigt hier zurückließe. – Nicht wahr? das ist Wahnsinn! – Nein, es ist Wahrheit! Die erste Einzahlung zu der Reise nach Korfu, Syra, Konstantinopel (sechs Tage), nach Smyrna, Athen, Zanthe, Ragusa, Ankona und Venedig ist gemacht worden, den 26. geht unser Schiff von Triest ab, die Reise dauert 20 Tage, und in Venedig steigen wir aus und treiben uns dann dort und im südlichen Tirol noch etwas umher. Wenn man alt wird, sehnt man sich danach, in einem Jahr zwei Frühlinge zu verleben. Du solltest mitreisen, Ernst, die Reise selbst ist nicht teuer, von Triest (alles in allem) 250 Gulden öst. Währ.: jetzt ungefähr 174 Taler preußisch. – Nicht wahr? es ist eine »Dollheit« von mir, ich gebe es zu; aber es ist eine angenehme »Dollheit« und hat für den Schulmeister von Treptow her und den Skribenten von Neubrandenburg etwas ungebührlich Heroisches an sich; aber auch viel Verzeihliches.

Ich hoffe, es klingt nicht wie Prahlerei in Eure Ohren und Ihr werdet Euch darüber freuen, wenn ich Euch mitteile, daß meine Bücher immer besser gehen, daß ich, wenn auch kein schuldloser, doch ein schuldenloser Mann geworden bin, daß Hinstorff jetzt bedeutend tiefer in den Beutel greift und daß mir von Brockhaus, Keil und anderen die vorteilhaftesten Offerten gemacht sind. – Ich will aber nicht; Esel und Esel stimmt am besten zusammen; ich will den alten Esel von Hinstorff nicht um kleiner Vorteile willen verlassen. – Hoffentlich wird diesen Sommer schon eine illustrierte Ausgabe von »Hanne Nüte« erscheinen. Otto Speckter in Hamburg, der mich hier im Spätherbste besuchte, hat mir schon ein Dutzend prächtiger Zeichnungen dazu eingesandt, und Hinstorff geht mit Recht freudig darauf ein. »Kein Hüsung« habe ich jetzt endlich von Kunike losgeeist, und der erste Teil der »Stromtid« wird in diesem Jahre in dritter Auflage erscheinen. –

Es ist alles recht schön; aber um uns herum geradezu scheußlich: dies Preußen, dies Österreich! Jeder tut in seiner Sphäre, was er [...] vermag. Ich habe auch das Meine getan und habe einige plattdeutsche Kriegslieder an die Schleswig-Holsteiner besorgt. Heute ist in Gotha eine Versammlung der Thüringer zu diesem Zweck; ich bin nicht hinüber gereist, diese Reden widern mich an, ich habe schon soviel von der Art hören müssen, und – doch müssen sie sein!

Herr Pastor, grüßen Sie von mir und meiner Frau alle Angehörige herzlich, und Dich, Ernst, erwarte ich im nächsten Sommer hier, um paläontologische Notizen über Konstantinopel von mir in Empfang zu nehmen. Zuerst kommt denn wohl Louis Brückner, dann Du, dann Franz, so habe ich mir's gedacht.

AN ERHARD QUANDT

Eisenach, 17. Februar 1864

Lieber Freund, meinen herzlichen Gruß zuvor und die Bitte, den einliegenden Brief an den Herrn Dr. Hirzel zur freundlichen Besorgung zu bestellen. – Ich lasse mich dem Herrn Doktor aufs angelegentlichste empfehlen. –

Ihren Brief habe ich mir die Erlaubnis genommen an Hinstorff einzusenden und habe ihn aufgefordert, sich ungesäumt mit Ihnen in Korrespondenz zu setzen; dies hat er freilich versprochen, ob er's getan, weiß ich nicht. Er hat in der letzten Zeit, wie es mir scheint, nur *einen* und noch dazu blödsinnigen Gedanken, der ihn geistig wie geschäftlich ganz in Anspruch nimmt, das ist, er will partout ein Blatt in Rostock durchsetzen, welches ohne irgendeine Berechtigung sich von entlehnten Zeitungsartikeln und Annoncen von Wurst und andern Vegetabilien ernähren soll. – Vor 14 Tagen schrieb er, sein Blatt habe 700 Abonnenten und würde wohl eingehen müssen, vorgestern schreibt er dagegen von 1500 Lesern und sitzt hoch zu Pferde. – Wer lügen will, muß ein gut Gedächtnis haben. – Aber schlimm ist es, daß er über dieser wirklich haltlosen Spekulation alles versäumt, dazu kommt, daß Kunike, der mir vor Weihnachten noch von höchstens 150 Exemplaren von »Kein Hüsung« schrieb, jetzt noch mit 300 Ostern 63 ausgelieferten Exemplaren angezogen kommt. – Es scheint, als ob von allen Seiten in dieser Angelegenheit sich eine gewisse Renitenz breitmachen will. – Schicken Sie mir gefälligst von Ihrem Vorrat durch Bäreke hierselbst 5 Exemplare. – Hoffentlich wird Hinstorff auf mein Treiben die Sache mit Ihnen bald in Richtigkeit bringen. Mit meinem und meiner Frauen herzlichem Gruße Ihr

Fritz Reuter

AN FRITZ PETERS

Eisenach, 14. März 1864

Mein lieber Fritz, sieh mal, das ist doch einmal ein recht vernünftiger Brief, den Du mir zugeschickt hast; man weiß doch nun, wie und wo, man weiß doch nun, daß man sich zur Revanche über des Freundes Erfolge ebenfalls einmal aus recht vollem, aufrichtigem Herzen freuen kann. – Ja, mein lieber, guter Bruder, ich tu's wirklich aus aufrichtigem Herzen, und das ist – was die Pfaffen auch über die Verderbtheit der menschlichen Natur sagen – doch ein guter Zug von ihm, daß es, wenn's freudig bewegt ist, jedem seine Freude gönnt und gerne mit anderen teilen möchte. –

Du hast mir viel Pläsier gemacht mit Deinem Briefe voll Scheffeln Raps und Weizen, voll Pfunden Butter und Fettschweinen und, was Tanten Peters ist, nicht minder durch Lung- und Wickelwurst, die trotz des umwindenden Bindfadens schon ihrer völligen Auflösung entgegengeht; aber die

Mettwurst soll uns als ein teures Pfand der Erinnerung über Berge und Meere begleiten. Es war eine feierliche Stimmung, als wir einstimmig beschlossen: ja, *diese* Siedenbollentinerin soll Konstantinopel seh'n! –
Aber nun gar Deine literarische Zusendung. – Oh, Fritz, was hab' ich gelacht! Was hab' ich gelacht! – Das hat ja nicht der Pastor in Ducherow geschrieben, das hat ja ein alter Freund von mir – »kannst mi nich en Daler pumpen?« –, das hat ja der Poet Reinhold geschrieben; das ist ja das klassischste Woldeksch, was nur die Söhne des weiland Pastors Reinhold in solcher Vollendung von sich geben können. Die drei ersten Zeilen schon haben in mir das Licht der Erkenntnis aufgehen lassen, und ich freue mich auf die Lehrbriefe wie ein Schuljunge zu einer Hand voll saurer Kirschen. – Es tut mir leid, daß Prutz nichts von dieser Autorschaft gewußt hat, aber noch mehr leid tut es mir, daß die Pommerania mit solchen Mitarbeitern infiziert ist. –
Den 18. d. M. geht unsere Reise von hier ab, den ersten Tag bis Regensburg; dort wird die Walhalla besucht; den zweiten bis Linz; Palmsonntag bis Wien; Montag und Dienstag in Wien; Mittwoch bis Adelsberg; dort einen Tag, um die riesigen Höhlen, die größten Europas, zu besehen; Freitag von dem öden, grausigen Karst herunter nach Triest ins grüne italische Land, Sonnabend, den 26., nachmittag zwei Uhr zu Schiff – »Liebchen ade!« – Den 2. Ostertag in Korfu, in der Nacht ums Kap Matapan, dann nach Syra und den ersten April in Konstantinopel, hinein ins Goldne Horn und dann immer weiter, immer weiter! Wenn ich in Athen Zeit habe, will ich den Gruß an den Dr. Krüpper bestellen; ich sage L. Heydemann meinen freundlichsten Dank für seine Güte. – Den 14. April in Venedig, dort wird 14 Tage geblieben, und dann geht's entweder über den Brenner, Bozen und Britzen oder, wenn's Geld langt, über Mailand, den Comersee, das Stilfser Joch nach Innsbruck, dann nach München, Nürnberg und Eisenach, wo wir den Frühling mitbringen.

Mit Geld habe ich mich gut versehen; ich nehme, nachdem die Seefahrt nebst Beköstigung und Aufenthalt in Konstantinopel und sonstwo bezahlt ist, noch 600 Taler mit, außerdem einen Kreditbrief auf 1000 Gulden, die natürlich nur einkassiert werden, wenn ein Unglück passiert.
Nun lebt wohl, ich habe noch viel zu schreiben, viel zu besorgen, und dazu habe ich den Hexenschuß, der aber – Gott sei Dank! – im Abziehen ist. – Grüße alle! Soll ich Dir eine schwarze Sklavin oder einen kleinen schwarzen Jockey mitbringen? Schicke mir ein Telegramm deswegen. Dein

Fritz Reuter

[Nachschrift von Luise Reuter:]
Nein, wie wir uns auf die Reise freuen; wenn sie nur halb der Vorfreude entspricht, ist sie schon herrlich genug; jeder Abend findet uns von dem Atlas, dem Baedeker und allen nützlichen Reisebeschreibungen umgeben, daß schließlich alles im Kopfe mir durcheinanderläuft – mehr kann man nicht tun. Ja, ich freue mich!
Denkt auch mal an uns, Ihr Lieben!

AN AUGUST REUTER

Eisenach, 15. März 1864

Mein lieber August, ich gratulier'
Den beiden Verlobten sowie auch Dir
Und Deiner Frau, der lieben Lotte,
Und befehle Euch alle dem lieben Gotte.
Er möge auf dies neue Band
Mit Segen legen die Vaterhand,
Euch beiden Alten in grauen Haaren
Die Freude und die Gesundheit bewahren,
Den beiden Jungen Lieb' bis zum Tod'
Und nebenbei ein Stücklein Brot.
Auch meine Frau denkt so wie ich,
Sie gratuliert ganz fürchterlich. –

Doch *eine* Freud' ist der *andern* wert;
Auch uns ward hier 'ne Hoffnung beschert:
Wir müssen pflichtschuldigst Euch annoncieren,
Daß wir uns zu einer Reis' präparieren.
Wir reisen hier ab den 18ten März
Und fahren – ich treibe wahrhaftig nicht Scherz –
Über Nürnberg, Regensburg, Wien und Triest,
Woselbst man sich einschiffen läßt –
Nach Konstantinopel und nach Athen,
Um das Goldene Horn und den Piräus zu sehn;
Auch fahren wir, aller Sorgen ledig,
Ein bißchen nach Smyrna und Venedig,
Woselbst wir uns auf den Markusplatz setzen
Und uns an Sorbetto und Menschen ergötzen.
Dies treiben wir vierzehn Tage so fort
Und reisen dann ab von diesem Ort;
Wir reisen dann immer munter und wohl
durch Welschland und das welsche Tirol,
Und kommen dann endlich nach Innsbruck und Münken,
Um dort mal Bayerische Biere zu trinken.
Darauf kommen wir ruhig und gemach
Zu Pfingsten zurück gen Eisenach,
Und mit uns ziehet der Frühling ein;
Was wird's für 'ne Lust, für ein Leben sein!
Du aber und Deine Fraue gut,
Nehmt uns mit Wünschen in Eure Hut
Und denket unsrer in der Ferne,
Wie wir an Euch oft denken gerne.
Und sind wir zurück, dann kommet bald,
Besuchet uns in dem Thüringer Wald;
Dann können wir Euch viel Wahres erzählen,
Und auch an Lügen soll es nicht fehlen,
Denn etwas Lügen gehöret zum Reisen,
Wie dies schon Claudius tat beweisen,
Als er von Urian hat geschrieben.

Nun lebet wohl, Ihr Tessiner Lieben!
Wenn die Erde grün und der Himmel blau,
Dann denkt an Fritz Reuter und seine Frau.

Eisenach, den 15ten Märzen,
Schrieb ich's mit hoffnungsfröhlichem Herzen.

AN LUDWIG PIETSCH

Eisenach, 29. Mai 1864

Mein verehrtester Herr, wie ich schon von früher her dem Dr. Julian Schmidt zum aufrichtigen Danke verpflichtet bin, so muß ich demselben jetzt wieder danken, daß er uns beiden Menschenkinder zusammengebracht hat. Obgleich die Bäume blühn, hat er Sie mir gewissermaßen zum Heilchrist in einer Julklappe geworfen. Wie ist es aber nur einmal möglich, daß ein Mensch den andern so verstehen kann, daß ein Mensch dem andern Menschen einen solchen Menschen, wie der Mensch Bräsig ist, so mit Haut und Haar aus der Seele herauslesen kann, wie Sie getan haben? Ich habe früher selbst ein wenig gezeichnet, und namentlich viel aus dem Gedächtnis; dies und vielleicht auch natürliche Anlage haben mir die Möglichkeit verschafft, mir Personen, die ich aufführe, in ihren speziellsten Eigentümlichkeiten leibhaftig vorstellen zu können, und nun stimmt Ihr Bräsig mit meinem Bräsig, der seit 2 Jahren und länger hinter meinem Stuhl steht und auf Verlangen vortritt, bis aufs Haar zusammen. So ist's auch mit Hawermann und mit den Kindern, und nur eine Figur hätte ich etwas anders gewünscht; das ist die kleine Pastorin, die möchte ich runder und frischer haben. Es gibt bei uns Frauen, namentlich solche, die keine Kinder gehabt haben und viel in frischer Luft leben, die Fülle der Glieder und blühenden Farben bis ins Alter hinein bewahren, und eine solche habe ich mir bei meiner Frau Pastorin gedacht. Ich wollte, Sie könnten eine Tante meiner Frau, die Pastorin

Conradi in Neubrandenburg, sehen in ihrer Beweglichkeit und ihrem natürlichen, gütigen Gesichtsausdruck! – Einen weitern Dank für Ihre prächtige Zusendung auszusprechen halte ich für überflüssig; ich habe mich sogleich hingesetzt und habe an Hinstorff geschrieben und darauf gedrungen, daß er Ihrem Verlangen in betreff eines größeren Formats nachgebe. Sie werden also das Feld dort vorbereitet finden, und da Hinstorff mich in zirka 4 Wochen hier besuchen wird, so werde ich dann in dieser Richtung persönlich auf ihn zu wirken suchen. Seien Sie ihm nur dreist, er kann was vertragen.

Sie wollen des Landschaftlichen wegen eine Reise nach Mecklenburg wagen? Nun, dann folgen Sie meinem Rat, dann werden Sie außer Erreichung Ihres speziellen Zweckes noch eine Fülle von hübschen Natureindrücken mit in den Kauf erhalten. – Sie reisen mit der Eisenbahn bis Prenzlau, von dort mit der Post nach Neubrandenburg. Hier werden Sie eine sehr schöne Natur finden, gehen Sie um den Wall, nach Belvedere, ins Nemerower Holz, zur hintersten Mühle. Wenn Sie es wünschen, gebe ich Ihnen Empfehlungsbriefe an Freunde, an den Pastor Boll, an den Dr. Boll, an den Dr. Siemerling, und da diese Leute nicht immer Zeit haben, an den Photographen und Maler Bahr, man wird Sie schon führen. Aber in Neubrandenburg können Sie schon weitere Studien machen, Sie können dort in dem Zimmermeister Schulz, der viel in meinem letzten Bande vorkommt, eine ergötzliche Figur finden, wenn Sie mit Bahr in das Mohnkesche Bierlokal gehen. Sie logieren in Neubrandenburg am besten in der Goldenen Kugel, der Wirt ist ein guter Bekannter von mir. Sehn Sie sich das Haus von außen gut an, es ist das Wirtshaus Zum goldenen Knop, welches in »De Franzosentid« vorkommt. Wenn Sie die Pastorin Conradi sehen wollen, gibt Ihnen meine Frau einen Brief an dieselbe mit; es sind aber ein paar alte Leute, von denen Sie weiter nichts haben, auch müssen Sie mit der Frau laut reden, denn sie ist schwerhörig geworden. Von Neubrandenburg fahren Sie 4 Meilen mit der

Post nach Stavenhagen durch eine fruchtbare, aber gerade nicht malerische Gegend. In Stavenhagen logieren Sie noch am besten bei W. Clasen. Hier sehen Sie das sogenannte Schloß und das Rathaus an, in welchem ich geboren bin, welche beiden Lokalitäten eine Rolle in »De Franzosentid« spielen. Fritz Sahlmann lebt noch dort, kann Ihnen aber nicht nützen, denn er ist jetzt ein alter Mann, der nachträglich die Pocken gehabt hat. Von hier aus machen Sie einen Abstecher zu Fuß nach Ivenack ($^1/_2$ Meile) durch Wiesen, Wald und den Ivenacker Tiergarten. Da werden Sie als Maler durch die schöne Gruppierung von – meines Wissens – den größten Eichen Deutschlands belohnt werden. Ivenack selbst ist einem englischen Landsitze vergleichbar. – Rechts gutes Wirtshaus. – Von Stavenhagen gehen Sie zu Fuß nach dem Dorfe Gülzow, der erste Bauernhof linker Hand ist die frühere Besitzung von Fiken Besserdichs, die noch darin haust, soviel ich weiß; gehen Sie dreist hinein und fragen Sie nach der alten Frau Pagels, so heißt sie jetzt, es gibt Ihnen dies Gelegenheit, das Innere eines Bauernhauses zu sehen. Grüßen Sie nur von mir und erzählen Sie der Alten, daß von ihr und Fritz Sahlmannen in Konstantinopel die Rede gewesen sei. Von dort gehen Sie nach Pinnow, dasselbe wird mit Herrenhaus und Park so ein ziemliches Bild von Pümpelhagen abgeben, nur müßten die Wirtschaftsgebäude näher an das Herrenhaus gelegt werden. Von dort nach Demzin, wo ich meine landwirtschaftlichen Studien gemacht habe und wo Friedrich den Franzosen aus dem Backofen gezogen hat. – Von dort nach Liepen und von dort nach Basedow, dem Sitz des Grafen Kuno von Hahn. – Gutes Wirtshaus, auch zum Übernachten. Sehr schön gelegen. – Von dort nach Malchin über Seedorf. – In Malchin logieren Sie bei Bülle und fahren über Stavenhagen noch [folgende Zeile fehlt] ... erfahren wünschen, bin ich gerne bereit, Auskunft zu erteilen.

Nun leben Sie wohl, grüßen Sie Schmidt herzlich von mir, und wenn Sie einmal Lust dazu verspüren, so besuchen Sie uns hier in Eisenach. Mit herzlichem Gruß Ihr Fritz Reuter

AN VIKTOR SIEMERLING, FRANZ BOLL, ERNST BOLL, LUDWIG BRÜCKNER

Eisenach, 28. Mai 1864

Meine lieben Freunde Siemerling, Boll I, Boll II, Dr. Brückner, nur ganz kurz kann ich heute sein, um Euch zu melden, daß ich mit meiner Frau glücklich wieder hier angekommen bin, obgleich ich Stunden gehabt habe, in welchen ich es arg bezweifeln mußte, sintemalen wir zweimal nahe daran waren, eine Vergnügungsreise in die Unterwelt anzutreten. – Ich hoffe in nächster Zeit Muße zu haben, Näheres über die Reise zu berichten, jetzt ist es mir unmöglich, es liegen gegen 30 unbeantwortete Briefe auf meinem Tisch, dazu tägliche Störung von Fremdenbesuch und vor allem das noch nicht beendete Manuskript meines dritten Teils. Multa tulit fecitque puer sudavit et alsit stand auf dem Schulhause zu Friedland, und kein Spruch paßt besser auf meine letzte Vergangenheit: in Konstantinopel standen wir bis an die Knöchel im Schneeschlamm, um den Sultan reiten zu sehen, und in Venedig haben wir weidlich geschwitzt. Venezia ist der Glanzpunkt unserer Reise, in Athen war's ebenfalls prachtvoll, aber der Aufenthalt zu kurz. – Aber alles dies nur vorläufig. An Euch habe ich viel und oft gedacht, und damit Ihr seht, sende ich Euch ein paar Stalaktitenstückchen aus der Adelsberger Höhle – wundervoll! – und ein paar Versteinerungen aus dem Monte Bolco bei Verona. Damit Ihr Euch etwas zanken mögt, habe ich es so eingerichtet, daß nur vier Versteinerungen auf drei Mann kommen, auf E. Boll, Dr. Brückner und Dr. Siemerling. – Für letzteren schicke ich noch einen türkischen Viertelpiaster.

Ich freue mich sehr zu diesem kalten Wetter, denn bei meiner vielen Arbeit würde es mir ärgerlich sein, bei schönem Wetter in der Stube sitzen zu müssen. Augenblicklich liegen hier von zwei Seiten her bei mir Entwürfe zu Illustrationen, Otto Speckter illustriert den »Hanne Nüte«, und der Maler Pietsch, mir angelegentlichst von Julian Schmidt empfohlen, illustriert

die »Stromtid« ganz prächtig! Der letztere will, um das Landschaftliche in Mecklenburg wiederzugeben, unser leibeigenes Vaterland bereisen, und da werde ich so dreist sein und ihm ein Empfehlungsschreiben an meine Neubrandenburger Freunde mitgeben, die ihn wohl ein bißchen mit der mecklenburgischen Landschaft vertraut machen. Von dort soll er dann nach Stavenhagen, Ivenack und Basedow. Der Herr Pastor bestellt wohl bei der Frau Dr. Scheven unsere herzlichste Gratulation!
Nun nehme mir keiner übel, wenn ich schließe, ich bin schrecklich abgespannt, vor mir liegen acht geschriebene Briefe, vier Pakete und eins darunter mit Manuskript.
Nur 3 Stunden möcht' ich dort sein, was wollt' ich klug schnacken, ich *Πολύτροπος!*

AN DEN VERLAG »DAHEIM« IN LEIPZIG

Eisenach, Mai 1864

Sosehr ich auch das von Ihnen begonnene Unternehmen für zeit- und zweckgemäß erachte, so muß ich doch leider die mich ehrende Mitarbeiterschaft ablehnen. Ich habe noch nie an einem Journale mitgewirkt und habe Aufforderungen dazu stets ablehnen müssen, weil ich teils nicht die dazu erforderliche Leichtigkeit besitze, teils um passende Stoffe in Verlegenheit sein würde; auch glaube ich nicht, daß dialektische Beiträge grade viel zur Verbreitung eines so groß angelegten Journals beitragen würden.

AN OTTO SPECKTER

Eisenach, 22. Juli 1864

Hierbei erhalten Sie Ihre prächtigen Zeichnungen zurück, etwas spät; aber ich konnte mich früher nicht davon trennen, zumal dieselben bei manchem Freunde die größte Freude hervorgerufen hat und die vorzüglichste Anerkennung gefunden hat. Sie fragen, ob ich etwas geändert haben möchte, ich antworte: nein; es wäre denn, daß Sie die Szene, wo Johann mit der kleinen Witwe Schokolade trinkt, vor zu großer Üppigkeit bewahren möchten und die kleine Frau lieber etwas weinen ließen. Nr. 35 ist wunderschön, lassen Sie das nicht fehlen; überhaupt möchte ich von dem, was ich gesehen, nichts missen. – Nun zu Ihren Fragen. – Ein »Tüschenhüschen«, auch wohl bloß »Tüsch« genannt, ist der Zwischenraum zwischen 2 Nachbarshäusern, der entweder mit einer Pforte oder bloß mit Brettern verschlossen ist, wo sich das Dachwasser der beiden Häuser sammelt. – Der alte Schmidt ist im Winter Besenbinder. – Eine Schneide- oder Zugbank können Sie bei jedem Böttcher oder Rademacher sehen, es wird daran mit dem Zugmesser gearbeitet und vertritt bei diesen Gewerken die Stelle der Hobelbank des Tischlers; auch die Tagelöhner bei uns halten sich häufig dies einfache Werkzeug; ich werde eine rohe Zeichnung hier beilegen. – Die konstantinopolitanische Reise ist weder ein Gedicht noch 'ne Geschicht, denn dieselbe ruht noch tief unten in meinem poetischen Bewußtsein und wird schwerlich vor drei bis vier Jahren hervorgesucht werden, denn ich habe die Gewohnheit, einen Stoff erst lange mit mir herumzutragen, ehe ich darangehe, ihn zu schreiben, und ich glaube, daß dies gut ist ... Mit den Fabeln ist das eine eigne Geschichte; ich habe mich in dieser Richtung nie versucht und glaube auch dafür kein Talent zu haben; es gehört dazu eine ungeheure Summe von praktischer Lebensweisheit, von der ich leider bis dato auch nicht das geringste Körnlein in mir verspürt habe.

Nun bitte ich, Ihre Frau von uns recht herzlich zu grüßen, und Sie, mein alter, lieber Speckter, halten Sie sich wacker, und wenn Sie wirklich den Rat der Ärzte in betreff der Reisen befolgen, dann reisen Sie nicht an meiner Haustür vorbei, sondern kehren Sie bei Reuters ein, die, wenn's nicht gerade besetzt ist, ein kleines wohnliches Logierstübchen für gute Freunde haben.

AN AUGUST v. RESTORFF

Eisenach, 22. Juli 1864

Mein lieber August, Du bist gewiß in einem gelinden, aber gerechten Zorn, daß ich Deinen freundlichen Brief gar nicht beantwortet habe; aber laß diesmal Gnade für Recht ergehn, meine Entschuldigung will ich hiermit versuchen. Als Du Deinen Brief den 19. März schriebst, war ich mit meiner Frau in Linz, von dort reisten wir nach Wien, Triest, Ragusa, Korfu, Syra, Konstantinopel, Smyrna, Athen, Zante, Korfu, Ankona, Venedig, Padua, Verona, Meran, Innsbruck, München, Nürnberg, Coburg und dann nach Hause; es war eine Reise voll Freud' und Leid, das letztere, weil wir dreimal durch fürchterliche Stürme in Lebensgefahr gerieten, die Reise, deren Beschreibung ich Dir hoffentlich persönlich mitteilen werde, dauerte zwei Monate, und als ich davon zurückkehrte, fand ich mit Deinem Briefe einen solchen Haufen von Briefen, daß ich davor erschrak, zumal, da jeder des Inhalts war: ich solle doch endlich den dritten Teil [der »Stromtid«] fertig schaffen, und mein Verleger quälte mich auf das Unanständigste, da, lieber August, tat ich was Unverständiges in der Angst meines Herzens; ich leistete einen harten Schwur, keinen Brief zu beantworten, bevor nicht der dritte Band fertig geworden sei. Nun erst ist er fertig geworden und wird gegen drei Wochen wohl erscheinen, und nun bist Du der erste, dessen Brief ich mit Ach und Krach beantworte.

Daß es sich mit Deiner Gesundheit gar nicht bessern will, ist ja sehr traurig; und sei überzeugt, daß meine Frau und ich Dir die herzlichste, aufrichtigste Teilnahme schenken. Hoffentlich hast Du aber doch Deine Reisepläne ins Werk setzen können, hast Deine Mutter und Mecklenburg besucht und bist diesen Augenblick in Goslar. Wollte Gott, daß Du dort Heilung fändest und daß Du Dich so befändest, uns hier aufsuchen zu können; es sollte für uns ein wahrer Freudentag sein. – Mit großer Freude habe ich gelesen, wie Dir Deine kleinen Töchterchen Deine Liebe vergelten und wie

Du in ihnen Trost findest für Deine Trübsal. – Auch mit mir ist es nicht ganz mehr so, als es sein sollte; der alte Schlauch, den wir Magen nennen, ist auch schon zuweilen aufsässig geworden und will nicht tun, was *ich* will, sondern was *er* will; die Strapazen der Reise haben mir auch gezeigt, daß 54 Jahre nicht mehr 24 bedeuten, und so ist denn im Rate der Götter – d. h. von meinem Hausarzt und meiner Frau – beschlossen, daß ich diesen Sommer irgendein abscheuliches, ausländisches Brunnenwasser statt des kühlen Weins trinken soll. Schlechte Aussicht!

Sonst sind meine Aussichten brillant: von dem ersten Teil »Ut mine Stromtid«, obgleich der letzte noch gar nicht erschienen ist, ist schon die dritte Auflage herausgekommen, und ich glaube – unter uns gesagt –, daß ich von allen jetzt lebenden deutschen Schriftstellern das höchste Honorar verdiene. Das hätte ich vor zehn Jahren nicht gehofft.

Von Politik für heute nichts, nur daß ich immer in der Hoffnung auf Preußen mit Dir übereingestimmt habe.

Nun komm aber, dann wollen wir Altes und Neues durchsprechen und uns aneinander freuen. Den dritten Teil schicke *ich* Dir. Lebe wohl und behalte lieb Deinen Fritz Reuter

AN CARSTEN HINRICH WALTJEN

Eisenach, 23. Juli 1864

Min leiwe Fründ Waltjen, ick hadd girn in de letzte Tid Ehr Gesicht mal seihn müggt, wenn Sei mal taufällig an mi dacht hewwen, dat möt suer naug utseihn hewwen, un wenn Sei denn mit Ehre leiwe Fru redt hewwen, denn ward dat woll heiten hewwen: de Fritz Reuter is nicks wider as en grawen Slapps; mi nich tau antwurten! Up so'n fründlichen Breiw nich tau antwurten! – Äwer hork an't En'n, seggt Kotelmann. – As Sei Ehren Breiw schrewen – 't was den Palmsünndag –, dunn was ick mit mine Fru in Linz, un von dor führten wi en beten nah Kunstantinopel un Athen un Venedig un kemen irst nah 2 Monat taurügg, un dunn wiren kein Photographien dor, denn ick möt sei mi ümmer von minen Leibphotographen ut Nigen-Bramborg schicken laten, un dunn lagg up minen Arbeitsdisch en Hümpel Breiw', de verlangten all den drüdden Deil von de Stromtid, so dat ick tau mine Fru säd: »Stopp! de Sak geiht nich. Kein Breiw ward ihre beantwurt't, ihre de Stromtid nich farig is.« – Dat is de Grund, un nu, dor sei farig is, nu schriw ick ok gliek. – In 2–3 Weken ward sei woll rute kamen, un denn schick ick den letzten Band an Sei; dat is man, dat Sei sick dornah richten känen. – För Ehr Bild, wat in mine Billergaleri inrangiert is un sick dor recht nobel utnehmen deiht, segg ick Sei und Ehre leiwe Fru minen besten Dank un schick Sei dorför unsre Biller, äwer mit en lütten Jungen känen wi nich upwohren, denn wi hewwen keine annern Kinner as de, de in gris' Löschpapier alle Jahr inkledt in de Welt rin stött warden.

Wo't bi uns utsüht, fragen Sei; am besten wir't, Sei kamen hir nah Eisenach her un segen sick dat mal sülwst an, denn würden Sei finnen, dat wi wunnerschön wahnen, mit 'ne prächtige Utsicht, un dat wi umgängliche Lüd' sünd, de't ehre gauden Frün'n so gaud gewen, as sei jichtens känen. – Sei bruken sick nich tau schanieren, denn den Sommer äwer is min Hus as en Duwenslag; dat geiht ümmer af un tau.

Sei fragen, wo't up minen Schriwdisch utsüht un wat ick in de negste Tid vör't Metz krigen will? Je, dat weit ick sülwst noch nich; dat irste ward nu woll 'ne Ümarbeidung in de Ottographie von min bestes Bauk sin, von »Kein Hüsung«, un denn weit ick noch nich, ob ick de Urgeschicht von Mekkelnborg – von Erschaffung der Welt bet up Niclot den Irsten – nich vull farig schriwen oder mi an en nigen Band von olle Kamellen unner den Titel »Dörchläuchting« maken dauh, de in't vörrige Johrhunnert spelen deiht. – Ick glöw, dit letztere ward ick doch woll tauirst vörnemen; äwer tauirst ward desen Sommer noch en beten bummelt.

Nun leben Sie wohl, lieber Freund, und grüßen Sie Ihre liebe

Frau recht herzlich von uns beiden Reuters und denken Sie daran, daß hier freundschaftlich für Sie gesinnte Leute wohnen.

AN MORITZ LAZARUS

Eisenach, 25. Juli 1864

Sie werden in den letzten Wochen Ihre gute Meinung, die Sie von mir gehabt haben, in etwas abgeändert finden, denn mindestens müssen Sie mich für einen schrecklich ungehobelten Menschen halten, der nicht so viel Herzensfreundlichkeit besitzt, um eine so liebevolle Zuschrift auf der Stelle zu beantworten, wie Sie mir haben zukommen lassen. Aber seien Sie noch ferner freundlich gegen mich und entschuldigen Sie mich mit wirklicher Not. Ich wollte mein Buch erst fertig schreiben und habe alle Korrespondenz zurückgeschoben. Nun ist es fertig, und in zwei bis drei Wochen hoffe ich Ihnen den letzten Band zusenden zu können, in der Hoffnung, daß Ihre verehrte Frau Gemahlin und Sie selbst Ihr günstiges Urteil von vorher nicht für alle Zeit zurücknehmen.

Es ist wahr, Sie haben mich in Ihrem Briefe, wie wir Mecklenburger sagen, mit meinem eigenen Fett beträufelt, aber Sie glauben nicht, wie wohltuend es für mich gewesen ist, einen Leser meiner kleinen Geschichten zu finden, der bis ins kleinste hinein sich deren Art und Weise gemerkt hat. Ihre Frau Gemahlin und Sie haben diese Geschichten mit Liebe gelesen, und mit recht herzlicher Liebe danke ich Ihnen dafür. Wenn ich auch manches von Ihrem freundschaftlichen Lobe als unverdient zurückweisen muß, so nehme ich doch den Kern Ihres Briefes, die Meinung, daß ich aus dem Herzen geschrieben habe, für mich in Anspruch; darin haben Sie gewiß nicht geirrt, und ich will Ihnen vorläufig als persönlich Unbekanntem das Versprechen geben, daß ich das fürder tun will. Ich kann das um so mehr und gewisser, weil ich schon in den Jahren bin, wo der Mensch sich schwer von dem einmal eingeschlagenen Pfade abbringen läßt.

Vor einigen Tagen war der Dr. Julian Schmidt mit seiner Frau hier bei uns. Die Rede kam auf Sie, den er kannte, und es war für mich eine wahre Freude, Sie in Ihrer Persönlichkeit schildern zu hören. Es ist einmal für mich ein unabweisbares Bedürfnis, mir die Personen in Fleisch und Blut vorzustellen; und ich glaube, wenn Sie über kurz oder lang bei mir in die Türe träten, ich würde auf Sie zugehen können: »Guten Morgen, Herr Professor Lazarus, was machen Sie?« – Stellen Sie mich auf die Probe! ... Also einmal ein persönliches Zusammenkommen in Thüringen! – Wenn uns Gott Gesundheit gibt, reisen wir das nächste Jahr in die Schweiz, und dann werde ich Sie jedenfalls in Bern sehen.

AN ALBERT SCHULTZE

Eisenach, 25. Juli 1864

Mein alter, lieber Kapitain, nun ist der Bann, der auf mir lag, gelöst, ich hatte nämlich geschworen, keinen Brief zu beantworten, bevor nicht mein letzter Teil von der »Stromtid« fertig sei. Nun ist er fertig und wird wohl in 2–3 Wochen zur Versendung kommen. Du erhältst ihn durch mich. – Darum also antworte ich Dir heute erst und habe um so weniger Gewissensbisse, als ich weiß, daß Dir und Deiner lieben Frau die letzte Zeit mit den Gymnasten sehr angenehm verstrichen sein muß. – Diese Gymnasten (wie in Treptow die Frau Schmook diese heranwachsenden Träger deutscher Bildung nannte) machen nicht bloß Euch, sondern auch uns hier viel Vergnügen, denn alle Freunde, die unser Album besehen, fragen: Wer aber ist denn dies? – Antwort: Das ist mein alter Kapitain mit seiner Frau und seinen vier Jung's. – Zuerst dann Stillschweigen und Besinnen; dann die Frage: Was? Der Kapitain? Seine Frau? Seine vier Jungs? – Antwort: »Ja, ja, der Kapitain! Seine Frau! Seine vier Jung's!« Mit Hand und Fuß haben wir uns neulich gegen den Dr. Julian Schmidt und den Maler Pietsch wehren müssen, die uns die eine Photographie – wir besitzen deren 2 – von dem alten Kapitain entführen wollten. – Von unserer Reise nach dem Orient wirst Du, wenn Du und Deine Frau nicht selbst kommen, fürs erste wenig erfahren, denn zu einer Art Reisebeschreibung werde ich mich schwerlich entschließen, und dazu habe ich die schlechte Gewohnheit, irgendeinen zu bearbeitenden Stoff erst jahrelang mit mir herumzutragen. Soviel aber will ich Dir doch sagen, daß wir alle beinahe mit Mann und Maus in der Adria ertrunken wären und daß ich, falls ich das Ding einmal schriebe, als Motto drüber setzen würde: Multa tulit fecitque puer, sudavit et alsit; denn in Konstantinopel standen wir bis an die Knöchel im Schnee; Venedig hat indessen alles wieder gut gemacht. – Daß es Deiner guten Frau noch immer nicht besser geht, ist ja recht betrübt, wir hatten uns hier recht darauf gefreut, Deine Frau und Wachsmuths Schwester kennenzulernen. Du bist doch immer der alte, gute, rücksichtsvolle Kapitain, und die Stelle in Deinem Briefe, in welcher Du schreibst, daß Du keine bogenlangen Briefe von mir verlangst, hat mich recht lebhaft gerührt. – Aber Du hast recht, meine Korrespondenz hat seit einigen Jahren gewaltig überhandgenommen; ich sitze nun schon seit 5 Tagen und schreibe Briefe unter den mannigfaltigsten Störungen, denn mein Haus ist augenblicklich ein wahrer Taubenschlag; und das schlimmste ist, daß meine besten Freunde am längsten auf Antwort warten müssen. – Die heterogensten Geschichten muß ich beantworten, z. B., da liegt eben ein Brief vor mir von einem mecklenburgischen Junker, der seinen Vater, Mutter und Bruder öffentlich in den Zeitungen (der Kreuzzeitung) an den Pranger stellen möchte und die naive Ansicht hat, ich wäre grade der geeignete Mann dazu, diese Niederträchtigkeit auszuführen.

Nun viele Grüße von meiner Frau an Deine und an Dich.
Nimm heute so vorlieb von Deinem Fritz Reuter

AN FRITZ PETERS

Eisenach, Jakobitag 1864

Mein lieber Fritz, nachgerade wäre es doch wohl Zeit, daß ich an meinen besten Freund ein paar Zeilen richtete, denn der Schwur, den ich geleistet habe: früher keinen Brief zu beantworten, bevor ich mein Buch nicht fertig hätte, ist gottlob! gelöst; es wird wohl in zwei bis drei Wochen das Licht der Welt erblicken. Du glaubst nicht, wie ich von allen Seiten Deutschlands darum gequält worden bin. Nun sitze ich schon vier Tage und schreibe Briefe an diese einzelnen Quälgeister, und wenn auch der Haufen der aufgespeicherten Briefe geringer wird, zu Ende bin ich noch lange nicht. Hier ward ich durch die Ankunft des Redakteurs der Leipziger Illustrierten Zeitung Hänel und des Buchhändlers Quandt gestört, die beide den gestrigen Tag mit uns zubrachten; ich fahre also am heutigen Tage, Jakobitag, dem Geburtstage meines Vaters und meiner Mutter, mit dem Schreiben fort.

Von meiner, oder besser – unsrer Reise wirst Du von mir nur mündlich etwas erfahren, und da Du die Zeit dieser mündlichen Mitteilung zu Ende August nach Eurer Rheinreise setzest, so wollen wir bis dahin warten. Eine rechte Freude ist es mir immer, wenn ich von Deiner Wirtschaft Gutes höre; also auch in diesem Jahre bist Du wohl zufrieden? Hier ist der Raps total ausgewintert, und auf der ganzen Reise, in ganz Bayern und Österreich war Raps und Klee erfroren. Es war vollkommener Mangel an Schnee den ganzen Winter hindurch gewesen. –

Wenn Ihr uns im Sommer besucht, so werden wir Euch dafür im Winter abstrafen, denn was *meine* ist, hat den Einfall: alle Winter reisen wir auf sechs Wochen nach Mecklenburg, da kannst Du dann so viel plattdeutsch reden, als nötig ist; aber für immer kehren wir nicht wieder zurück, denn die Prügelstrafe kann vielleicht auf Poeten und Literaten und ihre Frauen ausgedehnt werden, und dagegen scheint *meine* einen natürlichen Widerwillen zu haben. Ach, lieber Fritz,

wie muß ein Christ und Mecklenbürger sich fressen, wenn im Auslande von dem lieben Vaterlande die Rede ist! Man glaubt hier alles mögliche Schlechteste von Mecklenburg und seinen Junkern und Pfaffen, und es sollte mir gar nicht schwer werden, hiesiger Bevölkerung einzureden, daß sich die Rittergutsbesitzer alle Morgen ein kleines, unschuldiges Tagelöhnerkind zum Frühstück braten ließen. –
In der letzten Zeit ist Julian Schmidt mit Frau und der Maler Pietsch mit Frau bei uns gewesen. Der letztere hat sich mit Hinstorff in Verbindung gesetzt und wird die »Stromtid« mit Bildern versehen. Prachtvolle Bilder! Wunderschöne Figuren! Hinstorff und er haben sich natürlich schon bis aufs Blut entzweit, aber da Hinstorff in einigen Wochen hier bei mir eintrifft, schnacke ich das wohl wieder zurecht. – Von Otto Speckter (Maler in Hamburg) ist der »Hanne Nüte« illustriert; schon alles zum Holzschneider geschickt. –
Denke Dir, was bisher so ziemlich unerhört in der deutschen Literatur sein dürfte: von meinem ersten Teil »Ut de Stromtid«, von welchem der dritte noch gar nicht einmal erschienen ist, ist jetzt schon die dritte Auflage herausgekommen, und das Publikum hat das halbfertige Buch bereits in 7700 Exemplaren gekauft. Der dritte Band ist in 5600 Exemplaren gedruckt, und sowie die Ausgabe heraus ist, müssen gleich 2100 nachgedruckt werden. – Ich habe in dieser Hinsicht ein unverschämtes Schwein. – Dies und das Folgende ist natürlich nur für Dich geschrieben: Denke Dir, ich erhalte für dies neueste Buch in den beiden Auflagen 2400 Taler, also für 20 Druckbogen 2400 Taler, für einen 120 Taler, und da zwei von meinen Schreibbogen einen Druckbogen ausmachen, so erhalte ich für meinen geschriebenen Bogen 60 Taler, und da ich auf einen Bogen zirka 200 Zeilen schreibe, für jede Zeile 9 Silbergroschen. Nicht wahr? das ist doch alle Ehren wert, wie Pirscher sagt. – Du wirst hier keine Renommage drin finden und diese Berechnung für Dich behalten; es kitzelte mich aber doch, Dich zum Teilnehmer meiner Freude zu machen, der Du so oft in treuer Liebe Teilnehmer und Helfer

in meiner Not gewesen bist. – Zu dem Porträt von meinem Päding habe ich mich sehr gefreut, obgleich er dasteht wie ein armer Sünder, der erschossen werden soll und alle Augenblick die Kugel erwartet. – Daß die beiden kleinen Mädchen wieder nach Pyrmont müssen, ist doch sehr betrüblich. Ich fürchte, wenn Ihr Elise wieder ganz auf den Damm heben wollt, so müßt Ihr sie einmal ganz in den Süden, ans Mittelmeer, schicken, ins südliche Frankreich, nach Montpellier oder nach Nizza; eine Trennung von den nächsten Umgebungen würde ohnehin schon sehr vorteilhaft wirken. – Hier ist in der letzten Zeit der Teufel mit hohen Herrschaften los gewesen. Der Großherzog von Mecklenburg mit seiner neuen Frau, der Kaiser von Rußland mit seinem Thronfolger, der sich hier mit unserer weimarschen Prinzessin verlobt hat, dann noch allerlei Prinzen und Prinzessinnen, von welchem ganzen Spektakel wir so gut wie nichts gesehen haben, da wir unsere Zeit weit angenehmer mit der Familie Julian Schmidt und Ludwig Pietsch hinbrachten.
Daß Du einen Bullen »Bräsig« und ein Schwein »Pomuchelskopp« getauft hast, hat mir viel Vergnügen gemacht, denn es zeigt mir, daß Du ein richtiges Verständnis dieser beiden Personen hast, aber mit der Taufe Deines neu kreierten Gutes bitte ich so lange zu warten, bis Du den Schluß der Geschichte gelesen hast. Ich glaube, Du wirst das Ding am Ende Rexow nennen müssen, denn mein Rudolph in der vollständigen Entwickelung seines Wesens bist Du, mein alter Fritz.
Nun lebe wohl, lieber Junge, und grüße Marie von mir und alle Kinder und Großmama.
Meine will heute noch an *Deine* schreiben und wird die Grüße viel vollständiger zu Papier bringen, als ich es kann. Sowie mein Buch herauskommt, schicke ich es Euch; Du wirst auch Deine »Inflorentia« darin finden.
Mit altem treuem Gruß Dein Fritz Reuter

AN SOPHIE WEBER GEB. SANITER

Eisenach, 9. August 1864

Vor Jahren habe ich einmal eine kleine Geschichte geschrieben: »Wat bi 'ne Äwerraschung 'ruter kamen kann«; ich habe mich darin ernstlich gegen jede Überraschung ausgesprochen. Heute nehme ich mein Wort zurück, wenigstens muß ich eingestehen, daß es in dieser Welt Überraschungen gibt, die das Herz freudevoll bewegen und die man nicht entbehren könnte, ohne ein gut Teil seiner Liebe zu vernichten, die, in der Erinnerung wurzelnd, plötzlich wie der Baum Mahomets in einer Nacht aufschießt und in demselben Augenblicke schon den Wanderer mit reifen Früchten erquickt. Sie, verehrte Frau, und die Ihrigen haben diesen Baum über Nacht für mich erwachsen lassen, und die Früchte liegen in meinem Schaffen! Schöne Früchte, rot und golden, zum Einbeißen schöne Früchte! Aber ihr Duft ist doch noch schöner als ihr Aussehn, selbst als ihr Genuß. Die liebevolle Sorgfalt, die sich in der Auswahl der Geschenke ausspricht, ist für mich der Duft der Frucht, und dankbar erkenne ich an, daß bei der Auswahl die Herzen der Geberinnen und des Gebers zugegen gewesen sind. – Der Teppich ist nun freilich für mich etwas zu schön geraten; die Damen jedoch, die ihn mit kunstfertiger Hand geschaffen haben, sind vollständig entschuldigt, weil dieselben meine etwas derbe plattdeutsche Person nicht kennen und sich in mir etwa einen amaranthenen Oskar von Redwitz oder einen veilchenblauen Novalis gedacht haben. Es wird daher von mir und meiner Frau besagtes Kunstwerk vorläufig als Ausstellungsgegenstand behandelt und entzückt in dieser Eigenschaft alle Kunstkennerinnen und Kunstkenner. Hermann hat mir durch die Zusendung meines ersten literarischen Versuchs eine große Freude gemacht; ich muß gestehn, daß sowohl ich wie meine Frau uns nur schwer der Rührungstränen enthalten konnten, als wir ihn zusammen lasen, teils in Hinblick auf den herrlichen Mann, dem er gewidmet war, teils im Hinblick auf das Rührende, welches für jeden denkenden Menschen in den ersten, unvollkommenen Anfängen einer Sache liegt, die später sein ganzes Leben ausfüllt. – Aber was soll ich Ihnen nun sagen, hochverehrte Frau, für die Zusendung der beiden Photographien, die mir meine glückliche Kindheit so freundlich ins Gedächtnis rufen? Da hat doch gewiß Ihr wohlwollendes Herz gesagt: »Willst dem Fritz Reuter doch mal eine rechte Freude machen!«, und lange hätten Sie umhersuchen können, ehe Sie eine dieser nur halbwege gleichkommende Gabe gefunden hätten. Ich habe alle Aussicht, die »Franzosentid« in nächster Zeit illustriert zu sehn; diese Bilder werden dem Künstler L. Pietsch in Berlin sehr willkommen sein; aber noch willkommener würde demselben ein, wenn auch unvollkommenes, Bild, etwa ein Schattenriß sein von dem alten Herrn Amtshauptmann und seinem Neiting. Besitzen Sie vielleicht derartiges?

Uns geht es hier sehr gut; wir wohnen in dem schönsten Teile des schönen grünen Thüringen in einem überaus schön gelegenen Gartenhause; die Lokalitäten sind geschmackvoll und für unsere Bedürfnisse ausreichend, ja, wir haben auch ein Plätzchen für gute Freunde, ... und das »Hotel Reuter« steht selten leer ... Auch kann ich Ihnen sagen, daß ich eine recht sehr auskömmliche jährliche Einnahme habe, daß meine Finanzen schon alle Abend mit kühnen Gedanken von Ankauf von Staatspapieren und Eisenbahnaktien zu Bett gehn und daß ich des Morgens mit dem schrecklichen Gedanken erwache, ich könnte einmal ein ungeheuer reicher Mann werden! – Unter solchen Umständen – ich bitte dies dem Herrn N. zu sagen – ist es sehr unwahrscheinlich, daß ich mich wieder in dem Rayon der Röhrchenhiebe seßhaft machen werde; der Teufel könnte sein Spiel haben und meine Freunde, die Junker und Pomuchelsköppe, verführen, daß sie die Prügelstrafe auf das Volk der Literaten ausdehnten.

Nun bitte ich Sie noch einmal, den Ihrigen meinen herzlichsten Dank zu sagen für die Gaben und die Art des Gebens, und möge Gott Sie noch recht lange dem Kreise derselben erhalten.

AN KARL BUCHNER

Eisenach, 14. August 1864

Geehrtester Herr, Sie müssen mich für einen sehr ungehobelten Menschen halten, der mit der böotischen Sprache auch böotische Sitten verbindet, weil ich Ihr freundliches Schreiben bisher noch nicht beantwortet habe. Sie werden mich aber, hoffe ich, entschuldigen, wenn ich Ihnen sage, daß ich beim Empfang Ihres Briefes gerade so recht mitten in der Arbeit saß und meine nächste Aufgabe die endliche Vollendung meiner »Stromtid« war, die ich übermäßig verzögert hatte, und daß dann der Wunsch, Ihnen etwas Bestimmtes auf Ihren freundlichen Vorschlag antworten zu können, mich erst die Anwesenheit meines Verlegers hier in Eisenach erwarten ließ. Derselbe ist gestern abgereist, und beide sind wir mit Ihnen der Meinung, daß die Herausgabe eines Glossars nicht bloß wünschenswert, sondern vielleicht auch notwendig sein dürfte. – Aber wie soll das zweckmäßig eingerichtet werden? – Hebel, Malß und Klaus Groth haben eigentlich jeder nur ein Buch geschrieben, welches der Erklärung bedarf, und deshalb haben sie diesen Büchern zu Ende ein Glossar angehängt. Mit mir ist dies anders: wenn ich in nächster Zeit »Kein Hüsung« in die Reihe meiner sämtlichen Schriften einrangiert haben werde, so liegen schon elf Bände vor, die alle der Erklärung bedürfen, und wollte ich nun jedem Worterklärungen beigeben, so wären endlose Wiederholungen nicht zu vermeiden, auch würden die Bücher dadurch unnötigerweise umfangreicher; wir sind also der Meinung, daß es zweckmäßig sein dürfte, für alle Bücher zusammen ein eigenes Glossar herauszugeben. – Ob dies nun aber in der von Ihnen gewünschten witzigen Malß'schen Weise geschehen wird, ist mehr als zweifelhaft. Ich selbst nämlich kann mich der Arbeit nicht unterziehen, da ich augenblicklich keine Zeit dazu habe, mein Verleger wird also einen passenden Mann dazu suchen, dessen Arbeit ich jedoch revidieren und berichtigen werde. Es wird aber wohl nichts weiter daraus werden als eine einfache Übersetzung der schwieriger zu verstehenden Wörter, z. B. Frittbohrer = Handbohrer; Kraug = Krug; Swartsuer = ein Gericht, zu welchem das Blut der geschlachteten Tiere und einige abfällige Stücke Fleisch verwendet werden und welches in Süddeutschland mit dem Namen »Klein« bezeichnet wird (Hasenklein, Gänseklein); olle Kamellen = alte Kamillen (alte, längstbekannte, halbvergessene Geschichten).

Noch einmal bitte ich um Entschuldigung, daß ich so spät Ihnen für Ihre Freundlichkeit meinen Dank sage, und grüße Sie mit der größten Hochachtung als Ihr ergebener

Fritz Reuter

AN FRANZ RUDOLF WACHSMUTH

Eisenach, 16. August 1864

Lieber Vetter, habe Dank für Deinen freundlichen und erinnerungsreichen Brief, auch für die Mitteilungen über Dich und Deine Familie, obgleich ich durch frühere persönliche Erzählung des alten Kapitän darin sehr genau instruiert war. – Du hast mich für tot gehalten; dies ist von meiner Seite bei Dir nicht der Fall gewesen, denn schon seit langer Zeit ist mir Dein Name in den Kammerverhandlungen aufgestoßen, und wenn mir noch ein Zweifel blieb, ob Du *dieser* Wachsmuth wirklich wärest, so mußte er schwinden, wenn ich das Wirken *dieses* Wachsmuths genauer ins Auge faßte. Für die Vermittlung der alten Bekanntschaft mit dem Kapitän zu einer neuen nimm meinen herzlichen Dank; er war mir und allen Kameraden, die ich gesprochen habe, vollständig aus den Augen gekommen, auch, glaube ich, hätte ich schwerlich den Mut gehabt, mich selbst durch Zusendung der »Festungstid« bei ihm einzuführen, denn – gestehe ich es nur – ich hatte das unangenehme Gefühl, daß ich den Scherz vielleicht zu weit getrieben hätte und daß er ihn vielleicht anders aufnehmen würde, als er gemeint sei. Von unsern Festungsgenossen kann ich Dir die genaueste Nachricht geben, bis auf Bönniger, denn daß der tot ist, habe ich erst durch Dich erfahren. Scheibener hat in Stralsund eine Privatschule errichtet, hat geheiratet und ist mit Hinterlassung von 2 Töchtern, die ich gesehen habe, verstorben. Bohlchen wohnt in Stralsund als alter Junggeselle hinter dem Esel, wo schon seine Eltern wohnten, er hat die Scheibnersche Schule übernommen und ist so unverändert in seinem Aussehen und seinen altdeutschen Studien, als wäre er erst gestern aus Silberberg entlassen; seine Liebe zur Jagd und seine Faulheit erhalten ihn. Briefe beantwortet er nicht. Wuthenow, der Kreisgerichtsrat in Greifswald ist, hat sich trotz großen häuslichen Unglücks ebenfalls sehr gut konserviert und sein heiteres Temperament nicht eingebüßt, er hat 4 Kinder, an denen er Freude erlebt; seine Frau aber ist schon seit vielen Jahren in Irrenanstalten untergebracht; jetzt ist sie im Württembergischen. Das Wunderbare aber bei diesem Unglück ist dies, daß diese Frau trotz ihres Zustandes die schönsten Gedichte macht, die ich früher einmal herausgegeben habe und wodurch ich mit Wuthenow in sehr genaue Verbindung gekommen bin. – Von Stahlberg und Braun weißt Du Bescheid. – Schultheiß ist Arzt zu Wollmirstädt bei Magdeburg, er hat an mich im vorigen Winter geschrieben, er hat mit der Stieftochter, Alwina Woelfling, 5 Kinder, klagt sehr über beschwerliche Arbeit und Abnahme von Lebensfrische; drechselt aber noch und hat mir die Beweise seiner Kunstfertigkeit zugesandt. – Der kleine Wolf hat aus Manchester an mich geschrieben, er hat viele, zum Teil Höllenfahrten durchgemacht, ist, allenthalben von den Regierungen ausgewiesen, in London dem Hungertode nahe gewesen, hat jetzt aber eine gute, ausreichende Stelle als Lehrer in Manchester. – Das traurigste Los ist dem dicken Döhn geworden. Er nahm nach dem Tode seiner Eltern das Gut Siedenbollentin an, welches jetzt meinem Freunde Fritz Peters gehört, den ich in drei Tagen mit Familie hier bei mir erwarte; da Döhn gerne den Großen spielen mochte, nichts von der Landwirtschaft verstand und vor allem nichts tat – er ist notorisch in allen den Jahren, in denen er Landmann war, mit keinem Fuß in einem seiner Ställe gewesen –, so wollte es nicht mit ihm gehen, so mußte er die Pachtung zurückgeben. Mit Hinterlassung eines nicht besonders ehrenvollen Rufes ging er nach Hinterpommern und kaufte dort das Gut Sabel bei Pyritz. Hier soll er ein schrecklich Leben geführt haben; soviel ist gewiß, daß er durch allerlei Unsittlichkeiten und Spiel nicht allein sein Vermögen, sondern auch das seiner Schwester und seiner alten 70jährigen Großmutter vergeudet hat. Er ist darauf ganz verarmt nach Pyritz gezogen und hat sich kümmerlich [. . .]. Er ist ganz verarmt gestorben . . .

Nun aber etwas anderes. – Wir sind beide gleich alt, lieber Vetter, und wenn Du unter wackern Kämpfen älter und Dein Haar weiß geworden ist, so lese ich aus Deinem Briefe doch Glück und Zufriedenheit heraus; Deine Frau, Deine Kinder und vor allem das Bewußtsein, Gutes und Ehrenwertes gewollt und erstrebt zu haben, berechtigen Dich dazu, und der edle Stolz, der sich in Deinen Zeilen ausspricht, gibt mir die Gewißheit, daß Du Dich in Deinem Herzen glücklich und mit Deinem Geschicke zufrieden fühlst. – Mir ist eine so segensreiche und für das Glück der Mitmenschen tätige Laufbahn versagt worden, ich habe aber ebenfalls sehr kämpfen und streiten müssen, und wenn einer Augen hat zu sehen, so wird er zwischen den Zeilen meiner Schreibereien herauslesen müssen, daß ich immer Farbe gehalten habe und daß die Ideen, die den jungen Kopf beinahe unter das Beil gebracht hätten, noch in dem alten fortspuken. – Übrigens will ich Dir zu Deiner Beruhigung mitteilen (denn est solamen miseris socios habuisse malorum), daß der Aktuar, der mir meinen Paß nach Konstantinopel ausstellte, mir in denselben »Haare: grau« hineinschrieb; da wir aber in dem gebildeten Thüringen wohnen, dies »grau« höflichst in »graumeliert« verwandelte.

Wenn in diesem Winter die Kammern zusammengerufen werden, hoffe ich Dich in Berlin zu sehen. Meine Photographie folgt hierbei. Deinen Titel hast Du mir nicht geschrieben, ich schreibe daher auf gut Glück.

AN FRANZ UND ERNST BOLL

Eisenach, 17. August 1864

Recht sehr habe ich mich über das Lebenszeichen gefreut, welches Ihr mir gegeben habt, sehe ich doch daraus, daß Ihr noch immer passabel zufriedene Kostgänger an dem Tische unseres Herrgotts seid, denn ich nehme an, lieber Herr Pastor, daß Ihr Rheumatismus nichts weiter ist als versetzter großväterlicher Hochmut *vor* dem Fall, der sich beim zweiten, dritten und vierten Enkel schon geben wird, ich denke, man wird's dann gewohnt. Ihr heiterer Humor, der sich so glänzend in der biographischen Skizze von Fritzing Volkshagen ausspricht, ist mir Beweis, daß Sie auf dem besten Wege sind, dem unangenehmen Besuche zum Abschied die Hand zu schütteln auf Nimmerwiederkehr. Aber sagen Sie mit Fritzing! Es ist doch arg, wie rasch die Leute bergunter gehen, wenn sie kein anderes Gepäck in sich und um sich haben als das bißchen väterlich Erbteil; wenn das an der Landstraße des Lebens verzehrt ist, gehen sie bettelnd und gaunernd wie die Lumpen einher. Was ist aber alles bei Euch in diesem letzten Jahre passiert? Viel mehr als in den sieben Jahren, die ich in Brandenburg wohnte, und wahrlich wenig Erfreuliches! –

Mit dem Manuskripte meines Buches bin ich endlich vor zirka 5 Wochen fertig geworden, es ist größer als die übrigen Teile, schon gedruckt; aber noch nicht broschiert. – Hinstorff, der [...] einen Überfall auf uns ausgeführt hat, meint, daß in 14 Tagen das Ding in den Buchhandel kommen werde; ich werde dann nicht ermangeln usw. usw.

Julian Schmidt mit Frau, der Maler Pietsch mit Frau aus Berlin, der den Anfang gemacht hat, die »Stromtid« zu illustrieren,

Walesrode, der Dr. Fr. Ötker aus Kassel haben hier bei uns gewohnt, und diesen Sonntag erwarte ich Freund Peters mit Frau und Töchtern. Nun, das soll eine Freude werden! Wann kommen die Bollen? – Diesen Winter nach Neujahr denke ich Euch in Neubrandenburg zu besuchen, und dann will ich Euch von Konstantinopel erzählen. Eine Reisebeschreibung will ich nicht schreiben; ich werde später aus der Geschichte eine humoristische Erzählung mit der Reise als Hintergrund schreiben, das sagt meiner Art besser zu. – Nun geht's auf die Urgeschichte los, und bitte ich die beiden Bollen, allerlei interessante Mecklenburgica für mich ins Auge zu fassen und eventualiter für mich aufzuheben. Ich muß das Ding ganz bruchstückweise schreiben und nachher sorgfältig verquicken und verlöten. Die nächste Arbeit wird aber die Überarbeitung von »Kein Hüsung« sein, die nun gedruckt werden soll; ich habe das Buch endlich aus Greifswald für mich wieder frei gemacht. – Mit meinen Büchern geht es jetzt forsch, und wäre ich mit dem halben Erfolge sehr zufrieden. Acht meiner früheren Bücher haben in diesem Jahre eine neue Auflage erlebt oder werden sie bis Weihnachten erleben: »Läuschen« I, »Hanne Nüte«, »Olle Kamellen« I, II, III, IV und V und »Kein Hüsung«. Außerdem erscheint zu Weihnacht eine illustrierte Ausgabe von »Hanne Nüte«; die Bilder (40) hat Otto Speckter in Hamburg gezeichnet und Brend'amour in Düsseldorf schneidet sie; ich bin wohl mit den Proben zufrieden. Vom ersten Teil der »Stromtid« (Olle Kamellen III) ist schon die dritte, vom zweiten Teil die zweite, aber größere Auflage erschienen, und von dem noch nicht herausgegebenen dritten Teil wird jetzt schon die zweite Auflage gedruckt, so daß im ganzen 7700 Exemplare gedruckt sind; und das alles, obgleich das Publikum das Ende noch nicht kennt. Ihr könnt Euch denken, wie bange mir nun das Herz schlägt, ob denn nun der Schluß befriedigend ausgefallen ist. – Das Pekuniäre in der Sache ist nun freilich sehr schön; aber dennoch kehren sich manche Schattenseiten ungebührlich heraus, und dazu muß ich die wirklich überhandnehmende Korrespondenz rechnen, die mir viele Zeit raubt; und wenn ich auch das augenblicklich nicht fühle, da ich seit einigen Wochen gar nichts tue, so wird mir zuweilen die Beantwortung der Briefe schwer. Dieselben sind freilich alle sehr gut gemeint, aber eben deswegen lassen sie sich auch nicht so trocken und dürr abfertigen wie ein Geschäftsbrief. Zuweilen kommen denn auch die komischsten Schreiben an mich, so heute morgen zugleich mit einem Briefe von Julian Schmidt, der durchaus darauf dringt, daß ich nach Berlin ziehen soll, die Einlage von Carline R... aus L...-witz in der Begüterung, die sich bei mir angemeldet hatte und die als plattdeutsche Dichterin mich schon verschiedentlich gequält hat. Bei dieser Dichterin fällt mir ein, daß Sie beide mir einen rechten Gefallen tun könnten, wenn Sie mir echt mecklenburgische poetische Erzeugnisse à la Kägebein und Fräulein von Flotow aufstöbern könnten, denn die vorchristliche Literatur muß doch auch in der Urgeschichte behandelt werden. – Kägebein besitze ich selbst, Siemerling hat ihn aber noch. Da ich nicht weiß, ob dieser Siemerling noch als idyllischer Luftschnapper auf den arkadischen Fluren Hinterpommerns wandelt, adressiere ich den Brief an Sie und bitte Euch (wie höflich und doch zugleich zutraulich habe ich stets mit »Sie« und »Ihr« gewechselt!), die Einlagen zu besorgen.

Sie, Herr Pastor, der als sorgsamer Hausvater nichts umkommen läßt (vide Schwefelhölzchen), selbst nicht einmal einen Gruß aus der Ferne, besorgen wohl an die Frau Pastorin unsere freundlichsten Grüße; Franzen hoffe ich nächstens als Studiosus hier bei uns einspringen zu sehen. Grüßen Sie auch Friedchen und die Kleinen, auch Dr. Brückner und all und *all* die andern, das, denke ich, wird Ihnen die Muße der langen Ferienzeit etwas vertreiben.

... Der Brief wäre schon früher in Euren Händen, wenn Adv. Moll und Dr. Balk aus Stargard nicht gekommen wären, die ich doch notwendigerweise erst nach Brandenburger Nachrichten wie die Zitronen auspressen mußte.

AN JULIAN SCHMIDT

Eisenach, 19. August 1864

Lieber Julian, nun könnte ich die schauderhafteste Rache an Ihnen üben, ich könnte die warme Nachtjacke der Gefühlsweichheit in den Kleiderschrank hängen und mir dafür das angepriesene Panzerhemd von Härte und Galle hervorholen und in diesem Ihre Freunde empfangen. Sorgen Sie indessen nicht: Ihre Freunde sind meine Freunde, und wenn ich einmal mit Lassalle zusammentreffe, so wird mir das ebenso unangenehm sein als Ihnen am Vierwaldstätter See. – Nehmen Sie den Scherz nicht übel, denn im Herzen bin ich Ihnen sehr dankbar für Ihre beiden Briefe, weil ich daraus ersehe, daß Ihre Freundschaft sich ernstlich mit meinem ferneren Wohle beschäftigt, und, was noch mehr ist, ich will Ihnen im ganzen recht geben. – Zur Zeit hat es jedoch noch keine Gefahr; ich kann mir unbedingt das Zeugnis geben, daß die vielen Beweise von Freundschaft, die mir hier zufließen, mich weder zur Sentimentalität noch gar zur Selbstüberschätzung stimmen. – Ich weiß recht wohl, daß es in Berlin und anderswo viele Leute gibt, die durch ihre Überlegenheit in Talent und Wissen weit über mir stehen und dadurch einen vorteilhaften Einfluß auf mich ausüben können, und ich lehne deshalb auch Ihren Freundeskreis *keineswegs* ab; mein ganzes Leben ist aber nur in ganz engen Verhältnissen aufgewachsen, und ich fürchte, daß mich ein Blick in weite Aussicht mehr verwirren als fördern könnte. – Für das Zuströmen von Galle aber sorgt meine gute Verdauung, die mecklenburgische Ritterschaft und mein Verleger, Herr Hinstorff. Der letztere hat sie wenigstens durch seine Anwesenheit mit Frau und noch einer langweiligen Person in eine arge Erregung gebracht, und wenn er auch – was Sie Pietsch wohl mitteilen – gleich bereit war, die schnöde abgebrochene Unterhandlung mit demselben wieder aufzunehmen, so hat er mich doch durch seine Quengeleien über Zahlungstermine und andere Geschäftsangelegenheiten in arge Mißstimmung gebracht, in eine solche Stimmung, daß ich recht zu tun glaube, wenn ich in derselben die Urgeschichte fortsetze. Dazu kommt noch, daß ich von andern Mecklenburgern erfahre, daß in meinem lieben Vaterlande eine ganz gehörige Gärung unter dem Volke ausgebrochen ist, die sogar dem Großherzog nicht fremd geblieben ist und ihn mit Unzufriedenheit gegen seine Minister und Kliefoth erfüllen soll. Es wäre vielleicht also ein günstiger Moment, wenn so'n bißchen Satire in den Hexenkessel hineingeworfen würde. – Daß Sie beide glückliche Tage in der Schweiz verlebt haben, hat uns sehr erfreut, und daß Sie trotz dieser glücklichen Tage noch an Eisenach freundlich gedenken, noch mehr. – Diesen Winter sehen wir uns jedenfalls in Berlin, und wenn diesmal dort der Aufenthalt auch nicht so lange dauern wird, wie Sie raten, so werde ich für das darauffolgende Jahr doch meine Disposition zu einem längeren Aufenthalt daselbst treffen. Ebenso wie Sie haben wir Pietsch auf der Rückreise vergebens erwartet; da wir Sie leider nicht gesehen haben, so bitte ich Sie, Pietsch zum Weiterzeichnen unter allen Umständen zu veranlassen, gleich gut, ob er sich mit Hinstorff geeinigt hat oder nicht. Ich will selbst die Sache übernehmen, und wenn Pietsch Geld braucht – sei es zur Reise nach Mecklenburg oder zu andern Zwecken –, so soll er es mir nur schreiben, ich werde ihm seine Arbeiten umgehend bezahlen und später mit Hinstorff mich arrangieren. Da diese Sache etwas heiklich ist und Pietsch verletzen könnte, so wende ich mich dieserhalb an Sie, der Sie ihm dies am passendsten mitteilen können. – Von dem Schloß und dem Rathaus in Stavenhagen habe ich vor etwa 14 Tagen schöne Photographien erhalten durch die Schwiegertochter des alten Amtshauptmann, die jetzige Senatorin Weber in Rostock, zugleich sandten mir die drei Enkelinnen des alten Herrn einen kostbar gestickten Pelzteppich, und der Sohn hatte unter den Papieren des Alten meinen ersten schriftstellerischen Versuch gefunden, eine Reisebeschreibung nach Braunschweig und Magdeburg, die ich für ihn als 11jähriger Junge geschrie-

ben habe; auch diese hat man mir zu meiner großen Freude gesandt.
Nun die herzlichsten Grüße an Sie beide von uns beiden. Fischer hat seinen Gruß selbst hierbei geschrieben. Ihr

Fritz Reuter

Der [...] Justizrat, der sich sehr freut, daß Sie seiner so freundlich gedacht haben, empfiehlt sich Ihnen und Frau Gemahlin zu geneigtem Andenken. Ihr ergebenster Fischer

Damit alle Ränder voll werden, grüße ich die beiden lieben Schmidts noch mit rechter Herzlichkeit. Luise Reuter

Sie haben nicht unrecht mit Berlin, meine ich, in *einem* Punkte wenigstens.

AN ERNST WILHELM GOTTLIEB WACHSMUTH

Eisenach, August 1864

Ihr freundliches Versprechen, eine Widmung des letzten Teils mit Nachsicht aufnehmen zu wollen, ist mir während des Schreibens stets vor Augen gewesen, und nun habe ich die innige Herzensfreude, Ihnen das Buch überreichen zu können. Wenn's nur mit Liebe getan wäre, mit welcher ich an Sie dabei gedacht und mit welcher ich daran gearbeitet habe! Aber die Frucht stimmt oftmals schlecht zu der Blüte, und der Erfolg hinkt kläglich hinter dem Wunsche her; darum lassen Sie Ihr freundliches Wohlwollen für mich walten, wenn Sie finden, daß der Schluß nicht das hält, was etwa der Anfang versprochen haben sollte. Es ist aber nun in dieser Weise fertig geworden, und ein alter plattdeutscher Spruch lautet: »Hundsvott giwt't beter, as hei kann«, und der mag denn nun meine Entschuldigung übernehmen.
Uns geht es hier fortdauernd sehr wohl, und immer zweifelhafter wird es, daß wir jemals wieder nach dem Norden zurücksiedeln.

Für Sie wird es vielleicht von Interesse sein, zu erfahren, daß dieser Ihnen gewidmete Teil schon in einer 7700 Exemplare starken Auflage gedruckt worden ist, was zu unserem äußeren Glücke auch das Seinige beiträgt.

AN LUDWIG PIETSCH

Eisenach, 2. Oktober 1864

Lieber Pietsch, soeben erhalte ich Briefe aus Neubrandenburg, die mich daran – wenn auch unwillkürlich – gemahnen, daß Du ja vielleicht nächstens die gute Stadt besuchen wirst. Ich werde Dir anbei einen Brief an Freund Peters auf Siedenbollentin und einen dito an Dr. Siemerling in Neubrandenburg legen. Aber erst will ich von unserer Angelegenheit reden. – Der Vorschlag, den ich in betreff der zu verringernden Anzahl von Bildern machte, ist bloß ein Ausfluß meiner Unkenntnis in solchen Dingen; ich akzeptiere Deine Ansicht vollständig, habe deshalb auch schon an Hinstorff geschrieben, der mir vor einiger Zeit anzeigte, daß er sich direkt an Dich wenden wollte, um die Sache mit Dir definitiv abzumachen. – Dein vernünftiges Verlangen, Dir die Holzschneider selbst auszusuchen, habe ich ihm ebenfalls als conditio sine qua non hingestellt; er wird sicherlich darauf eingehen. Solltest Du Dich wider Erwarten mit Hinstorff nicht einigen, so wiederhole ich, daß ich dann vor den Riß trete; laß also nur getrost schneiden. Lieber – der Schreiberei und der Besorgungen wegen – wäre es mir allerdings, wenn Du mit dem Verleger unmittelbar verhandeltest, und ich hoffe, das wird sich machen. – Meine Frau hat Dir neulich 100 Taler gesandt, für den Augenblick konnte ich nicht wohl mehr entbehren, da ich erst meine Herbstrente am 9. Oktober empfange. Sende mir über das empfangene Geld bei Gelegenheit eine Quittung, und wenn Du mehr brauchst, so schreibe; ich denke, zu der Reise wirst Du vorläufig genug haben. Wenn Du Dich mit Hinstorff *nicht* einigst, so bitte ich Dich, mir

Dein und der Holzschneider Honorar genau anzugeben. Dein Freund, der Landrat von Wussow, soll mit aller Freundlichkeit von uns aufgenommen werden.
Nun Deine Reise: von Berlin nach Prenzlau, dann auf der Post bis Neubrandenburg, dort logierst Du in der Goldenen Kugel und siehst Dir dies Gasthaus von außen an, weil es in der Franzosentid vorkommt. Da Du früh genug ankommst, obschon im Dunkeln, gehst Du in die Mohnkesche Brauerei, woselbst Du den Zimmerling Schulz sehn wirst, den Du nur abzuschreiben brauchst, um ein prächtig Bild zu haben. Den andern Tag gibst Du den Brief an den Dr. Siemerling ab; wenn er irgend Zeit hat, wird er Dir dann alle Herrlichkeiten von Neubrandenburg zeigen. Du kannst und mußt des Morgens aber rund um die Stadt um den Wall gehen. – Du bleibst in Neubrandenburg, solange es Dir gefällt, und fährst oder gehst nach Treptow – wenn Du gehst, adressierst Du Deine Sachen an den Postmeister Gollreider; dort kannst Du dieselben liegenlassen, bis dieselben von Bollentin geholt werden, wohin tagtägliche Gelegenheit ist. Du gehst dann noch eine starke Meile nach Bollentin. – Hier bleibst Du, solange es Dir gefällt, lässest Dich dann von Peters nach Treptow fahren und sendest Deine Sachen mit der Post über Neubrandenburg nach Stavenhagen an den Gastwirt Clasen; Du selber marschierst einen näheren Weg über Wolde und Ivenack (drei Meilen). In Stavenhagen kannst Du meine Schwester besuchen, sie wird Dich hoffentlich herzlich aufnehmen. Dort besiehst Du vor allem das sogenannte Schloß und das Rathaus. Von dort gehst Du nach Gülzow (Bauerhäuser), Pinnow (Pümpelhagen etwa), Demzin, Liepen (etwa Rexow, nur muß das Haus anders), nach Basedow, und von dort gehst Du nach Malchin, grüßest meinen ältesten Jugendfreund, Senator C. Krüger, und einen prächtigen Menschen, den Brauer Hahn, von mir und kannst dann so hoch und so weit noch springen, wie Du willst.
Soeben erhalte ich eine Nr. des Volksgartens mit Deiner Sargszene; es scheint mir der Schnitt nicht Deiner Zeichnung

ebenbürtig zu sein; aber es liegt wohl in der Sache, daß viel verlorengeht.
Meine Frau und ich grüßen und wünschen Deiner lieben Frau baldige Genesung. Dein Fritz Reuter

AN FRITZ PETERS

Eisenach, 20. Oktober 1864

Lieber Fritz, die verfluchten Mäuse! – Gott schuf den Menschen, schuf den Affen, wozu hätt' er die Mäus' erschaffen? Etwa dazu, daß sie einem braven Ökonomiker den Klee auffressen und daß Ostfriesland im Stalle Hunger leidet? Es passieren viele Dinge unter dem Monde, worauf wir Menschen uns keinen Vers machen können. Der Sommer war doch nicht so warm; woher der große Mäuseschwarm? – Aber Rüben sind gut für Ostfriesland, sind auch gesund, ich esse sie selber, vorzüglich Teltower, wie gestern mittag.
Nun könnte ich das Umherdämeln auf den krummen Fußsteigen wohl sein lassen und grade Chaussee gehen; und das will ich denn auch.
Die Einlage gibst Du wohl an Pietsch, wenn er zu Dir kommt oder bei Dir ist; ich hoffe, er wird vor Weihnachten noch einmal zu uns kommen und soll dann nach Bollentiner Nachrichten wie eine Zitrone ausgequetscht werden, zu Neujahr saugen wir selbst diese an der Quelle, denn dabei bleibt's. – Ich habe sogar, um diese Reise machen zu können, einem großen Genusse entsagt, nämlich dem, heute und morgen in Parchim das 300jährige Jubiläum der Schule mitzufeiern. Du kannst Dir wohl denken, wie schwer mir dieser Entschluß geworden ist, denn Du weißt, daß mir mein Aufenthalt in jener Stadt noch immer als der schönste Abschnitt meiner Jugendzeit gilt. Heute nachmittag, wenn die alten Jungen beim Festessen sitzen, erhalten Sie von mir folgendes Telegramm:

»Den frohsten Gruß an Euch, Ihr Brüder!
Erhebt die Gläser, wieder, wieder!
Genießt des Augenblickes Gunst!
Doch denket ernst der treuen Meister,
Die, längst geschieden, einst die Geister
Geführt zu Wissenschaft und Kunst.«

Vor einigen Tagen habe ich eine ernst-freudige Überraschung gehabt: Du erinnerst Dich noch des Festes von dem alten Strilack in Waren, der sich einmal bei seinem Schwager Dietrich in Treptow aufhielt und dann in den Krimfeldzug zog; dieser hat, nachdem er den Feldzug mitgemacht, Kleinasien, Syrien, Ägypten und Nubien durchreist und teilweise zu seinem Aufenthalte gemacht hat, aus Dresden an mich geschrieben und sendet mir seine Photographie ein; ich habe mich sehr darüber gefreut, da es dem alten Jungen dort gut zu ergehen scheint. Bei dieser Gelegenheit sandte mir auch der so sehr berühmte Staatsrat, Professor Schleiden, der das Leben der Pflanzen geschrieben hat, seine Photographie mit einer herzlichen Diskussion ein, worüber ich mich begreiflicherweise sehr gefreut habe.

Heute, nachdem mich Dr. Eggers aus Berlin und später eine Dame aus Potsdam verlassen, sind Herman Grimm und Frau bei uns. Du siehst, es ist noch tous jours wie immer; den Besuch ließe ich mir noch gern gefallen, wenn nur die leidige Korrespondenz nicht wäre! An ein ordentliches Arbeiten ist unter diesen Umständen noch nicht zu denken gewesen; aber 's schadt nicht; vorläufig will ich auch noch nicht ernstlich dran, denn ich bin gar nicht recht auf dem Strumpfe.

Meine Frau grüßt Deine Frau, und meine Frau sagt Deiner Frau, daß meine Frau sehr erfreut sein würde, wenn Deine Frau meiner Frau einen langen Brief schreiben würde; ich grüße auch Deine Frau, und wir beide alle Kinder. Wie ist es, trägt mein Pät schon Hosen? – Nicht? Nun es ist auch besser, vielleicht auch reinlicher.

In alter Freundschaft Dein Fritz Reuter

Wie steht's mit den Anekdoten?

AN UNBEKANNTEN EMPFÄNGER

Eisenach, 20. Oktober 1864

Geehrter Herr, absichtlich und nicht aus Nachlässigkeit habe ich diese Zeit verstreichen lassen, bevor ich Ihren werten Brief beantworte. Mir war nämlich ganz dieselbe Aufforderung von einer andern Seite zugekommen, von Seite des Dr. C. Eggers in Berlin. Da jedoch dieser, hier im Thüringer Walde weilend, mir eine Zusammenkunft auf gestern in Eisenach verheißen hatte, so glaubte ich diese erst mit ihrem Erfolge abwarten zu müssen, bevor ich antwortete. Die Zusammenkunft hat stattgefunden; wir sind aber beide der Meinung, daß aus dem Unternehmen nicht recht was zu machen sei, teils wegen Teilnahmslosigkeit des Publikums, teils wegen Mangel tüchtiger Kräfte. Ich für mein Teil muß eine bestimmte Verpflichtung zur Teilnehmerschaft oder gar Redaktion entschieden ablehnen. Ich habe nur einmal Beiträge zu einem solchen Unternehmen geliefert, und das war grade zu einem solchen plattdeutschen Volkskalender, bin aber dabei gewahr geworden, daß es sehr schwer ist, wirklich passende Stoffe dafür aufzufinden – mit lyrischen Gedichten ist's nicht getan. – Sie dürfen mir diese abschlägige Antwort nicht übelnehmen, da ich mich allen Aufforderungen dieser Art von Journalen gegenüber ablehnend verhalten habe. – Sollten Sie das Werk zustande bringen wollen, so wenden Sie sich einmal an den Advokaten Hobein zu Schwerin, der – wie ich weiß – sich dafür interessiert, und an den Lehrer Brinckman zu Güstrow, das wären die beiden einzigen, die etwas liefern könnten in Mecklenburg, das übrige ist Schund.

Mit Hochachtung Ihr Fritz Reuter

AN ERHARD QUANDT

Eisenach, 27. Oktober 1864

Lieber Freund, wie soll ich denn alle Ihre Freundschaftsdienste einmal wiedergutmachen? Bald füttern Sie mich mit lieblichem Gevögel von Leipzigs Fluren, bald bereiten Sie mir unter dem Titel Glossarium aus allerlei verstreuten Brokken ein schmackhaftes Gericht. Ich habe meinen Senf, wie Sie gütigst erlaubten, dazugetan und sende Ihnen Ihre Freundesarbeit hiermit zurück. Wenn der von Hinstorff engagierte Lehrer etwas Vernünftiges und zu dem Ihrigen Passendes liefert, so könnte man ja daraus auch etwas entnehmen; nötig wird's nicht sein, da Ihr gesammeltes Material mir vollkommen ausreichend scheint. Also den herzlichsten, aufrichtigsten Dank für Ihre Freundschaft. – Hierneben lege ich noch ein Paket an einen Schulmeister in Stötteritz, der auf die unglückselige Idee gekommen ist, die Läuschen in königlich sächsische Prosa zu übersetzen, dies auf die unseligste Weise ausgeführt hat und nun von mir das Imprimatur verlangt, welches ich zurückgewiesen habe. – Hier ist in der letzten Zeit vielerlei passiert, welches ich zu melden habe. Ein Herr Dr. Eggers aus Mecklenburg war hier, um mich zu einem plattdeutschen Volkskalender zu engagieren; habe ich abgelehnt. Brockhaus (dies jedoch nur unter uns) war hier, um mich zu einer hochdeutschen Übersetzung zu bewegen; habe ich vorläufig auch abgelehnt. – Heute hat Pietsch von Siedenbollentin, dem Gute meines Freundes Peters, an mich geschrieben; er ist von seiner Reise und seinem Aufenthalt in Neubrandenburg sehr erbaut, hat den Zimmerling Schulz gezeichnet und studiert mit großer Befriedigung die Mecklenburger und Pommern. – Vorgestern wurde ich von unserm Weimarischen Großherzog, der hier auf der Wartburg weilt, zum Diner befohlen, ohne daß ich vorher meine Aufwartung gemacht hatte. – Es war ein ganz gemütlicher Abend, und trat mir der Großherzog mit großer Liebenswürdigkeit entgegen. – Aber nun kommt das dicke Ende nach; denken

Sie sich, ich bin mit den Erben des verstorbenen Kunike in sehr verdrießliche Erörterungen über eine neue Auflage von »Kein Hüsung« geraten. – Der Bruder des Verstorbenen fragte in einem Briefe an, ob wir jetzt nicht, da nur noch sehr wenige Exemplare vorhanden seien, eine neue Auflage veranstalten und uns darüber einigen wollten; ich lehnte dies höflich ab, weil ich schon mit Hinstorff dieserhalb in Verbindung getreten sei; darauf zog er in einem zweiten Briefe die Fingerhandschuhe aus und schrieb: ja, so ginge die Sache nicht, die Witwe und die Vormünder wären gar nicht gewillt, ihr *Verlagsrecht* fahrenzulassen und nach preußischem Landrecht § 1024–1025 stände ihnen das Recht zu, eine neue Auflage zu dem halben Preis des früheren Honorars zu veranstalten; entweder also müßte bei ihnen die neue Auflage erscheinen oder Hinstorff müßte ihnen das Recht dazu abkaufen. Ich habe gar nicht darauf geantwortet, sondern Hinstorff die Korrespondenz zugesandt. Nun ist die Sachlage aber folgende: erstens passen die angezogenen §§ des Landrechts gar nicht, zweitens gilt oder galt damals für Neuvorpommern das Landrecht gar nicht, und drittens habe ich ihnen gar kein Verlagsrecht, sondern nur eine Auflage von 1200 Exemplaren verkauft, denen ich noch nach abgemachter Sache aus freundlichem Willen 100 Exemplare hinzufügte, also von 1300 Exemplaren. Soweit wäre die Sache unbedenklich, und waren auch Brockhaus und hiesige Juristen der Meinung, daß das Ganze ein Schreckschuß sei, um zu versuchen, ob dabei nicht noch etwas zu reißen sei. – Aber eine Sache ist mir höchst fatal, ich weiß den Wortlaut des Kontrakts nicht mehr, und meine liebe Frau hat denselben bei meiner Abreise aus Mecklenburg mit andern Papieren verbrannt. – Es ist dies sehr verdrießlich. – Wenn Sie und Freund Hänel mich besuchen, sprechen wir mehr darüber; vorläufig lassen wir die Hinstorffsche Auflage erscheinen. – Aber wann kommen Sie? Bisher haben sich meine Gänsebraten-Lieferanten in ein schweigsames Dunkel gehüllt und fressen, wie Freund Pietsch mitteilt, diese Gabe Gottes mit achtungswertestem Appetit selbst auf. Den nächsten Sonntag tagt hier der Nationalverein, von einem gemütlichen Verkehr wird dann also auch nicht recht die Rede sein können; ich denke aber, den Sonntag drauf wird Gänsebraten und Gelegenheit geboten werden.

Mit herzlichstem Danke und treuer Freundschaft Ihr

Fritz Reuter

AN HERMANN SCHMIDT

Eisenach, 11. November 1864

Lieber Schmidt, ich habe Dich etwas über die Gebühr alter Freundschaft hinaus auf Antwort warten lassen müssen; aber nun will ich Dir doch heute für das treue Bewahren dieser Freundschaft die Hand drücken. Du hast recht, ich halte viel von unserer Vaterstadt, wenn sie in dem Abendrot der Erinnerung mir entgegenleuchtet, wenn ich aber alles um und in ihr in dem hellen Sonnenschein der Gegenwart betrachte, so, fürchte ich, wird der Poet viel prosaischer und nüchterner darüber denken müssen als der herzensgute Direktor des Wittenberger Gymnasiums. – Es ist dort eitel Jammer und Elend, namentlich im Bürgerstande, Gewerbsnot, Spaltung und ein kümmerlicher Luxus, der aber doch groß genug ist, um die Leute zu ruinieren. – Sie ist unter einer schwächlichen Verwaltung der Judenpest verfallen. Das einzige, was *ich* dagegen tun konnte, ist von mir geschehn; ich habe die Idee einer Spar- und Darlehnskasse unter den bessern Bürgern angeregt, und von dem ehrenwerten Pastor Niederhöffer ist die Sache zum guten Gedeihen geführt worden, so daß jetzt wenigstens dem gröbsten Juden-Wucher gewehret scheint. – Für die Mitteilungen aus Deiner Familie danke ich Dir recht sehr, traure aber recht von Herzen, daß Dein liebes Miechen diese Welt verlassen und ich ihr nicht mehr die Hand drücken kann. – Für diese Deine Nachrichten als Gegengabe: ich habe 1851 die Tochter des Pastor Kuntze in Roggenstorf bei

Grevesmühlen geheiratet, bin darauf Preuße geworden, nach Treptow verzogen und habe dort unter sehr ärmlichen Verhältnissen als Privatlehrer in Deinen Kram gepfuscht, erholte mich aber doch so etwas im Jahre 54 an den Läuschen und Rimels. 56 zog ich nach Neubrandenburg, und von dort zog ich Johannis v. J. nach Eisenach. Unsere Ehe ist leider kinderlos geblieben. Ob [ich] jemals wieder nach dem alten Mecklenburg zurückkehre, ist bei der jetzigen politischen Richtung dort sehr die Frage; zum Besuche werde ich zu Neujahr dahin verreisen und werde auch Stavenhagen wiedersehn. – Nun zu Deinem Ansuchen, Metz betreffend. Leider muß ich mich gegen dasselbe ablehnend verhalten, was mir Dir gegenüber sehr schwer wird – glaube mir's; aber wenn Du meine Gründe hörst, wirst Du dieselben billigen. Schon vor einigen Jahren, als die Anforderungen des Publikums wegen Polterabend- und andere Gelegenheits-Gedichte alles Maß überschritten und mir zuviel Zeit raubten, erklärte ich, mich durchaus, selbst für meine besten Freunde, nicht mehr darauf einlassen zu können, und so habe ich noch in diesem Jahre zweien mir sehr bekannten adligen Damen, meinem Freunde Schondorff, der Frau meines Freundes Professor Dettmer in Lübeck und andern mir ferner stehenden Leuten abschlägliche Antworten zukommen lassen. Ließe ich mich jetzt wieder darauf ein, so zöge ich mir, abgesehn von der Inkonsequenz, den ganzen Bienenschwarm von Polterabend-Deklamatoren wieder auf den Leib. – Aber außerdem noch – was Du vielleicht nicht weißt – ist Metz nicht der Mann, dem ich meine Ovationen darbringen möchte: er ist vor ein paar Jahren wegen der allergröbsten Unsittlichkeiten verurteilt und mit acht Wochen Arrest bestraft worden; er steht in ganz schlechtem Geruche. – Ich glaube, Du wirst meine Gründe stichhaltig finden und wirst mich trotz dieser Ablehnung auch ferner in freundlichem Andenken in Deinem treuen Herzen behalten.

Mit dem herzlichsten Gruße Dein Fritz Reuter

AN HEINRICH GESELLIUS

Eisenach, 12. November 1864

Mein treuer Lehrer und Freund, ich habe mich zu Deinem Briefe recht sehr gefreut, und wenn ich nicht umgehend geantwortet habe, so war teils manche Störung (Versammlung des Nationalvereins, mein 55. Geburtstag usw.) daran schuld, teils auch die Absicht, den photographischen Wünschen Deiner Anna gleichzeitig zu genügen. – Du schreibst von der Liebe Deiner Schüler, und wenn Du darin Glück findest, so hast Du es; Du schreibst vom Neide – laß ihn Dir doch gefallen, der Neid macht fett, das hab' ich an mir selbst erfahren: von dem Augenblick an, als Klaus Groth anfing, mich zu beneiden und dieser sauberen Unart öffentlich Ausdruck zu geben, nahm ich ihm sachte seine populären Kränze von seinem Haupte und setzte sie mir auf. Der Neid fällt stets in seiner Gemeinheit und Widrigkeit auf den Neider zurück. – Eigentlich habe ich Dir aber heute ganz was anderes zu erzählen; es wird ein bißchen bunt durcheinander kommen, aber es ist im ganzen alles recht erfreulich. Also: vor einigen Tagen erhielt ich einen überaus herzlichen Brief von einem alten Freunde und meinem Landsmann Schmidt aus Wittenberg, soeben einen Brief von Hinstorff, begleitet von den Holzschnitten, die Otto Speckter in Hamburg für meinen »Hanne Nüte« gezeichnet hat. Auch die drei Bände »Stromtid« sind schon alle zur Illustration von dem Maler Pietsch in Angriff genommen, werden jedoch erst zum nächsten Weihnachten fertig. Wenn die Holzschnitte so gut ausfallen wie die Zeichnungen, so ist etwas Ausgezeichnetes zu erwarten. Der Mensch hat den Bräsig wunderbar erfaßt, klein, schrägelbeinig, mit einem Ausdruck, daß ich einmal über das andere ausrufen mußte: »Wie ist es möglich, daß ein anderer ihn so darstellen konnte, wie er mir leibhaftig vor Augen stand, als ich ihn schrieb!« Rezensionen regnet es von allen Seiten, und nicht eine einzige ungünstige ist mir zu Gesicht gekommen; – wie ich jedoch höre, soll der »Norddeutsche Korrespondent« eine solche erlassen haben (kannst Du mir dieselbe vielleicht verschaffen?), doch war das zu erwarten und ist mir sehr lieb, weil es mir ein Beweis ist, daß ich auf rechten Wegen bin. Dahingegen hat der Professor Zarncke im literarischen Zentralblatt mein Werk überaus günstig beurteilt, obgleich er früher einmal ein Tadler meiner Sachen war; also ein neuer Freund! – Was wird aber der Norddeutsche sagen, wenn mein neues Buch vom Stapel läuft? Ich wollte das Ding Dir dedizieren; es würde Dich und Deine Pension aber in eine schiefe Stellung bringen, denn es ist eine Satire, eine Travestie der ältesten Geschichte mit sonderbarer Berücksichtigung der mecklenburgischen Verhältnisse. – Da wird man aber einmal über mich herfallen! Da werden alle Eulen aus ihren Löchern kommen, Pfaffen und Junker! – Dies ist jedoch strenge sub rosa, man wird mir sonst das Ding in Mecklenburg gleich verbieten. Es wird ein fessellos verrücktes Ding. – Würdest Du es mir aber vielleicht als Nichtachtung Deiner auslegen, wenn ich Dir in einer neuen Auflage den ersten Teil der »Stromtid« widmete? Der zweite ist dem alten Kohlrausch, der dritte dem alten Wachsmuth (beide Historiker) dediziert, und da ich meinen Geschichtsunterricht durch Dich empfangen habe, so gehörst Du dorthin. Ich wollte das Buch anfänglich ohne Widmung belassen, später hat es sich anders gemacht. – Gib mir darüber Deine Meinung zu erkennen! – Die plattdeutsche Sprache gewinnt selbst hier beträchtlichen Boden, alles liest hier plattdeutsch. Ich habe hier schon einmal eine Vorlesung gehalten, und am 17. d. M. werde ich auf Veranlassung meines rasch gewonnenen Freundes, Oberhofpredigers Schwarz in Gotha, dort eine desgleichen vor einem sehr gewählten Publikum im Theater halten zum Besten des Gustav-Adolph-Vereins. – Auch an anderen Ehren hat's mir nicht gefehlt: Unsere Königliche Hoheit der Großherzog von Weimar hat mich, ohne daß ich mich vorher präsentiert hatte, zum Diner auf die Wartburg geladen, und ich habe unter den Großen dieser Welt dort einen vergnügten Abend verlebt. – Nun wirst Du vielleicht

Deinen warnenden Lehrerfinger erheben: »Fritz, werd' mir nicht übermütig!«, und ich werde Dir antworten: »Freude macht's mir; aber eitel macht's mich nicht.« – Wohl ist mir aber vor allem, wenn mich Leute wie Rudolph von Bennigsen, Schulze-Delitzsch, Miquel, der alte Vater Wachsmuth, der bedeutende Dichter Arnold Schlönbach, der Präsident von Gersdorff und meine Landsleute hier besuchen, und wir sitzen hier zusammen und reden ein freies Wort. Mein Haus gleicht zuweilen einem Gasthause, wo fröhliche und ernste Männer frei miteinander verkehren. Meine Frau führt Buch über unsere Besuche, und da hat sich denn herausgestellt, daß im vorigen Jahre 112 Fremde, in diesem gegen 150 bei uns waren. Vor einigen Wochen waren einmal 7 zugleich bei mir, darunter 3 Freimaurer und unter diesen der Meister Piek aus Hamburg, ein alter prächtiger Mann, der mich beim Kopf nahm und mich tüchtig abküßte; es wird Dich dies vielleicht interessieren. Einer der Buchhändlerkönige, Brockhaus, ist auch schon bei mir gewesen; er wollte doch einmal ein bißchen nachfragen, ob ich nicht geneigt sei usw. Es ist anders als vor zehn Jahren, als ich wie ein Narr mit meinem Manuskript von einem zum andern laufen mußte; jetzt kommen sie zu mir. – Ich weiß aber recht wohl, daß dies nicht immer so bleiben kann, und wenn ich jetzt auch noch keine Abnahme im geistigen Schaffen verspüre, so habe ich mir doch das Wort gegeben, daß ich, wenn dies der Fall sein sollte, unter keinen Umständen mehr schreiben will; ich will nicht die Zahl derer vermehren, die in alten Tagen mit schwächlichen Werken ihre früheren guten zuschanden machen. – Für die Zusendung der parchimschen Schulschriften meinen herzlichen Dank; ich war lebhaft gerührt, als ich unter den Abiturienten des vorigen Jahrhunderts den Namen meines alten Vaters und zweier Onkel fand. Dafür sende ich für Deine Anna außer der Photographie die drei Bände meines letzten Buches, eins leider ungebunden, weil die gebundenen fehlen; Du magst sie ihr gleich geben oder dieselben auf ihren Weihnachtstisch legen.

Du siehst aus dem Obigen, daß ich hier ein sehr bewegtes Leben führe, daß es mir hier sehr wohl gefallen muß und daß ich wohl schwerlich unter den im Vaterlande herrschenden politischen Umständen so bald zurückkehren werde. Zum Besuche werde ich um Neujahr nach Pommern und Mecklenburg reisen.
Nun lebe wohl, gedenke meiner mit alter Liebe, wie ich Dich immer im Herzen tragen werde. Grüße den Vetter Behm, August Loescher, August Behm und wer sich meiner sonst noch erinnert.

AN FRANZ BOLL

Eisenach, 14. November 1864

Ich beantworte Deinen Brief umgehend, um Dir unsere herzliche Teilnahme an Eurem schmerzlichen Verlust auszudrücken. Sage Deiner lieben Frau, daß auch in der Ferne wir ihren gerechten und tiefen Gram zu würdigen wissen, um so mehr, als die Verewigte uns stets mit Freundlichkeit entgegengekommen ist und uns in ihrer altehrwürdigen Erscheinung noch lebhaft vor Augen steht.
Heute ist also die Zusammenkunft der beiden Monarchen; hier weint der Himmel Freudentränen darüber, und unser Herrgott hat seine Stürme gesandt, daß sie mit Posaunenton dies hohe Ereignis den unterhabenden Völkern verkünden. Wie erhebend ist es für den fernen, ruhigen Betrachter, daß eine Stadt, die in ihrer Dürftigkeit weder Trottoirs noch Gaserleuchtung besitzt, binnen weniger Jahre für den Empfang seines Monarchen 5000 Taler auswirft, die Illuminationstalglichter gar nicht gerechnet. Wenn der Reiche gibt, dann ist es schön; gibt aber der Arme, dann ist es groß! –
Es ist merkwürdig, unsere thüringischen Fürsten haben doch lange diesen Schwung nicht wie Eure Monarchen. Unser Großherzog geht bloß in Begleitung seines Pudels in die Stadt und besucht seine kranken Beamten des Vormittags, zum Diner ladet er sich törichterweise einen obskuren Schrift-

steller ein, der ihm niemals die Aufwartung gemacht hat; beim Diner unterhält er sich ungezwungen mit dem fremden Schriftsteller, fordert ihn freundlich auf, von Konstantinopel usw. zu erzählen, und ist daran schuld, daß dieser unglückliche Schriftsteller bei jedem Gerichte nachexerzieren muß. Nach der Tafel ladet er diesen armen Teufel zu sich auf ein und dasselbe Bärensofa, läßt sich von ihm Läuschen und Rimels erzählen und gibt ihm schließlich die Hand mit den Worten: »Ich hoffe Sie öfter bei mir zu sehen.« – Wie kleinlich ac non satis dignum! – Es war aber doch ein sehr heiterer Abend; gebildete Leute und fröhliche Unterhaltung. Acht Tage darauf war der ganze Nationalverein bei mir, wenigstens in seinen Spitzen: Rudolph von Bennigsen, Schulze-Delitzsch, Miquel, Streit usw., usw. Ist das bei Euren Monarchen wohl möglich? Wir führen hier überhaupt ein sehr bewegtes Leben; es vergeht fast kein Tag, der nicht etwas Neues und meistens Interessantes bringt. Den 17. d. M. reisen wir nach Gotha, wo wir bei dem Oberhofprediger Schwarz zu Mittag und auf die Nacht eingeladen sind. Dein alter Freund wird dort zum Besten des Gustav-Adolph-Vereins eine Vorlesung plattdeutscher Zunge im Theater abhalten, wie er das schon einmal hier in unserer Clemda (eine geschlossene Gesellschaft) fertiggekriegt hat. – Überhaupt glaubst Du gar nicht, wie rasch sich hier in Thüringen und Sachsen unser ehrliches Plattdeutsch Boden gewinnt. Brockhaus war vor einiger Zeit einen Abend bei mir und wollte mich bereden, eine hochdeutsche Übersetzung von meinen Sachen erscheinen zu lassen; habe ihn aber abschläglich beschieden, denn ich will nun einmal unser Plattdeutsch auch in Mittel- und Süddeutschland heimisch machen. – Ins Französische wird freilich schon »De Festungstid« von Fräulein Klara von Glümer übersetzt (in der »Revue germanique«), und habe ich durchaus nichts dagegen gehabt, bloß um zu sehen, wie sich das Ding ausnehmen wird. Das Fräulein Glümer in Dresden gehört zu der Bekanntschaft von dem Staatsrat Prof. Schleiden (Leben der Pflanze), der mir kürzlich seine Photographie mit freundlicher dedicatio zusandte, und durch wen? – Rate! – Durch den Sohn des alten Strilack in Waren, der 6–7 Jahre im Orient gewesen und von einem Feldapotheker zu einem tüchtigen Naturfröschler heraufgekommen ist. Bitte, teile dies dem alten, lieben Vater Zickermann mit, er wird sich darüber freuen. Brückners Schwiegersohn, Maler Reinhold aus Dresden, ist diesen Sommer auch bei mir gewesen; es ist ein wirklich liebenswürdiger Mann. – Meine, oder besser, meiner Frau Besuchsregister sind von 112 Personen im vorigen Jahre in diesem schon über 150 gestiegen; Du kannst Dir denken, daß dieser Umstand und eine wirklich überhandnehmende Korrespondenz dem ferneren Schaffen gerade nicht sehr günstig ist; indessen sitze ich bis über die Ohren in der Urgeschichte, von der ich die ersten Kapitel wohl gänzlich desavouieren und durchstreichen muß, da ich ein ganz anderes System angenommen habe, d. h., es wird viel heftiger und viel verrückter abgefaßt werden müssen. Zu Ostern hoffe ich damit fertig zu werden; augenblicklich bin ich bei den patriarchalischen Zuständen und den Prügeln.

Sage Onkel Ernst und Dr. Brückner, daß ich, durch einen Hausgenossen, einen Baum von Ulmenstein, der die hiesige Forstakademie besucht, aufmerksam gemacht auf hier in bituminösem Tonschiefer und in einer Kalkbreccie vorkommende Versteinerungen (Fische und Conchylien, auch sollen Saurier vorkommen), gestern Gelegenheit hatte, mit dem Professor Senff, einem guten Bekannten von mir, über diese Angelegenheit zu sprechen. Derselbe hat mich eingeladen, seine unterirdischen Schätze zu besehen, und hat mir versprochen, mir davon mitzuteilen. Ich werde dies nicht versäumen, um den beiden Freunden eine Freude zu machen. Was es aber »absmeißen« wird, weiß ich freilich zur Zeit noch nicht. Senff kennt aber Onkel Ernst als Schriftsteller und hat ihn puncto Raseneisen wacker benutzt. Ich habe ihm für etwaige unterirdische Schätze das mecklenburgische Archiv, soweit es in meinem Besitze ist, versprochen.

Ungefähr um Neujahr aus, wenn alles so kommt, wie's kommen soll, werden wir in Neubrandenburg eintreffen; Deiner freundlichen Einladung für Dein Haus können wir jedoch nur mit der freundschaftlichsten Ablehnung begegnen, denn Siemerling hat dasselbe an uns bestellt. Aber auch dort werden wir nicht zur Last fallen, denn die paar Tage, die wir überhaupt dort weilen können, wollten wir gerne ganz ungeniert und andere nicht genierend zubringen.
Grüße alle, die uns lieb sind und denen wir lieb sind, recht von Herzen.
Vor einer Woche bin ich 54 geworden, wo bleibt die schöne Jugend?

AN ERHARD QUANDT

Eisenach, 4. Dezember 1864

Lieber, guter Quandt, kommen Sie doch selbst her und überzeugen Sie sich, ob wir gesund sind; es wäre überhaupt gut, wenn Sie noch vor dem versprochenen Weihnachtsbesuch zu uns kämen. Zu jener Zeit ist es etwas unruhig, und zu einer stillen, vernünftigen Besprechung ist dann schwerlich die Zeit. – Mir ist in Ihrer Angelegenheit allerlei durch den Kopf gegangen – namentlich eine Buchhandlung in Malchin, welches in kurzer Zeit eine bedeutende Stadt sein dürfte –, was jedoch erst gründlich besprochen werden müßte, um dann bei meiner Reise nach Mecklenburg dort an Ort und Stelle das Vorläufige mit meinem ältesten Freunde, dem Senator Karl Krüger, zu besprechen, oder besser, zu befragen. – Daß der »Hanne Nüte« so weit ist, ist mir sehr angenehm zu hören; ich bin recht sehr zufrieden mit den Bildern. – Ich wollte, ich könnte dasselbe von mir selbst sagen; aber da hapert's, ich bin verdrießlich darüber, daß ich die dumme Urgeschichte angefangen habe; ich habe nicht bedacht, daß eine Satire notwendig ihre Schärfe haben muß und daß Mäßigung in derselben soviel wie Lahmheit bedeutet. Ich habe nun etwas schärfer geschrieben und sehe nun zu meinem Erstaunen, daß Hinstorff und ich das Ding nicht herausgeben können, er, weil ihm sein Verlag verboten werden, ich, weil mir Mecklenburg für immer zugenagelt werden kann. Das wäre doch für beide Teile sehr verdrießlich; vor Jahren wäre mir das sehr gleichgültig gewesen, aber mit grauen Haaren sehnt man sich doch ab und an, das Land seiner Jugend wiederzusehen und dort in Frieden seine Tage zu beschließen. Für die Handwerkslieder meinen herzlichsten Dank wie auch für die andern freundlichen Zusendungen. Ich schreibe heute auch noch an Hänel und an Brockhaus, an Hänel wegen einer kurzen Besprechung der Stedinger von Schloenbach und an Brockhaus wegen des alten Themas, einer hochdeutschen Übersetzung meiner Sachen; er will durchaus, ich will aber nicht! – Wenn Sie können, so kommen Sie noch vor Weihnachten und bringen Sie Hänel mit, wir würden uns sehr freuen. Ihr

Fritz Reuter

Heute abend erwarten wir hier bei uns einen jungen Russen, geb. [ürtigen] Finnländer und Reisegefährten in den Orient.

1865

AN LUDWIG SCHRÖDER

Siedenbollentin, 7. Januar 1865

Lieber Schröder, unser Freund Peters ist heute morgen nach Anklam gereist und hat mich damit beauftragt, Dir das nachstehende Programm mitzuteilen. Also: der Justizrat Schröder setzt sich unverweilt auf den hierbei erscheinenden Wagen, nimmt Berta Bartholdi an seine ewig grüne Seite, sichert sich gebührend gegen die Ungunst der Witterung und fährt gen Bollentin, wo er aushilfsweise mit seinem demütigen Bewunderer in politicis vorliebnimmt und demselben die preußische Annexionspolitik begreiflich zu machen sucht; dann setzt er sich an den Whisttisch und spielt Mandeuwel, um seine politische Erschöpfung und sein altpreußisches Fiasko in etwas zu verdecken, geht nach genossenem Abendbrot zu Bette und schläft den Schlaf des Gerechten, nachdem er für die Wiederkehr des seligen Mandeuwels-Regiment ein kleines Stoßgebet an den Himmel petitioniert hat. – Und nach Morgen und Abend wird der zweite Tag. – Dieser Tag wird trotz Winterschnees unter den heitern Blüten justizrätlicher Weisheit in den grünen Schattenlauben der Zufriedenheit und in seliger Erinnerung an Plauts in Golchen, an Michel Kohn und »Schmiede, hältst du noch« hingebracht; und sollte dabei der Justizrat Schröder zu sehr auf altpreußische konservative Holzwege geraten, so wird ihm zugerufen werden: »Herr Justizrat, wir müssen uns *linkser* halten.« – Und aus Abend und Morgen wird der dritte Tag. – Am Montagmorgen wird der göttliche Dulder Justizrat in den Wagen gepackt und verläßt das Land der Phäaken, um auf dem dürren Gebiete von Treptow-Ithaka sein altes Regiment wieder anzutreten.

Komm, Du alter, heiß Ersehnter,
Durch die Jahre nur Verschönter!

Komm, Du prächtig Eingepackter,
Seehundsfell- und Fußbesackter,
Jetzt auch oben Schwarzverlackter!
Komm als unser Allbeglücker,
Komm, Du lieber, alter Dicker!
Dein Fritz Reuter

AN FRÄULEIN TIESSEN

Siedenbollentin, 11. Januar 1865

Nicht wahr? es ist eine himmelschreiende Rücksichtslosigkeit; wir haben uns soviel Mühe gegeben, ihm eine Freude zu machen; 60 Finger sind in Bewegung gesetzt worden, eine Unmasse von Geschmack haben wir verschwendet, und der Bruder hat den Tropos »Geschmack« sogar auf den physischen ausgedehnt und hat ihm in Marzipan Gelegenheit gegeben, sich nach Kräften auszubilden, und dieser Mensch antwortet nicht einmal! – Ich gestehe ein, es ist scheußlich, und Sie werden ohne Gnade den Stab über meinem Haupte zerbrechen – wozu Sie passend den erbärmlichen Federhalter nehmen können, mit dem ich Vorstehendes schreibe – wenn Sie erfahren, daß mir keine andere Entschuldigung zur Seite steht, als daß ich im Lande der Phäaken weile. Alles hat gerade so kommen müssen, wie es gekommen ist, um den grauen Nebel der Undankbarkeit über die frohe, lachende Landschaft eines erfreuten Herzens zu breiten.
Als Ihre lieben Geschenke bei mir eintrafen, war's heiliger Abend, und einige Freunde aus Leipzig und Gotha (alte, freundliche Junggesellen, den einen kennen Sie vielleicht: Ludwig Walesrode) waren bei uns, und wir tanzten recht kindlich um den Christbaum, Ihr Teppich wurde auf den Tisch gebreitet, der Kuchen darauf gesetzt, und nun wurde ringsum ein Ah! und Oh! laut, welches deutlich die höchste Bewunderung aussprach, es jedoch noch unentschieden ließ, ob es mehr dem Kuchen oder dem Teppich galt. Dieses

wurde jedoch am folgenden Tage gründlich entschieden, denn alles fiel voller Entrüstung über den Kuchen her, weil er es gewagt hatte, sich dem Teppich ebenbürtig zu halten; er wurde jämmerlich zerfetzt (der Teppich wurde nicht zerschnitten), und nur der Geistesgegenwart meiner Frau hat der Prahlhans es zu verdanken, daß wenigstens sein innerstes Innere für den Augenblick verschont wurde; aber seinem Richter wird er dennoch nicht entgehen. – Da ging's nicht zu schreiben. Den Tag nach dem Fest waren die Gesichter auf der Eisenbahn dem Norden zugewandt – Berlin – einige Tage – Neubrandenburg ... Und nun zuletzt das Phäakenland Pommern! – Der König der Phäaken, mein Freund Fritz Peters, nahm den göttlichen Dulder, der sich den Magen verdorben hatte, und die göttliche Dulderin, die von Husten und Schnupfen gequält wurde, mit phäakischer Opulenz auf; die älteste Tochter Elise-Nausikaa trat dem göttlichen Dulder (sie war diesmal nicht bei der großen Wäsche) an der Hand eines jungen Phäaken entgegen und erklärte sich in altgriechischer Unbefangenheit für dessen Braut. Vier und eine halbe Minute vor unserer Ankunft, nach hiesiger Uhr 1 Uhr 23 Minuten am 1. Januar 1865, war dieser Bund geschlossen. –

Nun Besuche, Gratulationen von alten Bekannten, vierter Mann beim Whist, und da saß der Dulder mit verhülltem Haupte, nicht wegen der schmerzlichen Erinnerungen, nein, wegen der tiefsten Gewissensbisse, die Pflicht der Dankbarkeit noch nicht ausgeübt zu haben. Dies also mein in Scherz eingewickeltes Sündenbekenntnis; aber jetzt meinen herzlichsten Dank für Ihre freundlichen Gaben!

Sagen Sie denselben Ihrem Herrn Bruder, der mich wahrlich noch außerdem durch die günstige Beurteilung von »Kein Hüsung« erfreut hat, einem Buche, welches ich einmal mit meinem Herzblute im Interesse der leidenden Menschheit geschrieben habe. Ich halte es für mein Bestes. – Sagen Sie auch den andern kleinen, fleißigen 50 Fingern meinen besten Dank und seien Sie versichert, daß Sie nächst einer fröhlichen

Überraschung wahrhafte Freude in den beiden Reuterherzen erweckt haben. Es ist so anmutend und anregend, wenn man sich mit fernen befreundeten Seelen in Verbindung weiß. – Viel Glück zum neuen Jahr! für Sie alle.

AN FRITZ PETERS

Eisenach, 14. März 1865

Lieber Fritz, vorläufig hat Dir meine Frau schon geschrieben, daß ich Dir gern und in der von Dir vorgeschlagenen Hypothekenstelle auch 18000 Taler – meine paar Kröten, die ich disponibel habe – geben will. – 3000 Taler sind Dir vielleicht nicht genug; in dem Augenblick habe ich indessen nicht mehr zu versprechen, weil ich dem zukünftigen Schwiegersohn meiner Schwester 2000 Taler versprochen habe, die bei Siemerling stehen, für den Fall, daß er eine Wirtschaft übernimmt. 1000 Taler, die ich außerdem noch von Hinstorff erhalte, muß ich mir nämlich in diesem Jahr, wo ich vielleicht nicht mit einem neuen opus in die Wochen kommen werde, reservieren. Aber nun höre – Du kannst mit Sicherheit rechnen auf: 1000 Taler zum Anfang November dieses Jahres, auf 1000 Taler zu Ende Januar 1866 und auf 1000 Taler zu Ende Mai 1866. So hat sich nämlich Hinstorff die nächsten Zahlungstermine gestellt; also vom Mai d. J. bis Mai nächsten Jahres kannst Du auf 6000 Taler rechnen; wenn's angeht, so bitte ich Dich, also für dies Geld die in Vorschlag gebrachten Hypothekenstellen zu reservieren. – Wahrscheinlich bin ich imstande, Dir mehr zu geben, ich habe nämlich schon Wechsel auf 5040 Taler von Hinstorff aufs neue, ohne die 4000, die im Mai fällig sind, in Händen. Er muß indessen noch, wie er selbst sagt, drucken lassen:

1. die illustrierte Ausgabe der »Stromtid«, sind 900 Taler;
2. den 3. Band der »Stromtid« sind 720 Taler;

vielleicht auch noch »Kein Hüsung«, sind 720 Taler,

und wenn ich bis zum Mai nächsten Jahres, woran kein Zweifel ist, wenn mir Gott Gesundheit gibt, ein neues Buch schreibe, sind 2000 Taler; also im ganzen zirka 9000 Taler, die mir für dies Jahr in Aussicht stehen. – Nicht wahr? das geht gut. Ich zweifle auch gar nicht daran, daß Hinstorff seine Zahlungstermine rechtzeitig einhalten wird; er ist jetzt gut in der Wehr; will Dir aber nicht mehr versprechen, als ich mit Sicherheit vorgab.

Das Buch »Bützow von Rong« hast Du wohl schon mit den Anekdoten an Behm in Rostock abgeschickt, wo nicht, so besorge es sobald als möglich, ich bin schon darum gemahnt.

Wir haben uns nun schon behaglich eingewohnt, und alles wäre gut, wenn nur die schreckliche Korrespondenz nicht wäre.

Darum schließe ich auch jetzt, aber mit den besten Grüßen und Wünschen für Euch alle. Dein Fritz Reuter

AN CARSTEN HINRICH WALTJEN

Eisenach, 18. März 1865

Min leiwe Carsten Waltjen, leiwer Gott! wo sall ick vör Jug bestahn? Sei schriewt in den Breiw von Upschuwen – na, ick heww den doch ordentlich upschawen! Äwer nu man nich tau hastig, jo nich äwerilen, irst den Delinquenten anhüren un nahsten den Staff breken un de Armensünnerklock lüden. – So is de Sak: Wihnachten kemen hir 5 Kisten an mit Zichalien, as de oll Leutnant König in Däms de Dinger näumen ded; ick hadd dat Hus vull gaude Bekannte un Frün'n, Walesrode was hir un Reinhard un Quandt un denn noch all de annern; glik kunn ick nich schriewen, un den Dag dorup set'te ick mi mit mine leiwe Fru up de Iserbahn un führte nah min lütt Prügel-Vaderland, blot, üm mal tautauseihn, wat de Sak nich ok en beten för mi afsmiten ded. Irst gung 't nu en beten in't Pommerland tau minen besten Fründ Fritz Peiters, dor was just 'ne halwe Stun'n vörher 'ne Verlawung van de öllste Dochter in'n Swung bröcht, un nu gung dat mit Eten un Drinken un Danzen un Juchheien un Gratuliren los, – äwer Schriewen? – Ne, 't gung nich. – Dunn gung 't nah Malchin un van dor nah Stemhagen, nah mine Vaderstadt. – Fackeltog? – Ja; äwer Schriewen? – Ne! – Dunn gung't nah Nigenbramborg, wo ick so lang' lewt heww, wo ick so männigen Fründ heww; na, dor känen Sei sick denn nu denken, dat dor ok wat anners up den Disch stunn as en Tintfatt. Von dort gung't nah Güstrow – en Ihren-Seidel un en Lurbeerkranz, den min leiwe Fru nu all binah an de Fisch verbrukt hett – äwer Schriewen? – Ne! – Von dor gung't nah Rostock – Ständschen un Festeten – von dor in de Wismer-Ständschen un Fackeltog un Festeten – äwer Schriewen? – Ne! – Von dor nah Lübeck tau minen Fründ Grashof, de mit mi in Magdeborg in ein Lock tausamen spunnt was, un dor würd denn mit de annern gauden Frün'n vel von ollen slimmen Tiden vertellt, un uns' Herrgott würd ut vullen Harten lawt, dat hei 't tau gaude Letzt doch noch fründlich inricht't hadd. – Nu wir ick girn noch nah Hamborg un Bremen west; äwer! – Wenn de Minsch deiht, wat hei deiht, kann hei nich mihr dauhn, as hei deiht – de Sak würd Jochen äwer, ick müßt nah Hus' trachten, üm mi en beten tau verpusten; un so kamm ick denn nah twei un en halben Mand, nahdem ick noch ein Gericht Abgeordneten in Berlin vertehrt hadd, hir wedder an un funn denn en nüdlichen Hoppen Breiw' hir vör. – Sallst di de irst all afschuppen, un wenn du denn in Rauh büst, sallst ganz gemütlich un behaglich an Carsten Waltjen schriewen, dacht ick, hett hei so lang' täuwt, kann hei ok noch länger täuwen.

Un so is dat kamen, dat ick mi nahgradens in mine eigenen Ogen för einen nahlässigen Slüngel taxieren möt, denn wenn ick ok gor nich mal wat von de Zichalien seggen will, so möt ick mi doch vör mi sülwst schanieren, wenn ick Ehren hartlichen Breiw noch mal dörchles'. – Sei spreken so tru un fründlich tau mir, as hadden wi beiden von lütt up an all männigen Schepel Solt tausamen upeten. Sei laden uns tau dat Schüttenfest in, weit de leiw Gott, wo girn ick nich de

Gelegenheit bi den Kragen kreg un mal nah Bremen räwer rutschte – nich so sihr wegen dat Fest, denn ut dat Scheiten mak ick mi so vel nich, indem ick mal dat grote Glück hatt heww, nah en 16ennigen Hirsch vörbitauscheiten – ne! – ick müggt Sei un Ehre Fru und Ehren lütten Jungen mal seihn, perßönlich, nich blot in 'ne Potographie. – Wenn Sei mi nu ok mit Bachussen un de Ros' un de 12 Aposteln unner de Ogen gahn, von de ick all vel dörch den seligen Hauff hürt heww, so möt ick doch seggen, dat wiren för mi pure Nebensaken, Sei sünd de Hauptsak. – Wo seggt hei? – Ick weit nich, wer. – »Das Interessanteste für den Menschen ist der Mensch«, un hei hett recht; ick segg von em. Also, wo girn kem ick nich, wo girn versprök ick dat nich! Äwer ick bün doch tau ihrlich dortau, wat tau verspreken, wat ick nich hollen kann oder nich gewiß weit. Mine frie Tid, de ick för dit Johr mit utsmeten heww, heww ick all vörweg up dese Reis' verbummelt, un nu heit dat »arbeiten«, dat wedder 'ne nige Geschicht von Stapel lopen kann. 't ward äwerall dit Johr swer hollen, dat ick de Mod, kort vör Wihnachten in de literarischen Wochen tau kamen, uprecht hollen dauh; ick heww tau vele Tid mit Reisen un mit de Bearbeitung von 'ne lustige meckelnbörgsche Urgeschicht verträdelt, de ick nu doch tauletzt heww bisid smiten müßt, indem dat sei mi in minen Vaderlan'n eklich würden up de Fingern kloppt hewwen, wenn ick dormit tau'm Vörschin kamen wir. Ick bün nu äwer all en ollen Kirl un mag mi in minen ollen Dagen keine Lüs' mihr in den Pelz setten, will von politische Unnersäukungen un Preßspektakel nicks mihr weiten, dorüm heww ick dat Ding bisid smeten un heww leiwerst en nigen Deil von de ollen Kamellen anfungen, den ick unner den Titel »Dörchläuchting« herute gewen ward un de von einen ollen Dörchläuchten Hertog von Meckelnborg handelt un spaßig warden kann. Ob dat einen Band oder twei Bände warden un wenn ick dormit farig ward, weit de leiw Gott, denn desen Sommer will ick mi nich äweranstrengen un will mit Behagen ganz nah mine Gesundheit lewen.

So, min leiwe, gaude Fründ, nu lewen S' mit Fru un Kind recht gesund, grüßen S' Ehr leiwe Fru von min un mi un behollen S' uns beiden in gauden Andenken!

AN GISBERT FREIHERR v. VINCKE

Laubach, 22. August 1865

Mein lieber, guter Herr und Freund, es ist scheußlich, wenn die Faulheit über die Bäume wächst und von diesem Gewächse alle Morgen statt balsamischer Tautropfen übelriechende Selbstvorwürfe auf den Boden herniedertropfen, auf welchem es gewachsen ist. Dies ist nun mein ganz besonderer Fall. Alle Morgen *Vorwürfe:* Du hast wieder nicht an deinen lieben Freund Vincke geschrieben, alle Morgen *Vorsätze:* Heute sollst du aber gewiß an deinen lieben Freund Vincke schreiben. Aber, du lieber Gott! – Man sollte eigentlich das Gewächs Faulheit von Leuten in einer besonderen Lebensstellung, z. B. Diplomaten, ex officio anbauen lassen, denn kein anderes trägt dem Kultivateur eine reichere Ernte an leeren Ausflüchten und Entschuldigungen. Aber nun! Passen Sie Achtung! sagt der Jude, und wenn ich sag', denn sag' ich, sag' ich.

Herzlichen Dank von der hier auf der Laubach garnisonierenden Reuterei für die beiden freundschaftlichen Briefe und die begleitenden Zusendungen; aber Kritik? Fritz-Reutersche Kritik? ... Wollen Sie das nicht wollen, lieber Freund! Ich freue mich über eine schöne Blume, aber ich zähle ihre Staubfäden nicht; ich bin entzückt über ein schönes junges Mädchen, aber ich seziere dasselbe nicht auf dem Anatomietische. Ihre eigenen Schriften sind mir lieb, sehr lieb geworden; Ihre Übersetzungen sind fließend, und die Auswahl spricht mich mit einem ganz besonderen Interesse an; aber – ich mag keine jungen Mädchen zerschneiden.

Uns geht es hier im ganzen erträglich; der Hexenschuß befindet sich noch immer im besten Wohlsein und entpuppt sich als ein ziemlich durchgreifender Rheumatismus; aufs Lager hat er mich freilich nicht wieder geworfen, hat sich aber ganz häuslich in meinen Beinen niedergelassen; mit einigen Schmerzen kann ich jedoch schon eine gute Meile marschieren. Dies wird denn nun einen noch nicht ermessenen Aufenthalt in der Laubach zur erbaulichen Folge haben. Gott bewahre, wie alt wird der Mensch doch, wenn er über die Fünfzig hinaus kommt! Ich – Rheumatismus! Ich, der ich 7 Jahre den Kasematten getrotzt habe und als Ökonomiker einen dreitägigen Novemberregen für eine Erquickung der menschlichen Kreatur ansah! Das ist ja gerade so, als wenn ein Grönländer sich bei uns im Juli erkälten wollte. – Die Unterhaltung ist augenblicklich auch nur sehr mäßig und beschränkt sich hauptsächlich auf den Dr. Fried. Ötker (Kassel), der aber wegen Asthma wenig sprechen darf. Der Verkehr mit Ihnen war zweifellos unsere Jugendblüte in der Laubach, der darauffolgende mit dem Professor Tellkampf (Hannover) und dem Hofprediger Koegel (Berlin) war das Mannesalter, dem sich schon Sorgen mischten, Ötker repräsentiert das sogenannte reifere Mannesalter; aber nun wird wohl mit der vorgeschrittenen Jahreszeit das winterliche Greisenalter einrücken mit seinen kaufherrlichen Filzschuhen, mit seinen wattierten alten Weibermänteln, die mit Holländern verbrämt sind, und über alle diese Misere wird Punkt 9 Uhr, wie immer, die Sonne der Laubach, der Dr. P., aufgehen und auf die Leiden der Menschheit mit ewig gleich lächelnden Strahlen hinabsehen und versichern, daß alles gut ist. Auch der Stern Minonas, die Frau T., ist für die Laubach und den Herrn Br. auf eine Zeitlang untergegangen; katholische Priester sind statt ihrer aufgegangen und verfinstern den Tag. – Aber wie groß ist, Mutter Natur, deiner Erfindung Pracht, die du der wassergequälten Menschheit es unter den Fuß gabst, des Doktors Geburtstag, der in Wirklichkeit in den November fällt, wo keine Kurgäste mehr vorhanden, auf den August zu verlegen! – Den nächsten Donnerstag überreichen weißgekleidete Jungfrauen und eine holländische

Göttin, die sich für die Hygiea ausgeben wird, und Herr O. als Vater Rhein ein Dutzend silberner Löffel dem nichtsahnenden Doktor; Ihr unterschriebener Freund als Komiteemitglied wird die Ehre haben, dem unschuldigen Doktor in conspectu omnium beim Mittagstische eine Bastonade von 777 Knittelversen zu applizieren, und dabei auf seine Gesundheit trinken. Was eigentlich aus der ganzen Geschichte werden wird, weiß ich nicht, ich habe jedoch die unabweisliche Ahnung, daß entweder eine ungeheure Heiterkeit oder eine ungeheure Dummheit jung werden wird. Im Interesse meiner Schriftstellerei wünsche ich das letztere, und wäre ich zehn Jahre jünger, würde ich dazu helfen, ich würde hier eine Redensart an ein Häkchen heften und dort eine an ein anderes und würde die ganze Gesellschaft mit dem Spinnennetze loser Kabalen umspinnen, daß sie mir darin brausen sollte wie ein Bienenschwarm im Stocke zur Winterszeit. Kein Mensch freut sich mehr über diese Angelegenheit als mein Dörchläuchting; Durchlaucht von Mecklenburg-Strelitz liegen ganz vergnüglich hinter dem Ofen, machen mir allerlei schiefe Mäuler zu und lachen in aller Ruhe über die Unruhe rings um Hochdieselben. – Meine Frau ist soeben fortgegangen, um Kaffee zu trinken und dann in der Draht-Bindfaden-Verschönerungs- und Girlanden-Kommission zu sitzen. Meinetwegen! Die Frauen wollen auch ihren Spaß haben, und wenn von der Verschönerung einige Streiflichter auf die Urheberinnen zurückfallen, können wir Männer schon damit zufrieden sein. Ich sitze in der Kommission fürs Essen und fürs schwere Getränk und habe das zufriedenstellende Vergnügen, daß in meinem Departement schon heftige Getränk-Kämpfe zwischen G. und einem Holländer ausgebrochen sind, weil der letztere die legitime Herkunft und die Ahnenprobe des G.schen Bordeaux nicht anerkennen wollte, der Streit ist für mich pläsierlich anzusehen, es ist, als wenn sich ein fetter phlegmatischer Karpfen mit einem Hühnerhabicht beißt. – Soeben verläßt mich der Doktor, der Sie aufrichtig hochschätzt und Ihnen die besten Grüße schickt. – Es ist possierlich anzusehen, wie der kleine Kerl so nichtsahnend aussehen kann, und er weiß von der Überraschung so genau Bescheid, daß er sogar seinen Militär-Sohn zum Feste hat kommen lassen. Sie sehen, ich halte eine ziemliche Ernte von kleinen Beobachtungen und vertreibe mir die Zeit damit, und da wir jetzt unten in der Grotheschen Wohnung Quartier gemacht haben, fehlt es auch nicht an Behaglichkeit, die durch eine auf dem Fensterbrette angefütterte Spatzengesellschaft erhöht wird. – Ich habe eine besondere Zuneigung zu dem kleinen geflügelten Völkchen, wie Sie aus dem beifolgenden Hanne Nüte ersehen werden. Außerdem sende ich Ihnen vorläufig: die Reis' nah Belligen, Läuschen un Rimels II. und die Festungszeit. Der Rest ist mir abgeborgt, soll aber baldigst nachfolgen ...

Nun ist mein Latein zu Ende. Der Brief entstand in zweitägiger Frist unter vielfachen organischen Störungen und trägt das Zeichen dieses zerrütteten Organismus in seiner bedauerlichen Zerfahrenheit und genialen Konfusion an der Stirne. Augenblicklich ist Johann das störende Prinzip, der eine Inschrift für ein Transparent verlangt.

Nun unsere besten Grüße an Sie und unsere herzlichste Empfehlung an Ihre Frau Gemahlin! – Schreiben Sie einmal wieder an Ihren

Sauer-Milchverkommenen,
Wasserverschwommenen,
Doch 5 Pfund zugenommenen –
Und so weiter, und so weiter –
Ergebensten Fritz Reuter

AN LUDWIG PIETSCH

Laubach, 22. August 1865

Mein lieber Pietsch, als ich noch in den glücklichen Jahren der Jugend und in dem Irrgarten der ersten Liebe umherwandelte, erhielt ich einmal mit Recht einen tüchtigen Rüffel

von meinem Vater, weil ich ihm in meinem Liebesdusel einen Brief ohne Datum zugesandt hatte; halbwege war ich indessen entschuldigt. Aber was soll ich von Dir sagen, der Du weder durch Jugend noch durch Liebesdusel entschuldigt bist? – Da erhalte ich nun Deinen Brief an den Rhein nachgesandt und soll umgehend antworten und weiß nicht, wann derselbe geschrieben noch wann er in Eisenach angekommen ist. – Leider kann ich Dir meiner Abwesenheit halber das Porträt des alten Weber nicht zusenden, ich muß mich auf eine unzulängliche Beschreibung beschränken; er war ein Mann von ungefähr 5 Fuß, 10 Zoll, eher mager als fleischig, obgleich das Gesicht, obwohl sehr pockennarbig, durchaus nicht von tiefen Falten verunziert und ziemlich voll war, aber blaß. Sein gepudertes Haar war glatt nach hinten gekämmt und endete in einen kleinen Zopf ohne Haarbeutel. Seine Haltung war überaus grade und stattlich. Er trug einen dunkeln Rock von behaglicher Weite, helle, kurze Beinkleider und lange Suwarow-Stiefel, die faltig das Bein umgaben und stets sehr blankgewichst waren. – Meine Mutter, damals noch sehr jung, war eine kleine, blonde Frau mit hellen blauen Augen und einem lebhaften Gesichtsausdruck; meine aufgestutzte Nase hatte sie nicht. Sie trug eine Mütze von durchsichtigem Zeuge von der beistehenden Form und einen oben anschließenden Oberrock. Meine älteste Schwester, die leider vor 6 Wochen verstorben ist, war eine kleine, wohlgenährte runde Dirn und ich ein sehr magerer Junge. Die Frau des Amtshauptmanns war ebenfalls klein und hatte einen wohlwollenden Ausdruck, war aber nicht stark und voll. Destomehr leistete in diesem Stücke Mamsell Westphalen, sie war sehr voll und ziemlich groß mit rotem, stumpfem Gesichte. Luth war ein junger, beweglicher, kräftiger und schlanker Mann von intelligentem Gesicht. – Die andern Personen sind von mir hinzugedichtet. –
Vor zweien Tagen sind mir die Bilder vollständig durch H[instorff] zugesandt, auch der erste Band in seiner Vollendung. – Ich bin doch sehr zufrieden mit dem Ganzen, wenn

Du auch recht hast in betreff der zu magern Ausstattung. – Über die einzelnen Bilder müssen wir einmal – ich hoffe bald – persönlich sprechen, hier nur, daß ich folgende für die gelungensten halte: Strull mit den beiden Inspektoren; Frida mit den beiden Halunken; die Bostonpartie; Bräsig als Redner; Gottlieb bei der Erbsenschüssel; der Tod des Pastors; Hawermann, die Tochter vorstellend; Hawermann mit Axel und viele, viele andere. – Das schwächste von allen scheint mir Frida, mit dem Dienstmädchen durch die Nacht gehend. – Aber wie hat Dich der Teufel geritten, daß Du mich persönlich dahineingebracht hast? Nun, wenn meine Frau auch mich nicht voll anerkennen will, alle, die es gesehen haben, stutzten und sagten: Aber das sind *Sie* ja.

AN FERDINAND FREILIGRATH

Laubach, 23. August 1865

Hochverehrter Herr, ein recht fröhlicher Gruß vom Rhein wird, glaube ich, die beste Empfehlung bei Ihrem Wohlwollen sein, dessen ich laut nachstehender Bitte recht sehr benötigt bin, da ich aus eigener Erfahrung das Lästige und Verdrießliche solcher Anliegen hinlänglich kenne. Die Sache ist folgende: eine junge Dame aus Mecklenburg, Tochter meines Jugendfreundes Schmidt aus Wismar, ist in London Erzieherin und will einen Band meiner Schriften »Ut de Franzosentid« ins Englische übertragen, oder besser: hat ihn schon übertragen. Daß die Dame imstande ist, das Ding in richtigem und fließendem Englisch wiederzugeben, daran zweifle ich gar nicht, aber ob dieselbe in der Übersetzung den der plattdeutschen Sprache eigentümlichen Humor, soweit dies überall möglich ist, in der Übersetzung herausgebracht hat, darüber bin ich bei meiner Unkenntnis des Englischen nicht im klaren und bin durch anderweitige Urteile in meinen Zweifeln bestärkt worden. Der Vater der Dame drängt mich nun wirklich etwas heftig zur endlichen Entscheidung und zur Herausgabe der Arbeit seiner Tochter, und – weiß Gott! – sehr gerne möchte ich dazu meine Einwilligung geben, aber ich möchte dem englischen Publikum nicht gerne eine Übersetzung bieten, welche die Schwächen des Originals noch durch neue, vielleicht zu vermeidende Schwächen erhöhte. – Ich habe deshalb ein für allemal erklärt: »Wenn Ferdinand Freiligrath erklärt, daß die Arbeit allen billigen Anforderungen genügt, dann soll sie gedruckt werden, wo nicht, nicht.« – Ich fühle das Unverschämte, welches in dem Mißbrauch Ihres verehrten Namens und Ihrer Muße – um eine Probe einzusehen – liegt, hinlänglich; aber die hohe Meinung, die ich von Ihrem Übersetzertalent habe – ich kenne Ihre Übertragung der Gedichte von Felicia Fremans etc. –, und die noch höhere, die ich von Ihren eigenen Gedichten und der darin ausgesprochenen Humanität habe, müssen mich entschuldigen. Auch die Erklärung Ihres Bekannten, des Herrn Rittershaus, daß Sie mit meinen Schriften bekannt wären, hat mich zu der Bitte ermutigt, ob Sie nicht ein paar Kapitel der Übersetzung durchsehen wollten und mir darüber Ihre Ansicht mitteilen? Auch ein deutscher Sprachlehrer in Edinburgh, Weiße aus Elbing, will etwas von mir übersetzen, kennen Sie ihn zufällig? Und eventualiter kann er es? – Überhaupt, wollen Sie Ihre Güte so weit ausdehnen und mir eine passende Persönlichkeit dazu vorschlagen, so würde ich *unbedingt* Ihrer Empfehlung Folge geben.

Für gewöhnlich wohne ich in Eisenach, Thüringen, bin jedoch diesen Sommer an den Rhein gezogen (Laubach bei Koblenz) und denke noch mindestens den Herbst über hier zu bleiben. – Habe mich Ihrer hier oft erinnert, an der Quelle Ihrer Lieder, auch an der Quelle des heiligen Peter zu Walporzheim, und habe oft daran gedacht, Ihnen meinen herzinnigsten Dank zu sagen für die Erquickung, die mir Ihre frischen Dichtungen in der trüben Festungszeit geboten haben. Höninghaus, Meßrich, Heintzmann waren dort meine Gefährten; die ersten sind noch wohlauf, der letztere ist ja

leider vor kurzem auch schon geschieden. Traurig, daß ich nicht einmal gewußt habe, wie nahe er mir in Bad Ems gewesen ist. Hätte ihn doch gerne mal wiedergesehen!
Sollte es nicht einmal möglich sein, daß wir uns von Angesicht zu Angesicht kennenlernten? – Wie sehr ich mich dazu freuen würde, muß ich Ihnen persönlich sagen. Bis dahin in aller Liebe und Hochachtung Ihr Fritz Reuter

AN HERMANN GRASHOF

Laubach, 22. September 1865

Mein lieber, guter Grashof, gestern holte ich mir Dein Paket von dem Koblenzer Steueramte, und wenn ich auch wirklich recht sehr von der objektiven Veranlassung und deren Ausfall erbaut war, so war mir doch der Ausdruck Deiner fortdauernden Liebe und Treue mehr wert. – Gott gebe, daß uns auf dieser Welt nichts trennen möge! – Vielleicht trug meine Stimmung dazu bei, Deine Worte mit größerer Rührung aufzunehmen; meine Frau ist auf einige Zeit abgereist, und wenn ich mich auch nicht gerade als ein Waisenknabe oder ausgesetztes Findelkind betrachte, so ist mir doch etwas öder zu Sinn, und Dein Brief kam mir *recht sehr zupaß.* Ich hatte den Morgen tüchtig gearbeitet (nach meiner Rechnung $6^2/_3$ Druckseiten – also für zirka 40 Taler), hatte den Nachmittag an meine Frau geschrieben (sie hat noch nicht geschrieben und scheint mit der Doris zu schwärmen und zu schwelgen), und da kam Dein Paket als Lohn.
Das Geschäft ist gewiß ein sehr gutes, nur verstehe ich leider zuwenig von den schönen Sachen, die vielen Leuten ja so unendliche Genüsse verschaffen, daß ich das Gute mit bloßem Danke annehmen muß, um so lieber, da es aus Deiner Hand kommt; aber Du wirst sehen: L'appetit vient en mangeant. – Mir ist so zumute wie weiland dem bankrotten Kaufmann Daries zu Parchim. Wenn der mal auf den Einfall kam, seine Vermögensverhältnisse zu überblicken, dann prügelte er Frau

und Kind aus dem Hause, stellte sein Silbergeschirr (6 Löffel) auf den Tisch, zwei brennende Lichter rechts und links daneben, zog sich schwarzen Frack und Beinkleider an, setzte sich dazwischen und las sich die ausstehenden Forderungen seines vor 50 Jahren verstorbenen Vater[s] mit lauter Stimme aus dessen Hauptbuch vor. – So wirst Du mich einmal erblicken, wenn ich coupons schneide.
Deinen Brief werde ich an meine Frau schicken, um ihr eine Freude zu machen; Deine Vorstellungen in betreff Hinstorff werde ich allen Ernstes beherzigen und ihm mal gehörig die Wahrheit sagen, das hilft gewöhnlich, und so kann ich Dir wahrscheinlich im Laufe des Winters noch Geld schicken.
Meine Rechnung mit ihm stellt sich so:

Laut Wechsel im Herbst, zu Antonii und zum Mai zahlbar	5060 Taler
Vorläufig abgemachte Kontrakte	3040 Taler
Neu zu schließende Kontrakte	2160 Taler
Für mein neues Buch	2000 Taler
Andere, kleinere Forderungen	600 Taler
	12860 Taler
Dann habe ich bis Johannii 66 noch disponibel	
Zinsen zirka	300 Taler
bei Siemerling	400 Taler
	13560 Taler

Dies müßte mir eigentlich bis Joh. 66 eingehen, und wenn davon auch 3000 Taler, die ich an Peters versprochen habe, und mein Lebensunterhalt und zirka 1000 Taler, die ich für das nächste Jahr vorläufig zurückbehalte, abgehen, so würden doch noch immer gegen 8000 Taler bleiben, die ich an Dich senden könnte; aber es kommt nicht immer so, wie man's sich denkt; aber was gemacht werden kann, wird gemacht.
Daß Deine Bertha noch nicht mit ihrem Arm in der Reihe ist, dauert mich sehr; dies wird sich jedoch wohl geben, aber

daß Du mit dem Rheuma noch nicht durch bist, ist doch etwas bedenklicher. Wärst Du doch lieber etwas hier geblieben, mir tut die Kur doch sehr gut. Ich kann jetzt drei Stunden über Berg und Tal gehen, ohne wesentlich erschöpft zu sein. – Weißt Du, wo Oetker jetzt ist? Ich habe gestern einen Brief von ihm erhalten. Er ist – wird Dir nicht bange? – in Travemünde.

Was machst Du Dir da mit den Büchern für Quisquilien. Ich kann das Zeug nicht alles gebrauchen, ich habe noch zirka 150 Taler bei der Gselliusschen Buchhandlung trotz ihrer baren Einzahlungen stehen, und dazu kommen im Laufe des Jahres gewiß noch 150 Taler, wofür ich kontraktlich Bücher *nehmen muß.* Wo soll ich mit den Scharteken hin, die keiner durchlesen kann. – Ich habe meine[r] Frau daher schon bei ihrer Abreise den Auftrag gemacht, Dir den Goethe, den ich doppelt habe, zuzusenden, und habe an Gsellius schon vor längerer Zeit geschrieben, daß er mir den neuesten Katalog schicken soll, un[d] da will ich dann die mir anscheinend für Dich wünschenswerten opera anstreichen und Dir den Katalog dann zusenden, damit Du selbst bestimmen mögest, was Dir paßt. Hier mache mir nun keine unnötigen Weiterungen drin.

Eben erhalte ich den ersten Brief von Luisen, sie ist prächtig zuwege; ich werde ihr unverweilt schreiben, daß sie Dir zum Goethe noch den Lessing und – er ist zu ergötzlich – den Lichtenberg packt. Alles ist so gut wie neu, und Du hast doch schon vorläufig etwas zu lesen.

Von unbekannter Hand ist mir eine Photographie der Studierstube der Gebrüder Grimm ins Zimmer gehängt. Der Mensch freut sich doch.

Nun mein alter, lieber Mensch, herzliche Grüße an Dich und Bertha, und behaltet uns lieb! Dein Fritz Reuter

Mein Buch schreitet wacker fort; wird aber nicht das, was die Stromtid ist, indessen bin ich in der letzten Zeit damit zufriedener geworden. Ob's noch vor Weihnachten erscheinen kann, wissen die Götter.

AN ERHARD QUANDT

Laubach, [Ende] Oktober 1865

Es ist gar zu wohltuend, auf Menschen zu stoßen, die ohne Rücksicht auf ihre eigene Ruhe und Bequemlichkeit genug Zeit und Herzensgüte finden, die Angelegenheiten anderer in jeglicher Weise zu fördern. Sie gehören zu dieser Art von Leuten; und wenn in dem von Ihrem Briefe angedeuteten Falle die Mühe auch dieses Mal vergeblich ist, so sind Sie gewiß nicht daran schuld. Hinstorff hat den Teufel gesehen mit seinem Drängen. Was beschwert er Sie noch mit allerlei Quengeleien, deren Nutzlosigkeit er ja doch schon längst durch mein Schreiben erfahren hat?! Es ist mir unmöglich, bis zu dem vorgeschlagenen Termin fertig zu werden, ich kann die Bogenzahl gar nicht berechnen und darf diesmal unter keinen Umständen mein Manuskript vor seiner vollständigen Vollendung in den Druck geben. Die Fäden der Erzählung kreuzen sich zum Schlusse so sehr, daß mir leicht etwas Menschliches passieren könnte, d. h., ich könnte etwas Wesentliches vergessen.

AN HERMANN GRASHOF

Laubach, 4. November 1865

Lieber Grashof, mein Brief wird diesmal kürzer sein, als er nach Deinem prächtigen langen Brief sein sollte. Ich muß eilen, daß ich ihn zu der bestimmten Zeit auf die Post schicke; unsere postalischen Verhältnisse (köstlicher Ausdruck!) sind im Winter mehr vernachlässigt als im Sommer, und habe ich die Herren Beamten in Koblenz in dem dringendsten Verdacht der Trägheit; denn erst gestern, den dritten, erhielt ich Deinen am 31. Oktober geschriebenen Brief. Also! –
Zum 11. November kann ich Dir leider kein Geld schicken; ich muß bis zum letzten November warten, dann kannst Du mit Gewißheit auf 1990 oder mindestens auf 1800 Taler

rechnen, denn vielleicht sind mir selbst noch so'n paar 100 Tälerchen nötig. Hinstorff wird sicher den Termin halten, er hat es jetzt wieder getan mit fälligen 1000 Talern, die leider Peters erhalten hat. Hätte ich das früher gewußt, so hätte Peters noch warten können. Schade! vor allem um Deiner Freude willen, ein Schmüchen zu machen. Was die Perzentchen betrifft, so bin ich mit allem zufrieden, was Du für gut hältst; laß daher das Geld, was ich Dir sende, so lange in der Bank dort stehen, bis Du etwas findest, was Dir sicher scheint.

»Dörchläuchting« – zu Weihnachten? – Ne, Gevatter, so scharp scheiten de Preußen denn doch nich! – Hinstorff und andere haben mich allerdings gewaltig sporniert, daß das Ding zu Weihnachten auf den Markt kommen solle, aber ich will mich nicht überhasten zum Schlusse, und namentlich will ich nicht früher den Druck beginnen lassen, bevor das Ding vollständig fertig ist, wie ich das früher wohl getan habe, als mir das Geld nötig war. Hinstorff will 8000 Exemplare davon abdrucken, was für mich die Summe von 2666⅔ Talern abwerfen würde, will aber 2000 Exemplare davon erst später bezahlen; das will ich aber nicht, weil ich dann wieder mit ihm in allerlei Philippsrechnungen kommen würde.

Für heute will ich schließen, da meine noch einige Worte an Deine hinzufügen wird. Nächstens für Dich mehr! – Dein

Fritz Reuter

O pfui, Bertha, Du bist ja unvergnügsam! Ist Dir die Juno noch nicht genug, mußt auch noch den Pfau haben. Nimm 'n Exempel an mir, die sich auch ohne die Weisheit Minervas behelfen muß – die Laubach hat Dich verdorben, geh in Dich, das wünscht Deine Luise Reuter

AN GISBERT FREIHERR v. VINCKE

Laubach, 9. November 1865

Πως τον προςπτυξομαί αύτον, wie soll ich den anreden, der mich mit so einer liebenswürdigen Freundlichkeit traktiert? Ich glaube am besten: »Mein lieber, lieber Freund«.

Mit herzlicher Liebe danke ich Ihnen für den neuen Beweis Ihrer Zuneigung; ja, zwischen uns soll's noch lange beim alten bleiben, oder besser, es soll sich immer wieder von neuem ausbauen und erweitern. – Schelten Sie mich aber ab und an tüchtig aus wegen meiner Schreibfaulheit; ich verdiene es. Der Wassertyrann hat tüchtig gelacht über die poetische Epistel, läßt aber nichtsdestoweniger freundlich grüßen; und die Reuterin hat ebenso darüber gejubelt wie der Reuter selbst; nur sein Pegasus machte sich stetisch, als er ihn zum lyrischen Ritt aufzäumen wollte, das Biest wollte nicht rennen, es schien's vorher zu wissen, daß es um verschiedene Nasenlängen geschlagen werden würde. – Mit großer Freude habe ich in der Kölner Zeitung eine anerkennende Kritik Ihrer Übersetzungen gelesen; die kleine Ausstellung, die als Affixum hinterherkam, betrachte ich als die leibliche Notdurft eines jeden Rezensenten; man darf sie diesen Leuten nicht übelnehmen; sie sind ja auch nur Menschen. – Wollte Gott, ich und Dörchläuchten wären schon mit heiler Haut durch ihre Spießruten gelaufen. – Aber ich denke, P. hat meine Haut schön ausgegerbt, ich will's schon aushalten. – Dörchläuchten hat in der letzten Zeit schön heranmüssen; Land sehe ich schon; aber 4 Brautpaare in den sichern Hafen der Ehe zu bringen ist keine Kleinigkeit und will Zeit haben.

Wir sitzen hier noch immer in dem Schweizerhaus, in dem Sommerpalais des kleinen Samojeden, und sehen mit Schrekken der Zeit entgegen, wo uns die Witterung unter den Schwarm des Kurhauses scheuchen wird. – Die Gesellschaft ist sehr heruntergekommen in Quantität und Qualität; einige sind noch hier wegen unheilbarer Dummheit, einige wegen Geistesstörung, und das übrige ist aus Holland – mit wenigen

Ausnahmen. – Die Geistesstörung wird hier hauptsächlich vom preußischen Militär vertreten. Einen haben wir schon ans Irrenhaus abgeliefert, und – so schwer es mir auch wird – ich muß gestehen, daß die preußischen Militäreinrichtungen weniger an seinem Zustand schuld waren als seine dichterische Richtung ... Aber unter all diesen Dornen blüht die Blume der Liebe lustig empor, und der Gärtner, der sie zieht und pflegt, ist ebenfalls im Militäretat von 1865 als Leutnant aufgeführt. – Es ist dies ein Phänomen, merkwürdig, höchst merkwürdig! – Wir wissen, daß Stahl und Stein, daß hartes Holz und weiches Holz Feuer geben, aber in keinem physikalischen Lehrbuche ist es angeführt, daß Pomade mit Pomade, daß Westfalen und Holland sich entzünden können. Nehmen S' nicht übel, ich weiß, Sie sind auch ein Westfale, sind aber ein Dichter, und *die* Art ist im Selbstverbrennungsprozeß begriffen.
Anbei erfolgt wieder eine kleine Sendung Reuteriana – Sie sehen, dieselbe kommt sehr tropfenweise; aber teils ist das Fehlende gar nicht in meinen Händen, teils mir hier wieder abgeliehen. – Zu der Stromtid, deren letzter Teil noch fehlt, indessen bald nachfolgen soll, lege ich noch einige Illustrationen bei.
Wir bleiben noch bis Weihnacht hier, reisen dann über Köln nach Pommern, kehren im Januar wieder hierher zurück und bleiben bis März hier. – Ich bin freilich sehr frisch und gesund und heiter, aber der Hexenschuß meldet sich doch noch zuweilen, und die Bestie muß fort. Dann sehen wir uns in Frankfurt.

AN ERHARD QUANDT

Laubach, 10. November 1865

Liebes Quandting, endlich kann ich doch mit meinem herzlichsten Dank auch meine Geldverpflichtung gegen Sie lösen. Sie erhalten hierbei 40 Taler. – Das mir als Erstgeburt Ihres

Verlags zugesandte Buch habe ich mit dem *höchsten* Interesse wahrhaft verschlungen; ich kann nur den Wunsch aussprechen, daß Sie beide stets so gute Griffe aus dem großen Hexentopf der Literatur tun mögen. Die Kölner Zeitung brachte vor einiger Zeit eine kurze Empfehlung des Unternehmens, der ich mich in noch größerer Anerkennung anschließen möchte. – Hinstorff hat mir ein umfangreiches plattdeutsches Glossarium, von seinem Schwiegersohn verfaßt, zur Durchsicht und Verbesserung zugesandt; ich habe jetzt keine Zeit dazu und habe es noch nicht angerührt; auch aus dem Grunde, weil ich vorher von Ihnen zu erfahren wünschte, wie es mit Ihrer dahin einschlagenden Intention steht. – Wir haben uns entschlossen, noch bis Weihnacht in der Laubach zu bleiben, dann wollen wir einen Abstecher zu meinem Freunde Peters nach Siedenbollentin ins Pommerland machen, dort bis Ende Januar bleiben und dann noch zirka vier oder sechs Wochen auf hier zurückkehren, dann nach Eisenach. – Ich bin außerordentlich wohl, kann Bäume ausreißen und will das Eisen schmieden, solang' es noch warm ist. – »Dörchläuchting« wird wohl so gegen Weihnacht oder bald nachher fertig werden; ich will das Ding nicht übereilen, es ist so schon ein heiklicher Stoff, und diesmal fürchte ich mehr als je den scharfen Zahn der Rezensenten. – Was der p. Glagau über mich zusammengeschrieben, weiß ich noch nicht, werde es aber wahrscheinlich heute abend erfahren, da ich mir das Ding aus Köln verschrieben habe. – Ich bin nach Ihren Andeutungen verdrießlich darüber; äwer wat sall einer dorbi dauhn? – Grüßen Sie Freund Händel und erkundigen Sie sich doch einmal so unter der Hand nach einem gewissen Fritz Jenning, einem Stiefsohn meiner vor sechs Wochen verstorbenen Schwester, der Dr. Jenning in Güstrow, der bei Payne Buchhalter sein soll. Der Junge hat den Ruf, brauchbar zu sein, hat auch von seinem früheren Prinzipal, Susemihl in Rostock, sehr gute Zeugnisse, hat mir aber den dummen Streich gemacht, vorm Jahr etwa nach Amerika zu laufen, und den noch dümmern, wiederzukommen, weswegen ich ihn mit Antwort auf seine Briefe etwas habe zappeln lassen. – Er ist übrigens zu beklagen, da er ohne seine Schuld arg von einem Übel, den Skrofeln, heimgesucht ist. – Meine Frau grüßt aufs freundlichste, und ich bitte, behalten Sie im Herzen Ihren Fritz Reuter

Der erste Band der illustrierten Stromtid ist in meinen Händen, sehr gut ausgefallen! – Danke! Danke Ihnen!

AN ERHARD QUANDT

Laubach, 15. November 1865

Liebes Quandting, schon wieder komme ich zu Ihnen, schon wieder mit einer Bitte. – Der Kommandant von Koblenz, General-Major von Hartmann, und der Kabinetts-Sekretär der Königin, Dr. Brandis, sind hier auf der Laubach bei mir zum Besuche gewesen, und durch sie habe ich erfahren, daß die Kronprinzessin von Preußen sich mehr als lebhaft für meine Schriften interessiert. Da nun diese Dame mit Recht in dem Rufe steht, sich lebhaft für Kunst und Wissenschaft zu interessieren und in jedem Lebensverhältnis einen liebenswürdigen Charakter zu offenbaren, mir eine bescheidene Annäherung an dieselbe nach meinem früheren Leben und meinen politischen Ansichten auch wohl nicht als eine triviale Lobhudelei und Speichelleckerei ausgelegt werden kann, so bin ich auf den Einfall gekommen, derselben die neu erscheinende illustrierte Ausgabe von der Stromtid zu überreichen. Dasselbe gilt von dem Großherzog zu Weimar, der noch außerdem durch seine persönliche Liebenswürdigkeit gegen mich meinen aufrichtigen Dank verdient hat. – Ich bitte Sie nun, lieber Freund, zwei vollständige Exemplare von denen, die mir Hinstorff als Freiexemplare zu liefern hat, in farbigen Sammet dort in Leipzig sauber und geschmackvoll binden zu lassen, sobald als das Erscheinen des Buches es irgend erlaubt, und mir die Rechnung darüber gütigst zukommen zu lassen. – Die Wahl der Farben und die etwaigen Verzierungen überlasse ich ganz Ihrem Geschmacke und sage Ihnen schon vorneweg für Ihre treue Mühe meinen herzlichsten Dank. – Um eins nur bitte ich Sie, sprechen Sie nicht darüber, namentlich schreiben Sie nichts von meiner Absicht an Hinstorff, derselbe würde das Unternehmen durch ganz Mecklenburg durchträtschen, und ich bin leider! leider! durch das taktlose Buch des Herrn Glagau schon hinlänglich in der Leute Mund gebracht worden. Das Buch hat mich sehr verstimmt, das Lob ebenso wie der Tadel, auch das Hereinziehen meines Lebens und meines Charakters in die Öffentlichkeit; am meisten aber die ungerechtfertigte und plumpe Manier, mit welcher der Verfasser die besten Männer der deutschen Literatur bespricht, von denen ich einige zu meinen Freunden rechne und anderen zum aufrichtigsten Danke verpflichtet bin für die Genüsse, die sie mir durch ihre Schriften geboten haben. – Es ist gradezu ein Ärger für mich, daß ich unschuldiger Mensch, der die Ruhe und den Frieden liebt, die unfreiwillige Veranlassung abgeben muß, um andern Leuten Invektiven in den Bart zu werfen. Ach, die leidige Buchmacherei! Meine Frau grüßt herzlich! Ihr

Fritz Reuter

Auch diese letzte Expektoration behalten Sie für sich, die Mitteilung derselben könnte weiter dringen und mich mit dem Glagau in Schreiberei verwickeln und will Ruhe haben, nichts als Ruhe.

AN FRITZ PETERS

Laubach, 16. November 1865

Mein lieber Fritz, heute ist großer Brieftag bei mir; Du bist der siebente, letzte, aber auch liebste, der an die Reihe kommt, um Dir meinen Dank für Deine freundliche Geburtstagsgratulation zu sagen, obgleich man eigentlich zu 55 Jahren nicht viel gratulieren sollte.

Deine Schuldverschreibung über die von Hinstorff erhaltenen 840 Taler habe ich erhalten, kann sie aber nicht gebrauchen, aus doppeltem Grunde; einmal, weil Du erst 1000 Taler voll haben mußt, und zweitens, weil Du mir den Zinsfuß zu hoch gestellt hast. Glaubst Du, ich habe mich in meinen alten Tagen beschneiden lassen und bin Jude geworden? O nein, so scharf schießen die Preußen nicht; 4 % sind auch schon etwas. Wenn Du mir halbjährige Zinsen geben willst, so behalte die zu Weihnachten fälligen Zinsen, dann würdest Du noch 100 Taler erhalten, um diese 840 zu 1000 Taler voll zu machen, und diese werde ich Dir entweder von hier aus oder durch Siemerling zukommen lassen. Dann erhältst Du zum Anfang Februar dieses Jahres das zweite Tausend und im Mai das dritte.
Recht erfreut bin ich zu hören, daß Du nicht über Futtermangel klagst; die mecklenburgischen Zeitungen sind ja ebenso voll davon wie unsere Landleute hier. – Wir leben hier in alter Weise und werden wohl noch bis Anfang März hier bleiben, da mir die Kur im ganzen recht gut bekommt, nur daß sich ab und an die Kreuzschmerzen wieder einmal melden. Es ist die Sache weiter nicht gefährlich, da es von den Hämorrhoiden herrührt, aber wenn man Geld und Zeit daran setzt, will man die Geschichten doch los werden.
Mit meinem »Dörchläuchten« geht es auch so ziemlich vorwärts, und ich hoffe, denselben bis Weihnachten druckreif zu schaffen; die »Stromtid« wird es aber nicht, es fehlen die ernsten Situationen zu sehr darin, aber das läßt sich nicht ändern, das liegt im Stoffe.
Vor einiger Zeit war Richard Schröder mit Professor Simrock und Tochter aus Bonn hier bei uns, und in den nächsten Tagen werden wir den Gegenbesuch in Bonn machen. Überhaupt leiden wir nicht an Langeweile; gestern war der Freiherr Gisbert Vincke, der Bruder von dem Kammer-Vincke, hier bei uns und blieb die Nacht hier, zugleich auch der Hauptmann von Köppen, ein Dichter, der schleswig-holsteinische Kriegslieder verfaßt hat, und der Regierungsrat von

Forstner. Auch der erste Kommandant von Koblenz und Ehrenbreitstein, General von Hartmann, und der Kabinettssekretär der Königin, Dr. Brandis, sind hier bei uns gewesen, und ich bei ihnen. Es ist mir höchst komisch vorgekommen, lieber Fritz, wie sich die Zeiten geändert haben: in früherer Zeit empfingen mich die preußischen Festungskommandanten im Vorzimmer oder auch gar nicht, jetzt suchen sie mich auf. Dieser war jedoch ein überaus freundlicher Mann und hat mir mitgeteilt, daß unsere preußische Kronprinzessin sich lebhaft für meine Sachen interessiert. – Meine Geldangelegenheiten stehen imgleichen so vortrefflich, wie ich nie im Traume geahnt habe, und dann sollte ich meinem besten Freunde, der mir Geld lieh, als ich arg in der Klemme saß, mit 5 % unter die Augen gehen?

Deine Marie wird sich freuen zu vernehmen, daß der erste Band der illustrierten »Stromtid« in sehr hübscher Ausstattung mit den Bildern von Pietsch schon vor mir liegt. Die anderen beiden werden im Laufe des Monats fertig, und Ihr werdet dieselben zu seiner Zeit ansehen können.

Daß Elise mit ihrem Löper sich glücklich fühlt, war freilich vorauszusehen, aber auch die voraussichtliche Freude erquickt, und solche Freunde, wie wir von Euch sind, haben wohl ein Recht, daran teilzunehmen. Aber daß der Hanne nach Tertia gekommen ist, war nicht so sicher vorauszusehen, und diese unverhoffte Freude teilen wir doppelt, als Freunde nicht allein, sondern auch als Pädel.

Zu Weihnachten wird's nun wohl nichts mit dem Wiedersehen werden, vielleicht aber später, denn Deine Frau hat recht, wenn's Euch gilt, springen die Groschen freiwillig aus der Tasche. Ganz ohne Dornen sind diese Rosen aber doch nicht.

Da hat der Teufel einen Menschen in Berlin, Otto Glagau, geritten, und der hat ein dickes Buch über mich und meine Werke zusammengeschmiert, worin er mich und mein Leben und meinen Charakter auf das unverschämteste vor die Öffentlichkeit bringt, was bei Lebzeiten eines Schriftstellers

bisher in Deutschland noch nicht geschehen ist, worin er meine Schriften auf das unbarmherzigste durchhechelt – vorzüglich »Kein Hüsung« – und ebenso wieder mit dem höchsten Lobe erhebt, mich für den größten Dichter der Jetztzeit erklärt und mit den anderen Dichtern, wie Freytag, Auerbach und Heyse, der anderen gar nicht zu gedenken, umspringt, als wenn er eine Herde Schulbuben vor sich hat. Wenn ich ihm auch das erstere verzeihen wollte, das letztere ist unverzeihlich; er hat mich dadurch zu der unschuldigen Ursache gemacht, daß ehrenwerten Männern plumpe Grobheiten gesagt werden, und wird mir dadurch das ganze Wespennest der kleinen Literaten auf den Hals schicken; und ich habe doch auch gar keine Veranlassung zu solchem Treiben gegeben. Paßt auf! Um meine literarische Ruhe bin ich 'rum.
Viele Grüße an alle von Deinem Fritz Reuter

Luise ist augenblicklich spazieren; sie grüßt ebenso wie ich.

AN WILHELM NIEDERHÖFFER

Laubach, Dezember 1865

Verehrtester Freund, da ich weiß, wie gerne Sie Bitten wie die nachstehende erfüllen, so wage ich es, Ihnen dieselbe ans Herz zu legen. – Wollten Sie nicht von den mir zu Antonii zukommenden Zinsen 50 Taler an Johanna und Magdalena Reuter zu Stavenhagen zum Heiligen Abend als ein freundliches Geschenk von mir auszuzahlen die Güte haben? Das heißt, wenn es Ihnen nicht selbst Unbequemlichkeit macht. – Ich schreibe diesen Brief im engsten Vertrauen und bitte auch das Nachfolgende strenge für sich zu behalten. – Wir werden uns hoffentlich im Januar des künftigen Jahres sehen, da ich von hier einen Abstecher zur heitern Überraschung meines Freundes Peters ins Pommerland zu machen gedenke, mit meiner Frau. – Ich bin sehr wohl und habe trotz Wasserpanschereien ein Buch zusammengeschmiert, welches zu Anfang

k. J. in den Druck gegeben wird. – Bei meiner Anwesenheit werde ich Ihnen die nötigen Quittungen ausstellen. – Um mir den Spaß der Überraschung nicht zu verderben, trage ich Ihnen auch keine [Grüße an meine] Schwester auf, ich denke, sie wird auch ohne Grüße ihr Weihnachtsfest fröhlich begehen.

Meine Frau ist nach Koblenz, läßt aber, da sie weiß, daß ich an Sie schreibe, sich Ihnen und den Ihrigen bestens empfehlen. Heute abend bin ich auch nach Koblenz eingeladen, und – denken Sie! – bei einem adligen Hauptmann von der Garde. Ich bin hier überhaupt in einen so vornehmen Zirkel hineingeraten, daß ich mich sehr in acht zu nehmen habe wegen der dehors. – Vorgestern speisten wir bei dem Präsidenten von Marées, und selbst der Erste Kommandant von Koblenz und Ehrenbreitstein, General von Hartmann, hat mir mit dem Kabinettssekretär der Königin seine Aufwartung gemacht. – Ich erzähle dies nur, weil die Sache einen höchst komischen Gegensatz hat: vor 25 Jahren wurde ich von Unteroffizieren und Gendarmen zu den Herrn Kommandanten gebracht und in den Vorzimmern abgefertigt, jetzt kommen sie zu mir.

Fröhliche Festtage wünsche ich Ihnen, obgleich ich weiß, daß Sie von Gott ein fröhliches Herz erhalten haben.

Mit herzlicher Freundschaft Ihr Fritz Reuter

1866

AN FRIEDRICH FRANZ II. GROSSHERZOG VON MECKLENBURG-SCHWERIN

Eisenach, [Anfang] April 1866

Allerdurchlauchtigster Großherzog, Allergnädigster Großherzog und Herr, durch die hohe Gnade Ew. Königlichen Hoheit ist mir eine so freudige Überraschung geworden, daß sie mich zum aufrichtigsten, tiefgefühltesten Danke verpflichtet, und wenn die Äußerung dieses Dankgefühls erst jetzt erfolgt, so bitte ich Ew. Königliche Hoheit, die Verspätung derselben auf meine Abwesenheit von Eisenach zu schieben. Ew. Königliche Hoheit können sich schwerlich eine genügende Vorstellung von meiner Freude machen, wenn ich nicht das Nachstehende mitteile. Ich bin grade dabei, in meinem nächst erscheinenden Buche dem erhabenen, hochseligen Stifter des mich über Verdienst auszeichnenden Ehrenzeichens, dem Urgroßvater Ew. Königlichen Hoheit, Friedrich Franz dem Ersten, ein heiteres Ehrendenkmal nach meiner Art zu setzen. Derselbe tritt am Schlusse dieser Erzählung als lebensfrischer und lebenslustiger junger Mann und als fröhlicher Vermittler im Gegensatz zu dem alten imbezillen, mit allerlei Sonderbarkeiten behafteten Herzog Adolf Friedrich IV. von Strelitz auf, der von seinen neubrandenburgischen Untertanen »Dörchläuchting« genannt wurde und meinem Buche diese Benennung zum Titel hat hergeben müssen. – Wenn nun auch das Bild des liebenswürdigen Fürsten nur in flüchtigen Umrissen von mir gezeichnet werden konnte, so hoffe ich doch, daß dasselbe Ew. Königlichen Hoheit hell und freundlich aus dem trüben Dunkel der kümmerlichen Zeiten nach dem Siebenjährigen Kriege entgegenleuchten wird. –
Aber – wohin führt mich meine Feder! – Ew. Königliche Hoheit müssen schon wieder Gnade über mich ergehen lassen

und diese ungehörigen Mitteilungen entweder der Geschwätzigkeit des angehenden Alters oder dem Drange des freudig bewegten Herzens zugute halten. Ew. Königlichen Hoheit untertänigster Fritz Reuter

AN EDUARD BÖCKING

Eisenach, 15. April 1866

Mein alter, lieber Böcking, schlecht Wort gehalten wirst Du sagen, sind das sechs Tage? Aber es ist überhaupt mit der Zeit eine sehr unzuverlässige Sache, vor allem aber mit der Zeit auf Reisen und mit der Zeit, die man in den ersten Tagen in der Heimat zubringt. Da gibt's so viel zu lesen, zu hören, zu scharwerken und aufzuräumen, und wenn man glaubt, man habe der flüchtigen Person ein Zipfelchen von dem wallenden Kleide abgeschnitten, dann kommen gute alte Freunde, schneuzen sich in den Lappen und verderben einem das Zipfelchen in aller Gemütlichkeit und in der besten Absicht. – Aber genug davon, wir sind hier, haben alles nach Wunsch angetroffen und haben Deiner und Deiner freundlichen Töchter so oft gedacht und so oft erwähnt, daß ich ernstlich fürchte, Eisenach wird uns Deinetwegen zuletzt auf den Strich kriegen. – So sehr wir uns im ganzen auch freuten, endlich im eigenen Hause und in der alten bekannten Gegend wieder auszuruhen und runterzuschauen, so machte es uns doch einen trüben, frostigen Eindruck, den halb entwickelten Frühling am Rhein hier noch in seinen ersten Anfängen zu finden. – Drei Wochen ungefähr ist der Rhein dem Thüringer Lande voraus. Heute ist aber das prachtvollste Frühlingswetter, und »Meine« hat Hut und Sonnenschirm genommen und läuft – Gott weiß, wo – herum; wahrscheinlich aber besieht sie sich Feuerstellen oder wenigstens die Stellen, wo unsere Feuerstelle rauchend zu sein möglich sein dürfte; denn ich will Dir nur sagen, seitdem sie hier ist, hat sich in ihrem Kopfe eine so breit ausgesponnene

häusliche Idylle von Schlafrock und Pantoffeln, Kohl und Rüben und ungemachtem Haar niedergelassen, daß sie mit souveräner Verachtung auf das philiströse Kriegsgeschrei herniedersieht und Bismarck und Konsorten für die echten, alleinigen Hüter deutscher Häuslichkeit erklärt. – Na, minentwegen, un wat sall ick wider dorbi dauhn! *Ich* soll mich wohl schicken, aber *Du* bist der Wurm, der die schöne Honigbirne der eigenen, unumschränkten Häuslichkeit bei ihr angestochen hat, denn in einzelnen ruhigen Momenten fühlt sie den Stich Deiner Bemerkungen über den Besitz eines Hauses in Kriegszeiten; da ich jedoch ein treuer Freund von Dir bin und zu verhüten trachte, daß sie keinen ungerechten Haß auf Dich, als den Störenfried ihrer häuslichen Hoffnungen, werfe, so warf ich gestern abend hin: »Nun, wir könnten ja bauen, brauchten's ja aber nicht fertigzubauen.« – Dieser glänzende Einfall gefiel und hat sie denn heute morgen auf Entdeckungsreisen ausgeschickt. – Aber still! – Eben kommt sie zurück und sieht aus wie ein Besitzer von drei Häusern zu Berlin. – Aber nicht alles um uns herum ist rosig und heiter: eine Zeitungsnachricht hat uns erschreckt, denke Dir, daß wir unsere orientalische Reise unter der Führung dieses unseligen Tuvora, der jetzt als fünfmaliger Giftmörder vor Gott steht, gemacht haben, daß uns zwei seiner Opfer, der eine Sohn und die kleine wunderliebliche Tochter Aloysia, sehr genau bekannt sind, ja daß meine Frau eine zärtliche Neigung zu diesem unschuldigen Kinde gefaßt hatte. – Sie ist durch dies scheußliche Ereignis gewaltig erschüttert worden.
[Zwischenbemerkung von Luise Reuter:] Lieber, verehrter Herr Geheimrat, haben Sie und Ihre lieben Töchter noch herzlichen Dank für alle Liebe und Freundlichkeit und geben Sie uns bald Gelegenheit, Ihnen in unserem Hause vergelten zu können, das der Wunsch Ihrer Luise Reuter
Herzlichen Gruß der Familie Simrock.
Lebe wohl, lieber Böcking, grüße die Deinen und besuche uns. Dein Fritz Reuter

AN FRITZ PETERS

Eisenach, 17. Mai 1866

Mein lieber Fritz, leider kann ich Dir nicht mit dem Gelde dienen. Hinstorff ist freilich hiergewesen und hat die mir noch zustehenden 5000 Taler bezahlt; aber vorgestern, vielleicht zu derselben Stunde, in welcher Du an mich geschrieben hast, habe ich alles weggegeben und nur so viel behalten, wie ich notwendig selbst gebrauchen muß. Grashof, der an mich schrieb, daß augenblicklich eine vorzügliche Konjunktur für den Ankauf von Papieren sei, hat 3000 Taler erhalten, und Ziegler, dem ich schon früher Zusicherungen in dieser Richtung machte, erhielt die anderen 2000 Taler. Ich habe überhaupt für die nächsten Zeiten gar keine Einnahmen und fürchte, zuviel weggegeben zu haben, so daß ich bei den uns hier drohenden Verhältnissen dadurch in Verlegenheit zu geraten fürchte. Der Preis der Lebensmittel steigt hier in riesigem Maße, und dazu ist uns schon Einquartierung angesagt – 8–10 Mann für die Familie; ich hoffe, ein paar Offiziere zu erhalten, die mir doch lieber sind als Gemeine, mit denen ich nicht zu bleiben weiß. Hier glaubt jedermann an Krieg, ja *hofft* darauf, damit dieser unerträgliche Zustand endlich ein Ende nehme. Aus dieser Rücksicht werde ich nun freilich in diesem Jahre wohl auch nicht bauen, stehe aber in Unterhandlung wegen Ankaufs eines wohlgelegenen Gartens, den ich für zukünftige Baupläne im Auge habe. –

Daß Deine Saaten so schön stehen, ist mir eine wahre Freude gewesen, und ich glaube nicht, daß Deine Befürchtungen in betreff der Preise eintreten werden. Aber daß Du gekränkelt hast, wie uns Marie schon geschrieben hat, hat uns sehr leid getan; aber wir hoffen, daß alles jetzt wieder gut ist.

Für den Wein bist Du keines Menschen Schuldner; ich habe mir das Vergnügen gemacht, Dir denselben für den von mir ausgetrunkenen als Ersatzmannschaft mobil zu machen.

Wir sind wohl und grüßen Euch alle recht von Herzen. Dein

Fritz Reuter

AN RICHARD SCHRÖDER

Eisenach, 25. Mai 1866

Mein lieber, guter Richard, Du kannst Dir wohl denken, mit welcher Freude wir die beiden frohen Nachrichten empfangen haben, die den Inhalt Deines Briefes ausmachten. Jedes Glück und jeden Segen wünschen wir auf Dich und Deine liebe Frau, auf Eure Verbindung, auf Eure neubegründete Häuslichkeit und auf Deine ehrenvoll errungene Stellung in der wissenschaftlichen Welt herab. – Aber so freundlich gestimmt sind wir nicht gegen jedermann, so z. B. wünschen wir, daß irgendeiner mit aller Manier den jetzigen preußischen Premier auf eine brennende Teertonne setzte und ihn dabei fragte, ob ihm das bei diesem abscheulich kalten Frühjahrswetter nicht recht schön warm vorkäme und ob er sich jetzt nicht einen kleinen Begriff von den brennenden Nesseln machen könnte, in die er den preußischen Staat hineingesetzt habe. Dies ist nun durchaus nicht eine Äußerung alten invaterierten Demagogenhasses, sondern nur der Ausbruch des Ärgers und Verdrusses, daß der Mann, der an so vielem schuld ist, auch daran schuld ist, daß wir Euch, liebes Paar, nicht bei uns gesehen haben; wir hatten uns so sehr dazu gefreut und hofften auch, daß Böcking die kurzen Ferien dazu benutzen würde, uns mit seinem Besuche eine wahre Freude zu machen. Statt dessen haben wir die Festtage ganz einsam durchfrieren müssen, ohne weitere Unterhaltung, als der Anblick erfrorener Baumblätter und Baumblüten gewährt.

Viele Grüße von mir und meiner Frau an Simrocks und vor allem an den liebenswürdigen Böcking und die Seinen. – Ich weiß nicht, habe ich ihm was zuleide getan, daß er so schweigsam geworden ist; wenn dies der Fall ist, so sage ihm, er soll's mir nur schreiben, ich will's nach Kräften wiedergutmachen. – Nun lebe recht wohl mit Deiner lieber Frau und halte mit dem längeren Herbstbesuch Dein Wort.

Dein unveränderter Freund Fritz Reuter

Dörchläuchten ist bis zum zehnten Bogen gedruckt. Einquartierung ist uns für [. . .] schon angesagt, und übermorgen erwarten wir hier als Durchzügler Teile des siebten Armeekorps. V. Ob.

AN FELIX EBERTY

Eisenach, Mai 1866

Sie werden sagen, der Dank komme etwas spät; aber ein Geschichtswerk liest sich nicht wie ein Roman, den man mit Behagen, wenn überhaupt Behagen drin steckt, in einem Tage durchpeitschen kann. Dazu kam bei mir noch der Umstand, daß ich gerade zu der Zeit, als Ihr freundliches Geschenk eintraf, mich in die Lektüre von Geijers schwedischer und Karamsins russischer Geschichte versenkt hatte, welche beide über Pommern und Polen hinüber so mannigfache Berührungspunkte mit dem Inhalt Ihres Werkes bieten, daß mir auch dadurch ein leichtfertiges »über den Daumen lesen« ernstlich verboten wurde. Ich habe Ihren Rat, bei Seite 200 anzufangen, nicht befolgt; es ist mir dies wahrlich nicht leid. Sie müssen bedenken, daß Poeten ganz andersgeartete Menschen sind als Geschichtsschreiber, sie lieben die Dämmerung, und wo die Geschichtsschreiber laut und lauter nach Licht rufen, da setzen sich diese sonderbaren Kreaturen schweigend in eine dunkle Ecke und graulen sich . . .

AN CARL HINSTORFF

Eisenach, 28. Juni 1866

Mein lieber Karl, mit dem Abschreibenlassen des Manuskripts ist es nichts; hier ist keiner, der das machen kann. Der Zufall aber will, daß hier ein junger Mecklenburger, Herr Dulitz, der hier die Forstakademie besucht und zu den Schweriner Jägern einberufen ist, nach Mecklenburg zurückreist. Da ich den jungen Mann schon längere Zeit kenne, so will ich ihm das Manuskript anvertrauen. Schreiben Sie mir aber sogleich, wenn es angekommen ist, damit ich darüber beruhigt bin. – Hier ist alles unsicher; fast alle Züge sind suspendiert und für Militärtransporte in Anspruch genommen, am 25. hatten wir hier und in der nächsten Umgebung 3000 Mann Einquartierung. Gestern ist bei Langensalza ein heftiges Gefecht mit den Hannoveranern vorgefallen; Näheres verlautet noch nichts, als daß die Preußen gesiegt haben, das gothaische Korps soll jedoch sehr stark gelitten haben. Gestern abend rückten zwei Regimenter Westfalen von hier aus, um ein versprengtes Korps Hannoveraner anzugreifen, welches sich in nächster Nähe gezeigt hatte. Heute morgen sind wieder zwei Regimenter Infanterie, das 19. und 32., ein Husarenregiment und 1½ Batterien hier eingerückt und gleich mit der Bahn weitergeschafft. Man meint, gegen die Bayern, die bei Salzungen stehen sollen. Alles aber, was ich geschrieben, ist doch noch ungewiß; wir hier mitten auf dem Kriegsschauplatz wissen weniger als die in der Ferne. Die absurdesten Lügen und die albernsten Gerüchte verbreiten sich mit Windesschnelle und regen die durchaus preußisch gesinnte Bevölkerung auf. Die Lebensmittelnot und die Furcht vor Beschießen der Stadt und Straßenkampf mehren sich von Tage zu Tage. Ich selbst laufe bei den Fleischern herum und kaufe für meine Offiziereinquartierung ein. Die Leute sind durch forcierte Märsche furchtbar abgehetzt und liegen auf dem schlechten Pflaster unserer Märkte in ganzen Reihen. Sie werden von der Bevölkerung nach Kräften gut verpflegt. Junge Damen laufen mit Kaffeetöpfen herum und schenken ein, und die Leute verdienen's auch, sie sind zufrieden, höflich, dankbar; von Exzessen ist nichts zu hören, wohl aber von hellem Kriegsmut und prächtigem Humor, z. B. gestern, als die alten Bauernweiber 18 Groschen für ihre Butter verlangten, verkauften die Soldaten ihre Butter und ihre Eier zu dem gewöhnlichen Preise, gaben ihnen das Geld und entließen sie mit dem nachdrücklichen Bemerken, sie möchten ja heute wiederkommen, sonst kämen sie auf ihre Dörfer hinaus und holten sich statt der Eier die Hühner und statt der Butter die Kühe.

Ich habe das nicht bloß für Sie geschrieben. Schicken Sie diesen Brief an meinen Freund Fritz Peters-Siedenbollentin, damit derselbe sieht, daß wir noch leben und munter leben. – Wäre die Sache an sich nicht so traurig, so wäre sie für mich überaus unterhaltend, zumal meine Frau ebenso ohne Furcht ist wie ich. – Viele Familien haben schon alles beiseite gepackt und ihre Schätze vergraben; ich glaube klüger zu sein, ich sorge für Essen und Trinken und Zigarren. –

Leben Sie wohl. Ihr Fritz Reuter

Freimachen kann ich mein Paket nicht.

AN VIKTOR SIEMERLING

Eisenach, 30. Juni 1866

Lieber Viktor, aus den Zeitungen wirst Du erfahren haben, daß wir hier in Eisenach schön dicke drinsitzen. – Heute vor acht Tagen, nachdem wir schon 3–4 Tage hier 2 gothaische und 3 preuß. Landwehrbataillone nebst Kavallerie und Artillerie auf dem Bahnhofe gehabt hatten, besuchte uns eine hannöversche Husaren-Patrouille, als unsere Besatzung grade abgezogen war. Infolge dieses Ereignisses warfen die Preußen das Korps des Generals von Beyer sowie das des Generals von Falkenstein und das des Generals von Goeben hierher – wie man sagt, gegen 30 000 Mann. Den Tag vorher, ehe diese ankamen, traf hier das vierte Garde-Regiment ein (2 Bataillone); die Hannoveraner verlangten freien Durchzug, unter der Drohung, Eisenach in Brand schießen zu wollen, die Preußen verweigerten denselben, und jeder Bürger und Hauseinwohner wurde angewiesen, Wasser auf den Hausboden zu schaffen, die Feuerwehr stand auf dem Markt, und die Einwohner bargen ihre Schätze, einige Familien mußten aus ihren bedrohten Wohnungen ausziehen. Die Verwirrung wuchs stündlich. Statt dessen machten die Hannoveraner den Versuch, bei Mechterstädt, zwischen hier und Gotha, durchzubrechen, wurden dort aber von einer Abteilung der Garde mit blutigen Köpfen zurückgeworfen. Als nun die 30 000 Preußen hier lagen, fingen die Hannoveraner an zu parlamentieren, das brachte einen 24stündigen Waffenstillstand zuwege, den die Herrn dazu benutzten, in aller Stille zurückzugehen, so daß die Preußen sie nicht fassen konnten, zugleich tauchte das Gerücht auf, die Bayern rückten über Meiningen und Salzungen an; es wurde also ein sehr bedeutendes Korps gegen dieselben detachiert. Von Gotha aus, welches ebenfalls sehr bedroht war, rückte der General Flies mit Gothaern, dem elften Regiment, dem sechsundzwanzigsten Landwehr-Regiment, im ganzen mit 6000 Mann, den Hannoveranern bis in die Gegend von Langensalza am Mittwoch entgegen und attackierte die 14 000 Mann Hannoveraner. – Dort ist es dann sehr scharf hergegangen. Die Preußen haben den kürzeren gezogen, obgleich im Anfang die Gerüchte anders lauteten, vorzüglich haben die Gothaer gelitten (157 Mann Tote und Verwundete von zirka 1000 Mann), mehr aber noch soll das elfte Regiment an Kampfunfähigen haben. Der Verlust im ganzen soll über 1000 Mann betragen. Die Hannoveraner, die ihren Verlust selbst über 1000 angaben, sollen 2050 Mann verloren haben, vorzüglich Kavallerie, die vor den Zündnadelgewehren wie die Fliegen gefallen sind. – Ganz Gewisses weiß man hier überhaupt noch nicht; aber das ist gewiß, daß gestern, den 29. d. M., die ganze hannoversche Armee die Waffen gestreckt hat, diese und die Pferde abgegeben hat und nun – wie es heißt – ohne Waffen in die Heimat geschickt werden soll. – Wo der König von Hannover sich befindet, weiß kein Mensch, noch weniger, was mit ihm werden soll. – Ist es nicht schrecklich, daß dieser Mensch so sinnlos und hoffnungslos so viele Menschenleben hingeopfert hat, bloß, um sein verrücktes Wahnbild von Welfen-Ehre und Welfen-Souveränität aufrechtzuhalten? Nu liegt es doch im Dreck! – Die Preußen sind gesittete, freundliche Leute, die unter den fürchterlichsten Strapazen (marschieren und hungern und dursten) ihren Mut und Humor aufrechthalten, die hiesigen Einwohner mit Rücksicht behandeln und mit dem guten Willen zufrieden sind. Von Exzessen hört man nichts, man müßte dann dazu rechnen, daß eine Gesellschaft von lustigen Burschen neulich morgens auf unserm Markte die Butter- und Eierpreise regulierte, so daß die alten Bauerweiber statt der geforderten 18 gute Groschen nur den frühern Preis von 10 Silbergroschen erhielten. Uns geht's dabei, trotz aller Unruhe, recht sehr gut. Einquartierung über Einquartierung, aber hübsche, frische Leute. – Ich habe mir Offiziere ausgebeten und auch erhalten, wenn ich keine habe, gehe ich auf den Markt und hole mir davon, denn es gibt immer welche, die kein Quartier kriegen können. – Nun noch eine Bitte, sei so gut und schicke das Geld und die Berechnung, um welche ich gebeten habe, an Peters-Bollentin, damit er mir dasselbe mit andern Geldern dann zusenden kann, wenn die Postverbindung hier wieder sicher hergestellt ist. – Noch ist hier alles in Frage, alles unsicher; aber in nächster Zeit hoffen wir auf Ruhe. Morgen wird die hier konzentrierte Armee, wie man meint, auf Frankfurt dirigiert werden, um den Bundestruppen einen Besuch zu machen, uns sind 30 000 Mann angesagt. – Meine Offiziere schlafen, und so habe ich die Zeit zu diesem Briefe gefunden; gearbeitet wird gar nicht, bloß gebummelt, und des Morgens werden Lebensmittel eingekauft; ich besorge das Fleisch-Departement.

Du tätest mir einen Gefallen, wenn Du diesen Brief sobald als möglich an Peters sendest; ich habe zuwenig Zeit zu schreiben und möchte ihn doch wissen lassen, wie's uns geht. Den Bollen teilst Du wohl mit den besten Grüßen den Inhalt mit.

Nun grüße Frau und Kinder und danke Gott, daß Du weit vom Schuß bist, denn der Krieg ist wahrlich kein Spaß, und wenn mich die fortwährende Aufregung auch munter erhält, so habe ich doch Zeiten, wo mich der Ernst der Lage sehr trübe stimmt. Dein

Fritz Reuter

AN HERMANN GRASHOF

Eisenach, 5. Juli 1866

Nachgrade wäre es denn nun wohl Zeit, Dich in etwas von unsern hiesigen Zuständen in Kenntnis zu setzen; bisher war es aber wirklich fast unmöglich; unterbrochene Postverbindung, Einquartierung, Durchmärsche, Aufläufe und die eigene Neugierde ließen zu nichts kommen. – Am 20. ging der Spektakel hier los, es rückten – nachdem 10 Tage vorher Deine Landsleute, Teile des 7. Armeekorps, hier 6 Tage und Nächte nach Zeitz durchgegangen waren – drei Landwehrbataillone von Erfurt und 2 gothaische von Gotha hier bei uns ein, besetzten den Bahnhof und machten drei Tage hindurch durch ewiges Hin- und Hermarschieren und Biwakieren ihre Leute so kaputt, daß sie nicht mehr auf den Beinen stehen konnten. Tags darauf war alles wie eine fata morgana verschwunden, Stadt und Bahnhof soldatenleer, und nur eine hannöversche Husarenpatrouille ritt des Nachmittags durch die Stadt und setzte alle alten Weiber mit und ohne Hosen in Furcht und Schrecken. Dieser Zustand hob sich am folgenden Tage zum förmlichen Entsetzen, als nach Ankunft zweier Gardebataillone aus Berlin die Hannoveraner Durchzug durch Eisenach verlangten und im Weigerungsfalle drohten, die Stadt in Brand zu schießen. Den Wirrwarr, die Szenen der Angst und Verzweiflung zu beschreiben, mußt Du mir erlassen. Der Magistrat erließ Befehl, Wasser auf alle Hausböden zu schleppen, das Publikum vergrub seine Schätze und saß mit seinen Habseligkeiten im Keller, von Mord, Brand, Plünderung und Notzucht phantasierend, meine Wirtsleute gingen in diesen wilden Vorstellungen heldenmütig voran und wollten uns auch in den Strudel dieser Schrecken hineinziehen, wir rührten uns aber nicht, alles blieb bei uns, wie es war, nur ich ging in die Stadt und kaufte Fleisch, soviel zu haben war, damit ich den armen Kerlen, wenn sie hier durchkämen, was in die hungrigen Mäuler stopfen könnte. – An diesem Tage hätten übrigens die Hannoveraner hier recht

gut durchkommen können; am andern Tage war's zu spät, da hatten wir hier 30 000 Mann, die in der Umgegend mitgerechnet. Die Korps der Generale von Beyer, von Falkenstein und von Goeben waren hier und marschierten hin und her bis zu dem höchst blutigen und für die Preußen nachteiligen Gefecht von Langensalza. – Du wirst das Nähere aus den Zeitungen erfahren haben, ebenso wie wir, denn was man an Ort und Stelle der kriegerischen Bewegungen erfährt, sind lauter Lügen ...
Wir haben in unserm Hause viele Einquartierung gehabt und dieselbe gerne aufgenommen, auch nach Kräften und zur Zufriedenheit verpflegt. Deine Landsleute, Offiziere mit ihren Burschen, bildeten die Mehrzahl; auch Freiwillige aus Bielefeld waren hier, doch nur zum Besuch. Gestern morgen verließen uns die letzten, Baumeister von der fliegenden Eisenbahn. Auch einen Pflasterkasten hatten wir mehrere Nächte, den ich, wie meine Frau allen Ernstes von mir verlangte, herausschmeißen sollte, weil er feige und ein »Mauses« sei. – Die Preußen haben sich hier sehr gut betragen, und die Einwohner haben getan, was in ihren Kräften war. – Ich habe Dir wohl noch nicht geschrieben, daß ich mir einen Garten, prächtig gelegen, für 900 Taler gekauft habe, worin ich mir ein Haus zu bauen beabsichtige, aber später. – Wenn Du noch nicht alles Geld verspekuliert hast, so gib's nur in die Kommerzbank; ich brauch's freilich nicht, da ich noch außerdem genügende Einnahme habe; aber wenn ich noch diesen Herbst zum Bauen käme, so wär es mir gelegen. Ist's nicht, so macht's auch nichts. Mein Buch muß in diesem Augenblick vollständig gedruckt sein. – Ich bin zur Stunde so gesund wie seit Jahren nicht, trinke aber auch nur Wasser. – Meine Frau ist auch wohl, klagt nur über Fettwerden und muß Kleider ändern. Von arbeiten ist aber in dieser Zeit keine Rede. Doris – dies für Bertha – beträgt sich überaus gesittet und zart in diesen Kriegsumständen und hat uns Beweise geliefert, daß sie es an Bildung sogar mit einem feinen Berliner aufnehmen kann, der als Bursche hier war.

Die Kammerwahlen in Preußen machen mir Sorge. Das fällt schlecht aus.

AN ERHARD QUANDT

Eisenach, 8. Juli 1866

Lieber Freund, ich bin gerne bereit, Ihrer Aufforderung Genüge zu leisten; aber für Leipzig allein? Das geht nicht. Hier bei uns ist die Not verhältnismäßig größer, alles sammelt hier und sendet Mittel nach Salzungen und Dermbach, wo gegen 600 Schwerverwundete liegen, bei uns gegen 100 Kranke. Dazu kommt noch, daß das Oberland, wo die Verwundeten liegen, der ärmste Distrikt des armen Thüringer Waldes ist. Alles ist vollständig ausgefressen. – Wollen wir's nicht so machen, daß die Hälfte der aufkommenden Gaben nach Leipzig, die andere hierher gesandt wird? – Setzen Sie dennoch einen passenden Aufruf auf, oder wenn Sie meinen, so nehmen Sie den hierbei erfolgenden in plattdeutscher Sprache, lassen Sie denselben drucken oder lithographieren auf meine Kosten. Dann wird derselbe an einzelne oder mehrere Personen in den Städten und aufs platte Land zu versenden sein. – Mit Namen, die sich der Sammlung unterziehen dürften, kann ich aufwarten. – Ich werde hier einige anführen und später einen Nachtrag hinzufügen. Das schlimmste dabei wird immer die Gesamtbeförderung auf hier und nach Leipzig sein. –

Pastor Niederhöffer, Sattler Lehmann – Stavenhagen. – Senator Krüger, Präpos[itus] Meyer – Malchin. – Bürgermeister Mau – Neukalen. – Lehrer Struck – Dargun. – Buchhändler Kaibel, Pastor Lehmann, Förster Schlange – Waren. – Präpositus Fröhlich – Penzlin. – Bürgermeister Willbrandt, Gastwirt Sengebusch – Teterow. – Präpositus Stolzenburg, Gastwirt Dalitz – Malchow. – Geheime Hofrat Engel, Bürgermeister Hermes – Röbel. – Kaufmann Albert Heucke, Registrator Löscher, Konrektor Gesellius – Parchim. – Hofrat

Flörke, Brennereibesitzer Ch. Rose – Grabow. – Pastor Löscher, Zahnarzt Lippold, Adv[okat] Krull – Güstrow. – Senator Altvater – Sternberg. – Gutsbesitzer Müller auf Bolz bei Güstrow. – Bürgermeister von Leitner, Senator Kruse – Tessin. – Gastwirt van der Hauk – Laage. – Adv[okat] Frege, Adv[okat] Martens, Amtmann Musaeus, Buchhändler Hinstorff – Wismar. – Oberbaurat Demmler, Senator Petters, Adv[okat] Hobein, Gutsbesitzer Mahnke-Duggenkoppel – Schwerin. – Pogge – Pölitz. – Pogge – Gevezin b. Neubrandenburg. – Dr. Lorenz – Krakow. – Adv[okat] Timm – Hagenow. – Pastor Boll, Kaufmann Hagemann, Dr. Siemerling, Lehrer Paul, Kaufmann Grapow – Neubrandenburg. – Professor Unger, Kämmerer Bülle – Friedland. – Bürgermeister Rat Wegener, Pastor Bahr – Woldegk. – Kräplin, Adv[okat] Rutenick, Lehrer Collin, Professor Ladewig – Neustrelitz. – Rat Bahr, Gastwirt Collin – Fürstenberg. – Dr. Beckmann – Lübz. – Pastor Löscher, Adv[okat] Nissen – Grevesmühlen. – Bürgermeister Koch – Gadebusch. – Gutsbesitzer Howitz – Pokrent. – Pogge – Blankenhof bei Neubrandenburg. – Dr. Marung, Amtmann von Oertzen – Schönberg. – Pastor Erdmann, Dr. Kelling – Klütz. – Kantor Mehlgarten, Gastwirt Wulff zu Dassow. – Graf Plessen – Ivenack. – Landrat von Oertzen – Jürgenstorf bei Stavenhagen. – Bürgermeister Kramer, Dr. Henne – Gnoien.

Nun ist nur noch die Frage, wie kriegen wir die Gaben zollfrei über die Grenze? An wen sollen die einzelnen Sammler die Sachen adressieren und wie soll die Teilung effektuiert werden? Denn wenn die Gaben an die Leipziger Lazarett-Kommission geschickt werden, so kriegen wir hier voraussichtlich gar nichts.

Meine Meinung geht nun dahin, Sie schicken eine Abschrift unseres Aufrufs an die Provinzial-Steuer-Direktion zu Potsdam ein und bitten dieselbe, die an Sie adressierten Gegenstände steuerfrei über die einzelnen Zollstätten eingehen zu lassen. An Sie müssen die Sachen der Teilung wegen adressiert werden, das muß in der Nachschrift des Aufrufs in

hochdeutscher Sprache ausgesprochen werden. Um rasche, umgehende Antwort müssen Sie die Direktion bitten.
Mit freundschaftlichem Gruße Ihr Fritz Reuter

Das beste wäre bei der entgegenstehenden Steuergeschichte, wir beschränkten unsere Sammlung auf bares Geld und alte Leinwand, Charpie usw., das müßte dann in dem Nachsatz von Ihnen auseinandergesetzt werden. Die Fracht ist auch zu bedenken und das Verderben, Zerbrechen usw.

[Wortlaut des Aufrufs:]

Von meinem Freunde Herrn Dr. Fritz Reuter in Eisenach ist mir die nachstehende Ansprache vom 10. d. M. zugegangen:

Min leiwen Landslüd' un gauden Frün'n.

Ji hewwt mi oftmals seggt, dat ji Spaß an min Schriweri hatt hewwt; ditmal kam ick nich mit Spaß an Jug heran, ditmal is dat de allerbitterste Irnst, de mi tau Jug driwwt.

De Not is grot hir tau Lan'n. Blaud is hir flaten, vel Blaud, un dütsches Blaud. In Langensalza liggen Preußen un Hannoveraner an de 1500 up ehren Smerzenlager; in Dermbach un Salzungen liggen Preußen un Baiern an de 600, in Eisenach 100. Dermbach un Wiesenthal, wo dat letzte Gefecht tüschen Preußen un Baiern föll, is de armste Gegend in den armen Thüringer Wald, de Lüd' dor herüm hewwen nicks, kein Fleisch un kein Brod, kein Solt und kein Smolt – wie hewwen von Eisenach all Solt henschicken müßt, de Kranken liden Not an 't Notwendigste.

In Leipzig is't nich anners. So'n Elend as in Thüringen is't twors nich, de armen Verwundten finden hir gaude Upnam un Pleg; äwer hir kamen 's ümmer frisch von'n Slachtfeld ut Böhmen an, Preußen, Österreicher un Sachsen dörchenanner, alle Dag' frischen Nahschub – un wie känen's nu all nah Dusenden tellen. Hir möt noch vel, sihr vel hulpen warden.

Son'n Jammer gegenäwer is nich de Red' von Partei un Partei, nich von Fründ un Find, dütsche Landslüd' sünd't allerwegen. Un so hewwen wi twei Meckelnbörger so dacht, wi wullen unsere leiwen Landslüd' up dit Elend henwisen un

wullen in alle Gaudheit un Bescheidenheit sei bidden, dat sei ehre millgäwerne Hän'n updeden un uns Giwwt un Gawen inschickten, en jeder nah sin Kräften. – Süll de ein oder de anner von de Herren, an de wi dit Schriwen richten, nich in'n Stan'n dortau sin, 'ne Sammlung tau veranstalten, so bidden wi fründlichst, sei dörch annere brave Lüd' in den Swung tau setten.
Wi dachten uns, dat de ein Hälft von de Gawen in Eisenach, de anner Hälft in Leipzig verwendt warden süll. – Tägert nich tau lang', leiwen Landslüd'. Wenn Ji dit Elend segt, würd' Jug noch wat anners in de Ogen blänkern as blotes Mitled. – Gott mag 't Jug lohnen!

Eisenach / Leipzig } am 10. Juli 1866

Fritz Reuter
Erhard Quandt

Mit Rücksicht auf die Entfernung und die Steuerverhältnisse müssen wir einige sonst wünschenswerte Gegenstände von der Sammlung ausschließen. Wir beschränken daher unsere Bitte um Gaben auf

1) bares Geld,
2) Leinwand (alte gewaschene und neue) zum Verbinden.

AN AUGUST PETERSEN

Eisenach, 14. Juli 1866

Sie haben mir in Ihren herzlichen Worten einen warmen Sonnenstrahl durch die grauen Nebel der trüben Zeit zugeschickt. – Es ist wahrlich an der Zeit, daß sich der eine an dem andern in diesem Windzuge unerwarteter Ereignisse wärmt, wo drohende Phänomene an dem Himmel aufblitzen und nicht bloß den abergläubischen Menschen, sondern auch den denkenden erschrecken. Wenn wir von den unmittelbaren Leiden absehen, die der Krieg im Gefolge hat, so müssen wir allerdings Gott von Herzen danken, daß er uns nicht schlimmer und härter getroffen, daß er unserer materiellen Macht und

Gewalt den Sieg zu geben scheint; aber dieser Triumph schließt ein tiefes Mitleid mit der innern Zerfleischung des Vaterlandes nicht aus – und die Aussicht in die Zukunft, auf das, was denn schließlich werden soll als abgeklärtes Resultat dieser aufgewühlten Woge, erfüllt mich wenigstens – ich glaube – mit gerechtem Bangen. – Aber trotz alledem muß ich den Anfang eines neuen deutschen Reiches mit Freude begrüßen; die Zustände im Vaterlande, an seiner Spitze der unselige Bundestag, waren unerträglich geworden, und die reißenden Erfolge des geschlossenen preußischen Staats zeigen uns nur zu deutlich, auf was für tönernen Füße der Chorführer Österreich einherschritt und wie blind und lahm die Kleinstaaterei im törichten Vertrauen auf seine Macht ihm nachhinkte.

Aber was schreibe ich hier für dumme Politik an einen warmen Freund, der in seiner reichen Erfahrung sich schon längst seine Meinung gebildet hat; Sie müssen diesen excursus mit der allgemeinen politischen Ansteckung entschuldigen. Ich will Ihnen lieber einen herzlichen Gruß und Glückwunsch für die zukünftige Frau »Pasturin« zu Friedrichroda auftragen, dem sich meine Frau von Herzen anschließt. – Ihr braver Landwehrmann ist einer von den vielen Wackern, die in schlimmster Zeit ihre Pflicht zu tun wissen, ohne Ansprüche, ohne Prunk, und wir wollen hoffen, daß er nach dem Kriege mit dem Zivilrocke das Bürgertum wieder anziehe, denn für dieses werden in nächster Zukunft wackere Streiter sehr nötig sein. Ich habe auch einen sehr wackeren Landwehrmann augenblicklich bei mir, den ich mir aus hiesigem Lazarett zur Pflege ausgebeten habe, einen katholischen Gymnasiallehrer aus Rheine in Westfalen. – Eine große Freude muß ich Ihnen noch mitteilen: ich habe einen plattdeutschen Aufruf an meine Mecklenburger erlassen zur Unterstützung der Verwundeten in Langensalza und Dermbach; das Ding scheint meine etwas ruhigen Landsleute gepackt zu haben, ich habe schon Nachricht darüber, und eben kommt die erste Geldsendung in meine Hände. Vielleicht ist bei Ihnen auch

Not; ich bitte Sie daher, mir das Betreffende mitzuteilen, es wäre möglich, daß auch dort ein Scherflein beigesteuert werden könnte.
Nächstens wird auch ein neues Buch von mir erscheinen, gedruckt ist es schon; die Zeitumstände könnten die Herausgabe indessen etwas verzögern.

AN ERNST BOLL

Eisenach, 15. Juli 1866

Siehst Du? – Alte Freunde! – Du hättest mir auch ohne die Einlage von 100 Talern durch Deinen wackern Brief eine große Freude gemacht. – Wie geht es doch nur einmal zu, daß wir, selbst in diesen spaltenden, trennenden und Feindschaft begünstigenden Zeitläuften, so schön in unsern Gesinnungen zusammenstimmen? Dein 25 Taler-Geber, der dieselben nur für Preußen bestimmt hat, ist fern vom Schuß, hat noch keine Verwundete und noch keine rücksichtslose Betätigung der Menschenliebe gesehen. Dem Wunsche des Mannes soll aber doch Rechnung getragen werden, weil dazu hier selbst Gelegenheit geboten ist, indem wir hier nur Preußen im Lazarett haben (105 M.) – Bei dem Kriegselend hört die Parteinahme verteufelt schnell auf. (Eben wird auf der Wartburg geschossen, ein Zeichen, daß hier in nächster Nähe Feuer ausgebrochen.) – Gestern kam die erste, anonyme Geldsendung aus Mecklenburg an mich (25 Taler), ich legte dito zu und war imstande, durch die hiesige Kreisdirektion nach Dermbach abzusenden: $^3/_4$ Ztr. Graupen, $^1/_4$ Ztr. Grieß, 500 Zigarren, 50 Fl. Wein, 25 Pfd. Schinken, 10 Pfd. Mettwürste. Darum hatte man gebeten. – Eure Gaben werden in ähnlicher Weise verwendet werden, wenn nicht hier, in Dermbach und Langensalza oder Gotha, doch in Kissingen, Hammelburg oder Schweinfurt. – Mit dem hiesigen Etappenkommandanten, Major von Woedtke, bin ich bekannt, der wird mir schon die richtigste Verwendung angeben. – Unser Kreis-

physikus, Dr. Schwabe, einer meiner liebsten Freunde, sagt mir eben, daß wir hier ein Lazarett von Kissinger Verwundeten haben werden. Da würd' es denn hier gut verwendet werden können. Augenblicklich gehen wieder Tag und Nacht Züge von Truppen durch unsere Stadt, Einquartierungen sind an der Ordnung. – Ich habe mir einen Kranken aus dem Lazarett geholt, der schon gegen 8 Tage bei mir liegt an Gicht und Fußlähmung, einen Gymnasiallehrer aus Rheine in Westfalen, einen lieben Kerl. Heute werde ich wohl noch eine Partie Husaren bei mir sehen (aus Aschersleben, Landwehrleute), die mich auf der Straße begrüßten, sie wollten mich aus dem Bilde erkannt haben. – Alle Truppen gehen von hier nach Franken, um die Armee von Falckenstein zu verstärken, die verhältnismäßig schwach ist. – Oh, wenn doch unsere österreichischen Junker nur einmal diese Truppen sähen, Linie wie Landwehr, mit welchem ruhigen Bewußtsein, ohne österreichische Wut und Rache im Herzen, sie in den Kampf gehen, sie würden die österreichische Sache von vornherein für verloren geben. Hier, in ganz Thüringen, Meiningen ausgenommen, gibt's keine Österreicher, und wenn sich mal so ein Jammermensch meldet, so frage ich stets: »Um Vergebung! Sie sind wohl im Besitz österreichischer Papiere?« Das ist bei diesen Kerlen die Wurzel der Gesinnung. Frag nur dreist Deine Junker, die Metalliques spielen bei ihnen gewiß auch eine Rolle. –
Mein Buch ist fertig gedruckt, und wenn Ihr Zeit und Lust habt, solche schlechte Witze in dieser Zeit zu lesen, so werde ich Euch das Ding nach der Herausgabe, die indessen noch etwas verzögert werden dürfte, zusenden. – Ich habe mir hier einen äußerst schön gelegenen Garten gekauft, und wenn die Zeiten nicht zu unsicher wären, so wäre ich schon mitten im Hausbau.
Meine Frau und ich sind beide trotz aller Unruhe sehr wohl und ich außerdem noch sehr faul, Zeitungen lesen ist meine anstrengendste Beschäftigung. Wir grüßen Euch beide, liebe Freunde, und bitten, uns auch der Frau Pastorin bestens zu

empfehlen. Wo ist Franz denn? Ist er in Leipzig? Laßt ihn doch einmal durch den Thüringer Wald laufen und uns besuchen.

AN GEORG ADOLF DEMMLER

Eisenach, 16. Juli 1866

Lieber Bruder, Du hast mir durch die Veröffentlichung meiner gutgemeinten Ansprache und durch Deinen Zusatz zu derselben eine große Freude gemacht. Ich habe mich dieser Angelegenheit mit allem Eifer unterzogen und werde mit aller mir zu Gebote stehenden Einsicht die Verwendung aufs zweckmäßigste einzurichten suchen. Es sind hier an mich – von Quandt habe ich noch keine Nachricht – am 14. aus Schwerin anonym (ich glaube aber den Absender zu kennen, entre nous!) 25 Taler eingegangen, am 15. durch Ernst Boll aus Neubrandenburg 100 Taler und ein Paket Leinwand von Dr. Henkel-Kleefeld. – Sogleich habe ich durch die hiesige Bezirksdirektion eingesandt nach Dermbach und Roßdorf, wo nach genauen Erkundigungen 1 [Zahl durchstrichen] resp. 50 Preußen, 20 Bayern und 45 Bayern schwerverwundet liegen, gesandt: 500 Stück Zigarren, 3/4 Zentner Graupen, 1/4 Zentner Grieß, 24 Pfund Schinken, 7 Pfund Würste, 50 Flaschen Wein; habe ferner in Salzungen 100 Flaschen Sodawasser zur Bestellung aufgegeben und werde heute 2 Eimer Bier von hier senden. – Das Verbandzeug ist hier nicht mehr so nötig, ich werde dasselbe nach Kissingen senden, und außerdem auch hier im Lazarett, wo 146 Kranke liegen, Verwendungen an Tabak und Zigarren machen. – Schreibt nur auf Eure Sendungen immer »Für Verwundete und Kranke«. – Hier ist der Teufel wieder los, seit 4 Tagen gehen die Truppendurchzüge wieder Tag und Nacht, und die Eisenbahn-Verbindung ist sogar für Briefe und Zeitungen gestört. – In der Gegend von Hanau und Aschaffenburg muß was vorgefallen sein. Man munkelt von preußischen Verlusten. Mit unserm Etappen-Kommandanten, Major von Woedtke,

habe ich mich in Verbindung gesetzt, der wird mir schon sagen, wohin Sendungen not tun.
Einen plattdeutschen Dank lege ich hier bei, den Du nach Deinem Ermessen benutzen kannst oder nicht.
Ja, ich teile Deine Furcht vor einer Bismarckischen und Junker-Regierung, die wird uns schwerlich erspart werden; aber ich glaube nicht, daß der Bismarck sich so ohne Besinnung den Junkern und Pfaffen in die Arme werfen wird, er muß – den günstigsten Verlauf des Krieges angenommen – die Mittelstaaten zu versöhnen suchen, und das kann er nur, wenn er dem Volke Konzessionen macht. – Aber gesetzt den Fall, er täte es nicht, so würde sein Regiment doch nur ein vorübergehendes Unglück sein, und eins von unsern Forderungen, die Einheit und die Macht Deutschlands dem Ausland gegenüber, würde doch errungen sein. – Ich verhehle mir es nicht, daß dem deutschen Volke ein viel wichtigerer, gefährlicherer Kampf, als der jetzt ausgebrochene Krieg ist, bevorsteht, der um die Freiheit; aber in diesem Kampfe werden wir auch siegen, wenn auch nur allmählich, denn die Rechtskämpfe eines Volkes sind nicht allein segensreicher, sondern auch mühseliger und weniger glänzend als die Schlachten. – Und für unser Mecklenburg hoffe ich erst recht viel, den Eintritt in den Zollverein haben wir schon in der Tasche, und Ihr, guten Freunde, könnt getrost die verletzte Verfassung wieder hervorholen und den darauf gefallenen junkerlichen Staub abblasen und sie nagelneu Seiner Königlichen Hoheit präsentieren; ich kann mir nicht denken, daß der mecklenburgische Landtag und die Volksrepräsentation unter einen Hut gebracht werden kann.
Mit herzlichstem Freundesgruß Dein Fritz Reuter

Eisenach, 18. Juli 1866

Min leiw' Fritzing Peiters, dat is man, dat ick dorvon segg – äwer Du hest mi schrewen, un Korl Kräuger hett mi 't ok schrewen, Du haddst mi Botter un Schinken herschickt. – Ick glöw' ok, dat Du 't dahn hest; ick glöw' äwer ok, dat Du 't up de mäglich dämlichsten Ort und Wis' anfungen hest, wat Di süs nich oft passiert, äwer ditmal un dunn bi dat Spars'-steken in'n Winter un denn noch bi einige Dutzend annere berühmte Gelegenheiten is Di woll so wat passiert.

Ditmal hest Du denn woll Botter un Schinken as Fracht mit de Iserbahn gahn laten un hest Di dorbi dacht: ankamen möt 't jo. – Ja, ankamen ward 't ok woll, dat heit de Schinken; wat de Botter anbedrapen deiht, so sälen jo, as de Lüd sick vertellen, all de lütten, leiwen Schausterjungs in Berlin, jeder mit en Stück Brod in de Hand, üm den einen Iserbahn-Wagen up den Stettiner Bahnhof stahn un dor stippen, indem dat de Botter dorinn drewen is. – Na, denn helpt dat nich! – Un so geiht einen dat, wenn'n hübsch in den drögen un wit von den Schuß is un denkt, wenn einer fläut't, denn möt de Iserbahn ok glik för em fläuten. – Dor hett äwer 'ne Uhl seten. – Fracht ward gor nich mitschickt, blot, wat Ilgaud is, un in de letzten 4 Dag is 't ok dormit Essig west, denn Soldaten äwer Soldaten sünd hier wedder dörch gahn.

Je heww alle Hän'n vull tau dauhn, ick möt gor tau vel Breiw schriwen und heww mi, as Du viellicht all hürt hest, dat unnernamen, dat ick Meckl. Geld sammeln dauh un dorför hir wat in de Lazarethen schick. – Gottlow! Dat lohnt jo recht schön in Meckelnborg, un eben kam ich von den Bahnhof, wo ick nah Kissingen zwei Zentner Gruben, 1 Zentner Ries, 77 Pd. Zucker, 50 Pd. Koffee un 1 Zentner Backtplummen schickt heww, nah Dermbach is all vörher de Möglichkeit besorgt worden.

Nu will ick Di bidden: 1) Dine leiwe Fru tau trösten wegen de ßakermentsche Botter, 2) sei von mi dorför unsen besten

Dank tau seggen, 3) sei velmal tau grüßen, un wenn Du mit dese Geschichten prat büst, Di hen tau setten un en por Würd an mi tau schriwen, wo 't Jug geiht, mi ok dat Geld tau schicken, wat in Dine Hän'n is; äwer nich dörch Intahlung up de Post, denn sei gewen einen hier den niderträchtigsten Poppirschund, de allmeindag' von de lütten leiwen Potentaten utbrödt worden is. –
Hett Siemerling nicks schickt, denn helpt dat nich, unrecht is 't äwer von em.
Nu adjüs, ick möt noch an Korl Kräuger schriwen, de mi 70 Daler ut Malchin schickt hett. –
Wi sünd munter un woll, blot, dat ick bi de Hitt vel sweiten möt.
Was min is, grüßt Jug, un ick dauh 't ok. Din

Fritz Reuter

AN ERHARD QUANDT

Eisenach, 22. Juli 1866

Mein liebes Quandting, Ihre Zuschrift und die Ihnen zugegangenen Briefe habe ich richtig erhalten sowie auch die Darstellung der Kriegsereignisse aus Ihrem Verlage; für alles meinen besten Dank! – Die 50 Taler aus Güstrow sind mir durch den Zahnarzt Lippold zugegangen. – Mit der Steuer hier habe ich auch schon einen Kampf gehabt, in welchem ich jedoch durch die Vermittlung des Oberfinanzrat Wendt in Erfurt und die Behörden in Weimar gesiegt habe. Nun habe ich noch mit der franko Fracht auf der Eisenbahn gegen die Direktion zu fechten. – Schicken Sie mir die Lazarettsachen also getrost zu. Da dies jedoch keine Eile hat, so bitte ich Sie, dieselben erst nach 4 Tagen nach Empfang des Briefes zu expedieren, weil ich nicht zu Hause bin. – Es sind nämlich bei mir ungemein bedeutende Sendungen an Lazarett-Utensilien, Verzehrungs-Gegenständen und barem Gelde eingegangen, die ich hier nicht mehr zweckmäßig verwenden kann; ich habe also beschlossen, dies alles persönlich nach Frankfurt

a. M. zu eskortieren, um von dort aus entweder nach Aschaffenburg oder Kassel oder dort selbst Verwendung zu machen. – Mit der Teilung der Geldmittel wird sich das auch unbequem machen, denn ich erhalte die meisten Sendungen mit spezieller Instruktion. Ich denke, Sie verwenden das, was Sie jetzt noch erhalten haben, nach Ihrem Ermessen; ich bin bedeutend im voraus. Habe mich auch schon, da die Sache an Wichtigkeit zunimmt, an den Vorstand der Pflege für verwundete Krieger zu Berlin wenden müssen, um mir von dort Fingerzeige zu erbitten, wo und wann Unterstützung not tut.
Ich habe seit meinem letzten Briefe erhalten:

durch Senator C. Krüger in Malchin	70 Taler	
von Ihnen	134 Taler,	$2^1/_2$ Schilling
Anonymus aus Teterow	5 Taler	
Aus Wismar durch Hinstorff	29 Taler,	$^2/_3$ Schilling
Anonymus aus Rostock	10 Taler	
Aus Bützow durch Pastor Chrestin	53 Taler	
Von dem Vorstande des Zentralvereins zu Schwerin	500 Taler	

und eine große Menge von Sachen, in 13 großen Kisten verpackt.
Dann noch ein Colli aus Pommern.
Im ganzen habe ich jetzt erhalten, Ihre Sendung mit eingerechnet, an Geld: 986 Taler, 20 Schilling und habe verwendet: 210 Taler, 7 Schilling. – Ich habe gesandt nach Dermbach, Roßdorf, Kissingen, Langensalza (53 Taler, die aus Bützow expreß für Hannoveraner geschickt waren), auch hier etwas in unserm Lazarett (150 Mann) für Tabak und Zigarren verwendet. –
Meine Reise nach Frankfurt und der Transport der Sachen kostet nichts, da ich freie Fahrt erhalte. – An die Mecklenburger habe ich auf den Rat Demmlers eine vorläufige plattdeutsche Danksagung erlassen und werde, um die Sache im Gange zu erhalten, einen Bericht über meine Reise und deren Ergebnis später folgen lassen.

Nun weiß ich nichts mehr und grüße Sie und alle »ollen Meckelnbörger, de nu in Leipzig liggen«. – Wenn ich diese Reise nicht machen müßte, käme ich wahrhaftig nach Leipzig, um mir die alten Jungens mal an[zu]sehen. Ihr

Fritz Reuter

AN FRITZ PETERS

Eisenach, 6. August 1866

Lieber Fritz, heute sehr kurz. Bloß eine Anfrage:
Kannst Du einen jungen Menschen in verständigem Alter als Beihilfe in Deiner Wirtschaft gebrauchen? Derselbe ist seit etwa 10 Jahren Landmann, ist sieben Jahre auf einer Stelle in einer hiesigen großen Landwirtschaft beschäftigt, ist ein gebildeter Mann, der Sohn des Kreisphysikus Schwabe hierselbst, hat angenehme Manieren, ist durchaus gebildet und würde in Deiner Häuslichkeit den freundlichen Peyer sehr gut vertreten. Er ist gleich disponibel und wünscht unter verständigen Bedingungen, die Du ihm nach einiger Zeit stellen magst, in Deiner Wirtschaft placiert zu sein. Augenblicklich habe ich ihn mit Lazarettgaben und Geld nach Aschaffenburg und Würzburg geschickt, weil er auf mich den vorteilhaftesten Eindruck gemacht hat.
Du mußt nämlich wissen, daß ich ein ganz neues Geschäft ergriffen habe; ich bin Lazarettverpfleger für Mecklenburg geworden. – Alle Deine lieben Gaben sind schließlich dort an die richtige Adresse gelangt, wofür Mann und Frau Reuter bestens danken. Wenn auch der Regen in Strömen bei uns gießt und dasselbe bei Dir ebenso sein wird, so sei doch so freundlich, mir umgehend Deine Entschließung anzeigen zu wollen.

Mit alter Liebe und Treue Dein Fritz Reuter

[Nachschrift von Luise Reuter:]

Frau grüßt Frau und Mann –
Ich schließ' dem Gruße mich an!

AN GEORG ADOLF DEMMLER

Eisenach, 29. August 1866

Lieber Demmler, ich weiß nicht recht, wie ich es mit der Rechnungsablage am zweckmäßigsten einrichte, habe mir aber gedacht, ich wolle an Dich vorläufig das Beiliegende senden, damit Du und der Herr Regierungsrat Prosch über die bisherige Verwendung Einsicht erhieltet. Die Belege für die richtige Verwendung und Verausgabung habe ich nach Kräften gesammelt und werde dieselben schließlich anfügen. Mit den Rechnungen von Kaufleuten etc. ist das leicht; sehr schwer sind aber Quittungen für übersandte Gegenstände, wenn kein Begleiter dabei ist, von den Lazarettvorständen selbst zu erhalten, indessen hoffe ich auch damit zu Stuhl zu kommen. Wie Du siehst, bin ich augenblicklich noch in Besitz von 660 Talern, und wenn ich es erreiche, daß mir das zirka 41 Taler betragende Frachtgeld für die aus Schwerin hierher gesandten Collis zurückerstattet werden, woran ich kaum zweifle, so wären's 701 Taler. Ich habe absichtlich und auf den einsichtigen Rat sachverständiger Leute nicht alles mit einem Male verausgabt, in der Erwägung, daß die Zuflüsse mit dem Friedensschlusse spärlicher fließen würden und daß dann der Bedarf vielleicht desto dringender sich melden würde. Jetzt habe ich hauptsächlich hier in dem Lazarett auf der Wolfsburg (im Th.[üringer] Walde) und in Coburg noch Verwendung, werde mich aber auch nach Halle wenden, wo's not tun soll. – Ich denke, bei der schließlichen Rechnungsablage wäre es wohl zweckmäßig und genügend, wenn ich meine Belege an Euch in Schwerin sendete und Ihr vielleicht dieselben dann noch weiter an den Pastor Löscher in Güstrow, an den Senator Krüger in Malchin und den Dr. Ernst Boll in Neubrandenburg zur Einsicht befördert. Ich meine, weil ich von dort her die meisten Gaben erhalten habe. – Schreibe mir doch Deine Ansicht darüber, ich werde mich danach richten.

Heute habe ich Grüße aus Schwerin durch den Musikdirek-

tor Scheffer erhalten, er wird sich hier eine kurze Zeit aufhalten, ich freue mich sehr darüber.
Meinen kranken Soldaten habe ich noch immer bei mir. – Was sagt man denn zu meinem »Dörchläuchting«? Schreib mir die reine Wahrheit darüber, gottlob! ich kann sie vertragen.
Mit herzlichstem Gruße Dein Fritz Reuter

AN HERMANN GRASHOF

Eisenach, 1. September 1866

Lieber Grashof, ich habe Dir den »Dörchläuchting« nur erst sehr spät zusenden können, dazu noch ungebunden und ohne alle begleitenden Worte. Ich will dies letztere wiedergutzumachen suchen, entschuldigt bin ich freilich durch die wirklich bedeutende Arbeit, die mir in der letzten Zeit auf dem Halse gelegen. Nun erst die geschäftlichen Angelegenheiten. – Die finnländischen Papiere und die Lübecker Bankaktien Deiner letzten Sendung habe ich richtig erhalten, dabei aber vermißte ich eine mir von Dir früher verheißene Abrechnung, oder könnte dieselbe vielleicht gar bei der Öffnung auf dem hiesigen Steueramte und der Besorgung von dort hierher durch den Postboten verlorengegangen sein? – Dies ist der einzige Grund, der mich des Umstandes Erwähnung tun läßt, mit den übrigen Papieren weiß ich so ziemlich, was ihren Wert anbetrifft, Bescheid, nur die Lübecker, inklusive der Lebensversicherungsaktien, sind mir böhmische Dörfer. – Ich bin außer den schönen Sachen, die Du mir gekauft hast, noch im Besitz von 1000 Talern mecklenburgischen Eisenbahnaktien, die ich für 600 Taler gekauft habe, und 1000 Taler pommersche 4%ige Pfandbriefe, die mir 850 Taler gekostet haben. Wie ich dazu gekommen? Ich wollte im Frühjahr auf den Hausbau losgehen und behielt diese 2000 Taler als Reserve, als aber der Krieg losbrach und alles unsicher wurde, fehlte mir die courage dazu, und nun wurde mir hier

von Ziegler zum Ankauf dieser Papiere geraten, die ja auch recht gut eingeschlagen sind. – Nun geht's aber auf den Hausbau los, d. h., in diesem Jahre werden die notwendigen Felssprengarbeiten fertig gemacht, und im nächsten Sommer soll das Haus fertig gebaut werden, so daß ich zu Ostern 68 einziehen werde. Der Garten ist mit 900 Talern richtig bezahlt, und einen zweiten für 250 Taler werde ich wahrscheinlich dazukaufen. Der Riß des Hauses ist mir vom Professor Bohnstädt aus Gotha gezeichnet (sehr hübsch), und der Eisenbahnbaumeister hierselbst, Kleinicke, der den Bau leiten wird, hat den vorläufigen Kostenanschlag auf 7–8000 Taler festgesetzt. – Gottlob! Ich brauche Deine schönen Sachen nicht dazu anzugreifen, sie sind integra und können von mir als teure Reliquien Deiner brüderlichen Freundschaft aufbewahrt werden. Ich habe bis zum Johannistermin 1867 eine Einnahme von 8500 Talern; »Dörchläuchting« ist in erster Auflage in 10 000 Exemplaren gedruckt. – Du kannst Dir wohl denken, wie »sie« jetzt immer baut, sie hat alles schon fix und fertig, bis auf Gardinen und Sofas; wenn es aber nach ihrem Willen ginge, würde das ganze Haus ein einziger Erker, und alles würde zu Balkonen nach außen und zu Schmollwinkeln nach innen eingerichtet. Sie läuft nun alle Tage nach dem Garten und betrachtet sich den toten Erdhaufen, der dort ausgekarrt wird, und pflanzt ihre grünen Hoffnungen darauf. – Dies macht mir viele Freude.
Wir haben hier eine sehr bewegte Zeit durchgemacht, und jetzt beginnt die Einquartierung wieder mit dem Rückmarsch der Truppen. In meinem Hause freilich bin ich die Einquartierung gar nicht los geworden, denn seit 8 Wochen habe ich Deinen Landsmann, einen Gymnasiallehrer Nieberg, einen guten Kerl, aber starrköpfigen Münsterländer und schrecklichen Ultramontanen, der trotz preußischer Uniform und Zündnadelgewehr für die braven Bayern schwärmt und allabendlich heiße Gebete für den Kaiser von Österreich zum Himmel sendet, bei mir in Quartier; er leidet an chronischem Rheumatismus. Ich komme sehr gut mit ihm aus, aber was

»sie« ist, sie verficht das Preußentum und die protestantische Kirche. Ich glaube, die beiden bekehren sich noch gegenseitig, und wenn Du uns einmal besuchst, wirst Du in ihr eine Glaubensschwester vorfinden. Ich habe zu seiner Zeit einen Aufruf zur Beisteuer für die Verwundeten an die Mecklenburger gerichtet und habe eine reichliche Ernte, mit den Viktualien gegen 3000 Taler, erhalten, was mir viele Freude, aber auch viele Arbeit gemacht hat. Ich habe selbst einen Transport nach Frankfurt geleitet und war grade dort gegenwärtig, als der Stadt die 25 000 000 auferlegt wurden und der Bürgermeister und zwei andere bedeutende Einwohner sich entleibten. Der kommandierende General von Roeder und der Zivilbevollmächtigte von Diest, der jetzt das Vaterland Berthas verwaltet, hatten durch einen mecklenburgischen Johanniter-Ritter meine Anwesenheit erfahren und luden mich den Abend zu sich ein, wobei ich dann eine höchst drastische Anekdote auftischte, wie folgt: Der Jude Rothschild war zu dem General gekommen und hatte nach der Möglichkeit herumohweihmert und hatte als letzten Trumpf die Worte ausgespielt: »Herr General, bedenken Se doch meine arme Frau und meine armen Kinder!« Die Geschichte ist wahr, Du kannst weiter drauf nachsagen. – Nun habe ich noch gegen 700 Taler zu diesem obigen Zwecke zu verwenden und denke, daß ich dieselben auch wohl noch mit Kußhand loswerde. Wir sind beide recht wohl, und was »sie« ist, wird fett. Unser Mädchen, Doris, die sich während der Kriegsunruhen heldenmütig mit dem gebildeten Teil der Soldateska abgegeben hat, ist zarter denn je; sie sorgt wie eine Schwester für unsern Soldaten, den ganzen Tag geht es: Herr Nieberg sagt, Herr Nieberg wünscht, Herr Nieberg meint, kurz, Herr Nieberg ist nach dem letzten, dem Schlossergesellen, ihr, leider lendenlahmes, Ideal geworden und ist bei ihr Nr. 1 und kommt dann noch einmal, und wir beiden andern armen Würmer kommen dann noch lange nicht.

Gestern abend war ich bei unserer Königlichen Hoheit auf die Wartburg zum Diner befohlen und habe da allerlei wunderliches Zeug durcheinander essen, trinken und schwätzen müssen. Königliche Hoheit waren überaus gnädig gegen mich und haben mir ungebeten und aus freien Stücken eine Verbreiterung der einen Ecke meines Gartens und einen Umwendeplatz vor demselben zugesagt, wodurch ich allerdings einer wesentlichen Verbesserung meines Grundstücks teilhaftig werde. – Nun, lieber Bruder, kommt der Winter wieder und mit ihm die Zeit zum Lesen, nun setze Dich mal ruhig hin und zeichne Dir Bücher auf, die ich Dir senden lassen soll. Mache mir dabei keine Sperenzien, die zwischen uns durchaus wegfallen müssen. In den nächsten Tagen geht von mir an Gsellius wieder eine große Büchersendung ab, und habe ich noch bei ihm ein Erkleckliches zugute, dazu kommt noch, daß jetzt wieder neue alte Auflagen vorbereitet werden und daß ich so viel Bücherkram bei mir herum habe, daß ich unmöglich alles lesen kann, wodurch ich in die Gefahr gerate, mich an das Herumnaschen in der Literatur zu gewöhnen. Bertha hat vielleicht auch ihre Wünsche. Du wirst bei Wichmanns Krankheit schrecklich viel zu tun gehabt haben, und ich habe Deine schwere Last durch meine Angelegenheiten noch vergrößert, nun schreib mir aber ausführlich über Dein Befinden. Diese Herbsttage mögen Dir wohl guttun, wenn Du nur Ruhe hättest. –

Wichmann ist doch wieder besser? Mag aber wohl in einer verzweifelt antipreußischen Stimmung sein. Er hat auch wohl, wie alle Schleswig-Holsteiner, diese mignons von ganz Deutschland, von dem lumpigen Augustenburger geträumt, wie einige seiner Landsleute, die sich hier aufhalten und uns hier früher über das erhabene Hervorragen des schleswig-holsteinischen Stammes über alle übrigen deutschen Stämme Vorlesungen hielten, ihre Hoffnung auf die Kroaten setzten und mit Emphase hervorhoben, daß die Österreicher nur mit Bajonetten draufgingen. Sic transit gloria mundi!

Nun leb wohl, lieber, guter Grashof, und schreibe mir bald von Deinem Wohlsein. Meine grüßt Dich und Deine und ich auch. Dein Fritz Reuter

AN EDUARD BÖCKING

Eisenach, 3. September 1866

Mein lieber, guter Böcking, Du sollst gleich Antwort haben, trotzdem daß Dein Brief gewaltig murrt und gnurrt, trotzdem daß Du mit Deiner Rezension den Poeten an der Achilles-Ferse und dem Siegfried-Pudel getroffen hast. Schad't ihm nicht! Denn Du hast wohl in vielem recht, und ich kann's gut vertragen, weil mich die Natur mit dreifach phlegmatischem Speck umgürtet hat. – Von unsern Kriegsgefährlichkeiten schreibe ich nichts, das erzählt sich besser von Mund zu Mund; nur so viel, daß heute morgen meine letzte Einquartierung, ein kranker Westfale, ein Gymnasiallehrer aus Rheine, uns verlassen hat und daß meine Frau beflissen ist, unsere kleinen Logierzimmer für Dich in den Stand zu setzen. Kommen mußt Du, wir bleiben unausgesetzt zu Hause und werden die kleinen Ausflüge in der Nachbarschaft bis auf Deine Anwesenheit aufschieben. Du kommst hier in ein still zufriedenes Haus, und das mag Dir bei dem großen Schmerz, den Du erleiden wirst oder schon erlitten hast, wohltuend sein. Sei versichert, daß wir herzlichen Anteil an den Leiden Deines Bruders nehmen und daß wir nur wünschen, da nach dem Briefe Deiner Tochter dort die Wünsche zu spät kommen, daß Du selbst nicht unter den betrübenden Eindrücken zu sehr leidest.

Meine buchhändlerischen Angelegenheiten haben sich sehr günstig gestaltet, und so habe ich denn in diesem Sommer einen Garten zum Bauplatz mit 900 Talern gekauft, habe den Prof. Bohnstädt in Gotha als projektanden Baumeister genommen und den Eisenbahnbaumeister Kleinicke hier als ausführenden und in vergangener Woche mit der Klärung des Grundes beginnen lassen, wir werden jedoch in diesem Herbst zum eigentlichen Bau noch nicht schreiten können, da dieser durch notwendige Felssprengarbeiten sehr verzögert wird.

Du kannst Dir denken, wie »ihr« dabei zumute ist; wenn's

nach »ihrem« Willen ginge, so würde der ganze Raum des Hauses zu lauter kleinen Erkern verarbeitet; einen kriegt sie mit dem Blick auf die Wartburg; dann kriegt sie einen andern Wunsch erfüllt: ein Speisezimmer mit einer Tür auf eine Terrasse, und dann noch viele andere Wünsche. Sie läßt's sich aber dafür auch sauer werden, läuft alle Tage zum Bau, kontrolliert jede Karre Erde und ermuntert die Arbeiter mit passender Rede zu Fleiß und Ausdauer. Sie ist eine unschätzbare Penelopeia fürs freie Land, nur daß sie viel vernünftiger ist als die alte und in der Nacht die ausgekarrte Erde nicht wieder zurückkarrt.

Aus diesem allen wirst Du sehn, daß wir gesund und heiter sind, daß wir uns noch freuen können und daß Du imstande bist, durch Deinen Besuch die Freude noch zu erhöhen.

Sie wird zu meinen besten Grüßen an Dich und Deine freundlichen Töchter die ihrigen eigenhändig anfügen, und da will ich ihr den Raum hier noch offenlassen. Dein

Fritz Reuter

[Zusatz von Luise Reuter:]

Nun sein Sie aber auch wieder gut, lieber Herr Geheimrat! Wenn Sie kommen, will ich Ihnen sagen, daß es gar nicht so »lustig und sorglos« um uns war, als der Reuter geschrieben, um damit sein Schweigen zu bemänteln, daß er aber doch *sehr, sehr* zu entschuldigen war. Was dieser mir nahestehende Mann schreibt, müssen Sie nun ja nicht alles glauben, nehmen Sie lieber immer das Gegenteil davon an – er ist ja Dichter.

Herzliche Grüße Ihren lieben Töchtern und vorläufigen Dank für den Brief. Sie kommen? Ihre Luise Reuter

AN ERHARD QUANDT

Eisenach, 4. September 1866

Liebes Quandting, ich bitte Sie, mir den heute an Bismarck eingeschlossenen Brief wieder zurückzusenden und dafür den beifolgenden zu substituieren. Ich muß eines Schreibfehlers wegen diese Änderung machen; auch habe ich den Namen auf der Adresse nicht richtig geschrieben. Verwechseln Sie aber die Briefe nicht.

Mit freundlichem Gruße Ihr Fritz Reuter

AN OTTO GRAF v. BISMARCK

Eisenach, 4. September 1866

Hochgeborener Herr, Hochverehrtester Herr Graf, es treibt mich, Ew. Exzellenz als dem Manne, der die Träume meiner Jugend und die Hoffnungen meines gereiften Alters zur faßbaren und im Sonnenschein glänzenden Wahrheit verwirklicht hat, ich meine die Einheit Deutschlands, meinen tiefgefühlten Dank zu sagen.

Nicht Autoreneitelkeit, sondern der lebhafte Wunsch, für so viel schöne Realität, die Ew. Exzellenz dem Vaterlande geschenkt haben, auch etwas Reales zu bieten, veranlaßt mich, diesem Danke den Inhalt des beifolgenden Pakets beizufügen.

Möchten Ew. Exzellenz diesen meinen etwas zudringlichen Kindern ein bescheidenes Plätzchen in Ihrer Bibliothek gönnen und möchten die dummen Jungen imstande sein, mit ihren tollen Sprüngen Sie auf Augenblicke die schweren Sorgen und harten Mühen Ihres Lebens vergessen zu lassen. Gott segne Sie für Ihr Tun! Sie haben sich mehr Herzen gewonnen, als Sie ahnen, so auch das Ihres ergebensten

Fritz Reuters

AN FRITZ PETERS

Eisenach, 11. September 1866

Mein lieber Fritz, Du wirst nun wohl mit Deiner Ernte hoffentlich durch sein und hoffentlich nicht so viel schrecklich viel Regen gehabt haben wie wir hier; dann kannst Du nicht

allein mit Muße diesen Brief *lesen,* sondern auch denselben bei Gelegenheit einmal *beantworten.*
Daß Du Deinen Max Dir zu Hilfe genommen hast, hat mich eigentlich sehr gefreut; er wird nun wohl, wenn auch nicht bei Dir, doch bei einem anderen tüchtigen Landmann seine Lehrzeit antreten, und das ist gewiß das beste, was Du dabei tun kannst. Er kann ein sehr tüchtiger Landmann werden, wenn er auch im Griechischen und Lateinischen schwach ist. – Über Elisens Glück und Deine Eigenschaft als Großpapa haben wir uns sehr gefreut; wir sind aber doch überzeugt, daß Dir meine verehrte Frau Gevatterin in ihrer Würde als Großmama vollständig Gegenstand leisten wird. Was das wohl für ein interessantes Enkelchen ist! Und was das wohl für ein Hantieren und Wirken mit Windeln und kleinen, notwendigen Tüchern ist! Dann kommen denn später die gestickten kleinen Gewänder und Bänder und die verzwickten kleinen gehäkelten Mützchen und die Lutschbeutel und die Klöterbüssen, und Löper singt dann dazu, und die Idylle ist fertig.
Wir träumen hier auch allerlei Idyllen, denn unser Hausbau hat insofern begonnen, als wir dabei sind, die Felsen, die im Wege liegen, zu sprengen, was viel Arbeit, aber auch Baumaterial schafft. Den Plan zu dem Hause habe ich mir von dem Professor Bohnstedt, einem Architekten aus Petersburg, machen lassen, sehr zur Zufriedenheit. Der ausführende Baumeister ist der hiesige Ingenieur der Eisenbahn, Kleinicke; einen genauen Anschlag über den Bau habe ich noch nicht, weil der Plan wegen einiger Abänderungen an Bohnstedt zurückgegangen ist. Man meint, so zwischen 7000 und 8000 Taler. Ich aber sage: 10 000, und darauf habe ich mich in aller Stille gefaßt gemacht; denn warum soll ich mich über etwas nachträglich ärgern, was ich unternommen, damit es mir Freude mache! Das Haus wird 40 Fuß tief und 9 Fuß länger als das, was wir jetzt bewohnen, wird 2 Stock (je von 12 Fuß) hoch und erhält noch ein sogenanntes Halbstock oben darauf.

Im Parterre liegen die Wirtschaftsräume, Küche, Waschzimmer, Mädchenzimmer, Keller, Holzgelaß und Badestube; dasselbe wird mit Eisenbahnschienen gewölbt und liegt bis auf die Keller ganz oberhalb der Erde. Im zweiten Stock sind die Wohnzimmer; meines wird 4 Fuß tiefer und 3 Fuß breiter (als in der bisherigen Wohnung) und erhält nebenan noch ein kleines Kabinett; das Wohnzimmer liegt in der Mitte und springt etwas ein; davor kommt eine sogenannte italienische Loggia als Balkon in der ganzen Breite des Zimmers, welches ebenfalls 3 Fuß breiter und 4 Fuß tiefer wird als unser kleiner Salon. Ebenso das Zimmer meiner Frau, welches einen Erker nach der Wartburg zu erhält. Nach hinten an dasselbe stößt ein Speisezimmer, von dem man ohne Treppe auf eine Terrasse und in den Garten gelangt. Dann kommt noch nach hinten ein Zimmer zum Ablegen, ein kleines Kabinett für Geschirre und Gedecke, die notwendige Gelegenheit, eine Garderobe und ein Schlafzimmer, welches geräumig wird und nach der Seite zu aus dem Hause ausspringt, damit es gesund und der Morgensonne ausgesetzt wird. Oben, über mir und meiner Frau, kommen ein paar Logierzimmer, mehrere Kammern und für den Fall, daß ich mir eine Kombination von Gärtner und Bedienten anschaffe, ein Zimmer für diesen. Unterhalb der oben angeführten Terrasse kommt ein kleines Gewächshaus. Den Garten werde ich meistens terrassieren lassen und werde an diese Terrassen Spaliers anfügen; auch eine kühle Grotte soll in den Fels gesprengt werden. Ich werde Dir zu seiner Zeit den Plan einschicken.
Die Front wird sehr hübsch im italienischen Geschmack und wird von vorn wie mit einem platten Dach aussehen, wird aber ein sogenanntes Pultdach nach hinten geneigt haben. Du siehst, es kann hübsch werden, und da ich – Gott sei Dank! – noch immer Glück mit meiner Schreiberei habe, so werde ich auch mit dem Kostenpunkt fertig werden, ohne genötigt zu sein, von meinem angelegten Gelde etwas aufzunehmen. Diesen Herbst werden die Sprengarbeiten beschafft, im nächsten Herbst ist alles fertig, und Ostern 1868 ziehen wir ein, wenn

uns Gott Gesundheit und Leben gibt. – In manchen Dingen, namentlich im Garten, wird dann wohl noch nachzuhelfen sein. Wir sind beide wohlauf; aber zum neuen Arbeiten komme ich gar nicht. Mir hackt so viel Störung an, daß ich gar nicht weiß, wie das noch werden soll. Nun, hoffen wir auf den Winter. –

Den Freitag kommt Richard Schröder mit seiner Frau, er will nach Berlin. Meine kranken Soldaten bin ich jetzt los, und die hier durchfahrenden Regimenter vom 7. Armeekorps nehmen hier kein Quartier; aber viele Arbeit, viele Schreiberei macht mir die übernommene Verwundetenverpflegung.

Ich habe gegen 3000 Taler hier eingekriegt, und diese zweckmäßig zu verwenden kostet Mühe und Umsicht. Ungefähr 600 Taler sind noch in meinen Händen, die ich, da die Lazarette in hiesiger Gegend gut versorgt sind, für die armen Krüppel aufbewahren werde.

Ich bin aber mit dem Zustand der Dinge in Deutschland sehr zufrieden und muß dem gehaßten Bismarck seinen Bruch mit der Junkerpartei hoch anrechnen. *Es wird heller im Vaterlande.* Man spricht hier viel davon, daß unser Großherzog König von Sachsen werden soll. Derselbe hat mich neulich zur Tafel gezogen und mir unaufgefordert eine Ecke zu meinem Garten angeboten, damit ich dort einen Umwendeplatz gewönne.

Wenn es Dir möglich ist, schicke mir bald die Hypotheken über die letzten 3000 Taler. Der Dicke muß was tun; er versauert ganz und gar.

Mein neues Buch ist mit 10 000 Exemplaren in die Welt gegangen. Die Grenzboten (Gustav Freytag) haben eine eingehende, sehr gute Kritik darüber gebracht, natürlich auch mit einigen Ausstellungen, die ich bereitwilligst als richtig anerkenne.

Viele Grüße von uns an Euch alle. Lebt alle recht wohl! Dein

Fritz Reuter

AN HERMANN GRASHOF

Eisenach, 19. September 1866

Mein lieber Grashof, Deine Wünsche in betreff der Bücher werde ich nach Kräften besorgen und werde auch dem Herrn Gsellius einen Rüffel wegen der mangelhaften Besorgung erteilen. Sowie das wieder passieren sollte, so schicke augenblicklich alles an ihn zurück, was Dir nicht paßt. Du wirst denselben Katalog (Antiquar-Katalog) erhalten haben, den er mir zugesandt hat, mit diesem Dinge weiß ich noch nicht recht Bescheid, ob die Bücher schon benutzt sind oder nicht; ich habe früher immer nach dem Weihnachtskatalog gekauft, worin nur ganz neue, ungebrauchte Bücher verzeichnet sind.
In Deiner Auswahl hast Du Maltitz' Gedichte aufgeführt, das ist schlechtes, antiquiertes Zeug, dann Gaudy, das ist gut, ich kann mich aber nicht aus dem Katalog vernehmen, dann Herder, von dem wäre wohl die Ausgabe »Zur Philosophie und Geschichte«, 16 Teile, und »Zur schönen Literatur und Kunst«, 16 Teile, die passendste; Religion und Theologie sind wohl auch grade nicht Dein Fall. Ich werde alles besorgen, muß aber noch einige Tage warten, weil ich mit »ihr« zur Hochzeit von Fischers Tochter gehen muß und »sie« noch Putz nähen muß, also noch nicht Bücher an Gsellius verpacken kann. Dann wirst Du noch etwas wegen des Bindens warten müssen.
Mein Nachbar Großherzog kommt heute mit seiner lieben Schwester von Preußen hier nach der Wartburg; ich stehe jetzt mit ihm in lebhaftem Briefverkehr wegen meines Schloßbaues, er soll nun halten, was er versprach, und deshalb zwieble ich ihn. Einen Frauenhofer für die Sternwarte habe ich schon bestellt, der schöne, reine chaldäische Himmel, der über uns augenblicklich lacht, ladet zu sehr zur Astronomie, und Du wirst mich nächstens als heiliger Drei-König kennenlernen. Ja, es ist eine schnurrige Welt, es sieht aus, als wenn alles auf den Kopf gestellt ist: Lübeck will preußisch werden,

Mecklenburg soll seine erbweisliche Verfassung verlieren, die Junker ihre Zollfreiheit; Bernhard Erich Freund will nich, Krinoline von Reuß noch weniger, und die sächsische Armee steht in Ungarn; was soll da rauskommen? Classen-Kappelmann weiß es *nicht*, Jacoby auch *nicht* und ich auch *nicht*. Mich amüsiert nichts mehr bei dieser Ratlosigkeit als das Gebaren der mecklenburgischen Junker. Dem armen Großherzog mögen die Haare schön weh tun; auf der einen Seite die renitenten kleinen Herren seines Landes, auf der andern Bismarck: die Klemme ist nicht zu unterschätzen. – Daß Du die Cholerine in Lübeck hast, ist allerdings nicht gut, hättest Du sie hier, wär's aber schlimmer, denn seit einigen Tagen haben wir die Cholera, die noch nie hier gewesen ist, in unsern Mauern. Das Biest sucht vornehm und gering auf. Deinen Brief und die Abrechnung habe ich natürlich erhalten und danke Dir recht sehr dafür; ich kann mich auch schon ganz gut aus solchen Dingen vernehmen, nur die Aktien des Vorschuß-Vereins und Deine Lebensversicherungsaktien machen mir insofern Schwierigkeiten, als ich nicht weiß, zu welchen Zeiten dort die Zinsen fällig sind, und da wollte ich Dich denn bitten, meine Gerechtsame zu seiner Zeit wahrzunehmen. Die noch Rest gebliebenen ein paar Taler laß ruhig bei Dir liegen. Ich werde Dir wahrscheinlich trotz Schloßbau im Laufe des Winters und im Anfang des Frühjahrs einige 1000 Taler für die Einlage in die dortige Sparkasse senden können, da ich nicht alles Geld mit einem Male brauchen kann. Du siehst daraus, daß ich nicht nötig haben werde, Eingriffe in die von Dir gesammelten Schätze zu machen. – Daß Du im nächsten Jahre reisen willst, ist für mich eine sichere Aussicht, Dich hier bei mir zu sehen, und wenn Du auch noch nicht im Schlosse wohnen kannst, so wird für Dich und Bertha doch ein prächtiges Zimmer von »meiner« hergerichtet werden. Bertha muß aber ihre Augen ja nicht zu sehr diesen Winter anstrengen, damit sie unsere schöne Aussicht auch recht genießen kann. Wir haben hier Besuch gehabt: der

Professor Richard Schröder (ein früherer Schüler von mir aus der Treptowschen Zeit) war mit seiner jungen Frau hier; er ist ein prächtiger Mensch geworden. Nun lebt beide recht wohl, viele Grüße von »meiner« an Euch! Dein

Fritz Reuter

AN EDUARD PROSCH

Eisenach, 20. September 1866

Mein lieber, lieber Freund, Sie haben mir noch ein Privat-Briefchen zu Ihrem offiziellen Schreiben gelegt, und ich folge Ihrem Beispiele. Wie wenig haben wir die große Güte, die Sie uns in Venedig erwiesen haben, an Ihrem freundlichen Schwiegersohn vergelten können, das unfreundliche Wetter hat ihn uns zu schnell fortgetrieben, nachdem er in uns durch seine höchst interessanten Mitteilungen den lebhaften Wunsch nach seiner näheren Bekanntschaft geweckt hatte.
Nun habe ich noch mit Ihnen über einen sehr heiklichen Punkt zu reden, und da derselbe einem andern sonst sehr guten Menschen schaden könnte, so brauche ich Ihnen gewiß kein Stillschweigen darüber aufzuerlegen. Es betrifft Schlöpke. Derselbe hat mich mehrfach gezeichnet und auch in Aquarell gemalt, er hat aber nach seinem ausgesprochenen Grundsatze, »ein Humorist müsse humoristisch aufgefaßt werden«, sehr große Neigung zur Karikatur bei meinen Porträts bewiesen. Dann hat Schlöpke noch einen für den täglichen Verkehr höchst bedenklichen Fehler, über den ich wohl urteilen kann, da er einmal sechs Wochen bei mir gewohnt hat, nämlich sein hervorragendes Talent, Leute zu stören. Er kann sich leider nicht beschäftigen, er liest nicht, er will immer unterhalten sein, und da ich nun zu bekannt mit ihm bin, so würde es mir schwer ankommen, ihm ungastfreundlich entgegenzutreten. Dazu kommt nun noch, daß ich jetzt acht Wochen lang einen kranken preuß. Soldaten, einen Gymnasiallehrer aus Westfalen, in Verpflegung bei mir gehabt habe, der so ziemlich die Schlöpkeschen Briefe gefunden hatte und mich schon

sehr mürbe gemacht hat. Ich muß nun ernstlich daran denken, daß ich Zeit für mich selbst und meine Arbeiten gewinne. Daher wäre es mir nun lieber, wenn Seine Königliche Hoheit der Großherzog, *falls Schlöpke nicht schon den bestimmten Auftrag hat,* einen andern Künstler, mit dem ich nicht so sehr bekannt bin und mit dem ich mich leichter stellen kann, etwa Pommerencke oder sonst einen andern, mit der Arbeit betrauen wollte. Dies ist alles natürlich durchaus unmaßgeblich, und ich bin sogleich und zu jeder Zeit bereit, den Befehlen Seiner Königlichen Hoheit dienstwillig zu sein, und – wie der Mecklenburger sagt – »dat is man, dat ik dorvon red'«.

Ich bitte, mich und meine Frau Ihrer Frau Gemahlin unbekannterweise bestens zu empfehlen, Ihren Herrn Sohn freundlichst zu grüßen und Ihrem Herrn Bruder meinen aufrichtigen Dank für seine höchst zutreffenden Mitteilungen und Ratschläge in der Verpflegungsangelegenheit auszusprechen. Meine Frau schließt sich meinen besten Grüßen an.

Ihr ergebenster Fritz Reuter

AN FRIEDRICH FRANZ II. GROSSHERZOG VON MECKLENBURG-SCHWERIN

Eisenach, September 1866

Es paßt sich freilich schlecht, wenn ich mich unterfange,
In dieser Zeiten ernstem Drange
Des hohen Fürsten Fühlen, Denken
Vom tiefen Ernst auf heit'ren Scherz zu lenken,
Indessen da der klapperbein'ge Würger,
Das alte rasselnde Gerippe,
Das froh umgeht mit Stundenglas und Hippe,
Beinahe ganz verschont die braven Mecklenbürger
Und Sie, mein hoher Herr, in alter Reichsstadt Mauern
Den Lorbeer sich um Ihren Helm geschlungen,

So, denk ich, ist was Fröhliches errungen,
Und Jubel herrscht im Lande mehr denn Trauern.
Doch sollten wirklich sich die Sorgen schwer
Herniedersenken auf des Fürsten Stirn,
Den Wolken gleich, die auf des Berges Firn
Zuerst sich lagern, hoff' ich doch, ich wär'
Vor meinem hohen Herrn entschuldigt,
Daß ich ihm so nach meiner Art gehuldigt.
Des Menschen Seele ist gar wunderbar
Und wechselvoll gestimmt von Anfang an gewesen,
Und nicht erträgt sie Spannung immerdar,
Sie muß zuweilen ihre Wirbel lösen;
Drum wag ich's dreist in meinem Ungeschick
Und selbst auf die Gefahr hin, daß ich fehle,
Ich faß den Wirbel, dreh ihn keck zurück
Und spann die Saiten ab von meines Fürsten Seele.

AN FRANZ UND ERNST BOLL

Eisenach, 5. Oktober 1866

Ich will Euch doch beweisen, daß ich für Euch beide immer Zeit zum Schreiben habe, wenn ich auch zuweilen etwas träge darin bin und meine Korrespondenz über die Maßen anwächst. – Zuerst von Euch. Eure Briefe sind mir wohl erfreulich gewesen, aber der Inhalt ist es nicht. Du, Pastor, meldest mir das Einrücken eines widerwärtigen Leidens, und Du, Ernst, meldest mir das Abschiednehmen mancher Freuden. Gegen das erstere wird wohl die Zeit und Schwager Brückner die besten Heilmittel abgeben, und für das zweite wirst Du, lieber Ernst, in Deinem bekannten Fleiß einen Ersatz finden, vielleicht auch erst mit der Zeit. – Schändlich ist es aber, daß in den kleinen Städten die dummen Weiberschnäcke soviel Verdruß auf das Verdienst herniederschnattern können. – Diese erbärmliche Kleinmacht muß Bismarck uns auch noch aus deutschen Landen herausschmeißen. – Ob-

gleich uns von Dir, lieber Ernst, fast gar keine näheren Andeutungen geworden sind, so sind wir, meine Frau und ich, doch beide darin einig, daß dies Basiliskenei wahrscheinlich von ... einer früheren Nachbarin von uns angebrütet und dann von der literarisch sein wollenden Clique vollständig ausgebrütet ist, und nun wird wohl das Produkt mit der Eierschale ... als vollständig fertige Erziehungsmethode durch die Straßen der Vorderstadt laufen und von allen alten Gänsen darin mit Bewunderung angestaunt werden. Einige von den Gänsen werden auch wohl Hosen ohne Krinolinen anhaben. – Ich kenne diese Luft, die dort weht und die mir die beifolgende Epistel hierher geweht hat. – Zur Erklärung: die Schreiberin schickte mir ihr Manuskript zu, mit der Bitte, mein Urteil darüber abzugeben und den Druck desselben zu vermitteln. Das erste war natürlich große Nebensache und das zweite große Hauptsache. Dies zart sentimentale Gewächs und Gewäsch traf hier grade ein, als ringsumher die Kanonen donnerten und als die reisigen Krieger zu Fuß und zu Roß durch unsere Straßen brausten; ich mußte also Sorge tragen, daß so zarte Blumen nicht unter die rohen Mannestritte kamen und von ihnen erbarmungslos zertreten wurden; ich packte sie also schleunigst ein und schickte sie zurück mit nach meiner Art sehr höflichen, doch keineswegs lobenden Worten. Die Schreiberin, die mich in ihrem ersten Briefe für den größten Poeten diesseits und jenseits der Milchstraße erklärt hatte, schickte mir diesen kleinen Brief voller Flöhe zum Danke zurück. Du siehst, auch in der Ferne wird ein armes Mannsbild das Opfer der blaustrümpfigen Unterröcke. Ihr schickt mir den Brief wohl mal wieder zurück, er gehört zu meinem unschätzbaren Material.
Wenn Ihr sagt, daß Euch mein neuestes Buch nicht so gefallen habe wie früher, so stimme ich mit voller Seele in Euer Urteil ein, und wenn ich etwas zu meiner Entschuldigung anführen soll, so ist es die Sprödigkeit und Dürftigkeit des Stoffes. Ich habe den dummen Streich gemacht, halbe Maßregeln zu ergreifen; ich hätte sämtliche Personen um-

dichten sollen; Dörläuchting ist deshalb für jede Darstellung zu jämmerlich geraten und Kägebein zu insipid. Eine Prophetengabe braucht Ihr mir nicht zuzuschreiben, denn Ihr wißt, daß ich schon in Neubrandenburg die Absicht hatte, das Ding zu schreiben, und zu der damaligen Zeit hätten alle Propheten des alten Testaments die Erfolge der jetzigen Zeit nicht voraussehen können, mit denen ich *wohl* zufrieden bin. Ja! Ich bin *sehr* zufrieden; in mir hat sich eine Wandlung vollzogen, eine solche Wandlung, daß ich ein eifriger Bismärcker geworden bin. Nicht die Siege der preußischen Waffen – sie könnten scheußlich mißbraucht werden –, sondern das Entgegenkommen gegen die liberale Partei, der Zwang, den er auf den alten König ausübte, der Bruch mit der Junkerpartei, das Zurückschieben des absoluten Herrenhauses und das Jammergeschrei unserer kleinen mecklenburgischen Dynasten, das sind die wahren signa temporis, die, wohl benutzt, uns weiterbringen können und werden. Mir ist ein ordentlicher Stolz ins Herz gefahren, daß wir Deutsche doch nicht nötig haben, fürder uns von jedem hergelaufenen Hanswursten von Franzosen und Bulldogg von Engländer auf der Nase tanzen zu lassen.
Oh, Ihr kennt sie gar nicht, diese scheußlichen Auswüchse des menschlichen Unverstandes, die die sichere Hoffnung aussprechen, über norddeutsches Wesen und Protestantismus zu siegen. Ich hab's hier erfahren, ich habe hier einen münsterländischen Gymnasiallehrer, also noch einen quasi Gebildeten, 8 Wochen als Kranken im Hause gehabt. Da habe ich Meinungen und Ansichten, Hoffnungen und Wünsche aussprechen hören, daß einem die Haut schauderte ob der Konsequenzen, die daraus resultierten, und was Ihr, lieben Freunde, in Zeitungen und Schriften ersehen habt, das ist mir hier in Fleisch und Bein entgegengetreten, und das ist eine andere Sache, das überzeugt einmal! – Der unselige fromme Katholik ist von uns geschieden, meine Frau sagt: mit Rührung, ich habe nichts davon bemerkt, und ich glaube, ich habe recht, denn jetzt, nach 5 Wochen, hat er keine Silbe

der Freundlichkeit und des Dankes hierher gerichtet, und es ist zwischen uns nichts – rein gar nichts Böses vorgekommen, als – wir waren Ketzer. Ein preußischer Gardeleutnant, der hier im Hotel mit zerquetschtem Beine lag, den ich ab und an besuchte – nun, er war ein Gardeleutnant – aber er schrieb unter den Drangsalen des Krieges an mich; daraus machte ich den vielleicht übereilten Schluß, nicht die Gardeleutnants mit ihrem Anhang sind unsere Feinde, sondern die katholische Partei mit ihrem Anhang von Dummheit und Roheit wird der Feind des neuen Deutschlands sein!
Nun etwas von uns: daß mir das mäßige Buch ein Erkleckliches eingetragen hat, könnt Ihr daraus ersehen, daß es jetzt in 10 000 Exemplaren in der Welt herumläuft und daß Hinstorff noch 3000 nachverlangt hat. – Das tut mir aber auch recht not, denn mein Hausbau wird hellschen viel Geld kosten; aber wenn's so wird, wie's werden soll, wird's auch! Dann könnt Ihr auch einmal kommen und von meiner Haustür aus die ganze Herrlichkeit unserer schönen Gegend genießen. Das Haus hat eine herrliche Lage, der Großherzog legt mir vor der Tür einen Park an, der ebensogut der meine wie der seine wird, und damit ich es recht bequem haben werde, hat er sich ungebeten dazu erboten, mir einen neuen Weg nach meinem Garten anzulegen und mir ein dabei abfallendes Eckchen Landes zu schenken.
Die Cholera ist auch bei uns eingerückt, hat ein paar Opfer gefordert und ist seit einigen Tagen hoffentlich für immer verschwunden. Auch unsere preußische Kommandantur hat uns verlassen, das hiesige Lazarett hat aufgehört, nur in der Nähe auf der Wolfsburg besteht noch eins dergleichen für ägyptische Augenkrankheit, welches noch eines Zuschusses aus der mecklenburgischen, mir anvertrauten Verpflegungskasse bedarf. Nächstens werde ich nun über die Verwendung der Gelder Rechnung ablegen können. Ich habe in dieser Sache dem Regierungsrat Prosch und dem Oberbaurat Demmler in Schwerin, durch die ich die bedeutendsten Summen erhalten habe, vorgeschlagen, meine Belege zuerst an sie ein-

senden zu wollen, dann sollen dieselben zur Einsicht an Dr. Frege in Wismar, an Zahnarzt Lippold in Güstrow, an Karl Krüger in Malchin und an Dich, Ernst, in Neubrandenburg eingeschickt werden, und Ihr könnt mir dann deliberatio erteilen. – Daß Franz nach Bonn und nicht nach Leipzig gekommen, ist ja in mehr als einer Hinsicht ein glücklicher Wurf gewesen; dem Kriegsgetümmel, der Cholera ist er dadurch aus dem Wege gegangen, und an R. Schröder, der mit großer Liebe von ihm spricht, hat er einen warmen Freund gewonnen.
Nun habe ich mich recht ordentlich ausgeschüttet, nun kommen noch die Grüße! Da Ihr dieselben aber doch nicht bestellen werdet, so will ich nur den Gruß meiner Frau an Deine Frau, lieber Pastor, bestellen und meinen eigenen hinzufügen.

AN GEORG ADOLF DEMMLER UND KARL PROSCH

Eisenach, 26. Oktober 1866

Heute wende ich mich an Sie, um Ihnen und allen meinen lieben Landsleuten und Freunden zum wiederholten Male meinen innigsten Dank abzustatten für das große Vertrauen, welches Sie und meine lieben mecklenburgischen Freunde mir erwiesen haben, als Sie meinem bescheidenen Aufrufe Folge gaben und mich zum Verteiler Ihrer menschenfreundlichen Gaben annahmen. – Reich, über alle Erwartung reich sind diese Gaben mir zugeflossen, und in demselben Maße tief habe ich die Verpflichtung gefühlt, dieselben zweckmäßig zu verwenden und dereinst darüber Rechnung abzulegen. Dies letztere versuche ich jetzt; ich sende Ihnen meine vollständige Abrechnung ein, mit allen Belegen, die mir in der bewegten Zeit zu beschaffen waren. Ich glaube, es fehlen mir übrigens nur zwei; der eine über 10 Taler, die ich durch den Herrn Oberstleutnant von Arenswald den Diakonissinnen zu Langensalza habe zukommen lassen, und dann eine Quittung aus Salzungen über die Sendung des Weinhändlers Bohl mit 16 Taler, 20 Silbergroschen. Ebenso ist es mir unmöglich gewesen, Belege für Frachten, Porti und Verpackung zu schaffen. Ich habe mir indessen alle Mühe gegeben, die Rückerstattung der Frachtgelder für die größeren Schweriner Sendungen zu erlangen, und bei der Mecklenburgischen Bahn (mit 5 Taler, 2½ Silbergroschen) und der Thüringer Bahn (mit 24 Taler, 16 Silbergroschen) ist es mir auch gelungen; auch hat die Steuer ihre Forderung von zirka 75 Taler auf meine Vorstellung fallenlassen. Ich darf wohl hoffen, daß Sie mich auch in dieser Beziehung entlasten werden. Die reichlichen Sendungen von Lazarettutensilien, vorzüglich von lieber Frauen Hand gesammelt, sind alsobald an bedürftige Lazarette befördert worden, ein Teil jedoch, für den augenblicklich gar keine Verwendung war, ist im hiesigen Depot aufbewahrt und kann später, wenn es den freundlichen Geberinnen so gefällt, an das Hauptdepot in Berlin verabfolgt werden; einige Verwendung findet sich freilich hier noch immer in dem Lazarett-Zechenhaus. – Eine Menge kleiner Porti, Trinkgelder, leerer Flaschen, Kisten, Säcke zur Verpackung sowie die Unkosten meiner Reise nach Frankfurt bitte ich als meinen bescheidenen Beitrag zur Kasse anzusehen. Mein Freund Erhard Quandt hat seine Abrechnung an mich geschickt, und erfolgt sie anbei. Dabei muß ich nun noch bemerken: zwischen Quandt und mir fand die schriftliche vorläufige Verabredung statt, wir wollten die uns zugehenden Gaben teilen, dies geschah auch bis zu einer Zeit, wo Quandt keine rechte Verwendung mehr fand und wo es hier nötiger war; bei den Lazarettutensilien war eine Teilung ohnedies nicht statthaft; und da meinem Freunde große Schwierigkeiten mit der Steuer erwuchsen, hat er mir einen großen Teil uneröffnet zugesandt.

So würde ich nun noch für 369 Taler, 19 Silbergroschen, 6 Pfennig verantwortlich bleiben, und ich frage bei Ihnen an, ob ich denselben Weg einschlagen soll, den Sie, hochverehrter

Herr Regierungsrat, mir als den des Zentral-Komitees zu Schwerin gütigst angezeigt haben, also, ob ich die obige Summe an ein Generalkommando einsenden soll (etwa an den General von Goeben) oder ob ich meinem Herzen folgen darf und noch etwas für die gänzlich und teilweise erblindeten Kranken im hiesigen Zechenhause aussetzen, den Rest aber an jenen Unglücklichen (einen verheirateten Ökonomie-Inspektor) einsenden kann, für den die National-Zeitung den anliegenden Aufruf erließ. – Ich würde dann umgehend darüber Quittungen einsenden. Jetzt liegt mir aber daran, meinen lieben Landsleuten und Freunden zu zeigen, daß ich nach Kräften bemüht gewesen bin, ihre Liebe und Wohltätigkeit ins Werk zu setzen. Darum bitte ich Sie, meine hochverehrten Herren und Freunde, meinen Rechnungsabschluß mit den Belegen zu senden an: den Herrn Dr. Frege-Wismar, den Herrn Lippold-Güstrow, den Herrn Senator Krüger-Malchin und den Herrn Dr. E. Boll-Neubrandenburg, auch durch die Zeitungen dafür zu sorgen, daß er in den kleineren Städten bekannt werde.
Nun leben Sie beide recht sehr wohl und grüßen Sie alle lieben, braven Mecklenbürger und Mecklenbürgerinnen.

AN ADOLF TELLKAMPF

Eisenach, 11. November 1866

Nicht wahr, mein herzlieber Freund, wenn einer einen so nennt, wie ich soeben, dann muß einer sich gegen einen auch so betragen, daß einer einen so wieder nennen kann, und das habe ich nicht getan; zu meiner Schande sei's gesagt: ich habe Sie über Gebühr auf Ihre freundlichen Briefe warten lassen. Entschuldigungen habe ich wohl, aber die will ich Ihnen doch lieber ersparen; denn jede Entschuldigung kommt mir vor wie das Stroh, worin mal die Körner gesessen haben; ich bitte Sie daher lieber, beifolgenden dicken Strich (———) über meine Sünden zu machen.

Herzlichen Dank für die Übersendung der Bücher; mit unendlicher Freude und mit unbedingter Zustimmung in der Gesinnung habe ich Ihre Spezialgeschichten über die sackermentschen Franzosen gelesen. Ich sage mit Ihnen, es ist eine Schande, wenn sich deutsche Fürsten, selbst in der höchsten Not, an diese Ausländer wenden; aber noch eine größere Schande ist's, wenn eine sich liberal und liberalst nennende Partei aus dummem Preußenhaß sich in die Arme des saubern »empire« werfen will – das nenne ich Brutalität! – Ich kann mir vorstellen, daß mancher brave Landsmann von Ihnen, und Sie selbst vielleicht, mit Trauer die Selbständigkeit Ihres Landes dahinfahren sehen – für meine Person muß ich aber bekennen, daß ich mit dem Ausgang des Dramas *sehr* zufrieden bin, hauptsächlich in Anbetracht der Zustände, die über uns sicherlich hereingebrochen wären, wenn der Gegner gesiegt hätte. Wehe dann dir, Deutschland! Wehe dann dir, Protestantismus! Mindestens 200 Jahre kräftigen Ringens nach Einheit und Freiheit, nach Licht und Wahrheit wären vergeblich gewesen! Und das Mittelalter, nicht das romantische, sondern das echt junkerliche, das pfäffische, wäre im Geleit der verdienten Verachtung aller fortschreitenden Nationen über uns hereingebrochen.
So, nun genug von Politik, nun von uns! – Wir haben hier in diesem Sommer sehr viel erlebt, denn wie Sie wissen, »entspann sich der Kampfplatz« (Falstaff!) hier in unserer unmittelbarsten Nähe. Denken Sie sich, Ihre lieben Landsleute wollten oder sollten uns hier in Brand schießen! Wir mußten auf Befehl der Kreisdirektion Wasser auf die Böden schaffen. Ein jämmerlich, unverständig Geschrei von Plünderung ging durch die Straßen, und von einem Gange durch die Stadt zurückkehrend, kam ich darüber zu, wie unsere Frau Wirtin meine Frau unter Tränen beschwor, unsere Schätze mit den ihren im Keller zu vergraben! »Was«, sage ich, »plündern? Die armen Kerle werden hungrig sein, wenn sie kommen, setzt Fleisch und Brot und Wein auf den Tisch.« –

Tags darauf war die unglückliche Schlacht von Langensalza, die nur von einem blinden König konnte angeordnet werden...

AN FRANZ UND ERNST BOLL

Eisenach, 27. November 1866

Wir kommen mit unserer Korrespondenz ja ordentlich auf den Stumpf. Ich muß mich jedoch heute notgedrungen kurz fassen, darum Dir, lieber Pastor, erstens die Erklärung, daß ich gern bereit bin, die Woltersdorffsche Biographie in Empfang zu nehmen und dieselbe unter den günstigsten Bedingungen, die ich erreichen kann, unterzubringen. Nur möchte ich von vornherein bemerken, daß die Gartenlaube nicht das beste Blatt zu diesem Zwecke sei. Monsieur Keil ist ein eigenwilliger Kerl, er schustert die ihm eingesandten Artikel schonungslos nach seiner Schablone, zu seinem Vorteil zusammen, und nun hat er sich gar, um den Debit in Preußen wieder zu erhalten, verpflichtet, nichts gegen Preußen und nichts in freiheitlichem Sinne zu schreiben. Das »Daheim« steht freilich auf demselben Standpunkt, aber es zahlt besser, läßt dem Autor auch mehr sein Recht, und, was mir wesentlich scheint, es nimmt auch längere Artikel auf. Mir hat es mal jede Forderung, die ich stellen würde, von vornherein bewilligt und – um dem Kinde einen Namen zu geben – 150 Taler pro Bogen bewilligt.

AN ADOLF WILBRANDT

Eisenach, 14. Dezember 1866

Mein verehrter Freund, recht sehr habe ich mich gefreut, als ich Ihre altbekannten Schriftzüge auf einer Adresse erblickte, wußte ich doch gar nicht, wo in aller Welt Sie Ihre Zelte aufgeschlagen. Die Freude dauerte nicht lange, denn als ich des Inhalts Ihres Briefes kund wurde, fiel es mir wie ein Stein aufs Herz, daß ich unmöglich Ihren im ganzen gut vernünftigen Vorschlägen beipflichten könnte. – Wie Sie richtig anführen, hatte meine Frau früher die ernstliche Absicht, eine Übersetzung ins Hochdeutsche zu besorgen, es wurde auch ein Anfang damit gemacht; aber da erhoben sich so gewichtige Freundesstimmen gegen *jede* Übersetzung, daß die Absicht vollständig aufgegeben wurde. Nun haben sich seit der Zeit eine Menge Übersetzer und Übersetzerinnen aus Polen und Tirolen gemeldet; bei jedem Briefe habe ich mir die Sache durch den Kopf gehen lassen und bin immer zu dem Schluß gekommen, die Freunde haben recht, es geht nicht. Eine ganz wörtliche Übersetzung würde bei der plattdeutschen Satzbildung, die meistens nur fortlaufende, koordinierte Sätze kennt, dem hochdeutschen Leser höchst ledern vorkommen, und bei einer freieren Übertragung würde die Naivität, ja selbst die lebendige konkrete Anschauungsweise, die in der plattdeutschen Sprache nun einmal eigentümlich liegt, vollständig verlorengehen. Dazu kommt noch ein anderer Grund, den ich schon früher angeführt habe und der mir durch die letzten politischen Ereignisse in Deutschland erst recht triftig geworden ist: wir Norddeutschen kennen den Süden unseres Vaterlandes ganz genau, wir bereisen ihn, wir lesen die Hebel und Grübel usw.; die lieben Süddeutschen haben sich bisher um uns gar nicht bekümmert, mit Ausnahme von Geschäftsleuten fällt es keinem ein, uns zu besuchen. Sie haben eine ganz falsche Vorstellung von uns, die ihnen durch den Kladderadatsch und den kaustischen Berliner Witz imputiert sein mag, sie halten uns für kalt und von stumpfem Gefühl und glauben, daß außer ihrer »Saufidelität« und »Gemütlichkeit« keine Heiterkeit und Herzlichkeit in deutschen Landen existiert. Das hat mich immer sehr verdrossen, und ich würde sehr befriedigt sein, wenn ich ein Kleines dazu beitragen könnte, den guten Leuten eine andere Brille aufzusetzen. – Sie werden nun sagen: »Ja, dann müssen Ihre Schriften ihnen durch Übersetzung zugänglich gemacht werden.« Und ich werde antworten: »Nein, wenn sie unser Volk kennenlernen wollen, dann müssen sie erst unsere Sprache kennenlernen, um die es sich wohl einer kleinen Anstrengung verlohnt.« Hier in Thüringen liest jetzt alles Plattdeutsch; ich habe neulich im Theater zu Gotha zum Besten des Gustav-Adolf-Vereins vorgelesen, es war so voll, daß die Damen stehen mußten. Sehen Sie, das sind meine Gründe, weswegen ich keine Übersetzungen will, und Sie in Ihrer fortdauernden Freundschaft für mich werden in dieser Weigerung gewiß nicht Ungefälligkeit oder gar persönliches Mißtrauen gegen Ihre Übersetzungskunst sehen.

Nehmen Sie mir meinen Abschlag nicht übel und erhalten Sie mir Ihre Freundschaft trotzdem. Meine Frau grüßt Sie, und wir beide wünschen, daß Ihre Gesundheit sich bessern möge. Warum besuchen Sie uns denn nicht einmal? Sie müssen doch hier einmal in der Nähe durchpassiert sein. Leben Sie wohl.

Ihr

Fritz Reuter

AN ALBERT SCHULTZE

Eisenach, 14. Dezember 1866

Mein lieber, alter Kapitain, nun ist's doch endlich wohl an der Zeit, daß ich Dir antworte und Euch von uns berichte! – Erstens unser herzlichstes Beileid bei Euren argen, so sehr gerechtfertigten Ängsten, die Ihr der Cholera wegen ausgestanden habt. Das ist ja schrecklich gewesen! Wir haben die Bestie hier auch gehabt; aber leise, ganz gemütlich, sie ist mit 11 Opfern still abgezogen. Zweitens aber meine innige Freude darüber, daß wir beide nach so vielen Jahren, die sonst häufig so trennend wirken, uns wieder auf ein und demselben politischen Standpunkt finden. Grade das, was Du aussprichst, empfinde ich lebhaft. Mit Zittern und Zagen habe ich den Kampf herannahen sehen, weil ich mir bewußt war, daß Deutschlands ganze Zukunft an Religion, Bildung, Wissenschaft, Freiheit und Einigkeit in den Würfeln lag, und mit welchem Jubel habe ich die preußischen Waffentaten be-

grüßt, wie habe ich mich gefreut, als Bismarck mit unendlicher Mäßigung die Ernte dieser Siege einheimste und das Recht der Abgeordneten durch die Bitte um Indemnität anerkannte. Da lief mir mein Herz über, ich packte opera omnia mea zusammen und machte ihm ein Geschenk damit, was mir den einliegenden, mir bald zurückzusendenden liebenswürdigen Brief eintrug. – Wir haben hier den Krieg in nächster Nähe gehabt, Einquartierung über Einquartierung, Drohung der Hannoveraner, Eisenach in Brand zu schießen, Schlacht bei Langensalza und Dermbach, und schließlich habe ich mich noch insofern als Verwundeten-Pfleger aufgeworfen, als ich in meinem Mecklenburg eine separate Sammlung veranstaltete, die mir zirka 3000 Reichstaler eintrug und deren Verwendung mir viele Reisen, Schreiberei und Lauferei gemacht hat; auch haben wir hier 9 Wochen lang einen kranken Landwehrmann, einen Gymnasial-Lehrer aus Westfalen, in unserm Hause verpflegt. – Es war eine bewegte Zeit; aber erfrischend war sie in den Hoffnungen, die sich an die Siege knüpften.
Nun ist bei mir eine große Ruhe eingekehrt, ich habe mich wieder an die Arbeit gemacht, schreibe meine Reise nach Konstantinopel und sehe der Zukunft getrost in die Augen; das eine, für welches wir beide gelitten, die Einheit Deutschlands, hätten wir so ziemlich erreicht, das andere, die Freiheit, wird auch kommen; wenn wir sie nicht erleben, so kann der Kampf dafür unsern Kindern bleiben.
Uns geht es sehr gut, wir werden sogar übermütig und bauen uns im nächsten Jahr in einem sehr schön gelegenen Garten ein neues Haus, in welchem ich im Geiste schon die beiden guten Schulzes aus Meseritz sitzen sehe. Das Haus wird sehr bequem, sehr schön und sehr teuer (mit dem Garten zirka 15 000 Reichstaler). Den Riß dazu hat mir ein Prof. Bohnstädt gemacht, den Garten will mir der Gartendirektor Jülke in Sanssouci, ein alter Freund von mir, anlegen helfen. Das beste bei der Sache ist, daß ich das Werk bezahlen kann, und keine geringe Freude ist es mir, daß ich das Geld dazu mir mit der Feder verdient habe. Meine Aktien sind von Jahr zu

Jahr gestiegen, »Dörchläuchting« ist in erster Auflage in 7000 Exemplaren in die Welt gegangen, in zweiter in 3000 Exemplaren und in dritter wieder in 3000 Exemplaren. Alles in einem Vierteljahre; ein Erfolg, der in Deutschland so ziemlich unerhört sein dürfte. – Auch an äußeren Ehren hat's mir nicht gefehlt, unser Großherzog von Weimar hat mich mehrfach zur Tafel geladen, ich habe eine große Gala-Cour mitmachen müssen, habe der Großherzoglichen Familie plattdeutsch vorgelesen, von dem alle natürlich nichts verstanden haben, und der Großherzog ist mir bei meinem projektierten Bau unaufgefordert durch Anlage eines Weges und Grenzverbesserungen freundlich entgegengekommen; er ist mein Nachbar. – Auch der Großherzog von Mecklenburg hat sich was merken lassen, er hat mir seinen Hofmaler, Professor Schlöpke, über den Hals geschickt, daß mich derselbe für die Galerie in Schwerin male, und da hänge ich nun mit dem Herrn zu Putlitz zusammen; auch hat er mir die große goldene Medaille für Kunst und Wissenschaft, an einem Bande um den Hals zu tragen, verliehen. Da solltest Du mich einmal sehen, Du kennst Deinen alten Charles gar nicht wieder. Einmal nur im verschwiegenen Kämmerlein habe ich meiner Frau den Genuß verschafft, dekoriert herumzugehen; aber der Glanz! Da würden viele Leute viel Geld darum geben, sich daran zu erfreuen. – Nun denke Dir dazu, wie ich in Graudenz in dem durchgesessenen Schlafrock mit den aus Eggen geflochtenen Pampuschen herumlatschte, und dann sage, was 'ne Sache ist. – Im vorigen Winter machten wir zu Weihnacht vom Rhein aus einen Abstecher nach Pommern zu alten Freunden, und da hatte meine Frau das Unglück, aufs heftigste an einem Nervenfieber zu erkranken, Du kannst Dir denken, welche Angst ich ausgestanden habe. Und grade in dieser traurigen Zeit erhielt ich einen fulminanten Brief in einer fast unverständlichen Ausdrucksweise von Ehren-Schramm, der jetzt Pastor in New York ist. Er hatte die Festungstid gelesen und fühlte sich höchlich durch das von ihm Mitgeteilte verletzt, gestand ein, daß er in einer schwachen Stunde Verrat ausgeübt, verlangte aber von mir, ich solle das Geschriebene öffentlich zurücknehmen. Ich antwortete ihm, das könne ich nicht, weil es die Wahrheit enthielte, er müsse sich damit zufriedengeben, daß ich seinen Namen nicht genannt habe. In diesem Frühling erhielt ich darauf eine zweite Epistel, die womöglich noch zorniger und gröber und mit der Drohung verstärkt war, daß er nächstens auch ein Buch über die Festungsgeschichte herausgeben würde, er hätte alle Materialien zur Hand und würde nicht verfehlen, meine Antezedentien auf der Festung schonungslos aufzudecken. – Ich habe nicht weiter darauf geantwortet, und wenn er dies tut, so kann ich es ihm nicht wehren; ich würde auch darauf nicht antworten, falls er aber meine Wahrhaftig[keit] in betreff der über ihn mitgeteilten Tatsachen in Abrede stellen würde, so müßte ich mich schon nach Zeugnissen für die Wahrheit derselben umsehen, und da bist Du nun der einzige, an den ich mich dieserhalb wenden könnte. Witte, Vogler, Cornelius, Häunisch sind tot oder verschollen, der Franzos' lebt noch, ist aber damals nur ganz kurze Zeit mit Schramm zusammen gewesen, wenn überhaupt noch. – Die Geschichte ist mir sehr unangenehm; aber wenn es sein soll; »denn helpt dat nich!« – Diese Weihnachten sind wir, wie gewöhnlich, ins Pommernland eingeladen, werden aber hier, und zwar ganz einsam, verbleiben. Ebenso wird dies im nächsten Sommer der Fall sein, und da ich voraussetze, daß Du mit Deiner lieben Mathilde wieder einen Ausflug nach Weißenfels machen wirst, so bitten wir dann den im vorigen Jahre angezeigten Besuch auszuführen, könntet auch einen Jungen mitbringen, für drei habe ich gutes Quartier; nur müßt ich dann bitten, daß der Besuch auf längere Zeit zugeschnitten würde.

Meine Frau grüßt, wie ich, die Deine, und so schließe ich denn meine lange Epistel, daß Du lange leben mögest und viel Freude an Deinen Kindern erlebest. Dein Fritz Reuter

1867

AN EDUARD BÖCKING

Eisenach, 16. Januar 1867

Mein lieber, guter Böcking, Du hast uns durch Deinen Brief sehr erfreut, vor allem durch die Nachricht, daß Du Dich so recht wohl befindest und den schnöden Winter so gut abwetterst, ich wollte, ich könnte dasselbe von mir sagen, aber dem ist nicht so, ich bin in den Eingeweiden nicht richtig und leide an abscheulicher Schlaflosigkeit. – Zudem ist das Wetter, welches hier bei uns regiert, ein so wenig zum Spazieren einladendes, daß einem auch dies remedium verkümmert wird. – Deinen Wunsch in betreff der beiden Exemplare meiner opera habe ich besorgt, Du wirst dieselben durch die Gselliussche Buchhandlung in Berlin erhalten, mit der ich schon seit Jahren in einem Austausch meiner Freiexemplare gegen andere Bücher stehe. Du kannst die Zusendung mit vollem Recht so ansehen, als ob sie von mir unmittelbar an Dich expediert wäre, denn ich betrachte die Gselliussche Handlung selbst als eine Niederlage meiner Bücher, aus welcher ich nach Bedürfnis mir meine eigenen Sachen kommen lasse. Aber was sagst Du da von berechnen und zahlen? – Das wäre doch eine Schande fürs ganze literarische Schneidergewer[be], wenn ich einem solchen Freunde, der mich und meine Frau mit Liebe und Zuvorkommenheit überschüttet, nicht einmal ein Geschenk bieten sollte, welches doch nur bei Lichte besehen ein dürftiges Gegengeschenk ist. Hätte ich Deinen Wunsch bloß ahnen können, Du hättest wahrlich nicht darum schreiben sollen; aber ich dachte so: Böcking hat's gelesen, und damit wird denn auch wohl sein Interesse erschöpft sein; an Deine lieben Verwandten und Deinen alten Freund Wentzing, der mir aus Deiner Unterhaltung noch sehr lebendig vor Augen steht, habe ich freilich dabei nicht gedacht. – Hast Du noch mehr Freunde, die

meine Bücher haben möchten, so schreibe ohne alle Umschweife, das bist *Du mir* schuldig. Dein Urteil über Freytag unterschreibe ich aus voller Seele, er ist ein liebenswürdiger Schriftsteller, und sein Stil, so sauber er auch gehalten, entbehrt nicht des tüchtigen Nervs, ohne den nichts Eindringliches zu schaffen ist; so ist aber auch der ganze Mensch. Die Bilder und neuen Bilder von ihm hast Du wohl jedenfalls auch, sonst schicke ich sie Dir. –
Soeben habe ich eine große Freude gehabt, mein alter Freund und Leidensgenosse auf der Festung, der frühere Abgeordnete Wachsmuth, Kreisgerichtsrat in Krossen, schickt sich mir mit seiner ganzen Familie in einem wohlgelungenen und wohlarrangierten photographischen Familienbilde. – Es ist für die alten Tage doch etwas sehr Erquickliches, wenn die Jugendfreunde in Liebe und Anhänglichkeit bis ins Alter hinein treu an uns hängen; ich habe dies Glück.
Dein Hutten steht nun vollständig, sauber eingebunden, in einem besonderen Schränkchen, den meine Frau ihm angewiesen; Teubner hat mir sehr artig einen Tausch gegen meine Bücher angeboten, den ich bestens akzeptiert habe. – Heute ist draußen ein Wetter, so ganz nach meinem Sinne, die Schneeflocken rieseln ganz leise vom Himmel nieder und weben lautlos ihr Leichenkleid; sie wecken in mir die Erinnerung an das einzige wohltuende Gefühl, welches ich in der traurigen Festungszeit hatte, das der Behaglichkeit, im warmen Zimmer und im Trockenen zu sitzen; es ist wenig von dem, was der Mensch wünschen und verlangen kann, aber es ist genug, um die Seele zur Ruhe zu stimmen, und damit hatte es damals Not. –
Meine Frau grüßt Dich und Deine Töchter recht von Herzen, sie ist augenblicklich nicht recht wohl, hat sich erkältet und leidet an Husten. Ich habe deshalb ein ernstliches Verbot, das Zimmer zu verlassen, ausgegeben, aber leider ist es schon gebrochen. Simrocks bitte ich von uns zu grüßen, auch Schröders, wenn Du sie siehst; Du aber bleibe der alte, treue Böcking Deines Fritz Reuter

AN AUGUST LOESCHER

Eisenach, 17. Januar 1867

Diesen Brief muß ich so einrichten, daß derselbe nicht allein für Dich, sondern auch für meinen alten, treuen Gesellius geschrieben wird. Also, erstens sage ich Euch beiden meinen nochmaligen Dank für Eure Bemühungen bei der Geldsammlung für die Verwundeten ... Du klagst über viele Schreiberei, und ich glaube es Dir, aber dann mußt Du auch mir es zuglauben, daß ich ebenfalls in dieser Richtung ein gequälter Mensch bin, und mich entschuldigen, daß ich nicht gleich an Dich Antwort geschickt habe. Meine Korrespondenz ist eine riesige geworden, seit fünf Tagen sitze ich jetzt und wickele ab, was in der letzten Zeit sich angesammelt. Heute schreibe ich nach Weimar, Schwerin, Bonn und Parchim, morgen nach Zürich, Königsberg i. P., London und Rio de Janeiro. Das Schicksal spielt wunderlich mit dem Menschen. Ich, der ich in meiner Jugend nur mit Hängen und Würgen zu einem Brief an meinen alten Vater zu bewegen war, muß nun mit wildfremden Menschen in der halben Welt korrespondieren. *Dat schadt Di nicks!* – Deine Familienangelegenheiten sind mir größtenteils nicht unbekannt geblieben, da ich mecklenburgische Zeitungen halte und darin die glänzende Karriere Deiner Söhne mit Freuden gelesen habe; Dein Bruder Fritz, den ich in Ems und Güstrow gesprochen habe, hat auch das Seine dazu beigetragen. Bei vieler Arbeit habe ich auch viele Freude: so erhielt ich heute morgen von meinem alten Freunde und Leidensgenossen, dem früheren Abgeordneten Wachsmuth aus Krossen, ein Bild von ihm und seiner ganzen Familie, welches mich sehr zum Dank gegen mein Geschick stimmte, denn es ist ein neuer, oft wiederholter Beweis, daß *alle, alle* meine alten Freunde mir treu bis ins Alter geblieben sind, und Euch beide kann ich doch gewiß dazu rechnen. Ein großes Glück! – Aber auch in anderer, pekuniärer Beziehung will mir das Glück wohl, ich habe in den letzten Jahren eine solche Einnahme gehabt wie noch wohl nie ein deutscher Schriftsteller; bin aber auch ebenso wie Gesellius (dies sagte mir der alte Buchka kurz vor seinem Ende, und der verstand's) stets seit meiner Verheiratung ein guter Haushälter gewesen, denn ich habe nie Schulden gehabt, mit Ausnahme derjenigen, die ich zur Herausgabe meiner Bücher im Selbstverlage machen mußte. – Nun will ich mir aber auch für die alten Tage von mir und meiner Frau ein eigenes Haus bauen, ein zweckmäßiges und ein schönes; ich lege eine Zeichnung der Fassade hier bei, die ich mir gelegentlich zurückerbitte, damit mein alter Gesellius doch sehe, daß ich nicht umsonst seinen ästhetischen Unterricht genossen habe. Die Lage des Hauses ist noch schöner als das Haus selbst; es wird in einer Nische liegen, die ich diesen Winter in den Fels habe sprengen lassen, gerade gegen Süden gelegen, in einem terrassierten, mit großen Bäumen bewachsenen Garten, vor mir, unmittelbar unter mir, das Helltal, welches mein lieber Nachbar, der Großherzog, in einen Park bis zur Wartburg hinauf verwandeln will. Derselbe hat mir unaufgefordert Land zum geraden Gange, zum breiteren Wege und Umwende vor dem Garten geschenkt. Rechts sehen wir die Wartburg, links ins Marien- und Johannistal. Den Riß des Baues hat der Professor Bohnstedt in Gotha gemacht, den Garten legt Jühlke in Sanssouci an, ein langjähriger Freund von mir und Nachfolger von Lenné. Nicht wahr? das kann schön werden; wird aber auch ein schönes Stück Geld kosten. Indessen hoffe ich doch, wenn ich das Meine zu Rate halte, Ostern 1868 in ein schuldenfreies Eigentum einzuziehen, mit dem frohen Gefühl, daß ich mir alles selbst mit der Feder verdient habe, d. h., immer vorausgesetzt, daß es Gott so gefallen möge ...

Aber was erzähle ich Euch denn da von Sachen, an denen Ihr nicht den Anteil nehmen könnt, den wir darin finden, und deren beste Seite am Ende auch für uns nur in der Erwartung und der Hoffnung darauf besteht? – Ihr seid jetzt auch wohl bei den Parlamentswahlen; die mecklenburgischen Zeitungen tun ihr möglichstes, uns in der Ferne ein köstlichtrauriges Bild von der grenzenlosen Verwirrung zu entrollen, die dort in den politischen Kreisen herrscht. Mich ärgert und verdrießt es, daß grade der Volksstamm, der soviel Tüchtiges leisten könnte, wenn man ihm freie Bahn schaffte, durch Bevormundung und restriktive Gesetzgebung so weit heruntergebracht ist, daß von politischer Einsicht fast keine Rede sein kann. Jeden Tag habe ich Anzapfungen dieserhalb auszustehen, und das schlimmste ist, ich kann die Liebe zu meinem spezielleren Vaterlande nicht verteidigen. Die Regierung hat aber auch durch die unerhörte Einteilung in Wahlkreise und andere Bestimmungen, denen man die Absicht mit dem Stock abfühlen kann, das mögliche getan, die Verwirrung auf den Höhepunkt zu treiben. Nun, im trüben ist gut fischen. Eure Junker klammern sich indessen doch nur noch an einen Strohhalm; Zollverein, Freizügigkeit, Gewerbefreiheit, Aufhebung der Patrimonialgerichtsbarkeit sind alles Dinge, die sich nicht mit einem junkerlichen »tel est notre plaisir« abweisen lassen und die den Fall der ganzen Verfassung (wenn das Ding den Namen verdient) nach sich ziehen müssen. – Ich schreibe jetzt meine Reise nach Konstantinopel unter dem Titel »Die Mecklenburgischen Montecchi und Capuletti«. Es kann ein tolles Ding werden, wenn mir die Pfeife des Humors nicht ausgeht.

Nun grüße ich Euch beide recht herzlich und bitte nicht zu vergessen Euern Fritz Reuter

AN GISBERT FREIHERR v. VINCKE

Eisenach, 21. Januar 1867

Mein lieber Vincke, Du wirst es mir gewiß glauben, wenn ich nach langer Zeit zum erstenmal wieder Dir die Versicherung zusende, daß mein langes Schweigen nicht in kindischem Ärger und sich selbst überschätzendem Verdruß über Deinen Brief seinen Grund hat. Ich bin zu lange in der Welt gewesen, und dazu in Lagen, wo jegliche Hilfe abgeschnitten war, um nicht die Worte eines wirklichen Freundes, selbst

wenn sie bitter wären, was Deine aber nicht sind, warm in mich aufzunehmen. Das ist also nicht der Grund meines Schweigens gewesen, derselbe lag nicht in Dir, sondern in mir; ich fühlte die Unzulänglichkeit meiner Mittel, Deinem Freundesrat und Deinen Anforderungen zu genügen, wie sie sich denn auch in Wirklichkeit herausgestellt hat, und war denn doch zu aufrichtig, um Deine Ehrlichkeit und Treue mit leeren Versprechungen abzuspeisen; ich mußte in mir erst aufräumen, um Platz für die Hoffnung auf eine bessere Zukunft zu gewinnen. – Im vorigen Jahre ist mir das schlecht gelungen, in diesem geht es besser, es geht sogar sehr gut; freilich nur bloßer Anfang! – Die Sache ist aber sehr schwer, denn die leidige Gewohnheit ist es nicht allein, mit der würde ich wohl fertig, da ich körperlich mich durchaus wohl befinde, das schlimmste ist, daß ich, der ich gewohnt gewesen bin, mich auf dem Markt des Lebens umherzutreiben, nun gezwungen sein soll, jede Gelegenheit ängstlich zu vermeiden, und das muß doch sein. – Laß mir nur Zeit, in mir sitzt so eine Art von Spinne, wie sie Robert Bruce in seinem Kerker sah, sie setzte sechsmal vergebens an, und zum 7. Male erreichte sie doch ihren Zweck; und ich erreiche ihn auch. – Nun schreib mir, wenn Du mir die verzögerte Antwort vergeben hast, nicht wieder über diesen Punkt, die Wunde brennt mir zu heftig, als daß sie ein öfteres Aufdecken ertragen könnte; ich komme dadurch in Unruhe, da ich doch die größte Ruhe nötig habe.
Von uns läßt sich nicht viel sagen ... Ich schreibe jetzt die mecklenburgischen Montecchi und Capuletti; ich hoffe, es soll besser werden als Dörchläuchting, mit dessen äußerem Erfolg ich wohl zufrieden sein kann, mit dessen Wert aber nicht. Nun bitte ich Dich, einen gehäuften Scheffel glühender Kohlen auf meinem Haupte zu sammeln und mir zu antworten, nicht von mir, sondern von Dir zu schreiben und ferner lieb zu behalten Deinen Fritz Reuter
Heute ist der Todestag Ludwig XVI.; mein Gott, was hat die Welt seitdem alles erlebt!

AN FRANZ RUDOLF WACHSMUTH

Eisenach, 21. Januar 1867

Mein lieber, guter Vetter, das war mal ein recht gescheuter Einfall von Dir, mich und meine Frau mit Eurem Familienbilde zu erfreuen. Es ist für uns eine wirkliche und wahrhaftige reine Freude gewesen, auf solche Weise die Bekanntschaft aller Deiner Lieben zu machen; aber was sagst Du? In einen Winkel sollte ich ein so liebes Geschenk verweisen? – Nein, es hängt in bester Gesellschaft von Goethe und den beiden Grimms grade über meinem Schreibtisch, und die freundlichen Gesichter Deiner Frau und Deiner Kinder geben mir die liebenswürdigste Gelegenheit, physiognomische Studien zu machen und auf deren Art und Charakter zu schließen, welches bei Deinem alten, treuen Gesichte nicht mehr nötig, da hier die triftigste Erfahrung für die schwankende Beurteilung a priori eintritt. Also meinen besten Dank für die Gabe, den ich auch an Deine liebe Frau und die jüngeren Mitinteressenten zu bestellen bitte. Auch für Deine Bereitwilligkeit, mir eventualiter in Sachen Schramms zur Seite stehen zu wollen, sage ich Dir meinen Dank und nehme sie gerne an; ich meine aber auch, er wird die Pfeife in dem Sod halten; es könnte ihm doch häßlich in die Bude regnen, wenn seine Aufführung durch ein Zeugnis von Ehrenmännern wie Du und der Kapitän festgestellt würde; seiner Stellung als Pastor würde es jedenfalls nicht vorteilhaft sein. – Doch genug von ihm.

Uns ist es im ganzen recht gut ergangen, nur vor ein paar Tagen jagte mir meine Frau einen derben Schreck ein, sie klagte über dieselben Symptome von Übelbefinden, die ihrer vorjährigen bedeutenden Krankheit vorausgingen, und mußte sich zu Bett legen; ist aber – gottlob! – schon wieder aufgestanden und wird hoffentlich bald wieder ganz genesen sein.

Es ist eine große Freude für mich – ich glaube, ich habe dasselbe an den Kapitän geschrieben –, daß wir, die wir in der

Jugend ein und dasselbe wollten, im Alter noch so gut wie einer Meinung sind, und die Geschichte, wie sie sich im verflossenen Jahre vollzogen hat, hat uns ein schönes Zeugnis dafür ausgestellt, daß wir doch nicht die idealen Toren und Schwärmer gewesen sind, wozu uns die abscheulich lederne metternich-russische Epoche der preußischen Geschichte unter Friedrich Wilhelm III. so recht mit Behagen stempeln wollte. – Du machtest uns im vorigen Winter Aussicht, uns bei Deiner Durchreise nach Kissingen besuchen zu wollen; das hat denn nun wohl die Kriegszeit verhindert; aber was nicht im vorigen Jahre möglich war, wird vielleicht in diesem Jahre der Fall sein, dann bitte ich Dich doch recht sehr, mit Deiner Frau bei uns vorzusprechen und hier unsern schönen Wald als frische Vorkur zu betrachten. – Platz haben wir, Euch aufzunehmen, wenn auch das neue Haus noch im Bau begriffen sein sollte. Dies letztere ist denn nun freilich für uns eine große Quelle nie versiegender Unterhaltung und ähnlicher Freude wie den Kindern die Heilchristbescherung. Meine Frau interessiert sich mehr für das Haus, ich mehr für den Garten, in welchem ich schon diesen Frühling, da, wo der Bau nicht zerstörend einwirken kann, allerlei Arbeiten, als Terrassierungen, Anlage von Spargelbeeten, Anpflanzungen von Obstbäumen und blühenden Sträuchern, vorzunehmen gedenke. – Es ist das eine alte Liebhaberei von mir, der ich nur in der letzten Zeit habe entsagen müssen, weil mir die Gelegenheit dazu fehlte. – Diese Beschäftigung soll mein Kissingen werden.

Nun noch eine Frage: Du schickst mir opera omnia tua, hast Du denn meine, oder was fehlt Dir daran? Schreib es mir, damit ich die Lücken ausfüllen kann, wenn nicht mit einem Male, doch nach und nach, wenn neue Ausgaben gedruckt werden.

Nun leb wohl! Grüße Deine Frau und Deine Kinder von uns und denkt in fortdauernder Liebe an uns. Dein

Fritz Reuter

AN EINE SCHIFFSREEDEREI IN BREMEN

Eisenach, 24. Januar 1867

Meine hochverehrten Herrn, da haben Sie mir mit der Taufe Ihres Schiffes eines unerwartete Freude, aber ich fürchte – eine unverdiente Ehre erwiesen. Wie dem aber auch sei, ich bitte Sie, nehmen Sie meinen aufrichtigsten und herzlichsten Dank mit dem selben Gefühle in Empfang, mit welchem ich Ihre freundliche Absicht aufgenommen habe. Nun wäre ich alte Landratte also schon zweimal auf dem Wasser, einmal unter meinem eigenen Namen und einmal unter dem Namen von einem meiner liebsten Kinder. Das Rostocker Schiff »Fritz Reuter«, Reeder Konsul Franz Paetow, Kapitän Galle, fährt augenblicklich von Riga nach Rostock; ich weiß dies sehr genau, denn seit der Zeit, daß mein Name auf dem Wasser schwimmt, studiere ich mit Eifer die Schiffsnachrichten der Rostocker Zeitung, von nun an werde ich mich denn auch in die der Bremer Zeitungen vertiefen müssen. Komisch würde es sein, wenn ich, d. h. mein Wasser-Ich, einmal mit der »Stromtid« auf den nassen Irrfahrten zusammenträfe, ich, d. h. mein Land-Ich, möchte weiß Gott gerne bei solchem Zusammentreffen zugegen sein!
Noch einmal meinen herzlichen Dank und den Wunsch, daß sich die »Stromtid« für Sie in pekuniärer Beziehung ebenso gut machen möge, wie sie sich mir erwiesen hat!
Mit freundschaftlichem Gruß Ihr ergebener Fritz Reuter

AN HERMANN GRASHOF

Eisenach, 29. Januar 1867

Mein lieber Bruder, Du hast lange auf Antwort warten müssen, aber da ich seit einer Woche dabei bin, alle möglichen Korrespondenzen abzuwickeln, und da heute es mir ein glücklicher Tag zu sein scheint (ich bin nämlich auf den Podex gefallen, »bei die Glätte«!), so wäre es gegen alle

Kleiderordnung, wenn ich Deiner keine Acht hätte. – Auf Deinen Brief, enthaltend Bücher- und Geldangelegenheit, Hinstorff und Schwerin, Buck, Drefahl und Jacob Bertram in Wiesbaden, antworte ich nun nicht mehr, da sich in der Länge der Zeit bei Dir wahrscheinlich schon neue Interessen aufgedrängt haben werden, wenn auch die Bösartigkeit Berthas dieselbe geblieben sein dürfte, vielleicht noch zugenommen hat. – Gedacht habe ich es mir, daß es so kommen würde, d. h., ich habe aus meiner längeren Erfahrung auf Deine Zukunft geschlossen. Ich hoffe, Ihr seid beide wohl. – So weit war ich schon vor 14 Tagen gekommen, da fiel es meiner Frau, die an Bösartigkeit nicht allein, sondern auch an grausamem Raffinement die Deine bei weitem übertrifft, ein, mir eine Überraschung eigener Art zu bereiten; sie wurde mir nämlich krank. – Sie tut dies seit dem vorigen Jahre immer zur Feier des Jahresantritts; ob sie dies im prophylaktischen Sinne tut, damit der Schreck, den sie mir Neujahr einjagt, mich das Jahr über zahm erhalten soll, oder ob das noch tief versteckte, durch das Christentum nicht ausgerottete altheidnische Weibergebräuche sind, die wir Hexentum nennen, weiß ich nicht, ich weiß nur, daß ich mehrere Tage hindurch mit allerlei Gläsern und Butteln und Tassen und Flaschen habe laufen müssen. Nun sitzt sie aber schon wieder acht Tage lang hoch zu Pferde und kommandiert das Ganze. Kurz, es ging diesmal gut vorüber, obgleich es ganz den Anschein hatte, in die vorigjährige Geschichte ausarten zu wollen. – Was mich betrifft, so habe ich auch wieder eine Wenigkeit von der Idee von Kreuzschmerzen durchmachen müssen, da ich nun aber den kleinen Wassertyrannen in der Laubach für einen ausgemachten Allerweltscharlatan ästimiere, so habe ich prinzipiell grade das Gegenteil von dem getan, was er tat; ich habe statt kalten Wassers warmen Flanell angewandt und bin dabei so gut gefahren, daß ich habe ganz riesig arbeiten können. – Die mecklenburgischen Capuletti und Montecchi oder die Reise nach Konstantinopel beschäftigen jetzt meine Feder und sollen hoffentlich einen großen Teil der Kosten meines zukünftigen Palais für mich bezahlen, und das können sie recht gut, denn sie sind ein paar Fetthammel aus Rostock. Die Ouvertüre des Stücks, die in Mecklenburg spielt, ist fertig, und das Stück selbst beginnt jetzt und spielt auf der offenbaren See, in Konstantinopel, Athen, Venedig und schließlich am Grabe Julias zu Verona. – Allgemeine Versöhnung und Hochzeit! – Die Welt kann gar nicht dankbar genug gegen mich sein, namentlich die jungen Mädchen, wie viele von *der* Art habe ich nicht schon glücklich gemacht und unter die Haube gebracht! Aber das sind grade die Undankbarsten gegen mich; ich werde nächstens einmal ein halbes Dutzend von ihnen als alte Jungfern am Grabe ihrer Jugendgeliebten verkümmern lassen, damit sie den Unterschied einmal gewahr werden. Mit meiner Verpflegung der Verwundeten und der Rechnungsablage darüber bin ich auch im reinen; die letztere hat wegen ihrer Genauigkeit ebensoviel Bewunderung im Lande Mecklenburg erregt als die erstere durch ihre Sorgfalt und Zweckmäßigkeit. Darüber brauchst Du nicht zu lächeln, denn es steht gedruckt zu lesen, und Du hast am allerwenigsten Ursache dazu, weil ich Dich mir zum Vorbild beim Rechnungsabschluß gesetzt habe, damit ich Deiner würdig wäre. – Meine guten Mecklenburger machen mir mit ihren Wahlverbiesterungen vielen Spaß. Das kommt vom Dunkel her! – Sie machen's grade so als die Bauern zu Ziegendorf – auch im Lande Mecklenburg –, die wollten sich einmal bei einer Bowle Punsch einen frohen Abend machen. Es geschah; aber als sie recht selig und selbstzufrieden um ihre Bowle (die Fleischtöpfe in Mecklenburg) saßen, kam der Nachtwächter hinein und verlangte, sie sollten wegen der Polizeistunde (norddeutscher Bund) ihre Bowle verlassen; als sie sich dessen weigerten, schlug der Nachtwächter ihnen die Bowle vor der Nase entzwei. Das konnten sie natürlich nicht leiden. »Willen de Lichter utpusten«, sagte der eine, »un denn will'n wi den Kirl gor tau vel slagen!« – Sie taten's und schlugen nun im Dunkeln aufeinander los, jeder in der

Meinung, er habe den Nachtwächter unter seinen Fäusten. Dieser Fuchs war ihnen aber zu klug gewesen, er hatte sich zu rechter Zeit unter den Tisch gelegt, und als nun wieder Licht gebracht ward, sahen sich die Bauern mit blutigen Köpfen und blauen Augen an; die Bowle lag in Scherben, und die Bauern gingen von selbst nach Hause. – Der Nachtwächter aber heißt Bismarck.

Mit meinem Hausbau geht's immer piano-forte vorwärts, auch im Garten wird jetzt schon gewirkt. Wenn Ihr diesen Sommer kommt, könnt Ihr schon sehen, wie's werden wird. Wir grüßen Euch beide recht herzlich. Dein

Fritz Reuter

AN FRIEDRICH FRANZ II. GROSSHERZOG VON MECKLENBURG-SCHWERIN

Eisenach, 7. März 1867

Allerdurchlauchtigster, Allergnädigster Großherzog und Herr, der Volksmund sagt: »Jeder Tag hat seine Plage«, man sollte so gerecht sein hinzuzusetzen: »und seine Freude«. Aber deshalb sind doch noch nicht alle Tage gleich, *die* Plage, die an dem einen Tage zu schwächlicher Verdrießlichkeit einschrumpft, wird an einem andern zu einem tiefen, heiligen Schmerz, *die* Freude, die an dem einen Tage kümmerlich unter Aschenhaufen verglüht, schlägt an einem andern in lichter Lohe zum Himmel empor. Tage, an denen der heilige Schmerz und die lichte Freude die Herzen der Menschen über das Gleichmaß des Lebens erhebt, sind Weihetage, und einen solchen feiern Ew. Königliche Hoheit heute. Der tiefe Schmerz um den hohen, vor fünfundzwanzig Jahren geschiedenen Vater wird die Seele in Nacht versenken, aber der leuchtende Strahl heller Freude über ein fünfundzwanzigjähriges segensreiches Wirken muß diese Nacht zerstreuen. – Vergönnen Ew. Königliche Hoheit mir, dem fernstehenden Manne, teilzunehmen an Freud' und an Leid; mein Herz fühlt sich berechtigt zu beiden. Die väterliche Fürsorge des hohen Herrn, dessen Scheiden wir heute beklagen, hat mir einmal den schönsten Tag meines Lebens, den Tag der Freiheit, geschenkt, daher meine Trauer; Allerhöchst Sie haben von der Huld und Gnade, die Sie mit reicher Hand über das Vaterland ausgestreuet haben, einen großen Teil auf mich fallen lassen, daher meine Freude an dem heutigen Tage. Möge unser Herrgott Ew. Königlichen Hoheit noch viele solcher Weihetage schenken, sie sind Brunnen in der Wüste des Lebens!

Ew. Königlichen Hoheit ganz untertänigster Fritz Reuter

AN MICHAEL LIEBMANN

Eisenach, 24. März 1867

Mein lieber, treuer Bruder, weiß Gott, mit wahrem Schauder setze ich mich täglich an den Schreibtisch, um eine fast erdrückende Korrespondenz abzuwickeln, aber heute morgen ist es anders, heute morgen ist es eine Freude für mich.

Wie ich aus den mecklenburgischen Zeitungen ersehen habe, habt Ihr Stemhäger einen lange ersehnten Wunsch meines verstorbenen Vaters, die Errichtung eines Krankenhauses, der Erfüllung nahe gebracht, und da wollte ich doch auch gerne mein Scherflein beisteuern. – Der gütige Gott hat meine Schriftstellerei reichlich gesegnet, so daß ich nach menschlichem Ermessen wohl ohne Sorge in die Zukunft schauen kann; und nun läuft mir da gestern ein hübsches Goldfischlein in mein Netz, und das, denke ich, soll Euch für das Krankenhaus zugute kommen. Mir ist nämlich die große Ehre geworden, daß mir die deutsche Nation durch das Komitee der Tiedgestiftung in Dresden einen Ehrenpreis von 100 Dukaten übermittelt hat (vide die Anlage, die ich mir sobald als möglich zurückerbitte). Und von dieser Summe habe ich für meine liebe Vaterstadt die einliegenden 250 Reichstaler Preußisch Kourant zu dem oben angeführ-

ten Zweck bestimmt, der Rest wird in ähnlicher Weise verwendet werden; ich halte es nämlich für unrecht, eine solche ehrenvolle Gabe für Fleisch und Brot und Hosen und Röcke zu verwenden, wenn man's nicht grade hochnötig hat.
Nicht, weil Dein und Deines Schwiegersohnes Name in dem betreffenden Zeitungsartikel genannt wurde, sondern weil ich seit langen, langen Jahren Dein treues, ehrenvolles Wirken in Deinem Berufe und Deine Liebe und Freundschaft für mich kenne, sende ich diese Gabe an *Dich.* – Dir, dem Juden, der in trübster Zeit, in Not und in Tod treu zu mir gestanden hat, verdanke ich viel mehr als manchem durch seinen Glauben aufgeputzten Christenmenschen.
Nun kommen sie, viele, ach sehr viele! Es sind die bravsten Leute und aufrichtigsten Freunde darunter; aber damals, als es not tat, da hatte ich wirklich *keinen,* der mir so treu zur Seite stand wie *Du.*
Nun grüße mir Deine liebe Anna von ihrem alten Onkel und von dessen Frau, streich ihr in deren Namen das schöne Haar von der weißen, hohen Stirn und dann geh zu den Meinigen, grüß sie ebenso warm und dann zu dem ehrenhaften, lieben Pastor Niederhöffer und dank ihm für seine Treue in meinem Namen.
So, nun, Ihr lieben Stemhäger Kinder, genießt es in Gesundheit – hätte ich beinahe gesagt, wenn's nicht für schwere, kranke Tage gesandt wäre.
Dein alter Freund Fritz Reuter

Der betreffende § des Tiedge-Instituts lautet, wie mir nachträglich von Freundeshand gemeldet wird, wortlich: »Nach dem Ermessen des Komitees soll eine von ihm zu bestimmende Summe von Zeit zu Zeit, je nachdem er es für angemessen findet, demjenigen dichterischen Werke zuerkannt und an dessen Verfasser verabreicht werden, welches unter den in den letztverflossenen fünf Jahren im Druck erschienen als ein vorzügliches, von allgemein anzuerkennendem Werte in *Förderung der höheren geistigen Interessen der Mensch-*

heit, sei es in gebundener oder ungebundener Rede, in deutscher Sprache zuerkannt wird.« – Gottlob! Etwas ähnliches, knapp daran Heranreichendes hätte ich nun erreicht, aber abschreiben kann ich noch immer nicht, so viele Mühe sich mein alter Vater dabei gegeben hat. – Sieh bloß die obige Schweinerei an!

D. Obige

AN FELIX EBERTY

Liebenstein, 11. April 1867

Sie können wohl denken, daß mein längeres Schweigen und das Zurückhalten meines Dankes für Ihr liebes Geschenk einen triftigeren Grund als schnöde Nachlässigkeit hat, und wenn Sie oben das Datum ansehen, so werden Sie diesen Grund mutmaßen können. Ich bin in der letzten Zeit nicht wohl und sehr verstimmt gewesen, und in dieser Stimmung wollte ich doch nicht Ihren herzlichen Brief als ein Undankbarer beantworten. – Man hat nämlich meine unschuldige Bauchspeicheldrüse in dem schauderhaften Verdacht, daß sie auf demselben Standpunkt steht wie die Luxemburger Frage, d. h. daß sich etwas daraus entspinnen könnte; zum Glück glaube ich selbst nicht daran, weil ich bisher noch nicht einmal gewußt habe, daß ich ein solches verdächtiges Ungetüm in meinem menschlichen Leibe beherberge. Nun wollte man mich nach Karlsbad schicken; dagegen sträubte ich mich aber, weil meine Nähe des Hausbaues wegen mir nötig schien, und so ist denn ein Mittelweg eingeschlagen: ich soll hier in Liebenstein procul negoitiis Karlsbader trinken, und in dem schönen Wetter, wie's uns bisher der April gebracht hat, viel spazieren gehen. – Aber was rede ich da so viel von meinen Sachen! Lieber zu den Ihrigen. Sie fordern mich auf, Ihnen ein Urteil über Ihr Buch abzugeben; das kann ich nicht, ich kann bloß von dem Eindruck sprechen, und der ist ein so lebhafter und so wohltuender, wie ihn selten ein Geschichtswerk auf mich gemacht hat. Sie werden dies gewiß nicht für hohle Lobhudelei erklären, wenn ich Ihnen sage, daß für mich die

Kulturgeschichte, der Sie mit Recht einen so großen Platz eingeräumt haben, tausendmal mehr wert ist als die Geschichte der diplomatischen und kriegerischen Transaktionen, und ich freue mich, daß die Geschichtsschreibung in der letzten Zeit diesen Weg betreten hat. Die Charakteristik des Alten auf dem rocher von Bronze ist vortrefflich, man sieht den alten, harten, grausamen, tyrannischen Hausvater des preußischen Staates, der doch eigentlich mit eiserner Konsequenz die *reale* Grundlage des preußischen Staates gelegt hat, vor sich, man möchte ihm in dem einen Augenblick das Genick umdrehen, und in dem andern muß man sich sagen: »Wenn's wirklich mal werden sollte, dann mußte es so angefaßt werden.« Ihr Zagen, an die Charakteristik von dem alten Fritz zu gehen, kann ich wohl begreifen; zwischen dem Urteil von Macaulay und dem der preußischen Hofhistoriographen liegt eine schreckliche Kluft, und hier gilt's nicht, bloß den volkstümlichen und bewundernden Traditionen der Preußen, sondern auch dem Ernst und der Gewissenhaftigkeit der Geschichte gerecht zu werden. Mir scheint der Sohn doch noch sehr viel von dem Vater an sich zu haben; und wenn davon auch ein gutes Teil der Zeit zur Last fällt, so meine ich doch, daß er an seinem Lebensende nicht zu dem auf Humanität hindeutenden Stoßseufzer: »Ich bin es müde, über Sklaven zu herrschen«, berechtigt war, er hatte sie sich selbst so gezogen und wollte sie nicht anders! Das heißt, wenn die Anekdote überhaupt wahr ist ...

AN LUISE REUTER GEB. KUNTZE

Liebenstein, 1. Mai 1867

Da sitze ich nun in dem warmen, bequemen Schlafrocke, den mir Deine sorgsame Liebe oktroyiert hat. I ja, er behagt mir ganz gut, aber eben werde ich zu meinem Schrecken gewahr, daß er nicht in der Feuerversicherung steht; ich habe schon einen kleinen braunen Fleck mit der Pfeife hineingebrannt.

Mein Unwohlsein ist vorüber. Gestern habe ich einen Brief an Herrn Leutnant von Egloffstein geschrieben, damit er mir Angelgeschirr verschaffe ... Ich mache jetzt große Spaziergänge, um mich mehr an das Laufen zu gewöhnen; heute werde ich, wenn Weg und Wetter es zulassen, nach Immelborn hin und zurück gehen, und wenn schönes Wetter eintritt, will ich einmal auf den Inselsberg pilgern. – Wenn Du wieder hierher kommst, kannst Du Dir die Einrichtung des neuen Hotels besehen, es soll prachtvoll sein; der ausführende Tapezier fuhr von Immelborn, als ich Dich bis dahin begleitet hatte, mit mir zurück und erzählte, die Pariser Tapeten hätten allein schon 5000 Taler gekostet. Der Wirt, dessen Bekanntschaft ich auf einem Spaziergange zufällig machte, hat mich zur Besichtigung aufgefordert; 's ist ein Mann wie Gramm. – Es ist hier sehr einsam und langweilig. Wenn ich nur erst an der Arbeit wäre! ... Das nennt man nun in diesem Jahre den ersten Mai, wie mag dann der erste November aussehen.

AN LUDWIG REINHARD

Eisenach, 12. Mai 1867

Mein lieber, alter Junge, herzlichen Dank für die Entlastung von meinem Versprechen. Ich will Dir dafür auch zu Deinen Schilderungen der dortigen Wahlumtriebe eine schmucke Anekdote mitteilen, die Du an passender Stelle in Deinem Buche einschalten kannst, sie betrifft den Oberstaatsanwalt von Holzendorff in Gotha, einen guten Kerl und recht guten Freund von mir, der aber die Torheit beging, sich gegen Ausfeldt aufstellen zu lassen. Da erschien nachstehender Rat eines Wahlmanns an einen andern in dem Gothaer Blatte:

»Wähle, wie Du, wenn Du stiehlst,
wünschen wirst, gewählt zu haben!«

So! und nun mach, daß Du die Gicht aus dem Leibe kriegst;

bei uns ist der Schnee fort, und wir sehen statt dessen Deiner Frühlings-Vögel-Ankunft entgegen. Was »sie« ist, grüßt Dich und Müllers, und dann muß ich »jo ok woll!«

Dein Fritz Reuter

Wenn dieser Brief auf die verkehrte Seite geraten ist, so bin ich weniger daran schuld als Hinstorff, dessen Schreiben immer diese geniale Eigentümlichkeit an sich haben und mich auf diesen »bisher ungewöhnlichen Weg« geleitet haben.

D. O.

AN JOSEF SCHULZ-WEIDA

Liebenstein, 16. Mai 1867

Mein hochverehrter Herr, eine solche Freundlichkeit, wie Sie mir erzeigt haben, läßt man sich wohl gefallen und hat so seine eigene bescheidene Freude daran, daß man den äußeren Anstoß zu einem heitern Kunstwerk gegeben hat.
Sie, als der freundliche Absender, werden nun wohl ausrufen: »Nun, diese höfliche Redensart kommt ziemlich spät!« Äwer hork an't En'n, seggt Kotelmann. – Ich bin nicht zu Hause gewesen, als Ihr Brief und Ihre Sendung an mein Haus gelangte, und bin's auch jetzt noch nicht; ich sitze hier in Liebenstein, während meine Frau währenddessen die laufenden Geschäfte besorgt. Dies letztere ist nun nicht immer wörtlich zu nehmen; im Gegenteil, sie hält den Lauf derselben zuweilen an, und wie sollte sie denn das nicht auch bei Ihren Liedern! Sie hat dieselben arretiert, dann malträtiert und schließlich exerziert und, als ich vor einigen Tagen in Eisenach war, auch produziert; denn meine bessere Hälfte ist eine Ur-Ur-Urenkeltochter der heiligen Cäcilie, und nur unter ihrer Führung ist es mir vergönnt, die Heiligtümer Apollos zu betreten, dieweilen ich in musicis barbarus sum. Nichtsdestoweniger bin ich ein großer Verehrer des Gesanges, und ein Volkslied verfehlt nie, seinen Eindruck auf mich zu machen, es ergreift mich stets sehr und reißt mich fort, sei's

zum Ernst, sei's zum Scherz. – Wenn Sie von einem so unkundigen Manne außer dem lebhaftesten Dank für Ihre Güte noch die Versicherung annehmen wollen, daß ich mit höchstem Vergnügen Ihren heitern Tönen gehorcht habe und daß mir meine kleinen Lieder in ungewohntem Farbenreichtum als ganz neu entgegengetreten sind, so würde der *eine* Zweck dieses Briefes erreicht sein, den *andern* erfülle ich, indem ich Ihnen recht herzlich die Hand drücke und Sie grüße als Ihr

Fritz Reuter

AN GISBERT FREIHERR v. VINCKE

Liebenstein, 18. Mai 1867

Mein lieber Vincke, durch die Nachlässigkeit und die Konfusion, welche auf dem Immelborner Telegraphenbüro herrscht, bin ich wahrscheinlich um die Freude Deines Besuches gekommen; nachträgliche Klagen helfen nun freilich nicht mehr, und die näheren Umstände wirst Du von meiner Frau gehört haben, die Dich auch mit den notwendigen Personalnachrichten regaliert haben wird. – Also, auch darüber weiter nichts. – Die näheren Beweggründe meines Schreibens sind:

1. Dir meine große Freude darüber auszusprechen, daß Du, wie meine Frau mir gesagt hat, so recht wohl mit der Lage unsers zukünftigen Hauses und Gartens zufrieden gewesen bist; das hat mir ein groß Pläsier gemacht, denn Du hast ein Urteil in der Sache.

2. komme ich mit einer Bitte: Du kennst meine Art und Weise, wie ich alte Freundschaften in Ehren halte – sieh Dir nur die verschiedenen Dedikationen meiner opera an! –, und da wollte ich Dich denn um die Erlaubnis bitten, Dich in die Zahl dieser alten Freundschaften auf diesem nicht mehr ungewöhnlichen Wege einrangieren zu dürfen. Willst Du bei meiner zum Herbste erwarteten jüngsten Tochter, der »Reis' nah Konstantinopel«, nicht die Gevatterstelle übernehmen??

Wenn Dir der Name nicht gefällt, so können wir einen Shakespeareschen (Du machst ja Reisen zur Verherrlichung dieses größten Namens) wählen und das Kind taufen »Die mecklenburgischen Montecchi und Capuletti«. Wenn Du diese Bitte erfüllst oder sie eventualiter zu erfüllen versprichst, so werde ich Dir einen bis jetzt fertigen Teil der Geschichte zusenden, denn ich verlange nicht, daß Du die Katze im Sacke kaufen sollst. – Nun könnte ich noch nach Art der Juden auf dem Brühl in Leipzig und leider auch einiger von unsern Brüdern in litteris eine kurze, zweckmäßige Anpreisung meines neuen Buches folgen lassen, um Dir den Mund zu wässern; aber ich denke, Du kennst meine Schwächen zu genau, als daß Du Dich betrügen ließest; darum nur die Bemerkung, daß ich das Ding mit Lust geschrieben habe, daß mir der Stoff handlicher liegt als bei Dörchläuchting und daß der Hintergrund (die Reise) farbiger erscheint als die aschgraue Zeit des vorigen Jahrhunderts und eines mecklenburgischen Fürstenhofes.
Von hier ist nicht viel Tröstliches zu melden, die Langweiligkeit einer solchen Wassertorturanstalt kennst Du, item deren Besucher; sie sind hier ebenso wie in der Laubach. Bisher war auch das Wetter mit Ausnahme einer Woche abscheulich, und dabei hat uns nun noch die Rinderpest in der Umgegend heimgesucht, so daß man nicht weit gehen kann, ohne mit allerlei Teufelszeug durchräuchert zu werden. – Bei dieser Gelegenheit zeigt sich denn nun die Misere der Kleinstaaterei und die Kopflosigkeit ihrer Lenker in der jammervollsten Weise; allenthalben halbe Maßregeln, die nur darauf gerichtet sind, hier und dort ein kleines Flickchen eigenen Gebietes zu schützen, den Nachbarn gegenüber Verheimlichung der Kalamität und Schuriegeleien aller Art. – Man sagt, Preußen werde die Oberleitung in die Hand nehmen, besser wär's, es nähme das bißchen Souveränität in die Hand. – Denke Dir, die Universität Jena soll wegen Geldmangel, der infolge der höheren Militärausgaben eingetreten ist, aufgehoben werden, Altenburg und Gotha sind dafür; auch die Minister Meiningens schämen sich nicht, diesen Mord geisti-

ger Kultur zu befürworten, der Herzog soll noch dagegen sein; nur Weimar ist entschieden für die Erhaltung. Es wird viel Unheil über die thüringischen Lande hereinbrechen, unerschwingliche Steuern, Einschränkung der Schulen und unverantwortlicher Beschnitt der kümmerlichen Gehälter von Subalternbeamten; auch die Teuerung der Lebensmittel fängt an überhandzunehmen. – Ach! und hinter uns liegt weit schon die goldene Zeit! – Alles doppelt schlimm bei der bodenlosen Indolenz der Bevölkerung und bei der hartnäckigen Aufrechterhaltung der Souveränität von seiten der Fürsten. Ländchen, die bequem von ein paar preußischen Landräten in Schlafrock und Pantoffeln regiert werden könnten, haben einen Hofstaat und Regierungsapparat, der, mit Sparsamkeit und Tätigkeit gehandhabt, für einen Großstaat ausreichen dürfte.
Ich bin dem politischen Elend Mecklenburgs entlaufen, nun werde ich hier zu diesem noch das materielle kennenlernen. – Man spricht hier viel von Errichtung von Fabriken; recht schön! Aber in solchen Zuständen, an denen sogar die zähe angelsächsische Rasse zugrunde zu gehen droht, muß der Thüringer unrettbar verlorengehen.
Entschuldige diese Diatribe; sie lag mir gar zu nahe.
Empfiehl mich Deiner Frau und grüße Deine Kinder. – Wenn Deine Augen es erlauben, aber nur dann, schreibe mir Deine Meinung über die obige Bitte.

AN HERMANN GRASHOF

Liebenstein, 27. Mai 1867

Lieber, guter Bruder, was sind das für Hiobsposten von Dir! Vorgestern war meine Frau mit Hinstorff hier bei mir und brachte mir Deinen Brief, den ich ohne die innigste Teilnahme nicht gelesen habe. – Ja, das ist eine höchst verdrießliche Geschichte mit diesen Testamentsbestimmungen, von Leuten hier auf Erden getroffen, als wenn sie imstande wären, die Zukunft vorauszusehen; ich bin mit derselben Wiege gewiegt worden und kann davon singen und sagen. – Ich armes Wurm habe die Geschichte abgewettert, und was *ich* kann, kannst Du dreimal. Darum ist mir nicht bange; bei Deinem ruhigen Bewußtsein und ehrlichen Gewissen wirst Du trotz aller Verdrießlich[keiten] mit dem Beistande eines treuen Freundes, wenn's not tut, die Sache überwinden. – Und dieser Freund will *ich* sein, wenn ich irgendwie helfen kann. – Mit Deiner Gesundheit aber ist die Sache bedenklicher, und das macht mir Sorge; so mutlos waren aber auch damals Deine Briefe, als wir unsere alte Bekanntschaft wieder auffrischten, und Du bist doch wieder wacker auf den Damm gekommen. – Nun will ich Dir einen Vorschlag machen, der hoffentlich Deine beiden Quälgeister, Verdruß und Krankheit, austreiben soll. – Wir verreisen diesen Sommer nicht, und da würde es uns äußerst lieb sein, wenn Du und Bertha uns besuchtet, natürlich so lange, als es Deine Zeit irgend gestattet, und so bald, als sie es gestattet. – Ich bin gesund und wohl, wir wollen des Morgens Geschäfte abmachen und des Nachmittags mit den Weibern in die Berge laufen, das soll uns beiden guttun und den Weibsen auch. Du teilst mir dann wohl das Nähere über Deinen Prozeß mit, und wenn ich da mit Rat und Tat helfen kann, so, weißt Du, wird's geschehen. Vorläufig stehen Dir die 500 Taler in Lübeck zur Disposition, ich brauche sie nicht, ich werde ohne dieselben in ein schuldenfreies Palais einziehen und hoffe, noch gegen 4000 Taler übers Jahr übrig zu haben, vorausgesetzt, daß ich mein neues Buch vollendet habe, welches schon auf $^2/_5$ des Ganzen angewachsen ist. Haus und Garten soll Euch viel Spaß machen. Komm, mein alter, lieber Freund, und, wenn's möglich ist, komm bald, es wird jetzt hier am schönsten. In acht Tagen bin ich auch wieder in Eisenach, mir wird's hier jetzt schon sehr über. Grüße Bertha von Deinem

Fritz Reuter

AN MATHILDE SCHULTZE GEB. WACHSMUTH

Liebenstein, 28. Mai 1867

Meine hochgeschätzte Frau Kapitain, nein, so ad acta – was Sie sich doch schon alles von dem alten Rechtsanwalt angewöhnt haben! – wollen wir Ihren freundlichen Brief denn doch nicht legen und wollen doch einmal zusammen überlegen, was bei der Sache Zweckmäßiges zu tun ist. – Vor zweien Tagen brachte mir meine Frau Ihren Brief – ich bin nämlich augenblicklich hier in Bad Liebenstein in der Schwemme und trinke Karlsbader Brunnen – und da der Zufall es so fügte, daß auch mein Verleger, der Hofbuchhändler Hinstorff in Wismar (Mecklenburg), hierher kam, faßte ich den Stier bei den Hörnern und ging ihm mit dem Ansinnen zu Leibe, den Verlag Ihres Buches zu übernehmen. Letzteres schlägt nun freilich auch nicht in seinen Verlag, da er außer meinen Büchern nur Mecklenburgica als Verlagsartikel führt; er war aber doch nicht abgeneigt, auf meine Vorschläge einzugehen, wenn er auch bestimmte Zusicherungen nicht vor Einsicht des Manuskripts erteilen konnte. Schicken Sie daher letzteres mit Berufung auf mich unverweilt an ihn ab. Wenn der Direktor Löw eine Rezension für einige Blätter abgeben will, so ist das gewiß gut und förderlich; aber mit Ihren Vorschlägen des Selbstverlags bin ich nicht einverstanden. Ich habe das alles selbst durchmachen müssen und weiß, was so ein Unternehmen für Verdrießlichkeiten nach sich zieht. Selbst versenden bei einzelnen Exemplaren an die verschiedenen Buchhandlungen à condition können Sie das nicht; wenn Sie nun das Buch auf Ihre Kosten drucken lassen, so müssen Sie es einem Buchhändler in Kommission geben und den Brutto-Gewinn mit ihm gegen 50 Prozent teilen, d. h., der gute Mann nimmt gefälligst Ihr Buch unter seine Firma, hat keine Auslagen dabei und kümmert sich um den Vertrieb gar nicht; Sie dagegen haben außer den Druckkosten noch zu zahlen: für Annoncen, für Lagergeld in Leipzig, für Versendung, für den Kommissionär in Leipzig und noch für andere Dinge, die der Herr schon ausfindig machen wird, und das Ende vom Liede ist, daß Sie zu Ihren Herstellungskosten noch zuschießen müssen und daß Ihr vielleicht höchst wertvolles Buch gar nicht einmal bekannt wird. Es heißt schon im gewöhnlichen Leben: »Hüte Dich vor der ersten Auslage«; im Buchhandel gilt der Satz dreimal. – Mein Rat ist nun der: nehmen Sie lieber ein bescheidenes Honorar für eine bestimmte Anzahl von Exemplaren in einer Auflage, schließen Sie einen festen Kontrakt über die zu zahlende Summe und zu liefernden Freiexemplare, von denen Sie sich nur die allernotwendigste Zahl nehmen müssen, damit Sie dem Buchhändler den Markt nicht verderben, und überlassen Sie die Schritte zur Bekanntmachung ganz Ihrem Verleger. Die Art weiß darauf zu laufen, und was bei dem Schriftsteller unverständig sein würde, die Anpreisung der Ware, steht dem Buchhändler ohne Tadel frei. Aber wenn Sie von dem Wert und der Gangbarkeit Ihres Buches ganz fest überzeugt sind, so machen Sie folgenden Kontrakt: Der Buchhändler stellt das Buch auf seine Kosten fertig her in einer bestimmten Anzahl von Exemplaren für die erste Auflage, vertreibt es und geht dann mit dem Betrage seiner Auslagen in der Einnahme vorweg; was dann Reingewinn ist, wird zu gleichen Teilen geteilt. Dieser Modus hat nur das sehr Unangenehme, daß sich die Abrechnung durch Jahre hinziehen kann. – Mit andern Verlegern bin ich nun aber nicht bekannt und bin sogar mit manchen, weil ich ihre Verlagsanträge habe ablehnen müssen, auf einem ziemlich kühlen Fuß. – Wenn Hinstorff das Buch nicht nehmen kann oder will, so fällt mir Costenoble ein, ich will aber mal umhören, ob sich sonst nichts bietet.

Nun, meine verehrte Freundin, grüße ich Sie von Herzen, und wenn ich den alten Kapitain nicht grüßen lasse, so geschieht es nur aus Rücksicht für Ihr Geheimnis.

Wenn Sie von Hinstorff Resolution haben, so teilen Sie mir dieselbe mit, vielleicht kann ich etwas zu Ihren Gunsten einwirken. Ihr Fritz Reuter

AN FRITZ PETERS

Eisenach, 22. Juli 1867

Mein lieber Fritz, ich werde Dir im Nachstehenden, ohne mich viel auf Erklärungen einzulassen, allerlei aus unserem Leben mitteilen, und wenn's etwas kunterbunt durcheinanderläuft, so mußt Du's damit entschuldigen, daß es bei uns wirklich recht kunterbunt durcheinanderläuft. Also: mit meiner neuen Arbeit »De Reis' nah Konstantinopel« geht's verteufelt langsam vorwärts, doch, hoffe ich, soll das Ding recht lebendig werden, und hat man mich von verschiedenen Seiten her dasselbe versichert.

Mit meinem Hause geht's auch langsam vorwärts, doch ist's schon vor 14 Tagen gerichtet, wird jetzt mit Zink gedeckt, und vorne wird der Portikus von Sandstein gerichtet, bei den großen Werkstücken eine sehr schwierige Arbeit; auch die Windelböden werden gemacht. Ich bin mit dem Bau recht zufrieden – wir werden Ostern 1868 dahinein können. Der Garten ist in seinem oberen Teil fertig angelegt, auf den verschiedenen Terrassen sind zirka 80 Zwergbäumchen angepflanzt und bis auf zwei sämtlich fortgekommen. Unten, wo jetzt der Bau herrscht und der Schutt und die Unordnung, wird im Herbst angelegt, mein Wäldchen dann auch mit blühenden Sträuchern ausgepflanzt, auch Spargelbeete und Mistbeete vorbereitet. Einen Gärtner und Hausdiener, der schon zu Michaelis ins neue Haus zieht, weil ich es den Winter über bewachen lassen muß, habe ich auch schon vor ein paar Tagen gemietet. – Einen wunderschönen gußeisernen Tisch und ein paar wirklich prachtvolle Bänke (Gußeisen und Holzstäbe) haben wir von einem Bekannten und Freund, C. W. in Bremen, zum unerwarteten Geschenk erhalten. Zur Herrichtung des Bauplatzes sind etwas über 5 Zentner Pulver versprengt worden; auch der Garten kostet viel; dafür haben wir aber auch die Freude gehabt, in der ganzen Stadt die ersten Erbsen (Bollentiner) und die ersten Kartoffeln (Neubrandenburger Kastanien-Kartoffeln) auf unserm Tisch zu haben. Großmutting ihre Zuckerbohnen blühen auch schon. Die Kartoffeln werden aus dem Garten »herausgeschmissen« werden müssen, da wir eine große Erdbeerzucht beabsichtigen. –

Mit meinen literarischen Erfolgen kann ich nur fortdauernd zufrieden sein; jetzt graben sie sogar meine Toten schon aus; Herr Wallner-Berlin wird die längst vergessenen drei Langhänse wieder auf die Bühne bringen, und Dr. F. W.-Dresden wird sie bühnengerecht zustutzen.

Gestern hielten wir hier auf dem Bahnhof und dann wieder in Reinhardsbrunn einen mecklenburgischen Kongreß ab; auf dem ersteren fanden sich zusammen: Rat Östen und Frau aus Stargard, Pogge-Gewzin und Frau, Funk aus Posen (Schwiegersohn von Grischow) und eine Frau Dewes aus Fürstenberg; in Reinhardsbrunn: Julius von Wickede nebst Frau, Forstmeister von Lehsten aus Lübz, Oberst Frohnhöfer mit Frau und Tochter (der Bruder Deines Freundes) und mehrere von Holzendorfs, zum Teil aus der Uckermark; da wurde denn mal recht wieder plattdeutsch gekalteschalt.

Über Mangel an Besuch können wir auch in diesem Jahre nicht klagen; neulich waren 19 Mann mit einem Male zum Kaffee bei uns, so daß die Stühle knapp wurden. –

Wir haben hier in den letzten Tagen schreckliche Platzregen gehabt; unsere Landleute sind sehr damit zufrieden, da der Roggen noch auf dem Halm steht; ich hoffe, dies wird auch bei Dir der Fall sein. Ich habe bei dieser Gelegenheit viel an Euch gedacht und bin jetzt überzeugt, daß Ihr eine schöne Ernte machen müßt

Von Luise soll ich die besten Grüße bestellen; sie hat heute Kopfschmerz, da sie sich gestern erkältet hat. Ich grüße Euch alle, vor allem meine Frau Gevatterin. Dein

Fritz Reuter

AN GISBERT FREIHERR v. VINCKE

Eisenach, 24. Juli 1867

Mein lieber, lieber Vincke, wo Du Strichvogel augenblicklich bist, mögen die Götter wissen, etwa in Norderney, in Helgoland, auf den Lofodden, kannst möglicherweise auch auf dem Nordkap sitzen und Dir wie Han von Island (nach Viktor Hugo) allmorgendlich Deinen Eisbären satteln und zäumen lassen, kannst möglicherweise auch auf den Einfall gekommen sein, Walrosse zu angeln. – Nun, wo Du bist und was Du treibst, wir beiden Reuters sind mit unsern Gedanken und Wünschen um Dich. Du hast wieder einmal eine recht helle Freude in unserm Hause aufleuchten lassen, denn was *sie* ist, ist gerade nicht eitel, fühlt sich aber doch sehr gekitzelt, von dem liebenswürdigsten Novellisten »dediziert« zu werden. – Oh, wir haben auch unsern Stolz! Wenn die Frau Kirchenrätin und die Frau Gerichtsrätin und die Frau Appellationsrätin und so weiter kommen, dann gehen wir so ganz verloren an den Bücherschrank und fragen: »Um Vergebung, Frau Präsidentin, kennen Sie das Neueste von Freiherrn Gisbert von Vincke?«, und dann haben wir gerade, wo die Dedikation steht, das Buch ein bißchen auseinandergekniffen, damit die Seite doch gleich in die Hand fällt. – Ja, wir sind klug und weise! –

Aber nun genug des Scherzes und die ernstliche freundschaftliche Anfrage von einem, der Dir wirklich den Daumen gehalten hat: wie ist Dir das Seebad bekommen? – Was machen Deine Augen? – Ich frage auch um meiner selbst willen, weil meine sonst so tapfern Augen jetzt schon allmählich anfangen schwächer zu werden. – Ist's nicht schändlich, daß die infame Eigensucht sich in die edelsten Beziehungen von Menschen zu Menschen, in die Liebe und in die Freundschaft mischt? – Willst Du nun etwas von uns wissen? Nun erstens das, was einen großen Teil unserer Zeit ausfüllt, der neue Hausbau geht langsam vorwärts, er ist gerichtet, und in dieser Woche wird der Sandsteinbau, Loggien und Balkone, sich davor erheben. Bin sehr zufrieden mit der Ausführung. – Mit dem Dir gewidmeten opus geht's aber noch viel langsamer, und wirst Du die Vorfreude (ich denke, Du freust Dich doch) recht lange genießen, denn in diesem Jahre wird's wohl nicht fertig; ich habe zu viele und anhaltende Störungen; in dieser Woche kommt nun mein alter »Kapitän« aus der Festungszeit mit Frau und Kind. – Du empfängst hierbei eine Übersetzung der »Franzosentid« ins Englische von Lewes, dem Sohne des Goethe-Biographen; urteile selbst darüber, Herman Grimm, der mit seiner Frau (das Kind von das Kind), Gisela von Arnim, bei uns war, hatte manche Ausstellungen zu machen. – Ins Französische hat ein dummer Buchhändlergesell in dümmster Weise die »Festungstid« übersetzt, und eine (nach ihren Briefen ziemlich unverschämte) Dame hat die »Stromtid« ins Holländische übertragen. – Übrigens geschehen hier bei uns Zeichen und Wunder, und die Toten werden aufgeweckt: vor 10 Jahren begab ich mich, wie Du vielleicht wissen wirst, kecken Mutes auf die Bretter, die die Welt bedeuten, und erlitt ein jämmerliches Fiasko, nun kommt Wallner in Berlin auf den Einfall, die längst verstorbenen drei Langhänse wieder auszugraben, und Feodor Wehl in Dresden, der dieserhalb an mich geschrieben, will dieselben bühnengerecht einrenken und dann irgendwo abdrucken lassen. Meinetwegen! Du sollst dann ein Exemplar haben und Dich kreuzen und segnen. Ich schicke Brief und Buch an Deine liebe Frau nach Frankfurt, mit der Bitte, den Brief zu öffnen. Leb wohl, mach's gut und nimm unsere Grüße an Dich und Deine liebe Frau mit Deiner Herzlichkeit und Freundschaft in Empfang.

AN ALBERT SCHULTZE

Eisenach, 4. August 1867

Mein alter Kapitain, ich sage Dir meinen aufrichtigsten Dank für Deine treue, brüderliche Gesinnung, die sich in Deinem

Begleitschreiben ausspricht; den Schrammschen Brief sende ich Dir hiermit sogleich zurück. Derselbe ist mir wieder ein Beweis, daß der Mensch gar nicht ahnt, wie vielen Grund er seinen Leidensgenossen zum Zorn gegeben hat. – Der ganze Brief scheint mir aber von ihm als eine Art captatio benevolentiae für Dich und den Vetter vorausgeschickt zu sein. – Wenn Du ihm antwortest, so mache ihn darauf aufmerksam, daß bei seinem projektierten Besuch bei mir vor allem eine gemäßigte Sprache am Platze sein dürfte und daß er nicht den törichten Versuch machen soll, mich zu irgendeiner Art von Widerruf bewegen zu wollen, daraus kann begreiflicherweise nichts werden.

Deiner lieben Frau sage, der Hinstorffsche Brief, dessen ich weiter nicht bedarf, sei vor Ankunft meines letzten Schreibens an ihn, in welchem ich um das Manuskript bat, also durchaus von ihm aus eigenem Antrieb abgesandt.

Nun, meine lieben Kaptains-Leute, unsern herzlichsten Gruß von Fritz Reuter et Compagnonne

AN FRITZ PETERS

Eisenach, 26. September 1867

Lieber Fritz, Dein Geburtstag rückt heran, und da will ich denn doch nicht unter denen fehlen, die dem alten Freunde die besten Wünsche zurufen. Ich habe außer meiner Liebe zu Dir die traurige, sehr naheliegende Ursache, mich der Freundestreue aufs lebhafteste zu erinnern und Gott zu bitten, daß er mich nicht freundlos in dieser Welt lasse. – Mein alter, treuer Grashof ist nicht mehr, er ist am 24. d. M. in Lübeck verstorben; dieser Freund, der in Freud' und Leid unwandelbar zu mir gestanden hat, ohne dessen hilfreiche Hand ich vielleicht schon lange verdorben, gestorben wäre. Auch von Dir gilt das letztere, und daher mein innigster Wunsch für Dich. – Wir sind sehr traurig, und vielleicht ist es nicht die rechte Stimmung, in der ich mit meinem Glück-

wunsch zu Dir trete; aber der Ernst ist auch gut, und heiter kann ich heute an Dich nicht schreiben; mein humoristisch Buch ekelt mich heute an. –
Uns geht es körperlich sehr gut, wir sind beide recht gesund und haben ja auch des Leibes Nahrung und Notdurft im allerreichlichsten Maße. –
Unser Hausbau ist so weit fortgeschritten, daß von innen und außen abgeputzt ist, und der Tischler, der nach Deinem wohlbefolgten Rat seine einzelnen Stücke schon längst fertig hat, kann jetzt beginnen. Auch der Glaser, der hier auch die Fensterrahmen machte, ist mit den Vorarbeiten fertig; aber dennoch werden wir wohl den Winter über Notöfen zum Heizen setzen müssen, damit die Handwerker im Hause arbeiten können, und das Gebäude recht austrocknen kann.
Es steckt in dem Kasten eine Menge von Arbeiten, und wie noch alles fertig werden soll, ist für mich unverständlich, obgleich mein Baumeister mich des Gegenteils stets lächelnd versichert. Von der Summe des Anschlags (12 000 Taler) sind schon 9500 Taler von mir bezahlt, und etwa 6000 Taler stehen mir noch zu Gebote; so daß ich alles, auch das Honorar für die Baumeister und die Kosten einer erwählten Einrichtung, recht gut bezahlen kann. Die letztere gibt, wie Du begreifen kannst, zu ewigen Scharmützeln zwischen mir und meiner Frau Veranlassung. Das Ding wird aber hübsch und findet die allgemeinste Anerkennung.
Herman Grimm, der Sohn von Wilhelm, der hier wegen der Krankheit und des endlichen Todes seiner Mutter einige Zeit verweilte und einer unserer bedeutendsten Kunstkritiker ist, erklärt mein Haus für das getreue Abbild einer echt römischen Villa, und unser Großherzog hat sich, als ich vor einigen Tagen bei ihm in Wilhelmsthal zur Tafel war, sehr freundlich darüber ausgesprochen, daß ich ihm eine so schöne Zierde in der Nähe seines zukünftigen Parks hingesetzt habe, hat auch schon sich zum Besuche bei mir angemeldet.
Mein Garten und die kleinen Zwergbäume machen uns schon viele Freude; jetzt ist eine große Erdbeerplantage vollendet,

und demnächst, wenn mein Garten- und Hausarbeiter erst da ist, sollen Spargelbeete in Angriff genommen werden. Die eigentlichen Gartenanlagen um das Haus herum sowie auch das Pflanzen von blühenden Sträuchern, bei denen ich auf eine kleine Zusendung von Bollentin an Flieder und Goldregen rechne, werden aber erst im nächsten Frühjahre vor sich gehen können wegen des Schutts und der Herrichtung des Terrains. Ebenso ist's mit dem Gewächshaus. Schöne Kartoffeln gebaut! Großmutting ihre Erbsen und Bohnen haben 1000fältig getragen und haben uns den Sommer über redlich ernährt. – Die Zeit unserer Reise zu Euch ist noch ungewiß; wird das Haus schön trocken und fertig, so kommen wir noch vor Ostern; ist dies nicht der Fall, so werden wir erst nach Ostern kommen. Da ist noch so vieles zu bedenken und einzurichten, daß mir die Haare zu Berge stehen, namentlich bei der Einrichtung und Bepflanzung des Gartens, beim Aufmauern von Terrassen und den Erdarbeiten. – Gott gebe nur einen günstigen Winter, sonst wird manches liegenbleiben müssen.

Mit meiner Reise nach Konstantinopel geht's recht langsam; aber nun, da die ewigen Besuche und Störungen abnehmen, hoffe ich bald weiterzukommen, so daß die Geschichte zu Ostern gedruckt werden kann.

Bei uns ist recht kaltes Wetter eingetreten, und oft haben wir an Euch gedacht, ob Ihr auch bei der späten Ernte mit der Herbstbestellung fertig werden könntet. Die Ernte ist hoffentlich, wie auch die Nachrichten lauten, günstig bei Euch ausgefallen. Was hast Du mit Scheven für eine methodische Konferenz gehabt? Siemerling, der seine schwerleidende Frau hierdurch nach der Pfalz brachte, hat uns davon erzählt. Du wirst doch Dein altes Gichtübel nicht wieder haben auftreten lassen? – Luise schließt sich meinen Geburtstagswünschen an, und wir beide grüßen Deine Frau und Deine Kinder, vor allem vergeßt aber die alte, wackere Großmama nicht! Schreibe bald einmal, wie's Euch geht.

Mit alter Liebe Dein Fritz Reuter

Ich weiß nicht, ob ich Euch schon geschrieben habe, daß meine »Festungstid« ins Französische, die »Stromtid« ins Holländische und die »Franzosentid« ins Englische (die letztere von dem Sohn des Lewes, der das Leben Goethes geschrieben hat) übersetzte. Auch die drei »Langhänse«, die vor 10 Jahren bei Wallner in Berlin 5mal gegeben wurden, sind wieder hervorgesucht; der Schriftsteller Feodor Wehl hat sie neu in Szene gesetzt, und Wallner will sie in dieser Fassung wieder auf die Bühne bringen. F. R.

AN GISBERT FREIHERR v. VINCKE

Eisenach, 24. November 1867

Du glaubst gar nicht, wie schwer zuweilen die vis inertiane auf mir liegt; da hat nun meine Frau schon vor einigen Tagen das beifolgende Paket zusammengeschnürt, aber der Begleitbrief hinkt heute erst nach. – Ja, wohl habe ich für Deine liebe und verehrte Frau eine Photographie der zukünftigen Kavalleriekaserne; aber statt mit einer ruhigen, abgeschlossenen Idylle kann ich nur mit einem unruhigen und unfertigen Drama aufwarten: mit einer Photographie des im Bau begriffenen Hauses. Ich hätte die Photographie meines Baumeisters einsenden können, ziehe es aber als Anhänger der Realpoesie vor, durch einen getreuen Abklatsch der Wirklichkeit alle Illusionen zu zerstören. – So sah das Ding vor anderthalb Monaten aus: nun sind die Rüststangen gefallen, und man ist mit dem Ausputz des Innern beschäftigt. – Ich wollte, ich wäre bei der Reise nach Konstantinopel auch erst so weit, daß ich die Rüststangen wegschlagen und mit dem Ausputzen beginnen könnte; aber vor Anfang des nächsten Februar wird aus dem Druck wohl nichts werden. – Es geht mir die Arbeit augenblicklich recht gut von der Hand, nur komme ich örtlich nicht von der Stelle, ich kreuze noch auf der Höhe von Ithaka umher. Mutter hat den Schnupfen, und habe ich sie in der Koje zu Bett gebracht. Anton, Herr Nem-

lich, Paul, Jochen Klähn beschäftigen sich mit den Irrfahrten des Odysseus, die alte graue Dame, Helene und der alte Jahn werden heute abend ein sehr ernstes Gespräch auf dem Deck abhalten, und der Herr Baron, der sich später als Kommis eines Seidengeschäftes und falscher Spieler entpuppen wird, sitzt unten und betreibt sein Geschäft mit Rechts und Links. Die endliche Lösung des Ganzen wird in der Lagunenstadt vor sich gehen, und muß ich dann Korl Jahnen bitten, sich dorthin zu bemühen. – Teils, um die Photographie, die herzlich schlecht ist, zu verpacken, teils, um Dir Gelegenheit zu geben, ein Buch zu lesen, welches mir recht wohl gefallen hat, sende ich Dir dasselbe.
Nun viele Grüße von uns an Deine liebe Gattin und das ganze Haus!

AN FERDINAND JÜHLKE

Eisenach, 17. Dezember 1867

Mein lieber Jühlke, Du bist doch ein prächtiger Kerl! Du denkst an Deine Freunde, auch wenn sie sich bei Dir nicht in Erinnerung bringen, mit aufrichtigstem Herzen danke ich Dir für diesen neuen Beweis Deiner Treue.
Ja, mit meinem Garten, den Du, beiläufig gesagt, nicht ganz gesehen hast, da der Dr. Witthauer Dir den obern Teil, der zum Küchengarten bestimmt ist, nicht gezeigt hat, bin ich noch weit zurück, es werden aber noch vor Weihnachten die Terrassen für Spalierbäume fertig, ebenso die Hauptterrasse vor dem Speisezimmer, und dann kann hoffentlich mit den noch nötigen Erdarbeiten begonnen werden. Dein mir freundlichst zugesandter Plan wird sich indessen bei der doch beschränkten Ausdehnung des ebenen Landes wohl nur teilweise ausführen lassen, und werde ich erst anfangs März damit beginnen können, da ich dann erst einen Gärtner kriege (aus Erfurt, einen jungen, fixen, militärfreien Burschen, der uns recht wohl gefällt) und im Februar vorher noch eine

Reise nach Berlin und Pommern machen muß. Daß ich Dich dann in Potsdam auch ohne Deine freundliche Einladung besucht haben würde, ist selbstverständlich. – Ich studiere jetzt eifrig Dein neues Verzeichnis und nehme Deine so liebe Hilfe mit herzlichstem Danke an. Laß Dir's nur im Kopfe herumgehen, was wohl teilweise für Gesträuch im Schatten von größeren Bäumen wächst. Lauter Schatten freilich habe ich nicht, und der vorhandene ist auch nicht zu dicht, weil ich alles, was nicht als passend und dekorativ aufgewuchert war, gelichtet und den Boden zur Aufnahme besserer Sträucher vorbereitet habe. Doch darüber und vieles andere sprechen wir mündlich. Meine Frau und ich freuen uns sehr darauf, Dich und Deine liebe Frau und die Druwäppel wiederzusehen, und wünschen Euch die fröhlichsten Feiertage. Vor einiger Zeit war ich in Erfurt und habe, als ich mich dort nach Gewächshäusern umsah, Gelegenheit gehabt, Deinen Freund und Gartenkameraden Benary kennenzulernen. Auch *die* freundliche Aufnahme, die wir dort fanden, habe ich Deiner Liebe zu verdanken. Mit herzlichem Händedruck Dein

Fritz Reuter

AN LUDWIG REINHARD

Eisenach, Weihnachten 1867

Luting! Luting! De olle lange Demmler ut Swerin was hier un was bi Di west un hadd' kein »Lotterbedd« bi Di gewohr worden, un dunn dacht hei, wat Demmler is, un dacht sei, wat mine Fru is, dat sick dat för so'n ollen Burßen, as min oll Luting is, sine ollen Knaken woll schicken ded, dat hei sei mal grad un lang utrecken künn; un dunn dachten wi, wat wi beiden Reuters sind un wat hei is, Demmler, wie wull'n Di tosamen so 'ne glückliche Rauh taum Wihnachten schikken.

Nu legg Di hen un slap woll!

1868

AN FRANZ BOLL

Eisenach, 1. Januar 1868

Zu unserer größten Betrübnis erfahren wir durch einen Brief aus Neubrandenburg, daß ein finsterer Geist durch Dein friedlich Haus gewandelt ist; unsere Nachrichten von dort fangen an spärlicher zu fließen, und wenn wir auch durch Siemerlings von der Erkrankung Deiner beiden Töchter erfuhren, so wurde uns auch deren Genesung gemeldet. – Ebenso ergeht es uns denn auch mit den Nachrichten über Dein langes Krankenlager, es schließt sich die frohe Botschaft von Besserung gleich daran. – Ich kann nun aber doch mein neues Jahr nicht beginnen, und meine Frau meint's ebenso, ohne für Dich und Dein ganzes Haus, natürlich meinen guten Onkel Ernst, der ja auch leidend sein soll, inbegriffen, die besten Wünsche auszusprechen: möchtest Du dies schwere Leid bald verwunden haben und die stille Zufriedenheit in Deinem Hause wieder herrschen, von der ich so oft Zeuge gewesen bin. Ich bin überzeugt, daß Du uns die herzlichste Teilnahme zutrauest.

Von uns will ich weiter nichts melden, als daß es uns gut geht und daß wir die Hoffnung haben, Euch gegen den Frühling hin zu sehen und uns persönlich von Eurem Wohlsein zu überzeugen.

Wenn dieser Brief nur kurz ist, so mußt Du es mit Störungen aller Art entschuldigen, die sich am Neujahrstage einstellen. Ich wollte ihn aber doch gerne am heutigen Tage, der gebräuchlich zu den Wünschen für die besten Freunde bestimmt ist, abschicken. Darum ein mehreres später!

AN HEINRICH v. SCHUCKMANN

Eisenach, 3. Januar 1868

Mein lieber, guter Heinrich, wie kannst Du wohl glauben, daß ich Deiner vergessen hätte? Nein, so ist's bei mir nicht in der Art: lies meine Bücher und Du wirst finden, daß sie zum größten Teil aus lebhaften Erinnerungen an mir lieb gewordene Personen oder an mir lieb gewordene Tatsachen entstanden sind. – Ich bin keiner jener Schriftsteller, die sich hinter ihrem Schreibtisch mühsam irgendein törichtes Problem aushecken, dies mit steif ausgeschnittenen Figuren bekleben, von denen man zuletzt immer noch nicht weiß, ob sie in Pommern »buren un tagen« oder ob sie an der Hand eines Chaldäers durch die Wüste von Mesopotamien gewandelt sind; ich halte es mit dem Goetheschen Spruch: »Greift nur hinein ins volle Menschenleben, und wo ihr's packt, da ist's interessant.« Und wenn ich nun solche Griffe tue, dann habe ich zuweilen aus meiner Erinnerungsschachtel bald beim Bein, bald beim Arm so einen freundlichen, gutherzigen blauäugigen Jungen mit einem schiefen Zahn vorne im Oberkiefer – laß Deine liebe Frau mal nachsehen, ob ich recht habe – hervorgezogen, ihn mir betrachtet und dann wieder sanft in die Schachtel gelegt. – Darum sollst Du auch Antwort haben, und zwar umgehend, und herzlichen Dank für Deinen Neujahrswunsch und Dein Bild, und beides will ich hierdurch freundlichst erwidert haben . . .

Mir geht es recht sehr gut, ich habe eine liebe, gute Frau . . .; mit 2 erzogenen und 6 unerzogenen Kindern kann ich freilich nicht aufwarten, da mir dies Glück versagt ist; Du müßtest denn meine Bücher für meine Kinder gelten lassen, und daran erlebe ich denn auch manche Freude; sie unterstützen auch ihren alten Vater redlich und geben ihm ein auskömmliches Altenteil. – Nach dem Norden werde ich nicht anders als zum Besuche zurückkehren . . .

Noch einmal die besten Freundeswünsche für Dein und der Deinigen Wohlergehen!

AN DEN PLATTDÜTSCHEN VEREIN IN ZÜRICH

Isenach, 17. Januwori 1868

Ji ward woll all männig mal seggt hewwen: Ja't mag wesen, de oll Fritz Reuter mag woll plesierliche Bäuker schriwen, äwer en ollen grawen Kirl is hei doch, hei antwurt't nich mal.
Ja, min leiwen Kinnings, 't is all so as de Düwel. Wenn ick denk, nu schall't losgahn, denn smitt mi »Se. höllische Majestät« wedder en Stein in den Weg un lacht mi höhnschen an un seggt: »Wo gefällt dir die Gurke? Irst möst du hir desen wegrümen.« Jugen schönen Breif, as he ankamen was, hett min leiwe Fru heimlich bisid steken un hett em mi nahsten heimlich up minen Wihnachtsdisch leggt, dat ick doran noch 'ne grötere Freud' hewwen süll, un de heww ick denn doran ok in den riklichsten Maat un Verfaat hatt. Ji had Jug nicks Beteres utdenken künnt; denn wat künn mi woll mihr Freud' maken as de Gewißheit, dat mine Bäuker gaude Frünn funnen hewwt in allen plattdütschen Landen un dat dese gauden Frünn ok in de Frömd ehr Vergnäugen doran hewwen. Ji hewwt dor bi Jug en Plattdütschen Vereen stift, dat gew ick Bifall, vör allen up Stunns, wo uns' norddütsche Ort un Wis' so schön to Bred kamen is un wo von unsen plattdütschen Landen ut taum wenigsten de irste Anfang dormit makt is, dat uns' Dütschland mal einig warden kann; mit de Friheit hett dat frilich woll noch lange Bein, äwer hork an't En'n! seggt Kotelmann. –
Ji brukt Jug doch nu nich mihr von jeden utländschen Hanswursten up de Näs' spelen to laten un känt em mit schöne Geschichten von 1866 unner de Ogen gahn, un wenn't ok de Franzos' is. –
För dat Gedicht segg ick den Dichter minen besten Dank, dat hett mi vel Spaß makt, vör allen, dat dit plattdütsch Gewächs dor hinnen bi de Alpen wussen is; äwer wenn Ji mi bidt, ick schall Jug ok en Gedicht maken, dat Ji dat dor in Jug Tidingen wullt afdrucken laten, denn möt ick Jug seggen,

dat is dormit Essig; denn irstens bün ick ut de Vers'makeri dägern herute kamen un ward ok woll min Dag nich wedder rinner kamen, un tweitens heww ick en wohren Grugel dorför, dat ick in de Tidingen kamen sall. – Also nicks för ungaud!
Nu heww ick noch 'ne Bed: Ick heww dor bi Jug noch enen ollen Fründ von Jena un von de Festung her, ok en plattdütsch Kind, en Stralsunder, den Professer Behn-Eschenburg; gah doch mal einer von Jug nah den Mann un bring em en fründlichen Gruß von mi. Un wenn einer von Jug mal den Dokter Wille süht (he wahnt bi »Meilen«, is en Holsteiner un hett den ollen Sloman von Hamborg sin Dochter tau Fru, de Oll is storben), denn grüß hei den ok velmal von mi.
Wat ick den negsten Sommer nah de Sweiz kam, steiht woll noch sihr up en anner Bladd, denn ick bug mi äwer Johr hir en niges Hus, un as taukünftige Husvadder ward ick doch ok woll mit de Wil hüslich warden möten. Äwer wat nich is, kann ja noch warden, un wenn mi de Wind mal nah Zürich weiht, denn kam ick to Jug un revidir mal, wo Ji Jug in Jugen Vereen schickt.
Nu lewt all recht woll, holt de Uhren stief un grüßt Vadder un Mudder.

AN FRANZ BOLL

Eisenach, 24. Januar 1868

So hat es also doch Gott gefallen, unsern guten Ernst von seinem Wirken auf dieser Erde abzurufen! Meine Befürchtungen waren allerdings nach dem letzten Briefe Deiner kleinen Luise groß geworden; der Umstand aber, daß Ihr doch schon durch soviel Jammer und Gefahr hindurch gekommen waret, ließ daneben die Hoffnung aufkommen, daß auch diese Furcht vorübergehen werde. – Dies ist nun in einem halben Jahre der zweite Verlust, den ich an wahren Freunden zu beklagen habe, erst starb mir Grashof und nun

Ernst; ich merke, daß ich vom Herbst in den Winter trete; die Blätter fallen. Wie aber mag Dich dieser Schlag erschüttert haben, wie mag Deine geschwächte Gesundheit ihn aushalten, wenn er uns schon so recht tief traurig macht? – Ich hoffe, daß Dein biederes, tapferes Herz auch dies große Unglück verwindet, und wenn ich Dich auch nicht mit alten abgeleierten Trostsprüchen kränken will, so erlaubst Du mir wohl eine Betrachtung, die kein Trost sein will. – War's einmal beschlossen, daß Ihr getreues Brüderpaar getrennt werden solltet, so ist es besser, daß Ernst ging und Du bliebst: Du hast eine liebe Familie, die Dir Trost und später auch wieder Freude am Leben geben wird; er hätte im entgegengesetzten Falle verhältnismäßig allein gestanden und hätte die Trennung von Dir wohl niemals verwunden. Darum wollen wir hoffen, daß der Abschied von dem treuen Bruder Deine Gesundheit nicht zu sehr angreift; dann wird alles wieder gut werden, und in Dein freundlich Haus wird auch neben der Zufriedenheit die Freude mit der Zeit wieder einkehren.
Mit alter Treue und Freundschaft.

AN GISBERT FREIHERR v. VINCKE

Eisenach, 10. Februar 1868

Du hast in Deinem letzten Briefe einen so fröhlichen Vinkken-Schlag intoniert, daß einem alten Burschen dabei ordentlich frühlingsahnungsvoll zumute werden mußte und daß derselbe sich fest vornahm, Deinen Sang – und sei's auch mit Sperlingsgezwitscher – zu erwidern; aber Trauer und Verdrießlichkeit sind bei mir eingekehrt und scheuchen das bißchen Humor, was sich bei mir etwa noch häuslich niederlassen will, in nebelige Ferne. – Meine Trauer gilt dem Tode eines lieben, langjährigen Freundes, den ich mir erst in späteren Jahren in Neubrandenburg erworben und gewonnen hatte. Mein guter Ernst Boll (Ehrendoktor der Greifswalder Universität) ist am 20. d. M. heimgegangen, und sein vortrefflicher Bruder, der Präpositus Franz Boll, liegt noch schwer am Nervenfieber darnieder. Das ist nun innerhalb eines halben Jahres der zweite Freund, den ich verloren habe; erst meinen getreuesten Grashof, Deinen Landsmann, und nun diesen. – Das ist nun also die Trauer; komme ich nun aber auf die Verdrießlichkeiten zu sprechen, so fürchte ich deren kein Ende zu finden. – Lieber Vincke, willst Du diesen Provat- und Separatgenuß Dir in alten Tagen gönnen, dann fange an zu bauen. Du kannst an der Behendigkeit, mit welcher das Geld Dir durch die Finger läuft, Deine wahre Freude haben, Du kannst diese, mit 2 potenziert, genießen, wenn Du über den Anschlag hinaus bezahlst; Du erwirbst Dir dadurch das Recht, über die Faulheit der Arbeiter und die Dummheit der Handwerker zu räsonieren, was freilich ohne allen Zweck ist, auch keine Folge hat; aber doch zur Behaglichkeit eines Bauunternehmers wesentlich beiträgt. Solltest Du an diesen Freuden Deine volle Befriedigung nicht finden, dann leih an gute Freunde Geld aus und schaff Dir einen Affenpinscher als Hund an, beide werden Dich äffen und sich als richtig ausgetragene Affenpinscher ausweisen. – Von dem Freunde sage ich nichts, aber von dem Hund. – Joli ist in der dunstigen und dunkeln Atmosphäre eines Pferdestalls aufgewachsen, plötzlich in den Äther des Dichterhimmels versetzt und weiß dies glänzende Avancement nicht hinlänglich zu schätzen; er hat für diese Regionen zu viele irdischen Anhängsel mitgebracht; hat aber grade so viel Geist, Gemüt und Publizität wie Eure Frankfurter Didaskalia, um sich dieser Erdenbeschwerden zweckmäßig zu entledigen. Er ist klug genug, sich zum Schauplatz seiner Taten die Teppiche meiner Frau auszuwählen. – Der Spitzbube! er weiß recht gut, daß ich für das Anschaffen seiner selbst die Schläge kriege, die ihm gebühren. – Dann liegt mein neu akquirierter Freund bei mir, unterhält sich mit alten Zeitungen, die er einer scharfen Kritik unterwirft, und sowie die Tür aufgeht, reißt er aus – zum Hause hinaus, die

Stufen hinunter, zur Stadt – »Joli! Joli!« – Je, ja! Je, ja! – Joli hat keinen Sinn für das Höhere, er läuft in seinen Pferdestall. – Traurig, traurig! Aber dann hilft das nicht: zwei Dienstmädchen sind stets unterwegs, den Ausreißer wieder einzufangen. – »Schöne Empfehlung, aus dem halben Mond, und Joli wäre eben mit dem Kutscher ein bißchen nach der Eisenbahn geritten« – er reitet nämlich wegen des Pferdestalls prächtig auf Pferden. – Endlich kommt ein für den Winter obsolet gewordener Wartburgführer und bringt ihn wieder. – Allerlei Ermahnungen, Drohungen und schließlich das schönste Futter – was hilft's? Kaum hat er diese drei milden – ich kann beinah sagen: geistlichen – Gaben zuleibe, dann reißt er wieder aus. – So, nun habe ich ihn wieder, nun wird er aber an einen Strick gebunden, und nun spaziere ich mit ihm, denn so ein Tier hat doch auch seine Bedürfnisse, er will doch auch einmal frische Luft schnappen. – Alles wunderschön! Nur bloß hat er mich mit dem Strick so eingeschnert, daß ich mich unfreiwillig niedersetzen muß – bei die Glätte! – So, nun läuft er in der gebildeten Karlsstraße links von ein paar gebildeten Damen und ich rechts, so! Nun habe ich diese schönen Damen in dem Strick. »Ach, ich bitte tausendmal um Entschuldigung – aber mein neuer junger Hund . . .« – »Es macht nichts aus« – denn sie sind gebildete Damen in der gebildeten Karlsstraße; aber nun läuft das Ungeziefer auf einen Jungen los, der einen Milchtopf trägt: So! da liegt der Junge, und da liegt der Topf! – »Was kost't's? – Da hast Du Dein Geld!«

Oh, lieber Freund, schaff Dir niemals ein Haus und einen Hund an, die über den Anschlag hinausgehen, und keinen Freund, . . . der nicht rechtzeitig Wort hält.

Aber nun genug des dummen Schnacks! Dein Adoptivkind, »Die Reis' nach Konstantinopel«, ist seit 4 Tagen in seinen Anfängen in die Druckerei geschickt; ich bin freilich noch nicht ganz fertig damit, kann aber den fehlenden Rest mit aller Bequemlichkeit während des Drucks fertigschaffen. – Den Titel werde ich aber doch, trotz Deiner Mahnung, auch

auf den Rat meiner Frau, so abfassen müssen: »Die mecklenburgischen Montecchi und Capuletti oder die Reise nach Konstantinopel«; die Leute könnten sich sonst so eine Art Baedeker dabei denken.
Vor einigen Tagen habe ich eine rechte Freude gehabt: denke Dir! von allerkatholischster Seite aus Münster hat der dort erscheinende literarische Handweiser (redigiert vom Pfarrer Hülskamp) eine außerordentlich günstige Rezension meiner Schriften gebracht, mir zugesandt und mit einem sehr freundlichen Briefe begleitet (d. h. der Pfarrer – nicht der Handweiser). Die Anerkennung von katholischer Seite ist mir um so wertvoller, als die Evangelischen oder – wie bei uns die Leute sagen – die Evangelisten anfangen, Hengstenberg an der Spitze, mich als Heiden zu denunzieren.
Heute ist draußen ein schauerliches Schneetreiben, und – wie ich glaube, Dir schon gesagt zu haben – dann ist bei mir binnen immer das beste Wetter, und dazu rauche ich aus Deinem Kopf. Damit Du Dir aber diesen Deinen Kopf nicht zu sehr zerbrechest, muß ich Dir die Sache erklären. – Ich habe mir nämlich eine Walhalla der Freundschaft nach meiner Art eingerichtet – was Ludwig kann, kann Fritz auch –, es ist das eine Galerie von Pfeifenköpfen, auf deren Deckel die Namen meiner Freunde stehen, damit ich mich täglich ihrer erinnere. Du bist am besten dabei weggekommen, denn Du hast den dicksten Kopf gekriegt, welche Auszeichnung Du nicht der physischen Beschaffenheit Deines wirklichen Kopfes, sondern der Länge Deines Namens verdankst, der durch das »von« und das überflüssige »c« in demselben über die Gebühr verlängert wird; er mußte also um so viel dicker gegriffen werden. – Gestern sind wir wieder einmal nach unserm Sanssouci gewallfahrt; nun schält sich der Schmetterling schon aus der Raupe; muß er aber auch, da wir am 1. April ausziehen müssen. –
Dein Zimmer ist schon fertig, es hat den Blick in unser grünstes Tal, und meine Frau will drinnen Deiner Augen wegen noch allerlei grüne Dekorationen anbringen. Sie disponiert

ziemlich gut, dabei aber auch ganz ungeniert über meinen Geldbeutel.
Bei dem Sonnenschein der letzten Tage haben Deine kleinen Finken wohl schon gesungen; hier wenigstens war's so. Grüße sie und vor allem Deine liebe Frau. Was nun meine ist, schließt sich mir darin an und dehnt den Gruß auch auf Dich aus.

AN FRANZ HÜLSKAMP

Eisenach, 11. Februar 1868

Hochwürdiger Herr, Sie haben durch die Besprechung meiner Schriften einen Akt nachsichtiger christlicher Liebe geübt, der auf mich, den es vorläufig doch am meisten angeht, seinen herzerfreuenden Eindruck nicht verfehlt hat. Ich danke Ihnen dafür, mehr aber noch für den zwar kurzen, aber inhaltsreichen Begleitbrief. – Sie haben recht: man muß den konfessionellen Streit nicht allenthalben hintragen, sozusagen mit jedem Fußtritt auf die Erde siegeln. Hätte ich das getan, ich hätte meinen besten Freund, der leider vor einem halben Jahre von mir und dieser Welt geschieden ist, Hermann Grashof, nie gefunden; er war Westfale und Katholik, und wie oft ist seine Seele der stützende Stab gewesen, an welchem die meinige emporgerankt ist! Und mit welcher Liebe denke ich noch nach langen Jahren an den jetzigen Jesuiten, Pater Peter Haslacher, der schon damals ein wahrhaft frommer Mensch war!
Daß mein Verleger sich so unhöflich gegen Sie erwiesen, ist mir sehr unangenehm zu vernehmen gewesen; ich hab's ihm tüchtig ins Ohr gerufen. – Aus Ihrer Rezension ersehe ich, daß Ihnen die »Reis' nah Belligen« nicht zur Hand ist, und da nehme ich mir die Erlaubnis, selbige Ihnen in aller Hochachtung zu überreichen.
Mit herzlichem Dank und Gruß Ihr Fritz Reuter

AN FERDINAND JÜHLKE

Eisenach, 6. März 1868

Es ist mir recht sehr verdrießlich gewesen, daß meine Hoffnung, Dich und die Deinen persönlich begrüßen zu können und Dir von Mund zu Mund meinen Dank für all Deine treue Freundschaft aussprechen zu können, ganz zu Wasser geworden ist. Wir haben unsere projektierte Reise nach Berlin und Pommern aufgeben müssen, weil unsere Gegenwart jetzt beim letzten Ausputzen und beim Anlegen des Gartens unumgänglich nötig ist. – In diesem Jahre sehen wir uns aber doch noch gewiß. – Nun zu den Dingen, die mir recht sehr auf dem Herzen liegen! ...

Die Erdarbeiten im Garten werden jetzt mit neuen Kräften in Angriff genommen, der Zufall hat außerdem es noch gefügt, daß der Hofgärtner Hartwig aus Weimar, ein Landsmann von uns, auf 14 Tage als Geschworener hier in Eisenach verweilt und mit großer Zuvorkommenheit, sowie auch Dein Freund Jäger, mir mit Zugrundelegung Deines Planes mit Rat und Tat an die Hand geht. – So wäre es denn nun an der Zeit, Deine Freundschaft in Beziehung von Gesträuchen in Anspruch zu nehmen; die Witterung ist ja augenblicklich sehr günstig, und mit meinen Wünschen bin ich durch eines andern Freundes Rat mit dem beifolgenden Verzeichnis so ziemlich im klaren. – Willst Du nun das letztere freundlichst einer Kritik unterziehen, dasjenige streichen, was Du nicht für passend hältst, und das Passende vielleicht mehrfach schicken, so werde ich als getreuer Knecht und Pflanzenpfleger dafür sorgen, daß Deine Zöglinge in ein gut Erdreich kommen, Platz habe ich genug ...

Dein Rat, mir von Jahn (verstorben) in Meinigen Obstbäumchen kommen zu lassen, hat sich glänzend bewährt, von zirka 100 Stämmchen sind 2 nur ausgeblieben, und fast alle Apfelbäume stehen in schönsten Trachtknospen. Ach, die Freude! – Aber warum mußte mir diese Freude von ruchloser Bubenhand so gestört werden? Fast alle diese kleinen Bäumchen

sind mir vom Diebstahl, um Pfropfreise zu gewinnen, der vorjährigen Holztriebe beraubt worden, so arg, daß ich die armen Krüppel schon ausreißen wollte, und nur Deine lieben Kollegen, die beiden Hofgärtner, haben mich getröstet und mich veranlaßt, sie unterdessen weiter zu pflegen. Es ist dies eine Barbarei, die mich tief verstimmt hat ...
Ich sitze nun bis an den Hals in lauter Sträuchern, Bäumen und Blumen: Nachfolger von Jahn (Feisthorn) soll noch Obstbäumchen senden, Müschen-Teterow Georginen und hochstämmige Rosen. – Fritz Peters Bäume und Gesträuch – und Du sollst die Freude haben, Dir ein längst dankbares Gemüt aufs neue zu verpflichten und zu verbinden.
Grüße mir Deine liebe Frau und die Druwäppel! – Hast Du einen echten Druwappelbom, so schicke ihn mit.
Mein alter Bruder, ich bin mal wieder in die Wochen gekommen: Meine Reise nach Konstantinopel ist schon im Druck, und Du wirst sie von mir erhalten.

AN LUDWIG KOENIGK

Eisenach, 2. Juni 1868

Mein lieber, gutherziger, in meiner Erinnerung treu fortlebender Freund, also da sitzest Du! – in Posen, wohin Du als Quarantänesoldat von Pommern marschiert bist, wo Du mit dem Spaß- und Uhrmacher das Lied gesungen hast:

Und wenn nun endlich Friede wird,
Wo wenden wir uns hin?
Die Glieder sind erfroren,
Die Kräfte sind dahin;
Dann geht's uns wie dem Vogel,
Der Vogel sucht sein Nest.
Herr Bruder, nimm den Bettelsack,
Soldat bist du gewest!

Sieh, lieber Freund, das Lied, was Du mir mal aufgeschrieben hast, das liegt noch in meinen Papierschätzen, mit der hübschen Zeichnung von unserm Magdeburger Zwinger, aber es liegt nicht dort begraben, sondern es lebt mit Deinem freundlichen Gesicht in meiner Erinnerung.

Was habe ich mir für Mühe gegeben, meinen Louis Koenigk aufzutreiben. Bei mir kommen viele Leute und vieler Leute Kinder, sogar »Swinemünder« waren darunter, und jeden habe ich gefragt, wo ist denn mein Louis Koenigk geblieben? Alle versprachen, mir darüber Auskunft zu geben, keiner hat Wort gehalten. Da kommt vor einigen Tagen ein junger Weinhändler aus Bordeaux, erzählt diskursive, daß er aus Swinemünde stammt, daß sein Vater Steuerbeamter dort ist. Halt! Der muß ihn kennen, der muß wissen, wo der Samen hingeflogen ist und wo das Kraut wächst. Richtig! dieser freundliche Mann macht mir heute die Anzeige, Du lebst als Partikulier (zu deutsch Faulenzer) in Posen, hast Dich mit einer liebenswürdigen Dame aus England verheiratet und sitzest da wie der Hahn auf dem Mist.

Gestern und vorgestern, an den beiden Pfingsttagen, hatte ich einen Besuch von unserm braven und liebenswürdigen Schicksalsgenossen, dem Dr. Schultheiß aus Wolmirstädt, den Du ja auch noch von Halle und Greifswald her kennen mußt. Da war denn nun auch von Dir die Rede, und da mußte ich denn erklären: »Ja, von diesem Menschen habe ich nie wieder ein Wörtchen erfahren«; und nun, heute! – Du mußt nämlich wissen, daß ich infolge meiner literarischen Tätigkeit so einen Zentralpunkt von allen Festungsgenossen abgebe, und meine Nachrichten, die neuesten nämlich, will ich Dir mitteilen; ich weiß aber nicht, mit welchen Leuten Du in spezieller Verbindung gewesen bist.

Also: mein bester Freund (jener Zeit), den ich auf dieser Welt gehabt habe, Grashof, ist, nachdem er mich hier noch im vorigen Sommer besucht hatte, in Lübeck gestorben; Heinze, eine Zeitlang Redakteur der Leipziger illustrierten Zeitung, ist geisteskrank geworden und dann ebenfalls gestorben ... Der dicke M. ist Advokat in Trier, sein Gesicht kannst Du alle Tage im Kladderadatsch sehen. – Der »alte Kapitän« – Schulze – ist Rechtsanwalt in Meseritz (Provinz Posen), er hat mich hier schon dreimal besucht, ist aber leider sehr schwerhörig geworden. Kornelius ist schließlich verwirrten Geistes geworden, in diesem Zustand nach Amerika ausgewandert und verschollen ... Vogler ist tot ... Der kleine Schriftsetzer Witte ist in Landsberg a. W. verstorben. Guitienne ist Gutsbesitzer bei Saarlouis. Piter Haßlacher ist Jesuit geworden (berühmter Redner), soll aber sehr leidend sein; ich habe am Rhein vergebens nach ihm geforscht ... B. ist Gutsbesitzer in Hinterpommern, besucht mit seinen Töchtern die Bälle und sagt zu jedem Leutnant, der sich ihm vorstellen läßt: »Da, sehen Sie, das sind meine Töchter, aber Geld kriegen sie nicht mit.«

Nun habe ich wahrscheinlich verschiedene Eulen nach Athen getragen, denn Du wirst vielleicht besser Bescheid wissen als ich. Dat schad't äwer nich!

Ich bitte Dich recht inständig, Deiner lieben Frau von meiner einen Gruß zu bestellen, von mir und an Dich versteht sich das von selbst. – Nun muß ich mich aber hinsetzen und den Schluß meines neuen Buches »De Reis' nah Konstantinopel« fertigmachen. Die Drucker sitzen mir auf den Hacken. Gott grüß Dich!

AN GEORG ADOLF DEMMLER

Eisenach, [Juni 1868]

Lieber, alter Demmler, sag mal: plagt er Dich? oder reit' er Dich? Du willst im *August* nach Konstantinopel? Wenn Du diesen Vorsatz wirklich ausführen willst, so sehe ich mich genötigt, mich an die Schweriner Polizei zu wenden, damit sie Dich zu Deinem und der Welt Besten unter irgendeinem paßlichen Vorwand auf 4 Wochen einsperre. Sollte die Polizei aus gerechter Scheu vor dem gefährlichen Demokraten auf meinen Antrag nicht eingehen – nun, so bliebe mir immer noch der Medizinalrat Flemming. Nein, mein lieber Freund, so geht die Sache nicht. Toaste in Gottes Namen auf Großdeutschland in Wien, soviel Du Lust hast, aber dann kehre wieder, Du kleiner Peter, rasch in die Heimat zurück. Dann reise wieder im September nach Bern und toaste ewigen Frieden, Abschaffung der stehenden Heere, und was sonst noch auf dem Programm steht, und *dann* magst Du meinetwegen mit Anfang Oktober Deine Reise nach Konstantinopel antreten – im August würdest Du vor Staub und Hitze um Sein und Verstand kommen und am »Serail« keine Freude haben. Ich weiß nicht, ob Du Venedig kennst, glaube es aber. Solltest Du nun die Reise nach meinem Vorschlage machen wollen, so reist Du entweder nach nordöstlicher Richtung über Wien nach Triest; oder nach südöstlicher Richtung über Verona nach Nebresina; hier machst Du einen Abstecher nach Norden bis Adelsberg und besiehst Dir die großartigen Höhlen; denn das bleibt doch fast das Schönste, was wir auf der Reise gesehn haben. Von da nach Tr[iest] ist, vorausgesetzt, Du hast Dir in Mecklenburg einen Regierungspaß geben lassen, Meldung hier beim *mecklenburgischen* Konsul, der Dir das Visum des *türkischen* Konsuls verschaffen wird. Wirtshaus: Aquila Nero. Fahrt nach Korfu etc. mit einem Lloyd-Post-Dampfer. (Über alle angeregten Kostenpunkte kann ich Dir keinen Bescheid geben, da wir mit einer Gesellschaftsreise in Akkord gereist sind und außerdem noch viel gezahlt haben.) In Triest Geldeinwechslung, wenn dies nicht schon früher geschehn ist. In der Türkei und Griechenland fährt man mit [...] Cavud'or und österreichischen Dukaten am besten; auf Korfu 1–2 Tage Aufenthalt (die Insel ist zauberhaft) bis zum nächsten Post-Dampfer, dann nach Syra, wo die Dampfer anhalten, nach Konstantinopel. Im Goldenen Horn an der Galata-Brücke, wo Du aussteigst, rufe ganz laut und vernehmlich: »Hotel Balzer« (Pera), jeder Führer [unleserlich] versteht Französisch; im Hotel genügt Französisch, so auch in jedem Laden, im Basar, überall Französisch, *oft* auch Deutsch. Kommst Du zur Reise, schicke ich

Dir eine Empfehlungskarte an den deutschen Buchhändler Köhler, es existiert dort auch eine »deutsche« Gesellschaft, die ein Bierhaus hält. Aber bitte kein Muselmane werden! (Bemerkung des Schreibers) – Artikel: Konstantinopel [. . .] wird Aufklärung über dort geben und Dir vielleicht nützen. Und nun glückliche Reise und Entschuldigung, daß das Ende des Briefes so lange auf sich hat warten lassen. Dein

Fritz Reuter

AN GISBERT FREIHERR v. VINCKE

Eisenach, 20. August 1868

Mein Buch ist fertig,
Versands gewärtig;
Die letzten Bogen
Sind abgezogen,
Und bloß weil Hinstorff, der Zackermenter,
Erfüllt hat die Bitte der Sortimenter,
Um ihnen zu dienen,
Ist's noch nicht erschienen.
Anbei, wie Du siehst, erfolget schon,
Und zwar in tiefster Devotion,
Die ganz bescheidene Dedikation.
Sie ist nur schwach, vielleicht inept,
Und präsentiert sich nur als Konzept,
Weil's mir zum Mundieren an Zeit gebricht,
Und darum keine Feindschaft nicht!
Wir waren hier verschmachtet schier,
Denn in ein Monater vier
Hat's hier nicht geregnet,
Doch gestern sind wir mit Regen gesegnet;
Heut ist der Himmel wieder blau.
Und grüß auch freundlich Deine Frau
Und halte die Freundschaft ferner wach
Für die beiden Leute in Eisenach.

AN KARL JULIUS ARNOLD

Eisenach, 9. September 1868

Ihre freundliche Zusendung habe ich erhalten und studiere dieselbe fleißig, schon Bekanntes, wie die dänische Palastrevolution, und Unbekanntes, wie die Lebens- und Leidensgeschichte des Herzogs von Reichstadt. – Also, wie ich aus Ihrem Briefe ersehe, wir beide wären gewissermaßen Kollegen, denn auch ich bin einmal Schulmeister gewesen, und nun sind wir beide auch noch emeritiert. – Was nun den eigentlichen Kern Ihres Briefes betrifft, das Hinüberkommen nach Bremen, so muß ich leider für die nächste Zeit Ihre freundschaftliche Einladung ablehnen, da ich hier mit vielen, zum Teil freundlichen Naturbanden, zum Teil verdrießlichen Geschäftsbanden gefesselt bin; auch würde ich wohl nie mich dazu verstehen, meine eigenen Sachen öffentlich gegen Honorar vorzutragen. – Es ist wahr, ich habe in Gotha zweimal eine Vorlesung gehalten, das war aber zum Besten des Gustav-Adolf-Vereins, und es hat mir genug Überwindung gekostet. Ich hasse dergleichen Präsentation und Ostentation, die auf nichts weiter hinauslaufen als auf Triumphe schriftstellerischer Eitelkeit. – Mit wissenschaftlichen Vorträgen ist es etwas anderes, dadurch wird der Bildung Vorschub geleistet; poetische Produktionen werden bessere Vorleser finden als den Dichter selbst.

Also nichts für ungut, es widerstrebt meinem Gefühle zu sehr und würde mich in eine sehr empfindliche Unruhe versetzen.

AN VIKTOR SIEMERLING

Eisenach, 28. September 1868

Mein lieber Viktor, ich sende Dir hierbei ein Exemplar von meinem neuesten Werke und schließe die besten Grüße von uns an Deine liebe Frau und an Dich daran. Du hast wohl die Güte, diese Grüße mit einem der Bücher weiter an Pastor

Boll und Tante Lowise Hasselbach zu bestellen. Ich habe keine Zeit, heute an den guten Pastor zu schreiben, hoffe aber, Euch beide im Spätherbste d. J. persönlich in Neubrandenburg zu sprechen, da ich dann einmal wieder die alten Feuerstellen aufzusuchen gedenke.
Heute morgen habe ich zu meinem schreckhaften Erstaunen eine Aufforderung von C. Nahmmacher, E. Blank und Sekretär Meincke zur Unterstützung von C. Volkmann erhalten. – Obgleich ich in der letzten Zeit bis zum Exzeß in dieser Richtung in Anspruch genommen bin, keinen genaueren Umgang mit oder gar Verpflichtung gegen den Helden dieser Geschichte habe, ja sogar von demselben mit souveräner Verachtung behandelt bin, wenn ich ein Glas sauren Weins trank und ein Butterbrot aß und er seinen Leichnam mit Champagner und Austern fütterte, so bin ich doch nicht abgeneigt, der Aufforderung Genüge zu leisten; weiß aber nicht, welcher Beitrag passend sein dürfte. – Ich bitte Dich, mit ein paar Worten mir darüber Deinen Rat zu erteilen, wieviel Du meinst, daß ich beisteuern möchte.
Nochmals die herzlichsten Grüße von uns! Dein

Fritz Reuter

AN JOACHIM MÄHL

Eisenach, 1. Oktober 1868

Mein lieber Herr Kollege, doppelt Kollege: einmal als Schriftsteller und zum zweitenmal als plattdeutscher Schriftsteller. Was mögen Sie als gebildeter Mann für Anmerkungen über Unhöflichkeit und Undankbarkeit eines Gewissen gemacht haben, der sich nicht einmal die Mühe nimmt, für freundlichen Brief und liebe Gabe zu danken? Aber brechen Sie den Stab nicht zu früh und zu strenge: ich bin in der letzten Zeit zu schrecklich mit allerlei Briefschaften und langweiligen Geschichten gequält gewesen, und zudem hatte ich Ihr freundliches Geschenk in die Hände des Buchbinders gegeben und konnt's von diesem braven Thüringer Geschäftsmann nicht wiederkriegen. Nun hab' ich's und les' ich's, und zwar mit dem allergrößten Vergnügen. Nach meiner bescheidenen Meinung sind Sie auf dem allein richtigen Wege, Sie haben sich nicht allerlei problematische Menschenfiguren ausgedacht und dieselben in eine kunterbunte Fabel hineingestellt. Sie haben ins wirkliche Leben hineingegriffen, und wenn Sie auch bei dem »Dreckkönig« etwas tiefer als gewöhnlich und billig gegriffen und etwas von dem ihm anhaftenden Parfüm mit heraufgebracht haben, so schadet das gar nicht, und keiner ist bereitwilliger, auch für diese Art Königtum einzustehn, als ich. – Sie sehen, ich bin sehr konservativ. – Nehmen Sie mein Buch nun auch mit Nachsicht auf und erhalten Sie mir Ihr ferneres Wohlwollen; ich wünschte, wir könnten einmal zusammenkommen, wir würden uns treffen.

Mit herzlichem Gruße Ihr Fritz Reuter

AN JOHANN CARL LEHMANN

Eisenach, 1. Oktober 1868

Mein hochverehrter Herr Oberprediger, so! – bitte ich inständigst – nun halten Sie ein mit gerechtem Zürnen über Undankbarkeit und Unhöflichkeit von meiner Seite; ich weiß alles, was Sie sagen können, und hab' es monatelang als grausamen Gewissenstachel empfunden. Ihr Amt und Stand jedoch, noch mehr aber die Milde des Gemüts, wie sie sich in Ihren schönen Gedichten ausspricht, verpflichtet Sie zum Verzeihen, und – Gott sei Dank! – mir geht's wie dem alten Sir John Falstaff – Entschuldigungen habe ich soviel wie Brombeeren.

»Wenn einer sich 'ne Frau genommen
Und sich ein neues Haus gebaut,
Dann kann er sogar zur Hochzeit nicht kommen.«

So ist's mir ergangen; meine Frau ist freilich schon eine geraume Zeit mit mir in Freud' und Leid durchs Leben gewandelt; aber ein neues, ein eigenes Haus hatte der, der bisher bei Schuster und Schneider auf dem Boden gewohnt hatte, bisher noch nicht besessen, und als Ihr freundlicher Brief ankam, war ich mitten im Umzuge – Handwerker hier und Handwerker da! Die Gartenanlagen mußten gemacht werden, einige 20 Arbeiter verlangten zweckmäßige Anstellung, neue Pflanzungen lechzten nach Wasser, und unser Herrgott sandte uns in seinen Gnaden den schönsten, wärmsten Frühling; aber leider keinen Regen. – Dies sind die äußeren Gründe für die verzögerte Antwort auf Ihren Brief; einen *inneren* muß ich aber doch auch anführen, und das war der: ich wollte nicht mit leeren Händen vor Sie hintreten, ich wollte Ihnen mein neuestes Buch überreichen. – Zuerst war ich daran schuld, daß das Buch nicht schon vor Pfingsten erschien, später aber mein Verleger, der sich auf eine Herbstausgabe kapriziert hatte. – Nun haben Sie's, lesen Sie's, nach meinem eigenen Urteil ist es *bedeutend* schwächer als früher erschienene Bücher. Aber was will das heißen? Ich habe mich als ehrlicher Mann längst darauf gefaßt gemacht, daß die Produktionskraft einmal abnehmen muß. – Goethes westöstlicher Diwan ist lange kein Faust – und wenn ich mich nun auch einmal dem Teufel der Schriftstellerei ergeben habe, so werde ich denn wohl weiterschreiben müssen; aber herausgeben? Das steht auf einem andern Brett. – Ich zieh' es vor, von einem freundlichen deutschen Leserkreise zu scheiden, als denselben mit überreifen Birnen zu traktieren. Die Birne schmeckt nur gut, wenn sie frisch und saftig ist; ist sie zu alt, hat sie zu lange gelegen, dann wird sie fade, und wie wir Plattdeutschen sagen – »mulsch«!
Aber *Sie,* mein Herr, *Sie* können drucken lassen, *Sie* haben das Zeug dazu! Ich habe selten lyrische Erzeugnisse in solcher Sprachvollendung getroffen, wie die mir übersandten Gedichte. – Es ist heuer keine besonders günstige Zeit für lyrische Poesie – und das ist auch gut, denn die Geschichte hatte

sich allmählich zu einem gemeinsamen und gemeinen Abtritt deutscher Nation hinabgebildet – aber Sachen, wie Sie die Güte hatten mir zu senden, werden immer ihren Wert behalten. – Aus diesem Briefe werden Sie nun ersehen, daß die allgemeine Schwäche des Alters, die Geschwätzigkeit, schon über mich gekommen ist, werden's aber auch gewiß verzeihen.

Mit dem besten Gruße von mir und meiner Frau Ihr

Fritz Reuter

AN GUSTAV BARDEY

Eisenach, 17. November 1868

Ein von Ihnen ausgegangenes Zeitungsinserat hat in mir die Lust erweckt, eine Winterkampagne in Stuer durchzumachen. Einen regelrechten, durch dick und dünn gehenden Wassermenschen würden Sie an mir nicht haben, tut aber auch nicht nötig, da ich von keinen besonderen Leiden geplagt bin; ich wünsche mehr als Luftschnapper und auf Diät gesetzter Gast angesehen zu werden. Luft, und schöne Luft, habe ich freilich auch hier; aber mit der Diät hapert es: ich habe hier zuviel Besuch, der einem zweckmäßigen modus vivendi feindlich ist. – Wenn Sie mich aufnehmen wollen, so bitte ich, mir zu sagen, ob Sie mir zwei gut heizbare Zimmer geben können ... Vorläufig kann ich, wenn ich mich zu dem Aufenthalt entschließe, den Zeitpunkt meines Eintreffens noch nicht sicher bestimmen, da mir noch eine ganze Anzahl von Geschäften im Wege ist. Nun füge ich die Bitte hinzu, über diese meine Absicht durchaus nichts verlauten zu lassen, damit einer etwaigen Neugierde keine Nahrung gegeben werde ...

AN LINA LOEPER GEB. GOTHENBEUTEL

Stuer (Mecklbg.), 21. Dezember 1868

Ob dieser Brief wirklich an Ihre Adresse gelangen wird, weiß ich wahrhaftig nicht – ich bin schon seit mehreren Wochen auf Reisen, bin nun aber so unvorsichtig gewesen, Ihren freundlichen Brief nicht mit mir zu nehmen, und bin dadurch in unauflösliche Zweifel über den Namen Ihres Gutes geraten. Habe ich ihn richtig getroffen, tant mieux, ist dies nicht der Fall, so glaube ich doch, daß Ihr Name in der Gegend von Fiddichow ein so bekannter sein wird, daß der Brief an Sie gelangt.

Was nun Ihre Anfrage betrifft, so erlaube ich mir, zu antworten, daß ich ebensowenig an eine Heirat zwischen »dem alten Jahn und Tante Line« gedacht habe als die beiden wahrscheinlich selbst. – Ist denn das nicht möglich, daß zwei so alte Leute, auch ohne Heirat, in herzlicher Innigkeit zusammen ihre alten Tage beschließen? Ja, würde es nicht unverdientermaßen auf die beiden ein Streiflicht von Lächerlichkeit werfen, wenn sie in ihren alten Tagen noch schleppenden, stolpernden Schrittes an den Altar Hymens heranträten? – Ich glaube, Sie werden meine Fragen in meinem Sinne beantworten.

AN CARL BORNEMANN

Stuer, 27. Dezember 1868

Es ist eine schlimme Lage, in der man sich befindet, wenn man so großem, freundlichem Wohlwollen gegenüber mit Entschuldigungen antworten muß ... Als Ihr Brief und Ihre werte Gabe an mich gelangten, war ich mit dringenden Vorbereitungen zu einer mehrere Monate dauernden Reise nach Mecklenburg beschäftigt ... Sie ahnen gar nicht, welche hohe, ganz besondere Freude Sie mir durch die Übersendung der neuen Ausgabe von den Gedichten Ihres seligen Vaters gemacht haben; ich besitze freilich schon eine von Hosemann illustrierte mit Porträt, aber ein Geschenk von dem Sohne eines von mir so hochverehrten Mannes hat für mich eine ganz eigene Bedeutung. Als ich 1824 auf die Schule nach Friedland in Mecklenburg kam, fiel mir bei einem Pommer die erste, wie damals gebräuchlich, auf Löschpapier gedruckte Ausgabe der Gedichte in die Hände. Mit welcher Freude, mit welcher jugendlichen Heiterkeit habe ich das Buch gelesen! Es war das erste plattdeutsche Buch, welches mir zu Gesicht kam. Natürlich war die Folge, daß ich bei einer so großen Anregung den lebhaften Wunsch empfand, auch plattdeutsche Gedichte in die Welt zu setzen. Eine weitere Folge war denn nun auch, daß ich mit einer Menge von unreifen Produkten dieser Art zu Raum kam, die mir indessen selbst bei meinen Mitschülern keine Lorbeeren eingetragen haben. Sie sehen hieraus, daß ich die erste Anregung zur plattdeutschen Schriftstellerei von Ihrem seligen Vater empfangen, denn Voß, Ahrendt und der Rostocker Babst sind mir erst viel später zugänglich geworden ...

AN CARL HINSTORFF

Stuer, 28. Dezember 1868

Es ist mir außerordentlich angenehm, daß Du mir einen Besuch in Aussicht stellst, zumal ich wohl schwerlich zu Dir kommen werde. – Ich gedenke etwa bis zum 20. Januar hier zu bleiben, gewiß ist dies aber auch noch nicht, da ich mit meiner Frau, die ich täglich erwarte, erst Rücksprache nehmen muß. Dann werde ich über Stavenhagen und Neubrandenburg nach Bollentin zu Peters reisen und etwa den 15. Februar über Berlin nach Eisenach zurückkehren. – Jetzt kannst Du meinetwegen über meinen Aufenthalt Bericht erstatten, ich wollte nur nicht soviel Aufhebens von mir gemacht wissen. – Was nun Dein freundliches Anerbieten, mir Geld zu schicken, betrifft, so kann ich nur sehr dankbar dafür sein, bin aber jetzt noch hinlänglich versehen. – Von den zu Ende Januar fälligen 2000 Talern sendest Du wohl 1500 rechtzeitig an den Bankier Severus Ziegler in Eisenach, ich muß durch denselben am 1. Februar noch zirka 900 Taler Baugelder bezahlen – gottlob, die letzten!... Die dann mir noch zustehenden 500 Taler kannst Du mir persönlich überbringen oder später schicken. – Mir geht's hier ganz gut. Deinen Glückwunsch zum neuen Jahr erwidere ich recht von Herzen.

AN FRITZ HOFFMEYER

Stuer, 28. Dezember 1868

Wenn ick ok irst sihr lat antwurten kann, Antwurt sälen Sei doch hewwen, un wenn Sei ok de Paster ut den Dörp wieren. – Ick bün nämlich up Reisen, un Ehr Breiw is mi irst späder nahschickt worden. – Wat nu de Frag' angeiht, so hett de Pollpartie unrecht; Jochen hett em up den Stäwel spuckt, un wenn de Pollpartie ok inwennen deiht, dat ick gor nich schrewen heww, dat Jochen von de Gegenbuhleri von den Baron wat weit, so lett sick doch licht vermauden, dat Poll un Jochen bi de ewige Muscheli unner enanner doräwer unner sick redt hewwen. – Einer möt ok nich allens tau utführlich schriwen; de Leser möt ok en beten mit denken helpen.
Fründlichen Gruß an Sei un de annern Herrn Turners von en ollen Turner, de all sit 1824 an Reck un Barn' rümhandtiert hett.

AN JAN PIETER HEIJE

[Eisenach, 1868]

Mein lieber Bruder Heye, Du siehst, ich nehme die mir dargereichte Bruderhand an, aber mit welcher Freude ich dieselbe angenommen habe, hättest Du nur sehen und mir vom Gesichte lesen können, als Dein letzter lieber Brief bei mir ankam. Nun wirst Du Dich wundern, daß ich trotz dieser Freude nicht sogleich dieselbe Dir durch Beantwortung Deines Schreibens gezeigt und an Dein liebevolles Herz zurückadressiert habe. Aber es ging nicht; ich habe einen arg bedrängten Sommer durchleben müssen, über den ich mich indessen bescheidentlich nicht zu sehr beklagen will, denn wenn der Hase auch sehr stark mit Verdrießlichkeiten aller Art gespickt war, so lief er doch, versteckte sich hier und da, trat heraus in den hellen Sommersonnenschein und setzte sich vor uns hin und machte seine Männtjens. Das heißt: wir haben hierzulande einen so wunderbar schönen Sommer durchlebt, wie ich ihn meines Wissens in 58 Jahren nicht erlebt habe. Denke Dir unsere Lage in diesem Sommer: zum ersten Male in einem ziemlich langen Leben Besitzer eines eigenen Grundstücks, Bewohner eines eigenen Hauses in der schönsten Gegend Thüringens, die Wartburg mit ihren welthistorischen Erinnerungen vor uns, sollte das den Kopf zuweilen nicht wirbeln und die Pflichten der Korrespondenz vergessen machen? Aber nun rechne dazu die Menge von Besuchern, worunter Deine braven Landsleute auch genügend vertreten waren, die Anlage eines neuen Gartens unter den allerschwierigsten Terrainverhältnissen, und daß dabei in mir der lange zurückgedrängte furor öconomicus aufs neue erwachte; denke Dir, daß zwischen allen diesen Freuden und Ärgernissen der eine Grundton immer hindurch brummte: »Dein Buch muß aber fertig!«, so wirst Du es erklärlich finden, daß ich alles, sogar die liebenswürdigste Korrespondenz, liegenließ, auf eine ruhigere Zeit verschob und, wie der Perser sagt, mich auf den Teppich der Geduld setzte und die Pfeife der Erwartung rauchte, was wohl meine besten Freunde zu meinem Schweigen sagten. Nun steht mein Haus wohlgegründet auf festem Fels und wartet Deines Besuches; mein Garten beginnt zu grünen, mein Buch, von dem Du das beifolgende Exemplar wohl oder übel lesen mußt, ist fertig und in 18 000 Exemplaren in die Welt geschickt. Es ist jetzt der Kritik verfallen, und diese wird denn auch nicht verfehlen, mit ihren Fledermausflügeln das bißchen von goldenem Schmetterlingsstaub, was daran haftet, abzustreifen. Du weißt es ja wohl aus eigener Erfahrung, daß gerade die impotenten Naturen sich am meisten berufen fühlen, jedes Erzeugnis freien Schaffens auf Null zurückzuführen. – Eins hat mir aber leid getan, daß trotz meines aufrichtigen Wunsches und der möglichsten Hilfe von meiner Seite unser gemeinschaftlicher Freund Vos der »englischen« Dame nicht den Vorsprung abgewonnen hat; er ist, wie er mir schreibt, mit der Nasenlänge eines Tages geschlagen worden. Das ist mir wirklich sehr ärgerlich gewesen. Und nun, mein lieber Bruder, der Du so vielfache Beweise Deiner Freundschaft mir hast zuteil werden lassen, bitte ich Dich, mir den allerhöchsten dadurch zu erweisen, daß Du Deine Brohltals-Reisen im nächsten Jahre in Wartburgtal-Reisen verwandeln mögest und daß Du einmal umschauest, wie es Deinem Freunde und Deiner Freundin in demselben ergeht. – Also, im nächsten Sommer erwarten wir Dich. Dein [Fritz Reuter]

AN UNBEKANNTEN EMPFÄNGER

[Eisenach, 1868]

Geehrtester Herr, Sie haben mir da eine Nuß auf die Zähne gepackt, die kaum wohl Beelzebub selber nicht knackt. Um Ihnen jedoch nach Kräften gefällig zu sein, und wär's auch nur viel später, als Sie gewiß erwartet haben, will ich Ihnen das, was ich zur Beantwortung der aufgeworfenen Frage beitragen kann, nicht vorenthalten; es ist dies aber, wie [Sie] sehen werden, durchaus nicht erschöpfend und die fragliche Wette entscheidend.

Wo ich in plattdeutschen Landen bekannt bin, habe ich mich allerdings auch um die Ausspra[che] bekümmert, also auch um die Aussprache des »st«, und soviel ich weiß, wird in Mecklenburg-Schwerin, Holstein, Hamburg, Hannover und Vorpommern das »st« stets so gesprochen, wie es geschrieben wird. Von Westfalen weiß ich es nicht, indessen glaube ich es. In Mecklenburg-Strelitz jedoch, mehr nach der preußischen Grenze, der Uckermark zu, beginnt der »scht«-Laut schon überhandzunehmen und setzt sich dann weiter durch Hinterpommern und die Mark Brandenburg fort. Über die Richtigkeit dieser oder jener Aussprache ist indessen außerordentlich viel und nach meiner Ansicht viel Nutzloses geschrieben worden. Dem ersten Anscheine nach und nach meinem Gefühle müßte »st« das Richtige sein; große Autoritäten jedoch, z. B. die Gebrüder Grimm, haben sich für »scht« aus mir nicht gegenwärtigen Gründen entschieden. Sie sehen, ich bin als Schiedsrichter in diesem Punkte durchaus nicht kompetent.

Mit freundlichem Gruße Ihr [Fritz Reuter]

1869

AN FRITZ PETERS

Eisenach, 28. März 1869

Mein lieber Fritz, »so, nu kam ick!« sagte jener berühmte Michel Viereck und fiel vom Boden, und wenn ich dem braven Mann dies letzte Stück auch nicht nachmache, so will ich ihm doch im ersten folgen: ich komme! Und wenn ich, wie Graf Isolani, auch spät komme, so komme ich doch! – Fürs erste danke ich Herrn Fritz Peters senior, Frau Marie Peters, Frau Ohl, Fräulein Anna, Altrocken bis Kammerdiener Herrn Johann herunter für die ausgezeichnete Verpflegung, die sie uns in den Winterquartieren zu Siedenbollentin haben zuteil werden lassen, und es ist nicht bloß die Pflege des Magens, die ich hier hervorheben will, sondern vor allem die wohlwollende Abfütterung des Gemütes ist es, die meine Erinnerung in den sanftseligen Brei der Rührung taucht.

Doch hrrrrr! ein anderes Bild! Mein Garten!

Möller hat seine Sachen hier ganz gut gemacht und hat sich auch, was ich zuerst bezweifelte, ganz gut in den Nichtbau des Gewächshauses gefunden.

Jühlke, der Dir den von mir gepriesenen Weinstock geschickt hat oder schicken wird, hat mir auch von dem Bau abgeraten und in seiner humanen Freundesweise mir allerlei Zierpflanzen für den Sommer verheißen, desgleichen zum Nachpflanzen für den Frühling (jetzt) allerlei Gesträuch, und so sehe ich denn in den nächsten Tagen nach Obstbäumen, Nußbüschen und Rosen von Meiningen und Erfurt aus und nach Gesträuchen von Potsdam; nach Reben und Jungfernwein von Siedenbollentin blicke ich aber auch hoffnungs- und erwartungsvoll. Wenn Du also von diesen Artikeln etwas übrig hast, so – mein Garten ist ein nimmersatter.

Deinen Fritz werden wir hier nun wohl bald zu sehen

kriegen; aber wie ist es mit Hans geworden? Nun, Fritz wird uns wohl das Nähere mitteilen.
Ich schließe mit den besten Grüßen für Euch alle von uns beiden. Dein Fritz Reuter

AN RICHARD SCHRÖDER

Eisenach, 15. Juni 1869

Lieber Richard, der Schlag, der Euch so plötzlich und unerwartet getroffen hat, ist ebenso unvermutet und schrecklich in unser Haus und in unsere Herzen gefallen. Wohl hast Du recht, wenn Du sagst, daß auch mir ein Freund gestorben sei; ich weiß am besten, wie hoch die Freundlichkeit und das Wohlwollen des lieben Mannes anzuschlagen ist, der, als ich noch gar nichts in der Welt bedeutete, mir mit Rat und Tat weiter und weiter half; und das einzige, was uns mit der Härte dieser göttlichen Entscheidung versöhnen kann, liegt darin, daß dies harmlose, friedliche, bis ins Innerste der Seele hinein heitere Gemüt eines so schmerzlosen, von langer Krankheit nicht entgegengequälten Todes gestorben ist. Wenn auch zwischen uns beiden ein mächtiges Haltseil zerrissen ist, so hoffe ich doch, daß die übrigbleibenden so lange halten werden, bis man auch mich unter den Rasen legt.

AN KARL HORN

Eisenach, 18. Juni 1869

Min oll, leiw Fründ Horn! »In doloribus pinxi«, seggt he, wat Friedrich Wilhelm, le premier, der Erste was; »in doloribus scripsi«, seggt he, wat Fritz Reuter is, denn dese sülwigte Mann hett einen hellschen Erasmus in den rechten Arm. Eigentlich un von Rechts wegen süll en Poet sinen öllsten, leiwsten Lihrer un Fründ taum wenigsten mit en halwig Schock Hexametern unner de Ogen gahn, wenn dei so'n hoges

Fest fiert; äwer deijenigte, den en por Knäweln fehlen, ward slicht up de Fläutduß spelen, un deijenigte, dei dat Riten in de Arm un Hänn' hett, ward slicht mit de Fingern up den Disch rüm tillfäuten un de Vers'fäut aftellen un afscandieren. Doch ick segg, wenn't Hart man swart is!

Du hest en sworen Lewenslop achter Di, Du füngst an mit Kinnerslagen un hürst up mit Buren plagen und selbigen die Wahrheit sagen. Blot twei von mine Lihrers hebben dat uthollen, de ein heit Horn, un de anner heit Gesellius; äwer för mi is dat 'ne grote Gnad' von Gott, dat hei grad mine beiden leiwsten Lihrers an't Lewen hollen hett, dat ick ehr noch in minen ollen Dagen minen Dank seggen kann för dat, wat sei an mi dahn hewwen, denn hewwen sei mi slagen, so hewwen sei mi ok tagen. Ja, de annern all – wo sünd sei blewen? Von collega infima Bruns unnerwarts bet taum ollen Rekter Wegener babenwarts, wo sünd sei blewen? »Mortui sunt«, as Din Herr confrater, de olle Paster Sackmann tau Limmer bi Hannover, seggt.

Hest Du nu ok vele Beswerniß un Bedrängniß in Dinen langen, braven Lewen hatt, so hest Du doch ok vele Freuden hatt, all in de Weig' hett Di de grötste Dichter ut dat vörige Johrhunnert dat Weigenlied sungen – un wat hett hei Di nich dunn all för'n prächtigen Titel gewen, as Du noch so schön rendlich in Dine Windeln laggst! Un nu steiht üm Di en nieges Geslecht, wat di Lewen un allens, wat dortau hürt, verdankt, un will Di Din Jubelfest dörchjubeln helpen, un 'ne gaude Fru sorgt för Jug all, un't ward gewiß schön warden! Wat wir nu woll natürlicher, as dat'n Poet ut desen Johrhunnert Di dat Jubellied süng', als de anner dat Weigenlied? Äwer, as ick all ierst seggt heww, de entfamte Erasmus! Un »ultra posse nemo obligatur«, dat heit jo up richtig Dütsch: »Von'n Ossen is nich mihr as Rindfleisch tau verlangen.« –

Un nu, min leiw Fründ un Lehrer, begah Din hoges Fest in Fred' un in Freud', un uns' Herrgott gew Di tau de äwrigen Dag', de hei Di noch schenkt, Taufredenheit un Gesundheit, bet hei Di inröppt in sine Wahnung, wo de Truen un Braven sick in't Wedderseihn de Hän'n drücken! Din

Fritz Reuter

AN FRITZ PETERS

Eisenach, 1. Juli 1869

Lieber Fritz, da ich einen argen Rheumatismus im rechten Arm habe, so will Luise einmal Sekretär spielen. –

Ja, wer hätte das gedacht, daß dieser gute Freund, der mit uns vor kurzem noch so frisch und fröhlich war, so bald hat von uns scheiden müssen!

An dem Abfallen alter Freunde merken wir vor allem, daß wir älter werden. Mich hat dies in den beiden letzten Jahren hart betroffen; zuerst Grashof, dann Ernst Boll, und nun Schröder! – Zunächst nach der Trauer um den letzten Verlust war mein erster Gedanke an Dich. Ich weiß ja, in wie mannigfachen Geschäftsbeziehungen Du zu dem Verstorbenen gestanden hast, und aus Deinem Briefe von Ottilie Hasselbach haben wir erfahren, daß die nächste Veranlassung des Todes von Schröder die Auseinandersetzung der Erben mit Deinem alten Nachbarn Meyen gewesen ist. Dieser Tod des Alten wird Dich auch berührt haben, denn wie Du schreibst, hält es jetzt schwerer, auf Hieb Geld zu erhalten. Deine Anfragen bei mir dieserhalb kann ich freilich bejahend beantworten, jedoch nur in sehr mäßiger Weise. Du kannst von mir zum 1. November dieses Jahres auf 2000 Taler rechnen. Ich werde Hinstorff schreiben, daß er Dir dieselben zu diesem Termin direkt zugehen läßt. Umstehend erhältst Du nun die Quittung für die 120 Taler.

Was uns anbetrifft, so geht es uns ja so ziemlich, aber gefroren haben wir ebensogut wie Ihr, und meine Frau hat mit Galgenhumor ein Johannisfeuer angezündet (ihre eigenen Worte), jedoch nicht im Freien um die blühenden Rosensträucher, sondern in drei Öfen! Ihrem Bruder Wilhelm aus

Schwerin nebst Frau zu Ehren! Sie erwartet sehnsüchtig den verheißenen Brief Deiner Frau und grüßt mit mir Euch alle.

Dein Fritz

[Umseitig, von Reuters Hand geschrieben:]

»120 Taler.«

Geschrieben »Einhundert und zwanzig Taler« habe ich als halbjährige Zinsen von Herrn Peters zu Siedenbollentin Johannis 1869 richtig erhalten. Fritz Reuter

AN GISBERT FREIHERR v. VINCKE

Eisenach, 17. August 1869

Schon aus der Handschrift wirst Du sehen, daß ich mich der freundlichen Hilfe meiner Frau bei diesem Briefe bedienen muß. Ich habe von Woche zu Woche gehofft, Dir selbst meinen Dank für das uns zugesandte Geschenk abstatten zu können; aber ein heftiger Rheumatismus im rechten Arm und Handgelenk, den selbst ein vierwöchentlicher Aufenthalt in Elgersburg nicht vertreiben wollte, hinderte mich daran. Demnach soll also dieser Dank von uns beiden Reuters in aufrichtigster und herzlichster Weise hiermit abgestattet sein, und zwar auch für das Plus, was Du uns über Deine erste Absicht hinaus in Deinem Buche geschenkt hast. Sei mir dieser verzögerten Antwort wegen nicht böse, bleibe Du und Deine liebe Frau uns ferner freundlich gesinnt. Du weißt ja, je älter man wird, desto dünner steht die Freundschaft in Halmen.

Soll ich Dir das Neueste berichten, was wir beide, meine Frau und ich, noch nicht erlebt haben? Gestern nacht haben wir einen ungebetenen nächtlichen Besuch gehabt; ein höchst neugieriger Mensch hat in Abwesenheit meines Gärtners sich erkundigt, wieviel er wohl in Kasse haben möge. Bei dieser Gelegenheit hat sich »Joli Reuter« als ein höchst aufgewecktes und durch Stimmlautgebung ausgezeichnetes Mitglied der ganzen Hundegesellschaft bekundet; freilich – ohne Erfolg!

Aber wann hätte die Tugend auf dieser Erde jemals Erfolg?
Ich habe in der letzten Zeit vielfach hin- und hergesonnen, was ich von literarischen Arbeiten in Angriff nehmen wollte, und bin zuletzt wie die Fliege an dem Klebstock des eigenen Lebens hackengeblieben, ich denke, ich will meine Schülerzeit schreiben. Ich werde freilich, wie Prutz es schon mal in seinem nicht sehr reich ausgestatteten Musikantenturm – (Störung! Es kommt Besuch, ein Herr mit zwei Damen) – als Motto gebraucht hat, die Chiffre des alten Königs Friedrich Wilhelm I., die er unter seine schönen Gemälde zu setzen pflegte, anwenden müssen: »in doloribus pinxi«.

AN BERNHARD AFINGER

Eisenach, 16. September 1869

Mit großem Vergnügen habe ich den Inhalt Ihres freundlichen Schreibens gelesen und mit noch größerem beantworte ich Ihren Brief. Zu jeder Stunde, die Ihnen genehm ist, sind wir bereit, Sie zu empfangen, und haben die stille Hoffnung, daß es Ihnen auch jetzt noch, bei vorgerückter Jahreszeit, bei uns gefallen wird. Sie werden bei uns einen lieben und interessanten Besuch finden, den Professor von Budkowsky, der mich gemalt hat und sich jetzt angelegentlich mit meiner Frau beschäftigt; so wären denn drei freie Künste: die Plastik, die Malerei und, wenn ich so frei sein darf, auch die Poesie vertreten. Es fehlt, wie Sie sehen, nur noch ein Jünger der heiligen Cäcilia, ein Musiker, dann wäre das vierblättrige Kleeblatt fertig, und da habe ich denn so gedacht, ob wir uns nicht den »Willa Wallhall-Weiha Laweih Wagner« dazu einladen wollten, dann würden die vier freien Künste doch einmal unter einem Dache friedlich beisammen wohnen.
Also, vom 21. d. M. ab erwarten wir Sie; am 23. liest Emil Palleske hier den Kaufmann von Venedig, dies zur bloßen Notiz.

AN RICHARD SCHRÖDER

Eisenach, 5. November 1869

Lieber, bester Richard, ja, wir haben leider, leider gehört, wie scheußlich das Andenken Deines braven Vaters von Spitzbuben und Betrügern beschmutzt worden ist; wir haben es durch eine alte, an Deinen Vater und an uns anhängliche alte Tante Ottilie erfahren, und es ist wohl kaum ein Tag vergangen, wo wir beiden Reuters nicht zusammen saßen und darüber judizierten, wie die Geschichte zusammenhängen könnte. –

Fern von Treptow und ohne hinlängliche Kenntnis von dem eigentlichen Sachverhalt, konnten wir nur die unbegründetsten Hypothesen aufstellen, und die einzige, die allenfalls standhielt, war die, daß Dein so sehr wohlwollender Vater vielleicht von seinen Untergebenen gemißbraucht sein könnte. – Wie aber Wienke Deinen Schwager Nobiling mit Spott und Hohn hat ablaufen lassen können, begreife ich nicht, es ist ja notarisch und auch Peters bekannt, durch den ich es erfahren, daß Wienke Geld von Deinem Vater erhalten hat – es war freilich damals nur von 6000 Talern die Rede, aber ein Schuldverhältnis war doch vorhanden.

Was nun Dein Anliegen bei mir betrifft, so habe ich dasselbe nicht mehr wie gerne erfüllt, inliegend empfängst Du die gewünschten 200 Taler, behalte sie, solange Du willst, vorläufig macht mir das keine Beschwerden. – Aber wie so ein jeder von der Niedertracht der Welt zu leiden hat, so auch ich, hast Du's schon gehört, daß ein lieber Landsmann in Amerika meine sämtlichen Werke nachdruckt? Daß er die Frechheit gehabt hat, allen deutschen Buchhandlungen diese seine wohlfeile Auflage anzubieten, und daß er auf solche Weise mich um meinen wohlerworbenen Verdienst bringt? – Wenn ich nicht schon von früher her die Erbärmlichkeit der Menschen kennte, ich würde in Anbetracht Deines und meines Falles sagen: es ist eine niederträchtige Welt!

Wir beide, vor allem meine gute Frau, haben für Euch Schröderskinder die herzlichste Teilnahme, es läßt sich brieflich nur nicht so ausdrücken, wie es mündlich möglich ist. Leb wohl, Richard, freue Dich Deiner lieben Frau und des kleinen Ebenbildes Deines braven Vaters! Dein Dir immer getreuer

Fritz Reuter

AN DIE STADTVERWALTUNG TREPTOW (TOLL.)

Eisenach, 10. November 1869

Sie haben mir durch Ihre Depesche die frohe Überzeugung geschafft, daß doch noch einige Fäden zwischen dem früheren Wohnort und mir unzerrissen bestehen. Je älter man wird, desto mehr muß man auf das Wiedersehen von alten Freunden und Bekannten verzichten; sie fallen von einem ab wie jetzt das Laub von den Bäumen. Vor allem hat in Treptow der Sensenschwinger aufgeräumt; doch die Klage, sie wecket die Toten nicht auf.

AN FRITZ PETERS

Eisenach, 2. Dezember 1869

Mein lieber Fritz, gestern sind richtig und wohlbehalten die schönen pommerschen Südfrüchte, die wohlgelungenen Fabrikate meiner lieben Freundin Marie, bei uns eingesprungen. Was *meine* ist, hat um diese Fleischtöpfe Ägyptens getanzt wie der selige König David um die Bundeslade. Schade! Sie hatte keinen leinenen Leibrock an, sonst wäre der Vergleich vollständig gewesen – und schade! – ich mußte sie einfangen, sonst wäre sie mir in ihrer Freude auf den Tisch gehüppt, und der hätte es nicht ausgehalten; denn wenn's so beibleibt, dann jagt sie Deiner Frau in der Vollkommenheit und Völligkeit noch vorbei. – Gestern schon Leberwurst – heute mittag Sauerfleisch, Bratkartoffeln – und morgen Gänse-

braten – »fett Vierteljohr!« Hurra! Min Vatter kann swemmen! –
Die guten Nachrichten über Deine Kinder haben uns viel Freude gemacht. Die von Hans besonders; aber Du hast mir gar nichts über Deine und Loepers diesjährige Ernte geschrieben; auch hast Du mir gar nichts über die traurige Verlassenschaft unseres alten Schröder geschrieben. Wie ist dies möglich geworden? Bloß konfuse Geschäftsführung konnte doch nicht den Grund abgeben? Was wir wissen, haben wir durch Ottilie Hasselbach und später durch Richard erfahren, und das war wenig und von einem parteiischen Gesichtspunkt aus.
Mit Deinen Vorschlägen in betreff der 2000 Taler bin ich einverstanden, und ich bitte Dich, die Kosten für die Gänserei mir an den Weihnachtszinsen abzuziehen. Meine Einnahmen werden für die Folgen leider eine große Einbuße erleiden, weil ein spitzbübischer Buchhändler in Amerika meine Werke Wort für Wort plattdeutsch nachdruckt; und wenn derselbe diesen Nachdruck auch nicht in Deutschland gegen die bestehenden Gesetze vertreiben kann, so wird der Schmuggelhandel doch das seine tun; jedenfalls wird mir aber der Vertrieb in Amerika, der in der letzten Zeit sehr bedeutend war, vollständig abgeschnitten. Das ist sehr schlimm, es läßt sich aber gegen das amerikanische Raubsystem nichts machen.
Wir haben hier den vollständigsten Winter; eine dichte, $^3/_4$ Fuß dicke Schneedecke und seit heute morgen 10–11°.
Nun sagen wir Deiner lieben Frau Marie und unserem kleinen Kindchen Anna noch besonders unseren herzlichsten Dank! Und »meine« trägt mir soeben noch auf, ausdrücklich unseren Dank so zu vermerken: »Es ist doch gut, daß man noch solche guten Freunde hat.« – Sie will bald schreiben.
Nun lebe wohl! Ich hoffe auf den verheißenen Brief, der mit den pommerschen Gänsebrüsten erfolgen soll.
Dein Fritz Reuter

AN ERHARD QUANDT

Eisenach, 18. Dezember 1869

Mein lieber, guter Quandt, wat is dat? Wat sall dat sin? Un wat sall dat bedüden?

Als ich Ihren Brief erhielt, war ich im ersten Augenblick ganz erstaunt und dann – ich will es gleich gestehen – sehr ärgerlich und entrüstet, daß mir, der ich mir bewußt bin, daß ich in sechzig Jahren niemals einen Freund verkannt, verlassen oder gar aufgegeben habe, daß mir grade von Ihnen, dem ich so mannigfach zum Danke verpflichtet bin, dieser Vorwurf gemacht wurde. – Dies ist denn auch der Grund, daß ich erst heute diesen ominösen Brief beantworte, ich wollte erst ein gelindes und weiches Gras über meinen Verdruß wachsen lassen.

Wie können Sie von Kälte eines Mannes sprechen, der – gottlob! – noch die Fähigkeit besitzt, sich für die Angelegenheiten wildfremder Menschen zu erwärmen; sagen Sie meinetwegen viel von der Unregelmäßigkeit und Faulheit in meiner Korrespondenz, *den* Vorwurf verdiene ich; aber sagen Sie nichts von meiner Unfreundlichkeit und Undankbarkeit, *den* Vorwurf verdiene ich nicht. – Ich bin in der letzten Zeit durch vielfache Störungen und durch Verdrießlichkeiten, die mir von außen zugeflogen sind, vielleicht auch in mir selbst liegen, in eine mir sonst fremde Hypochondrie hineingeraten, daß ich damit die Faulheit im Briefschreiben entschuldigen möchte; aber wenn wir beide uns wiedersehen sollten, dann hoffe ich, daß Sie nichts davon bemerken werden.

Also, lieber Freund, die Sache wäre hiermit wieder in Ordnung. Mit herzlichstem Gruß an Sie und Freund Hänel.

Ihr Fritz Reuter

AN FRIEDRICH v. BÜLOW

Eisenach, 22. Dezember 1869

Mein hochverehrter Herr und Freund, das glaube ich! Ich glaube, daß Sie vieles faul im Staate Stavenhagen gefunden haben, glaube auch, daß Sie vieles dort lernen können; aber wie der Arzt aus dem kranken Körper sich den gesunden abstrahiert und rekonstruiert. – Sie werden gewiß Ihre liebe Not haben und werden dem Patienten nach einer langjährigen Palliativbehandlung gehörig mit Messer und Brenneisen zuleibe gehen müssen. Das liegt wohl auf der Hand, und doch würde es mir leid tun, wenn die Operation zu schmerzhaft ausfallen sollte, da ich mich nach so vielen Jahren noch immer als Stavenhäger Stadtkind betrachte und mit tausend Fäden der Erinnerung an das kleine dürftige Heimwesen geknüpft bin. –

Darum bin ich denn auch gern erbötig, zu Ihrem guten Werke, der Stiftung einer Volksbibliothek, bereitwilligst die Hand zu bieten, und wenn Sie meine eigenen Schriften für diesen Zweck passend erklären, so haben Sie nur die Güte, die Einlage an meinen Verleger Hinstorff in Wismar zu befördern, dann wird das Gewünschte erfolgen. Aber außerdem hoffe ich, Ihnen noch eins und das andere aus meinem Büchervorrat senden zu können, und wenn diese Bücher auch nicht religiösen Inhalts sein sollten – welche Richtung ich indessen als durchaus notwendig für eine solche Bibliothek ausdrücklich erkläre – so hoffe ich doch, daß sie keine Ähnlichkeit mit dem schlechten französischen Geschreibsel haben werden.

Meine Frau und ich wünschen Ihrer geehrten Gattin und Ihnen frohe Feiertage und ein fröhliches Neujahr. Ihr

Fritz Reuter

AN CARL HINSTORFF

Eisenach, 22. Dezember 1869

Mein lieber Hinstorff, habe die Güte, meine sämtlichen Werke (13 Bd.) behufs Begründung einer Volksbibliothek für Stavenhagen an den Herrn Bürgermeister von Bülow so bald wie möglich einzusenden (gebunden). Stelle mir die Sendung in Rechnung; wenn wir zur Ostermesse zusammenkommen, berechnen wir uns darüber. Dein Fritz Reuter

AN FRITZ VOGLER

Eisenach, 21. Dezember 1869

Mein lieber, junger Freund, ich setze voraus, daß Sie in diesen festlichen Tagen, die eine so große Bedeutung für die Jugend haben, zu Ihrer Frau Mutter nach Könnern gereist sind, darum richte ich mein Schreiben dahin.

Ja, lieber Sohn meines unvergeßlichen, kleinen Copernikus (Spitzname Ihres Vaters), ich bin ein spezieller Freund Ihres Vaters gewesen, und wenn seine Seele von irgend etwas bewegt wurde, so war ich gewiß nicht der letzte, den er mitteilend aufsuchte; mit mir war's ebenso. Ihr Vater war ein braver Mann, und ich will wünschen, daß Sie Ihr Leben lang dies Urteil vor Augen haben mögen zur Kräftigung und Nacheiferung.

Später kam ich einmal nach Berlin, und da ich von irgendeiner Seite her gehört hatte, Ihr Vater sei Kammergerichtsassessor in Berlin, so lief ich Straße auf und Straße nieder, um meinen kleinen Vogler aufzufinden; aber alle dieses Namens zeigten mir fremde Gesichter, so daß ich den Versuch als vergeblich aufgeben mußte. – Der Rechtsanwalt Schultze zu Meseritz (der olle Captain) hat mir denn endlich die traurige Nachricht von dem Tode Ihres Vaters mitgeteilt.

Nun grüßen Sie mir Ihre liebe Mutter recht von Herzen und

sagen Sie derselben, sie möge an diesem schönen Weihnachtsfeste ein gütiges Gedenken für den Freund Ihres Vaters hegen.
Mit den besten Wünschen für Ihr beiderseitiges Wohl

Fritz Reuter

1870

AN FRIEDERIKE NAETER

Eisenach, 11. Februar 1870

Verehrte Frau, wenn ich erst jetzt antworte, so dürfen Sie mir dies nicht übel auslegen; ein häßlicher Rheumatismus an der rechten Hand hat mich am Schreiben gehindert, und nun hat sich eine solche Korrespondenz angehäuft, daß ich sie knapp bewältigen kann.

Ich seh nicht ein, warum Sie Ihren Knaben das Gedicht nicht vortragen lassen wollen oder eine junge Dame das andere nicht; von Lächerlichmachen kann ja gar keine Rede sein. Darüber, ob Ihre Gedichte in dem richtigen Dialekt der Börde geschrieben sind, kann ich natürlich nicht urteilen; aber wenn sie es nicht wären, so machte das auch nichts aus, das würden schon die Vortragenden bestens durch ihre Aussprache besorgen können. – Einer oder der andere wird vielleicht eine unberufene Kritik, vielleicht auch eine mißliebige, ausüben; aber daran muß man sich nicht kehren, das geht anderen Leuten auch so.

Mit freundlichem Gruße Ihr Fritz Reuter

AN FRIEDRICH v. BÜLOW

Eisenach, 11. Februar 1870

Heute oder bis Montag wird eine Bücherkiste an Sie abgehen, gepackt ist sie gestern schon ... Viele von den Scharteken werden Sie nach genauerer Perlustration für non satis dignum oder inaptum erklären; aber manche dürften zweckentsprechend sein, ja, ich hege die vielleicht übertriebene Hoffnung, daß Ihre Frau Gemahlin einen befriedigten Blick in die Sachen von Melchior Meyr, in das neue Gesangbuch von Buchwald, die drei Federn von Corvinus und die Hedwig

von Becker werfen dürfte. Manche Sachen sind, wie Sie sehen werden, noch nicht einmal aufgeschnitten, von mir also nicht gelesen, es sind dies Bücher, welche mir von Buchhändlern zugesandt sind, die indessen für mich ein augenblickliches Interesse nicht hatten; andere wiederum unter den wissenschaftlichen Werken sind solche, die ich selbst in früheren Jahren so gründlich studiert habe, daß sie mir jetzt nicht mehr nötig sein dürften, wie Liebig und Fischer. Mit politischen Abhandlungen und Broschüren habe ich Sie ganz, mit lyrischen und andern, außer plattdeutschen, dialektischen Ergüssen zum großen Teil verschont, und von einem von mir nicht gelesenen Buche »Christenmenschen und Heidenmenschen« muß ich erklären, daß es von einem enragierten Katholiken herrührt, müßte also wohl erst von unserm lieben und freundlichen Pastor Niederhöfer approbiert werden.
Die besten Gedanken kommen nach. – Nun ist die Kiste zugenagelt und signiert, und da habe ich drei Bände der Julian Schmidtschen Literaturgeschichte vergessen, die ich ebenfalls für Sie bestimmt hatte; sie werden aber später mit noch vielleicht andern passenden Sachen nachfolgen. – Ich sage passend, weil ich mir gedacht habe, daß auch wohl andere Leute, z. B. die Lehrer, später die Bibliothek benutzen dürften. – Nehmen Sie den Beitrag freundlich auf und verbrennen Sie das, was Ihnen für Ihren Zweck untauglich erscheint ...
In das neue Jahr bin ich ziemlich kümmerlich eingetreten, es meldet sich bei mir das angehende Alter mit einem recht beschwerlichen Rheumatismus, und in pekuniärer Beziehung werde ich für die Folge eine sehr empfindliche Einbuße zu beklagen haben, freilich ohne meine Schuld, sondern durch den Raub eines amerikanischen Nachdruckers, eines gewissen Steiger, der sogar die Frechheit gehabt hat, seinen Nachdruck bei den deutschen Buchhändlern allenthalben anzupreisen. Wenn nun auch ihm gesetzlich nicht zusteht, seinen Nachdruck in Deutschland öffentlich vertreiben zu lassen, so würde mir doch der Absatz in Amerika, der in den letzten Jahren sehr bedeutend gewesen ist, entgehen, und viele Exem-

plare werden sicherlich bei uns dennoch eingeschmuggelt werden. – Es läßt sich aber nichts dagegen tun und muß mit Ergebung hingenommen werden . . .
Herzliche Grüße von Haus zu Haus von meiner Frau und mir! Kalt! Kalt! – Wir haben hier auch unsere richtig zugemessenen 17–18 Grad Kälte gehabt, und heute sind's 11 Grad; im Hause ist's aber recht gemütlich warm. – Bei der hier herrschenden schlechten Bauart frieren die armen Leute ganz erbärmlich; wir aber segnen unsern Entschluß, ein tüchtiges, massives, dickwandiges Haus zu bauen, und bei der südlichen Lage scheint die Sonne recht freundlich auf meinen Blumentisch, so daß bei blühenden Hyazinthen, Tulpen und Krokus jedermann sich behaglich fühlen könnte, wenn er auch kein Poet ist. – Aber die Dornen meiner Rose sind die Mäuse, die sich in meinen Garten hineingezogen haben und sich nun in ihren Mußestunden höchst löblich damit beschäftigen, mir die Aussicht einer zukünftigen Ernte an Pfirsich- und Aprikosenbäumen und an Weinstöcken nach und nach, aber gründlich knospenweis abzunagen. – Auch eine Art von Nachdruck, weil die Racker ernten, wo sie nicht gepflanzt haben, und nachdrücklich besorgen sie's.

Der Obige

AN AUGUST LOESCHER

Eisenach, 7. Mai 1870

Mein lieber guter August, Du hast mir einen mich tief schmerzlich berührenden Brief zugesandt; seit längerer Zeit hat keine Nachricht mich heftiger erschüttert.
Mein alter langjähriger Lehrer und Freund nicht mehr! – Ich hatte die Hoffnung, noch länger mit ihm auf dieser Erdenscholle zu wandeln, und diese Hoffnung ist so natürlich, sie ist durch langjährige Gewohnheit so berechtigt, daß man das Aufhören derselben zuerst gar nicht begreifen kann. Es sind jetzt 46 Jahre, als Gesellius seine Laufbahn als Lehrer in Friedland begann und ich die meine daselbst als Schüler,

und seit jener Zeit bin ich mit ihm in fast ununterbrochenem Verkehr geblieben. Was ich von ihm gehalten habe, das wußte er, und ich weiß auch, daß er von mir etwas gehalten hat. – Mit welcher Großmut hat er mir meine übermütigen Jugendstreiche vergeben, und mit welcher Treue hat er mich vor schlimmeren bewahrt! – Er war so wahr und aufrichtig, daß schon sein Beispiel dem jungen Gemüt als Leitstern für den rechten Weg leuchten mußte. – Nächst Gott und meinen Eltern verdankt ihm meine Jugend das Beste.

Wie traurig müssen sich seine Hinterbliebenen, vor allen seine Tochter Anna und seine Schwester Laurette, fühlen, die ja so lange Zeit treu und unverdrossen um ihn gewesen sind. Und wenn ich diesen Brief auch an Dich gerichtet habe, so ist er dennoch vorzugsweise für die Hinterbliebenen geschrieben, und ich habe die Adresse nur gewählt, weil ich mich unfähig fühle, an jener Stelle Trost auszusprechen, und nicht gerne mit den abgegriffenen Pfennigen von allgemeinen Trostgründen die Liebe vergelten möchte, die ich dem Verewigten schulde. Du hast wohl die Güte, diesen Brief dem Fräulein Laurette zu übergeben.

Nächstens werde ich 60 Jahre, meine Gesundheit ist nicht mehr die beste, und in der letzten Zeit sind so viele liebe Freunde von mir geschieden, zuerst der Dr. Ernst Boll, dann der Justizrat Schroeder in Treptow, dann Gesellius, und gestern erhielt ich die Todesnachricht von einem andern lieben Freund, dem Geheimrat Böcking in Bonn, daß mir unendlich traurig und ernst zumute geworden ist.

Du selbst hast auch einen herben Verlust zu beklagen und bist leidend; halt Du nur noch etwas mit mir aus und erquicke Dich an dem Glücke Deiner wohlgeratenen Kinder.

Und nun leb wohl, mein alter lieber Freund, und nimm meinen herzlichen Dank für Deinen Freundesbrief.

Mit dauernder Liebe Dein Fritz Reuter

Ringsum grünt der Frühling zum neuen Leben, und doch – tot. Aber er verkündet uns auch ein Auferstehen.

AN ADALBERT VIKTOR SVOBODA

Eisenach, 22. Juni 1870

Verehrtester Herr, wenn ich nur nicht zu spät komme! – Es ist eine schlimme Seite bei mir, daß bei einer sehr großen Korrespondenz und vielfachen Störungen mir Dinge, die mir sogar am Herzen liegen, aus dem Gesichte und aus dem Gedächtnis kommen. – Freilich habe ich von Ihnen viel gehört und über Sie gelesen – nur Vortreffliches –, zuletzt von Arnold Wallner, Redakteur von »Über Land und Meer«, der auch Ihres Schützlings, des Herrn Rosegger, mit großer Freundlichkeit erwähnte. – Sehr gerne werde ich den jungen Reisenden bei mir sehen, und wenn's nicht zu spät ist, bitte ich, ihn davon zu benachrichtigen. Mit Ausnahme von 3 Tagen, die ich in kürzester Zeit in Kassel zuzubringen gedenke, bin ich bis zum August mit Gewißheit zu Hause, vielleicht den ganzen Sommer.

Mit freundlichem Gruße Ihr Fritz Reuter

AN FRANZ LIPPERHEIDE

Eisenach, 11. September 1870

Ein längeres rheumatisches Leiden meines Mannes, jetzt so ziemlich beseitigt, trägt die Schuld, daß Ihre Briefe unbeantwortet blieben. Verzeihen Sie gütigst, eine bestimmte Zusage konnte leider früher nicht gegeben werden, sollte aber in diesen Tagen erfolgen und wäre erfolgt auch ohne Ihren soeben eintreffenden Brief. Sie dürfen sich also beruhigen: Reuter arbeitet an einem Beitrag für Ihr Liebeswerk und hat die Arbeit zum dritten Teil etwa vollendet – in zirka spätestens vierzehn Tagen werden Sie im Besitz derselben sein. Der einfache Liederzyklus möchte etwa 8–10 Seiten Ihres Heftes füllen, die Seite nicht viel über 24 Zeilen enthaltend. Daß Sie aber nichts Außerordentliches erwarten möchten, ist die Bitte meines Mannes: einfache Auffassung und Schilderung des gewaltigen Krieges durch einen braven pommerschen Soldaten in seiner Weise und Mundart. Obgleich die kleine epische Erzählung aus einzelnen Liedern besteht, kann sie doch, eng verknüpft, durch den Druck nicht getrennt werden, ohne den Eindruck, besser das Verständnis, zu stören.

AN FRITZ PETERS

Eisenach, 13. Oktober 1870

Mein lieber Fritz, es ist schon lange her, daß ich nicht an Euch geschrieben habe, habe auch nicht zu den alljährlich so schön regelmäßig wiederkehrenden Geburtstagen gratuliert, obgleich ich doch auch an anderen, minder wichtigen Tagen sehr viel und freundlich an Euch gedacht habe.

Was ist das für eine Zeit! – Man kommt gar nicht zu Atem, zumal, wenn man an einer so belebten Militärstraße wohnt wie wir. Hier gehen die meisten Soldatenzüge durch, und nur die große Entfernung von uns zum Bahnhofe und die Ungewißheit der Ankunft der Züge verhindert uns, bei den meisten Zuschauer zu sein; aber nun diese Zeitungsnachrichten! (Ich lese jetzt 4 Zeitungen: die Kölnische, die Weimarsche, die Rostocker und unser Eisenacher Wurstblättchen.) Bald sind's Freudens-, bald Hiobsposten, zu welchen letzteren ich die furchtbaren Verlustlisten der Kölnischen rechne, worin ich denn auch einen Unteroffizier Altrock als leicht verwundet gefunden habe; aber zum Glück keinen Max Peters; ferner die Schilderung der in der Pfalz und im Elsaß herrschenden Not und schließlich die infame Viehpest. Diese hat mich um Deinetwillen mit großer Besorgnis erfüllt; aber vielleicht unnötigerweise; hoffentlich wird man ihrer in Pommern wenigstens Herr.

Dein Max hat an mich geschrieben; einen lieben, freundlichen und sehr instruktiven Brief; er bittet darin um Antwort, und diese hätte ich ihm schon längst zukommen lassen, wenn ich nicht die Absicht hätte, ihm irgend einen Abdruck von einem längeren, von mir verfaßten Gedicht zukommen zu lassen. Das Ding muß noch nicht gedruckt sein; ich erwarte es jedoch bald, und dann werde ich es an Euch in Bollentin senden, da Ihr doch am Ende seinen Aufenthalt genau wißt. – Der wird was zu erzählen haben! Gebe Gott nur, daß er erst gesund und heil zu Euch zurückkehre, wenigstens aus diesen nichtswürdigen Biwaks bei Metz erlöst wird, von denen uns ein mecklenburgischer Gardeunteroffizier aus Ivenack eine sehr häßliche Beschreibung gemacht hat.

Wir haben hier ein Lazarett von einigen Leichtverwundeten und ziemlich vielen Kranken (Rheumatismus, Typhus, Ruhr), und heute erwarten wir französische Gefangene; es soll eine Rassenbande von Zuaven, Turkos, Mobilgarden und Franktirörs sein, die zur Sicherheit von einer ganzen Kompanie geleitet wird.

Diese unsere neue Einwanderung wollen wir denn auch heute nachmittag auf dem Bahnhofe in Empfang nehmen. Es ist nur ein sehr schlechtes Wetter augenblicklich, stürmisch mit vielem Regen, und der Herbst macht dem rasch herbeieilenden Winter nur noch ein flüchtiges Kompliment.

Wie's uns geht? – Nun, bei so allgemeinem Leid und so verbreiteter Sorge und Not darf man billigerweise mit seinen kleinen Klagen nicht zu Markte ziehen. – Fühl's aber doch schon, daß ich in kürzester Zeit meine 60 Jahre auf dem Nacken habe; Kreuzschmerzen, Reißen in den Beinen und andere Altersgenossen treiben sich in meinem Leichnam umher. Dazu kommt auch, daß ich in diesem Jahre eine sehr mäßige Einnahme gehabt habe; sonst hatte ich wohl durchschnittlich gegen 12 Auflagen, in diesem Jahre nur 2 und dabei eine sehr gesteigerte Ausgabe, durch den Krieg hervorgerufen.

Luise ist auch nicht von dem Besten ihrer Gesundheit; heute wieder die alten Kopfschmerzen; was mir noch viele Freude macht, ist mein Garten, der in diesem feuchten Sommer prächtig herangewachsen ist; alles gedeiht gut, auch die im oberen Garten neu gepflanzten Obstbäumchen. Die anderen

haben schon fast alle getragen und treffliches Obst gebracht, vor allem die Weinstöcke; nur sind manche spätere Sorten nicht reif geworden. Meine Kirschen haben die Vögel, meine Nüsse die Eichkatzen aufgefressen. Heute will ich Pfirsiche, Aprikosen und Wein beschneiden. Ich will recht sehr wünschen, daß auch Du mit Deiner Ernte wohl zufrieden bist; bei mir ist's Spaß, bei Dir ist's Ernst.
Leb wohl, lieber Fritz, grüße meine Frau Gevatterin und die Kinder von Deinem Fritz Reuter

Sowie ich das Gedicht erhalte, schreibe ich an Max und schicke den Brief an Dich. Luise grüßt Euch alle.

AN FRANZ LIPPERHEIDE

Eisenach, Oktober 1870

Beim Durchlesen meines Gedichts bemerke ich einen schlechten Vers (der letzte im vorletzten Abschnitt ist es); es muß heißen:

Ik möt för em mi nu för Dütschland slahn.

Vielleicht läßt sich der Fehler noch redressieren.
Dann habe ich noch die Bitte, mir von meiner Arbeit nur irgendeinen Abdruck (etwa einen Korrekturbogen oder Aushängebogen, der nicht mehr gebraucht wird) zu senden. Er ist für einen jungen Freund im Felde bestimmt, der mich dringend darum ersucht hat.

AN FRANZ LIPPERHEIDE

Eisenach, 1. November 1870

Für die freundliche Aufnahme meiner Gabe danke ich Ihnen recht sehr, und wenn auch der eigentliche Zweck meiner Zusendung ein rein patriotischer ist, so freue ich mich doch daneben, daß ich durch meine Teilnahme einem Manne, der soviel Zeit und Mühe für die gute Sache geopfert hat, einen kleinen Beweis meiner Hochachtung habe erzeigen können. – Es versteht sich von selbst, daß Sie das Verlagsrecht unter der von Ihnen erwähnten Bedingung einer etwa späteren Einreihung von mir in meine Werke erhalten und behalten. – Ich habe freilich meinem langjährigen Verleger, Hofbuchhändler Hinstorff in Wismar, von dem Gedicht geschrieben, ihm aber dabei bemerkt, daß Sie den Nachdruck verweigert hätten und daß, wenn ich auch eine Verbreitung desselben in meinem speziellen Vaterlande gern sähe, die Erlaubnis dazu ganz von Ihnen abhinge. – Wenn Sie, wie Sie andeuten, mir eine bescheidene Anzahl von Freiexemplaren des achten Heftes bestimmt haben, so ersuche ich Sie, davon an Dr. Julian Schmidt und dessen Frau je eins zu senden, und zwar in meinem Namen. Ich scheide von Ihnen in größter Hochachtung.

AN FRITZ PETERS

Eisenach, 2. November 1870

Lieber Fritz,

»Und der Regen, der regnete jeglichen Tag.«
(Shakespeare.)

Ja, bis auf heute, wo die Sache mit Frostwetter umzuwechseln scheint. – Auf den Acker kannst Du nicht kommen, das liegt auf der Hand, oder vielmehr: hackt an dem Fuß; also sitzest Du zu Hause und hast Zeit, die Einlage an Deinen braven Max zu besorgen. (Wenn's möglich?) Die drei Exemplare meines Gedichts wirst Du erhalten haben; sende ihm dieselben zu, und Ihr nehmt dafür hiermit zwei Exemplare des Heftes in Empfang, in welchem das Gedicht aufgenommen ist. Das eine Exemplar ist für Deine liebe Marie, das andere für meinen alten Superintendenten Schumacher bestimmt.

Ich habe das Glück, daß mein Gedicht kurz, aber sehr gün-

stig in der Kölnischen Zeitung besprochen ist und daß der Verleger sich ausnahmsweise den Nachdruck desselben verbeten hat. Laßt Euch doch diese Lieder »Für Schutz und Trutz« kommen; es ist das eine schöne Erinnerung für die Zukunft; alle Dichter der Jetztzeit haben dazu beigesteuert, und Ihr kriegt von fast allen die Autographen.
Vielleicht liefere ich noch mehr dieser Art; aber dann in selbständiger Weise.
Mit unserem besten Gruß für Euch! Fritz Reuter
(bald 60 Jahre alt)

AN MAX PETERS

[Eisenach, 2. November 1870]

Mein lieber Max, gottlob, daß Ihr mit dem verdammten Metz fertig seid! Es ist dort doch wohl die scheußlichste Lage im ganzen Kriege gewesen. Ich habe hier von verschiedenen Seiten darüber Schilderungen von Leuten, die davor gelegen haben, erhalten, unter anderm von dem Obersten des 77. Regiments, der ein paar Häuser weiter von uns, sehr bedeutend an Typhus erkrankt, darniederliegt. Nun lese ich aber zu meiner großen Freude, daß schon vor dem vollständigen Abschluß der Kapitulation die eine Division des 2. Armeekorps in vollem Regen des Abends auf Paris abmarschiert ist.
Ich hätte Dir schon viel früher auf Deinen so freundlichen und hübschen Brief geantwortet, wenn ich nicht die Absicht gehabt hätte, Dir ein Stückchen Poesie mitzusenden, zu dem mich eigentlich Dein Bericht über Gravelotte zunächst veranlaßte; aber bevor so etwas geschrieben und wiederholt durchgesehen und schließlich gedruckt ist, darüber vergeht immer geraume Zeit, und nun wissen wieder die Deinigen, an welche ich diese Zeilen zur Beförderung sende, wahrscheinlich nicht, wohin sie mein Machwerk schicken sollen.
Die Begeisterung für Eure Taten vor Metz ging wie ein Lauffeuer durch das ganze deutsche Vaterland, von Stadt zu Stadt, von Dorf zu Dorf, vom Palast zur Hütte; alles ju-

belte nicht allein über Euren Erfolg und Euren Heldenmut, sondern alle die, die sich einen Begriff von den Schwierigkeiten Eurer Lage machen konnten, waren voll Enthusiasmus über die Zähigkeit und Aufopferungsfähigkeit der herrlichen Armee, die unter solchen Umständen solche Erfolge erstreiten konnte. Ja, mein lieber Sohn, wenn wir uns, will's Gott, gesund einmal wiedersehen, dann kannst Du mit Stolz sagen: Da bin auch ich dabei gewesen! Das ist ein großes Gefühl, welches dem Menschen für alle Zeit und Zukunft als Stab und Stütze sicher zur Seite steht.

Wir alten Knaben hier in Eisenach tun auch freilich das unsere, um der Not im Felde soviel wie möglich abzuhelfen, und haben von hier aus schon einige Male Wagensendungen mit warmen Kleidern und Lebensmitteln an unser 2. Bataillon des 94. Regimentes abgesandt; aber was will das heißen? Es ist das Scherflein der armen Witwe, wohl gut gemeint, aber doch sehr wenig hilfreich.

Meine Luise, die Dich recht von Herzen grüßen läßt, hat unser Haus, oben und unten, für Leichtverwundete und Rekonvaleszenten eingerichtet; sie hat eine Unmasse von Erquickungen eingekocht; aber vergebens – es werden keine Kranke in Privatlogis einquartiert, und so beschränkt sich denn unsere Pflege auf den Obersten von C., und das auch nur durch etwaige Zusendungen.

Seit zwei Tagen sind wir denn auch mit französischen Gefangenen gesegnet; es sollen meist Elsässer aus Schlettstadt sein; ich habe sie noch nicht gesehen. Heute pfeift die Lokomotive wieder ununterbrochen, ein Zeichen, daß Frankreich wieder bei uns zu Besuch kommt; wir haben uns diesen Besuch wiederholentlich auf unserem vorzugsweise frequentierten Bahnhofe angesehen; aber ich kann nicht sagen, daß derselbe einen wohltuenden Eindruck auf uns gemacht hat; es sind verkommene Gesellen, diese Zuaven und Turkos, und wenn Deutschland noch irgend Ehre im Leibe hat, so wird es in heller Werktätigkeit Gott und Euch auf den Knien danken, daß Ihr uns vor diesen Menschen bewahrt habt.

Gestern abend verbreitete sich hier, durch Berliner Zeitungen hervorgerufen, das Gerücht, es sei auf unsern König geschossen und der Kriegsminister sei verwundet; ich glaub's aber nicht. Wäre es wirklich der Fall, so wär's für Frankreich das fürchterlichste Unglück. – Dein Fritz Reuter

AN FRITZ PETERS

Eisenach, 15. Dezember 1870

Lieber Fritz, soeben, als ich mich zum Schreiben an Dich niedersetze, kommt Dein freundlicher Brief an, für welchen ich Dir unsern Dank sage; aber geschrieben wird doch! Denn, wie der Holländer sagt: ut deipe Kuhl bölk ick tau di. – Ich bin gezwungen, allerlei Brand- und Bettelbriefe in die Welt zu schicken, sintemal dieses Jahr »mich zu stark in den Beutel – ich meine den Geldbeutel – gegriffen hat«, wie die Frau Müller sagt.

Kannst Du mir meine Zinsen diesmal wohl zwei bis drei Tage *vor* Weihnachten schicken? – Du würdest mir einen großen Gefallen tun. Ich bin so total abgebrannt, daß es mir sonst nicht möglich ist, meinen Leuten eine Weihnachtsfreude zu machen. Wir grüßen Euch herzlich. Dein

Fritz Reuter

Die Kosten für die Gänserei ziehst Du natürlich ab – umstehend wirst Du die Quittung über 200 Taler finden.

1871

AN EMIL v. CONRADY

Eisenach, 28. Januar 1871

Sie glauben gar nicht, welches helle Freudenfeuer Sie durch Ihren Brief in unseren Herzen angezündet haben ... Leider kann ich nicht, gleich Ihnen, meine Epistel mit interessanten Daten ausfüllen, denn bei uns spinnt sich das Leben in der Ihnen bekannten harmlosen Weise ab, und nur die großartigen, glücklichen Erfolge unserer Freunde und Brüder auf den schrecklichen Schlachtfeldern bringen eine erfreuliche Abwechselung in diese Stille. – Was erlebt man nicht alles! – Sieg auf Sieg und nun noch ein Kaiserreich! Alle Träume meiner Jugend scheinen sich erfüllen zu wollen, wenn auch unter Blut und Schmerz; aber es geht wohl nicht anders; jedes hoffnungsvolle Kind wird ja in Schmerzen geboren ... Gleich nach Ihrer Abreise von hier hatten wir eine furchtbare Kälte – 26 Gr. –, die drei Tage andauerte und die Lage der armen durchpassierenden Verwundeten zu einer erbarmungswürdigen machte. Sechs französische Gefangene sind am Bahnhofe, zu Eisklumpen erstarrt, mit gen Himmel gerichteten Armen aus einem Waggon herausgeholt worden; es soll ein schrecklicher Anblick gewesen sein. Diese Kälte hat freilich nachgelassen, aber es ist doch noch immer bis zu 9 Gr. kalt. – Sie können wohl denken, mit welcher innigen Teilnahme wir Ihrer in dieser Zeit gedacht haben! Wir haben die Heerzüge des 77. Regiments mit der größten Aufmerksamkeit verfolgt, haben das Abrücken desselben von den nördlichen Festungen nach dem Süden gelesen, haben gelesen von dem siegreichen Gefecht des Bataillons von Köppen vor Langres und lesen nun von den Gefechten vor Dijon kontra Garibaldi, über welche von Bordeaux aus wieder die fabelhaftesten Lügen verbreitet werden. Die unseligen Franzosen müssen mit ihren Lügen zur Grube fahren; solange sie lügen, gibt's keinen Frieden. Es ergreift einen das tiefste Erbarmen, auch für den Feind, wenn man sieht, wie ein ganzes Volk von einigen gewissenlosen Bestien so am Narrenseile ins Elend und ins Grab gezerrt wird ... Wir werden hier nun auch in einigen Tagen etwas, aber gelinde Aufregung genießen; es soll zum Reichstag gewählt werden. In unserem Wurstblättchen wird schon wacker pro et contra geschrieben, der eine will Kunz und der andere Hinz. Unsereiner steht, Gott sei Lob, außerhalb des Streites. – Meine Frau trägt mir auf, Ihnen zu sagen, daß sie es lebhaft bedauert, Ihnen keine Suppe nach Dijon oder Besançon schicken zu können, sie würde doch zu kalt werden. Wir beide bitten Sie, Ihren treuen Freihold zu grüßen, mit dem Bemerken, daß er bestrebt sein möge, sich in der höheren Kochkunst immer mehr auszubilden. Wenn Sie Garibaldi erwischen sollten, so haben Sie doch die Güte, uns denselben hierher zu schicken, d. h. bloß zur Ansicht!

AN FRANZ LIPPERHEIDE

Eisenach, 18. März 1871

Herr, halt ein mit Deinem Segen! Die Sendung ist zu groß, ich werde genötigt sein, Ihnen den Überfluß zurückzusenden. Für Ihren freundlichen Brief den besten Dank! Ich gewöhne mich allmählich an Ihre wirklich gute Idee in betreff der Herausgabe der kleinen Gedichte, und in diesem Sinne habe ich schon wieder ein etwas größeres opusculum verfaßt, welches nicht für »Schutz und Trutz« bestimmt ist, sondern in Ihren Händen einer späteren Auferstehung entgegenharren soll.

AN BERNHARD AFINGER

Eisenach, 30. März 1871

Sie erhalten hierbei einen Brief mit Anlage von einem Namensvetter von mir (kein Verwandter oder auch nur Bekannter) aus Gleiwitz, Oberschlesien, aus welchem Sie leicht ersehen können, worum es sich handelt. Sie, lieber Afinger, haben sich in ähnlichen Verhältnissen befunden, wie Sie mir mit freundschaftlichem Vertrauen mitgeteilt haben, Sie werden also am besten mit Rat und Tat helfen können. Mit der Tat werde ich auch das meine nach Kräften besorgen. Der junge Mann scheint wirkliche Begabung und tüchtige Vorkenntnisse zu haben, seine Zeugnisse sind vortrefflich, so daß Se. Kaiserliche Hoheit der Kronprinz sich schon bewogen gefühlt hat, ihn zu unterstützen, vielleicht wäre diese Gnade ferner zu erreichen, wenn Sie durch Ihre Bekanntschaft mit unserm hochgepriesenen Kriegsminister den jungen Mann dem ferneren Wohlwollen des hohen Herrn empfehlen wollten. Dies wäre denn nun die Tat, nun handelt es sich aber um Ihren Rat; und da bitte ich Sie, mir den Ihrigen mitteilen zu wollen über folgende Punkte:

1. wo und wie ist der Paul Reuter zweckentsprechend unterzubringen?
2. welchen ferneren Bildungsgang schlagen Sie vor?
3. welcher Summe bedarf derselbe bei eigener Tätigkeit und Verdienst zu seinem Aufenthalt in Berlin?

Sie würden mich sehr verbinden, wenn Sie mir über diese Fragen so bald als möglich Aufschluß erteilten.

AN ALBERT REUTER

Eisenach, 30. März 1871

Mit Ihrem Briefe und mit dem Vertrauen, welches Sie in mich setzen, mehr aber noch durch die vorzüglichen Zeugnisse Ihres Sohnes Paul haben Sie mir eine große Freude gemacht. Ich habe deshalb nun mich sogleich hingesetzt und habe Brief und Anlage an meinen Freund Afinger nach Berlin gesandt, hoffe auch baldige Antwort zu erhalten und werde Ihnen zu seiner Zeit alles auf die Fortbildung Ihres Sohnes Bezügliche mitteilen.

Afinger hat die Büste unseres hochgeehrten Kriegsministers von Roon modelliert, und da habe ich ihm die Hoffnung ausgesprochen, daß er vielleicht durch diese persönliche Bekanntschaft auf das fernere Wohlwollen Sr. Kaiserlichen Hoheit des Kronprinzen wirken könne.

Was mich anbetrifft, so hoffe ich ebenfalls imstande zu sein, Ihrem Sohne auf seiner Künstlerbahn einige Dornen aus dem Wege zu räumen; aber erst Antwort von Afinger.

AN ALBERT REUTER

Eisenach, 24. Juni 1871

Sie empfangen anbei das Urteil meines Freundes Afinger über die Befähigung Ihres Sohnes; es lautet sehr erfreulich. Da ich selbst kein Urteil über die Wege zur Fortbildung des jungen Künstlers habe, so denke ich, Sie folgen dem Rate eines bewährten Meisters. Es würde jetzt nur noch auf das punctum saliens über die Herbeischaffung der Mittel zur Erreichung des Zweckes ankommen, und da schlage ich Ihnen vor, sich sogleich an den Herrn Baron von L... in Elberfeld zu wenden; derselbe ist ein höchst liebenswürdiger und wohlwollender, für die Kunst sich interessierender Mann, der vielleicht Gelegenheit findet, auch andere Männer in seiner Bekanntschaft für Ihren Sohn zu interessieren. Sie können diesen Brief an den Herrn Baron mit einsenden. – Afinger wird gewiß auch in Berlin nach Kräften zu wirken suchen. Hier in Eisenach würden wohl meine Bemühungen vergeblich sein, die Stadt ist arm und durch die Unterstützung für die Beschaffung der Mittel, um den Bedürftigen, die der Krieg uns ans Herz gelegt hat, zu helfen, rein ausgeklappert. – Was mich persönlich anbetrifft, so würd' ich mich entschließen, Ihrem Sohne auf drei Jahre hin jährlich zwanzig Taler zukommen zu lassen.

AN FRANZ BOLL

Eisenach, 15. Juli 1871

Dein Brief hat mir eine große Freude gebracht, er hat mir gezeigt, daß noch hier und da ein lieber Freund lebt, sie werden mir jedoch schon knapp, zumal hier in Eisenach. Ich habe in kurzer, letzter Zeit drei Männer verloren, die zu meinem speziellen Umgang gehörten, zuerst starb der Bankier Ziegler, der uns hier beim Anzuge so freundschaftlich in sein Haus geleitete und uns in seiner Freundschaft stets treu geblieben ist, dann blieb unser gutherziger Nachbar, Rittmeister von Stein, im Felde, und vor kurzem starb mein braver Jugendfreund, der Kirchenrat Stier, an den Blattern. Wenn nun noch dem Kreisgerichtsrat Fischer und dem Professor Koch was Menschliches passiert, dann stehe ich hier ohne jeglichen genaueren Verkehr. Es ist schlimm, daß es so ist; aber Dir geht es ja ebenso, vielleicht noch schlimmer.
Für die Nachrichten über Deinen Franz bin ich sehr dankbar und bin über seine Fortschritte und Aussichten sehr erfreut, weniger über seinen Umgang. Der Verkehr mit den extremen Parteien ist nie ohne Gefahr – exempla docent –, und wär's auch nur die der Einseitigkeit. Wenn nun auch für die nächste Zeit keine Demagogenhetzen in Aussicht stehen, so bereiten sich doch so ganz im stillen – auch für Deutschland – zwei sehr bedenkliche Kämpfe vor, der eine auf religiösem, der andere auf sozialem Gebiete. Wenn Franz nun auch mit dem ersten nicht viel zu schaffen haben mag, so liegt der zweite ihm doch sehr nahe, denn sein Verkehr mit Joh. Jacobi, den ich, nebenbei gesagt, für den gescheitesten, ehrlichsten und konsequentesten Sozialisten halte, kann ihn bei seiner Lebendigkeit und eigenen Ehrlichkeit leicht in Bestrebungen

verwickeln, die wahrscheinlich noch viel ernstere Verfolgung erleiden werden als die, denen ich meine verkümmerte Jugend zurechnen muß. – Indessen, Du wirst schon ein Auge auf diesen Umstand haben. Daß aber Deine beiden kleinen Mädchen noch immerfort an den Nachwehen der abscheulichen Krankheit zu leiden haben, ist sehr betrübend – und der arme Karl Krull!

Manche Deiner Nachrichten sind uns schon bekannt gewesen, denn Du mußt wissen, daß wir an zwei vorzüglichen, reichlich fließenden Klatschquellen sitzen, an den Briefen Ottiliens H......... und dem Rostocker Tageblatt von Hinstorff; und doch bin ich Dir sehr dankbar für Deine Mitteilungen, denn sonst wüßte ich nicht, daß Hagemann Ritter pp. geworden wäre und daß die beiden Ritter eigenhändig ade gegangen wären. Hagemann bitte ich zu grüßen; er soll sich mit dem Orden photographieren und dann den Orden naturgetreu kolorieren lassen, was sich sehr gut ausnehmen würde; ein Exemplar erhielte ich dann auch wohl auf dem Gnadenwege...

Unser alter Reinhard lebt, soviel ich weiß, und zwar bei Müllers in Bolz bei Güstrow, genaueres weiß ich zwar nicht, da er nicht sehr schreibselig zu sein scheint. Das letztemal, als ich ihn hier sah, war er sehr kümmerlich an der Gicht. Seine quasi Anstellung bei der Herausgabe der National-Vereins-Literatur hat schon seit langer Zeit aufgehört und hat damit geschlossen, daß sein quasi Prinzipal... wegen betrügerischen Bankrotts zu 4 Jahren Zuchthausstrafe verurteilt wurde. Zu unserer großen Freude hatte sich Reinhard aber schon längere Zeit vorher von ihm getrennt; er gab darauf in Koburg eine Handwerkerzeitung heraus, die neben vielem ehrlich und ernst gemeinten auch heitere Reinhardiana brachte, namentlich höchst ergötzliche Dinge über den Bischof zu Bamberg. Seide aber hat er dabei nicht gesponnen, und das Blatt ist eingegangen. –

Es ist ja was Außerordentliches mit Deinem Fleiß! Von mir kann ich nichts in dieser Art berichten, ich schreibe wohl auch noch dies und das, werde jedoch voraussichtlich nichts mehr drucken lassen; ich fühle, daß mit den Jahren mir die Frische der Anschauung und Darstellung zu schwinden beginnt, und daher will ich lieber schweigen, als etwas Schlechtes zu Markte bringen. Bin nun auch schon fast 61 Jahre alt, und was Du von der Reue schreibst, muß ich mit viel dickeren Strichen unterstreichen; ich hätte meine 40er Jahre nicht so verbummeln sollen, dann hätte ich bei weitem Besseres schaffen können. Nun ist das alles vorbei, und ich danke Gott, daß er mir es vergönnt hat, dies glorreiche Jahr zu erleben, und daß er mir den Trost zuruft: Aus der Einheit Deutschlands wird auch die Freiheit hervorgehen ... So ein neuer Staat, wie das Deutsche Reich, kann nicht stillstehen, er muß vorwärts, wenn auch mit großen Unterbrechungen von seiten der Reaktion; materielle Eroberungen können wir nicht mehr machen, aber auf geistigem Gebiete steht noch eine sehr reiche Ernte einzuheimsen. – Wir werden dies wohl beide nicht mehr erleben; ich gewiß nicht, denn bei mir, obgleich jünger als Du, stellt sich das Alter sehr bedenklich ein. Hämorrhoiden und Kreuzschmerzen und eine mir sonst unbekannte Steifigkeit der unteren Gliedmaßen machen mich träge, zur Bewegung wenig aufgelegt, und wenn ich nicht meinen schönen Garten hätte, wo ich recht ordentlich auf und ab steigen muß, um dies und das zu besorgen und hier und da nachzusehen, so, glaube ich, würde ich ganz versauern. Dies kleine Stückchen von Gottes Erde ist für mich eine Quelle unendlichen Genusses, vorzüglich wohl, weil ich aus einem wüsten, felsigen Berggarten, der mit einem Dutzend Zwetschenbaumen bepflanzt war, ein nutzbares und anmutiges Grundstück geschaffen habe. Ich habe das Ganze teils mit Felsenmauern, teils mit Rasenböschungen terrassiert, und darauf stehen jetzt zirka 180 Stück Apfel-, Birnen-, Pflaumen- und Kirschbäume, desgleichen zirka 20 Aprikosen und Pfirsiche und 66 Weinstöcke, Himbeeren und Stachelbeeren, Johannisbeeren, Haselnüsse und Walnüsse nicht gerechnet, und dazwischen hochstämmige

Rosen und Georginen. – Alles trägt schon, weil es nur Zwerg- oder Franz-Obst ist, freilich in diesem Jahre nur sehr spärlich, da der Himmelfahrtstag mit 4 Gr. Kälte die meisten Blüten zerstört hat; der Wein nur hat gut angesetzt, wird aber wohl nur in einzelnen Stöcken reif werden. In dem oberen Teil des Gartens steht in diesem Jahr das schönste Gemüse in reichlichster Fülle, ausgezeichnete Spargel und schönste Erdbeeren, Erbsen, Wurzeln, Kohlrabi, Zwiebeln, Bohnen, Gurken et hoc genus omne. Als ich den Garten kaufte, fragten mich die Leute, was ich damit tun wolle, aber ich erinnerte mich des mecklenburgischen Sprichwortes: »Schit un Flit«, nun fragen Sie nicht mehr. Der Garten liegt gegen Süden, hat aber doch sehr reichlichen Schatten durch große Bäume, Eichen, Ahorn, Weißbuchen und Eschen, und in diesem Jahre gedeiht alles bei reichlichem Regen aufs vortrefflichste. Man wollte mich in ein Bad schicken, wollte aber nicht, trinke lieber das mir verordnete Wasser in meinem Garten ...

Und nun lebe wohl und behalte mich mit Freundschaft in Deinem Herzen!

AN FRANZ LIPPERHEIDE

Eisenach, 7. Oktober 1871

Ich habe freilich diese Zusage nicht vergessen und habe auch ein größeres Gedicht vor mir liegen; dasselbe ist jedoch bei reiferer Überlegung viel zu herbe und bissig ausgefallen, als daß ich es, da es den Gegensatz der früheren preußischen Regierung, zur Zeit meiner Leidensjahre, mit der jetzigen behandelt, der heutigen gehobenen Stimmung für anpassend erachten könnte. Und da ich im Augenblick nicht in der Stimmung bin, etwas anderes Neues zu schaffen, so muß ich Sie freundlich bitten, mich meines halben Versprechens zu entbinden.

AN FRIEDRICH (FRITZ) TEUTSCH

Eisenach, 26. Oktober 1871

Mein lieber, freundlicher Herr, wenn Sie wüßten, wie sehr mich der Gruß von Ihnen und Ihrem lieben Kreise von Freunden erfreut hat, so würden Sie aus meinen Zeilen nicht allein den aufrichtigsten Dank, sondern auch die anerkennendste Bewunderung herauslesen, daß es unsern stets hochgeachteten Landsleuten im fernen Osten gelungen ist, sich trotz aller sehr bedenklichen und ernsten Anfechtungen von seiten fremder Nationalitäten ihr deutsches Sinnen und Denken und ihre deutsche Sprache zu bewahren. – Es ist das im Laufe so vieler Jahrhunderte etwas überaus Erquickliches, wenn man bedenkt, wie schmählich andere Auswanderer (z. B. nach Amerika) ihr deutsches Wesen um augenblicklicher Vorteile wegen fremder Sprache und ausländischer Sitte zum Opfer bringen. – Aber die unselige bisherige Zerrissenheit unseres Vaterlands, der geringe Schutz, den deutsches Leben im Auslande gefunden hat, und dann ein kosmopolitischer Zug, der dem germanischen Stamme eigen ist, muß das entschuldigen lassen. Doch: tandem denique victrix! Doch jetzt sind wir zusammen, ein gemeinsames patriotisches Gefühl, ein großer Stolz auf unsere endlich errungene Einheit durchdringt uns und vereinigt die verschiedensten Stämme deutscher Sitte und deutschen Fühlens; und zu diesen Stämmen gehört dann vor allen Dingen die Abzweigung unseres deutschen Volkes, die schon seit so vielen Jahrhunderten als Vorkämpferin in Siebenbürgen auf der Wacht gestanden hat. Aber auch für unsere Freunde in der Ferne wird die Zeit kommen, in der sie mit sicherem Mute an dies neuerwachte deutsche Gefühl sich anlehnen können, wo sie in der schrecklichen Zerfahrenheit der österreichischen Monarchie einen festen Anhalt an ihr altes Stammland finden mögen – und so helfe Gott weiter! –

Wie Sie und Ihre lieben Freunde und Freundinnen es aber möglich gemacht haben, mein Plattdeutsch zu verstehen und

sogar zu schreiben, wie Sie gezeigt haben, das ist mir ein Rätsel; so wie wir weit voneinander entfernt sind, kann ich es nicht erraten, nehme aber die Tatsache als die glücklichste Lösung dankbar in Empfang. Ihre Übersetzung ins Siebenbürgisch-Sächsische ist für mich von großem Interesse gewesen. Soviel ich zwar weiß, ist die Einwanderung Ihrer Voreltern vor langen, grauen Jahren vorzüglich vom Rhein und aus Schwaben gewesen, indessen kommen in Ihrer Sprachprobe ziemlich viele Anklänge an das mittelalterige Sächsische und sogar an das Niedersächsische vor, die ich mir nicht zu erklären weiß. – Durch eigene Forschung werde ich wohl schwerlich den Zusammenhang entdecken, denn der von Ihnen so freundlich ausgesprochene Wunsch meines Besuches in Ihrem jetzigen so romantischen Vaterlande wird wohl unterbleiben müssen. Das Reisen wird mir schon beschwerlich, und mit 61 Jahren erfreut man sich schon genugsam an so freundlichen Zuschriften wie die Ihrige.
Nun drücken Sie Ihren Freunden von mir recht herzlich die Hand, und meinen Freundinnen geben Sie in meinem Namen einen herzlichen Kuß, aber mitten auf den Mund!
Mit deutschem Händedruck Ihr Fritz Reuter

AN FRANZ LIPPERHEIDE

Eisenach, November 1871

Sie haben bei uns, d. h. bei meiner Frau und mir, durch Ihr liebenswürdiges Geschenk eine große Freude bereitet. Meine Frau hat natürlich Ihre schöne Gabe gleich mit Beschlag belegt und dieselbe in unserem kleinen Salon aufgelegt zu Nutz und Frommen obligater Besucher; ich werde aber dasselbe Buch als einen Mark- und Denkstein bewahren, daß in so großer Zeit nicht bloß die Heldentaten unserer Krieger glänzend gewesen sind, sondern auch die Mühen und Arbeiten des patriotischen Bürgers.

AN RICHARD SCHRÖDER

Eisenach, 25. Dezember 1871

Mein lieber, freundlicher Richard, Deine beiden Sendungen, nicht allein die eingezahlten 50 Taler, sondern auch Dein herzlicher Brief, sind bei uns trotz postalischer weihnachtlicher Hemmnisse richtig angekommen. Was die Einzahlung anbetrifft, so werde ich dieselbe auf dem Schein anmerken, aber wenn ich mich recht bedenke, so sehe ich nicht ein, wozu ich denselben länger hüten soll, ich werde ihn daher mit diesem Briefe an Dich zurücksenden. Den Rest von 50 Talern kannst Du mir dann bezahlen, wenn es Deine Verhältnisse mit Bequemlichkeit erlauben. – Von etwaigen Zinsen kann natürlich nicht die Rede sein; ich bitte aber, dieselben als eine Beihilfe zu einer Reise nach Eisenach anzusehen und sie, sobald es Kollegen und Ehehaften [Ehehälften?] erlauben, zu diesem Zwecke zu verwenden. Deine liebe Frau und Du sind uns zu jeder Zeit willkommen, und Euer Besuch würde uns als ein wirkliches Himmelsgeschenk vorkommen.

Deine Mitteilungen über die verwickelten und vertrackten Nachlassenschafts-Verhältnisse Deines lieben, mir unvergeßlichen Vaters haben mich nicht allein sehr interessiert, sondern mit großer Entrüstung erfüllt. Wie ist es möglich, daß ein Mann wie der Herr v. M., dem, wie ich weiß, Dein Vater als alten Universitätsfreund sehr viele wesentliche Geldhilfe geliehen hat, nicht frei und offen erklärt: das und das bin ich dem Justizrat Schröder schuldig, und statt dessen den Weg eines faulen Kompromisses einschlägt. Und nun Wienke und Rodb.! Es ist schmählich!

Pastor Boll, der ebenso wie ich noch immer Deinen alten Vater im treuen Herzen trägt und seinen frühen Hingang beklagt, hat vor einiger Zeit an mich geschrieben und in mir dieselbe traurige Empfindung erweckt, die ihn erfüllt. Er meldet mir beiläufig, daß der Müller Heyden und Herr von Dewitz-Miltzow sich die Kugel vor den Kopf gesetzt haben; das Nähere schreibt er nicht; aber ich vermute, Geldverhält-

nisse werden wohl die Ursache dieser verzweifelten Tat gewesen sein. – Ach! diese Herren wollen alle reich werden und spekulieren nach allen Richtungen hin, spekulieren auch auf bürgerlichem Gebiete; nun, man gönnt es ihnen ja, aber um auf diesem zu reussieren, fehlt ihnen etwas, und dies Etwas heißt: »bürgerliche Ehrlichkeit«. Bei diesem Worte ist viel vermacht, das weiß ich aus eigener, wohltuender Erfahrung, hätte ich, als ich meinen Hausstand begründete, mir nicht das Wort gegeben, allen Menschen gerecht zu werden, dann wäre ich durch eingegangene Verpflichtungen getrieben worden, der traurigsten Buchmacherei in die Hände zu fallen und in meinem Alter darben zu müssen. Doch wozu dies? – Ein anderes Bild! und das ist das erfreuliche Deiner Häuslichkeit. Gott sei gedankt für die Herstellung Deiner kleinen Schildjungfrau Gertrud und das Wohlsein Deiner anderen Kinder. Ich sehe Dich und Deine liebe Frau im Geiste, wie Ihr unermüdlich und ohne Verdrießlichkeit zwischen diesem kleinen Kroppzeug herumwurmisiert und Ordnung aufrecht haltet in elterlicher Zucht und Liebe. Gott gebe Euch Segen bei Eurem Wirken!
Wenn Du Simrocks siehst, so grüße sie herzlich von uns; auch Anna Böcking grüße, sie hat uns freilich unsern wohlgemeinten Brief nicht beantwortet, aber das entschuldigen wir mit der Trauer um ihren alten, liebenswürdigen Vater.
Und nun, lieber Richard, schließe ich mit einem alten Vers, der einmal auf mich einen großen Eindruck gemacht hat:

Stehe und falle mit eigenem Kopfe,
Tue das deine und tue es frisch!
Lieber stolz beim irdenen Topfe
Als demütig am goldenen Tisch.

Und nun lebe wohl, grüße Deine Frau recht herzlich von uns und bleibe mir so zugetan, als Du es immer gewesen bist. Dein

Fritz Reuter

AN JOHANN CHRISTIAN ALBERTUS RISCH

[Eisenach, 1871]

Hüt sünd dat föftig Johr, dat Snider Risch
Hir in den Rathus' stunn vör minen Ollen,
De dunntaumalen ok noch stramm un frisch,
Un swür, den Eid as Börger tau Stemhagen,
Den wull hei hollen!
Nun kann sick jedwerein befragen
Hir in de Stadt un in de Gegend ok,
Wat hei hett hollen, wat hei dunn versprok,
Un jeder, de wat von Stemhagen weit,
Ward seggen: »Ja! de Sak is dit:
Tausneden was hei man sihr lütt,
Doch richtig äwerst was hei neiht,
Hei hett mit Flit un Redlichkeit
De Stadt behött vör Schuld un Schaden
Un hett mit allen sinen Kräften
Naug Tid noch hatt bi eigene Geschäften,
De Stadt taum Besten tau beraden.«

Dorüm ji all, ji Börgers tau Stemhagen,
Wi annern ok, de hir sünd buren un sünd tagen,
Wi raupen all hüt fri und frisch:
»Hoch! lew' uns' brav' Stadtspreker Risch!
Un Hoch! ok dei, de ehren Swur so höllen!
So'n brave Ort, de sall woll gellen!«

AN [...] ERDMANN

[Eisenach, 1871]

Ihren Brief und die schöne Gänseleberpastete habe ich erhalten und danke für beides bestens. Ich weiß eigentlich nicht, über was ich mich mehr gefreut habe. Na, fangen wir mal mit der Pastete an! Es war gar nicht leicht, sie zu bekommen, so ein Ding ist mitunter unverdaulich und liegt einem schwer im Magen; und so erging es der hiesigen Zollbehörde, die wußte gar nicht, was sie machen sollte. Ihre ganze Weisheit und die Tarife paßten nur auf Frankreich; nun war das dumme Elsaß unterdessen deutsch geworden, und es gab keine Zollgrenze mehr. Na, schließlich bekam ich denn die wertvolle Dose, ohne daß es zu diplomatischen Auseinandersetzungen kam. Freudig trug ich meinen Schatz nach Hause und dachte mittags sie mit Lowising – wat min leiwe Fru ist, Sie kennen ihr ja woll – zu probieren; aber da kam ich schlecht an! »Ne, Fritzing, is nich, willst Dir wohl den Magen verderben?! Die heb' ich auf, wenn mal liebe Gäste da sind!« Also, bei der Gelegenheit werden wir sie verspeisen und mit einem Glase deutschen Weines des Gebers gedenken. – Sie schreiben mir, daß meine Bücher im Feldlager Ihnen und Ihren Kameraden angenehme Stunden bereitet haben. Das ist mir der schönste Lohn, den ich jemals für mein Geschreibsel gehabt habe. So habe ich doch auch mein Teil dazu beigetragen. Wie oft war ich traurig, daß ich nicht mit in das Feld ziehen konnte, selbst mitzuwirken an der großen Aufgabe und an den großen Erfolgen! – Und nun bringen Sie mir Ihre Glückwünsche, daß ich die Zeit, die das Ideal unserer Jugend war und für die ich gelitten, noch erlebt hätte. Ich bin auf die Knie gefallen und habe dem lieben Gott, der alles so herrlich hinausgeführt, gedankt. Es ist ja viel schöner und herrlicher gekommen, als wir armen Jungens uns geträumt hatten. Wenn ich jetzt zurückblicke, sehe ich wohl, daß alles, was wir als Jünglinge erstürmen wollten, nach und nach sich entwickeln und zur schönen Frucht heranreifen mußte. Und wissen Sie, wen ich für den glücklichsten Menschen halte? Das ist der Kronprinz des Deutschen Reiches, ein junger Alexander, aber größer als der; denn wenn jener trauernd sagte: »Mein Vater wird mir nichts zu tun übrig lassen«, hat unser Fritz in heißen Kriegen seinem Vater geholfen, das neue Deutsche Reich aufzurichten; und daß im Königsschlosse zu Versailles in Frankreich die deutsche Kaiserkrone aufgesetzt wurde, ist das größte, was je in der Geschichte geschehen ist. Wehe den Deutschen, wenn sie das je vergessen sollten! – Und nun, mein lieber Herr Hauptmann, wenn Sie mal nach Thüringen kommen, so erfreuen Sie uns mit Ihrem Besuch.

1872

AN FERDINAND JÜHLKE

Eisenach, 21./22. August 1872

Lieber Bruder, vielleicht komme ich jetzt zu spät, Dein gütiges Anerbieten, mir Erdbeerpflanzen zu senden, noch in Anspruch zu nehmen. Die Zeit der Versendung, des Pflanzens mag vorüber sein. Sollte es aber doch noch an der Zeit sein und Du meinen Wunsch berücksichtigen, möchte ich freundlichst bitten, bei Übersendung der fraglichen Pflanzen zu bemerken, ob sie früh- oder spättragende sind. Für diesen Brief hat mir meine liebe Frau ihre Feder geliehen.
Obgleich wir in diesem Jahre durch den Mord, den der heilige Pancratius an seinem Namenstage an allen Blüten meines Gartens verübt hat, auch nicht eine einzige Obstfrucht haben, so sind wir doch mit dem Aussehen des Gartens sehr zufrieden: es ist ringsum grün und frisch, und die Sanssoucisträucher wachsen prächtig in die Höhe.
Wir grüßen Dich und die Deinigen recht herzlich. Dein

Fritz Reuter

Sollte ich im Frühling nicht von dort eine Clematis Jachmanni erhalten können?

AN WILHELM MAYER

Eisenach, 22. August 1872

Mein lieber Wilhelm, es ist recht undankbar, daß ich mich erst jetzt mit einem Dankesbrief vernehmen lasse; aber ich bin kränklich geworden, und im Sommer, namentlich in *diesem* Sommer, kommen bei mir so viele Störungen vor, daß Deine alte, bewährte Freundschaft mich wohl in diesem Falle gütigst entschuldigen wird. – Dein rückwärtsschreitendes Geschenk ist richtig am Sonnabend kurz vor Mittag trotz seiner renitenten Bewegungen bei uns eingetroffen, und auch nicht einer, nicht einer hat sich durch den Tod seiner Pflicht entzogen. Sie wurden alsobald in die rote Husarenuniform eingekleidet und haben uns schon zu Mittag und dann noch drei Tage durch ihr liebliches Wesen und ihre wohlhäbige Fülle erfreut. Habe unsern freundlichsten Dank dafür! Denn auch meine Frau, sonst auch wie ich für den Fortschritt, macht ebenfalls eine Ausnahme bei diesem retrograden Geschlecht. Also auch Ihr beiden guten Friedländer Kinder habt Euer Kind auf dem blutigen Altar des Vaterlandes opfern müssen! Auch hier hat mein bester Freund, der Kreisgerichtsrat Fischer, dasselbe Leid erfahren, und an dem Maßstab des Schmerzes, den ich bei ihm wahrgenommen, kann ich Euren Gram wohl ermessen. – Du hast wohl recht, wenn Du vermutest, daß ich mich über die Siege und die endliche Errungenschaft eines einigen Deutschlands freue, aber viel von dem Glanz und dem Licht, welches von dieser glücklichen Zeit ausstrahlt, wird von den schwarzen Trauerkleidern in den häuslichen Kreisen absorbiert. – Bismarck, der mit den vielen glücklichen Gaben auch noch die des Propheten vereint, hatte wohl recht, als er vor Jahren das geflügelte Wort aussprach: mit Blut und Eisen müsse das Glück Preußens und Deutschlands errungen werden, nur schade, daß anderer Leute Kinder das Blut hergeben und deren Herren Eltern für das Eisen zahlen müssen! ... So, nun wäre diese Störung aus dem Wege, es war zum Glück nur eine kleine, eine alte gute Mecklenburgerin aus »Nigen-Strelitz«, aber da hinten auf dem Wege zur Wartburg geht ein »vierschuriges Gewitter« auf, Herr Geh. Kriegsrat Bornemann, der Sohn des alten plattdeutschen Dichters Bornemann mit Frau und zwei Töchtern, und was ich Dir noch zu sagen habe, muß ich Dir rasch sagen, denn wenn *die* Art hier einfällt, dann Adje! Adje!

Vor 14 Tagen besuchte uns mein Vetter, der Pastor in Tessin in Meckl. ist, Dir noch von der Schule bekannt. Na, der

ist aber ein Mensch geworden! Der predigt den ganzen Tag; wenn er ein Butterbrot ißt – eine kleine Predigt! Wenn er ein Glas Wein trinkt, wieder eine kleine Predigt! Er ist mit der deutschen Einigkeit sehr unzufrieden, und Preußen ist ihm ein Greuel. Das alles war mir sehr erquicklich, und wir, die wir uns früher schon sehr ferne standen, sind in einiger Zwietracht auseinandergegangen. So, nun kommt die geheimrätliche Familie schon die Treppe herauf, zum Glück höre ich, daß meine Frau sie empfängt; aber ich muß schließen! Grüße von uns beiden Reuters Deine liebe Frau und Deine liebenswürdigen Töchter; auch Deinen Bruder August grüße von mir, und dann habe ich heute erfahren, daß ein alter, lieber Bekannter von mir, der Major von Guddaeus, jetzt in Stettin als Bataillonskommandör steht, solltest Du den sehen, so grüße auch ihn und frage ihn, ob er sich wohl noch erinnert, wie wir beide mit dem Prinzen Moritz von Hessen im Rautenkranz zu Mittag gegessen haben.
Und nun noch einmal meinen herzlichen Dank für die Krebse und Deine alte, treue Freundschaft Dein

Fritz Reuter

AN ROBERT RÖSSLER

Eisenach, 23. Dezember 1872

Aufrichtig gestanden, weiß ich nicht mehr, welcher Umstand mich verhindert hat, Ihnen für Ihre freundliche Gabe aus Ratibor zu danken; aber was im Jahre 1867 für Ratibor gegolten haben mag, kann unmöglich anno 1872 für Striegau gelten. Deshalb und derowegen will ich diesmal für Ihre freundliche Zusendung meinen warmen Dank aussprechen, zumal, da dieselbe aus Striegau kommt, in welcher guten Stadt ich einmal auf der Durchreise mit einem Gendarm bei dem dortigen Lohgerbereibesitzer Barth oder Bard ein liebliches Frühstück eingenommen habe, welches mir bewies, daß wir politischen Sträflinge doch noch Sympathien bei ehrenwerten Bürgern genossen.

Ihre und Ihrer Freunde Gedichte haben mich sehr erfreut; indessen, wenn Sie gütigst bedenken wollen, daß man im dreiundsechzigsten Jahre nicht wie im dreiundzwanzigsten für lyrische Ergüsse schwärmen kann, so werden Sie bei der Richtung, die ich in der Literatur eingeschlagen habe, es ganz natürlich finden, daß mich vorzüglich Ihre Gedichte in schlesischer Mundart angesprochen haben; sie sind schön versifiziert und ermangeln nie einer drastischen Pointe, kurz, sie erinnern mich lebhaft an die besten Gedichte von Holtei, von denen ich noch einzelne, wie z. B. »Der Hirte hot geblosen« und das liebliche »I nu mein Gott, su gärne«, auswendig weiß.
Wenn mein lieber Bekannter Palleske ein so günstiges Urteil über mich gefällt hat, so sagen Sie ihm doch, falls Sie ihn mal wiedersehen sollten, ich gäbe ihm den Rat, sein eminentes Talent doch auch Ihrer schlesischen Mundart zuzuwenden; es würde ihm das nicht schwer werden, denn der schlesische Dialekt bildet einen so freundlichen Übergang vom Niederdeutschen zum Oberdeutschen, viel besser als der halb jüdisch klingende Frankfurter-sachsenhäusische.
Nicht allein für Ihre freundliche Gabe, sondern auch für die liebenswürdige Anerkennung meiner Bestrebungen auf dem Gebiete der plattdeutschen Literatur sage ich Ihnen meinen aufrichtigsten Dank und bitte Sie, den anderen mitarbeitenden Herren meinen herzlichsten Gruß zu melden.

AN DAS KAPITEL DES MAXIMILIAN-ORDENS IN MÜNCHEN

Eisenach, Dezember 1872

In das jetzt herrschende ewige Zwielicht der Natur und in das fortschreitende Dämmerlicht eines stetig herannahenden Alters ist Ew. Hochwohlgeboren verehrte Zuschrift wie ein leuchtender und wärmender Strahl in mein Herz gefallen.
Schon seit meiner frühesten Jugend hege ich die allerinnigste

Verehrung für das bayerische Königshaus, das sich in allen seinen Herrschern für die Pflege der Wissenschaft wie der Kunst so segensreich für Deutschland erwiesen hat; aber daß ich selbst einmal durch soviel Huld und Gnade geehrt werden sollte, ist für mich eine solche Überraschung, daß ich nicht weiß, wie warm ich dafür danken soll.
Auch dem Vorstande des Kapitels, dem Herrn Geheimen Rat Freiherrn von Liebig, bitte ich den Ausdruck meines aufrichtigen Dankes zu Füßen zu legen, nicht bloß für seine Bevorwortung dieser Auszeichnung, sondern vor allem für seine Agrikulturchemie, die mir einmal als lebendiger Quell in der dürren Heide der damaligen mecklenburgischen Landwirtschaft entgegengesprudelt ist und mich zuerst auf das Feld der Naturwissenschaft geleitet hat.
Mit meinem warmen Dank für Ihre verehrte Zuschrift bin ich Ew. Hochwohlgeboren ergebenster Fritz Reuter

1873

AN WILHELM SCHLANGE

Eisenach, 3. Februar 1873

Wie ich mich an Deinem Briefe erfreut und erquickt habe, kannst Du Dir wohl doch nicht vorstellen. Freilich ist in Deinem Schreiben manches Traurige enthalten, und schwere Schicksalsschläge haben auch Dich getroffen, und wenn ich an allem den herzlichsten Traueranteil nehme, so ist mir doch die Nachricht von Deinem persönlichen Wohlsein und die Hoffnung auf Dein längeres Leben eine liebe Freude gewesen. Nun halt aber auch Wort, denn die alten Freunde werden mir schon knapp. Fast alle Woche kommt mir jetzt so ein schwarzberänderter Brief in die Hand und mahnt mich jetzt an meine eigene Abreise. Ich gehe jetzt in mein 63. Jahr, und das Alter ist über mich gekommen wie der Dieb über Nacht; indessen, wie Gott will! Mit meinem Gewissen bin ich nicht besonders gut bestellt, aber mein Haus habe ich gut bestellt, so daß meine gute Frau einmal nach meinem Tode gut darin wohnen kann. Aus dem armen Schlucker, den Du früher kanntest und der über wenig Groschen verfügen konnte, ist ein wohlhabender Mann geworden. – Wenn ich diesen Notizen über mich und meine Lage noch hinzufüge, daß ich mich recht stümperig auf den Beinen fühle, daß mich ein arger Rheumatismus in den Händen und Armen plagt, so weißt Du ziemlich alles, was mich angeht. – Ja, mein alter Freund, mit dem »Krewt-Hölkern« und den schönen Jagden im »Kaekenpott«, wo »Ehren-Paesel« und ich uns mit unvergänglichem Ruhm bedeckten, ist es nun vorbei, und der einzige Genuß, den ich von der Natur – und eine schöne Natur haben wir hier in Eisenach – habe, ist, daß ich in meinem Garten, eigentlich Berg, umherwurmisiere und nach meinen Weinstöcken (62 Stück) und meinen Obstbäumchen (150 Stück Zwergobst) sehe und mir in jedem Jahre sage: Nun,

im nächsten Jahr wird's besser! Denn bis jetzt hat mich ein abscheuliches Klima im Frühjahr, mit Ausnahme des Weins, fast immer durch Nachtfröste im Mai der Früchte beraubt. Aber dabei brauchst Du nicht so höhnisch über meinen schönen Berg zu lachen, denn ich kann Dir, wenn Du mich einmal besuchst, worauf ich stark hoffe, eine schöne »Forst« präsentieren, und meine Eichen, Eschen und Ahorn werden Dir wie mir alle Jahr in den heißen Sommertagen den schönsten kühlen Schatten bieten.
Der erfreulichste Passus Deines lieben Briefes ist mir der vom »Mehmet Ali« gewesen; laß den Hasen laufen, er läuft gut und – keinem zu Leide und keinem zu Liebe: der Schlingel von »Abd el Kader« war von allen Deinen lieben Kindern derjenige, der am meisten Kern in Kopf und Brust hatte, er ist jetzt an seinen Platz gesetzt, wenn er ihn behauptet. Nun lebe wohl, mein alter treuester Freund!

AN JOSEPH POPPER

Eisenach, 28. April 1873

Nehmen Sie vor allem für den Festausschuß der Lese- und Redehalle meinen und meiner Frau »Lowise« lebhaftesten Dank dafür, daß derselbe sich auch in Süddeutschland seiner norddeutschen und plattdeutschen Brüder freundlichst erinnert hat, und für sich selber denselben Dank für Ihr herzliches und gemütvolles Schreiben; aber zugleich auch mein aufrichtiges Bedauern, daß Sie bei Ihrer Anwesenheit in Eisenach mir und meiner Frau »Lowise« nicht das Vergnügen Ihrer persönlichen Bekanntschaft gegönnt haben. – Ihre freundliche Einladung betreffend, muß ich leider erwidern, daß so viele Steine des Anstoßes meine augenblicklichen Entschlüsse eindämmen, daß so viele philiströse Dornhecken meine Wege sperren, die ich mit alten Beinen schwer überspringen kann, und meiner definitiven Zusage feindlich entgegenstehen. Vorläufig bitte ich Sie für den wahrscheinlichen

Fall, daß wir nicht bei Ihrem schönen Feste erscheinen können, dem liebenswürdigsten Dichter Anastasius Grün meinen Gruß und Dank für ein Gedicht auszusprechen, welches mir einmal, als ich selbst auf einem Strohsacke schlafen mußte, Trost und Mut zugesungen hat. Den Titel des Buches habe ich nach fast 30 Jahren vergessen, aber den Gegenstand nicht. Bei der Betrachtung einer ausgedroschenen Kornähre bricht der Dichter in die Worte aus:

»Wie eine Rose aussieht, wüßt ich gerne,
Ich sah sie einst auf meines Vaters Bahre,
Als Tod ihn streckte auf den Schragen nieder,
Ich sah sie einst bei einer Braut am Traualtare
In frohen Jugendzeiten wieder.«

Im gleichen bitte ich Victor Scheffel meinen Gruß und Dank für seinen prachtvollen Ekkehard und sein heiteres und unübertreffliches Gaudeamus auszudrücken. –
Mit hoher Befriedigung, ja mit Bewunderung lese ich ab und an in den Zeitungen von dem wackern und beharrlichen Kampf, den das Häuflein der Deutsch-Böhmen gegen die Angriffe und die Übermacht eines wüsten Tschechentums führt, und bin der Meinung, daß Ihre Rede- und Lesehalle dabei auch nicht die Hände in den Schoß legt. – Ja! diese Polen, Tschechen, Rumänier und dergleichen Gelichter, deren ganzer Patriotismus in nationalen Röcken und Hosen besteht, sind wie die Schulbuben, die ihren Lehrern mit Undank lohnen und sie mit Kot bewerfen.
Sie sprachen den Wunsch aus, von mir eine Gedichtprobe für Ihr Album zu haben; ich sende Ihnen zugleich mit diesem Briefe eine solche, die ihre Entstehung dem letzten Kriege verdankt und nur im Separatdruck vorhanden ist. – Soll das aber ein Autogramm von mir sein, so nehmen Sie gütigst mit dem einliegenden kurzen Spruch vorlieb.
Mit freundschaftlichem Gruß und dem herzlichsten Wunsch, daß Ihr schönes Fest in Friede und Freude verlaufen möge.

AN JOHANN MEYER

Eisenach, 4. Mai 1873

Mein lieber, lieber Herr Kollege und plattdeutscher Landsmann, Sie haben mich durch Ihr freundliches Geschenk zum lebhaftesten Dank verpflichtet; ich habe das Buch mehrmals, und zwar mit kritischen Augen, durchgelesen, was sonst meine Sache nicht ist. Der Gegenstand aber, den Sie sich mit außerordentlichem Glück gewählt haben, interessiert mich sehr und rief in mir die Erinnerung wach an die Zeit, wo dieser erste glorreiche Sieg der deutschen Waffen durch deutsche Lande erklang. Sie haben einen schönen und dankbaren Stoff gewählt und haben denselben meisterhaft bewältigt; aus jeder Zeile Ihres schönen Gedichtes spricht die reine deutsche Gesinnung und deutsche Kraft, ganz anders, wie einmal ein spezieller Landsmann von Ihnen sang:

»Du meenst: de Zorn
hört tau den Sabel
Un Wut in de Kanon;
Wi Sängers hebt den Snabel
Tau liesern Takt un Ton.«

Es ist schmählich für einen deutschen Mann, so etwas zu schreiben, und die Vergleichung Ihres Büchleins mit diesem Gedicht kann man getrost der ganzen deutschen Nation überlassen. – Nun – der Verfasser des obigen Gedichts soll ja aber dasselbe in seinen neuesten Auflagen ausgemerzt haben, und das söhnt bei billig denkenden Leuten den Verstoß wieder aus.

Nun sollen Sie mich aber auch von dem Vorwurf eitler Lobhudelei lossprechen, denn nicht alles will ich in Ihrer Dichtung loben; denn wenn ich auch nicht in dem in Ihrer Vorrede enthaltenen Selbsttadel, daß nicht alles vom Inhalt vor dem Richterstuhle der Geschichte bestehen würde, einstimme, so kann ich doch nicht wünschen, daß die romantische Liebe des Preußen und die heiteren Diatriben des lustigen

Juden unterdrückt worden wären; soviel Freiheit muß jedem Dichter zugestanden werden; indessen, mit der Form kann ich nicht gänzlich mich einverstanden erklären. Die vielen in mannigfachem Versmaß eingestreuten Gedichte (sehr schön im einzelnen) stören den Gesamteindruck, da können Sie sich aber mit vollem Recht auf einen gewissen Fritz Reuter berufen, der's durchaus nicht anders und besser gemacht hat, und si licet parvis componere magna auf einen großen nordischen Schriftsteller Esaias Tegnér, der in seinem Hauptwerke, der Frithjofs-Sage, zu demselben Mittel gegriffen hat. Überhaupt, mein lieber Herr Kollege, müssen wir beide uns trösten, daß das vielköpfige epische Ungeheuer, der Roman mit seinen lyrischen, philosophischen usw. Exkursen, das strenge antike Epos völlig zur Unmöglichkeit gemacht hat; doch ich verliere mich hier auf Gebiete, die wohl einen größeren Raum erfordern als den eines Briefes.
Nur noch einmal will ich meine aufrichtigste Freude über Ihr schönes Geschenk und meinen herzlichsten Dank für dasselbe aussprechen.
Mit treuem Gruß Ihr Fritz Reuter

AN FERDINAND WUTHENOW

Eisenach, 2. September 1873

Ja, mein lieber Bruder, wie gern erfüllte ich Deinen Wunsch, wenn ich dazu noch imstande wäre! Aber ich armer rheumatischer Stackel tauge nicht mehr dazu, habe genug an mir zu schleppen – bediene mich fast nur noch der Feder meiner guten Frau. Aber ich schlage Dir den Gymnasiallehrer Vogel, Greifswald, vor zur Durchsicht der »Blomen«, der, dazu durchaus befähigt und ein lieber freundlicher Mensch, wohl Dir den Dienst erweisen möchte, wenn Du ihn in meinem Namen darum begrüßest. Du glaubst kaum, wie leid es mir tut, Dir hierin nicht mehr gefällig sein zu können.
Daß auch bei Dir sich Gebrechen zeigen, höre ich mit Be-

dauern, vertraue aber Deiner guten Gesundheit. Ja, lieber alter Freund, es kommen die Tage, die uns nicht gefallen! Glücklicherweise erfreut sich meine gute Frau der besten Gesundheit – sonst stände es noch schlimmer um mich; sie grüßt Dich herzlich und bedauert sehr, daß ich Deinen Wunsch unerfüllt lassen muß. Gott segne Dich, alter lieber Freund, und lasse Dich noch Freude erleben! Dein Fritz Reuter

AN FELIX EBERTY

Eisenach, 3. November 1873

Durch eine Richtung ist Ihr Buch ausgezeichnet, durch die kulturhistorische, die weder von Schlosser, Häusser, Gervinus u. a. so sorgsam betreten und erforscht ist als von Ihnen, dafür danke ich Ihnen noch besonders, denn das Feld ist mein Feld. Die pragmatische Geschichte ist mir schon in Mecklenburg auf dem Gymnasium von einem geistvollen Lehrer vorgetragen, der schon damals das Vorgefühl haben mochte, daß die übrigen Deutschen einmal mit Preußen mittun würden und müßten, wie dies ja nun zum Glück für unser liebes Deutschland zur Wahrheit geworden ist . . .

AN WILHELM FRICKE

Eisenach, 12. Dezember 1873

Wenn ich erst jetzt meinen Dank für Ihre freundlichen Mitteilungen abstatte, so müssen Sie dies auf meine Schreibfaulheit, vorzüglich aber auf die sehr bewegte Zeit der letzten Jahre schieben, die hier in Eisenach alle Erlebnisse kumulierte. Aber nun, da Sie mir einen so drastischen Beweis Ihrer Freundlichkeit für mich geliefert haben durch die Übersendung des jüngsten Kindes Ihrer plattdeutschen Muse, kann ich nicht anders, als Ihnen die Anerkennung zukommen zu lassen, daß Sie den von mir dargestellten Charakteren vollkommen gerecht geworden sind und mich in einem vorteilhafteren Lichte, als ich mich selbst gedacht habe, geschildert haben. – Vielleicht ist dies der letzte Dank, den ich aussprechen kann, denn es ist das große Stufenjahr meines Lebens 63 Jahr (7×9), das Mortjahr, wie die Ostfriesen es nennen (mort). Ja, ich bin alt geworden, und von neuem Schaffen und Schreiben ist keine Rede mehr, doch lassen wir das! Zeiten kommen und vergehen. – Aber bevor ich vergesse: Sie haben jetzt in dem Weichbild von Neuyork, von Mauern kann ja nicht die Rede sein, einen Mann, Karl Kräpelin, den ich für den besten Vorleser meiner Sachen halte; lassen Sie den einmal in Ihrem Verein lesen, Sie werden wirklich erfreut werden. Nun Gott befohlen!

1874

AN FRANZ BOLL

Eisenach, 24. März 1874

Mein lieber Freund! Muß mich doch nur der Feder meiner Frau bedienen, Dir endlich ein Lebenszeichen zu geben, hoffte von Tag zu Tag, der Rheumatismus des rechten Arms und Handgelenks werde mich freigeben, aber hartnäckiger denn je behauptet der lästige Gast seinen Platz. So kommt denn unser Glückwunsch zur Verlobung Deiner Tochter Luise spät, aber nicht minder herzlich, und bitten wir beide, denselben noch gütig aufzunehmen. Möge dies frohe Familienereignis einen günstigen und heilkräftigen Einfluß auf Deine Gesundheit üben, mein guter Pastor; ein glücklicher Brautvater hält den Kopf steif, darf ja nicht krank sein. Über Deines Franz schnelle Karriere empfinden wir herzliche Freude, dem werden in Rom neue Welten aufgehen!

Daß Du Dich noch recht lange des vollen, ungestörten Familienglücks erfreuen mögest, wünschen mit herzlichem Gruß

Fritz Reuter und Frau

Anhang

Anmerkungen zur Textgestaltung

Aus der großen Anzahl der erhaltenen Briefe Reuters, von denen dem Bearbeiter einige erst während der Arbeit an diesem Band bekannt wurden, galt es in Übereinstimmung mit dem Herausgeber eine angemessene Auswahl zu treffen. Von 730 nachweisbaren Briefen wurden 430 in unsere Auswahl aufgenommen, darunter viele bisher ungedruckte. Die Auswahl bietet u. E. die zeitgeschichtlich und biographisch wesentlichen Briefe.

BISHERIGE AUSGABEN

Im Rahmen der frühen Hinstorffschen Ausgaben der Werke Reuters hat Adolf Wilbrandt zuerst «Ausgewählte Briefe von Fritz Reuter» veröffentlicht. – 1896 publizierte Franz Engel die Briefe Fritz Reuters an den Vater. Im Jahre 1909 gab Wilhelm Meyer die Briefe von Fritz Reuter, Klaus Groth und John Brinckman an Eduard Hobein in einem unveränderten und ungekürzten Abdruck heraus. – Eine von Otto Weltzien bearbeitete sogenannte »Gesamtausgabe« der Briefe erschien im Jahre 1913 bei Hesse und Becker zu Leipzig. Sie ist weder vollständig noch frei von Auslassungen. Weltzien hat viel gestrichen und den Text der Briefe stellenweise eigenmächtig verändert. Es fehlen mehr als 150 Reuter-Briefe, die in jener Zeit noch vorhanden waren. Willi Finger-Hain veröffentlichte im Jahre 1935 die

Briefe von Fritz Reuter an Fritz Peters-Siedenbollentin. Einige Auslassungen – trotz der Versicherung »Erste vollständige Ausgabe« – und Lesefehler lassen sich auch hier nachweisen.

Daneben wurden Reutersche Briefe in Einzel- und Teilveröffentlichungen herausgegeben. Dabei handelt es sich hauptsächlich um:

Latendorf, Friedrich: Karl Horn, der Stifter der deutschen Burschenschaft, und Heinrich Gesellius, der Lieblingslehrer Fritz Reuters. Biographische Mitteilungen nebst ungedruckten Briefen und Dichtungen Reuters. Pößneck, 1881. 51 Seiten.

Ungedruckte Briefe Fritz Reuters (an Fritz Peters). In: Die Gartenlaube. Illustriertes Familienblatt. Leipzig, 1890. Seiten 88, 90–91, 104, 106–108, 136, 138–140, 176, 212, 214f.

Schröder, Richard: Eine Selbstbiographie von Fritz Reuter. In: Neue Heidelberger Jahrbücher. Jg. V. Heidelberg, 1895. Band 5. Seiten 18–22.

Franzos, Karl Emil: Ein Brief Reuters an Buchner. In: Deutsche Dichtung. Bd. 11. Berlin, 1892. Seiten 30–31.

Proelß, Johannes: Fritz Reuters Briefe an seine Braut. In: Die Gartenlaube. Illustriertes Familienblatt. Leipzig, 1896. Seiten 587–592, 600–604, 618, 638.

Mahn, E.: Neues über Fritz Reuter und die Neubrandenburger Sammlung. In: Mecklenburg-Strelitzer Geschichtsblätter. 6. Jg. Neustrelitz, 1930. Seiten 113–155.

Karl Theodor Gaedertz hat in seinen zahlreichen Veröffentlichungen über Reuter eine große Zahl Reuterscher Briefe mitgeteilt. Sie sind aber an so vielen Stellen gekürzt, aus dem Zusammenhang gerissen und eigenmächtig abgeändert worden, daß sie als Quellengrundlage außer acht gelassen werden mußten. Des weiteren konnten die 64 Briefe Reuters an seinen Verleger Hinstorff keine Berücksichtigung finden. Die Originalbriefe fielen während des zweiten Weltkrieges der Vernichtung anheim. Abschriften befinden sich im Besitz von Willi Finger-Hain, Hamburg 26. Sie waren ihm, wie er 1935 schrieb (Fritz

Reuter und Fritz Peters. Wismar 1935, S. 145, Anm. 94 a) »zwecks Forschung vom Verlage zur Einsicht überlassen worden«. Es ist außerordentlich zu bedauern, daß Willi Finger-Hain sich nicht bereit fand, die Briefe für den vorliegenden Band zur Verfügung zu stellen oder auch nur Einsicht zu gewähren.

Zusammenfassend muß gesagt werden, daß bei zahlreichen bisher veröffentlichten Reuter-Briefen der Text absichtlich durch Kürzungen entstellt wurde. Diese Eingriffe in den Text der Briefe bezweckten oftmals, die für die damals noch lebenden Familienangehörigen unliebsamen Stellen und die in politischer Hinsicht dem jeweiligen Herausgeber ungenehmen Stellen aus den Briefen auszumerzen. Das Ausmaß der Kürzungen ist verschieden, es reicht von einigen Wörtern bis zu ganzen Sätzen. – Aus diesen Gründen kann ein Teil der bisherigen Briefausgaben nicht als authentische Erstveröffentlichung angesehen werden.

DIE TEXTBEARBEITUNG

Aus den angeführten Gründen war es nötig, in allen möglichen Fällen auf die Originale (bzw. Fotokopien) zu rekurrieren. Da viele Briefe Reuters verlorengingen, werden unten im einzelnen die Quellen angegeben.

Die Briefe wurden chronologisch angeordnet. Die Datierungen wurden neu geprüft; falsche Datierungen konnten berichtigt werden, und eine Reihe von Briefempfängern wurde erstmals namentlich festgestellt.

Bei der Textbearbeitung wurden selbstverständlich keine Kürzungen vorgenommen. – Für die Orthographie und Interpunktion gilt, was in den Anmerkungen zur Textgestaltung in Band 1 dieser Ausgabe gesagt wurde. Eigenheiten Reuters wurden gewahrt. Auf Glättungen jeder Art wurde verzichtet. Das gilt auch für die uneinheitliche Schreibung von Namen, für die verschiedenartige Behandlung von Anführungszeichen usw. Erkennbare grammatische Fehler wurden nicht getilgt. Briefe sind Dokumente; sie sollen ein in jedem Betracht authentisches Zeugnis sein.

Zusätze des Bearbeiters stehen hier wie stets in eckigen Klammern; wo die Originale nicht zugrunde gelegt werden konnten, mußten sie aus den gedruckten Briefen übernommen werden. Dabei war leider nicht feststellbar, ob der jeweilige Herausgeber die drei Punkte aus dem Original übernahm oder als Zeichen für eine Kürzung verwendete.

Herzlich zu danken hat der Bearbeiter all denen, die in den vergangenen drei Jahren durch Bereitstellung von Reuter-Briefen, durch Auskünfte, Hinweise usw. seine Arbeit wesentlich förderten. Dabei seien zuerst genannt das Fritz-Reuter-Literaturmuseum Stavenhagen, das Goethe- und Schiller-Archiv zu Weimar (Nationale Forschungs- und Gedenkstätten der klassischen deutschen Literatur in Weimar), das Fritz-Reuter-Museum zu Eisenach (Thüringer Museum in Eisenach), das Staatsarchiv Schwerin, das Stadtarchiv Schwerin, das Heimatmuseum Dömitz und das Kulturhistorische Museum Neubrandenburg; ferner: Fritz Reuters Urgroßnichte, Frau Gertrud Launburg, geb. Brockmann, Braunschweig; Frau Irmgard Unger-Brückner, Neubrandenburg; Dr. Carl Lüdtke, Kyritz; Dr. Paul Sundheimer, Miesbach (Bayern); das Deutsche Zentralarchiv Hist. Abt. II Merseburg; die Staatsarchive Magdeburg, Weimar, Hamburg, Bremen, Lübeck, Hannover, Oldenburg, Coburg, Koblenz und Stuttgart; die Stadtarchive Anklam, Aschersleben, Berlin, Eisenach, Erfurt, Frankfurt (Oder), Gera, Gotha, Greifswald, Halle, Jena, Leipzig, Magdeburg, Perleberg, Rostock, Stralsund, Weimar, Weißenfels a. S., Wismar, Bielefeld, Darmstadt, Eutin, Freiburg (Breisgau), Husum, Kiel, Köln, Schleswig, das Archiv und die Bibliothek des Bistums Münster, Münster (Westf.); die Universitätsarchive Berlin, Halle, Leipzig, Jena und Heidelberg; die ev.-luth. Pfarrämter Altentreptow, Anklam, Demmin, Egeln, Fürstenwalde (Spree), Grapzow über Altentreptow, Groß-Tetzleben, Jarmen, Mildenau (Erzgebirge), Richtenberg, Schkölen, Siedenbollentin, Triebsees; Coburg (St. Moritz), Gehrden (Hannover), Lippstadt i. W., Schleswig; die kath. Pfarrämter Halberstadt, Brilon und Fredeburg (Sauerland); das Familienarchiv Leopoldi in Schwerin; das Meckl. Kirchenbuchamt u. a.
Zu danken hat der Bearbeiter auch seiner wiss. Mitarbeiterin Heidemarie Sobotha für ihre Mithilfe bei der Umstellung der Brieftexte auf die heutige Rechtschreibung und seiner Frau, Helga Leopoldi, für ihre Unterstützung bei der Durchsicht aller Texte sowie für das verantwortungsvolle Mitlesen der Korrektur.

QUELLENANGABEN

Für alle Briefe vom 24. 3. 1827 bis 4. 11. 1841 wurde folgende Briefausgabe zugrunde gelegt:

Engel = Engel, Franz: Briefe von Fritz Reuter an seinen Vater aus der Schüler-, Studenten- und Festungszeit (1827 bis 1841). 2 Bde. Braunschweig: George Westermann. 1896.

Für die Briefe an Eduard Hobein wurde folgende Briefausgabe zugrunde gelegt:

Meyer = Meyer, Wilhelm: Briefe von Fritz Reuter, Klaus Groth und (John) Brinckman an Eduard Hobein. Berlin: Weidmannsche Buchhandlung. 1909.

Für die Briefe an Fritz Peters wurde folgende Briefausgabe zugrunde gelegt:

Finger = Finger(-Hain), Willi: Fritz Reuter und Fritz Peters – Siedenbollentin. Erste vollständige Ausgabe der Briefe Reuters an Peters. Wismar: Hinstorffsche Verlagsbuchhandlung. 1935.

Originalbriefe bzw. Briefentwürfe Reuters wurden zugrunde gelegt aus dem Fritz-Reuter-Literaturmuseum Stavenhagen:
2. 10. 1845, 7. 2. 1851, 15. 2. 1851, 4. 12. 1854, 9. 6. 1855, 28. 9. 1855, 3. 7. 1856, 12. 8. 1856, 26. 11. 1856, 22. und 27. 12. 1856, 17. 7. 1857, 20. 8. 1857, 10. 11. 1857, 15. 2. 1858, 27. 10. 1858, 27. 11. 1858, 17. 8. 1859, 8. 9. 1859, 22. 9. 1859, 1. 10. 1859, ... 10. 1859 an Ferdinand Wuthenow, 28. 10. 1859, 10. 12. 1859, 12. 12. 1859, (undatiert, wohl um 1860) an den Nationalverein in Neubrandenburg, ... 1860 an Theodor Schloepkes Ehefrau, 5. 1. 1861, 16. 2. 1861, 18. 8. 1861, 28. 10. 1861, 8. 11. 1861, 16. 1. 1862, 27. 1. 1862, 28. 1. 1862, 1. 2. 1862, 26. 3. 1862, 24. 4. 1862, 5. 5. 1862, 10. 8. 1862, 28. 8. 1862, 7. 12. 1862, 10. 12. 1862, 16. 1. 1863, 14. 2. 1863, 18. 2. 1863, 29. 5. 1863, 29. 6. 1863, 7. 7. 1863, 21. 9. 1863, 22. 9. 1863, 1. 11. 1863, 17. 11. 1863, 28. 11. 1863, 13. 12. 1863, 20. 12. 1863, 22. 12. 1863, 30. 1. 1864, 15. 3. 1864, 29. 5. 1864, 22. 7. 1864, 25. 7. 1864, 16. 8. 1864, 19. 8. 1864, 2. 10. 1864, 20. 10. 1864, 11. 11. 1864, 7. 1. 1865, 22. 8. 1865, 22. 9. 1865, 4. 11. 1865, ... 12. 1865, 15. 4. 1866, 28. 6. 1866, 30. 6. 1866, 5. 7. 1866, 8. 7. 1866, 22. 7. 1866, 29. 8. 1866, 1. 9. 1866,

3. 9. 1866, 4. 9. 1866, 4. 9. 1866 (Zweitschrift), 19. 9. 1866, 20. 9. 1866, 14. 12. 1866, 14. 12. 1866, 16. 1 1867, 17. 1. 1867, 21. 1. 1867, 29. 1. 1867, 24. 3. 1867, 12. 5. 1867, 27. 5. 1867, 28. 5. 1867, 4. 8. 1867, 17. 12. 1867, 12./25. 6. 1868, 28. 9. 1868, 1. 10. 1868, 22. 12. 1869, 11. 2. 1870, 22. 6. 1870, 26. 10. 1871, 21./22. 8. 1872, 4. 5. 1873, 2. 9. 1873;

dem Goethe- und Schiller-Archiv Weimar:
6. 11. und 9. 11. 1846, 10. 5. 1847, 6. 10. 1847, 28. 5. 1848, ... 1850, ... 5. 1851, 25. 5. 1851, 28. 5. 1851, 6. 7. 1854, ... 1855 an Rechtsanwalt ..., 12. 8. 1856, ... 1857 an Theodor Kunike, ... 1858 an Ernst Moritz Arndt, 26. 3. 1863, 17. 2. 1864, 27. 10. 1864, 4. 12. 1864, 23. 8. 1865, 10. 11. 1865, 15. 11. 1865, 7. 3. 1867, 1. 5. 1867, 16. 5. 1867, ... 1868 an J. P. Heye, ... 1868 (um Aussprache des »St«), 18. 12. 1869, ... 12. 1872;

dem Fritz-Reuter-Museum zu Eisenach:
2. 2. 1846, 24. 7. 1859, 24. 1. 1867, 11. 2. 1868, 22. 12. 1869, 24. 12. 1869, 22. 8. 1872;

dem Staatsarchiv Schwerin:
11. 1. 1858, ... 2. 1861 an Richard Schröder, 3. 7. 1862, 24. 9. 1863, 25. 5. 1866, 15. 6. 1869, 5. 11. 1869, 25. 12. 1871;

dem Stadtarchiv Schwerin: 16. 7. 1866;

dem Heimatmuseum Dömitz: 14. 12. 1857;

dem Besitz von Dr. Paul Sundheimer, Miesbach (Bayern): 22. 9. 1859.

Des weiteren wurden Briefe aufgenommen aus:
Staatl. Gymnasium mit Realschule zu Neubrandenburg.
Bericht über das Schuljahr 1926/27. Seite 16: 28. 1. 1862;

Karl Marx/Friedrich Engels: Werke. Bd. 19. Berlin: Dietz. 1962. Seite 57: 12. 1. 1864 (Fragment);
Latendorf, Friedrich: Karl Horn, der Stifter der deutschen Burschenschaft, und Heinrich Gesellius, der Lieblingslehrer Fritz Reuters. Biographische Mitteilungen nebst ungedruckten Briefen und Dichtungen Reuters. Pößneck: C. Latendorf. 1881. S. 19/20: 7. 5. 1870.

Für alle anderen Briefe wurde folgende Briefausgabe zugrunde gelegt:

Weltzien = Weltzien, Otto: Fritz Reuters Briefe. Gesamt-Ausgabe in einem Bande. Leipzig: Hesse und Becker Verlag. (1913).

Die nachfolgend genannten Briefe wurden in unsere Auswahl nicht aufgenommmen:

An den Vater 7. 9. 1827, 16. 10. 1827, 18. 12. 1827, 28. 12. 1827, 18. 1. 1828, 11. 2. 1828, 15. 3. 1828, 16. 4. 1828, 7. 10. 1828, 29. 11. 1828, 10. 3. 1834, 28. 9. 1840 (Originale im Besitz von Reuters Großnichte Ella Brockmann, geb. Bade, Braunschweig).

Aus Engel, Band I: 13. 12. 1833 an den Vater, 24. 4. 1834 an den Vater, 21. 10. 1834 an den Vater, 18. 2. 1835 an den Vater, 6. 4. 1836 an den Vater.

Aus Engel, Band II:

15. 4. 1837 an den Vater, 6. 5. 1837 an den Vater, 16. 6. 1837 an den Vater, 15. 8. 1837 an die Firma Müller und Weichsel, 10. 9. 1837 an den Vater, 16. 12. 1837 an Carl Clasen, 29. 12. 1837 an den Vater, 23. 4. 1838 an den Vater, 25. 3. 1839 an den Vater, 22. 7. 1839 an den Vater, 19. 10. 1839 an den Vater, 25. 5. 1840 an den Vater, 23. 7. 1841 an den Vater, 17. 8. 1841 an den Vater.

Aus Finger:

7. 10. 1847 an Fritz Peters, 10. 11. 1847 an Fritz Peters, 7. 12. 1847 an Marie Peters geb. Ohl (vgl. auch unter nicht aufgenommene Orig. Fr. R. Lit. Mus. Stav.), 15./16. 10. 1849 an Fritz Peters, 19. 10. 1849 an Fritz Peters, 28. 8. 1855 an Marie Peters geb. Ohl, 16. 8. 1857 an Fritz Peters, 4. 3. 1858 an Fritz Peters, 29. 9. 1864 an Fritz Peters, 29. 12. 1864 an Fritz Peters, 3. 8. 1865 an Fritz Peters, 28. 6. 1866 an Karl [Krüger?], 3. 7. 1866 an Fritz Peters, 28. 10. 1866 an Fritz Peters, 10. 12. 1866 an Fritz Peters, 31. 12. 1867 an Fritz Peters, 27. 2. 1868 an Fritz Peters, (um Ostern 1868) an Fritz Peters, 18. 8. 1868 an Fritz Peters, 3. 1. 1869 an Fritz Peters, 1. 2. 1869 an Fritz Peters, 31. 12. 1870 an Fritz und Marie Peters, 12. 7. 1871 an Fritz Peters, 10. 11. 1871 an die Herren Gollreider und Wegner, 27. 1. 1873 an Fritz Peters.

Nicht aufgenommen wurden von den Originalbriefen bzw. Briefentwürfen aus dem
Fritz-Reuter-Literaturmuseum Stavenhagen:
11. 12. 1838 an die Farbenhandlung E. Sarre, 7. 12. 1847 an Anna Maria Ohl geb. Fleck, 7. 12. 1847 an Marie Peters geb. Ohl, 19. 9. 1849 an Karl Hermann Stolzenburg, 4. 3. 1851 an Carl Christoph Grischow, 30. 6. 1851 an Marie Peters geb. Ohl, 13. 1. 1854 an Dr. med. Saalheim, 6. 5. 1855 an unbekannten Empfänger, 27. 8. 1855 an Ferdinand Wuthenow, 3. 12. 1855 an Ferdinand Wuthenow, 3. 7. 1856 an Theodor Kunike, 12. 12. 1857 an unbekannten Empfänger, 10. 5. 1858 an Richard Schröder, 27. 7. 1858 an Erdmann Schrader, 11. 1. 1859 an die Schwestern v. Bülow, 20. 3. 1859 an Ferdinand Jühlke, 16. 12. 1859 an Ferdinand Wuthenow, 3. 2. 1860 an Georg Berling, 11. 4. 1860 an Ferdinand Wuthenow, 13. 7. 1860 an Ferdinand Wuthenow, 28. 8. 1860 an Theodor Trebbin, 17. 2. 1861 an F. W. Tack, 7. 12. 1861 an Karl . . ., 11. 12. 1861 an Karl . . ., 20. 12. 1861 an unbekannten Empfänger, Karfreitag 1862 an Henriette Grischow, 1. 8. 1862 an Adelheid Hermes geb. Wüsthoff, 29. 10. 1862 an Gustav Schmidt, 9. 11. 1862 an Carl Mehlhorn, 4. 2. 1863 an Michael Marcus, 29. 3. 1863 an Albert Schultze, 21. 4. 1863 an F. W. Tack, 21. 4. 1863 an Erhard Quandt, 29. 6. 1863 an Erhard Quandt, 11. 7. 1863 an Albert Schultze, 23. 7. 1863 an Albert Schultze, 24. 7. 1863 an Karl Stroehmer, 8. 11. 1863 an Gustav Braun, 8. 11. 1863 an Erhard Quandt, 12. 11. 1863 an Ferdinand Jühlke, 13. 11. 1863 an Viktor Siemerling, 26. 11. 1863 an Viktor Siemerling, 10. 12. 1863 an Friedrich Henneberg, 10. 12. 1863 an Viktor Siemerling, 18. 12. 1863 an Viktor Siemerling, 25. 1. 1864 an Erhard Quandt, 19. 2. 1864 an Viktor Siemerling, 9. 3. 1864 an Viktor Siemerling, 14. 3. 1864 an Viktor Siemerling, 15. 3. 1864 an Albert Schultze, . . . 4. 1864 an Erhard Quandt, [ohne Datum, vermutlich nach April 1864] an Erhard Quandt, 9. 5. 1864 an Carl Dittmar, 17. 7. 1864 an Wilhelm Niederhöffer, 17. 8. 1864 an Viktor Siemerling, 1. 9. 1864 an Frau Dr. Julian Schmidt, 17. 10. 1864 an Erhard Quandt, 19. 10. 1864 [an Karl Bartsch?], 22. 10. 1864 an Ellen Lucia [Pseudonym von Wilhelmine Weyergang], 28. 10. 1864 an Erhard Quandt, 22. 12. 1864 an August Schwartz, 12. 3. 1865 an K. J. C. Ladendorff, 13. 4. 1865 an August Schwartz, 30. 4. 1865 an Erhard Quandt, 12. 7. 1865 an Ferdinand Wuthenow, 13. 7. 1865 an Martha Scheel, 18. 7. 1865 an Hermann Grashof, [ohne Datum, vermutlich Juli 1865]

an Erhardt Quandt, 20. 8. 1865 an Albert Schultze, 31. 8. 1865 an Viktor Siemerling, 10. 9. 1865 an Hermann Grashof, 11. 12. 1865 an Viktor Siemerling, 14. 12. 1865 an Carl Dittmar, 20. 12. 1865 an unbekannten Empfänger, 1. 3. 1866 an Erhard Quandt, 3. 4. 1866 an Carl Dittmar, 15. 5. 1866 an Hermann Grashof, 12. 7. 1866 an Viktor Siemerling, 17. 7. 1866 an Erhard Quandt, 4. 9. 1866 an Erhard Quandt, 12. 9. 1866 an Erhard Quandt, 16. 9. 1866 an Erhard Quandt, 26. 10. 1866 an Eduard Böcking, 28. 10. 1866 an Eduard Prosch, 10. 11. 1866 an Eduard Böcking, 11. 11. 1866 an Erhard Quandt, 4. 2. 1867 an Ernst Müller, 4. 2. 1867 an Ferdinand Jühlke, 10. 3. 1867 an unbekannten Empfänger, 11. 3. 1867 an Hermann Grashof, 25. 3. 1867 an Hermann Schmidt, 3. 7. 1867 an Mathilde Schultze geb. Wachsmuth, 26. 9. 1867 an Bertha Grashof geb. Vogel, 14. 10. 1867 an Erhard Quandt, 24. 11. 1867 an Carl Hinstorff, 9. 12. 1867 an Erhard Quandt, 6. 2. 1868 an Ferdinand Jühlke, [Frühling 1868] an Eduard Böcking, 3. 4. 1868 an Erhard Quandt, 30. 7. 1868 an ... v. Spiegel, 19. 8. 1868 an unbekannte Empfängerin, 19. 8. 1868 an August Wichmann, 11. 9. 1868 an Ferdinand Jühlke, 21. 12. 1868 an Wilhelm Niederhöffer, 8. 1. 1869 an Familie v. Röder, 10. 1. 1869 an U. L. F. Blenck, 28. 1. 1869 an Adelheid Hermes geb. Wüsthoff, 13. 2. 1869 an Ferdinand Jühlke, 15. 5. 1869 an unbekannten Empfänger, 14. 11. 1869 an ... Hofmann, 15. 11. 1869 an Friedrich v. Bülow, 6. 7. 1870 an unbekannten Empfänger, 15. 12. 1870 an Wilhelm Niederhöffer, 25. 6. 1871 an Wilhelm Niederhöffer, 13. 11. 1871 an Agnete Pyl, 8. 1. 1872 an Gustav v. Budkowski, 7. 11. 1872 an den Magistrat der Stadt Stavenhagen, 10. 12. 1872 an ... Hofmann, 7. 11. 1873 an den Magistrat der Stadt Stavenhagen, 12. 7. 1874 an Bürgermeister Lau;

Aus dem Goethe- und Schiller-Archiv Weimar: 1. 8. 1847 an Luise Kuntze, 3. 6. 1851 an Luise Kuntze, 12. 7. 1854 an Luise Reuter geb. Kuntze, ... 8. 1862 an Julian Schmidt, 26. 9. 1865 an Luise Reuter geb. Kuntze, 10. 12. 1865 an Erhard Quandt, 8. 2. 1866 an Erhard Quandt, 28. 5. 1866 an Erhard Quandt, 24. 1. 1867 an Erhard Quandt, 11. 4. 1867 an Luise Reuter geb. Kuntze, 14. 4. 1867 an Luise Reuter geb. Kuntze, 16. 4. 1867 an Luise Reuter geb. Kuntze, [6. 5. ?] 1867 an Luise Reuter geb. Kuntze, 3. 7. 1867 an Erhard Quandt, 17. 7. [in den 1860er Jahren] an Erhard Quandt, 21. 9. 1867 an Erhard Quandt, ... 1868 an unbekannten Empfänger, ... 1868 an unbekannten Empfänger, ... 1868 an Christoffel Martin Vos,

24. 1. 1868 an Erhard Quandt, 26. 2. 1868 an W. Reincke, 22. 12. 1868 an Luise Reuter geb.Kuntze;

Aus dem Fritz-Reuter-Museum zu Eisenach:
17. 2. 1864 an Heinrich Gärtner, 21. 7. 1864 an Karl Geitel, 30. 4. 1865 an Gottlieb Christian Schüler, 18. 5. 1865 an Karl Geitel, 12. 7. 1865 an Gottlieb Christian Schüler, 10. 4. 1867 an ... Villette [Willett], 17. 5. 1867 an ... Villette [Willett], 12. 10. 1867 an Gottlieb Christian Schüler, 31. 12. 1867 an unbekannten Empfänger, 26. 1. 1869 an Kaplan ... in Meiningen, 6. 3. 1870 an Wilhelmine Glävecke geb. Engel, 2. 4. 1872 an ... Radloff, 5. 1. 1874 an ... Schmidt, 25. 4. 1874 an Carl Schmidt;

Aus dem Staatsarchiv Schwerin:
16. 3. 1864 an Ludwig Schröder;

Aus dem Besitz von Zahnarzt Erich Schwarz, Neumünster (Holstein):
9. 9. 1866 an Carl Hinstorff;

Aus dem Familienarchiv Peters:
11. 3. 1872 an Fritz Peters;

Aus Latendorf, Friedrich: Karl Horn, der Stifter der deutschen Burschenschaft, und Heinrich Gesellius, der Lieblingslehrer Fritz Reuters. Pößneck: C. Latendorf. 1881. S. 33 und 40:
25. 10. 1858 an Anna Gesellius, 7. 10. 1860 an Antonie Crull geb. Gesellius.

Aus Karnatz, Ludwig: Ut siene Bramborger Tied. Schwerin: Friedrich Bahn. 1934. 3. Aufl. S. 166–167:
16. 2. 1860 an Karl Kraepelin.

Aus Schröder, Walter: Von niederdeutschen Dichtern.
Stettin: Leon Saunier. 1932. S. 24 und 26:
6. 11. 1853 an Bernhard Ahrendt, 29. 11. 1870 an Carl Hinstorff.

Aus Weltzin:
19. 11. 1838 an die Farbenhandlung E. Sarre, Berlin, 24. 2. 1850 an Carl Georg Piper, 25. 8. 1853 an Bernhard Ahrendt, 16. 10. 1853 an Bernhard Ahrendt, 17. 11. 1853 an Bernhard Ahrendt, 23. 11. 1853 an Bernhard Ahrendt, ... 1853 an Bernhard Ahrendt, 25. 6. 1854 an

Frau B. in Parchim, 14. 12. 1857 an Adelheid Hermes geb. Wüsthoff, ... 1857 an Ernst Boll, 15. 10. 1858 an Marcus Wilhelm Hinrichsen, ... 1858 an Ferdinand Jühlke, 8. 9. 1859 an Theodor Schloepke, [etwa 1859/60] an Anna Schumacher (2 Briefe), 29. 2. 1860 an Elise W ..., Herbst 1862 an C. J. F. Peters, 11. 10. 1862 an Julius Stettenheim, 3. 12. 1862 an Dr. Reinhold, ... 1. 1863 an Oswald Palleske, 21. 4. 1863 an Marie und Helene Scheibel, 22. 4. 1863 an Wilhelm Henzen, 17. 6. 1863 an Rudolf Reusch, ... 6. 1863 an Severus Ziegler, 31. 8. 1863 an Wilhelm Mayer, [Sommer] 1863 an Heinrich Hahn (2 Briefe), [Sommer] 1863 an Theodor Schloepke, 21. 9. 1863 an Heinrich Hahn, 27. 11. 1863 an die Schwestern von Bülow (von Luise Reuter geb. Kuntze), ... 1863 an Heinrich Hahn, 6. 1. 1864 an J. T. F. Kapheim, 7. 1. 1864 an Viktor Siemerling, 27. 2. 1864 an Adolf Müller, 29. 5. 1864 an Otto Speckter, 19. 8. 1864 an Heinrich Hahn, 13. 9. 1864 an Otto Speckter, 27. 10. 1864 an Adelheid Weber geb. Nizze, 7. 11. 1864 an Richard Schröder, 12. 4. 1865 an Auguste Henzen geb. Francke, 14. 4. 1865 an unbekannten Empfänger, 14. 10. 1865 an Karl Johann Heinrich Vermehren, 14. 10. 1865 an Hermann Grashof, 7. 1. 1866 an Franz Boll, 18. 1. 1866 an Franz Boll, 25. 1. 1866 an Franz Boll, 2. 6. 1866 an Ferdinand Jühlke, 27. 8. 1866 an Carsten Hinrich Waltjen, ... 1866 an unbekannten Empfänger in Jena (S. 643), 26. 10. 1866 an Ernst Boll, 13. 12. 1866 an Ferdinand Jühlke, 30. 1. 1867 an Minna Goldmann geb. Kohlrausch, 25. 3. 1867 an Alexander Ziegler, 18. 7. 1867 an Carsten Hinrich Waltjen, 6. 9. 1867 an Gisbert Freiherr von Vincke, 8. 9. 1867 an Hermann Fiese, 25. 9. 1867 an Gisbert Freiherr von Vincke, ... 1867 [?] an unbekannte Empfängerin (S. 705), 4. 1. 1868 an Ernst Boll, 21. 1. 1868 an Severus Ziegler, 9. 2. 1868 an Rudolf Westphal, 4. 3. 1868 an Gisbert Freiherr von Vincke, 18. 8. 1868 an Gisbert Freiherr von Vincke, 6. 9. 1868 an Gisbert Freiherr von Vincke, 27. 3. 1869 an Ferdinand Jühlke, 15. 5. 1869 an Ferdinand Jühlke, 14. 2. 1870 an Gisbert Freiherr von Vincke, 15. 2. 1870 an Bernhard Afinger, 29. 3. 1870 an Bernhard Afinger, 10. 5. 1870 an Bernhard Afinger, ... 9. 1870 an Franz Lipperheide, 14. 10. 1870 an Bernhard Afinger, 1. 11. 1870 an Bernhard Afinger, (Sommer) 1870 an Johan Winkler, ... 1870 an Otto Speckter, 14. 2. 1871 an Franz Lipperheide, 26. 2. 1871 an Franz Lipperheide, 3. 5. 1871 an Albert Reuter, 11. 6. 1871 an Bernhard Afinger, 23. 11. 1871 an Bernhard Afinger, 21. 12. 1872 an Carsten Hinrich Waltjen.

Erläuterungen

Ein regulärer Kommentar der Briefe hätte einen neuen Band erfordert. Erläutert wurde deshalb nur das Notwendigste. Die Namen werden in dem Personenverzeichnis nachgewiesen, sie wurden hier nur dann aufgeführt, wenn Verwechslungen als möglich erschienen oder wenn sie von Reuter falsch geschrieben wurden. Auf biographische und werkgeschichtliche Erläuterungen wurde weitgehend verzichtet, da der Band 9 die nötigen Auskünfte erteilt.

7 *Friedland* – Fritz Reuter besuchte seit September 1824 das Gymnasium in Friedland, einer Kleinstadt im damaligen Mecklenburg-Strelitz.

7 *Vater* – Georg Johann Jakob Friedrich Reuter.

7 *Mutter* – Johanna Luise Sophie Reuter, geb. Oelpke, war am 19. 5. 1826 in Stavenhagen gestorben.

7 *alte Frau Konrektorin* – Witwe des 1808 verstorbenen Konrektors Schultz, bei der Reuter mit seinem Vetter August Reuter in der »Achterstraße« zu Friedland in Pension war.

7 *Odyssea bis Brandenburg* – Der Vater hatte eine Fahrt bis nach Neubrandenburg (entweder von Friedland oder von Stavenhagen aus) für den Sohn bezahlt.

8 *im Virgil* – die »Aeneis« des römischen Dichters Maro Publius Vergilius (70–19 v. d. Z.).

9 *Lisettchen* – Fritz Reuters Halbschwester Elisabeth (gen. Lisette) Henriette Johanna Reuter, später verheiratet mit Dr. jur. Friedrich Carl Jenning.

10 *Helmuth* – vermutlich Helmuth Franck aus Malchin, der im Jahre 1828 das Friedländer Gymnasium mit dem Reifezeugnis verließ.

10 *August* – August Reuter aus Dömitz, besuchte mit seinem Vetter Fritz Reuter das Friedländer Gymnasium und verließ es 1830 mit dem Reifezeugnis.

11 *Parchim* – Bürgermeister Reuter verfügte zu Ostern 1828 einen Schulwechsel für seinen Sohn und hatte dazu das Gymnasium zu Parchim im damaligen Mecklenburg-Schwerin ausersehen.

12 *Herrn Direktor* – Johannes Christian Wilhelm Zehlicke.

14 *Dinarchus* – irrtümlich für Phrynichos, dessen Tragödie »Die Einnahme von Milet« 474 v. d. Z. verboten wurde, weil sie das Unglück Athens in Erinnerung brachte. Der Dichter wurde mit einer Geldstrafe von 1000 Drachmen belegt.

15 *Henkel und Bülow* – Mitschüler Fritz Reuters in Parchim.

15 *Krüger, Schröder und Elderhorst* – Mitschüler Fritz Reuters in Parchim. Karl David Christian Krüger. Schröder ließ sich nicht feststellen; Elderhorst vielleicht identisch mit Heinrich von Elderhorst.

16 *Buchbinders Zimmermann* – Friedrich Julius Zimmermann; bei ihm wollte Fritz Reuter Ende 1829 ein Zimmer mieten. Dem Vater aber war es zu teuer.

17 *Pastor Burchard* – unterhielt in Parchim ein Schülerpensionat.

17 *Pokrenter Onkel* – Samuel Gottlieb Friedrich Reuter, Pastor zu Pokrent bei Gadebusch, jüngerer Bruder von Fritz Reuters Vater.

17 *Sophie* – Ernestine Sophie Reuter, Fritz Reuters Halbschwester, die 1840 ihren Vetter Ernst Reuter heiratete.

17 *Großmutter* – Sophie Marie Oelpke, geb. Moll. Fritz Reuters Großmutter mütterlicherseits, die bis zu ihrem Tode 1839 in Stavenhagen lebte.

18 *Krüger* – Karl David Christian Krüger aus Malchin, Fritz Reuters Mitschüler in Friedland und Parchim.

18 *Hilgendorff* – Johann Joachim Hilgendorff. Bei ihm wohnte Fritz Reuter von 1830 bis 1831.

19 *Pokrent* – bei Gadebusch, wo Reuters Vaterbruder Pastor war.

19 *Frau Direktorin* – Julie Zehlicke, geb. Wesenberg, zweite Frau des Parchimer Gymnasialdirektors Zehlicke.

19 *der kleine Johannes* – Johannes Zehlicke d. J., Sohn d. O.

19 *Hauptmann von Restorff* – Carl Friedrich Hartwig v. Restorff, Vater von Reuters Schulfreund August v. Restorff.

20 *Konrektor* – Heinrich Friedrich Wilhelm Gesellius.

20 *10. März 1830* – Dieser Brief wurde von dem Herausgeber Engel irrtümlich unter dem Datum 10. 3. 1828 veröffentlicht.

20 *Herrn Zehlicke* – Vgl. Anm. zu S. 12. In Zehlickes Haus, Marstall 8, war Fritz Reuter zunächst in Pension.

24 *Herr Kantor* – Friedrich Heinrich Daniel Müller aus Gnoien.

25 *ipsissimis verbis* – (lat.) streng wortgetreu.

25 *Zensur* – Gedruckt bei Engel, I, S. 50–51.

25 *Zeugnis* – Bescheinigung des Konrektors H. Gesellius, Parchim 11. 7. 1830. Gedruckt bei Engel, I, S. 53.

25 *zum Reisen* – nach der Insel Rügen.

26 *ut dicere solent* – (lat.) wie man zu sagen pflegt.

26 *Epistola non erubescit* – (lat.) Ein Brief errötet nicht (Cicero).

27 *Unruhen* – Nach der Julirevolution in Frankreich äußerten Teile der Parchimer Bevölkerung ihren Unwillen über die bestehenden städtischen Verhältnisse. Der Rat der Stadt wandte sich am 25. 9. 1830 in einer durch die Zeitung veröffentlichten Bekanntmachung dagegen. Er versprach, »gerechte Beschwerden zu berücksichtigen, anonyme Drohungen dagegen würden verachtet.«

27 *Kommunial-Garde* – Kommunal-Garde, Bürgerwehr.

28 *Ernst* – Ernst Carl Adolf Reuter aus Dömitz, Vetter und späterer Schwager (durch seine Heirat mit Sophie Reuter) Fritz Reuters.

28 *Convent* – Konvent der Bürgermeister Mecklenburgs in Angelegenheiten des städtischen Feuerversicherungswesens, der in jedem Jahre einmal abwechselnd in Güstrow und Parchim zusammentrat.

29 *Brasch* – vermutlich Dr. jur. Jakob Brasch.

29 *Herrn Caspar* – vermutlich Heymann Casper aus Stavenhagen.

30 *Losen* – Bis zur Einführung der Allgemeinen Wehrpflicht in Mecklenburg 1866 entschied über die Dienstpflicht das Los, zu dessen Ziehung die militärpflichtigen jungen Leute sich im 21. Lebensjahre vor ihrer Heimatbehörde zu stellen hatten. Bei begründeter Abwesenheit konnte auch ein Verwandter oder Bekannter stellvertretend das Los für den Abwesenden ziehen. Loste man sich frei, so war man der Militärpflicht für alle Zeit ledig, loste man sich fest, so mußte man sich persönlich oder einen Stellvertreter stellen oder sich frei kaufen.

30 *Halle* – Bürgermeister Reuter beabsichtigte, seinen Sohn nach bestandener Reifeprüfung auf die Universität nach Halle (Saale) zu schicken. Das riet ihm auch im Schreiben vom 8. 6. 1831 (gedruckt bei Engel, I, S. 61–63) der Parchimer Konrektor Heinrich Gesellius.

31 *Weber* – Joachim Christoph Bernhard Weber.

31 *Saniter* – Hermann Friedrich Saniter.

33 *den Mackeldey* – »Lehrbuch des heutigen Römischen Rechts«. 7. Auflage 1827.

36 *Institutionen* – hier: einführende rechtswissenschaftliche Lehrbücher.

37 *Servituten* – Zwangspflichten, Haftlasten (die mit einem örtlichen Besitz verbunden sind).

37 *Emphyteusis* – Erbpacht-, Erblehn-, Erbzinsrecht.

38 *Konviktorium* – Eß- oder Freitisch auf Hochschulen

38 *Exspektanzen* – Anwartschaften (auf Versorgung oder Unterstützung).

38 *Martin und Coropach* – (richtig: Konopack) Rechtsschriftsteller. Titel der Bücher sind nicht feststellbar. Von Martin möglicherweise »Lehrbuch des gemeinen bürgerlichen Processes«.

39 *Schwaan* – an der Warnow, Kleinstadt in der Nähe Rostocks.

39 *Karl* – wohl Karl David Christian Krüger.

39 *Stellvertreter* – Vgl. Anm. zu S. 30.

40 *Jabel* – bei Malchow, an der alten Waren-Malchower Straße. Dort war Fritz Reuters Onkel Ernst Friedrich Reuter seit 1812 Pastor.

40 *Kümmel- und Kardenbau* – Reuters Vater betrieb in seiner Landwirtschaft einen umfangreichen Kümmel- und Kardenanbau.

41 *Camburg* – an der Saale, Kleinstadt in der Nähe Jenas.

41 *4. oder 5. Juli 1832* – Abgeschickt wurde dieser Brief indessen erst am 26. 7. 1832. Vgl. Brief vom 21. 8. 1832.

42 *Direktor Z.* – Schuldirektor Johannes Zehlicke.

42 *Carl* – Carl Behm, Stiefsohn des Gymnasialdirektors Zehlicke zu Parchim aus dessen erster Ehe.

43 *größeren Bescheinigung* – Fritz Reuter ließ sich von der Herzogl. Sachs.-Meining. und Fürstl. Thurn- und Taxischen Post-Expedition in Camburg einen Postschein über den in Camburg geschriebenen und von dort an den Vater geschickten Brief ausstellen. Danach ist am 26. 7. 1832 ein Schreiben an Bürgermeister Reuter in Stavenhagen zur Beförderung in Camburg aufgegeben worden (abgedruckt bei Engel, I, S. 84). Nach Reuters Rechtfertigung im Brief vom 21. 8. 1832 hat der Gastwirt in Camburg diesen Brief mit Brief und Rechnung für Zehlicke-Parchim zusammen erst am 26. 7. 1832 abgeschickt.

43 *alten Höpfner* – F. J. Hoepfner, »Sammlung der römischen Gesetze, auf Befehl des Kaisers Justinian verfertigt«.

44 *Pandekten* – Hauptteil des Corpus juris civilis, einer amtlichen Sammlung des Römischen Rechts.

44 *Louis* – Gemeint ist Louisdor, eine damals in Deutschland gängige Goldmünze.

44 *Stiefsohn des Direktors Z.* – Carl Behm.

45 *Cholera* – In Mecklenburg herrschte 1831/1832 eine Choleraepidemie.

48 *Oheim in Jabel* – Ernst Friedrich Reuter.

49 *Schläge von den Studenten erhalten* – In der Nacht vom 22. zum 23. 12. 1832 wurden die Jenaer Pedelle von mehreren Studenten mißhandelt. Die schwersten Zusammenstöße mit den Pedellen und Polizeidienern fanden in der Neujahrsnacht 1833 statt.

50 *Schwestern* – die Halbschwestern Lisette und Sophie Reuter.

51 *Fenster eingeworfen worden* – In der Nacht zum 12. 1. 1833 wurden die Fenster der Wohnung des Oberappellationsgerichtsrats und Professors Dr. v. Schröter eingeworfen und die Fensterläden des Universitäts-Amtmanns von Gohren mit Steinen beworfen.

52 *Philister* – in der Studentensprache jeder Nichtstudent.

52 *spielte ich das Prevenir* – kam ich ihm zuvor.

52 *konsiliert* – von der Hochschule verwiesen.

52 *v. Schröter* – Prof. Dr. Wilhelm v. Schröter teilte in einem Schreiben vom 20. 3. 1833 (gedruckt bei Engel, I, S. 110–115) Reuters Vater Einzelheiten über die Jenaer Vorfälle mit, berichtete ihm über das Verhalten seines Sohnes und gab eine äußerst negative Charakteristik Fritz Reuters.

53 *Konsil und Relegat* – Verweisung von der Hochschule.

57 *schlägst Du ihn aus* – Bürgermeister Reuter gestattete seinem Sohn den Besuch der Universität München nicht und ließ ihn nach Stavenhagen zurückkehren.

59 *28. Oktober 1833* – Am 31. 10. 1833 wurde Fritz Reuter in Berlin verhaftet. Der nicht mehr beförderte Brief vom 28. 10. 1833 wurde ihm zerrissen zurückgegeben.

60 *Belitz* – Kirchdorf bei Laage, zu Reuters Zeit bekannt durch den um die Obstbaumzucht in Mecklenburg verdienten Organisten Franz Hermann Müschen (1774–1847).

60 *in perpetuum relegiert* – (lat.) für alle Zeit von der Hochschule verwiesen.

63 *28. Februar 1834* – Dieser Brief wurde nicht abgeschickt, sondern Fritz Reuter zerrissen zurückgegeben.

66 *Vetter Engel* – Reuters Onkel in Jabel, Pastor Ernst Friedrich Reuter war mit Sophie Friederike Ida Engel aus Kloster Malchow verheiratet. Ihr Bruder Georg Christoph Engel (1791 bis 1865) zu Berlin, wurde von Reuter »Vetter Engel« genannt.

67 *hohe Staatsbeamte* – der preuß. Justizminister Karl Christoph Albert Heinrich v. Kamptz, ein gebürtiger Mecklenburger.

68 *Tante Christianchen* – Christiane Oelpke, unverheiratete Schwester von Reuters Mutter.

68 *Clasen* – Carl Clasen.

70 *bekannte Werk von Ohm* – wahrscheinlich das Werk »Versuch eines vollkommen konsequenten Systems der Mathematik« des Berliner Mathematikers Martin Ohm (1792–1872).

72 *Herodes* – Reuter meint Herodot, einen bekannten Hengst des Ivenacker Gestüts; wurde in der Napoleonischen Zeit nach

Frankreich gebracht, während der Befreiungskriege aufgefunden und nach Ivenack zurückgebracht.

72 *Karl* – Karl Reuter aus Dömitz, Vetter Fritz Reuters.

72 *August* – August Reuter aus Dömitz, Vetter Fritz Reuters.

72 *Theodor* – Theodor Reuter, Vetter Fritz Reuters, Sohn des Pokrenter Pastors Gottlieb Reuter.

72 *Abreise* – Reuter wurde am 12. 11. 1834 von der Berliner Hausvogtei auf die Festung Silberberg in Schlesien gebracht.

73 *Kasematte* – beschußsicherer (mitunter als Gefängnis dienender) Raum in Festungen.

73 *Donjon* – Wartturm.

74 *Großherzog* – Friedrich Franz I., Großherzog von Mecklenburg-Schwerin.

74 *Sohn* – Johann Adolf Friedrich Döhn.

75 *Kommandanten* – v. Langen.

76 *Brief* – Dieser Brief vom 28. 2. 1834 ist unter diesem Datum hier abgedruckt.

76 *Glaz* – Glatz, Festung in Schlesien.

76 *causa movens* – (lat.) Beweggrund.

77 *Freund* – Andreas Wilhelm Scheibner.

80 *Großmutter* – starb erst im Jahre 1839.

83 *Kabinetts-Ordre* – Kabinetts-Order, unmittelbarer Erlaß eines Fürsten, in diesem Falle des Königs von Preußen.

83 *beiden Vettern* – Karl und August Reuter.

83 *Akkreditiv* – Beglaubigungsschreiben.

84 *Rahel* – Gestalt des Alten Testaments. Frau Jakobs.

85 *Erkenntnis* – richterliches Urteil.

86 *»Allgemeinen Augsburger Zeitung«* – »Augsburger Allgemeine Zeitung«, politische Tageszeitung, 1798 von Cotta gegründet.

87 *quasi Freund v. K. in Berlin* – angeblicher Freund v. Kamptz.

87 *Lipmann* – Michael Liebmann.

87 *Nero* – hier: grausamer Mensch.

87 *»Hamburger Börsenhalle«* – »Hamburger Correspondent und Hamburgische Börsenhalle«, liberale Zeitung für Politik und Wirtschaft.

89 *5 Mecklenburger in Dömitz* – Vgl. Engel, I, S. 106–108. Insgesamt neun an Mecklenburg ausgelieferte Burschenschafter waren in Rostock am 18. 11. 1835 verurteilt worden, darunter Reuters Freund Karl Krüger. Er erhielt fünfzehnmonatigen Festungsarrest in Dömitz.

89 *Konnexionen* – einflußreiche Bekanntschaften.

92 *Schmidt* – Carl Friedrich Albrecht Schmidt.

96 *Landdrost v. L.* – Landdrost von Lowtzow.

96 *Positiva* – (lat.) Gewißheiten.

97 *konkulpierten* – mitbeschuldigten.

97 *forum patriae* – (lat.) vaterländisches (= mecklenburgisches) Gericht.

98 *Stolzenburg* – stand im Begriff, sich mit Ida Reuter aus Jabel, einer Kusine Fritz Reuters, zu verloben.

99 *Extractus vidimatus* – (lat.) beglaubigter Auszug.

99 *Sentenz* – Rechts- oder Richterspruch.

100 *A. L. G. F. Reuter* – muß heißen: H. L. C. F. (= Heinrich Ludwig Christian Friedrich) Reuter.

100 *Coinculpaten* – Mitbeschuldigten.

100 *principaliter* – (lat.) hauptsächlich.

100 *eventualiter* – (lat.) erforderlichenfalls, möglicherweise.

100 *jucunda und jocosa* – (lat.) Ergötzliches und Scherzhaftes.

100 *Stabsarzt* – Starke.

100 *Platzmajor* – v. Berg.

102 *Serenissimus* – Paul Friedrich, Großherzog von Mecklenburg-Schwerin seit 1. 2. 1837.

104 *Gravierten* – Beschuldigten.

105 *Frankfurter Attentat* – der Frankfurter Wachensturm, der den Anlaß der »Demagogenverfolgungen« bildete. Vgl. Anm. z. S. 215.

107 *Sachsenberg* – 1830 eröffnete Landes-Irrenheilanstalt bei Schwerin.

107 *At fugit interea, fugit irreparabile tempus* – (lat.) Dagegen flieht unser Dasein, entschwindet unwiederbringlich die Zeit.

107 *Tante in Jabel* – Sophie Friederike Ida Reuter, geb. Engel, Ehe-

frau des Pastors Ernst Friedrich Reuter zu Jabel, Schwägerin des Bürgermeisters Reuter.

107 *Karl und Marie* – Fritz Reuters Vetter, Karl Reuter aus Dömitz, hatte sich mit seiner Kusine Marie Reuter aus Jabel verlobt.

109 *Schrader & Comp.* – Handlungsfirma in Magdeburg.

110 *Regierung* – Mecklenburg-Schwerinsche Landesregierung.

110 *den Vers über Se. Majestät* – Die inkriminierte Strophe lautet: »Erst hängt den Kaiser Franz, / Dann den im Siegerkranz / Auf, auf!«

111 *S. T.* – (lat.) salvo titulo: unter Wahrung des (gebührenden) Titels.

112 *B.* – Berlin.

112 *Deines auch* – Gnadengesuch des Bürgermeisters Reuter vom 27. 5. 1837, abgedruckt bei Engel, II, S. 15–18.

113 *Enzyklopädie* – vermutlich »Enzyklopädie der Landwirtschaft – Bearbeitet v. Prof. Ahling ...« Erschien in mehreren Auflagen.

114 *levis macula* – (lat.) leichte Befleckung.

115 *3. August* – Geburtstag des Königs Friedrich Wilhelm III. von Preußen (geb. Potsdam 1770).

115 *sic stantibus* – für (lat.) sic stativus: so steht fest.

115 *Jakobitag* – 25. Juli.

116 *Karl* – Reuters Vetter Karl Reuter.

116 *M. und W.* – Firma Müller und Weichsel in Magdeburg.

120 *Deutschen Bund* – der auf dem Wiener Kongreß 1815 gebildete Bund von 41 feudalen Territorialstaaten, dessen Ziel die Restauration der alten Herrschaftsverhältnisse war.

122 *Hochzeit* – In Jabel heiratete am 1. 11. 1837 Bürgermeister Reuters Nichte, Bertha Reuter, den Pastor Otto Classe zu Rosenhagen (Prignitz).

124 *Porträts* – Fritz Reuters Selbstbildnis, von ihm zu Weihnachten 1837 an seinen Freund Clasen in Stavenhagen geschickt mit der Bitte, es dem Bürgermeister Reuter als Julklapp zukommen zu lassen.

124 *Alexander von Humboldt* – in den »Ansichten der Natur« (1808).

124 *verba magistri* – (lat.) Worte des Lehrmeisters.

124 *Bücher von Thaer oder Elsner* – Albrecht Thaers »Grundsätze der rationellen Landwirtschaft« und J. G. Elsners »Die Bildung des Landwirtes in der weitesten Bedeutung« oder »Wie soll der Landwirt bei der Erzeugung und Verwertung seiner Produkte spekulieren«.

126 *St.* – Stavenhagen.

126 *Frau Großherzogin* – Alexandrine, Großherzogin von Mecklenburg-Schwerin, geb. Prinzessin von Preußen, Gemahlin des Großherzogs Paul Friedrich.

126 *König* – Friedrich Wilhelm III. König von Preußen.

127 *ad vocem* – (lat.) bei dem Worte (fällt mir ein).

127 *B.* – Berlin.

129 *Platzmajor* – Singer.

129 *alten Herrn Sparmann* – Johann Gottlob Spaarmann.

131 *W. aus Halle* – Wagner aus Halle.

131 *Rh. aus Westfalen* – Reinhardt aus Westfalen.

131 *B.'s aus B.* – Gemeint ist Albert Breyer aus Berlin.

133 *G.* – Graudenz.

133 *M.* – Magdeburg.

133 *Stabsarzt* – Reiche (oder Reich).

134 *K.* – v. Kamptz.

135 *Herr K.* – Ferdinand Kämpf.

135 *K. in B.* – von Kamptz in Berlin

136 *Schulz* – Albert Schultze.

137 *Douceur* – (frz.) Trinkgeld.

138 *M.* – Magdeburg.

138 *»Kapitän«* – Albert Schultze.

138 *Inspektor* – Wintersberg.

138 *sans ironie* – (frz.) ohne Spott.

138 *Gomorra* – Gemeint ist Berlin.

138 *bekannt durch H. Witte* – Reuters Festungskamerad Anton Witte, »De Erzbischof«, der die Schule in Landsberg (Warthe) besucht hatte.

138 *Winckelmanns Werken* – Johann Joachim Winckelmann (1717 bis

1768), Begründer der klassischen Archäologie, Kunstgelehrter, schrieb »Gedanken über die Nachahmung der griechischen Werke in der Malerei und Bildhauerkunst« (1755); »Geschichte der Kunst des Altertums« (1764).

139 *Fingal* – irischer Sagenheld.

139 *Übergang über die Beresina* – beim Rückzug Napoleons I. aus Rußland erlitt die französische Armee vom 26.–28. 11. 1812 eine katastrophale Niederlage beim Übergang über die Beresina.

140 *Schr.* – Karl Schramm.

141 *Kopernikus* – Friedrich Wilhelm Vogler.

141 *Retschschen Sachen* – Friedrich August Moritz Retzsch, Zeichner und Maler, illustrierte u. a. deutsche Klassiker.

142 *Zoepernix* – Zoepernick, Spitzname von Friedrich Wilhelm Vogler. Vgl. Brief vom 18. 7. 1838.

142 *Franzos* – Johannes Guittienne.

143 *M.* – Magdeburg.

144 *Reider* – Jakob Ernst von Reider, bekannter Autor populärer landwirtschaftlicher Bücher.

146 *à l'enfant* – (frz.) wie ein Kind.

147 *Thaers rationelle Landwirtschaft* – »Grundsätze der rationellen Landwirtschaft« von Albrecht Thaer, 4 Bände, Berlin 1809–1810.

147 *Reider* – Vgl. Anm. zu S. 144.

147 *Nomenklator* – Nomenklatur, Namenverzeichnis.

149 *unserer Brauerei* – Bürgermeister Reuter betrieb in Stavenhagen die erste bayerische Bierbrauerei in Mecklenburg, in der das im ganzen Lande beliebte Stavenhäger »Burmeister-Bier« hergestellt wurde.

149 *Calumnianten* – Verleumder.

153 *Apage* – (griech.) hebe dich weg!

153 *Perlhuhn* – Spitzname für Ludwig Koenigk.

153 *Bad* – Swinemünde, wo sich Koenigk nach seiner Freilassung 1838 bei seinem Vater, Steuerrat Carl Koenigk, aufhielt.

156 *Zoepernick* – Vgl. Brief vom 22. 3. 1838.

156 *hic* – (lat.) hier.

156 *Amic* – (lat.) amicus, der Freund.

156 *Charles XII.* – Spitzname Fritz Reuters (auch Korl Dus). Sein Lehrer Dr. Bossart, Friedland, hatte ihn nach seiner Kenntnis der französischen Literatur gefragt und die Antwort bekommen, er habe bereits den »Charles douze« von Voltaire gelesen.

157 *in rebus malis* – (lat.) in schlechten Verhältnissen.

157 *Roulance* – (frz.) Umlauf. Gemeint ist die modernere Wechselwirtschaft mit Fruchtfolge, die die Dreifelderwirtschaft ablöste.

158 *in succum et sanguineum* – (lat.) in succum et sanguinem: in Fleisch und Blut.

161 *Schulze* – Albert Schultze.

161 *Kaiserlieder* – Franz Freiherr von Gaudys »Kaiserlieder« erschienen 1835.

162 *oeconomica* – hier: Landwirtschaft.

162 *Minister* – Ludwig Friedrich Wilhelm v. Lützow.

164 *qui s'excuse, s'accuse* – (frz.) Wer sich entschuldigt, klagt sich an.

166 *M. und S.* – Martens und Schmidt.

166 *N.* – Nauwerk.

167 *General v. L.* – Carl Johann v. Langen.

168 *en rage* – (frz.) in Raserei.

169 *Tante und Doris* – Katharina Maria Elisabeth Reuter, geb. Trappe, Witwe des Rektors Peter Paschen Friedrich Reuter zu Dömitz, des ältesten Bruders des Bürgermeisters Reuter. Ihre Söhne Carl, Ernst und August waren nach dem frühen Tode des Vaters in Stavenhagen aufgewachsen. Die Tochter Dorothea (gen. Doris) Reuter lebte bei der Mutter in Dömitz.

169 *Kommandant* – Christian Dietrich Carl v. Bülow.

170 *Sophiens Hochzeit* – Die Hochzeit von Reuters Halbschwester Sophie mit dem Vetter Ernst Reuter stand bevor. Sie fand indessen erst am 29. 1. 1840 in Jabel statt.

172 *Obristleutnant* – Vgl. Anm. zu S. 169: Kommandant.

173 *Pastor Held* – Dömitzer Festungs- und Zuchthausprediger.

173 *Hofrat T.* – Hofrat Taddel.

173 *Augustens* – August Reuter.

173 *Großmutters Tod* – Reuters Großmutter mütterlicherseits, Sophie Marie Oelpke, geb. Moll, Witwe des Bürgermeisters Oelpke zu

Triebsees, war in Stavenhagen am 17. 6. 1839, fast 80 Jahre alt, gestorben. Sie hatte den Enkel nicht wiedergesehen.

173 *Ernst* – Ernst Reuter betrieb die Bierbrauerei seines Onkels und künftigen Schwiegervaters, des Bürgermeisters Reuter in Stavenhagen, die er später auf eigene Rechnung übernahm.

174 *Juli 1839* – Dieser Brief, der ein Gedicht zum Geburtstag des Vaters enthielt, muß von Weltzien irrtümlich auf September datiert worden sein, da der Vater seinen Geburtstag stets am 25. 7. (Jakobitag) feierte.

174 *zukünftiger Eheliebster* – der Vetter Ernst Reuter.

177 *reiche Frau* – Bürgermeister Reuter hatte seinem Sohn u. a. geschrieben, daß er ohne eine reiche Frau, die er auch keineswegs finden werde, niemals zu einem Erfolg als Landwirt kommen werde.

179 *utile et dulce* – (lat.) Nützlichen und Angenehmen.

180 *N.* – Nauwerk.

182 *tempi passati* – (lat.) vergangene Zeiten.

182 *Offizin* – Apotheke.

182 *allopathischen* – Heilung der Krankheit durch gegenwirkende Mittel.

182 *Dulzinea* – Dulcinea, die eingebildete Geliebte des Don Quijotte in Cervantes' Roman.

183 *Ch. II.* – irrtümlich für XII, Charles douze. Vgl. Brief vom 18. 7. 1838.

183 *Deinen Thibaut* – vermutlich »System des Pandektenrechts« von Anton Friedrich Justus Thibaut.

183 *Hofrat T.* – Hofrat Taddel.

183 *Wenig Ingenheim* – J. N. von Wenig-Ingenheim, »Lehrbuch des gemeinen Civilrechts«, 3 Bände, 1831–1832.

184 *piis desideriis* – (lat.) frommen Wünschen.

184 *corpus juris* – (lat.) Corpus juris civilis, Sammlung des Römischen Rechts, Gesetze.

184 *Conow* – Kirchdorf bei Dömitz, wo Reuters Großvater väterlicherseits, Joachim Friedrich Reuter 1784–1799 Pastor war.

184 *Pastor loci* – (lat.) Ortsgeistlicher; 1825–1845 Pastor Joachim Heinrich Griewank (1768–1845).

185 *Bürgermeister* – Christian Georg Carl Vogel.

185 *Dr. F.:* – vermutlich identisch mit »Freund F.«. Vgl. Brief vom 10. 9. 1839.

186 *Stelle in Ludwigslust* – Reuters Vetter August Reuter ging als Hauslehrer nach Ludwigslust.

186 *Hamburger Korrespondenten* – Vgl. Anm. zu S. 87.

186 *Ad vocem* – (lat.) zu dem Wort (ist zu bemerken).

186 *Frau Obristleutnantin* – Ehefrau des Dömitzer Kommandanten Christian von Bülow, Dorothea.

187 *Hofrätin T.* – Ehefrau des Hofrats Taddel.

187 *Augustens Elevin* – Zögling (Elevin) von Reuters Vetter August Reuter, der im Hause des Hofrats Taddel zu Rostock Hauslehrer gewesen war.

189 *neue Strafanstalt* – Dreibergen bei Bützow.

190 *Sophie* – Reuters Halbschwester hatte am 15. Januar Geburtstag und wurde 26 Jahre alt; wenn Fritz Reuter von 38 Jahren spricht, so ist das ein beabsichtigter oder unbeabsichtigter Fehler.

191 *Uhrband* – Das Uhrband war aus dem Haar der Schwestern Lisette und Sophie geflochten.

191 *v. Bülows* – Familie des Kommandanten Oberstleutnant v. Bülow.

191 *Doktor Sch.* – Dr. med. Adolf Heinrich Friedrich Schwarz.

192 *Adel am Finger* – eitrige Entzündung im Finger.

192 *alten Bauhof* – eine Erwerbung des Bürgermeisters Reuter. Vgl. Anm. zu S. 205.

192 *Lützow* – Dorf bei Gadebusch in Mecklenburg.

192 *Erfüllung Deiner Hoffnung* – Verehelichung mit dem Vetter Ernst Reuter.

193 *St.* – Ludwig Staack.

193 *Witwe H.* – Harder.

193 *Apotheker* – Bernhard Wilhelm Carl Braunwald.

194 *O.-L. v. B.* – Oberstleutnant von Bülow.

196 *Sophie* – Fritz Reuters Halbschwester hatte am 29. 1. 1840 in Jabel den Vetter Ernst Reuter geheiratet.

196 *noli me tangere* – (lat.) Rühr mich nicht an.

198 *Quartiermeister* P. – Plötz.

198 *Keller* – Ratskeller in Dömitz.

200 *Annalen* – »Neue Annalen der Meckl. Landwirtschaftsgesellschaft«, Jg. 1–6 (1813, 14–1819). Ab Jg. 7 (1820) auch Parallel-Titel: »Landwirtschaftliche Annalen des Meckl. Patriotischen Vereins», Jg. 7 (1820) / Jg. 24 (1840).

201 *K.s* – preuß. Justizminister v. Kamptz.

201 *beiden respektiven Landesväter* – der preußische König und der Schweriner Großherzog.

202 *Kronprinz* – Gemeint ist der spätere König Friedrich Wilhelm IV. von Preußen.

202 *am 31. vorigen Monats* – 31. 5. 1840. Hundertjährige Wiederkehr des Tages der Thronbesteigung Friedrichs II. von Preußen.

202 *ab ovo* – (lat.) von Anfang an.

202 *Conchylien* – Conchilien, Muscheln, Schnecken, Schaltiere. Wurden zur Kalkdüngung verwendet.

203 *Scharpzow* – Domäne an der Chaussee zwischen Malchin und Stavenhagen.

203 *Kammerpächter* – Domänenpächter.

203 *Bild* – Reuter hatte seinem Vater ein Ölbild im Goldrahmen zum Geschenk gemacht. Vgl. Brief vom 25. 5. 1840, gedruckt bei Engel, II, S. 167–170.

203 *König v. P.* – Friedrich Wilhelm III., König von Preußen.

204 *Kaffschreibers* – Kaffschriwer, spöttische Bezeichnung für einen jungen Mann, der die Landwirtschaft erlernt, auch für den zweiten Wirtschafter auf einem großen Gut, der wegen seiner Jugend und geringen Erfahrung von den ältesten Tagelöhnern meist nicht ernst genommen wird.

205 *alten Bauhofs-Parzelle* – Der alte Bauhof (landwirtschaftl. Betrieb) lag unmittelbar am Marktplatz von Stavenhagen.

205 *L'état c'est moi* – (frz.) Der Staat bin ich. Angeblich Ausspruch Ludwigs XIV. von Frankreich.

208 *v. Breitenstein* – Gemeint ist G. W. v. Breitenstern.

208 *Amtmann M.* – Amtmann Christian Friedrich Michelsen.

211 *Goethe* – Ballade »Der Schatzgräber«.

212 *Büring in Bekentin* – Christian Bühring in Beckentin.

213 *Wilhelmshöh* – Westlich von Kassel, auf den Höhen des Ha-

bichtswaldes inmitten ausgedehnter Parkanlagen liegt Schloß Wilhelmshöhe.

215 *Frankfurter Attentat* – Frankfurter Wachensturm. Spontane Besetzung der Haupt- und Konstablerwache in Frankfurt (Main) am 3. 4. 1833 unter Beteiligung revolutionär gesinnter Studenten. Er sollte die Revolution in Deutschland auslösen; er wurde niedergeschlagen und bildete den Anlaß zu der »Demagogenverfolgung«, der 1800 Personen zum Opfer fielen, u. a. Fritz Reuter.

219 *seines compendii* – Karl Adolf v. Vangerow, »Leitfaden für Pandektenvorlesung«. 3 Bände, 1839–1846.

222 *Paukereien* – mit scharfen Waffen schlagen.

222 *Trebin Penzlin* – Theodor Trebbin aus Penzlin.

223 *Enkel* – Reuters Halbschwester Sophie, vermählt mit dem Vetter Ernst Reuter, hatte am 14. 12. 1840 zu Stavenhagen einem Sohn Georg das Leben geschenkt.

225 *Positivis* – von positivem (d. h. geltendem) Recht.

225 *Kontroversen* – rechtliche Streitfragen, Streitfälle.

225 *Mecklenburgica* – hier: Mecklenburgisches Recht.

227 *eines Freundes* – Student Wagner, Heidelberg.

227 *Jenning* – Der junge, in Stavenhagen tätige Jurist hatte Reuter zur Fortsetzung des Jurastudiums geraten und ihm einen Brief voll guter Ratschläge und Ermahnungen geschickt.

228 *Großmutters zu Parchim* – Reuters Großmutter väterlicherseits, Catharina Maria Reuter, geb. Fanter, war aus Parchim gebürtig und verlebte dort auch ihre letzten Lebensjahre (bis 1826).

229 *Vaterschaft* – Dr. Jenning war Vater eines Töchterchens geworden.

229 *Durchfall* – vermutlich durch eine Prüfung.

231 *liebe Frau* – Friederike Wilhelmine Sophie Jenning, geb. Timm.

231 *frühere Schwäche* – Reuter schlief gerne lange in den Morgen hinein.

231 *Kompendium von Vangerow* – Vgl. Anm. zu S. 219.

231 *Freunde W.* – Wagner.

232 *Kaiserstuhl* – Gebirge in der südlichen Oberrheinebene, nordwestlich von Freiburg im Breisgau, im Totenkopf 557 m.

233 *Anstalten* – Trinkerheilanstalten.

234 *Publikum* – hier: Vorlesung.

235 *Malchow* – am langen, schmalen Malchower See liegt Kloster Malchow, wo der Bruder der Pastorin Reuter in Jabel, Reuters Tante, Friedrich Engel, Küchenmeister des Damenklosters war.

235 *Oheim* – Pastor Ernst Friedrich Reuter.

237 *Roggenhagen* – westlich von Friedland gelegenes v. Dewitzsches Rittergut.

237 *Brandenburg* – Neubrandenburg, die größte und schönste Stadt im damaligen Mecklenburg-Strelitz.

237 *Professor Schmidt* – Daniel Hermann Christian Schmidt.

237 *Aufgebung der Lehstenschen Pachtung* – Rittergutspächter Merkker von Roggenhagen hatte die gleichzeitige Pachtung des Rittergutes Lehsten bei Penzlin abgegeben.

238 *Tante* – Sophie Friederike Ida Reuter, geb. Engel.

238 *Hannchen* – Caroline Johanna (Louise) Reuter, Reuters Kusine in Jabel.

238 *Rittermannshagen* – Gräfl. v. Hahnsches Guts- und Kirchdorf, südlich von Malchin, wo von 1838 bis zu seinem Tode am 6. 3. 1841 Carl Georg Ernst Engel, Bruder der Pastorin Reuter in Jabel, Pastor war. Dessen Witwe, Luise geb. Bringe, wohnte damals noch in Rittermannshagen. Erst im September 1842 wurde der Nachfolger, Pastor Augustin, eingeführt.

238 *Schönau* – Alt- und Neu-Schönau, nordöstlich von Waren, Rittergüter des Grafen v. Voß.

239 *Klein-Medewege* – Domäne in der Nähe Schwerins.

239 *Theodor* – Reuters Vetter Theodor Reuter aus Pokrent.

240 *Demzin* – südlich von Malchin, Gräfl. v. Hahnsches Rittergut.

241 *den Kleinen* – Kinder des Ehepaares Rust in Demzin.

241 *Frau Gemahlin* – Luise Christine Elise Rust, geb. Peters, Schwester von Reuters bestem Freund Fritz Peters.

243 *Wendenzeit Mecklenburgs* – Vom 6. bis 12. Jahrhundert war das spätere Mecklenburg von Slawen bewohnt, im Westen von den Obodriten, im Osten von den Wilzen oder Lutizen.

243 *Madame* – Elise Rust, geb. Peters.

244 *Vetter* – Pastor Johann Carl Jakob Reuter zu Jabel. Reuters Vetter.

244 *Marie* – Reuters Jabeler Kusine Marie Reuter, später verheiratet mit dem Vetter Karl Reuter aus Dömitz.

244 *6. November 1846* – Dieser erste Brief an Luise Kuntze ist in drei verschiedenen Abschnitten, teils in Thalberg, teils in Stavenhagen am 6., 7. und 9. 11. 1846 geschrieben. Der Anfang des Briefes ist nicht mehr vorhanden. Er beginnt mit dem Ende nachfolgenden Satzes: »diesjährigen Volksbuch von Raabe abgedruckt werden wird und von mir herrührt.« – Reuter hat also Luise Kuntze von der im »Mecklenburgischen Volksbuch für das Jahr 1846«, Hamburg: Hoffmann und Campe, 1846, Hrsg. Wilhelm Raabe, anonym erschienenen Satire »Ein gräflicher Geburtstag« Mitteilung gemacht.

244 *Thalberg* – Das von Fritz Peters, Reuters Freund, gepachtete Rittergut (432 ha) bei Treptow an der Tollense (heute: Altentreptow) im damaligen Vorpommern, das sich mit Stolpe (913 ha) im Besitz des preuß. Regierungsrats Christian Friedrich Georg Hans von Bülow befand.

244 *6–8 Last* – Last = 96–100 Scheffel. Reuter meint also sehr guten Boden.

244 *dreischüriger Wiesen* – dreimal im Jahr zu mähende Wiesen.

244 *Jagdschniepel* – Jagdfrack.

246 *Stube* – Reuter stand bei seiner Halbschwester Sophie und ihrem Ehemann, dem Vetter Ernst Reuter, in Stavenhagen ein Zimmer zur Verfügung.

246 *große Dichter singt* – Goethe; »Faust« (Studierzimmer).

247 *Najade* – Nymphe oder Göttin der Quellen, Bäche, Flüsse, Landseen.

247 *gewisser Briefe* – Der Briefwechsel zwischen Luise Kuntze und Fritz Reuter sollte über die Ehefrau des Dr. med. Liebmann in Stavenhagen geleitet werden.

247 *Turnen* – Dr. Hans Timm gab einige Jahre später heraus: »Das Turnen mit besonderer Beziehung auf Mecklenburg« (1848).

251 *R.* – Rittermannshagen, wo Luise Kuntze Erzieherin der Kinder des dortigen Pastors Augustin war.

252 *Liepmann* – Gemeint ist Michael Liebmann.

252 *Eltern* – Pastor Wilhelm Gottlieb Peter Kuntze zu Roggenstorf

bei Dassow und Wilhelmine Caroline Christine Kuntze, geb. Scharff.

253 *Hauptkorps* – Großmama ist Fritz Peters' Schwiegermutter, Anna Maria Ohl, geb. Fleck, Mutter Schusch die Kinderfrau, Dörten, Alisa, die Maus und Friedrich II. sind kleine Kinder des Ehepaares Fritz und Marie Peters.

253 *Tetzleber* – Einwohner des Dorfes Klein-Tetzleben, südlich von Thalberg.

253 *Treptusen* – Einwohner der Stadt Treptow a. d. Tollense (heute Altentreptow).

253 *Großmama* – Fritz Peters' Schwiegermutter, Anna Maria Ohl, geb. Fleck.

253 *Heinrich der 87ste* – scherzhafte Anspielung auf die männlichen Mitglieder des ehem. Fürstenhauses Reuß ä. L. und Reuß j. L., die alle Heinrich mit Vornamen hießen und zur Unterscheidung mit Nummern versehen wurden.

253 *Adonius* – Spitz des Thalberger Kuhhirten Lehsten.

253 *Majestät* – Friedrich Wilhelm IV., König von Preußen.

253 *Deiner Mutter* – Wilhelmine Peters, geb. Haase.

253 *Deiner Frau* – Marie Peters, geb. Ohl.

254 *Franz* – vermutlich der Petersche Bediente.

256 *Stuer* – südöstlich von Plau am Plauer See, v. Flotowsches Gut. Kaltwasserheilanstalt, gegründet 1845 von H. F. Francke (Schriftstellername: J. H. Rausse).

257 *Großmama* – Fritz Peters Schwiegermutter litt an der Gicht.

259 *Gusting und die Ehlert* – Angestellte im Hause Fritz Peters' zu Thalberg.

259 *mit Euch in Korrespondenz* – Luise Kuntze, Reuters Braut, war damals Erzieherin beim Gutsbesitzer Hilgendorff auf Klein-Tetzleben in der Nähe von Thalberg.

259 *tous jours* – (frz.) immer.

260 *nachzulesen* – Reuter gibt hier scherzhaft eine Reihe von fiktiven Schriften an, die der Peterssche Hausarzt, Dr. Adam, verfaßt haben soll.

262 *Komplimentierbuch* – Anstands-Lehrbuch.

262 *Fritzemänne* – ältester Sohn des Ehepaares Peters, damals etwa ein Jahr alt.

262 *Onkel Eute* – nannten die Peterschen Kinder Fritz Reuter, da sie das R noch nicht aussprechen konnten.

262 *Onkel Peck* – August v. Kardorff, ein Freund des Peterschen Ehepaares, wurde von den Kindern Onkel Peck, d. h. Onkel Speck, genannt.

263 *Städtetag* – Am 2. 4. 1848 fand der erste Reformtag in Güstrow mit 173 Vertretern der Reformvereine aus 38 Städten statt. Dr. Grischow und Reuter vertraten den Reformverein von Stavenhagen.

263 *Schwerin* – In Schwerin weilte Fritz Reuter aus Anlaß des Außerordentlichen Landtages (26. April bis 17. Mai 1848). Er wohnte im Hause Schusterstraße 12.

265 *beruhigende Nachricht* – über die an Frieseln erkrankten Kinder des Ehepaares Peters (Fritz, Hans, Elise, Anna).

266 *Naturalisation* – Reuter beabsichtigte die preuß. Staatsangehörigkeit zu erwerben.

266 *Kurande* – Mündel, Bevormundeter (durch das Testament des Vaters). Vgl. Anm. zu S. 269.

267 *utile* – (lat.) das Nützliche.

267 *dulce* – (lat.) das Angenehme.

267 *Pate der Grischowia hirsuta* – Gemeint ist Grischow hirta. Der aus einer mecklenburgischen Apothekerfamilie stammende Botaniker Professor Hermann Karsten (1817–1908) hatte 1843–1847 eine naturwissenschaftliche Reise nach Venezuela unternommen und hier eine Melastomeen-Gattung (Ordnung Myrtales) entdeckt, deren drei Arten (Grischowia hirta mit abstehenden Haaren, Grischowia osbeckioides mit anliegenden Haaren und Grischowia meridensis, die fast unbehaart ist) er »dem Andenken des um die Kenntnis der Ernährung der Pflanzen so hochverdienten Forschers Herrn Dr. Grischow« widmete.

267 *Lande der Erbweisheit* – spöttisch für Mecklenburg, wo 1850 die alte landständische Verfassung von 1755 (Landesgrundgesetzlicher Erbvergleich) wieder in Kraft gesetzt worden war.

267 *Bülow-Kummerowschen Partei* – Anhänger des konservativen Publizisten Ernst v. Bülow-Cummerow.

268 *Fr. W.* – Friedrich Wilhelm IV., König von Preußen.

268 *hoc genus omne* – (lat.) dies ganze Geschlecht.

269 *Kuratel* – Vormundschaft; Pastor Ernst Friedrich Reuter zu Jabel und Apotheker Dr. Grischow zu Stavenhagen waren im Testamente des Bürgermeisters Reuter zu Kuratoren seines Sohnes bestellt.

272 *Mutter* – gemeint ist die Jabeler Tante, Sophie Friederike Ida Reuter, geb. Engel.

273 *Freilassungsscheines* – aus dem meckl. Untertanenverhältnis.

273 *Stettin* – damals Hauptstadt der preuß. Provinz Pommern.

273 *salva venia* – (lat.) unter Vorbehalt der Erlaubnis (ihn so anzureden).

273 *Schwarzer un Weeßer* – Anspielung auf die preuß. Landesfarben schwarz-weiß.

273 *Blaurotjelber* – Anspielung auf die meckl. Landesfarben blau-gelb-rot.

274 *roten Ritter* – Die adeligen Abgeordneten des meckl. Landtags trugen rote Landtagsuniformen.

274 *Auswanderungsjeschäfte* – Nach dem Sieg der Reaktion in Mecklenburg 1850 wanderten die Landesbewohner zu Tausenden nach Amerika aus. Sogenannte Auswanderungsfirmen machten dadurch große Geschäfte.

275 *traurigen Inhalts* – Reuter hatte wieder einen dipsomanischen Anfall gehabt.

275 *kurz vor dem Ziele* – die bevorstehende Eheschließung mit Luise Kuntze am 16. Juni 1851.

276 *Wiesing* – plattdeutsche Koseform für Luise, abgeleitet von Lowising.

277 *mit der Fracht* – Transport der Aussteuer von Luise Kuntze nach Treptow a. d. Tollense.

277 *Naturalisationsattestes* – Mit Reskript vom 22. 3. 1851 war Reuter in Treptow a. d. Tollense in den preuß. Untertanenverband aufgenommen worden.

277 *Ernst* – Reuters Vetter und Schwager Ernst Reuter in Stavenhagen.

280 *Entsagungsakte* – Auf Grund des Testaments seines Vaters wollte

Fritz Reuter auf sein Erbe verzichten, falls er heiratete. Diese Verfügung wurde mit Einwilligung der erbberechtigten Geschwister aufgehoben.

280 *Einführung* – der Aussteuer von Luise Kuntze von Mecklenburg in die preuß. Provinz Pommern.

281 *Schock* – 60 Stück.

282 *schrecklichsten Ungewißheit* – ob Luise Kuntze Reuter seinen Rückfall in die periodische Trunksucht wiederum verzeihen würde.

282 *Wort gehalten* – Reuter hatte seiner Braut das Versprechen gegegeben, nicht mehr zu trinken, und wenn er es doch nicht hätte lassen können, ihr davon Mitteilung zu machen.

283 *Turnplatz* – Reuter hatte in Treptow a. d. Tollense das Turnen eingeführt und für die Anlage eines Turnplatzes gesorgt, für den die Stadt ihm ein Stück Land hinter dem sogenannten Klosterberge zur Verfügung gestellt hatte.

284 *Naturalisationsdokument* – Vgl. S. 277.

285 *L'histoire de Charles XII* – »Geschichte Karls XII.« von Voltaire.

286 *Phönix* – altägyptischer Sagenvogel; Symbol der Unsterblichkeit.

287 *Gedichte* – »Läuschen un Rimels«, erste Folge, zuerst von Reuter selbst verlegt. – Gervinus hat auf diesen Brief nicht geantwortet.

290 *Abwesenheit* – Luise Reuter, geb. Kuntze, war zum Besuch der Eltern nach Roggenstorf und von dort nach Bad Boltenhagen gereist.

290 *der arme Peters* – Fritz Peters.

290 *Tützpatz* – bei Treptow a. d. Tollense, damals Rittergut im Besitz des August Helmuth v. Heyden-Linden (gest. Tützpatz 23. 7. 1872).

291 *Marieken* – das Dienstmädchen.

291 *Tante Lowise* – Luise Hasselbach.

291 *Frau Justizrätin* – Ida Schröder, geb. Kölling.

291 *Frau Superintendent* – Ehefrau des Treptower Superintendenten Eduard Schumacher.

294 *Gedichten* – Gedichte von Alwine Wuthenow, geb. Balthasar, für

das von Reuter herausgegebene »Unterhaltungsblatt für beide Mecklenburg und Pommern«.

294 *beklagenswerte Frau* – Sie verbrachte lange Zeit in geistiger Umnachtung.

294 *Cousine Adam* – Mathilde Adam, geb. Balthasar.

294 *in der nächsten Nummer* – des »Unterhaltungsblattes für beide Mecklenburg und Pommern«.

294 *schlimmen Zeit* – Festungszeit.

294 *Zusendung* – Gedichte von Alwine Wuthenow, geb. Balthasar.

295 *Blätter* – Alle Nummern des »Unterhaltungsblattes für beide Mecklenburg und Pommern. Redigiert von Fritz Reuter«.

295 *Verlegers* – Verlagsbuchhändler C. Lingnau in Neubrandenburg.

296 *Herwig-Angelegenheit* – Reuter hatte Forderungen an den Greifswalder Buchhändler Herwig.

296 *Schröder* – Georg Friedrich Ludwig Theodor Schröder.

296 *alten Pastor* – Georg Carl Piper.

296 *Die Adam* – Mathilde Adam, geb. Balthasar.

296 *An Rechtsanwalt* – Der Empfänger ist unbekannt. Nur der Briefentwurf blieb erhalten. Nicht nachweisbar ist auch das Gedicht über Pepitamanie.

296 *ironice* – spöttelnd.

296 *quästionierten* – fraglichen.

296 *des Blattes* – »Unterhaltungsblatt für beide Mecklenburg und Pommern«.

297 *dem Pakete* – Der Greifswalder Buchhändler Theodor Kunike hatte Reuter durch Wuthenow die in seinem Verlag erschienene 1. Lieferung des »Allgemeinen Wörterbuches der niedersächsischen oder plattdeutschen Sprache älterer und neuerer Zeit« von Johann Gottfried Ludwig Kosegarten übersandt.

297 *ausgewandert* – Reuter wohnte seit dem 2. 4. 1856 zu Neubrandenburg.

297 *Verwandten Deiner Frau* – Mathilde Adam, geb. Balthasar, und Georg Carl Piper.

298 *»Nederlandsch Taal en Letterkundig Kongreß«* – Niederländische Sprach- und Literaturgesellschaft.

298 *im Brouillon* – im ersten Entwurf (»Onkel Jakob und Onkel Jochen«).

298 *guten Frau* – Alwine Wuthenow.

298 *ihre Zusendung* – Gedichte von Alwine Wuthenow.

298 *Stolpe* – v. Bülowsches Rittergut, das Fritz Peters zugleich mit Thalberg bei Treptow a. d. Tollense gepachtet hatte und das vom Inspektor Wiencke bewirtschaftet wurde.

299 *Schlatkow* – bei Anklam, wo der Bruder von Wuthenows Schwiegervater, Johann Gottfried Ernst Balthasar (1780–1830) Gutspächter gewesen war.

299 *Liepen* – Liepen bei Malchin.

299 *Nachricht aus Schwerin* – Reuter hatte sich wegen einer Aufführung seines Lustspiels »Onkel Jakob und Onkel Jochen« an das damalige Mecklenburg-Schwerinsche Hoftheater zu Schwerin gewandt.

300 *Wünsche* – Reuter bearbeitete die Gedichte Alwine Wuthenows für die Herausgabe und erklärte sich bereit, auch die Vorrede dazu zu schreiben.

301 *Vorschlägen* – Reuter hatte dem Greifswalder Verlagsbuchhändler Kunike vorgeschlagen, die von ihm bisher im Selbstverlag herausgegebenen Werke in seinen Verlag zu übernehmen.

301 *opera* – (lat.) Werke.

302 *Bekanntschaft mit der Welt* – Warnitz führte Reuters bis dahin erschienene Werke in seiner Buchhandlung in Freiburg i. Breisgau.

302 *sub rosa* – (lat.) im Vertrauen.

302 *Lustspiel* – »Der 1. April 1856 oder Onkel Jakob und Onkel Jochen«.

302 *dramatischer Schwank* – »Blücher in Teterow«.

302 *Großherzogs* – Friedrich Franz II., Großherzog von Mecklenburg-Schwerin.

302 *aufgeführt werden soll* – Die Aufführung fand nicht statt.

302 *»Herr und Knecht«* – Arbeitstitel von »Kein Hüsung«.

303 *»Onkel Jochen usw.«* – »Der 1. April 1856 oder Onkel Jakob und Onkel Jochen«.

303 *»Blücher«* – »Blücher in Teterow«.

303 *meinen ganzen Stolz* – »Kein Hüsung«.

303 *Burgis* – Schriftart.

304 *Höferschen Denkmälern* – Eine Veröffentlichung in C. A. Kochs Verlagsbuchhandlung Th. Kunike, Greifswald und Leipzig: Höfer, »Denkmäler niederdeutscher Sprache und Literatur«.

304 *Renkontreplatz* – Platz der Begegnung.

304 *Versprechens* – Reuter hatte Wuthenow das Versprechen gegeben, die Gedichte seiner Frau herauszugeben und die Vorrede dazu zu schreiben.

306 *Vorrede* – zu den Gedichten von Alwine Wuthenow.

306 *die vorgeschlagene* – Alwine Wuthenow hatte eine Vorrede entworfen.

307 *meines Gedichts* – »Kein Hüsung«.

308 *Je n'en vois pas la nécessité* – (frz.) Ich sehe die Notwendigkeit nicht ein.

308 *En por Blomen* – Gewählt wurde dann der Titel: »En por Blomen ut Annmariek Schulten ehren Goren von A. W. Herausgegeben von Fritz Reuter.«

310 *Boll* – weilte damals in Seebad Krampas auf Rügen. Reuter schilderte ihm in satirischer Form die Verhältnisse in Neubrandenburg. Dabei versucht er verschiedene deutsche Dichter und Lokalgrößen zu parodieren. Angespielt wird z. B. auf Moritz August von Thümmels (1738–1817) romanhaften, humoristisch-ironischen Bericht »Reise in die mittäglichen Provinzen von Frankreich« ,auf Adolf Müllners (1774–1829) Schicksalstragödie »Die Schuld«, auf Ferdinand Freiligraths (1810–1876) exotische Strophen oder auf Matthias Claudius' (1740–1815) gemütvoll-volkstümliche Lyrik, aber auch auf die Sprechweise des Jabeler Küsters Suhr, der ihm für Figuren in seinen Büchern als Modell diente. Zudem spielt Reuter hier auf verschiedene Neubrandenburger Einwohner und Lokalereignisse an, die im einzelnen nicht mehr nachzuweisen sind.

310 *Hippopotamos* – Nilpferd, Flußpferd.

310 *Knopp* – Gemeint ist der Neubrandenburger Gasthof »Zur Goldenen Kugel« (»Zum goldenen Knopp«).

310 *Teedansant* – (frz.) Thé dansant, Teegesellschaft mit Tanz.

310 *conditio* – (lat.) Bedingung.

310 *Boa-Constrictoren* – Riesenschlangen.

310 *Tollense* – Gemeint ist der Tollense-See bei Neubrandenburg.

311 *Muezzim* – Gemeint ist Muezzin, der Moscheebeamte, welcher vom Minarett aus fünfmal täglich das Asán, die Aufforderung zum Gebet, absingt. – Muezzim Müller ist wohl der Küster.

311 *Minaret* – Minarett, Rundturm an mohammedanischen Bethäusern (Moscheen).

311 *Mohammed* – Stifter der nach seinem Namen benannten Religion (Islam), deren Gott Allah ist.

311 *nordisches Walhalla* – in der nordischen Mythologie der Aufenthalt der im Kampf Gefallenen.

311 *Mauretanien* – im nordwestlichen Afrika; steht hier stellvertretend für mohammedanisches Gebiet.

311 *Mohammed resoul allah* – aus der Formel: Allah ist Gott und Mohammed sein Prophet.

311 *Georg* – Georg, Großherzog von Mecklenburg-Strelitz.

311 *Scheiken Abdelkater* – Scheich Abdel-Kader, stellvertretend für mohammedanischen Herrscher.

311 *Hadji* – Hadschi, Ehrenname der Mohammedaner. Ebenso wie mit Hadji-Baba ist Pastor Franz Boll, der ältere Bruder von Ernst Boll, gemeint.

313 *Belvedere* – 1823 erbauter Pavillon am nordwestlichen Ufer des Tollense-Sees.

313 *Fritz Langen* – der Gasthof von Fritz Lange.

313 *geistliche Herr* – Pastor Franz Boll

313 *Pastor* – Franz Boll.

313 *dummen Langhänse* – »Die drei Langhänse«, Lustspiel in drei Akten von Fritz Reuter, das am Berliner Wallner-Theater in der Wintersaison 1856/57 nur einen Achtungserfolg erzielt hatte.

314 *»ganz Hartschlag«* – Gemeint ist: ganze Familie.

314 *Glückauf* – Nebengut des von Fritz Peters gepachteten Gutes Thalberg, war damals nur mit einem Statthalter besetzt.

314 *in toto* – (lat.) ganz und gar.

314 *verpahlt* – verpfählt, d. h. mit Pfählen zugeschlagen.

314 *Clemens* – Clemens Rust.

315 *ad patres* – (lat.) zu den Eltern (eigentlich: zu den Vätern).

315 *Bank vor der Haustüre* – stand so, daß sie der grellen Mittagssonne unmittelbar ausgesetzt war, Reuter spottete gerne über diese schlecht gewählte Aufstellung.

315 *Rainfarrenbusch* – Gemeint ist Rainfarn oder Goldknopf (Tanacetum).

315 *Kanonen* – hohe Reitstiefel.

315 *Mutting* – Fritz Peters Schwiegermutter Anna Maria Ohl, geb. Fleck.

316 *Schröder* – wohl Georg Friedrich Ludwig Theodor Schröder.

316 *Freundin* – Fritz Peters Ehefrau, Marie Peters, geb. Ohl.

316 *des Ganzen* – »Kein Hüsung«.

317 *Anerkennung von seiten Klaus Groths* – Klaus Groth hatte Alwine Wuthenow am 3. 11. 1857 einen Brief voller Anerkennung für »En por Blomen« geschrieben.

318 *der »Norddeutsche Korrespondent«* – Von einer Aktiengesellschaft der mecklenburgischen Ritterschaft 1849 zu Rostock gegründete konservative Zeitung, die vom Herbst 1849 bis 1887 (seit 1867 als »Mecklenburgische Anzeigen«) in Schwerin erschien. Die Rezension, auf die Reuter anspielt, erschien am 21. 10. 1857 (Nr. 246).

319 *Schwestern von Bülow* – Töchter des Dömitzer Festungskommandanten von Bülow, die, unverheiratet, zusammen in Schwerin lebten.

319 *Karl Leopold-Schlosse* – Auf dem Schloß der Festung Dömitz lebte bis zu seinem Tode 1747 der Herzog Karl Leopold von Mecklenburg-Schwerin.

319 *verskribuliert* – verschreibt.

319 *Herrn »Junker«* – Spitzname von August Georg Wilhelm Burchard v. Bülow.

320 *seligen Vaters* – Christian Dietrich Carl v. Bülow.

320 *Schoßkind* – des Kommandanten jüngste Tochter Anna v. Bülow.

320 *Schüken* – Seidenpinscher.

320 *»Nämlich«* – bisher nicht festzustellen. »Nämlich« hier zweifellos als Spitzname gebraucht. Nach Gaedertz, Tage, II, S. 46, identisch mit König. Im Original des Briefes trennt Reuter aber König und »Nämlich« eindeutig voneinander.

320 *»Aimer«* – Leutnant Lange besaß eine angeblich echte »Aimer« (statt Amati – Geige aus der Werkstatt der ital. Geigenbauerfamilie Amati).

320 *Haine* – Gemeint ist Leutnant Heine.

321 *Frau Mutter* – Caroline Elisabeth Dorothea v. Bülow, geb. Warnicke (nicht wie bei Gaedertz ‚Vornade').

322 *Deus ex machina* – (lat.) Gott aus der Maschine, Erlöser aus Verwicklungen.

322 *pauverinsky* – armer Schlucker, abgeleitet von (frz.) pauvreté = Armut.

323 *Friedrich Wilhelmstädtischen* – Theater zu Berlin.

323 *Heimdall* – Wächter der Götter (aus der nordischen Mythologie).

323 *Urdasquelle* – Urdas Quelle, Quelle der Norne der Vergangenheit.

323 *Hippokrene* – Musenquell.

323 *Odin* – oder Wotan, der Göttervater in der nordischen Mythologie.

323 *Hel* – Todesgöttin.

324 *Propyläen* – Prachttor mit hallenartigem Vorbau.

324 *Antoni-Termin* – 17. Januar.

324 *Grimmsche Grammatik* – »Deutsche Grammatik« von Jacob Grimm, dem Begründer der Germanistik.

324 *Prutzischen Museum* – Das »Deutsche Museum« war eine vielgelesene Wochenschrift, die seit 1851 von Robert Prutz redigiert wurde. Der Artikel von Prutz erschien 1857, S. 697.

324 *Theaterkonnexionen* – Verbindungen zum Theater.

325 *des plattdeutschen Volkskalenders* – Dörr hatte den »Plattdütschen Volkskalenner« begründet, der von 1858 bis 1860 erschien und zu dem Reuter mehrere Beiträge lieferte.

325 *Schwägerin Emma* – Emma Kuntze.

326 *Posse* – »Das ist ja der August! oder Küssen und Wetten. Originalposse mit Gesang in drei Wetten von Fritz Reuter.« Das Manuskript ist vermutlich im Oktober 1880 beim Brand des Rostocker Stadttheaters, wo die Uraufführung stattfand, verlorengegangen.

326 *Polterabendscherzes* – Singspiel »Eine Marktszene« zu der am

19. 8. 1858 stattgefundenen Vermählung von Luise Brückner mit dem Historienmaler Bernhard Reinhold.

326 *andere Brücknersche Geschichte* – Gemeint ist eine Zeitungsfehde zwischen Fritz Reuter und dem Advokaten Gustav Brückner in Neubrandenburg.

326 *»Thimotee«* – für Dementi, Widerruf.

326 *Schrift für Plattdeutsch und Hochdeutsch* – »Briefe über Hochdeutsch und Plattdeutsch«, erschienen 1858. Die gegen Reuter gerichtete Polemik findet sich im 25. Brief.

326 *Freundin Marie* – Marie Peters, geb. Ohl.

327 *Werkchen* – »Läuschen un Rimels«, 2. Auflage.

327 *Debit* – Vertrieb, Absatz.

327 *à condition* – (frz.) unter der Bedingung der Rückgabe des Unverkauften.

328 *Maulschellen* – Anspielung auf die im »Plattdütschen Volkskalenner för 1859« erschienene Erzählung »Von't Pierd up den Esel«, in der der Ich-Erzähler von seinem Onkel geohrfeigt wird.

328 *Quidam* – (lat.) ein gewisser Jemand, gemeint ist Klaus Groth.

328 *Zeitungen* – Die »Stralsunder Zeitung« brachte am 18. November 1858 eine Meldung vom Tode Fritz Reuters, die sie aus der »Privilegierten Stettiner Zeitung« vom 15. 11. 1858, (Nr. 534) übernommen hatte.

328 *Seherin von Prevost* – Gemeint ist die durch Justinus Kerner als Seherin von Prevorst bekanntgewordene Nervenkranke Friederike Hauffe, geb. Wanner (1801–1829).

329 *Flanqueur* – für (frz.) Flaneur, Herumschlenderer.

329 *Schwitiseur* – Switiseur, Anspielung auf die ärztliche Praxis (nach dem holländischen Arzt Gerard van Swieten zu Wien).

329 *Morgenrot* – parodistische Anlehnung an Wilhelm Hauffs »Reiters Morgenlied«.

329 *Stralsund* – Vgl. Anm. zu S. 328.

329 *Schill* – Anspielung auf den Tod Schills in Stralsund.

329 *mich erweckt* – Michael Marcus hatte auf die Meldung von Reuters Tod folgende Zeilen an die Redaktion der Stralsunder Zeitung geschickt:

In deese Zeitung stunn: »Fritz Reuter, de is dod.«
Ach ne, min Söhnings, ne, dat brukt Ji nich tau glöwen,
Denn grad in deesen Johr giwt't velen Wien un god.
Worüm süll hei nich nu noch etwas bi uns lewen?
Sien oll Fründ Michel, de ümmer switisiert
Un up de Landstrat rümflankirt.

330 *redivivus* – (lat.) erweckt, wieder aufgelebt.

330 *wackeres Wort* – in Arndts Schrift »Meine Wanderungen und Wandlungen mit dem Reichsfreiherrn vom Stein«, Berlin 1858,

330 *Werkchen* – Kein Hüsung.

330 *Buch heiteren Inhalts* – vermutlich »Läuschen un Rimels«, Neue Folge, 1858.

334 *Federzeichnungen* – zu den »Läuschen un Rimels«.

334 *Ivenack* – nordöstlich von Stavenhagen am Ivenacker See, damals mit seinen neun Nebengütern das größte Hauptgut des Landes Mecklenburg-Schwerin, im Besitz des Grafen von Plessen a. d. Hause der Freiherrn von Maltzahn.

335 *Freund D.* – Friedrich Dörr.

336 *vergessen haben* – Reuter hatte Zeise in Hamburg kennengelernt.

337 *Amleth von Öhlenschläger* – Dramatische Dichtung des bedeutendsten Dramatikers des klassisch-romantischen Zeitalters in Dänemark Adam Oehlenschläger, übersetzt 1849 von Heinrich Zeise.

337 *vis comica* – (lat.) komische Kraft.

340 *Michaelis* – 29. September.

340 *neuen opus* – »Olle Kamellen«, 1. Teil mit »Ut de Franzosentid«.

342 *2. Heftes des Lexikon* – »Allgemeines Wörterbuch der niedersächsischen oder plattdeutschen Sprache älterer und neuerer Zeit« von Johann Gottfried Ludwig Kosegarten.

342 *phonetischen Orthographie* – Rechtschreibung dem Klange nach. Reuter hatte sich inzwischen für eine neue Orthographie entschieden.

344 *28. Oktober 1859* – Datum nach Weltzien, auf dem Briefe nicht vermerkt.

345 *Schillerfeier* – Feier des 100. Geburtstages von Friedrich Schil-

ler am 10. November 1859. Reuter schrieb aus diesem Anlaß zwei Gedichte.

345 *Großvaters* – Amtshauptmann Johann Joachim Heinrich Weber zu Stavenhagen.

345 *Großmutter* – Agneta Weber, geb. Sohst.

345 *das beifolgende Büchlein* – »Olle Kamellen« mit »Ut de Franzosentid«.

345 *Fisch stehlen* – Gemeint ist das Läuschen I, 3: »Wer hett de Fisch stahlen«, in dem der Amtshauptmann figuriert.

345 *anders über meine Absicht beschlossen* – Der Sohn des Amtshauptmanns, der Kaufmann und Senator Joachim Christoph Bernhard Weber, war inzwischen am 21. 6. 1859 gestorben.

346 *dies Buch* – wohl die neue Folge der »Läuschen un Rimels«.

346 *Läuschen illustrieren* – humorvolle Mahnung an Schloepke, dessen Arbeit an der Illustration der »Läuschen un Rimels« ins Stocken geraten war.

346 *Kobold auf dem Schlosse* – Petermännchen, Schweriner Schloßgeist.

347 *zumal eines jungen* – Sellin war damals achtzehn Jahre alt.

350 *Nationalverein* – Deutscher Nationalverein, am 15. 9. 1859 gegründete national-politische Organisation von Liberalen und ehemaligen Demokraten von 1848, setzte sich für einen deutschen Nationalstaat, zumeist im Sinne Preußens, ein. Präsident war Rudolf v. Bennigsen. 1867, nach Gründung des Norddeutschen Bundes, wurde der Verein aufgelöst, seine Mitglieder schlossen sich z. T. der Nationalliberalen Partei an.

350 *undatiert* – vermutlich um 1860. Geschrieben von Luise Reuter, von Fritz Reuter unterzeichnet.

351 *Zyklus* – hier: Kreis im Sinne von Gemeinschaft.

352 *Frau Gemahlin* – Marie Louise Ernestine Kirchhoff, geb. Jahn.

353 *Grimmensche Bürgermeistergeschichte* – »En gaud Geschäft«, »Läuschen un Rimels«, II, 2.

353 *in de swedschen Tiden* – Gemeint sind die Jahre von 1648 bis 1815, in denen Vorpommern zu Schweden gehörte.

355 *Blattes für Landwirtschaft* – Als der Mecklenburgische Patriotische (landwirtschaftliche) Verein 1860 beschloß, seine »Land-

wirtschaftlichen Annalen« als selbständige Zeitschrift erscheinen zu lassen, bewarb sich Reuter um die Stelle des Redakteurs. Seine Bewerbung war erfolglos.

357 *Punctum saliens* – (lat.) Hauptpunkt, auf den alles ankommt.

359 *Kraniche (des Ibykus)* – Anspielung auf Schillers Ballade »Die Kraniche des Ibykus«.

359 *die Dunker und Stieber* – die gefürchtetsten preußischen Kriminalpolizeibeamten der damaligen Zeit.

359 *bevorstehenden Verbindung* – Der verwitwete Eduard Hobein heiratete am 18. 12. 1860 in zweiter Ehe eine Base seiner ersten Frau, Auguste Weber.

359 *Anverwandten* – Auguste Weber war – ebenso wie die erste Frau Hobeins – eine Enkelin des Rostocker Professors Adolph Dietrich Weber, eines Bruders des Amtshauptmanns Johann Joachim Heinrich Weber zu Stavenhagen.

359 *Zusammenkunft* – plattdeutscher Schriftsteller.

360 *Areopag* – Gerichtshof im alten Athen.

360 *neuen lyrischen Gedichte* – »Nige Blomen ut Annmariek Schulten ehren Goren von A. W.« 1861.

360 *Norddeutscher* – Norddeutscher Correspondent, in Schwerin erscheinende konservative Zeitung. Vgl. Anm. zum Brief vom 10. 11. 1857.

360 *Dein Buch* – »Praktische Einführung der Sommerstallfütterung« (später unter dem Titel »Viehzucht und Milchwirtschaft in Verbindung mit Sommerstallfütterung und Fruchtwechselwirtschaft«).

361 *Kaote* – wohl hergeleitet von chaotisch.

361 *Superintendentens* – Superintendent Eduard Schumacher und Frau aus Treptow a. d. Tollense.

361 *unseren beiden Töchtern* – Gemeint sind die Petersschen Töchter Elise und Anna.

362 *der plattdeutschen Schriftsteller* – »Blömings un Blomen ut frömden Gorden. Oewerdragen von Eduard Hobein«.

362 *mein Jüngstes* – Manuskript der »Urgeschicht von Meckelnborg«.

363 *mitfolgenden Exemplare* – von »Hanne Nüte un de lütte Pudel«.

363 *An Theodor Schloepkes Ehefrau* – Begleitgedicht zu einem Schin-

ken, den Luise Reuter an Theodor Schloepkes Ehefrau und Tochter schickte.

365 *alten Freunden* – das Ehepaar Peters, das Anfang 1860 von Thalberg auf das Gut Siedenbollentin übergesiedelt war, das Fritz Peters gekauft hatte.

365 *durch die dritte Hand* – durch Eduard Hobein.

365 *nächstes Werk* – »Urgeschicht von Meckelnborg«.

365 *beiden letzten* – »Olle Kamellen«, erster Teil, und »Hanne Nüte«.

366 *»Engel«* – Adelheid Wüsthoff hatte in einem Brief an Reuter seine Frau als »Engel« apostrophiert.

367 *Manuskriptes* – »Urgeschicht von Meckelnborg«.

367 *junges Liebesleben* – Hobein war seit dem 18. 12. 1860 in zweiter Ehe verheiratet.

367 *»Schadt em nich, as Pogge seggt«* – Redensart, die auf den bedeutenden mecklenburgischen Pferde- und Schafzüchter Carl Pogge (1763–1831) zurückgeht.

367 *Klaus Groth* – hatte ebenso wie die »Franzosentid« nun »Hanne Nüte« freundlich rezensiert.

367 *»Jüchstock«* – Jochsticken, mit dem die Ochsen in das Joch eingespannt werden.

368 *Burschentage* – der von Hobein vorgeschlagene Kongreß plattdeutscher Schriftsteller.

368 *guten Freunden* – das Ehepaar Peters auf Siedenbollentin.

368 *braven Vater* – Dr. med. Michael Liebmann.

369 *An Richard Schröder* – Richard Schröder hatte auf indirekte Veranlassung durch Gustav Freytag Reuter um eine Selbstbiographie zur Verwendung in den »Grenzboten« gebeten. Die Arbeit Richard Schröders wurde in den »Grenzboten«, XX, 1, S. 441 ff., veröffentlicht.

369 *bis zu ihrem Tode* (1825) – muß heißen: (1826)

370 *Julirevolution* – in Frankreich 27.–29. 7. 1830, führte zum Sturz der Bourbonen.

370 *polnischen Aufstandes* – 1830/31 gegen die soziale und nationale Unterdrückung durch den Zarismus.

372 *meiner letzten schriftstellerischen Leistungen* – »Ut de Franzosentid« und »Hanne Nüte«. Beide Werke waren von Schmidt überaus wohlwollend in den »Grenzboten« besprochen worden.

375 *Nekrolog des Dr. Grischow* – erschienen in der »Rostocker Zeitung« vom 14. 5. 1861.

375 *Reisende* – Gemeint sind herumreisende Firmen-Vertreter.

376 *Gedichte* – hochdeutsche »Gedichte« von Eduard Hobein.

376 *Herders Cid* – Johann Gottfried Herders Nachdichtung des spanischen Heldengedichts »Der Cid« (1802).

376 *Wielands Oberon* – Christoph Martin Wielands »Oberon«, ein Versmärchen in 14 Gesängen (1780).

377 *Konquistadoren* – conquistadores, spanische Eroberer Mittel- und Südamerikas im 16. Jh.

377 *Inkas* – herrschende Klasse im alten Peru.

377 *Hektor gegen den Sieger Achilleus* – in Homers »Ilias« tötet der Grieche Achill den Trojaner Hektor.

377 *norddeutsch-korrespondierenden Kritikern* – Anspielung auf die konservative Zeitung »Norddeutscher Correspondent«.

377 *Heldengedichtes* – Seinem Brief an Luise Kuntze vom 9. 11. 1846 hatte Reuter das »Bruchstück der Einleitung zu einem größeren Gedicht, dessen Gegenstand der Kampf des Heidentums gegen das Christentum, aber zugleich auch der der Vaterlands- und Freiheitsliebe gegen die Knechtschaft ist, wie uns ein solcher Kampf in unserer Geschichte bei den Wenden und Sachsen entgegentritt, wo die Aufdringung des Christentums leider nur sehr eigennützigen Gründen entsprang«, beigelegt. Teilweise gedruckt bei Gaerdertz, Tage, II, S. 84/85.

378 *hors d'œuvre* – (frz.) Beiwerk.

378 *in succum et sanguinem* – (lat.) in Fleisch und Blut.

378 *Simmelsammelsurium* – »Schurr-Murr«.

378 *Dassow* – Hier wohnte im Ruhestand Reuters Schwiegervater Pastor Wilhelm Gottlieb Peter Kuntze.

378 *»Zauberer von Rom«* – Roman von Karl Gutzkow; war 1861 vollständig erschienen.

378 *Schmidtschen Literaturgeschichte* – Julian Schmidt, »Geschichte der deutschen Nationalliteratur im 19. Jahrhundert«, 2 Bände, 1853.

378 *Halbfranz* – Halbleder.

379 *voyageur* – (frz.) Reisender.

379 *Turnfest in Berlin* – Das (zweite) Deutsche Turnfest in Berlin 10.–12. 8. 1861.

380 *Aufsatz über Jahns Universitätszeit* – erschien durch Reuters Vermittlung in den »Grenzboten«.

380 *Hasenheide* – bei Berlin, hier gründete F. L. Jahn im Frühjahr 1811 den ersten öffentlichen Turnplatz in Deutschland.

380 *Kroll* – Restaurant in Berlin.

381 *Spandau* – Die Festung erinnerte Reuter an seine Haftzeit.

382 *Ihrer Literaturgeschichte* – Vgl. Anm. zu S. 378.

382 *Otto Ludwigs Schriften* – »Die Torgauer Heide«, 1843; »Der Erbförster«, 1850; »Die Heiterethei«, 1854; »Die Makkabäer«, 1854.

382 *Sybels Revolution* – Heinrich v. Sybel »Geschichte der Revolutionszeit (1789–1800)«, 5 Bände, 1853–79.

383 *»Zwischen Himmel und Erde«* – Erzählung von Otto Ludwig, erschien 1855.

383 *der beifolgende Unsinn* – »Schurr-Murr«.

383 *Ihr Geschenk* – vermutlich Heinrich Zeises Gedichtband »Aus meiner Liedermappe«.

384 *quandoque dormitat bonus Homerus* – (lat.) quandoque bonus dormitat Homerus: Zuweilen schläft auch der gute Homer (Horaz, »Ars poetica«).

385 *meines Buches* – »Ut de Franzosentid«.

386 *Kuchen-Sächser* – Robert Heller stammte aus Groß-Drebnitz in Sachsen.

387 *44 Monaten* – »Vierundvierzig Monate Untersuchungshaft. Ein Beitrag zur Geschichte des Rostocker Hochverratsprozesses«. 2. Aufl. Berlin 1861.

387 *Moritz* – Moritz Wiggers, Bruder von Julius Wiggers.

388 *Ihren Vorschlag* – die Übertragung von »Ut de Franzosentid« in das Hochdeutsche oder eine hochdeutsche Bearbeitung für das Feuilleton der »Hamburger Nachrichten«.

389 *Ihren Novellen* – Robert Heller »Novellen«, 3 Bände, 1837–40;

»Novellen aus dem Süden«, 3 Bände, 1841–43; »Das Erdbeben von Caracas«, 1844.

390 *Perfessor Wilbrandt* – Reuter verwechselt hier den Briefempfänger Adolf Wilbrandt mit dessen Vater, dem Professor Christian Wilbrandt.

390 *nonum prematur in annum* – (lat.) nonumque prematur in annum: Und bis ins neunte Jahr muß sie liegenbleiben (die dichterische Arbeit). – Horaz, »Ars poetica«.

391 *Japhetiten* – Japhetische Völker, von Japhet, zweiter Sohn des Noah.

391 *Deinen Eltern* – Justizrat Ludwig Schröder zu Treptow a. d. T. und Ida Schröder, geb. Kölling.

391 *perge haben* – Weiterkommen haben.

392 *Anonymus* – Das Pseudonym von Karl Tannen war Karl Eichwald.

392 *Ihre Sprichwörter* – »Niederdeutsche Sprichwörter und Redensarten« von Karl Eichwald.

392 *Reinike* – »Reineke Voß. Plattdeutsch nach der Lübecker Ausgabe von 1498. Mit einer Vorrede von Dr. Klaus Groth«, Bremen 1861.

392 *Soltau* – Dietrich Wilhelm Soltau hatte 1803 seine hochdeutsche Übersetzung »Reinke der Fuchs« veröffentlicht.

393 *Herrn Gemahl* – Otto Hermann Friedrich Loeper.

395 *Lurwig Reinhardten* – Ludwig Reinhard.

395 *ad notam nehmen* – (lat.) sich etwas merken.

395 *Bolz* – Rittergut bei Sternberg im Besitz von Karl Müller, dem Freund Ludwig Reinhards.

395 *Πως ...* – (griech.) Wie soll ich Sie anreden, Herr Inspektor? Auch in der »Stromtid« zitiert Reuter dies in Teil II, Kapitel 19.

396 *Redakteur einer großen politischen Zeitung* – Julian Schmidt leitete 1862–1863 die altliberale »Berliner Allgemeine Zeitung«.

397 *Graf Schwerin* – Maximilian Heinrich Anton Curt von Schwerin-Putzar, liberales Mitglied des preuß. Abgeordnetenhauses. Kandidat für den Wahlkreis Ueckermünde. Vgl. Bd. 7, Anm. zu S. 297.

397 *Ihre Partei* – die sog. gemäßigten Liberalen.

397 *Ceterum censeo* – (lat.) ceterum censeo Carthaginem esse delendam: Übrigens bin ich der Meinung, daß Karthago zerstört werden muß. Angeblich Ausspruch des älteren Cato.

398 *Nationalverein* – Deutscher Nationalverein. Vgl. Briefe vom 22. und 27. 12. 1856. Der Nationalverein war nur in Mecklenburg-Schwerin verboten.

398 *Aufforderung* – zur Teilnahme an einer Tagung des Deutschen Nationalvereins in Lübeck.

399 *curiositatis* – (lat.) curiositatis causa, der Seltenheit oder Merkwürdigkeit wegen.

400 *mein Manuskript* – »Ut mine Stromtid« (erster Teil).

400 *Wasserheilanstalt* – Bad Elgersburg in Thüringen.

400 *Geschenk* – Burkes hatte nach dem Lesen der »Franzosentid« Reuter ein aus Kork geschnitztes »Schillerhaus in Lauchstädt« zum Geschenk gemacht.

400 *täglichen Gewerbe* – Schriftsetzer.

401 *in Mecklenburg erzogen sein* – Burkes lebte seit 1839 zu Schwerin in Mecklenburg.

401 *neuestes opus* – »Ut mine Festungstid«.

401 *ein Buch* – »Ut mine Festungstid«.

401 *douche* – (frz.) Dusche.

402 *neuestes opus* – »Ut mine Festungstid«.

402 *Däms* – Dömitz.

402 *Koch* – Johann Koch.

402 *Norddeutschen* – »Norddeutscher Correspondent«, konservative Zeitung in Schwerin.

402 *Maleficator* – (lat.) Übeltäter; gemeint ist der Verfasser der vernichtenden Kritik an »Kein Hüsung«.

403 *neuestes Buch* – »Ut mine Festungstid«.

404 *Requiescat in pace* – (lat.) Er ruhe in Frieden!

404 *zum 18. Oktober* – der Tag des Wartburgfestes, das am 18./19. 10. 1817 anläßlich des 300jährigen Jubiläums der Reformation und des vierten Jahrestages der Schlacht bei Leipzig als »erste freudige und freundschaftliche Zusammenkunft deutscher

Burschen« von rund 500 Studenten der meisten deutschen Universitäten gefeiert wurde.

405 *meines Neuesten* – »Ut mine Stromtid« (erster Teil).

405 *freundliches Geschenk* – Eduard Hobeins »Gedichte« erschienen in Hamburg unter der Jahreszahl 1863.

405 *Frau Schwiegermutter* – Hobeins Schwiegermutter erster Ehe Friederike Weber, geb. Schmidt.

406 *meines Buches* – »Ut mine Stromtid« (erster Teil).

406 *zweiten Band des beifolgenden Buches* – »Ut mine Stromtid«.

406 *Schilderung der Heimatverhältnisse* – »Ein Heimatloser in Mecklenburg«.

407 *beifolgende Buch* – »Ut mine Stromtid« (erster Teil).

407 *Jüling* – Julius Hermes.

408 *eine alte Bekannte von mir* – Luise Deglow, ehemals Schülerin von Fritz Reuter in Treptow a. d. Tollense.

408 *Ihrem Vorhaben* – Palleske beabsichtigte, seine plattdeutschen Gedichte herauszugeben, und hatte Reuter um sein Urteil gebeten.

409 *Frau Schwägerin* – Dorothea Grimm, geb. Wild.

409 *neuen Buches* – »Ut mine Stromtid« (erster Teil).

409 *Buch von Ihnen* – vermutlich »Der Dichter Schönstes«. Mit Illustrationen. Altona 1861.

410 *Uhland* – frei zitiert aus dem Gedicht »Frühlingsruhe« aus dem Zyklus »Frühlingslieder«.

411 *glücklichen Ereignis* – Eine Tochter Hinstorffs hatte geheiratet.

411 *Jubelfeste* – Feier zum 50. Jahrestag der Völkerschlacht bei Leipzig.

412 *anstehenden Feste* – 18. Oktober 1863. Vgl. Anm. S. 411

412 *Einladung des Herrn Hirzel* – Vgl. Brief vom 16. 1. 1863 an Hinstorff.

413 *Ihrem Feuilleton* – Feuilleton der Frankfurter »Süddeutschen Zeitung«.

413 *pro et contra* – (lat.) für und wider.

414 *der Erzählung* – »Ut mine Festungstid«.

414 *commis voyageurs* – (frz.) Geschäftsreisende.

415 *Zöpernick* – Spitzname für Friedrich Wilhelm Vogler.

415 *Deinen Schwager, den Vetter* – Franz Rudolf Wachsmuth.

415 *Leviathan* – Meerungeheuer der Bibel.

415 *Nekrolog* – Nachruf im Jahre 1859. Hier irrt Reuter; es war im Jahre 1858.

416 *nugae* – (lat.) Possen, Albernheiten.

416 *plattdeutschen Böotier* – im übertragenen Sinne gemeint: unkultivierter Plattdeutscher.

417 *An Karl Heinrich Christian Keck* – Verehrer Reuters in Plön (Holstein) hatten ein von Dr. Keck verfaßtes Schreiben an Reuter gerichtet, in dem er gebeten wurde, die Fortsetzung der »Stromtid« zu beschleunigen und Luise Hawermann nicht tragisch enden zu lassen.

417 *ich eschoffiere mir so partuh* – statt: ich echauffire mich so partout.

417 *das Ganze* – »Ut mine Stromtid«.

417 *moles* – (lat.) Beschwerlichkeit.

417 *Pomuchelsköpfe* – Gemeint sind die Töchter des Rittergutsbesitzers Pomuchelskopp in »Ut mine Stromtid«.

417 *Amendement* – Abänderungsvorschlag.

418 *eine große Freude* – Die Rostocker Universität verlieh auf Antrag des Professors der Germanistik Karl Bartsch am 10. 3. 1863 Fritz Reuter die Würde eines Dr. phil. h. c.

418 *Dekan* – Professor Dr. Franz Volkmar Fritzsche.

419 *An Friedrich Franz II.* – Im Briefentwurf Reuters befindet sich ein weiterer, von ihm durchstrichener Absatz: »Mit Leib und Seele bin ich seit meiner ersten Jugend mit meinem Vaterlande, mit dessen Eigentümlichkeiten und – wenn Ew. Königliche Hoheit es gnädigst erlauben wollen – mit dem Fürstenstamme verwachsen, der über dasselbe herrscht. – Schon als Primaner des Friedrich-Franz-Gymnasiums in Parchim hatte ich das Glück und die Ehre, ein höflich[es] Begleitschreiben bei der Überreichung einer Flagge seitens meines Vaters, die blau, rot, gelb mit auf Stavenhagener Feldmark gebauten Färbekräutern gefärbt war, an Ew. Königlichen Hoheit hochseligen Urgroßvater, Friedrich Franz I., zu verfassen – Begreiflicherweise können Ew. Königliche Hoheit sich nicht in die Gefühle eines dummen Jun-

gen hineindenken, der zu so einer Ehre gelangt ist; aber leicht werden Sie ermessen können, welchen Einfluß ein energischer Vater, der auch in bescheidener Sphäre eigentlich nur für den Ruhm und das Wohl des Vaterlandes lebte, auf die Richtung eines Sohnes ausüben mußte, der ein empfängliches Gemüt hatte.«

421 *»glücklichen Ereignis«* – Verleihung der Ehrendoktorwürde.

422 *Abhilfe von diesem Übelstande* – vermutlich Verhandlungen Hobeins mit Reuter wegen eines Hauskaufs in Schwerin.

422 *gemietet* – Am 20. 6. 1863 reiste Reuter von Neubrandenburg ab.

422 *Großherzog* – Friedrich Franz II., Großherzog von Mecklenburg-Schwerin. Vgl. Brief vom 26. 3. 1863.

423 *arme Stiefmutter* – Reuters Halbschwester Lisette Jenning, geb. Reuter.

424 *Quod bene notandum* – (lat.) wohlgemerkt.

425 *was Du mir zugeschickt* – Bilder von Albert Schultzes' Kindern.

426 *Bruder in Weißenfels* – Der Bruder von Albert Schultze war Justizrat Ernst Schultze in Weißenfels.

427 *neustes opus* – »Ut mine Stromtid« (zweiter Teil).

427 *Kapitol* – Burg im alten Rom.

428 *Vaterstadt Güstrow* – Die Schwestern Auguste Henzen und Pauline Steinhäuser waren Töchter des Güstrower Superintendenten Peter Heinrich Francke (1766–1838).

428 *einer Frank aus Upahl* – Gemeint ist die zu Groß-Upahl unverheiratet lebende Tante (Vaterschwester) von Auguste Henzen und Pauline Steinhäuser, Maria Elisabeth Francke (1775 bis 1846). Vgl. auch Namenverzeichnis.

428 *meiner Tante in Jabel* – Sophie Friederike Ida Reuter, geb. Engel.

429 *Heu quantum haec Niobe, Niobe distabat ab illa* – (lat.) Ach, wie stand sie zurück, Niobe, vor jener berühmten. (Ovid.)

431 *Meyen* – Tabakfirma in Rostock.

431 *Justus* – Tabakfirma in Hamburg.

431 *Paradies* – soll nach der meckl. Volksüberlieferung in Groß-Bäbelin gelegen haben.

431 *»dauerhaftes« Mädchen* – Lisette, ehem. Kammermädchen bei der Herzogin Helene von Orleans, geb. Herzogin zu Mecklenburg-Schwerin (1814–1858), wurde von Reuters in den Dienst genommen.

431 *Kollegin* – Anspielung auf den Doktortitel Siemerlings und den Ehrendoktortitel Reuters.

432 *Zusendung* – Manuskript einer Sammlung von plattdeutschen Gedichten.

434 *der zweite Teil* – von »Ut mine Stromtid«.

434 *Onkel Ernst* – Ernst Boll.

434 *Frau Pastorin* – Auguste Boll, geb. Krull.

434 *Franz* – Sohn des Pastors Franz Boll zu Neubrandenburg.

437 *»sie«* – Reuters Frau.

437 *anordniert* – für angeordnet.

437 *Chimborasso* – Vulkan in Ekuador, Sinnbild für überragend Großes.

438 *in dulci jubilo* – (lat.) in süßem Jubel; übertragen: in Saus und Braus.

438 *au fait* – (frz.) im Stande (der laufenden Unterrichtung).

438 *Porträt seines Vaters* – Reuter hatte aus der Erinnerung eine Kreidezeichnung des Kirchenrats und Pastors Gerhard Gottlieb Buchka zu Schwanbeck nach dessen Tode angefertigt.

439 *schwer in die Kammer kommen wird* – Reuter hatte 1855 eine Broschüre geschrieben »Wie der Graf Schwerin schwer in die Kammer kam«. Als Wahlmann der Stadt Treptow a. d. Tollense hatte er in jener Zeit für die Wahl des Grafen Schwerin in das preuß. Abgeordnetenhaus geworben. Vgl. auch Bd. 7, S. 297.

439 *unserer Majestät* – König von Preußen, seit 1871 als Wilhelm I. deutscher Kaiser.

439 *mein Patchen* – Ernst Peters, jüngster Sohn von Fritz und Marie Peters.

439 *Loeper* – Albert Hermann Ludwig Carl Loeper, Schwiegersohn von Fritz Peters.

439 *Kuhnenbraten* – Truthahnbraten.

441 *Grafschaft in Hinterpommern* – Siemerling besaß das Rittergut Arnhausen, Kreis Belgard, in Pommern.

442 *'ne Revolutschon aus 'ner Separatschon* – 1862 waren die langjährigen Vorverhandlungen zur Separation der Neubrandenburger städtischen Feldmark beendet, so daß die Abstimmung der gesamten Bürgerschaft durchgeführt werden konnte. Sie fand auf dem Rathause statt. Es kam zu großen Tumulten, so daß die die Abstimmung unterbrochen werden mußte, einige Tumultanten wurden mit Gefängnis bestraft. Durch ein Extrablatt wurde ein neuer Termin angekündigt, den Gastwirten während der Dauer der Abstimmung der Ausschank von Branntwein an »sitzende Gäste« (Tagelöhner, Knechte, kleine Ackerbürger) verboten. Acht Distriktshusaren hatte man aus Neustrelitz kommen lasssen.

442 *Stadtrichter* – Ludwig Roggenbau.

442 *Schwester Fanny* – Fanny Luise Wilhelmine Juliane Siemerling.

442 *mezzo voce* – (ital.) mezza voce, mit halber oder gedämpfter Stimme.

442 *Acker separieren* – die Aussonderung aller verstreut liegenden Ackerstücke aus der ganzen Feldmark und ihre Zusammenlegung an eine Stelle, Bereitstellung des Eigentums zur freien Bewirtschaftung und Aufhebung der freien Weidegerechtigkeit aller Einwohner.

442 *letzten Pastoren-Synode* – Anfang September 1863 wurde in Güstrow eine Pastoren-Synode abgehalten, die sich »mit tiefsinnigen Erörterungen über die Sünde der Zauberei und die Lehre vom Teufel« beschäftigte.

443 *Pastor Ahrndt* – Johann Friedrich Ahrendt.

443 *Pastor Milarch* – Ernst Milarch.

444 *Unglück der kleinen Anna* – Armbruch der Tochter Anna Maria des Pastors Franz Boll.

445 Franz – Franz Christian Boll, ältester Sohn des Pastors Boll.

445 *Reinhard* – Ludwig Reinhard war in den sechziger Jahren in Koburg für verschiedene linke Publikationsorgane schriftstellerisch tätig.

446 *Parnassus* – den Musen heiliger Berg in der Nähe von Delphi in Griechenland; übertragen: Dichtersitz.

446 *Körnerfeier* – Vgl. Bd. 7, S. 483. Theodor Körners Todestag jährte sich am 25. 8. 1853 zum fünfzigsten Male.

447 *Ad vocem* – (lat.) zu dem Wort (ist zu bemerken).

448 *»Kuddelmuddel«* – »Kuddelmuddel. Plattdütsche Gedichte«. Stralsund 1863.

449 *tempi passati* – (lat.) vergangene Zeiten.

450 *hoc in loco* – (lat.) hoc loco, an diesem Orte.

450 *belle étage* – (frz.) bel-étage, erster Stock.

451 *in Leipzig* – Hier hatte Reuter am 16. 10. 1863 an der Hauptversammlung des Nationalvereins teilgenommen.

451 *Müllers* – Die Familie Karl Müller auf Bolz bei Sternberg.

451 *das beifolgende Buch* – »Ut mine Stromtid« (zweiter Teil).

452 *erschienenen Teil* – »Ut mine Stromtid« (zweiter Teil); war Kohlrausch gewidmet.

452 *Doktordiplom* – Die Universität Greifswald hatte Ernst Boll am 16. 10. 1863 die Würde eines Dr. phil. h. c. verliehen.

452 *kalüren* – von (frz.) couleur, Farbe; stimmen jetzt den Doktortiteln nach überein.

452 *des zweiten Bandes* – »Ut mine Stromtid« (zweiter Teil).

453 *lieben Pastor* – Franz Boll.

454 *Kraeplin* – Gemeint ist Karl Kraepelin.

454 *an den Hanne Nüte zu machen* – mit der Arbeit an den Illustrationen zum »Hanne Nüte« zu beginnen.

454 *ein Büchlein* – »Ut mine Stromtid« (zweiter Teil).

454 *zu Johannis* – 24. Juni.

454 *Klatschblattes in Rostock* – Gemeint ist das »Rostocker Tagesblatt«, das nur drei Jahre ein kümmerliches Dasein führte.

454 *allgemeine Zeitung* – Gemeint ist die altliberale »Berliner Allgemeine Zeitung«, die Julian Schmidt 1862–1863 leitete.

455 *Frau Professor Grimm* – Dorothea Grimm, geb. Wild.

457 *der Kapteihn, der mit seinem Bruder* – Albert und Ernst Schultze.

457 *entre nous* – (frz.) unter uns.

457 *Vorschläge* – Gemeint ist die Abtretung des Verlagsrechtes an »Kein Hüsung« von Theodor Kunike an Carl Hinstorff.

457 *»meine«* – Reuters Frau.

458 *»Rautenkranz« ... »halben Mond«* – Gasthäuser in Eisenach.

458 *Julklappen* – Julklapp; Weihnachtsgeschenk, in zahlreichen Hüllen mit wechselnder Anschrift verpackt, mit dem Ruf »Julklapp« in die Stube oder auf die Diele geworfen.

458 *Coupé* – Halbwagen.

458 *karriolen* – von (frz.) carriole, herumfahren.

459 *kleinen Beitrag* – Goethes »Reineke Fuchs« mit Holzschnitten von Kaulbach (in Großoktavformat, Goldschnitt, Liebhaberausgabe).

459 *Schleswig-Holsteinischen Bewegung* – gegen die dänischen Versuche, Schleswig von Holstein zu trennen. Der deutsch-dänische Krieg 1848–50 brachte keine Lösung, der Deutsche Bund lieferte zunächst Schleswig, 1852 auch Holstein an Dänemark aus. Im Herbst 1863 verabschiedete der dänische Reichsrat ein Grundgesetz für die gemeinschaftlichen Angelegenheiten Dänemarks und Schleswigs. Die Gefahr, daß die Herzogtümer endgültig von Deutschland getrennt werden könnten, war groß. Eine Welle der Sympathie und der Solidarität ergriff breite Schichten des deutschen Volkes.

459 *Herzog Friedrich* – Friedrich VIII., Herzog von Schleswig-Holstein.

459 *Ludwig Wallisrode* – Gemeint ist Ludwig Walesrode.

460 *Tagelöhnerzwang* – Durch Gesetz vom 13. 1. 1862 »betr. die Regulierung der bäuerlichen Verhältnisse in den Gütern der Ritter- und Landschaft« war den mecklenburgischen Junkern das Recht des Bauernlegens noch einmal zugesprochen, wenn auch mit gewissen Beschränkungen.

460 *Prügelstrafe* – Nach dem Scheitern der 1848er Revolution wurde durch eine Verordnung vom 19. 1. 1852 die Prügelstrafe wieder eingeführt. Um einen Zusatz zu diesem Gesetz über die Bestrafung der Dienstvergehen der Gutsleute auf den ritterschaftlichen Gütern ging es bei den Landtagsverhandlungen im Jahre 1863. Die Ritterschaft setzte eine Bestimmung durch, daß auf Geldbußen bis zu 5 Talern, auf Gefängnis bis zu einer Woche und auf körperliche Züchtigung bis zu fünfundzwanzig Hieben erkannt werden könne. Dieses Zusatz-Gesetz stand in der Landtagsversammlung am 11. und 12. 12. 1863 zur Verhandlung, wurde von der Landschaft (den Städten) abgelehnt, von der

Ritterschaft aber mit 30 gegen 6 Stimmen genehmigt und am 2. 4. 1864 verkündet. »Nichts hat die öffentliche Meinung gegen die mecklenburgischen Zustände mehr erregt als dieses Gesetz, welches dem Gutsherrn den Stock als Strafmittel in die Hand drückte«, schrieb Julius Wiggers.

460 *Teufelsverhandlungen in den Synoden* – Vgl. Brief vom 22. September 1863, Anm. zu S. 442.

460 *Hansen* – Gemeint ist Hans Peters, ein Sohn des Ehepaares Peters, von Reuter in der Stromtid, Kap. 30, genannt.

461 *durch Kraepelin* – den Reuter-Rezitator, der in Rostock solchen Publikumserfolg hatte, daß ihm der Polizei-Senator Blanck (»Prügel-Blanck«) zum Schutze eines besseren Besuchs des Stadttheaters die Fortsetzung seiner Reuter-Vorlesungen verbot.

461 *Einführung der ritterschaftlichen Prügel* – Vgl. Anm. zu S. 460.

461 *Zuwachs der Familie* – Geburt des zweiten Sohnes Moritz Otto Hermann zu Rostock am 1. 12. 1863.

461 *Hinstorffschen Landeskalender* – vermutlich »Großherzoglich Mecklenburg-Schwerinscher Kalender«.

461 *Moritz* – Moritz Wiggers.

461 *Bolzer* – Bolz, bei Sternberg, damals Rittergut.

462 *Mulderjahn* – Malaga(wein).

462 *Kindjes* – Gemeint ist Kinnjes, das Jesuskind als Bringer der Weihnachtsgaben.

463 *Skizzen* – Entwürfe zu den Illustrationen für »Hanne Nüte«.

464 *pro rata* – (lat.) anteilweise.

464 *»Quickborn«* – Klaus Groths »Quickborn«. Mit Holzschnitten von Otto Speckter.

464 *das Herbe* – Waltjen wollte Reuter das Trinken abgewöhnen.

465 *il faut vivre* – (frz.) er muß leben.

465 *»Schwiemel«* – Zechbruder.

466 *Kämpfer in Schleswig-Holstein* – 1863 wuchs die nationale Bewegung in Schleswig-Holstein. Im Dezember marschierten sächsische und hannoversche Truppen in Holstein ein. Im Februar 1864 rückte dann österreichisches und preußisches Militär nach Schleswig vor.

467 *für Schleswig-Holstein gedichtet* – Es ist nicht festzustellen, wel-

ches Gedicht gemeint ist. 1864 veröffentlichte Reuter drei »Lieder für Schleswig-Holstein«.

467 *An Wilhelm Wolff* – Das von Friedrich Engels (Marx/Engels Werke, Bd. 19, Berlin 1962, S. 57) zitierte Fragment bezieht sich auf ein Schreiben Wilhelm Wolffs an Reuter vom 30. 12. 1863. Erstveröffentlichung in der »Zeitschrift für Geschichtswissenschaft«, Jg. 1957, Heft 6, S. 1244–1245.

468 *Wolff* – Wilhelm Wolff, der »Kasematten-Wolff«.

468 *nervus rerum* – (lat.) die Hauptsache, übertragen für: das Geld.

468 *das Buch, was ich unter der Feder habe* – »Ut mine Stromtid« (dritter Teil).

469 *Anekdoten und Redensarten* – Fritz Peters hatte eine Liste mit heimatlichen plattdeutschen Anekdoten und Redewendungen seinen Weihnachtsgaben beigefügt.

470 *Bade* – August Friedrich Joachim Christian Helmuth Bade.

470 *anberegten 600 Talern* – Reuter hatte sich an seinen Bankier Siemerling mit der Bitte gewandt, ihm 600 Taler zu übersenden.

470 *Einladung von Sultans in Konstantinopel* – Reuters wollten eine Reise nach Konstantinopel antreten, die eine Wiener Reiseagentur als »Gesellschaftsreise« angeboten hatte.

470 *zum Bey von Algier gereist bist* – Siemerling hatte sich auf einer Vergnügungsreise von Marseille nach Algier begeben, um Land und Leute kennenzulernen.

471 *K. K. Rats* – K. u. K. Rats: kaiserlicher und königlicher (österreichischer) Rat.

471 *50 Gulden öst. W.* – 50 Gulden österreichischer Währung.

471 *Napoleondors* – Gemeint ist Napoléond'or, ein französisches Goldstück mit Napoleons Brustbild.

471 *Lage unseres Vaterlandes* – Wegen der Schleswig-Holsteinschen Frage begann der Krieg Preußens und Österreichs gegen Dänemark am 1. 2. 1864.

471 *mein neues Buch* – »Ut mine Stromtid« (dritter Teil).

471 *rektifiziertem Solaröl* – gereinigtes Sonnenöl.

472 *Adolf* – Adolf Ahlers.

472 *Konrad* – Konrad Siemerling.

472 *Malabaren* – Gemeint ist Wilhelm Bahr.

472 *sub rosa* – (lat.) im Vertrauen.

473 *Deine Zusendung* – Buch oder Bücher.

473 *Ahrendt* – Johann Friedrich Ahrendt.

473 *Ahlers* – Adolf Ahlers.

473 *De mortuis* – (lat.) De mortuis nil nisi bene: Über die Toten sprich nur gut.

473 *vide* – (lat.) siehe.

475 *Franz* – Pastor Franz Boll.

475 *ein Blatt in Rostock* – »Rostocker Tagesblatt«. Vgl. Anm. zu S. 454.

476 *des Freundes Erfolge* – Fritz Peters hatte mit seinen Veröffentlichungen zu Fragen der Landwirtschaft viel Anerkennung gefunden.

477 *literarische Zusendung* – wohl eine plattdeutsche Arbeit in der »Pommerania«, deren Verfasser nicht genannt war.

477 *Pastor in Ducherow* – Wilhelm August Bernhard Quistorp.

477 *Poet Reinhold* – Carl Werner Reinhold.

477 *Woldeksch* – nach der Stadt Woldegk im damaligen Mecklenburg-Strelitz. Anspielung auf die Chronik der Stadt Woldegk, die Reuter in der Einleitung der »Urgeschicht« persifliert.

477 *weiland Pastors Reinhold* – Friedrich Ludwig Reinhold.

477 *Walhalla* – Vgl. Anm. zu S. 647.

477 *Britzen* – Gemeint ist Brixen in Tirol.

478 *den beiden Verlobten* – Anna Reuter, die Tochter des Pastors August Reuter zu Tessin, hatte sich mit dem damaligen Rektor Johannes Carl Ferdinand Hartwig Hurtzig zu Rehna verlobt.

479 *Sorbetto* – Sorbett, Scherbett; Limonade aus Früchten des Granatapfelbaums.

481 *prächtige Zusendung* – von Illustrationen zu »Ut mine Stromtid«.

481 *Reise nach Mecklenburg* – um Eindrücke für weitere Illustrationen zur »Stromtid« und zur »Franzosentid« zu sammeln.

483 *meines dritten Teils* – von »Ut mine Stromtid«.

483 *Multa tulit fecitque puer sudavit et alsit* – (lat.) Viel hat, in Hitze und Frost, schon als Kind er getan und erlitten (Horaz).

483 *Stalaktitenstückchen* – Stalaktit, von der Höhlendecke herabwachsender Tropfstein.

483 *Adelsberger Höhle* – Adelsberger Grotte auf dem Kalksteinplateau des Karst und an der Linie Wien–Triest der damaligen österreichischen Südbahn.

483 *Viertelpiaster* – türkische Münze.

484 *Herr Pastor* – Franz Boll.

484 *herzlichste Gratulation* – Friedrike (Friede) Scheven, geb. Boll, die Tochter des Pastors Franz Boll, hatte in Malchin am 3. 5. 1864 ihr erstes Kind geboren.

484 *»Daheim«* – 1864 gegründete, in Leipzig erscheinende illustrierte belletristische Wochenschrift christlicher Prägung.

484 *Zeichnungen* – Illustrationen zu »Hanne Nüte«.

486 *mit Deiner Gesundheit* – v. Restorff war 1860 wegen Krankheit verabschiedet worden. Als Reuter diesen Brief schrieb, war der Empfänger bereits verstorben (3. 7. 1864).

489 *mein Buch* – »Ut mine Stromtid« (dritter Teil).

490 *Gymnasten* – die vier Söhne Schultzes, Walter, Richard, Alfred und Reinhold.

491 *Multa tulit ...* – (lat.) Viel hat, in Hitze und Frost, schon als Kind er getan und gelitten (Horaz).

491 *Deine Frau und Wachsmuths Schwester* – Mathilde Schultze, geb. Wachsmuth.

491 *Kreuzzeitung* – gewöhnliche Bezeichnung der »Neuen Preußischen Zeitung« (nach dem Eisernen Kreuz im Titelkopf). Organ der evangelischen Hochkonservativen, des altpreuß. Adels.

492 *Jakobitag* – 25. Juli.

492 *mein Buch* – »Ut mine Stromtid« (dritter Teil).

492 *was meine ist* – Reuters Frau Luise.

494 *meinem Päding* – Fritz Peters jüngster Sohn Ernst Peters.

494 *beiden kleinen Mädchen* – Elise und Anna Peters.

494 *der Großherzog von Mecklenburg mit seiner neuen Frau* – Friedrich Franz II., Großherzog von Mecklenburg-Schwerin, hatte sich nach dem Tode der ersten Frau in zweiter Ehe mit der Prinzessin Anna von Hessen-Darmstadt (1843–1865) vermählt.

494 *der Kaiser von Rußland mit seinem Thronfolger* – Alexander II.,

Kaiser von Rußland (1818–1881), mit seinem ältesten Sohn Nikolaus (1843–1865).

494 *Weimarschen Prinzessin* – Einem Gerücht zufolge hatte sich der russische Thronfolger mit der Prinzessin Marie von Sachsen-Weimar-Eisenach verlobt.

494 *neu kreierten Gutes* – Nebengut von Siedenbollentin: Vorwerk Schönkamp.

494 *Deine »Inflorentia«* – Fritz Peters hatte Reuter diese volkstümliche Verdrehung des Wortes Influenza (Grippe) mitgeteilt.

495 *Geberinnen und des Gebers* – Die Schwiegertochter des Amtshauptmanns Weber zu Stavenhagen, Sophie Weber, geb. Saniter, ihre Töchter und Schwiegertöchter sowie ihr Sohn Hermann hatten Reuter Geschenke gemacht, darunter einen eigenhändig angefertigten Teppich.

495 *Hermann* – Joachim Hermann Weber.

495 *meines ersten literarischen Versuchs* – »Kurze Beschreibung meiner Reise durch großer und kleiner Herren Länder«. Vgl. Bd. 7, S. 505.

495 *herrlichen Mann* – Reuters Patenonkel Amtshauptmann Johann Joachim Heinrich Weber zu Stavenhagen.

496 *der beiden Photographien* – von dem Rathaus und dem Schloß in Stavenhagen, von Reuters Geburtshaus und dem Sitz des Amtshauptmanns Weber.

496 *seinem Neiting* – Ehefrau des Amtshauptmanns Weber, Agneta.

496 *Rayon der Röhrchenhiebe* – Bereich der Stockhiebe, Reuter spielt hier auf die Prügelstrafe in Mecklenburg an. Vgl. Anm. zu S. 460.

497 *böotisch* – übertragen gemeint für unkultiviert.

497 *Hebel* – Johann Peter Hebel, »Allemannische Gedichte«, 1803.

497 *Malß* – Karl Malß, »Volkstheater in Frankfurter Mundart«, 1849.

497 *Klaus Groth* – Klaus Groth, »Quickborn«, 1852.

498 *16. August 1864* – Der Brief ist unvollständig, der letzte Teil fehlt.

498 *des alten Kapitän* – Albert Schultze, Schwager von Wachsmuth.

498 *Kammerverhandlungen* – Berichte über Sitzungen der preuß. Abgeordnetenkammer, deren Mitglied der Adressat war.

498 *den Scherz* – Die Darstellung des »Kapitäns« Albert Schultze in »Ut mine Festungstid«.

499 *Bönniger* – Ernst Gustav Bönninger (auch Böniger, Böninger).

499 *Scheibener* – Andreas Wilhelm Scheibner.

499 *Bohlchen* – Karl August Bohl.

499 *Wuthenow* – Ferdinand Wuthenow.

499 *seine Frau* – Alwine Wuthenow, geb. Balthasar.

499 *Stahlberg* – Karl Ludwig Stahlberg.

499 *Braun* – August Wilhelm Braun.

499 *Schultheiß* – Wilhelm Schultheiß.

499 *Der kleine Wolf* – Wilhelm Wolff.

499 *dem dicken Döhn* – Johann Adolf Friedrich Doehn.

500 *est solamen miseris ...* – (lat). Ein Trost für den Elenden ist es, wenn er Gefährten des Unglücks hat. (Nach Äsop.)

500 *Kammern* – die Abgeordnetenkammer und das sog. Herrenhaus.

501 *großväterlicher Hochmut* – Pastor Boll war am 3. 5. 1864 zum ersten Mal Großvater geworden.

501 *Fritzing Volkshagen* – Fritz Volkmann.

501 *meines Buches* – »Ut mine Stromtid« (dritter Teil).

503 *à la Kägebein* – Gemeint ist Gerhard Friedrich Kegebein, der Strelitzer Rokokopoet; schrieb »Fabeln, Erzählungen und geistliche Lieder« (1792).

503 *Fräulein von Flotow* – Albertine v. Flotow, Schweriner Lokaldichterin; schrieb: »Humoristische Räthsel«, Schwerin 1842; »Meine Gedanken« (Aphorismen), Rostock 1844.

503 *den arkadischen Fluren Hinterpommerns* – Gemeint ist das Siemerlingsche Rittergut Arnhausen, Krs. Belgard, Pommern.

503 *stets mit »Sie« und »Ihr« gewechselt* – Reuter duzte sich nur mit Ernst Boll. Pastor Franz Boll meinte hierauf, Reuter solle auch ihn duzen, er wolle Gleiches mit Gleichem vergelten.

503 *vide* – (lat.) siehe.

503 *Frau Pastorin* – Auguste Boll, geb. Krull.

503 *Franzen* – Franz, Sohn des Pastors Franz Boll.

503 *Friedchen und die Kleinen* – die Tochter Friederike (Friede)

Scheven, geb. Boll, und Anna und Luise Boll, Kinder des Pastors Franz Boll.

503 *Adv. Moll* – Advokat in Neubrandenburg.

503 *Dr. Balk aus Stargard* – Gemeint ist Dr. med. Otto August Friedrich Eduard Bahlke.

504 *Lassale* – Ferdinand Lassalle.

504 *in Berlin* – Julian Schmidt hatte Reuter aufgefordert, nach Berlin zu ziehen.

505 *gehörige Gärung* – Diese wird bezeugt durch zeitgenössische Berichte aus Mecklenburg, die Adolf Zehlicke im »Deutschen Museum« veröffentlichte, z. B. am 19. 7. 1864: »Der Schrei der Entrüstung über die gesetzgeberische Tätigkeit der roten Reaktion (die adligen Rittergutsbesitzer trugen rote Landtagsuniformen) in Mecklenburg, der Hexensabbat, auf dem Junker und Pfaffe den widerlichsten Bastard unserer Zeit erzeugten, und ihre Orgien scheinen endlich an das Ohr des Fürsten gekommen zu sein und ihn auf der abschüssigen Bahn des Feudalismus aufzuhalten. Mit einem Wort, wir sind in der Krisis.«

505 *Kliefoth* – Theodor Kliefoth.

506 *Fischer* – Julius Fischer.

506 *in einem Punkte* – Luise Reuter spielt hier vermutlich auf das periodische Trinkerleiden Reuters an.

506 *das Buch* – »Ut mine Stromtid« (dritter Teil).

507 *von Bildern* – zur Illustration der »Stromtid«.

507 *conditio sine qua non* – (lat.) unerläßliche Bedingung.

508 *Bollentin* – Gemeint ist Siedenbollentin.

508 *meine Schwester* – Sophie Reuter, geb. Reuter.

508 *Volksgartens* – vermutlich »Die Gartenlaube«.

508 *Brauer Hahn* – Heinrich Hahn.

508 *Sargszene* – aus der »Stromtid«, Hawermann am Sarge seiner Frau.

509 *Ostfriesland* – Gemeint sind die ostfriesischen Kühe.

509 *an der Quelle* – in Berlin, wohin das Reutersche Ehepaar zu Neujahr 1864 reisen wollte.

510 *alten Strilack in Waren* – Wilhelm Strilack.

510 *Schwager Dietrich in Treptow* – Apotheker Dieterich zu Treptow a. d. Tollense war ein Schwiegersohn und nicht ein Schwager des alten Strilack.

510 *in den Krimfeldzug zog* – Nicht der alte Strilack, sondern sein Sohn Karl nahm als Feldapotheker am Krimkrieg teil.

510 *Professor Schleiden* – Matthias Jakob Schleiden.

510 *Dr. Eggers aus Berlin* – Karl Eggers.

510 *tous jours* – (frz.) alle Tage, stets.

510 *mein Pät* – Ernst Peters.

511 *Dr. C. Eggers* – Karl Eggers.

511 *nur einmal Beiträge* – Reuter hatte Beiträge geliefert zu dem von Friedrich Dörr herausgegebenen »Plattdütschen Volkskalenner«.

511 *Advokaten Hobein* – Eduard Hobein.

511 *Lehrer Brinckman* – John Brinckman.

512 *Glossarium* – Quandt hatte zu Reuters Werken Worterklärungen zusammengestellt (oder zusammenstellen lassen).

512 *Herr Dr. Eggers* – Karl Eggers.

512 *Brockhaus* – Heinrich Brockhaus.

512 *Zimmerling Schulz* – Zimmermeister Schulz in Neubrandenburg.

512 *Weimarischen Großherzog* – Carl Alexander, Großherzog von Sachsen-Weimar-Eisenach.

513 *des verstorbenen Kunike* – Theodor Kunike.

513 *Hänel* – Redakteur der »Leipziger Illustrierten Zeitung«.

514 *Direktor des Wittenberger Gymnasiums* – eben der Briefempfänger Hermann Schmidt.

514 *Pastor Niederhöffer* – Friedrich Otto Wilhelm Niederhöffer.

515 *Metz* – Johann Ludwig Metz (Metze).

515 *Schondorff* – Johannes Schondorf.

515 *Professor Dettmer* – Karl Heinrich Dettmer.

516 *Klaus Groth* – Anspielung auf Groths Polemik gegen Reuter in den »Briefen über Hochdeutsch und Plattdeutsch«.

516 *Schmidt aus Wittenberg* – Daniel Hermann Christian Schmidt.

517 *Professor Zarncke* – Friedrich Karl Theodor Zarncke.

517 *literarischen Zentralblatt* – »Literarisches Zentralblatt für Deutschland«, bedeutende kritische Wochenschrift, erschien ab 1850.

517 *mein neues Buch* – »Urgeschicht von Meckelnborg«.

517 *ersten Teil der »Stromtid« widmete* – Gesellius erklärte sich mit der Widmung einverstanden und dem ersten Teil der »Stromtid« setzte Reuter die Worte voran: »Meinem lieben Lehrer und väterlichen Freunde, dem Herrn Conrector Gesellius zu Parchim, in herzlicher Dankbarkeit gewidmet. Fritz Reuter«.

517 *des Gustav-Adolph-Vereins* – Evangelischer Verein der Gustav-Adolf-Stiftung, hat den Zweck, hilfsbedürftige ev. Gemeinden, besonders in kath. Ländern, zu unterstützen.

518 *Schulze-Delitzsch* – Franz Hermann Schulze-Delitzsch.

518 *Miquel* – Johannes Franz v. Miquel.

518 *der alte Vater Wachsmuth* – Ernst Wilhelm Gottlieb Wachsmuth.

518 *Präsident von Gersdorff* – Heinrich August Freiherr v. Gersdorff.

518 *Schulschriften* – Gemeint ist: Jakob Heußi: »Die Gelehrtenschule zu Parchim«, Parchim 1864.

519 *Vetter Behm* – vermutlich Carl Behm.

519 *schmerzlichen Verlust* – Am 4. 11. 1864 war die Schwiegermutter des Pastors Franz Boll in Neubrandenburg gestorben.

519 *die Verewigte* – Charlotte Krull, geb. Wendorf, geb. in Anklam 4. 8. 1797, war Witwe des Kaufmanns Georg Friedrich, gen. Friedrich August Krull (1789–1857), zu Neubrandenburg.

519 *Zusammenkunft der beiden Monarchen* – der Großherzöge Friedrich Franz II. von Mecklenburg-Schwerin und Friedrich Wilhelm von Mecklenburg-Strelitz am 14. 11. 1864 in Neubrandenburg anläßlich der Einweihung der Strecke Güstrow-Neubrandenburg der Friedrich-Franz-Eisenbahn.

520 *nachexerzieren* – für nachspeisen.

520 *ac non satis dignum* – (lat.) und unwürdig.

520 *Streit* – Feodor Streit.

520 *Klara von Glümer* – Claire v. Glümer.

521 *Vater Zickermann* – Johann Joachim Friedrich Franz Zickermann.

521 *Maler Reinhold* – Heinrich Ludwig Bernhard Reinhold.

521 *Baum von Ulmenstein* – Reuter nennt so ironisch den die Eisen-

acher Forstakademie besuchenden Freiherrn Rudolf Philipp Karl von Ulmenstein.

521 *Senff* – Ferdinand Senft.

521 *bituminösen Tonschiefer* – Schiefergestein mit Bitumen, d. s. aus Kohlenstoff und Wasserstoff bestehende brennbare Produkte.

521 *Kalkbreccie* – Trümmergestein von Kalkstein.

521 *Conchylien* – Muscheln.

521 *Raseneisen* – Raseneisenstein, Eisenerz mit Beimengungen von Ton, Kieselsäure usw.

521 *das mecklenburgische Archiv* – »Archiv des Vereins der Freunde der Naturgeschichte in Mecklenburg«, dessen Jahrgänge 1–20 von Ernst Boll herausgegeben wurden.

523 *der Stedinger von Schloenbach* – Arnold Schloenbach: »Der Stedinger Freiheitskampf« (Episches Gedicht), 1864.

524 *demütigen Bewunderer* – ironischer Hieb auf die konservative Haltung seines Treptower Freundes Ludwig Schröder.

524 *preußische Annexionspolitik* – Nach dem Kriege gegen Dänemark 1864 verfolgten die herrschenden Klassen in Preußen ihre annexionistischen Ziele weiter in der Vorbereitung auf den Bruderkrieg gegen Österreich.

524 *Whisttisch* – Tisch an dem Whist, ein Kartenspiel mit französischen Karten, gespielt wurde.

524 *Mandeuwel* – Anspielung auf Otto von Manteuffel, den preuß. Ministerpräsidenten in der Restaurationsperiode.

524 *altpreußisches Fiasko* – Die demokratische Bewegung des Kleinbürgertums und des Proletariats gegen die preußische Politik erlebte 1865–1866 einen großen Aufschwung.

524 *an Plauts in Golchen, an Michel Kohn und »Schmiede, haltst du noch«* – Anspielungen auf gemeinsame Erlebnisse aus Reuters Treptower Zeit.

524 *Phäaken* – hier: genußliebendes Volk. In Anlehnung an die »Odyssee«.

524 *Ithaka* – eine der Ionischen Inseln vor der Westküste Griechenlands. Nach Homer Heimat des Odysseus.

525 *Tropos* – für tropus = trope, bildlicher Ausdruck.

525 *im Lande der Phäaken* – So bezeichnete Reuter gerne seinen Aufenthalt beim Freundesehepaar Peters auf Siedenbollentin bei Treptow a. d. Tollense im damaligen Vorpommern.

525 *Junggesellen* – Ludwig Reinhard und Ludwig Walesrode.

526 *Berlin – einige Tage – Neubrandenburg* – Reuters hatten von Berlin eine Fahrt in die mecklenburgische Heimat angetreten.

526 *göttlichen Dulder* – Fritz Reuter vergleicht sich hier ironisch mit Odysseus.

526 *göttliche Dulderin* – Luise Reuter.

526 *Elise Nausikaa* – Elise Peters, ironisch verglichen mit der phäakischen Königstochter der »Odyssee«.

526 *eines jungen Phäaken* – Gemeint ist Albert Hermann Ludwig Carl Loeper.

526 *Herrn Bruder* – Zeitungsredakteur Tiessen (in Königsberg?).

527 *zukünftigen Schwiegersohn meiner Schwester* – Wilhelm Ludwig Emil Vollgold, übernahm 1865 die Pachtung Schönblick bei Trebbin. Fritz Reuters mündliches Angebot, Geld zur Übernahme einer Pachtung zu leihen, nahm Luise Reuter brieflich im Auftrage ihres Mannes zurück.

528 *»Bützow von Rong«* – W. F. Rong, »Bützow wie es leibt und lebt«, Bützow 1833.

528 *Behm in Rostock* – vermutlich Karl Ludwig Friedrich Behm.

528 *Zichalien* – Zigarren.

528 *Däms* – Dömitz.

530 *den seligen Hauff* – Reuter erinnert sich hier an Wilhelm Hauffs »Phantasien im Bremer Ratskeller«.

531 *Laubach* – Kaltwasserheilanstalt bei Koblenz am Rhein. Am 12. 7. 1865 schrieb Reuter an Ferdinand Wuthenow u. a.: »Mich hat ein arger Rheumatismus heimgesucht, der sich zuerst als Hexenschuß eingefunden und dann zu einem empfindlichen Gliederreißen ausgebildet und mich in eine Wasserheilanstalt hineingejagt hat.«

531 *ex officio* – (lat.) von Amts wegen.

531 *die begleitenden Zusendungen* – Hauptwerke von Gisbert Frhr. v. Vincke: »Rubin« (Märchen), 1846; »Ein Sommernachtstraum« (Text zu Mendelssohns Musik), 1851; »Rose und Distel« (Poe-

sien aus England und Schottland, übersetzt), 1853; »Bilder aus Italien« 1853; »Sagen und Bilder aus Westfalen«, 1856; »Zeitvertreibe« (Lustspiel in Versen), 1856; »Zur Schillerfeier« (Prolog und verbindender Text), 1860; »Gedichte«, 1860; »Im Banne der Jungfrau« (Novellen), 3 Bände, 1864.

532 *der Dr. P.* – Gemeint ist Dr. med. Petri, der behandelnde Arzt.

532 *der Stern Minonas* – Gemeint ist der Stern Minona; wörtlich: »die Sanftklingende«.

533 *Hygiea* – griechische Göttin der Gesundheit.

533 *in conspectu omnium* – (lat.) in allumfassendem Überblick.

533 *Bastonade* – orientalische Prügelstrafe.

533 *Knittelversen* – Weihelied auf Dr. Petri.

533 *Bordeaux* – Bordeaux-Weine, alle über Bordeaux in Frankreich versendeten Weine, wie Medoc usw.

534 *22. August 1865* – Gegen das Datum des Briefes bei Weltzien spricht, daß Reuters älteste Schwester Lisette Jenning am 3. Oktober 1865, »vor sechs Wochen verstorben ist«, wie Reuter schreibt. Statt 22. August ist sicherlich der 22. November 1865 zu setzen.

534 *Johann* – Johann Waldorf, Badewärter.

535 *des alten Weber* – Amtshauptmann Weber zu Stavenhagen.

535 *Suwarow-Stiefel* – Stiefel, wie sie der berühmte russische Feldherr Alexander Suworow (1729–1800) getragen hatte.

535 *älteste Schwester* – Lisette Jenning, geb. Reuter, starb am 3. 10. 1865 in Güstrow.

535 *Frau des Amtshauptmanns* – Agneta Weber, geb. Sohst.

535 *Mamsell Westphalen* – Sophia Westphal.

535 *Luth* – Johann Heinrich Christian Luth.

535 *die Bilder* – Pietschs Illustrationen zur »Stromtid«.

535 *der erste Band* – der erste illustrierte Band der »Stromtid«.

535 *meines Jugendfreundes Schmidt* – Carl Friedrich Albrecht Schmidt.

537 *des Herrn Rittershaus* – Emil Rittershaus.

537 *Höninghaus* – Festungskamerad Reuters. Nicht näher festzustellen.

537 *Meßrich* – Gemeint ist August Messerich.

537 *Heintzmann* – Alexis Heintzmann.

538 *objektiven Veranlassung* – Reuter hatte im Laufe des September 1865 2000 Taler nötig; er schrieb deshalb am 31. 8. 1865 an Siemerling-Neubrandenburg und bat ihn, die Summe an Grashof-Lübeck zu senden. Von diesem erhielt Reuter sie.

538 *Doris* – Reuters Dienstmädchen, das Grashof für sie in Lübeck ausfindig gemacht hatte.

538 *Das Geschäft* – Grashof legte Reuters Geld in Wertpapieren an.

538 *L' appétit vient en mangeant* – (frz.) Der Appetit kommt beim Essen.

538 *Kaufmann Daries* – Johann Andreas Daries.

539 *zu Antonii* – 17. Januar.

539 *Johannii* – 24. Juni.

539 *Peters* – Fritz Peters, Siedenbollentin.

539 *Deine Bertha* – Grashofs Ehefrau.

540 *hier geblieben* – Grashofs hatten 10 Tage in Laubach mit Reuters zusammen verlebt (24. oder 25. 7.–3. 8. 1865).

540 *wird Dir nicht bange?* – In einem Brief aus Laubach vom 10. 9. 1865 weist Reuter Grashof darauf hin, daß dessen Frau Bertha nicht der einzige Gegenstand der Anbetung von Dr. Friedrich Oetker geblieben ist.

540 *Gselliusschen Buchhandlung* – in Berlin.

540 *Mein Buch* – »Dörchläuchting«.

541 *mein Manuskript* – von »Dörchläuchting«.

542 *ein Schmüchen zu machen* – Gemeint ist: mit dem Geld zu spekulieren, es mit Gewinn anzulegen.

542 *Philippsrechnungen* – gemeint sind Abrechnungen, bei denen es nicht ohne Philippika (Straf- oder Scheltrede) Hinstorff gegenüber abgehen würde.

542 *meine* – Reuters Ehefrau.

542 *Deine* – Grashofs Ehefrau.

542 *O pfui, Bertha . . .* – Dieser Zusatz Luise Reuters bezieht sich auf die Huldigungen Dr. Friedrich Oetkers (Pfau) gegenüber Bertha Grashof (Juno) während des Grashofschen Aufenthaltes in Laubach.

542 *Minerva* – römische Göttin der Künste und Wissenschaften.

543 *Der Wassertyrann* – Dr. med. Petri, der behandelnde Arzt in der Wasserheilanstalt zu Laubach.

543 *machte sich stetisch* – Gemeint ist: verhielt sich störrisch.

543 *P.* – Dr. med. Petri.

543 *Samojeden* – Angehöriger einer Sprachfamilie im nordwestlichen Sibirien. Die Person, die gemeint ist, ist nicht festzustellen.

544 *Erstgeburt* – Paul Reis, »Das Wesen der Wärme«.

545 *seinem Schwiegersohn* – Friedrich Frehse.

545 *Glagau* – Otto Glagau, der erste Reuter-Biograph.

546 *General-Major von Hartmann* – Julius Hartwig Friedrich v. Hartmann.

546 *Königin* – Augusta, Königin von Preußen, seit 1871 deutsche Kaiserin, geb. Prinzessin von Sachsen-Weimar-Eisenach.

546 *Dr. Brandis* – Karl Gotthold Johannes Brandis.

546 *Kronprinzessin von Preußen* – Viktoria, geb. Prinzessin von Großbritannien und Irland.

547 *taktlose Buch des Herrn Glagau* – Otto Glagau: »Fritz Reuter und seine Dichtungen«, Berlin 1866 (Vorwort Glagaus von »Ende Oktober 1865«). Reuter war vor allem empört über die kritische Behandlung seiner Persönlichkeit, zumal Glagau auch sehr ausführlich Reuters Krankheit dargestellt hatte, die er allerdings verständnislos als herkömmlichen Alkoholismus bezeichnete. – Ferner hatte sich Glagau sehr kritisch über die damals berühmten Schriftsteller, wie Freytag, geäußert.

547 *Geburtstagsgratulation* – Reuter war am 7. 11. 1865 fünfundfünfzig Jahre alt geworden.

548 *Professor Simrock* – Karl Joseph Simrock.

548 *Kammer-Vincke* – Ernst Friedrich Georg Freiherr von Vincke.

548 *schleswig-holsteinische Kriegslieder* – Fedor v. Köppen: »Die Schlacht bei Schleswig zu Ostern 1848. Ein vaterländisches Gedicht«, Breslau 1850; »Ein Strauß für Schleswig«, Berlin 1865.

549 *Hanne* – Hans Peters, dritter Sohn des Ehepaares Peters.

549 *Pädel* – plattdeutschen Form für ‚Pate'.

552 *freudige Überraschung* – Verleihung der Goldenen Medaille für Kunst und Wissenschaft.

552 *nächst erscheinenden Buche* – »Dörchläuchting«, in dem Friedrich

Franz I. als strahlender, segenbringender junger Herrscher auftritt.

553 *unsere Feuerstelle* – Anspielung Reuters auf den beabsichtigten Bau eines eigenen Hauses.

554 *Kriegsgeschrei* – ausgelöst durch das Bestreben Bismarcks, Österreich im Kampf um die Vorherrschaft in Deutschland auszuschalten und Deutschland unter preußischer Führung zu einigen.

554 *unsere orientalische Reise* – Die Reise nach Konstantinopel.

555 *Grashof* – Hermann Grashof.

555 *Ziegler* – Severus Ziegler.

555 *Krieg* – Seit April 1866 wurde die österreichische, vom 3. bis 12. Mai 1866 die preußische Armee mobilisiert.

556 *frohen Nachrichten* – von der Vermählung Richard Schröders und seiner Professur an der Universität Bonn.

556 *jetzigen preußischen Premier* – Otto v. Bismarck.

556 *invaterierten Demagogenhasses* – (für inveterierten) eingewurzelten Hasses der durch Preußen einst verfolgten »Demagogen«.

556 *nicht bei uns gesehen haben* – Die Mobilisierungsmaßnahmen in Preußen und damit auch in der preußischen Rheinprovinz machten sowohl für Schröders als auch für Böckings eine Reise nach Eisenach unmöglich.

557 *der Dank* – für die von Felix Eberty verfaßte »Geschichte des preußischen Staats«, die er Fritz Reuter gewidmet hatte.

557 *Geijers* – Erik Gustav Geijer, »Svenska folkets historia«, Band 1 bis 3, Örebro 1832–36; deutsch von Leffler, 3 Bände, Hamburg 1832–36.

557 *Karamsin* – Nikolai Michailowitsch Karamsin, »Geschichte des russischen Staates«, Band 1–11, St. Petersburg 1818–26, Band 12, 1829.

557 *des Manuskripts* – von »Dörchläuchting«.

557 *Herr Dulitz* – Angehöriger der aus Friedland stammenden Familie Dulitz; die gemeinte Person ist nicht zu bestimmen.

557 *zu den Schweriner Jägern* – Meckl. Jäger-Bataillon Nr. 14.

558 *bei Langensalza ein heftiges Gefecht* – 27. 6. 1866 griffen 9000 Mann preuß. Truppen die hannoversche Armee bei Langensalza an, der Angriff wurde zunächst von 18 000 Hannoveranern

zurückgeschlagen. Am 28. 6. 1866 waren diese von preuß. Truppen vollständig eingeschlosssen und mußten kapitulieren.

559 *des Generals von Beyer* – Gustav Friedrich v. Beyer, verlegte mit preuß. Truppen den Hannoveranern, die zur Vereinigung mit den Bayern durchbrechen wollten, bei Eisenach den Weg.

559 *des Generals von Falkenstein* – Ernst Friedrich Eduard Vogel von Falckenstein.

559 *des Generals von Goeben* – August Carl v. Goeben.

560 *General Flies* – Eduard Moritz v. Flies.

560 *die 14 000 Mann Hannoveraner* – Tatsächlich waren es 18 000 Mann.

560 *Zündnadelgewehren* – modernes Gewehr, mit dem Anfang der sechziger Jahre die preuß. Infanterie ausgerüstet wurde.

560 *König von Hannover* – Georg V. Friedrich Alexander Carl Ernst, König von Hannover. – Hannover wurde dann durch Preußen annektiert.

560 *Welfen-Ehre* – In Hannover regierte das Haus Braunschweig-Lüneburg (Welfen).

564 *Kammerwahlen* – Hatten die Konservativen 1865 nur 38 Vertreter im preuß. Abgeordnetenhaus, so stieg ihre Zahl bei den Wahlen 1866 auf 123.

564 *Ihrer Aufforderung* – zur Hilfe und Unterstützung für die im Krieg um die Vorherrschaft in Deutschland zwischen Preußen und Österreich und deren Verbündeten (15. 6.–26. 7. 1866) Verwundeten und Hinterbliebenen.

564 *Oberland* – Zum damaligen Großherzogtum Sachsen-Weimar-Eisenach gehörten die Ausläufer des Rhöngebirges, das sogenannte Eisenachische Oberland.

564 *Aufruf* – Den Aufruf in plattdeutscher Sprache ließ Quandt in Leipzig drucken. Er war von Reuter und ihm unterzeichnet und datiert: Eisenach/Leipzig, 10. Juli 1866.

566 *Charpie* – Zupflinnen.

568 *Bundestag* – Der am 10. Juni 1815 geschaffene Deutsche Bund war ein lockerer Staatenbund dynastischer Prägung. Seine Zentrale war die in Frankfurt am Main tagende Bundesversammlung, auch Bundestag genannt.

568 *Frau »Pasturin«* – vermutlich eine Tochter des Briefempfängers, die sich mit dem Pastor zu Friedrichroda verlobt hatte.

568 *braver Landwehrmann* – vermutlich ein Sohn des Briefempfängers.

569 *neues Buch* – »Dörchläuchting«.

569 *die Einlage von 100 Talern* – auf Reuters und Quandts Aufruf hin.

570 *die Metalliques* – (frz.) in klingender Münze zahlbare Staatspapiere.

570 *Mein Buch* – »Dörchläuchting«.

571 *Ansprache* – Der Aufruf Reuters und Quandts vom 10. 7. 1866.

571 *entre nous* – (frz.) unter uns.

571 *Dr. Henkel-Kleefeld* – Gustav Theodor v. Henkel.

572 *Eintritt in den Zollverein* – Erst am 11. 8. 1868 erfolgte der Beitritt beider Mecklenburg zum Zollverein.

572 *verletzte Verfassung* – Das relativ fortschrittliche Staatsgrundgesetz vom 10. 10. 1849 war nach dem Siege der Reaktion am 14. 9. 1850 wieder aufgehoben und die alte landständische Verfassung, der Landesgrundgesetzliche Erbvergleich von 1755, wieder eingeführt worden.

572 *Seiner Königlichen Hoheit* – Friedrich Franz II. und Friedrich Wilhelm, Großherzöge von Mecklenburg-Schwerin und -Strelitz.

572 *der mecklenburgische Landtag* – Im mecklenburgischen Landtag hatten nur die Vertreter der Ritterschaft (Gutsbesitzer) und der Landschaft (Städte) Stimmrecht.

573 *Botter un Schinken* – Die in Eisenach im Sommer 1866 herrschende Lebensmittelnot hatte Fritz Peters veranlaßt, Butter und Schinken an Reuter zu schicken.

575 *Teilung der Geldmittel* – Die auf den Aufruf von Reuter und Quandt eingehenden Geldmittel wurden zwischen beiden aufgeteilt und den Erfordernissen entsprechend verbraucht.

575 *des Zentralvereins* – des Zentralkomitees des Vereins zur Pflege im Felde verwundeter und erkrankter Krieger.

575 *Colli* – Mehrzahl von collo, Frachtstück.

577 *Rechnungsablage* – über die aus Mecklenburg auf Reuters und Quandts Aufruf hin gespendeten Summen.

577 *Friedensschlusse* – Frieden von Prag am 23. 8. 1866.

579 *Münsterländer* – Münster, Regierungsbezirk der damaligen preuß. Provinz Westfalen.

579 *Ultramontanen* – Anhänger des Ultramontanismus, Richtung in der katholischen Kirche, die für die unbedingte Wiederherstellung der absoluten Papstgewalt über die Gewissen, über Fürsten und Staaten eintrat.

580 *einen mecklenburgischen Johanniter-Ritter* – Georg v. Oertzen.

580 *den Abend* – 25. Juli 1866 im »Englischen Hof« zu Frankfurt am Main.

580 *Rothschild* – entweder Mayer Karl oder Wilhelm Karl, Freiherren von Rothschild.

581 *bei Wichmanns Krankheit* – August Wichmann und Grashof waren beide Angestellte der Deutschen Lebensversicherungsgesellschaft zu Lübeck.

581 *mignons* – Lieblinge.

581 *Augustenburger* – Friedrich VIII., Herzog von Schleswig-Holstein.

581 *auf die Kroaten* – abwertend gemeint: auf die Österreicher.

581 *sic transit gloria mundi!* – (lat.) So vergeht der Ruhm der Welt!

582 *Rezension* – von »Dörchläuchting«.

582 *Achilles-Ferse* – die verwundbarste Stelle eines Menschen, so wie Achilles, griech. Held im Kriege gegen Troja, nur an der Ferse verwundbar war.

582 *Siegfried-Pudel* – Gemeint ist die Tarnkappe Siegfrieds, der Heroengestalt der deutschen Heldensage.

583 *Penelopeia* – Penelope, die wegen ihrer Treue berühmte Gemahlin des Odysseus.

583 *an Bismarck eingeschlossenen Brief* – Reuter hatte am gleichen Tage an Quandt in einem längeren Brief geschrieben: »Liebes Quandting, wenn Sie die Einlage sehen, so werden Sie die Hände über den Kopf zusammenschlagen und sagen: ‚Wo is't mäglich, dat de Minsch tau so wat kamen kann!' Und ich bin doch dazu gekommen, Bismarcken meine opera omnia zu schenken, und zwar ohne irgendeine Nebenabsicht, bloß weil er sich nach dem Kriege so brav gegen das Volk macht.«

585 *Deinen Max* – Max Peters.

585 *Elisens Glück* – Elise Loeper, geb. Peters, hatte am 13. 8. 1866 einer Tochter Lisbeth das Leben geschenkt.

585 *Klöterbüssen* – Klapper für Kinder.

585 *Löper* – Albert Hermann Ludwig Carl Loeper.

586 *den Plan einschicken* – den Plan – von Reuters eigener Hand – hat dieser später an Fritz Peters geschickt (Bleistiftzeichnung).

587 *Bruch mit der Junkerpartei* – Gemeint ist das Einlenken Bismarcks gegenüber der liberalen Opposition. Vgl. Anm. zu S. 603.

587 *unser Großherzog* – Carl Alexander, Großherzog von Sachsen-Weimar-Eisenach.

587 *Der Dicke* – Justizrat Ludwig Schröder in Treptow a. d. Tollense.

587 *neues Buch* – »Dörchläuchting«.

587 *Die Grenzboten* – Zeitschrift zunächst liberaler, später nationalliberaler Prägung. Mitherausgeber war Gustav Freytag, der selbst die Rezension verfaßt hatte.

588 *Maltitz' Gedichte* – Gedichte von Friedrich Appollonius oder Franz Friedrich Freiherren von Maltitz (Brüder).

588 *Gaudy* – Werke von Franz Freiherr v. Gaudy, einem humoristischen Erzähler und Lyriker.

588 *Herder* – Gemeint sind »Ideen zur Philosophie der Geschichte der Menschheit«; welche ästhetische Schrift Reuter meint, ist nicht feststellbar.

588 *zur Hochzeit von Fischers Tochter* – Die Tochter des Eisenacher Kreisgerichtsrats Julius Fischer heiratete den Sohn von Reuters Arzt, Kreisphysikus Dr. med. Schwabe in Eisenach.

588 *Mein Nachbar Großherzog* – Carl Alexander, Großherzog von Sachsen-Weimar-Eisenach.

588 *seiner lieben Schwester von Preußen* – Augusta, Königin von Preußen (seit 1871 deutsche Kaiserin), geb. Prinzessin von Sachsen-Weimar-Eisenach.

588 *meines Schloßbaues* – ironisierend für Reuters Hausbau.

588 *Frauenhofer* – Gemeint ist unter Bezug auf den berühmten Optiker Josef v. Fraunhofer (1787–1826) ein Fernrohr.

588 *chaldäische Himmel* – Wegen ihrer astronomischen Kenntnisse

standen die Chaldäer während und nach der Blütezeit ihres Reiches in hohem Rufe.

588 *heiliger Drei-König* – nach der christlichen Überlieferung kamen drei Magier (oder Könige) unter Leitung eines Sterns aus Arabien nach Bethlehem, um den neugeborenen Messias anzubeten und ihm Gold, Weihrauch und Myrrhen darzubringen.

588 *Lübeck will preußisch werden* – Lübeck trat 1868 dem Norddeutschen Bund bei.

589 *Bernhard Erich Freund* – Bernhard II. Erich Freund, Herzog von Sachsen-Meiningen und Hildburghausen.

589 *Krinoline von Reuß* – Karoline Fürstin Reuß ä. L., geb. Prinzessin von Hessen-Homburg.

589 *armen Großherzog* – Friedrich Franz II., Großherzog von Mecklenburg-Schwerin, der auf der einen Seite von seinen Junkern zur Aufrechterhaltung der meckl. Selbständigkeit, auf der anderen Seite von Bismarck zum Anschluß an den Norddeutschen Bund genötigt wurde.

590 *Schlöpke* – Theodor Schloepke.

590 *einen Gymnasiallehrer aus Westfalen* – Nieberg.

590 *der so ziemlich die Schlöpkeschen Briefe gefunden hatte* – d. h.: der Schloepke in seiner Verhaltensweise ziemlich ähnlich war.

591 *bestimmten Auftrag* – Der Großherzog Friedrich Franz II. von Mecklenburg-Schwerin hatte den Hofmaler Schloepke beauftragt, Reuter für die Schweriner Gemäldegalerie zu porträtieren.

591 *Pommerencke* – Heinrich Pommerencke.

591 *Herrn Bruder* – Karl Friedrich Wilhelm Prosch.

591 *auf heit'ren Scherz* – Reuter übersandte ein Exemplar von »Dörchläuchting«.

591 *der klapperbein'ge Würger* – der Tod in Gestalt der Cholera von 1866.

591 *in alter Reichsstadt Mauern* – Nürnberg, wo der Großherzog Friedrich Franz II. von Mecklenburg-Schwerin am 1. 8. 1866 als preuß. kommandierender General und Kommandeur eines Armeekorps einzog.

592 *Schwager Brückner* – Dr. med. Ludwig Brückner war mit der Schwester Luise, geb. Krull, von Pastor Franz Bolls Frau verheiratet.

593 *Basiliskenei* – Ei des Basilisk, des angeblich durch seine Blicke tötenden Königsdrachen.

593 *mein neuestes Buch* – »Dörchläuchting«.

594 *Erfolge der jetzigen Zeit* – Ergebnisse des Krieges von 1866.

594 *alten König* – Wilhelm I., König von Preußen, seit 1871 deutscher Kaiser.

594 *Entgegenkommen gegen die liberale Partei* – Vgl. Anm. zu S. 587.

594 *signa temporis* – (lat.) Zeichen der Zeit.

594 *Gymnasiallehrer* – Nieberg.

595 *der Großherzog* – Carl Alexander, Großherzog von Sachsen-Weimar-Eisenach.

595 *legt mir vor der Tür einen Park an* – unterblieb.

595 *Eckchen Landes zu schenken* – das geschah.

596 *R. Schröder* – Richard Schröder.

596 *von Arenswald* – Gemeint ist Friedrich Heinrich Ernst Hermann v. Arnswaldt.

598 *Herr Regierungsrat* – Karl Prosch.

599 *Selbständigkeit Ihres Landes* – Hannover, das am 20. 9. 1866 dem damaligen Königreich Preußen einverleibt wurde.

599 *des Dramas* – des Krieges von 1866.

600 *Langensalza* – Schlacht, in der die hannoverschen Truppen geschlagen wurden. Vgl. Brief vom 28. 6. 1866.

600 *blinden König* – Georg V., der 1866 seines Thrones verlustig gegangene König von Hannover, war seit seinem 14. Lebensjahr erblindet.

600 *die Gartenlaube* – bürgerlich-liberale illustrierte Familienzeitschrift, begründet 1853 von Ernst Keil.

600 *Monsieur Keil* – Ernst Keil.

600 *»Daheim«* – Vgl. Anm. zu S. 484.

600 *Ihre Zelte aufgeschlagen* – Adolf Wilbrandt lebte von 1865 bis 1871 in München.

601 *Vorschlägen* – Reuters Werke ins Hochdeutsche zu übersetzen.

601 *Tirolen* – Gemeint ist Tirol.

601 *Hebel* – Johann Peter Hebel, der bedeutende alemannische Dialektdichter.

601 *Grübel* – Johann Conrad Grübel, Nürnberger Dialektdichter.

601 *Kladderadatsch* – damals wöchentlich einmal in Berlin erscheinendes illustriertes politisch-satirisches Witzblatt liberaler Richtung.

603 *Indemnität* – Indemnitätsvorlage, in der die preuß. Regierung das Abgeordnetenhaus am 3. 9. 1866 um nachträgliche Genehmigung der während der budgetlosen Zeit des Verfassungskonfliktes gemachten Ausgaben ersuchte. Das Abgeordnetenhaus stimmte bei 75 Gegenstimmen zu. Die Indemnitätsvorlage und ihre Annahme auch durch die bürgerlichen Abgeordneten besiegelten den Kompromiß zwischen der deutschen Bourgeoisie einerseits und der Monarchie und den Junkern andererseits.

603 *opera omnia mea* – (lat.) alle meine Werke.

603 *liebenswürdigen Brief* – Auf der vierten Seite des sieben Seiten umfassenden Briefes von Reuter steht von anderer Hand – vermutlich Albert Schultze oder ein Mitglied seiner Familie – die Abschrift des Bismarckschen Antwortschreibens an Reuter:
»Berlin, d. 17. September 1866
Ew. Hochwohlgeboren sage ich herzlichen Dank für die freundliche Sendung, mit welcher Sie Ihre inhaltvolle Zuschrift vom 4. d. M. begleiteten.
Als alte Freunde habe ich die Schaar Ihrer Kinder begrüßt und sie Alle willkommen geheißen, die in frischen, mir heimathlich vertrauten Klängen von unseres Volkes Herzschlag Kunde geben. Noch ist, was die Jugend erhoffte, nicht Wirklichkeit geworden; mit der Gegenwart aber versöhnt es, wenn der auserwählte Volksdichter in ihr *die* Zukunft gesichert vorschaut, der er Freiheit und Leben zu opfern stets bereit war. v. Bismarck.«

603 *Schlacht bei Langensalza und Dermbach* – 27. 6. 1866 bei Langensalza zwischen Preußen und Hannoveranern, 4. 7. 1866 bei Dermbach, südwestlich von Eisenach, zwischen Preußen und Bayern.

603 *Gartendirektor Jülke* – Johann Bernhard Ferdinand Jühlke.

604 *Herrn zu Putlitz* – Gustav Heinrich Gans Edler Herr zu Putlitz.

604 *alten Charles* – Charles douze, Reuters Spitzname aus der Gymnasial- und Festungszeit.

604 *Ehren-Schramm* – Karl Schramm, »de Philosoph Schramm«.

605 *Antezedentien* – frühere Verhältnisse.

605 *der Franzos'* – Johannes Guittienne.

605 *Mathilde* – Mathilde Schultze, geb. Wachsmuth.

605 *Weißenfeld* – gemeint ist Weißenfels a. S., wo Albert Schultzes Bruder lebte.

607 *Die Bilder und neuen Bilder* – Gustav Freytag, »Bilder aus der deutschen Vergangenheit«, 4 Bände, 1859–1867.

607 *Dein Hutten* – Eduard Böcking hatte die Werke von Ulrich v. Hutten herausgegeben.

607 *Teubner* – Verlagsbuchhandlung und Buchdruckerei B. G. Teubner zu Leipzig.

607 *Simrocks* – Familie des Professors Karl Joseph Simrock in Bonn.

607 *Schröders* – Familie des Professors Richard Schröder in Bonn.

608 *alten, treuen Gesellius* – Heinrich Friedrich Wilhelm Gesellius.

608 *Dein Bruder Fritz* – Julius Georg Heinrich Friedrich (Fritz) Loescher.

609 *alte Buchka* – Gottlieb Gerhard Buchka.

609 *Lenné* – Peter Joseph Lenné.

610 *die unerhörte Einteilung in Wahlkreise* – Für Mecklenburg-Schwerin war die Einteilung der Wahlkreise durch eine Verordnung vom 21. 8. 1866 so geregelt, daß die Städte, die ritterschaftlichen Ämter und die Domanialämter als getrennte Gruppen je zwei Wahlkreise bildeten. Man hatte auf diese Weise gehofft, konservative, partikularistisch gesinnte Abgeordnete zu erhalten. Indessen wurden liberale Männer gewählt.

610 *Zollverein, Freizügigkeit, Gewerbefreiheit, Aufhebung der Patrimonialgerichtsbarkeit* – Durch die Aufnahme Mecklenburgs in den Norddeutschen Bund erfolgte zwangsläufig der Beitritt zum Zollverein am 11. 8. 1868; die Einführung des Gesetzes über die Freizügigkeit, wonach Angehörige eines jeden Bundesstaates in jedem Bundesstaat als Inländer und nicht als Ausländer zu behandeln seien; die Einführung des Gewerbegesetzes, welches den Zunftzwang aufhob und die Aufhebung der Patrimonialgerichtsbarkeit ließen Reuter auf die Aufhebung der reaktionären Mecklenburgischen Verfassung von 1755 hoffen. Sie blieb aber bis zur Novemberrevolution 1918 in Kraft.

610 *»tel est notre plaisir«* – (frz.) dieser Art ist unser Vergnügen.

610 *Verfassung* – Landesgrundsetzlicher Erbvergleich von 1755.

610 *Deinen Brief* – der Reuters Dipsomanie betraf.

611 *Robert Bruce* – (1274–1329) schottischer Kronprätendent, 1306 zum König von Schottland gekrönt.

611 *Todestag Ludwig XVI.* – Am 21. 1. 1793 wurde zu Paris Ludwig XVI., der König von Frankreich, guillotiniert.

612 *in Sachen Schramms* – Vgl. Brief an Albert Schultze vom 14. 12. 1866.

612 *der Kapitän* – Spitzname von Albert Schultze.

613 *opera omnia tua* – (lat.) alle deine Werke.

614 *Taufe Ihres Schiffes* – auf den Namen »Stromtid«.

615 *Buck, Drefahl und Jacob Bertram in Wiesbaden* – vermutlich Geschäftspartner Hermann Grashofs.

615 *die Bösartigkeit Berthas* – humorvolle Anspielung auf Grashofs Frau.

615 *kleinen Wassertyrannen* – Dr. med. Petri.

616 *Fetthammel aus Rostock* – So bezeichnete man spöttisch reiche mecklenburgische Rittergutsbesitzer, die als Rentner ihren Wohnsitz in Rostock genommen hatten.

616 *am Grabe Julias* – Julia, aus Shakespeares »Romeo und Julia«.

616 *Wahlverbiesterungen* – Vgl. Anm. zu S. 610 und 622.

616 *Ziegendorf* – Domanialdorf, östlich von Grabow. – Die Geschichte ist eine Parodie auf die damaligen mecklenburgischen Verhältnisse.

617 *einen solchen feiern Ew. Königliche Hoheit heute* – fünfundzwanzigjähriges Regierungsjubiläum des Großherzogs Friedrich Franz II. von Mecklenburg-Schwerin.

617 *geschiedenen Vater* – Paul Friedrich, Großherzog von Mecklenburg-Schwerin.

618 *Tiedgestiftung* – 1842 in Dresden gegründet nach dem Tode des Dichters Christoph August Tiedge (1752–1841).

619 *Deines Schwiegersohnes* – Dr. med. Wilhelm Robert Reß.

619 *Anna* – Anna Liebmann, verehelichte Reß.

620 *Luxemburger Frage* – Der französische Kaiser Napoleon III. begann Mitte März 1867 Verhandlung mit dem niederländischen

König Wilhelm III., der zugleich Großherzog von Luxemburg war, über einen Verkauf dieses Landes an Frankreich. Die deutsche Öffentlichkeit geriet deswegen in eine nach ihrem Ausmaß unerwartete nationale Erregung.

620 *procul negotiis* – (lat.) fern von Geschäften.

620 *Ihr Buch* – Felix Ebertys »Geschichte des preußischen Staats«.

621 *des Alten auf dem rocher von Bronze* – Friedrich Wilhelm I., König von Preußen, hatte einmal geschrieben: »Ich setze die Krone fest wie einen rocher von bronce«, Felsen von Bronze.

621 *alten Fritz* – Friedrich II., König von Preußen.

621 *Macaulay* – Thomas Babington Macaulay, »Ausgewählte Schriften geschichtlichen und literarischen Inhalts«. Übersetzt von Steger und A. Schmidt, Braunschweig 1857 und 1860. – Das Urteil des englischen Historikers über Friedrich II. war vergleichsweise kritisch.

622 *dortigen Wahlumtriebe* – Gemeint sind die mecklenburgischen Wahlen zu dem konstituierenden Parlament »zur Beratung und Feststellung der Verfassung des Norddeutschen Bundes«, das vom 24. 2. 1867 bis 17. 4. 1867 in Berlin tagte.

623 *Müllers* – Familie des Gutsbesitzers Karl Müller auf Bolz bei Sternberg, bei der Reinhard seine letzten Lebensjahre verbrachte.

623 *solche Freundlichkeit* – Schulz hatte zwei Lieder aus »Hanne Nüte« komponiert und Reuter übersandt.

623 *der heiligen Cäcilie* – Schutzpatronin der Musik.

623 *Apollo* – in der griechischen Mythologie Gott des Gesanges, der Weissagung usw.

623 *in musicis barbarus sum* – (lat.) in musikalischen Dingen ein Unwissender bin.

624 *Immelborner* – Immelborn, Kreis Meiningen (Thür.).

625 *auf dem Brühl in Leipzig* – Straße in Leipzig.

625 *Brüdern in litteris* – Schriftstellerkollegen.

625 *item* – (lat.) desgleichen.

625 *Universität Jena* – war damals die gemeinsame Universität der sächsischen Länder in Thüringen, von denen sie auch die nötigen Geldzuschüsse erhielt.

625 *Altenburg* – Herzogtum Sachsen-Altenburg.

625 *Gotha* – Herzogtum Sachsen-Coburg-Gotha.

625 *Meiningens* – Herzogtum Sachsen-Meiningen und Hildburghausen.

626 *der Herzog* – Georg II., Herzog von Sachsen-Meiningen und Hildburghausen.

626 *Weimar* – Großherzogtum Sachsen-Weimar-Eisenach.

626 *Deine Meinung* – Vincke stimmte zu, und Reuter widmete ihm am 18. 8. 1868 »De Reis' nah Konstantinopel oder De meckelnbörgschen Montecchi un Capuletti«.

627 *mit derselben Wiege* – Reuter deutet auf das Testament seines Vaters hin.

628 *ad acta* – (lat.) zu den Akten (legen).

628 *alten Rechtsanwalt* – Der Ehemann Albert Schultze war Rechtsanwalt.

628 *bei der Sache* – Mathilde Schultze hatte Familienerinnerungen geschrieben und wegen der Drucklegung Reuters Rat erbeten. Sie erschienen im Druck ein Jahr später; Mathilde Schultze: »Denkmäler der Liebe. Für die weibliche Jugend«, Wismar, Rostock, Ludwigslust 1868.

628 *à condition* – (frz.) auf Bedingung (nicht fest).

629 *Costenoble* – Verlagsbuchhandlung Hermann Costenoble, gegr. 1850 in Leipzig, seit 1863 in Jena.

630 *Portikus* – Säulenhalle.

630 *Windelböden* – Zwischendecken.

630 *C. W. in Bremen* – Gemeint ist Carsten Hinrich Waltjen, bei dem Reuter sich am 18. 7. 1867 für diese Geschenke bedankt hatte.

631 *Großmutting* – Fritz Peters Schwiegermutter, Anna Maria Ohl, geb. Fleck.

631 *Herr Wallner-Berlin* – Franz Wallner (ursprünglich »Leidesdorf«).

631 *auf die Bühne bringen* – Die Erstaufführung hatte vom 17.–27. 3. 1858 im Königsstädter Theater zu Berlin stattgefunden.

631 *Dr. F. W. – Dresden* – Gemeint ist Dr. Feodor Wehl.

632 *Lofodden* – Gemeint sind Lofoten, Inselgruppe vor der Westküste des nördlichen Norwegens.

632 *Han von Island* – »Han d'Islande«, romantisch-phantastischer Roman von Victor Hugo (1802–1885), 1823, deutsch 1830.

632 *»dediziert« zu werden* – Vincke hatte Luise Reuter eine seiner Arbeiten gewidmet.

633 *dem Dir gewidmeten opus* – »De Reis' nah Konstantinopel«.

633 *mein alter »Kapitän«* – Albert Schultze.

633 *Lewes* – George Henry Lewes.

633 *das Kind von das Kind* – Anspielung auf ihre Mutter, Bettina von Arnim, und deren Werk »Goethes Briefwechsel mit einem Kinde« (1835).

634 *den Schrammschen Brief* – Karl Schramm hatte aus Graudenz an Albert Schultze geschrieben, daß er beabsichtige, Reuter in Eisenach aufzusuchen.

634 *captatio benevolentiae* – (lat.) Gunsterschleichung.

634 *den Vetter* – Vetter nennt Reuter immer Schultzes Schwager Franz Rudolf Wachsmuth.

634 *seinem projektierten Besuch bei mir* – Karl Schramm fuhr 1867 nach Eisenach. Reuter empfing ihn nicht, es kam nur zu einer Unterredung mit Luise Reuter.

634 *das Manuskript* – der Arbeit von Schultzes Frau Mathilde, geb. Wachsmuth. Vgl. Brief vom 28. 5. 1867.

634 *Dein Geburtstag* – am 29. September.

635 *Todes seiner Mutter* – Dorothea Grimm, geb. Wild, starb zu Eisenach am 22. 8. 1867.

635 *Wilhelmsthal* – Lustschloß des Großherzogs von Sachsen-Weimar-Eisenach, 8 km südlich von Eisenach.

636 *Scheven* – Helmuth Friedrich Ludwig Gottlieb Scheven.

636 *methodische Konferenz* – Gemeint ist ärztliche Beratung durch Dr. med. Scheven.

637 *vis inertiane – (lat. vis inertiae)* – Macht der Trägheit.

637 *der zukünftigen Kavalleriekaserne* – des im Bau befindlichen Reuterschen Hauses.

637 *auf der Höhe von Ithaka* – 12. Kapitel der »Reis' nah Konstantinopel«.

637 *Anton, Herr Nemlich ...* – Figuren des Werkes.

639 *Benary* – Ernst Benary.

639 *Weihnachten 1867* – Georg Adolf Demmler, Fritz Reuter und seine Frau schenkten Reinhard zum Weihnachtsfest ein Sofa.

639 *»Lotterbedd«* – Kanapee, Sofa.

639 *so 'ne glückliche Rauh* – Gemeint ist ein Sofa.

640 *finsterer Geist* – Gemeint ist der Typhus.

641 *»buren un tagen«* – geboren und aufgezogen.

641 *Chaldäer* – Volksstamm im alten Orient; hier im Sinne von entlegen, vorsintflutlich.

641 *Goetheschen Spruch* – »Faust«, Vorspiel auf dem Theater.

641 *mit 2 erzogenen und 6 unerzogenen Kindern* – v. Schuckmann hatte aus zweiter und dritter Ehe acht Kinder, die in den Jahren von 1842 bis 1861 geboren waren.

643 *Professer Behn-Eschenburg* – Hermann Behn-Eschenburg.

643 *Dokter Wille* – Jean François Arnold Wille.

643 *he wahnt bi »Meilen«* – Wille wohnte auf seinem Gut Mariafeld bei Meilen am Zürcher See.

643 *ollen Sloman von Hamborg* – Robert Miles Sloman.

643 *unseren guten Ernst* – Ernst Boll war am 20. 1. 1868 in Neubrandenburg im 51. Lebensjahre gestorben.

643 *Deiner kleinen Luise* – Pastor Franz Bolls jüngste Tochter Luise, später verheiratet mit Pastor Wilhelm Radloff, war damals 15 Jahre alt.

643 *so viel Jammer und Gefahr* – die Bollsche Familie war an Typhus erkrankt. Vgl. Briefe vom 1. 1. 1868.

645 *Frankfurter Didaskalia* – Gemeint ist wohl der Hund Vinckes (Didaskalia-Belehrung).

646 *aus dem halben Mond* – Gasthaus zu Eisenach.

647 *literarische Handweiser* – ein für die katholische Bevölkerung gedachtes Organ, das Bücher empfahl oder verwarf. Vgl. Brief vom 11. 2. 1868.

647 *Hengstenberg* – Ernst Wilhelm Hengstenberg, der Führer der preußisch-lutherischen Orthodoxie. Reuter spielt im folgenden auf ungünstige Beurteilungen seiner Bücher durch die evangelischen Konservativen an.

647 *Ludwig* – Ludwig I., König von Bayern, ließ bei Regensburg in Form eines griechischen Tempels die Walhalla erbauen, in der die Büsten bedeutender Deutscher aufgestellt wurden.

647 *unserm Sanssouci* – das sich der Vollendung nähernde Haus Reuters in Eisenach.

648 *Besprechung meiner Schriften* – in dem in Münster (Westfalen) erscheinenden literarischen Handweiser.

649 *Hofgärtner Hartwig* – August Hartwig.

650 *die beiden Hofgärtner* – Hartwig und Jäger.

650 *Druwäppel* – offenbar Töchter Jühlkes, so genannt nach dem Schwesternpaar in der »Stromtid«.

651 *Magdeburger Zwinger* – Festung Magdeburg.

651 *Partikulier* – Privatmann, der von seinem Vermögen lebt.

651 *Dr. Schultheiß* – Wilhelm Schultheiß.

651 *Grashof* – Franz Dominicus Hermann Grashof.

651 *Heinze* – Heinrich Julius Heintze.

651 *der dicke M.* – August Messerich (Meßrich).

652 *»alte Kapitän« – Schulze* – Albert Schultze.

652 *Kornelius* – Wilhelm Gustav Friedrich Ewald Cornelius.

652 *Vogler* – Friedrich Wilhelm Vogler.

652 *Witte* – Anton Julius Ludwig Witte.

652 *Guitienne* – Johannes Guittienne.

652 *B.* – August Wilhelm Braun.

652 *nach Konstantinopel* – Georg Adolf Demmler hatte am 8. 6. 1868 Reuter mitgeteilt, daß er beabsichtige, an dem am 26. 7. 1868 zu Wien beginnenden Dritten Deutschen Schützenfest teilzunehmen und dann eine Reise nach Konstantinopel zu machen. Dafür erbat er sich aus Reuters Erfahrung einige Hinweise.

652 *gefährlichen Demokraten* – Demmler war in der Revolution 1848/49 einer der Führer der demokratischen Bewegung in Mecklenburg; wurde 1851 wegen seiner demokratischen Haltung aus dem Staatsdienst entlassen.

653 *Medizinalrat Flemming* – scherzhafte Anspielung auf Carl Friedrich Flemming, der 1830–1854 leitender Arzt der Meckl. Landes-

Irrenheilanstalt Sachsenberg bei Schwerin war und seitdem in Schwerin praktizierte.

653 *auf Großdeutschland* – Demmler hatte an Reuter geschrieben: »Wie Du weißt, bin ich kein großer Verehrer der Erfolge und Resultate des Jahres 1866 und namentlich kein Freund der Zwangsjacke, welche der Freiheit durch die norddeutsche Bundes-Verfassung ist angelegt worden, ich wende mich – wie immer – einem freiheitlicheren *Ideal* zu und will dafür meine Sympathie auch an den Tag legen, ich will also, um es kurz zu sagen, zu dem 3ten Deutschen Schützenfest nach Wien reisen, um zu sehen, welche Agitation wir Großdeutschen im Gegensatz zu den Großpreußen dort in Szene setzen können. Hierbei werde ich nun wohl zu meinem herzlichen Bedauern mich Deiner Mitwirkung nicht zu erfreuen haben.«

653 *nach Bern* – Demmler hatte die Absicht, im September 1868 in Bern (Schweiz) an der zweiten Generalversammlung der Genfer Friedens- und Freiheitsliga teilzunehmen, deren Mitglied er war.

653 *»Serail« usw.* – Sultans-Palast, auch Palaststadt von Konstantinopel.

653 *Adelsberg* – Vgl. Anm. zu S. 483.

654 *Mein Buch* – »De Reis' nah Konstantinopel«.

655 *Zusendung* – wohl die Arnoldschen Werke: »Weltgeschichtliches Panorama. Vom Beginn der französischen Revolution bis auf Napoleons Sturz« und »Rundschau der neuesten Zeit bis 1848«.

655 *dänische Palastrevolution* – Gemeint ist der Sturz des in Halle/S. 5. 8. 1737 geborenen dänischen Staatsministers und Arztes Johann Friedrich Graf von Struensee durch den Hofadel. Struensee wurde wegen außerehelicher Beziehungen zur dänischen Königin, Anmaßung und Mißbrauchs der Gewalt am 25. 4. 1772 als Majestätsverbrecher zum Tode verurteilt und am 28. 4. in Kopenhagen hingerichtet.

655 *des Herzogs von Reichstadt* – Napoleon II. Franz Joseph Karl, König von Rom, Herzog von Reichstadt; Sohn Napoleons I.

655 *neuesten Werke* – »De Reis' nah Konstantinopel«.

656 *C. Nahmmacher, E. Blank und Sekretär Meincke* – Neubrandenburger Einwohner.

656 *den Helden dieser Geschichte* – Kaufmann C. Volkmann in Neubrandenburg hatte Konkurs gemacht.

656 *liebe Gabe* – Joachim Mähl, »Stückschen ut de Mus'kist« (Erzählungen), 1867.

657 *mein Buch* – »De Reis' nah Konstantinopel«.

657 *schönen Gedichten* – gedruckt nicht nachweisbar.

657 *Sir John Fallstaff* – Falstaff, komische Gestalt bei Shakespeare.

659 *Stuer* – Vgl. Anm. zu Briefen vom 19. 11. 1847 und 20. 11. 1847.

659 *modus vivendi* – (lat.) hier: Lebensart.

660 *den Namen Ihres Gutes* – Wilhelmsfelde, Krs. Greifenhagen, Pommern.

660 *tant mieux* – (frz.) desto besser.

660 *Fiddichow* – bei Wilhelmsfelde, Krs. Greifenhagen, Pommern.

660 *Anfrage* – nach den weiteren Schicksalen der zwei erwähnten Gestalten aus »De Reis' nah Konstantinopel«.

660 *Altar Hymens* – Altar des Ehegottes.

660 *Gedichten Ihres seligen Vaters* – Wilhelm Bornemanns »Gedichte in plattdeutscher Mundart«, 1843, 7. Auflage, 1868.

661 *von Hosemann illustrierte* – Der 5. Auflage der Plattdeutschen Gedichte von Wilhelm Bornemann waren 13 Federzeichnungen von Theodor Hosemann beigefügt.

661 *Voß* – Johann Heinrich Voß' plattdeutsche Idyllen »De Geldhapers« und »De Winterawend« sowie einige plattdeutsche Gedichte.

661 *Ahrendt* – Gemeint sind Ernst Moritz Arndts »Märchen und Jugenderinnerungen«, 1818; 2. Band (auch Mundartliches enthaltend), 1843.

661 *der Rostocker Babst* – Dietrich Georg Babst, »Allerhand schnaaksche Saken tum Tiedverdriew«, 1790; und »Utherlesene Plattdütsche Gedichte von Died. G. Babst«, 1812.

662 *de Frag'* – Fritz Hoffmeyer hatte infolge einer Meinungsverschiedenheit eine Anfrage wegen einer Passage in »De Reis' nah Konstantinopel« an Reuter gerichtet.

663 *furor öconomicus* – (lat.) Begeisterung für die Landwirtschaft (hier besonders Gartenwirtschaft).

663 *Dein Buch* – »De Reis' nah Konstantinopel«.

664 *Freund Vos* – Christoffel Martin Vos.

664 *den Vorsprung* – mit der Übersetzung von Reuters »Dörchläuchting« ins Niederländische.

666 *jener berühmte Michel Viereck* – sprichwörtlich.

666 *Graf Isolani* – Gestalt aus Schillers »Wallenstein«. Illo sagt in den »Piccolomini« I, 1: »Spät kommt Ihr, doch Ihr kommt! Der weite Weg, / Graf Isolan, entschuldigt Euer Säumen.«

666 *Frau Ohl* – Fritz Peters Schwiegermutter.

666 *Fräulein Anna* – Anna Peters.

666 *Altrocken* – Minna Altrock.

666 *Winterquartieren* – Reuter war – mit einem Zwischenaufenthalt zu Weihnachten 1868 zu Siedenbollentin – nach der Kur in der Kaltwasserheilanstalt Stuer über Stavenhagen und Neubrandenburg am 7. 2. 1869 nach Siedenbollentin gereist, wo er mit seiner Frau etwa zwei Wochen verweilte, um dann Fritz Peters' Tochter Elise Loeper auf dem Gute Menzlin einen mehrwöchigen Besuch abzustatten.

666 *Möller* – Gärtner bei Fritz Reuter in Eisenach.

666 *Deinen Fritz* – Fritz Peters junior.

667 *Hans* – Hans Peters.

667 *der Schlag* – Der Vater Richard Schröders, Reuters alter Freund aus Treptow a. d. Tollense, Justizrat Ludwig Schröder, war am 11. 6. 1869 gestorben.

667 *»In doloribus pinxi«* – (lat.) Unter Qualen gemalt.

667 *Friedrich Wilhelm* – Friedrich Wilhelm I., König von Preußen.

667 *»in doloribus scripsi«* – (lat.) Unter Qualen geschrieben.

667 *hellschen Erasmus* – Gemeint ist: höllischen Rheumatismus.

667 *hoges Fest* – fünfzigjähriges Amtsjubiläum.

668 *Fläutduß* – (frz.) flûte douce, Flöte.

668 *collega infima Bruns* – (lat.) Der unterste Kollege (Hilfslehrer) Bruns.

668 *Rekter Wegener* – Peter Karl Bogislav Wegner.

668 *Mortui sunt* – (lat.) sind Tote.

668 *confrater* – (lat.) Amtsbruder.

668 *Paster Sackmann* – Jobst Sackmann.

668 *der größte Dichter* – Gerhard Friedrich Kegebein.

668 *»ultra posse nemo obligatur«* – (lat.) Über sein Können hinaus ist niemand verpflichtet.

669 *gute Freund* – Justizrat Ludwig Schröder zu Treptow a. d. Tollense.

669 *Meyen* – Gemeint ist vermutlich Wilhelm Alexander Friedrich Ludwig Carl von Meyenn.

669 *Johannisfeuer* – Am Johannistag (24. Juni) war die Hauptfeierlichkeit ein Freudenfeuer, welches am Abend zum Himmel emporloderte.

669 *Bruder Wilhelm aus Schwerin nebst Frau* – Wilhelm Kuntze und Bertha Kuntze, geb. Wilbrandt, Schwester Adolf Wilbrandts.

670 *»Joli Reuter«* – der Hund Reuters.

671 *Prutz* – *»Der Musikantenturm«*, Roman in drei Bänden (1855) von Robert Prutz.

671 *den Inhalt* – Afinger hatte die Absicht, Reuter zu modellieren.

671 *»Willa Wallhall-Weiha Laweih Wagner«* – spöttisch für Richard Wagner.

671 *Kaufmann von Venedig* – Shakespeares Drama, vorgetragen von dem Rezitator Emil Palleske.

672 *Deines braven Vaters* – Justizrat Ludwig Schröder zu Treptow a. d. Tollense.

672 *Tante Ottilie* – Ottilie Hasselbach.

672 *Wienke* – Rudolf Wiencke.

673 *Ihre Depesche* – Geburtstagsgratulation zum 7. November.

673 *die wohlgelungenen Fabrikate* – Reuters bezogen in den letzten Jahren regelmäßig Fleisch- und Räucherwaren aus Siedenbollentin, weil diese ihnen besonders zusagten.

673 *Fleischtöpfe Ägyptens* – 2. Mose 16, 3. »Wollte Gott, wir wären in Ägypten gestorben durch des Herrn Hand, da wir bei den Fleischtöpfen saßen und hatten die Fülle Brot zu essen.«

673 *König David* – Nach 2. Samuel 6 holt König David die Bundeslade, die jüdischen Gesetzestafeln, nach Jerusalem. »Und David tanzte mit aller Macht vor dem Herrn her und war begürtet mit einem leinenen Leibrock.«

673 *in der Vollkommenheit und Völligkeit* – Luise Reuter, war in den Treptower und Neubrandenburger Jahren sehr schlank. In der Eisenacher Zeit wurde sie immer »rundlicher«, wie Fritz Peters schreibt.

674 *Richard* – Richard Schröder.

677 *Copernikus* – Friedrich Wilhelm Vogler.

679 *Börde* – Magdeburger Börde.

679 *non satis dignum oder inaptum* – (lat.) nicht würdig genug oder ungeeignet.

679 *die Sachen von Melchior Meyr* – Werke des volkstümlich-bäuerlichen Schriftstellers; »Erzählungen aus dem Ries«, 1856; »Neue Erzählungen aus dem Ries«, 1860.

679 *von Buchwald* – vermutlich Kirchengesangbuch von Georg Buchwald.

679 *Corvinus* – Jakob Corvinus (Pseudonym von Wilhelm Raabe): »Drei Federn«, 1865.

680 *Becker* – August Becker: »Hedwig«, 2 Bände, 1868.

680 *Liebig* – Werke von Justus Freiherr v. Liebig.

680 *Schmidtschen Literaturgeschichte* – Vgl. Anm. zu S. 378.

682 *Anna* – Anna Gesellius, unverheiratete Tochter von Heinrich Gesellius.

682 *Laurette* – Laurette Gesellius, unverheiratete Schwester von Heinrich Gesellius.

683 *Adalbert Viktor Svoboda* – der Entdecker Roseggers.

683 *»Über Land und Meer«* – mit dem Untertitel »Deutsche Illustrierte Zeitung«, erschien in Stuttgart.

683 *jungen Reisenden* – Peter Rosegger bereiste 1870 Deutschland, Holland und die Schweiz.

683 *Liebeswerk* – »Lieder zu Schutz und Trutz. Gaben deutscher Dichter aus der Zeit des Krieges im Jahre 1870. Gesammelt und herausgegeben von Franz Lipperheide. Dritte Sammlung. Oktober bis Dezember 1870«.

683 *Der einfache Liederzyklus* – Gemeint ist »Ok 'ne lütte Gaw' för Dütschland«.

684 *des gewaltigen Krieges* – Deutsch-Französischer Krieg 1870/1871.

684 *Hiobsposten* – Gemeint sind Hiobsbotschaften. Hiob, vom Unglück verfolgte Gestalt des Alten Testaments.

684 *Unteroffizier Altrock* – Reuter vermutet hier wahrscheinlich Zusammenhänge mit der Siedenbollentiner Wirtschafterin Minna Altrock.

685 *von mir verfaßten Gedicht* – »ok 'ne lütte Gaw' för Dütschland«.

685 *Biwaks* – Lager im Freien (vor der Festung Metz).

685 *Rassenbande* – Reuter meint ein Gemisch verschiedener Rassen.

685 *Zuaven* – Angehörige von Kabylenstämmen in Algerien. Nach der französischen Besitznahme von Algerien wurde die Errichtung von Zuaven-Bataillonen angeordnet. Später befanden sich in den Zuavenregimentern nur noch Franzosen.

685 *Turkos* – Von der französischen Regierung in Algerien aufgestellte Regimenter algerischer Schützen (Tiralleurs algériens).

685 *Mobilgarden* – Gemeint ist die mobile Nationalgarde Frankreichs, die alle Wehrfähigen vom 20. bis 40. Lebensjahr umfaßte, die vom Dienst im Heer und der Reserve befreit waren.

685 *Franktirörs* – Francs-Tireurs; während des Krieges 1870/71 die französischen Freikorps.

686 *meines Gedichts* – »Ok 'ne lütte Gaw' för Dütschland«.

686 *jungen Freund* – Max Peters.

686 *meiner Gabe* – des Gedichtes »Ok 'ne lütte Gaw' för Dütschland«.

687 *soviel Zeit und Mühe* – die Lipperheide der Sammlung und Herausgabe der »Lieder zu Schutz und Trutz« gewidmet hat.

687 *speziellen Vaterlande* – Mecklenburg.

687 *des achten Heftes* – der »Lieder zu Schutz und Trutz«.

687 *(Shakespeare)* – »Denn der Regen, der regnet jeglichen Tag.« »Was ihr wollt«, V.

687 *Einlage* – Brief Reuters an Max Peters vom 2. 11. 1870.

687 *drei Exemplare meines Gedichts* – Sonderdrucke von »Ok 'ne lütte Gaw' för Dütschland«.

687 *Superintendenten Schumacher* – Eduard Schumacher.

688 *mit dem verdammten Metz fertig seid* – Die französische Festung

Metz hatte am 27. 10. 1870 kapituliert und wurde am 29. 10. von dem deutschen 7. Armeekorps besetzt.

688 *von dem Obersten des 77. Regiments* – Emil von Conrady.

688 *Gravelotte* – Schlacht von Gravelotte – St. Privat, westlich von Metz, 18. 8. 1870.

689 *Obersten v. C.* – Emil v. Conrady.

690 *unsern König* – Wilhelm I., König von Preußen, seit 1871 deutscher Kaiser.

690 *der Kriegsminister* – Albrecht Graf von Roon.

690 *Kosten für die Gänserei* – Gegen Bezahlung bezog Reuter in den letzten Jahren seines Lebens regelmäßig Fleisch-, Wurst- und Räucherwaren aus Siedenbollentin.

691 *Langres* – Französische Festung an der Marne. Am 16. 12. 1870 wurden die Franzosen bei Langres und Longeau von den Deutschen zurückgeworfen.

691 *Dijon* – Am 21. und 23. 1. 1871 fanden in der Gegend von Dijon Gefechte zwischen den Garibaldianern und Abteilungen des 2. deutschen Armeekorps statt. Garibaldi mußte am 31. 1. 1871 die Stadt Dijon räumen.

691 *Garibaldi* – Giuseppe Garibaldi kämpfte 1870–71 für die französische Republik.

691 *Bordeaux* – Sitz der republikanischen französischen Regierung seit dem 10. 12. 1870.

692 *zum Reichstag* – Wahl zum Deutschen Reichstag 1871–1873.

692 *Freibold* – vermutlich Bursche des damaligen Obersten Emil v. Conrady.

692 *opusculum* – (lat.) Schriftchen, Werkchen. Vgl. Brief vom 7. Oktober 1871.

693 *einen Brief mit Anlage* – Albert Reuter-Gleiwitz hatte Fritz Reuter um Unterstützung für die Fortbildung seines Sohnes Paul gebeten.

693 *der Kronprinz* – Friedrich III. Wilhelm Nikolaus Karl, 1888 König von Preußen und deutscher Kaiser.

693 *Kriegsminister* – Albrecht Graf von Roon, von 1859 bis 1873 preußischer Kriegsminister.

694 *punctum saliens* – (lat.) springender Punkt.

695 *exempla docent* – (lat.) Beispiele lehren.

695 *Demagogenhetzen* – Die Verfolgung der Demokraten des Vormärz durch die Reaktion.

696 *der abscheulichen Krankheit* – Typhus.

696 *Hagemann* – Dietrich Vollrath Hagemann.

696 *Ritter p. p. geworden wäre* – Hagemann hatte den Kronenorden IV. Klasse erhalten.

696 *alter Reinhard* – Ludwig Reinhard.

696 *Bischof zu Bamberg* – eine Satire Ludwig Reinhards.

696 *Deinem Fleiß* – Pastor Franz Boll arbeitete an der »Chronik der Vorderstadt Neubrandenburg«, die nach seinem Tode von seinem Sohn herausgegeben wurde.

698 *et hoc genus omne* – (lat.) und alles dieser Gattung.

698 *»Schit un Flit«* – Mist (zum Düngen) und Fleiß.

698 *halben Versprechens* – In einem Brief vom 26. 2. 1871 hatte Reuter geschrieben: »ich werde Ihren so sehr freundlichen Brief noch besonders beantworten und Ihnen dann vielleicht noch etwas Neues für die vorgeschlagene Weihnachtsausgabe – nicht für ‚Schutz und Trutz' (gemeint sind die ‚Lieder zu Schutz und Trutz') – zusenden«. Vgl. auch den Brief vom 18. 3. 1871.

699 *Landsleuten im fernen Osten* – Der ungarische König Geza II. rief um 1160 deutsche Ansiedler aus der mittleren Rheingegend nach Siebenbürgern (Transsylvanien), die sogenannten Siebenbürger Sachsen.

699 *tandem denique victrix* – (lat.) endlich und schließlich siegreich.

699 *der österreichischen Monarchie* – Siebenbürgen gehörte seit 1867 zu Ungarn und damit zur österreich-ungarischen Monarchie.

700 *schöne Gabe* – vermutlich die in 72 000 Exemplaren erschienene Volksausgabe von »Liedern zu Schutz und Trutz. Gaben deutscher Dichter aus der Zeit des Krieges im Jahre 1870 und 1871«.

701 *Einzahlung* – Schröder hatte von Reuter Geld geliehen.

701 *der Herr v. M.* – vermutlich Wilhelm Alexander Friedrich Ludwig Carl v. Meyenn.

701 *Wienke* – Rudolf Wiencke.

701 *Rodb.* – vermutlich ein Angehöriger der Familie Rodbertus.

701 *Herr von Dewitz-Miltzow* – Ulrich Otto v. Dewitz.

702 *Trauer um ihren alten, liebenswürdigen Vater* – Professor Eduard Böcking war am 3. 5. 1870 in Bonn gestorben.

703 *An . . . Risch* – von Weltzien falsch unter 1871 eingeordnet. Während der Abschlußarbeiten an diesem Band konnte das richtige Datum festgestellt werden, ohne daß allerdings eine Umstellung des Textes noch möglich gewesen wäre.

703 *föftig Johr* – Vor fünfzig Jahren erwarb F. C. A. Risch das Bürgerrecht von Stavenhagen.

703 *Ihren Brief und die schöne Gänseleberpastete* – Der damalige Hauptmann der Artillerie Erdmann hatte Reuter aus Straßburg eine Gänseleberpastete geschickt und ihm geschrieben, daß er und seine Kameraden mit viel Freude im Felde die »Stromtid« gelesen hätten.

704 *Kronprinz des Deutschen Reiches* – Vgl. Anm. zu S. 693.

704 *ein junger Alexander* – Anspielung auf Alexander den Großen. – Reuter setzte große Hoffnungen auf den späteren Kaiser Friedrich III., den er als einen Liberalen ansah.

706 *heilige Pancratius* – christlicher Heiliger; sein Tag ist der 12. Mai, einer der drei Eisheiligen.

706 *Clematis Jachmanni* – (lat.) besondere Art der Waldrebe.

706 *rückwärtsschreitendes Geschenk* – Krebse.

707 *Geh. Kriegsrat Bornemann* – Carl Bornemann.

707 *des alten plattdeutschen Dichters Bornemann* – Johann Jakob Wilhelm Bornemann.

707 *mein Vetter* – August Friedrich Heinrich Reuter.

707 *von der Schule* – Gymnasium zu Friedland.

708 *Ihre freundliche Gabe* – Robert Rößler, »Aus Krieg und Frieden« (Schlesische Gedichte), 1867.

708 *auf der Durchreise* – nach oder von der Festung Silberberg.

709 *Gedichte von Holtei* – »Schlesische Gedichte«, 1830.

709 *verehrte Zuschrift* – Mitteilung über die Verleihung des bayerischen Maximilian-Ordens für Kunst und Wissenschaft.

710 *seine Agrikulturchemie* – Justus Freiherr v. Liebigs Buch »Die organische Chemie in ihrer Anwendung auf Agrikultur und Physiologie«, Braunschweig 1840.

711 *»Krewt-Hölkern«* – Krebsegreifen, Krebsfang.

711 *‚Kaekenpott'* – volkstümliche Bezeichnung eines Teils der Jabeler Forst, vermutlich der Tannen beim Lobahn-See.

712 *»Mehmet Ali« ... »Adb el Kader«* – Spitznamen von Schlanges jüngstem Sohn Christian.

712 *Lese- und Redehalle* – Pflegestätte kultureller (oft auch chauvinistischer) Bestrebungen der Prager Deutschen.

713 *»Wie eine Rose aussieht...«* – entstelltes Zitat aus Anastasius Grüns Gedichtsammlung »Schutt«, Leipzig 1847. (Aus dem Zyklus »Der Turm am Strande«, Nr. 9.)

713 *Ekkehard* – Joseph Viktor v. Scheffels Roman »Ekkehard«, 1862.

713 *Gaudeamus* – betitelt sich das Buch »Lieder aus dem Engern und Weitern« von Joseph Viktor v. Scheffel, 1867.

713 *eine Gedichtprobe* – vermutlich »Großmutting, hei is dod!« Erster Druck in: Lieder zu Schutz und Trutz. Gesammelt und herausgegeben von Franz Lipperheide. Vierte Sammlung. Februar bis Juli 1871. Berlin: F. Lipperheide, 1871.

714 *freundliches Geschenk* – Johann Meyers »Gröndunnersdag bi Eckernför« (episch-lyrische Dichtung in dithmarscher Mundart), 1873.

714 *ein spezieller Landsmann* – Klaus Groth.

714 *der Verfasser des obigen Gedichts* – Das Lied »Min Vaderland« hatte Groth schon zuvor aus dem »Quickborn« entfernt.

715 *si licet parvis componere magna* – (lat.) wenn es erlaubt ist, Kleines mit Großem zu vergleichen.

715 *Frithjofs-Sage* – Tegnérs Epos »Fridthjofssaga« (1825) galt als die Nationaldichtung der Schweden.

715 *Deinen Wunsch* – nach Durchsicht und Bearbeitung der plattdeutschen Gedichte von Alwine Wuthenow.

715 *»Blomen«* – »En por Blomen ut Annmariek Schulten ehren Goren von A. W. Herausgegeben von Fritz Reuter«. – Die dritte Auflage erschien in Greifswald bei Julius Bindewald 1874.

716 *Ihr Buch* – Felix Ebertys »Geschichte des preußischen Staats«. 7 Bände; Schlußband 1873.

716 *Schlosser, Häusser, Gervinus* – bekannte Geschichtsforscher im 18. und 19. Jahrhundert. Vgl. Namenverzeichnis.

716 *die pragmatische Geschichte* – pragmatische Geschichtsschreibung; in der bürgerlichen Historiographie Richtung, die sich bemüht, jenseits der Tatsachen auch die Ursachen geschichtlicher Vorgänge zu bestimmen.

716 *des jüngsten Kindes Ihrer plattdeutschen Muse* – »Fritz Reuters Geburtstag. Dramatisches Festdagsgedicht expree vör den Fritz-Reuter-Verein tau New York«, New York 1873.

717 *Mortjahr* – Todesjahr.

718 *Verlobung Deiner Tochter Luise* – Pastor Franz Bolls jüngste Tochter hatte sich mit dem damaligen Neubrandenburger Lehrer, späteren Pastor Wilhelm Anton August Radloff verlobt.

717 *Deines Franz schnelle Karriere* – Pastor Franz Bolls Sohn Dr. med. Franz Christian Boll war am 1. 1. 1874 zum a. o. Professor an der Universität zu Rom ernannt worden.

Namenverzeichnis

Das Namenverzeichnis soll in möglichst knapper Form Hinweise auf die in den Briefen erwähnten Personen geben, soweit möglich auch dann, wenn Reuter auf sie nur andeutungsweise zu sprechen kommt. Bei bekannten Namen, vornehmlich solchen, über die herkömmliche Nachschlagewerke oder die Biographie (Bd. 9) Auskunft geben, wurde auf längere Erklärungen verzichtet.
Da die (oft falsche) Namenschreibung im Text der Briefe unangetastet blieb, wurde innerhalb der Erläuterungen bzw. des Namenverzeichnisses die irrtümliche Schreibung aufgeführt und mit einem Verweis auf die richtige Schreibung versehen.
Die Ziffern am Ende der Personalangabe vermerken diejenigen Seiten, auf denen die Person erwähnt wird, kursiv gesetzte Ziffern bezeichnen Briefempfänger.

Abd el-Kader, 1807–1883. 311, 712

Adam, geb. Balthasar, Juliane Johanne Auguste *Mathilde*, seit 1849 zweite Ehefrau des Dr. med. Wilhelm Adam, Treptow (Toll.). Kusine von Alwine Wuthenow. 294, 296, 297, 301, 319

Adam, *Wilhelm* Ernst Friedrich, 7. 5. 1812 Treptow (Toll.) bis

25. 6. 1853 ebd., Dr. med., prakt. Arzt zu Treptow (Toll.), Hausarzt der Familie Fritz Peters in Thalberg. 252, 253, 260, 262

Afinger, Bernhard, 6. 5. 1813 Nürnberg – 25. 12. 1882 Berlin, Bildhauer, 1874 Professor, Mitglied der Akademie der Künste zu Berlin. Schuf Reuters Büste. *671, 693,* 694

Ahlers, Adolf, Bernhard Gustav, 2. 10. 1814 Neubrandenburg bis 9. 1. 1864 ebd., Ratskellermeister zu Neubrandenburg. Freund Reuters. 328, 472, 473

Ahrendt, Johann Friedrich, 25. 7. 1805 Neubrandenburg – 2. 12. 1863 ebd., 1830–1852 Pastor zu Tornow, 1852 Pastor an St. Marien zu Neubrandenburg. Freund der Gebrüder Boll. 443, 473

Ahrendt, Bernhard, Friedrich Theodor, geb. 23. 5. 1821 Neubrandenburg, Buchdruckereibesitzer zu Neubrandenburg, meckl.-strel. Hofbuchdrucker, 1853 Drucker der »Läuschen un Rimels«. *288, 292*

Altrock, 1870/71 Unteroffizier. 684

Altrock, Minna, Köchin bei der Familie Peters zu Thalberg, dann zu Siedenbollentin. 666

Altvater, Stephan Johann Friedrich *Ferdinand,* geb. 11. 9. 1801 Bützow, Senator, Kirchenprovisor und Ökonomus zu Sternberg, Neffe des Ratsherrn Herse zu Stavenhagen. 565

Amtsberg, 1838 preuß. Major zu Thorn. 156

Andreae, August Wilhelm, 27. 5. 1794 Neuhaldensleben – 7. 3. 1867 ebd., Dr. med., 1831 Regierungs-Medizinalrat und Direktor der Medizinisch-Chirurgischen Lehranstalt zu Magdeburg. 131

Anschütz, August, 9. 1. 1826 Suhl (Thür.) – 2. 8. 1874 Bad Soden (Taunus), 1855 Professor der Rechte an der Universität Bonn, 1859 zu Greifswald, seit 1862 zu Halle. 445, 450

Arndt, Ernst Moritz, 1769–1860. *330,* 661

Arnim, Elisabeth (Bettina) von, geb. Brentano, 1785–1859. 438, 441 450, 633

Arnold, Karl Julius, 5. 7. 1805 Bremen – 11. 10. 1888 ebd., Dr. phil., Lehrer und Schriftsteller zu Bremen. *655*

Aristophanes, um 445 – um 386 v. d. Z. 418

Arnswaldt, Friedrich Heinrich Ernst *Hermann* von, 29. 8. 1813 Eisenach, Kommandant der Wartburg seit 1877. 596

Auerbach, Berthold, 1812–1882. 318, 451, 550

Ausfeldt, Carl, 14. 8. 1814 Schnepfenthal – 20. 1. 1900 Siebleben bei Gotha, Reichstagsabgeordneter. 622

Babst, Dietrich Georg, 24. 7. 1741 Schwerin – 21. 4. 1800 Rostock, Sekretär des Bürgerkollegiums in Rostock. Plattdeutscher Dichter. 661

Bade, August Friedrich Joachim Christian Helmuth, 25. 3. 1834 Vogtshagen bei Rostock – 4. 6. 1903 Kleeth, meckl. Ökonomierat, Gutspächter auf Kleeth, seit 3. 7. 1868 Ehemann von Reuters Lieblingsnichte *Eleonore* Charlotte Auguste Reuter, 31. 12. 1846 Stavenhagen bis 27. 6. 1917 Neubrandenburg. 470

Bärecke, Johann Friedrich, 14. 6. 1790 Hordorf bei Magdeburg bis 12. 10. 1865 Eisenach, Hofbuchhändler zu Eisenach, und Sohn Bärecke, Heinrich Wilhelm *Reinhold,* 1. 5. 1818 Eisenach – 22. 2. 1870 ebd. Hofbuchhändler in Eisenach. 476

Bahlcke (nicht: Balk), Otto *August* Friedrich Eduard, 5. 8. 1836 Lindow (Strel.) – 27. 12. 1894 Feldberg, Dr. med., prakt. Arzt zu Stargard 1862–1870, zu Feldberg 1871–1894. 503

Bahr, Ernst Johann Friedrich, 4. 5. 1817 Stargard – 2. 1. 1886 Woldegk, Pastor zu Woldegk 1851–1886. 565

Bahr, August Ludwig Bernhard *Hermann,* meckl. Rat, Bürgermeister der Stadt Fürstenberg. 565

Bahr, Wilhelm, Maler und Fotograf zu Neubrandenburg, Spitzname: Malabar (= Maler Bahr). 472, 481

Balk, s. Bahlcke

Bank, Johann Friedrich Adolf (August), 28. 12. 1801 Stavenhagen bis 13. 10. 1856 ebd., Schuhmachermeister in Stavenhagen. 240

Bardey, Gustav, 7. 4. 1826 Muchow bei Grabow – 20. 4. 1905 Bad Stuer, Besitzer der Wasserheilanstalt in Bad Stuer am Plauer See seit 1862. 659

Bargum, Edmund Conrad, 1864–1867 Zivilingenieur zu Neubrandenburg. 472

Barnewitz, Gottlieb Adolf August, 4. 11. 1809 Neustrelitz – 1. 3. 1881 ebd., Hof- und Verlagsbuchhändler in Neustrelitz. 288

Bartels, Clemens August, 1786 Sievershausen (Hannover) – 4. 4. 1867 Jena, Besitzer der Ratsapotheke in Jena, 1832 Zimmerwirt Reuters. 46

Barth (nicht: Bard), in den 1830er Jahren Lohgerbereibesitzer zu Striegau in Schlesien. 708

Bartholdi, Bertha, 1865 im Hause des Justizrats Ludwig Schröder zu Treptow (Toll.). 524

Bayern, Ludwig I., König von, 1786–1868, reg. 1825–1848. 647

Becker, August, 27. 4. 1828 Klingenmünster (Pfalz) – 23. 3. 1891 Eisenach, pfälzischer Heimatdichter, 1859 Schriftleiter der »Isarzeitung« zu München, lebte dann in Eisenach. 680

Beckmann, Richard, 24. 7. 1828 Schloen bei Waren – 26. 11. 1879 Lübz, Dr. med., prakt. Arzt in Lübz 1852–1879, Amtsarzt, städt. Armenarzt, Enkel mütterlicherseits des Ratsherrn Johann Ludwig Susemihl zu Stavenhagen. 565

Beecher-Stowe, Harriet Elizabeth, 1811–1896. 318

Behm, August Christian Georg Theodor, 4. 11. 1815 Malchin bis 27. 6. 1901 Schwerin, meckl. Kirchenrat, 1845 Pastor zu Thelkow bei Tessin, 1857–1896 zu Lanken bei Parchim. Durch seine Mutter, Dorothea Elisabeth Behm, geb. Engel, 1793–1831, Neffe von Reuters Tante Sophie Reuter, geb. Engel, in Jabel. 70, 72, 519

Behm, Carl, Stiefsohn des Parchimer Gymnasialdirektors Johannes Zehlicke aus dessen erster Ehe, Abitur Parchim 1831, 1864 Schiffskapitän zu Charlestown (USA). 42, 44, 519(?)

Behm, Carl Ludwig Friedrich, 2. 5. 1819 Rostock – 23. 11. 1866 Rostock, seit 1838 Inhaber der Buchdruckerei »Adlers Erben« zu Rostock. 528

Behm, Friedrich Christian Georg *Carl,* 12. 8. 1825 Malchin – 6. 12. 1874 Vietlübbe bei Güstrow, 1853 Konrektor zu Boizenburg, 1855 Rektor zu Grabow, 1856–1869 Pastor zu Melz bei Röbel, 1869–1874 zu Vietlübbe. Bruder von August Behm. 519(?)

Behm, Christian *Ernst* Friedrich, 4. 7. 1785 Malchow – 1. 10. 1857 Malchin, Rektor der Stadtschule zu Malchin. Schwager von Reuters Onkel, Pastor Ernst Friedrich Reuter in Jabel. Vater des Obigen. 72

Behn-Eschenburg, Johann Christian *Hermann,* 4. 2. 1814 Stralsund bis 23. 1. 1873 Fluntern (Schweiz), Jenenser Germane, aus der Festung Graudenz entlassen 1837, Professor an der Kantonschule zu Zürich. 643

Below, Rudolf von, Rittergutsbesitzersohn aus Jargelin bei Anklam, Neffe des Justizrats Schröder zu Treptow (Toll.). 444

Benary, Ernst, 10. 11. 1819 Kassel – 19. 2. 1893 Erfurt, Besitzer einer 1843 von ihm gegründeten Gärtnerei mit Samenzucht und Samenhandlung zu Erfurt. Freund von Ferdinand Jühlke. 639

Benduhn, Carl Friedrich Helmuth, 4. 10. 1826 Malchin – 9. 4. 1877 ebd., Zimmermeister und Senator zu Malchin. 392

Bennigsen, Karl Wilhelm *Rudolf* von, 10. 7. 1824 Lüneburg bis 7. 8. 1902 Bennigsen, Kreis Springe (Hannover), liberaler Politiker, 1859 Vorsitzender des Deutschen Nationalvereins, 1867–1883 und 1887/88 Vorsitzender der Nationalliberalen Partei, 1888–1898 Oberpräsident der Provinz Hannover. 518, 520

Berg, von, 1837 Sekondleutnant, Platzmajor auf der Festung Silberberg. 100, 101, 152, 158

Berlichingen, Götz, Freiherr von, 7. 1. 1811 Jagsthausen (Württ.) bis 6. 11. 1874 ebd., Fideikommißherr auf Jagsthausen und Leutersthal usw. 228

Bertram, Jakob, lebte 1867 zu Wiesbaden. 615

Besserdich, Catharina *Sophie,* 28. 6. 1795 Sülten bei Stavenhagen bis 19. 11. 1869 Gülzow bei Stavenhagen, Dienstmädchen im Hause des Bürgermeisters Reuter zu Stavenhagen etwa 1818–1820. 482

Beyer, Gustav Friedrich von, 26. 2. 1812 Berlin – 7. 12. 1889 Leipzig, preuß. General der Infanterie, 1868–1871 badischer Kriegsminister, 1871–1880 Gouverneur von Koblenz und Ehrenbreitstein. 559, 563

Bilguer, Alwil Albert *August* Karl von, 21. 5. 1812 Rostock – 29. 7. 1894 Schwerin, meckl. Major, zuletzt General-Leutnant und Chef des Militär-Departements, 1881 General der Infanterie. 299

Bismarck, Otto Eduard Leopold, Fürst von, 1815–1898. 467, 554, 556, 572, 583, *584,* 587, 589, 592, 603, 617, 707

Blanck, Eduard Friedrich Wilhelm Ernst, 31. 8. 1825 Demzin bis 20. 6. 1881 Neubrandenburg, Kaufmann und Inhaber der Firma »Siemerling und Stürke« zu Neubrandenburg. 656

Blanckenberg, Friedrich Christian, meckl. Gerichtsrat, 1839/40 Garnisons-Auditeur und Inspektor des Zucht- und Werkhauses auf der Festung Dömitz. 172, 173, 174, 194

Block, Verfasser landwirtschaftswissenschaftlicher Werke. 356

Blom, Rudolf von, aus Suhl (Thür.). 438

Blücher, Friedrich Helmuth Carl Anton, 3. 7. 1809 Bobbin bis 31. 8. 1870, Rittergutsbesitzer auf Bobbin, Quitzenow, Lüdershagen und Jürgenstorf. 459

Bock, gest. 31. 1. 1838 Magdeburg, preuß. Major, Zweiter Kommandant der Festung Magdeburg. 112, 125, 126

Böcking, Anna, Tochter von Eduard B. 702

Böcking, Eduard, 20. 5. 1802 Trarbach (Mosel) – 3. 5. 1870 Bonn, Dr. jur., Geh. Rat, Professor der Rechte an der Universität zu Bonn. *553,* 556, *582, 606,* 682

Bönniger (nicht Böninger usw.), Ernst *Gustav,* geb. in Duisburg, gest. 1848 in Baltimore (USA), stud. jur. Bonn 1829–1831, Burschenschafter, 1836–1838 (Flucht) auf der Festung Silberberg. 499

Bohl, 1866 Weinhändler zu Salzungen. 597

Bohl, Carl August, 20. 2. 1811 Stralsund – 4. 6. 1870 Rostock-Gehlsheim, stud. jur. Greifswald, Burschenschafter 1832–1833, auf der Festung Silberberg 1834–1840, seit 1853 Bürger und Schulvorsteher zu Stralsund (Nachfolger Scheibners). 91, 449, 499

Bohnstedt, Ludwig, 27. 10. 1822 St. Petersburg – 4. 1. 1885 Gotha, Professor, Architekt zu Gotha. Entwarf die Pläne zu Reuters Villa in Eisenach. 579, 582, 585, 603, 609

Bolbrügge (nicht: Bollbrügge), Christian Friedrich, 22. 7. 1758 Klein-Niendorf bei Parchim – 13. 7. 1818 ebd., meckl. Ökonomierat, Gutsbesitzer auf Klein-Niendorf. 202

Boll, Anna Maria, 9. 1. 1852 Neubrandenburg – 17. 5. 1887 Teterow, Tochter von *Franz* Christian B., unvermählt. 444, 640, 696

Boll, Auguste Johanna Wilhelmine, geb. Krull, 11. 10. 1821 Neubrandenburg – 12. 4. 1886 ebd., seit 7. 5. 1841 Ehefrau von *Franz* Christian B. Schwägerin von Dr. Ludwig Brückner. 434, 453, 503, 519, 570, 596

Boll, Ernst Friedrich August, 21. 9. 1817 Neubrandenburg bis 20. Januar 1868 ebd., Privatgelehrter zu Neubrandenburg, Historiker liberaler Prägung, Naturforscher und Geograph, 16. 10. 1863 Dr. phil. h. c. der Universität Greifswald. Bruder von *Franz* Christian B., Freund Reuters. 303, *310,* 358, 376, 379, 433, 434, 435, *444, 452, 473,* 474, 481, *483, 501,* 521, 561, *569,* 571, 577, *592,* 598, *600,* 640, 643, 644, 669, 682

Boll, Franz Christian, 17. 10. 1805 Neubrandenburg – 20. 3. 1875 ebd., Pastor an St. Johannis zu Neubrandenburg 1836–1875, Präpositus 1866, meckl. Geschichtsschreiber. Bruder von *Ernst* Friedrich August B., Freund Reuters. 312, 313, 358, 376, 377, *378,* 380, 382, *433,* 443, *444,* 453, *473,* 481, *483, 501, 519,* 561, 565, 571, *592,* 596, *600, 640, 643,* 645, 656, *695,* 701, 718

Boll, Franz Christian, 26. 2. 1849 Neubrandenburg – 19. 12. 1879 Rom, Sohn von Franz Christian B., Dr. med., Entdecker des Seepurpurs, 1874 a. o. Professor an der Universität Rom. 379, 434, 445, 475, 503, 571, 596, 695, 718

Boll, »die Kinder« von *Franz* Christian B. und Auguste, geb. Krull: *Friederike* Ernestine, s. Scheven, *Franz* Christian s. d., *Anna* Maria, s. d., *Luise* Emilie, s. Radloff. 434, 453

Bollbrügge, s. Bolbrügge.

Booth, James, 1851 Baumschulenbesitzer zu Klein-Flottbek bei Hamburg. 267

Bornemann, Carl, preuß. Geh. Kriegsrat, lebte 1891 in Wiesbaden, Sohn von Wilhelm B. *660,* 707, 708

Bornemann, Johann Jakob *Wilhelm,* 2. 2. 1766 Gardelegen – 23. Mai 1851 Berlin, preuß. Generallotteriedirektor zu Berlin, plattdeutscher Dichter. Vater von Carl B. 660, 661, 707

Bossart, Carl Ludwig, 30. 8. 1789 Luckenwalde – 2. 11. 1838 Weitin, Dr. phil. 1823, Kantor zu Parchim 1813–1821, 1821 Gehülfslehrer, 1825 Prorektor, 1826–1832 Konrektor am Gymnasium zu Friedland, 1832–1838 Pastor zu Weitin bei Neubrandenburg. 7, 11

Brandenstein, August Georg, Freiherr von, 27. 5. 1755 Wolfenbüttel bis 12. 4. 1836 Schwerin, meckl.-schwerinscher Ministerpräsident, Vorgänger v. Plessens. 89

Brandis, Carl Gotthold *Johannes,* 14. 12. 1830 – 8. 7. 1873, Dr. phil., Altertumsforscher, Privatdozent zu Bonn, 1857 Kabinettssekretär der Königin Augusta von Preußen, späteren Deutschen Kaiserin (1871). 546, 549, 551

Brasch, Jakob, geb. 16. 8. 1771 Parchim, Dr. jur., Oberappellationsgerichtsprokurator zu Parchim. 29

Braun, August Wilhelm, 1811 Beustrin bei Schivelbein – 5. 1. 1872 Grössin bei Schivelbein, stud. med. Greifswald 1833, Burschenschafter, auf der Festung Silberberg 1834–1840, Rittergutsbesitzer auf Grössin. 499, 652

Braunwald, Bernhard Wilhelm Carl, 18. 7. 1795 Dömitz – 4. 11. 1855 ebd., Apothekenbesitzer zu Dömitz. 193

Breitenstern (nicht: Breitenstein), Gustav Wilhelm von, 1839/40 Notar, meckl. Amtsverwalter und Richter am Elbzollgericht zu Dömitz. 208

Brend'amour, Franz Robert *Richard,* 16. 10. 1831 Aachen – 22. 1. 1915 Düsseldorf, Holzschneider, Inhaber der xylographischen Anstalt R. Brend'amour u. Co. zu Düsseldorf, schnitt die Speckterschen Illustrationen zu Reuters »Hanne Nüte«. 502

Breyer, Albert (Albrecht), 16. 10. 1812 Berlin – 1876 Brüssel, stud. med. Halle 1833, Burschenschafter 1834, Haft in der Stadt – dann Hausvogtei zu Berlin, 1835 auf der Festung Magdeburg, 27. 5. 1837 begnadigt, organisierte die Flucht der Studenten Wagner und Reinhardt aus der Festung Magdeburg am 3. 10. 1837, ging nach Belgien, Dr. med., prakt. Arzt zu Brüssel, 1841 Amnestiegesuch vom preuß. König abgelehnt, »weitbekannter und geschätzter Arzt und namhafter Naturforscher«. 131

Brinckman, John, 1814–1870. 343, 349, 360, 511

Brockhaus, Heinrich, 4. 2. 1804 Amsterdam – 15. 11. 1874 Leipzig, Verlagsbuchhändler (Firma F. A. Brockhaus) und Buchdruckereibesitzer zu Leipzig. 469, 474, 512, 513, 518, 520, 523

Brockmann, 1847 landwirtschaftlicher Volontär bei Fritz Peters zu Thalberg. 262

Bruce, Robert, 1274–1329, 1306 zum König von Schottland gekrönt. 611

Bruchhans, Johann *Matthias,* 1786 Berlin – 6. 8. 1867 Dömitz, Maurermeister, Senator der Stadt Dömitz. 208

Brückner, Friedrich (Fritz) Gustav, 14. 2. 1801 Neubrandenburg bis 7. 1. 1883 ebd., Dr. jur. Geh. Hofrat, Bürgermeister der Vorderstadt Neubrandenburg, 1848 Abgeordneter des Verfassunggebenden Landtags zu Schwerin. Bruder von Dr. med. Ludwig Brückner, Vater von Gustav Brückner und Schwiegervater von Bernhard Reinhold. 448, 453, 521

Brückner, Gustav Ernst, 17. 11. 1835 Neubrandenburg – 6. 10. 1904 ebd., Senator, dann Bürgermeister der Vorderstadt Neubrandenburg, Geh. Hofrat. Sohn von *Friedrich* Gustav B. 350

Brückner, Ida Friederike Caroline Catharina, geb. Beutell, 24. Dezember 1814 Wolde – 22. 6. 1883 Neubrandenburg, seit 30. 12. 1857 zweite Ehefrau des Bürgermeisters *Friedrich* (Fritz) Gustav Brückner. 453

Brückner, Friedrich Wilhelm *Ludwig* (Louis), 22. 2. 1814 Neubrandenburg – 3. 12. 1902 ebd., Dr. med., prakt. Arzt zu Neubrandenburg 1840–1890, Medizinalrat. Reuters Arzt. Bruder von Bürgermeister

Friedrich Gustav Brückner. 443, 445, 447, 448, 453, 475, *483*, 503, 521, 592

Brückner, Charlotte *Luise,* geb. Krull, 1. 5. 1823 Neubrandenburg bis 8. 10. 1886 ebd., seit 5. 5. 1843 Ehefrau des Dr. med. Ludwig Brückner. Schwägerin von Pastor *Franz* Christian Boll. 448

Brückner, Luise Friederike Alexandrine, s. Reinhold.

Brünslow, Carl Wilhelm Heinrich, 3. 11. 1811 Stralsund – 8. 3. 1883 Neubrandenburg, Verlagsbuchhändler zu Neubrandenburg. Schwiegervater von Johannes Schondorf. 378, 379

Bruhns, (nicht: Bruhn), Friedrich Eduard Theodor, 6. 11. 1809 Süsel, Kreis Eutin – 2. 2. 1885 Eutin, Wegeoberinspektor, Oberbaurat zu Eutin. 438

Bruns, aus Brandenburg, 1805–1828 Hilfslehrer am Gymnasium zu Friedland. 668

Buchka, Elisabeth Caroline Marie Sophie von, geb. von Stein, 30. September 1829 Rostock – 6. 5. 1884 Schwerin, seit 27. 10. 1848 Ehefrau von Hermann v. Buchka. 438

Buchka, Gottlieb *Gerhard,* 10. 5. 1788 Altdamm bei Stettin – 6. Februar 1863 Schwanbeck (Strel.), Pastor zu Schwanbeck 1808–1863, 1858 meckl. Kirchenrat. Vater von Hermann v. Buchka. 438, 609

Buchka, Hermann Friedrich Rudolf Ludwig von, 19. 6. 1821 Schwanbeck – 15. 6. 1896 Schwerin, D., Dr. jur., Dr. med. h. c., meckl. Oberappellationsgerichtsrat zu Rostock, Wirkl. Geh. Rat und Justizminister zu Schwerin. Sohn des Kirchenrats Gottlieb *Gerhard* Buchka. 438

Buchka, Luise Henriette Wilhelmine, geb. Hansen, 5. 11. 1797 Güstrow – 20. 2. 1876 Schwanbeck, seit 29. 9. 1815 Ehefrau von Gottlieb *Gerhard* Buchka, Mutter von Hermann v. Buchka. 438

Buchner, Karl Friedrich August, 12. 2. 1800 Darmstadt – 24. 4. 1872 ebd., hess. Hofgerichtsadvokat und Justizrat zu Darmstadt, Schriftsteller und Journalist. *497*

Buchwald, Georg, Herausgeber eines Kirchengesangbuchs. 679

Buck. 615

Buddenbrock, Fr. von. 398

Budkowski, Gustav Daniel von, 5. 6. 1813 Riga – 7. 8. 1884 Albano, Professor, Kunstmaler, malte 1869 Reuter und dessen Frau. 671

Bühring, Christian, 1832–1840 Domänenpächter auf Beckentin bei

Grabow, später Gutspächter auf Wendhof bei Malchow, vermutlich 1851 nach Amerika ausgewandert. 212

Bülle, Ludwig Wilhelm Friedrich, 3. 7. 1806 Malchin – 4. 1. 1875 Friedland, Kaufmann. 565

Bülle, Carl Gustav Friedrich Bernhard, 1864 Gastwirt zu Malchin. 482

Bülow, Mitschüler Reuters in Parchim. 15

Bülow, Eleonore Marianne gen. Anna von, 26. 7. 1827 Dömitz bis 11. 11. 1912 Schwerin, unvermählt, Tochter des Dömitzer Festungskommandanten. 321, 363

Bülow, Anna Henriette Theodore Christine von, geb. von Bülow, 27. 5. 1839 Kuhlen – 2. 5. 1907 Bad Doberan, seit 12. 7. 1867 Ehefrau des *Friedrich* Hans Magnus Leopold von Bülow. 676, 679

Bülow, August Georg Wilhelm Burchard von, 31. 1. 1820 Parchim bis 13. 6. 1921 Laatzen bei Hannover, meckl. Zollverwalter a. D., »Der Junker« von Reuter genannt. Sohn des Dömitzer Festungskommandanten. 319

Bülow, Christian Dietrich Carl von, 5. 11. 1767 Zaschendorf bis 24. 11. 1850 Schwerin, meckl. Oberstleutnant, Kommandant der Festung Dömitz, 1850 a. D. als Oberst. 169, 172, 173, 184, 186, 187, 188, 191, 194, 195, 199, 201, 205, 207, 208, 218, 320

Bülow, Caroline Elisabeth *Dorothea* von, geb. Warnicke, 2. 4. 1786 Ludwigslust – 6. 12. 1850 Schwerin, seit 19. 2. 1819 Parchim zweite Ehefrau des *Christian* Dietrich Carl von Bülow. 186, 321

Bülow, Emma von, geb. 21. 9. 1815 Parchim, unvermählt, Tochter des Dömitzer Festungskommandanten. 319

Bülow-Cummerow, Ernst von, 13. 4. 1775 Prüzen – 26. 4. 1851 Berlin, Rittergutsbesitzer auf Cummerow, Kreis Regenwalde (Pommern), konservativer Publizist. 267

Bülow, Friedrich Hans Magnus Leopold von, 31. 10. 1835 Toddin bis 5. 9. 1922 Bad Doberan, 1869–1874 Bürgermeister der Stadt Stavenhagen, dann meckl. Oberlanddrost zu Bad Doberan. *676,* 677, *679*

Bülow, Frida Marianne von, 10. 12. 1822 Parchim – 15. 10. 1894 Schwerin, unvermählt. Tochter des Dömitzer Festungskommandanten. Reuters Jugendliebe aus der Dömitzer Festungszeit. 321

Bülow, Helmine von, 13. 6. 1811 Schwerin – 10. 10. 1888 ebd., unvermählt. Tochter des Dömitzer Festungskommandanten. 319, 321

Bülow, Luise Charlotte von, 1817–23. 3. 1887 Schwerin, unvermählt. Tochter des Dömitzer Festungskommandanten. 321

Burchard, Pastor, unterhielt um 1829 in Parchim ein Schüler-Pensionat. 17

Büring, s. Bühring.

Burkes, Ludwig, 19. 11. 1816 Bevern a. d. Weser – 1. 9. 1892 Schwerin, seit 1839 Schriftsetzer in der Bärensprungschen Hofbuchdruckerei zu Schwerin. Verfaßte: »Mein Dörfchen«, Gedichte, Schwerin 1867. *400*

Burow, Julie, 24. 2. 1806 Kydullen (Ostpreußen) – 19. 2. 1868 Bromberg (Posen), Schriftstellerin. Seit 1830 verheiratet mit Baumeister Pfannenschmidt zu Bromberg. 446

Busch, Julius Hermann *Moritz,* 13. 2. 1821 Dresden – 16. 11. 1899 Leipzig, Dr. phil., Reiseschriftsteller und Publizist, Freund Bismarcks, Leiter der »Grenzboten« 1859–1864 und 1865–1866, schon seit 1857 an der Leitung der »Grenzboten« unter Gustav Freytag und Julian Schmidt beteiligt. 382

Callsen, Hans Dethloff, 1856 bis 1862 Kreisrichter zu Treptow (Toll.). 398

Casper (nicht: Caspar), Heymann, geb. 22. 10. 1775 Stavenhagen, oder Mosis, geb. 10. 7. 1772 Stavenhagen. Handelsmann zu Stavenhagen. 29

Chrestin, Friedrich Jakob Burchard, 2. 4. 1805 Hagebök bei Wismar bis 12. 1. 1893 Rostock, 1847 Zweiter, 1865 Erster Pastor zu Bützow, 1870 Präpositus, 1878 Kirchenrat. 575

Cicero, Marcus Tullius, 106–43 v. u. Z. 9

Clasen, Carl, 1. 4. 1807 Stavenhagen – 5. 10. 1894 ebd., meckl. Kommissionsrat, Kaufmann und Ratsherr zu Stavenhagen. Jugendfreund Reuters. 68, 72

Clasen, Wilhelm, 24. 4. 1816 Stavenhagen – 8. 9. 1884 ebd., Gastwirt zu Stavenhagen. 482, 508

Classen-Kappelmann, Johann, 26. 12. 1816 Sinzig (Rhein) – 28. Mai 1879 Köln, Kaufmann und Industrieller zu Köln, Stadtverordneter, 1866–1870 Mitglied des Preuß. Abgeordnetenhauses, Demokrat, Mitglied der Fortschrittspartei. 589

Claudius, Matthias, 1740–1815. 312, 479

Collin, Friedrich Wilhelm, 1786 Fürstenberg – 4. 3. 1844 ebd., Gastwirt. 565

Collin, Ernst, 16. 8. 1810 Fürstenberg – 1. 2. 1894 Neustrelitz. Abitur Friedland 1892. Gymnasiallehrer zu Neustrelitz, Professor. 565

Conradi, Lucie *Ernestine* Margarethe, geb. von Weltzien, 6. 9. 1800 Weselin bei Brüel – 21. 6. 1879 Neubrandenburg, Tante von Reuters Frau. Ehefrau seit 28. 6. 1838 des *Christian* Wilhelm August *Conradi* (1793–1882), Pastor zu Ankershagen 1838–1863, Halbbruder von Pastor Kuntze, Reuters Schwiegervater. 481

Conrady, Emil von, geb. 21. 3. 1827 Glogau, 1870/71 Oberst und Kommandeur des 77. Regiments, zuletzt General der Infanterie z. D., Militärschriftsteller. 688, 689, *691*

Copernikus, s. Kopernikus.

Cornelius, Wilhelm Gustav Friedrich Ewald, geb. 27. 5. 1809 Stralsund, verschollen in Amerika. Buchhändler und Redakteur, wegen einer Rede auf dem Hambacher Fest (27. 5. 1832) zu Festungshaft verurteilt, 1839 frei, lebte später als Schriftsteller zu Greifswald und Stralsund, wanderte in den 1860er Jahren nach Amerika aus. Festungskamerad Reuters in Magdeburg und Graudenz, »Don Juan«. 154, 605, 652

Coropach, s. Konopack.

Corvinus, Jakob, s. Raabe, Wilhelm.

Costenoble, Hermann, geb. 20. 3. 1826 Magdeburg, Verlagsbuchhändler zu Jena seit 1863. 629

Cramer, Albert *Carl,* 1. 7. 1815 Laschendorf – 16. 8. 1884 Gnoien, Abitur 1835 Parchim, 1866 Bürgermeister der Stadt Gnoien. 565

Crull, s. Krull

Dalitz, Carl Anton Ludwig Friedrich, geb. 8. 6. 1824, Gastwirt zu Malchow. 564

Dambach (nicht: Dammbach), Heinrich Rudolf, gest. Berlin 27. 2. 1845 im 47. Jahr, 1822 Kriminalrichter beim Inquisitoriat zu Erfurt, 1827 Kriminalrichter bei der Inquisitoriats-Deputation zu Querfurt, 1833 Kriminalrat, Versetzung zur Kriminaldeputation des Berliner Stadtgerichts, mit der Führung und Leitung der wegen »politischer Vergehen« eingeleiteten Untersuchungen unter Aufsicht des Kammergerichts beauftragt, 1835 Hausvogt beim Kammergericht und 1836 Direktor des Inquisitoriats des Kammergerichts zu Berlin. Berüchtigt wegen seiner unmenschlichen Behandlung der »Demagogen«. 66, 74, 127, 370

Danzin, s. Denzin

Daries, Johann Andreas, 15. 7. 1779 Parchim – 26. 2. 1841 Plau, Apotheker und Kaufmann zu Parchim. 538

Debes, Friederike Wilhelmine, geb. Horn, geb. 2. 9. 1840 Fürstenberg, Ehefrau des Julius Gustav Debes, Mühlenbaumeister zu Eisenach. 631

Deichmann, 1858 Direktor des Friedrich-Wilhelmstädtischen Theaters zu Berlin. 323

Demmler, Georg Adolf, 22. 12. 1804 Berlin – 2. 1. 1886 Schwerin, meckl. Hofbaurat zu Schwerin, Demokrat, später Sozialdemokrat, in der Revolution 1848/49 einer der Führer der demokratischen Bewegung in Mecklenburg, 1851 wegen seiner demokratischen Haltung aus dem Staatsdienst entlassen, Mitbegründer des Nationalvereins in Gotha 1859, Mitglied der Deutschen Volkspartei 1868 und der Genfer Friedens- und Freiheitsliga, unterstützte seit Ende der sechziger Jahre propagandistisch die Internationale Arbeiterassoziation, seit 1872 Mitglied der SDAP, 1877/78 sozialdemokratischer Reichstagsabgeordneter. 565, *571,* 575, *577,* 595, *596,* 639, *652*

Denzin, Fritz, Pastorensohn aus Göhren (Strel.), Gutsoberinspektor zu Ivenack, 1839/40 auf der Festung Dömitz in Haft wegen eines Mordversuchs am Rittmeister v. Meibom. 176, 204, 208

Dettmer, Carl Heinrich, 13. 5. 1811 Lübeck – 4. 6. 1879 ebd., Dr. phil., Prof. am Gymnasium Katharineum zu Lübeck, Leidensgefährte Reuters. 398, 515

Dettmer, Caroline, geb. Reuter, 4. 5. 1820 Schönböken – 30. 5. 1903 Lübeck. Seit 25. 12. 1838 Ehefrau des *Carl* Heinrich Dettmer. Mit Reuter nicht verwandt. 515

Dewes, s. Debes.

Dewitz-Miltzow, Ulrich Otto von, 8. 10. 1814 Groß-Miltzow bis 22. 2. 1871 ebd., Rittergutsbesitzer auf Miltzow und Ulrichshof. 268, 350, 351, 701

Diderot, Denis, 1713–1784. 85

Diest, Gustav Friedrich Heinrich Paul von, 15. 8. 1826 Posen bis 27. 2. 1911 Merseburg, preuß. Wirkl. Geh. Rat, Regierungspräsident zu Merseburg, 1866 preuß. Zivilbevollmächtigter zu Frankfurt am Main. 580

Dieterich, Johann Julius Eduard, geb. 11. 5. 1825 Lindau (Hannover), Apotheker zu Treptow (Toll.). Schwiegersohn des Apothekers Wilhelm Strilack zu Waren. 510

Dietze, Christian Friedrich Heinrich *Wilhelm,* 2. 2. 1808 Dessau bis 3. 11. 1871 Anklam, seit 1840 Buchhändler zu Anklam, bei ihm erschien die 2. Auflage von Reuters »Läuschen un Rimels«. 327, 331, 332

Dittmar, Christoph *Carl* August, 18. 11. 1821 Oldisleben – 14. 7. 1885 Eisenach, Architekt, Baurat zu Eisenach. In seinem »Schweizerhaus« am Predigerplatz hatte Reuter seine erste Wohnung in Eisenach. 562

Dittmer'sche Buchhandlung zu Lübeck, vertrieb 1858 Exemplare der 2. Auflage der »Läuschen un Rimels«. 327

Döhn, 1834 Rittergutspächter auf Siedenbollentin. Vater von Johann *Adolf* Friedrich D. 74

Döhn, Johann *Adolf* Friedrich, 1811 Gnewezow, Kreis Demmin, bis (vor 16. 8. 1864) Pyritz i. Hinterpommern, stud. jur. Greifswald, Burschenschafter, 1833/34 zum Tode durch das Beil verurteilt, zu Festungshaft begnadigt, auf der Festung Silberberg. Rittergutspächter auf Siedenbollentin (bevor Fritz Peters es kaufte), dann Gutsbesitzer auf Sabel bei Pyritz. 162, 499

Dörr, Friedrich Heinrich Jakob Ludwig, 30. 4. 1831 Schleswig bis 29. 6. 1907 Berlin, Dr. phil., Leiter einer Höheren Knabenschule zu Hamburg-St. Pauli, dann Redakteur, zuletzt Lektor im literarischen Büro des preuß. Staatsministeriums zu Berlin. 1858–1860 Herausgeber des »Plattdütschen Volkskalenners«. *324, 328,* 335, 336, 347, 384, *409*

Dolberg Christian Friedrich Johann, 1845–1869 Bürgermeister und Stadtrichter der Stadt Stavenhagen. 269

Doris, 1866 Dienstmädchen bei Reuters in Eisenach. 538, 563, 580

Drefahl. 615

Duboc (nicht Dubocq), Charles Edouard (Pseudonym: Robert Waldmüller), 17. 9. 1822 Hamburg – 15. 4. 1910 Dresden, Kaufmann zu Hamburg, seit 1855 Schriftsteller zu Dresden, ethnographischer Erzähler; Übersetzer und Dramatiker. 451

Düberg, Johann *Christian* Peter, 16. 2. 1806 Wismar – 12. 1. 1873 ebd., Advokat und Notar zu Wismar, Politiker, Führer der bürgerlichen Unruhen in Wismar 1830 und 1848. 183

Dümmler, Ferdinand, 23. 10. 1777 Battgendorf bei Cölleda bis 15. 3. 1846 Berlin, Verlagsbuchhändler zu Berlin. 70, 84

Dütsmann, 1863 Gutsinspektor zu Siedenbollentin (bei Fritz Peters). 439

Düvecke, 1862 Hotelbesitzer zu Lübeck. 399

Duge, Ernst Friedrich Wilhelm Christian, Goldberg 18. 12. 1808 bis 16. 1. 1884 ebd; Senator, Notar und Stadtsekretär zu Goldberg. 412

Dulitz, Mecklenburger, besuchte 1866 die Forstakademie zu Eisenach. 557

Duncker, Polizeirat zu Berlin. 359

Eberty, Georg Friedrich *Felix,* 26. 1. 1812 Berlin – 7. 7. 1884 Arnsdorf (Riesengebirge), Dr. jur., 1850 Privatdozent, seit 1860 Titular-Professor für Kriminal- und Naturrecht an der Universität Breslau, vielseitiger Schriftsteller. 557, *620, 716*

Eggers, Karl, 7. 6. 1826 Rostock – 18. 7. 1900 Warnemünde, Dr. jur., 1854–1856 Senator der Stadt Rostock, plattdeutscher Dichter, lebte zu Berlin, seit 1895 wieder zu Rostock. Bruder des Kunstwissenschaftlers und plattdeutschen Dichters Prof. Dr. Friedrich Eggers (1819 bis 1872) zu Berlin. 510, 511, 512

Egloffstein, Claus, Freiherr von, 16. 5. 1844 Weimar – 13. 12. 1933 Salzburg, General der Infanterie. 622

Ehlert, die, 1847 Angestellte bei Fritz Peters in Thalberg. 259

Elderhorst, Heinrich von, 17. 6. 1808 Schwerin – 31. 10. 1892 Rostock, meckl. Oberst, Stadtkommandant von Rostock. 15

Elsner, Johann Gottfried, 14. 1. 1784 Gottesberg (Schlesien) – 5. Juni 1869 Waldenburg (Schlesien), landwirtschaftl. Schriftsteller, Pächter der Stadtgüter von Münsterberg in Schlesien. 124, 144, 147

Elvers, Christian Friedrich, 16. 7. 1797 Flensburg – 1. 10. 1858 Kassel, Dr. jur., Professor der Rechte an den Universitäten Göttingen und Rostock. 36, 44

Engel, Christian Ludwig Bernhard, 16. 7. 1788 Kloster Malchow bis 8. 1. 1871 Röbel, 1815–1852 Bürgermeister der Stadt Röbel, 1848 Abgeordneter des Verfassunggebenden Landtags zu Schwerin. Bruder von Sophie Reuter, geb. Engel, Reuters Tante in Jabel, und von Georg Christoph Engel. 564

Engel, Georg Christoph, 9. 1. 1791 Kloster Malchow – 2. 12. 1865 Charlottenburg bei Berlin, Kaufmann und Inhaber einer Wachstuchfabrik ebd. »Vetter Engel« von Reuter genannt. Bruder von *Chri-*

stian Ludwig Bernhard Engel und von Reuters Tante in Jabel, Sophie Reuter, geb. Engel. 66

Erdmann, Johann Christoph August Gottfried, 10. 1. 1801 Schwaan bis 22. 1. 1883 Rostock, 1826 Pastor zu Bössow, 1829–1877 Pastor zu Klütz, 1848 Abgeordneter des Verfassunggebenden Landtags zu Schwerin (linkes Zentrum). 565

Erdmann, 1870/71 Hauptmann der Artillerie, 1900 Oberstleutnant a. D. zu Wiesbaden. *703*

Falckenstein, s. Vogel von Falckenstein.

Farnow, Johann Carl Albert, 22. 3. 1836 Neubrandenburg – 1. Juli 1867 ebd., 1864 Zimmermeister zu Neubrandenburg. 472

Farwel, 1838 Sattler zu Neubrandenburg. 159

Faull, Johann Gottlieb August, 12. 10. 1790 Schwerin – 25. 9. 1859 Stavenhagen, Amtsregistrator und Notar zu Stavenhagen. 116

Feisthorn, Gärtnereibesitzer zu Meiningen. 650

Fischer, Schriftsteller. Vermutlich: Christian August Fischer, 29. 8. 1771 Leipzig – 14. 4. 1829 Mainz, Legationsrat, Professor der Kulturgeschichte zu Würzburg. Unterhaltungsschriftsteller. 680

Fischer, Julius Konstantin, 30. 5. 1810 Buttstädt – 2. 8. 1877 Eisenach, Burschenschafter, Studienfreund Reuters in Jena, Rechtsanwalt zu Buttstädt, dann Kreisgerichtsrat zu Eisenach. 438, 447, 506, 588, 695, 707

Flemming, Carl Friedrich, 27. 1. 1799 Jüterbog – 27. 1. 1880 Wiesbaden, Dr. med., seit 1824 prakt. Arzt zu Schwerin, wohin er zur Errichtung der Irrenheilanstalt Sachsenberg berufen war. 1830–1854 leitender Arzt derselben. Schrieb auch Theaterstücke. 653

Flies, Eduard Moritz von, 25. 8. 1802 Charlottenburg – 10. 12. 1886 Wiesbaden, preuß. Generalleutnant z. D., zuletzt Kommandant von Altona. 560

Floerke, Friedrich *Franz* Leopold, 6. 1. 1811 Ludwigslust – 13. 8. 1889 Grabow, Abitur Parchim 1831, Dr. jur., 1839–1889 Bürgermeister der Stadt Grabow. 565

Flotow, Christiane Dorothea Friederike *Albertine* von, 14. 6. 1790 Mesendorf – 1849 Dobbertin, Konventualin des Klosters Dobbertin. Lokaldichterin. 503

Flotow, Georg Heinrich Ludwig August von, 29. 4. 1837 Kogel bis 14. 12. 1901 Kogel, Rittergutsbesitzer auf Kogel, Satow, Zislow,

Stuer-Vorwerk, Grüssow und Stuer, meckl. Landrat. Schwiegersohn des Eisenacher Appellationsgerichts-Präsidenten August Freiherr von Gersdorff. 440

Forstner, Friedrich Wilhelm Johann Carl Freiherr von, 28. 3. 1822 Köln – 9. 3. 1869 Koblenz, preuß. Regierungsrat zu Koblenz. 548

Franck, aus Strelitz. 97, 104

Franck, Helmuth, aus Malchin, Abitur Friedland 1828. 10

Francke, Maria Elisabeth, 31. 1. 1775 Schwerin – 17. 1. 1846 Groß-Upahl, Tante von Auguste Henzen und Pauline Steinhäuser. Freundin von Reuters Tante Sophie Reuter, geb. Engel, in Jabel. 428

Frankreich, Ludwig XVI., König von, 1754–1793, reg. 1774–1792. 611

Fraunhofer (nicht Frauenhofer), Joseph von, 6. 3. 1787 Straubing (Bayern) – 7. 6. 1826 München, Physiker, Professor an der Universität München, Konstrukteur achromatischer Fernrohre starker Vergrößerung. 588

Frege, Christian Gottlob Emanuel, 1. 8. 1832 Wismar – 28. 2. 1912 ebd., Rechtsanwalt und Bankdirektor zu Wismar. 565, 596, 598

Frehse, Johann *Friedrich,* 22. 8. 1820 Redentin – 25. 2. 1891 Wismar, Erster Lehrer an der Freischule Kochs Stiftung zu Wismar. In zweiter Ehe 1864 mit Bertha Hinstorff (1833–1865), der Tochter von Reuters Verleger Carl Hinstorff, verheiratet. 545

Freihold, H., 1870/71 Bursche des damaligen Obersten Emil von Conrady, lebte 1899 zu Essen. 692

Freiligrath, Ferdinand, 1810–1876. 310, 311, *536*

Freytag, Gustav, 13. 7. 1816 Kreuzburg (Schlesien) – 30. 4. 1895 Wiesbaden, 1848–1861 und 1867–1870 Redakteur (mit Julian Schmidt) der »Grenzboten« zu Leipzig, nationalliberaler Reichstagsabgeordneter 1867–1870, Romanschriftsteller, Kulturhistoriker und Literaturtheoretiker. 403, *404,* 406, 451, 455, 457, 459, 550, 587, 607

Fricke, Johann *Wilhelm* Hermann, geb. Lübeck 12. 9. 1843, seit 1873 Inhaber eines Foto-Geschäfts zu New York, gründete mit Martin Börsmann die plattdeutsche Zeitschrift »Uns' Modersprak«, erwarb sich Verdienste um das plattdeutsche Vereinswesen in Amerika. *716*

Frisch, Ewald Cosmus Leonhard von, 6. 5. 1803 Sagan (Schlesien) bis 8. 7. 1872 Mannheim, Rittergutsbesitzer auf Klocksin und Bäbelin (Meckl.), galt in Mecklenburg als Mitglied der »ultraradikalen Partei«, gehörte den kommunistischen Komitees von Ewerbeck und d'Ester in Paris an. 459

Fritzsche, Franz Volkmar, 26. 1. 1806 Steinbach bei Borna, Sa., bis 17. 3. 1887 Rostock, Dr. phil., Professor der klassischen Philologie an der Universität Rostock. *418,* 419

Frölich (nicht: Fröhlich), *Franz* Peter Anton, 21. 1. 1810 Güstrow bis 19. 12. 1893 Neubrandenburg, 1838 Zweiter, 1849–1864 Erster Pastor zu Penzlin, Präpositus. 564

Frohnhöfer, Oberst. 631

Funck, Hermann, 24. 6. 1811 Groß-Schönfeld (Strel.) – 20. 1. 1892 Görlitz, Rittergutsbesitzer auf Weidenvorwerk bei Bentschen (Posen). Durch seine Ehe mit Wilhelmine Grischow (1820–1885) Schwiegersohn von Dr. Carl Christoph Grischow zu Stavenhagen. 631

Gaettens, Johann *Peter,* 30. 1. 1791 Lübeck – 17. 1. 1845 Groß-Medewege, Domänenpächter auf Groß-Medewege bei Schwerin. 239

Galle, August, 1864–1870 Kapitän der Rostocker Bark »Fritz Reuter«. 614

Garibaldi, Giuseppe, 4. 7. 1807 Nizza – 2. 6. 1882 Caprera, italienischer Nationalheld, einer der Führer der italienischen demokratischen Bewegung und Vorkämpfer für die Wiedervereinigung Italiens, kämpfte 1870/71 auf der Seite der französischen Republik. 691, 692

Gaudy, Franz, Freiherr von, 19. 4. 1800 Frankfurt (Oder) – 5. 2. 1840 Berlin, Offizier, seit 1833 als freier Schriftsteller und Herausgeber in Berlin tätig. 161, 588

Geijer, Erik Gustav, 12. 1. 1783 Ransäter (Wermland) – 23. 4. 1847 Stockholm, Professor der Geschichte zu Uppsala, schwedischer Geschichtsschreiber. 557

Gelinek, um 1860 Kaufmann zu Neubrandenburg, »ein eitler Narr; nachdem er die halbe Stadt um beträchtliche Summen betrogen hatte«, ging er nach Amerika. 350, 447, 473

Gentzen, Johann Friedrich Gustav, aus Friedland, Abitur Friedland 1815, Bibliothekar zu Neustrelitz. 441

Genz, Lithograph zu Neubrandenburg, kam wegen Fälschung von Fünftalerscheinen in gerichtliche Untersuchung. 473

Geringer, 1863 Maler in Rom. 469

Gerke, Heinrich Christian, geb. 29. 3. 1773 Kolenfeld bei Wunstorf (Hannover), Dr. jur., Rittergutsbesitzer auf Frauenmark und Schönberg bei Parchim, Mitarbeiter an den meckl. »Landwirtschaftlichen Annalen«. 202

Gerlach, Johann *Carl* Heinrich Eduard von, 30. 12. 1792 Neuwedell (Neumark) – 14. 8. 1863 Booßen bei Frankfurt (Oder), Polizeipräsident von Berlin und Frankfurt (Oder), Regierungs-Präsident, Rittergutsbesitzer auf Booßen. 61

Gersdorff, Heinrich *August,* Freiherr von, 18. 1. 1793 Herrnhut bis 30. 9. 1870 Eisenach, Dr. jur., sachs.-weimar. Appellationsgerichts-Präsident zu Eisenach. Schwiegervater von Georg von Flotow. 518

Gervinus (nicht: Gervinius), Georg Gottfried, 20. 5. 1805 – 18. 3. 1871 Heidelberg, Historiker, Literarhistoriker und Politiker, 1835 Professor zu Heidelberg, 1836 zu Göttingen, einer der Göttinger Sieben 1837, wegen seiner demokratisch-liberalen Ideen mehrmals aus dem Amt entlassen, zuletzt Privatgelehrter. *287,* 716

Gesellius, Anna, 26. 5. 1826 Friedland – 12. 10. 1912 Parchim, Tochter des Parchimer Konrektors Gesellius, lebte unverheiratet zu Parchim. 516. 518, 682

Gesellius, Heinrich Friedrich Wilhelm, 30. 11. 1798 Treptow (Toll.) bis 1. 5. 1870 Parchim, 1824–1827 Gymnasiallehrer zu Friedland, 1827–1863 Konrektor am Gymnasium zu Parchim, Fritz Reuter widmete ihm den 1. Teil der »Stromtid«. 20, 24, 25, 26, 29, 30, *402,* 440, *516,* 564, 608, 609, 668, 681, 682

Gesellius, Laurette, 16. 12. 1805 Treptow (Toll.) – 28. 4. 1873 Parchim, unvermählt, Schwester und langjährige Hausgenossin des Konrektors Heinrich Gesellius. 682

Glaesel. 394

Glagau, Otto, schrieb: »Fritz Reuter und seine Dichtungen«, Berlin 1866. 545, 547, 549

Glasewald (nicht: Glaswald), Prorektor am Gymnasium zu Friedland seit 1826, schied um 1828 aus dem Schuldienst aus. 8

Gleich, aus Treptow (Toll.), diente auf Gut Thalberg, entlassen wegen Brotdiebstahls zusammen mit Karl Harder 1857. 314

Glümer, Claire von, 18. 10. 1825 Blankenburg (Harz) – 20. 5. 1906 Dresden, Erzählerin und Übersetzerin, übersetzte 1864 Reuters »Ut mine Festungstid« ins Französische. 520

Goeben, August Carl von, 10. 12. 1816 Stade – 13. 11. 1880 Koblenz, preuß. General der Infanterie, 1866 Befehlshaber des linken Flügels der Mainarmee. 559, 563, 598

Goethe, Johann Wolfgang von, 1749–1832. 140, 312, 392, 459, 540, 612, 633, 637, 641, 658

Gollreider, Carl Ludwig, 1814 – 2. 12. 1874 Treptow (Toll.), Bürger Gasthofbesitzer und Postexpediteur zu Treptow (Toll.). 508

Gotsmann, Frau, 1857 Wirtin zu Belvedere bei Neubrandenburg. 313

Gramm. 622

Grapow, Carl Martin Christian Daniel, aus Neustrelitz, seit 1842 Kaufmann zu Neubrandenburg. 565

Grashof, Bertha, geb. Vogel, Ehefrau von Hermann Grashof. 539, 540, 542, 563, 580, 581, 589, 615, 627

Grashof, Franz Dominicus *Hermann,* 27. 6. 1809 Brilon (Westfalen) bis 24. 9. 1867 Lübeck, stud. Jena, mit Reuter in der Berliner Hausvogtei und auf der Festung Magdeburg, später Beamter der Deutschen Lebensversicherungsgesellschaft zu Lübeck. 138, 142, 398, 529, *538, 541,* 555, *562, 578, 588, 614, 626*, 634, 643, 645, 648, 651, 669

Griewank, Joachim Heinrich, 13. 1. 1768 Losten bei Hohen-Viecheln bis 17. 1. 1845 Conow, 1795–1825 Konrektor an der Großen Stadtschule zu Wismar, 1825–1842 Pastor zu Conow bei Eldena. 184

Grimm, Henriette *Dorothea,* geb. Wild, 23. 5. 1795 Kassel – 22. August 1867 Eisenach, seit 15. 5. 1825 Ehefrau von *Wilhelm* Carl Grimm. Mutter von *Herman* Friedrich Grimm. 403, 409, 455, 635

Grimm, Ottilie Beate *Gisela* Walpurgis, geb. von Arnim, 30. 8. 1827 bis 4. 4. 1889 Florenz, Tochter von Achim v. Arnim und Bettina Brentano. Ehefrau seit 25. 10. 1859 von *Herman* Friedrich Grimm. Schrieb Märchen und Dramen. 438, 441, 445, 450, 510, 633

Grimm, Herman Friedrich, 6. 1. 1828 Kassel – 16. 6. 1901 Berlin, Sohn von Wilhelm und Neffe von Jakob Grimm. Dr. phil., Professor für neuere Kunstgeschichte an der Universität Berlin, Kunst- und Literarhistoriker, Essayist, Dramatiker und Erzähler. 438, 441, 443, 445, 450, 510, 633, 635

Grimm, Jakob, 1785–1863. 324, *338,* 340, 381, 403, *409,* 427, 443, 445, 469, 540, 612, 665

Grimm, Wilhelm Carl, 1786–1859. 324, 438, 441, 450, 540, 612, 635, 665

Grischow, Carl Christoph, 17. 2. 1793 Stavenhagen – 17. 12. 1860 ebd., Dr. phil. h. c. der Universität Rostock 26. 2. 1830, Apothekenbesitzer zu Stavenhagen, verdienstvoller Botaniker, 1849–1858 Stadtsprecher, 1848 Vorsitzender des Reformvereins zu Stavenhagen. Nach Bestimmung des Bürgermeisters Reuter dessen Testaments-Kurator und Verwalter der 4750 Taler, deren Nießbrauch Fritz Reuter zustand. Schwiegervater von Hermann Funck. 187, 263, *266,* 268, 270, 272, *273,* 356, 375, 631

Groth, Klaus Johann, 1819–1899. 301, 317, 318, 326, 336, 344, 349, 359, 361, 365, 367, 380, 449, 453, 497, 516, 714

Groth, Adolf Ernst Friedrich, 1832 Advokat zu Rostock. 36

Grubitz, Ernst, 1848: 39 Jahre alt, Stadtrat zu Magdeburg. Später (um 1863) Bürgermeister der Stadt Magdeburg. 430

Grubitz, Therese, geb. Hauffe, verwitwete Ferdinand Kämpf, 1848: 37 Jahre alt, seit 2. 5. 1848 Magdeburg Ehefrau des Stadtrats, späteren Bürgermeisters Ernst Grubitz zu Magdeburg. 430

Grübel, Johann Conrad, 3. 6. 1736 Nürnberg – 8. 3. 1809 ebd., Stadtklempnermeister zu Nürnberg, Gassenhauptmann, Mitglied des Pegnesischen Blumenordens. Dialektdichter. 601

Grün, Anastasius (Pseudonym von Anton Alexander Graf von Auersperg), 1806–1876. 713

Gsellius, 1865 Buchhändler zu Berlin. 540, 581, 588, 606

Guddaeus, von, Major, 1872 Bataillonskommandeur zu Stettin. 708

Guittienne, Johannes, 9. 4. 1809 Niederaltorf (Kreis Saarlouis) bis 10. 5. 1889 ebd., stud. jur. Bonn, München, Heidelberg und Berlin, Burschenschafter (Münchener Germania und Heidelberger Franconia), 1833 verhaftet, 1834 Festung Magdeburg, 1839 Festung Graudenz, 1840 amnestiert. Gutsbesitzer auf Niederaltorf, 1848 Bürgermeister ebd. »De Franzos'«. 142, 605, 652

Gutzkow, Karl Ferdinand, 1811–1878. 434

Hacke, (nicht: Haake), *Gustav* Georg Leopold, Graf von, 15. 3. 1776 (Berlin?) – 28. 1. 1838 Magdeburg, preuß. Generalleutnant und Erster Kommandant der Festung Magdeburg. 112, 125, 134

Händel (nicht: Hänel), Adolf Wilhelm *Hugo,* 9. 11. 1829 Ober-Weimar – 29. 7. 1908 Leipzig, 1859–1865 Buchhandlungs-Commis, 1865 Redakteur der Leipziger Illustrierten Zeitung zu Leipzig, 1866–1871 Mitinhaber der Buchhandlung Quandt und Händel zu Leipzig, 1872 bis 1908 Alleininhaber. 492, 513, 523, 545, 675

Häunisch, Burschenschafter, Gefangener auf der Festung Magdeburg 1839–1840. 605

Häusser, Ludwig, 26. 10. 1818 Kleeburg (Unterelsaß) – 19. 3. 1867 Heidelberg, Professor der Geschichte zu Heidelberg seit 1845, kleindeutscher Historiker, Gegner der Revolution, wiederholt Abgeordneter der badischen Kammer. 716

Hagemann, Dietrich Vollrath, 6. 8. 1803 Teterow – 27. 2. 1874 Neubrandenburg, Kaufmann zu Neubrandenburg. 565, 696

Hagenow, Carl *Friedrich* von, 19. 1. 1797 Langenfelde bei Loitz bis 18. 10. 1865 Greifswald, Dr. phil. h. c., Geologe und Archäologe zu Greifswald. Rittergutsbesitzer auf Nielitz. 303

Hahn, Heinrich *Friedrich* (Fritz) Dietrich, 1799 Anklam – 16. 8. 1864 Neubrandenburg, stud. jur. Heidelberg 1818, Kanzlei-Advokat und Notar zu Neubrandenburg. Schwiegervater von Robert Stürcke. 472, 473

Hahn, Luise Friederike, geb. Lettow, aus Berlin, seit 5. 10. 1830 Ehefrau von Heinrich Friedrich (Fritz) Dietrich Hahn. 472, 473

Hahn, Heinrich, gest. 31. 5. 1896, Brauereipächter und Gastwirt zu Neubrandenburg 1858–1864, Brauereibesitzer zu Malchin seit 1864. *436,* 508

Hahn-Hahn, Ida Gräfin von, 22. 6. 1805 Tressow (Meckl.) – 12. Januar 1880 Mainz, Schriftstellerin, zunächst Vorkämpferin der Frauenemanzipation, 1850 Übertritt zur katholischen Kirche. Tochter des »Theatergrafen« Carl Friedrich von Hahn, von 3. 7. 1826 bis 5. 2. 1829 (geschieden) mit ihrem Vetter *Friedrich* Wilhelm Adolf Graf von Hahn (1804–1859), Fideikommißherr auf Basedow, verheiratet. Vgl. Bd. 1, Anm. zu S. 243. 446

Hahn, Kuno Friedrich Wilhelm Werner Henning Graf von, 26. 8. 1832 Basedow – 8. 10. 1885 ebd., Fideikommißherr auf Basedow, auf Faulenrost, Hungerstorf und Rittermannshagen, meckl. Erblandmarschall. Sohn des *Friedrich* Wilhelm Adolf Graf von Hahn, s. o., und dessen zweiter Ehefrau Agnes Gräfin von Schlippenbach (1812–1857). 482

Haine, s. Heine, Sekondleutnant.

Hannover, Georg V. Friedrich Alexander Carl Ernst, König von, 27. 5. 1819 Berlin – 12. 6. 1878 Paris, reg. 1851–1866 (Einverleibung Hannovers 20. 9. 1866 in das preußische Staatsgebiet). 560, 600

Harder, Anna Maria Wilhelmine, geb. Hasenhorst, 1781 Grabow bis 1. 11. 1866 Dömitz, Witwe des Ratskellerpächters August Samuel Harder. 1839/40 Fritz Reuters Speisewirtin zu Dömitz. 186, 187, 193, 209

Harder, Karl, diente auf Gut Thalberg, 1857 in Brotdiebstahl zusammen mit Gleich verwickelt. 314

Hartmann, Julius Hartwig Friedrich von, 2. 3. 1817 Hannover bis 30. 4. 1878 Baden-Baden, preuß. General der Kavallerie, Erster Kommandant von Koblenz und Ehrenbreitstein. 546, 549, 551

Hartmann, P. 290

Hartwig, August Carl *Julius,* 20. 3. 1823 Helpt (Strel.) – 15. 10. 1913 Weimar, sachs.-weimar. Hofgartenkondukteur zu Weimar. 649, 650

Hasselbach, Luise, 13. 11. 1784 Siedenbollentin – 18. 12. 1874 Neubrandenburg, Pastorentochter aus Siedenbollentin, mit Reuters befreundet. 291, 656

Hasselbach, Ottilie, geb. 1813 Treptow, mit Reuters befreundet, Nichte von Luise Hasselbach. 669, 672, 674, 696

Haßlacher, Peter, 14. 8. 1810 Koblenz – 5. 7. 1876 Paris, stud. med., wegen Beteiligung an »demagogischen Umtrieben« sieben Jahre in Berlin, auf den Festungen Magdeburg und Ehrenbreitstein gefangengehalten. Später Jesuit, 1844–1849 Domprediger in Straßburg, dann Missionsprediger, Pater. 142, 648, 652

Hauff, Wilhelm, 1802–1827. 530

Hauck, Friedrich Ludwig Christian van der, 5. 4. 1816 Laage bis 9. 8. 1874 Bölkow, Gastwirt zu Laage. 565

Haupt, Carl Friedrich *Adolf,* 1. 6. 1813 Neukloster – 11. 6. 1857 Gadebusch, cand. theol., später Rektor zu Gadebusch. 92

Haupt, Adolf, stud. Jena, gest. 1832. 47

Haydn, Franz Joseph, 1732–1809. 354

Hebel, Johann Peter, 1760–1826. 497, 601

Hebsacker, 1840 Kaufmann zu Tübingen, Zimmerwirt Reuters. 217

Hedemann, Heinrich, 16. 8. 1800 – 24. 3. 1872 Berlin, stud. Greifswald, Burschenschafter, Vorsteher der Greifswalder Arminia, Stadtrat, dann Syndikus zu Berlin, seit 1860 Bürgermeister der Stadt Berlin, preuß. Geh. Regierungsrat. 381

Heije, Jan Pieter, 1. 3. 1809 Amsterdam – 24. 2. 1876 ebd., Dr. med., praktischer Arzt. Liederdichter. *662*

Heine (nicht: Haine), 1839/40 Sekondleutnant der Garnison-Kompagnie auf der Festung Dömitz. 320

Heine, Heinrich, 1797–1856. 313

Heinrich, A., gest. 1861, Theater-Agent zu Berlin. 323, 324

Heintze (nicht: Heinze), Johann Christian Jakob, 1783 Stavenhagen bis 25. 11. 1840 Stavenhagen, Schneidermeister zu Stavenhagen. Oder: *Heintze,* August Heinrich Nikolaus, geb. 9. 12. 1773 Stavenhagen, Schneidermeister zu Stavenhagen. Oder: *Heintze* (Heinze), Carl Friedrich Jakob, 28. 6. 1803 Stavenhagen – 2. 8. 1865 ebd., Schneidermeister zu Stavenhagen. 77

Heintze (nicht: Heinze), Heinrich Julius, 30. 7. 1811 Görlitz – (vor 2. 6. 1868), stud. phil., Burschenschafter, Gefangener auf der Festung Magdeburg 1835–1840, Dr. phil., Privatgelehrter, dann Redakteur der Leipziger Illustrierten Zeitung. 651

Heintzmann, Alexis, geb. in Bochum, gest. 1865 London, stud. Bonn 1829–1831, Burschenschafter, Gefangener auf der Festung Magdeburg, nahm an der Revolution 1848/49 teil und mußte nach London fliehen, Kaufmann zu London. 142, 537

Held, Friedrich Wilhelm Carl, 8. 11. 1793 Dömitz – 19. 6. 1878 ebd., Festungsprediger und Pastor an der Zuchthauskirche zu Dömitz 1829 bis 1841, dann Pastor an der Stadtkirche zu Dömitz. 173

Heller, Wilhelm *Robert,* 24. 11. 1814 Groß-Drebnitz bei Stolpen/Sa. bis 7. 5. 1871 Hamburg, Dr. phil., Schriftsteller, dem Jungen Deutschland nahestehender Erzähler, Kritiker und Publizist. 1851-1871 Feuilleton-Schriftleiter der »Hamburger Nachrichten« zu Hamburg. *385* *388,* 413

Hengstenberg, Ernst Wilhelm, 20. 10. 1802 Fröndenberg (Westfalen) bis 28. 5. 1868 Berlin, Professor der Theologie zu Berlin. Begründete 1827 die orthodox-konservative »Evangelische Kirchenzeitung«. 647

Henke (nicht: Henne), *Hermann* Christian Friedrich Eduard Carl, 14. 1. 1824 Waren-Müritz – 10. 5. 1889 Gnoien, Dr. med., prakt. Arzt zu Gnoien 1849–1889. 565

Henkel, Georg von, geb. 26. 8. 1817 Schlieven, Abitur Parchim 1837, gest. als Student zu Heidelberg. 15

Henkel, Gustav Theodor von, 16. 8. 1830 Schlieven – 19. 11. 1887 Kleefeld, Rittergutsbesitzer auf Kleefeld bei Schwerin, Schlieven bei Parchim, Damerow mit Redewisch bei Lübz. 571

Henneberg, Friedrich, 13. 1. 1815 Gotha – 17. 11. 1880 ebd., Dr., Abgeordneter, zu Gotha. 459

Henzen, Auguste Friederike Marianne geb. Francke, geb. 27. 3. 1817 Güstrow, Superintendententochter, Ehefrau des Johann Heinrich *Wilhelm Henzen* (1816–1887), Professors am Archäologischen Institut zu Rom. Schwester von Pauline Steinhäuser. *427*

Herder, Johann Gottfried von, 1744–1803. 376, 588

Hermes, Adelheid, geb. Wüsthoff, 21. 4. 1812 Parchim – 24. 6. 1888, seit 20. 5. 1847 Ehefrau des Julius Theodor Hermes, Kaufmanns zu Malchow. Reuters Primanerliebe in Parchim. *365, 383, 407*

Hermes, Johann Julius Friedrich *Carl,* 4. 10. 1821 Gnoien – 8. 11. 1901 Röbel, Bürgermeister der Stadt Röbel 1852–1900. 564

Hermes, Julius, geb. 30. 4. 1850 Malchow, Sohn von Adelheid Hermes, geb. Wüsthoff. 366, 383, 407

Hermes, Julius Theodor, geb. 26. 4. 1817 Wismar, Kaufmann zu Malchow. Ehemann von Adelheid Wüsthoff. 366, 383, 407

Herse, August Friedrich, 9. 4. 1775 Ivenack – 18. 1. 1829 Stavenhagen, Apotheker, pachtete 1798–1814 die Apotheke zu Stavenhagen, 1810 Ratsherr, 1817 Notar zu Stavenhagen. Reuters »Unkel Hers'«. 369

Herwig, Carl Johann Friedrich, 1814 Liepen – (vor 1860), 28. 7. 1846 Bürger, Buchhändler zu Greifswald. 296, 297

Hessen, Moritz Philipp Heinrich, Prinz von, eigentlich Prinz von Hanau, Graf von Schaumburg, geb. 4. 5. 1834 Kassel, preuß. Oberstleutnant. Sohn des letzten Kurfürsten Friedrich Wilhelm von Hessen. 708

Hessenstein, Wilhelm, Graf von, 14. 5. 1790 Wilhelmshöhe bei Kassel – 22. 3. 1867 Schwerin, meckl. Wirkl. Geheimer Rat zu Schwerin. 102

Heucke, Albert, geb. 19. 12. 1810 Friedland, Kaufmann zu Parchim. 564

Heydemann, L., genannt 1864. Vielleicht Rittergutsbesitzer H. auf Schossow bei Treptow (Toll.), Schwager von Justizrat Schröder zu Treptow (Toll.). 477

Heyden, Müller, gest. 1871. 701

Heyden, Johann Detloff *Hermann* von, 25. 4. 1810 Cartlow, Kreis Demmin, – 21. 1. 1851 Berlin, Rittergutsbesitzer auf Leistenow, Gatschow und Cadow, Kreis Demmin, preuß. Landrat des Kreises Demmin. 268

Heye, s. Heije.

Heyse, Paul Johann Ludwig 1830–1914. 550

Hildebrand, August, 13. 1. 1826 Lüneburg – 16. 5. 1896 Schwerin, übernahm 1851 die 1828 gegründete Kürschnersche Buchhandlung zu Schwerin. Seit 1869 nur noch Verlagsbuchhändler ebd. 331

Hilgendorff, Christoph Joachim Wilhelm Dietrich, 24. 10. 1809 Schlokkow bei Bützow – 29. 1. 1880 Eberswalde, Rittergutsbesitzer auf Klein-Tetzleben bei Treptow (Toll.), später auf Stuthof bei Lippehne, zuletzt Rentner zu Eberswalde. Reuters Mitschüler in Friedland. Bei ihm war Luise Kuntze, Reuters spätere Frau, Hauslehrerin. 253, 261, 315, 361, 470

Hilgendorff, Johann Joachim, 3. 11. 1782 Parchim – 29. 12. 1842 ebd., Bäckermeister zu Parchim. Zimmerwirt Reuters. 18, 21

Hinstorff, Laurette Maria *Auguste,* geb. Raabe, 4. 5. 1814 Waren-Müritz – 29. 12. 1901 Wismar. Ehefrau von Detloff *Carl* Hinstorff. 504

Hinstorff, Detloff *Carl,* 2. 6. 1811 Brüel – 10. 8. 1882 Wismar, Buchhändler und Verleger, Begründer und Inhaber der Hinstorffschen Hofbuchhandlung zu Parchim 1831, 1835 Zweigniederlassung mit Druckerei in Ludwigslust, 1864 in Rostock; das Hauptgeschäft wurde 1849 von Parchim nach Wismar verlegt. 331, 334, *339,* 352, 358, 361, 367, 372, 379, 384, 386, 388, *400, 411,* 412, 413, 434, 444, 452, 454, 457, 460, 461, 462, 463, 468, 469, 474, 475, 476, 481, 493, 497, 501, 504, 505, 507, 512, 513, 516, 523, 527, 528, 535, 539, 541, 542, 545, 546, 547, 555, *557,* 565, 575, 595, 615, 623, 626, 628, 629, 634, 648, 654, 658, *661,* 669, 676, *677,* 687, 696

Hintze, 1838 Gefängniswärter in der Berliner Hausvogtei. 138

Hirzel, Salomon, 13. 2. 1804 Zürich – 9. 2. 1877 Halle (Saale), Dr., Gründer und Inhaber der Verlagsbuchhandlung S. Hirzel zu Leipzig. Goetheforscher. 411, 412, 469, 475

Hobein, Auguste Elfriede Henriette Wilhelmine, geb. Weber, 21. Februar 1840 Neustrelitz – 19. 8. 1913 Schwerin, seit 18. 12. 1860 zweite Ehefrau von Eduard Hobein, Großnichte des Amtshauptmanns Weber zu Stavenhagen. 359, 367, 368, 378, 405, 422

Hobein, Wilhelm Ludwig *Eduard,* 24. 3. 1817 Schwerin – 28. 5. 1882 ebd., Rechtsanwalt zu Schwerin, Konsulent des Hoftheaters und Regierungskommissar der Meckl. Hypotheken- und Wechselbank, meckl. Hofrat, Schriftsteller, plattdeutscher Dichter. *358, 362, 367,* 376, 379, 404, *421,* 511, 565

Hoefer, Edmund, 15. 10. 1819 Greifswald – 22. 5. 1882 Cannstatt, Dr. phil., Schriftsteller zu Greifswald 1842–1854, ging dann nach Stuttgart, wo er die »Hausblätter« redigierte. 304

Höninghaus, Festungskamerad Reuters. 537

Hoepfner, F. J., Verfasser rechtsgeschichtlicher Werke. 43

Höpper, 1857 Nachtwächter auf Gut Thalberg. 316

Hoffmann von Fallersleben, August *Heinrich,* 1798–1874. 450, 453

Hoffmeyer, Heinrich *Fritz* Wilhelm, 1. 9. 1836 Linsburg bei Nienburg (Weser) – 2. 3. 1899 Harburg, Schulinspektor zu Harburg (Elbe). *662*

Hofmann, 1862 Kaufmann zu London. 411

Holtei, Karl von, 1798–1880. 709

Holtzendorff (nicht: Holzendorf usw.) Otto von, 19. 7. 1817 Jagow, Kreis Prenzlau, – 24. 6. 1887 Bad Kissingen, Oberstaatsanwalt, zuletzt Appellationsgerichts-Vizepräsident, Direktor der Deutschen Grundkreditbank zu Gotha. 622

Holtzendorff, Mitglieder der Familie von, aus der Uckermark. 631

Homer, 8. Jh. v. d. Z. 377

Horn, Carl Albert Otto, 12. 6. 1794 Neustrelitz – 8. 4. 1879 Neubrandenburg, stud. theol. Jena 1812, 1814–1816, 1813 Lützower Jäger, Freund Theodor Körners, 12. 6. 1815 Mitbegründer und erster Sprecher der Deutschen Burschenschaft zu Jena, 1819–1826 Lehrer, dann Prorektor am Gymnasium zu Friedland (Reuters Lehrer), 1826 bis 1874 Pastor zu Badresch (Strel.), meckl. Kirchenrat. 434, 436, 437, 441, 454, *667*

Horn, Friederike Wilhelmine Luise, geb. Hahn, 15. 3. 1819 Anklam bis 29. 3. 1904 Neubrandenburg, seit 30. 6. 1841 dritte Ehefrau des *Carl* Albert Otto Horn. 434, 668

Hosemann, Theodor, 24. 9. 1807 Brandenburg (Havel) – 15. 10. 1875 Berlin, Genremaler und Zeichner. 661

Howitz, Heinrich, 1866 Gutsbesitzer auf Pokrent, Neuendorf und Alt-Pokrent bei Gadebusch. 565

Hude, Hermann von der, 31. 5. 1821 Lübeck – 12. 11. 1858 ebd., stud. Heidelberg, Jena, Burschenschafter, Gefängnisstrafe in Kiel,

Dr. jur., Advokat, seit 1848 Senator der Freien und Hansestadt Lübeck. 92

Hülskamp, Franz, 14. 3. 1833 Essen (Oldenburg) – 10. 4. 1911 Münster (Westfalen), Dr. theol., Präses des katholischen Heerde-Kollegs zu Münster, gab von 1861–1904 den »Literarischen Handweiser« heraus. 647, *648*

Hugo, Victor-Marie, 1802–1885. 632

Humboldt, Alexander, Freiherr von, 1769–1859. 124

Hundt, Dorothea (Doris) Marie Sophie, geb. Reuter, geb. 4. 8. 1812 Dömitz, seit 23. 10. 1862 Ehefrau des Kantors Friedrich Georg Ludwig Hundt (1809–1891). Tochter des Rektors Friedrich Reuter zu Dömitz. Kusine Fritz Reuters. 169, 185, 212

Hurtzig, Anna Elisabeth Marie Hermine, geb. Reuter, 15. 1. 1848 Goldberg – 16. 4. 1919 Rostock, seit 13. 10. 1865 Ehefrau des *Johannes* Carl Ferdinand Hartwig Hurtzig. Tochter des Pastors August Reuter zu Tessin, Nichte Fritz Reuters. 478

Hurtzig, Johannes Carl Ferdinand Hartwig, 31. 10. 1837 Osten (Hannover) – 15. 10. 1878 Kieth, 1864 Rektor zu Rehna, 1868 Hilfsprediger zu Hagenow und Pfarrverweser zu Kirch-Jesar, 1870 Pastor zu Kieth bei Krakow. 478

Hutten, Ulrich von, 1488–1523. 607

Jacoby, Johann, 1. 5. 1805 Königsberg (Ostpr.) – 6. 3. 1877 ebd., Dr. med., Arzt zu Königsberg, konsequenter Demokrat und Führer der bürgerlichen Opposition in Ostpreußen, 1848 Mitglied des Vorparlaments und einer der Führer der Linken in der preuß. Nationalversammlung, 1862 Mitglied des preuß. Abgeordnetenhauses (linker Flügel der Fortschrittspartei), entschiedener Gegner Bismarcks, bei Kriegsausbruch 1870 verhaftet und in der Festung Lötzen interniert, Gegner der Annexion Elsaß-Lothringens, 1872 Mitglied der Sozialdemokratischen Arbeiterpartei. 589, 695

Jäger, Hermann, 7. 10. 1815 Münchenbernsdorf – 5. 1. 1890 Eisenach, sachs.-weimar. Hofgarteninspektor zu Eisenach. 649, 650

Jahn, gest. vor 6. 3. 1868, Gärtnereibesitzer zu Meiningen. 649, 650

Jahn, Friedrich Ludwig, 1778–1852. 379, 380, 382

Jahn, Otto, 16. 6. 1813 Kiel – 9. 9. 1869 Göttingen, Dr. phil., 1842 Professor der Archäologie zu Greifswald, 1847 Professor zu Leipzig, wo er abgesetzt wurde, weil er sich 1848 mit Theodor Mommsen und

Moritz Haupt an der deutschen Einheits- und Freiheitsbewegung beteiligt hatte, seit 1855 Professor zu Bonn, Musikschriftsteller (Mozart-Biograph), Komponist und Goetheforscher, Freund und Komponist Klaus Groths. 443

Jean Paul, s. Richter

Jenning, Anna Wilhelmine Dorothea, geb. 12. 2. 1841 Stavenhagen, erblindete bald nach Reuters Tod. Tochter von Dr. Friedrich Carl Jenning und Stieftochter von Reuters Halbschwester Lisette Jenning, geb. Reuter. 325

Jenning, Friedrich Carl, 4. 12. 1811 Güstrow – 5. 1. 1860 Schwaan, Dr. jur., Kanzlei-Advokat und Prokurator zu Malchin, dann zu Stavenhagen, meckl. Amtsmitarbeiter zu Güstrow, dann Amtsverwalter zu Lübtheen, zuletzt zu Schwaan. In zweiter Ehe Schwager von Fritz Reuter. 227, 228, *229,* 234, 239 269, 272, 352, 365

Jenning, Friederike Wilhelmine Sophie, geb. Timm, 14. 4. 1814 Groß-Gievitz – 22. 1. 1849 Güstrow, seit 27. 4. 1840 Malchin, erste Ehefrau von Dr. Friedrich Carl Jenning. 229

Jenning, Friedrich (Fritz) Iwan Carl, 23. 8. 1843 Stavenhagen bis 8. 6. 1867 Leipzig, Kommis bei der Firma Susemihl zu Rostock, zuletzt Handlungskommis bei der Verlagsbuchhandlung Payne zu Leipzig. Sohn erster Ehe von Dr. Friedrich Carl Jenning. Stiefsohn von Reuters Halbschwester Lisette Jenning, geb. Reuter. *354, 374, 423, 424,* 545

Jenning, Elisabeth *(Lisette)* Henriette Johanna, geb. Reuter, 11. 3. 1809 Stavenhagen – 3. 10. 1865 Güstrow, legitimierte Tochter des Bürgermeisters Reuter aus dessen illegitimer Verbindung mit Catharina Peters. Halbschwester Fritz Reuters. Seit 25. 9. 1850 Güstrow zweite Ehefrau des Dr. Friedrich Carl Jenning. 9, 15, 17, 18, 28, 29, 33, 46, 50, 56, 58, 61, 62, 63, 64, 65, 66, 67, 74, 79, 80, 82, 84, 90, 92, 93, 95, *98,* 101, 114, 115, 116, *118,* 119, 121, 122, 123, 126, 128, 129, 130, 137, 145, 149, 157, 160, 163, 167, 169, 170, 173, *174,* 179, 182, 185, 188, 190, 192, 196, 198, 200, 205, 206, 208, 212, 213, 214, 217, 220, 221, 224, 226, 227, 229, 232, 234, 236, 238, 269, 280, 326, 423, 424, 535, 545

Jühlke (nicht: Jülke), Johann Bernhard *Ferdinand,* 1. 9. 1815 Barth (Ostsee) – 12. 6. 1893 Potsdam, 1834–1858 akadem. Gärtner und Fachlehrer an der Landwirtschaftlichen Akademie Eldena bei Greifswald, gründete 1845 den Gartenbauverein für Vorpommern und

Rügen, 1866–1891 preuß. Hofgartendirektor zu Potsdam. 469, 603, 609, *638*, *649*, 666, *706*

Jungklaaß, Carl, Festungskamerad Reuters in Magdeburg 1837, 1899 Geh. Regierungsrat zu Liegnitz. 138, 142

Kämpf, Ferdinand, gest. Magdeburg 8. 1. 1843, Geschäftsführer, später Teilhaber der Firma Müller und Weichsel zu Magdeburg. Seine Witwe Therese, geb. Hauffe, heiratete 2. 5. 1848 den späteren Magdeburger Bürgermeister Ernst Grubitz. *117*, 118, 120, 125, 128, 129, 135, 136, 137, 138, 145, 167, 430,

Kaibel, Emil Wilhelm, aus Hannover, Buchhändler zu Waren-Müritz. 318, 564

Kamptz, *Carl* Christoph Albert Heinrich von, 16. 9. 1769 Schwerin bis 3. 11. 1849 Berlin, preuß. Justizminister, Gegner aller freiheitlichen und demokratischen Bestrebungen, mitverantwortlich für die »Demagogenverfolgungen« in Preußen. Verfassser vieler juristischer Schriften, auch zum meckl. Staats- und Privatrecht. 67, 87, 89, 125, 134, 135, 201

Kapheim, Johann Theodor Friedrich, Bürger und seit 1835 Zeugschmiedemeister, Maschinenbauer zu Neubrandenburg. 468

Karamsin, Nikolai Michailowitsch, 1766–1826. 557

Kardorff, *August* Eggert Bernhard von, geb. Vietow 28. 3. 1811, Gutsinspektor, 1858 zu Schönbeck. Freund des Fritz Petersschen Hauses. 262, 291

Karsten, Hermann, 3. 9. 1809 Breslau – 26.8. 1877 Bad Reinerz (Schlesien), 1831 a. o., 1835 o. Professor der Mathematik und Mineralogie an der Universität Rostock, 1854 Direktor der Navigationsschule ebd. 358

Kaulbach, Wilhelm von, 15. 10. 1805 Arolsen (Waldeck) – 7. 4. 1874 München, Historien- und Porträtmaler, Illustrator. Illustrierte u. a. Goethes »Reineke Fuchs«. 459

Keck, Carl Heinrich Christian, 20. 3. 1824 Schleswig – 5. 2. 1895 Kiel, Dr. phil., 1848 Freiwilliger im Korps der Kieler Studenten im Kriege gegen Dänemark, Lehrer, 1864 Rektor der Domschule zu Schleswig, 1870–1887 Direktor des Gymnasiums zu Husum. Seine Dichtungen veröffentlichte er teilweise unter dem Pseudonym »Karl Heinrich«. *417*

Kegebein (nicht: Kägebein), Gerhard Friedrich, 1737 Hinrichshagen bei Woldegk – 26. 9. 1813 Sabel bei Burg Stargard, seit 1771 Advokat und Notar zu Neustrelitz. Schrieb: »Fabeln, Erzählungen und geistliche Lieder«, 1792. 503, 594, 668

Keil, Karl Friedrich Christian, 7. 11. 1819 Gressow bei Wismar bis 17. 6. 1873 Teschendorf (Strel.), stud. Göttingen und Rostock, Hilfslehrer zu Güstrow und Parchim, 1846–1866 Subrektor am Gymnasium zu Neubrandenburg, 1866–1873 Pastor zu Teschendorf. 441

Keil, Ernst, 6. 12. 1816 Langensalza – 23. 3. 1878 Leipzig, Buchhändler und Verleger zu Leipzig, Begründer (1853) der bürgerlich-liberalen illustrierten Familienzeitschrift »Die Gartenlaube«. Vorher 1838 Schriftleiter der Zeitschrift »Unser Planet« (später »Wandelstern«), begründete 1846 den »Leuchtturm«, an dem Robert Blum u. a. liberale Wortführer mitarbeiteten; Preßprozesse und Gefängnishaft; seit 1851 Redakteur des »Illustrierten Dorfbarbiers«. 474, 600

Keller, Johann Friedrich *Bernhard,* 2. 7. 1802 Neubrandenburg bis 21. 9. 1873 ebd., Chirurg zu Neubrandenburg. 429

Kelling, Rudolf Friedrich *Gustav,* 25. 2. 1816 Klütz – 5. 5. 1898 ebd., Dr. med., prakt. Arzt zu Klütz 1843–1898. 565

Kinsky, Friederike, Baronin von, geb. Hähnel, 18. 1. 1792 Neubrandenburg – Ende 1872 Rom, Uhrmachermeistertochter aus Neubrandenburg. Beherrschte durch ihre ungewöhnliche Begabung und ihre Meisterschaft in der Intrige in den letzten Jahren seines Lebens den preuß. Staatskanzler Fürst von Hardenberg. Trat später zur katholischen Kirche über. 428

Kirchhoff, Marie Luise *Ernestine,* geb. Jahn, Chirurgentochter aus Greifswald, seit 1839 Ehefrau des Witwers ihrer Schwester Luise (1802–1838), Dr. Johann Heinrich Wilhelm Kirchhoff. 352

Kirchhoff, Johann Heinrich Wilhelm, 27. 9. 1800 Jamund bei Köslin (Pommern) – 16. 2. 1861 Grimmen, Dr. jur., Rechtsanwalt und Notar, Bürgermeister und Stadtrichter der Stadt Grimmen. Dichter und Übersetzer (griechischer Klassiker und neugriechischer Volkslieder). *352*

Kleekamp, August Alexander, 12. 9. 1810 Kiel – 20. 7. 1863 ebd., stud. theol., dann stud. jur. Kiel, Burschenschafter, in der Berliner Hausvogtei zusammen mit Fritz Reuter in Haft, dann nach Kiel ausgeliefert, wo er nach drei Wochen freigelassen wurde. 1844–1863 Kaufmann, Inhaber einer Papier- und Schreibmaterialien-Handlung und einer Leihbibliothek. 88, 97, 110, 129

Klein, Laura, 1851 Schülerin Reuters in Treptow (Toll.). 285

Kleinicke, Friedrich August *Ludwig,* 1. 11. 1812 Weißenfels bis 17. 7. 1872 Eisenach, Abteilungs-Ingenieur bei der Eisenbahn zu Eisenach, leitete den Bau von Reuters Villa in Eisenach. 579, 582, 585, 635, 637

Kliefoth, Theodor Friedrich Detlov, 18. 1. 1810 Körchow – 26. 1. 1895 Schwerin. Dr. theol., Oberkirchenrat 1849, Oberkirchenrats-Präsident 1886–1894 zu Schwerin. Der »Papst von Mecklenburg«. 391, 505

Klinge 1845 Wirtschafter zu Demzin bei Malchin. 240

Klink, gemeint ist Klinck, Johann Dietrich, Bürger und Schuhmachermeister, Ältermann des Schuhmacher-Amtes zu Neubrandenburg. 329

Kluth, Fr., 1858–1860 Fotograf zu Schwerin. 334

Kobell, gemeint ist Carl Heinrich Wilhelm Kobel, geb. 6. 2. 1792 Güstrow, 1839/40 Sekondleutnant der Garnison-Kompanie zu Dömitz. 320

Koch, Christian, 24. 2. 1794 Gottmannsförde – 22. 6. 1872 Gadebusch, Bürgermeister der Stadt Gadebusch. 565

Koch, Christian Friedrich, 15. 11. 1813 Berka (Werra) – 5. 9. 1872 Eisenach, Dr. phil., Gymnasial-Professor zu Eisenach. 438, 447, 450, 453, 695

Koch, Johann, 30. 11. 1802 Bremen – 16. 2. 1873 Parchim, 1831 Rektor zu Schwaan, wo Reuter ihn kennenlernte, 1835 Hilfsprediger zu Schwaan, 1845–1873 Pastor an St. Marien zu Parchim. Versuchte sich als Dichter (»Kleeblüten«, Bützow 1840; »Neuere Gedichte«, Rostock 1844). 402

Koch, Vincent Georg Johann Friedrich, 26. 7. 1816 Friedrichsdorf bei Wismar – 12. 1. 1862 Groß-Salitz, Rittergutsbesitzer auf Friedrichsdorf und Groß-Salitz. 239

Kock, Paul de, 1793–1871, französischer Unterhaltungsschriftsteller. 262

Kögel, Rudolf, 18. 2. 1829 Birnbaum (Posen) – 2. 7. 1896 Berlin, Dr. phil., seit 1864 Dom- und Hofprediger zu Berlin, 1881 Oberhofprediger, 1879–1891 Generalsuperintendent der Kurmark. Gegner aller liberalen Kirchen- und Parteipolitik. 532

Köhler, 1864 deutscher Buchhändler zu Konstantinopel. 654

Koehn, vermutlich Dömitzer oder Stavenhäger Fuhrmann (1840). 204

Kohn, Michel. 524

König, Johann Wilhelm Heinrich, 4. 12. 1764 Bülow bei Crivitz – 18. 8. 1841 Dömitz, 1835–1839 Premierleutnant zu Dömitz. 320, 528

Königk, Heinrich *Ludwig* (Louis), 27. 9. 1808 Nowydwor bei Modlin (Polen) – 23. 9. 1890 Swinemünde, stud. theol. Greifswald, Burschenschafter, Gefangener auf der Festung Magdeburg 1835–1838, später Schriftsteller und Verlagsbuchhändler zu Posen. Spitzname auf der Festung: »Perlhuhn«. *138, 152, 650*

Königk, Sophie Catharina, geb. Saß, 1. 8. 1820 – 22. 4. 1911, Kunstmalerstochter aus London. Seit 9. 10. 1858 Posen Ehefrau von Heinrich Ludwig (Louis) Königk. 651, 652

Köppen, Herr von, Hundezüchter. 316

Köppen, Fedor Georg von, 9. 3. 1830 Kolberg (Pommern) – 2. 7. 1906 Lausigk bei Leipzig, preuß. Hauptmann zu Koblenz, zuletzt Oberstleutnant a. D., Militär- und Jugendschriftsteller zu Berlin. 548

Körner, Theodor, 1791–1813. 381

Koester, Hans, 16. 8. 1818 Kritzow bei Wismar – 6. 9. 1900 Ludwigslust, Dr. phil., Landwirt, Parlamentarier, dramatischer Dichter. 438

Koester, Luise, geb. Schlegel, 22. 2. 1823 Lübeck – 2. 11. 1905 Schwerin, seit 1. 8. 1843 Bad Doberan Ehefrau des Dr. Hans Koester. Opernsängerin zu Schwerin, 1847–1862 zu Berlin. 438

Kohlrausch, Friedrich Theodor, 15. 11. 1779 Landolfshausen bei Göttingen – 30. 1. 1867 Hannover, Dr. phil., Professor, Generalschuldirektor, Chef des Oberschulkollegiums zu Hannover. Reuter widmete ihm den zweiten Band der »Stromtid«. *435, 452,* 469, 517

Kolumbus, Christoph, 1451–1506. 148

Konewka, Paul, 5. 4. 1840 Greifswald – 10. 5. 1871 Berlin, Silhouetten-Zeichner. 303

Konopack (nicht: Coropach), Christian Gottlieb, Nov. 1767 Danzig bis 3. 4. 1841 Jena, Dr. jur., seit 1817 o. Professor der Rechtswissenschaft (Strafrecht) an der Universität Jena, Oberappellationsgerichtsrat. 38

Kopernikus, s. Vogler, Friedrich Wilhelm.

Koppe, Johann Gottlieb, 21. 1. 1782 Beesdau, Kreis Luckau, – 1. 1. 1863 ebd., preuß. Landesökonomierat, Mitglied des preuß. Staatsrats, Domänenpächter auf Wollup mit Basta im Oderbruch und auf Kienitz, Kreis Lebus, Rittergutsbesitzer auf Beesdau und Crinitz. Bedeutender Landwirt seiner Zeit, »der große märkische Praktiker«. 113, 118, 122, 124, 151, 170, 183, 212, 356

Kornelius, s. Cornelius.

Kosegarten, Johann *Gottfried* Ludwig, 10. 9. 1792 Altenkirchen auf Rügen – 18. 8. 1860 Greifswald, 1817–1824 Professor für orientalische Sprachen an der Universität Jena (Verkehr mit Goethe), 1824 bis 1860 Professor der Theologie an der Universität Greifswald, Dozent für Geschichte und niederdeutsche Sprache ebd. Berühmter Orientalist. 340, 342, 343

Kotelmann, 1853 Buchbinder zu Treptow (Toll.). 288

Kraepelin (nicht: Kräplin usw.), Carl, 5. 10. 1817 Wittenburg – 8. 8. 1882 Potsdam, Opernsänger, Hofschauspieler zu Neustrelitz, Reuter-Rezitator. *401,* 454, 461, 565, 717

Krabe, 1847 Arzt in der Kaltwasserheilanstalt Bad Stuer bei Plau. 259

Kramer, s. Cramer.

Kraus, Frau, 1863 zu Plön (Holstein). 417

Krüger, Frau, 1862 zu Rostock. *399,* 400

Krüger, 1840 städt. Angestellter zu Dömitz. 209

Krüger, Carl David Christian, 28. 11. 1810 Malchin – 1886, Gymnasien Friedland und Parchim, stud. Rostock und Jena, Burschenschafter, 1833 auf vier Jahre relegiert, ab 18. 11. 1835 15 Monate Festungshaft in Dömitz, Senator der Stadt Malchin. Reuters Schul- und Studienfreund. 15, 18, 20, 27, 29, 32, 33, 36, 38, 40, 47, 52, 53, 92, 97, 149, 150, 293, 508, 522, 564, 573, 574, 575, 577, 596, 598

Krüger, Ernst Friedrich, gest. Grischow bei Treptow (Toll.) 5. 4. 1876, 83 J. alt, Bürgermeister von Treptow. 273

Krüpper, Dr., lebte 1864 in Athen. 477

Krull, Charlotte, geb. Wendorf, 4. 8. 1797 Anklam – 4. 11. 1864 Neubrandenburg, seit 8. 5. 1817 verheiratet mit Georg Friedrich (gen. Friedrich August) Krull (1789–1857), Kaufmann und Inhaber eines Tuchgeschäfts zu Neubrandenburg. Schwiegermutter von Pastor Franz Boll und Dr. med. Ludwig Brückner. 519

Krull (nicht: Crull), Conrad Friedrich, 22. 2. 1788 Malchin – 7. 7. 1866 Bützow, Kaufmann und Inhaber eines Tuchgeschäfts zu Bützow.

Bruder des Kaufmanns Friedrich August Krull zu Neubrandenburg. 198

Krull, Karl, vielleicht *Carl* Wilhelm Friedrich *Krull,* geb. 8. 10. 1849 Neubrandenburg, 1873 Kaufmann und Weinhändler zu Greifswald. 696

Krull, Wilhelm Heinrich Friedrich, 13. 9. 1836 Güstrow – 10. 2. 1902 ebd., Rechtsanwalt und Notar zu Güstrow. 565

Kruse, Johann Carl, geb. 8. 9. 1808 Tessin, Schmiedemeister, Senator und Kirchen-Ökonomus der Stadt Tessin. 565

Küffner, 1857 in Thalberg. 316

Kuhfahl, Madame, unterhielt 1839 in Dömitz einen Mittagstisch für die Festungsgefangenen. Vermutlich Witwe des 10. 8. 1835 Dömitz verstorbenen Kaufmanns und Elbzollmanifesteurs Gottlieb Heinrich Kuhfahl. 172

Kunike, Friedrich Wilhelm *Theodor,* 14. 5. 1819 Greifswald – (vor 27. 10.) 1864 (wo?), Verlagsbuchhändler, Inhaber der Verlagsbuchhandlung C. A. Koch und der Universitätsbuchdruckerei F. W. Kunike zu Greifswald. Bei ihm erschienen 1857 Reuters Lustspiele »Der 1. April« und »Blücher in Teterow«, 1858 die 1. Aufl. von »Kein Hüsung«. 297, 299, 301, *303, 308, 316,* 318, *322, 331,* 341, 342, 344, 400, 457, 475, 476, 513

Kunowski (Kunowsky), Georg Carl *Friedrich,* 3. 3. 1786 Beuthen a. O. – 23. 12. 1846 (verunglückt zwischen Kohlfurt und Sorau), Justizrat zu Berlin. 1834 Reuters Verteidiger. 73, 88

Kuntze, Bertha, geb. Wilbrandt, 15. 4. 1839 Rostock – 26. 10. 1892 Schwerin, Ehefrau von Postdirektor Wilhelm Kuntze, Schwägerin von Reuters Frau und Schwester von Adolf Wilbrandt. 670

Kuntze, Gotthard *Carl* Johann, geb. 19. 9. 1824 Roggenstorf, stud. jur., Teilnehmer am Schleswig-Holsteinischen Krieg, Leutnant, wanderte Anfang August 1852 mit seinen Brüdern Heinrich und Theodor nach Australien aus. Bruder von Reuters Frau. 278

Kuntze, Helene *Caroline* Ernestine, 14. 5. 1830 Roggenstorf – 10. 12. 1904 Zamora, Yolo-County (Kalifornien, USA.), seit 16. 4. 1857 Ehefrau von *Ferdinand* Friedrich Johann *Schliemann* (1825–1899), Farmer zu Zamora. Vetter des berühmten Archäologen Heinrich Schliemann. Schwester von Reuters Frau. 278

Kuntze, Emma Christiane Luise Henriette, 30. 10. 1821 Roggenstorf bis 22. 2. 1908 Wismar, Schwester von Reuters Frau. 325

Kuntze, Friedrich *Franz* Heinrich, geb. 26. 7. 1834 Roggenstorf, wanderte nach Amerika oder Australien aus. Bruder von Reuters Frau. 278

Kuntze, Friedrich Carl, geb. 18. 7. 1832 Roggenstorf, wanderte nach Amerika oder Australien aus. Bruder von Reuters Frau. 278

Kuntze, Friedrich *Heinrich* Hermann, geb. 16. 9. 1816 Grevesmühlen, stud. theol., Hauslehrer, wanderte Anfang August 1852 mit seinen Brüdern Carl und Theodor nach Australien aus. Bruder von Reuters Frau. 278

Kuntze, Luise Charlotte Marie, s. Reuter.

Kuntze, Sophie Henriette Luise Helene, 12. 7. 1826 Roggenstorf bis 28. 12. 1870 Wismar, Schwester von Reuters Frau. 278

Kuntze, Gottlieb *Theodor* Christian, geb. 6. 7. 1828 Roggenstorf, Landwirt, wanderte Anfang August 1852 mit seinen Brüdern Heinrich und Karl nach Australien aus, 1897 seit vielen Jahren verschollen. Bruder von Reuters Frau. 278

Kuntze, Wilhelm Gottlieb Peter, 26. 10. 1778 Ludwigslust – 7. 2. 1863 Dassow, 1815 Rektor der Stadtschule und Hilfsprediger zu Grevesmühlen, 1818–1858 Pastor zu Roggenstorf bei Grevesmühlen. Schwiegervater Fritz Reuters. 252, 277, 278, 284, 514

Kuntze, Heinrich *Wilhelm* Viktor, 19. 11. 1819 Roggenstorf – 21. 2. 1893 Schwerin, Postdirektor zu Schwerin, Bruder von Reuters Frau. 669

Kuntze, Wilhelmine Caroline Christine, geb. Scharff, 5. 8. 1794 Grevesmühlen – 25. 2. 1859 Dassow, seit 13. 10. 1815 Ehefrau des Pastors Wilhelm Kuntze. Schwiegermutter Fritz Reuters. 252, 278, 284

Kurz, seit 1835 Platzmajor auf der Festung Glogau. 106

Ladewig, Hermann Georg *Theodor,* 28. 6. 1812 – 29. 11. 1878 Schwarzeckshof bei Riga, stud. theol. et phil. Rostock (mit Reuter), Leipzig und Heidelberg, Dr. phil., Gymnasialprofessor am Gymnasium Carolinum zu Neustrelitz. 418, 565

Ladwig, 1835 Kammerrat zu Schwinkendorf. Gemeint ist Oberamtmann Ladwig zu Schwichtenberg. 77, 83

Lange, Christoph Friedrich, aus Bad Doberan, 1839/40 Leutnant auf der Festung Dömitz. 320

Lange, Fritz, Neubrandenburg 1857. 313
Lange, Gustav, 1. 9. 1812 Rostock – 19. 2. 1867 Stavenhagen. Notar publ. zu Stavenhagen. 269

Langen, Carl Johann von, gest. 7. 6. 1849, preuß. Oberst, zuletzt Generalmajor, Kommandant der Festung Silberberg. 73, 167

Langfeld, Friedrich *August* Georg, 30. 4. 1819 Neustadt-Glewe bis 27. 9. 1871 Rostock, seit 1852 Landsyndikus zu Rostock. Verheiratet mit Schwester des Bürgermeisters Franz Floerke zu Grabow. 441

Lassalle, Ferdinand, 1825–1864. 504

Lazarus, Moritz, 15. 9. 1824 Filehne (Prov. Posen) – 13. 4. 1903 Meran, 1860–1866 Professor der Psychologie und Völkerpsychologie an der Universität Bern (Schweiz), 1867 Lehrer an der Kriegsakademie zu Berlin, seit 1873 Honorarprofessor an der Universität zu Berlin. Schriftsteller. Präsident der ersten israelischen Synode. *489*

Lehmann, 1866 Sattlermeister zu Stavenhagen. 564

Lehmann, August, 1863 Gymnasialdirektor zu Marienwerder. 426, 441, 450

Lehmann, Carl Eduard, 29. 11. 1806 Malchin – 3. 5. 1893 Waren-Müritz, 1831 Konrektor, 1841 Rektor zu Sternberg, 1843 Zweiter, 1868 Erster Pastor an St. Georg zu Waren-Müritz. 564

Lehmann, Johann Carl, 5. 1. 1820 Luckau – 26. 10 1891 Schkölen, 1849 Diakonus zu Sonnewalde, 1854 Archidiakonus zu Lübben, 1862–1870 Oberprediger zu Fürstenwalde (Spree), 1871–1890 Propst zu Schkölen. *657*

Lehsten, Detlov August Gerhard von, 11. 9. 1800 Cambs – 26. 4. 1875 Rehna, meckl. Forstmeister zu Rehna. 631

Lehsten, 1847 Kuhhirte, dann Schäfer zu Thalberg bei Treptow (Toll.). 253

Leist, Dr., Divisionsprediger zu Magdeburg. 136, 138
Leitner, Carl *August* Wilhelm von, 6. 8. 1811 Spandau – 12. 9. 1878 Tessin, Advokat und Notar, Bürgermeister der Stadt Tessin. 565

Lembke, *Paul* Gabriel Johann, 17. 8. 1821 Lutterstorf bei Wismar bis 11. 2. 1891 Kiel, Rittergutsbesitzer auf Lutterstorf, langjähriger Direktor des Meckl. Patriotischen Vereins zu Wismar. *355*

Lenné, Peter Joseph, 29. 9. 1789 Bonn – 23. 1. 1866 Potsdam, Generaldirektor der königlich preußischen Gärten zu Potsdam. 609

Lenz, Gustav Wilhelm, gest. um 1882/83, Rechtsanwalt und Notar zu

Greifswald, Justizrat. Vertrat in der Zeit um 1848 in Greifswald einen utopischen Sozialismus. 296, 297

Lessing, Gotthold Ephraim, 1729–1781. 540

Lettow, Julius Heinrich, aus Parchim, stud. jur. Rostock seit 1830. 34

Lewes, Charles Lee, Sohn des englischen Schriftstellers George Henry *Lewes* (1817–1878), übersetzte 1867 Reuters »Franzosentid« ins Englische. 632, 637

Lichtenberg, Georg Christoph, 1742–1799. 540

Liebig, Justus, Freiherr von, 12. 5. 1803 Darmstadt – 18. 4. 1873 München, Professor der Chemie an den Universitäten Gießen und München. 1860 Präsident der Bayerischen Akademie der Wissenschaften. Vgl. Bd. 1, Anm. zu S. 109. 680, 710

Liebmann, Anna, s. Reß.

Liebmann (nicht Lipmann usw.), Michael, 20. 3. 1810 Penzlin bis 25. 11. 1874 Stavenhagen, stud. med., Burschenschafter, Dr. med., prakt. Arzt zu Stavenhagen 1835–1874. Urbild des »Dr. med. So und So« in Reuters »Ut mine Stromtid« (Kap. 43). Vater von Anna Reß, geb. Liebmann. 87, 149, 247, 252, 368, *618*

Lierow, Gustav Adolf Wilhelm, 30. 1. 1813 Spendin bei Dobbertin bis 22. 2. 1891 Lohmen, Pastor zu Lohmen 1838–1891, meckl. Kirchenrat, gehörte zu den Männern des Vormärz in Mecklenburg. *394, 449*

Lierow, Dorothea Friederike *Ottilie,* geb. Langfeld, 20. 6. 1822 Neustadt-Glewe – 31. 5. 1878 Lohmen. Seit 15. 10. 1847 Ehefrau des Pastors Gustav Lierow. Schwester des Landsyndikus August Langfeld. 451

Lingnau (nicht Lignau), *Carl,* Adolf, Friedrich, geb. 26. 2. 1817 Neustrelitz, Verlagsbuchhändler zu Neubrandenburg, um 1861 ohne Rechnungsablage nach Amerika. 296, 473

Lipperheide, Franz Josef, Freiherr von, 22. 7. 1835 Berleburg (Westfalen) – 30. 7. 1906 München, Verlagsbuchhändler, Inh. der 1865 gegr. Verlagsbuchhandlung Franz Lipperheide zu Berlin, preuß. Freiherrnstand 14. 12. 1892. *683, 686, 692, 698, 700*

Lippold, Georg Friedrich Wilhelm, 1866 Hofzahnarzt zu Güstrow. 565, 574, 596, 598

Lisette, Reuters erstes Dienstmädchen in Eisenach. 448

Löhn, entweder Johann Heinrich Ludwig Löhn, geb. 27. 8. 1823 Neubrandenburg, Schlachtermeister ebd., oder Johann Ernst Andreas Löhn, geb. 19. 8. 1827 Neubrandenburg, Pferdehändler ebd., beide 1863 Bürger zu Neubrandenburg. 447

Loeper, Albert Hermann Ludwig Carl, 23. 1. 1839 Neubrandenburg bis 30. 11. 1922 Greifswald, Gutspächter auf Menzlin bei Anklam. Sohn des Dr. med. Moritz Loeper. Schwiegersohn von Fritz Peters. 439, 526, 549, 585, 674

Loeper, Elise Wilhelmine Auguste, geb. Peters, 19. 6. 1844 Thalberg bis 17. 1. 1875 Menzlin, seit 29. 9. 1864 Ehefrau von Albert Hermann Ludwig Carl Loeper. Älteste Tochter von Fritz Peters. 253, 254, 261, 265, 361, 494, 526, 528, 549, 585

Loeper, Lina, geb. Gothenbeutel, 5. 7. 1823 Stettin – 10. 2. 1869 Wilhelmsfelde, Ehefrau des Rittersgutsbesitzers Otto Hermann Friedrich Loeper. *392, 660*

Loeper, Moritz Christian Lorenz, 12. 7. 1799 Gnoien – 22. 12. 1866 Neubrandenburg, Dr. med., 1826–1866 prakt. Arzt zu Neubrandenburg. Vater von Albert Hermann Ludwig Carl Loeper. 310

Loeper, Otto Hermann Friedrich, 25. 2. 1814 Gartz a. Oder – 3. Juli 1866 Wilhelmsfelde, preuß. Oberamtmann, Rittergutsbesitzer auf Wilhelmsfelde, Kreis Greifenhagen, in Pommern. Vetter von Dr. med. Moritz Loeper. 393

Loescher, Johann *August* Georg Theodor, 27. 8. 1800 Parchim bis 11. 4. 1879 ebd., Advokat und Stadtregistrator zu Parchim. Bruder von Kirchenrat Friedrich Loescher. 519, 564, *608, 681*

Loescher, Julius Georg Heinrich *Friedrich* (Fritz), 17. 9. 1802 Parchim bis 14. 1. 1885 Güstrow, 1824 Lehrer, 1827 Subrektor des Gymnasiums zu Parchim, 1832 Pastor an der Pfarrkirche zu Güstrow, meckl. Kirchenrat. Verheiratet mit Molly Wüsthoff (1805–1885), Schwester von Adelheid Hermes, geb. Wüsthoff. 428, 565, 577, 608

Loescher, Friedrich Wilhelm Johann Christian *Gustav,* 11. 1. 1831 Parchim – 5. 6. 1902 Schwerin, 1861 Pastor zu Grevesmühlen, Präpositus, meckl. Kirchenrat. Sohn des Kirchenrats Friedrich Loescher in Güstrow. 565

Löw, 1867 Direktor zu Meseritz in Posen. 628

Lorenz, Frau, 1863 Inhaberin des Hotels »Zum Fürstenhof« zu Neubrandenburg, Witwe des 3. 1. 1861 Neubrandenburg verstorbenen aus Neustrelitz stammenden Gastwirts Heinrich Ludwig Ferdinand Lorenz. 350, 446

Lorenz, Eduard Georg Heinrich, 2. 9. 1817 Neustadt-Glewe bis 15. 11. 1850 Krakow, Dr. med., prakt. Arzt zu Krakow 1842–1850. 565

Lorey, Franz Alexander Adolf, 27. 9. 1813 Groß-Rudestedt bei Erfurt bis 24. 11. 1877 Gera, stud. theol. et phil. Jena 1830–1833, Hauslehrer, 1836 Vorsteher eines Privatinstituts zu Weimar, 1848 Rektor und Frühprediger zu Apolda, 1849 Landtagsabgeordneter, 1851–1863 Direktor der von ihm gegr. Sekundärschule und der 1. und 2. Bürgerschule zu Eisenach, 1863–1877 Direktor der Gesamtstadtschule zu Gera. Universitätsfreund Reuters. 472

Lowtzow, Friedrich Christian *Wilhelm* von, 29. 1. 1778 Jürgenstorf bis 4. 2. 1864 Bad Doberan, Landdrost des Amtes Stavenhagen, zuletzt Oberlanddrost a. D. 87, 96, 134, 238

Ludwig, Otto, 1813–1865. 382

Lübker, Friedrich, aus Schleswig, Dr. phil., 1848 Rektor der Gelehrtenschule zu Flensburg, 1850 von der dänischen Regierung seines Amtes enthoben, Lehrer zu Wismar, 1851–1863 Direktor des Gymnasiums zu Parchim. 440

Lützow, Ludwig Friedrich Wilhelm von, 25. 7. 1793 Ludwigslust bis 13. 5. 1872 Boddin bei Gnoien, meckl. Staatsminister und Regierungspräsident, Rittergutsbesitzer auf Boddin. 162, 170

Luth, Johann Heinrich Christian, 4. 11. 1786 Schloen bei Waren bis 30. 3. 1857 Stavenhagen, Ratsdiener zu Stavenhagen. 535

Lyra, Justus Wilhelm, 23. 3. 1822 Osnabrück – 30. 12. 1882 Gehrden (Hannover), Pastor zu Gehrden, westfälischer Dichter. 349

Maaß, 1837 Gefängnisinspektor auf der Festung Magdeburg. 116

Macaulay, Thomas Babington Lord, 25. 10. 1800 Rothley-Temple (Leicestershire) – 28. 12. 1859 Kensington, englischer Staatsmann und Geschichtsschreiber. 621

Mackeldey, Ferdinand, 5. 11. 1784 Braunschweig – 20. 10. 1834 Bonn. 33, 36, 165, 183, 217

Mähl, Joachim, 15. 9. 1827 Niendorf (Holstein) – 4. 7. 1909 Bad Segeberg, 1850 Lehrer zu Segeberg, seit 1854 Oberlehrer an der Knabenschule zu Reinfeld, Schriftsteller, bekannter plattdeutscher Erzähler, Lyriker und Übersetzer. *656*

Malabar, s. Bahr, Wilhelm.

Malß, Carl, 2. 12. 1792 Frankfurt (Main) – 3. 6. 1848 ebd., Kaufmannslehrling, u. a. in Lyon (Frankreich), 1814–1815 Offizier der Frankfurter Freiwilligen, stud. Gießen, Festungsarchitekt zu Koblenz, 1827 Theaterdirektor zu Frankfurt (Main), Frankfurter Mundartdichter. 497

Maltitz, Friedrich Apollonius, Freiherr von, 11. 6. 1795 Gera bis 2. 3. 1870 Weimar, Lyriker, Epigrammatiker, Dr. phil. h. c., Diplomat zu Rio de Janeiro 1830–1836, Legationsrat zu München 1836 bis 1841, seitdem Geschäftsträger zu Weimar. 588

Manecke (nicht Mahnke), *Hans* Carl Peter, 8. 7. 1798 Schwerin bis 18. 2. 1871 ebd., Gutsbesitzer auf Duggenkoppel bei Kröpelin, setzte sich für eine fortschrittlichere meckl. Verfassung ein. 565

Manteuffel, Otto Theodor, Freiherr von, 3. 2. 1805 Lübben bis 26. 11. 1882 Krossen bei Luckau, reaktionärer preuß. Politiker, 1848 bis 1849 Minister des Innern, 1850–1858 Ministerpräsident und Außenminister. 274

Marcus, Michael, 7. 2. 1814 Greifswald – 24. 1. 1887 Westerland, Dr. med., prakt. Arzt zu Anklam, 1869 zu Hamburg. *329*

Marées, Friedrich Ludwig *Adolf* von, 17. 2. 1801 Dessau – 14. 3. 1874 Koblenz, preuß. Kammerpräsident zu Koblenz. 551

Marggraff, Franz Eberhard, 22. 12. 1787 Köpenick bei Berlin – 25. 12. 1879 Berlin, Dr. phil., Schulvorsteher zu Berlin. Durch seine Ehefrau *Eleonore Engel* (1798–1879) Schwager von Reuters Tante Sophie Reuter, geb. Engel, in Jabel. *»Vetter Marggraff«*. 126, 135, 136

Marschall, 1839 Proviantmeister auf der Festung Graudenz. 164

Marten, M., 1851 Kaufmann oder Handwerker zu Treptow (Toll.). 267

Martens, Julius Albert, 11. 9. 1813 Wismar – 2. 6. 1896 ebd., Burschenschafter, Rechtsanwalt zu Wismar. 92, 166, 183, 565

Martin, Christoph Reinhard Dietrich, 2. 2. 1772 Bovenden bei Göttingen – 13. 8. 1857 Gotha, Dr. jur., 1815–1842 Professor der Rechte zu Jena, Geh. Justizrat, Oberappellationsgerichtsrat. 38

Marung, Carl Wilhelm Christoph, 25. 7. 1813 Woldegk – 4. November 1890 Schönberg, Dr. med., prakt. Arzt zu Woldegk 1834–1839, zu Schönberg 1839–1890. 565

Maßmann, Hans Ferdinand, 15. 8. 1797 Berlin – 3. 8. 1874 Muskau, Germanist und Mitbegründer des Turnwesens in Deutschland, Freund von Turnvater Jahn, seit 1842 Professor der deutschen Sprache und Literatur an der Universität Berlin. 323, 381

Mau, Johann Gottfried Ludwig, geb. 21. 10. 1811 Güstrow – 11. 2. 1893 Neukalen, Advokat und Notar, Bürgermeister der Stadt Neukalen. 564

Mayer, August, geb. in Friedland, Bruder von Wilhelm Mayer. 708

Mayer, Johanna, geb. Schroeder, 18. 12. 1819 Friedland – 20. 6. 1877 Stettin, Ehefrau des Wilhelm Mayer. 708

Mayer, Wilhelm, 29. 5. 1813 Friedland – 7. 11. 1895 Stettin, Reuters Schulkamerad in Friedland, Apotheker und Inh. der Pelikan-Apotheke zu Stettin, Stadtältester. *706*

Mecklenburg-Strelitz, *Adolf Friedrich IV.,* Herzog von, 5. 5. 1738 Mirow – 2. 6. 1794 Neustrelitz, reg. 1752–1794. »Dörchläuchting«. 533, 552, 594

Mecklenburg-Schwerin, *Alexandrine,* Großherzogin von, geb. Prinzessin von Preußen, 23. 2. 1803 Berlin – 21. 4. 1892 Schwerin, seit 25. 5. 1822 verheiratet mit Paul Friedrich, Großherzog von Mecklenburg-Schwerin. Tochter von Friedrich Wilhelm III., König von Preußen. Mutter des Großherzogs Friedrich Franz II. von Mecklenburg-Schwerin. 125, 126, 127, 129, 134, 135

Mecklenburg-Schwerin, *Anna,* Großherzogin von, geb. Prinzessin von Hessen und bei Rhein, 25. 5. 1843 Bessungen – 16. 4. 1865 Schwerin, seit 15. 2. 1864 verheiratet mit Friedrich Franz II., Großherzog von Mecklenburg-Schwerin, als dessen zweite Frau. 494

Mecklenburg-Schwerin, *Carl Leopold,* Herzog von, 26. 11. 1678 Grabow – 28. 11. 1747 Dömitz, reg. 1713–1747. 319

Mecklenburg-Schwerin, *Friedrich Franz I.,* Großherzog von, 10. Dezember 1756 Schwerin – 1. 2. 1837 Ludwigslust, reg. 24. 4. 1785 bis 1. 2. 1837. Großvater des Großherzogs Paul Friedrich von Mecklenburg-Schwerin. 101, 552

Mecklenburg-Schwerin, Friedrich Franz II., Großherzog von, 28. 2. 1823 Ludwigslust – 15. 4. 1883 Schwerin, reg. 1842–1883. 302, 334, 391, *419,* 422, 457, 494, 505, 519, 520, *552,* 572, 589, *591,* 604, *617*

Mecklenburg-Strelitz, *Friedrich Wilhelm,* Großherzog von, 17. Oktober 1819 Neustrelitz – 30. 5. 1904 ebd., reg. 1860–1904. Sohn des Großherzogs Georg von Mecklenburg-Strelitz. 363, 519, 520

Mecklenburg-Strelitz, *Georg*, Großherzog von, 12. 8. 1779 Hannover bis 6. 9. 1860 Schweizerhaus bei Neustrelitz, reg. 1816–1860. Neffe des Herzogs Adolf Friedrich IV. von Mecklenburg-Strelitz. 311

Mecklenburg-Schwerin, *Paul Friedrich*, Großherzog von, 15. 9. 1800 Ludwigslust – 7. 3. 1842 Schwerin, reg. 1837–1842. Schwiegersohn von Friedrich Wilhelm III., König von Preußen. 107, 112, 125, 157, 162, 170, 179, 201, 370, 617, 618

Mehlgarten, Ludwig Johann Carl, 1866 Kantor und Organist zu Dassow. 565

Meibom, Friedrich Ludwig Jakob von, 22. 7. 1800 Monplaisir bei Wolfenbüttel – 6. 9. 1886 Hannover, hannov. Rittmeister, Rittergutsbesitzer auf Lübsee und Grünenhof (Meckl.) 1836–1843, dann Pächter des Dom.-Klosters Lüne bei Lüneburg. 176

Meier, 1831 Rektor der Schule zu Ludwigslust. 30

Meier (nicht: Meyer), Johann Friedrich Franz, 3. 6. 1790 Neubrandenburg – 18. 11. 1869 Malchin, 1818 Kantor zu Grabow, 1824 Pastor zu Malchin, meckl. Kirchenrat. 564

Meier, s. auch Meyer.

Meincke, gemeint ist Hermann Theodor Gustav Meyncke, 13. 5. 1815 Strelitz – 3. 4. 1874 Neubrandenburg, Kreissekretär zu Neubrandenburg. 656

Mercker, Johann August Carl, 1841 Rittergutspächter auf Roggenhagen bei Friedland. 237, 238

Mertens, F. H., Stadtbibliothekar zu Antwerpen. *348*

Messerich (nicht: Meßrich), August, aus Bitburg (Eifel), gest. 3. 1. 1876, stud. theol., dann jur. Heidelberg, Burschenschafter, Gefangener auf der Festung Magdeburg 1835–1840, später Rechtsanwalt zu Trier. 537, 651

Metz, Johann Ludwig, 19. 7. 1789 Stavenhagen – 17. 11. 1864 ebd., Chirurgus zu Stavenhagen. 515

Meyenn (nicht: Meyen), Wilhelm Alexander *Friedrich* Ludwig Carl von, 20. 5. 1801 Vielist – 24. 9. 1873 Schwerin, Rittergutsbesitzer auf Vielist und Gresse (Meckl.), auf Sarow und Ganschendorf, Kreis Demmin (Pommern). 437, 669, 701

Meyer, s. auch Meier.

Meyer, August Friedrich Daniel, 13. 10. 1785–29. 6. 1839 Ludwigslust, Brauereibesitzer zu Ludwigslust. 174

Meyer, 1863 Prediger zu London. 411

Meyer, Fritz, Sohn von Sophie Meyer. 366, 383

Meyer, Isaac Salomon, 15. 4. 1820 Altona – 1. 8. 1884 Hamburg, Buchhändler und Antiquar zu Hamburg. 331, 332

Meyer, Johann Heinrich Otto, 5. 1. 1829 Wilster (Holstein) bis 16. 10. 1904 Kiel, bis zum 21. Jahre Müller und Zimmermann, 1854 Abitur Meldorf, stud. theol., Literatur und Geschichte Kiel, 1859 bis 1861 Chefredakteur der »Itzehoer Nachrichten«, seit 1862 Direktor einer von ihm gegr. Heilanstalt für Schwachsinnige zu Kiel, plattdeutscher Dichter. *335,* 349, 449, *714*

Meyer, Ludwig, aus Warnemünde, Friedländer Schulkamerad Reuters, lebte 1864 in Kanada, 468

Meyer, Sophie, Freundin von Adelheid Hermes, geb. Wüsthoff, Bekannte Reuters aus der Parchimer Zeit. 366, 383, 407

Meyr, Melchior, 28. 6. 1810 Ehringen bei Nördlingen – 22. 4. 1871 München, Dramatiker und Romanschriftsteller, durch seine »Geschichten aus dem Ries« Mitbegründer der Dorfgeschichte. 679

Michaelis, Otto, 12. 9. 1826 Lübbecke (Westfalen) – 8. 12. 1890 Berlin, Dr. phil., Redakteur der Nationalzeitung, Reichstagsabgeordneter bis Ende 1867 (Nationalliberale Partei), Mitglied des Preuß. Abgeordnetenhauses 1866–1867, Vortragender Rat im Bundeskanzleramt zu Berlin, Wirk. Geh. Oberregierungsrat. 399

Michels, aus Rostock, kam 1863 aus Schottland nach Eisenach. 438

Michelsen, Christian Friedrich, 13. 9. 1770 Christinenfeld bei Klütz bis 28. 3. 1841 Dömitz, Advokat und Stadtrichter zu Neubukow, meckl. Amtmann. 208, 211

Milarch, Ernst, 29. 1. 1829 Neubrandenburg – 26. 5. 1888 ebd., 1859 Pastor an St. Marien zu Neubrandenburg, Präpositus. 443

Miquel, Johannes Franz von, 19. 2. 1828 Neuenhaus (Hannover) bis 8. 9. 1901 Frankfurt (Main), Dr. jur., gehörte bis 1852 dem Bund der Kommunisten an, dann bürgerlicher Politiker, 1859 Mitbegründer des Nationalvereins, 1865–1870 einer der Führer der Nationalliberalen Partei, Reichstagsabgeordneter, Mitglied des Preuß. Abgeordnetenhauses 1867–1882, 1869 Oberbürgermeister der Stadt Osnabrück, Rechtsanwalt und Bankier, 1890–1901 preuß. Finanzminister und seit 1897 Vizepräsident des preuß. Staatsministeriums. 518, 520

Mittermaier, Carl Josef Anton, 5. 8. 1787 München – 28. 8. 1867 Heidelberg, 1811 Professor der Rechte zu Landshut, 1819 zu Bonn, 1821 zu Heidelberg. Demokrat, 1848/49 Mitglied der Nationalversammlung zu Frankfurt (Main). Als akademischer Lehrer und juristischer Schriftsteller genoß er europäischen Ruf. 220, 228, 234

Möller, Gärtner in Diensten Reuters zu Eisenach. 630, 666

Mohl, Robert von, 1. 7. 1799 Stuttgart – 5. 11. 1875 Berlin, 1824 Professor der Staatswissenschaften zu Tübingen, 1847 Professor der Rechte zu Heidelberg, 1848–1849 Reichsminister der Justiz, 1849 bis 1861 Prof. d. Rechte zu Tübingen, 1861–1866 badischer Gesandter beim Bundestag, 1867–1871 zu München, 1871 Präsident der Oberrechnungskammer zu Berlin, 1874 Mitglied des Deutschen Reichstages. 217

Mohnke, Franz August Christian (auch: Moncke), 1864 Brauer und Gastwirt zu Neubrandenburg. 481, 508

Moliere, d. i. Jean-Baptiste Poquelin, 1622–1673. 85

Moll, Ernst Carl Joseph Christoph, 16. 9. 1835 Neubrandenburg bis 5. 8. 1909 ebd., 1864 Advokat ebd. 503

Montesquieu, Charles de Secondat, Baron de, 1689–1755. 85

Morstadt, Carl Eduard, 7. 4. 1792 Karlsruhe – 10. 1. 1850 Heidelberg, 1819 a. o., 1842 o. Professor der Rechte zu Heidelberg. 228, 234

Mühlenbruch, Christian *Friedrich* Simon, 3. 10. 1785 Rostock bis 17. 7. 1843 Göttingen, Professor der Rechte. 234

Müllenhoff, Carl, 8. 9. 1818 Marne (Süderdithmarschen) – 19. 2. 1884, 1846 Professor der deutschen Sprache, Literatur und Altertumskunde zu Kiel, seit 1858 in Berlin. Freund und Förderer Klaus Groths. 336

Müller, 1841 Schreiber (= Wirtschafter) auf dem Rittergut Roggenhagen bei Friedland. 238

Müller-Stettin, 399

Müller, Carl Ludwig Theodor, 4. 2. 1818 Scharpzow bei Stavenhagen bis 12. 7. 1878 Lübeck, Domänenpächter auf Scharpzow 1839–1851, Rittergutsbesitzer auf Jessenitz bei Lübtheen 1852–1854, seit 1855

Rittergutsbesitzer auf Bolz bei Sternberg, Freund von Ludwig Reinhard. 451, 565, 623, 696

Müller, Fooke Hoissen, 15. 7. 1798 Aurich (Friesland) – 8. Oktober 1856 Berlin, Lehrer am Gymnasium zu Aurich, seit 1842 Professor am Gymnasium zum Grauen Kloster zu Berlin, Schriftsteller in ostfriesischer Mundart. 349

Müller, Friedrich Conrad (Müller von der Werra), 14. 11. 1823 Ummerstadt (Thür.) – 26. 4. 1881 Leipzig, Arzt zu St. Gallen, Weimar, zuletzt in Leipzig. Lyriker und Erzähler. 451

Müller, Friedrich Emil von, 29. 4. 1810 Coburg – 4. 1. 1900 ebd., stud. theol. Jena, Leidensgefährte Reuters, 1863 Archidiakonus, D. theol., zuletzt Oberkonsistorialrat und Generalsuperintendent zu Coburg. 430, 441

Müller, Friedrich Heinrich Daniel, 2. 9. 1805 Gnoien – 3. 11. 1852 Parchim, 1827 Kantor, 1835 Oberlehrer am Gymnasium zu Parchim, 1841–1849 Pastor zu Hohen-Mistorf. 24

Müller und Weichsel, 1837 Firma in Magdeburg, Geschäftsführer: Ferdinand Kämpf. 116, 430

Müllner, Adolf, 18. 10. 1774 Langendorf bei Weißenfels – 11. Juni 1829 Weißenfels, seit 1798 Rechtsanwalt zu Weißenfels. Schriftsteller, Vertreter der »Schicksalsdramatik«. 310

Müschen, Heinrich, geb. 2. 10. 1804 Belitz, Kantor zu Teterow, Blumenzüchter. 650

Munkel, gemeint ist Johann Dietrich Munkelt, 5. 11. 1799 Neubrandenburg – 21. 11. 1874 ebd. Schlachtermeister zu Neubrandenburg. 328

Mussäus (nicht: Musaeus), *Theodor* Johann Friedrich Georg, 10. Juli 1814 Boizenburg (Elbe) – 20. 2. 1895 Wismar, zuletzt Oberamtsrichter zu Wismar. 565

Naeter, Friederike Wilhelmine, geb. Jansen, 30. 10. 1818 Halberstadt – (nach 1870), seit 1850 Ehefrau des Fleischermeisters zu Egeln, späteren Gastwirts zu Aschersleben Christian *Carl* Naeter. 679

Nahmmacher, Carl Ernst Friedrich, 15. 1. 1811 Trittelwitz bei Verchen – 13. 2. 1870 Güstrow, Kaufmann zu Güstrow. Reuters Spielkamerad in Stavenhagen. Sohn des Gutspächters Georg Carl Nahmmacher. 369

Nahmmacher, Carl Friedrich Theodor, geb. 20. 2. 1826 Neubrandenburg, Kaufmann, meckl.-strel. Hoflieferant zu Neubrandenburg. 656

Nahmmacher, Georg Carl, geb. 4. 10. 1763 Trittelwitz bei Verchen (Vorpommern), Gutspächter auf Trittelwitz, seit 1813 auf Altbauhof bei Stavenhagen. 369

Nauwerk, Eduard Wilhelm Dietrich, 15. 2. 1809 Neustrelitz bis 26. 2. 1868 Alt-Strelitz, Kanzlei-Advokat und Notar, Bürgermeister der Stadt Alt-Strelitz, 1848 Abgeordneter des Meckl. Verfassunggebenden Landtags zu Schwerin. 47, 60, 92, 104, 166, 180, 185

Nero, 37–68, römischer Kaiser seit 54. 87

Nieberg, 1866 Gymnasiallehrer aus Rheine in Westfalen. Katholik. 568, 570, 579, 580, 590, 594, 603

Niederhöffer, Friedrich Carl Otto *Wilhelm,* 15. 1. 1812 Güstrow bis 9. 8. 1894 Röbel, 1837 Lehrer zu Röbel, 1844 zu Schwerin, 1845 Rektor zu Gadebusch, 1848 Pastor zu Stavenhagen, 1882 Präpositus. Als Nachfolger Dr. Grischows Bürgermeister Reuters Testamentskurator und Verwalter der 4750 Taler, deren Nießbrauch Fritz Reuter zustand. 439, 514, *550,* 564, 619, 680

Nissen, Hans Jürgen, gest. 11. 12. 1903 Grevesmühlen, Advokat und Notar, 1879–1899 Bürgermeister der Stadt Grevesmühlen, meckl. Geh. Hofrat. 565

Nissen, Josef, 14. 3. 1813 St. Thomas – 2. 3. 1882 Lübeck, Bürger 27. 3. 1838 und Weinhändler zu Lübeck, Mitinhaber der Weingroßhandlung Maßmann und Nissen. 327

Nobiling, Schwiegersohn von Justizrat Ludwig Schröder zu Treptow (Toll.). 672

Novalis, Pseudonym von Friedrich Leopold Freiherr von Hardenberg, 1772–1801. 495

Oehlenschläger, Adam, 1779–1850. 337

Ölpke, Johanna Sophia *Christiane,* 17. 5. 1784 Triebsees – 24. 9. 1856 Tessin, Halbschwester von Reuters Mutter. Tochter des Bürgermeisters Nikolaus Gottfried Bernhard Ölpke aus seiner ersten Ehe mit Juliana Sophia Hector (1748–1786). Reuters »Tante Christiane«. 68, 148

Ölpke, Marie Sophie, geb. Moll, 23. 5. 1760 Stremlow bei Triebsees bis 17. 6. 1839 Stavenhagen, seit 13. 10. 1786 zweite Ehefrau des Nikolaus Gottfried Bernhard Ölpke. Großmutter mütterlicherseits von Fritz Reuter. 17, 28, 29, 34, 39, 46, 48, 50, 56, 61, 63, 65, 66, 67, 74, 80, 95, 101, 107, 114, 130, 145, 163, 173

Ölpke, Nikolaus Gottfried Bernhard, 31. 5. 1740 Richtenberg bis 6. 1. 1792 Triebsees, kgl. schwed. Stadtrichter und Bürgermeister der Stadt Triebsees. Großvater mütterlicherseits von Fritz Reuter. 353

Oertzen, Herr von, 1864 aus Neubrandenburg flüchtig geworden. 473

Oertzen, Carl Ludwig von, 15. 2. 1801 Klockow (Strel.) – 24. 9. 1871 Schönberg, meckl. Amtmann zu Schönberg. 565

Oertzen, Carl Friedrich Theodor Ludwig *Georg* von, 2. 2. 1829 Brunn (Strel.) – 26. 5. 1910 Freiburg (Breisgau), wirkte 1866 für die Main-Armee zu Frankfurt (Main), meckl. Kammerherr, Generalkonsul z. D. 580

Oertzen, Georg *Ludwig* von, 11. 6. 1801 Kittendorf – 10. 9. 1878 Ludwigslust, meckl. Landrat, Rittergutsbesitzer auf Jürgenstorf und Voßhagen. 565

Oesten, 1867 meckl. Rat zu Burg Stargard. 631

Oetker, Friedrich, 9. 4. 1808 Rehren (Kurhessen) – 17. 2. 1881 Berlin, Dr. jur., Rechtsanwalt zu Kassel. Bürgerlich-oppositioneller Schriftsteller und Publizist. Mitbegründer des Coburger Nationalvereins, 1867–1881 Reichstagsabgeordneter (Nationalliberale Partei) und Mitgl. des Preuß. Abgeordnetenhauses. Erzähler und Folklorist. 502, 532, 533, 540

Ohl, Anna Marie, geb. Fleck, 14. 3. 1792 Stralsund – 27. 12. 1877 Siedenbollentin, Schwiegermutter von Fritz Peters. 253, 257, 258, 259, 315, 316, 326, 361, 439, 460, 470, 494, 631, 636, 666

Ohm, Martin, 6. 5. 1792 Erlangen – 1. 4. 1872 Berlin, Professor der Mathematik an der Universität Berlin. Jüngerer Bruder des Physikers Georg Simon Ohm (1787–1854). 67, 70, 71

Otto, Stettin, 1837. – Carl August *Theodor Otto,* 10. 11. 1807 Zerbst bis 22. 3. 1851 Wendhof bei Malchow, 1827–1830 stud. theol. et phil. Halle und Erlangen, 2. 1. 1831 wegen Teilnahme am Hallenser Karzersturm zu Festungshaft verurteilt, bis Ende 1831 auf der Zitadelle Magdeburg, stud. dann in Berlin, 1836 wegen Hochverrats und Gründung der revolutionären Burschenschaft in Greifswald zum Tode verurteilt, zu lebenslänglicher Festungshaft begnadigt, 1840 amnestiert. Hauslehrer beim Domänenpächter Christian Bühring auf Beckentin bei Grabow, ging mit diesem nach Wendhof bei Malchow, dort gestorben, als er im Begriff stand, mit der Familie Bühring nach Amerika auszuwandern. 105

Paetow, Franz Ludwig Heinrich Bernhard, 21. 2. 1832 Rostock bis 4. 3. 1900 Berlin-Friedenau, Reeder (u. a. der Bark »Fritz Reuter«) und Vizekonsul zu Rostock. 614

Palleske, Emil Wilhelm Samuel, 5. 1. 1823 Tempelburg (Pommern) bis 28. 10. 1880 Thal (Thür.), Schauspieler, dann Dramen-, besonders Shakespeare-Rezitator, Dramatiker und Literarhistoriker. 450, 453, 671, 709

Palleske, Luise, geb. Deglow, ehemalige Schülerin Reuters aus Treptow (Toll.), Ehefrau des Oswald Palleske. 408, 449

Palleske, Oswald Julius Eberhard Berthold, 13. 10. 1830 Wutzig (Hinterpommern) – 29. 12. 1913 Stralsund, stud. theol. et phil. Greifswald 1850–1853, Lehrer zu Ueckermünde, 1865–1884 Lehrer, 1884 bis 1905 Konrektor der städtischen Schulen zu Stralsund. Plattdeutscher Lyriker. Vetter von Emil Palleske. *408, 448*

Paul, 1866 Lehrer zu Neubrandenburg. 565

Payne, 1865 Verlagsbuchhandlung zu Leipzig, bei der Reuters Stiefneffe Fritz Jenning tätig war. 545

Peters, Anna Wilhelmine Caroline Gustave, 7. 10. 1845 Thalberg bis 23. 11. 1910 Greifswald, unvermählt. Tochter von Fritz Peters. 261, 265, 361, 494, 674

Peters, Elise Wilhelmine Auguste, s. Loeper.

Peters, Ernst, 25. 2. 1861 Siedenbollentin – 19. 2. 1943 Holdorf, 1887 bis 1915 Gutspächter auf Quilow, Kreis Greifswald, seit 1907 Rittergutsbesitzer auf Holdorf und Meetzen bei Gadebusch. Patenkind Reuters. Jüngster Sohn von Fritz Peters. 439, 494, 510

Peters, Carl Friedrich *(Fritz)* Wilhelm, 28. 9. 1819 Liepen bei Malchin – 17. 12. 1897 Siedenbollentin, 1843–1859 Rittergutspächter auf Thalberg bei Treptow (Toll.) sowie Stolpe und Neuhof bei Anklam, seit 1860 Rittergutsbesitzer auf Siedenbollentin, Kreis Demmin, Ökonomierat. Engster und treuester Freund Reuters. *252, 256, 260,* 290 299, 304, 313, *314,* 317, *325,* 352, 355, 358, *360,* 371, *437, 458, 468, 476, 492,* 499, 502, 507, 508, *509,* 512, 524, 526, *527,* 528, *539,* 542, *547,* 550, *555,* 559, 561, *573, 576, 584, 630, 634,* 650, 661, *666, 669,* 672, *673, 684, 687, 690*

Peters, Friedrich *(Fritz)* Wilhelm August Ludwig, 29. 10. 1846 Thalberg – 29. 7. 1911 Mühlhausen, Amtsrichter zu Bitsch (Lothringen), zuletzt Landgerichtsrat zu Mühlhausen (Elsaß). Ältester Sohn von

Fritz Peters. Von Reuter scherzhaft »Friedrich II.« oder »Peter Pump« genannt. 253, 262, 265, 666

Peters, Johannes *(Hans)* Ludwig Franz Adalbert, 13. 5. 1853 Thalberg – (um 1890 ertrunken beim Durchschwimmen eines Flusses in Argentinien), Marine-Offizier. Sohn von Fritz Peters. 265, 460, 549, 667, 674

Peters, Sophie *Marie* Caroline, geb. Ohl, gest. 13. 8. 1897 Siedenbollentin, seit 22. 5. 1843 Ehefrau von Ökonomierat Carl Friedrich *(Fritz)* Wilhelm Peters. Freundin von Reuter und seiner Frau. 253, 256, 258, 259, 260, *263,* 299, 316, 325, 326, 361, 439, 458, 460, 470, 476, 494, 510, 549, 555, 574, 585, 631, 636, 666, 670, 673, 674, 686, 687

Peters, Maximilian Heinrich Franz, 9. 5. 1848 Thalberg – 9. 2. 1897 Greifswald, Kriegsteilnehmer 1870/71, Rittergutspächter. Sohn von Fritz Peters. 585, 684, 686, 687, *688*

Peters, Wilhelmine, geb. Haase, aus Stralsund, gest. 1873 Malchin, Ehefrau des Christian Dietrich Peters (1778–1841), Rittergutspächters auf Liepen bei Malchin. Mutter von Fritz Peters. 253, 291

Petersen, August, 18. 11. 1808 Erfurt – 1. 11. 1875 Gotha, D. theol., Generalsuperintendent zu Gotha. *567*

Petri, Arnold, 1872: 32 Jahre alt, Ing. – Hauptmann zu Koblenz. Sohn des Sanitätsrats Dr. Johann Wilhelm Petri. 534

Petri, Johann *Wilhelm,* 29. 8. 1805 Lippstadt (Westfalen) – 22. Dezember 1872 Koblenz. Dr. med., preuß. Sanitätsrat, Leiter der Kaltwasserheilanstalt Laubach bei Koblenz seit ihrer Gründung 30. 6. 1840. 532, 533, 543, 615

Petters, Hermann Heinrich, 3. 11. 1810 Parchim – 20. 3. 1884 Schwerin, Parchimer Schulkamerad Reuters, Bildhauer, seit 1839 Dirigent und Lehrer der Gewerbeschule zu Schwerin, seit 1859 Senator der Stadt Schwerin. 565

Peyer, 1866 Wirtschafter oder Inspektor bei Fritz Peters zu Siedenbollentin. 576

Piek, 1864 Meister vom Stuhl einer Hamburger Freimaurerloge. 518

Pietsch, Ludwig, 25. 12. 1824 Danzig – 27. 11. 1911 Berlin, Schriftsteller und Maler, Porträtzeichner und Illustrator, Professor. Illustrierte Reuters »Ut mine Stromtid«. *480,* 483, 490, 493, 494, 496, 501, 504, 505, *507,* 509, 512, 513, 516, *534,* 549

Piper, Georg Carl, 21. 5. 1804 Züssow – 7. 7. 1885 Groß-Tetzleben, stud. theol. Greifswald, Burschenschafter, 1832–1879 Pastor zu Groß-Tetzleben bei Treptow (Toll.). Seine Ehefrau Auguste Balthasar (1813–1897) Kusine von Alwine Wuthenow und Schwester von Mathilde Adam. 294, 296, 297

Pirscher, um 1850 Kaufmann zu Treptow (Toll.). 493

Plauts in Golchen. Wohl gemeinsame Bekannte von Reuter und Justizrat Schröder aus der Treptower Zeit. 524

Plessen, Adolf Rudolf Carl Felix. Graf von, Freiherr von Maltzahn, 28. 9. 1835 Ivenack – 18. 9. 1909 ebd., Fideikommißherr auf Ivenack bei Stavenhagen. 565

Plessen, Engelke *Leopold* Hartwig von, 21. 1. 1769 Raden bei Güstrow – 25. 4. 1837 Schwerin, meckl.-schwerin. Ministerpräsident, Nachfolger Brandensteins. 89

Plötz, Quartiermeister, 1839/40 auf der Festung Dömitz wegen Betrügereien inhaftiert. 198

Plutarch, um 46 – um 120. 158

Pogge, Carl Johann *August,* 4. 11. 1825 Striesenow – 30. 11. 1884 Pölitz, Rittergutsbesitzer auf Pölitz, Jaebetz und Dammwolde, meckl. bürgerlich-oppositioneller Politiker. Mitglied des Deutschen Reichstags (Nationalliberale Partei). Bruder von Franz und Friedrich Pogge. 565

Pogge, August Johann Peter *Carl,* 24. 10. 1763 Groß-Methling bis 12. 10. 1831 Roggow, meckl. Domänenrat, Rittergutsbesitzer auf Roggow, Zierstorf, Bartelshagen, Warnkenhagen, bedeutender meckl. Pferde- und Schafzüchter. Großvater von August, Franz und Friedrich Pogge. 367

Pogge, Franz Ernst Otto, 24. 7. 1827 Striesenow – 7. 3. 1902 Krassow, Rittergutsbesitzer auf Blankenhof, Krassow und Zierstorf, bürgerlich-oppositioneller Politiker. Mitglied des Deutschen Reichstags (Nationalliberale Partei). Bruder von August und Friedrich Pogge. 565

Pogge, Friedrich Adolf Carl, 16. 12. 1821 Striesenow – 8. 7. 1909 Gevezin, Rittergutsbesitzer auf Gevezin bei Neubrandenburg. Bruder von August und Franz Pogge. 565. 631

Pollier, 1838 Leutnant auf der Festung Silberberg. 152

Pommerencke, Heinrich, 20. 6. 1821 Plate bei Schwerin – 21. 2. 1873 Schwerin, Porträtmaler zu Schwerin. 591

Popper, Joseph (Pseudonym: Lynkeus), 21. 2. 1838 Kollin (Böhmen) bis 22. 12. 1921 Wien, tschechischer Philosoph und Schriftsteller. *712*

Preußen, Augusta, Königin von, seit 1871 Deutsche Kaiserin, geb. Prinzessin von Sachsen-Weimar-Eisenach, 30. 9. 1811 Weimar bis 7. 1. 1890 Berlin. Vermählt mit Wilhelm I., König von Preußen, Deutscher Kaiser. 546, 549, 551, 588

Preußen, Friedrich II., König von, 1712–1786, reg. 1740–1786. 260, 621

Preußen, Friedrich III., König von, Deutscher Kaiser 1888, 1831 bis 1888. 693, 694, 704

Preußen, Friedrich Wilhelm I., König in, 1688–1740, reg. 1713 bis 1740. 621, 667, 671

Preußen, Friedrich Wilhelm III., König von, 1770–1840, reg. 1797 bis 1840. 99, 104, 110, 111, 112, 115, 121, 125, 126, 127, 129, 134, 150, 154, 155, 186, 193, 201, 202, 203, 205, 211, 214, 370, 613

Preußen, Friedrich Wilhelm IV., König von, 1795–1861, reg. 1840 bis 1861. 202, 211, 215, 253, 268

Preußen, Viktoria, Königin von, Deutsche Kaiserin, geb. Prinzessin von Großbritannien und Irland, 21. 11. 1840 London – 5. 8. 1901 Schloß Friedrichshof bei Kronberg (Taunus). Vermählt mit Friedrich III., König von Preußen, Deutscher Kaiser. 546, 549

Preußen, Wilhelm I., König von, seit 1871 Deutscher Kaiser, 1797 bis 1888, reg. 1861–1888. 439, 467, 594, 690, 704

Prosch, Eduard Heinrich Franz Albert, 14. 8. 1804 Ludwigslust bis 30. 1. 1878 Breslau, Dr. jur., meckl.-schwerin. Geh. Kabinettsrat, 1851–1878 Intendant der großherzoglichen Kunstsammlungen zu Ludwigslust, Neustadt und Schwerin. Schwiegervater von Julius Schaeffer. Bruder von Carl Prosch. *590*

Prosch, Dr., erlernte 1857 bei Fritz Peters die Landwirtschaft. Sohn von Eduard Prosch. 315, 591

Prosch, Carl Friedrich Wilhelm, 30. 8. 1802 Ludwigslust – 19. 12. 1876 Schwerin, Dr. jur., meckl. Regierungsrat, Geh. Legationsrat, verdient um das meckl. Steuer- und Finanzwesen und um den Bau der Eisenbahnen in Mecklenburg, 1867–1876 Reichtagsabgeordneter (Nationalliberale Partei). 577, 591, 595, *596*

Prutz, Robert Eduard, 1816–1872. 389, 477, 671

Putlitz, Gustav Heinrich Gans, Edler Herr zu, 20. 3. 1821 Retzin (Prignitz) – 5. 9. 1890 ebd., 1863–1867 Intendant des Hoftheaters zu Schwerin, 1873–1889 Generalintendant des Hoftheaters zu Karlsruhe. Rittergutsbesitzer auf Retzin, Rohlsdorf, Groß-Pankow und Rosenhagen. Dichter. 604

Pythagoras von Samos, um 580 v. d. Z. – 496 v. d. Z. 169

Quandt, Johann Samuel Ernst *Erhard,* 1. 9. 1831 Goldberg (Meckl.) bis 3. 12. 1871 Leipzig, 1863 Prokurist der Verlagsbuchhandlung F. C. W. Vogel zu Leipzig, Verlagsbuchhändler, 1866–1871 Mitinhaber der Buchhandlung Quandt und Händel zu Leipzig. *412, 457, 475,* 492, *512,* 522, 528, *541, 544, 546, 564,* 571, *574, 583,* 597, *675*

Quistorp, Wilhelm August Bernhard, 23. 3. 1824 Greifswald bis 10. 5. 1887 ebd., Pastor zu Ducherow bei Anklam 1858–1882. Gab Anklam 1864–1868 die Zeitschrift »Das liebe Pommerland. Monatsschrift zur Pflege pommerscher Heiligtümer, pomm. Heimatliebe und Heimatkunde« für den Verein »Pomerania« heraus. 477

Raabe, Wilhelm (Pseudonym bis 1857 Jakob Corvinus), 1831–1910. 679

Radloff, Luise Emilie, geb. Boll, 7. 9. 1853 Neubrandenburg bis 28. 12. 1925 Rostock, seit 19. 8. 1874 Ehefrau des Pastors Wilhelm Radloff (1846–1924) zu Perlin 1874, zu Beidendorf 1891, zu Kreien bei Lübz 1902. Jüngste Tochter des Pastors Franz Boll. 640, 643, 696, 718

Raffael, eigentlich Raffaello Santi, 1483–1520. 22

Raspe, Albert Wilhelm Theodor, geb. 26. 6. 1833 Alt-Rehse, Advokat zu Neubrandenburg. 441

Raspe, Wilhelmine Friederike Dorothea, geb. Peters, geb. 15. 8. 1814 Steinbeck bei Bellin, seit 1833 Ehefrau ihres Vetters August Raspe, geb. 10. 3. 1805 Bad Sülze, Kaufmann zu Lübeck. Schwester von Fritz Peters. 291

Ravoth, Friedrich Wilhelm Theodor, 30. 8. 1816 Penzlin – 2. 3. 1878 Berlin, stud. Berlin 1839–1843, Dr. med. 4. 11. 1843, Privatdozent für Chirurgie an der Universität Berlin seit 11. 10. 1858. *332*

Redwitz, Oskar, Freiherr von, 28. 6. 1823 Lichtenau bei Ansbach bis 6. 7. 1891 St. Gilgenberg bei Bayreuth, Schriftsteller, 1851–1853 Professor für deutsche Literatur zu Wien, Rittergutsbesitzer auf Schnölz und Theisenroth. 495

Régnard, Jean-Francois, 7. 2. 1655 Paris – 4. 9. 1709 Schloß Grillon bei Dourdau, französischer Komödiendichter, einer der volkstümlichsten Nachfolger Molières. 85

Reiche (nicht: Reich), Carl Friedrich Wilhelm, 28. 11. 1786 Stettin bis 1856 Magdeburg, Dr. med., 1829 Stabsarzt zu Magdeburg, 1850 Arzt im städtischen Krankenhaus ebd. 125, 131, 133

Reider, Jakob Ernst von, gest. Dez. 1853 Ludwigstadt (Bayern), vormals Landgerichtsassessor, Gutsbesitzer auf Nedersdorf bei Staffelstein, bekannter Autor populärer landwirtschaftlicher Bücher. 144, 147

Reignard, s. Régnard.

Reinhard, Ernst *Ludwig* August, 9. 4. 1805 Mustin (Lauenburg) bis 19. 7. 1877 Bolz bei Sternberg, Pädagoge, Publizist. stud. theol. Göttingen und Rostock, Burschenschafter, 1831 Subrektor der lateinischen Schule zu Ludwigslust, 1843 Rektor der Stadtschule zu Boizenburg (Elbe), 1848 Abgeordneter der deutschen Nationalversammlung zu Frankfurt (Main), 1849 seines Amtes entsetzt, 1850 Redakteur des »Reformblatts für beide Mecklenburg« zu Rostock, 1851 ausgewiesen, 1851–1863 Hauslehrer beim liberalen Gutsbesitzer Carl Müller auf Jessenitz bei Lübtheen, dann auf Bolz bei Sternberg, 1863 Redakteur der »Allgemeinen Deutschen Arbeiterzeitung« zu Coburg, seit 1871 lebte er bei Müllers in Bolz. Reuters »Fründ Rein . . .« oder »Avkat Rein«. 395, 438, 445, 451, 453, 458, 459, *461*, 473, 528, *622*, *639*, 696

Reinhardt, Carl, aus Kamen (Westfalen), stud. med. Würzburg und Heidelberg, Burschenschafter, 1835 nach 16 Monaten Untersuchungshaft auf die Festung Magdeburg überführt, 3. 10. 1837 Flucht aus Magdeburg mit Julius Wagner durch Hilfe von Albert Breyer. 131

Reinhold, Heinrich Ludwig *Bernhard,* 23. 4. 1824 Schönberg bis 22. 11. 1892 Dresden-Plauen, Genre-Maler, auch Landschafter, Bildhauer, 1857–1858 zu Neubrandenburg, seit 1858 zu Dresden. Thorwaldsen-Schüler. Schwiegersohn von Bürgermeister Friedrich Brückner zu Neubrandenburg. 521

Reinhold, Friedrich Ludwig, 13. 9. 1766 Staven (Strel.) – 12. 4. 1832 Woldegk, 1793–1832 Pastor zu Woldegk, Schriftsteller, gründete und leitete das erste meckl.-strelitzsche Seminar für Landschullehrer (1807 nach Neustrelitz, 1821 nach Mirow verlegt), 1821 eröffnete er eine private Vorbildungsanstalt für die ritterschaftlichen u. städtischen Landschulstellen, die er bis zu seinem Tode leitete. Vater von Carl Werner Reinhold. 477

Reinhold, Luise Friederike Alexandrine, geb. Brückner, 6. 4. 1839 Neubrandenburg – 7. 2. 1897 Dresden-Plauen, seit 19. 8. 1858 Ehefrau von Heinrich Ludwig *Bernhard Reinhold.* Tochter des Neubrandenburger Bürgermeisters Friedrich Brückner. 326

Reinhold, Carl *Werner,* 23. 11. 1806 Woldegk – 21. 5. 1863 Landsberg (Warthe), stud. Greifswald und Rostock, Burschenschafter, Dr. phil., Schriftsteller und Privatlehrer in Mecklenburg, Pommern, Brandenburg und Schlesien. Verfasser zahlreicher ungewollt kurioser Städtechroniken und Erzählungen. 477

Reß, Anna, geb. Liebmann, 1. 12. 1841 Stavenhagen – 1900 Berlin, Tochter des Arztes Dr. med. Liebmann zu Stavenhagen, seit 1. November 1867 Ehefrau des Arztes Dr. med. Wilhelm *Robert Reß.* 368, 619

Reß, Wilhelm *Robert,* 19. 9. 1832 Potsdam – 27. 3. 1900 San Remo (Frankreich), Dr. med., prakt. Arzt zu Greifenberg (Pommern) 1860 bis 1862, Stolberg (Harz) 1862–1865, Penzlin 1865, Stavenhagen 1865–1873, seitdem zu Berlin. 619

Restorff, Carl Friedrich Hartwig von, 6. 1. 1783 – 17. 2. 1859, meckl. Hauptmann a. D. zu Parchim. Vater von August v. Restorff. 19

Restorff, August von, 13. 11. 1811 Schwerin – 3. 7. 1864 Liegnitz, Reuters Schulkamerad in Parchim, preuß Major a. D. *440, 486*

Retzsch (nicht: Retsch), Friedrich August Moritz, 9. 12. 1779 Dresden – 11. 6. 1857 Hoflößnitz bei Dresden, Radierer und Maler, illustrierte u. a. deutsche Klassiker. 141

Reuß, ä. L., Caroline, Fürstin, geb. Prinzessin von Hessen-Homburg, 19. 3. 1819 Homburg – 18. 1. 1872 Greiz. 589

Reuter, Albert, 1871 preuß. Kreisgerichtssekretär zu Gleiwitz. Vater von Paul Reuter. (Mit Fritz Reuter nicht verwandt). 693, *693, 694*

Reuter, August Friedrich Heinrich, 20. 1. 1810 Dömitz – 4. 11. 1888 Bad Doberan, mit Fritz Reuter zusammen in Stavenhagen erzogen, 1835 Töchterschullehrer zu Schwerin, 1846 Rektor zu Goldberg, Pastor zu Tessin 1849–1884. Sohn des Rektors Friedrich Reuter zu

Dömitz. Vetter Fritz Reuters. 10, 37, 40, 72, 83, 84, 123, 149, 173, 179, 185, 186, 187, 194, 195, 198, 369, 418, *478,* 707

Reuter, Johann *Carl* Jakob, 21. 5. 1806 Dömitz – 30. 3. 1860 Jabel, mit Fritz Reuter zusammen in Stavenhagen erzogen, Pastor zu Jabel und Hohen-Wangelin bei Malchow 1843–1860. Vetter Fritz Reuters. 39, 72, 83, 84, 107, 116, 145, 149, 244

Reuter, Catharina *Maria,* geb. Fanter, 11. 3. 1750 Parchim – 15. Juli 1826 ebd., seit 1773 Ehefrau des Pastors Joachim Friedrich Reuter (1743–1799) zu Demen bei Crivitz 1773–1784, zu Conow bei Eldena 1784–1799. Großmutter väterlicherseits von Fritz Reuter. 228

Reuter, Catharina Maria Elisabeth, geb. Trapp, 3. 2. 1783 Dömitz bis 2. 12. 1851 Dömitz, seit 31. 5. 1805 Ehefrau des Rektors Friedrich Reuter zu Dömitz. Tante von Fritz Reuter. 169, 172, 173, 174, 184, 185, 186, 191, 195, 198, 207, 208, 212

Reuter, Charlotte, geb. Willebrand, 18. 9. 1819 Melz bei Röbel bis 26. 12. 1393 Bad Doberan, seit 9. 4. 1847 Ehefrau des späteren Pastors August Reuter zu Tessin. 478

Reuter, Dorothea (Doris) Maria Sophia, s. Hundt.

Reuter, Ernst Carl Adolf, 12. 11. 1807 Dömitz – 24. 4. 1856 Stavenhagen, lernte bei Apotheker Dr. Grischow in Stavenhagen, Apotheker, seit 24. 1. 1840 Brauereibesitzer zu Stavenhagen (als Nachfolger seines Onkels und Schwiegervaters, des Bürgermeisters Reuter). 28, 60, 64, 66, 67, 70, 72, 74, 80, 95, 108, 130, 145, 146, 147, 149, 167, 173, 174, 235, *240,* 266, 269, 272, 277, 281, 293, 369

Reuter, Ernst Friedrich, 25. 12. 1783 Demen bei Crivitz – 24. 12.1852, Pastor zu Jabel und Hohen-Wangelin bei Malchow 1812–1843. Bruder des Bürgermeisters Reuter-Stavenhagen. Onkel Fritz Reuters. Schwiegervater von Pastor Carl Reuter-Jabel und Vater von Johanna und Magdalena Reuter. 48, 56, 60, 65, 67, 68, 81, 86, 149, 235, 236, 238, 239, *268,* 518

Reuter, Peter Paschen *Friedrich,* 24. 11. 1774 Demen bei Crivitz bis 30. 6. 1814 Parchim, Rektor zu Dömitz (Elbe). Bruder des Bürgermeisters Reuter-Stavenhagen. Onkel von Fritz Reuter. Vater von Carl, Ernst, August Reuter, Doris Hundt, geb. Reuter. 518

Reuter, Samuel *Gottlieb* Friedrich, 9. 9. 1781 Demen bei Crivitz bis 14. 1. 1853 Schwerin, 1807 Hilfsprediger zu Dambeck, 1808 zu Gischow, 1811–1848 Pastor zu Pokrent bei Gadebusch. Bruder des

Bürgermeisters Reuter, Stavenhagen. Onkel Fritz Reuters. Vater des Pastors Theodor Reuter. 17

Reuter, Georg Johann Jakob Friedrich, 26. 7. 1776 Demen bei Crivitz – 22. 3. 1845 Stavenhagen, Abitur Parchim 1795, stud. jur. Rostock und Göttingen, 1803–1805 Amtsauditor zu Grabow, 1806–1808 Amtsauditor und Notar zu Stavenhagen, 1808–1845 Bürgermeister und Stadtrichter der Stadt Stavenhagen. Vater Fritz Reuters. *7, 8, 10, 11, 12, 14, 16, 18, 20, 22, 23, 25, 26, 28, 29, 30, 31, 33, 34, 37, 39, 40, 41, 42, 43, 45, 47, 49, 50, 52, 57, 58, 59, 61, 62, 63, 65, 66, 67, 69, 71, 72, 75, 77, 79, 81, 83, 84, 86, 88, 91, 93, 99, 101, 103, 108, 110, 113, 115, 117, 119, 121, 123, 126, 128, 130, 136,* 138, *143, 145, 150, 156, 158, 161, 164, 168, 171, 174,* 182, *183, 185, 187, 192, 194, 196, 199, 201, 203, 205, 207, 209, 210, 212, 213,* 214, *216, 218, 220, 222, 224, 227,* 230, *231, 233, 235, 237, 238, 239,* 270, 356, 369, 370, 518, 535, 608, 618

Reuter, Johanna Luise Sophie, geb. Ölpke, 25. 7. 1787 Triebsees bis 19. 5. 1826 Stavenhagen, seit 23. 2. 1810 Stavenhagen Ehefrau von Bürgermeister Georg Johann Reuter. Tochter des Bürgermeisters Nikolaus Gottfried Bernhard Ölpke zu Triebsees. Mutter Fritz Reuters. 7, 252, 369, 371, 535

Reuter, Caroline *Johanna* (Luise), 2. 10. 1815 Jabel bei Malchow bis 10. 6. 1867 Stavenhagen, unvermählt. Tochter des Pastors *Ernst* Reuter. Kusine von Fritz Reuter. 238, 550

Reuter, Elisabeth *(Lisette)* Henriette Johanna, s. Jenning.

Reuter, Luise Charlotte Marie, geb. Kuntze, 9. 10. 1817 Grevesmühlen – 9. 6. 1894 Eisenach, seit 16. 6. 1851 Ehefrau von Fritz Reuter. *244, 249, 254,* 259, *263, 265,* 270, 271, 272, *275, 278, 282,* 285, 288, *290, 299,* 314, 315, 316, 320, 322, 326, 335, 352, 355, 368, 372, 373, 379, 383, 390, 391, 396, 398, 400, 402, 403, 405, 407, 409, 411, 413, 414, 415, 416, 420, 422, 425, 429, 431, 434, 437, 438, 439, 443, 444, 451, 453, 457, 458, 459, 460, 461, 462, 464, 466, 470, 472, 474, 475, 476, 478, 480, 486, 487, 488, 491, 492, 494, 495, 506, 507, 510, 513, 514, 518, 521, 526, 527, 528, 529, 533, 536, 538, 539, 540, 542, 543, 546, 547, 550, 551, 553, 554, 559, 563, 570, 574, 576, 579, 580, 581, 582, 583, 586, 591, 596, 599, 601, 602, 604, 605, 606, 607, 609, 613, 615, 619, *621,* 623, 624, 626, 628, 631, 632, 634, 636, 639, 640, 641, 642, 647, 648, 652, 658, 659, 661, 669, 670, 672, 673, 674, 676, 681, 685, 686, 689, 692, 700, 704, 706, 707, 708, 711, 712, 715, 716, 717

Reuter, Magdalena Philippine Marie Elisabeth, 28. 6. 1819 Jabel bei Malchow – 19. 1. 1891 Stavenhagen, unvermählt. Tochter des Pastors Ernst Reuter. Kusine von Fritz Reuter. 550

Reuter, Charlotte Friederike *Marie,* geb. Reuter, 5. 6. 1814 Jabel bei Malchow – 25. 10. 1883 ebd., seit 31. 5. 1844 Jabel Ehefrau ihres Vetters Pastor Carl Reuter zu Jabel. Tochter des Pastors Ernst Reuter. Kusine von Fritz Reuter. 107, 244

Reuter, Paul, Sohn von Albert Reuter in Gleiwitz. 1871 Schüler Bernhard Afingers. 693, 694, 695

Reuter, Sophie Friederike Ida, geb. Engel, 13. 2. 1790 Kloster Malchow – 20. 2. 1863 Stavenhagen, seit 12. 6. 1812 Kloster Malchow Ehefrau des Pastors Ernst Reuter zu Jabel. Mutter von Johanna, Magdalena und Marie Reuter. Tante Fritz Reuters. 107, 187, 238, 272, 428

Reuter, Ernestine *Sophie,* geb. Reuter, 15. 1. 1814 Kirch-Lütgendorf bis 29. 4. 1901 Stavenhagen, seit 29. 1. 1840 Jabel bei Malchow, Ehefrau ihres Vetters *Ernst* Carl Adolf *Reuter.* Legitimierte Tochter des Bürgermeisters Reuter aus dessen illegitimer Verbindung mit der Halbschwester seiner Frau, Anna Caroline *Henriette* Friederike Ölpke, 3. 1. 1786 Triebsees – 3. 4. 1839 Stavenhagen. Halbschwester Fritz Reuters. 17, 28, 33, 39, 46, 50, 56, 58, 62, 66, 67, 69, 74, 92, 95, 123, 130, 137, 145, 146, 170, *174,* 179, 182, 185, 188, *190,* 196, 198, 205, 208, 212, 217, 221, 223, 234, 238, 264, 269, 272, 280, 508, 527, 551

Reuter, Johann Albrecht *Theodor,* 24. 12. 1813 Pokrent – 30. 5. 1864 zwischen Bützow und Güstrow (in der Eisenbahn am Herzschlag), 1838 Kollaborator, 1846 Oberlehrer am Gymnasium zu Güstrow, 1848 Abgeordneter zum Verfassunggebenden Landtag zu Schwerin, 1849–1864 Pastor zu Jördenstorf bei Teterow. Sohn des Pastors Gottlieb Reuter. Vetter Fritz Reuters. 72, 239

Richter, Johann Paul Friedrich (Jean Paul), 1763–1825. 310, 376

Risch, Johann Christian Albertus, 7. 12. 1793 Stavenhagen – 12. Juli 1871 ebd., Schneidermeister, Stadtsprecher und Armenkassen-Berechner zu Stavenhagen. *703*

Rittershaus, Emil, 3. 4. 1834 Barmen – 8. 3. 1897 ebd., Kaufmann zu Elberfeld, dann zu Barmen. Rheinischer Demokrat, stand auf dem linken Flügel der preuß. Fortschrittspartei. Lyriker, Haupt des Wuppertaler Dichterkreises. 537

Rodatz, Johann Andreas Carl, 17. 9. 1783 Ludwigslust – 7. 11. 1841 Dömitz, meckl. Platzmajor und Proviantverwalter auf der Festung Dömitz. 320

Rodb. (vermutlich ein Angehöriger der vorpommerschen Familie v. Rodbertus, vielleicht Christian v. Rodbertus, 6. 12. 1796 Zimkendorf, Kreis Franzburg – 21. 1. 1877 Greifswald, Rittergutsbesitzer auf Gransebieth bei Grimmen). 701

Roeder, von, 1866 preuß. General zu Frankfurt (Main). 580

Rössing, Alexander, Ernst Thomas August, Freiherr von, 25. 9. 1818 Osnabrück – 2. 11. 1906 Hannover, Kgl. hannov. Schatzrat zu Hannover, Mitglied des hannoverschen Staatsrates. 450

Rößler, Robert, 1. 3. 1838 Großburg, Kreis Strehlen (Schlesien), bis 20. 5. 1883 Sprottau, Dr. phil., 1865 Realschullehrer zu Landshut, 1867 Gymnasiallehrer zu Ratibor, 1870 Bürgerschuldirektor zu Striegau, 1880 Realschuldirektor zu Sprottau. Mundartdichter und hd. Dramatiker. *708*

Roggenbau, Ludwig Friedrich Albert, 24. 8. 1824 Neubrandenburg bis 26. 3. 1867 ebd., Stadtrichter zu Neubrandenburg. Schwager von Robert Stürcke. 442, 443, 472

Rohmann, Joachim David *Christian,* Mai 1800 Neubrandenburg bis 16. 7. 1865 ebd., Amtschirurgus und Wundarzt zu Neubrandenburg. 429, 447

Roloff, vermutlich Kaufmann zu Treptow (Toll.). 277

Rong, Wilhelm Ferdinand, 5. 8. 1759 Niedertrübenwasser (Böhmen) bis 13. 11. 1842 Bützow, seit 1824 Musiklehrer zu Bützow. Heimatschriftsteller. 528

Roon, Albrecht, Graf von, 30. 4. 1803 Pleushagen bei Kolberg bis 23. 2. 1879, preuß. Generalfeldmarschall. 1859–1873 Kriegsminister. 690, 693, 694

Rose, Christian, 26. 11. 1803 Grabow – 1. 6. 1877 ebd., Bürger und Brauereibesitzer zu Grabow. Freund von Ludwig Reinhard. 565

Rosegger, Peter, 1843–1918. 683

Rosenhagen, Johann *Carl* Friedrich, 29. 5. 1818 Neubrandenburg bis 28. 2. 1865 ebd., Barbier zu Neubrandenburg. 429, 434

Roßmann, Wilhelm, 29. 5. 1832 Seesen (Braunschweig) – 6. 2. 1885 Dresden, stud. Jena, Tübingen, Göttingen, 1860–1869 Prinzeninstruktor zu Meiningen, Professor, 1872 Prof. an der Kunstschule zu Weimar, dann Vortragender Rat für Kunstangelegenheiten zu Dresden. Dramatiker, Übersetzer, Reiseschriftsteller. 441, 450

Rothe, 1863 zu Merseburg. Freund des Gymnasialdirektors August Lehmann, Marienwerder (evt. identisch mit Gustav Rothe, kleinbürgerlicher Demokrat, Mitglied des Nationalvereins, 1866 Mitbegründer der thüringischen Gruppe der Volkspartei). 426

Rothschild, Wilhelm Carl, Freiherr von, 16. 5. 1828 – 25. 1. 1901, oder sein Bruder Mayer Carl, Freiherr von Rothschild, 5. 8. 1820 bis 16. 10. 1886, beide Mitinhaber des Bankhauses M. A. v. Rothschild und Söhne zu Frankfurt (Main). 462

Rousseau, Jean-Jacques, 1712–1778. 85

Rückert, Friedrich, 1788–1866. 445, 451, 457

Ruskow, Friedrich, 1805 – 6. 3. 1890 Treptow (Toll.), Forstrendant und Rechnungsrat zu Treptow (Toll.), Mitglied des Treptower Schachklubs, dem auch Reuter angehörte. *285*

Rußdorf, Hans Benjamin von, 27. 11. 1803 Ankershagen – 4. 11. 1853 Randow, Gutspächter auf Randow bei Demmin. 271

Rußland, Alexander II. Nikolajewitsch, Kaiser von, 29. 4. 1818 Moskau – 13. 3. 1881 St. Petersburg (ermordet), reg. 1855–1881. 494

Rußland, Nikolaus Alexandrowitsch, Kronprinz von, »Cäsarewitsch«, 20. 9. 1843 – 24. 4. 1865 Nizza. Ältester Sohn von Alexander II., Kaiser von Rußland. 494

Rust, Clemens, geb. 6. 7. 1834 Faulenrost, Sohn von Franz Ferdinand Rust. Neffe von Fritz Peters, bei dem er in Thalberg die Landwirtschaft erlernte. 241, 314, 315, 316

Rust, Elise, geb. Peters, seit 15. 2. 1833 Liepen Ehefrau von Franz Ferdinand Rust. Schwester von Fritz Peters. 241, 243, 244

Rust, Franz Ferdinand, 10. 7. 1800 Hildesheim – 7. 10. 1856 Demzin, Rittergutspächter auf Demzin bei Malchin. Schwager von Fritz Peters. Lehrherr von Fritz Reuter. 240, *240, 242,* 262

Rust, Helene, 27. 5. 1836 Demzin – 1872 Malchin, Tochter von Franz Ferdinand Rust. 10. 6. 1870 Ehefrau des Johann Friedrich Wilhelm Deeck, Obertelegrafist zu Malchin. 291

Rust, Minna, geb. 26. 6. 1837 Demzin, seit 1857 Thalberg Ehefrau des aus Röbel stammenden Landwirts Heinrich Binnier. Tochter von Franz Ferdinand Rust. 291

Rustorff, von, s. Rußdorf.

Rutenick, 1866 Advokat zu Neustrelitz. 565

Saalheim, Dr. med., 1854 prakt. Arzt zu Treptow (Toll.). 291

Sachsen-Meiningen und Hildburghausen, Bernhard II. Erich Freund, Herzog von, 17. 12. 1800 Meiningen – 3. 12. 1882 ebd., reg. 1821 bis 1866. 589

Sachsen-Meiningen und Hildburghausen, Georg II., Herzog von, 2. 4. 1826 Meiningen – 25. 6. 1914 Bad Wildungen, reg. 1866–1914, »Theaterherzog«. 626

Sachsen-Weimar-Eisenach, Carl Alexander, Großherzog von, 24. Juni 1818 Weimar – 5. 1. 1901 ebd., reg. 1853–1901. 512, 517, 519, 546, 580, 587, 588, 595, 604, 609, 635

Sachsen-Weimar-Eisenach, *Marie* Alexandrine, Prinzessin von, 20. Januar 1849 Weimar – 6. 5. 1922 Trebschen, seit 1876 verm. Heinrich VII., Prinz Reuß j. L. (1825–1906). 494

Sackmann, Jobst, 13. 2. 1643 Hannover – 4. 6. 1718 Limmer, seit 1680 Pastor zu Limmer bei Hannover, durch seine humorvollen plattdeutschen Predigten weithin bekannt. 668

Sahlmann, Friedrich *(Fritz),* 28. 6. 1802 Ludwigslust – 4. 1. 1880 Stavenhagen, Landreiter zu Stavenhagen seit 1827, vordem Kopist auf dem Amt Stavenhagen. 403, 482

Saniter, Hermann Friedrich, 6. 6. 1791 Rostock – 4. 10. 1844 ebd., Kaufmann, Mitinhaber der Firma Saniter und Weber zu Rostock, belgischer Konsul. Schwager von Senator Joachim Weber. 31

Sarre, E., Farbenhandlung zu Berlin. 168, 198

Sauer, Herr, aus Suhl (Thür.), 1863. 438

Scott, Walter, Sir, 1771–1832. 410

Sellin, Albrecht Wilhelm, geb. 19. 7. 1841 Ludwigslust, 1859–1865 Landwirt in Mecklenburg und Ostpreußen, 1866–1878 in Brasilien, dann Direktor der Hanseatischen Kolonisations-Gesellschaft zu Hamburg. Schrieb Werke über Brasilien und seine dortige kolonisatorische Tätigkeit. *346*

Senft (nicht: Senff), Ferdinand, 28. 2. 1810 Möhra – 29. 3. 1893 Eisenach, Dr. phil., Realgymnasialprofessor zu Eisenach. 521

Sengebusch, Friedrich Emil August Erdmann, geb. 31. 10. 1834 Neubrandenburg, seit 1861 Gastwirt zu Teterow. 564

Seume, Johann Gottfried, 1763–1810. 161

Siemerling, Fanny Luise Wilhelmine Juliane, 19. 2. 1834 Neubrandenburg – 1895 Rostock, unvermählt. Schwester von Dr. Viktor Siemerling. 379, 442, 443

Siemerling, Luise *Ottilie* Friederike Caroline, geb. Lüders, 14. 3. 1826 Malchin – 23. 2. 1903 Neubrandenburg, seit 23. 11.1849 Ehefrau von Dr. Viktor Siemerling. 379, 430, *431,* 443, 471, 472, 561, 636, 655

Siemerling, Viktor Julius Friedrich, 3. 2. 1823 Neubrandenburg bis 1. 1. 1879 ebd., Dr. phil., seit 1849 Apothekenbesitzer, Kaufmann und Bankier zu Neubrandenburg, Rittergutsbesitzer auf Arnhausen (Pommern). Bankier Reuters. 311, 358, 379, *429,* 434, *441, 470,* 481, *483,* 503, 507, 508, 522, 527, 539, 548, *559,* 565, 574, 636, 640, *655*

Siemerling, Kinder von Dr. Viktor Siemerling, zu Neubrandenburg geboren: Conrad, 20. 9. 1850 – 16. 11. 1895 Neubrandenburg, Rechtsanwalt ebd.; Margarethe, 11. 4. 1852, seit 20. 2. 1872 Ehefrau von Carl Piper, 1837–1919, Landgerichts-Präsident zu Neustrelitz; Lorenz, 14. 10. 1854 – 11. 12. 1881; Ernst, 16. 1. 1856 – 20. 7. 1902 Klein Nemerow, Pächter ebd.; Elisabeth, 30. 12. 1857 – 14. 12. 1909 Rostock, seit 3. 12. 1878 Ehefrau von Oskar Michahelles, 1850–1916, Kaufmann zu Rostock, Rittergutsbesitzer auf Wendfeld, dann auf Schönwalde; Peter, 18. 12. 1862 – 24. 7. 1903 Karlsbad, Kaufmann zu Neubrandenburg; Hans, 29. 5. 1864 – 6. 8. 1888 Neubrandenburg, Kaufmann zu Magdeburg. 431, 443, 471, 472, 561

Simrock, Carl Joseph, 28. 8. 1802 Bonn – 18. 7. 1876 ebd., Dichter und Germanist. 548, 554, 556, 607, 702

Simson, 1847 landwirtschaftl. Angestellter bei Fritz Peters zu Thalberg. 252

Singer, Heinrich, preuß. Hauptmann, 1837 Platzmajor auf der Festung Magdeburg, vorher auf der Festung Silberberg. Durch seine Ehefrau Hulda, geb. v. Unruh, Schwager von Ida v. Unruh. 96, 112, 116, 120, 126, 129, 133, 135

Sloman, Robert Miles, 23. 10. 1783 Great Yarmouth (England) bis 2. 1. 1867 Hamburg, Schiffsmakler und Reeder zu Hamburg, englischer Konsul. Schwiegervater von Dr. François Wille. 643

Soltau, Dietrich Wilhelm, 15. 3. 1745 Bergedorf bei Hamburg bis 13. 2. 1827 Lüneburg, Kaufmann zu St. Petersburg, seit 1798 Privatgelehrter und Übersetzer zu Lüneburg. 392

Spaarmann, Christian *Friedrich* (Fritz), 22. 6. 1801 Stavenhagen bis 3. 10. 1869 ebd., Apothekengehilfe zu Stavenhagen (führte Reuter zuerst ins Lateinische ein), Rostock 1826 Dr. med., prakt. Arzt zu Stavenhagen. 72

Spaarmann, Johann Gottlob, 1776 Anklam – 14. 5. 1841 Stavenhagen, Wundarzt zu Stavenhagen. Vater von Dr. med. Christian Friedrich (Fritz) Spaarmann. Schwiegervater von Carl Georg Theodor Clasen. 129

Spalding, Verfasser von Aufsätzen in den Meckl. landwirtschaftl. Annalen. 202, 206

Speckter, Otto, 9. 11. 1807 Hamburg – 29. 4. 1871 ebd., Zeichner und Kunstmaler zu Hamburg, 1834–1852 Vorsteher der von seinem Vater gegründeten Steindruckerei »Speckter und Co.« ebd., schuf u. a. Radierungen zu Fritz Reuters »Hanne Nüte« und zu Klaus Groths »Quickborn«. 450, 453, *454, 463,* 474, 483, *484,* 493, 502, 516

Speckter, Marie *Auguste,* geb. Bergeest, 1. 2. 1824 Hamburg bis 22. 11. 1899 ebd., seit 24. 9. 1847 Ehefrau von Otto Speckter. 453, 454, 485

Spiegelberg, Wilhelm Julius Johann Heinrich, 27. 8. 1812 Damm bei Parchim – 27. 12. 1888 Rostock, stud. jur., gehörte zu den neun Mecklenburgern, die von der Rostocker Justizkanzlei am 18. 11. 1835 zu kleineren Freiheitsstrafen verurteilt wurden, 1836 auf der Festung Dömitz, dann begnadigt. Rechtsanwalt und Notar zu Rostock. Durch seine Mutter Vetter von August und Friedrich Loescher. 92, 441

Sprengel, Carl, 1787 Schillerslage bei Hannover – 19. 4. 1859 Regenwalde (Pommern), 1831 Professor der Landwirtschaft am Carolinum zu Braunschweig, 1839 Generalsekretär der »Ökonomischen Gesellschaft in Pommern« zu Regenwalde, gründete dort eine höhere landwirtschaftl. Lehranstalt und Ackerwerkzeugfabrik. Schrieb »Die Lehre von dem Dünger«. 211

Sprewitz, Adolf Carl Christian von, 12. 1. 1800 Rostock – 30. November 1882 Neubrandenburg, Oberinspektor des Landesarbeitshauses zu Güstrow, Mitstifter der am 26. 3. 1819 erneuerten Greifswalder Burschenschaft Pomerania, dann Jenenser Burschenschafter und Mitglied des Jünglingsbundes, 1821 in der Schweiz, um am Piemonteser Aufstand teilzunehmen, wanderte durch die Alpen und kam nach Chur, wo er u. a. Karl Follen kennenlernte, den Führer des radikalen Flügels der Burschenschaft. 106

Suhr, Joachim *Heinrich* Matthias, 15. 3. 1800 Jabel bei Malchow bis 28. 2. 1882 ebd., Schneider, Schullehrer und Küster zu Jabel. Reuters »Köster Suhr«. 313

Suhrlandt, Rudolf Friedrich Carl, 19. 12. 1781 Ludwigslust – 2. Februar 1862 Schwerin, Historien- und Porträtmaler, Lithograph, meckl. Hofmaler und Professor. 197

Susemihl, Wilhelm, 19. 3. 1800 Greifswald – 11. 9. 1862 Rostock, Kaufmann und Inh. der Firma Zacharias Justus Susemihl zu Rostock. Schwiegervater von Hermann Timm. Bei ihm war Reuters Stiefneffe Fritz Jennig in der Lehre. 374, 545

Svoboda, Adalbert Viktor, 26. 1. 1828 Prag – 19. 5. 1902 München, Dr. phil., Gymnasiallehrer zu Krakau, dann zu Marburg an der Drau, 1862 Redakteur der liberalen »Tagespost« zu Graz (Steiermark), 1865 Entdecker Peter Roseggers, unternahm weite Reisen in Europa, 1884 Kunstredakteur der »Allgemeinen Zeitung« zu München, 1889 Leiter der »Neuen Musikzeitung« zu Stuttgart. *683*

Sybel, Heinrich von, 2. 12. 1817 Düsseldorf – 1. 8. 1895 Marburg (Lahn), Professor der Geschichte zu Marburg 1845, München 1856, Bonn 1861, Direktor der preuß. Staatsarchive zu Berlin 1875, führender »Kleindeutscher«, später nationalliberal. 382

Schaeffer (nicht: Scheffer), Julius, 28. 9. 1823 Krevese (Altmark) bis 1902, Kantorssohn aus der Altmark, Gesanglehrer zu Berlin, Musikdirektor und Leiter des Schloßchores zu Schwerin 1855–1860, seitdem Musikdirektor zu Breslau. Schwiegersohn von Dr. Eduard Prosch. 578, 590

Scheffel, Josef *Viktor* von, 1826–1886. 713

Scheibner, Andreas *Wilhelm,* 16. 3. 1807 Gartz (Oder) – 16. 4. 1851 Stralsund, stud. theol. et phil. Greifswald 1829–1832, Burschenschafter, 1832–1834 Hauslehrer zu Schwichtenberg, 1834 Verhaftung, Hausvogtei Berlin, 1. 10. 1834 – Mai 1836 auf der Festung Silberberg, Michaelis 1836–1851 Vorsteher einer Privat-Realschule zu Stralsund, 27. 2. 1838 Jena Dr. phil. »Stand Reuter in Silberberg besonders nahe«. 77, 83, 84, 499

Scheven, Friederike (Friede) Ernestine, geb. Boll, 18. 4. 1842 Neubrandenburg – 21. 4. 1908 Teterow, seit 8. 2. 1861 Ehefrau des Dr. phil., Apothekers zu Malchin, dann Fabrikbesitzers zu Teterow, *Hermann* Ludwig *Scheven* (1830–1902). Tochter des Pastors Franz Boll. 484, 503

Scheven, Helmuth Friedrich Ludwig Gottlieb, 18. 2. 1824 Malchin bis 23. 6. 1898 ebd., Dr. med., prakt. Arzt zu Malchin 1848–1898. 636

Schill, Ferdinand von, 1776–1809. 329

Schiller, Carl Christian, 11. 11. 1811 Rostock – 4. 8. 1873 Schwerin, stud. phil. et theol. Rostock (mit Reuter), Dr. phil., 1834–1873 Oberlehrer am Gymnasium Friedericianum zu Schwerin, Bearbeiter des Mittelniederdeutschen Wörterbuches. 418

Schiller, Johann Christoph *Friedrich* von, 1759–1805. 345, 467

Schilling, Friedrich Adolf, 1792 Pegau (Sa.) – 27. 1. 1865 Leipzig, Dr. phil., Dr. jur., 1825–1865 Professor für Römisches Recht zu Leipzig. 36

Schilling, Frau, 1832 Reuters Zimmerwirtin in Jena. 41

Schlange, Wilhelm Johann Christian, 24. 3. 1798 Jabel bei Malchow bis 1882 Waren-Müritz, Förster zu Jabel bei Malchow. 564, *711*

Schlayer, Johannes von, 11. 3. 1792 Tübingen – 3. 1. 1860 Stuttgart, württembergischer Minister des Innern und des Kirchen- und Schulwesens zu Stuttgart. 218

Schleiden, Matthias Jakob, 5. 4. 1804 Hamburg – 23. 6. 1881 Frankfurt (Main), Dr. jur., Advokat zu Hamburg bis 1831, stud. med. Göttingen und Berlin 1831–1839, 1839 Prof. der Botanik zu Jena, 1863 zu Dorpat, seit 1864 Schriftsteller zu Dresden, Frankfurt (Main), Darmstadt, Wiesbaden. 510, 520

Schleswig-Holstein, Friedrich VIII., Herzog von, 6. 7. 1829 Schloß Augustenburg (Alsen) – 14. 1. 1880 Wiesbaden. 459, 581

Schliemann, 1855 Sekretär aus Travemünde. 295

Schliemann, Theodor Johann *Gustav,* 10. 12. 1809 Gnoien – 22. November 1892 Lübeck, Apotheker zu Lübeck. 106

Schlönbach, Carl *Arnold,* 31. 8. 1817 Wissen an der Sieg – 17. September 1866 Coburg, Schauspieler, dann Journalist, Demokrat, auf dem linken Flügel im Nationalverein, Schriftsteller, Lyriker, Epiker in Vers und Prosa, Dramatiker. 518, 523

Schloepke, Theodor, 6. 3. 1812 Schwerin – 13. 1. 1878 ebd., Maler und Illustrator, meckl. Hofmaler zu Schwerin. Illustrierte Reuters »Läuschen un Rimels«. *334, 346,* 352, 363, 590, 591, 604

Schloepke, Lodoiska, geb. Roza, Ehefrau von Theodor Schloepke. *363*

Schlosser, Friedrich Christoph, 17. 11. 1776 Jever (Oldenburg) bis 23. 9. 1861 Heidelberg, bürgerlich-demokratischer Historiker, seit 1817 Professor der Geschichte an der Universität zu Heidelberg. 716

Schlutter, Leidensgefährte Reuters, 1863 Lehrer an der Militärschule zu Woolwich (England). 441

Schmid (nicht: Schmidt), Carl Ernst, 24. 10. 1774 Weimar – 28. Juni 1852 Jena, Dr. jur. h. c., Dr. phil. h. c., D. theol. h. c., Oberappellationsgerichtsrat, Professor der Rechtswissenschaft (Staatsrecht) an der Universität zu Jena. 44

Schmidt, 1862 Mühlenbesitzer zu Lindow bei Frankfurt (Oder). 415

Schmidt, Christoph Friedrich Albrecht *Carl,* 21. 3. 1812 Wismar bis 20. 11. 1897 ebd., Jenaer Universitätsfreund Reuters, 1839 Notar, 1841 Polizei-, dann Gerichtssekretär zu Wismar. »Korl Bohm«. 92, 104, 166, *180,* 536

Schmidt, Friedrich Wilhelm August (genannt Schmidt von Werneuchen), 23. 3. 1764 Fahrland bei Potsdam – 26. 4. 1838 Werneuchen bei Berlin, Pastor ebd., Idyllendichter nach dem Vorbild von Johann Heinrich Voß. Herausgeber des »Neuen Berliner Musenalmanachs« 1793–1795 und des »Kalenders der Musen und Grazien« 1796 bis 1797. Dazu Goethes Satire »Musen und Grazien in der Mark«. 312

Schmidt, Daniel *Hermann* Christian, 15. 2. 1801 Stavenhagen bis 21. 10. 1883 Wittenberg, Konrektor am Gymnasium zu Wittenberg, Ostern 1836 – Michaelis 1842 Direktor des Gymnasiums zu Friedland, seit 1842 Direktor des Gymnasiums zu Wittenberg. 237. *514,* 516

Schmidt (Schmitt), Jakob, 1840 Kercher (= Fuhrmann) in der Froschau zu Heidelberg. Zimmerwirt Reuters. 220

Schmidt, Julian, 7. 3. 1818 Marienwerder – 27. 3. 1886 Berlin, 1847 Mitredakteur, 1848 mit Gustav Freytag und dem Leipziger Buchhändler Friedrich Wilhelm Grunow Besitzer der Wochenschrift für Politik, Literatur und Kunst »Grenzboten« zu Leipzig, leitete 1862–1863 die altliberale »Berliner Allgemeine Zeitung«, bürgerlich-liberaler Literarhistoriker und Kritiker. *372, 379,* 387, 391, *395, 401,* 412, 444, *454,* 480, 482, 483, 490, 493, 494, 501, 503, *504,* 680, 687

Schmidt, Louis, 1854 Bekannter Reuters in Treptow (Toll.). 290

Schmiedekampf, 1851 Kaufmann. 277

Schmook, Frau, Ehefrau des Schützenwirtes Schmook (oder Schmock) in Treptow (Toll.). 490

Schneider, 1864 Pädagoge in Berlin. 472

Schoenermark, Heinrich, 1847 landwirtschaftl. Angestellter bei Fritz Peters zu Thalberg. 252, 253, 259

Schondorf, Johannes, 30. 6. 1833 Röbel – 4. 9. 1912 Güstrow, Dirigent, Organist und Klavierlehrer zu Neubrandenburg 1855–1864, seitdem Organist an der Pfarrkirche zu Güstrow, meckl. Musikdirektor. Komponist. »Jöching Lehndorf«. *354,* 715

Schrader u. Co., 1837 Handlungsfirma zu Magdeburg. 109

Schrader, Heinrich Eduard Siegfried von, 31. 3. 1779 Hildesheim bis 16. 8. 1860 Tübingen, Dr. jur., seit 1810 Professor der Rechte an der Universität zu Tübingen. 216, 218

Schramm, Carl, 11. 3. 1810 Hückeswagen (Rheinland) – 17. 10. 1888 Nordhausen, stud. theol. Halle 1828, Jena 1829, Breslau 1831–1832, Jena 1833, Mitglied des Vorstandes der Burschenschaft Germania, cand. theol., Pfarrvikar zu Gleiwitz, Verhaftung, Berliner Stadtvogtei, Festung Graudenz 1834–1839, Festung Silberberg 1839–1840, 1840 begnadigt. Lehrer, 1845 Konrektor der städt. Schule zu Langensalza, 1848 Abgeordneter der Preuß. Nationalversammlung, 1849 ging er nach Baden, stellte sich der provisorischen Regierung zu Kaiserslautern zur Verfügung, flüchtete später in die Schweiz, wo er bis 1852 lebte, wanderte dann nach Amerika aus. 18 Jahre lang Prediger an St. Georg zu New York, dann zu St. Louis. 1878 Rückkehr nach Deutschland, zuletzt Prediger der freireligiösen Gemeinde zu Nordhausen. »De Philosoph Schramm«. Erzähler, Lyriker, Memoirenschreiber. 140, 141, 154, 604, 605, 612, 634

Schröder, 1829 Mitschüler Reuters in Parchim. 15

Schröder, Hedwig, 1851 Schülerin von Fritz Reuter in Treptow (Toll.). Tochter des Justizrats Ludwig Schröder. 285

Schröder, Helmuth, 2. 4. 1842 Spornitz – 11. 12. 1909 Ribnitz, Lehrer zu Völkshagen, plattdeutscher Dichter. *432*

Schröder, Ida Eleonore, geb. Kölling, 22. 1. 1804 – 12. 3. 1864 Treptow (Toll.), seit 23. 5. 1831 Ehefrau des Justizrats Ludwig Schröder. 291

Schröder, Georg Friedrich *Ludwig* Theodor, 14. 8. 1802 Neetzka (Strel.) – 11. 6. 1869 Treptow (Toll.), Rechtsanwalt zu Treptow

(Toll.), Justizrat. Finanzierte die erste Veröffentlichung von Reuters »Läuschen un Rimels«. Vater des Prof. Dr. Richard Schröder. 296, 299, 316, 324, 371, 438, *524,* 667, 669, 672, 674, 682, 701

Schröder, Richard, 19. 6. 1838 Treptow (Toll.) – 3. 1. 1917 Heidelberg, Dr. jur., Geh. Rat, 1866 Professor der Rechte zu Bonn, 1872 zu Würzburg, 1882 zu Straßburg, 1884 zu Göttingen, seit 1888 zu Heidelberg. Sohn des Justizrats Ludwig Schröder. Schüler Reuters in Treptow (Toll.). *323,* 338, *369, 391, 443,* 445, 548, *556,* 587, 590, 596, 607, *667, 672,* 674, *701*

Schröter, August *Wilhelm* Ferdinand von, 13. 6. 1799 Rendsburg bis 14. 8. 1865 Schwerin, Dr. jur., Professor der Rechte zu Jena 1823 bis 1836, Oberappellationsgerichtsrat zu Parchim 1836, 1840 zu Rostock, 1850 meckl.-schwerin. Justizminister, 1858 Staatsminister, Staatsrat. 38, 40, 43, 44, 46, 47, 48, 49, 50, 52, 53, 54

Schuckmann, Heinrich Wilhelm von, 11. 2. 1813 Lindenberg (Pomm.) bis 14. 6. 1883 Klockow, preuß. Rittmeister, Rittergutsbesitzer auf Böskow und Klockow. Schulfreund Reuters. *641*

Schuckmann, Mathilde Dorothea Sophia von, geb. von der Lühe, 3. 3. 1824 Helmstorf – 7. 3. 1900 Polzin. Seit 25. 11. 1853 dritte Ehefrau von Heinrich v. Schuckmann. 641

Schultheiß, Heinrich *Wilhelm,* 31. 10. 1810 Magdeburg – 12. 11. 1876 Wolmirstedt, stud. med. Greifswald 1833, Burschenschafter, Gefangener auf der Festung Silberberg 1836–1840, Dr. med., prakt. Arzt zu Wolmirstedt. 499, 651

Schultz, Otto, gest. 18. 10. 1808, Konrektor des Gymnasiums zu Friedland. Bei seiner Witwe war Reuter mit seinem Vetter August während der Friedländer Schulzeit in Pension. 7

Schultze (nicht: Schulz usw.), Albert, 4. 9. 1808 Berlin – 13. 11. 1877 Weißenfels, stud. jur. Halle, Burschenschafter, Gefangener auf den Festungen Magdeburg und Graudenz 1838–1840, 3. 8. 1840 amnestiert. 1847–1849 Kreisrichter zu Friedeberg (Neumark), 1848 Abgeordneter der Preuß. Nationalversammlung, 1850–1876 Rechtsanwalt zu Meseritz in Posen, preuß. Justizrat. »De Kapteihn«. 136, 138, 139, 140, 141, 142, 151, 154, 155, 161, 164, 296, *414, 425,* 441, 450, 457, *490,* 498, *602,* 612, 629, *633,* 652, 677

Schultze, »Kinder« des Justizrats Albert Schultze: Walter, preuß. Hauptmann zu Glogau; Richard, Amtsrichter zu Breslau; Alfred,

Premierleutnant a. D., Postdirektor; Reinhold, Dr. med., prakt. Arzt zu Berlin. 417, 425, 427

Schultze, Mathilde, geb. Wachsmuth, 16. 2. 1814 – 6. 2. 1876 Meseritz, seit 1847 Ehefrau des Justizrats Albert Schultze. Schwester des Amtsgerichtsrats Franz Rudolf Wachsmuth. 416, 417, 425, 427, 491, 605, *628*, *633*, 634

Schultze, Carl August *Ernst,* 16. 2. 1807 Berlin – 16. 5. 1883 Weißenfels, Justizrat ebd., Bruder des Justizrats Albert Schultze. 426, 457

Schulz, 1864 Zimmermeister zu Neubrandenburg. »Zimmerling«. 481, 508, 512

Schulz-Weida, Josef, 27. 10. 1830 Weida – 7. 6. 1872 Braunschweig, Musikdirektor zu Bielefeld, komponierte zwei Lieder aus Reuters »Hanne Nüte«. *623*

Schulze-Delitzsch, Franz *Hermann,* 29. 8. 1808 Delitzsch – 29. 4. 1883 Potsdam, kleinbürgerlicher Ökonom und Politiker, 1848 Abgeordneter der Preuß. Nationalversammlung (linkes Zentrum), Begründer des kleinbürgerlichen deutschen Genossenschaftswesens, Mitbegründer des deutschen Nationalvereins (1859) und der deutschen Fortschrittspartei (1861). 451, 518, 520

Schumacher, Eduard, 15. 3. 1806 – 2. 11. 1880 Treptow (Toll.), Superintendent zu Treptow (Toll.). 285, 286, 291, 361, 687

Schumacher, Ludwig *Ernst* August, 27. 8. 1803 Bad Doberan – 15. 7. 1840 Dömitz, Advokat und Notar, Amtsmitarbeiter zu Dömitz. 212

Schwabe, Carl Wilhelm, 5. 2. 1807 Weimar – 6. 4. 1873 Eisenach, Dr. med., Kreisphysikus und Medizinalrat zu Eisenach. Reuters Arzt. 570, 576

Schwarz, Adolf Heinrich Friedrich, geb. 21. 3. 1812 Lauterberg (Harz), Dr. med., Garnisons- und Festungsarzt zu Dömitz 1835–1841, prakt. Arzt zu Ludwigslust 1841–1859. 191

Schwarz, Carl, 19. 11. 1812 Wieck (Rügen) – 25. 3. 1885 Gotha, Oberhofprediger zu Gotha. 457, 517, 520

Schwarz, s. Schwerz.

Schweer, Carl, 9. 9. 1795 Ludwigslust – 21. 8. 1851 ebd., meckl. Hofgärtner und Lehrer für Gartenbau am Landschullehrer-Seminar zu Ludwigslust. Bei ihm war 1847 Reuters spätere Frau als Hauslehrerin tätig. 252

Schweigert, Ludwig, gebürtig aus Agram, k. u. k. österr. Premierleutnant a. D., Hauptmann unter Garibaldi, seit 1861 Redakteur der Coburger Arbeiterzeitung, 4. 9. 1864 Inhaber der Buch- und Steindruckerei L. Schweigert zu Coburg, 1. 1. 1866 Übernahme des Wochenblattes »Deutsche Wehr-Zeitung«. 445, 453

Schweizer, 1864 k. u. k. österr. Rat zu Wien, Leiter einer Gesellschaftsreise nach Konstantinopel, an der Reuters teilnahmen. 471

Schwerdtfeger, vermutlich Geschäftsmann zu Graudenz, an den 1838 die Geldsendungen von Bürgermeister Reuter für seinen Sohn gingen. 143, 161, 164, 166

Schwerin, Heinrich Friedrich Maximilian von, 18. 3. 1836 Schwerinsburg – 1. 8. 1888 Putzar, Rittergutsbesitzer auf Putzar bei Anklam, preuß. Rittmeister a. D., General-Landschaftsdirektor von Pommern. Sohn des Maximilian Graf von Schwerin. 438, 439, 441

Schwerin, Maximilian Heinrich Anton Carl Graf von, 30. 12. 1804 Boldekow bei Anklam – 3. 5. 1872 Potsdam, Dr. jur., Rittergutsbesitzer auf Putzar bei Anklam, preuß. Wirkl. Geh. Rat, Kultusminister 1848, Minister des Innern 1859–1862, Reichstagsabgeordneter 1867 bis 1870 (Nationalliberale Partei). 397, 399, 439

Schwerz, Johann Nepomuk Hubert von, 11. 6. 1759 Koblenz – 11. 12. 1844 ebd., namhafter landwirtschaftlicher Schriftsteller, Direktor der landwirtschaftl. Akademie zu Hohenheim bei Stuttgart 1818–1828. Schrieb u. a. »Anleitung zur Kenntnis der belgischen Landwirtschaft«, 3 Bde. 113

Stuuck, Johann Adolf *Ludwig,* 18. 9. 1795 Vellahn – 10. 10. 1883 Dömitz, Kaufmann, Vorsitzender des Bürgerausschusses zu Dömitz. 183, 189, 193

Stahl de Boer, A. H., 1864 zu Schleswig. 466

Stahlberg, Carl Gustav, 1814 Köslin (Pomm.) – 25. 8. 1849 Stettin, stud. Greifswald 1833, Burschenschafter, Gefangener auf der Festung Silberberg 1834–1840, Dr. med., prakt. Arzt zu Stettin. 499

Starke, 1836 Garnison-Stabsarzt zu Silberberg in Schlesien. 90, 93, 94, 97

Steffenhagen, Adolf Gottfried Erhard, 2. 2. 1804 Parchim – 27. 3. 1863 ebd., 1828 Subrektor, 1835 Oberlehrer am Gymnasium zu Parchim. 402

Stegemann, 1863 Student zu Jena. 438

Steger, Friedrich, 25. 2. 1811 Braunschweig – 30. 12. 1874 Leipzig, stud. jur. Jena und München. Burschenschafter, Dr. phil., Schriftsteller zu Braunschweig, Leipzig, Meißen und zuletzt wieder in Leipzig. Vorwiegend Übersetzer, Erzähler, Folklorist und Historiker. 412

Steiger, 1870 Nachdrucker der Reuterschen Werke in Amerika. 680

Stein, von, Rittmeister, gefallen 1871. 695

Steinhäuser, Carl, 3. 7. 1813 Bremen – 9. 12. 1879 Karlsruhe, seit 1831 Schüler von Rauch, 1836 Bildhauer zu Rom, 1864 Professor zu Karlsruhe. 428

Steinhäuser, Pauline Marie Caroline Luise, geb. Francke, geb. 25. 12. 1809 Güstrow, Superintendententochter, Ehefrau des Bildhauers Prof. Carl Steinhäuser. Schwester von Auguste Henzen, geb. Francke. *427*

Stephani, 1836 Kreisphysikus zu Frankenstein in Schlesien. 94

Stieber, Wilhelm, 3. 5. 1818 Merseburg – 29. 1. 1882, Geh. Regierungsrat, einer der gefüchtetsten preuß. Kriminalpolizeibeamten, 1866 Chef der Feldpolizei, 1870/71 Generalfeldpolizeidirektor. 359

Stier, Ludwig *Friedrich* Wilhelm, 26. 12. 1810 Allstedt – 24. 4. 1871 Eisenach, Superintendent zu Buttstädt, zuletzt Kirchenrat zu Eisenach. 438, 695

Stolzenburg, Ferdinand Ludwig Gustav, 14. 6. 1811 Demmin bis 22. 12. 1887 Malchow, Pastor an der Stadtkirche zu Malchow 1840 bis 1886, verheiratet mit Caroline Engel (1822–1900), der Nichte von Reuters Tante Sophie Reuter, geb. Engel, zu Jabel. 564

Stolzenburg, Carl *Hermann,* 16. 5. 1803 Demmin – 21. 9. 1872 Goldbeck, Rittergutsbesitzer auf Goldbeck, Kreis Bublitz (Pommern). Stiefbruder von Wilhelm Albert Heinrich Stolzenburg. 98

Stolzenburg, Wilhelm Albert Heinrich, 2. 1. 1813 Demmin – 13. 8. 1866 Breslau, 1838 Konrektor, Rektor und Hilfsprediger zu Berlin, 1845 Pastor und Seminardirektor zu Pyritz (Pommern), 1849 Direktor des Seminars zu Steinau (Oder), 1850 Direktor des Waisenhauses und Seminars zu Bunzlau, 1856 preuß. Regierungs- und Schulrat zu Liegnitz, 1866 zu Breslau. Verheiratet in erster Ehe mit Reuters Kusine Ida Reuter (1817–1853), Tochter des Pastors Ernst Reuter zu Jabel. 98

Streit, Feodor, 2. 9. 1820 Hildburghausen – 14. 8. 1904 Coburg, Rechtsanwalt und Notar zu Coburg, Demokrat, Geschäftsführer im

Deutschen Nationalverein, 1863–1866 Herausgeber der Coburger Arbeiterzeitung (»Allgemeine Deutsche Arbeiterzeitung«). Inhaber der Verlagsbuchhandlung und Buch- und Steindruckerei F. Streit. Letztere von Ludwig Schweigert 17. 8. 1865 gekauft. 520

Strilack, Wilhelm, Januar 1793 Berlin – 14. 11. 1862 Waren-Müritz, Apotheker ebd. Durch seine Ehe mit Adolfine Zickermann (1799 bis 1876) Schwager von Friedrich Franz Zickermann. Vater von Carl Strilack. Schwiegervater von Apotheker Johann Julius Eduard Dieterich zu Treptow (Toll.). 510, 521

Strilack, Carl (Friedrich) Conrad Heinrich, geb. 13. 7. 1828 Waren-Müritz, stud. pharm. Rostock 1853/55, Apotheker. Sohn des Apothekers Wilhelm Strilack. 510

Struck, Carl Johann Christian, 31. 8. 1832 Wismar – 24. 12. 1898 Waren, Lehrer zu Waren. 564

Struensee, Johann Christian *Friedrich,* 9. 6. 1799 Suckow bei Parchim bis 22. 5. 1860 ebd., 1824 Rektor, 1830–1841 Zweiter Pastor zu Dömitz, 1841–1860 Pastor zu Suckow. 208

Stürcke (nicht: Stürke), *Robert* Ludwig, geb. 10. 9. 1824 Neubrandenburg, Kaufmann zu Neubrandenburg. Vgl. Blanck. 472, 473

Taddel, Carl Gottlieb Heinrich, meckl. Hofrat, Advokat zu Rostock, während Reuters Festungszeit in Dömitz dort in Haft »wegen Fälschung von Papieren«. 173, 183, 187, 191, 194, 198, 207

Tannen, Carl Heinrich Theodor (Pseudonym: Carl Eichwald), 27. 7. 1827 Leer (Ostfriesland) – 13. 8. 1904 Bremen, seit 1849 Verlagsbuchhändler zu Bremen, plattdeutscher Schriftsteller. *392*

Tégner, Esaias, 1782–1846. 715

Tellkampf, Adolf, 23. 5. 1798 Hannover – 9. 3. 1869 ebd., Freiwilliger, dann Offizier in den Befreiungskriegen 1813/15, blieb bis 1818 bei der Okkupationsarmee in Frankreich, stud. Göttingen 1819–1822, 1823 Privatdozent ebd., 1824 Oberlehrer für Mathematik und Physik am Gymnasium zu Hannover, Professor, seit 1835 Direktor der höh. Bürgerschule ebd. 532, *598*

Telschow, Herr, aus der Gegend von Thorn. 438

Tempelhoff, Friedrich August Napoleon von, 8. 4. 1804 Glogau bis 6. 9. 1868 Berlin, Justizrat zu Berlin. Verteidiger des Studenten Carl August Bohl 1836. 91

Tesch, 1857 Schneidermeister zu Neubrandenburg. 310

Tessen, Johann Christian, gest. 22. 2. 1882 Stavenhagen, Buchbinder zu Stavenhagen. 240

Teubner, B. G., Verlag zu Leipzig, gegr. 1811. 607

Teutsch, Friedrich (Fritz), geb. 16. 9. 1852 Schäßburg (Siebenbürgen), stud. Heidelberg, Leipzig, Berlin, Dr. phil., 1903 Stadtpfarrer, 1909 Bischof der ev. Landeskirche in Siebenbürgen zu Hermannstadt. *699*

Thaer, Albrecht, 14. 5. 1752 Celle – 26. 10. 1828 Möglin bei Wriezen (Oder), Dr. med., Arzt und Landwirt. Vgl. Bd. 1, Anm. zu S. 105. 124, 147, 151, 157, 159, 170, 176, 212, 356

Thibaut, Anton Friedrich Justus, 4. 1. 1772 Hameln – 28. 3. 1840 Jena, Professor der Rechte, 1798 zu Kiel, 1802 zu Jena. 183

Thile (nicht: Thiele), von, Generalleutnant, 1838 Erster Kommandant der Festung Magdeburg. 126, 129, 134

Thümmel, Moritz August von, 1738–1817. 310

Thiessen, Fräulein, Schwester eines Redakteurs in Königsberg (Ostpreußen). *525*

Timm, Helmuth Carl Julius Friedrich Theodor, geb. 2. 7. 1826 Malchin, Kanzlei-Advokat und Prokurator, Notar zu Hagenow. Bruder von Hans Timm, Schwager von Friedrich Carl Jenning. 565

Timm, Hans Ludwig Christian Theodor, 25. 5. 1815 Groß-Gievitz bis 26. 7. 1886 Kieve, Dr. phil., Lehrer 1843, Oberlehrer 1853 am Gymnasium zu Parchim, Pastor zu Kieve bei Röbel 1857–1868. Bruder von Friederike Jenning, geb. Timm. 247

Timm, Hermann, 1863 Kaufmann und Inhaber der Firma Zacharias Justus Susemihl zu Rostock. Prinzipal von Fritz Jenning. Schwiegersohn von Wilhelm Susemihl. 423

Toll, Ludwig Johann Philipp von, 1775 Soest (Westfalen) – 14. 1. 1851 preuß. Oberst, 1834 Kommandant der Festung Graudenz, 1838 Generalmajor, 1843 a. D. als Generalleutnant. 137, 140

Trebbin (nicht: Trebin), Theodor, 7. 4. 1819 Penzlin – 1. 3. 1895 ebd., stud. jur. Heidelberg 1840/41, mit Reuter während dessen Heidelberger Zeit befreundet, Rechtsanwalt und Ratsherr zu Penzlin. 222

Tuwora, Dr., zu Wien, 1864 Reiseleiter der Gesellschaftsreise nach Konstantinopel, an der Reuters teilnahmen. 1866 fünffacher Giftmörder (hatte seine Familie, u. a. die Tochter Aloysia, und sich vergiftet). 554

Ueltzen, Heinrich Ludwig, 12. 8. 1803 Uelzen – 8. 6. 1873 Dömitz, Dr. jur., Kanzlei-Advokat und Prokurator, Notar zu Dömitz. 208

Ullrich, Franz Wolfgang Adam, 21. 2. 1795 Remlingen bei Würzburg bis 21. 2. 1880 Hamburg, Burschenschafter, mit Carl Ludwig Sand in Verbindung, Dr. phil., Professor am Johanneum zu Hamburg. 441, 445, 450

Ulmenstein, Rudolf Philipp Carl, Freiherr von, 8. 4. 1837 Bückeburg bis 19. 1. 1919 Dubno, besuchte die Forstakademie zu Eisenach, schaumburg-lippe. Kammerherr und Ober-Forstrat, K. u. K. österr. Major a. D. 521

Unger, Robert, 14. 6. 1813 Bitterfeld – 30. 9. 1890 Halle (Saale), Dr. phil., 1836–1840 Lehrer am Pädagogium zu Halle, Konrektor ebd. 1840–1842, 1842–1869 Direktor des Gymnasiums zu Friedland (Strel.), Professor, Schulrat, Erster Oberlehrer am Stadtgymnasium zu Halle 1869–1887. 565

Unruh, Ida Henriette Friederike Ernestine von, 5. 9. 1810 Winzig, Kreis Wohlau (Schlesien), – 12. 12. 18 . . Berlin. Schwägerin des Platzmajors Heinrich Singer zu Magdeburg. 135

Vangerow, Carl Adolf von, 5. 6. 1808 Schiffelbach bei Marburg bis 11. 10. 1870 Heidelberg, Dr. jur., 1833 Professor der Rechte zu Marburg (Lahn), 1840 zu Heidelberg. 219, 220, 223, 224, 225, 226, 231, 232, 234

Vietsch, 1836 Gerichtsassessor zu Frankenstein in Schlesien. 94

Vincke, Auguste, Freifrau von, geb. Freiin von Dungern, 24. 11. 1832 Wiesbaden – 10. 11. 1909 Freiburg i. Breisgau, seit 10. 7. 1860 zweite Ehefrau von Gisbert Freiherr von Vincke. 534, 626, 633, 637, 638, 648, 654, 670

Vincke, Ernst Friedrich Georg, Freiherr von, 15. 5. 1811 Haus Busch bei Hagen (Westfalen) – 3. 6. 1875 Bad Oeynhausen. Landrat zu Hagen 1847–1848, preuß. Parlamentarier, bedeutender liberaler Politiker. »Kammer-Vincke«. Bruder von Gisbert, Freiherr von Vincke. 548

Vincke, Carl Friedrich *Gisbert,* Freiherr von, 6. 9. 1813 Haus Busch bei Hagen (Westfalen) – 6. 2. 1892 Freiburg i. Breisgau, Fideikommißherr auf Ostenwalde, Kreis Melle, Ickern und Reck, preuß. Regierungsrat a. D., Schriftsteller. *531, 543,* 548, *610, 624, 632, 637, 644, 654, 670*

Virgil, Publius Vergilius Maro, 70 v. d. Z. – 19 v. d. Z. 8

Vogel, Christian Georg *Carl,* 11. 11. 1790 Grabow – 22. 10. 1854 Dömitz, 1825–1848 Bürgermeister der Stadt Dömitz. 185, 207

Vogel, Otto, 3. 1. 1838 Greifswald – 14. 9. 1914 Potsdam, 1865 bis 1876 Gymnasiallehrer zu Greifswald, 1876–1912 Direktor des Realgymnasiums zu Perleberg, Geh. Regierungsrat. Plattdeutscher Dichter. 715

Vogel von Falckenstein, Eduard Ernst Friedrich Hannibal, 5. 1. 1797 Breslau – 6. 4. 1885 Dolzig, Kreis Sorau (Schlesien), 1866 preuß. General der Infanterie, Oberbefehlshaber der Mainarmee, 1870/71 Generalgouverneur der Küstenlande zu Hannover, zuletzt kommandierender General des I. Armee-Korps. 559, 563, 570

Vogler, Friederike, verwitwete Harnisch, geb. Freymuth, seit 1853 Ehefrau des Bürgermeisters Friedrich Wilhelm Vogler. 677

Vogler, Friedrich Wilhelm, 14. 7. 1811 Könnern (Saale) – 29. 10. 1854 ebd., stud. jur. Halle, Burschenschafter, Gefangener auf den Festungen Magdeburg und Graudenz, 1840 amnestiert. 1851 Bürgermeister der Stadt Könnern (Saale). »Kopernikus« oder »Zoepernick«. 141, 142, 153, 154, 155, 156, 161, 164, 296, 415, 605, 652, 677

Vogler, Friedrich (Fritz), geb. Könnern (Saale) im Dezember 1854 (posthum), Buchhalter zu Apolda (Thür.). Sohn des Bürgermeisters Friedrich Wilhelm Vogler. *677*

Volkmann, Carl Ernst Johann, geb. 24. 2. 1821 Neubrandenburg, Kaufmann (Tuchgeschäft) zu Neubrandenburg, machte Konkurs und sollte 1899 noch in Neuseeland leben. 656

Volkmann, Friedrich *(Fritz)* Wilhelm, 3. 6. 1793 Neubrandenburg bis 5. 11. 1870 ebd., Landwirt, Rentier zu Neubrandenburg, wo er ein Tabakgeschäft gründete und später Konkurs machte. »Fritzing Volkshagen«. 472, 501

Vollgold, Wilhelm *Ludwig* Emil, 6. 7. 1833 Berlin – 16. 2. 1915 Perleberg, Gutspächter auf Schönblick bei Trebbin, Reg. Bezirk Potsdam, seit 20. 6. 1865 Ehemann von Marie Reuter (1842–1920), Reuters Nichte und Tochter seiner Schwester Sophie Reuter, geb. Reuter. 527

Voltaire, Francois-Maria Arouet, 1694–1778. 85

Vos, Christoffel Martin, Pastor zu Heelvik (Niederlande), übersetzte 1868 »Dörchläuchting« ins Holländische. 664

Voß, Bernhard Christian Joachim, 20. 3. 1790 Parchim – 11. 5. 1870 ebd., Stadtsekretär zu Parchim. Schwiegersohn des Bürgermeisters Carl Friedrich Uterhart zu Friedland. 17

Voß, Johann Heinrich, 1751–1826. 661

Wachsmuth, Franz Rudolf, 21. 11. 1810 F . . . – . . . 1903 Krossen (Oder), stud. jur. Halle, Burschenschafter, Gefangener auf der Festung Silberberg 1835–1840, später Amtsgerichtsrat zu Krossen (Oder), Geh. Justizrat, 1848 Abgeordneter der Preuß. Nationalversammlung. Bruder von Mathilde Schultze, geb. Wachsmuth. Schwager von Justizrat Albert Schultze. Von Reuter »Vetter« genannt. 415, 417, 491, *498,* 607, 608, *612,* 634

Wachsmuth, Ernst *Wilhelm* Gottlieb, 28. 12. 1787 Hildesheim bis 23. 1. 1866 Leipzig, Professor der klassischen Philologie zu Kiel 1820 bis 1825, Professor der Geschichte zu Leipzig 1825–1866. 382, 441, 444, 450, *451,* 455, *506,* 517, 518

Wächter, Carl Georg von, 24. 12. 1797 Marbach (Neckar) – 15. 1. 1880 Connewitz bei Leipzig, 1819 Professor der Rechte zu Tübingen, 1833 zu Leipzig. 1836 Kanzler der Universität Tübingen. 1851 Präsident des Oberappellationsgerichts der vier Freien Städte zu Lübeck, 1852 Professor des Pandektenrechts zu Leipzig, 1855 o. Mitglied des sächs. Staatsrats. 58

Wagner, Pastorensohn, Studienfreund Reuters in Heidelberg 1841. 228, 231, 232

Wagner, Julius, aus Halle (Saale), stud. med. Jena, Burschenschafter, 1833 gründete er in Halle anstelle der aufgelösten Burschenschaft den Kränzchenverein. 1834 verhaftet, nach Berlin gebracht, dann auf die Festung Magdeburg überführt. Durch Mithilfe Albert Breyers Flucht mit Carl Reinhardt aus Magdeburg 3. 10. 1837. 131

Wagner, Richard, 1813–1883. 671

Waldmüller, s. Duboc.

Waldorf, Johann, Badewärter in der Kaltwasserheilanstalt zu Laubach bei Koblenz. 534

Walesrode (nicht: Wallisrode), *Ludwig* Reinhold, 14. 4. 1810 Altona bis 20. 3. 1889 Heilanstalt auf dem Salon bei Ludwigsburg. Dr. phil., radikaler Journalist, demokratischer Schriftsteller und Kritiker. 1845 f. wegen seiner »Unterthänigen Reden« Gefangener auf der Festung Graudenz, 1849 als Herausgeber der humoristisch-satirischen Wochenschrift »Die Glocke« abermals gefangengehalten. 1850 Stadtverordneter zu Königsberg (Ostpr.), 1856 Schriftleiter des »Kompaß« zu Hamburg, 1862 des »Fortschritts« zu Berlin, 1863 in Gotha, 1866 in Stuttgart. 458, 459, 461, 462, 464, 473, 502, 525, 528

Wallner, Arnold, 1870 Redakteur der Zeitschrift »Über Land und Meer«. 683

Wallner, Franz (ursprünglich Leidesdorf), 25. 9. 1810 Wien bis 19. 1. 1876 Nizza, Schauspieler, 1857 Direktor des Königstädtischen Theaters in Berlin, ließ das alte Theater niederreißen und ein neues erbauen, 3. 12. 1864 eröffnet: »Wallnertheater«. Memoirenschreiber und Reiseschriftsteller. 371, 631, 633, 637

Waltjen, Johann *Carsten* Hinrich, 16. 3. 1814 Bremen – 15. 8. 1880 Osterholz, seit 1843 Besitzer einer Eisengießerei, Maschinenbauanstalt und Schiffswerft. *464, 487, 528,* 630

Wanth, 1839 Kaufmann zu Dömitz. Sicherlich Werth, s. Werte, gemeint. 187

Warnitz, aus Treptow (Toll.), 1856 Buchhändler zu Freiburg im Breisgau. *302*

Weber, Agneta Sophie Wilhelmine, geb. Sohst, 10. 9. 1755 Stavenhagen – 5. 12. 1826 Rostock, seit 24. 6. 1785 Ehefrau des Amtshauptmanns Heinrich Weber zu Stavenhagen. Mutter des Senators Joachim Weber zu Rostock. 345, 496, 535

Weber, Marie *Friederike* Caroline, geb. Schmidt, 19. 10. 1800 Zierzow bei Röbel – 25. 12. 1870 Schwerin. Schwiegermutter erster Ehe von Eduard Hobein. 405, 422

Weber, Johann Joachim *Heinrich,* 24. 5. 1757 Rostock – 15. 6. 1826 Stavenhagen, stud. jur. Jena, 1781 Amtsverwalter zu Toitenwinkel, 1784 zu Stavenhagen, 1810 meckl. Amtshauptmann. Vater des Senators Joachim Weber zu Rostock. Reuters Pate. 345, 359, 369, 495, 496, 535

Weber, Joachim *Hermann,* 9. 1. 1817 Rostock – 10. 12. 1897 ebd., Kaufmann und Inhaber der Firma Saniter und Weber zu Rostock, belgischer Konsul. Sohn des Senators Joachim Weber und Enkel des Amtshauptmanns Heinrich Weber. *345,* 495, 505

Weber, Joachim Christoph Bernhard, 9. 8. 1786 Stavenhagen – 21. 6. 1859 Rostock, Kaufmann, Mitinhaber der Firma Saniter und Weber zu Rostock, Senator der Stadt Rostock. 31, 37, 38, 39, 345

Weber, Sophie Catharina Elisabeth, geb. Saniter, 15. 8. 1795 Rostock – 4. 9. 1872 Warnemünde, seit 17. 9. 1812 Ehefrau des Senators Joachim Weber. *495,* 505

Wegener, Carl Adolf Friedrich, 22. 1. 1820 Woldegk – 28. 9. 1875 ebd., Bürgermeister der Stadt Woldegk. 565

Wegner, Peter Carl Bogislav, 2. 4. 1763 Ganzkow bei Demmin bis 28. 12. 1836 Friedland. Rektor des Gymnasiums zu Friedland. 668

Wehl, Feodor von (zu Wehlen), 19. 2. 1821 Kunzendorf (Schlesien) bis 22. 1. 1890 Hamburg, redigierte die »Berliner Wespen«, die ihm 1846 eine kurze Gefangenschaft auf der Festung Magdeburg einbrachten, Redakteur verschiedener Blätter; 1870 Direktor, 1874 Generalintendant des Hoftheaters zu Stuttgart. Vorwiegend Dramatiker, Erzähler, Essayist. Richtete Reuters »Die drei Langhänse« für die Bühne ein. 631, 633, 637

Weidemann, vermutlich Geschäftsmann oder Handwerker zu Treptow (Toll.) 1851. 267

Weiße, aus Elbing, 1865 Lehrer der deutschen Sprache zu Edinburgh. 537

Welcker, Carl Theodor, 29. 3. 1790 Ober-Ofleiden (Oberhessen) bis 10. 3. 1869 Neuenheim bei Heidelberg, Professor der Rechte, 1832 und 1841 gemaßregelt, 1848 Bundestagsgesandter und Abgeordneter der Frankfurter Nationalversammlung, mit Rotteck Führer der liberalen Opposition in Baden. 58

Wendler, T., 1838 Bekannter Reuters aus der Parchimer Zeit. 150

Wendt, Gustav Carl Friedrich Heinrich Albert, 18. 7. 1795 Königsberg – 22. 8. 1870 Erfurt, Geh. Oberfinanzrat, Generalinspektor des Thür. Zoll- und Handelsvereins zu Erfurt. 574

Wenig-Ingenheim, I. N., Verfasser des »Lehrbuchs des gemeinen Civilrechts«, 3 Bde. 1831–1832. 183

Wentzing, 1867 Freund von Eduard Böcking. 606

Werner, 1856 zu Treptow (Toll.). 299

Werte, gemeint ist Johann Christian Theodor Werth, 23. 5. 1812 Breetz bei Lenzen (Elbe) – 15. 8. 1865 Dömitz, Kaufmann zu Dömitz. 209

Westphal, 1847 landwirtschaftl. Angestellter(?) zu Thalberg. 252

Westphal, Sophia, geb. 8. 8. 1766 Neuhof bei Penzlin, Wirtschafterin beim Amtshauptmann Weber zu Stavenhagen. »Mamsell Westphalen«. 535

Wichert, Carl Friedrich Andreas von, 19. 3. 1789–2. 1. 1861 Marienfelde bei Berlin, 1826–1841 Zweiter Kommandant der Festung Glogau, 1841 Generalmajor. 102, 106, 108

Wichmann, August, 19. 4. 1811 Rabenkirchen (Schleswig) – 15. 12. 1876 Lübeck, als Jenenser Burschenschafter Reuters Fuchsmajor, später Direktor der Deutschen Lebensversicherungsgesellschaft zu Lübeck, Vorsitzender der Lübecker Bürgerschaft, 1871–1873 Reichstagsabgeordneter (Nationalliberale Partei). *398, 399,* 438, 444, 581

Wickede, Alwine von, geb. Gaedcke, 17. 6. 1836 Rostock – 26. 3. 1870 Gotha, seit 26. 2. 1867 erste Ehefrau von Anton *Julius* von Wickede. 631

Wickede, Anton *Julius* von, 11. 7. 1819 Schwerin – 22. 3. 1896 ebd., meckl. Rittmeister a. D., Militärschriftsteller. 631

Wieck, aus Schleswig. In Berlin zusammen mit Reuter in Haft. 88, 97, 110, 129

Wieland, Christoph Martin, 1733–1813. 376

Wiencke, Rudolf, 1824 Wendorf – 1. 1. 1897 Triebsees, Wirtschafter zu Thalberg bei Fritz Peters, verwaltete dann das von diesem gepachtete Rittergut Stolpe bei Anklam. 304, 672, 701

Wiggers, Auguste, geb. Schnelle, 19. 10. 1832 Buchholz – 22. 3. 1884 Rostock, seit 3. 5. 1853 Ehefrau von Julius Wiggers. 461

Wiggers, Otto *Julius* August, 18. 12. 1811 Rostock – 6. 3. 1901 ebd., Dr. phil. Rostock 20. 11. 1834, D. theol. Heidelberg 4. 1. 1846, Privatdozent der Theologie zu Rostock 1837, a. o. Professor der Theologie ebd. 12. 10. 1848, Abgeordneter des meckl. Verfassunggebenden Landtags zu Schwerin 1848/49, 7. 7. 1852 seines Amtes entsetzt, Angeklagter im »Rostocker Hochverratsprozeß«, 1853–1857 in Haft, seitdem Privatgelehrter und liberaler Politiker zu Rostock. 1867–1870 Mitglied des Norddeutschen Reichstags, 1877–1881 Reichstagsabgeordneter. Bruder von Moritz Wiggers. 343, *387,* 390, *461*

Wiggers, Moritz Carl Georg, 17. 10. 1816 Rostock – 30. 7. 1894 ebd., 1843–1853 Advokat und Notar zu Rostock, 1848 Führer der mecklenburgischen Demokraten, 1848 Abgeordneter, 1849 Präsident des meckl. Verfassunggebenden Landtags zu Schwerin, Angeklagter im »Rostocker Hochverratsprozeß«, 1853–1857 in Haft, aus der Advokatenliste gestrichen. Schriftsteller und Politiker. 1867–1870 Mitglied des Norddeutschen, 1871–1881 des Deutschen Reichstags (Fortschrittspartei). Bruder von Julius Wiggers. 387, 388, 390, 461

Wilbrandt, Adolf, 24. 8. 1837 Rostock – 10. 6. 1911 ebd., Dr. phil., Schriftsteller und Literarhistoriker, 1881–1887 Leiter des Burgtheaters zu Wien. Biograph Reuters. Sohn des Professors Christian Wilbrandt, Bruder von Bertha Wilbrandt, der Ehefrau von Reuters Schwager, Postdirektor Wilhelm Kuntze zu Schwerin. *390, 406, 413,* 458, *600*

Wilbrandt, Carl Heinrich Gustav, 29. 1. 1818 Groß-Laasch – 26. 11. 1890 Krakow, Advokat und Notar, Ratsherr zu Parchim 1847, 1852 Bürgermeister der Stadt Teterow, 1879 Oberamtsrichter zu Krakow. 564

Wilbrandt, Christian Ludwig Theodor, 15. 3. 1801 Neukirchen bei Wittenburg – 25. 6. 1867 Bad Doberan, 1837 Professor der Ästhetik und neueren Literatur an der Universität Rostock, 1848/49 Vizepräsident des meckl. Verfassunggebenden Landtags zu Schwerin, 1852 seines Amtes entsetzt, Angeklagter im »Rostocker Hochverratsprozeß«, 1853–1855 in Haft. Vater von Adolf Wilbrandt und Bertha Kuntze, geb. Wilbrandt. 390

Wille, Gundeline Elisabeth *(Eliza),* geb. Sloman, 9. 3. 1809 Itzehoe (Holstein) – 22. 12. 1893 Mariafeld am Zürcher See, Schriftstellerin, seit 24. 5. 1845 Ehefrau von Dr. François Wille. 643

Wille, Jean *François* Arnold, 20. 2. 1811 Hamburg – 7. 1. 1896 Mariafeld, stud. phil. Göttingen und Kiel, Führer der Kieler Burschenschaft, Anhänger der Schleswig-Holsteinischen Bewegung, wegen Teilnahme an einem studentischen Zweikampf 1835–1837 Festungshaft in Dänemark, Redakteur der »Literarischen und kritischen Blätter der Börsenhalle« zu Hamburg, 1848 Mitglied der Hamburger Konstituante, 1848 Abgeordneter der Deutschen Nationalversammlung zu Frankfurt (Main), seit 1851 Gutsbesitzer auf Mariafeld bei Meilen am Zürcher See (Schweiz), dem Sammelpunkt der vielen aus politischen Gründen in der Emigration in Zürich lebenden deutschen Künstler und Gelehrten. 643

Winckelmann, Johann Joachim, 1717–1768. 138

Wintersberg, 1838 Hausvogtei-Inspektor zu Berlin. 138

Wirth, Max, 27. 1. 1822 Breslau – 18. 7. 1900 Wien, Volkswirt, Gegner Lassalles, 1853–1856 Schriftleiter der »Mittelrheinischen Zeitung«

zu Wiesbaden, 1864–1873 Direktor des Schweizer Statistischen Büros zu Bern, seit 1874 Redaktionsmitglied der »Neuen Freien Presse« zu Wien. 388

Witte, Anton Julius Ludwig, 16. 10. 1805 Marwitz (Kreis Landsberg /Warthe) – 5. 6. 1849 Landsberg (Warthe), Buchdrucker, schloß sich auf der Wanderschaft in der Schweiz 1835 dem Jungen Deutschland an, in Preußen deswegen 1836 verhaftet, Gefangener auf der Festung Magdeburg 1836–1838, auf der Festung Graudenz 1838–1840, seitdem Buchdruckereibesitzer zu Landsberg (Warthe). »De Erzbischof«. 138, 154, 161, 605, 652

Witthauer, Richard, 6. 6. 1829 Gerstungen – 28. 1. 1897 Eisenach, Dr. med., Medizinalrat zu Eisenach. 638

Wittmütz, Hermann, gest. Stralsund 13. 10. 1877, stud. jur. Greifswald 1832, Burschenschafter, Kreisgerichtsrat zu Stralsund. 449

Woedtke, Carl Wilhelm *Bogislav* von, 13. 2. 1837 Groß-Reetz (Pommern) – 17. 12. 1905 Gernrode (Harz), 1866 Major, Etappenkommandant zu Eisenach, zuletzt preuß. Major z. D. 569, 571

Wöhler, Johann *Wilhelm,* 10. 2. 1814 Gingst (Rügen) – 18. 1. 1884 Ludwigslust, Abitur Parchim 1833, Dr. phil., Konrektor zu Ludwigslust 1840, Lehrer zu Schwerin 1842, Succentor 1844, Konrektor 1846 zu Malchin, Zweiter Pastor an der Stadtkirche zu Ribnitz 1852, Pastor zu Lichtenhagen bei Bad Doberan 1856–1879. 59

Woelfling, Alwina, Stieftochter von Schultheiß. 499

Wolff, Friedrich *Wilhelm,* 21. 6. 1809 Tarnau (Kreis Schweidnitz, Schlesien) – 9. 5. 1864 Manchester (England), proletarischer Revolutionär und hervorragender Führer der deutschen Arbeiterbewegung. Lehrer und Journalist. Studierte in Breslau, beteiligte sich aktiv an der geheimen Burschenschaftsbewegung, 1834 verhaftet, 1835–1838 Gefangener auf der Festung Silberberg, 1838 begnadigt. Emigrierte 1851 nach England. Enger Freund von Karl Marx und Friedrich Engels. Marx hat ihm den ersten Band seines Hauptwerkes, des »Kapitals« gewidmet. »Kasematten-Wolff«. *467*, 468, 499

Wüsthoff, Sophie Christine, geb. Bartels, 20. 8. 1785 Dütschow bis 21. 1. 1866 Parchim, seit 21. 6. 1802 Ehefrau des Geh. Hofrats Friedrich Wüsthoff (1772–1845), Ersten Bürgermeisters der Stadt Parchim. Mutter von Adelheid Hermes, geb. Wüsthoff. 440

Wulff, Georg Andreas, geb. 4. 1. 1803 Dassow – 5. 9. 1886 Dassow, Gastwirt zu Dassow. 565

Wussow, von, Landrat, Freund von Ludwig Pietsch. Vermutlich identisch mit Friedrich Carl Philipp Alexander v. Wussow, 22. 1. 1820 Berlin – 30. 5. 1889 Wittekind bei Halle, zuletzt Geh. Oberregierungsrat im Ministerium der geistlichen, Unterrichts- und Medizinal-Angelegenheiten zu Berlin. 508

Wuthenow, Alwine, geb. Balthasar, 16. 9. 1820 Neuenkirchen bei Greifswald – 8. 1. 1908 Greifswald, Ehefrau von Ferdinand Wuthenow. Kusine von Mathilde Adam, geb. Balthasar, und von Pastor Georg Carl Piper. Plattdeutsche Dichterin. 294, 295, 298, 300, 301, 306, 307, 308, 317, 318, 319, 340, 341, 342, 343, 344, 360, 380, 456, 499

Wuthenow, Ferdinand, 6. 5. 1812 Brandenburg – 5. 6. 1882 Greifswald, stud. jur. Halle und Berlin, Burschenschafter, 1834 Gefangener in der Berliner Hausvogtei, 1835–1840 auf der Festung Silberberg, Auskultator am Stadtgericht zu Kyritz (Prignitz), 1842 Hofgerichts-Referendar zu Greifswald, 1842–1848 stellvertr. Bürgermeister der Stadt Gützkow, 1849 Assessor, 1850 Kreisrichter, 1855 Kreisgerichtsrat zu Greifswald. *294, 297, 298, 300,* 304, *306,* 313, *317,* 322, 332, *340, 342, 344,* 414, 441, *456,* 499, *715*

Zachariae von Lingenthal, Carl Salomo, 14. 9. 1769 Meißen – 27. 3. 1843 Heidelberg, 1807–1843 Professor der Rechte an der Universität zu Heidelberg. 228, 231, 234

Zarncke, Friedrich Carl Theodor, 7. 7. 1825 Zahrenstorf bei Brüel bis 15. 10. 1891 Leipzig, Professor der Germanistik zu Leipzig. 517

Zehlicke, Auguste, Tochter des Parchimer Schuldirektors Johannes Zehlicke. *440*

Zehlicke, Johannes Christian Wilhelm, 18. 6. 1791 Parchim – 16. 12. 1856 Slate bei Parchim, 1812 Subrektor zu Parchim, 1815 Hauslehrer zu Hamburg, 1818 Konrektor des Gymnasiums zu Friedland, 1827 bis 1851 Direktor des Gymnasiums zu Parchim. 12, 14, 16, 17, 19, 20, 21, 22, 23, 24, 25, 26, 27, 28, 29, 30, 42, 44, 166, 440

Zehlicke, Johannes, Sohn des Parchimer Schuldirektors Johannes Zehlicke, lebte 1874 als Rentner zu Röbel. 19

Zehlicke, Julie Dorothea Caroline, geb. Wesenberg, geschiedene Besendahl, seit 30. 12. 1823 Friedland zweite Ehefrau von *Johannes* Christian Wilhelm Zehlicke. 19, 440

Zeise, Heinrich, 19. 4. 1822 Altona – 18. 1. 1914 Groß-Flottbeck bei

Hamburg, Pharmazeut, stud. Kopenhagen, leitete in Altona die chemische Fabrik seines Vaters, bereiste die nordischen Staaten und Süddeutschland, lebte dann in Friedrichsruh, in Eimsbüttel und zuletzt in Groß-Flottbeck. Dichter und Übersetzer. *336, 383*

Zickermann, Johann Joachim *Friedrich Franz,* 31. 5. 1794 Bützow bis 15. 1. 1873 Neubrandenburg, Rentier ebd., vordem Rittergutsbesitzer auf Ganschendorf und Johannenhöh (Vorpommern). Schwager von Apotheker Wilhelm Strilack zu Waren. 521

Ziegler, Alexander, 20. 1. 1822 Ruhla (Thür.) – 8. 4. 1887 Wiesbaden, stud. Jena, Dr. phil., unternahm seit 1846 große Reisen in die verschiedensten Länder, Reiseschriftsteller, Hofrat zu Dresden. Bruder von Severus Ziegler. 430, 433, 434

Ziegler, Severus, 8. 11. 1817 Ruhla (Thür.) – 2. 3. 1871 Eisenach, Bankier zu Eisenach. 430, 433, 447, 453, 555, 579, 662, 695

Zimmermann, Friedrich Julius, 21. 10. 1785 Wernigerode (Harz) bis 14. 4. 1832 Parchim, Hofbuchdrucker und Buchbinder zu Parchim. 16, 17, 18

Zober, Ernst Heinrich, 25. 4. 1799 Königsberg (Neumark) – 6. 11. 1869 Stralsund, Dr. phil., 1828 Hauptlehrer, 1845 Oberlehrer am Gymnasium zu Stralsund, 1827–1869 Ratsbibliothekar ebd., Professor. 449

Fritz Reuters Herkunft und Verwandtschaft

Die nachfolgende genealogische Darstellung des Bearbeiters, ursprünglich als selbständige Publikation geplant, wird es dem Leser erleichtern, sich innerhalb der häufig komplizierten Verwandtschaftsbeziehungen, wie sie in den Briefen Reuters erscheinen, zurechtzufinden, sie wird dem Interessenten zudem neue Aufschlüsse gewähren.

Über »Reuters Vorfahren und Verwandte« hat zuerst Friedrich Latendorf im Jahre 1879 einen wertvollen Überblick gegeben [1], der sich in der Hauptsache auf Mitteilungen von damals lebenden Familienangehörigen stützt. Fast fünfzig Jahre später – im Jahre 1928 – wurde im ersten Mecklenburgischen Bande des Deutschen Geschlechterbuches [2] eine bebilderte Stammfolge der Familie Reuter veröffentlicht, der im zweiten Mecklenburgischen Bande der gleichen Reihe [3] Ergänzungen hinzugefügt wurden. Anläßlich des 150.Geburtstages von Fritz Reuter im Jahre 1960 erschien in der Zeitschrift »Das Carolinum. Blätter für

1 Zur Erinnerung an Fritz Reuter. Verschollene Gedichte Reuters nebst volkstümlichen und wissenschaftlichen Reuter-Studien von Friedrich Latendorf. Poesneck: Im Verlage von Carl Latendorf. 1879. S. 10–25.

2 Deutsches Geschlechterbuch, Band 57. Görlitz: C. A. Starke. 1928. Seiten 369 bis 387.

3 Deutsches Geschlechterbuch, Band 74. Görlitz: C. A. Starke. 1931. Seiten 311 bis 312.

Kultur und Heimat«, Göttingen, 26. Jg., Nr. 32 (S. 10–15), ein »Stammbaum der Familie Fritz Reuter« von Irmgard Unger-Brückner, der sich auf Friedrich Latendorf bezieht. Daneben gibt es einige genealogische Bezüge auf Reuters Eltern und Großeltern, seine Halbschwestern, Vettern und Kusinen, in den mit Anmerkungen versehenen bisherigen Reuter-Ausgaben, bei Gaedertz und Warncke.

Umfangreiche jahrzehntelange Untersuchungen des Bearbeiters auf der Grundlage exakter Quellenforschung erbrachten eine Fülle von Berichtigungen und Ergänzungen zu dem bisher vorliegenden Material, die Klärung von bisher unbekannten oder fraglichen Beziehungen und verwandtschaftlichen Zusammenhängen.

Die genealogische Studie erfaßt alle bisher feststellbaren Vorfahren Reuters sowohl väterlicher- als mütterlicherseits und den Verwandtschaftskreis des Dichters einschließlich seiner Neffen und Nichten. Von einer Fortführung bis in unsere Tage mußte aus Gründen der räumlichen Beschränkung Abstand genommen werden. Die Reutersche »Familienlegende«, wonach die Familie von einem aus dem Salzburgischen vertriebenen Protestanten abstammt, hat sich nicht bestätigt. Vielmehr haben die eingehenden Untersuchungen von Cläre Maillard-Zechlin und Ferdinand Joseph Schneider den Nachweis über die Herkunft von Reuters Urgroßvater, dem Pritzwalker Kantor, aus der Bauernfamilie Reuter zu Kütten bei Halle (Saale) erbracht. Daß der Romanschriftsteller und Lustspieldichter Christian Reuter (geb. 1665) der Ururgroßvater Fritz Reuters ist, erscheint nach genauer Überprüfung aller ausschöpfbaren Quellen nicht mehr zweifelhaft.

In zwei Stammfolgen, Reuter und Ölpke, ist das genealogische Material gegliedert. Unumgänglich notwendige weitere Angaben sind in Anmerkungen gebracht.

Folgende Abkürzungen wurden verwendet:

geb. = geboren, gest. = gestorben, get. = getauft, begr. = begraben, konf. = konfirmiert, verh. = verheiratet mit, S. v. = Sohn von, T. v. = Tochter von, u. d. = und der, KB. = Kirchenbuch.

STAMMFOLGE REUTER

I. Peter *Reuter,*[1]

gest. Kütten (wohl vor 1567), Bauer zu Kütten bei Halle an der Saale.

Sohn:

II. Stephan *Reuter,*

geb Kütten, gest. ebd. (wohl 1607, vor 18. 1. 1608), Bauer zu Kütten.

Kinder:

1. Philipp, siehe III.
2. Marie, verh. Merten *Schlagkwitz.*
3. Margarethe, verh. Philipp *Tröger.*
4. Catharina.

III. Philipp *Reuter,*

geb. Kütten, gest. ebd. (vor 1627), Bauer zu Kütten, seine Witwe verh. II. 1627 Peter *Hasert,* Bauernsohn aus Kütten.

Sohn:

IV. Stephan *Reuter,*

geb. Kütten (um 1610), begr. ebd. 26. 11. 1683, Bauer zu Kütten. verh. I. 1640 N . . . *N . . .*

veh. II. 22. 1. 1656 Anna Catharina *Rode,* begr. Kütten 31. 8. 1691, T. v. Caspar Rode aus Mößlitz bei Zörbig.

Kinder, zu Kütten getauft:

erster Ehe:

1. Christian, get. 1641, gest. Kütten 1641 (1 Woche alt).
2. Ursula, get. 18. 3. 1646, verh. Andreas Graßhoff zu Quetz (Quetzdolsdorf).
3. Gottfried, get. 20. 6. 1648.

1 Ob Peter Reuter ein Sohn des zu Kütten 1531 zuerst als Bauer genannten Hans Reuter ist, läßt sich nicht nachweisen. – Vgl. Schneider, Ferdinand Joseph: Christian Reuters Familie und sein Sohn Johann Friedrich. In: Ekkehard. Mitteilungsblatt deutscher Genealogischer Abende. 13. Jg. Nr. 6. Halle (Saale), 10. 12. 1937, Seiten 227–228; 14. Jg., Nr. 1. Halle (Saale), 22. 2. 1938, Seiten 243–244. – Schneider, Ferdinand Joseph: Christian Reuters Familie und Geburtshaus. In: Thüringisch-Sächsische Zeitschrift für Geschichte und Kunst. Halle (Saale): Gebauer-Schwetschke Druckerei und Verlag A. G. Band XXIII. 1934 und 1935. Seiten 80–82.

4. Maria, get. 10. 1. 1650, verh. 1672 Hans *Tschege* aus Teicha bei Halle (Saale).

zweiter Ehe:

5. Caspar, get. 20. 4. 1657, begr. Kütten 31. 8. 1691 (zusammen mit der Mutter in einem Grabe), Bauer zu Kütten.

6. Andreas, get. 4. 7. 1659, gest. Dachritz 1716, verheiratete sich nach Dachritz bei Halle (Saale).

7. Dorothea, get. 14. 6. 1662, verh. 1682 Andreas *Bode* zu Schrenz (Schrenzsiegelsdorf) bei Halle (Saale).

8. Christian, get. 9. 10. 1665, siehe V.

9. Stephan, get. 22. 2. 1668, gest. Kütten 25. 9. 1741, Bauer zu Kütten, verh. Christine *Hentze* aus Trebitz am Petersberge (Saalkreis). (Nachkommen).

10. Anna Elisabeth, get. 5. 10. 1670, verh. I. Hans *Brand*, Bauernsohn aus Kütten. Verh. II. Christoph *Brand*.

V. Christian *Reuter*,
get. Kütten 9. 10. 1665, gest. (nach 1712), Domgymnasium Merseburg, Student zu Leipzig, Komödiendichter und satirisch-humoristischer Erzähler.[2] verh. Maria *Arnsdorf*.
Sohn:[3]

VI. Johann Friedrich *Reuter*,
get. Berlin (Schloßkirche) 11. 8. 1712, begr. Pritzwalk (Ostprignitz) 30. 1. 1757, 1721 Gymnasium zum Grauen Kloster zu Berlin, stud. theol. Halle, imm. 17. 5. 1734, Kantor und Lehrer an der Stadtschule zu Pritzwalk,
verh. Pritzwalk 20. 10. 1741 Eva Christina *Lehmann*, geb. ebd. 6. 3. 1716, gest. ebd. 15. 11. 1784, T. v. Johann Georg Lehmann, Bürger und Brauer zu Pritzwalk, verh. ebd. 31. 1. 1715 Catharina Steffen.

2 Christian Reuters Werke in einem Band. Hrsg. von den Nationalen Forschungs- und Gedenkstätten der klassischen deutschen Literatur in Weimar. Weimar: Volksverlag 1962. 355 Seiten. (= Bibliothek deutscher Klassiker).

3 Vgl. Cläre Maillard-Zechlin: Christian Reuter, der Verfasser des „Schelmuffsky«, ein Ahn Fritz Reuters. In: Familie und Volk. Zeitschrift für Genealogie und Bevölkerungskunde. 6. Jg., 1957, Seiten 337–340, 437–438. – Daß der 1712 in Berlin geborene Johann Friedrich Reuter mit dem späteren Kantor in Pritzwalk identisch ist, läßt sich vielfach beweisen. Die Identität seines Vaters Christian Reuter mit dem Komödiendichter Christian Reuter ist nach erneuten Untersuchungen des Bearbeiters nicht zu bezweifeln.

Kinder, zu Pritzwalk (Ostprignitz) geboren:

1. Carl Friedrich, geb. 23. 10. 1743, begr. Demen bei Crivitz 20. 2. 1780, Soldat, Zwilling mit:
2. Joachim Friedrich, geb. 23. 10. 1743, siehe VII a.
3. Johann Friedrich, geb. 21. 4. 1745, siehe VII b.
4. Friederike Christine, geb. 18. 5. 1747, gest. Pritzwalk 27. 2. 1752.
5. Georg Friedrich, geb. 26. 2. 1749, gest. Pritzwalk 19. 4. 1758.
6. Gottlieb Friedrich, geb. 30. 12. 1750, Kaufmann zu Genf (Schweiz).
7. Catharina Elisabeth, geb. 16. 12. 1752, gest. (nach 1780), verh. II. . . . *Schickedanz*.

VIIa. Joachim Friedrich *Reuter*,
geb. Pritzwalk 23. 10. 1743, gest. Conow bei Dömitz 31. 12. 1799, stud. theol. Halle, imm. 2. 5. 1763, ging nach Mecklenburg, um den preußischen Werbern zu entkommen, 1773–1784 Pastor zu Demen bei Crivitz, 1784–1799 Pastor zu Conow bei Dömitz, Reuters Großvater väterlicherseits, verh. Prestin bei Crivitz 1773 Catharina *Maria Fanter*,[4] geb. Parchim (St. Georg) 11. 3. 1750 (Posthuma), gest. ebd. 15. 7. 1826, Reuters Großmutter väterlicherseits, T. v. Joachim Fanter, geb. . . . 1718, begr. Parchim 8. 7. 1749, Goldschmiedemeister zu Parchim, verh. ebd. 14. 10. 1746 Elisabeth Anna Ebel, get. ebd. 9. 12. 1727, begr. ebd. 25. 6. 1764.[5]

4 Ihr Bruder: Jakob Christian *Fanter*, get. Parchim 13. 7. 1747, gest. ebd. 12. 5. 1825, Kaufmann zu Parchim (»mit einem krummen Bein«), verh. ebd. 28. 10. 1777 Catharina Elisabeth Waage, get. ebd. 20. 9. 1751, gest. ebd. 31. 3. 1812, kinderlos.

5 Elisabeth Anna Fanter, geb. Ebel, verh. II. Parchim 27. 7. 1751 Petrus Porß, geb. in Schweden 1724, gest. Parchim 12. 11. 1799, Goldschmiedemeister ebd., T. v. Caspar Daniel Ebel, begr. Parchim 8. 4. 1745, Goldschmiedemeister zu Parchim, verh. ebd. 16. 11. 1725 Maria Grapengießer, get. ebd. 7. 3. 1698, begr. ebd. 13. 4. 1759, T. v. Christoph Grapengießer, geb. Groß-Pankow um 1670, begr. Parchim 30. 6. 1719, Krämer zu Parchim, verh. ebd. 20. 10. 1694 Catharina Sophia Madaus, get. ebd. 3. 4. 1677, begr. ebd. 23. 12. 1727.
Christoph Grapengießer, S. v. Christian Grapengießer, geb. Parchim um 1629, gest. Groß-Pankow 25. 12. 1679, imm. Rostock 1648, Pastor zu Groß-Pankow 1653–1679, (S. v. Christoph Grapengießer, gest. Parchim 1638, Kirchen-Ökonomus ebd.), verh. II. Parchim 24. 10. 1666 Anna Garvitz (T. v. Christian Garvitz, Ratsverwandter, Kirchenprovisor und Gewürzhändler zu Parchim, u. d. Elisabeth Geerke, begr. Parchim 24. 1. 1665).

Söhne, zu Demen bei Crivitz geboren:

1. Peter Paschen *Friedrich*, geb. 24. 11. 1774, siehe VIIIa. Dömitzer Linie.

2. *Georg Johann* Jakob Friedrich, geb. 26. 7. 1776, siehe VIIIb. Stavenhagener Linie.

3. Johann Christian David Heinrich, geb. 8. 6. 1778, gest. Conow bei Dömitz 16. 3. 1812, Kaufmannslehrling bei seinem Onkel Jakob Christian Fanter (vgl. Anm. 4) zu Parchim.

4. *Joachim* Friedrich, geb. 25. 4. 1780, gest. (vermutlich Neumühl bei Schwerin 1. 1. 1796 von den Müllersleuten Kindt ermordet), Kaufmannslehrling beim Kaufmann Böhm zu Schwerin.

5. Samuel *Gottlieb* Friedrich, geb. 9. 9. 1781, siehe VIIIc. Pokrenter Linie.

6. *Ernst* Friedrich, geb. 25. 12. 1783, siehe VIIId. Jabeler Linie.

VIIb. Johann Friedrich *Reuter*,

geb. Pritzwalk 21. 4. 1745, gest. Wittenburg 20. 1. 1782, kam nach Mecklenburg, um den preußischen Werbern zu entgehen. 1770–1776 Rektor zu Plau, 1776–1782 Zweiter Pastor zu Wittenburg,

verh. Plau 22. 7. 1776[6] Johanna Carolina *Marbach*, geb. Berlin, gest. Wittenburg 11. 4. 1780.

Kinder, zu Wittenburg getauft:

1. Johann Heinrich Friedrich, get. 29. 7. 1778, gest. Beelitz in der Mark 21. 1. 1837, Justizrat ebd., verh. Eva Henriette Magdalena *Koch*, gest. Beelitz 18. 5. 1832; kinderlos.

2. Johann Philipp Gabriel, get. 19. 3. 1780, gest. Berlin 18. 1. 1808, Hofgerichtsprediger ebd., unvermählt.

Catharina Sophia Madaus T. v. Hans Madaus, begr. Parchim 3. 1. 1679, Höcker und Hopfenführer zu Parchim, verh. ebd. 19. 11. 1660 Catharina Vogt, begr. Parchim 16. 12. 1678.

6 nach Tagebuch des Schullehrers zu Plau Joachim Christoph Federow (»Journal aller Ihm Notablen Sachen« 1737–1785). Hdschr. (Familienarchiv Leopoldi, Schwerin).

VIIIa. Peter Paschen *Friedrich Reuter,*
geb. Demen bei Crivitz 24. 11. 1774, gest. Parchim (St. Georg) 30. 6. 1814[7], stud. theol. Rostock, imm. 1793, Rektor zu Dömitz (Elbe),
verh. Dömitz 31. 5. 1805 Catharina Maria Elisabeth *Trappe,* geb. ebd. 3. 2. 1783, gest. ebd. 2. 12. 1851. T. v. Simon Jakob Trappe, Bürger und Zinngießermeister zu Dömitz, u. d. Maria Dorothea Fehrmann.

Kinder, zu Dömitz (Elbe) geboren:

1. Johann *Carl* Jakob, geb. 21. 5. 1806, siehe IXa.
2. *Ernst* Carl Adolf, geb. 12. 11. 1807, siehe IXb.
3. *August* Friedrich Heinrich, geb. 20. 1. 1810, siehe IXc.
4. *Dorothea* (Doris) Maria Sophie, geb. 4. 8. 1812, verh. Stavenhagen 23. 10. 1862 Friedrich Georg Ludwig Hundt[8], geb. Bakendorf bei Hagenow 3. 3. 1809, gest. Stavenhagen 13. 12. 1891, Kantor zu Stavenhagen, dann Kantor und Organist zu Levin bei Dargun; S. v. Johann Heinrich Christian Hundt, Gutspächter auf Bakendorf, u. d. Anna Theodora Evert.

IXa. Johann *Carl* Jakob *Reuter,*
geb. Dömitz (Elbe) 21. 5. 1806, gest. Jabel bei Malchow 30. 3. 1860, stud. theol. Rostock, imm. 1826, Pastor zu Jabel und zu Hohen-Wangelin 1843–1860, verh. Jabel 31. 5. 1844 seiner Base Charlotte Friederike *Marie Reuter,* geb. Jabel bei Malchow 5. 6. 1814, gest. ebd. 25. 10. 1883, vgl. Jabeler Linie, VIIId. 2.

Tochter:

1. Luise Marie Sophie Agnes Ulrike Emma, geb. Jabel bei Malchow 6. 3. 1845, gest. ebd. 30. 7. 1878, unvermählt.

IXb. *Ernst* Carl Adolf *Reuter,*
geb. Dömitz (Elbe) 12. 11. 1807, gest. Stavenhagen 24. 4. 1856, Pflegesohn seines Onkels, des Bürgermeisters Reuter zu Stavenhagen, Apotheker, Brauereibesitzer zu Stavenhagen,

7 auf einer Besuchsreise bei der Mutter in Parchim.

8 Witwer von Dorothea Margarethe Friederike Jochens, geb. Boizenburg (Elbe) 19. 5. 1818, gest. Stavenhagen 25. 1.1853, T. v. Johann Friedrich Heinrich Jochens, Bäckermeister und Gastwirt zu Boizenburg, u. d. Dorothea Charlotte Catharina Ibe.

verh. Jabel bei Malchow 29. 1. 1840 seiner Base Ernestine *Sophie Reuter,* geb. Kirch-Lütgendorf 15. 1. 1814, gest. Stavenhagen 29. 4. 1901, vgl. Stavenhagener Linie, VIIIb. 5.

Kinder, zu Stavenhagen geboren:

1. Ernst Friedrich *Georg,* geb. 14. 12. 1840, gest. Stavenhagen 14. 7. 1846

2. *Marie* Caroline Lisette, geb. 19. 12. 1842, gest. Perleberg 8. 1. 1920, verh. Stavenhagen 20. 6. 1865 Wilhelm *Ludwig* Emil *Vollgold,* geb. Berlin 6. 7. 1833, gest. Perleberg 16. 2. 1915, Gutspächter auf Schönblick, Kreis Teltow, Brandenburg; S. v. Friedrich Wilhelm Ludwig Vollgold, Zieseleur auf der Kgl. Eisengießerei zu Berlin, u. d. Friederike Luise Ruschkiet.

3. *Emma* Friederike Sophie Doris, geb. 9. 11. 1843, gest. Stavenhagen 10. 7. 1844.

4. *Eleonore* Charlotte Auguste, geb. 31. 12. 1846, gest. Neubrandenburg 27. 6. 1917, Lieblingsnichte Fritz Reuters, verh. Stavenhagen 3. 7. 1868 *August* Friedrich Joachim Christian Helmuth *Bade,* geb. Vogtshagen bei Rostock 25. 3. 1834, gest. Kleeth 4. 6. 1903, meckl. Ökonomierat, Domänenpächter auf Kleeth bei Stavenhagen; S. v. Christian Bade, Domänenpächter auf Vogtshagen, dann auf Kleeth, u. d. Elise Glaevecke.

5. *Ernst* Carl Ludwig Friedrich, geb. 22. 7. 1848, gest. Stavenhagen 31. 3. 1884, Brauereibesitzer ebd., verh. ebd. 26. 9. 1879 Wilhelmine Friederike Johanna Christiane *Fleck*[9], geb. Wackerow 12. 4. 1860, T. v. Helmuth Christoph Wilhelm Friedrich Fleck, Erbpächter zu Wackerow bei Stavenhagen.

6. Wilhelmine Caroline Magdalena *Ida,* geb. 31. 12. 1849, gest. Neubrandenburg 28. 4. 1940, unvermählt, lebte zu Stavenhagen.

7. *August* Johannes Carl Friedrich, geb. 2. 11. 1853, gest. Memphis (USA).

IXc. *August* Friedrich Heinrich *Reuter,*

geb. Dömitz (Elbe) 20. 1. 1810, gest. Bad Doberan 4. 11. 1888, Pflegesohn seines Onkels, des Bürgermeisters Reuter zu Stavenhagen, stud. theol. et phil. Rostock, imm. 1830, 1835 bis 1846 Töchterschullehrer zu Schwerin, 1846–1849 Rektor zu Goldberg, 1849–1884 Pastor zu Tessin, verh. 9. 4. 1847

9 Verh. in zweiter Ehe Stavenhagen 12. 10. 1888 Johann Heinrich Theodor Roloff, geb. ebd. 15. 6. 1854, gest. ebd. 23. 2. 1900, Viehhändler in Stavenhagen.

Charlotte Willebrand, geb. Melz 18. 9. 1819, gest. Bad Doberan 26. 12. 1893, T. v. Heinrich Andreas Ludwig Willebrand, Pastor zu Melz bei Röbel, u. d. Dorothea Sophia Elisabeth Kortüm.

Kinder, 1 und 2 zu Goldberg, 3–6 zu Tessin geboren:

1. *Anna* Elisabeth Marie Hermine, geb. 15. 1. 1848, gest. Rostock 16. 4. 1919, verh. Tessin 13. 10. 1865 *Johannes* Carl Ferdinand Hartwig *Hurtzig,* geb. Osten (Hannover) 31. 10. 1837, gest. Kieth 15. 10. 1878, 1864–1868 Rektor zu Rehna, 1868–1870 Hilfsprediger zu Hagenow und Pfarrverweser von Kirch-Jesar, 1870–1878 Pastor zu Kieth bei Krakow. S. v. Ludwig Ferdinand Hurtzig, Dr. jur., Advokat und Notar zu Osten, u. d. Meta Gertrude v. See.

2. *Ida* Luise Clara Auguste, geb. 17. 8. 1849, gest. Tessin 8. 6. 1855.

3. *August,* geb. 27. 1. 1851, gest. Breesen 27. 2. 1920, Dr. phil., unvermählt.

4. *Wilhelm* Adolf Johann Carl, geb. 2. 12. 1852, gest. Röbel (Neustadt) 22. 2. 1900, 1879 Lehrer an der Bürgertöchterschule, 1880–1889 am Realgymnasium zu Schwerin, 1889 bis 1900 Pastor zu Röbel (Neustadt), unvermählt.

5. *Ludwig* Friedrich Carl, geb. 1. 2. 1855, gest. Bad Doberan 18. 6. 1936, stud. theol. Erlangen und Rostock, 1879–1881 Prädikant bei seinem Vater in Tessin, 1881 Rektor zu Gadebusch, 1883 zu Ludwigslust, 1889–1928 Pastor zu Breesen, 1923 Propst des Penzliner Zirkels, unvermählt.

6. Paul Hermann Adolf, geb. 19. 8. 1859, gest. in Argentinien, Eisenbahn-Ingenieur, verh.

Stavenhagener Linie

VIIIb. *Georg Johann* Jakob Friedrich *Reuter,* geb. Demen bei Crivitz 26. 7. 1776 [10], gest. Stavenhagen 22. 3. 1845, 1808–1845 Bürgermeister der Stadt Stavenhagen, Stadtrichter und Notar. Vater von Fritz Reuter, verh. Stavenhagen 23. 2. 1810 *Johanna* Louisa Sophia *Ölpke,* get. Triebsees 31. 7.

10 Der Geburtstag von Georg Johann Reuter und der seiner Ehefrau wurde immer am 25. Juli (Jakobitag) gefeiert.

1787, konf. ebd. 1796, gest. Stavenhagen 19. 5. 1826 Mutter von Fritz Reuter. Vgl. Stammfolge Ölpke, IIIa. 4.

Kinder:

1. außerehelich mit Maria Schütt zu Stavenhagen: Johanna Catharina Friederika Reuter, geb. Stavenhagen 4. 5. 1808, gest. ebd. 14. 5. 1809.

2. außerehelich mit Catharina Peters zu Stavenhagen: Johanna Elisabeth *(Lisette)* Henriette Reuter, geb. Stavenhagen 11. 3. 1809, legitimiert 1839, gest. Güstrow (Dom) 3. 10. 1865, verh. Güstrow 25. 9. 1850 Friedrich Carl *Jenning*[11], geb. Güstrow (Pfarrk.) 4. 12. 1811, gest. Schwaan 5. 1. 1860, Dr. jur., Advokat und Notar zu Stavenhagen, Amtsmitarbeiter zu Güstrow, zuletzt Amtsverwalter zu Schwaan. S. v. Friedrich Johann Joachim Carl Jenning, Gastwirt und Fuhrmann zu Güstrow, u. d. Maria Dorothea Stein.

3. ehelich: Heinrich Ludwig Christian *Friedrich* (Fritz), geb. Stavenhagen 7. 11. 1810, gest. Eisenach 12. 7.1874, verh. Roggenstorf bei Dassow 16. 6. 1851 *Luise* Charlotte Marie *Kuntze*, geb. Grevesmühlen 9. 10. 1817, gest. Eisenach 9. 6. 1894, T. v. *Wilhelm* Gottlieb Peter Kuntze[12], geb. Ludwigslust 26. 10. 1778, gest. Dassow 7. 2. 1863, 1815–1818 Rektor und

11 Dr. jur. Jenning verh. in erster Ehe Malchin 27. 4. 1840 *Friederike* Sophie Wilhelmine *Timm*, geb. Groß-Gievitz 14. 4. 1814, gest. Güstrow 22. 1. 1849, T. v. Helmuth Albrecht Timm, Pastor und Präpositus zu Malchin, u. d. Wilhelmine Caroline Antonie Kortüm (Schwester der Dorothea Sophia Elisabeth Willebrand, geb Kortüm, vgl. IXc.).

Kinder Jenning, zu Stavenhagen geboren:

1. *Anna* Wilhelmine Dorothea, geb. 12. 2. 1841.
2. *Helmuth* Christian Friedrich, geb. 10. 3. 1842. Dr. phil., Gymnasiallehrer zu Leipzig, verh. Leipzig (St. Nikolai) 3. 7. 1869 *Auguste* Wilhelmine *Prößdorf*, geb. Leipzig 4. 2. 1841, T. v. Christian Friedrich Wilhelm Prößdorf, Bürger und Böttchermeister zu Leipzig, u. d. Auguste Wilhelmine Gebhardt.
3. *Friedrich* (Fritz) Iwan Carl, geb. 23. 8. 1843 Leipzig, gest. 8. 6. 1867 ebd., Handlungskommis ebd., unvermählt.
4. *Ernst* Carl Heinrich, geb. 5. 11. 1844, gest. 1932, Gärtnereibesitzer zu Berlin.
5. Friede Wilhelmine Margarethe, geb. 17. 3. 1846.
6. Wilhelmine Johanna Julie, geb. 21. 1. 1848.

12 S. v. Johann Gottfried *Kuntze*, geb. 1737, gest. Ludwigslust 3. 10. 1783, hzgl. meckl. Kammerdiener, Fagottist, 1770 Kapellmusikus, 1776 Hofmusikus ebd., u. d. Maria Dorothea Luise Conradi, get. Schwerin (Dom) 31. 1. 1753, gest. Woosten 29. 9. 1794 (verh. in zweiter Ehe 21. 12. 1786 mit *Carl* Nikolaus Adam *Conradi*, get. Kröpelin 30. 6. 1756, gest. Waren 3. 5. 1846, 1786 Inspektor des Landschullehrerseminars zu Ludwigslust, 1792 Pastor zu Woosten, 1805 Zweiter,

Hilfsprediger zu Grevesmühlen, 1818–1858 Pastor zu Roggenstorf, verh. Grevesmühlen 13. 10. 1815 [13] *Wilhelmine* Caroline Christine *Scharff* [14], geb. ebd. 5. 8. 1794, gest. Dassow 25. 2. 1859.

4. ehelich: Friedrich Ludwig August Ernst, geb. Stavenhagen 6. 1. 1812, gest. ebd. 27. 11. 1813.

1813–1843 Erster Pastor zu Waren, Präpositus, Kirchenrat. Sohn aus dieser Ehe und Halbbruder von Reuters Schwiegervater Kuntze: *Christian* Wilhelm August *Conradi*, geb. Woosten 19. 9. 1793, gest. Neubrandenburg 28. 2. 1882, 1838 bis 1863 Pastor zu Ankershagen (Amtsnachfolger vom Vater Heinrich Schliemanns), verh. Waren 28. 6. 1838 Lucie *Ernestine* Margarethe *v. Weltzien*, geb. Weselin (KB. Brüel) 6. 9. 1800, gest. Neubrandenburg 21. 6. 1879, T. v. Hans Friedrich v. Weltzien, preuß. Hauptmann, Rittergutsbesitzer auf Weselin, Kaarz und Sammit.

13 Kinder Kuntze, 1 und 2 zu Grevesmühlen, 3–11 zu Roggenstorf geboren:

1. Friedrich *Heinrich* Hermann, geb. 16. 9. 1816, stud. theol., Hauslehrer, wanderte Anfang August 1852 mit seinen Brüdern Carl und Theodor nach Australien aus.

2. *Luise* Charlotte Marie, geb. 9. 10. 1817, siehe oben VIIIb. Ehefrau von Fritz Reuter.

3. Heinrich *Wilhelm* Viktor, geb. 19. 11. 1819, gest. Schwerin 21. 2. 1893, Postdirektor ebd., verh. II. Bertha *Wilbrandt*, geb. Rostock 15. 4. 1839, gest. Schwerin 26. 10. 1892, T. v. Christian Wilbrandt, Prof. der Ästhetik und neueren Literatur zu Rostock, u. d. Charlotte Wendhausen.

4. *Emma* Christiane Luise Henriette, geb. 30. 10. 1821, gest. Wismar 22. 2. 1908, unvermählt.

5. Luise Wilhelmine, geb. 19. 7. 1823, gest. (als Kind).

6. Gotthard *Carl* Johann, geb. 19. 9. 1824, stud. jur., Teilnehmer am Schleswig-Holsteinischen Kriege, Leutnant, wanderte Anfang August 1852 mit seinen Brüdern Heinrich und Theodor nach Australien aus.

7. *Sophie* Henriette Luise Helene, geb. 12. 7. 1826, gest. Wismar (Kohlenoxydvergiftung) 28. 12. 1870, unvermählt.

8. Gottlieb *Theodor* Christian, geb. 6. 7. 1828, Landwirt, wanderte Anfang August 1852 mit seinen Brüdern Heinrich und Carl nach Australien aus, 1897 seit vielen Jahren verschollen.

9. Helene *Caroline* Ernestine, geb. 14. 5. 1830, gest. Zamora Yolo-County (Kalifornien, USA.) 10. 12. 1904, verh. Roggenstorf 16. 4. 1857 Ferdinand Friedrich Johann *Schliemann*, geb. Grevesmühlen 15. 12. 1825, gest. Zamora 11. 7. 1899, Farmer ebd., S. v. Friedrich Schliemann, Pastor zu Kalkhorst, Präpositus, u. d. Magdalena Becker.

10. *Friedrich* Carl, geb. 18. 7. 1832, wanderte nach Amerika oder Australien aus.

11. Friedrich *Franz* Heinrich, geb. 26. 7. 1834, wanderte nach Amerika oder Australien aus.

14 T. v. Heinrich Christoph *Scharff*, aus Uelzen (Hannover), Bürger 9. 7. 1788 und Chirurgus zu Grevesmühlen, verh. Luise Dorothea Bohse aus Wismar. Weitere Kinder und damit Geschwister von Wilhelmine Kuntze, geb. Scharff, Onkel bzw. Tanten von Reuters Frau:

5. außerehelich mit der Halbschwester seiner seit der Geburt ihres zweiten Kindes gelähmten Ehefrau, Anna Caroline *Henriette* Friederike Ölpke, vgl. Stammfolge Ölpke, IIIa. 3: Ernestine *Sophie Reuter,* geb. Kirch-Lütgendorf 15. 1. 1814, legitimiert 1839, gest. Stavenhagen 29. 4. 1901, verh. Jabel bei Malchow 29. 1. 1840 ihrem Vetter *Ernst* Carl Adolf *Reuter,* geb. Dömitz (Elbe) 12. 11. 1807, gest. Stavenhagen 24. 4. 1856, Apotheker, Brauereibesitzer zu Stavenhagen, vgl. Dömitzer Linie, IXb.

6. außerehelich mit Johanna Boldt, 1830, verh. Neeben, zu Neubauhof: Maria Sophia Carolina, geb. Neubauhof bei Stavenhagen 26. 6. 1825.

Pokrenter Linie

VIIIc. Samuel *Gottlieb* Friedrich *Reuter,*
geb. Demen bei Crivitz 9. 9. 1781, gest. Schwerin (Dom) 14. 1. 1853, stud. theol. Rostock, imm. 1800, 1807 Hilfsprediger zu Dambeck bei Parchim, 1808 zu Gischow, 1811–1848 Pastor zu Pokrent bei Gadebusch, verh. Pokrent 29. 9. 1811 Gottliebe Christine *Luise Rättig,* geb. Groß-Laasch 3. 11. 1785, gest. Schwerin 28. 3. 1857, T. v. Johann Samuel Rättig, 1779 bis 1794 Pastor zu Groß-Laasch, 1794–1821 Pastor zu Alt-Meteln, u. d. Sophie Luise Dorothea von der Wettering.

1. Regine *Scharff,* geb. Grevesmühlen 13. 9. 1800, gest. Wismar 21. 6. 1873, unvermählt.

2. Philipp Peter *Wilhelm Scharff,* geb. Grevesmühlen 2. 4. 1801, gest. Lübeck 4. 6. 1877, Bürger 23. 2. 1842 und Weingroßhändler zu Lübeck, verh. I. Lübeck 11. 5. 1848 Johanna Dorothea Eleonore *Plitt,* geschiedene Bratenahl, geb. ebd. 6. 4. 1806, gest. ebd. 4. 10. 1856, T. v. Heinrich Gustav Plitt, Senator der Hansestadt Lübeck, – verh. II. Lübeck 16. 12. 1858 Catharina Elisabeth *Feldmann,* geb. ebd. 11. 10. 1817, gest. ebd. 29. 8. 1904, T. v. Friedrich Wilhelm Feldmann, Kaufmann zu Lübeck.

3. Carl Heinrich Ludwig *Scharff,* geb. Grevesmühlen 24. 6. 1803, gest. Schwerin (St. Paul) 22. 12. 1877, 1829–1837 Pastor zu Jesendorf, 1837–1876 Pastor zu Blücher bei Boizenburg; verh. I. 18. 7. 1834 Sophie Marie Henriette *Schondorff,* geb. Teterow 20. 2. 1810, gest. Blücher 23. 2. 1847, T. v. Carl Schondorff, Advokat zu Teterow. – verh. II. 27. 9. 1849 Doris *Fahrenheim,* geb. Schwerin 28. 12. 1811, gest. Blücher 14. 2. 1860, T. v. Joh. Friedrich Fahrenheim, Geh. Kammerkanzlist zu Schwerin. – verh. III. 19. 11. 1863 Auguste Charlotte *Schondorff,* verw. Beutell, geb. Teterow 24. 8. 1814, gest. Schwerin 12. 5. 1883, Schwester der ersten Frau.

Kinder, 2–9 zu Pokrent bei Gadebusch geboren:

1. Luise Friederike Caroline, geb. (wo und wann bisher nicht festzustellen, als Tochter von VIIIc. durch die Heiratseintragung bezeugt), verh. Pokrent 27. 1. 1832 Albrecht Friedrich Wilhelm *Schmiedecke,* Kaufmann zu Neuhaus (Elbe), S. v. Christian Dietrich Gottlieb Schmiedecke, Kaufmann ebd.

2. Luise Sophie *Marie,* geb. 8. 9. 1812, verh. Pokrent 10. 1. 1843 *Heinrich* Ludwig Franz *Gesenius,* geb. Alt-Jabel 24. 10. 1807, gest. Schwerin 28. 5. 1877, Ratskellermeister ebd., S. v. Heinrich Johann Friedrich Gesenius, 1801–1848 Pastor zu Alt-Jabel, u. d. Johanna Caroline Dorothea Catharina Wiechmann.

3. Johann Albrecht *Theodor,* geb. 24. 12.1813, siehe IX d.

4. Carl Johann Friedrich *Hermann,* geb. 20. 8. 1815, siehe IXe.

5. Joachim Friedrich *August,* geb. 29. 3. 1817, siehe IXf.

6. Johann Heinrich Ernst, geb. 17. 7. 1818, gest. Pokrent 21. 12. 1818.

7. Johann Heinrich *Wilhelm,* geb. 25. 5. 1820, siehe IXg.

8. Georg Friedrich August *Eduard,* geb. 22. 11. 1824, gest. nach 1860, Farmer in Nordamerika.

9. totgeb. Tochter, 31. 1. 1827

IXd. Johann Albrecht *Theodor Reuter,*
geb. Pokrent 24. 12. 1813, gest. (am Herzschlag in der Eisenbahn zwischen Güstrow und Bützow) 30. 5. 1864, 1838 Kollaborator, 1846 Oberlehrer am Gymnasium zu Güstrow, Pastor zu Jördenstorf bei Teterow 1849–1864, 1848/49 Abgeordneter des Meckl. Verfassunggebenden Landtags zu Schwerin, verh. I. Alt-Kalen 4. 10. 1839 *Marie* Luise *Schmidt,* geb. Waren 4. 5. 1817, gest. Jördenstorf 5. 5. 1854, T. v. Georg Joachim Friedrich Schmidt, Kirchenrat, Präpositus, 1824 bis 1857 Pastor zu Alt-Kalen, u. d. Luise Held. Verh. II. Schwerin 23. 9. 1855 Conradine Luise *Ueltzen,* geb. Uelzen (Hannover) 19. 9. 1818, gest. Güstrow 12. 4. 1904, Witwe des Theodor Bauch, Kaufmann zu Schwerin, T. v. Johann Leonhard Ueltzen, Gastwirt zu Uelzen (Hann.).

Kinder, erster Ehe, 1–4 zu Güstrow, 5–7 zu Jördenstorf geboren:

1. Marie Christine *Luise,* geb. 11. 7. 1840, gest. Rostock, verh. Jördenstorf 27. 9. 1864 Carl Christian Heinrich *Vagt,* geb.

Wismar 19. 9. 1837, gest. Rostock 7. 3. 1880, Schiffskapitän zu Rostock.

2. Henriette *Marie* Georgine, geb. 5. 11. 1842, gest. Rostock 22. 5. 1903, verh. mit ihrem Schwager Carl Christian Heinrich *Vagt,* vgl. 1.

3. *Wilhelm* August Ludwig, geb. 10. 10. 1845, gest. Karlshamn in Blekinge, Schweden, 3. 6. 1901, Kais. deutsch. Vizekonsul ebd., verh. ebd. 23. 10. 1877 seiner Base Marie *Luise Schmidt,* geb. ebd. 12. 5. 1854, gest. ebd. 25. 12. 1936. T. v. Wilhelm August Theodor Hermann Schmidt, Kaufmann, Bankdirektor und Kais. deutsch. Konsul zu Karlshamn, u. d. Caroline Helena Böos.

4. Julius *Heinrich* Gottlieb, geb. 17. 7. 1847, gest. (auf einer Reise von Güstrow nach Bützow) 9. 12. 1905, Dr. med., prakt. Arzt zu Güstrow 1877–1905, Stadt- und Kreisphysikus, 1888 Sanitätsrat, 1902 Medizinalrat, verh. Helene Hedwig Luise *Kortüm,* geb. Schwasdorf 13. 7. 1854, T. d. Adolf Kortüm, Rittergutsbesitzer auf Schwasdorf, u. d. Henriette Iven.

5. Georg Friedrich *Hermann,* geb. 21. 4. 1849, gest. (vor 1887), Kaufmann.

6. *Helene* Friederike Therese, geb. 19. 3. 1851, gest. 12. 1. 1913, verh. ... Schütz, gest. 11. 2. 1888, Rittergutsbesitzer.

7. *Amalie* Wilhelmine Luise, geb. 3. 8. 1852, gest. Jördenstorf 11. 8. 1852.

IXe. Carl Johann Friedrich *Hermann Reuter,*
geb. Pokrent 20. 8. 1815, gest. Brenz 24. 3. 1887, 1845–1872 Pastor zu Pritzier, 1872–1887 Pastor zu Brenz, verh. Vellahn 8. 5. 1846 *Luise* Sophie Caroline Magdalene *Tarnow, geb.* Rossow 15. 3. 1826, gest. Neustadt-Glewe 19. 2. 1897, T. v. Ludwig Tarnow, Pastor zu Rossow 1822–1834, zu Vellahn 1834–1854, Präpositus, u. d. Sophie Dorothea Helene Rümker.

Kinder, zu Pritzier bei Wittenburg geboren:

1. Luise Sophie Magdalena Marie Emma *Bertha,* geb. 12. 2. 1847, gest. Schwerin 16. 2. 1911, verh. Pritzier 17. 4. 1864 *August* Friedrich Wilhelm Ferdinand *Bade,* geb. Röbel 24. 9. 1821, gest. Schwerin 17. 8. 1904, Gutspächter auf Ueberende, S. v. Dietrich Valentin August Bade, Dr. phil., Oberinspektor des Landesarbeitshauses zu Güstrow, u. d. Georgine Charlotte Caroline v. Hartwig.

2. Carl Gottlieb Friedrich, geb. 12. 4. 1848, gest. (ertrunken) bei Lagos 1871 (oder 1872), Seemann.

3. Caroline Julia Luise Ulrike Betty Elisabeth (*Elise),* geb. 2. 11. 1849.

4. *Marie* Martha Caroline, geb. 12. 8. 1851, gest. Philadelphia (USA) 24. 10. 1919, verh. Julius *Feicke* aus Friedland (Oberschlesien), Geistlicher zu Philadelphia.

5. *Friederike* (Frieda) Franziska, geb. 26. 11. 1852, gest. Hamburg 18. 7. 1911, Krankenschwester ebd., unvermählt.

6. *Hermann* Julius Emil Heinrich Theodor, geb. 17. 6. 1854, gest. Hamburg 12. 6. 1912, Kapitän der Handelsmarine ebd., verh. Höxter (Westfalen) 7. 2. 1889 Anna Ida Henriette *Baasch,* geb. Lützen 22. 7. 1865, gest. Hamburg (nach 1928), T. v. Louis Carl Friedrich Baasch u. d. Emilie Luise Klinge.

7. *Franz* Hermann Otto Helmuth Wilhelm, geb. 8. 11. 1855, gest. (am Typhus an Bord eines Schiffes) an der südamerikanischen Küste 21. 1. 1875, Seemann.

8. August Eduard Heinrich Samuel *Johannes* (Hans), geb. 21. 9. 1857, gest. Müritz 18. 3. 1925, Landwirt ebd., verh. Pieverstorf 25. 6. 1897 *Ida* Franziska Johanna Wilhelmine Auguste *Wiechert,* geb. Klein-Vielen bei Penzlin 14. 8. 1868, T. v. Wilhelm Wiechert, Lehrer zu Klein-Vielen, u. d. Friederike Lewenhagen.

9. August *Adolf* Leonhard, geb. 28. 4. 1859, Dr. phil., Gymnasiallehrer zu Höxter (Westfalen), verh. I. Brenz 3. 10. 1884 *Margarete* Minna Frieda Dora *Waage,* geb. Parchim 4. 5. 1861, gest. ebd. 21. 5. 1885. – verh. II. Höxter 16. 8. 1888 Emma *Hattenhauer.*

10. Christian *Conrad* Friedrich Helmuth Heinrich, geb. 7. 1. 1861, seit 1886 Diakon zu Bethel bei Bielefeld, verh. ebd. 1895 Elise *Hümmelgen.*

11. ungetaufte Tochter, geb. und gest. 29. 6. 1863.

12. Emilie Carilie Marie Ulrike Elise Anna Bertha Auguste, geb. 4. 6. 1866, gest. Pritzier 3. 2. 1867.

IXf. Joachim Friedrich *August Reuter,*
geb. Pokrent 29. 3. 1817, gest. Westchester, Virginia (USA) 27. 5. 1862, Farmer zu Mineral Point, Wisconsin, USA, verh. *Auguste Peters,* geb. Bellin bei Güstrow 17. 10. 1823 (?), gest. Madison (Wisconsin) 4. 9. 1888.

Kinder:

1. Carl Emil Fritz, geb. Hamburg 28. 3. 1848, gest. Madison 14. 1. 1883, verh. ebd. 30. 5. 1876 Thekla *Stein.*

2. Maria Theodora *Ottilie,* geb. Hamburg 28. 9. 1850, lebte 1928 zu Chikago, verh. Madison 1. 10. 1872 John *Lerch.*

3. Otto Lafayette, geb. Middleton (Wisconsin) 9. 12. 1855, gest. 1918, verh. Madison 9. 12. 1880 Rose *Sweeney,* geb. Sun-Prairie (Wisconsin) 23. 2. 1860, gest. Madison 17. 1. 1885.

4. Jackson, geb. Madison 29. 3. 1858, Kaufmann zu Madison (Wisconsin, USA).

IXg. Johann Heinrich *Wilhelm Reuter,*

geb. Pokrent 25. 5. 1820, gest. Laave bei Neuhaus (Elbe) in Hannover 25. 2. 1857, 1849 Erbpächter zu Zarrentin, seit 1851 Hauswirt zu Laave, verh. Alt-Jabel 28. 9. 1849 Dorothea Charlotte *Wilhelmine* Langhof, geb. Hohen-Woos (KB. Alt-Jabel) 9. 4. 1832, gest. Milwaukee (USA) 24. 1. 1917, T. v. Carl Joachim Langhof, Ziegeleibesitzer zu Hohen-Woos, u. d. Louise Marie Sophie Kniesch. (Wanderte nach zweiter Heirat mit Mann und Kindern erster Ehe nach Amerika aus.)

Kinder:

1. Elisabeth Friederike Marie Luise *Hermine,* geb. Hohen-Woos (KB. Alt Jabel) 14. 10. 1850, gest. 1852.

2. Helene, geb. 1852, verh. August Braun in Milwaukee.

3. Friedrich Heinrich Hermann *Theodor,* geb. Hohen-Woos (KB. Alt-Jabel 6. 9. 1853, gest. zu Chikago.

4. Otto, geb. 1854, gest. Milwaukee 1918.

5. Wilhelm, geb. 1856, gest. Milwaukee 1915.

6. Luise, geb. 1856, verh. Albert Runkel in Milwaukee.

Jabeler Linie

VIIId. *Ernst* Friedrich *Reuter,*

geb. Demen bei Crivitz 25. 12. 1783, gest. Stavenhagen 24. 12. 1852, stud. theol. Rostock, imm. 1802, 1812–1843 Pastor zu Jabel bei Malchow und Hohen-Wangelin, verh. Kloster Malchow 12. 6. 1812 *Sophie* Ida Friederike *Engel*[15], geb. ebd. 13. 2. 1790, gest. Stavenhagen 20. 2. 1863, T. v. Johann Jakob Christian Engel, geb. Qualitz bei Neukloster 4. 2. 1762, gest.

Röbel 9. 11. 1840, Küchenmeister (rechtskundiger Verwalter) des Klosters Malchow, u. d. Charlotte Magdalene Sophie Schröder, get. Güstrow (Dom) 22. 4. 1765, gest. Röbel 9. 11. 1835.

Kinder, 1–3, 5–8 zu Jabel bei Malchow geboren:

1. *Bertha*, geb. 30. 4. 1813, gest. Perleberg 21. 4. 1897, verh. Jabel 1. 11. 1837 *Otto Classe*, gest. 1860, Pastor zu Rosenhagen (Prignitz), Witwer seit Oktober 1835 von Auguste Balack.

2. Charlotte Friederike *Marie*, geb. 5. 6. 1814, gest. Jabel 25. 10. 1883, verh. ebd. 31. 5. 1844 ihrem Vetter Johann *Carl* Jakob Reuter, vgl. Dömitzer Linie, IXa.

15 Deren Geschwister:

1. *Friedrich* Wilhelm Jakob *Engel*, geb. Qualitz 10. 8. 1787, gest. Kloster Malchow, 8. 2. 1857 Küchenmeister des Klosters Malchow, verh. Jabel 29. 10. 1817 *Maria* Elisabeth Zunk, geb. Plau 10. 4. 1790, gest. Kloster Malchow 14. 4. 1882.

2. *Christian* Ludwig Bernhard *Engel*, geb. Kloster Malchow 16. 7. 1788, gest. Röbel 8. 1. 1871, Geh. Hofrat, Bürgermeister der Stadt Röbel, verh. Kloster Malchow 7. 5. 1815 Ulrike *Classe*, geb. Rosenhagen bei Perleberg 12. 12. 1793, gest. Röbel 10. 6. 1881.

(Unter ihren neun Kindern waren:

2. *Hermann* Hugo *Engel*, geb. Röbel 7. 5. 1817, gest. Rostock 2. 10. 1887, Hofrat, stud. jur. Rostock und Heidelberg, Kriminal-Sekretär beim Kriminalkollegium zu Bützow, zuletzt Oberlandesgerichtssekretär zu Rostock. Machte 1841 Bürgermeister Reuter Mitteilung über das Treiben seines Sohnes in Heidelberg. (Vgl. Briefe von Fritz Reuter an seinen Vater. Bd. 2. 1896. S. 195–198.)

9. Theodor *Franz* Johann August Hermann *Engel*, geb. Röbel 21. 7. 1834, gest. Neubrandenburg 30. 8. 1920, Dr. phil., Professor, Bibliothekar der landwirtschaftl. Hochschule zu Berlin. Herausgeber der »Briefe von Fritz Reuter an seinen Vater aus der Schüler-, Studenten- und Festungszeit. 1827-41«. 2 Bde. 1896.)

3. *Georg* Christoph *Engel*, geb. Kloster Malchow 9. 1. 1791, gest. Charlottenburg bei Berlin 2. 12. 1865, preuß. Hoflieferant, Kaufmann und Inhaber einer Wachstuchfabrik ebd., verh. Berlin (St. Petri) 26. 6. 1826 Auguste Wilhelmine *Engel*, geb. ebd. 15. 1. 1807, gest. ebd. 18. 11.1869.

4. *Carl* Georg Ernst *Engel*, geb. Kloster Malchow 15. 3. 1792, gest. Rittermannshagen 6. 3. 1841, 1823–1838 Pastor zu Basedow, seit 1838 zu Rittermannshagen, verh. Basedow 17. 6. 1825 *Luise* Sophie Friederike *Bringe*, geb. ebd. 4. 11. 1804, gest. Roga 30. 3. 1880.

5. Dorothea Elisabeth *Engel*, geb. Kloster Malchow 20. 8. 1793, gest. Malchin 23. 9. 1831, verh. Kloster Malchow 11. 9. 1814 Christian *Ernst* Friedrich *Behm*, geb. Malchow 1. 7. 1785, gest. Malchin 1. 10. 1857, Kantor der Stadtschule zu Malchin.

6. *Eleonore* Magdalene Friederike *Engel*, geb. Kloster Malchow 5. 2. 1798, gest. Berlin 24. 12. 1879, verh. Kloster Malchow 6. 10. 1818 Franz Eberhard Marggraff, geb. Köpenick bei Berlin 22. 12. 1787, gest. Berlin 25. 12. 1879, Dr. phil., Schulvorsteher ebd.

3. Caroline *Johanna,* geb. 2. 10. 1815, gest. Stavenhagen 10. 6. 1867, unvermählt.

4. *Ida,* geb. Kloster Malchow 5. 1. 1817, gest. Bunzlau (Schlesien) 31. 5. 1853, verh. Jabel 9. 10. 1838 *Wilhelm* Albert Heinrich *Stolzenburg,* geb. Demmin 2. 1. 1813, gest. Breslau 13. 8. 1866, preuß. Schul- und Regierungsrat ebd., S. v. Christoffel Stolzenburg, Pastor zu Demmin, u. d. Charlotte Wilhelmine Michaelis.

5. *Magdalena* Philippine Marie Elisabeth, geb. 28. 6. 1819, gest. Stavenhagen 19. 1. 1891, unvermählt.

6. Friedrich Ernst, geb. 23. 4. 1821, gest. Jabel 11. 4. 1822. Zwilling mit

7. *Luise* Johanna, geb. 23. 4. 1821, gest. Droyssig bei Weißenfels 28. 8. 1862, verh. Stavenhagen 28. 5. 1847 *Rudolf* Wilhelm Julius Friedrich *Crusius,* gest. Fehrbellin 21. 1. 1855, Rektor und Hilfsprediger ebd., S. v. Friedrich Wilhelm Crusius, Pastor zu Osterwohle bei Salzwedel.

8. Ernestine Friederike Christine *Sophie,* geb. 4. 7. 1827, gest. Güstrow 29. 10. 1898, verh. Stavenhagen 27. 7. 1849 *Carl* Johann Heinrich *Vermehren,* geb. Güstrow 9. 3. 1816, gest. ebd. 11. 5. 1892, Advokat, Amtsmitarbeiter zu Stavenhagen, zuletzt Geh. Justizrat zu Güstrow. S. v. Carl Christian Hermann Vermehren, Superintendent zu Güstrow, u. d. Henriette Charlotte Wilhelmine Richter.

STAMMFOLGE ÖLPKE

I. Dietrich Christian *Ölpke,*

gest. (nicht in Triebsees, zwischen 1711 und 1713), Bürger-Worthalter zu Triebsees (ehem. Vorpommern), verh. N ... N ..., begr. Triebsees 29. 4. 1731.

Kinder, zu Triebsees geboren:

1. Margaretha Justina, begr. Triebsees 6. 12. 1752, verh. ebd. 13. 10. 1713 Samuel *Möller,* begr. Triebsees 23. 9. 1731, Bürger und Schuhmachermeister, Ältermann des Schuhmacher-Amtes zu Triebsees.

(Kinder, zu Triebsees getauft:

a) Catharina Dorothea Möller, get. 23. 8. 1714, verh. ebd.

29. 7. 1734 Johann Joachim Schafe, gest. Triebsees 24. 6. 1756, Bürger und Schuhmachermeister zu Triebsees.
b) Dietrich Christoph Möller, get. 2. 1. 1717.)
2. German Bernhard, geb. 1697, siehe IIa.
3. Christoph Samuel, geb. 1703, siehe IIb.
4. Joachim Andreas, get. 18. 8. 1706, gest. Triebsees November 1713.

IIa. German Bernhard *Ölpke*

geb. Triebsees 1697, konf. ebd. 1711, begr. ebd. 27. 10. 1768, Frei-Schneidermeister, Bürger-Worthalter zu Triebsees, verh. I. Triebsees 22. 7. 1728 Maria *Link,* get. Demmin (ehem. Vorpommern) 9. 1. 1701, konf. ebd. 1709 [1], gest. Richtenberg (zwischen 1740 und 1743), T. v. Augustin Link [2], geb. Demmin 1659, gest. ebd. 19. 4. 1731, Schneidermeister zu Demmin, verh. ebd. 12. 11. 1690 Catharina Oldenburg [3], geb. Demmin 1672, konf. ebd. 1680. – Verh. II. Triebsees 15. 5. 1743 Margarethe Sophia *Schulz,* geb. Jarmen (vor 1706, dem Beginn der KB.), begr. Triebsees 18. 4. 1774, T. v. Martin Schulz, Bürger und Tischlermeister zu Jarmen (ehem. Vorpommern).

Kinder, 1–3 zu Triebsees, 4 zu Richtenberg getauft:
1. Johann Heinrich, get. 12. 7. 1731, gest. (vermutlich jung in Richtenberg).
2. Caspar Nikolaus, get. 3. 1. 1733, im KB. Triebsees 19. 8. 1768 zuletzt als Taufpate beim Kind seiner Schwester genannt.
3. Sophia Maria Elisabeth, get. 22. 4. 1735, konf. Triebsees 1748, begr. ebd. 9. 10. 1791, verh. I. ebd. 11. 11. 1762 Johann Wilhelm *Schult,* begr. Triebsees 17. 3. 1767, Bürger und Ackersmann zu Triebsees.
(Kinder, zu Triebsees getauft:
a) Jakob Ernst Schult, get. 14. 8. 1763, gest. ebd. 13. 5. 1764.
b) Ilsabe Dorothea Schult, get. 5. 5. 1765, konf. ebd. 1775.)
Verh. II. Triebsees 27. 11. 1767 Bernhard Johann Heinrich Volksdorf, geb. 1734, begr. Triebsees 17. 5. 1796, Bürger und

1 Die Kinder wurden damals in Demmin alle im Alter von 8 Jahren konfirmiert.
2 S. v. Augustin Link, geb. Demmin 1628, gest. ebd. 10. 1. 1708, Achtmann, Ältermann (der Schneider?) und Kirchenprovisor zu Demmin, u. d. Maria Vagt, geb. Demmin 1638, gest. ebd. August 1714.
3 Vermutlich T. v. Heinrich Oldenburg, . . . zu Demmin, u. d. Elisabeth Brambeer und Enkelin von Heinrich Oldenburg, gest. Demmin . . . 6. 1668, 1648–1668 Kantor zu Demmin.

Ackersmann ebd. (Sohn: Nikolaus Christian Volksdorf, get. Triebsees 19. 8. 1768, gest. ebd. 24. 8. 1768).

4. Nikolaus Gottfried Bernhard, get. 31. 5. 1740, siehe IIIa.

IIb. Christoph *Samuel Ölpke,*

geb. Triebsees 1703, begr. ebd. 21. 3. 1746, Bürger und Glasermeister zu Triebsees,

verh. Triebsees 22. 6. 1729 Anna *Abigail Schulz* (Schultz), get. Grammow (KB. Behren-Lübchin) 8. 5. 1707, gest. Triebsees 15. 9. 1776, T. v. David Schultz, Rittergutspächter auf Teutendorf bei Rostock, vordem auf Grammow bei Gnoien (Mecklenburg). Sie wiederverh. Triebsees 9. 6. 1747 Johann Friedrich *Engel,* gest. Triebsees 11. 10. 1776, Bürger und Glasermeister ebd.

Kinder, zu Triebsees getauft:

1. Anna Lukretia, get. 10. 8. 1730, konf. Triebsees 1742, verh. Triebsees 11. 4. 1759 David Gottfried Hüfener, geb. 1732, gest. Triebsees 3. 8. 1792, Bürger und Branntweinbrenner ebd. (4 Kinder).
2. Maria Justina, get. 26. 10. 1732, konf. Triebsees 1745, verh. (nicht in Triebsees) Christian Friedrich *Blank,* geb. Poseritz auf Rügen 1723, gest. Triebsees 11. 12. 1804, Schneidermeister ebd. (4 Kinder).
3. Elisabeth Eleonora, get. 25. 2. 1735, konf. Triebsees 1745.
4. Agnesa Sophia, get. 19. 12. 1737, konf. Triebsees 1754, gest. ebd. 8. 10. 1819, verh. ebd. 7. 11. 1760 Johann Jürgen *Räthke,* geb. 1739, gest. Triebsees 22. 2. 1801, Bürger und Schlachtermeister ebd. (6 Kinder).
5. David Christoph, get. 20. 9. 1740, siehe IIIb.
6. Regina Ilsabe, get. 3. 10. 1743, gest. Triebsees 28. 1. 1748.

IIIa. Nikolaus Gottfried Bernhard *Ölpke,*

get. Richtenberg 31. 5. 1740, konf. Triebsees 1753, gest. ebd. 6. 1. 1792, Kgl. schwed. Stadtrichter, Bürgermeister der Stadt Triebsees, Reuters Großvater mütterlicherseits,

verh. I. Triebsees 26. 5. 1780 Juliana Sophia *Hector,* geb. 1748, konf. Triebsees 1763, gest. ebd. 22. 3. 1786, T. v. *Carl* Friedrich Hector, gest. Triebsees 2. 4. 1778 [4], Bürger, Chirurgus und

[4] 65 Jahre alt. Diese Altersangaben sind in damaliger Zeit meist ungenau. Hector ist sicherlich identisch mit dem zu Triebsees 1732 konfirmierten Carl Friedrich Hector, der danach um 1718 und nicht – wie nach der Sterbeeintragung – 1713

Ratsherr zu Triebsees. Verh. II. Triebsees 13. 10. 1786 Maria Sophia *Moll*, get. Stremlow (KB. Triebsees) 23. 5. 1760, gest. Stavenhagen 17. 6. 1839, Reuters Großmutter mütterlicherseits. T. v. Johann Christian Moll, Gutspächter auf Stremlow bei Triebsees, später auf Öbelitz bei Richtenberg, verh. Richtenberg 9. 11. 1742 Maria Elisabeth Brusch (Bruß) aus Öbelitz.

Kinder, zu Triebsees getauft:

1. Johann Carl Friedrich, get. 28. 12. 1782, unehel. Sohn, während der ersten Ehe von der späteren zweiten Frau – Maria Sophia Moll – geboren. Durch die zweite Ehe des Vaters legitimiert und Triebsees 1794 als Johann Carl Friedrich Ölpke konfirmiert.

erster Ehe:

2. Johanna Sophia *Christiane*, get. 17. 5. 1784, konf. Triebsees 1796, gest. Tessin 24. 9. 1856 (im Hause des Pastors August Reuter, vgl. Stammfolge Reuter IXc.), unvermählt. Reuters »Tante Christiane«.

3. Anna Caroline *Henriette* Friederike, get. 3. 1. 1786, konf. Triebsees 1796, gest. Stavenhagen 3. 4. 1839, unvermählt. Reuters »Tante Jetting«. Führte den Haushalt des Schwagers, Bürgermeisters Reuter zu Stavenhagen, seitdem die Bürgermeisterin, ihre Halbschwester, gelähmt war. Mutter von Reuters Halbschwester Ernestine *Sophie* Reuter, geb. Reuter (1814–1901), vgl. Stammfolge Reuter, VIIIb. 5.

zweiter Ehe:

4. *Johanna* Louisa Sophia, get. 31. 7. 1787, konf. Triebsees 1796, gest. Stavenhagen 19. 5. 1826, Mutter von Fritz Reuter, verh. Stavenhagen 23. 2. 1810 *Georg Johann* Jakob Friedrich *Reuter*, geb. Demen bei Crivitz 26. 7. 1776, gest. Stavenhagen 22. 3. 1845, Bürgermeister und Stadtrichter ebd., vgl. Stammfolge Reuter, VIIIb.

5. Johann Matthias, get. 30. 1. 1791, konf. Triebsees 1801, k. u. k. österr. Ulanenwachtmeister. Reuters »Unkel Matthies«.

IIIb. *David* Christoph *Ölpke*,

get. Triebsees 20. 9. 1740, konf. ebd. 1755, gest. ebd. 24. 6. 1783, Bürger und Glasermeister zu Triebsees, verh. Anna

geboren (wo?) ist. Seine Tochter Juliana Sophia Hector stammte aus seiner ersten Ehe (Ehefrau unbekannt.) Seine zweite Ehefrau Catharina Sophia, geb. 1736, gest. Triebsees 18. 7. 1797.

Margaretha . . ., geb. Demmin, gest. Triebsees 16. 2. 1812.

Kinder, zu Triebsees getauft:

1. Christina Maria Franziska, get. 16. 2. 1776, konf. Triebsees 1791.

2. Friederike Maria Hanna, get. 1. 6. 1779, begr. Triebsees 5. 12. 1780.

Inhalt

Briefe 7

Anhang

Anmerkungen zur Textgestaltung 721

Erläuterungen 732

Namenverzeichnis 816

Fritz Reuters Herkunft und Verwandtschaft 899

Unveränderter Nachdruck der Ausgabe von 1966 / 1967
Typographie: Walter Schiller
Einbandgestaltung und Kassette: Rudolf Grüttner
Gesamtherstellung: Clausen & Bosse, Leck
Printed in Germany
ISBN 3-86167-003-8
Band 8 3-86167-011-9